国家社会科学基金项目资助（18BZW018）

晚清民国期刊中的
美育史料
整理与研究（1900—1949）

刘晨 编著

上

上海三联书店

目 录

上编 研究编

下编 史料编

图表目录

上编 研究编

引 言

> 文字创造了传言达意之物，由印刷术无限传播，以至永恒。由是，思想便战胜了空间、时间和死亡。[1]

在传播史上，印刷术的发明是一个里程碑。印刷媒介曾是仅有的大众传播媒介，打破了少数人对知识传播的垄断，带来了公共教育的普及。

期刊是伴随着资本主义兴起而产生的一种重要的大众传播印刷媒介。目前通常认为，近代意义上的第一种期刊是 1665 年 1 月 5 日创办于法国的《学者周刊》(*Le Journal des Scavans*)。第一种中文期刊是 1815 年 8 月 5 日由英国传教士罗伯特·马礼逊(Robert Morrison, 1782—1834)等创办于马来西亚马六甲的《察世俗每月统纪传》(*Chinese Monthly Magazine*)。中国境内创刊的第一种中文期刊是 1833 年 8 月 1 日由德国传教士郭士立(Karl Friedrich Auqust Gutzlaff, 1803—1851)于广州主持创办的《东西洋考每月统纪传》(*Eastern Western Monthly Magazine*)。此后，中国人自己创办的期刊开始萌发。

近代意义的期刊实为近代涵义美育的生发之境，共生互动。美育发轫于 18 世纪的德国。弗里德里希·席勒(Friedrich von Schiller, 1759—1805)，德国 18 世纪著名诗人、哲学家、历史学家和剧作家，德国启蒙文学的代表人物之一。《审美教育书简》(*Über die ästhetische Erziehung des Menschen in einer Reihe von Briefen*[2])又译《美育书简》，是席勒在 1793 年 5 月至 1794 年 7 月写给为他提供资助的丹麦王室成员作为酬谢。这些信最初只流传于哥本哈根的宫廷中，1794

---

[1] ［法］乔治·维尔:《世界报刊史:报刊的起源、发展与作用》，康志洪、王海译，北京:科学出版社，2018 年，第 5 页。

[2] 范大灿:《德国文学史》(修订版)第 2 卷，北京:商务印书馆，2019 年，第 733 页。

年因火灾被焚。[1] 席勒重写全部书简,篇幅增加一倍,1795 年分期发表在他主编的期刊《季节女神》(*Die Horen*)上,这是第一次向世界宣言"美育"(图 0 - 1)。1794 年 5 月席勒邀请歌德、康德、荷尔德林等人为《季节女神》撰稿[2]。刊物于 1797 年停刊,是德国古典文学的代表性刊物。

图 0 - 1 *Über die ästhetische Erziehung des Menschen in einer Reihe von Briefen*(*Die Horen*,1795)[3]

至于中国,蔡元培 1912 年就任中华民国临时政府首任教育总长后即发表《对于新教育之意见》:"五者皆今日之教育所不可偏废者也。军国民主义、实利主义、德育主义,三者为隶属于政治之教育","世界观、美育主义,二者为超轶政治之教育。"此文 1912 年 2 月 8 日至 10 日同时连载首发于《申报》《民立报》,2 月 8 日至 12 日连载于《神州日报》《新闻报》,2 月 10 日至 13 日连载于《时报》,同月刊发于《教育杂志》《临时政府公报》《中华教育界》,4 月初转载于《东方杂志》。从最有影响力的报纸到官方公报,从最有影响的教育杂志到最有影响的综合性杂志,短短两个月形成"新教育"的传播声势。1912 年 9 月 2 日,教育部公布《教育宗旨令》,"美感教育"进入教育的国家体制,显示媒介话语权力的影响优势。

关于中国美育史的系统研究,出现于 20 世纪 80 年代末期,主要有《中国美育简史》(许有为,1988),《中国现代美育思想述评》(姚全兴,1989),《中国美育史

---

① 杜卫:《美育论》,第 2 版,北京:教育科学出版社,2014 年,第 35 页。
② 车吉心,谭好哲:《大家之家·文学卷 1》,济南:泰山出版社,2020 年,第 144 页。
③ 图片来自 Wikimedia Commons。

导论》(单世联、徐林祥,1992),《中国美育思想述要》(聂振斌,1993),《美育的意义:中国现代美育思想发展史论》(谭好哲等,2004),《审美功利主义:中国现代美育理论研究》(杜卫,2004),《百年中国美育》(赵伶俐等,2006),《中国美育思想简史》(钟仕伦、李天道,2008),《现当代中国美育史论》(汪宏等,2016),《中国美育思想通史》(9卷,曾繁仁等,2017),《中国审美意识通史》(8卷,朱志荣,2017)等。这些研究主要侧重美育思想史、美育发展史。

　　傅斯年言"史料即史学"。相对而言,对美育史料的汇辑整理研究较少。关于中国美育史料的整理,主要有俞玉滋、张援的《中国近现代美育论文选(1840—1949)》(1999、2011新版),收录1898年康有为《请开学校折》至1948年朱稣典等《艺术教育和小学艺术课程》共47篇文献;郑萼、王德胜的《美育经典导读》(2021),选取45篇中西方关于美育的相关论述;朱志荣的《中国审美教育经典文选》(2023),收录先秦《山海经·中山经》直到明清近代《论小学校唱歌科之材料》等;杨光、郭焕苓的《现代中国美育文献选编与导读(1900—1960)》(2023),收集了1900年至1960年的重要美育思想文献《孔子之美育主义》等16篇并加导读。艺术教育作为美育话语体系的重要组成部分及美育实践的重要途径,另见俞玉滋、张援《中国近现代艺术教育法规汇编(1840—1949)》(1997、2011)。此外,美育史料整理散见于哲学、美学、教育、艺术等各种史料汇编及相关人物的全集、文集中。

　　而晚清报刊诞生之后,报刊成为史料学和文献学研究的新的对象。晚清民国期刊研究始于文学史,晚清民国文学期刊成为中国近现代文学研究最活跃的领域之一,已取得令人瞩目的学术成果,后逐步在文化史、思想史、传播史等领域成为热点。美育在中国作为独立范畴发端于20世纪初,此时正是中国期刊史上的萌芽滋长期。期刊作为一种初兴的大众传播媒介,是人类知识信息重要的中介、传播平台。因其时效性和广泛性,当时的美育文献更多地首发于期刊,且留存的美育文献史料远超于当时的图书。不仅如此,报纸杂志与图书著作相比,与社会更为接近,保留的是当时的社会文化原貌,能够成为观察社会、文化历史演进的重要窗口,并与时间、空间结合形成复杂的媒介景观。

　　梁启超言"不治史学,不知文献之可贵"。治美育之难,很大程度上在于美育属交叉学科范畴,文献史料关联复杂。按蔡元培的经典定义:"美育者,应用美学之理论于教育,以陶养感情为目的者也。"故对于中国近现代美育史料的梳理,除美育、美学文献外,还必须关联教育学、艺术学、社会学等文献。故而从中国现代美育创建初始时段起,全面梳理晚清民国期刊中的美育史料,可为美育理论和美育史的深入研究提供实证源的线索。且从史料学角度,期刊文献因其时间性和现场感是第一手资料,相比著作,尚未修订,虽然可能粗糙但也未曾斧削,更为生动活泼,坦率自然,从中更可见当时风尚和时代感。学界现有研究多偏重于对文集文本的静态解读,而期刊史料既是构建中国美育史的重要文献史料依据,又能作为历史传播语境,故亦可能为中国现代美育史研究提供新鲜的视角。

《晚清民国期刊中的美育史料整理与研究》从期刊媒介入手,选择 1900 年至 1949 年晚清民国期刊为研究载体,在文献学层面对美育史料尽可能进行整体性梳理还原,在此基础上,分析、概括和提炼此阶段的美育史料文献所展示中国近现代美育的一些规律性发展趋势,同时研究期刊媒介与空间、时间的结合,整体呈现一幅多元化的驳杂传播图景和多层次的美育公共话语空间。美育史料整理和研究主要分上下两编:

上编为"研究编"。分美育史料文献的基础分析、史案研究、史踪小影三部分。"基础分析"以定量统计研究为主,相对近似地描绘美育发展的基本态势。"史案研究"选择美育史料文献传播的主题,通过个案分析美育译介文献的传播流变、期刊媒介构建的美育传播公共空间和领域、美育学人的传播行践等,描绘有生命力的美育史案,从而以微观、中观视角揭示中国现代美育的一些规律性发展趋势。"史踪小影"按照时间顺序,从期刊媒介中记录还原美育史上的一些片断,以图像结合文本,试图更好地呈现一种持续的"在场感",回归传播历史语境。

下编为"史料编"。分篇目汇编、美育史料辑录、索引三部分。"篇目汇编"以兼顾广泛性、代表性和资料性为原则,分"美育""艺术教育""美学"三类,每类下分"理论"与"实践"("社团"归于"实践")。"美育史料辑录"分"理论"与"实践"两类。"索引"包括"作者索引""主题索引""社团/学校索引"。

第一部分

美育史料文献的基础分析

我们对世界的了解永远是有偏向的,但是这并不能
否认我们追求全面和客观的欲望与能力。①

《晚清民国期刊中的美育史料整理与研究》从肇始于百余年前的中国美育话
语体系自觉构建的此时段为研究时间起点,定为 1900 年,以 1949 年为研究时间
终点。在此时间区间内,主要以较明确表述“美育”的相关语汇和概念为出发点,
共收集期刊②媒介中的美育史料文献 515 篇(含一篇文章在两种以上期刊发表,
下同);另收集明确使用“艺术教育”“美育”语词的艺术教育文献 396 篇、美学文
献 285 篇。现以美育史料文献 515 篇为基础,间及艺术教育文献和美学文献,虽
为不完全收集和统计,但基本具备对晚清民国时期美育史料文献全貌研究的定
性分析和统计学上定量统计价值,可相对近似地描绘美育发展的基本态势。

一、美育史料文献的时空分布特征

近代“美育”一词,初见刊于 1902 年 10 月 17 日《申报》③。“艺术教育”④亦
在 20 世纪初比“美育”略迟出现。清季民国时期的中国学术界、教育界、艺术界,
“艺术”“美术”“美学”尚未清晰区分,“美育”与“艺术教育”“美术教育”亦常通用,

---

① [美]保罗·亚当斯:《媒介与传播地理学》,袁艳译,北京:中国传媒大学出版社,2020 年,第 209 页。
② 在此“期刊”选择广义概念,与定期发行的连续出版物相当,包含报纸。此选择亦是因为在期刊诞生的
　初期,报纸和期刊界限无明确划分,形式相似,报纸与期刊常合称为“报刊”。
③ 详见“第二部分　史案研究”中“‘美育’译介考——以《申报》刘焜策论为线索”。
④ 笔者目前所见是 1909 年 6 月 5 日《时报》第 6 版“时评三”述及城东女学:“我国之女子,不患无通常之
　知识,而患无自活之能力,故艺术教育实急于普通教育。今城东女学社乃能由普通教育而趋于艺术教
　育,不可谓非女学界之进步也。……”

内涵外延互有交叉。美育史料刊文时间分布趋势见表1-1、图1-1。

表1-1 美育史料刊文年份—数量统计表

刊文年份	刊文数量	刊文年份	刊文数量	刊文年份	刊文数量
1902	1	1920	25	1935	8
1903	3	1921	23	1936	73
1904	2	1922	45	1937	14
1905	1	1923	31	1939	5
1906	2	1924	27	1940	12
1907	1	1925	6	1941	2
1908	1	1926	2	1942	8
1912	21	1927	5	1943	4
1913	8	1928	19	1944	2
1914	8	1929	21	1945	6
1915	1	1930	24	1946	7
1916	6	1931	7	1947	18
1917	6	1932	7	1948	4
1918	18	1933	3	1949	1
1919	18	1934	9	合计	515

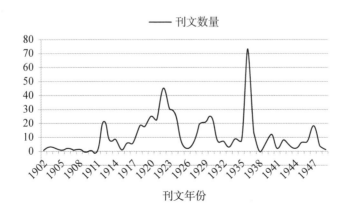

图1-1 美育史料刊文年份—数量趋势图

　　从时间趋势图表中可知,美育刊文在 1912 年与 1936 年有两个相对高点,实际上都与蔡元培相关。1912 年 2 月是前述蔡元培就任教育总长后发表《对于新教育之意见》后引发广泛转载和讨论;9 月教育部公布部令第二号《教育宗旨令》,"注重道德教育,以实利教育、军国民教育辅之,更以美感教育完成其道德",则引发更大范围的奉行通令和公告。1936 年是因沪各界名流公祝蔡元培七秩大庆,为纪念蔡孑民学术思想,并致力美育事业,发起筹备孑民美育研究院。"中央及全国各省市政府领袖及学术界人士,先后闻风加入发起者一千二百余人,团体加入发起者百三十余,实开未有之盛"①,设计规划宏远,募集基金严谨,后"已集资二十万元,惜因连年战乱而未竟全功"②。

　　1918 年至 1924 年是持续刊文较多的时期,这正是 1916 年和 1917 年蔡元培的两次演讲,公开提出"以美育代宗教"之后,引发激烈论争,形成从口语到印刷文献的媒介传播轨迹,构建起以报刊媒介为主体的公共论辩空间之时。③ 此时"美感教育"已成潮流,美育团体竞相成立,美育实践蓬勃而兴。1918 年各报纷发的"普及美育之公函",是上海图画美术学校,即中国近现代教育史上第一所正规的私立美术专门学校,后称"上海美专",为普及美育起见"致本省六十县市区教育会公函并附招生通则"④。1919 年秋发起成立的中国第一个美育学术团体"中华美育会"于次年创办《美育》:"我们美育界的同志,为了这个缘故,所以想趁着新潮流,尽力来发展我们的事业,你道我们的事业是什么呢? 就是'艺术教育的运动'。这个运动的基础,就在'学校教育'和'社会教育'的里面。"⑤《美育》1920 年 4 月至 1922 年 4 月发行共 7 期,是中国第一种专业性的美育学术刊物。中华教育改进社 1922 年至 1925 年的暑假期间共举办了四届全体大会,其中美育组的四次分组会议均有美育的相关议案提交。⑥

　　1928 年至 1930 年亦是美育刊文较多的年份。1928 年北伐完成,民国进入政治、经济、文化相对稳定的发展时期。中国大学院订定训政时期施政大纲,凡十六大纲,十二条为"公共美育"。⑦ 此后,就"公共美育"一项,有上海特别市教

<hr>

① 《孑民美育研究院昨开四次筹备常会》,载《时事新报》,1936 年 10 月 29 日。
② 参见"第三部分　史踪小影"中"孑民美育研究院(1936)"。
③ 参见"第二部分　史案研究"中"'以美育代宗教'之辩——媒介构建的美育传播公共空间研究"。
④ 《普及美育之公函》,载《民国日报》,1918 年 8 月 7 日。
⑤ 本社同人:《本志宣言》,载《美育》1920 年 4 月第 1 期,第 1—2 页。
⑥ 参见胡知凡:《中华教育改进社美育组会议述略》,载《美育学刊》,2021 年第 1 期,第 16—26 页;并参"第三部分　史踪小影"中"中华教育改进社美育组(1921)"。
⑦ 《大学院订定训政时期施政大纲》,载《申报》,1928 年 7 月 8 日、7 月 10 日。

育局,"以本埠美育团体如票房、剧社、歌舞团、金石书画会、音乐研究等甚多,其中宗旨纯正能领导社会者固属不少,而违背美育原理、有碍风尚者亦尚有之",为监督指导该项美育团体起见,将办美育团体登记①;更有教育部社会教育司,"已将提倡美化教育,改良民众风俗民众娱乐,及民众读物等办法决定"②。

1937年抗战全面爆发,国家和民族到了危急存亡关头,社会思潮包括艺术思潮进入"抗日救亡"阶段,大众传媒力量主要承担战争的宣传媒介功能,"美育"思潮进入蛰伏期。抗战结束后,美育刊文数量又有回升,这是面对"国运如何能振? 人民何以为生?"③,再谈"美育与民族精神"④,再倡"美育"。

通过观察表1-2、表1-3,我们可以发现美育史料文献的刊发地点广泛分布于中国的24个省(市、地区)以及因历史、政治等原因形成的根据地和伪满州国,同时还涉及日本的2个地区。但分布地点存在显著不平衡性,前五位的上海、北京、江苏、天津、广东合计刊文数量已超过八成。媒介传播空间中的"中心"与"边缘"差异明显。

表1-2　美育史料文献刊发地点分布表之一*

出版地1	刊文数量	百分比%	出版地1	刊文数量	百分比%
上海	286	55.53	湖南	4	0.78
北京	53	10.29	辽宁	4	0.78
江苏	42	8.16	福建	3	0.58
天津	18	3.50	河北	3	0.58
广东	15	2.91	湖北	3	0.58
浙江	12	2.33	山东	3	0.58
重庆	12	2.33	江西	2	0.39
陕西	9	1.75	甘肃	1	0.19
河南	8	1.55	根据地	1	0.19
云南	8	1.55	青海	1	0.19
四川	7	1.36	山西	1	0.19

① 《市教育局将办美育团体登记》,载《申报》,1929年5月25日。
② 《教部提倡美化教育》,载《新闻报》,1930年1月22日。
③ 刘狮:《为"废除美育"而呐喊》,载《申报》,1947年4月25日。
④ 许士骐:《美育与民族精神》,载《活教育》第4卷第9、10期合刊,1947年11月1日,第245—246页。

续　表

出版地 1	刊文数量	百分比%	出版地 1	刊文数量	百分比%
广西	6	1.17	绥远(今内蒙古)	1	0.19
日本	6	1.17	台湾	1	0.19
伪满州国	5	0.97	**合计**	**515**	**100**

* 为列表说明起见,将日本与中国的省份同列。"伪满州国"是指期刊上标署"大同""康德"年号,属日本占领中国东北地区后扶植的傀儡伪政权。"根据地"是指期刊上明确标署出版地为当时中国共产党控制的地区。

表1-3　美育史料文献刊发地点分布表之二*

出版地 2	刊文数量	百分比%	出版地 2	刊文数量	百分比%
上海	286	55.53	宝山	1	0.19
北京	51	9.90	大阪	1	0.19
南京	25	4.85	大埔	1	0.19
天津	18	3.50	鼓浪屿	1	0.19
广州	12	2.33	汉口	1	0.19
重庆	12	2.33	嘉兴	1	0.19
西安	9	1.75	金华	1	0.19
开封	8	1.55	兰州	1	0.19
昆明	8	1.55	澧县	1	0.19
沈阳	8	1.55	丽水	1	0.19
无锡	8	1.55	滦县	1	0.19
成都	7	1.36	南昌	1	0.19
杭州	7	1.36	砰石	1	0.19
苏州	6	1.17	绍兴	1	0.19
桂林	4	0.78	台山	1	0.19
东京	3	0.58	台中	1	0.19
长沙	3	0.58	太谷	1	0.19
保定	2	0.39	泰和	1	0.19
北平	2	0.39	泰县	1	0.19
福州	2	0.39	温州	1	0.19

续　表

出版地2	刊文数量	百分比%	出版地2	刊文数量	百分比%
横滨	2	0.39	梧州	1	0.19
济南	2	0.39	西宁	1	0.19
南通	2	0.39	长春	1	0.19
武昌	2	0.39	烟台	1	0.19
包头	1	0.19	延安	1	0.19
			合计	**515**	**100**

＊为列表统计起见,本表中将民国时期原地名统一为今地名,如北平归入北京、奉天归入沈阳、新京归入长春等。

　　占首位的上海,刊文数已超"半壁江山"。开埠通商后的上海,因其经济、商业、交通、文化环境迅速崛起,始终占据印刷技术的前沿,晚清民国时期作为全国出版中心的地位更得到强化。"在鸦片战争以后的百年中,上海一直是中国输入西学的最大中心。十九世纪中后期,全国三分之二以上翻译机构、出版机构设在上海,百分之七十以上西书出自上海"[①],上海也是近现代报刊发行最广的地区。而中国近现代的美学、美育、艺术教育,与近代报刊媒介一样,随西学东渐之潮而来,上海可称是最初的发源地和此后的传播中心。初见"美育"于近代中文第一报《申报》,初见"艺术教育"于"与时相应,适合于时"的上海三大报纸之一《时报》。中国最早的教育刊物《教育世界》留下王国维最初关于美学和美育的论述。

　　北京自金朝正式建都后久为帝都,政治文化的中心地位牢固。民国时期,随着《新青年》北迁成为"五四"新文化运动的策源地,蔡元培执掌北京大学倡行美育等,使北京成为与上海南北呼应的美育中心之一。

　　南京始由孙中山定为民国"永远之都城"[②],是民国时期的政治中心和行政中心。南京国民政府的最高学术与教育行政机构,如大学院、教育部均设于此,有关美育的政令多发于此。

　　天津在民国时期是北方的经济中心和工业重镇,新兴"摩登都市"之一,传媒事业兴盛。两大报《大公报》《益世报》留下了天津美育实践痕迹。广东有广州是最早对外开放的五个通商口岸之一,领受外来思潮,得风气之先,文化教育事业

---

① 熊月之、潘君祥、沈祖炜、罗苏文:《论东南沿海城市与中国近代化》,载《史林》,1995 年第 1 期,第 19 页。

② 《纪孙总统之谈话》,载《申报》,1912 年 1 月 8 日。

尤其发达。李金发的《美育杂志》在停刊八年之后复刊于广州，"将这朵花，移植在炎热枯燥的南国"①。

美学、美育、艺术教育在中国的兴发与日本密切相关，近代西学理论最初多借道日本入中国，"日本在中国近代化的过程中，发挥了西方文化中间人与启蒙导师的双重作用。留日学生在这场 20 世纪初的文化传导活动中，起了重要的媒介作用"②。从晚清梁启超创办的《新民丛报》《新小说》，云南留学生同乡会创办的《云南》，到民国时期的《学艺》等，这些在日本出版的刊物都刊有对美育的重要论述。

在伪满时期，伪满当局要求新闻出版承担更多的殖民话语宣传、民众素养教化责任，故而亦有美育相关言论刊载。

此外，近两成的美育刊文分散在 20 余个地区的期刊载体之中，内陆之地如山西太谷、湖南澧县亦有美育之声，则能表明美育思潮所呈现在全国的较广泛的扩散态势。

传播是联结时间与空间的桥梁，传播的步伐是从"迅即性"到"扩散性"再到"持久性"。上述简略的时间和空间统计图表，能粗略显示晚清民国时期美育史料文献在时间跨度上的表达性以及在空间跨度上的扩散性特征。

二、美育史料文献的作者群分布特征

图 1-2　美育史料文献作者（或涉及主题）词云图

---

① 《复刊感言》，载《美育杂志》第 4 期（复刊号），1937 年 1 月 1 日，第 1 页。

② 邹振环：《晚清留日学生与日文西书的汉译活动》，见中国近代现代出版史编纂组编《中国近代现代出版史学术讨论会文集》，北京：中国书籍出版社，1990 年，第 99 页。

梳理美育史料文献515篇的作者信息(表1-4、表1-5),其中182篇文献为团体作者(含主题涉及团体),占35.3%,333篇为个人作者(含主题涉及个人),占64.7%。图1-2是依照515篇刊文的作者(或涉及主题)及频数生成的词云图直观展示。

表1-4　美育史料文献的部分团体作者(或主题涉及团体)统计表

团体作者或主题涉及团体	刊文数量
子民美育研究院	64
教育部	16
中华美育会	16
中华教育改进社美育组	14
上海市教育局	13
北京美育社	8
图画美术学校	7
惠泥美育馆	4
江苏省教育会美术研究会	3
山西教育司	3
陕西美育学校	3
育美音乐会	3
中国大学院	3
乐华女子中学	2
上海专科师范学校	2

表1-5　美育史料文献的团体作者分类统计表

官方机构	政府部门	四川省府、南京特别市党部、莫斯科政府
	教育行政部门	教育部、中国大学院、上海市教育局、山西教育司、浙江省教育厅、吉林省立民众教育馆
	教育咨询机构	上海市民众艺教委会
社会团体	教育	中华美育会、中华教育改进社美育组、江苏省教育会美术研究会、福建省美育研究会、平市教育会、中华武术会
	文化	子民美育研究院、北京美育社、天津美育社
	艺术	育美音乐会、重庆美术社
	职业	惠泥美育馆、上海影戏公司

学校	艺术教育、美育	国画美术学校、上海专科师范学校、上海美术学校、中华女子美专 陕西美育学校、子民美育院、无锡女子美育学校、天津法租界美育学校
	大学	郁文大学
	中等师范、中学	福建省立第一师范学校、乐华女子中学、立群女学、中西女中
展览会	艺术展览会	上海特别市民众艺术展览会、广东美术展览会

美育刊文涉及最多的团体是前述 1936 年 2 月起筹备设立的子民美育研究院。次之是教育部,国家管理教育的行政机关,民国元年成立。1927 年 6 月蔡元培领衔提议推行"以学术化代官僚化"的教育行政制度改革,"舍教育部之名而以大学院名管理学术及教育之机关也"[1]。7 月 4 日国民政府公布《大学院组织法》,10 月大学院成立,蔡元培被推为大学院院长。大学院成立后,因学术研究机关与教育行政机关结为一体,二者实际上难以兼顾,遭受多方反对。1928 年 8 月,蔡元培辞去大学院院长一职,10 月中央教育行政机构教育部恢复成立。国家的美育法令与政策均由此下达:教育部公布"教育宗旨令",提倡美化教育;大学院时期曾订定包含公共美育的训政时期施政大纲。

中华美育会和中华教育改进社美育组是民间团体中对美育贡献最著者。中华美育会由上海专科师范学校、爱国女学联合全国艺术工作者和大中小学校艺术教师,公布有"责任会员"30 位[2]、"普通会员"123 位[3],会员分布相当广泛。入会会员通守规则之一是"会员所在地或所到地之美育状况须随时调查报告"[4],故《美育》杂志留下了极有价值的美育实践史料。如《日韩考察中关于美育材料之纪实》(姜敬庐)、《直隶第五师范美育一斑(我校美育的概况)》(丁健北)、《四川美育一斑》(曾孝谷)等。中华教育改进社是当时中国最大的教育社团。1921 年 12 月 23 日,新教育共进社、新教育杂志社、实际教育调查社三团体合并而成中华教育改进社,推举孟禄、梁任公、严范荪、张仲仁、李石曾五人为名誉董事,蔡元

---

① 蔡元培:《发刊辞》,载《大学院公报》第 1 年第 1 期,1928 年 1 月,第 12 页。
② 《中华美育会会员录》,载《美育》第 2 期,1920 年 5 月,第 93—96 页。
③ 《中华美育会会员录》,载《美育》第 5 期,约为 1920 年 12 月至 1921 年 6 月间,第 60—63 页;第 6 期,1921 年 7 月,第 102—106 页。
④ 《中华美育会草章》,载《神州日报》,1919 年 10 月 13 日。

培、范源濂、郭秉文、黄任之、汪精卫、熊秉三、张伯苓、李湘辰、袁希涛九人为董事①,聘请陶行知为总干事,阵容堪称豪华。下设专门委员会,美育委员会主任为蔡元培,副主任为陈衡恪,后由刘海粟、郑裹裳担任等。中华教育改进社成立之始,美国教育家孟禄博士寄语:"明天有一个光明灿烂的天!"②改进社第三届年会之时雷家骏疾呼:"要读者诸君明白中华教育改进社美育组关系之巨,在今日的中国,要从事美育的运动,是要希望这美育组之健康而伟大!"③

美育团体亦有商业性社团,无锡惠山泥人历史悠久,但日本等国工艺品输入后,"吾邑乃以固有之工艺品且不能与抗衡","遂有惠泥美育馆之设,将从前之工艺一一改良"。④

表1-6 美育史料文献的部分个人作者(或主题涉及个人)统计表

作者(或主题涉及)	刊文数量	作者(或主题涉及)	刊文数量
蔡元培	33	丰子恺(译者)	2⑤
梁启超	9	何作楫	2
许士骐	9	黄忏华	2
刘海粟	8	蒋吟秋	2
李金发	6	李长之	2
吕澂	6	良	2
王国维	6	林森	2
席勒	5	刘伯明	2
陈之佛	4	鲁迅	2
贾丰臻	4	吕凤子	2
李石岑	4	吕斯百	2
周玲荪	4	孟谦之	2
作者不详*	4	沈信卿	2
佛利民	3	王穆清	2

① 《中华教育改进社成立纪要》,载《新教育》第4卷第2期,1922年1月,第304—305页。
② 《全国教育界饯别孟禄博士纪》,载《申报》,1921年12月26日。
③ 《中华教育改进社第三届年会美育组会议纪事录》,载《时事新报·艺术》,1924年7月13日。
④ 《参观惠泥美育馆记》,载《无锡日报》,1916年2月9日、2月10日。
⑤ 丰子恺译有:[日本]阿部重孝著《艺术教育与美育——关于Weber的教育学的基础科学的美学的讨究》(1928);[日本]赤井米吉著《美的教育》(1931)。

作者(或主题涉及)	刊文数量	作者(或主题涉及)	刊文数量
黄公觉	3	吴俊升	2
孟宪承	3	徐延年	2
任启銮	3	荫亭	2
唐隽	3	余箴	2
吴梦非	3	雨相	2
小言	3	张安治	2
徐公美	3	张君劢	2
杨贤江	3	张正藩	2
[日本]中冈田道一、千叶益子(著者)，马春英(译者)	2	张质	2
[日本]佐佐木吉三郎(著者)	2①	郑午昌	2
陈抱一	2	朱允宗	2
丁健壮	2		

＊未署名作者的文献，首先依照文章叙述主题分别归类于团体或个人，无法归类者则归为"作者不详"。

　　蔡元培对美育除呐喊及政治助力外，是终身的倡导和践行："民国元年，蔡元培首倡美感教育，蔡氏自从到德国习哲学、心理、美学之后，他就深感于德国的美育设施优长，且又因其根本思想，倾向于世界主义，所以极力起而提倡美感教育，认为只有'美'，才能破人我之见，进世界于大同。中国十多年来的美感教育思想，实以他为唯一的中坚人物。当时又因着美育本身底功能，政治底助力，时代思潮的激荡，所以竟能在教育实际上，绵延地发生些较大的影响。"②

　　王国维在《教育世界》上发表《论教育之宗旨》，是"在我国现代文化史上首次全面论述美育在教育体系中的重要地位，并提出独具中国特色的'心育论'，初步构建了中国现代美育的框架"③，而他1903年至1907年在《教育世界》上除美育论述外，另有《尼采氏之学说》《红楼梦评论：红楼梦之美学上之价值》《古雅之在

---

① [日本]佐佐木吉三郎的同一篇文章，分别由丁伟东译作《美的教育学》(1914)，由太玄译作《教育之美学的基础》(1921)。
② 舒新城：《中国近代教育思想概观(四)》，载《申报》，1933年11月18日。
③ 曾繁仁：《总序》，见曾繁仁主编、祁海文著《中国美育思想通史·先秦卷》，济南：山东人民出版社，2017年，第17页。

美学上之位置》的美学论述，文章中均是明确使用了"美育"和"美学"的语词。1904 年至 1908 年正值他主持《教育世界》，1906 年前后他的治学兴趣转向文学，不久即由诗词创作又转向中国戏曲史的研究，在美学、美育上着力时间并不长久。但王国维"堪称中国 20 世纪的第一位'学术大师'，也是中国现代美学史上第一个比较系统地引入西方哲学、美学和美育的学术思想，并将这些思想与中国近代思想启蒙和文化革新融为一体的学者"①。

全面梳理 333 篇美育刊文，合并后为 205 位个人作者（或主题涉及个人）。因身份分类相当困难，但其中可称教育家，或明确曾多年在教育界工作者为 86 位，占比最高。有 34 位作者曾留学海外，占总数量的 16.6%，这一比例相当可观，其中留学日本、法国、德国者最多（图 1 - 3）。美育文献作者的学科分布相当广泛，除教育学、哲学、美学、艺术等外，表 1 - 7 中已可见有心理学、博物学、法律学、民族学等。

表 1 - 7 美育史料文献的部分作者留学经历统计表

作者	留学院校及专业等	留学国别
蔡元培（1868—1940）	莱比锡大学，实验心理学、哲学、美学	德国
曾孝谷（1873—1937）	东京美术学校，西洋画选科	日本
鲁迅（1881—1936）	仙台医学专门学校，医学	日本
徐公美（1881—1950）	东京弘文书院，师范科	日本
冀贡泉（1882—1967）	明治大学，法律系	日本
李毅士（1886—1942）	格拉斯哥美术学院，西画；格拉斯哥大学，物理学	英国
张君劢（1887—1969）	日本早稻田大学，法律、政治学 德国柏林大学，政治学（博士）	日本 德国
许崇清（1888—1969）	东京帝国大学，哲学、教育学	日本
黄忏华（1890—1977）	帝国大学，哲学、文学	日本
李石岑（1892—1934）	东京高等师范学校	日本
孙伏园（1894—1966）	巴黎大学，文学	法国
汪亚尘（1894—1983）	东京美术学校，西画系	日本
周太玄（1895—1968）	蒙彼利埃大学，博物学（教育硕士）； 巴黎大学研究院，细胞学与腔肠动物研究（理学博士）	法国

① 杜卫：《审美功利主义：中国现代美育理论研究》，北京：人民出版社，2004 年，第 15 页。

续　表

作者	留学院校及专业等	留学国别
王陆一(1896—1943)	莫斯科中山大学,政治经济学	苏联
唐隽(1896—1954)	美学博士	法国
陈之佛(1896—1962)	东京美术学校,工艺图案科	日本
吕澂(1896—1989)	日本美术学院,美术	日本
陈炳权(1896—1991)	哥伦比亚大学,经济学(硕士)	美国
宗白华(1897—1986)	法兰克福大学、柏林大学,哲学、美学	德国
潘菽(1897—1988)	印第安那大学,心理学(硕士) 芝加哥大学(博士)	美国
孙福熙(1898—1962)	国立里昂美术专科学校,油画、雕塑	法国
朱谦之(1899—1972)	历史哲学	日本
商承祖(1899—1975)	汉堡大学,民族学(博士)	德国
李金发(1900—1976)	第戎国立美术专科学校;巴黎国立美术学院,雕塑	法国
张正藩(1900—1983)	东京高等师范教育研究所 缅甸大学文哲研究所	日本 缅甸
许士骐(1901—1993)	巴黎美术学院	法国
吴俊升(1901—2000)	巴黎大学,文科教育哲学(博士)	法国
杨鸿烈(1903—1977)	东京帝国大学(博士)	日本
胡蛮(1904—1986)	列宁城艺术学院,油画系	苏联
马采(1904—1999)	日本冈山第六高等学校; 京都帝国大学,文学部哲学科	日本
吕斯百(1905—1973)	里昂高等美术专科学校;巴黎高等美术学校	法国
刘狮(1910—1997)	西画、雕塑	日本
谢康(1899—)	巴黎大学(文科博士)	法国
汤松(生卒年不详)	美国密歇根大学,教育学	美国

美育刊文的不少作者曾有创办或主编报刊的相关行迹,参与者、编辑工作者更不计其数。除众所周知的蔡元培、梁启超、王国维、李金发等外,如:罗家伦创办《新潮》;王统照参与创办《曙光》并为主要撰稿人;李石岑主编《民铎》,兼任《时事新报》副刊《学灯》主笔;舒新城创办《湖南教育月刊》;刘海粟创办《美术》《美专

留学国别分布

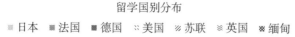

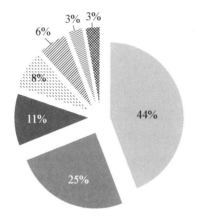

图 1 - 3　美育史料文献的部分作者留学国别分布图

月刊》,主编《艺术旬刊》《画学月刊》;孙伏园任北京《晨报》副刊编辑、《中央日报》副刊编辑、主编《京报》副刊,被称为"副刊大王";王以刚任《越铎日报》同年改名《绍兴民国日报》主编;冀贡泉任《华侨日报》主编。

　　作者中尚有与五四运动密切相关者,如罗家伦,时为北京大学外文系学生,1919 年 5 月 4 日起草《北京学界全体宣言》,5 月 26 日在《每周评论》发表《"五四运动"的精神》,首创"五四运动"名词。朱谦之,时为北京大学法预科学生,与当时在北大图书馆当助理员的毛泽东"常常""讨论无政府主义和它在中国的可能性"①,是五四运动的积极参与者和亲历叙述者。

　　此外与早期中国共产党史亦有相关,杨贤江堪称中国第一位马克思主义教育理论家,早期青年运动领导人之一,1922 年加入中国共产党。② 胡蛮是在鲁迅、宋庆龄的介绍与资助下赴苏联学习和工作。曾凡觉于 1926 年加入中国共产党,并在江津地区建立了第一个党组织。

　　最后,上述 86 位教育家及教育界人士中,许多人拥有多重身份,除了教育家外,还可能是思想家,或哲学家,或美学家,或法学家,或经济学家,或艺术家,或出版家等,或身兼数"家"。然而,其中也有不少只是普通的大学、中学或小学教师,有称是"一生从教"。另有 13 位作者,美育文献刊载时是大学生或中学生身份,后也未有"辉煌"业绩可查。此外,还有 57 位作者,虽有署名,但无法查证到

① 〔美〕爱特伽·斯诺:《西行漫记》,上海:复社,1938 年,第 179 页。
② 参见"第二部分　史案研究"中"'我生'《乐歌之价值》考论——由初刊《教育周报》而起"。

相关身份信息,这部分作者占总人数的 27.8%。上述这些数据和事实,实则从一个侧面反映了普通知识群体、中小知识青年已关注美育,并开始实施美育。美育最初是由王国维等学人进行理论建构,蔡元培则从民国初创起主导参与国家教育方针的制定。从"教育部总长蔡元培对于新教育之意见",到"教育宗旨令"通告颁布,美育的推广实际上是一场自上而下的实行过程。"至社会上对于美育的观感在五四以前虽无特别的赞赏,但亦无人反对。五四而后则已蔚为一种思潮。"在此,期刊媒介与美育思潮呈现正相关关系,期刊作为传播媒介平台推动了美育思潮的传播发展,同时也留下历史之印迹。通过期刊媒介,美育、艺术教育、美学既与精英知识群体、"同人"群体相关联,更与广大教师、学生相关联,与普通民众相关联,最终达到提倡美育、走向普及、走向公众的共识,这才是由媒介而达美育传播的真正价值所在。

三、美育史料文献的主题话语谱系分布特征

笔者首先对"美育史料辑录"的 181 篇"理论"与 102 篇"实践"文献的正文文本部分 59.9 万字,利用在线词频统计分析工具,结合自定义词典,进行机器自动文本分词,多维度筛词,得出 1900 年至 1949 年美育期刊史料文献的部分语词和主题话语词频统计表(表 1-8)①。

表 1-8 美育史料文献的部分语词和主题话语词频统计表

语词	词频	语词	词频	语词	词频	语词	词频
美育	2921	提倡	363	哲学	200	展览会	120
教育	1934	感情	356	审美	199	美术学校	78
宗教	1275	图画	338	艺术家	196	社会教育	75
美术	1212	学生	332	运动	192	美化教育	65
艺术	1193	价值	324	家庭	189	美术教育	51
美的	1049	知识	299	国民	183	教育部	49
生活	781	美学	286	主义	181	普通教育	46
精神	742	自由	269	教师	166	国民教育	33

---

① https://fenci.weiciyun.com/cn/?ut=wcysitetry&(2023 年 5 月 16 日)。

续　表

语词	词频	语词	词频	语词	词频	语词	词频
社会	734	德育	250	文学	157	音乐会	31
学校	648	陶冶	239	民族	156	美术院	30
儿童	617	蔡先生	234	历史	154	文艺复兴	29
人生	616	趣味	234	智育	154	师范学校	28
人类	559	文化	229	国家	153	美育组	27
中国	531	体育	226	美感教育	144	审美教育	20
音乐	462	个人	222	希腊	143	家庭教育	18
道德	459	时代	218	绘画	133	工艺美术	17
科学	433	意志	218	生命	133	北京大学	16
思想	428	建筑	216	情感	130	无产阶级	14
美感	410	艺术教育	213	美术馆	129	美的教育学	13
世界	375	理想	207	优美	129	美育社	10

　　词频最高的前六位是"美育""教育""宗教""美术""艺术""美的",依此统计表大略地可分析并加说明:其一,晚清民国时期的学术界和教育界,"美术""艺术"基本通用,而"美育"与"美术""美感教育""美术教育""艺术教育"等存在较长阶段互相混用的状态。其二,"宗教"一词处于高频之位,或因将美育导源至希腊教育,"柏拉图以明宗教养人伦为宗旨"(刘焜,1902),或因言席勒的美育论"盖鉴于当时之弊而发。十八世纪,宗教之抑情的教育,犹跋扈于时"(王国维,1906),等等。但因蔡元培1916年提出"以美育代宗教"后,争议论辩声终久不绝也是一个重要因素。

　　美育,从中国引进之日起即涵义宽泛,并无一个明确界定和"科学"的定义,内涵和外延也在不断变化发展,曾与多个语汇互相指代或部分指代,表1-9是按时间顺序排列的与美育相关的部分语汇在美育期刊史料中的刊载情况。

表1-9　美育史料刊文中的部分相关语汇分布表*

语汇	作者	文章题名	刊载期刊	刊文时间
审美教育	王国维	霍恩氏之美育说	教育世界	1907
	刘海粟	分组会议议案汇录:美育组 (举办全国美术展览会案)	新教育	1925

语汇	作者	文章题名	刊载期刊	刊文时间
审美教育（续）	李长之	中国美育之今昔及其未来——为纪念蔡孑民先生逝世作	时事新报·学灯（重庆）	1940
美感教育	贾丰臻	讨论教育部长对于新教育之意见	申报	1912
		教育部公布教育宗旨令	政府公报	1912
	陈国惠	论美感教育之关系	教育周报	1913
	袁福伦	美感教育	江苏省立第一师范学校同学会杂志	1914
	闲云	美感教育论	教育研究	1914
		教育部注重美感教育	中华教育界	1914
	荫亭	论美育与道德教育之关系	中华教育界	1917
	王统照	美育的目的	曙光	1919
	李希渊	小学生当如何养成其美感	江苏省立第二女子师范学校校友会汇刊	1920
	蒋瀚澄	美感教育的实施法	时事新报·学灯	1921
	叶作舟	美育之研究	时事新报·学灯	1921
		小学的美感教育	京兆讲演汇编	1921
	吕澂	论美育书	教育杂志	1922
	何天休著，黄公觉译	教育之社会目的	社会学杂志	1922
	易春华	音乐是美感教育	梧州民国日报	1932
	朱光潜	美感教育	读书通讯	1940
	徐公美	中国的美感教育	华文大阪每日	1941
	谢康	健康教育与美感教育	广西教育研究	1942
	萧树模	论美感教育	文化先锋	1945
	许士骐	美育与人类和平	申报	1946
	陈之佛	谈美育	学识	1947
	陈之佛	"以美育代宗教"	学识	1948
美术教育	周树人	儗播布美术意见书	教育部编纂处月刊	1913
	蔡元培	文化运动不要忘了美育	晨报	1919

语汇	作者	文章题名	刊载期刊	刊文时间
美术教育（续）	周玲荪	新文化运动和美育	美育	1920
	周鼎培	美术之解剖及其在教育上之价值	革新杂志	1924
	姚鸿龄	人生观寄在美育上	三师汇刊	1931
	陈之佛	谈美育	学识	1947
	萧孝	美育与心理	广东日报	1948
美的教育	王统照	美育的目的	曙光	1919
	吕澂	论美育书	教育杂志	1922
	孟宪承	所谓美育与群育	新教育	1922
	老丑	美的教育	蜜蜂	1930
	陈之佛	欧洲美育思想的变迁	国立中央大学教育丛刊	1934
	马采	席勒的美的教育论	中山学报	1942
	吕凤子	凤先生说美育	镇丹金溧扬联合月刊	1947
	莎汀	文艺与美育	文坛	1948
趣味教育	何仲英	学校里美育的训练	教育杂志	1921
	梁启超	趣味教育与教育趣味	新教育	1922
人格教育	何仲英	学校里美育的训练	教育杂志	1921
	张绍骞	为轻视美育的人们进一解	美术	1923
	孟谦之	教育美化	时事新报·学灯	1924
宇宙美育	李石岑	美育之原理	教育杂志	1922
	朱谦之	宇宙美育	民铎杂志	1923
教育美化	孟谦之	教育美化	时事新报·学灯	1924
美化教育		蔡院长以美育代德育之主张	世界曙光之中华文化	1928
		教育部提倡美化教育	新闻报	1930
	唐隽	美育的实施	申报	1931
	黄忏华	从美育说到佛教	海潮音	1931
	郭因是	在教育对民族文化所负使命上——检美化教育底理论基础	教育半月刊	1936

续　表

语汇	作者	文章题名	刊载期刊	刊文时间
美化教育（续）		美育问题	西北日报	1945
	朱炳成	论美育与社会之关系	教育与社会	1947
美的教育学	陈之佛	欧洲美育思想的变迁	国立中央大学教育丛刊	1934
	惇颐	美的教育学及其批判	广西教育旬刊	1935
情感教育	朱光潜	美感教育	读书通讯	1940
	萧树模	论美感教育	文化先锋	1945

＊一篇文章如在两种以上期刊发表,本表仅列首发期刊与刊文时间。

对于美育的定义和认知,表1-9所列是曾经使用较多的语汇①,可线性地简略表示美育语汇的发展。下面再列举几位学者关于美育的表述:

"要之美育者,一面使人之感情发达,以达完美之域;一面又为德育与智育之手段,此又教育者所不可不留意也。"(王国维,1903)

"美育者发端于美的刺激,而大成于美的人生,中经德智体群诸育,以达美的人生之路。美育之所以蔚为一种时代精神者,意在斯乎!"(李石岑,1922)

"曰美感教育,曰艺术教育,曰美的教育,皆今人之所谓美育也。"(吕澂,1922)

"凡以美的理论、方法、制作品,用来陶冶美的情操,就是美育。"(杨鸿烈,1923)

"所谓美育,要分两方面,一是美感教育,一是美术教育。"(陈之佛,1947)

现代传媒是最具现代性的标志之一,印刷现代性带来的报刊媒介是知识和思想迈向大众的重要环节。从精英到大众,体现了现代性的落脚点。期刊与图书相比,不是一种独白,而是一种对话、一种互动。现代传媒——报刊印刷媒介以信息扩散迅速、传播空间扩大的媒介属性,构建起一个"公共空间",成为传播美育、艺术教育的重要场域,使期刊逐渐成为美育、艺术教育的主导者与受众产生联系的传播与反馈渠道,生长成美育的勃发之树。(图1-4)

---

① 因"下编　史料编"的"篇目汇编"单列了"美学"与"艺术教育"两类,故"美学"与"艺术教育"未列于表中。

图 1-4　美育史料文献的部分语词和主题话语词云图

第二部分

史案研究

思想没有时间等到水到渠成——等到积累成一本书。书太慢了。从今天起,唯一可能的书就是报纸。

——法国诗人马拉美(1831 年)①

---

① 〔加〕埃里克·麦克卢汉,弗兰克·秦格龙:《麦克卢汉精粹》,何道宽译,第 2 版,北京:中国大百科全书出版社,2021 年,第 73 页。

"美育"译介考

——以《申报》刘焜策论为线索[①]

近代含义的"美育",学界现多认为源自蔡元培的译文。[②]《普通学报》1901年10月(辛丑九月)第1期署名蔡崔颐的《哲学总论》中有:"哲学者,普通义解谓之原理之学。……心理学虽心象之学,而心象有情感、智力、意志之三种。心理学者考定此各种之性质作用而已,故为理论学。其说此各种之应用者,为论理、伦理、审美之三学。伦理学说心象中意志之应用,论理学示智力之应用,审美学论情感之应用。故此三学者为适合心理学之理论于实地,而称应用学也。其他有教育学之一科,则亦心理之应用。即教育学中,智育者教智力之应用,德育者教意志之应用,美育者教情感之应用是也。"文末有"从日本井上圆了君《佛教活论》中节译"。这是由哲学而心理学而教育学至"美育"的译介。笔者则从《申报》刊载的一篇科举策论起而推理考定"美育"的另一条译介之路。

一、《申报》中刘焜之策论

1902年10月17日,因"科举变制改试论策经义","浙榜揭晓,闱艺传来",《申报》"爰取解元刘君三场首艺校录报端"(图2-1-1),其中策题为"西国学术

---

① 原题为《美育》译介考:以刘焜科举朱卷为线索》,载《美育学刊》2023年第4期;全文又载《复印报刊资料·美学》2023年第6期。

② 参见谭好哲:《中国现代美育的历史进程与目标取向》,载《山东社会科学》2007年第1期;易晓明:《寻找失落的艺术精神——儿童艺术教育的人文化建构》,北京:高等教育出版社,2007年,第7页;朱志荣:《中国审美理论》,上海:上海人民出版社,2013年,第320页;李清聚:《蔡元培"以美育代宗教"思想研究》,北京:中央编译出版社,2017年,第73—74页;赖勤芳:《"日常生活"与中国现代美学研究》,北京:光明日报出版社,2019年,第34页;方芳:《转向与重构:20世纪上半叶中国美育观念史考察》,安徽师范大学博士论文,2021年,第44—45页等。

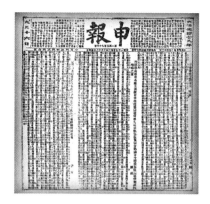

图 2 - 1 - 1　刘焜三场首艺"论、策、义"（1902 年 10 月 17 日《申报》头版）

导源希腊,其流派若何? 学校废兴若何? 教育名家孰为最著? 宗旨孰优? 方今博采良法,厘定学制,试陈劝学之策",刘焜策论全文如下:

> 以兵战者弱其人,以商战者弱其国,以学战者弱其种。环球列强,争荣竞光;独我黄种,习故蹈常。可惧哉! 可惧哉! 今欧西学术备矣,而沿而溯之,则希腊其滥觞也。希腊开化,当中国成周之末造。其国以教育为政治,能独辟思想,增长学识,以其学派衍为教派。考其支系,厥为二宗:一为斯巴达之教育,一为雅典之教育。斯巴达立宪于法官来库古,其教分三等:一曰体育,二曰智育,三曰德育。而大致以志力雄壮、身体坚强为主,其宗旨尚武。雅典定课于梭伦,其教分两级:一曰儿童教育,二曰美育。而大致以陶冶性灵、丽饰气体为主,其宗旨尚文。时则七贤踵兴,哲学林立,派衍流别,薪尽火传。一衍而为罗马帝政教育代兴之时代,再衍而为罗马灭亡教育败坏之时代,三衍而为僧侣教育之时代,四衍而为烦琐理学教育之时代,五衍而为阿剌伯大学振兴之时代,六衍而为意大利兴化教育输入欧洲之时代,七衍而为英德法荷各变其民、教育沿及欧北之时代。其间或废或兴,若存若亡,忽昧而明,倏枯而萌,乃以成此十九世纪之改良,善夫善夫! 欧洲文明,其以此夫。古时名贤,如德拉吉德谟吉之徒,入主出奴,各自为派,不可枚举。举其教育之最著者,于希腊上古时代,得三人焉:曰苏格拉第,曰柏拉图,曰亚理斯大德。苏格拉底以设疑问善剖晰为宗旨,柏拉图以明宗教养人伦为宗旨,亚理斯大德以体操、音乐发达知力为宗旨。自是以后,如路德,如嘉尔文,如美兰其松,如郭英迭利安之善于劝,如培那第克达之主于严,皆各具热力,独有精神。至于近代,若法之毛塔奇尼氏,奥之廊美纽司氏,英之陆克氏,瑞士之卢索氏,皆卓卓者,而大要不出希腊之两派。就东方而论,日

本、俄罗斯,近于斯巴达者也,中国近于雅典者也。而强弱之判若此,则其优绌之旨,可得而悟也。今国家博采良法,厘订学制,甚盛事也。然窃恐不明西儒哲学之旨,而蹈新进浮嚣之习,舍本求末,无裨实用。天下固有万难缓之举,而又必慎于谋始者,慎之奈何,敢进而策之日,是不在采西学之科条,而先贵乎定教育之宗旨。

中国有 1300 余年的科举制历史,欧阳修称"国家取士之制,比于前世,最号至公"①,黄宗羲称"举业盛而圣学亡"②,18 世纪的欧洲哲人"将这类理性政策和文明教育视作'浩瀚王国'(Mightie Kingdome)的象征"③,美国基督教传教士林乐知称"所举非所用,所用非所举"④,孙中山称"中国的考试制度,就是世界中最古最好的制度"⑤,至 1901 年(辛丑年)走到最后的变革,1905 年(乙巳年)科举制停废。

1898 年戊戌变法时,康有为上《请废八股试帖楷法试士改用策论折》,请求光绪帝先废八股,改用策论,再徐废科举:"其今乡会童试,请改试策论;以其体裁,能通古证今,会文切理。本经原史,明中通外,犹可求空疏之宿弊,专有用之问学。"⑥此时请废八股呼声高涨。不久清廷下诏废八股文,且规定科举考试改用策论,后即依张之洞、陈宝箴等奏颁布科举改革具体方案。但戊戌政变旋作,旧制尽复。

1901 年 8 月 29 日,清廷发布"废八股、改策论"上谕,"嗣后乡、会试头场试中国政治史事论五篇,二场试各国政治艺学策五道,三场试四书义二篇、五经义一篇"。之后辛丑奏定新章(《礼部政务处会奏变通科举章程》)颁行。⑦

1902 年(壬寅年)至 1904 年(甲辰年)举行科举改制下国史的最后两科乡试和会试——光绪二十八年壬寅补行庚子辛丑恩正并科乡试⑧、光绪二十九年癸卯补行辛丑壬寅恩正并科会试⑨、光绪二十九年癸卯恩科乡试、光绪三十年甲辰

---

① 欧阳修:《论逐路取人札子》,见《欧阳修集编年笺注》第 6 册,成都:巴蜀书社,2007 年,第 464 页。
② 黄宗羲:《恽仲升文集序》,见《黄梨洲文集》,北京:中华书局,1959 年,第 334 页。
③ [美]本杰明·艾尔曼:《晚期帝制中国的科举文化》,高远致,夏丽丽译,北京:社会科学文献出版社,2022 年,第 2 页。
④ 林乐知:《中国专尚举业论》,载《万国公报》,1882 年 704 卷,第 28—29 页。
⑤ 孙中山:《五权宪法:对中国国民党特设办事处讲演》,见《孙中山先生演说集》,上海:民智书局,1927 年,第 35 页。
⑥ 康有为:《请废八股试帖楷法试士改用策论折》,见《康有为诗文选》,广州:广东人民出版社,1983 年,第 556 页。
⑦ 韩策:《科举改制与最后的进士》,北京:社会科学文献出版社,2017 年,第 50—53 页。
⑧ 以下简称光绪壬寅乡试。
⑨ 习称癸卯科。

恩科会试①。1902 年 9 月,辛丑科举新章首次在光绪壬寅乡试实施。刘焜
(1869②—1931),字芷香、子湘、治襄,号松庵,晚号甍园,浙江金华府兰溪县人。
科举改制第一科的光绪壬寅浙江乡试中举为头名解元,在策论首艺答题中述及
"美育"。次年癸卯科会试中式二甲进士,授翰林院庶吉士,任翰林院编修、国史
馆协修。1905 年主京师大学堂教务,1908 年供职学部编译图书局。

二、科举朱卷中的"美育"

朱卷,本意指在科举中,为避免考官凭辨识笔迹舞弊,考生原卷(墨卷)须弥封
后由誊录人用朱笔誊写的卷子。乡试、会试科场内由官方编定的答卷文集也被称
为朱卷。明清科考中试后的考生将履历、科份、试卷刊印赠人,同样被称为朱卷。

因《申报》策论起而检寻刘焜的朱卷(图 2-1-2),朱卷大体分考生履历(姓
名、字号、行第、出生年月、籍贯、住址、本族谱系、师承传授等),科份页(本科科
份,中式名次,主考官和同考官等姓氏、官阶与批语),试卷文章。辛丑科举新章
在此科首次实践,废誊录,仅糊名弥封,"传统考试中占主导地位的经学退居至次
要地位,代之以涉及史论、西学、时政的策题"③。

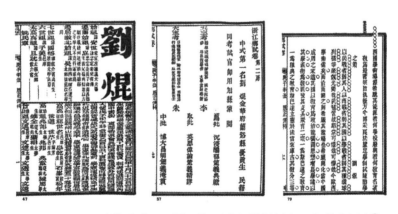

图 2-1-2 刘焜朱卷——履历首页(左)、批语(中)、二场首艺(右)④

---

① 习称甲辰科,且与癸卯科并称"癸甲"。
② 刘焜乡试朱卷履历的出生年月为"同治己巳年十月二十三日"(1869 年 11 月 26 日)。目前所见文献大
   多记载为刘焜(1867—1931),如:金华市地方志编纂委员会:《金华市志》第 1 册,2017 年,第 499 页;刘
   成陆:《刘治襄先生年谱》,见《刘焜诗文集粹》,北京:中国戏剧出版社,2007 年,第 174 页。
③ 李林:《最后的天子门生——晚清进士馆及其进士群体研究》,北京:商务印书馆,2017 年,第 24 页。
④ 顾廷龙:《清代朱卷集成》第 294 卷,台北:成文出版社,1992 年,第 47、57、79 页。

由光绪壬寅浙江乡试的首艺策题及刘焜答卷,知题眼为"西国教育、西国学制、教育宗旨",继而从策题触类搜求,尝试查索科举改制改用策论后的其他朱卷,现已检得述及"美育"的另8篇答卷(光绪壬寅浙江乡试7篇、光绪癸卯湖北乡试1篇),摘录如下。

(一)光绪壬寅浙江乡试

策题"西国学术导源希腊,其流派若何? 学校废兴若何? 教育名家孰为最著? 宗旨孰优? 方今博采良法,厘定学制,试陈劝学之策"。七篇答卷摘录:

> 继希腊而起者,一为希巴达之教育,一为雅典之教育,大致不外乎体育、智育、德育。体育主强壮人之身躯,智育主开发人之知识,德育主培养人之情性。斯巴达与雅典,均奖励体育。雅典又在考求美育,其意以为美丽之精神,实存乎美丽之身体,而体育与智育之保合,藉美育以达之也。
> ——文光①

> 西国学术备矣,而导源希腊。希学流派区矣,而一于教育:斯巴达之体育,雅典之美育。
> ——张礼干②

> 由是而疝别支分,衍之为两大宗,则有所谓斯巴达之学者,有所谓雅典之学者。虽为体育,为智育,为德育,为美育,宗旨或有不同,而要皆以教育之责为己任。……虚无因循之陋习、支离叫嚣之浇风,而取法于所谓体育、智育、德育、美育者,实事而求是焉!
> ——汪树荣③

> 溯其学派,厥有二途。有所谓体育者,则斯巴达之派也;有所谓美育者,则雅典之派也。
> ——张原炜④

> 斯巴达教育尚武,专重体育,其宗旨在雄强体质。雅典教育尚文,更重美育,其宗旨在美丽饰观。
> ——孙祖燨⑤

① 顾廷龙:《清代朱卷集成》第295卷,台北:成文出版社,1992年,第369—370页。
② 顾廷龙:《清代朱卷集成》第296卷,台北:成文出版社,1992年,第145—146页。
③ 顾廷龙:《清代朱卷集成》第298卷,台北:成文出版社,1992年,第118—120页。
④ 顾廷龙:《清代朱卷集成》第298卷,台北:成文出版社,1992年,第341页。
⑤ 顾廷龙:《清代朱卷集成》第299卷,台北:成文出版社,1992年,第20页。

> 源流派别,希腊为一祖,斯巴达、雅典为二宗。……体育一派则精悍耐苦,纪律服从,有斯巴达之风学;美育一派则洞达内朗,气象雍容,有雅典之风。……国家采彼法、厘学制,日以劝学为事。美育尚文,我其勖诸;体育尚武,我宜亟储。

——武曾任①

> 而当时名之最著者,体育、美育两派外,要惟苏格拉底、柏拉图、亚里士多德三人。

——楼之东②

(二) 光绪癸卯湖北乡试

策题"泰西③小学教育之旨,斯巴达、雅典宽严异尚。教育名家,或主家庭教育,或主学校教育,或主体育、智育、德育诸义。孰得孰失,宜融会贯通,折衷至当,以端蒙养之基策"。涉及"美育"的一篇答卷摘录:

> 今考泰西小学教育,实导源于希腊,而分派于斯巴达与雅典。……斯分教育为三等:曰体育以完其身体之强固,智育以发其心志之识念,德育以振其伦理之义务。其究也,愤与勇果,无庸懦之习。雅分教育为二级:曰儿童教育,曰美育。谓美丽之精神,存于美丽之身。体育、智育之保合,赖美育以达之。其究也,哲理之科,允冠后世。

——左树玉④

从朱卷履历梳理 9 名考生的基本状况(表 2-1)可知,考籍中杭州府 3 人,绍兴府、宁波府各 2 人,金华府 1 人,德安府 1 人。他们的年龄分布从 21 岁至 41 岁,平均年龄 32 岁。

科举新章颁布突然,从经史八股改考政艺策论,令士子无措,有称"时人之所务(如洋务等类),是舍其田而芸人之田者也,其不入于歧途者鲜矣"⑤。《点石斋画报·贞十二》刊《时文鬼》(图 2-1-3)报道广西某郡千余士子请缓策论:"国家以制艺取士,历二百余年,一旦忽改为策论,士子半生学力尽付东流,不免同深扼

---

① 顾廷龙:《清代朱卷集成》第 299 卷,台北:成文出版社,1992 年,第 323—325 页。

② 顾廷龙:《清代朱卷集成》第 300 卷,台北:成文出版社,1992 年,第 16 页。

③ 泰西:"犹言极西,旧时用以称西方国家,一般指欧、美各国。如明末成书之《火攻挈要》,即题泰西汤若望授。"(《辞海》)

④ 顾廷龙:《清代朱卷集成》第 321 卷,台北:成文出版社,1992 年,第 214—215 页。

⑤ 刘大鹏:《退想斋日记》,乔志强标注,北京:北京师范大学出版社,2020 年,第 101 页。

表 2-1　科举策题答卷述及"美育"的考生基本状况表①

姓名	出生年(年龄)	科份	中式名次	考籍	在学身份	就学处
刘焜	1869(34)	光绪壬寅浙江乡试	第 1 名	浙江金华府兰溪县	优贡生	郡城丽正书院，省城崇文书院、紫阳书院诂经精舍、敷文讲庐
文光	1876(27)	光绪壬寅浙江乡试	第 43 名	杭州驻防正白旗	廪膳生	求是书院、浙江大学堂、南洋公学特班
张礼干	1878(25)	光绪壬寅浙江乡试	第 65 名	浙江绍兴府山阴县	廪膳生	
汪树荣	1862(41)	光绪壬寅浙江乡试	第 118 名	浙江宁波府鄞县	廪贡生	月湖书院、鄮山书院、敷文书院、崇文书院、紫阳书院(受知师)
张原炜	1882(21)	光绪壬寅浙江乡试	第 138 名	浙江宁波府鄞县	廪膳生	鄮山书院(受知师)
孙祖燧	1867(36)	光绪壬寅浙江乡试	第 146 名	浙江杭州府余杭县	廪贡生	
武曾任	1873(30)	光绪壬寅浙江乡试	第 169 名	浙江杭州府钱塘县	附生	
楼之东	1866(37)	光绪壬寅浙江乡试	第 174 名	浙江绍兴府萧山县	附生	蕺山书院、龙山书院、松陵书院
左树玉	1867(37)	光绪癸卯湖北乡试	第 36 名	湖北德安府应山县	拔贡生	经心书院(受业师、受知师)

腕。且不问其学习与否，骤以新法强令率尔操觚，其事之难，固不待言。"因此，1902 年光绪壬寅乡试出现考生大减的情况。②

---

① 数据来自顾廷龙主编《清代朱卷集成》，台北：成文出版社，1992 年，第 294—296、298—300、321 卷。
② 曹南屏：《阅读变迁与知识转型：晚清科举考试用书研究》，北京：社会科学文献出版社，2018 年，第208 页。

图 2-1-3 时文鬼(《点石斋画报·贞十二》)

此种形势之下,士子的因应策略大变。应策的改变当然包括书院和学堂。上述9位考生,多就读于书院。"在一千年以来,书院,实在占教育上一个重要位置,国内的最高学府和思想的渊源,惟书院是赖。盖书院为我国古时最高的教育机关。"清代所有书院概系公立,"学生除不收学费外,又有膏火、津贴、奖赏等。……每一书院,藏书极多,学生可以自由搜求材料,并有学识丰富之山长,加以指导"。① 刘焜、汪树荣就读过的敷文书院(后别构敷文讲庐)、崇文书院、紫阳书院是浙江省会书院。文光,全名苏完瓜尔佳氏文光,已就读于新式学堂。文光"肄业求是书院、浙江大学堂并南洋公学特班"②,受业师有蔡元培(翰林院编修、南洋公学特班教习)、赵诵宣(前南洋公学特班教习、现京师大学堂总办),问业师有高啸桐(前东城讲舍主讲,后浙江大学堂汉文总教习)、林琴南(前东城讲舍掌教)等。③

1897年8月,浙江巡抚廖寿丰上陈《浙江省城专设书院兼课中西实学疏》:"查浙江杭州省城,旧有敷文、崇文、紫阳、学海、诂经、东城书院六所,今方以制艺取士,势难骤为更张。另设则无此经费,惟有酌筹改并,因势倡导,择庠序有志之士奖进而培植之,庶趋向端而成就易。……专设一院,更名求是书院。即委该府知府林启为总办,延一西人为正教习,教授各种西学,华教习二人副之,一授算学,一授西文。"④浙江书院、学堂早已有西学渐进之风。

湖北左树玉,其祖父与父亲均曾任浙江会稽县知县。祖父左金铭,中举后

① 胡适:《书院制史略:在南京东南大学讲演》,陈启宇记,载《东方杂志》,1924年第21卷第3期,第142—144页。
② 顾廷龙:《清代朱卷集成》第295卷,台北:成文出版社,1992年,第351页。
③ 顾廷龙:《清代朱卷集成》第295卷,台北:成文出版社,1992年,第356—357页。
④ 廖寿丰:《浙江省城专设书院兼课中西实学疏》,载《万国公报》,1897年第104期,第11页。

"诰封奉政大夫同知衔浙江会稽县知县";父左绍斗,"以知县用,签分浙江,办理嘉善厘务,署理松阳县事,补授会稽知县加同知衔"。[①] 故左树玉可能就读过浙江书院,而湖北武昌的经心书院,始由张之洞奏立,李鸿章正式定名。书院面向全省招生,由学政在各县诸生中亲自选拔调取。1897 年,张之洞提出"中学为体,西学为用"的办学原则。[②]

1903 年 4 月,癸卯科会试首道策题为"泰西最重游学,斯密氏为英大儒,所论游学之损亦最挚切,应如何固其质性,限以年例,以期有益无损策",题出严复译《原富》戊部[③]。严复所译《原富》"戊部"初版是 1902 年由南洋公学译书院印行的,次年即入考题。刘焜在会试的策题答卷中有:"而《原富》戊篇,乃极言游学之损,彼岂身历之而禁人之效之哉!"[④]可见刘焜已涉猎《原富》,作答精准定位到"戊部"。

三、《泰西学案》中的"美育"

对于第二场政治艺学策论的命题,辛丑新章规定:"查各国政治,自以学校、财赋、商务、兵制、公法、刑律、天文、地理为大纲。其艺学则格致、算术、制造、声、光、化、电等类,亦宜研究入微,各求心得。"因改制后策论的命题范围如此之广,"惟恐边远省分,风气尚未大开,现译各书亦未流传悉遍。拟请近科考试,先以各国政治艺学中之切于实用者命题",同时指定"闱中备考书籍","至应用各国政治艺学诸书,亦拟由两江、两广、两湖各督抚查照现已译成之书,有关乡会试闱中备查者择要开单,一并咨送到部。其学堂所有书籍,亦许闱中随时调阅"。[⑤] 至于针对考官也"罕通新学"的质疑,张之洞回应道,"应试则难,试官则易。近年上海译编中外政学、艺学之书不下数十种,切实者亦尚不少,闱中例准调书,据书考校,似不足以窘考官"。[⑥] 由此可知,对于政艺策论,士子最好的应策之途应是遍览译编之书。

再考察上述 9 名考生的答卷,其存在许多相似之处,均言西国学术导源于希腊,教育则分派于斯巴达之体育与雅典之美育两宗。湖北的左树玉与浙江的刘

① 顾廷龙:《清代朱卷集成》第 321 卷,台北:成文出版社,1992 年,第 197—198 页。
② 许颖,马志亮:《武昌老建筑》,武汉:武汉出版社,2019 年,第 190—191 页。
③ 韩策:《科举改制与最后的进士》,北京:社会科学文献出版社,2017 年,第 129 页。
④ 刘成陆:《刘焜诗文集粹》,北京:中国戏剧出版社,2007 年,第 49 页。
⑤ 《光绪二十七年十一月初一日(1901.12.11)礼部政务处会奏变通科举事宜折(附章程)》,见朱有瓛:《中国近代学制史料》第 1 辑下册,上海:华东师范大学出版社,1986 年,第 131—134 页。
⑥ 韩策:《科举改制与最后的进士》,北京:社会科学文献出版社,2017 年,第 75 页。

焜更是同称雅典教育分儿童教育和美育二级。关于教育名家,如苏格拉第(苏格拉底)、柏拉图、亚理斯大德(亚里士多德),甚至连毛塔奇尼(蒙田)、廓美纽司(夸美纽斯)、陆克(洛克)、卢索(卢梭)等也如出一辙。① 这些考生的答案似乎语出同源,有很大可能来自共同或相似的读本。

科考参考书在唐代已行世,改制首科光绪壬寅乡试之后,催生大量适用科举新章尤其是策论备考书籍的出版,如《中外策问大观》《策论讲义渊海》《中外时务策问类编大成》《各国政艺通考》《泰西事物丛考》等,多属策问汇编、模拟试题、"百科全书"式参考资料。如《中外策问大观》的各类目均涉及对西学的讨论,光绪壬寅乡试的各省解元都有答题收入,其中就有刘焜"西国学术导源希腊……"一篇②。《时务报》《清议报》《新民丛报》等"对近代中国新学传播贡献甚大的报章"也成为1903年"乡试必携"的考试用书。③ 癸卯科借地汴闱时,汴梁的北大街成为书肆,"京、津、沪、汉之书商均麇集于斯街,而时务等书汗牛充栋,不堪枚举其名目,凡应会试者,皆到书肆购买时务诸书,以备场中查对新法,故书商、书局抬其价,并不贱售……"④

此时还有一类名为"学案"的汇编类西学读本问世,以《泰西学案》为首。有研究者关联《泰西学案》与文光、孙祖燧、余霖的答卷:

> 如光绪庚子辛丑年的恩正并科,一名叫文光的士子就在《西国学术道(导——笔者注)源希腊,其流派若何? 学校费(废——笔者注)兴若何? 教育名家孰为最著? 宗旨孰优? 方今博采良法、厘定学制,试陈劝学之策》的答卷中提及:"若教育改良家,法之毛塔耶尼,奥之廓美纽司,英之陆克,瑞人之卢索、裴司塔若藉,德之佛罗卜尔、显露柏罗都,英之斯宾塞皆具大智量、大思想。"……从该生的表述可以想见,他有可能是读了《泰西学案》或类似的书籍。这也证明《泰西学案》能为科举士子提供帮助。此外,士子孙祖燧、余霖的同题答卷,其对泰西教育家的表述也与文光类似。⑤

---

① 文光、张礼干、汪树荣、孙祖燧、武曾任、楼之东的答卷述及苏格拉第、柏拉图、亚理斯大德,文光、张礼干、孙祖燧、武曾任、左树玉的答卷亦有毛塔奇尼、廓美纽司、陆克、卢索等。

② 章清:《"策问"与科举体制下对"西学"的接引——以〈中外策问大观〉为中心》,载《中央研究院近代史研究所集刊》,2007年第58期,第83—84页。

③ 曹南屏:《阅读变迁与知识转型:晚清科举考试用书研究》,北京:社会科学文献出版社,2018年,第213页。

④ 刘大鹏:《退想斋日记》,乔志强标注,北京:北京师范大学出版社,2020年,第553页。

⑤ 孙煜:《清末民初的"西学在地化"——以〈泰西学案〉为中心》,复旦大学历史学系,复旦大学中外现代化进程研究中心:《近代中国的阅读史》,上海:上海古籍出版社,2022年,第100页。

学案体史籍由南宋朱熹《伊洛渊源录》开端,至清代黄宗羲《明儒学案》完善定型,是继纪传体、编年体、纪事本末体等之后的一种传统历史编纂体裁,是记述学派源流及其学说内容并加论断的学术史书写。《泰西学案》由王阑、周流编辑,日本东京八尾活版所1903年8月12日印刷,上海明权社9月1日发行。江左病骥氏在《泰西学案序》中谈编辑宗旨:"不求欧美学术之渊源,不足以通各种之学问也;不考古今学说之异同,不足以辨各种之学派也。……所以录泰西之学说,考兴盛之原因,为我祖国学界中人得以据是编而可以立人,得以兴国。"但《泰西学案》并非西方学术史的"正途"书写,而是分"哲理学案""教育学案""政治学案""经济学案"四门,下列苏格拉底、柏拉图、亚里斯多德(亚里士多德)、倍根(培根)、笛卡尔、康德、毛塔耶尼(蒙田)、廓美纽司、陆克、卢骚(卢梭)、斯密亚丹(亚当·斯密)等诸学案。书中并未标明为转载,其实主要辑自《新民丛报》《翻译世界》《清议报》《江苏》《游学译编》等报刊[1],"搜集的均是报刊上新发表的谈西学的文章,有的篇目甚至报纸连载尚未完结便匆忙收录"[2]。《泰西学案》博采西学,1905年被上海商务印书馆收购版权再版,行销颇广,直至民国后还成为学校的参考书[3],但在初版时属"新鲜"的西学汇编,不失为了解西学的"捷径",引渡"新知"的特殊津梁[4],可应科场之用,成为射策新学选本。

《泰西学案》第二编"教育学案"的开篇可见"美育":

> 欧西文化本原于希腊、罗马二国,凡一切建筑、雕刻、音乐、诗文、历史、演说、法律、政治、哲学,所以促进人文诸元质者,皆此二国立之基础。……故教育史上,希腊、罗马二国,颇占高等位置。希腊分为二十余州,而风气强忍,重武轻文,以斯巴达为最;雅典则与斯巴达异趣,崇文学,尚美育,故大哲学家如苏格拉底等,多生是邦。[5]

由此,上述考生的"美育"答案是否来自《泰西学案》? 实际上几无可能,《泰西学案》发行于1903年9月1日,迟于1902年光绪壬寅浙江乡试。而光绪癸卯

---

① 孙煜:《清末民初的"西学在地化"——以〈泰西学案〉为中心》,复旦大学历史学系,复旦大学中外现代化进程研究中心:《近代中国的阅读史》,上海:上海古籍出版社,2022年,第79—81页。

② 孙煜:《清末民初的"西学在地化"——以〈泰西学案〉为中心》,复旦大学历史学系,复旦大学中外现代化进程研究中心:《近代中国的阅读史》,上海:上海古籍出版社,2022年,第85页。

③ 孙煜:《清末民初的"西学在地化"——以〈泰西学案〉为中心》,复旦大学历史学系,复旦大学中外现代化进程研究中心:《近代中国的阅读史》,上海:上海古籍出版社,2022年,第84页。

④ 孙青:《引渡"新知"的特殊津梁——清末射策新学选本初探》,载《近代史研究》,2013年第5期,第102页。

⑤ 王阑,周流:《泰西学案》,上海:明权社,1903年,第103页。

湖北乡试始于1903年9月29日,在湖北同月得书的可能性亦不太大。但研究者在《泰西学案》的研究中,大致已寻获每篇学案的文本来源,"教育学案"的苏格拉底、柏拉图、毛塔耶尼等章节,源自《泰西教育史》[1]。

四、《泰西教育史》与《内外教育史》之"美育"

《泰西教育史》(图2-1-4),日本能势荣著,仁和叶瀚译,金粟斋辛丑六月版(1901年7月),卷内题"太西[2]教育史"。书分上、下两篇:上篇凡六章,叙西方古代教育事业及近代兴学规模,包括古代希腊教育、古代罗马教育、中古欧洲教育、近代文学再兴、近代教育改良等;下篇凡九章,记西方近世教育家及改良法,包括教育改良家毛塔耶尼氏、廓美纽司氏、陆克氏、卢索氏、裴司塔若藉氏(裴斯泰洛奇)、佛罗卜尔氏(福禄培尔)、斯宾塞尔氏(斯宾塞)、显露柏罗都氏(赫尔巴特)其人其说并其说之评略,近世之教育方今国民盛况(德意志教育、法兰西教育、美利坚教育、英吉利教育)。

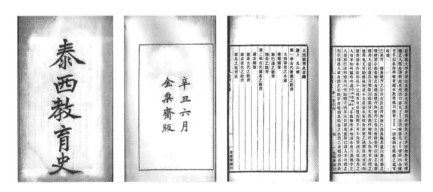

图2-1-4　《泰西教育史》封面、版权页、目录页、"美育"页,上海图书馆藏

上篇第一章为"古代希腊之教育",开篇述"太西开化之本原":

> 希腊罗马二国,为太西文化之创始者,学者欲稽当今开化之本原,谓其出于此二国可也。即如建筑、雕刻、音乐、诗文、历史、演说、法律、政治、哲学等事,所以促进人文诸元质者,皆由此二国遗其规准。……是故二国于教育史上,颇占高等位置。凡涉教育之思想与其事业,皆令人有向慕之思。

① 孙煜:《清末民初的"西学在地化"——以〈泰西学案〉为中心》,复旦大学历史学系,复旦大学中外现代化进程研究中心:《近代中国的阅读史》,上海:上海古籍出版社,2022年,第80页。
② 泰西,时又有称"太西"者。

摘记其大略为：希腊古代分为二十余州，在教育史上只须揭其中之二州或二都府，即斯巴达与雅典，可以知其概。斯巴达"此都府之立，法官来库古定宪法"，其教育有体育、智育、德育、女子教育，"一言以蔽之，曰尚武教育"。雅典在梭伦为统领时，变夙昔苛法"而编制仁义兼备之新法，大奖教育"，其教育如儿童教育、美育，且雅典有"三哲学者，各集美才少年，而教以高眇之哲学。三人者，苏格拉第 Socrates、柏拉图 Plato、亚理斯大德 Aristotle 是也"。其中关于"美育"的论述如下：

（乙）美育

雅典教育之宗旨，在于美育，与斯巴达异趣。其意以为美丽之精神，实存于美丽之身体，而体育与智育之保合，皆藉美育以达之也。故雅典人最注意于音乐、雕刻、建筑、诗文、戏曲，并臻精妙，凡此皆求身体之优美也。……又雅典人之盛用音乐于学校者，或非专为娱耳也。盖欲使人爱秩序之调和，宣发其精神，而慰安其情欲也。故其音乐之用有三：一常施于实际，感其用也；一法律亦括为诗歌而布告也；一宗教之执事，或亦用唱歌为也。

至此，基本可判定《泰西教育史》即是前述考生的读本。在光绪壬寅乡试之前，尚无科举改制新章的策论"真题"问世，对考生而言，实如张之洞所说"经文或可欺门外汉，对策除平日多读书外，别无捷径也"[①]。此外，如文光、左树玉的答卷部分文字与此书完全相同，似能旁证此两科乡试与癸甲会试一样，场中可带书翻检。

金粟斋版《泰西教育史》是我国最早译介的西方教育史专著。金粟斋译书处1901年初由蒯光典成立于上海，曾刊行严复所译名著《穆勒名学》，王国维所译《日本地理志》（日本中村五六编纂，顿野广太郎修补）和《法学通论》（日本矶谷幸次郎著）等。金粟斋版《泰西教育史》中提及的许多西方教育家都是"汉文文献中第一次出现的汉译名"。[②]译者叶瀚（1861—1936），字浩吾，浙江仁和（今属杭州余杭）人，留学日本，为中国近代教育的先驱者之一。1895年，在上海与汪康年创办《蒙学报》。1902年，与蔡元培、章太炎等发起成立中国教育会。1905年，与蔡元培、杜亚泉等创办理科通学所。民国后曾任北京大学历史系教授兼研究所国学门导师。早年曾创办启秀编译局，1901年又译《新撰亚细亚洲大地志》。

《泰西教育史》正文前有汪德渊识语：

---

① 张之洞：《书目答问二种》，陈居渊编，上海：中西书局，2012年，第323页。

② 邹振环：《赞助者与清末新知识的传播——上海金粟斋刊行的译书及其影响》，见王宏志：《翻译史研究2017》，上海：复旦大学出版社，2018年，第174页。

是书原名《内外教育史》，内篇详于东方曩时教育之制度，学者所习知，叶浩吾君特取外篇译之，而锡以今名焉。顾能势氏原文多屈曲例，于汉土属文之谊法甚有虚实异置者，乃为涂乙而修饰之，章太炎、王效瞿两君与德渊实任其事。原文又有用汉故而失当者，亦钩稽原意而为之改定，日本西村子俊君实任其事。辛丑七月汪德渊识。

《泰西教育史》一书 1901 年 5 月 11 日（光绪二十七年三月二十三日）译毕，8 月 23 日（七月初十日）印毕，8 月 28 日（七月十五日）发行，发行者金粟斋译书社，印刷者吴云记印书局，线装二册。[①]《泰西教育史》另有京都文明书庄 1902 年（清光绪二十八年）版，一册。[②]

《泰西教育史》译自日文《内外教育史》的外篇。《内外教育史》（图 2-1-5），能势荣著，明治廿六年十一月十五日（1893 年 11 月 15 日）根岸高光印刷，十一月十八日（11 月 18 日）日本东京金港堂书籍株式会社发行。

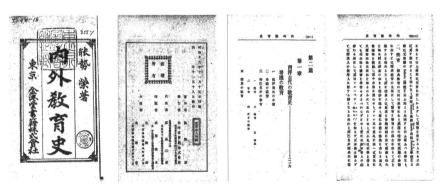

图 2-1-5　《内外教育史》封面、版权页、目录页、"美育"页，日本国立国会图书馆藏

正文前有能势荣自叙，翻译如下：

此书是专为普通师范学校编写的教科书，除教育家外，与教育事业相关的社会各界也可阅读此书，如能唤起诸位的兴趣，并令诸位受益，也就达成了编写此书的目标。教育史研究的本质是如何让人们心情愉悦地吸收有益的东西，所以相关的文章自然要避免枯燥的事实陈述。我期望这些文章能唤醒读者的兴趣，进一步推进教育原理的研究，尝试更广泛实质性应用，这就是近年教育史研究的作用，也是我们一切努力的理由。

---

① 邹振环：《赞助者与清末新知识的传播——上海金粟斋刊行的译书及其影响》，见王宏志：《翻译史研究 2017》，上海：复旦大学出版社，2018 年，第 173 页。

② 张晓：《近代汉译西学书目提要　明末至 1919》，北京：北京大学出版社，2012 年，第 223 页。

内外教育史横跨上下数千年,涉及东西数十个国家,其广度和厚度绝非拙著所能涵盖。教育史的著述,是一项棘手的工程,我所做的研究只是为该领域的后进者提供教育史的梗概,绝非完整教育史的著述。本人才疏学浅,研究中也有很多疑问,望大家指正。

自去年七月文部省第八号令发布后,我汇总了别国的相关译著、讲义以及演讲稿,开始全力编写此书,从起草第一篇第一章起,用整整一年的时间完成编写工作。

在此书编写中我采选学友野尻精一君的考案,相关本国历史事实得到了三宅米吉君的校正,井上圆了君阅读了教育的相关资料。在此向大力协助本书编写的三位先生表达诚挚的谢意。

明治廿六年七月　东京　能势荣

能势荣(1852—1895),日本明治时期著名教育家,教育行政官。1870 年赴美留学,毕业于美国太平洋大学理学部,获理学士、文学硕士。回国后,先后担任长野师范学校校长、福岛师范学校校长。1886 年后历任文部省书记官、视学官,东京高等女学校校长。著作有《教育学》《学校管理术》《伦理学初步》《实践道德学》等。①

《泰西教育学》的"美育"一词直接来自《内外教育学》的汉字词汇,关于日本"美育"的汉字译名最早出自何处,本文不做更多翔实考证,仅就目前所见,略作陈述。据柏奕旻之文:"从可见材料看,1885—1886 年间高岭秀夫译自乔哈诺特的《教育新论》是最早用例,也是引入日本最有名的西方教育学论著之一。"②而日本小出治都子在《从概念与实践看近代日本的美育》③一文中,认为日本"美育"源自此书④(图 2-1-6 为 1879 年版)更早的译本,即有贺长雄的《译注如氏教育学》。笔者查阅此二书并对照英文版,《译注如氏教育学》下卷⑤(1884 年 12 月 5 日版权许可,1885 年 7 月出版,图 2-1-7)将"AEsthetic Culture"译为汉字"好尚修练","Physical Culture"译为"身体修练","Moral Culture"译为"道德修

---

① Kotobank(コトバンク)朝日日本歴史人物事典「能勢栄」。
② 柏奕旻:《走向"世界美学空间"的"美育"——一个"明治—五四"的概念史考察》,载《文学评论》,2020年第 4 期,第 57 页。
③ 小出治都子,『概念と実践からみる近代日本の美育』,Core Ethics：コア・エシックス,7 345—7 353,2011。
④ James Johonnot, *Principles and Practice of Teaching*, New York: D. Appleton and Co., 1878.
⑤ 惹迷斯・如安諾原著,『譯註如氏教育學』下卷改正再版,有賀長雄譯註,牧野書房,明治十七年十二月五日版権免許,明治十八年七月下卷出版,同年十二月廿一日改正再版,明治十九年一月再版。

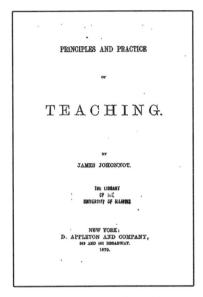

图 2-1-6　《教育的原则与实践》
(*Principles and Practice
of Teaching*) 1879 年版
扉页,美国伊利诺伊大
学图书馆藏

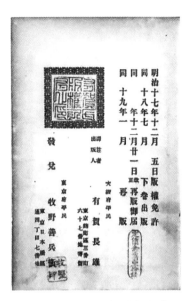

图 2-1-7　《译注如氏教育学》
下卷版权页,日本
国立国会图书馆藏

练",而《教育新论》第 3 卷①(1883 年 11 月 28 日版权许可,1886 年 9 月出版,图 2-1-8)将前者译为汉字"美育",后二者译为"体育""德育"。而在此之前,村冈

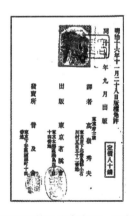

图 2-1-8　《教育新论》第 3 卷版权页,日本国立国会图书馆藏

---

① ゼームス・ジョホノット著,『教育新論』卷之 3,高嶺秀夫訳,東京茗溪会,明治十六年十一月廿八日版
権免許,明治十九年九月出版。

范为驰译自德国 Karl Kehr 著 *Die Praxis der Volksschule*(1872 年第 5 版)的《平民学校论略》[①](1880 年 2 月)中已有"审美教育"出现。故笔者当前所见,尚是《教育新论》有汉字"美育"的最早用例。此外,《美育论》[②](1893)是目前查见日本最早题名含"美育"的著作(图 2 - 1 - 9)。

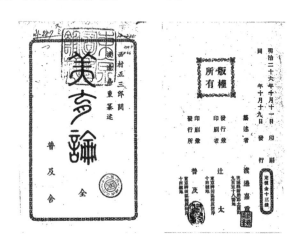

图 2 - 1 - 9 《美育论》封面、版权页,日本国立国会图书馆藏

五、结语:1901 年的"美育"译介

刘焜是兰溪科举史上最后一名进士,在他及第之时,早已不是孟郊《登科后》"春风得意马蹄疾,一日看尽长安花"的情景,而是面临"三千年未有之大变局"的"四面楚歌"的清季,但近世中国衰落的主因并不是科举,"废八股,改策论"也是新政变法学制层面最后的努力。《皮锡瑞日记》壬寅十一月廿二日(1902 年 12 月 21 日)记:"饭后到学,批日记,上堂。到陈处,为改文、日记。见《浙江闱墨》,远过江、湘,刘焜策尤佳于论,《四书》义驳朱注甚是。不废八股,讵有是耶?"[③]

1901 年,是年国家抡才大典迎来辛丑科举新章,主因之一是庚子事变引致庚子国难,痛定思痛,清廷下诏变法。而变法图强的根本动因更在甲午之后,"甲午一役给国人莫大刺激,咸认日本之胜利无非维新有成,如中国发愤力学,急起

---

① ツェ・ケール著,『平民学校論略』,村岡範為馳訳,平野知秋校,文部省,明治十三年二月。感谢梁艳萍教授指导并提供文献信息。
② 渡辺嘉重著,『美育論』,西村正三郎閲,普及舎,明治二十六年十月十一日印刷,同年十月十九日發行。
③ 皮锡瑞:《皮锡瑞日记》,北京:中华书局,2020 年,第 1583 页。

直追,当可臻日本之强盛",其影响之一是中日译学史上第一次进入"日译中书的暗淡""中译日书的骤兴"时期。①

　　蔡元培自订有"光绪二十七年,甲午知服堂日记",七月二十九日(1901年9月11日)记:"秋帆来,欲印《普通学报》,分八门,乞同志分任撰译,每期四页或二页,属元培任经学门。经学者,包伦理、论理、哲学,大约偏于理论者。"②八月九日(9月21日)记:"购制造局译《保全生命》、金粟斋所译《泰西教育史》。"③蔡元培此时正任南洋公学特班总教习。由此两日日记记载亦可知,蔡元培应杜亚泉(字秋帆)之请翻译《哲学总论》确在《泰西教育史》出版之后。

　　1901年此两种译品,叶瀚所译的《泰西教育史》原属日本普通师范学校外国教育史课程的教科书,对国人亦为中等程度的西学读本,而科举改革本有接引新学知识的意图,"落实这一意图的重要媒介'策问',便也成为晚清中国接引西学知识的重要途径"④。至于蔡元培所译井上圆了的《哲学总论》以及后续译出的《妖怪学讲义录(总论)》(1906),张东荪曾称是中国最初引进西洋哲学之代表⑤。

　　"当日本人翻译西洋资料的时候,是使用汉字来迻译的。由汉字构成的词汇也依据中国的构词法"⑥,就目前所见,近代之后的"美育"正属于"来自西洋,路过日本"⑦的新词。千余年科举的绝响,亦留下了最后的举人与最初的"美育"痕迹。

---

① 谭汝谦:《中日之间译书事业的过去、现在与未来(代序)》,见实藤惠秀:《中国译日本书综合目录》,香港:中文大学出版社,1980年,第57—58页。

② 蔡元培:《蔡元培全集》第15卷,杭州:浙江教育出版社,1998年,第354页。

③ 蔡元培:《蔡元培全集》第15卷,杭州:浙江教育出版社,1998年,第356页。

④ 章清:《"策问"与科举体制下对"西学"的接引——以〈中外策问大观〉为中心》,载《中央研究院近代史研究所集刊》,2007年第58期,第65页。

⑤ 张东荪:《发刊词》,载《文哲月刊》,1935年第1卷第1期,第3页。

⑥ 实藤惠秀:《序(二)》,见实藤惠秀:《中国译日本书综合目录》,香港:中文大学出版社,1980年,第2页。

⑦ 王力:《汉语史稿》,北京:中华书局,2004年,第605页。

"我生"《乐歌之价值》考论

——由初刊《教育周报》而起①

　　学界对署名"我生"所著《乐歌之价值》评价很高,此文曾见于 1983 年张静蔚所编中国音乐学院音乐学系油印讲义《中国近现代音乐史教学研究资料·近代部分音乐史料和论文汇编》中,后因收入王宁一、杨和平主编《二十世纪中国音乐美学文献卷(1900—1949)》,张静蔚编选校点《中国近代音乐史料汇编(1840—1919)》而为世人所知。此后所述所引依据均来此二书,即收录源自《云南教育杂志》1917 年第 7 号。笔者新近于《教育周报》1916 年 11 月第 143 期和第 144期发现载有"我生"《乐歌之价值》,现就此文初刊及作者等情况作一考论。

一、学界对《乐歌之价值》的评价

　　自 1996 年后,《乐歌之价值》已被正式编入国内各种中国近代音乐史料或文选,如《二十世纪中国音乐美学文献卷(1900—1949)》(王宁一、杨和平主编,1996)、《中国近代音乐史料汇编(1840—1919)》(张静蔚编选校点,1998)、《中国近现代学校音乐教育文选(1840—1949)》(俞玉滋、张援编,2000)、《搜索历史——中国近现代音乐文论选编》(张静蔚编,2004)、《中国近现代音乐史(1901—1949)》(汪毓和、胡天虹编著,2006)等。

　　张静蔚最早于 1982 年论及《乐歌之价值》:我生的"音乐者,藉乐音以发表美的感情之艺术也","这一比较完备的定义,在同时期是少见的"。②

---

① 原题为《"我生"〈乐歌之价值〉的初刊及作者考论》,载《美育学刊》2019 年第 6 期;全文又载《复印报刊资料·舞台艺术(音乐、舞蹈)》2020 年第 2 期下。现有增改。

② 张静蔚:《学堂乐歌在云南》,连载于《云岭歌声》1982 年第 1—8 期,见张静蔚《触摸历史——中国近代音乐史文集》,上海:上海音乐出版社,2013 年,第 103 页。

姬群自 2005 年起发表数文关注"我生",认为在近代中国音乐教育思想形成与发展的过程中,梁启超和曾志忞是从精神教育方面探讨音乐功能的集大成者,王国维和我生则是从审美教育方面把握音乐功能的重要代表。[①]"相比较而言,'我生'实为近代释义音乐最为中肯、也最为贴近音乐审美本质的学者之一。"[②]2006 年撰《〈乐歌之价值〉论》:

> 检视中国近代音乐教育思想史料,我们发现,署名"我生"的《乐歌之价值》是一篇从学理层面探询音乐教育功能的十分难能可贵的重要文献,这篇文章最初刊发在《云南教育杂志》1917 年第 7 号上。到目前为止,国内音乐理论界还无法查清作者的真实身份,但这并没有影响该文被收进国内音乐理论者所编选的各种中国近代音乐教育思想史料或文选中。

> ……论文不仅清楚地界定了音乐自身的审美基质,梳理了音乐与人性中"爱美之本能"、"求美之情操"的潜在联系,显示了一代学人对音乐审美本质及其学理层面的自觉探求;而且更为重要的是对音乐自身所具有的审美本质属性与音乐的社会属性作了颇为理性的区分,并且对音乐的上述两种属性关系的把握也比较自然,毫无牵强之感。我生的"养成圆满感情,启发智能,训练道德的意志,强健其身体"及其音乐审美属性与社会属性并重的教育理念,客观上推动了后来中国音乐教育思想的健康发展。仅从这一点看,我生的《乐歌之价值》一文就值得重视和研究。[③]

另据徐元勇 2001 年在其博士学位论文中的详实考证,推测文学界和音乐界长期以来均使用的"俗曲"一词是一个外来语词汇,是日本 1870 年(明治初年)新造的词汇。20 世纪初传入我国,由我生在《乐歌之价值》中首先使用。此后,在俗文学研究中,可能是由罗振玉在 1924 年首先引用了"俗曲"的称谓。

> 直至 1917 年,有一位署名我生(生卒年代不详)的作者,在 1917 年第 7 号的《云南教育杂志》上,发表了一篇《乐歌之价值》的文章,在其中的第五节"歌唱之教育价值"中,有两处使用了"俗曲"二字的称谓,这也是在近代有关音乐论述的文章中所见到"俗曲"一词最早的运用。自此之后,"俗曲"一词在音乐杂志上被使用和出现的次数才开始多了起来……由上述情况分析来

---

① 姬群:《精神教育与审美诉求——论近代中国音乐教育思想中的两大教育理念》,载《音乐研究》,2006 年第 1 期,第 76 页。

② 姬群:《近代音乐救国大潮下的音乐审美诉求》,载《河南大学学报(社会科学版)》,2005 年第 1 期,第 157 页。

③ 姬群:《〈乐歌之价值〉论》,载《河南大学学报(社会科学版)》,2006 年第 4 期,第 105—107 页。

看,"俗曲"的称谓,应该是由音乐界首先开始引入使用。而民俗学、俗文学方面的研究者在引入借用"俗曲"称谓的时间上,可能要稍晚一些。①

二、《乐歌之价值》初刊辨正

《教育周报》1916 年 11 月 13 日第 143 期和 11 月 20 日第 144 期"学术"栏分两期连载署名"我生"的《乐歌之价值》(图 2-2-1、图 2-2-2)。

图 2-2-1 《教育周报》第 143 期封面,浙江图书馆藏

图 2-2-2 我生《乐歌之价值》,浙江图书馆藏

---

① 徐元勇:《明清俗曲流变研究》,南京:东南大学出版社,2011 年,第 8 页。

《教育周报》,1913 年 4 月 1 日创刊于杭州,由浙江省教育会主办、编辑、发行,周刊,每期约 2 万字,旨在介绍国内外进步教育思想、交流省内外教育学术动态,以推动人们改变落后教育观念。[①] 浙江教育总会 1907 年成立,1912 年 1 月更名为浙江省教育会,举章太炎为会长,沈钧儒为副会长。1912 年 4 月经亨颐被增选为副会长,1913 年至 1920 年连任会长。

《教育周报》发行较为稳定,可信度较高,印刷精良,历时 6 年,1919 年 3 月 23 日终刊,共出刊 235 期。它是民国头十年浙江省内最具代表性的教育类刊物。创刊时总编辑孙增大,编辑人何绍韩、李叔同、经亨颐、钱家治等。撰稿人阵容强大,如经亨颐、邓萃英、何绍韩、孙增大、朱毓魁、蓝公武、宋崇义等。纪闻、法令、时评、学术(思潮)是常设栏目。

除《乐歌之价值》外,在《教育周报》上署名为"我生"的文章,自 1916 年 9 月第 136 期《敬以二义告今之小学教师》起至 1918 年 12 月第 225 期《美国之师范教育(译现代教育)》另有 8 篇。

据目前史料查证及以下"我生"作者考析,1916 年 11 月《教育周报》第 143 期、144 期"学术"栏所刊载的《乐歌之价值》为初刊本。《云南教育杂志》1917 年 7 月第 7 号"杂俎"栏《乐歌之价值》为《教育周报》转载本,此后《昆明教育月刊》1918 年 1 月 31 日第 2 卷第 4 号"杂纂"栏登载《乐歌之价值》(我生),由校读可知为《云南教育杂志》的转载本。《云南教育杂志》和《昆明教育月刊》虽未明示"转载",但将《乐歌之价值》列入"杂俎"和"杂纂"栏目,亦含杂录、辑述、转载之意。

《云南教育杂志》,1912 年 6 月 15 日创刊于昆明,云南省教育会编辑发行,初为月刊,后为半月刊,1923 年 6 月终刊。设"言论""研究""译述""调查""纪载"等栏目,侧重介绍国内外教育状况,从理论上阐述教育的宗旨,探讨新教育的原理、方法。

《昆明教育月刊》,约 1914 年创刊,昆明劝学所编辑发行,1924 年第 6 卷起由昆明县教育局编辑发行。昆明地方教育刊物,刊登小学教育法令,昆明县劝学所(教育局)文牍、视学报告,发表教育言论、教学法研究等。

《乐歌之价值》由初刊本至转载本,存在一些讹舛之处,经对校主要列举如下。

(一) 论文

音乐者,即悦耳之美术也。(《教育周报》)

---

① 浙江省新闻志编纂委员会:《浙江省新闻志》,杭州:浙江人民出版社,2007 年,第 136 页。

音乐者,即悉耳之美术也。(《云南教育杂志》)

音乐者,即感耳之美术也。(《昆明教育月刊》)

然自目而入之美术,有诗歌、绘画、雕刻、建筑、舞蹈等,均可为视觉的美术。(《教育周报》)

然自自而入之美术,有诗歌、绘画、雕刻、建筑、舞蹈等,均可为视觉的美术。(《云南教育杂志》《昆明教育月刊》)

当时设学校于寺院,经典之外,特重音乐、体操。(《教育周报》)

当时设学校于寺院,经曲之外,特重音乐、体操。(《云南教育杂志》《昆明教育月刊》)

况如第三节所述,音乐之感化力既如是其伟大(《教育周报》《昆明教育月刊》)

况如第三节所述,音乐之愚化力既如是其伟大(《云南教育杂志》)

唱歌练习时,声音可期明了清澈(《教育周报》)

唱歌练习时,声音可期明了清激(《云南教育杂志》)

唱歌练习时,声音可期明了清洁(《昆明教育月刊》)

盖唱歌如前条发声练习处所述,为练习声音之美与明之唯一手段也。(《教育周报》)

盖唱歌如前条发声练习处所述,为练习声音之义与明之唯一手段也。(《云南教育杂志》《昆明教育月刊》)

况唱歌必有歌词,自易养成文学上之趣味(《教育周报》)

况唱歌必有歌词,自易饰成文学上之趣味(《云南教育杂志》《昆明教育月刊》)

(二) 脱文

得绝妙之音乐感之,立可使其心有所归依(《教育周报》)

得绝妙之音乐感之,立可使其心有所依(《云南教育杂志》)

得绝妙之音乐感之,立可使其心有所皈依(《昆明教育月刊》)

因以增进肺脏之健康,又促进血液之循环(《教育周报》《昆明教育月刊》)

因以增进肺脏之健康,又进血液之循环(《云南教育杂志》)

盖爱国心不仅智识问题,又为情意问题。(《教育周报》)

盖爱国心不仅智识问题(《云南教育杂志》《昆明教育月刊》)

则爱护祖国之至情,可由是起矣。(《教育周报》)

则爱护祖国之情,可由是起矣。(《云南教育杂志》《昆明教育月刊》)

记忆之手段。地名唱歌、文典唱歌、铁道唱歌等是。(《教育周报》)

记忆之手段。地名唱歌、铁道唱歌等是。(《云南教育杂志》《昆明教育月刊》)

(三) 倒文

藉唱歌可与以社交上之知识(《教育周报》)

藉唱歌可以与社交上之知识(《云南教育杂志》《昆明教育月刊》)

斐斯塔洛籍所谓"彼在吾无不在,吾行彼无不从"是也。(《教育周报》)

斐斯塔洛籍所谓"彼在吾无不在,吾彼行无不从"是也。(《云南教育杂志》)

斐斯塔洛籍所谓"彼在吾无不在,彼行吾无不从"是也。(《昆明教育月刊》)

(四) 衍文

文明国之人民,当由音乐以养成高尚之趣味。(《教育周报》)

文明之国之人民,当由音乐以养成高尚之趣味。(《云南教育杂志》《昆明教育月刊》)

《教育周报》与《云南教育杂志》同由民国初年省级教育会主办,属创办较早的专业性教育期刊,质量较高,影响力较强,传播范围较广。1915 年 5 月全国教育会联合会成立,各省教育界联系更为紧密,1926 年停止活动前举行了 11 次年会,在各省轮流举行。民国时期教育会的本职是研究教育问题,推广新教育思想,出版杂志是最常见的传播推广交流方式。

《乐歌之价值》1916 年 11 月初刊于《教育周报》后,1917 年即转载刊于《云南教育杂志》,1918 年又转载于《昆明教育月刊》。这一方面可以显示当时教育期刊的信息传播速度及传播辐射区域,亦可印证经亨颐在《教育周报·发刊辞》中所言初衷:"以吾浙自诩文化发达之区,其不统一如是。……同人创刊本报,始其乃立。以统一教育为宗旨,以灵通消息为方法。以教育为固有之范围,以正论为唯一之责任。"[1]另一方面虽因《乐歌之价值》初刊本的误见,关于云南音乐史的部分论据不太确实,但也确能表明当时云南的音乐研究和音乐教育处于活跃发展时期。

民国成立到"五四"前后,就全国范围来说,音乐理论的研究,尚属薄弱的起步阶段。这当然与社会条件和音乐实践存在密切的关系。然而就目前见到的材料来看,云南在这一时期却发表了不少理论文章,是其他地区尚未

---

[1] 经亨颐:《发刊辞》,载《教育周报》,1913 年第 1 期,第 1—2 页。

见到的。①

如阅读张静蔚教授选编的中国近现代音乐史料,可见在《云南》杂志上,1906 年发表了剑虹的《音乐于教育界之功用》,在《云南教育杂志》曾发表《乐歌之价值》(1917 年,署名"我生")和《音乐与教育》(1919 年,署名"剑虹"),结合这些文论发表的时间、内容,对比当时中国音乐发展的"中心"区域之现状,是否可以推断:边区云南在 20 世纪初的音乐教育活动,可能并不逊色于当时的"发达地区"。②

从 1823 年至 1930 年,"在这段历史时期里,云南近现代艺术教育从无到有,各类艺术学科相继建立,专门艺术学校也随着社会的需要和留学人士的大力提倡而创办起来,并在西南地区处于领先地位"。③

三、作者"我生"考证

此前因学界认为《乐歌之价值》初刊于《云南教育杂志》,这在一定程度上导致对于"我生"的身份认定非常困难,可能会主要陷于"边区云南"的地域查找。

《教育周报》上署名"我生"的文章共 10 期 9 篇:《敬以二义告今之小学教师》,第 136 期(1916 年 9 月 25 日)"言论"栏;《吾国应组织少年义勇团议》,第 138 期(1916 年 10 月 9 日)"言论"栏;《乐歌之价值》,第 143 期(1916 年 11 月 13 日)、第 144 期(1916 年 11 月 20 日)"学术"栏;《青春期与学校》(译《现代教育》),第 144 期(1916 年 11 月 20 日)"译丛"栏;《今日学校训育之大谬思想》,第 152 期(1917 年 2 月 22 日)"言论"栏;《气质说之发达》,第 159 期(1917 年 4 月 19 日)"学术"栏;《美国之国民性》,第 160 期(1917 年 4 月 27 日)"研究"栏;《儿童教育家之蒙台梭利女史》,第 171 期(1917 年 9 月 2 日)"学术"栏;《美国之师范教育》,第 225 期(1918 年 12 月 1 日)"言论"栏。

(一)《吾国应组织少年义勇团议》

《浙江第一师范学校校友会志》1916 年第 10 期的"论文"栏刊载《吾国应组织少年义勇团议》,作者"杨贤江",题目后标有"(应本省教育周报征文之作)",此

① 张静蔚:《触摸历史——中国近代音乐史文集》,上海:上海音乐出版社,2013 年,第 103 页。
② 陈永:《对叶伯和的再认识》,载《音乐艺术(上海音乐学院学报)》,2007 年第 4 期,第 67 页。
③ 红帆:《云南近现代艺术教育探源(1823—1930 年)》,昆明:云南大学出版社,2009 年,第 9 页。

文与《教育周报》第 138 期《吾国应组织少年义勇团议》相同。

　　杨贤江(1895—1931),字英甫(英父),浙江余姚人。1912 年秋以优异成绩考入浙江省立第一师范学校,1917 年 7 月以全优毕业。1917 年秋任南京高等师范学校学监处事务员。1921 年春至 1927 年初任《学生杂志》编辑。1922 年加入中国共产党,为早期青年运动领导人之一。1931 年赴日本治病,8 月 9 日在日本长崎病逝。著有《教育史 ABC》(1927)、《新教育大纲》(1929)等,"《教育史 ABC》是最早用马克思主义观点研究教育史的开山之作,而《新教育大纲》则是第一本用马克思主义观点系统阐述教育理论的著作"①。

　　《教育周报》1916 年 8 月 14 日第 130 期起刊登"本报征文广告",至 10 月 23 日第 140 期止。

　　一、文题

　　(一)教育界对于本届重行召集之省议会抱如何之希望

　　(二)全国教育联合会应提出之议案

　　(三)如何引起教育者研究之兴味

　　(四)小学儿童训练经验谈

　　(五)吾国应组织少年义勇团议

　　(六)自学辅导主义之教授法有何缺点其补救之法若何

　　(七)具述现今通行小学教科书之缺点(概论之外并举例证)

　　二、期限

　　一二两题九月十五日截止,余题限十月内截止

　　三、酬报

　　当选者由本会参酌投稿规则加优酬报

　　除此类专题征文外,《教育周报》自创刊伊始常年征文,"敝会为统一全浙教育主张正论起见,特于本年四月一日起每星期发刊《教育周报》一册,惟取共同研究主义,不重一家之言,故对于来稿极表欢迎。诸君于讲习讲座之余,必有宏著经验所得不乏纪录,倘蒙惠锡以稿实所感欣,附录简章诸维幸鉴","本报所征文稿,如论说、学术、批评以及专件等均所欢迎"。②

　　杨贤江数次参与征文,他在应征《学生杂志》获第一名的《我之学校生活》③中

① 杨贤江:《杨贤江全集》第 1 卷(论著),郑州:河南教育出版社,1995 年,第 1 页。
② 《本报征文简章》,载《教育周刊》,1913 年第 12 期。
③ 杨贤江《我之学校生活》,《学生杂志》1915 年第 2 卷第 8 号"特别征文"栏,正文标"浙江省立第一师范学校二年生杨贤江"。此文又刊于《浙江省立第一师范学校校友会志》1915 年第 6 期,题目为(转下页)

曾专门述及"投稿应征":

> （巳）投稿应征 余尝以余暇属文投诸杂志，以练习发表之才能，为互相切磋之资料。此篇即其例也。然亦视我力所能及，与我分所可为者，乃以余力学文之旨，以为一得之见，非敢勉强从事，徒耗宝贵光阴，损己又以害人也。然有时亦迫于不得已。盖余家境甚窘，而性确爱书籍，岁购且逾十金（学校所用书籍不计）。若尽须由家庭汗血所得之资，为我应此不急之需，势固不能，心亦何忍？故为投稿应征之作，庶得相当报酬，以偿购书之愿望，亦以重自食其力之义。窃思我国社会或学校，若有可为学生生利之组织，则吾实愿于受学之暇，从事工作也。

杨贤江在文中清楚道出其应征投稿的两个目的，其一是"练习发表之才能"，"以为一得之见，非敢勉强从事"；其二是因家境甚窘，庶得相当报酬，以自食其力，"靠着稿费作为升学的费用"[①]。

《教育周报》创刊初时，"所投稿件，经本报登出者，当酌赠本报若干期"[②]。9月起明示投稿即付稿酬，且专题征文时酬报通常较高。[③] 1916年第130期刊登"本报征文广告"的同时发布了"教育周报投稿规则"，其中"（二）无论会员与非会员有热心教育愿以文稿见惠者，本会虽限于财力当勉为酬报，每千字约自二元至四元，视文字之性质及难易之程度于登载后酌赠"，"（四）特约之定期投稿，其报酬约照第二项之例而稍事变通，有愿任其事者请先投稿临时文稿若干篇再行函订"。[④]

1912年4月浙江官立两级师范学堂更名为浙江省立两级师范学校，1913年7月改制为浙江省立第一师范学校。杨贤江1912年秋入学，属原两级师范时期招收的第三届初级师范学生，预科一年，学制共五年。[⑤]

杨贤江入校后不久，便开始向各类期刊投稿。最初是校刊，1913年《浙江省立第一师范学校校友会志》第1号载有杨贤江的《论教育当注重实用》和《竹柔随录》。此后扩大投稿范围，如他于浙一师就学期间在《学生杂志》发表论文17篇。[⑥]

（接上页）《我之学校生活——民国四年五月应上海学生杂志社特别征文之作》。

① 郑振铎：《忆贤江》，载《光明日报》1949年8月9日，见杨贤江教育思想研究会编《杨贤江纪念集》，北京：光明日报出版社，2005年，第24页。

② 《欢迎投稿》，载《教育周刊》，1913年第1期，版权页。

③ 《征文》，载《教育周报》，1913年第18期。

④ 《教育周报投稿规则》，载《教育周报》，1916年第130期。

⑤ 参见陈星《近代浙江学校艺术教育的发轫》，团结出版社2010年版，第14—15页；浙江省立第一师范学校编《浙江省立第一师范学校同学录》，1922年，第6页。

⑥ 此据《杨贤江著译系年》1913年至1917年记载统计，见《杨贤江全集》第6卷（译作、其他），郑州：河南教育出版社，1995年，第864—865页。

(二) 杨贤江与"我生"

《浙江省立第一师范学校校友会志》1914 年第 3 号发表杨贤江"教育小说"《我生之一学期》(署名"贤江"),此文后又投稿载于 1915 年 6 月 20 日第 2 卷第 6 号《学生杂志》(署名"浙江省立第一师范学校本科二年生")。① 此文是杨贤江的自传体小说。文中言及"我生"由来:

> 我生至中途,又自念曰:"我今兹犹能出而求学,皆出慈父母之所赐,岂非我再生之日乎? 我何人,斯敢不自勉!"抵杭投试,幸蒙录取,遂入校为师范学生,乃自署曰"我生",人亦以我生称之,故遂以为名。所谓一学期者,入学之第一学期也。我生此作,亦以我生警我生耳。

杨贤江自述"家素寒微",幼年苦学,能外出求学,源自父母慈爱犹如"我之再生",又升学成为师范学生,故自名"我生",亦是自勉警醒"毋负老父之厚望也"。

1917 年 5 月,杨贤江即将毕业,由陈兼善发起,同级同学成立浙江省立第一师范学校壬丁同学会(1912 年壬子年入学,1917 年丁巳年毕业),编辑发行《壬丁》杂志。杨贤江当选会长,他在《壬丁》第 1 期撰有《我生玄想录》。

> 据案时,游散时,脑有所感心有所触,辄加笔录名曰玄想,不假饰也。

> 死岂与我有关者,我死则已死矣,我不死则我仍在也。然进思之,吾人果有死耶? 果有死者,何以孔子、释迦、耶稣俨然踞我心又恍乎临吾前也?②

从 1915 年《我生之一学期》至 1917 年《我生玄想录》,表明"我生"已不仅是"我之再生",亦是"我思""我在"。杨贤江笔名很多,但以"我生"为名目前仅集中见于《教育周报》,这也从一个侧面证明《教育周报》是《乐歌之价值》的初刊之处。

(三) 杨贤江与音乐

有学者认为"对于学校中所开设的图画、乐歌等美育专课,杨贤江的天资及悟性实不甚高",因杨贤江日记中记载有:图画课写生房屋时"因远近法为视觉所欺,不中规例,遂至大误";乐歌课练习听音时,"音之高下不能辨别清晰也";每每练习或演奏风琴,也总有"未臻妥协"之憾。但也称赞杨贤江"对于美的感受力却是敏锐的,对美的追求却是执著的"。③

---

① 此文收入《杨贤江全集》第 1 卷中,文末署"原载 1915 年 6 月 5 日《学生杂志》第 2 卷第 6 号"并不确切,见《杨贤江全集》第 1 卷(论著),郑州:河南教育出版社,1995 年,第 32 页。
② 英父:《我生玄想录》,载《壬丁》,1917 年第 1 期,第 17 页。
③ 喻本伐:《杨贤江"新教育"理论的形成》,北京:光明日报出版社,2005 年,第 34 页。

　　杨贤江的音乐与美术不是其最擅长和研习最多的科目,但杨贤江是浙江省立第一师范学校的全优毕业生,且是经亨颐、李叔同的得意门生,音乐等艺术科目绝非弱项。

　　经亨颐自 1911 年担任浙江官立两级师范学堂监督,此后一直担任更名后的浙江省立两级师范学校、浙江省第一师范学校校长,直至 1920 年。经亨颐主持教育,推崇"人格教育",主张学生全面发展,自文学、艺术、科学、数学以至体育、运动,无不注重,提出德智体美群五育并重方针。① 他极其重视艺术教育:"主科各国文、数学,自修时间宜多,乐歌、手工,虽非主科而为技能教科,自修时间亦宜多","故特以国文、数学、乐歌、手工,教授自修,定为二与一之比,其他教科,定为四与一之比"②。

　　1917 年杨贤江一师毕业后,由经亨颐向南京高等师范学校推荐入职。1920 年经亨颐于"一师风潮"后辞职,在任春晖中学校长时,曾聘杨贤江担任教务主任。杨贤江病逝后墓碑由经亨颐题书。

　　李叔同于 1912 年秋应经亨颐之邀任教于浙江省立两级师范学校,兼授美术、音乐。他在浙江省立第一师范学校任教期间创作了大量的学堂乐歌,他的音乐教学和一般学校不同,是"完全用五线谱。理论方面有'乐典''和声学',都是他自编讲义。声乐有练声、视唱及独唱、合唱等。器乐有风琴、钢琴等练习"③。李叔同为杨贤江的音乐教师。

　　据 1915 年日记记载,杨贤江在校期间几乎每日课余均有练琴,有时进行唱歌练习,坚持不辍。"在礼堂演习祀孔奏乐,余习琴职"④,"全班唱歌练习。此番余司弹琴职"⑤,"开运动会之慰劳会……并附音乐会以助兴趣,余于音乐会演奏"⑥,并有多次辅助同学练琴的记录。

　　杨贤江除担任李叔同乐歌课辅助员,课余还曾请老师另授乐曲:

　　　　本学期乐歌功课,A 组于今日终止。惟余欲请李先生另授几首,以便练习也。⑦

　　　　下午第一时,乐歌练习听音,以平日不注意,至是觉难着笔记录,盖音之

① 陈星:《近代浙江学校艺术教育的发轫》,北京:团结出版社,2010 年,第 21—32 页。
② 经亨颐:《始业式训辞》,载《浙江省立第一师范学校校友会志》,1916 年第 10 期,第 7—8 页。
③ 吴梦非:《"五四"运动前后的美术教育回忆片断》,载《美术研究》1959 年第 3 期,第 43—44 页。
④ 杨贤江:《杨贤江全集》第 4 卷(日记、通信、答问),郑州:河南教育出版社,1995 年,第 127 页。
⑤ 杨贤江:《杨贤江全集》第 4 卷(日记、通信、答问),郑州:河南教育出版社,1995 年,第 137 页。
⑥ 杨贤江:《杨贤江全集》第 4 卷(日记、通信、答问),郑州:河南教育出版社,1995 年,第 177 页。
⑦ 杨贤江:《杨贤江全集》第 4 卷(日记、通信、答问),郑州:河南教育出版社,1995 年,第 15 页。

高下不能辨别清晰也。……四时后到李师处受乐歌,允前约也。①

中饭后练习风琴,即前日李师新授者。四时后,复去练习。②

练琴对于杨贤江,并非仅是课业:"余又每日弹风琴,凡半小时,虽以学校功课所关,然亦因其能陶情怡性,消烦舒郁,裨益于心神,影响于人格,尤有大功效存在故也。"③及至暑期归家,亦"弹琴数曲,俟后将日事练习也"④;亲朋来访,"乃弹琴,相娱"⑤,"佳宾既临,享以琴书,甚可乐也"⑥。练琴之外,杨贤江日记中还有多处自修《乐典》《乐曲讲义》的记载。⑦

李叔同曾书赠杨贤江"神聪"及"恬淡自无欲,精专绝交驰"的条幅与对联。⑧后将披剃入山前还寄赠手书"阿弥陀佛",杨贤江称"吾师爱吾甚"⑨。

杨贤江在《竹柔庐笔记》中有云:"吾人理性之要求,曰真,曰善,曰美。"⑩《乐歌之价值》是一篇关于音乐教育的学理性论文,因"吾人生而具有求美之情操""爱美之本能",而音乐"有利用之以为陶冶心身,涵养德性,完成善美之人之方法者",具有审美教育价值,"此音乐势力所以伟大也"。此后杨贤江任《学生杂志》编辑时主持革新,在《我对于本志改革的意见及今后的希望》中提出"我所主张的乐动主义","我屡次说过要把人的生活来艺术化","我对于本志改革的意见,也不外乎趋重艺术的活动的方面,以作养成健全人格的辅助;并改良印刷的形式,以期发生审美的印象"。⑪他在《学生杂志》上先后发表过《生活与艺术》《美育的价值》《青年的艺术感》《文艺与人生》等文,在《美育的价值》一文中言说美育的意义是"美的陶冶,审美心的养成。爱好美,识别美,这是美的欣赏力。创作美,设计美,这是美的发动力。美育所要陶冶的能力,就指这两种而言",而美育的价值就在"使我们能脱离现实社会的束缚,另在一个理想的境地得著喜悦,以扩大人生的活动"。⑫杨贤江后填写《终身志业调查表》⑬时,以"教育学、心理学"为"终

① 杨贤江:《杨贤江全集》第4卷(日记、通信、答问),郑州:河南教育出版社,1995年,第22页。
② 杨贤江:《杨贤江全集》第4卷(日记、通信、答问),郑州:河南教育出版社,1995年,第24页。
③ 杨贤江:《我之学校生活》,载《学生杂志》1915年第2卷第8号,第15—16页。
④ 杨贤江:《杨贤江全集》第4卷(日记、通信、答问),郑州:河南教育出版社,1995年,第101页。
⑤ 杨贤江:《杨贤江全集》第4卷(日记、通信、答问),郑州:河南教育出版社,1995年,第101页。
⑥ 杨贤江:《杨贤江全集》第4卷(日记、通信、答问),郑州:河南教育出版社,1995年,第104页。
⑦ 杨贤江:《杨贤江全集》第4卷(日记、通信、答问),郑州:河南教育出版社,1995年,第53—165页。
⑧ 杨贤江:《杨贤江全集》第4卷(日记、通信、答问),郑州:河南教育出版社,1995年,第15,271页。
⑨ 杨贤江:《杨贤江全集》第4卷(日记、通信、答问),郑州:河南教育出版社,1995年,第246页。
⑩ 英父:《竹柔庐笔记》,载《壬丁》,1917年第1期,第20页。
⑪ 杨贤江:《我对于本志改革的意见及今后的希望》,载《学生杂志》,1921年第8卷第7期,第108—109页。
⑫ yk:《美育的价值》,载《学生杂志》,1921年第8卷第5号,第4—5页。
⑬ 喻本伐:《杨贤江"新教育"理论的形成》,北京:光明日报出版社,2005年,第1页。

身欲研究之学术",以"学校教育、编译事业"为"终身欲从事之事业"。他短暂的一生始终以教育者自命,他的"新教育"理论中"全人生指导"论亦包含着美育观。

四、余论

杨贤江使用过多种笔名和别名,据喻本伐等在编辑《杨贤江全集》的过程中核考出"世所公认者""业已发现,尚未定论者""由编者首次发现并予以确认者"三类共 44 个(其中不能确认者 7 个)[①]。

本文除了对《乐歌之价值》的版本"正本清源"外,主要推考认定"我生"即杨贤江笔名。以笔名"我生"所署各文,除《吾国应组织少年义勇团议》载《浙江第一师范学校校友会志》署"杨贤江",《乐歌之价值》等其余 8 篇均为佚文[②],未收入《杨贤江全集》及其他研究资料,故从未进入过研究杨贤江的文献视野。

杨贤江短暂的一生据目前记载发表 350 余篇教育论文、60 多篇教育译述,著译超过 300 万字,他在中国新民主主义革命史上,特别是在现代教育史和青年运动史上占有重要的地位,而《乐歌之价值》考定使其在中国近现代音乐史上也留下了重要印迹。

《乐歌之价值》为中国近代音乐教育史上的重要文献,但杨贤江此后对音乐教育、音乐理论并无其他更多贡献。

与此相似的,匪石的《中国音乐改良说》被评介为"是我国近代'开眼'看世界的第一篇完整而系统的音乐论文,可称为我国近代音乐史的启蒙之作"[③]。"匪石"经张静蔚教授查证为陈世宜,《中国音乐改良说》1903 年发表于《浙江潮》时年仅 19 岁。陈世宜(1884—1959),号匪石。江苏南京人。肆业于江苏省中华经书院。攻词学、经文考证。

1910 年出版的《音乐界》,应属继 1906 年李叔同创刊《音乐小杂志》后的中国第二种专业音乐杂志。《音乐界》存见一期,由陈延杰编纂发行。刊中除"叙言"署名"碧虹"外,其余"例言"和正文文章均署名为"种因"。经笔者考证,陈延杰(1888—1970),江苏江宁人。字仲子、仲英,号学究。17 岁中秀才,翌年考入两江师范学堂文科,师从李瑞清治小学及经学,1908 年毕业,先后执教于宁属师

---

① 喻本伐:《杨贤江"新教育"理论的形成》,北京:光明日报出版社,2005 年,第 140—160 页。
② 参见本文"附论"。
③ 张静蔚:《中国近代音乐史的珍贵文献——纪念〈中国音乐改良说〉发表 100 周年》,载《音乐研究》,2003 年第 3 期,第 30—33 页。

范学堂、湖南高等师范、武昌大学、中央大学、金陵大学等校。专以治经为事，其经学、古典文学造诣甚深。

陈世宜与陈延杰，据目前史料查考，除《中国音乐改良说》和《音乐界》外，并无其他与音乐教育相关的更多记载，这与杨贤江所撰《乐歌之价值》的情况有相似之处。他们的音乐造诣未必深厚扎实，且对音乐亦无持续的深入研究，但在中国近现代音乐史上留下了音乐"启蒙"的重要印迹，堪称彼时音乐教育和传播的"先驱者"。

民国女子美育的话语空间建构

——以《妇女杂志》为中心的考察①

自 1898 年中国历史上第一份女性期刊《女学报》创刊之后,晚清民国以女性为主要阅读对象的女性期刊大都以争取女权、倡议女学为宗旨,提倡女子解放,宣传男女平等和婚姻自主,一同追求从"强国保种"到"国富民强"。女子美育、女子艺术教育亦是其中重要一环。

《妇女杂志》,1915 年 1 月 5 日创刊于上海(图 2 - 3 - 1),月刊,商务印书馆出版发行,存续 17 年,1931 年 12 月 1 日停刊,前后共 17 卷 204 期。先后由王蕴章、胡彬夏、章锡琛、杜就田、叶圣陶、杨润馀任主编。它以中等以上文化程度的女学生和家庭妇女为主要读者对象,是民国时期历时最长、发行量最大、影响深

图 2 - 3 - 1　兰闺清课(左)、芸窗读画(右)

(《妇女杂志》1915 年第 1 卷第 1 号、第 2 号封面,大成老旧刊藏)

---

① 原题为"民国女子艺术教育的话语空间建构——以《妇女杂志》为中心的考察",载《艺术百家》2018 年第 4 期;全文又载《复印报刊资料·艺术学理论》2019 年第 3 期。现以"女子美育"为主题,有所修改。

广的女性期刊。《妇女杂志》涵盖的内容极其广泛,其中包含女子美育、女子艺术教育的发展变迁,能够体现一个时期的集体和个体话语意识,可从中探寻民国女子美育的话语空间构建形成。

一、国外女子美育:启蒙话语引介

《妇女杂志发刊辞一》中写道:

> 粤稽晚近,欧风东渐。发扬踔厉,靡缛稍捐。……本杂志有见于是,知殖学之不可缓,为之培其而濬其源;知明艺之不可已,为之疏其流而畅其枝。夸吴哗诞无当也,则范之以纯;简朴苟陋非美也,则著之以术。①

《妇女杂志》除先后设立"译海""译论""世界妇女状况""妇女谈薮"等栏目专门登载"凡东西各国最新发明之科学精蕴以及时事要闻足为我国女学之观摩者"②外,其他"纪述""名著""杂俎""杂载"等栏目中有关于国外美育理论和实践、女性艺术家职业生活、普通女子美育影像等的翻译、评论、介绍等内容。女性形象通常为欧美和日本的精英女性、自立的职业女性,呈现的主要是异域优秀形象,并通过介绍国外美育新知,传播先进文化,从而一同形成"他者启蒙"的话语框架。

如《日本妇人职业指南》中介绍"女音乐家":

> 十三 音乐家
>
> 音乐家亦为妇人之职业。或在家中招收学生,或往人家教授,或为学校之老师。自开学校招收学生者,须受检定试验具有中等教员之资格者,在公立或私立音乐学校卒业者。至往人家教授者,一星期教授一次,束修自五元以上十五元以下。在学校中担任教务者,月薪至少为十五元。一朝名誉顿起,弹奏一次,可得三十元至五十元之报酬。③

在《妇女职业问题》中讨论"妇女是否可以兼任治家和事业"时,女艺术家给出了自己的一些正面答案:

> 歌剧的歌者格斯基女士(Johanna Gadski)引她自己的经验,表明比较上和缓的主张:
>
> "在音乐职业之中,我可算是一个很忙的女子,但是我还是可以有一个

---

① 《妇女杂志发刊辞一》,载《妇女杂志》,1915 年第 1 卷第 1 号,第 1 页。
② 《悬赏募集》,载《妇女杂志》,1917 年第 3 卷第 7 号,版权页。
③ 艾著:《日本妇人职业指南(续)》,载《妇女杂志》,1917 年第 3 卷第 10 号,第 11 页。

很快乐的家庭。……"

女剧家开讷德女士（Madge Kennedy）证明"许多女艺术家确曾为她们的丈夫子女造成极快乐的家庭，而同时进行她们特长的事业，毫无阻碍"。画家莆莱尔女士（Lucia F. Fuller）以为"断定有职业妇女的养育儿童，不能及专务家事的妇女的儿童，是绝对没有理由"。……

歌剧的歌者卡维安女士（Emma Calve），从她自己的经验，和她所知道事实的成效，说妇女可以有成功的事业和家庭的生活。①

除描述音乐家、剧作家等精英女性生涯外，也有女子艺术教育和普通职业女性养成的记载。如美国的 Vassar 巴沙女校是以音乐及美术著名，New England Conservatory 新英格兰音乐学堂是美国最美备的音乐学校②。法国女学生娱乐生活中"最感趣味的，要算音乐。音乐会到处都有，都会中固不必说，就是那住在田野中的中等家庭，也没一家不置披亚那（Piano），所以不论什么地方，总可以听到一种悠扬清越的声音。凡是女子，都能背诵一二首有名的曲调。这可见她们爱好音乐的情形了"。③ 在近邻日本，女子职业中有"编物及摘细工"和"造花"，"教授处为女子美术学校、女子职业学校及手艺传习所等"，"以此为业者，大抵为女子职业学校及女子美术学校卒业生"。④《妇女杂志》曾有对日本首都东京府职业女性中 16131 位的大型调查报告。除女工、事务员外，职业还可分为"智能的"医师、音乐师、制图师、图案师、技术师、接线生等，以及"肉体劳动者"的杂役妇、炊事妇、卖票者、女优等两类。其中小学程度约占 66%，中学程度约占 30%，大学及专门学校程序占 1.35%，全无学历者仅占 0.96%。而更可惊叹的是："所谓下町⑤的商人和职工的家庭的女子，大抵好艺事，例如三味线、长呗、舞蹈等⑥，由小时即使其练习，因此形成她们一生的嗜好。山手的少女（如上野、涩谷等稍高僻之地，称为山手）却是出类拔萃，独喜欢运动，如游泳、网球、野球等，各人的个性的反映。山手的女郎，将下町的传统习气一洗而尽。"⑦这样的数据和普通

① 陈谅：《妇女职业问题：美国著名妇女们对于本问题的讨论》，载《妇女杂志》，1923 年第 9 卷第 3 号，第 53—55 页。

② 江学辉：《纪美国各女学校内容》，载《妇女杂志》，1918 年第 4 卷第 10 号，第 11—12 页。译自 Alma Mater 报。

③［日］吉江孤雁：《法国的女学生生活》，幼雅译，载《妇女杂志》，1921 年第 7 卷第 6 号，第 21 页。

④ 艾吉：《日本妇人职业指南（续）》，载《妇女杂志》，1917 年第 3 卷第 10 号，第 13 页。

⑤ 下町，当时是日本城市庶民聚居的地区。指称东京的下町时，常与山手对应使用。

⑥ 三味线是日本的一种传统弦乐器，原型是中国的三弦琴。长呗是作为日本歌舞伎和古典舞（舞俑）的主要伴奏而得到发展的音乐。

⑦ 竹中繁：《日本首都的职妇人的调查》，载《妇女杂志》，1931 年第 17 卷第 12 号，第 58—60 页。

女性拥有的一生爱好,对当时的大多数中国女子而言,实是一种观念上的冲击。

　　所谓美育,要分两方面,一是美感教育,一是艺术教育。美感教育是人人应该受的教育,艺术教育是一部分人受的教育。[①]优秀职业的异域女性可以为本土女性带来启蒙阅读想象,成为理想女性的楷模,但此时对大多数普通女性来说尚属遥远,故而潜移默化地提高审美趣味也是极其务实有效的启蒙培养。《妇女杂志》从1917年第3卷第11号的"三色版精印西洋名画《母之助》"(图2-3-2)起,至1931年第17卷终刊的十余年间,坚持刊载"西洋名画"和"泰西名画"50余幅,偶见西洋雕塑和日本名画,大多以三色版印制尽可能保持原画风貌。作品包括文艺复兴初期的波提切利《圣母戴冠》,文艺复兴盛期的达·芬奇《蒙娜丽莎》、拉斐尔《圣母像》;现实主义画派米勒的《初步》,学院派肖像画家Joshua Reynolds的《天真》,印象派画家William McGregor Paxton的《生菜》,后印象派画家Augustus John的 *Madame Suggia*（《苏吉亚夫人》）。除油画外,也有苏格兰水彩画家Russell Flint的 *Charista*,美国插画家Frances Tipton Hunter的《仙境》,丹麦插画家Kay Nielsen的《夜莺》(图2-3-3),罗马尼亚雕塑家、现代主义雕塑先驱Constantin Brancusi的《波嘉尼小姐像》等。可见《妇女杂志》选择作品的视野相当开阔,部分作品配诗或文字介绍。

图2-3-2　《母之助》(*Helping Mother*)
(《妇女杂志》1917年第3卷第11号彩色插图,大成老旧刊藏)

① 陈之佛:《谈美育》,载《学识》,1947年创刊号,第24页。

"夜莺"　　　　　　　　　By Kay Nielsen

图 2 - 3 - 3　Kay Nielsen《夜莺》

(《妇女杂志》1925 年第 11 卷第 4 号彩色插图,大成老旧刊藏)

二、展览会和游艺会:女子美育的公共话语空间

　　美术展览会和学校游艺会借助报纸杂志等大众媒介共同营造和拓展女子美育公共话语空间,承担阐释艺术思想和创作理念以及展示美育实践成果、推动艺术启蒙和艺术教育的功能。

　　　　第一次全国美展所留下最丰富资产,应该是当时艺文界人士针对此次展览所作的各项评论,尤以《美展》及《妇女杂志》两刊报道最值得一观。……《妇女杂志》美展专辑,以李寓一一文总揽大纲,从美展原委旨趣到作品评价,可说是巨细靡遗,但此刊最特别是以女性画家为主体的专题讨论,除了刊出她们个人肖像和画作之外,并以女性观点表述了女性与艺术之间的关系,见诸金伟君《美展与艺术新运动》、金启静《女性与美术》、陶粹英《女子发育美与人体画法》。并且述及她们创作生涯的甘苦谈,有潘玉良《我习粉笔画的经过谈》、唐蕴玉《寸感》、袁练吾《与吴佩璋女士谈艺术》、金启静《艺术世界性的过去和将来》、王伊茹《艺术的使命》。①

① 刘瑞宽:《中国美术的现代化:美术期刊与美展活动的分析(1911—1937)》,北京:生活·读书·新知三联书店,2008 年,第 279—280 页。

《妇女杂志》1929 年 7 月第 15 卷第 7 号"教育部全国美术展览会特辑号"（图 2‐3‐4）设有"女青年艺术家"专栏："我国妇女之有才艺者，代不乏人。自解放运动以来，女青年之艺术家，闻风奋袂而起，指不胜屈，现所纪载的，仅限于敝社同人之所见闻，遗漏实多。观此而知我国女界之进步，盖未可限量也。"专栏集中记载潘玉良、吴青霞、蔡威廉、杨雪玖、方君璧等 22 位女画家。"女子美术品的一斑"专栏刊载何香凝、李秋君、蔡威廉、潘玉良（图 2‐3‐5）等在第一次全国美展中陈列的作品。

图 2‐3‐4　《妇女杂志》1929 年第 15 卷第 7 号封面，大成老旧刊藏

美术展览会是我国精英女性艺术成果在公共领域的集中展示，而学校成绩展览会和游艺会通常是女学生们美育的话语表述。

1918 年 4 月，私立丽则女子中学开十二周纪念成绩展览会，"中设长案，置手工成绩。……壁间悬字画联轴，铁画银钩，绣屏刺花鸟，尤栩栩如生，鲜彩夺目，极游艺能事，尤觉典丽可观"。①

1921 年 6 月，上海中西女塾开办以来，"已二十余年，造就人材不计其数，近因解放女子之声浪日高，求高等学问之女子自见其多，致校舍不敷，且少经费建

---

① 沈莲馥：《本校十二周纪念会中学部成绩展览会叙略》，载《妇女杂志》，1918 年第 4 卷第 6 号，第 2 页。

图 2‑3‑5　潘玉良《顾影》(《妇女杂志》1929 年第 15 卷第 7 号,大成老旧刊藏)

筑新屋"①,为筹款扩张校务,开演象征主义剧作家梅德林克的名剧《青鸟》。"全剧角色,约有百人,全由中西女塾四年级生扮演。除'树林'一幕完全删去不演,其余和剧本没有十分出入","总之布景与化装竟可算得尽善尽美了","可惜剧中对话全用英语,中国人讲英国话,自然不能十分流利,因此便有许多不自然的地方,要是能用中国话开演,一定要生色得多哩","《青鸟》一剧,布景既极繁复,角色又极众多,便在欧美、日本的大剧场里,开演一次,也不是容易的事,现在中西女塾第一回开演,便有这样的成绩,在我国戏剧界,真是光荣的事情了"。② 此后,《妇女杂志》开始连载《青鸟》中文译本。

　　1922 年 2 月,北京女子高等师范学校的学生为筹集去日本参观的经费举办游艺会,游艺会上编演话剧三出:《易其锐》《孔雀东南飞》《恋爱与黄金》。演出三天后,因购票观者踊跃,于第四天补演。"这次来观看的人,从目不识丁的太太小姐,以至大学教授都有,各人有各人的意见……有些批评,则已载在《北京晨报》

————————————

① 《中西女塾演剧筹款预志》,载《申报》,1921 年 6 月 1 日。
② 鲁:《上海中西女塾开演〈青鸟〉记》,载《妇女杂志》,1921 年第 7 卷第 7 号,第 52 页。

上",反响很大。①

《妇女杂志》报道的后两例,虽属个案,但也表明当时部分学校的女子美育达到相当的水准。

三、精英与大众:女子美育的双重话语空间

《妇女杂志》创刊时设立十二大栏目,"图画"和"美术"是其中两栏:

> 汉昭列女,唐始图画。丹楹轮奂,聿垂古戒。或娴丹青,或妙挥洒。萃美于是,锲而不舍。作图画栏第一。

> 学则绣虎,艺是针神。金石刻画,音律校斠。才多为富,业精于勤。天机所诞,无美不臻。作美术栏第八。②

民国女子美育,上承古代以来"才女闺秀"的书画传统。汉、唐、宋、明、前清等文化繁荣的时代,女子美育均获得相当的发展,主要是书法绘画教育以及诗乐歌舞教育等。1卷1号起"美术"栏连载莼农(王蕴章)的《玉台艺乘》,他"仿四库子部艺术之例,都为四部,曰书画,曰琴谱,曰篆刻,曰杂技",取保存国粹,促进女学之意。

民国时期所谓美育和艺术教育的精英女子,"或为名闺淑媛,雅好天然;或系学子高材,研几有日;更有游学法日,穷十年之功,得西艺之精英,饱掠而归国者"③。她们的成果在"教育部全国美术展览会特辑号""美术专号"等期集中展示外,《妇女杂志》还登载不少影像及作品,诸如"上海城东女学杨雪瑶女士画岁朝图""上海城东女学杨雪玖女士画山水""章太炎夫人题沈泊尘君遗画""赴法勤工俭学之最先者徐蒋碧微女士小影""李殿春女士在上海女子艺术师范学校教授写生摄影"等。

> 吾中华妇女界循天演之公例,于文学、美术、工业三者上为极端的智能之发达,将来必为二十世纪进化史中强有力之雄健分子,一部分之优美成绩可逆断也。然在今日,我之为此言尚属理想,尚属希望,以今日妇女界之种种智能发达尚在幼稚时代也。④

此《妇女杂志预告》表明除少数"优美成绩"的精英女性以外,民国时期绝大

---

① 申之:《北京女子高等师范游艺会》,载《妇女杂志》,1922年第8卷第5号,第43—44页。
② 《妇女杂志发刊辞一》,载《妇女杂志》,1915年第1卷第1号,第1—2页。
③ 李寓一:《教育部全国美术展览会参观记(一)》,载《妇女杂志》,1929年第15卷第7号,第3页。
④ 《妇女杂志预告》,载《申报》,1914年9月27日。

部分女性"智能"尚处"幼稚时代"。《妇女杂志》以女学生和家庭妇女为主要读者对象,并不直接涉及振兴民族国家的宏大叙事,而是立足于女性自身,"认定自女权启蒙所开创的'兴女学'是处于弱势情景中的妇女的唯一出路",面对已为人母为人妻的传统妇女群体,"以平易的姿态向她们传授各种传统或现代意义上的家政和工艺常识,包括作文、绘画和书法等等"。①

> 现在妇女界盛唱自立。求自立,先必充经济;充经济,必先觅职业;觅职业,必先学艺能,此理乃人人都知道的。艺能范围很大,虽不能件件都学到,最好先就自己性质切近的,日日练脑练手。把一腔脑练得静密灵敏,有"一隅三反"的智巧;把一双手练得服贴准远,有"得心应手"的功能。……至于美术,据艺能范围中看起来,不过为娱乐快意的一种,原不能算作伟大的艺能,但能先从娱乐的引起兴趣,当必能渐渐增进考求艺术的愿望,养成一位心灵手妙的有用人材。……这就是本志发刊"美术专号"的旨趣哩。②

对普通大众女性的美育相比专业音乐和美术,偏重"艺能"的实用性,如刺绣等工艺美术,能够成为她们的谋生手段和职业准备。《妇女杂志》第 1 卷第 3 号封面画为《绣阁拈针》(图 2 - 3 - 6),第 1 卷第 11 号封面画为《寒闺刀尺》,第 1 卷第 3 号起"美术"栏连载陈丁佩《绣谱》。《绣谱》是中国刺绣工艺的第一部专著,

图 2 - 3 - 6 绣阁拈针(《妇女杂志》1915 年第 1 卷第 3 号封面,大成老旧刊藏)

① 刘慧英:《女权、启蒙与民族国家话语》,北京:人民文学出版社,2013 年,第 145 页。
② 妇女杂志社:《〈妇女杂志〉第十二卷第一号"美术专号"预告》,载《妇女杂志》,1925 年第 11 卷第 12 号。

清代著名苏绣艺人丁佩作于道光元年(1821),分择地、选样、取材、辨色、程工、论品六章,提出"能、巧、妙、神"的美学原则和"齐、光、直、匀、薄、顺、密"等苏绣特点。[1] 第5卷第7号起"家政门"栏连载沈寿述、张謇著的《雪宧绣谱》。沈寿的苏绣作品1911年和1915年曾获意大利都灵世博会卓绝大奖和巴拿马世博会一等大奖。此前清廷工部设立女子绣工科,设国文、图画、刺绣三课,以刺绣为主课,沈寿夫妇出任绣工科总理和总教习。后应张謇聘赴南通主持女红传习所。晚年于病榻总结一生刺绣工艺经验,由张謇记录成《雪宧绣谱》。[2] 张謇在《雪宧绣谱·叙》中感叹道:

> 今世觇国者,翘美术为国艺之楚,而绣当其一。……嗟夫! 莽莽中国独厥工艺之书耳! ……寿有独立足以传世之艺,故从金石书妇女特例,书曰吴县沈寿。[3]

刺绣是在国际上亦享有盛誉的传统工艺美术之一,沈寿也是刺绣工艺教育的开创者。《妇女杂志》除《绣谱》《雪宧绣谱》外,还有不少刺绣、服装、装饰等工艺美术教育的文章和影像。如李寓一的系列文章《装饰之单纯美》《装饰美之单纯法的商榷》《美装新装与奇装异服》《欧洲装饰的进化及法兰西的时装》。影像有"张謇在南通女师范学校附设绣工""浙江女子甲种职业学校丝织平湖秋月图""无锡私立振秀女学校刺绣成绩摄影两幅""上海女子美术刺绣传习所绣无锡惠山龙头口风景"(图2-3-7)、"浙江吴兴城西学校豆细工巴拿马赛会成绩品"等。

图2-3-7　上海女子美术刺绣传习所绣无锡惠山龙头口风景
(《妇女杂志》1918年第4卷第7号彩色插图,大成老旧刊藏)

---

① 吴山:《中国工艺美术大辞典》,南京:江苏美术出版社,1999年,第1012页。
② 张伟:《尘封的珍书异刊》,天津:百花文艺出版社,2003年,第8—10页。
③ 沈寿述、张謇:《雪宧绣谱》,载《妇女杂志》,1919年第5卷第7号,第1—2页。

当时大众媒介包括大多数女性期刊所传播的话语表达是："妇女解放的第一步,在于教育的解放,使妇女都能受到与男子同等的教育,这是人人都能知道的","近来大多数人的意见,却都以为今年妇女教育的目的,应该注重在职业教育,务使一般妇女受了教育以后,都有自谋生活的能力。"①民国时期精英与大众女子美育形成的双重话语空间缺一不可,而普通大众的"艺能"教育对更多女性而言是职业教育,更切实地帮助女性一步步从所谓"分利"走向"生利"之途。

四、公共论坛:女子美育互动话语表达

《妇女杂志》创刊前,即向全社会女性征稿:

> 本杂志定于民国四年一月一号出版,各省女界同志如有以著述、文艺及发刊词、照相片等惠寄者,本社无任欢迎。②

除日常全方位征稿和各类主题征文以及设立专号专栏外,《妇女杂志》无论主编更迭,先后设有"通讯""通信""自由论坛""讨论会"诸多栏目及发表"旨趣""编辑余录""编辑室报告"等表达编者意图并与读者持续保持互动,形成编者、作者、读者三方互动话语表达空间。

1926年12卷1号刊发"美术专号",12卷6号的"乙种征文当选"为"读美术专号的意见",表达读者阅读"美术专号"后的喜爱和收获,也有批评和建议。如认为"美术专号"缺失儿童美术教育;偏重叙述美术效能方面,缺少引导妇女美术研究的途径,故而她们可能"虽然心向往之以求得出路;可是究竟怎样下去,怎样转弯,仍然茫无头绪;结果,还是迷路";更有提升女性群体目标的:"诸君致力美术,努力妇女运动!"

美育需从家庭、学校和社会三方面着力,"这三方面中,最要紧的是家庭,因为无论学校,无论社会里面的各国分子,如果家庭里面的教育好,那么学校教育,社会教育,自然可以省力得多咧"③,而女子正是特别承担家庭美育的责任。家庭美育中实施美育分赏玩和创造两方面,对儿童、对家庭有直接影响的是住宅,尤其在儿童时代,最容易被环境所感化,"因为所住的地方倘使能够接近自然的美景,或是山明水媚,那么,不知不觉影响到儿童的品格上,就能够养成他一种爱

---

① 记者:《我们今后的态度》,载《妇女杂志》,1924年第10卷第1号,第5页。

② 《妇女杂志社征文》,载《申报》,1914年12月2日。

③ 吴梦非:《女子对于家庭美育的责任》,载《美育》,1920年第3期,第17页。

美的性质,或者还可以因此造成伟人杰士,这就是所谓地灵人杰了!"①邹盛文所著《西洋造园法》从 1925 年第 11 卷第 5 号起持续连载至 1927 年第 13 卷第 4 号,彩色插图"美丽的住宅"(图 2-3-8)为读者带来直接观感。而 1926 年第 12 卷第 11 号"乙种征文当选"为"理想中的住宅",第 14 卷第 3 号"乙种征文当选"为"我家的小园",亦为作者读者前后呼应互动。

美 麗 的 住 宅

「趣間的住」刊月本岩参

图 2-3-8　美丽的住宅(《妇女杂志》1927 年第 13 卷第 1 号彩色插图,大成老旧刊藏)

对于社会热点、读者困惑和争议话题,常有相当的关注和互动讨论,诸如妇女职业教育问题、生活艺术化、艺术生活化、艺术无用论等。

1926 年第 12 卷第 1 号"甲种征文当选"主题为"美术与人生的关系"。有读者回应,"所谓失败的人生,其故何在呢? 可说,大半是因为未曾研究美术而未知人生之真意义所致。倘若曾精究美术,则美术必已叫他了解人生的意义,抱着坚强的意志,努力前进,百折不回,得到最后的胜利"②;另有读者的期盼是:"庄子曰:'得至美而游乎至乐,是至人。'吾愿人人,都体斯言,平心静气,养成一种'美术化的生活'。"③他们所论的正是生活艺术化与艺术生活化。

在《与女儿论修学择业》中则有对"艺术无用论"的回答:

> 汝不云音乐无用乎? 此中国之环境使汝作如是观也。使在伯林,苟有命令废止音乐,人民所感之痛苦,当甚于饥饿,必大起革命,以除此暴夫。盖德人几以音乐为生活者也,制谱名人,冠于欧土……
>
> 美术亦然。使欧战将巴黎之鲁乌博物馆破坏,法国之要求赔偿,必百倍

---

① 吴梦非:《女子对于家庭美育的责任(续)》,载《美育》,1922 年第 7 期,第 19 页。
② 万福林:《美真善鼎足而为三》,载《妇女杂志》,1926 年第 12 卷第 1 号,第 94 页。
③ 方青筠:《愿养成美术化的生活》,载《妇女杂志》,1926 年第 12 卷第 1 号,第 95 页。

于今日也。法人以美术为生涯，油画陈之所，百游不厌，非此无以安慰其精神也。①

而对所有女性都关注的装束服饰问题，《妇女杂志》有大量的讨论。实用的家事、家政、家庭俱乐部、学艺门中有之：《改良家事教育谈》②、《衣料鉴别法》③等；循循善诱的说教有之：《女子当废除装饰》④、《妇女箴言》⑤等；引导审美观念与指导审美实践更有之：《美装新装与奇装异服》⑥、《现代妇女对于审美观念的误解》⑦、《颜色的选择和配合》⑧等。而叶浅予在《新秋之装束》⑨中不仅阐明着装理念，"装束之在现代，已逐渐进化而成为一种艺术的表现。一袭新装的应合于美的条件，根据于剪裁、色调、图案，三者的调和，而以适合服者的身段及地位为必然的理由"，而且"随气候的转变而适合时令的环境"拟样设计服装（图2－3－9）。

图 2－3－9　部分新秋之装束（叶浅予设计，上海图书馆藏）

五、结语

1926年，在《妇女杂志》进入办刊第十二年，由杜就田任主编。1925年末刊

---

① 汤苍园：《与女儿论修学择业》，载《妇女杂志》，1924年第10卷第1号，第104页。
② 李九思：《改良家事教育谈》，载《妇女杂志》，1927年第13卷第1号，第39—40页。
③ 罴士：《衣料鉴别法》，载《妇女杂志》，1921年第7卷第9号，第94—98页。
④ 胡怀琛：《女子当废除装饰》，载《妇女杂志》，1920年第6卷第4号，第1—6页。
⑤ 俞讱庵：《妇女箴言》，载《妇女杂志》，1919年第5卷第6号，第9—10页。
⑥ 李寓士：《美装新装与奇装异服》，载《妇女杂志》，1928年第14卷第9号，第24—30页。
⑦ 王平陵：《现代妇女对于审美观念的误解》，载《妇女杂志》，1927年第12卷第1号，第33—38页。
⑧ 夏行时：《颜色的选择和配合》，载《妇女杂志》，1930年第16卷第8号，第123—126页。
⑨ 叶浅予：《新秋之装束》，载《妇女杂志》，1930年第16卷第8号，第126页。

出《明年妇女杂志的旨趣》①:

> 光阴如箭,忽忽又觉秋尽冬初;转瞬已是民国十五年,十二卷的《妇女杂志》,要继续出现,与爱顾诸君相见了。那么取何种步骤,抱何种旨趣,不能不有所踌躇,勉成一种和时势合宜的妇女课外读物。查最近几年《妇女杂志》,在我国杂志界中,幸得占了胜利的局势,驰骤骎骎,大有一日千里的趋向,所加于青年男女影响很大。况现在国外的大势和国内时局,都在促进妇女更新的机运。那么我们不得不因所负使命的重大,愈加勉励,取一个稳健中正的步骤,闯一条青年妇女循行的途径,今将拟定的旨趣,略示于下。
>
> 　　(一)以"美情"作幕面。
>
> 　　(二)以"常识"作中藏。
>
> 　　(三)以"艺化"作背景。……

由此可知,这种取"美育"步骤,抱"艺术文化"旨趣,在此时已是和"时势合宜"的"青年妇女循行的途径"。1926年首期即推出"美术专号"。

《新妇女》杂志曾刊文《妇女和美育》,文中引德国哲学家爱德华·冯·哈特曼(Eduard von Hartmann)之言,"美的存在,多在'假象'之中。就是这'假象'观念,大抵女子比男子多一些。因为妇女的性情好静娴,多细密,逢了事体易动感情,又做事不肯苟且;所以高雅,悦爱,愉快,种种美感,妇女常容易得到,且能够使彼完全美备",并接由蔡元培的"新文化运动,莫忘了美育"而呼吁:"研究妇女问题的,更不可忘了真的美育。"②而如《妇人画报》(图2-3-10)此类市民群体的"摩登"刊物,也"用了颇多的气力来告诉读者'什么是女性美',试图去影响中国女性的审美观"③。

图2-3-10　《妇人画报》1934年第17期"中国女性美专号"封面画

(郭建英绘,上海图书馆藏)

近现代女子美育伴随"争女权、倡女学"从晚清起步,至民国逐步形成多元的话语空间和丰富话语场域。在此时期贤母良妻主义、女国民教育、

---

① 《明年妇女杂志的旨趣》,载《妇女杂志》,1925年第11卷第12号。

② 妙然:《妇女和美育》,载《新妇女》,1920年第4卷第2号,第4—7页。

③ 李晓红:《女性的声音:民国时期上海知识女性与大众传媒》,上海,学林出版社,2008年,第122页。

男女平等教育、女子教育等各个发展阶段中，女子美育均有其话语表达。这其中包含国外美育思想与实践的启蒙引介，本土美育理论与经验的传导，男性"导师"身份对女子美育的引领和代言，女性视角美育的困惑和需求，女子艺术技能的职业指导等。大众媒介作为重要的话语空间载体，传达社会价值观的主要来源，占据着话语表述场所，承担着传播交流功能。藉由这些媒介视域，尤其是《妇女杂志》《新妇女》等女性期刊可以直观回溯民国女子美育话语空间的建构。

"以美育代宗教"之辩

——媒介构建的美育传播公共空间研究①

与民国初年倡导美育得到几乎一致的支持不同,自蔡元培提出"以美育代宗教"后,一个世纪以来论辩之声不绝。故而重返历史现场,对民国时期"以美育代宗教"的论辩进行媒介视野下的再考察自有其"原生态"审视的意义和价值。

一、演讲及文献传播轨迹

蔡元培最初公开提出"以美育代宗教",并非在北京神州学会,而是在江苏省教育会的演说中。

1916年12月11日,蔡元培应江苏省教育会之邀,到该会演讲《中国教育界之恐慌及救济方法》。此次演讲全文刊于12月18日《民国日报》及12月20日至22日上海《时报》附刊"小时报",蔡元培在演讲中谈及毕业生不能升学、不能谋生之恐慌的三个原因之一为"道德不完全","实由于无责任心之故",而在对此救济的方法中明确提出"以美育代宗教":

> 至提倡道德之方法如何乎?外人研究我国人道德不完全,以为系无宗教之故。然宗教本野蛮民族之名词,且我国实无固有之宗教,历来推尊之孔子固不能视为宗教家,实为信教自由之国。现在主张改良道德,谓须藉宗教之力者,计有二说。一主宗仰基督教,不知欧人甫将教育与宗教脱离关系,且欧洲宗教教争至烈。我国向无此项束缚,今日若采用之,必乘各国排斥之潮流,滔滔然布其势力于吾国,其害何可胜言。又基督教最高之一说,与科学原理颇有冲突。吾国科学尚极幼稚,今以基督教提倡之,亦似不宜。一主

① 原题为《"媒介视野下'以美育代宗教'之辩再考"》,载《美育学刊》2022年第2期,略有修改。

张定孔教为国教,此问题极复杂。要之孔子专明人道,故曰未知生,焉知死,未能事人,焉能事鬼。宗教正以死后世界,为慰藉报偿之地,而孔子辟之,然则孔子岂宗教家哉!

夫宗教之势力,在能使人畏惮,能使人希望耳。凡人有所畏惮,有所希望,乃肯勇往作事。现在既不用宗教,则当另行研究替代之法。道德无一定,随时随势为推移,但其原理有一定,诚用归纳法求之,固有一定者。在孔子之言,至为可法。如"己所不欲,勿施于人","己欲立而立人,己欲达而达人",意义即极切要,至道德之实行,要在知行合一。现在可以美育代宗教,宗教之作用在能使人置身于利害死生之外,美育亦具此力量,如优美作用、壮美作用。⋯⋯①

《民国日报》与《时报》刊载的全文完全相同,此次演讲以《教育界之恐慌及救济方法——在江苏省教育会演说词》为题收入《蔡元培全集》时,全文意义相近,但与《民国日报》《时报》所载文字大为不同。② 如其中称:"况宗教为野蛮民族所有,今日科学发达,宗教亦无所施其技,而美术实可代宗教。"③此后各种选集、文集、论集均用此稿。

《民国日报》刊登此文的引语中表明为"兹由该会钞得会场速记录,较为详尽"。1917 年 1 月 5 日江苏省教育会印行《临时刊布》第 18 号《蔡孑民先生讲演中国教育界之恐慌及救济方法》,此文与《民国日报》所载基本相同:"现欲提倡道德,并求宗教之替代,计惟美育可以当之。"《临时刊布》是江苏省教育会专门登载讲演等资料以达先睹为快的目的的:"本会所有研究、讲演各种资料,向来登载《教育研究》杂志,月出一册,兹因更求便捷起见,除杂志照常登载外,并采随时披露之法,俾得先睹为快,此布。"④

故《民国日报》《时报》所载应为现场演说词,而《蔡元培全集》的"记录稿"似为演说草稿。蔡元培在此次演说中已使用"以美育代宗教",而非"以美术代宗

---

① 蔡元培:《蔡元培先生讲演录:中国教育界之恐慌及救济方法》,载《民国日报》,1916 年 12 月 18 日。
② "此篇为蔡元培在江苏省教育会演说的记录稿。原题为《记蔡孑民先生演说词》,经他用毛笔改为《教育界之恐慌及其救济方法》,并签名于题目之下,注有'十二月十一日,在江苏省教育会演说'字样。此篇曾发表于上海《时报》1916 年 12 月 20—22 日。"见高平叔编《蔡元培全集》第 2 卷,北京:中华书局,1984 年,第 485 页。另有"《记蔡孑民先生演说词》草稿;1916 年 12 月 18 日的上海《民国日报》及同年 12 月 20—22 日的上海《时报》均曾发表这次演说词,与记录稿的文句稍有出入",见高平叔:《蔡元培年谱长编》第 1 卷,北京:人民教育出版社,1999 年,第 626 页。
③ 蔡元培:《蔡元培全集》第 2 卷,北京:中华书局,1984 年,第 489 页。
④ 《缘起》,载《临时刊布》,1916 年第 1 号,第 1 页。

教"。陶英惠的《蔡元培年谱》引《时报》之说："现在可以美育代宗教。"①蔡元培实已清晰区分了"美术"和"美育"：

> 我向来主张以美育代宗教，而引者或改美育为美术，误也。我所以不用美术而用美育者，一因范围不同，欧洲人所设之美术学校，往往只有建筑、雕刻、图画等科，并音乐文学，亦未列入；而所谓美育，则自上列五种外，美术馆的设置，剧场与影戏院的管理，园林的点缀，公墓的经营，市乡的布置，个人的谈话与容止，社会的组织与演进，凡有美化的程度者均在所包；而自然之美，尤供利用，都不是美术二字所能包举的。二因作用不用，凡年龄的长幼，习惯的差别，受教育程度的深浅，都令人审美观念互不相同。②

《蔡子民先生言行录》亦有载："故提出以美育代宗教说，曾于江苏省教育会及北京神州学会演说之。"③而"《蔡子民先生言行录》印出后，蔡先生详细校阅一过，发现排印错误七十九处，列表一一记出"④。因此，蔡元培最初提出"以美育代宗教说"，确是在两次演讲中。

1917年4月8日，在北京神州学会的演讲题目直称"以美育代宗教说"，此篇演说词先后刊载于1917年8月《新青年》第3卷第6号（《以美育代宗教说：在北京神州学会演讲》），9月《学艺》第2号（《以美育代宗教说：在神州学会演说》），引起极大反响。

1916年12月11日蔡元培在江苏省教育会的演讲，面向教育界人士，有称"是日到会者约三百余人"⑤，有称"来宾不下五六百人"⑥。1917年4月8日，"北京神州学会在虎坊桥湖广会馆举行讲演大会，请蔡先生和张继、李石曾、陈独秀、章士钊主讲，各界人士前往听讲者甚众。首由蔡先生讲《以美育代宗教说》"⑦。

演讲属人际传播，主要是演说者与聆听者之间的单向交流，虽是"一对多"的群体传播扩散模式，但为传播者与受传者身处同时同地的、单向的、放射状的共时同步传播，亲身聆听的群体人数总是相对有限的，口头及体态语言媒介传播的时间和空间受到限制。而演说词的刊载，由人际传播转向印刷文献传播，与演讲

---

① 陶英惠：《蔡元培年谱》（上册），见《中央研究院近代史研究所专刊（36）》，1976年，第470页。

② 蔡元培：《以美育代宗教》，载《现代学生》，1930年第1卷第3期，第1页。

③ 新潮社：《蔡子民先生言行录》，上海：中华书局，1920年，第34页。

④ 高平叔：《蔡元培年谱长编》第2卷，北京：人民教育出版社，1999年，第336页。

⑤ 《教育界恐慌之救济方法》，载《申报》，1916年12月12日。

⑥ 《蔡子民之教育救济谈》，载《时报》，1916年12月12日。

⑦ 高平叔：《蔡元培年谱长编》第2卷，北京：人民教育出版社，1999年，第22页

相比较,"相对于人类有限的记忆力,新兴记录性媒介(文字)具有无可比拟的重放功能,因而应更被青睐"①。以《新青年》为例,"最多一个月可以印一万五六千本了"②。《学艺》在日本东京创刊,由上海的中华书局总发行,在上海、贵州、成都及北京各大书坊都有代派处。③ 以报刊等为媒介的传播属于大众传播的范畴,阅读成为宽泛意义上的人际传播,但印刷文献媒介传播的范围和向度远非单纯的口头语言媒介传播可比,吸引的是公众读者,从而可能引发的大规模关注,亦是导致论辩发生的前提。

二、公共论辩空间形成

"美育代宗教"自蔡子民标举后,回应声不绝。集会演讲、报刊等传播媒介使信息不再为社会精英阶层所垄断,传播可定义为一种空间宣言,将话题输送进了公共空间,社会各层次的群体、个体都能参与其中。特别是,"如果没有人参与对话,报纸将没有任何作用……因为它们将不可能对任何心灵产生巨大影响"④。

(一)《学艺》的许崇清与蔡元培之辩

1918 年 5 月《学艺》第 3 号"评论"栏刊载许崇清《美之普遍性与静观性:主张以美育代宗教说者之二大误谬》:

> (一)论者之释"普遍性"也。……
> (二)论者谓美能使人去除利害得失之计较。……

论者因此二大谬误,遂至混淆美之意识与宗教意识,又复混淆美之意识与道德意识。既主以艺术代道德之论,复以美术代宗教之说。论者视人性则太简,视道德又太轻矣。⑤

许崇清与蔡元培之辩始于 1917 年 4 月,《学艺》第 1 号"评论"栏发表许崇清的长文《批判蔡子民在信仰自由会之演说并发表吾对于孔教问题之意见》:

---

① [美]约翰·杜翰姆·彼得斯:《对空言说:传播的观念史》,邓建国译,上海:上海译文出版社,2017 年,第 57 页。
② 汪原放:《亚东图书馆与陈独秀》,上海:学林出版社,2006 年,第 33 页。
③ "代派处",载《学艺》,1917 年第 2 号,版权页。
④ [美]伊莱休·卡茨,[美]保罗·F·拉扎斯菲尔德:《人际影响:个人在大众传播中的作用》,张宁译,北京:中国人民大学出版社,2016 年,第 2 页。
⑤ 许崇清:《美之普遍性与静观性:主张以美育代宗教说者之二大误谬》,载《学艺》,1918 年第 3 号,第 183—184 页。

正月十二三两日《中华新报》连载蔡子民先生演说,先生之意将欲说明"孔子是孔子,宗教是宗教,国家是国家",谓三者义理有别,故孔子与宗教二名不能并用,国家与宗教二名不能并立,是以孔教与国教二名皆不可通,乃欲定孔教为国教,尤为乖舛云云。究其词理,纷纭淆杂,意恉难晓。谨就报上记录,剖析而明辨之,还以质诸当世俊哲,予岂好辩哉,将以解惑耳。苟记录有误,批判之责予则任之。①

蔡元培对许崇清此文有辩,《致许崇清君函》刊 1917 年 5 月《新青年》第 3 卷第 3 号:

读《学艺》第一号有足下所著《批判蔡子民在信仰自由会之演说并发表吾对于孔教问题之意见》。知以青年会速记者之误记,而累足下为此不经济之批判,甚可惜也。鄙人自见《新青年》第二卷第五号转载某日报所记信教自由会之演说,即投一函于《新青年》记者,已于第三卷第一号披露,想足下尚未之见。……但读足下此文,实有误会之点,爰复略叙鄙人本意于下。②

蔡元培此文又刊于《学艺》,许崇清答曰"再批判""并质问"。1917 年 9 月《学艺》第 2 号,"评论"栏有《再批判蔡子民先生在信教自由会演说之订正文并质问蔡先生》(许崇清),"来件"栏有《以美育代宗教说》(蔡元培),"通讯"栏有《致许崇清先生书》(蔡元培)、《致蔡子民先生书》(许崇清)。

《学艺》1917 年 4 月在日本东京创刊,丙辰学社编辑科编辑,学艺杂志社发行。丙辰学社宗旨为宣传科学,但《学艺》"文理兼有",以"昌明学术、灌输文明"为宗旨,内容涉及政治、军事、哲学、艺术、金融、外交、法律等,是留日学生所办持续时间最长,并从国外续办至国内的著名刊物之一。"许崇清还是第一个将爱因斯坦的相对论介绍到我国来的人",他的文章"应成为我国科学思想史的重要文献"。③ 许崇清在与蔡元培的数度论战之时,尚在日本留学,"作为初出茅庐的青年,他就向当时已是著名学者的蔡元培展开学术批判,两人并因此结下很深的友谊"④。可以说,许崇清与蔡元培的论辩为学术之辩。

---

① 许崇清:《批判蔡子民在信仰自由会之演说并发表吾对于孔教问题之意见》,载《学艺》,1917 年第 1 号,第 205 页。
② 蔡元培:《鄙人致许崇清君函》,载《新青年》,1917 年第 3 卷第 3 号,第 26 页。
③ 中山大学学报编辑部:《许崇清传记》,见北京图书馆《文献》丛刊编辑部,吉林省图书馆学会舒坦编辑部:《中国当代社会科学家》第 4 辑,北京:书目文献出版社,1983 年,第 67 页
④ 周川、黄旭:《百年之功——中国近代大学校长的教育家精神》,福州:福建教育出版社,1994 年,第 352 页。

(二)《兴华》的 7 篇《读蔡先生以美育代宗教说》

1918 年 6 月至 9 月,《兴华》第 15 年第 24 册至第 35 册"论说"栏连载 7 篇《读蔡先生以美育代宗教说》,共约 17000 字,文章未署名。文中自称"记者":蔡先生在北京神州学会演讲,"创'美育代宗教'之说,时则记者方执业京师"①。《兴华》为基督教刊物,1917 年 1 月由《华美教保》(1904)、《兴华报》(1910)继承而来,后曾改回《兴华报》,更名《兴华周刊》,最终改定《兴华》。虽刊名多变,但卷期始终延续,至 1937 年 11 月《兴华》出版第 34 卷第 44 期后停刊。《华美教保》《兴华报》《兴华》主要由美国基督教监理会或美以美会传教士林乐知、武林吉、师图尔、潘慎文、胡金生等先后主理,"在潘慎文主理期间形成了以华人为主体的编辑班底,他聘王治心为编辑"②。

《读蔡先生以美育代宗教说》连载之时,《兴华》主撰为潘慎文,编辑为陈维屏、包罗、李逢谦,此时"论说"栏中的不少文章未署名,可能是由《兴华》的编辑或撰稿人所作。如曾任编辑的王树声(字治心),在离职前发表《治心留别本报》,其中有小像,下署"记者治心留别纪念"③。

此文是典型的论辩文体,将《以美育代宗教说》全文逐段列出,再一一加以反驳。文章认为蔡先生此篇"最大之谬断"是:

蔡先生此节可分为二个问题:(一)宗教在欧西各国是否已为过去问题;(一)宗教之内容是否现已皆经学者以科学的研究解决至于一无遗憾。

本篇最大之谬断,无有逾于是者矣。窃诚不知何意,以多年学问领袖之蔡先生,竟乃不知科学与宗教在今日早已在相互发明解决天地真理之地位。④

而对于"以美育代宗教"的意旨,又以源自亚里士多德"论辩术"中"逻辑学之三段论"证明其逻辑不通。

今请就先生以美育代宗教之说,列逻辑学之三段论法如下:

(一)宗教者常含智识、意志、感情三作用而有之者也。(此为先生所定之公例)

(二)今美育者感情作用也。(此为先生所认之事实)

---

① 《读蔡先生以美育代宗教说》,载《兴华》,1918 年第 15 年第 24 册,第 1—4 页。
② 赵晓兰,吴潮:《传教士中文报刊史》,上海:复旦大学出版社,2011 年,第 239—240 页。
③ 治心:《治心留别本报》,载《兴华报》,1916 年第 13 年第 51 期,第 1 页。
④ 《读蔡先生以美育代宗教说》,载《兴华》,1918 年第 15 年第 24 册,第 2 页。

（三）故美育可以代宗教。（此为先生所下之断案）

此种逻辑，试问可以说得过去否？①

但其后亦表达并不反对提倡美育：

> 读者幸勿疑我，为反对提倡美育之人也。记者于先生提倡美育一端，记者之热诚，当不减于先生，惟先生欲以之代宗教，则我诚不见其可以相代之理由。欲提倡美育，不必排斥宗教。欲排斥宗教，不必夹杂提倡美育。二者绝对为二事。②

《兴华报》的办刊主旨称："本报命名兴华，以阐扬真道为兴华之元素，以灌输智识为兴华之橐钥，以主持清议为兴华之鞭策，以黄种同胞悉皈基督为兴华之究竟。"③故此种论辩属立场不同所致，此前《华美教保》中"教保"之意有"以保字命名，初非有攻讦他人，保护一己之意，不过为保教起见耳"④。《兴华》七文连载之间，"经学"栏刊载《基督教与哲学家：为提倡美育者进一解（罗马一章十四至十七节）》⑤一文，欲起论辩助攻之力。

《读蔡先生以美育代宗教说》的遣词造句仍属谨慎恭敬，"惟以记者之愚，以为天地间真理，学者果应各尽其能，发挥至于一无遗憾，即不幸而有诤议，亦属事之当然"⑥。此为对于"天地间真理"的认识之"诤"。

（三）《少年中国》的"宗教问题号"

关于"以美育代宗教"，《少年中国》创刊号上田汉的《平民诗人惠特曼的百年祭》一文中就有论及："我们'老年的中国'因为灵肉不调和的缘故已经亡了，我们'少年中国'的少年，一方要从灵中救肉，一方要从肉中救灵。……蔡孑民先生主张美育代宗教就是希腊肉帝国精神之一部，因希腊精神是灵肉调和。"

《少年中国》在五四时期与《新青年》《新潮》鼎足而三，1919 年 7 月创刊于北京，1924 年 5 月停刊，是少年中国学会会刊。五四前后，从宗教问题讨论到非基督教运动，"少年中国学会一度扮演着重要的过渡性的角色，并一度充当了运动

---

① 《读蔡先生以美育代宗教说（四续）》，载《兴华》，1918 年第 15 年第 29 册，第 3 页。
② 《读蔡先生以美育代宗教说（五续）》，载《兴华》，1918 年第 15 年第 30 册，第 4 页。
③ 赵晓兰，吴潮：《传教士中文报刊史》，上海：复旦大学出版社，2011 年，第 240 页。
④ 赵晓兰，吴潮：《传教士中文报刊史》，上海：复旦大学出版社，2011 年，第 233 页。
⑤ 《基督教与哲学家：为提倡美育者进一解（罗马一章十四至十七节）》，载《兴华》，1918 年第 15 年第 28 册，第 5—10 页。
⑥ 《读蔡先生以美育代宗教说》，载《兴华》，1918 年第 15 年第 24 册，第 1 页。

的主要舆论发起者"①。

1920 年因"教徒不得入会"议决案,引发少年中国学会关于宗教信仰问题的大讨论。此次讨论虽争执激烈,但根本上是"取纯粹研究的态度","不愿遽为无研究的反对或肯定"②,而作为一个会员遍及国内外、人数众多的学术团体,其讨论议决主要采取邀请名人专题讲演、会员通信讨论、译介著述等方式③,并将各地讲演录、讨论集、译介研究等以专号形式刊载。

少年中国学会的主要会务即是"刊布图书、发行杂志、举行讲演",这是学会传播学说、扩大影响的根本途径。他们认为文化运动的推广在于"出版数的自身,要力求改善","认定文化运动是普及民众的运动,不要当他是智识阶级里的交换智识"④。早期的《少年中国》供不应求,不得不多次以分册或合订本再版,部分卷期至少三版。到 1921 年发行"宗教问题号"时销售更旺,"平均每期销6000~7000 册,特刊号销量更大"⑤,"如果按传阅率 1∶5 计算,每期月刊的读者将维持在两三万人之多。月刊特刊号的传阅率当更高"⑥。月刊代销处有 20 多个,广布于国内十省区的大都会,国外如日本、南洋、美国、西欧等一些重要都市也有会员读者。⑦

宗教问题讲演是少年中国学会筹备组织的大型专题讲演,是学会筹备期间"名人讲坛"的继续。1919 年 12 月 16 日,蔡元培曾应邀作了少年中国学会正式成立后组织的第一次名人讲演《工学互助团的大希望》,表达了自己的期许:"现在各种集会中,我觉得最有希望的是少年中国学会。"⑧1920 年至 1921 年间,学会就宗教问题讨论共邀请七人在北京、南京两地作了五场讲演:北京总会举行的周作人、王星拱讲演,梁漱溟讲演,屠孝实、李石曾讲演;南京分会举行的陆志韦讲演,刘伯明讲演。"宗教问题号"刊载了此七文,另加罗素在北大哲学研究社的讲演。"举办宗教问题讲演是学会学术研究活动中最有声势、最有影响的一项活动"⑨,这些宗教讲演内容广泛,立论角度不同,各持肯定或否定态度,其中不少

① 李永春:《〈少年中国〉与五四时期社会思潮》,长沙:湖南人民出版社,2005 年,第 215 页。
② 苏甲荣:《宗教问题号(上)》,载《少年中国》,1921 年第 2 卷第 8 期,第 1 页。
③ 李永春:《〈少年中国〉与五四时期社会思潮》,长沙:湖南人民出版社,2005 年,第 227 页。
④ 苏甲荣:《今后的文化运动——教育扩张》,载《少年中国》,1920 年第 2 卷第 5 期,第 21—22 页。
⑤ 李永春:《〈少年中国〉与五四时期社会思潮》,长沙:湖南人民出版社,2005 年,第 70 页。
⑥ 李永春:《〈少年中国〉与五四时期社会思潮》,长沙:湖南人民出版社,2005 年,第 116—117 页。
⑦ 李永春:《〈少年中国〉与五四时期社会思潮》,长沙:湖南人民出版社,2005 年,第 117 页。
⑧ 蔡元培:《工学互助团的大希望》,载《少年中国》,1920 年第 1 卷第 7 期,第 1 页。
⑨ 李永春:《〈少年中国〉与五四时期社会思潮》,长沙:湖南人民出版社,2005 年,第 230 页。

内容涉及宗教的替代物、"以美育代宗教"等。

王星拱讲道：

> 若是我们相信一个物外的东西,固然可以有安慰苦恼的效能,但是这个效能,是可完全自美术里供给出来的。我们当'有求不得'的时候,若有好的诗歌、图画、音乐、风景,也可以使我们有精神的愉快,并用不着什么宗教的态度,把人自有知而退入于无知。……至于宗教的态度,就是不经研究不经证明而信从的态度,却是坏处多而好处少,而且他的好处,也是可以用教育、美术去代替的。①

屠孝实的结论之一是：

> 所以我以为科学、艺术、道德和宗教,各有他的特色,不容互相排挤。排挤只是一种偏见。况且执着一端的结果,不过把人生赶到偏枯的不全的一隅去罢了,决不是正当的办法。②

刘伯明讲演道：

> 此外蔡子民先生在《新青年》上有一篇《以美育代宗教说》,其主张我亦不敢赞同。……王星拱先生说:'人当有求而不得时,可研究美术以满足其欲望。'但是研究美术,如何可满足求而不得之欲望? 他也没说出来,这和蔡先生同样的不晓得宗教的本体。……假如说欣赏普通之画图与音乐之类,能代替宗教,那我可不得而知了。宗教有精神世界做他的对象,为一般普通 Art 所无有。如何能代替呢? 反言之,能代替宗教的美术,除非是 Art 已受了宗教化不可。③

此次宗教讲演及其他著译、谈话、通信等,《少年中国》以 1921 年的三期"宗教问题号"④专刊发表,引发不少的评论和深入思考:如"刘伯明的讲演,部分是源于对《少年中国》'宗教问题号'(上)的感想","屠氏还对反对论者提出所谓'答辩'"⑤。

学会还就宗教问题专访时在法国的蔡元培,"宗教问题号"(下)发表有《蔡子民先生关于宗教问题之谈话》(周太玄记):

---

① 王星拱:《王星拱先生的讲演》,载《少年中国》,1921 年第 2 卷第 8 期,第 8 页。
② 屠孝实:《屠孝实先生的讲演》,载《少年中国》,1921 年第 2 卷第 8 期,第 30 页。
③ 刘伯明:《宗教哲学:刘伯明先生讲演》,载《少年中国》,1921 年第 2 卷第 11 期,第 1—4 页。
④ 《少年中国》出版三期"宗教问题号"(上,1921 年 2 月 15 日第 2 卷第 8 期;中,1921 年 5 月 15 日第 2 卷第 11 期;下,1921 年 8 月 1 日第 3 卷第 1 期)。
⑤ 李永春:《〈少年中国〉与五四时期社会思潮》,长沙:湖南人民出版社,2005 年,第 238 页。

将来的人类,当然没有拘牵仪式,倚赖鬼神的宗教。替代他的,当为哲学上各种主义的信仰。……有以为宗教具有与美术、文学相同的慰情作用,对于困苦的人生,不无存在的价值。其实这种说法,反足以证实文学、美术之可以替代宗教,及宗教之不能不日就衰亡。……因此知道文学、美育与宗教的关系,也将如科学一样与宗教无关,或竟代去宗教。我曾主张"美育代宗教",便是此意。

可以说,"宗教问题号"为组织之"辩"。

三、媒介空间的论辩者

上文仅列举三个论辩"小"空间,其他诸如《新青年》的"通信"栏,《新潮》的"通信"栏,以及《生命》月刊开讨论会,后又函询"国内知识界数十位名流",刊发"新文化中几位学者对于基督教的态度"的"讨论栏"等。报纸杂志与演讲讲坛、讨论会等共同构成"以美育代宗教"的公共论辩媒介空间。

梁启超言及论辩时说:"盖必其人稍有科学的头脑,每发一义,能持之有故,言之成理,但其观察点有一误谬之处,故驳论者可以此为攻,而持论者亦可以此为守。"[1]任何论辩都是由辩题、立论者和驳论者三要素构成的,如加入媒介视角,论辩则由媒介空间、辩题、参与者等组成,参与者身份似可细分为立论者、持论者、驳论者、调和者等。表1列出与"以美育代宗教"辩题相关的一些报刊文献,上文已涉及的不再重复列入。此外,除所论"以美育代宗教"外,因理解及阐说背景不同,也含论及"以美术代宗教""以艺术代宗教"等文献。

表 2 - 4 "以美育代宗教"之辩的部分相关报刊文献

作者	文献题名	文献出处	论辩者立场[2]
李平	李平致陈独秀	《新青年》第 2 卷第 5 号,1917 年 1 月	持论者
陈独秀	陈独秀答俞颂华	《新青年》第 3 卷第 3 号,1917 年 5 月	持论者
熊正理	论宗教之必要	《时事新报》,1919 年 2 月 17 日、18 日	驳论者
陈独秀	基督教与中国人	《新青年》第 7 卷第 3 号,1920 年 2 月	调和者

---

[1] 饮冰:《杂答某报》,载《新民丛报》,1906 年第 4 年第 14 号,第 42 页。
[2] 表 1 中"论辩者立场"仅为笔者依据该文献所述观点认定,作者此前或此后可能存在的思想观念变迁不在此研究之列。

作者	文献题名	文献出处	论辩者立场
罗家伦	熊子真来信——罗家伦覆	《新潮》第 2 卷第 4 号,1920 年 5 月	持论者
蔡元培	美术的价值	《大公报》(长沙),1920 年 11 月	立论者
赵紫宸	圣经在近世文化中的地位	《生命》第 6 册"圣经号",1921 年 1 月	驳论者
吕澂	听了一番讲演以后	《时事新报》1921 年 6 月 11 日	驳论者
李思纯	宗教问题杂评	《少年中国》第 3 卷第 1 期 "宗教问题号(下)",1921 年 8 月	持论者
曾琦	曾琦致寿昌	《少年中国》第 3 卷第 1 期 "宗教问题号(下)",1921 年 8 月	持论者
吕澂	论美育书	《教育杂志》第 14 卷第 1 号,1922 年 1 月	驳论者
李石岑	答吕澂论美育书	《教育杂志》第 14 卷第 1 号,1922 年 1 月	持论者
周作人	我对于基督教的感想	《生命》第 2 卷第 7 册,1922 年 3 月	驳论者
郭海燕	"美育代宗教"释疑	《旅沪潮州学生会杂志》,1922 年 7 月	持论者
沈青来	美育和宗教	《青年进步》第 59 册,1923 年 1 月	驳论者
陈国桢	美育与宗教	《杭州青年》第 2 卷第 23 号,1923 年 2 月	驳论者
杨鸿烈	驳以美育代宗教说	《哲学》第 8 期,1923 年 12 月	驳论者
刘海粟①	上海美专十三周纪念感言	《时事新报·艺术》第 84 期, 1924 年 12 月	持论者
汪震	异哉所谓宗教	《晨报副刊》,1925 年 4 月 23 日	驳论者
卓雪厂	"美"所居之地位	《良友》第 3 期,1926 年 4 月	持论者
林风眠	东西艺术之前途	《东方杂志》第 23 卷第 10 号,1926 年 5 月	持论者
林风眠	致全国艺术界书	《贡献》第 5 期,1928 年 1 月	持论者
傅镕	美育代宗教	《新闻报》1929 年 10 月 2 日	持论者
蔡元培	美育代宗教	《上海青年》第 30 卷第 41 期, 1930 年 11 月	立论者
蔡元培	以美育代宗教	《现代学生》第 1 卷第 3 期,1930 年 12 月	立论者
力谦	美育代宗教: 美育小姐的野心	《鲁铎》第 3 卷第 2 号,1931 年 5 月	驳论者

① 原报上署名"记者"。

作者	文献题名	文献出处	论辩者立场
黄忏华	从美育说到佛教	《海潮音》第 12 卷第 8 号"僧教育专号",1931 年 8 月	调和者
管西屏	管窥"以美育代宗教"	《真光杂志》第 31 卷第 11 号,1932 年 11 月	驳论者
黎正甫	以美育代宗教辩	《圣教杂志》第 23 卷第 12 期,1934 年 12 月	驳论者
说斋	槎溪说林:王国维之美学观	《万象》第 3 年第 6 期,1943 年 12 月	持论者
罗庸	美育与宗教	《广播周报》复刊第 32 期,1947 年 4 月	调和者
陈之佛	"以美育代宗教"	《学识》第 2 卷第 11 期,1948 年 5 月	持论者
孙福熙	艺术的宗教观——记上海莲华精舍	《春秋》第 5 年第 5 期,1948 年 10 月	调和者

其中《李平致陈独秀》,是《新青年》读者致信主编:"蔡先生过申时,曾在江苏省教育会演讲……以美学代宗教之伟论,在吾国思想界,实得未曾有。惜是日时间短促,且非讲题范围,以致语焉不详,听者未能充分了解也。最好请蔡先生著论阐明斯理,登诸大志,以为迷信宗教者告。"虽误记为"以美学代宗教",但"读者"即是江苏省教育会演讲时的"听者",演讲已引发后续传播。

梁启超曾很推崇演讲这种口语媒介:"日本维新以来,文明普及之法有三,一曰学校,二曰报纸,三曰演说。大抵国民识字多者,当利用报纸;国民识字少者,当利用演说。……我中国近年以来,于学校、报纸之利益,多有知之者,于演说之利益,则知者极鲜。"[①]梁启超此语时为 1899 年,此后中国识字者已有不少增加[②]。而从戊戌变法开始到辛亥革命之后,中国期刊出版事业已进入活跃期,至五四前后,期刊已成为真正面向社会的大众传播工具,报刊媒介的受众已远超口语媒介的听众,二者相辅相成则更是媒介空间的拓展。对此,有学者曾对上海著名的演说场所"张园"和报刊的媒介化勾连进行过很好的阐释:

　　口头接转着印刷,人际传播勾连起大众传播,身体在场者和借助报纸在

① 任公:《饮冰室自由书》,载《清议报》,1899 年第 26 册,第 2 页。
② "19 世纪中国的识字率难以超过 20%。清政府于光绪三十三年(1907)推行九年预备立宪,其中的一个项目就是推广识字。……到了 20 世纪 30 年代,比例肯定已经有了增加。……两者合而为 30%,此似即 20 世纪 30 年代的识字率。"见张朋园:《知识分子与近代中国的现代化》,南昌:百花洲文艺出版社,2002 年,第 208—210 页。

场者，实体空间的张园和《苏报》报道的张园互为叠加交叉，读者们在报纸和张园的交接处来回穿梭，"他们看见了我所见的，听见了我所听的"，就形成了一种"公共领域"。公共领域的"实在性"，就"依赖于无数视角和方面的同时在场"；同时又把各方的注意力集中到特别指明的某种社会关系和行动，激荡起一种新认识。①

蔡元培一生发表演说众多，如《美术的价值》（长沙《大公报》，1920）、《美育代宗教》（《上海青年》，1930）等亦是演讲稿刊发②。

此外，蔡元培虽在媒介传播中是名副其实的"意见领袖"，但大众传媒为多元声音的畅通表达提供了公共话语空间和平台，而蔡元培本人也是公共论辩的主动发起者。如此次论辩中引起较大关注的《熊子真来信——罗家伦覆》，实由蔡元培直接主导的：

志希兄③：

有熊君来信，请一阅，不知有可采入《新潮》者否？

元培敬白。

子翁先生：

顷承尊处寄来《中国文学史》一部，收到甚感。真前函信笔率书，未知作何语。已发而悔。美术实关重要，真以为当与宗教相辅而行，所怀疑者，仅先生所云"以美术代宗教"之一代字耳。兹有三事，敢复质之左右：

（一）对于今日杂志之意见……

（二）对于欧化主义之意见……

（三）对于文学史名称之意见……

熊子真④谨启。

子真先生：

尊书由子师交下已久，因事忙未及即覆，歉甚。对于宗教与美术的意

① 黄旦：《报纸革命：1903 年的〈苏报〉——媒介化政治的视角》，载《新闻与传播研究》，2016 年第 6 期，第 31—32 页。

② 1930 年 11 月 2 日《申报》有载，是日蔡孑民在上海青年会大礼堂讲演《美育代宗教》，演讲全文未见刊发。后演讲手稿《以美育代宗教——在上海中华基督教青年会的演说》收入蔡元培的全集、选集。

③ 罗家伦（1897—1969），字志希，浙江绍兴人。1914 年就读上海复旦公学，1917 年考入北京大学文科。在北大求学期间，他与傅斯年等人共同组织新潮社，创办《新潮》杂志。后任国立清华大学校长、国立南京中央大学校长等职。

④ 熊十力（1884—1968），字子真，湖北黄冈人。早年肄业于湖北陆军学校，后加入同盟会，参加武昌起义。1918 年返里潜心哲学研究，1920 年入南京支那学院，随欧阳竟无学佛，致力于佛学、儒学、哲学研究。

见,是一个极大的问题:不学如伦何敢妄议。但是我最近与子师的谈话,及我个人对于这个问题的感想,不妨写出来请指教指教。

当然不可否认的是媒介空间存在着隐性权力,此次论辩的驳论者文章不少发表在宗教刊物上,其中也包括言辞略显过激的《美育代宗教:美育小姐的野心》,但媒介空间所能体现的正是参与群体的多元性、平等性和现实性。

四、结语

"美育"是蔡元培一生甚至远超一生的执着:"我说美育,一直自从未生以前,说到既死以后,可以休了。"[①]蔡元培在美育的传播过程中,即使无法称其为"伟大的思想者","伟大的传播者"也是实至名归的。"'伟大的传播者'们的典型肖像是:他们拥有重要的发声渠道(国内或国际的),为许多人所尊敬,他们的声音也被许多人聆听。"[②]

在民国时期"美育代宗教说"的传播和论辩过程中,传播产生的轨迹,体现着"听觉场是同步的,而视觉场是连绵的"[④],其中清晰可见思想观念在口语媒介与报刊印刷媒介构成的媒介空间中的生动流转,而论辩者充分发挥主观能动性,自觉利用媒介进行意识交流和交锋。

这一场至今仍未结束的论辩生动地展示了媒介与知识实践的交叉,"在新的媒介化公共领域中,知识实践与传播媒介密切相关,公众参与的可能性以前所未有的速度增长。因此,知识分子遇到各种媒介时,不应将媒介简单地视为传播其观念的手段,而应该视之为

图 2 - 4　蔡元培先生像[③]

---

① 蔡元培:《美育实施的方法》,载《教育杂志》,1922 年第 14 卷第 6 号,第 7 页。
② ［美］伊莱休·卡茨,［美］保罗·F·拉扎斯菲尔德:《人际影响:个人在大众传播中的作用》,张宁译,北京:中国人民大学出版社,2016 年,第 3 页。
③ 载《上海美术专科学校二十五周年纪念一鉴》,1936 年,第 9 页。
④ ［加拿大］埃里克·麦克卢汉,［加拿大］弗兰克·秦格龙:《麦克卢汉精粹》,第 2 版,何道宽译,北京:中国大百科全书出版社,2021 年,第 320 页。

观念的制定、投射、转化和再生产的源泉"①。因此这场论辩更有价值的是,虽然多元思想及价值观肯定导致论辩结果很难达成一致,"辩论带来更多的辩论,质疑带来更深的质疑"②,但"思想的传播靠的是公众的辩论"③,而这样追求及实现开放、多元、民主的媒介空间和传播平台值得肯定和珍惜。

① ［韩］康在镐:《本雅明论媒介》,孙一洲译,北京:中国传媒大学出版社,2019 年,第 57 页。
② ［美］保罗·亚当斯:《媒介与传播地理学》,袁艳译,北京:中国传媒大学出版社,2020 年,第 32 页。
③ ［加拿大］埃里克·麦克卢汉,［加拿大］弗兰克·秦格龙:《麦克卢汉精粹》,第 2 版,何道宽译,北京:中国大百科全书出版社,2021 年,第 76 页。

"出了象牙之塔"

——《申报·艺术界》与《艺术界周刊》的互文性传播研究[①]

1926 年 9 月 17 日《申报·艺术界》刊登《出了象牙之塔：研究艺术重要参考书之一》，张若谷在文中赞扬鲁迅所译厨川白村的文艺论集《出了象牙之塔》："现在的艺术家，都应该暂时离开他们'诗美之乡''艺术之宫''象牙之塔'的理想乐园，向了民众现实的道活生上走去，不仅应该和民众接近，简直还应该和他们去携手乱舞。这就是'出了象牙之塔'的作意，也就是召集艺术家'到民间去'的号角。"本文亦借"出了象牙之塔"之喻来描述民国时期藉由报章杂志产生的艺术界传播现象。

《申报》副刊《艺术界》见于 1925 年 9 月 21 日至 1931 年 12 月 16 日，属于《申报》"本埠增刊"。1919 年 8 月 31 日《申报》仿效《纽约时报》的"星期日特刊"于每周日开设"星期增刊"[②]，"星期增刊"第 2 期(9 月 7 日)至第 8 期(10 月 19 日)曾添设"本埠增刊"。1924 年 2 月 8 日复出"本埠增刊"，基本上每日刊发。《申报》于 1924 年 12 月辟有"游艺丛刊"，集中刊载艺术消息与评论："本刊自即日起，凡关于戏剧、游艺等消息、评论，率移入游艺丛刊栏发表，阅者鉴之。"[③]至 1925 年 6 月 1 日后暂行停刊，8 月后并入《自由谈》栏下。"游艺丛刊"由潘毅华编辑，后改由朱应鹏担任编辑。朱应鹏更改"本埠增刊"的体裁，分述要、商店消息、出版界消息、艺术评论等类，"从九月二十二日[④]起，始把艺术评论改作'艺术界'栏，内容以关于武术，运动，绘画，音乐，舞蹈，摄影，戏剧，歌曲的评论与消息为范

---

① 原载《美育学刊》2024 年第 1 期，全文又载《复印报刊资料·艺术学理论》2024 年第 4 期。略有修改。
② 上海图书馆：《近代中文第一报〈申报〉》，上海：上海科学技术文献出版社，2013 年，第 270 页。
③ 《本刊启事》，载《申报》，1924 年 12 月 11 日。
④ 由《申报》可查见"艺术界"始于 1925 年 9 月 21 日。

围"。^①《申报·艺术界》逐日见报,伴有缺刊,共出847期。^②

《艺术界周刊》于1927年1月15日在上海创刊,为周刊,发刊至1927年12月3日第26期。傅彦长、朱应鹏、张若谷、徐蔚南为编辑者,第15期起由艺术界社编辑,第17期起增署张若谷为主编,艺术界社出版,第1期印刷发行者为上海光华书局,第2期起为上海良友图书印刷公司。部分封面题名为"艺术界"。对于《艺术界周刊》的出版日期,第1期特大号版权页上为"一九二六年一月十五日初版",此署应有误,因为第1期的《编者讲话》落款为:"十六年一月一日,编者。"此外,1927年1月4日《申报》刊有若谷的《市政厅第十二次音乐会》,文中也有"在一切关于贝多芬的传记中,要算罗曼兰作的最好,已经徐蔚南君译出,将在不日出版的《艺术界周刊》第一期上发表"这样的表述。

考察发现,《申报·艺术界》与《艺术界周刊》的编辑者、作者和出版时间均有所重叠,考察发现二者存在明确的互文性。"互文性"这一概念于20世纪60年代由朱丽娅·克里斯蒂娃(Julia Kristeva)提出,后被不断挪用延展,其强大的阐释力从最初的文学理论、文化研究拓展到历史研究、艺术研究、媒介研究等诸多领域。任何文本都不是孤立存在的封闭体,文本之间存在着相互交织、共存兼容的联系性,"它包括对该文本意义有启发价值的历史文本及围绕该文本的文化语境和其他社会意指实践活动,所有这些构成了一个潜力无限的知识网络"。这种互文性对民国时期艺术界传播实质上极有助益。

一、引用和评论:互文的显性呈现

克里斯蒂娃所述的"互文性",直译为"文本间性",是"每一个文本都把自己建构为一个引用语的马赛克,都是对另一个文本的吸收与改造"。^③为避免"一切皆互文"的无限泛化倾向,故本文主要采用较狭义的热拉尔·热奈特(Gérard Genette)的"跨文本性"概念,即"所有使一文本与其他文本产生明显或潜在关系的因素"^④。他将跨文本性细分为五类:第一类是文本间性,第二类是副文本性,第三类是元文本性,第四类是承文本性,第五类是广义文本性。

---

① 张若谷:《一年来的申报艺术界》,载《艺术界周刊》,1927年第1期特大号,第34页。
② 卓雯君:《明暗交织的艺术界——〈申报〉副刊〈艺术界〉研究》,上海:华东师范大学硕士论文,2006年,第7页。
③ 冯寿农:《文本·语言·主题:寻找批评的途径》,厦门:厦门大学出版社,2001年,第18页。
④ 〔法〕热拉尔·热奈特:《热奈特论文选》,史忠义译,开封:河南大学出版社,2009年,第56页。

第一类所限定狭义的互文性中，"最明显并且最忠实的表现形式，即传统的'引语'实践（带引号，注明或不注明具体出处）"；第三类的元文本性是一种"评论"关系。① 因此引用和评论是典型的互文性关系的显性呈现。

《艺术界周刊》第1期特大号（1927年1月15日）刊有张若谷的《一年来的申报艺术界》，全面介绍一年来的《申报·艺术界》，从1925年9月至1926年9月逐月分述点评，"撮提其纲要"，为"爱读《艺术界》者做一张索引要目"：

> 这两种刊物②的出版期数都很短少，比较起来，还是申报的《艺术界》似乎来得长，多一些。至于量的方面，当然要推着它为第一了。它自从创刊到现在恰是逢着一周岁，平均每天以三千字计，一年来大约有百万言的文字了，至于它的内容如何，我们不妨去详细审察一下，这就是我写这篇东西的动机。

而《申报·艺术界》对《艺术界周刊》的引用、评论和预告则更多，除上述《市政厅第十二次音乐会》外，再略举几例：

> 关于华格那的生平和他的几首名作歌剧，在本报上介绍过多次了，恕不赘述。等将来有机会时，很想把华格那的歌剧剧情和歌词，详细翻译出来，或许能在良友出版的《艺术界周刊》中发表。（若谷《市政厅第十五次音乐会》，1927年1月23日）

> 因为觉得这种有气魄有血性的作品，是一种很好的读物，并且因为这是诗人摆伦的最伟大的作品，所以便乘着《美人心》映演的机会，来介绍这部好诗于读者。倘使力量做得到，我也许要摘译这部诗底一部份，发表于良友出版的《艺术界周刊》。（偶然《摆伦的〈唐琼〉》，1927年2月6日）

> 这真是再正确没有，光华书局发行的艺术界周刊第一期特大号有介绍琵亚词侣的一篇谈得很详细，读者可以参考。（复生《荒山中的古寺——介绍尼特先生与汛报第五期》，1927年3月7日）

> 近来正从事译述第一卷中的《莫柏桑及其他法国小说家》，预备在良友公司出版的《艺术界周刊》，或民国日报的《觉悟艺术号》上发表，这里因为限于篇幅，现在单把《文学生活》的内容，大约说几句。（若谷《文学生活——读书随笔》，1927年4月28日）

> 《模特儿大富豪》（*The Model Millionaire*）这是一篇结构有趣的短篇小

① ［法］热拉尔·热奈特：《热奈特论文选》，史忠义译，开封：河南大学出版社，2009年，第57—61页。
② 指当时上海尚在出版的仅有的两种艺术出版物：《申报·艺术界》和《新艺术半月刊》。

说……因为全文我已经译出，这里不详述了，请看良友公司出版的艺术界周刊第七期吧。(偶然《〈亚述萨维尔爵爷之罪〉及其他》,1927 年 5 月 9 日)

在世界文学传记中关于贝多芬的传记,汗牛充栋,不可胜数。即如我国,最近由徐蔚南兄已把罗曼罗兰的杰作《贝多芬传》译成中文(刊于艺术界周刊第一期),凡要认识贝多芬的生涯梗概者,单看了这本传记,也很足够了。现在只把关于明夜音乐会中将奏演的几首曲调,写一些说明在后面。
(张若谷《乐圣贝多芬百年祭(一)》,1927 年 5 月 28 日)

1927 年 2 月 8 日《申报·艺术界》刊有仲琼琦的《最新的艺术刊物——介绍艺术界周刊》,对《艺术界周刊》第 1 期创刊特大号从个人观感出发进行全面评述,从封面、插图、纸张、印刷、排版,到卷首序诗及各篇内容节述都涵括在内。

1927 年 2 月 13 日《申报·艺术界》余振焜的《〈最新的艺术刊物〉补——介绍艺术界周刊第二期》,接仲琼琦之文,叙补详评第 2 期。

《申报·艺术界》后续对《艺术界周刊》的整体评述尚有:《介绍〈艺术界周刊〉第三期》(葛赉思,1927 年 3 月 3 日)、《读艺术界周刊十期以后》(轶书,1927 年 4 月 29 日)。

在《艺术界周刊》终刊之后,《申报·艺术界》上仍有关于《艺术界周刊》的引用和评论。

徐君的文章,大家都认为最精辟、最富有刺激性的,他是最努力于著述的一份子。凡读过他所译所著的《一生》(商务书馆出版)、《龙山梦痕》(开明书店出版)、《贝多芬传》(艺术界周刊)、《泰绮思》(新生命杂志)、《生活艺术化之是非》(世界书局出版)等书的朋友,都可以相信这不是恭维的话了。
(直《茂娜凡娜——书报介绍》,1928 年 3 月 26 日)

胡适试译哈特的《米格儿》,确是比华侃所译的《密格尔士》(见艺术界周刊第二十六期)来得高明,但是,《新月》的编者为什么不向我们的国故大师多要几篇考证史料的文章呢。(憬《〈新月〉最近的态度》,1929 年 1 月 16 日)

任何文本都"离不开传统,离不开文献,而这些是多层次的联系,有时隐晦,有时直白"[1],《申报·艺术界》与《艺术界周刊》之间的相互引用和评论显示的是"直白",其中更为"直白"的一个例证是关于美国舞蹈家邓肯,文中同时有:

---

[1] [法]蒂费纳·萨莫瓦约:《互文性研究》,邵炜译,天津:天津人民出版社,2003 年,第 33 页。

依荫特拉·邓肯女士的在法国被汽车轹死,实在是一件可痛心的事。(详细情形参看十月二十六日本刊和第二十四期艺术界周刊上士元的《西洋新兴艺术》一文。①)遗骸葬于先她而死的她的二子的墓畔。(士骥《一九二七年世界文坛鸟瞰(三)》,1928 年 1 月 29 日)

二、插图和广告:互文的隐性呈现

热奈特"跨文本性"中的第二类是副文本性。副文本包括"标题、副标题、互联型标题;前言、后记、告读者、致谢等,还包括封面、插图、插页、版权页、磁带护封以及其他附属标志"②。这一类关系"比较含蓄和疏远"③,应该向"暧昧方向"④理解。因此,相较于引用和评论,与副文本相关的封面、题头、插图等图像及稿例、广告等似乎可称是互文性关系的隐性呈现。

《艺术界周刊》与《申报·艺术界》的封面画、题头图等主要有两类:一类是与编辑者推崇的希腊文化思想一致的古希腊罗马图像;另一类以装饰画为主,颇有一些与比亚兹莱画风相关。

《艺术界周刊》第 2 期至第 10 期封面均为阿波罗雕像(图 2 - 5 - 1),以不同颜色双色套印,雕像因收藏于罗马梵蒂冈的贝尔维德尔宫得名《贝尔维德尔的阿波罗》(又名《美景楼的阿波罗》),学界多将之认定为希腊古典后期雕塑家莱奥卡雷斯传世之作的罗马翻版摹品。朱应鹏在《艺术界周刊》创刊号首篇文章中即有"西洋的文化,根本希腊,是'艺术的文化'。……欧洲民族的革命思想,是经过文艺复兴运动后而产生的,换一句说,是经过希腊思想复活后而产生的"⑤。此前,他在《申报·艺术界》上亦言:"西洋上古时代之文明,以希腊罗马为代表,尽人所知,可不必言;即现代文明,亦源于希腊。"⑥阿波罗是文艺之神,又是古希腊人理想化英雄的典型形象。《申报·艺术界》的题头图同样有不少此类图像(图 2 - 5 - 2)。

---

① 此两文分别是,士骥:《伊萨特拉邓青女士被汽车轹死》,载《申报·艺术界》,1927 年 10 月 26 日;查士元:《西洋新兴的舞踏》,载《艺术界周刊》,1927 年第 24 期,第 3—6 页。
② 王瑾:《互文性》,桂林:广西师范大学出版社,2005 年,第 116 页。
③ [法]蒂费纳·萨莫瓦约:《互文性研究》,邵炜译,天津:天津人民出版社,2003 年,第 19 页。
④ [法]热拉尔·热奈特:《热奈特论文选》,史忠义译,开封:河南大学出版社,2009 年,第 58 页。
⑤ 朱应鹏:《文化与革命》,载《艺术界周刊》,1927 年第 1 期特大号,第 2 页。
⑥ 鹏:《希腊思想在西洋文化史上之地位》,载《申报·艺术界》,1925 年 10 月 29 日。

图 2-5-1　《艺术界周刊》第 2 期封面

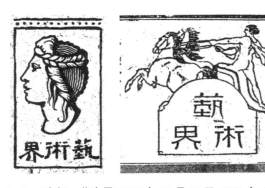

图 2-5-2　《申报·艺术界》1925 年 11 月 11 日、1931 年 12 月 16 日题头

　　封面白底红字,非常鲜明触目,在斗大艺术界三个字上,环绕着熊熊的火焰,这大约是艺术界社同人"燃烧生命之火"的一种特殊象征罢。①

　　这是读者对《艺术界周刊》创刊号封面(图 2-5-3)的直观感受,也确是主编者的本意:"还是请诸位爱护本刊者,大家齐来点起'生命之火',把这个小小的定期刊物,使他去做可以燎原的'星火'罢!"②创刊号封面装饰画风格明显。《艺术界周刊》自第 11 期(图 2-5-4)起,"封面拟按期情国内名画家担任绘作"③,此后封面绘作者有司徒乔、鲁少飞、邵洵美、万籁鸣、翁垣等。第 11 期封面画由司

① 仲琮琦:《最新的艺术刊物——介绍艺术界周刊》,载《申报·艺术界》,1927 年 2 月 8 日。
② 《编者讲话》,载《艺术界周刊》,1927 年第 23 期,第 1 页。
③ 《编者讲话》,载《艺术界周刊》,1927 年第 9 期,第 1 页。

徒乔专门为周刊绘制，"很有特殊的风味"①。

图 2 - 5 - 3 《艺术界周刊》第 1 期特大号封面　　　图 2 - 5 - 4 《艺术界周刊》第 11 期封面

　　《艺术界周刊》创刊号上刊有殷师竹的《琵亚词侣》，此文是中国首篇②全面介绍 19 世纪末英国杰出插画艺术家、唯美主义代表人物、"恶魔主义"画派领袖③比亚兹莱的历史和作品。文中起首称："现在书报的封面和插图，大概都受英国画家琵亚词侣作风的影响。"绘作《艺术界周刊》《申报·艺术界》封面、题头、插图的画家万籁鸣、卢世侯、邵洵美（图 2 - 5 - 5）、葛春荪等都不同程度地效仿追随过比亚兹莱的风格。邵洵美曾编译《琵亚词侣诗画集》（金屋书店，1929）。卢世侯除绘制多幅《申报·艺术界》题头图（图 2 - 5 - 6）外，在《艺术界周刊》创刊号和第 24 期上刊有卷首插图（图 2 - 5 - 7、图 2 - 5 - 8），"卢世侯的漫画《海神》，别具一种奇趣，思想富于兴奋性，比近来一般专门摹仿琵亚词侣作品者，活泼变化得多，可是因为下笔太细心，真有些像图案画"④。有"中国比亚兹莱"之称的叶灵凤自《申报·艺术界》设立后有多幅作品发表。

　　《申报·艺术界》的题头设计装饰趣味淳厚，西化色彩浓郁，而《申报·自由谈》同期题头则以典雅的传统仕女图和时装美女图为主（图 2 - 5 - 9），两者虽同为《申报》文艺性副刊，但存在显著差异性。题头图的选配有着一定的文化语境，如周瘦鹃在《申报》另辟《春秋》副刊时，"特约方雪鸪担任图画设计，每篇文字的

① 《编者讲话》，载《艺术界周刊》，1927 年第 10 期，第 1 页。
② 陈子善所编选的《比亚兹莱在中国》一书，全面展示了比亚兹莱进入中国的历史。在殷师竹此文之前，尚未有对比亚兹莱的详细介绍。参见陈子善：《比亚兹莱在中国》，北京：生活·读书·新知三联书店，2019 年。
③ 《编者讲话》，载《艺术界周刊》，1927 年第 1 期特大号，第 1 页。
④ 仲琮琦：《最新的艺术刊物——介绍艺术界周刊》，载《申报·艺术界》，1927 年 2 月 8 日。

图 2－5－5　《艺术界周刊》第 25 期封面　　图 2－5－6　《申报·艺术界》1926 年 1 月 13 日题头

图 2－5－7　卢世侯《海神》(《艺术界周刊》第 1 期特大号)

图 2－5－8　卢世侯作品(《艺术界周刊》第 24 期)

上面,配上一个小巧的图案,便是专栏和小说等的题头,也都按着含义特地画起来的"①。《申报·艺术界》和《艺术界周刊》的图像设计选择隐含呼应着相同的

---

① 郑逸梅.《〈申报〉附刊:〈自由谈〉、〈春秋〉》,见《郑逸梅选集》第 6 卷,哈尔滨:黑龙江人民出版社,2001
年,第 520 页。

艺术趣味和意旨。

图2-5-9 《申报·自由谈》1926年1月15日、1927年1月5日题头

广告也是副文本之一,带有商业传播目的的书刊广告能影响读者的接受语境和接受倾向,是沟通作者、出版者和读者的重要方式,亦是互文性关系的隐性呈现。

《艺术三家言》由傅彦长、朱应鹏、张若谷合著,良友图书印刷公司印行,1927年11月初版,徐蔚南作序,万籁鸣作封面,伍联德书籍装饰。三人三卷合集,上中下三卷三色版印封面(图2-5-10)与《艺术界周刊》创刊号封面图案一脉相承(图2-5-3),封面设计者似应同为万籁鸣①。《艺术三家言》在《申报·艺术界》《艺术界周刊》上有一段广告和软性广告文本交织流转的传播历程。

图2-5-10 《艺术三家言》中卷封面

《艺术三家言》在《申报》上的广告,有广告版的集合广告(文学周报社丛书②、良友图书印刷公司"迁移大扩充""年底大廉价")一列,仅标书名和作者,而刊登在《申报·艺术界》《艺术界周刊》的广告信息对

---

① 亦有另一观点,认为此三页为装饰图而非封面图,故是伍联德所作,"伍当时是良友的老板,且自己是绘画出身,良友的出版标记就是他设计的",见张泽贤:《五十浦东人的民国版本》,上海:上海远东出版社,2017年,第680页。笔者倾向于认为此三页仍属封面设计,且《艺术界周刊》第1期是因印刷耽搁数月,第2期起才转到良友图书印刷公司出版,故《艺术界周刊》第1期由伍联德作封面设计的可能性并不大。

② 《艺术三家言》的出版初拟为"文学周报丛书"之一,后转为良友图书公司,参见张若谷的《关于艺术三家言》。

潜在的特定读者更具针对性。

　　1927 年 3 月 2 日《申报》的《良友访顾记》(琼琦)，记载良友公司总经理伍联德所述，即将出版的《艺术三家言》甲乙两种精装与平装本的印刷装帧详情。

　　《艺术界周刊》第 5 期至第 8 期封底为整版《〈艺术三家言〉出版预告》，内容全文引自《良友访顾记》并标明出处"节录三月二日①申报本埠增刊"。第 9 期至第 12 期封底为整版《〈艺术三家言〉出版预告》(二)(三)(四)。

　　1927 年 3 月 5 日《艺术界周刊》第 7 期，卷首刊登《艺术三家言》插图 4 幅及张若谷的长文《关于艺术三家言》。

　　1927 年 4 月 29 日《申报·艺术界》的《读艺术界周刊十期以后》(轶书)中称赞，"第七期所刊印的四幅《艺术三家言》插图，异常精美，竟像是用珂罗版印好"。

　　1928 年 2 月 26 日《申报·艺术界》，张若谷在《关于我自己(一)》中申辩，"《艺术三家言》未出版以前，就有误解了书名的意义，骂我们自称其为艺术家"。

　　1928 年 12 月 23 日《申报》刊有《中国艺术巨著在海外之荣誉：英国亚洲文会杂志评论艺术三家言》。

　　以上关于《艺术三家言》的软性方式广告与商业化广告在时间线上形成相互穿插、彼此依赖的互文关系，作为一种具有意图性和说服性的话语形式，温和而不生硬，更易导引读者走向图书。

三、"站在骚扰之巷"：主题互文的传播语境

　　"主题互文性是指两个文本反映相似的社会问题，探讨同一个主题，而且两个文本前后呼应或者存在联系。"②主题互文性也可以发生在两个以上的多文本间，大致相当于热奈特"跨文本性"中的"最抽象和最暗含"③的第五类广义文本性。文本之间并非纯粹的类属关系，"或恰恰相反，意在避免任何从属关系"④，这种更宽泛的主题指涉相近的文本之间的互文关系能构成平行互补融通的良好传播语境。《申报·艺术界》和《艺术界周刊》存在两大互文性主题："倡导民众艺术"与"引介西方艺术"。

---

① 第 5 期、第 6 期版权页标注分别为 1927 年 2 月 19 日、2 月 26 日，应为符合周刊出版周期的排期日，实则第 5 期和第 6 期的《编者讲话》尾署为："十六，三，五日。""十六，三，十。"
② 康毅，王丽丽，岳铁艳等：《福克纳导读》，哈尔滨：哈尔滨工程大学出版社，2019 年，第 89 页。
③ ［法］热拉尔·热奈特：《热奈特论文选》，史忠义译，开封：河南大学出版社，2009 年，第 60 页。
④ ［法］热拉尔·热奈特：《热奈特论文选》，史忠义译，开封：河南大学出版社，2009 年，第 60 页。

(一)"民族主义文艺运动"与民众艺术

20 世纪二三十年代被以瞿秋白、鲁迅、茅盾等为代表的左翼阵营激烈批判的"民族主义文艺运动",从文本角度及传播语境看,其重要生发地之一就是《申报·艺术界》和《艺术界周刊》。

1930 年 6 月 1 日,"中国民族主义文艺运动者"集会于上海,发表宣言。6 月 23 日,《申报·艺术界》最早刊发《民族主义的文艺运动发表之宣言》①。而此前,20 世纪 20 年代的艺术界一直活跃着以傅彦长为首的提倡民族主义艺术的同仁圈,骨干人物主要有朱应鹏、叶秋原、黄震遐等,其艺术活动大致可分为两个阶段:"第一阶段为 1924—1927 年,以傅彦长、徐蔚南等主编《艺术界周刊》为标志。此为酝酿和提倡'民族主义'艺术的阶段";"第二阶段为 1928—1929 年,其标志性事件是叶秋原出版了他的《艺术之民族性与国际性》。这个阶段完成了由文艺民族主义向政治民族主义的'转变'与'突变'"。②

当时的左翼阵营及此后的文化界"对于'民族主义文艺运动'的兴起只是关注当时的政治背景,而对于其出现的历史文化语境,特别是其艺术和思想背景则缺乏分析"③。20 世纪 80 年代之后,学界对"民族主义文艺运动"的史实梳理更为深入④,评价更趋多元。如,"在左翼文学兴发的同时,自由主义作家的文学及其他多种倾向文学彼此颉颃互竞,共同丰富着 30 年代的文学创作"⑤;"由于 30 年代民族危机不断加重,'民族主义文艺运动'应运而生……民族主义文学思潮与左翼、民主主义、自由主义思潮相互激荡、彼此交织,构成了 30 年代中国文学的宏阔图景"⑥;"'民族主义文艺运动'的兴起,本身是由多种因素共同合力形成

---

① 这篇宣言后刊发于 1930 年 6 月 29 日、7 月 6 日《前锋周报》第 2 期、第 3 期,1930 年 7 月 4 日《中央日报》,7 月 12 日《浙江教育行政周刊》第 45 期,7 月 15 日《湖北教育厅公报》第 1 卷第 6 期,8 月 8 日《开展》月刊创刊号,8 月 9 日《浙江党务》第 98 期,10 月 10 日《前锋月刊》创刊号等。

② 周云鹏:《"民族主义文艺运动"兴起的历史文化语境探析——兼对〈民族义文艺运动宣言〉来源的考证》,载《社会科学辑刊》,2011 年第 2 期,第 172 页。

③ 周云鹏:《"民族主义文艺运动"兴起的历史文化语境探析——兼对〈民族义文艺运动宣言〉来源的考证》,载《社会科学辑刊》,2011 年第 2 期,第 172 页。

④ 参见朱晓进:《从〈前锋月刊〉看前期"民族主义文艺运动"》,袁玉琴《从〈黄钟〉看后期"民族主义文艺运动"》,载《南京师大学报(社会科学版)》1986 年第 3 期;钱振纲《民族主义文艺运动社团与报刊考辨》,载《新文学史料》2003 年第 2 期;张大明《主潮的那一面:三民主义文艺与民族主义文艺》,北京:中国社会科学出版社,2010 年;周云鹏《辑佚、考证与民族主义文艺研究》,载《湘潭大学学报(哲学社会科学版)》2016 年第 4 期等。

⑤ 钱理群,温儒敏,吴福辉:《中国现代文学三十年》(修订本),北京:北京大学出版社,1998 年,第 191 页。

⑥ 张中良:《民族国家概念与民国文学》,广州:花城出版社,2014 年,第 137 页。

的结果,既有国民党出于国共对峙状态中争夺话语权的需要而采取的策略性因素,也是现代民族国家建立的'民族主义'宏大话语体系中的重要一环"①,等等。

尽管"民族主义文艺运动"存在纷繁复杂的政治背景和历史文化语境,但如果仅从文本传播角度而言,当初的"民族主义文艺运动者"及现在的学界都对《申报·艺术界》与《艺术界周刊》在其中所发挥的重要作用有所认同。

> 民族主义文艺的研究和提倡,不是从民国十九年六月一日《民族主义文艺运动宣言》发表后才有的,我们同志间在六七年之前早就发动的了。当时我们的同志以上海《申报·艺术界》为机关,在纸上所发表的文艺论文,可以说十分之八九是提倡民族主义的文艺。②

对于前锋社的这一说法,后续或认为"有根据,但也有可以讨论之处"③,或直称"显然是夸大其词了"④。《申报·艺术界》和《艺术界周刊》确实刊登了不少后被列入"民族主义文艺运动"阵营人士的文章,究其原因,一则"运动"组织松散,关于具体发起人和参与者名单至今并无定论,二则这些论述倡导的多是民族主义艺术,绝大多数并非带有"我们同志"这种政治民族主义的主观意识,但客观上酝酿形成了"民族主义文艺运动"的一些主要观点和范围较广的同仁圈。

> 民族主义文艺阵营中,虽然有的具有官方身份……;但文化人比官方人物要多……;更多的还要说是文学青年……。如果说少数人带有维护当局统治的明确意图的话,那么,多数人则更倾向于救亡图存的指归。⑤

> 在前锋社成立以前,就存在着一个以傅彦长、朱应鹏为核心的艺术同仁圈子的活动。这个圈子大致可以称之为"艺术界"派,这个名称系我首用。这个流派指的就是1925年9月自以朱应鹏编辑《申报本埠增刊》"艺术界"栏目以来(一直到1931年),以及1926年由傅彦长、朱应鹏、徐蔚南、张若谷共同编辑出版《艺术界周刊》(直至1927年12月)以来形成的一个艺术界同仁团体。⑥

从时间上可以看出,"1930年6月前锋社成立到1931年年底是民族主义文

① 张玫:《再论王平陵:"民族主义文艺"还是"三民主义文艺"?》,载《中国现代文学研究丛刊》,2015年第10期,120页。
② 前锋社:《民族主义文艺论》,上海:光明出版部,1930年,第1页。
③ 姜飞:《国民党文学思想研究》,广州:花城出版社,2014年,第61页。
④ 钱振纲:《民族主义文艺运动社团与报刊考辨》,载《新文学史料》,2003年第2期,第189页。
⑤ 张中良:《民族国家概念与民国文学》,广州:花城出版社,2014年,第120页。
⑥ 周云鹏:《"民族主义文学"(1930—1937年)论》,上海:复旦大学博士论文,2005年,第39页。

艺运动的前期"①,而从内容上看,《申报·艺术界》尤其是在《艺术界周刊》同时存续的时期,二者存在更明确的主题旨归——"民众艺术"。

1925年9月21日《申报·艺术界》的开篇之作是穆罗茶②的《民众艺术的解释》,文中说:

> 艺术的解释,真是各异其说,自然关于民众艺术的,也不能够在例外了。我总觉得西洋艺术的范围是倾向于民众方面的。

此后《申报·艺术界》上的《民众艺术》(楼金声,1925年9月30日)、《艺术家的代价》(倪贻德,1926年1月4日)、《艺术杂谈》(包罗多,1926年2月16日)、《艺术与革命》(欧阳予倩,1927年7月7日)、《南北艺术界团结的途径》(朱应鹏,1927年10月22日)、《民众艺术》(汪倜然,1927年10月26日)、《民众艺术之新要求》(唐隽,1931年2月22日)等均是直指民众艺术的论述。朱应鹏③还有《心因室剳记》系列7篇,是"平日关于艺术方面闻见或感想所得","都是主张打破以圣贤为中心的艺术思想,而提倡以民族为本位的艺术"④。徐蔚南的系列《文艺漫谈》中不少也与民众艺术相关。

《艺术界周刊》的发行目的"在造成中华民族的艺术文化,鼓吹中国文艺新生运动,及传播民众艺术思想,内容包括绘画、音乐、舞蹈、运动、建筑、雕刻、诗歌、戏剧、小说等类,有新颖之材料、鲜明之主张、统系之叙述、正确之消息"⑤。傅彦长在《艺术界周刊》上发表了一系列文章,《艺术哲学的无聊》《从民间来的艺术》(第1期)、《土地与城隍》(第7期)、《艺术文化的创造》(第13期)等,表明他提倡民族主义艺术、民众艺术的观点。

(二) 引介西方艺术

除倡导民众艺术思想外,另一大互文性主题在于"澎湃的西方艺术东渐"⑥。从上古时期的希腊文明、中世纪文艺复兴运动到现代主义艺术,从绘画、音乐、舞蹈到戏剧、雕刻、建筑等,《申报·艺术界》《艺术界周刊》致力于引介普及西方文艺思想与创作。

---

① 钱振纲:《民族主义文艺运动社团与报刊考辨》,载《新文学史料》,2003年第2期,第189页。
② 傅彦长的笔名有穆罗茶、包罗多等。
③ 朱应鹏的笔名有心因等。
④ 张若谷:《一年来的申报艺术界》,载《艺术界周刊》1927年第1期特大号,第39页。
⑤ 罗汉素:《艺术界月刊(书报介绍)》,载《申报·艺术界》,1926年11月2日。
⑥ 重:《自由剧场运动与中国》,载《申报·艺术界》,1928年7月2日。

他们称颂希腊文明——"最富于知识,最长于思想,艺术之美最完全,于世界上的影响最伟大,无论何人一开口就要把希腊文明推举出来"①。希腊是艺术的根本,"希腊人认艺术就是生命,生命就是艺术。所以爱普庐一方面是生万物的太阳神,一方面也就是一切诗歌、音乐、美术之神"②。

他们崇尚文艺复兴——《艺术界周刊》第 5 期刊登拉斐尔作品、自画像以及文字述评,第 9 期有达·芬奇的《圣母像》,第 12 期是关于达·芬奇的文字述评,第 18 期是米开朗基罗专号等。《申报·艺术界》关于文艺复兴的专题述评有《研究意大利文艺复兴时代绘画的纲要》(心因,1926 年 1 月 11 日),《意大利文艺复兴时代之文学》(偶然,1926 年 11 月 23 日),《文艺复兴与浪漫运动》(秋原,1929 年 3 月 14 日)等。

他们迎接现代艺术,绘画有"恶魔主义"的比亚兹莱、罗特列克③、波德莱尔④,"恐怖主义"的蒙克⑤,"印象主义"的先驱⑥,"未来主义"的宣言⑦等;音乐有张若谷长达两年的上海市政厅音乐会报道(《申报·艺术界》),包罗西乐各派别的作品,查士元和张若谷的系列西洋歌剧鉴赏(《艺术界周刊》);舞蹈有现代舞先驱们邓肯、丹尼丝、Mand Allan、Loie Fuller⑧,俄罗斯舞剧⑨,美国学校"新舞蹈"运动⑩;戏剧不仅述及希腊、挪威、意大利、德国、美国、日本等国的戏剧界,甚至连戏剧建筑都从西洋古剧场遗址⑪列举到现代美国小规模剧场⑫。

《艺术界周刊》第 1 期特大号的首幅插图是朱应鹏的《皮涅克像》速写。苏俄文学家皮涅克,最早是 1923 年由茅盾介绍到中国⑬,评论说:"他是属于讨厌的唯美派,但的确是个伟大的天才;他看着俄国的惊人的大革命有些害怕,但又莫

① 包罗多:《希腊文明潮流》,载《申报·艺术界》,1928 年 6 月 13 日。
② 应鹏:《希腊的月神》,载《申报·艺术界》,1926 年 9 月 21 日。
③ 师竹:《恶魔主义的罗德来》,载《艺术界周刊》,1927 年第 4 期,第 5—9 页。
④ 查士骥:《恶魔主义的鲍特莱尔》,载《申报·艺术界》,1927 年 10 月 10 日。
⑤ 殷师竹:《恐怖主义的孟克》,载《艺术界周刊》,1927 年第 2 期,第 4—12 页。
⑥ 倪贻德:《印象派运动之先驱者》,载《申报·艺术界》,1926 年 3 月 25 日;阳冰:《印象派大画家孟纳逝世》,载《艺术界周刊》,1927 年第 3 期,第 1—3 页。
⑦ 梁得所:《未来派美术》,载《艺术界周刊》,1927 年第 13 期,第 3—5 页。
⑧ 查士元:《西洋新兴的舞踏》,载《艺术界周刊》,1927 年第 24 期,第 3—6 页。
⑨ 狄复生:《但妮向团的舞踏》,载《艺术界周刊》,1927 年第 1 期特大刊,第 51—59 页。
⑩ 韦焘:《美国学校之"新舞蹈"运动》,载《申报·艺术界》,1927 年 5 月 3 日。
⑪ 查士骥:《西洋古剧场之话》,载《艺术界周刊》,1927 年第 22 期,第 11—14 页。
⑫ 郑行异:《美国小规模剧场》,载《申报·艺术界》,1927 年 2 月 28 日。
⑬ 平保兴:《论民国时期苏俄作家皮利尼亚克在中国的接受》,载《寻根》,2016 年第 3 期,第 29 页。

名其妙的赞叹着。"①1926 年 6 月,皮涅克访华,"他这一次来华游历的目的,是要考察中国民众的生活"②,在上海时参与了田汉电影《到民间去》的拍摄。朱应鹏在《小黑姑娘》(《申报·艺术界》1927 年 2 月 10 日)中记载了皮涅克与上海同人的见面会。鲁迅后从日文转译过"同路人"皮涅克的多篇作品。这幅《皮涅克像》也可说是"骚扰之巷"中"众声喧哗"③的一次侧写。

四、"立在十字街头":艺术界传播的价值

"出了象牙之塔"之后又将如何呢? 鲁迅曾译厨川白村的论文集《走向十字街头》的序文作为解答:

> 东呢西呢,南呢北呢? 进而即于新呢? 退而安于古呢? 往灵之所教的道路么? 赴肉之所求的地方么? 左顾右盼,彷徨于十字街头者,这正是现代人的心。……我身也就是立在十字街头的罢。暂时出了象牙之塔,站在骚扰之巷,来一说意所欲言的事罢。用了这寓意,便题这漫笔以十字街头的字样。④

《申报·艺术界》与《艺术界周刊》以明显的互文性在主题内容上相互指涉,体裁形式各取所长,读者群体互补扩充,这种互补互涉在当时的社会和艺术文化界可起广泛传播之作用,致加强大众艺术教育之效果,即"将艺术从象牙之塔里移出,将它撒播到社会人生中去,使生活里处处有艺术"⑤。

《申报·艺术界》与《艺术界周刊》,一为报一为刊,报纸和期刊的读者有所不同。《申报》的销量,1925 年是 10 万,1926 年至 1936 年间徘徊在 15 万份左右⑥,这已是抗战以前中国报纸销行的最高数字⑦。《艺术界周刊》的创刊号,"闻出版止印五千,昨日已售去二千余云"⑧。销量看似差别极大,但《申报·艺术界》附在《申报》"本埠增刊"中,"外埠除沪杭甬、沪宁两路线旁的镇站,和直接向报馆订

---

① 沈雁冰:《苏俄的三个小说家》,载《小说月报》,1923 年第 14 卷第 12 期,第 3 页。
② 蒋光赤:《介绍来华游历之苏俄文学家皮涅克》,载《文学周报》,1926 年第 232 期,第 510 页。
③ 李庆西:《"众声喧哗"的历史投影:皮利尼亚克〈红木〉》,见《文学笔记》,北京:现代出版社,2016 年,第 25 页。
④ 鲁迅:《〈出了象牙之塔〉译本后记》,载《语丝》,1925 年第 57 期,第 1 页。
⑤ 王友贵:《翻译家鲁迅》,天津:南开大学出版社,2016 年,第 116 页。
⑥ 《七十五年来:本报的广告发行及其他》,载《申报》,1947 年 9 月 20 日。
⑦ 曹聚仁:《早期〈申报〉》,见《上海春秋》,上海:上海人民出版社,1996 年,第 112 页。
⑧ 《艺术界周刊出版》,载《申报》,1927 年 2 月 5 日。

阅的读者外，是常年没有机会看到的"①。《艺术界周刊》的订户通常应是艺术界或对艺术爱好和关注的人士，与《申报·艺术界》的读者叠加，二者的互文性影响能形成多渠道传播，更能引起社会一般民众对艺术的爱好兴味。

麦克·里法特尔（Michael Riffaterre）认为，"互文"首先是一种阅读效果，其特点是指导我们阅读和理解的一种现象。② 读者"被互文吸引体现在四个方面：记忆，文化，诠释的创造性和玩味的心理"，可能不再线形地阅读文本，也可能再去找相关的原文。③ 互文性的价值正在于文本之间的异质性和对话性，读者更容易形成连贯性认知，促进传播者与接受者之间的沟通。《申报·艺术界》与《艺术界周刊》，报与刊的"联姻"，其互文性形成一种话语策略，能够增强说服力和心理感染力，有利于形成共识，使"十字街头的民众，得以与艺术接近"④，使"民众运动者，终有一日要想到中国文化非拿艺术做中心不可"⑤。

① 张若谷：《一年来的申报艺术界》，载《艺术界周刊》1927年第1期特大号，第34页。
② ［法］蒂费纳·萨莫瓦约：《互文性研究》，邵炜译，天津：天津人民出版社，2003年，第14页。
③ ［法］蒂费纳·萨莫瓦约：《互文性研究》，邵炜译，天津：天津人民出版社，2003年，第82—83页。
④ 《艺术大会决定最后开放三天》，载《晨报》，1927年5月29日。
⑤ 朱应鹏：《文化与革命》，载《艺术界周刊》1927年第1期特大号，第2页。

第三部分

史踪小影

我们似乎可以将语言称之为"可名"符号,而将图像称之为"可悦"符号,二者在信息传播中各有所长,表现出不同的功能和效果。①

---

① 赵宪章:《文学图像论》,北京:商务印书馆,2022年,第110页。

晚清时期的夏期音乐讲习会(1905)^①

据《中国近代音乐教育史纪年 1840—2000》(上海音乐学院出版社 2012 年新版)记载:"1907 年 8 月,曾志忞、高寿田、冯亚雄等自日本留学归来后,在上海举办'夏季音乐讲习会',传授西洋音乐理论知识及器乐演奏技能。……此举开中国近代为普及音乐教育而举办社会性音乐讲习活动之先河。"此说值得商榷。

图 3‐1‐1 《开设夏期音乐讲习会》(《教育杂志》第 9 期,1905 年,右上图)

1905 年第 9 期《教育杂志》(天津)有载:

开设夏期音乐讲习会

浙江教育会,自禀请抚院及学务处立案后,日益发达。顷于各学堂暑假休业时,开设夏期音乐讲习会,由会员朱达斋君担任教授。朱君系在日本亚

---

① "第三部分 史踪小影"共 33 篇曾载 2015 年至 2020 年《美育学刊》"封二",略有修改。图片除注明馆藏地外,均来自上海图书馆。

雅音乐会卒业,遂于音乐学。此次开会,以四礼拜为期,统计有七十八小时之功课,于本月十五日开会。(录《中外日报》)

图 3－1－2 《北京夏季音乐讲习会缘起附简章》(《中华报》第 555 期,1906 年,右下图)

1906 年 5 月,朱达斋还曾在北京崇实中学堂主讲"京师音乐讲习会","以扩张学校音乐,造就蒙小学唱歌教员为宗旨",讲习会修业时间以两月为限,定额40 人。

另据《申报》1906 年 8 月 27 日记载,曾志忞、曾汝锦、李惠卿实际是于 1906年在上海成立"夏期音乐讲习会",规模较浙江与京师的音乐讲习会为大,报名到会者必修科 132 人,随意科 57 人。

此前的 1902 年 12 月沈心工集合曾志忞等同志数人在日本江户留学生会馆开音乐讲习会,是近代国人举办音乐讲习活动的首创。他们陆续归国后开设的音乐讲习会是为其延续,后各省渐次成立各种音乐讲习会以普及音乐教育。

中国第二种专业音乐杂志《音乐界》(1910)

　　1910 年出版的《音乐界》,应属继 1906 年李叔同创刊《音乐小杂志》后的中国第二种专业音乐杂志,但此前尚未见任何音乐专业史料和研究记载,包括中国艺术研究院音乐研究所编的各种目录。

　　《音乐界》第一期,由陈延杰编纂发行,宣统二年三月由南洋印刷官厂印刷发行,南京图南书局和上海昌明公司同时发行,定价大洋贰角。目前仅见此期。

　　"目录"之后的"叙言",开篇阐明音乐功用是:"横绝艺术之舞台,而与人间世之情生活相应者,其惟音乐乎哉! 其于么匿也,则可以平和忿戾之气质,陶冶优美之性情。其于拓都也,则可以鼓铸团结之精神,引起共同之爱感。"其后"例言"叙述杂志的编纂大意:

　　　　例言

　　　　感动吾人性情,活泼吾人志趣,莫妙于音乐一端。近世音乐著述,非仅造歌辞,阿小儿之嗜好,即单制乐典,博学子之欢迎。如斯组织,究非完全无缺,音乐界之阻滞,未始不由于此。余不敏,于此中稍加研究,思于音乐界之前途,发达圆满,爰述斯编,贡献于世。兹将本期编纂之大意,列举如下:

　　　　艺术趣味,难以笔记,具斯智识,可资解说,述音乐通解第一。

　　　　规矩方圆,绳墨曲直,乐之有典,亦莫不是,述乐典第二。

　　　　和声理奥,吾国阙如,备斯一格,以为嚆矢,述和声学第三。

　　　　乐曲制作,流传甚伙,穷究搜集,艺苑大观,述音乐家传略第四。

　　　　音乐学术,种种琐杂,汇此一章,集于卷末,述杂俎第五。

　　　　本书集数年教授上之研究而成,惟浅学菲才,加以俗务繁冗,自不满意

犹多,一俟海内诸士之补正,使音乐界之前途,发达而昌明之,实余青年唯一
之光荣焉。

宣统二年三月上浣

于白门之寓居

种因识

刊中除"叙言"署名"碧虹"外,其余"例言"和正文文章均署名为"种因"。

陈延杰(1888—1970),男,江苏江宁人。字仲子、仲英,号学究,笔名晞阳。
17岁中秀才,翌年考入两江师范学堂文科,师从李瑞清治小学及经学,1908年毕
业,先后执教于宁属师范学堂、湖南高等师范、中央大学、金陵大学等校。史料记
载他专以治经为事,经学、古典文学造诣甚深,在学术界影响较大。

陈延杰与音乐教育相关记载,此前尚未见及。碧虹在《音乐界》"叙言"中言
"陈君仲英,夙精音乐,综兹数义,著为是书",而"例言"中也谈及"本书集数年教
授上之研究而成"。

陈延杰毕业的两江师范学堂,其前身是三江师范学堂,图画为公共科目。
1905年易名两江师范学堂,1906年增设图画手工科,音乐为专业副主科,是我国
学校艺术教育的最早发生地。

创刊于1910年的《音乐界》,作为当时的音乐教育者所创编的音乐专业期
刊,阐述音乐学史,介绍西洋乐理、指导音乐实践,对早期音乐教育和音乐传播颇
具开创性意义,是近代音乐史珍贵的资料,有待进一步考证研究。

图3-2 《音乐界》封面(左图)、目录(中图)、版权页(右图)

文美会（1912）

　　文美会，1912年3月成立于上海，叶楚伧、柳亚子、朱少屏、曾孝谷、李叔同等一同发起，以研究文学美术为目的。初"拟每月雅集一次，展览会员自作之文学美术品，传观《文美》杂志，联句，名家演讲，当筵挥毫，展览会拈阄交换等"，事务所设在《太平洋报》社楼上编辑部内。（《太平洋报》1912年4月1日第1号）

　　5月14日文美会第一次雅集，到会20余人，一间陈列各会员交换品，一间陈列卖品，一间陈列参考品，盛况空前。除会员外，李梅庵、吴昌硕亦以客员资格来襄盛举。集会上有同人制作品百余页，用杂志体裁装成一册，名曰《文美》，并拟会后集资刊印发行。但此后除《太平洋报》上继续刊有"文美会事务所"广告外，无甚相关记载。关于文美会的后续情形，有多种推测，或认为仅集会一次，或认为《文美》杂志未能正式刊行。

　　7月4日《太平洋报》头版头条刊登大幅公告"文美会并入国学商兑会"；第12版"文艺集"刊载《国学商兑会成立宣言书》，"文艺消息"载有《国学商兑会成立》：

　　　　国学商兑会于六月三十日开成立大会于金山张堰镇。投票公举评辑员四人：经学李芭香、史学高吹万、子学陈蜕庵、文学高天梅，理事长一人姚石子，又由理事长推举张仲传为文牍员，高君深、何献臣为书记员，卢少云、汪叔纯为庶务员，周人菊为驻沪庶务员，其会计员暂由理事长兼任。议定事件数项：（一）向教育部立案；（二）各省设分会；（三）沪上文美会并入本会；（四）于本会先筹设藏书楼；（五）每年出丛选四册。方今神州国学衰微甚矣，今此会之立，当建设伊始，而会员遍大江南北，多当世知名之士，将来定能放绝大异采也！

　　国学商兑会由高吹万、高天梅、姚石子、蔡哲夫、叶楚伧、姚鹓雏、柳亚子、胡朴庵、李叔同、文雪吟等发起。文美会由此并入同为南社成员创立的国学商兑会,亦为终结,亦为延续。

图 3-3-1　"文美会第一次例会今日开催"
(1912 年 5 月 14 日《太平洋报》)

图 3-3-2　"文美会事物所广告"
(1912 年 5 月 25 日《太平洋报》)

图 3-3-3　"文美会并入国学商兑会"
(1912 年 7 月 4 日《太平洋报》)

国货与美育(1913)

民国临时政府成立后,鲁迅应教育总长蔡元培之邀,赴京任教育部社会教育司科员、科长。在教育部创设社会教育司是蔡元培民元教育改革的重要项目之一,正如钱稻孙所说:"这创设是蔡先生的主张,因为蔡先生跑的地方多,到过西欧各国,蔡先生又是主张美育的,所以设立了社会教育司,还请了豫才来。"

鲁迅1913年2月发表《拟播布美术意见书》(载《教育部编纂处月刊》第1卷第1册),文中谈及"美术的目的与致用"有三,即"表见文化""辅翼道德""救援经济"。关于"救援经济",他说道:

> 美术可以救援经济。方物见斥,外品流行,中国经济,遂以困匮。然品物材质,诸国所同,其差异者,独在造作。美术弘布,作品自胜。陈诸市肆,足越殊方,尔后金赍,不虞外溢。故徒言崇尚国货者末,而发挥美术,实其本根。

鲁迅此文是最早的美育论文之一,也是最早提倡传播实施社会美育的论文,并首度谈及"国货"与"美育"。

清代晚期随西方列强入侵而来的洋货倾销狂潮,国货大有不敌之势。1905年反美和抵制美货运动等触发了中国近代国货运动,但有识之士早已意识到"不振工艺,不精制造,而徒倡用土货以示抵制,此无价值之言也"。鲁迅亦言"徒言崇尚国货者"无用,根本解决之道在于"发挥美术""救援经济"。

1925年国货评论社创刊《国货评论刊》,期冀"畇畇禹甸""发扬国华""实业兴邦"。1927年9月第1卷第10号刊载王穆清应编者董柏厓的"命题"约稿的《国货与美育》,其中写曰:

> 西洋各文明国,都极力讲求美育,到处设有美术学校,他们的房屋呀、食品呀、衣服呀、用具呀,在在都注意美的意味,所以洋货一到我国,国人便争

购之。这是很可以证明美育的价值。我们中国开化最早,现在为什么衰弱落后,不能和他们并驾齐驱,恐怕国货不讲求美育也是一个大原因吧。

图 3-4-1 鲁迅《儗播布美术意见书》

图 3-4-2 《国货评论刊》1926 年
第 1 卷第 2 号封面

图 3-4-3 王穆清《国货与美育》

余绍宋与宣南画社、东皋雅集(1915)

余绍宋(1883—1949),字越园、樾园,号寒柯。浙江龙游人。日本东京法政大学毕业。回国后赴北京,任司法部次长、代理总长等职,后辞官南归。他"学与位俱显,才与艺兼长",是"全才型"学者,成就博及史学、法学、方志学、书画学、金石学等领域,曾任国立法政专门学校校长、国立法政大学教授、国立美术专门学校校长(辞,未就)、国立艺术专门学校教授等,主修《浙江通志》,编纂《龙游县志》,著有《画法要录》《书画书录解题》《中国画学源流之概观》等。

1915 年(乙卯年),余绍宋约司法部同仁喜好书画者,尊汤定之为师,在北京组织宣南画社,亦称乙卯画社,是北京地区创设较早且影响较大的书画社团。每周或隔周一会,持续 12 年。主要参加者有汤定之、林宰平、陈师曾、贺履之、蒲伯英、徐心庵等。

1928 年余绍宋南归寓居杭州,效仿宣南画社发起组织东皋社,"欲定名为东皋雅集,此意良是。吾浙本为文化之区,今日衰落一至于此,自非有以振兴不可也"。参加者有叶为铭、丁辅之、高时丰、高时显、高时敷等,后发展到三四十人。

据《余绍宋日记》1932 年 3 月 6 日记载,相隔 10 年,乙卯社与东皋社两社合作一幅《九秋图》,堪称胜事:

> ……癸亥之夏,乙卯画社同人集余寓作此图,未竟而陈师曾下世,同人心伤,遂尔搁笔,故俱未盖章。忽忽已十年矣。余于丁卯自北都迁居津门,复还衢州,又徙来杭,行箧书物散失不少,而此幅杂置故纸堆中,依然无恙,偶焉检得,遂乞东皋社同人补为之。一图而萃两社高手,十年乃成,亦称胜事。……此图原作四人:师曾写菊,汤定之写老少年,贺履之写败蕉,王梦白写紫薇。补作五人:武吉斋写芙蓉,高鱼占写秋兰,络园写珠兰,都小蕃写桂,阮性山写桐叶。

　　1934 年《杭州民国日报》更名《东南日报》,余绍宋主持《东南日报》特种副刊《金石书画》,1934 年 9 月 15 日创刊,初为旬刊,后为半月刊,因抗战爆发于 1937 年 8 月 15 日出刊第 87 期后终刊,主要刊登各地藏家提供的历代金石书画珍品,是闻名全国的大型美术刊物,其合订本远销东瀛。《金石书画》3 年刊行 3 期“寿苏专号”,即是记录东皋社的“寿苏”雅集,“东皋雅集同人,每岁十二月十九日,必集会为坡公寿”,这是东皋社每年最重大活动之一。

　　《金石书画》与《故宫周刊》南北呼应。余绍宋由北而南先后组织“宣南画社”与“东皋雅集”,两个社团更接近传统雅集的性质,但皆持续十余年,实属罕见。

图 3 - 5 - 1　“东皋雅集”白文印

(叶为铭刻,1928 年)

图 3 - 5 - 2　《金石书画》第 13 期“寿苏专号”

(1935 年 1 月 25 日)

文美社(1916)

文美社,1916年冬成立于上海,由但杜宇、钱病鹤等人发起,但杜宇任社长。文美社是漫画、中国画的综合团体,社员定期聚会,交流创作心得。

但杜宇(1896—1972),名绳武,字杜宇,祖籍贵州,1916年移居上海,自学绘画,擅长仕女画、漫画等,尤以"月份牌"画和漫画影响最大,是中国早期著名漫画家之一,1919年出版的《国耻画谱》是中国最早的漫画家个人画集。1920年创立上海影戏公司,1921年自编、自导、自拍、自洗印完成的《海誓》为"完全中国人所组织第一次所制之影片",中国最早的三部长故事片之一。

文美社于1917年1月1日编辑出版《美人世界》,由但杜宇任主编,钱病鹤协助编辑。《美人世界》是中国早期美术期刊之一,内容丰富,印刷精美。有美术画、仕女画、时装画、小说画、风景画等,并附小说文苑。其中但杜宇的一幅《怜影》,三色铜版精印,人体像"曲线之美,无以复加"(郑逸梅语)。文美社于1918年8月15日还创办过《上海画报》,由徐枕亚、钱病鹤、但杜宇主持,为中国早期漫画期刊之一,共发行3期。卷首《本报征稿章程》言明宗旨为"能描摹社会状态含有教育意义,思想新颖、趣味深长者"。刊出的漫画作品有但杜宇的《喂与嘎》(封面画)、《吃冰之效力》(组画6幅)、《柳阴荡桨》《归不得》,钱病鹤的《蚊子之一生》,倜庵的《爱神传书》《凯旋胜马》,醉月的《音乐家》,退云《张飞头》等。

文美社存续了数年,后因但杜宇兴趣转向电影创作而告解散。

图3-6-1 但杜宇《怜影》
(1917年1月1日《美人世界》)

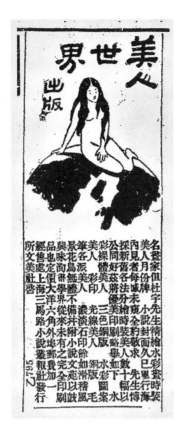

图 3‑6‑2　文美社《美人世界》出版

（1917 年 3 月 8 日《申报》）

图 3‑6‑3　文美社《上海画报》广告（1918 年 12 月 4 日《申报》）

"社会教育乎,抑美感教育乎?"(1918)

　　民国初年,蔡元培任教育总长时在教育部创设社会教育司,通令全国推行社会教育。后任大学院院长时,在大学院内设立社会教育处。蔡元培在社会教育中强调美育,注重社会美育,认为相较于学校美育和家庭美育,社会美育的意义更大。社会美育不仅普及于美术馆、美术展览会、音乐会、影剧院、博物馆、公园等专设机构,大量通俗画报、漫画杂志等也是倡导社会美育的觉悟者和实践者。

　　1918 年 8 月创刊于上海的《世界画报》创刊号上刊登刘海粟题词:

　　　　社会教育乎,抑美感教育乎? 予曰社会教育也,亦即美感教育也。

　　《世界画报》由生生美术公司发行,孙雪泥、丁悚等先后担任主编。1918 年 8 月至 1927 年 10 月共出版 55 期。《世界画报》阵容强大,绘画者有张聿光、刘海粟、丁悚、但杜宇、杨左匋、张光宇、谢之光、杨清磐、王济远、颜文樑等,撰述者有周瘦鹃、杨尘因、张冥飞、孙漱石、刘山农、刘豁公、姚民哀等。《世界画报》设置世界名胜、世界历史、世界新闻、世界博物、世界轶事、世界风俗、世界服饰、世界说丛、世界游戏、世界工艺等栏目,是面向爱好文艺的普通市民的通俗刊物。《世界画报》除后期刊载少量摄影图片外,是名副其实的"画报",故而留下了民国美术史上的丰富史料。梁启超在《世界画报》一周年纪念号上的题词是"仁言利溥"。

　　1919 年 10 月创刊的《滑稽画报》,由张光宇、严谔声主编,钱化佛发行。谔声在《发刊辞》中直言办刊宗旨为由"国家教育"至"社会教育"而至"美感教育":

　　　　社会淆恶,何以湔之? 人心卑污,何以涤之? 胥曰厥维教育。今之言教育者夥矣,由国家教育以至于社会教育,类皆未获良果。独泰西美感教育之旨,尚无体而行之者……特本斯旨,辑为画报。呜呼,淳于讽谏,东方滑稽,岂得已哉,岂得已哉。第一期编辑既成,即本原旨,作发刊辞。

图 3 - 7 - 1　刘海粟题词(《世界画报》第 1 期)

图 3 - 7 - 2　《世界画报》第 1 期封面
(1918 年 8 月)

图 3 - 7 - 3　谔声《发刊辞》
(《滑稽画报》第 1 卷第 1 期，1919 年 10 月)

上海图画美术学校《美术》杂志(1918)

上海图画美术学校于 1918 年 10 月创刊《美术》杂志。此为上海美专创建初期出版的第二种刊物,略迟于 1918 年 6 月上海图画美术院编辑出版、丁悚主编的《明星画报》。

《美术》第 1 卷为半年刊 2 期,第 2 卷为双月刊 4 期,第 3 卷改为不定期,至 1922 年 5 月第 3 卷第 2 号停刊,共出版 8 期。第 2 卷第 1 号起为上海美术学校美术杂志社编辑发行。第 1 期与第 2 期封面分别由沈恩孚、蔡元培题写。

《美术》第 1 期分插画、学术、记载、杂俎、美术思潮、增刊六类。杂志除满足校刊功能外,总体定位在专业学术层面,而非此前多数美术刊物关注普及性和通俗性,是中国最早的专业性美术杂志之一。刘海粟在《发刊词》中寄语:"所愿本杂志发刊后,四方宏博,悉本此志,抒为崇论,有以表彰图画之效用,使全国士风,咸能以高尚之学术,发挥国光,增进世界种种文明事业,与欧西各国,竞进颉颃。俾美术前途,隆隆炎炎兮,如旭日之光;蓬蓬勃勃兮,如阳春之景。"

鲁迅于 1918 年 12 月 29 日在《每周评论》第 2 号发表《〈美术〉杂志第一期》一文(署名"庚言")。这是鲁迅少有的直接评论美术杂志的文章,他谈及杂志中"偶有令人吃惊"的维护国粹的观点,但更多则是赞赏之语:

> ……这么大的中国,这么多的人民,又在这个时候,却只看见这一点美术的萌芽,真可谓寂寥之至了。但开美花的,不必定是块根。我希望从此能够引出许多创造的天才,结得极好的果实。

图 3 - 8 - 1 上海图书馆馆藏《美术》
第 1 期封面

图 3 - 8 - 2 浙江图书馆馆藏《美术》
第 2 期封面

图 3 - 8 - 3 校长张光宇、副校长刘海粟、
教务长丁悚、学监张玄田
(《美术》第 1 期)

图 3 - 8 - 4 丁悚水彩画《思春》
(《美术》第 1 期)

民生女学艺术会(1919)

　　1911年秋,嘉定胡韫吟女士发起创办民生女学,但由于筹款无着,迁延至1912年,并与某女士祝氏合办,在上海法租界租赁南阳桥费宅为校舍,因陋就简勉强成立开校,学生50人。女学开办之后,虽亦有热心人士赞助,但一直处于入不敷出以告贷及筹款维持之状态。至1916年,逐渐有顾戚卿、俞丽三、项松茂等受聘为校董,后又发起常年捐,校务始有所好转。但民生女学与当时不少女学一样,资金问题始终是生存与发展的首要问题,故举办艺术会、游艺会是各个学校特别是女学的重要筹款方式。

　　1919年11月22日,民生女学因谋扩充,"增收义务生,添加免费学额",设法扩充校舍操场,"承各热心士女,及各热心团体赞助,发券筹款",在维多利亚戏园举办了一次规模较大的艺术会。《申报》《时报》《新闻报》对此均有多篇报道。艺术会有中西女塾、爱国女学、清心女学、女青年会、息游社留日学生中国公学等多个女校及团体参与,节目主要为音乐、舞蹈、新剧及技击,并专门发行《民生女学艺术会纪念刊·艺术》。此次艺术会除筹款助学外,也是当时女子艺术教育的一次展示。

秩序单

（一）开幕词（主席）;

（二）钢琴独奏（凤昔醉夫人）;

（三）海里舞蹈（中西女塾）;

（四）单声独唱（张廷荣夫人）;

（五）爱罗格罗多舞蹈（女青年会）;

（六）祖国歌（中西女塾）;

（七）火棍（爱国女学）;

（八）在星光中歌（清心女学）；

（九）蝶舞（女青年会）；

（十）醉刘唐拳（宁竹亭先生）；

（十一）爱之果（息游社留日学生中国公演）；

（十二）黄老大说梦（郑正秋先生）。

图 3‑9‑1　《民生女学艺术会纪念刊》封面

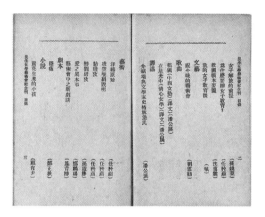

图 3‑9‑2　《民生女学艺术会纪念刊》目录

图 3‑9‑3　歌曲《祖国》（中西女塾演唱，潘公展译意）

《美专月刊》:"宣传我们的主义"(1921)

1912 年 11 月,乌始光、刘海粟等创立上海美术院,复改名上海图画美术院,后改称上海美术学校、上海美术专门学校、上海美术专科学校等。

《美专月刊》创办于上海美术专门学校时期,1921 年 12 月 20 日创刊,由上海美术专门学校校友会编辑部编辑出版,仅见第 1 期。编辑部同人在《本刊宣言》中申明出版宗旨:"在现在黑暗枯寂的社会里,应该怎样的宣传艺术,使生活美化;这是谁都确切承认了的。本校校友,都是在艺术界活动的一分子,宣传艺术的责任,当然是要担负;这本月刊就当做我们宣传的工具。"

刘海粟也为之写下了《为什么要创办校友会月刊》:

我们校友会的章程,开头第一条就说:本会以阐扬艺术为宗旨。

所以我们这本月刊,就是以宣传我们的主义,暗示我们的事实为目的。

换句话说:就是要发挥艺术的使命,引起内心真实的情绪,提高民族有生趣的思想。

但是要使这种学术与主义有普及力,必需要使他在社会上占有势力,要使他在社会上占有势力,必需得着多数人的信从。使人信从的方法,约有两种:第一种是理论的研究和鼓吹;第二种就是事实的宣传。

该刊主要刊登美专学生的艺术论述:曾兆芹《艺术的真谛》、李竹子《创造的生命怎样表出?》、江轸光《我们在这儿做什么?》、莫运选《艺术与劳动家》、李瑛《为什么要拿"属于时间的"和"属于空间的"来分别音乐和雕刻绘画?》等,其次是散文、诗、小说等文学作品。作为校刊,它也登载学校校情校闻,如《篆刻研究会成立纪事》,而"本校近事"记录有学生秋季旅行写生、学生成立各种学术研究会、吕澂先生来校讲学、美国艺术家 S. M. Nehall 女士来校演讲、刘海粟先生赴京等消息。刊中还有几则广告、启事:《上海美术专门学校附设图画函授部招生》《天马会第五届绘画展览会启事》《书报绘具介绍》等。

倪贻德当时就学于上海美术专门学校,任校友会编辑部主任,在第 1 期上刊有他的小说《被催折的天才》和独幕剧本《最后的目的》。

图 3‐10‐1 《美专月刊》第 1 期封面

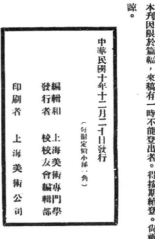

图 3‐10‐2 《美专月刊》第 1 期版权页

图 3‐10‐3 吴人文《街市》(水彩)

中华教育改进社美育组(1921)

　　1921年12月23日,由新教育共进社、新教育杂志社、实际教育调查社等教育团体合并组成中华教育改进社,其宗旨为"调查教育实况,研究教育学术,力谋教育进步",推举孟禄、梁启超、严修、张仲仁、李石曾五人为名誉董事,蔡元培、范源濂、郭秉文、黄炎培、汪精卫、熊希龄、张伯苓、李湘辰、袁希涛九人为董事,聘请陶行知为总干事。该社是当时中国最大的教育社团,总事务所设在北京,先后在济南、北京、南京、太原召开四次年会,参与世界教育会议,创立中华平民教育促进会,办有《新教育》《新教育评论》,创办晓庄试验乡村师范学校,后因战乱活动中止。

　　《中华教育改进社简章》规定"每年开全体大会一次"。《中华教育改进社年会规程》确定年会之分组会议分教育行政组、高等教育组、师范教育组、美育组、国民音乐组等22组。

　　1922年7月3日至8日,中华教育改进社在山东济南开第一次年会。7月4日,中华教育改进社美育组开分组会议,到会者有蔡元培、武绍程、钱稻孙、高鸿缙、郑锦、陈衡恪、刘海粟等,正主席为蔡元培,副主席为郑锦,书记员为武绍程。美育组审查四件议案如下:

　　　　(一)请政府增设国立美术展览会(刘海粟)

　　　　(二)欲求美育普及宜设美术院(郑锦)

　　　　(三)普通美育以造成普通国民具有美的赏鉴与制造之兴味为目的(武绍程)

　　　　……最后第四件,名誉董事梁启超同郑锦、刘海粟提议,拟于退回赔款中,拨出一部分经费,实施美育案。

　　会议最终将刘海粟、郑锦、武绍程所提三案,合并为一案通过,以学校美育为

第一条,美术院为第二条,美术展览会为第三条。梁启超等提案获全体通过。

　　中华教育改进社第一次年会议决组织学术委员会,与年会分组基本相同。美育委员会经投票选举蔡元培任正主任,陈衡恪任副主任,武绍程任书记。

　　1924 年 7 月,中华教育改进社在南京举行第三次年会,同时联合东南大学及各教育团体举办第一届全国教育展览会。此次展览会规模庞大,是对民国十余年来教育事业成绩的一次集中检阅。美育组主任刘海粟作《全国教育展览会美育组鉴别报告书》。

　　1925 年 5 月,中华教育改进社美育组及江苏省教育会美术研究会在上海举办"现代名画家近作展览会"。

图 3‑11‑1　中华教育改进社董事(《新教育》1922 年 10 月第 5 卷第 3 期)

图 3‑11‑2　第一次年会分组会议美育组部分成员合影

(《新教育》1922 年 10 月第 5 卷第 3 期)

孟宪承演讲《美育原理》(1922)

　　《无锡新报·星期增刊》1922 年 9 月 24 日、10 月 1 日、10 月 8 日连载孟宪承的"讲演"《美育原理》(共三讲)，分别是"美育运动的由来和意义""美育的目标和内容""美育教学上的研究"，由杨宗时、张柔之记录。

　　孟宪承(1894—1967)，江苏武进人，现代著名教育家与教育理论家，华东师范大学首任校长。早年就读于上海南洋公学中院、圣约翰大学。1918 年公费留学美国华盛顿大学，获教育学硕士学位。1920 年又赴英国伦敦大学深造。1921年回国后先后任教于东南大学、圣约翰大学、光华大学、中央大学、浙江大学等校。

　　1922 年孟宪承时任东南大学教育哲学教授，演讲记录者张柔之当时是无锡三师的学生。三师名师荟萃，钱穆曾在此任高中一二年级国文教师，钱基博兼任高中四年级国文教师。孟宪承与钱基博是"六度同事""终生知己"。1922 年 9月 1 日创刊的《无锡新报》以钱基博为"主干"，孙中山为该报创刊题写了"阐扬民治"。钱穆记载有与孟宪承因钱基博介绍在三师的初见，"余在三师时，又相识两人，为余终生所难忘。一为常州孟宪承"。《无锡新报》此后亦有东南大学孟宪承教授在三师演讲《教学之艺术观》的报道。

　　1922 年 5 月《新教育》第 4 卷第 5 期发表孟宪承的《所谓美育与群育》，首次对当时李石岑、吕澂等主张以美育为特重或涵盖教育全体的目标提出疑问并加以分析，"任举一种目标，要概括教育全部，总有些牵强"，"我不是说'美育'和'群育'不应尽量提倡，只是提倡的时候，求语言上观念上的正确"。

　　孟宪承在此次《美育原理》的演讲中，提出"美育为文化中之一原素，并非全部的教育目标；所以不能承认变更说，而当用补充说"，可以用图来表示美育与教育目标的关系：

四个螺旋形代表四个目标(体格、职业、文化、社会),那小螺旋形才是美育。而且这四个螺旋形还互相关连,不能截然分离的。

这样就是表明美育为文化教育中之一原素,不可以偏概全的。

孟宪承此文未被《孟宪承教育论著选》《孟宪承文集》《浙江文献集成·孟宪承集》等收录。

图 3-12-1　孟宪承《美育原理》第一讲
(《无锡新报·星期增刊》1922 年 9 月 24 日)

图 3-12-2　孟宪承"美育螺旋图"
(《无锡新报·星期增刊》1922 年 10 月 1 日)

图 3-12-3　1927 年时任上海光华大学总务长的孟宪承
(《光华年刊》1927 年第 2 卷)

《河南教育公报》"美育研究"专号(1923)

　　1923 年 1 月 2 日,《河南教育公报》出刊的第 2 年第 5 期为"美育研究"专号,汇录 7 篇美育论文,分别转载自 1921 年至 1922 年的《教育杂志》)和《南京高师教育汇刊》:

　　　　《美育之原理》(李石岑)

　　　　《晚近的美学说及美的原理》(吕澂)

　　　　《美育实施方法》(蔡元培)

　　　　《嘉木氏之美育论》(黄公觉)

　　　　《艺术和美育》(吕澂)

　　　　《美育》(刘伯明演讲)

　　　　《关于美育之研究》(吴俊升)

　　《河南教育公报》1913 年 9 月于开封创刊,主要刊载河南省教育厅的各类公文,以及该省及国内外的教育新闻,还刊有讲演记录、撰译、报告等内容。民国时期大多数省份均设《教育公报》,是地方教育行政公报,通常登载教育法令,传布教育消息,讨论实际教育问题,对当时的教育改革发展起一定的指导作用,遇集中讨论某项教育问题时会特别发行专号。

　　中国现代美育由王国维、蔡元培等提出于 20 世纪初,"五四而后则已蔚为一种思潮",代表人物即蔡元培、李石岑、吕澂等人。自 1912 年美感教育写入《教育宗旨令》后,美育更成为教育界自上而下的"新教育"指导方针,传播蔓延,倡导实施。以下是蔡元培、黄公觉、李石岑、吴俊升在文章中的若干观点:

　　　　我国初办新式教育的时候,止提出体育、智育、德育三条件,称为三育。十年来,渐渐的提到美育;现在教育界已经公认了。(蔡元培《美育实施的方法》)

　　嘉木氏主张各个儿童在学校都应该获得对于世界之直接的美感。(黄公觉《嘉木氏(Garmo)之美育论》)

　　美育运动,在最近二十年间,随人类本然性之自觉而日益扩大;此诚吾人精神向上之表征,抑亦教育价值增进之显例也。(李石岑《美育之原理》)

　　在中国古代,孔子以六艺教人,乐也是六艺之一。《论语》"盍各言尔志"一节,孔子独许曾点,可见其注重美育之一斑。所以照这样看来,"美育"虽然是一个新词,但是来源却很古,不过直到现代才把这个名词揭出,引起教育界的注意罢了。(吴俊升《关于美育之研究》)

图 3–13 《河南教育公报》第 2 年第 5 期封面(左图)、目录(右图)

中西女塾"雅歌社"(1923)

　　1892年,美国基督教监理会传教士林乐知(Young John Allen, 1836—1907)于上海创办中西女塾(McTyeire School),女传教士海淑德(Laura Askew Haygood)为首任校长。英文校名是为纪念监理会会督墨梯(Bishop McTyeire)。中西女塾是一所著名的教会女子学校,宋蔼龄、宋庆龄、宋美龄三姐妹曾就读于此。中西女塾以培养亦中亦西的"通才"为宗旨,坚持通识教育,采用双语教学,以英文、宗教、音乐为主要课程。与所有基督教女校一样,该校重视西方音乐教育,全体学生以声乐为必修课程,器乐为选修课程。选修琴科经专门考试合格授予专门的毕业证书。中西女塾并不是一所音乐专科学校,但为中国近现代音乐界和教育界培养了史凤珠、周淑安、顾圣婴等众多女音乐家和音乐教育家。

　　中西女塾极其重视艺术实践,每年举办丰富多彩的音乐会,引导组建活跃多样的音乐社团,鼓励参与音乐交流演出活动。雅歌社是中西女塾的一个声乐音乐社团,《雅歌》是《圣经·旧约》的一卷,希伯来原名指"最美之歌"。据中西女塾校刊《墨梯》1925年年刊记载:

　　　　雅歌社最初成立于1923年秋天,拥有25位富于爱心的会员。但此年的迟些时候,会员们失去了兴趣,那一年几乎没有什么成就。

　　　　今年秋天,雅歌社在有才干的来杰美女士(Miss Jean Lyon)的领导下进行了重组,学生们更加热情,第一次集会有超过35位成员出席,现在的发展很迅速。雅歌社在圣诞夜所吟唱的圣歌受到热烈欢迎。

　　　　雅歌社此届的职员是:社长李爱德(Ada Lee),副社长荣敏仁(Yong Ming Zung),书记郭黛西(Daisy Kwok),会计蔡绣霞(Tsar Sien Ya)。

重组雅歌社的来杰美女士是英文教师,荣敏仁、蔡绣霞为丙寅级学生。《墨梯》(The McTyeire)是中西女塾校刊,1917 年创刊,年刊,每年 6 月左右由当年毕业年级学生编行,至 1948 年终刊,每期分中英文两部分。在《墨梯》1924 年、1925 年、1926 年、1931 年等年刊中均有雅歌社的相关记载,存续活动时间较长。

图 3‑14‑1 雅歌社(《墨梯》
1925 年年刊)

图 3‑14‑2 雅歌社教员(《墨梯》
1931 年年刊)

工艺美术期刊《装束美》(1926)

《装束美》,1926 年 10 月 30 日创刊,秋草、雪鸪编绘,雪鸥、雪鸿装饰,上海白鹅画会出版发行,仅见一集。

白鹅画会 1923 年成立于上海,由都雪鸥、陈秋草、方雪鸪、潘思同等发起,初期为集体研究西洋画的小型美术团体,是上海最早创设的职工业余美术创作研究组织。1928 年改名"白鹅绘画研究所",附设白鹅绘画补习学校,前后入学的学生达数千人,为美术教育普及做了大量工作,1930 年还曾编辑出版《白鹅艺术半月刊》。

《装束美》由白鹅画会装饰画研究部出版,专重描写装束之仕女画,由秋草、雪鸪合作编绘,"含有充分美性之装束,靡不罗列。……对于线条姿态,均能别辟一径尤为时下仅见"(《申报》1926 年 5 月 23 日)。

《装束美》的印刷装帧方式较为特别,专门在国外印刷,历时四月,在沪加入文字及装订。封面七色精印,具象征意味,十六开本,置以玻璃纸袋,全集 20 帧仕女画二色套印,每帧间一薄纸并附艳丽悱恻之诗意题词。此外尚有锌铜版各图十数幅、装束谈论多篇,美术家如朱应鹏、鲁少飞、史东山、黄文农、马瘦红等人题序。

除装饰画笔意流丽外,每帧仕女画的装束图案上尤多灵奇的设想,即如第三帧环绣之金鸡、第四帧长背心上之鹦鹉、第十三帧外衣上之雾鸟等。

《装束美》所倡行的是"人生艺术化",正如朱应鹏在《序(一)》中所言:

> 西洋的文明,不仅是靠科学的发达。他们的文化,源于希腊;希腊的文化,简明的说一句,就是人生的艺术化。后来科学的发明,无非是根于这"优生的欲望"。西洋人不当我们是一种优秀民族,就是因为我们的生活,太没有艺术化的缘故。……总之我们要求中华民族生活的改善,达到"艺术化",

就应该知道,白鹅画会诸君所走的,正是一条浩浩荡荡的大路。

《装束美》以装饰画为主,意涵服装设计,为当时出版界所仅见,属民国时期较早出版的一种工艺美术期刊。

图 3 - 15 - 1　周瘦鹃题签"装束美"

图 3 - 15 - 2　第十帧仕女画(秋草、雪鸪画)

图 3 - 15 - 3　第十六帧仕女画(秋草、雪鸪画)

歌笛湖畔的"武美"(1928)

武昌歌笛湖,相传因长期为明代楚王府种芦取膜为笛簧而得名。

1920年4月,蒋兰圃、唐义精在歌笛湖畔创办武昌美术学校。学校设函授、中等两部,1923年8月开办专门部,设绘画、师范两科,易名武昌美术专门学校,1930年定名私立武昌艺术专科学校。陈树人、张道藩、滕固、闻一多、陈之佛、唐一禾、许敦谷等曾任校董或教师。抗战爆发后,举校西迁至四川江津。1944年创办人之一唐义精从江津赴重庆途中翻船遇难。1946年学校复员武汉。武昌艺专是民国时期艺术教育史上最早建立的4所艺术学校之一。

创办人蒋兰圃自幼投笔从戎,但辛亥之后,无心谋文武官场中的高官厚禄,认艺术为"一条光明正当的大路",去设法改良社会,认为"办理学校,就要提倡艺术教育;日久月深,人人都是艺术化,社会才有优良分子起来兴办工业,一方面扩充艺术,一方面求全器械"。

武昌美术专门学校时期创刊出版了刊物《武美》与《歌笛湖》(均仅见一期)。"武美"自诞生之日起,似乎一直在"歌笛湖"吹着一曲"美"的笛声,我们"现今想像那遏云绕梁","断不止'散入东风满洛城'":

> 自从蔡孑民先生以美育代宗教之说出,国人渐渐知道美术的重要……我们这个刊物,就是想把我们的梦想暴露出来,作一个求助的"嘤声"。(力生《武美·发刊词》)

> 是的,我们也承认笛声的微弱,但我们决不作无病的呻吟。一湖秋水,澄澈晶莹,芦荻花深,悠扬短笛,本平日爱好艺术的心情,直诉心中要说的话,不怕微弱,只求真实!无声之哭泣,其感人的力量,或更深于放声的号啕。倘因我们的微声,博得爱好者的同情,使我们的力量充实,能够引吭高歌,那我们的《歌笛湖》在这个可歌可泣的国庆日出世,不是毫无意义的了。

（力生《写在〈歌笛湖〉里》）

　　那末：《歌笛湖》刊物出版……那湖地虽然紧围接着校后墙，自然不是几个同学关上门，到后湖去迎风弄月，成功什么消闲录，销夏录；无腔短笛，要细细地调匀它的气孔，平和悠扬的弥漫而普换了一种"美"的空气，比黄鹤楼头吕洞宾吹的，更其上澈玉京，下引八极，断不止"散入东风满洛城"罢了。

（秦纵仙《歌笛湖·发刊词》）

图 3-16-1　《歌笛湖》创刊号封面
（1929 年 10 月 25 日）

图 3-16-2　插图《歌笛湖》
（《歌笛湖》创刊号）

图 3-16-3　《武美》第 1 期封面（1928 年 7 月）

《国立艺术院周刊》:"要把亚东艺坛重造,要把艺光遍地耀!"(1928)

《创办国立艺术大学之提案》,大学院院长蔡元培倡议择址杭州西湖。1928年4月9日,中国第一所综合性的国立高等艺术学府——国立艺术院(中国美术学院前身)在西湖孤山南麓罗苑举行开学典礼,林风眠为首任院长,林文铮为首任教务长。1929年,该校改名国立杭州艺术专科学校,抗战爆发后,学校被迫流亡内迁。

《国立艺术院周刊》于1928年9月8日在杭州创刊,发行至1929年10月7日第35期。这是国立艺术院编辑出版的第一种期刊。

《国立艺术院周刊》属校刊性质,因"专为对内传达消息之用不另向院外发行",故较为少见,它留存了国立艺术院建院初期的许多珍贵史料。

《国立艺术院周刊》"新年特刊"刊载了林文铮作歌、李树化作曲的《国立艺术院院歌》:

> 莫道西湖好,雷峰已倒,莫道国粹高,保佾倾凋! 看,四百兆生灵快变虎豹! 不有新艺宫,情感何以靠? 艺院健儿,齐挥毫横扫! 艺院健儿,齐抡锤痛敲! 要把亚东艺坛重造,要把艺光遍地耀!

中国美术学院未采用此首"院歌",而沿用的是另一首《国立艺术专科学校校歌》,由滕固作词、唐学咏作曲。

《国立艺术院周刊》的栏目除"校闻""大事记"等外,"论著"栏专载"本院教职员著作及译述"。其中有时任国立艺术院图案教授陶元庆的散文《雨》《湖滨一瞥》。陶元庆去世后,"周刊"还专门刊载出"陶元庆先生遗著":《送寒衣》《紫色蟹爪兰》《腊梅和水仙》等散文。陶元庆以绘画、图案设计闻名,但他的散文和诗大多散佚,故《国立艺术院周刊》上的陶氏遗著颇为珍贵。

图 3 - 17 - 1　《国立艺术院周刊》创刊号

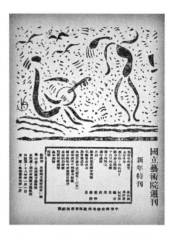

图 3 - 17 - 2　《国立艺术院周刊》新年特刊

图 3 - 17 - 3　《国立艺术院院歌》和《新年同乐歌》

丰子恺与松江女中(1929)

　　据 1932 年 11 月 15 日《松江女中校刊》第 33、34 期合刊(五周纪念专号)记载,1929 年 8 月至 1931 年 1 月,丰子恺曾任职松江女中。松江女中创始于 1927 年 7 月,由毕业于北京女子高等师范学校的浙江嘉善人江学珠奉派创办,始名江苏省立松江女子中学,9 月 26 日正式开学。

　　松江女中教师阵容强大,有陆维钊、徐声越、施蛰存、王季思、沈兹九、诸葛麒等。松江女中注重德智体群美均衡发展,校歌中强调"五育兼进"。江学珠重视女学生的美育,并聘请郎静山开设摄影课,创全国之首。

　　1929 年 5 月 18 日,松江女中请丰子恺来校讲演"美之真义",《松江女中校刊》第 5 期刊出《丰子恺先生演讲"美"》,由葛邦复、吴馥臻记录,经丰子恺亲自校正。此次讲演适逢学校"爱美周",丰子恺以"美"字做讲题,讲述了他的"艺术绝缘观",认为"美"的效果,"美"的价值,是在养成"艺术的态度",且对于一切事物用绝缘的净眼观看时,又可养成对于一切事物的平等观,及普遍的同情心。

　　此后丰子恺应聘松江女中,任艺术科教师,授美术、音乐课,曾为艺术学科会议主席。9 月 8 日,为松江女子中学高中一年级学生讲述《美与同情》;9 月 10 日,为松江女子中学高一年级学生讲述《艺术鉴赏的态度》;11 月,为松江女中初中一年级学生讲述《为甚么大家要学图画》。丰子恺授高中师范科"小学乐歌"科时,主要讲授小学乐歌的教法及教材,他曾打算撰写"小学音乐教授法、歌曲作法及西洋名歌曲选"为此科的三种讲义,后撰成"小学音乐教授法"及选定《西洋名歌百曲》,并采用朱稣典、徐小涛合编《作曲法初步》为讲义。黄涵秋也是丰子恺在松江女中时的同事,1929 年岁暮两人合译过《告初学美术的青年》。

　　丰子恺另有装帧画用于《松江女中校刊》第 13 期(1930 年 10 月)至第 58 期(1934 年 5 月 15 日)封面。

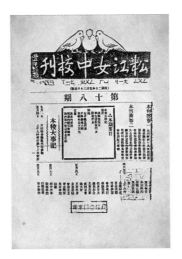

图 3‑18‑1　丰子恺装帧及题写的《松江女中校刊》刊头

图 3‑18‑2　《丰子恺先生演讲"美"》

（《松江女中校刊》第 5 期）

《音乐院院刊》:"输入世界音乐,整理我国国乐"(1929)

《音乐院院刊》,上海国立音乐院 1929 年 5 月创刊。创刊号为 4 开报纸 8 版,未标注出版年月,上海音乐院庶务科发行。第 2 期起改为书本式,发行至 1929 年 7 月 1 日(第 3 号)。1929 年 11 月因校名变更,由《国立音乐专科学校校刊》替代。

蔡元培为国立音乐院创刊《音乐院院刊》题写刊名并撰《国立音乐院院刊发刊词》。

> 吾国自虞至周,均以音乐为教育之主要科。自汉以后,渐渐分化矣,而西域及印度之乐器及乐曲,次第输入,为音乐进化之一阶段。至于今日,欧洲之乐器及乐曲,又次第输入,不特在教育上恢复其主要之地位,而且理论之丰富,曲调之蕃变,既非西域印度所可拟,抑亦非吾国古人之所能预知也。音乐院同人既日日研究此种丰富蕃变之理论与曲调,而藉以发达其创造之能力,又不肯私为枕中鸿宝,而以刊物发表之,其术固新,而于古人重视音乐之意,则正相契合也。

萧友梅早年留学日本、德国,1920 年回国后即向北京教育部提出创办独立的音乐学院建议,此后屡次建校之计划始终未被采纳。直至 1927 年 11 月,在蔡元培的支持下,中国第一所音乐专门学校"国立音乐院"在上海诞生。国立音乐院成立之初,蔡元培自兼院长,萧友梅为代理院长兼任教务主任,主持院务。国立音乐院章程规定之主旨为"输入世界音乐,整理我国国乐"。《音乐院院刊》是 1929 年 5 月国立音乐院成立近两年时创办的,这是学院创办的第一种期刊,是"逐渐实现主旨的露布"。

《音乐院院刊》上除刊载《编者言》《祝音乐院成立歌》《祝音乐院成立诗》《本院成立概况组织及编制》《国立音乐院教职员一览》《国立音乐院各科学生一览》

以及音乐论述、诗歌等外，在"文书汇要"和"附录"栏中，记录了各种会议议决案、指令、公函、规程等，其中亦有萧友梅第三次辞呈原文与大学院和教育部的拒辞指令，从一个侧面体现了校刊的存史价值。

图 3‑19‑1　《音乐院院刊》创刊号第 1 版

图 3‑19‑2　《音乐院院刊》第 3 号第 1 版

西湖博览会《艺术馆特刊》(1929)

1929 年 6 月 6 日,西湖博览会在浙江杭州开幕,宗旨为"提倡国货,鼓励实业,振兴文化"。当时正值张静江主政浙江,这是当时中国有史以来最大的一次博览会,以大半个西湖为会场,会期长达 4 个月。除纯以提倡国货为目标的工农诸馆所以外,特设艺术馆,"希图从博览会的提倡艺术而使国内艺术教育发展无已,国人对于艺术的兴趣日渐增高,由艺术的美的屡屡激发,养成国人的富于同情的气质,使中华民族成为互相亲爱的民族……希图由艺术的美的鼓励,养成国人不折不挠的气质,使中华民族成为不落人后的民族,以与列强争衡……"

西湖博览会自行编印 30 余种出版物。其中《艺术馆特刊》由杭州西湖博览会编辑,1929 年 8 月 19 日出刊,为《西湖博览会日刊》第 6 期,专门介绍艺术馆展品,逐页题名为《西湖博览会日刊特刊》。

艺术馆分为八部:一部西画、雕塑,二部国画,三部金石,四部五部古书画,六部摄景、图案,七部八部工艺。艺术馆向北平、广东、上海、武汉、南京等地派专员或设专管收件处征集展览品,展品之丰令人震撼。据《艺术馆特刊》记载约为4540 件:西画类 298 件,金石类 546 件,工艺类 2000 件,书法类碑帖 51 件;国画类 1214 件;摄影类 432 件。艺术馆新建大门和第二部国画室,其余系改建,沿孤山之阳的东首,起自孤山路,至国立艺术院的分院照胆台止。

林风眠主持艺术馆筹备工作并题写《艺术馆特刊》刊头,李朴园任总干事。《艺术馆特刊》登载刘既漂设计的艺术馆大门照片,选登林风眠油画《人类底痛苦》、王静远雕塑《吹笛女》、上海国民女子工艺学校刺绣《英雄独立》等作品,并刊载《艺术馆底意义》《艺术馆底内容》等文。

除由吴瞿安作词谱曲的《西湖博览会会歌》外,八馆二所分别有馆歌所歌,艺术馆馆歌为江东小谢的《调寄宋词"风入松"》:

　　万千美感与深情,安慰此人生。天才学力般般到,谈何易?一艺之成。融会古今中外,宣扬曼妙光明!何缘小集浪推萍?好友和莺鸣。娇荷灵桂撩人最!几偷闲,容与攀登?珍重共抛汗血,国花点染星星!

图 3‑20‑1　《艺术馆特刊》第 1 版

图 3‑20‑2　《艺术馆特刊》第 3 版

黑白影社（1930）

蔡元培在《二十五年来中国之美育》中谈及"摄影术"："摄影术本为科学上致用的工具，而取景传神，参以美术家意匠者，乃与图画相等。欧洲此风渐盛，我国亦有可记者：……光社……华社。"（1930 年 5 月《寰球中国学生会廿五周年纪念册》）

当时的摄影社团除北京光社、上海华社外，还有黑白影社等。1930 年元旦，陈传霖、林泽苍、林雪怀等在上海发起成立黑白影社，简称黑白社，"以黑与白互相调和，象征摄影"，并以"太极图"为社徽。社员后发展至 168 人，成员来自全国各地和各行各业，是当时规模最大、最具代表性的摄影团体。主要成员有吴印咸、吴中行、聂光地、叶浅予、敖恩洪、沙飞、荣毅仁等。

《黑白影社社章》订立"宗旨"："本社集合有浓厚摄影兴趣者，共同从事研究艺术摄影，以表扬我国文化及增进我国在国际艺术界之地位。"黑白影社同仁在《本社的过去，现在，和未来》中再次言明集社的目的：

> 我们的目的是希望这黑与白的艺术能日益发扬光大。我们这一群是因为爱好这艺术而互相集合，互相研究，互相努力。我们时常担心着我们的工作和责任；我们只有努力不懈地干去。我们没有很大的野心，我们只虔诚地希冀着有一天我们大中华民族的摄影艺术也能在国际摄影界中占一席相当的地位。这是我们的使命；这也是我们的最后目标。（《黑白影集》第 1 册）

黑白影社 1932 年元旦至 1937 年 4 月曾举办四届"黑白影展"，出版三册《黑白影集》（1934、1935、1937），1936 年 7 月 1 日创办《黑白影刊》（季刊），1937 年因日本侵略战争爆发而被迫结束活动。黑白影社存续 8 年，逐渐由崇尚美术摄影到推崇纪实摄影。从"若到江南赶上春，千万和春住"到"塞外悲风切，阴山千里雪"，实因"黑山白水间，尚有不断的戍角与征鼙，声声相应"，摄影家需"勿忘我们每一个国民最大的使命！"

图 3 - 21 - 1 黑白影社社徽（《黑白影集》第 3 册）

图 3 - 21 - 2 《秋草与朝阳》（吴中行摄，黑白影社第一届影展专集中之一）

图 3 - 21 - 3 《黑白影刊》创刊号封面

天津美育社(1930)

　　天津美育社于1930年1月18日在天津西湖别墅举行成立典礼,成员共16人,主要为北京美育社解散后旅居津门的骨干分子。据不患得失斋主记载:

　　　　津门之会社多矣,"其有集合男女同志,研究美育艺术,促进社会之进步,实行社交公开,破除历来积习;因一部分人之高尚娱乐,而渐以改良社会,开通风气者"(引用民国十二年三月天津《快乐家庭》杂志中斋主记"美育社之起源及其成绩"中原句),其惟美育社乎? 北京美育社,发起于戏剧专家宋春舫君等若干人,成立于民十一年四月念七日军阀内讧,在旧都附近开火,炮声隆隆之夜。曾于民国十二年一月十八日开助赈歌舞大会,男女社友登台表演,不求助于优伶,在当时闻人闺秀粉墨登场,实为破天荒之举动,一夜之间,净余千八百余元,尽数拨归冬赈,失业灾民,受惠匪浅。其后中坚分子,走食四方,该社遂停止进行,然其成立,则固曾正式在官厅立案者也。今者该社主要分子数人,多旅津门,在社会上占有相当地位,故集合同志,创立美育社于津门,仍以提倡美育,联络交谊,服务社会,力行慈善为宗旨,成立之日,适与民国十二年歌舞大会日期相同,亦巧事也。(《北洋画报》1930年1月25日第428期)

　　北京美育社1923年1月18日的助赈歌舞大会,由裕容龄、陆小曼等表演歌舞节目,筹款救济北京四郊灾民。天津美育社继承传统,力行慈善。1930年6月29日晚,天津特别第三区为赈助陕灾,在梦不来兮花园举办大规模的陕赈慈善跳舞大会,美育社为发起主干之一。此后,1930年10月美育社协助筹办辽宁水灾募赈跳舞游艺会;1931年2月为扶轮社筹赈担任表演者。

　　彼时天津颇有美育氛围。1927年孙玉珂在法租界电车道廿四号路创办私立美育中学,并设附属初高级小学校,此为中国稀见的直接以"美育"为名的学校。1936年天津联艺社创办"以提倡美育，语人之美为揭橥"的《语美画刊》。

图 3－22－1　天津美育中小学校招生广告

（《大公报（天津版）》1933 年 1 月 19 日）

**图 3－22－2　天津美育社全体社员于 1930 年 1 月 18 日在
天津西湖别墅举行成立典礼后之纪念摄影**

（《北洋画报》1930 年 1 月 25 日第 428 期）

陈抱一谈儿童美育(1934)

1934年9月《美术生活》第6期"儿童专号"刊有一幅《小孩之梦》,此为陈抱一1925年3月所作,是其油画代表作之一。旁有所记:"陈抱一氏广东新会人。留学日本六七年。一九一四年入东京美术学校藤岛武二画室凡五年。民十年毕业归国。曾任神州女学美术专科主任,上海专科师范学校西画主任,上海美专及上海各艺术学校教授等职。一九二九年创立'晞阳美术院'于江湾画室;致力于自己研究之工作甚多。现任世界书局图画编辑。陈氏作画,技巧精熟,思考丰富;色彩与笔触极似法国印象派大家莫丽梭夫人 Berthe Morizot。兹图《孩儿之梦》为陈氏十年前之作,一二八大战后获得之遗物,极为陈氏所珍贵云。"

"儿童专号"上除《小孩之梦》外,还刊载有陈抱一的《关于儿童美育和图画刊物》,文中谈及他对儿童"美的教养"的思考:

> 儿童是未来社会的活动者。儿童教育首当推进,自不待言。但我觉得在儿童教育里面,直接关于儿童的品性以及创造性能的"美的教养"是更不可忽视。因为在弥漫着低级趣味的我国社会生活上,儿童们大多都缺乏"美的教养"。为挽救儿童跟着环境而腐化,似乎更非以"美的趣味"来善导儿童的精神不可。

陈抱一此时正任世界书局图画编辑,也是《美术生活》的特约编辑,文中也表达了对"儿童刊物的艺术化"的关注。

此后在时称"儿童年"的1936年,陈抱一再次撰文《儿童年——及一般儿童之美育的设施》,呼吁在"儿童年"不能仅以"标语"提倡,"而希望真的从有益的建设上,实际的改良上做起,以培育感化无数的有希望的小国民"。强调要在小学校设置与"儿童生活中艺术的教养"相关课程,改良儿童玩具;在幼稚园和小学校设置"美术欣赏室";在都市或乡村建设"儿童美术馆"。

图 3－23－1　陈抱一《小孩之梦》(《美术生活》1934 年 9 月第 6 期"儿童专号")

图 3－23－2　陈抱一《关于儿童美育
和图画刊物》

(《美术生活》1934 年 9 月第 6 期"儿童专号")

图 3－23－3　陈抱一《儿童年——及一般
儿童之美育的设施》

(《新世纪》1936 年 4 月第 3 期"健儿特号")

唯美社(1935)

　　1935年2月唯美社成立于上海,由邵无斋、柴骋陆等发起组织,该社以"唯美为美术而美术"为宗旨,内容素重金石、考古、艺术、摄影、妇女等研讨。

　　唯美社1935年3月16日创办《唯美》月刊,英文刊名 *The Art Classics*,由邵无斋、柴骋陆编辑,至1936年8月16日共出刊18期。内容包含金石、书画、雕塑、陶瓷、刺绣、建筑、摄影、电影八类,以图为主,"唯美月出一册,为二十四开本,图象约占三分之二,用最佳铜版纸精印,文字约占三分之一,用上等道林纸精印,配以彩色封面,力求精善"。《唯美》取材审慎,"唯美内容,以美为归,非美弗录",创刊号以《淡话开场:唯美问世宣言》明示"唯美"立场:

　　　　今当正告读者曰:唯美为美术而美术,纯一而不杂一毫其他成见与偏见,不论文言,白话,新派,旧派,凡有当于美的研究,美的讨论者,并蓄兼收,而尤注重图象……

　　　　唯美社主张"唯美",但并不赞成"纯唯美主义",郑重声明"我们的唯美主义"——

　　　　我们的唯美主义,与纯唯美主义有一点区别,那便是有条件的,什么条件呢? 便是民族意识与国家观念了。

　　1936年5月,唯美社出版《世界人体摄影名作》,精审选择中、英、美、法、意、葡、匈、捷等国照片百余帧,由张充仁与万籁鸣评定,海内艺术家序跋。这是当时国内第一部以"人体摄影"冠名的书籍,以引导国人正确欣赏人体摄影艺术。

图 3 - 24 - 1　貂斑华女士新影

（郎静山摄影,《唯美》第 2 期封面）

图 3 - 24 - 2　《双双在努力》

（段干青木刻,《唯美》第 1 期扉画,左图）

图 3 - 24 - 3　《如此消夏》

（马映晖漫画,《唯美》第 6 期扉画,右图）

子民美育研究院(1936)

1936 年 2 月 11 日,上海美术专科学校校董会、中华职业教育社、鸿英教育基金委员会、中华艺术教育社等文化团体以及孙科、孔庸之、吴铁城、钱永铭、刘海粟、沈恩孚等发起在上海国际大饭店公祝蔡元培七秩大寿。到场各界名流孙科、何应钦、张学良、顾少川、吴铁城、柳亚子、杜月笙、梅兰芳等 170 余人,席间吴铁城(时任上海市市长)等提议创建子民美育研究院。《蔡子民先生七秩大庆创设子民美育研究院启》曰:

> 窃念先生学识思想,致力于美育事业,固功在国史,名满寰区,爰即席发起创设美育研究院,以寿先生用以革除世俗之殂敝,导人类精神于大同。

子民美育研究院筹备委员会委员长为孙科,副委员长为吴铁城、钱永铭,常务委员为孔祥熙、王世杰等 16 人,筹备委员有丁燮林、王星拱等 56 人。

1936 年 4 月 15 日开首次筹备会议。6 月 26 日开第二次筹备会,议决"先筹集研究院基金五万元,并搜集美术史料,以编辑中国美术史"。10 月获"中央核准备案","经中央执委会派员调查,认为进行成绩极佳","致送寿仪缴交捐款,异常踊跃",并已拟定初步工作纲领,得设美术研究所,举办美术展览,设立子民奖学金奖励美术上之创作及有价值之著述,设立定期学术讲座,迻译世界各国美学、美术史、艺术论、艺术教育等名著,编辑美育丛书及定期刊物,设立美术馆及图书馆。后据《刡设子民美育研究院筹集基金简则》拟筹集基金总额为十万元,筹集办法分祝寿金及募捐两种,自 1936 年 9 月 20 日起至 11 月底止。募集基金办法相当严谨,委托中央银行等银行为收款机构,捐款取正式收据或先以临时收据换取正式收据。1937 年 2 月 5 日开第 5 次常务会议,讨论院章并组织基金保管委员会。5 月开筹备会决请中央拨款创办,并已得多方赞助。最终子民美育研究院"已集资二十万元,惜因连年战乱而未竟全功",实为憾事。

图 3‑25‑1　蔡子民先生七秩大庆创设子民美育研究院启事

（《新闻报》1936 年 10 月 12 日）

图 3‑25‑2　蔡子民先生七十大庆创设子民美育研究院捐册

图 3‑25‑3　子民美育研究院开委员大会到有吴市长及各委员等全体合影

（《人言周刊》1936 年第 3 卷第 9 期）

今虞琴社（1936）

　　1936 年 3 月 1 日,查阜西、彭祉卿、张子谦等在苏州觉梦庐结社,因"地近虞山,仰止前贤",尊崇明代琴家严天池创立的虞山派及其功绩,定名"今虞琴社",以勉励今人,复兴琴乐,"社约"言明并无门户派别之见,首批社员 28 人。

　　今虞琴社的早期活动主要包括举办雅集切磋琴艺,面向全国调查琴人状况,征访名琴等。1936 年 3 月至 1937 年 2 月,琴社共举行 15 次月集(苏州 12 次、上海 3 次)。因社员大多居沪,1936 年 12 月成立今虞琴社沪社,后琴社活动重心渐渐转移至上海。

　　查阜西在《今虞·今虞琴刊》的《发刊辞》中道出今虞琴社成立宗旨:

　　　　吾国音乐之中,以古琴之历史最为悠久。史稗均载创自庖牺,传自黄帝。中古其中,号称以礼乐为治,琴之为乐,尤极盛行,故有"家弦户诵","君子无故不撤琴瑟"之语。……

　　　　本此诸端,吾人窃敢私幸中华民族尚非无水平线以上之音乐艺术。有之,又惟有古琴可以为之代表。宜如何以前进之方法,对准时代之需要为之修饰整理,发扬而光大之,则吾操缦同道所认为职责所在而不敢后人者也。……

　　《今虞·今虞琴刊》是今虞琴社的社刊,1937 年 5 月创刊,月刊,仅存见一期,是民国时期唯一的"研究古琴之专刊"。今虞琴社创办《今虞·今虞琴刊》,"期能互相交换所长,渐谋统一见地,进而为吾同道共有之喉舌,以与海内音乐界为有益之探讨,使来日中华民族之音乐,尚能保有黄炎遗胄之成分,斯为幸甚"。

　　今虞琴派尊宗明代虞山派先师严天池,查阜西作"严天池先生画像征考"四款考证严天池弹琴著书年代及官职服色等,诚请潘玉良依严天池木刻及"画像征考"以西法摹绘作像。此事后被誉为"艺林盛事"。

图 3‑26‑1 潘玉良绘明代琴宗严天池油画画像

（《今虞琴刊》第 1 期）

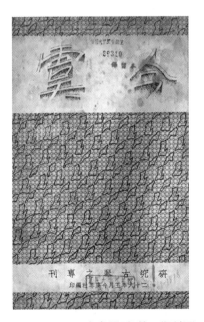

图 3‑26‑2 《今虞琴刊》第 1 期封面

《磐石杂志》"体育与美育"专栏（1936）

　　《磐石杂志》于 1932 年 6 月在天津创刊，曾为季刊、月刊等，由天津益世报馆发行，北平辅仁大学中华公教青年会支部磐石杂志社编辑，属于公教青年会会刊，"以介绍中西文化、宣扬公教思想及研究宗教事业为宗旨"，是 20 世纪 30 年代初期中国天主教会的一份重要刊物。它从宗教的立场出发，对青年的学识、修养进行训练，亦宣扬爱国主义，并"以美化人生，促进社会之改造为目的"。1935 年与中华公进会总监督处主办的《公教青年》合并出版，仍名《磐石杂志》，1937 年 7 月停刊。

　　1936 年第 4 卷起因编辑更换，对杂志内容与质量"均酌量增减，求更进一步之完美"，重视"学术、德育、体育、美育"，以"付其一种新的生机和动力"，指出：

　　　　对于体育，则根据中华公教进行会大纲，亦不忽视。提倡适当运动，以求其身体之健康，并训练其体育道德，而抑制其因运动而生之过激举动，不良行为及虚荣心理。至于生理卫生知识，亦酌量介绍之。

　　　　对于美育，则使青年对之得有正当之认识，与理解。并以宗教之见解，而付一切美术，音乐，影剧等新的评价。提倡正当娱乐，消灭不良嗜好，务使其不至误入歧途，因而堕落。

　　第 4 卷第 3 期起设"体育与美育"专栏，与美育相关的文章有：刚恒毅的《公教礼器与现代艺术》、沈赞婴的《介绍公教艺术家——米勒》《公教艺术家拉飞尔》《公教艺术家米克郎琪罗》《写生的初步》、廖荣福的《对于音乐的一点认识》等。

图3-27-1 《磐石杂志》1936年3月
第4卷第3期目录
（其中有"体育与美育"专栏）

图3-27-2 《公教礼器与现代艺术》
（《磐石杂志》1936年3月第4卷第3期）

图3-27-3 《对于音乐的一点认识》
（《磐石杂志》1936年6月第4卷第6期）

"提倡美育,语人之美"的《语美画刊》(1936)

　　《语美画刊》,天津联艺社 1936 年 9 月 9 日创刊,至 1937 年 7 月 21 日第 2 卷第 12 期,共出版 45 期。

　　《语美画刊》是以金石书画戏剧等为主的小型刊物,其在发刊词中言及"本刊以提倡美育,语人之美为揭橥的使命,想着做到一个有美皆备的美满小玩意儿"。

　　《语美画刊》作为一份天津创办的刊物,在弘一大师李叔同生前即宣扬其事迹,留下了非常珍贵的史料。如署名"忆贞"的《介绍弘一法师》连载文章,以及照片、书法、治印多帧。其来源除搜集当时报章杂志上的记载及丰子恺赠照外,更多的是来自李叔同在天津的师友和亲属,如其师赵幼梅所藏的李叔同治印等。

　　该刊每周一期,逢周三出版,彩色套印,版式比较独特,为大十六开横开版式,且印刷质量很高,图版极为清晰。如其刊印李叔同书题的《天涯五友图》是所见史料中最明晰的一幅。

　　《语美画刊》,2001 年曾由全国图书馆文献缩微复制中心影印限量出版,被列为中国文献珍本丛书。此刊在天津图书馆、北京大学图书馆、上海图书馆等均有馆藏。

图 3-28-1　忆贞《介绍弘一法师》(右上图)

图 3‑28‑2 《天涯五友图》(右中图)

图 3‑28‑3 赵幼梅提供的李叔同治印(右下图)

图 3‑28‑4 弘一大师书联

"八·一三专号"(1939)

2020年8月,电影《八佰》热映。电影以1937年"八·一三"淞沪抗战中谢晋元率"八百壮士"坚守四行仓库为原型。

1939年于桂林创刊的《工作与学习·漫画与木刻》,在7月出版的第5期"图画版"为"八·一三专号"。此刊是由两个预定要出版的刊物合并出版,每期中分"图画版"与"文字版",撰稿、绘画者均为因抗战蛰居桂林的文化界知名人士,如廖冰兄、艾芜、李桦、赖少其、黄茅、陆志庠等。

"创刊号"上的《给漫木同志一封公开信》中说:"抗战以来,我们坚决的执着各自的武器——漫画与木刻,在前方,后方或在敌人的占领区中不断地给予日本帝国主义以最大的打击!……"

抗战时期的救亡美术运动风起云涌,美术家们在民族存亡之际,焕发出强烈的爱国热情,同时美术的社会教化作用在这一时期得到强化。在"八·一三专号"中刊出的《纪念鲁迅先生逝世三周年鲁迅木刻展》征求信中赞扬"木刻青年",写道:

> 在这三年中:却有三分之二的时间是祖国争取自由独立的艰苦奋斗,很庆幸的中国的木刻青年还能接受先生的遗志,不管怎样稚弱,忠诚的参加祖国光荣的抗战,并且虚心的学习着一切战斗的经验,木刻青年的足迹几乎遍及全国:每个战场,不分前方与后方……

"八·一三专号"再现了淞沪抗战中国军队和民众奋力抗敌、宁死不屈的场景。专号中还有冰兄画、新波刻的《抗日必胜连环图》,少其、建庵的《再论使用三角刀》(木刻讲话),黄茅的《漫画的题材》(漫画讲话)等。

图 3－29－1 李桦木刻《上海的守卫》 图 3－29－2 特伟木刻《宝山城》
（《工作与学习·漫画与木刻》第 5 期封面，左图） （《工作与学习·漫画与木刻》第 5 期封底，右图）

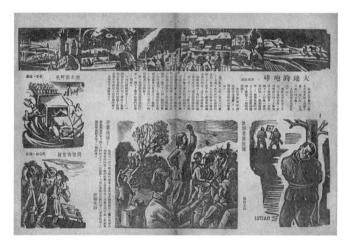

图 3－29－3 赖少其连环木刻《大地的咆哮》、陆田木刻《谁愿意做奴隶?》、
建庵木刻《不要后退!》、黄茅木刻《烈士胡阿毛》、周令钊
木刻《同情与爱护》
（《工作与学习·漫画与木刻》第 5 期）

亚洲歌舞剧团(1943)

1943 年春,亚洲歌舞剧团由影星李丽华之姊李菁华集资一百万元在上海成立。李菁华自任总经理,电影编剧家梅阡任经理,"华影"剧务高茫生任演出部主任,秦亮任总务部主任。

李菁华花费巨资成立歌舞剧团,意愿是"为歌舞剧作一名'引导的小卒',而使歌舞剧在中国得有发扬与光大的一日"。

歌舞,一向似乎不被人们所注重,考其原因,实在以往一般歌舞的演出,是太低级化,甚至专以色情为号召,没有把真正的歌舞艺术表现出来。

这次,我们亚洲歌舞剧团的成立,不敢说是提高歌舞艺术水准,但至少我们想挽回歌舞在今日日趋腐落的现状,以期达到歌舞是真实的艺术之一。(《亚洲歌舞剧团第一次公演特刊》)

亚洲歌舞剧团规模空前,第一次公演时在《申报》登载的公演海报称:

无限人力财力物力,绝顶伟大绚烂艳丽,典型舞艺廿余种,富丽新装数百袭——极视听之娱! 达美艺之巅。

剧团"集古今舞踊之大成,溶中西艺术于一炉":舞台装置采取欧洲最新式的"立体型"置景;伴奏乐队为乔治鲁丝交响大乐队,表演乐队为"三梦雪"夏威夷乐队,两支乐队共有音乐师 40 余位;歌舞团员 100 余位,主舞为可拉拉、永末妙子、赵比西等;俄籍教练担任舞蹈教授。

1943 年 11 月 11 日至 15 日,亚洲歌舞剧团于上海美琪大戏院进行首次公演,歌舞节目有《前奏曲》《印地安娜之夜》《幻人之歌》《卡门》等。每天日夜二至三场,票价分 40 元、80 元、100 元三档,同时在全市发行精美的《亚洲歌舞剧团第一次公演特刊》。

图 3‑30‑1　中国女舞蹈家赵比西与亚洲歌舞剧团

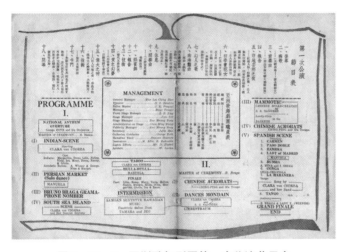

图 3‑30‑2　亚洲歌舞剧团第一次公演节目表

上海美术茶会(1947)

　　1947年3月,上海美术界"为谋联络情感,切磋学术,并兴办有关美术界福利事业,促使美术运动之蓬勃起见",由虞文、郑午昌、孙雪泥、江寒汀等发起举行"美术茶会"。拟定每星期集会一次,实则不定期举行美术茶会18次,召集人多为居住上海的美术界著名人士。虽名茶会,藉茶话之形式轻松,但设想颇具深意:

　　　　因鉴于历来美术集团与集团之间,平时颇多孤立而缺乏联系,美术家个人与个人之间,亦时有相侵相轻之恶习,致美术运动之推动,阻碍殊多。且美术家平日往往独善其身,与社会各界之关系甚为肤浅,而社会人士之视美术家,亦多隔膜,因有筹组一近似美术团体联合会之倡议,连贯纵性美术单位,为横性发展,以此机构为桥梁,而非以领导自居,专以轻松姿态,融合各界……逐渐与美术家发生密切联系,无门户派别之成见……

　　同年8月编辑出版会刊《美》,为美术茶会上的非卖品,分赠与会来宾,共发行11期,曾刊载陆丹林《美是什么》、承名世《中国画与西洋美学》、许士骐《美育与民族精神》、傅抱石《中国艺术与中国艺人》等文。

　　上海美术茶会得到艺术界热烈响应,盛极一时。1948年2月第18次茶会时,上海本地会员已激增至2016人,各地会员184人。

　　1948年10月10日,上海美术茶会编印出版了《美术年鉴》,这是民国时期唯一一部美术年鉴,也是中国第一部美术年鉴,共658页,辑录美术家1400多位,美术作品800多幅,美术论文40多篇。"原以三十六年之美术界动态为限,惟团体史料,自清末以降,素乏纪录,恐其湮灭,尽加搜罗",故而弥足珍贵。俞剑华在序文中称赞曰:"现在在兀臬不安的时局下,在飞皇腾达的物价下,在朝不保夕的生活下,在印刷纸张制版种种困难的条件下,想不到美术茶会却有冲破藩篱,不顾一切的勇气,而来出版在中国破天荒的美术年鉴,这消息不但使人兴奋而且使人惊奇!"

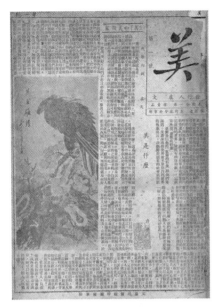

图 3-31-1　《美》第 1 号

图 3-31-2　许士骐《美育与民族精神》
　　　　　　　　　　　　　（《美》第 8 号）

图 3-31-3　《美术年鉴》(1947 年)

凤先生说美育(1947)

　　吕凤子(1886—1959)，名濬，号凤痴，别署凤先生。江苏丹阳人。15 岁中秀才，1906 年入南京两江优级师范学堂图画手工科，先后任教于南京高等师范学校、北京女子高等师范学校、上海美术专科学校、中央大学、金陵大学等校。1940 年任国立艺术专科学校校长。

　　凤先生自述一生只做了三件事：画画、教书、办学校。他是一位艺术家，艺术成就可谓"诗、书、画、印、史"五绝。1931 年，其画作《庐山云》获巴黎世界博览会中国画一等奖。1942 年，作品《四阿罗汉》获第三届全国美展唯一的一等奖。书法奇崛，人称"凤体"。他亦是一位杰出的艺术教育家、重要的美育家，中国女子教育、职业教育和艺术教育的先行者，两次捐家产，三办"正则"学校，1911 年在丹阳创办正则女子职业学校，1938 年重建江苏省正则职业学校蜀校，1942 年成立正则艺术专科学校。

　　20 世纪初，凤先生极具前瞻性地提出"完人"美育观，倡行"就异成异、还人为人的非物教育"，崇尚"爱与美""美与善"的统一：

　　　　鉴惟爱，斯行乎爱而无悖义。契乎义，斯行乎公而无达仁。美育，始于无为，终于无为。为无为，善之至也。

凤先生 1915 年亲自创作《正则校歌》：

　　　　惟生无尽兮爱无涯。璀璨如花兮都如霞，畴发其蒙兮茁其芽，鼓舞欢欣，生趣充塞，正则正如秋月华，美呀。

1947 年正则艺专刊印《美育与美术》，专门"辑凤先生说"——有关美育与美术的讲话，共 15 段。

　　徐悲鸿曾评说："承历世之传说，开当代之新风，三百年来第一人，非凤先生莫属！"

图 3 - 32 - 1 凤先生封面题字

（《丹扬教育》1935 年第 1 卷第 3、4 期合刊）

图 3 - 32 - 2 《凤先生说美育》

（《镇丹金溧扬联合月刊》1947 年第 6、7 期合刊）

图 3 - 32 - 3 《美育与美术》封面

（正则艺专，1947 年）

图 3 - 32 - 4 《美育与美术》目录页一

（正则艺专，1947 年）

浙江第一次全省美展（1949）

　　1913年春，因李叔同倡议，经亨颐校长赞成，浙江省立两级师范学校举办浙江省首次美术展览会。民国浙江省政府提倡的浙江第一次全省美展则于1949年举办，这是浙江省政府教育厅，为响应教育部将于当年美术节举办第四次全国美展的号召，特约集省会美术家及收藏家筹划的一次全省性的美术品展览会。对于此次全省美术展览会的作用，毕业于浙江省立第一师范学校，时任浙江省教育厅厅长的李季谷评价道：

　　　　际此万方多难，财力物力处处紧缩的时期，举办第一次全省美术展览会，似乎是一种多余的举动；但我们看到，近年来人心萎靡，道德日趋堕落，惟利是图，良莠不分，黑白不明，未始不须一次整顿，一次醒觉。重整道德，醒觉人心，有许多方法，艺术教育就是其中最有效的一种。因此，在今日举办全省美术展览会，是有着它特别的意义的。

　　浙江第一次全省美展由李季谷提倡，省教育厅聘请汪日章、孙福熙、吴弗之等24人为筹备委员。经第一次筹备委员会推荐，潘天寿、汪日章、孙福熙、周天初、俞乃大5人为常务委员，并聘定祝绍周、余绍宋、吴弗之等17人为审查委员。美展经2个月筹备，于1949年元旦在西子湖畔的民众教育馆开幕。

　　此次美展虽处时局动荡之际，但在浙江美术史上，堪称规模空前。展出的有潘天寿、黄宾虹、孙多慈、孙福熙、忻鸿、黄敦良、陈晓曦、王以强、王商一、钟章达、李鸿梁、田砚夫、奚铁生、吴弗之、祝瑄、李宇翔、严大刚、郑午昌、张维垣、马泽生、余辑五、丁天缺、俞乃大的绘画，周轻鼎、大来的雕塑，韩登安、余任天、沙曼公、韩君左、郭子美的篆刻，韩登安的书法，丰子恺的漫画等。美展还辟有古物参考陈列室，主要陈列书画碑帖，并辟专室展览民间艺术作品。美展期间共举办4次美术讲座，由雷圭元、潘天寿等主讲。

1949 年 4 月 10 日,《浙江第一次全省美展纪念特刊》出版,黄宾虹、汪日章、雷圭元任特刊顾问,周天初、俞乃大、陈伯昂任指导,郭子美、严大刚、钟章达任编辑,由杭州长天文艺社印行。

图 3‑33‑1　《浙江第一次全省美展纪念特刊》

图 3‑33‑2　潘天寿《观鱼图》,黄宾虹山水

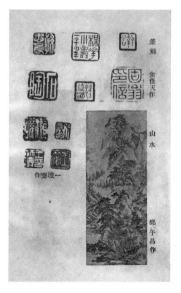

图 3‑33‑3　余任天篆刻,郑午昌山水

下编　史料编

第一部分

篇目汇编

史料是寻找历史之指路碑,目录学则就辨析史料之"指路碑":注出不同书籍——"媒介"源流。[①]

[①] 黄旦:《重解报刊之"魅"——报刊与历史研究》,见黄旦、周奇主编《媒介史的研究与书写》,北京:中国传媒大学出版社,2021年,第 v 页。

凡　例

一、《晚清民国期刊中的美育史料篇目汇编》主要收录 1900—1949 年广义期刊(含报纸)中的文章,按类编排,分"美育""艺术教育""美学"三类,每类下分"理论""实践"后的篇目按其文章刊载出版的时间顺序排列。出版日期不详者,排列于此月之末;出版月份不详者,排列于此年之末。

二、本汇编著录体例:每篇文章均按篇名、责任者、报刊名称、出版时间和卷期五项款目著录。篇名和报刊名称加《》,责任者的责任方式如"著"则一般省略。

三、出版时间,一律按公元纪年。年、年月、年月日分别按 4 位、6 位、8 位数字著录。如 1903 年 8 月著录为 190308,1912 年 2 月 8 日,著录为 19120208。

卷期数著录为:(v 卷数,n 期数)。合刊用/表示。

如《美育上之图画科的认识》,青伯,《台中半月刊》,19290701(n9/10)。表示第 9、10 期合刊

为节省篇幅,如连载文章,时间、卷、期等可用～表示起止,或省略年、月。

《时言报》,19231031～1107

四、凡一篇文章曾在两种以上的报刊发表时,报刊名称、出版时间、卷期并录之。后发表者以△标记。如篇名、责任者相同则略,不同则著录。

五、篇名和报刊名称,繁体改为简体。少数异体字及"的""地""底"等部分用字,一仍其旧,以供检索原文之便。明显的误植或笔误,出校说明。

六、汇编的篇目后有【辑】,表示该篇在"史料辑录"中有全文或节选。【图片】表示为"照片""漫画"或"书法"等。

七、文章如涉及美育、艺术教育、美学,则不重复收录,首选收入美育。如《论叔本华之哲学及其教育学说》,王国维,《教育世界》,190405(n75),06(n77)。收入"美育"中,"美学"中未收录。

美　育

理　论

1902 年

《西国学术导源希腊,其流派若何?》,刘焜,《申报》,19021017【辑】

1903 年

《泰西教育学沿革小史》,蜕庵,《新民丛报》,19030525(n32)【辑】

《论教育之宗旨》,王国维,《教育世界》,190308(n56)【辑】

　　　△《济南汇报》,1903(n32,n56)

1904 年

《孔子之美育主义》,王国维,《教育世界》,190402(n69)【辑】

《论叔本华之哲学及其教育学说》,王国维,《教育世界》,190405(n75),06(n77)
【辑】

1905 年

《欧洲大诗人:德国人舍路拉(Freedrich Schiller)》,《新小说》,190503(n14)
【图片】

图 4-1　欧洲大诗人:德国人舍路拉
(Freedrich Schiller)

1906 年

《教育家之希尔列尔》,王国维,《教育世界》,190602(n118)【辑】

《德国二文豪握手纪念象(格代与希尔列尔)》,《教育世界》,190610(n135)【图片】

1907 年

《霍恩氏之美育说》,王国维,《教育世界》,190706(n151)【辑】

1908 年

《说美育》,君翔,《云南》,190811(n15)【辑】

1912 年

《教育部总长蔡元培对于新教育之意见》,蔡元培,《申报》,19120208【辑】

　　　△《民立报》,191208~10

　　　《蔡元培对于新教育之意见》,《新闻报》,19120208~10

　　　《蔡总长之教育方针谈》,《神州日报》,19120208,09,11,12

　　　《蔡元培对于新教育之意见》,《时报》,19120210

　　　《新教育意见》,《教育杂志》,19120210(v3,n10)

　　　《临时政府公报》,19120211(n13)

　　　《中华教育界》,19120225(v1,n2)

　　　《东方杂志》,19120401(v8,n10)

《讨论教育部长对于新教育之意见》,贾丰臻,《申报》,19120211【辑】

　　　△《时报》,19120222,24

　　　《教育界》,19120614(n1),0714(n2)

　　　《群学会杂俎》,191207(v1,n1)

《教育部公布教育宗旨令》,《政府公报》,19120904(n127)【辑】

　　　△《教育部注重道德教育》,《时事新报》,19120914

　　　《通令颁行教育部定教育宗旨》,《江苏省公报》,19120919(n44)

　　　《教育杂志》,19121010(v4,n7)

　　　《东方杂志》,19121020(v9,n4)

　　　《通告各学校文(奉行通令颁行部定教育宗旨)》,《宝山共和杂志》,191210
　　　　(n3)

　　　《教育部部令教育宗旨》,《九澧共和报》,19121124

　　　《教育宗旨》,《直隶教育界》,191212(n1)

　　　《圣教杂志》,191301(v2,n1)

　　　《都督通令颁行教育部定教育宗旨》,《上海公报》,19130201(n3)

《教育宗旨》,《教育部编纂处月刊》,191302(v1,n1)

1913 年

《儗播布美术意见书》,周树人,《教育部编纂处月刊》,191302(v1,n1)【辑】

《论美感教育之关系》,陈国惠,《教育周报》,19130601(n8)【辑】

《美育论》,余箴,《教育世界》,19130910(v5,n6)【辑】

△《昆明教育月刊》,1915(v1,n5)

1914 年

《美感教育》,袁福伦,《江苏省立第一师范学校同学会杂志》,191402(n4)【辑】

《美感教育论》,闲云,《教育研究》,19140310(n11),0410(n12)【辑】

1916 年

《美育论》,汤松,《环球》,19160915(v1,n3)【辑】

《乐歌之价值》,我生,《教育周报》,19161113(n143),20(n144)【辑】

△《云南教育杂志》,191707(n7)

《中国教育界之恐慌及救济方法》,蔡元培,《民国日报》,19161218【辑】

△《中国教育界之恐慌及救济方法(在江苏省教育会讲演)》,《时报》,
19161220~22

《蔡子民先生讲演中国教育界之恐慌及救济方法》,《临时刊布》,
19170105(n18)

1917 年

《论美育与道德教育之关系》,荫亭,《中华教育界》,19170125(v6,n1)【辑】

△《福建省教育行政月刊》,19170701(v2,n6)

《以美育代宗教说:在北京神州学会演讲》,蔡子民,《新青年》,19170801(v3,n6)
【辑】

△《以美育代宗教说:在神州学会演说》,蔡元培,《学艺》,191709(v1,n2)

1918 年

《美之普遍性与静观性:主张以美育代宗教说者之二大误谬》,许崇清,《学艺》,
191805(v1,n3)【辑】

《读蔡先生以美育代宗教说》,《兴华》,19180619(v15,n24),0626(v15,n25),0703
(v15,n26),0717(v15,n28),0724(v15,n29),0731(v15,n30),0911(v15,n35)
【辑】

《基督教与哲学家:为提倡美育者进一解(罗马一章十四至十七节)》,《兴华》,
19180717(v15,n28)【辑】

1919 年

《美育之原理》,《神州日报》,19190320【辑】
　　△《美育原理之演说》,沈信卿,《申报》,19190321
《美感与教育》,周玲荪,《时报》,19190526【辑】
　　△《美感与教育(选录)》,《京兆通俗周刊》,19190522(n16)
　　《美育》,192107(n6)
《中国提倡美育者蔡子民先生(照片)》,《美术》,191907(n2)【图片】
《文化运动不要忘了美育》,蔡元培,《晨报》,19191201【辑】
　　△《广播周报》,19370220(n125)
《美育的目的》,王统照,《曙光》,191912(v1,n2)【辑】

1920 年

《论美育》,周学超,《北京高师教育丛刊》,192003(n2)【辑】
《美育是甚么》,吴梦非,《美育》,19200420(n1),192005(n2)【辑】
《说美意识的性质》,吕澂,《美育》,19200420(n1)【辑】
《熊子真来信——罗家伦覆》,罗家伦,《新潮》,19200501(v2,n4)【辑】
《新文化运动和美育》,周玲荪,《美育》,192006(n3)【辑】
《小学生当如何养成其美感》,李希渊,《江苏省立第二女子师范学校校友会汇
　　刊》,192006(n10)【辑】
《女子对于家庭美育的责任》,吴梦非,《美育》,192006(n3),192204(n7)【辑】
《日韩考察中关于美育材料之纪实》,姜敬庐,《美育》,192006(n3),192007(n4),
　　约192012至192106间(5)【辑】
《对于我国美育的感言! 对于《美育》杂志登载的商榷!!》,袁荣,《美育》,192007
　　(n4)【辑】
《什么是少年的中国所需要的? 美育》,王以刚,《美术》,19200830(v2,n3)【辑】
《美育应该分门类吗?》,吴梦非,《美育》,约192012至192106间(5)
《妇女和美育》,妙然,《新妇女》,19201015(v4,n2)【辑】

1921 年

《蔡子民先生在欢迎会之演说辞》,蔡子民,《北京大学日刊》,19210107(n780)【辑】
　　△《普通教育和职业教育》,蔡元培,《教育杂志》,19210120(v13,n1)
《学校里美育的训练》,何仲英,《教育杂志》,19210120(v13,n1)【辑】
《教育之美学的基础》,[日本]佐佐木吉三郎,太玄译,《教育杂志》,19210120
　　(v13,n1)【辑】

△《美的教育学》，〔日本〕佐佐木吉三郎著，丁伟东译，《京师教育报》，

　　19141215（11），19150215（13），19150415（15），19150615（17），19151115

　　（22），19160115（25），19160615（30），19161115（35）

《西洋美育之变迁》，命，《时报》，19210228

《美感教育的实施法》，蒋瀚澄，《时事新报·学灯》，19210313【辑】

《少年和美育》，夥三，《少年》，19210315（v11，n3）【辑】

《美育之研究》，叶作舟，《时事新报·学灯》，19210321【辑】

《父母对于子女美育之养成》，任启銮，《申报》，19210429【辑】

　　△《益世报》（北京），作者未署，19210504

　　《大常识》，作者未署，19301004（n196）

《美育的价值》，yk，《学生》，19210505（v8，n5）【辑】

《余之美育谈》，施述尧，《小学教育界》，192105（n3/4）【辑】

《听了一番讲演以后》，吕澂，《时事新报·学灯》，19210611【辑】

《关于美育之研究》，吴俊升，《教育汇刊》，192108（n2）【辑】

　　△《河南教育公报》，19230102（v2，n5）

《美育：刘伯明先生讲演》，刘伯明，《教育汇刊》，192108（n2）【辑】

　　△《美育：刘伯明演讲》，刘伯明讲演，林昭音、章松龄笔记，《河南教育公报》，

　　19230102（v2，n5）

《小学的美感教育》，《京兆讲演汇编》，192109（n43）【辑】

1922 年

《美育之原理》，李石岑，《教育杂志》，19220120（v14，n1）【辑】

　　△《美育之原理（录教育杂志）》，《东方杂志》，19220125（v19，n2）

　　《河南教育公报》，19230102（v2，n5）

《论美育书》，吕澂，《教育杂志》，19220120（v14，n1）【辑】

　　△《四民报》，19220206，08

《答吕澂论美育书》，李石岑，《教育杂志》，19220120（v14，n1）【辑】

《人们的美育》，蒋清，《蚬江声》，19220201（n10）【辑】

《教育方法论：四美育与训育》，天一译，《四民报》，19220406【辑】

《四川美育一斑》，曾孝谷，《美育》，192204（n7）【辑】

《所谓美育与群育》，孟宪承，《新教育》，19220501（v4，n5）【辑】

《关于美育研究的一篇札记》，尹培兰，《云南教育杂志》，19220601（v11，n5）【辑】

《美育与人生》，季涛，《云南教育杂志》，19220616（v11，n6）【辑】

《美育实施的方法》，蔡元培，《教育杂志》，19220620（v14，n6）【辑】

△《民国日报·觉悟》，19220918（v9，n18）

《河南教育公报》，19230102（v2，n5）

《时言报》，19231031～1107

《小学校中之美育》，既澄，《教育杂志》，19220620（v14，n6）【辑】

《"美育代宗教"释疑》，郭海燕，《旅沪潮州学生会杂志》，192207【辑】

《趣味教育与教育趣味》，梁启超，《新教育》，19220801（v5，n1/2）【辑】

△梁启超，《昆明教育月刊》，约 192404（v6，n2）

《美术与生活》，梁启超，《晨报副刊》，19220820【辑】

△《任公先生演讲纪要：题为〈美术与生活〉今日在教育馆演讲》，《时事新报》，19220814

《梁任公昨日演讲美术与生活》，《时报》，19220814

《梁任公演讲美育与生活》，《新闻报》，19220814

《美术与生活：梁任公在上海美术学校演讲》，《舆论》，19220817～18

《时言报》，19231108～09

《广播周报》，19361205（n115），1212（116）

《所谓美育与群育（书报介绍）》，孟宪承，《弘毅月刊》，19220831（v1，n3）

《美育与教育》，张正藩，《时事新报·学灯》，19220909【辑】

△南通师范校友会汇刊》，192304（v2，n1）

《嘉木氏（Garmo）之美育论》，黄公觉，《教育杂志》，19220920（v14，n9）【辑】

△《河南教育公报》，19230102（v2，n5）

《美育原理》，孟宪承演讲，杨宗时、张柔之记，《无锡新报·星期增刊》，19220924，1001，1008

《美育的研究》，周和贵，《学光》，19221001（n1）【辑】

《德国文学家雪雷之美育论》，张君劢，《时事新报·学灯》，19221002【辑】

《家庭应培养儿童之美感》，乐，《大埔周刊》，19221009（n39）【辑】

《我的家庭美育观》，许士骐，《家庭》，19221015（n10）【辑】

《艺术和美育》，吕澂，《教育杂志》，19221020（v14，n10）【辑】

△《河南教育公报》，19230102（v2，n5）

《教育与美育》，何作楫，《昆明教育月刊》，192210（v5，n1）【辑】

△《教育与美学》，《云南教育会月刊》，192408（v1，n8）

《教育之主旨与美育之精神》，唐隽，《时事新报》，19221223

　　△《盛京时报》,19230109～13

《教育之社会目的——第六章 美感教育》,何天休著,黄公觉译,《社会学杂志》,
　　192212(v1,n3/4)【辑】

1923 年

《美育和宗教》,沈青来,《青年进步》,192301(n59)【辑】

《美育与宗教》,陈国桢,《杭州青年》,19230220(v2,n23)【辑】

《美育实施之研究》,曾凡觉,《美术》,19230315(v1,n1)【辑】

《为轻视美育的人们进一解》,张绍骞,《美术》,19230315(v1,n1)【辑】

《美育与青年》,王树勋,《南开周刊》,19230418(n61)【辑】

《小学校美育实施方法的我见》,戴隆,《南通师范校友会汇刊》,192304(v2,n1)
　　【辑】

《中学校的美育实施》,吕凤子,《教育杂志》,19230520(v15,n5)【辑】

《宇宙美育》,朱谦之,《民铎杂志》,19230701(v4,n5)【辑】

《驳以美育代宗教说》,杨鸿烈,《哲学》,192312(n8)【辑】

1924 年

《美术之解剖及其在教育上之价值》,周鼎培,《革新杂志》,19240201(v1,n5)【辑】

《"美育"是这样吗?》,张雅焜,《时事新报》,19240308【辑】

《美育与人生》,许士麒,《时事新报》,19240321

《注重美育的一个浅近的理由》,俞子夷,《教育与人生》,19240324(n23)【辑】

《从体育上观察美育》,王庚,《体育月报》,192404(n1)【辑】

《家庭宜注重美育》,良,《申报》,19240616【辑】

　　△《家庭宜注重美育》,《新秦日报》,19240701

《农村教育与美育》,张质,《时事新报·艺术》,19240629(n58)【辑】

　　△《农村与美育》,《盛京时报》,19320325

《教育美化》,孟谦之,《时事新报·学灯》,19240819【辑】

　　△《盛京时报》,19241025,26,28

《美育组:艺术与社会》,汪亚尘,《新教育》,19240915(v9,n1/2)

《美育组:艺术与生命表白》,刘海粟,《新教育》,19240915(v9,n1/2)

《美育组:艺术的社会化》,李毅士,《新教育》,19240915(v9,n1/2)

《教育和审美》,许卓人讲,英九记,《晨报副刊》,19241219【辑】

1925 年

《近代各派艺术教育说之批判》,沈建平,《教育杂志》,19250420(v17,n4)【辑】

1926 年

《美育在教育上之价值》,李庆云,《铭贤校刊》,19260630(v3,n1)【辑】

1927 年

《美育与德育(漫画)》,《晨报》,19270620【图片】

《美术与美育》,君春,《世界日报》,19270829

《国货与美育》,王穆清,《申报》,192709(v1,n10)
【辑】

《国货与美》,穆清,《国货评论刊》,192711(v1,n11)
【辑】

1928 年

《吾国艺术教育之现状与将来》,李金发,《申报》,
19280101【辑】

　△《吾国艺术教育》,金发,《美育杂志》,192812
(n2)

《美育杂志》,陈声和,《时事新报·书报春秋》,
19280325(n53)【辑】

图4-2　美育与德育(漫画)

《美育在教育上的价值》,蒋吟秋,《沧浪美》,192809
(n2)【辑】

《我之艺术观》,徐延年,《盛京时报·图画周刊》,19281001(n115),1008(n116)
　△《同泽半月刊》,19281125(v2,n2),19290415(v2,n6)

《自甘玩物与讲求美育》,粼,《大公报》,19281018【辑】

《物质的美是否是恋爱的唯一的工具和要素:问粼君》,张相曾,《大公
报》,19281025

《蔡院长以美育代德育之主张》,《世界曙光之中华文化》,192810(n1)【辑】

《艺术教育与美育:关于 Weber 的教育学的基础科学的美学》,阿部重孝著,丰子
恺译,《国立大学联合会月刊》,192812(v1,n12)【辑】

《记以美育代宗教的思想家》,金发,《美育杂志》,192812(n2)【辑】

《提倡美育之蔡子民先生,其左为金发、宝锣,其右为民魂、寿裳(照片)》,《美育杂
志》,192812(n2)【图片】

1929 年

《对于实施民众美育的商榷》,徐公美,《上海特别市教育局月刊》,19290301(n1)
【辑】

图 4－3　提倡美育之蔡子民先生,其左为金发、宝锷,其右为民魂、寿裳

《小学校美育训练法》,朱允宗,《中华教育界》,192903(v17,n9)【辑】

　　△《小学美育训练的理论和实际》,《小学教师》,19391110(v1,n8)

《城市学校应普及美育》,莪绥,《湖南教育》,19290630(n8)【辑】

《美育上之图画科的认识》,青伯,《台中半月刊》,19290701(n9/10)【辑】

《体育和美育》,友芹,《农民》,19290911(v5,n11)【辑】

《美育代宗教》,傅镕,《新闻报》,19291002【辑】

1930 年

《美育与德育》,张雪杨,《蜜蜂》,19300321(v1,n2)【辑】

《美育之意义及其目的》,建文,《广州民国日报》,19300415

《二十五年来中国之美育》,蔡子民,《寰球中国学生会廿五周年纪念册》,193005
【辑】

《何谓美育》,斐然,《广州民国日报》,19301022

《美育》,梅,《乐园》,193010(n6)【辑】

《美育代宗教》,蔡元培,《上海青年》,19301126(v30,n41)【辑】

《以美育代宗教》,蔡元培,《现代学生》,193012(v1,n3)【辑】

1931 年

《美育的实施》,唐隽,《申报》,19310213【辑】

《美的教育》,[日]赤井米吉作,丰子恺译,《教育杂志》,19310220(v23,n2)

《美育代宗教:美育小姐的野心》,力谦,《鲁铎》,193105(v3,n2)【辑】

《人生观寄在美育上》,姚鸿龄,《三师汇刊》,193106(n2)【辑】

《从美育说到佛教》,黄忏华,《海潮音》,19310815(v12,n8)【辑】

《德育与美育》,方江水,《申报》,19311226～27【辑】

1932 年

《注意"美育"之设施》,求索,《时事新报》,19320513

《美育和乐歌》,劳儿,《艺术与教育》,19320525(v1,n4,5)【辑】

《音乐是美感教育》,易春华,《梧州民国日报》,19321101

《管窥以美育代宗教》,管西屏,《真光杂志》,193211(v31,n11)【辑】

1933 年

《错认美育和装饰奢侈》,美茜,《盛京时报》,19330703

《社会教育底机关施设:美技圣三育的机关施设》,川本宇之介著,刘之常译,《民
　　众教育季刊》,19330815(v2,n1)【辑】

《中国近代教育思想概观(四)》,舒新城讲述,孙育才笔记,《申报》,19331118【辑】

1934 年

《美的教育》,唐汉保,《我们的教育:汇师中学校刊》,193403(v8,n1)

《美育与人生》,毛晋卿,《文教月刊》,19340411(v2,n1)【辑】

《儿童美育法》,中冈田道一、千叶益子著,马春英译,《华北日报》,19340414
　　　　△《广州民国日报》,19340425

《欧洲美育思想的变迁》,陈之佛,《国立中央大学教育丛刊》,193406(v1,n2)
　　【辑】

《关于儿童美育和图画刊物》,陈抱一,《美术生活》,19340901(n6)【辑】

《以美育代宗教辩》,黎正甫,《圣教杂志》,193412(v23,n12)【辑】

1935 年

《美育之普遍圆融性》,黄忏华,《正论》,19350101【辑】

《释勒的平生及其作品》,商承祖,《中央日报·中央公园》,19350110,0111

《释勒的人文思想》,宗白华,《中央日报·中央公园》,19350111

《释勒传略》,《中央日报》,19350113,0114

《美的教育学及其批判》,惇颐,《广西教育旬刊》,19350121(v1,n11/12)【辑】

1936 年

《在教育对民族文化所负使命上一检美化教育底理论基础》,郭因是,《教育半月
　　刊》,19360301(v1,n3),416(v1,n6)【辑】

《儿童年及一般儿童之美育的设施》,陈抱一,《新世纪》,193604(n3)【辑】

《美育与美学:序金公亮美学原论》,蔡元培,《黄钟》,19360515(v8,n7)【辑】

《中等学校美育上训练的问题》,朱森玉,《浙江省立嘉兴初中校刊》,19360601
　　(n17)【辑】

《关于我国中小学的美育》,张安治,《中国美术会季刊》,19360901(v1,n3)【辑】

　　△《关于中小学的美育》,《教育论文摘要》,19370210(v1,n2)

《孔子之美育主义》,有闲,《常谈月刊》,19360901(v1,n4)【辑】

《一般学校训育与体育美育智育之分裂》,铭勋,《教育半月刊》,19361101(v2,n3)

　　【辑】

《论释勒及其精神进展之过程》,〔德〕宏耳特(W. V. Humboldtl)著,李长之译,

　　《文哲月刊》,19361120(v1,n9),19370120(v1,n10)

《美育的效用》,张允中,《西安一中校刊》,19361204(v4,n14)【辑】

1937 年

《群育与美育》,尹哲生,《公余半月刊》,19370301(v3,n2)【辑】

1939 年

《美育之理想》,息梦译,《鲁迅风》,19390405(n12)【辑】

《美育中心的小学教育》,小言,《教育学报》,193904(n2)【辑】

　　△作者未署,《河北日报》,19390709~12

　　作者未署,《河北日报》,19410213~16

1940 年

《蔡孑民先生的启蒙运动与提倡美育》,丁均,《决胜》,19400318(v4,n9)【辑】

《美育》,蔡孑民,《时事新报·学灯》(重庆),19400325(n 渝版 78)【辑】

《中国美育之今昔及其未来——为纪念蔡孑民先生逝世作》,李长之,《时事新

　　报·学灯》(重庆),19400401(n 渝版 79)【辑】

《蔡先生的美育——在本县各界追悼蔡公元培先生大会讲》,陆桂祥,《前线·越

　　王魂》,19400401(n2)【辑】

《美育管见——纪念蔡孑民先生》,潘菽,《时事新报·学灯》(重庆),19400415(n

　　渝版 81)【辑】

《艺术教育的效能》,陆其清,《音乐与美术》,19400501(n5)【辑】

《纪念中国美育的创导者——蔡孑民先生》,朱锡华,《音乐与美术》,19400501

　　(n5)【辑】

《木刻名人特志,提倡美育代宗教的蔡孑民先生》,王青芳,《晨报》,19400609,16,

　　23【辑】

《关于美育》,凌,《晨报》,19400630【辑】

《美感教育》,朱光潜,《读书通讯》,19400801(n7)【辑】

《蔡孑民先生的道德哲学与美育》,马毅,《时代精神》,19400820(v3,n1)【辑】

1941 年

《中国的美感教育》,徐公美,《华文大阪每日》,19411115(v7,n10)【辑】
　　△《南星》,19420201(v4,n2),0301(v4,n3)

1942 年

《席勒的美的教育论》,马采,《中山学报》,194201(v1,n3)【辑】

《健康教育与美感教育》,谢康,《广西教育研究》,19420225(v3,n2)【辑】

《蔡孑民的美学思想——为纪念蔡元培先生逝世二周年而作》,胡蛮,《解放日报》,19420304～05【辑】

《美的教育》,飘英,《社会日报》,19420818

《理想的中学生——关于美育欣赏以及休息方面》,杨即墨,《中国学生》,19421201(v1,n2)【辑】

1943 年

《"爱"与"美"的教育》,小麟,《申报》,19430416

《儿童美育:为父母者应尽的责任》,雨相,《立言画刊》,19430619(n247)【辑】

《戏剧中的美感和教育的功能》,刚,《时事新报·青光》(重庆),19430929～30

1944 年

《劝君莫打春天鸟:关于美育》,黎均荃,《新少年》,194408(n4)【辑】

《席勒的生涯及其作品》,鲁莱,《读书青年》,19441225(v1,n6)

1945 年

《以美育代宗教——文艺的真功用之一》,金丁,《正报》,19450103

《谈美育》,温存智,《青海民国日报》,19450118,20【辑】

《蔡孑民先生和美育:蔡孑民先生逝世六周年纪念特辑之二》,觉玄,《新艺》,194503(v1,n3/4)【辑】

《美育问题》,《西北日报》,19450714【辑】

《何谓佛教艺术? 美育为佛教教义所许乎?》,[印度]甘歌利教授撰,陈曙风译,《中央日报》(重庆),19451126【辑】

《论美感教育》,萧树模,《文化先锋》,194521(v5,n3)【辑】

1946 年

《美育在教育上的价值》,陈之佛,《时浪》,19460315(n2)【辑】

《美育与人类和平》,许士骐,《申报》,19460819【辑】

《尊重未来应当爱护孩子,改造人格还要注重美育:新生代的新生》,李开明,《社会评论》,19461216(n32)【辑】

《美育与人生》,吴实昌,《中央日报》(昆明),19461230【辑】

1947 年

《美育与心理建设——追念提倡美育的蔡老师》,郑午昌,《申报》,19470126【辑】

《漫谈艺术教育:敬献三十六年美术节》,吕斯百,《中央日报》,19470325【辑】

　　　△《美育与人生》,《当代晚报》,19470720

《论美育与社会之关系》,朱炳成,《教育与社会》,19470330(v6,n1)【辑】

《凤先生说美育》,吕凤子,《镇丹金溧扬联合月刊》,194703(n6/7)【辑】

《美育与宗教》,罗庸,《广播周报》,19470420(复刊n32)【辑】

《为"废除美育"而呐喊》,刘狮,《申报》,19470425【辑】

《谈美育》,陈之佛,《学识》,19470501(v1,n1)【辑】

《冷板凳上送美育》,黎稔珠,《联合晚报》,19470503

《谈美育》,楚愚,《青年校刊》,19470515(n2)【辑】

《不要忽视了美育》,王龙吟,《湖北论坛》,19470601(v2,n6)【辑】

《美育与民族精神》,许士骐,《活教育》,19471101(v4,n9,10)【辑】

　　　△《青友》,19470501(n4),0515(n5)

　　　《美》,19471019(n6),19480101(n10),19480201(n11)

1948 年

《"以美育代宗教"》,陈之佛,《学识》,19480516(v2,n11)【辑】

《美育与心理》,萧孝,《广东日报》,19481021【辑】

《文艺与美育》,莎汀,《文坛》,19481101(v8,n5)【辑】

1949 年

《美育的新估价:十二月十三日在广州市立艺术专科学校演讲》,陈炳权,赵永铨,

　　《广州大学校刊》,19490101(n49,50)【辑】

实　践

1913 年

《各学校附设美育园之先声》,《大共和日报》,19131106【辑】

　　　△《山西教育司通饬各学校附设美育园》,《教育杂志》,19131210(v5,n9)

　　　《山西教育司通饬各学校附设美育园》,《通俗教育杂志》,19140415(n5)

1914 年

《教育部注重美感教育》,《中华教育界》,19140315(n15)【辑】

《育美音乐会简章》，《时事新报》，19140429～30【辑】

  △《申报》，19140501

   《生活日报》，19140416

1916 年

《参观惠泥美育馆记》，《无锡日报》，19160209～10【辑】

《惠泥美育馆志闻》，《无锡商务日报》，19161209【辑】

1918 年

《勘惠泥美育馆》，徐竹园，《锡报》，19180523

《美术展览会之先声》，《神州日报》，19180619【辑】

《普及美育之公函》，《民国日报》，19180807【辑】

  △《申报》，19180807

   《美术学校普及美育之公函》，《时事新报》，19180807

   《美术学校普及美育之公函》，《神州日报》，19180807

   《美术学校普及美育之公函》，《时报》，19180807

   《录各报消息：普及美育之公函（录七年八月七日新申报载）》，张聿光、刘
海粟，《美术》，191810(n1)

《惠泥美育馆之新成绩》，《锡报》，19180910

《组织美术研究会缘起》，刘海粟，《申报》，19180923【辑】

  △《江苏省教育会组织美术研究会缘起》，《北京大学日刊》，19181007(n221)

   《江苏省教育会组织美术研究会缘起》，《美术》，191810(n1)

《江苏省教育会美术研究会草章》，《申报》，19180923【辑】

  △《北京大学日刊》，19181007(n221)

   《美术》，191810(n1)

1919 年

《惠坭美育馆重行组织》，《锡报》，19190319

《专科师范学校近讯》，《时事新报》，19190806【辑】

《神州女校之美育》，益滋，《时报》，19190918【辑】

《图画美术学校提倡美育大会记》，《申报》，19190929【辑】

《中华美育会草章》，《神州日报》，19191013【辑】

《组织中华美育会初志》，《时报》，19191119【辑】

  △《时事新报》，19191119

   《神州日报》，19191119

《组织中华美育会》,《申报》,19191119

《组织中华美育会之发起》,《时报》,19191124【辑】

《中华美育会征求会员》,《申报》,19191216

1920 年

《创刊美育杂志》,《时事新报》,19200328【辑】

　　△《中华美育会近讯》,《时报》,19200328

　　《中华美育会发行月刊》,《民国日报》,19200328

《本志宣言》,本社同人,《美育》,19200420(n1)【辑】

《中华美育会组织的经过》,《美育》,19200420(n1)【辑】

《中华美育会近闻》,《时报》,19200624【辑】

　　△《美育会将开图画音乐讲习会》,《时事新报》,19200625

《福建美育界新闻》,《美育》,192006(n3)【辑】

《上海专科师范学校美育概况》,夏朴,《美育》,192006(n3)【辑】

　　△朴,《时事新报·学灯》,19200819

《中华美育会第一次夏季图画音乐讲习会简章》,《美育》,192006(n3)【辑】

　　△《时事新报》,19200704

《美育革新之先声》,《神州日报》,19200727【辑】

1921 年

《组织音乐研究会》,《时事新报》,19210220【辑】

《专师教师赴东考察美育》,《时报》,19210317【辑】

《我校美育的概况》,丁健北,《美育》,192107(n6)【辑】

　　△丁健壮,《校友杂志》,192209(n1)

《世界著名跳舞家董漱入俄　将以美育体育教养儿童》,《晨报》,19211013,14,
　　15,20

《劳农政府注意美育之一斑》,《东南日报》,19211210

《广东美术展览会开幕——二十日举行开幕式　全粤美育的发展》,《民国日
　　报》,19211230

1922 年

《最近一月中的美育运动》,《中华教育界》,19220701(v11,n12)【辑】

《教育改进社美育组会议记》,无尽,《时事新报》,19220709

《全国教育家在济南干了些什么? 美育组议决案三件》,伏庐,《晨报》,19220725
【辑】

《美育专科赓续开学消息》,善,《新秦日报》,19220815

《美育学校开课有日》,《新秦日报》,19220915

《美育学校呈请开办费已邀准 给开办费二百元》,《新秦日报》,19220917

《张君劢演讲美育:在美专自由讲座公开演讲》,《时事新报》,19220930

《中华武术会组成音乐团》,《申报》,19221025【辑】

《分组会议纪录:美育组(照片)》,《新教育》,19221030(v5,n3)【图片】

《分组会议纪录:第十三美育组》,《新教育》,19221030(v5,n3)【辑】

《北京美育社之发起》,《顺天时报》,19221102【辑】

1923 年

《美育社定期演技助赈:北京之名门闺秀皆登台献技》,《晨报》,19230107【辑】

　　△《美育社定期演技助赈:冬季大会之盛况 北京贫民之福音》,《顺天时报》,19230107

《美育社之歌舞助振会:救济贫民 表演者皆名门闺秀》,睿访,《时报》,19230113【辑】

　　△《北京美育社在真光剧院举行歌舞助赈》,《北京大学日刊》,19230117(n1157)

　　《歌衫舞扇助赈灾:美育社之盛举》,《社会日报(北平)》,19230120

　　《前晚之美育社歌舞助赈大会》,《顺天时报》,19230120

《立群女学现兼注重美育》,《申报》,19230126【辑】

《美育社助赈大会收支报告》,《顺天时报》,19230207【辑】

《歌舞助振之美育社全体(照片)》,《时报图画周刊》,19230219(n136)【图片】

《影戏与美育之关系》,《时事新报》,19230312

《川东美育之发展》,《时事新报》,19230918【辑】

《分组会议纪录:第二十五美育组》,《新教育》,19231015(v7,n2/3)【辑】

1924 年

《教育社改选美育主任》,《时事新报》,19240218【辑】

《中华教育改进社美育组征文论》,《新闻报》,19240325【辑】

　　△《中华教育改进社美育组征集论文》,《时事新报》,19240325

《美育学校近况》,《新无锡》,19240522【辑】

《中华教育改进社美育组第三次会议》,《时事新报》,19240708

《中华教育改进社第三届年会美育组会议纪事录》,《时事新报·艺术》,19240713(n60)【辑】

《美育组提议案件》,《时事新报·艺术》,19240713(n60)【辑】

《暑期中闽省学术团体之进行——美育会特于暑期内开研究会》,《益世报》,19240731【辑】

《陕西全省第二次教育行政会议汇志:请议各学校注重美育案》,《陕西教育月刊》,约 192409(n39)【辑】

《分组会议纪录:第二十 美育组》,《新教育》,19241015(v9,n3)【辑】

《美育组报告:鉴别报告》,刘海粟,《新教育》,19241215(v9,n5)【辑】

1925 年

《教育改进社年会筹备之进行——美育组刘海粟建议设国民美术馆及全国美展会》,《申报》,19250707

　　△《中华教育改进社美育组要讯——刘海粟建议设立国民美术馆及全国美术展览会》,《时事新报》,19250707

　　《教育改进社美育组之提案——刘海粟建议设国民美术馆及全国美展会》,《新闻报》,19250707

《中华教育改进社四届年会之成绩:美育组》,《新闻报》,19250910【辑】

《分组会议议案汇录:美育组》,刘海粟,《新教育》,19250915(v11,n2)【辑】

1926 年

《中华女子美专今日开成绩展览会》,《申报》,19260909【辑】

1927 年

《日本美术教育界最近消息——全国美育联盟的高唱》,师竹,《申报》,19270126【辑】

1928 年

《业务报告:市教育局——注意提倡美育》,《申报》,19280510【辑】

《提倡美育之羊城》,驼一,《琼报》,19280605

《大学院订定训政时期施政大纲——第十二公共美育》,《申报》,19280708～10【辑】

　　△《全国教育界注目之训政时期施政大纲大学院规定草案已呈国府鉴核——第十二公共美育》,《民国日报》,19280708

　　《中国大学院订定训政时期施政大纲——第十二公共美育》,《益世报》,19280715

《(《武美》)发刊词》,力生,《武美》,192807(n1)【辑】

《等于零的话》,蓝帝,《美育杂志》,192812(n2)【辑】

1929 年

《教育部社会教育设施:民众识字及美育》,《庸报》,19290320～22【辑】

《市教局筹备社会教育机关立案》,《民国日报》,19290509【辑】

　　△《市教局筹备社会教育机关立案》,《时事新报·中国学术周刊》,19290509
　　(n25)

《市教育局将办美育团体登记》,《申报》,19290525【辑】

　　△《民国日报》,19290525

　　　《美育团体须登记——市教局拟定规则　俟市府核准实行》,《时事新
　　　报》,19290525

　　　《美育团体行将登记》,《新闻报》,19290525

《市教育局美育机关登记规则》,《民国日报》,19290610【辑】

　　△《美育机关登记法已拟定》,《新闻报》,19290610

《讨论美育与民众娱乐问题(三科)》,《上海特别市教育局周报》,19290616(n6)
　【辑】

《市教局计划民众娱乐及美育》,《民国日报》,19290621【辑】

　　△《市民众艺教委会规则》,《时事新报》,19290621

《上海特别市教育局业务报告:关于美育事项》,《上海特别市政府市政公报副刊
　各局业务汇报》,192909(n5)【辑】

《郁文大学提倡美育》,《新中华报》,19291003【辑】

《美育部工作报告》,陈纫梅,《上海少年德育会春之花》,19291222(六周年年刊)
　【辑】

1930 年

《教部提倡美化教育》,《新闻报》,19300122【辑】

　　△《中央日报》,19300123

　　　《时事新报》,19300124

　　　《教育部提倡美化教育》,《民国日报》,19300124

《天津美育社成立(俳诗一首纪美育社成立)》,不患得失斋主,《北洋画报》,
　19300125(v9,n428)【辑】

《天津美育社全体社员于一月十八日在天津西湖别墅举行成立典礼后之纪念摄
　影(照片)》,《北洋画报》,19300125(v9,n428)【图片】

《首都将设音乐院剧场——京市党部呈请藉以发扬美育　院令部府筹创纠正鄙
　猥淫词》,《益世报》,19300302【辑】

《美的教育》,老丑,《蜜蜂》,19300311(v1,n1)【辑】

《对于〈美的育教〉》,午昌,《蜜蜂》,19300321(v1,n2)【辑】

《美育学校之丑争》,《益世报》,19300402

《"美育"暗潮》,霞菲,《礼拜六》,19300412【辑】

《上海特别市民众艺术展览会启事》,《申报》,19300516【辑】

《梦不来兮陕赈游园会中美育社数社员及其大本营》,王元龙,《北洋画报》,
19300710(v10,n496)【图片】

《美育社努力善举》,耳,《北洋画报》,19300823(v11,n515)

《青年会学术演讲,讲题为美育代宗教》,《时报》,19301102

《青年会今日学术演讲——蔡孑民讲美育代宗教》,《新闻报》,19301102

1931 年

《蔡元培注意美育——访画家于二沙岛》,《广州民国日报》,19311009【辑】

1932 年

《乐华女子中学之创办——着重美育造求师资,筹足基金进行立案》,《申
报》,19320701

《乐华女中新献——设美育师资科,报名甚为踊跃》,《时事新报》,19320729【辑】

1934 年

《提倡美育兼具群育精神的中小学唱歌比赛会开幕》,《京报》,19340101【辑】

《释勒展览会》,《中华图书馆协会会报》,19341231(v10,n3)

1935 年

《京举行德诗人释勒展览会》,《时事旬报》,19350121

《中西女中表演体育美育》,《时事新报》,19350509

《九六叟马相伯先生青年时代的生活》,徐景贤讲演,张光耀记,《益世报》,
19350615【辑】

1936 年

《沪上名流筹组美育研究所为蔡元培作纪念》,《益世报》,19360211【辑】

《各界名流公祝蔡元培七秩大庆志盛》,《申报》,19360212【辑】

△《各界祝贺蔡元培氏寿,筹创孑民美学所》,《时事新报》,19360211

《孑民美育研究院展期召开筹备会议》,《民报》,19360315

《开辟后山公园深切吾乡之美育》,国锦,《浮山月报》,19360315(v1,n8)【辑】

《唤起崇俭 民教育馆开演说会 力事发挥俭德美育》,《大同报》,19360327

《美育家心目中影界的美人》,《盛京时报》,19360403【辑】

△《美育家心目中好来坞的美人》,莱,《申报》,19360729

《孑民美育研究院昨开首次筹备会议》,《申报》,19360416【辑】

　　△《民报》,19360416

　　《新闻报》,19360416

　　《孑民美育研究院开首次筹会》,《时事新报》,19360416

　　《孑民美育研究院首次筹备会议》,《世界日报》,19360419

《孑民美育研究院筹备会开会情形》,《时事新报》,19360416【图片】

《孑民美育研究院开委员大会到有吴市长及各委员等全体合影(照片)》,《人言周刊》,19360425(v3,n9)【图片】

《孑民美育研究院全体委员合照(照片)》,《中国画报》,19360426(v2,n4)【图片】

《孑民美育院筹备积极》,《国画》,约 193604(n2)【辑】

《全国儿童绘画展览会开幕纪念:提倡美育(题词)》,冀贡泉,《现代父母》,193605(v4,n5 全国儿童绘画展览会特号)【图片】

《提倡美育(题词)》,蔡元培,《中国美术会季刊》,19360601(v1,n2)【图片】

图 4‑4　提倡美育(冀贡泉)　　　图 4‑5　提倡美育(蔡元培)

《孑民美育研究院筹委会昨召开第二次常务会议》,《时事新报》,19360627【辑】

　　△《孑民美育研究院昨开第二次常务筹委会　在吴市长宅议决七要案》,《大公报》,19360627

　　《纪念蔡孑民设美育研究院筹委昨开会议》,《立报》,19360627

　　《孑民美育研究院筹委会昨开二次常务会议》,《民报》,19360627

《沪各界筹设孑民美育院》,《中央日报》,19360627【辑】

△《各界名流筹设孑民美育研院》,《京报》,19360627

《纪念蔡孑民学术思想 孑民美育研究院筹备中》,《益世报》,19360627

《沪各界名流筹设孑民美育研究院》,《西北文化日报》,19360627

《纪念蔡孑民:各界近发起筹设孑民美育研究院》,《西京日报》,19360627

《孑民美育研院 各界名流筹设》,《大义报》,19360627

《孑民美育研究院 蒋梦麟任筹委 先募基金五万》,《河南民报》,19360627

《各界名流发起办孑民美育研究院》,《浙瓯日报》,19360627

《筹建美育研究院 沪名流纪念蔡孑民》,《新江苏报》,19360627

《上海筹设孑民美育研究院》,《公教周刊》,19360628(v8,n12)

《纪念蔡孑民:沪各界名流发起筹设美育研究院》,《包头日报》,19360629

《纪念蔡孑民学术思想:京各界名流筹设孑民美育研究院》,《南宁民国日报》,19360629

《孑民美育研究院先筹基金五万》,《申报》,19360706【辑】

△《孑民美育研究院筹集基金》,《大公报》,19360706

《孑民美育研究院决先筹基金五万元》,《民报》,19360706

《筹设孑民美育院先募款五万元》,《立报》,19360706

《搜集美术史料筹建孑民美术研究院》,《时事新报》,19360825【辑】

《蔡孑民先生七秩大庆创设孑民美育研究院启》,筹备委员会,《晶报》,19360825～30【辑】

《孑民美育研究院积极进行筹备》,《民报》,19360908【辑】

《蔡孑民先生七秩大庆创设孑民美育研究院启事》,《申报》,19360926【辑】

△《蔡孑民先生七秩大庆创设孑民美育研究院(照录申报广告)》,《中国美术会季刊》,19360901(v1,n3)

《各界名流积极筹设孑民美育研究院——分函各界共襄美举,筹款十万以作基金》,《时事新报》,19361007

《蔡孑民寿仪移办美育院》,景行,《福尔摩斯》,19360930【辑】

《蔡元培七秩寿辰创设美育研究院》,《大公报》,19361007【辑】

△《蔡元培七秩寿辰创设美育研究院》,《东海日报》,19361009

《孑民美育研究院昨开四次筹备常会》,《时事新报》,19361029【辑】

△《孑民美育研究院筹集基金积极推动——昨开四次筹备常会》,《民报》,19361029

《孑民美育研究院昨开四次常会》,《新闻报》,19361029

《孑民美育研究院昨开筹备会，决积极筹集基金》，《立报》，19361029

《中央党部核准孑民美育研究院备案》，《时事新报》，19361101【辑】

　　△《新闻报》，19361101

　　《创设孑民美育研究院中央核准备案》，《民报》，19361101

　　《孑民美育研究院中央核准备案》，《申报》，19361102

《北大同学参加孑民美育院发起人》，《时事新报》，19361202

《孑民美育研究院积极募集基金》，《神州日报》，19361204【辑】

　　△《时事新报》，19361204

　　《民报》，19361204

《孑民美育院征集基金》，《时事新报》，19361208【辑】

　　△《民报》，19361208

　　《孑民院征基金》，《神州日报》，19361208

1937 年

《复刊感言》，《美育杂志》，19370101(n4)【辑】

《七年前不能为美育撰稿的鲁迅之信、倡议以美育代宗教的蔡元培之信(书法)》，

　　《美育杂志》，19370101(n4)【图片】

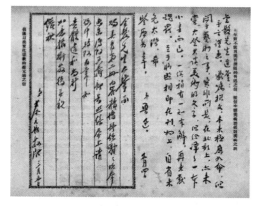

图 4-6　七年前不能为美育撰稿的鲁迅之信、倡议以美育代宗教的蔡元培之信

《蔡子民美育研究院将成立》，《黄流》，19370101(v3,n3)【辑】

《孑民美育研究院初步计划已预定》，《时事新报》，19370205【辑】

　　△《孑民美育研究院第五次常务会议》，《民报》，19370205

　　《孑民美育研究院组基金保管会》，《大公报》，19370205

　　《孑民美育研究院昨开第五次常务会议》，《申报》，19370206

《美育群生（题词）》，王陆一，《上海美术专科学校二十五周年纪念一览》，193702
【图片】

《孑民美育研究院昨开筹备会议》，《新闻报》，
19370522【辑】

△《民报》，19370522

《立报》，19370522

1939 年

《孑民美育院》，孙福熙，《战时中学生》，19390701
（v1，n6）【辑】

1940 年

《孑民美育院开学》，《读书通讯》，19401001
（n11）【辑】

1942 年

《三次全国美展会昨日已正式开幕——林主席
训词》，《中央日报扫荡报联合版》，19421226
【辑】

图 4-7　美育群生（王陆一）

△《全国美展开幕　林主席训词阐发美育真谛》，《中山日报》，19421226

1943 年

《儿童美育》，《立言画刊》，19430417（n238）

1946 年

《中大教授许士骐周六讲美感教育》，《民国日报》，19461108

△《许士骐教授讲美感教育》，《中华时报》，19461108

《许士骐教授演讲美感教育》，《神州日报》，19461108

1947 年

《美术节将届　美育活动展开》，《四川时报》，19470310

《儿童假期艺术班：美一博物馆举办，旨在发展儿童美育》，佛利民，《新闻资料》，
19470315（n142）【辑】

△《儿童假期艺术班　发展他们的美育》，佛利民，《前线日报》，19470317

《美国儿童假期艺术班》，《益世报》（上海），19470404

1948 年

《教厅策进美育　明年举行美展》，《工商报》，19481106

艺术教育

理 论

1905 年

《音乐教育论》,志忞,《新民丛报》,19050204(v3,n14),0504(v3,n20)

1908 年

《论音乐教育之功用》,《盛京时报》,19080905

1909 年

《时评三(故艺术教育实急于普通教育)》,《时报》,19090605

1912 年

《艺术教育之原理》,[美]泼洛歇氏著,巽吾译,《教育杂志》,19120410(v4,n1),
    0510(v4,n2),0910(v4,n6)

《艺术谈:普通图画教育》,李哀,《女学生杂志》,1912(n3)

1913 年

《艺术玩赏之教育:译日本文学士上野阳一氏箸论》①,[日]上野阳一著,《教育部
    编纂处月刊》,191305(v1,n4),08(v1,n7)

1916 年

《艺术教育上之诸问题》,天民,《教育杂志》,19161120(v8,n11),1220(v8,n12)

1918 年

《现代之艺术教育》,赵殷石,《时事新报·学灯》,19180912

1920 年

《艺术教育家的修养》,俞寄凡,《美术》,19200830(v2,n3)

---

① 据考证,译者为鲁迅。参见《〈艺术玩赏之教育〉译者附记》,见鲁迅:《鲁迅著作分类全编·乙编七卷·
  序的解放 译文序跋集》,陈漱渝、王锡荣、肖振鸣编,广州:广东人民出版社,2019 年,第 13 页。

1921 年

《艺术教育的原理》,余尚同,《教育杂志》,19210120(v13,n1)

《艺术教育上的各问题》,太玄,《教育杂志》,19210120(v13,n1)

《艺术教育学的思潮及批判》,天民,《教育杂志》,19210120(v13,n1),0220(v13,n2)

《艺术教育:第十三卷第一号教育杂志讨论之焦点》,石岑,《时事新报·学灯》,19210225

《艺术教育声中中国教育应有的趋向》,孔宪科,《安徽教育月刊》,192103(n39)

《实施艺术教育之讨论》,郑铭惠,《时事新报·学灯》,19210709

1922 年

《艺术教育》,俞寄凡,《时事新报·学灯》,19220108

《家庭的艺术教育》,钱钰孙,《妇女杂志》,19220301(v8,n3)

《艺术教育》,李鸿梁,《绍兴教育界》,19220410(v1,n2)

《艺术教育的原理》,丰子恺,《美育》,192204(n7)

《艺术教育建议》,唐隽,《时事新报·学灯》,19220903

《艺术教育概论》,胡人椿,《教育杂志》,19220920(v14,n9)

《艺术教育与现代人的生活》,李鸿梁,《绍兴教育界》,19221010(v1,n4)

《艺术教育》,俞寄凡,《教育》(东京),1922 约 3(v1,n3)

1923 年

《改良普通学校艺术教育说》,红笙,《新世界》,19230310

《道尔顿制下的艺术教育》,李文华,《教育杂志》,19230320(v15,n3)

《艺术教育思潮及其批判》,[日]吉田熊次撰,亦劳译,《中华教育界》,192304(v12,n9)

《艺术教育史》,俞寄凡,《时事新报·艺术》,19230604(n6),0624(n8),0714(n10),0916(n18),0930(n20)

　　△《盛京时报》,19230608

《晚近艺术教育的运动》,吴梦非,《民国日报·艺术评论》,19230618(n9),0625(n10)

《艺术教育之实施》,卫士生,《教育汇刊》,192306(n5)

《近代艺术教育上的三大见地》,嘉白,《民国日报·艺术评论》,19230702(n11)

《艺术教育概论》,陆并谦,《民国日报·觉悟》,19230706

《西洋艺术教育思想的发展》,嘉白,《民国日报·艺术评论》,19230716(n13)

《实施艺术教育的先决问题》,沈天白,《时事新报》,19230923

《艺术教育的哲学》,丰子恺,《民国日报·艺术评论》,19231119(n31),1126
(n32),1203(n33)

《近世的艺术教育》,俞寄凡,《时事新报·艺术》,19231125(n28)

1924 年

《艺术教育与艺术活动之民众化》,俞寄凡,《时事新报·艺术》,19240106(n34)

《艺术教育中所说的发展本能与艺术家所说的发展本能不同》,李文华,《时事新
报·艺术》,19240106(n34)

《再解释近世之艺术教育》,俞寄凡,《时事新报·艺术》,19240120(n36)

《社会的艺术教育》,俞寄凡,《时事新报·艺术》,19240210(n38)

《我们所需要之艺术教育》,T. C. 译,《教育杂志》,19240220(v16,n2)

《一们门外汉对于艺术教育的意见》,泽民,《民国日报·艺术评论》,19240310
(n46)

《今后艺术教育的先决问题》,柳圃,《民国日报·艺术评论》,19240310(n46)

《艺术教育的实施》,树年,《建声》,19240319(n3)

《校舍布置与艺术教育》,吴中望,《民国日报·艺术评论》,19240331(n49)

《普通教育中的艺术教育》,望庐,《民国日报·艺术评论》,19240414(n51)

《艺术教育浅说》,刁正昶,《时事新报·艺术》,19240420(n48)

《太戈尔的艺术教育》,俞寄凡,《时事新报·艺术》,19240427(n49)

《中等学校中的艺术教育》,周茂斋,《时事新报·艺术》,19240504(n50)

《艺术教育之发达史》,俞寄凡,《时事新报·艺术》,19240511(n51)
　　　△《盛京时报》,19240518,20~23

《艺术教育的特色》,《民国日报·艺术评论》,19240602(n58)

《论艺术教育的主旨》,顾器先,《时事新报·艺术》,19240622(n57)

《谈训育要向艺术教育途上走》,刘茂华,《时事新报·艺术》,19240914(n69)

1925 年

《艺术与教育》,杨息累,《无锡新报》,19250101

《对于艺术教育之意见》,《晨报副刊》,19250301,0307
　　　△《对于艺术教育之意见》,《盛京时报》,19250318

《世界教育新潮:欧美之艺术教育》,[日]长田新作,任白涛译,《教育杂志》,
19250420(v17,n4)

《艺术教育之解释》,宋寿昌,《时事新报·艺术》,19250503(n101)

《近代艺术教育上之三大见地》,俞寄凡,《江苏省立二师半月刊》,19251031(n2)

1926 年

《青年的艺术教育》,丰子恺,《教育杂志》,19260120(v18,n1),T

《艺术教育》,实卿,《云南周刊》,19260304(n38),T

《论艺术教育的重要》,郑宏模,《集美师范月刊》,192604(n1),T

《艺术教育论》,史寄秋,《杏坛》,19260501(v1,n1),0701(v1,n2/3)T

《艺术教育的大教室(漫画)》,子恺,《教育杂志》,19260520(v18,n5)【图片】

《艺术教育问答》,雷家骏,《时事新报·学灯》,19260711,0712,0713

《艺术教育》,傅彦长,《申报》,19260906

《小学校的艺术教育》,陆凤涞,《江苏省立第四中学校校友会季刊》,192610(n2)

1927 年

《近代艺术教育思想之发展》,卢绍稷,《时事新报·学灯》,19270308,0310,0312

《儿童的艺术教育》,尚仲衣,《留美学生季报》,19270820(v12,n2)

《谈谈乡村小学的艺术教育》,蒋纯钧,《上海县教育月刊》,192710(n2)

《关于艺术教育的一封信》,朴园,《申报》,19271130

《艺术教育的哲学的论究》,H. Muensterberg 著,丰子恺译,《教育杂志》, 19271220(v19,n12)

《童心的培养:儿童教育上的一要点,艺术教育上的一要点》,丰子恺,《教育杂 志》,19271220(v19,n12)

1928 年

《废止艺术科——教育艺术论的序曲》,丰子恺,《教育杂志》,19280220(v20,n2)

《所望于艺术教育运动者》,《新闻报·学海》,19280221(n205),0222(n206)

　　△叶华,《盛京时报》,19280304,05,07,08,12,13,15,17

《文艺复兴期的艺术教育》,俞剑华,《新闻报·学海》,19280406(n250),0407 (n251),0408(n252)

《看了游艺以后——希望大家起来提倡艺术教育》,赵如珩,《民国日报》,19280408

《西洋艺术教育研究的近况》,剑华,《京报副刊·教育评论》,19280704(n13)

《艺术与教育》,吴成钧,《开明》,19281010(v1,n4)

《艺术教育的今昔观》,巢鸿隽,《无锡教育周刊》,19281017(n48)

《艺术教育之美学的论究》,H. Muensterberg 著,丰子恺译,《教育杂志》, 19281020(v20,n10)

《艺术教育的心理学的论究》,H. Muensterberg 著,丰子恺译,《教育杂志》, 19281120(v20,n11)

1929 年

《废止艺术科和艺术教育》,刘询牧,《我们的园地:文学期刊》,19290115

《近代艺术教育运动》,阿部重孝著,丰子恺译,《教育杂志》,19290120(v21,n1)

《小学校的艺术教育》,曾文彬,《上海特别市市立学校教职员联合会会刊》,
192903(n2)

《小学艺术教育》,金咨甫演讲,胡保良、汪一冰记录,《市政月刊》,19290420(v2,
n4)

《对于艺术教育上亟应改革之我见》,王钧初,《陕西教育周刊》,19290430(n72)

《艺术教育之重要与师范学校应负之责任》,吴启瑶,《福州高中校刊》,192904
(v1,n2)

《谈艺术教育》,起鸣,《川康日报副刊·沸腾》,19290513(n2)

《小学对于艺术教育应有的观念和设施的旨趣》,斯启诚,《皋塘特刊》,192906
(n1)

《负艺术教育之责者是引渡民众之宝筏》,《民众教育》,19290801(v1,n9)

《近代艺术教育运动》,《陕西教育周刊》,19290901(v2,n37/38/39/40),0908(v2,
n41),0914(v2,n42)

《艺术教育》,卢卓三,《辽宁教育月刊》,192910(v1,n10)

《漫谈艺术教育与甘肃》,聋,《新陇副镌》,19291123(n143),1124(n144)

《艺术教育与科学教育》,熊佛西,《天津益世报副刊》,192911(n1)
　　△佛西,《内江教育特刊》,19311010

《儿童艺术教育——介绍一个英国儿童教师的见解》,穹,《大公报·艺术》,
19291224(n13),19300109(n14)

1930 年

《小学的艺术教育》,王天休,《上海教育》,19300101(n8)

《新艺术教育我见》,初,《民言画刊》,19300319(n22)

《艺术教育的研究》,黄觉寺,《艺浪》,193003(n1),06(n2)

《不要忘记了革命的"艺术教育"!》,平陵,《中央日报·全教特刊》,19300416(n5)

《艺术教育的意义和功用》,冰弦,《湖南教育》,19300531(n19)

《艺术教育与人生》,李枢,《陇上青年》,19300731(n13)

《艺术教育底实用化》,仲举,《生产工艺》,19300901(n1)

《对于艺术教育今后之希望》,刘德祥,《字学杂志》,19301030(n2)

《可注意的艺术教育》,王维,《民国日报·觉悟》,19301210

《艺术教育思想之发展》,阿部重孝著,丰子恺译,《教育杂志》,19301220(v22,
　　n12)

1931 年

《儿童艺术教育》,叶秋原,《申报·艺术界》,19310201

《艺术教育的几种错误和改进途径》,朱若圣,《儿童教育》,19310615(v3,n10)

《现代艺术教育之趋势》,莫大元讲,龚振礼记,《青天白日》,19310618(n131)

《提倡母校艺术教育的计画》,胡彦久,《明德旬刊》,19310701(v4,n10)

《艺术教育谈片》,李毅士讲,朱福成记,《教育与社会》(无锡),19310709(n27)

《中国之艺术教育谈》,尧,《大公报》,19310730

《艺术教育杂谈》,王子正,《山东民众教育月刊》,19310925(v2,n2)

《对于艺术教育应有的认识》,吴青介,《江苏省立上海中学校半月刊》,193110
　　(n56)

《与艺术教员论艺术教育》,入尘,《亚丹娜》,1931 约 5(v1,n5)

《艺术在教育上的地位》,龚必正,《亚丹娜》,1931 约 5(v1,n5)

1932 年

《艺术教育底使命》,黄兰波,《艺术与教育》,19320125(v1,n1)

《谈谈艺术教育》,胡彦久,《明德旬刊》,19320401(v6,n2)

《艺术教育之目的及实施方法》,窦重先,《云南教育周刊》,19320422(v2,n1)

《民众艺术教育的实施》,崔彭寿,《山东民众教育月刊》,19320425(v3,n4)

《小学艺术教育漫谈》,陆觉先,《华侨教育》,193204(n5)

《对于民众艺术教育的一点意见》,罗以,《民众教育周报》,19320608(n5)

《本校之艺术教育》,胡彦久,《明德旬刊》,19320621(v6,n10)

《关于教育之艺术的陶冶》,[日]关卫著,承均译,《艺术旬刊》,19321001(v1,n5)

《民族自决与艺术教育》,徐心芹,《民报·文艺周刊》,19321024(n25)

《最近三十年内我国之艺术教育与未来之展望》,觉寺,《艺浪》,19321201(n8)

1933 年

《乡村师范与艺术教育》,马振麟,《洛社乡师校刊》,19330101(n2)

《戏剧救国:以民族独立运动为中心　以艺术教育宣传为策略》,林如松,《时事新
　　报》,19330118,0119,0120

《关于艺术教育的一点意见》,陈达仁,《学校生活》,19330201(n8)

《论艺术教育》,郎鲁逊,《时事新报》,19330416

《艺术教育之辩护》,《中华教育界》,193306(v20,n12)

《近代艺术运动与艺术教育》,汪亚尘,《民报·文艺周刊》,19330717(n61),0724
  (n62)

《何谓艺术教育》,俞太鹤,《民报·文艺周刊》,19330731(n63)

《民族复兴运动与艺术教育:在本厅第五届暑期学校讲演》,何明斋,《教育周刊》,
  19331023(n177)

1934 年

《艺术教育一问题》,郑道一,《重庆艺专》,193401(n1)

《要打破今日中国的难关,艺术教育是生产的开场鼓》,孙福熙,《艺风》,19340201
  (v2,n2)

《论艺术教育之价值》,王衍来,《民报·文艺周刊》,19340326(n95)

《艺术教育的最初实施时期:启蒙期至青年前期》,全毓秀,《艺浪》,193406(v2,n1)

《现代之艺术教育应如何设施》,黄君贤,《民报·文艺周刊》,19340723(n112)

《现代之艺术教育应如何设施》,薛雪,《民报·文艺周刊》,19340730(n113)

《电影与艺术教育》,王敦庆译,《时代电影》,193408(n3)

《由无锡泥人说到艺术教育》,当益,《时事新报·青光》,19341114

《中学生与艺术教育》,郭蟊,《汉口中学生》,19341130(n1)

《艺术教育特辑:在新生活运动中的艺术教育研究会》,邓威宙,《江西教育》,
  19341201(n2)

《艺术教育特辑:艺术教育的重要》,裘宗润,《江西教育》,19341201(n2)

《艺术教育特辑:艺术教育与艺术教师》,李垂铭,《江西教育》,19341201(n2)

《艺术教育特辑:学校艺术教育的设施问题》,晏即曙,《江西教育》,19341201(n2)

《艺术教育特辑:小学美术教学的研究》,罗缃,《江西教育》,19341201(n2)

《艺术教育特辑:图画教育实施之我见》,饶惠元,《江西教育》,19341201(n2)

《艺术教育特辑:劳作科教学之意义及其实施》,饶桂举,《江西教育》,19341201
  (n2)

《艺术教育特辑:民众艺术》,涂艺轻,《江西教育》,19341201(n2)

《艺术教育特辑:国画之精神》,谢吻,《江西教育》,19341201(n2)

《艺术教育特辑:书法的艺术谈》,简浚明,《江西教育》,19341201(n2)

《艺术教育特辑:木刻的技巧》,谢吻,《江西教育》,19341201(n2)

《中国艺术教育概况及其发展计划》,贺玉波,《前途》,19341201(v2,n12)

1935 年

《演讲:艺术教育的重要与乡村艺术教育实施法》,何明斋讲,沈光第记,《农村改

进》,19350118(n2)

《艺术教育杂谈》,刘啸岩,《女师学院期刊》,19350120(v3,n1)

《艺术教育之需要及其趋向》,陆应龙,《民报·文艺周刊》,19350121(n138)

《三年来之中国艺术教育》,徐悲鸿,《江苏教育》,193502(v4,n1/2)

《世界著名教育杂志摘要:〈艺术教育〉》,葛承训,《教育杂志》,19350310(v25,n3)

《师范学校实施艺术教育的商榷》,许其骏,《福建教育》,19350710(n4/5)

《艺术教育与启发文化之责任》,李嘉吁,《民报·文艺周刊》,19350916(n171)

《艺术教育与启发文化之责任》,俞绂棠,《民报·文艺周刊》,19350930(n173)

《艺术教育与启发文化之责任》,李哲时,《民报·文艺周刊》,19351007(n174)

《艺术与艺术教育》,王晦,《社会新闻》,19351020(v13,n2)

《艺术教育的实用化》,郑铭盘,《集美周刊》,19351118(v18,n9)

《谈谈艺术教育》,许乙腾,《集美周刊》,19351118(v18,n9)

《谈谈艺术教育》,王兴佺,《温师》,19351201(v1,n3)

《李希德华尔克之艺术教育说》,陈之佛,《国立中央大学教育丛刊》,193512(v3,n1)

1936 年

《儿童教育漫画:(丙)艺术教育》,《儿童之友》,19360404(n2)【图片】

《艺术教育的原理》,萧国伟,《兴中》,19360405(v1,n2)

《谈艺术教育》,张明哲,《盛京时报》,19360507

《想到艺术教育》,了了,《立报》,19360520

《全国儿童绘画展览会特刊:艺术教育之改进(代发刊词)》,潘公展,《中央日报》,19360606

　　△《民报》,19360606

　　《时事新报》,19360606

　　《大公报》,19360606

　　《大公报》(上海),19360606

　　《申报》,19360606

　　《新闻报》,19360606

　　《艺术教育之改进》,《现代父母》,193605(v4,n5)

《从全国儿童绘画展览会说到国难中的艺术教育》,孙福熙,《现代父母》,193605(v4,n5)

　　△《时事新报》,19360606

《大公报》(上海),19360606

《全国儿童绘画展览会:艺术教育(题词)》,吴铁城,《现代父母》,193605(v4,n5)
【图片】

《艺术教育今后之趋向》,颜文梁,《艺浪》,193606(v2,n2/3)

《现代艺术教育之意义》,汪亚尘,《民报·艺术》,19360720(n197)

《对于我国艺术教育现状底意见及其改进》,孙哲吾,《民报·艺术》,19360803
(n198)

《艺术教育的效用》,许承钰,《民报·艺术》,19360803(n198)

《对于我国艺术教育现状底意见及其改进》,毛蔡琴,《民报·艺术》,19360914
(n201)

《现代艺术教育应如何设施》,邢士农,《民报·艺术》,19361109(n205)

《对于我国艺术教育现状底意见及改进计划》,徐则林,《民报·艺术》,19361123
(n206)

△《读书之友》,19370720(v1,n6)

《现代艺术教育之重要》,杨兆元,《江苏教育》,19361231(v5,n12)

《艺术教育之重要》,屠允谕,《四川省立第二女子师范学校校友会期刊》,1936

1937 年

《艺术教育家的态度》,尚其迳,《中国美术会季刊》,19370101(v1,n4)

《艺术教育的检讨:艺术属于谁》,汪亚尘,《民报》,19370101

《艺术教育之重要与教育者将来应负之责任》,王存钊,《教育》(北平),19370116
(v1,n2)

《艺术教育》,炯之,《国闻周报》,19370125(v14,n5)

《艺术教育的效用》,倪月盈,《民报·艺术》,19370205(n211)

《现代之艺术教育应如何设施》,天鲁,《民报·艺术》,19370226(n212)

《对于我国艺术教育现状底意见及改进计划》,郑仁龄,《民报·艺术》,19370312
(n213)

《非常时期的艺术教育》,吴梦非,《浙江省中等教育研究会季刊》,193703(n6)

《中等艺术教育改进之我见》,张振铎,《浙江省中等教育研究会季刊》,193703
(n6)

《谈艺术教育》,储小石,《教育改造》,19370501(v1,n3)

《艺术教育之需要及其趋向》,黄一才,《民报·艺术》,19370507(n217)

《艺术与艺术教育》,王子云,《中央日报》,19370507,0518

《艺术与艺术教育（四月二十五日在本处中央台播讲）》，王子云，《广播周报》，19370508（n136）

《对于我国艺术教育现状底意见及改进计划》，范季苹，《民报·艺术》，19370521（n218）

《艺术教育的意义与目的》，杨导宏，《陕西教育月刊》，19370601（v3,n2）

《艺术与艺术教育（二十六年四月二十五日讲）》，王子云，《播音教育月刊》，193706（v1,n8）

《艺术教育与复兴民族的关系》，石龙冈，《民报·艺术》，19370716（n222）

1938 年

《艺术教育与国民性》，邵庆元，《教战旬刊》，19380130（n4）

《艺术教育在抗战中的任务》，竞志，《教战旬刊》，19380130（n4）

1939 年

《从本能画家说到艺术教育》，常书鸿，《中央日报·平明》（重庆），19390102,0103

《艺术教育推进之刍议》，石之，《教育学报》，193904（n2）

《兴到为之录：艺术与艺术教育》，绿苹，《小说日报》，19391229

《从艺术教育说到儿童的艺术生活》，鸣，《新江苏教育》，19391230（n4）

1940 年

《艺术教育与第二期抗战》，周东昭，《浙东》，19400105（v4,n4）

《如何推行艺术教育》，彭友善，《江西地方教育》，19400110（n169/170）

《现阶段中国艺术教育批判》，李朴园，《抗战画刊》，19400305（v2,n2）

《在家庭里实施的艺术教育》，胜莲，《上海生活》，19400317（v4,n3）

《艺术教育刍议》，郎鲁逊，《益世报》（重庆版），19400405

《改进推行我国艺术教育之建议》，张安治，《音乐与美术》，19400501（n5 艺术教育特辑）

《申论艺术在教育上所占之重要性》，徐德华，《音乐与美术》，19400501（n5 艺术教育特辑）

《民族艺术风的转向与艺术教育》，倪焕周，《音乐与美术》，19400501（n5 艺术教育特辑）

《艺术教育的效能》，陆其清，《音乐与美术》，19400501（n5 艺术教育特辑）

《哀中国艺术教育》，诚，《音乐与美术》，19400501（n5 艺术教育特辑）

《漫谈艺术教育问题》，阮思琴，《音乐与美术》，19400501（n5 艺术教育特辑）

《希望能注意到艺术教育》，陈之佛，《抗战画刊》，19400515（v2,n4）

《论战时艺术教育》,沈同衡,《新文化》,19401001(v1,n2)

《现代中国艺术教育概观》,汪亚尘,《学林:生命与生存》,194012(n2)

《如何增进中小学艺术教育之实效》,洪毅然,《中等教育季刊》(成都),194012(v1,n2)

1941 年

《艺术教育的理论与实际》,萨蕴,《江苏教育》,19410331(v2,n2)

《实施军队艺术教育的我见》,王平陵,《军事杂志》,19410504(n133)

《女子与艺术教育》,朱敬仪,《广西妇女》,19410615(n13/14)

《艺术教育应有之使命》,熊光启,《资声月刊》,19410930(n6)

《文艺与艺术教育》,智绍云,《盛京时报》,19411120

《三十年来艺术教育之回顾》,丰子恺,《中等教育季刊》(重庆),19411215(v1,n4)

《对于我国艺术教育现状之意见》,罗尚廉,《西源:长汀县立初级中学校刊》,19411225(n2)

1942 年

《改进中国艺术教育之我见》,陈觉玄,《大学》(成都),194203(v1,n3)

《吾国历代对于音乐教育之措施——中国艺术教育十零之壹》,黄照熙,《音乐与美术》,194203(v3,n3)

《艺术教育与革命》,林仲达,《新中华》,194204(v复1,n4)

《论艺术教育》,林本,《读书通讯》,19420701(n69)

《新时代的一个指标:我们为什么要提倡艺术教育?》,马采,《大同》,19420707(v1,n3/4)

《艺术教育上妇女的地位》,吕斯百,《文艺先锋》,19420920(v3,n3)

《艺术在教育上的地位》,陈立夫,《大公报》,19421215

1943 年

《略谈艺术教育》,勃克,《申报》,19430303

1944 年

《艺术教育》,吕斯百,《文史杂志》,19440201(v3,n3/4)

《怎样改革大中小学的艺术教育》,沈叔羊,《国讯》,19440325(n364)

《艺术教育的理论与实际》,洪毅然,《新艺》,194403(v1,n3/4,5)

《新型的幼童艺术教育》,Herbert Read 著,俞大纲译,《妇女月刊》,194408(v3,n6)

1945 年

《艺术教育的本意》,丰子恺,《读书通讯》,19450301(n105)

《宣传工作与艺术教育》,梁寒操,《教育部公报》,19450630(v17,n6)

《谈艺术教育》,徐苏灵,《中央日报》(重庆),19450715

《谈艺术教育》,林镛,《中央日报·中央副刊》(重庆),19450729(n222)

《艺术教育之理论与实际》,洪毅然,《新艺》,194507(v1,n5)

《中国的艺术教育:过去现在与未来》,康庄,《中央日报·中央副刊》(重庆),
　　19451018(n298)

《艺术教育　需要思想武装》,钱凤,《民主教育》,19451101(n1)

《艺术欣赏与艺术教育》,行知,《艺果》,194511(v1,n1)

1946 年

《美术节为艺术教育献言》,吕斯百、秦宣夫,《中央日报》(重庆),19460325
　　△《艺术家》,19460415(n2)
　　　《上海图画新闻》,19460425(n12)

《潜意识与艺术教育》,司振西,《艺术家》,194603(n1)

《谭艺术教育》,景琪,《大公报》,19460412

《怎样推进艺术教育》,施翀鹏,《申报》,19460824

《略谈艺术教育》,石冥山人,《天津民国日报画刊》,19460825(n39),0901(n40)

《向市参议会呼吁我们需要艺术教育》,谢海燕、温肇桐、姜丹书等,《民国日
　　报》,19460925
　　△《今日的上海需要艺术教育吗?》,《大公报》(上海),19460925

《今日不需要艺术教育么? 刘海粟大师谈话片断》,吴贵芳,《益世报》(上海),
　　19460926,T

《艺术教育的缓急问题》,《神州日报》,19460927

《艺术教育与国民生活:美术大师刘海粟访问记》,周桐,《民国日报》,19460927

《市参议员不要艺术教育》,黄次郎,《苏报》,19460928

《论艺术教育不可偏废》,《立报》,19461013

《关于中国艺术教育》,李朴园,《中央日报》,19461017,1018,1019

《维护艺术教育,市教育局社会教育处签呈续办理由请决定》,《前线日
　　报》,19461031
　　△《参议员不要艺术教育,教育局详陈理由主张续办》,《神州日
　　　报》,19461031
　　　《市教育局主张维护艺术教育》,《时事新报》,19461031

《中国艺术教育论》,陈志华,《艺浪》,19461220(v4,n1)

1947 年

《谈当前学校中的艺术教育》,董群,《力行》,19470101(v5,n3)

《关于大众的艺术教育:用旅行的画展方法给那些不能到美术馆的人们》,W. E. Williams,王裕治译,《益世报·艺术周刊》,19470109(n2)

《闲话艺术教育的重要性》,姜丹书,《镇丹金溧扬联合月刊》,194701(n5)

《漫谈艺术教育:敬献三十六年美术节》,吕斯百,《中央日报》,19470325

　　△《漫谈艺术教育》,《江西地方教育》,19470430(v 新 2,n1/2/3/4)

《漫谈艺术教育》,黄智英,《现代艺术》(桂林),194705(v1,n2/3)

《谈艺术教育》,秉纪,《现代艺术》(桂林),194705(v1,n2/3)

《艺术和艺术教育》,萧树模,《教育通讯》,19470701(v 复刊 3,n9)

《从艺术教育的观点看国画论战兼论艺术界人士应有的态度》,宣铎,《中央日报·泱泱》,19471201(n515)

《艺术教育的重要性及应注意事项》,陈玉深,《旦华国民学校立校三十周纪念特刊》,1947

1948 年

《当前的艺术教育》,郭沫若,《生活教育丛刊》,19480315(n1)

《艺术教育的新课题:为中华艺术教育社年会作》,温肇桐,《申报》,19480606

《从音乐图画谈到艺术教育》,南山,《学讯》(湖南),19480621(n4)

《艺术教育须从家庭开始》,杜美柯(Victor Damico)作,黄淑芬译,《儿童与社会》,194807(n3)

《艺术教育》,慧之,《前线日报》,19481211

实　践

1907 年

《女子高等艺术学校简章》,《神州日报》,19070711

《城东女学社添设艺术科之趣旨》,杨白民,《时报》,19071221

　　△《申报》,19071222

　　《新闻报》,19071222

　　《神州日报》,19071229

　　《城东女学社添设艺术科之趣旨(时报)》,《四川教育官报》,190802(n1)

1922 年

《定期讲习艺术教育》,《时报》,19220225

1923 年

《为苏省四师筹办艺术专科而作讨论实施艺术教育之提议》,李文华,《时事新报·艺术》,19230724(n11)

《苏四师校长赴斐考察艺术教育》,《新闻报》,19230727

《艺术教育哲学之讲授》,《申报》,19231108

1926 年

《苏省署委员赴日考察艺术教育》,《时报》,19260113

《省委专员赴日考察艺术教育》,《申报》,19260113

《陈省长派员赴日考察艺术教育》,《新闻报》,19260113

《苏省委派专员赴日考察艺术教育》,《大同》,19260118(v1,n2)

《为学校游艺会而生艺术教育的观感》,啸,《无锡周报》,19260125

《扬州组织艺术教育研究会》,《时报》,19260618

《将有艺术教育研究会之组织》,《申报》,19260801

1927 年

《二个艺术教育机关招生》,《益世报》,19270301

《艺术教育委员会调查全国艺术教育现状》,《时事新报》,19271217

《艺术教育委会纪》,《申报》,19271217

《艺术教育委员会调查全国艺术教育》,《新闻报·学海》,19271217(n148)

1928 年

《提倡艺术教育的先声:大学院训令调查艺术教育状况》,《国立第三中山大学教育周刊》,19280114(n16)

△《大学院调查艺术教育》,《新闻报·学海》,19280118(n178)

《全国艺术教育现状调查表(大院学艺术教育委员会)》,《大学院公报》,192801(v1,n1)

《市教育局举行艺术教育运动》,《时事新报》,19280204

《市教局令各校举行艺术教育运动》,《申报》,19280204

《举行艺术教育运动之通令》,《新闻报·学海》,19280205(n189)

△《举行艺术教育运动之通令》,《时报》,19280206

《沪上各校举行艺术教育运动》,《益世报》,19280216

《市政府注意艺术教育》,《新闻报·学海》,19280224(n208)

《艺术教育要案第三次常会议决》,《益世报》,19280306

《记我校的艺术教育运动会》,王霖生,《梅讯》,192803(n38)

《约同学来校参观艺术教育运动》,周健民,《梅讯》,192803(n38)

《无锡县艺术教育调查表》,《无锡教育周刊》,19280418(n31)

《艺术教育组》,《新闻报》,19280517

  △《艺术教育组通过三案》,《民国日报》,19280526

《国民政府下之第一次全国教育会议:(三)议决案(十)艺术教育组》,《教育杂志》,19280620(v20,n6)

《全国教育会议汇录(乙)议决案总目:九、艺术教育组》,《中华基督教教育季刊》,192806(v4,n2)

《湖南省教育会各项研究会简章:六、艺术教育研究会简章》,《湖南教育》,19281130(n1)

《大学院艺术教育研究委员会组织条例》,《大学院公报》,1928(v1,n1)

1929 年

《民众艺术教育研究委员会守则》,《新闻报》,19290320

《市教育局注重艺术教育》,《大公报》,19290515

《津教育局注意艺术教育》,《益世报》,19290515

《戏剧消息:影戏列入艺术教育》,达,《戏剧与文艺》,19290901(v1,n5)

《艺术教师发起天津艺术教育研究会》,《大公报》,19290930

《金启静赴日考察艺术教育》,《申报》,19291005

  △《新闻报》,19291005

  《金启静女士赴日考察艺术教育》,《民国日报》,19291005

《艺术教育研究会昨开成立大会》,《大公报》,19291019

《艺术教育研究会昨开第二次大会》,《大公报》,19291116

1930 年

《建议扩大拒毒艺术教育》,《时事新报》,19300731

  △《民国日报》,19300731

  《新闻报》,19300801

1932 年

《为会衔呈请提高艺术教育恢复学院组织》,杨仲子、萧友梅、林风眠,《音》,193203(n20/21/22)

《艺术教育讲演会:安平教育界空前之盛举》,《益世报》,19320719

《定县平民教育考察记(四)艺术教育》,毛应,《时事新报》,19320916

《法国艺术教育组织概要》,曾一橹,《美术丛刊》,193210(n2)

《苏俄儿童之艺术教育》,《国际周报》(南京),19321228(v2,n8)

1933 年

《刘海粟演讲女子艺术教育》,《中央日报》,19330607

《谋儿童艺术教育设人形戏剧学校:日本内山氏等之新试办》,《盛京时报·儿童周刊》,19330725

1934 年

《本校艺术教育大纲》,林文铮,《亚波罗》,19340301(n13)

《艺教进修会开学》,《时事新报》,19340718

《津市艺术教育促进会昨晨举行成立大会》,《益世报》,19341226

1935 年

《余上沅下月赴欧考察戏剧艺术教育》,《中央日报》,19350114

《俄国儿童的科学和艺术教育》,马客谈,《小学与社会》,19350501(v1,n40/41)

《文化情报:苏联儿童的艺术教育》,《新生周刊》,19350615(v2,n21)

1936 年

《常熟的艺术教育》,温肇桐,《励学》,19360320(v2,n1/2)

《艺术消息:首都艺术教育促进会在京成立》,《中国美术会季刊》,19360601(v1,n2)

1937 年

《教部谋改进艺术教育》,《中央日报》,19370404

△《韩师周刊》,19370405(v3,n21)

《公教学校》,19370501(v3,n13)

《教育部王部长谋改进艺术教育》,《江西地方教育》,19370411(n77)

《艺术教育教部计划改进》,《大公报》(上海),19370421

《教部注重艺术教育:艺专增设高中部》,《中央日报》,19370526

1938 年

《上海的艺术教育:学校三所学生四百》,《申报》,19381208

1939 年

《一年来的艺术教育》,叶华,《国民公报元旦增刊》,19390101(n 增刊)

1940 年

《京市民教馆提倡艺术教育》,《江苏教育》,19400825(n 复刊号)

1941 年

《粤省艺术学院提高大众水准》,《大公报》(香港),19410214

　　△《粤艺术院推行社会艺术教育》，《新闻报》，19410225

《美国艺术教育会议》，《图书月刊》，19410531（v1，n4）

《耒阳艺术教育》，《大公报》（桂林），19410612

《工合小学的艺术教育》，陈恩林，《西北工合》，19410616（v4，n11/12）

《创立艺术教育组：教育部剧教一队辅导工作之一》，开枢，《剧教》，19410820（n8）

1942 年

《广西省推进艺术教育计划》，《广西教育研究》，19420325（v3，n3）

1946 年

《本省艺术教育史的检讨及其展望》，谢投八，《教育与文化》，19460430（v1，n5）

《英扩充杜汉大学增加发展工业人材将设艺术教育各系》，《前线日报》，19460627

1947 年

《推行本省艺术教育之商榷》，龚绍焜，《现代艺术》（桂林），194705（v1，n2/3）

《汪亚尘将赴美考察艺术教育》，《申报》，19471219

　　△《和平日报》，19471102

　　《前线日报》，19471102

　　《汪亚尘将出国考察艺术教育》，《中央日报》，19471101

1948 年

《天主教文协推进艺术教育》，《益世报》，19480219

《推进艺术教育：艺术馆恢复各研究班》，《大公报》，19480305

《中华艺教社今举行年会》，《申报》，19480606

《艺术教育社请注意艺术教育》，《新闻报》，19480625

《民教馆提倡艺术教育》，《申报》，19480905

《艺术教育研究计划：中国教育学会拟定完竣》，《益世报》（上海），19480922

　　△《中国教育学会拟定艺术教育研究计划》，《和平日报》，19480922

《一年来的浙江教育：四、艺术教育》，李季谷，《廓清》，194812（v1，n12）

美　学

理　论

1904 年

《尼采氏之学说》,王国维,《教育世界》,190407(n78,n79)

《红楼梦评论:第三章　红楼梦之美学上之价值》,王国维,《教育世界》,190407
　　(n78)

1907 年

《古雅之在美学上之位置》,王国维,《教育世界》,190702(n144)

1908 年

《康德美学》,章行严,《学报》,19080524(v1,n10)

1915 年

《述美学》,徐大纯,《东方杂志》,19150101(v12,n1)

　　△《大公报》,19150409,10,11

1917 年

《美学》,萧公弼,《寸心》,19170110(n1),0210(n2),0310(n3),0410(n4),0701
　　(n6)

1919 年

《美学论端(据德人 Lipps 氏之说)》,赵英若,《新中国》,19191215(v1,n8)

《美学浅说》,熙初,《北京高师教育丛刊》,191912(n1)

1920 年

《美学》,舒新城,《新中国》,19200215(v2,n2),0415(v2,n4),0615(v2,n6),715
　　(v2,n7),0815(v2,n8)

《近世美学》,高山林次郎编述,绍虞译,《时事新报》,19200302～21,0323,0325,
　　0329,0331,0401～06,0408,0410～12,0414～16,0419～29

《栗泊士美学大要》,澄叔,《东方杂志》,19200310(v17,n5)

《美学与艺术略谈》,白华,《时事新报·学灯》,19200310

《美底要素和种类》,修平,《时报》,19200314,0321

《美学之性质及范围》,刘伯明,《时报》,19200405

《美学丛谈:想象》,刘伯明,《时报》,19200426

《叔本华与哈儿特曼对于美学的见解》,王统照,《美术》,19200430(v2,n2)

《美学之发展与其学派》,Wm Jerusalem 著,菊农译,《大公报·思潮》,19200716,
    0717～19

《美学底进化》,蔡孑民演讲,李济民、杨文冕记,《民国日报·觉悟》,19201114

《美学与科学底关系》,蔡孑民讲演,马文义笔记,《民国日报·觉悟》,19201115

　　　△《美学与科学之关系》,《时事新报·学灯》,19201204,1205

1921 年

《评近世美学克尔曼非道德与艺术后面译者的附志》,唐隽,《美术》,192103(v2,
    n4)

《美学上所谓美的价值》,扶雅,《青年进步》,192103(n41)

《科罗斯美学上的新学说》,滕若渠,《东方杂志》,19210425(v18,n8)

《什么叫做美学》,忏华,《时报》,19210528

《美学的派别及沿革》,吴颂皋,《晨光》,19210601(v1,n1)

《美学导言》,吕澂,《时事新报·学灯》,19210606,0607,0608

　　　△《美术》,192107(v3,n1)

《读书漫笔:欧哲美学谈片》,邓毓怡,《四存月刊》,19210701 再版(n1)

《美学概念》,鸿,《民国日报·觉悟》,19210707,0709

《希尔台勃兰的美学》,惟志,《东方杂志》,19210910(v18,n17)

《美学与训育》,宋焕达,《中华教育界》,19210920(v11,n3)

《美学略述》,李征,《妇女杂志》,192111(v7,n11)

《美学的研究法》,蔡元培,《绘学杂志》,192111(n3)

《美学的进化》,蔡元培,《绘学杂志》,192111(n3)

1922 年

《关于美学之名著》,《教育杂志》,19220220(v14,n2)

《晚近的美学说和美的原理》,吕澂,《教育杂志》,19220220(v14,n2),0320(v14,n3)

　　　△《河南教育公报》,19230102(v2,n5)

《鲍桑葵之美的定义》,《教育杂志》,19220320(v14,n3)

《美学随谈》,华林,《东方杂志》,19220410(v19,n7)

　　△《美学随谈(书报介绍)》,《弘毅月刊》,19220831(v1,n3)

《关于审美学底谈论》,Stephen C. Pepper 著,钱翼民译,《沪江大学月刊》,
　　19220530(v11,n4/5)

《从美学说上看现代艺术底各派别》,唐隽,《时事新报·学灯》,19220604

《美学概要》,郭豫育,《旅沪潮州学生会杂志》,192207

《美学中之美的分类:录日本黑田鹏信著〈美学概论〉》,《教育杂志》,19220920
　　(v14,n9)

《元史民族底妆饰:根据格罗绥(Grosse)人类学的美学名著〈美术底起原〉》,鸿,
　　《民国日报·觉悟》,19221127

《美学所研究的问题及其研究法》,〔日〕大冢保治著,鸿译,《东方杂志》,19221210
　　(v19,n23)

《艺术:美学与生趣(评论)》,岛村抱月著,鸿译,《民国日报·妇女评论》,
　　19221227(n73),19230103(n74),0110(n75),0116(n76)

1923 年

《屈原在美学上的价值》,华林,《民国日报·觉悟》,19230123

《康德美学研究》,常文安,《互助》,19230330(v1,n3)

《美学底特质》,王中君,《互助》,19230430(v1,n4)

1924 年

《我国艺术的前途》,莫运选,《时事新报·艺术》,19240504

　　△《盛京时报》,19240509,0510,0511

《我之美学观》,刘茂华,《时事新报·艺术》,19240518(n52)

《雪莱尔的美学》,陈尔越,《时事新报·学灯》,19240626

《美学纲要(上海夏令讲学会讲稿之一)》,陈望道讲述,徐恒灈纪录,《民国日报·
　　觉悟》,19240715,0716

《近世美学思潮述略》,桑鸿,《民国日报·艺术评论》,19240825(n69)

1925 年

《戏之美学》,尊,《申报》,19250101

《康德之美学思想》,吕澂,《民铎杂志》,19250401(v6,n4)

《美学底发达及其派别》,周密,《盛京时报》,19250408,0410,0411,0412,0414

　　△王平陵,《时事新报·艺术》,19250426(n100)

《美学史纲要》,儒丐,《盛京时报》,19250506～10,0512～24,0526～31,0601～

06,0610,0613,0617,0619

《希腊美学》,俞寄凡,《时事新报·艺术》,19250510(n102),0517(n103),0531(n105)

《美学菁华序言》,华林,《时事新报·艺术》,19250517(n103)

1926 年

《由美学上所见之人生》,杨昭恕,《学林》,19260610(v2,n4)

　　△《由美学上所见之人生》,杨昭恕,《盛京时报》,19260620,0624,0626,0627,0630,0701,0702,0708

《美学上一问题——关心与无关心》,刘节,《时事新报·学灯》,19260329

　　△段明,《清华周刊》,19280511(v29,n13)

1927 年

《美学的研究》,吴锦汉,《盛京时报》,19270909,0910,0912~18

《美的世界——龙村斐男〈通俗美学讲话〉序章》,丰子恺译,《一般》,19271005(v3,n2)

《王尔德的唯美主义》,梁实秋,《时事新报·文艺周刊》,19271029(n8)

《美学概论的批评》,潘菽,《北新》,19271206(v2,n4)

1928 年

《美学杂谈》,郭君杰,《文科学刊》,19280101(n1)

《美学概论的批评底批评》,陈望道,《北新》,19280201(v2,n7)

《王尔德的美学》,殷师竹,《民国日报·文艺周刊》,19280314(n7),0321(n8),0328(n9),0404(n10),0411(n11),0418(n12),0425(n13),0503(n14),0509(n15)

《实证美学小论》,浩然译,《现代中国》,19280516(v1,n2)

《美学丛谈》,君寂,《大公报》,19280616

《艺术教育之美学的论究》,H. Muensterberg 著,丰子恺译,《教育杂志》,19281020(v20,n10)

《美学在哲学上的地位》,杨容韦,《丽泽》,19281201(v1,n1)

1929 年

《清教徒美学中的性》,V. F. Calverton 著,李霁野译,《未名半月刊》,19290425(v2,n8)

《黄昏的美学——Maulitz Stiller 的艺术》,葛莫美,《时事新报·电影周刊》,19290427

《新康德派的美学说》,蒋径三,《学艺》,19290515(v9,n7)

《美学与社会学》,何思敬,《社会科学论丛》,19290615(v1,n8)

《美学的修整》,徽,《妇女杂志》,19290701(v15,n7 教育部全国美术展览会特辑号)

《研究美学之目的与方法》,空了,《大公报·艺术半月刊》,19290706(n1),0720(n2)

《美学:表现的科学》,Benedetto Croce 著,林语堂译,《语丝》,19291118(v5,n36),1125(v5,37)

1930 年

《音乐的好尚》,青主,《乐艺》,19300701(v1,n2)

《新美学的观点》,板垣鹰穗作,马恩华译,《南开双周》,约 193007(v5,n7)

《布尔扎维克之社会学的美学》,V. F. Calverton 著,严兆晋译,《群言》,19301015(v7,n3/4)

1931 年

《断截美学底一提言》,[日]新居格作,陈望道译,《新学生》,19310101(n1)
　　△《断截美学的一提言》,新居格,《大同半月刊》,19340430(v2,n1)

《宝克尔特氏之美学的四规范》,谓蟆,《安徽省教育行政人员养成所所刊》,193106(n2)

《黑格尔之艺术哲学(关于黑格尔之美学—文学见解手记):为黑格尔逝世百年纪念作》,胡秋原,《读书杂志》,19311201(v1,n9)

1932 年

《到科学的美学之路》,川口浩著,鸣心译,《微音月刊》,19320401(v2,n5)

《音乐的美学》,Dewitt H. Parker 著,邱仲广译,《憧憬》,19320625(v1,n4),0710(v1,n5),0725(v1,n6),0810(v1,n7)

《美学之目的与方法》,Charles Lalo 著,爽轩译,《中央日报·学风》,19320707(n1),0714(n2),0721(n3),0728(n4),0811(n5),0818(n6),0825(n7)

《"科学""进化"与"时之美"》,徐则骧,《时事新报·时装周刊》,19320710(n10)

《对称 Symmetrie——美学原理与国剧之一》,澹云,《国剧画报》,19320701(v1,n24)

《层渐 Graduation——美学原理与国剧之二》,澹云,《国剧画报》,19320708(v1,n25)

《单纯 Simplicity——美学原理与国剧之三》,澹云,《国剧画报》,19320715(v1,n26)

《调和 Harmonie——美学原理与国剧之四》,澹云,《国剧画报》,19320722(v1, n27)

《历史之美学价值》,素痴,《大公报·文学副刊》,19320725(n238)

　　△《盛京时报》,19320802,0803,0804

《美学的心理基础》,Charles Lalo 著,爽轩译,《中央日报·学风》,19320915 (n10),0923(n11),0929(n12),1006(n13)

《艺术学与美学的区分》,[日]金子马治著,张资平译,《朔望半月刊》,19321001 (n11)

《美学管见》,民生,《鞭策周刊》,19321120(v2,n12)

1933 年

《乳房的美学和科学保护法》,陶秉珍译,《申报》,19330403,0410

　　△《科学观和美学观的乳房保护》,黄擎天,《康健杂志》,19350715(v3,n7)

《乳房的美学科学保护法》,《盛京时报》,19371027

《音乐美学的历史底瞥见》,小泉洽著,缪天瑞译,《时事新报·星期学灯》,19330423

　　△《盛京时报》,19330506,0507,0510

《音乐的要素:音乐美学讲话之二》,小泉洽著,缪天瑞译,《时事新报·星期学灯》,19330611(n33)

《美学价值之变动性》,V. F. Calverton 著,易凌译,《国际译报》,19330617(v4, n5)

《马克斯主义与美学》,T. Burnhan 作,郑桂泉述,《国际译报》,193306(v3,n25~ n36 汇订本)

《介绍几本美学书》,李安宅,《益世报·社会思想》,19331009(n48)

《音乐的美底享用:音乐美学讲话之三》,小泉洽著,缪天瑞译,《时事新报·星期学灯》,19331029(n54),1105(n55),1112(n56)

《音乐美学讲话:历代哲人们的音乐观》,Cecil Gray 作,缪天瑞译,《音乐教育》, 19331030(v1,n4/5)

《现代美学》,《大公报·世界思潮》,19331116(n59)

《日本的美学》,《大公报·世界思潮》,19331116(n59)

《现代美学文目》,《大公报·世界思潮》,19331116(n59)

《美学是甚么?》,李安宅,《益世报·社会思想》,19331120(n54)

《关于美学上诸问题的检讨》,龚志霞,《艺浪》,193312(n9/10)

1934 年

《时代女性生活之解剖——美学上之检讨》,马国亮,《妇人画报》,19340215(n15)

《音乐美学讲话:关于绝对音乐与标题音乐》,C. Gray 作,缪天瑞译,《音乐教育》,193402(v2,n2)

《近代意大利美学》,金公亮,《亚波罗》,19340301(n13)

《美学上几个根本问题的检讨》,任牧,《清华周刊》,19340423(v41,n5)

《美学与生活》,徐懋庸,《申报·自由谈》,19340428

　　△懋庸,《盛京时报》,19340516

《眉之美学》,鸥外鸥,《妇人画报》,19340725(n19 夏令专号)

《旧约时代的美学》,宗九皋,《真光杂志》,193408(v33,n8),09(v33,n9),10(v33,n10),11(v33,n11),193501(v34,n1)

《新电影美学的方法论》,郭柏霖,《时代电影》,193410(n5)

《新兴的美学理论》,郑孟晋,《清华周刊》,19341119(v42,n5)

《近代实验美学》,朱光潜,《大公报·艺术周刊》,19341202(n9),1209(n10),1216(n11),19350202(n18)

《新兴电影底美学的样式论》,加藤彦平著,梁成译,《民报》,19341229,1230

1935 年

《声片理论的美学的基础》,佐佐木能理男著,犁者译,《民报》,19350107,0109,0110

《美学与游侠》,曹觉民,《行健月刊》,19350115(v6,n1)

《美学教授(小说)》,怀瑾,《小说半打》,19350201(v1,n2)

《艺术之科学的研究》,[日]金子马治著,张资平译,《国民文学》,19350215(v1,n5)

《文学批评与美学》,朱光潜,《中央日报》,19350227

　　△《近代美学与文学批评:北大教授朱光潜在师大讲演》,江鸟笔记,《益世报》,19350309,0310

《费希纳尔与其实验美学及心理物理学》,高觉敷,《教育杂志》,19350310(v25,n3)

《戏剧的美学》,[法]沙塞著,颜申村播译,《舞台艺术》,19350401(n2)

《裸体的美学》,堀口大学作,秦静闻译,《文艺画报》,19350415(v1,n4)

《赫格尔美学的辨证法:艺术的理念·其历史的发展及感觉的展开》,马采,《国立中山大学文学院专刊》,19350601(n2)

《城市规划应以审美学为础基》，彭瑞民，《读书季刊》，19350901（v1，n2）

《名著介绍：〈美学史〉》，高滔，《中山文化教育馆季刊》，19351015（v2，n4）

《世界名著解题：克罗采的〈美学原论〉》，陈捷，《商务印书馆出版周刊》，19351019
　　（n 新 151）

《音乐美学讲话：音乐的形式》，小泉洽著，缪天瑞译，《音乐教育》，193510（v3，
　　n10）

1936 年

《美学的最低限度的必读书籍》，朱光潜，《益世报·读书周刊》，19360109（n31）

《黑格儿美学研究》，谭吉华，《文化批判》，19360615（v3，n3）

《美学微言：无关心说》，《立报·花果山》，19360915

《美学微言：生活的美化》，聊，《立报·花果山》，19360917

《美学微言（三）：美感与快感》，耳，《立报·花果山》，19360920

《美学微言（四）：艺术家》，耳，《立报·花果山》，19360922

《关于民众美学》，静闻，《民众教育月刊》，19361101（v5，n2）

《中国哲学会第二届年会论文摘要：克罗齐美学的批评》，朱光潜，《哲学评论》，
　　193612（v7，n2）

《唯生主义的美学》，何勇仁，《国防文艺汇刊》，1936（n1）

1937 年

《原始艺术的社会美学》，W. Hausenstein 著，沈起予译，《文学》，19370201（v8，
　　n2）

《文学上的新启蒙运动：新美学的创建》，方极盦，《川东文艺半月刊》，约
　　19370225（v1，n4），0310（v1，n5）

《艺术与人生——车尔芮雪夫斯基的艺术与现实之美学的关系》，周扬，《希望》，
　　19370310（v1，n1）

《我们需要新的美学——对于梁实秋和朱光潜两先生关于文学的美的论辩的一
　　个看法和感想》，周扬，《认识月刊》，19370615（v1，n1）

《克罗齐的美学》，周辅成，《重光》，19371215（n1），19380115（n2）

1938 年

《康德美学的本质》，林焕平，《民风》，19380705（v1，n6/7）

《PRALL 的美学分析》，黄光普，《民风》，19380805（v1，n8/9）

1939 年

《美学方面新展拓：黑色情调礼赞》，碧波，《实事白话游艺报》，19390308

《论新美学的发展》,徐中玉,《大公报(重庆)·战线》,19390401(n312)

《生活和理想——《实证美学的基础》的一章》,卢那卡尔斯基作,齐明、虞人译,《文艺阵地》,19390416(v3,n1)

《胸的美学》,明芒,《正报》,19390423,0507

《实证美学的基础译序》,齐明,《综合半月刊》,19390516(n 新 2)

1940 年

《新中国美学建设的基础》,马采,《青年月刊副刊·革命真理》,19400215(n1)

《高尔基底社会主义的美学观》,萧三,《中国文化》,19400215(v1,n1),0415(v1,n2)
　　△《高尔基研究:高尔基底社会主义的美学观(上)》,《时代杂志》,19460921
　　　(v6,n37),1012(v6,n40),1207(v6,n48)

《"作曲"的美学的观察》,江文也,《中国文艺》,19400701(v2,n5)

《塞尚的美学》,须田国太郎作,李光译,《艺术与生活》,19400701(v3,n1/2),1220
　　(v3,n14)

《好尚》,罗志枚,《旅光》,194007(v1,n2)

《美学在康德哲学中之地位》,樊星南,《青年月刊》(南京),19401015(v10,n4)

1941 年

《略谈美学与生活》,朱锦江,《学生之友》,19410101(v2,n1)

《社会主义的美学观》,M. 铎尼克作,焦敏之译,《中苏文化杂志》,19410101(n 文
　　艺特刊)

《"丑"底美学:泛谈美与丑在艺术上的地位》,谢康,《扫荡报》(桂林),19410409

《屈原的诗美学》,臧云远,《大公报(重庆)·战线》,19410602(n775),0603(n776)

《创建新的美学观点》,邵荃麟,《建设研究》,19410715(v5,n5)

《音乐美学史概观》,缪天瑞,《新音乐月刊》,19411101(v3,n4)

《秦汉之际的人们之精神生活反其美学》,李长之,《时事新报(重庆)·学灯》,
　　19411103,1110(n150 渝版)

《技巧以外——一点美学观念》,李文勋,《前线日报·版画专页双周刊》,
　　19411123(n9)

《论德国观念论的美学》,赵大同,《新东方》,19411130(v2,n7)

《名词浅释:形式美学》,乐天辑,《自修》,19411223(n198)

1942 年

《新诗和新美学》,臧云远,《诗创作》,约 194204(n10)
　　△《侨声报》,19461008

《青年界》,19470101(v 新 2,n4)

《美学基本问题(下)》,戴尼克著,季安译,《新建设》,19420515(v3,n5)

《艺术与现实之美学的关系》,车尔尼雪夫斯基作,周渊译,《创作月刊》,19421215
(v2,n1)

1943 年

《康德的形式美学批判》,杨夷,《民大导报》,19430101(n10)

《现代美学与艺术》,黄秋已,《新南安》,19430225(v2,n1)

《我们的好尚》,黄希声,《文理月刊》,19430504(n1)

《言语美学序》,[德]K. 佛塞莱作,田荒译,《国民杂志(北京)》,19430601(v3,n6)

《论科学的美学观——并评朱光潜《文艺心理学》及《谈美》的方法论》,墨武,《大
学》,194309(v2,n9)

《人生中的美学问题》,麻生义辉,项村译,《新东方杂志》,19431001(v8,n4)

《托尔斯泰的新美学的探索》,黄桦霈,《文艺先锋》,19431020(v3,n4)

1944 年

《美学三讲(译文)》,沈一正,《文史杂志》,19440201(v3,n3/4)

《论美学的研究》,梁雁庵,《新学生》,19441015(n10)

1945 年

《美学的中国书法观》,朱似愚,《黎明之前》,194501(n 安徽中央日报创刊二周年
纪念刊)

《嵇中散的美学思想》,孙道升,《文化先锋》,19450201(v4,n18),0211(v4,n19)

《美学方法论》,蔡仪,《中山文化季刊》,194506(v2,n1)

《艺术品的欣赏与美学的常识》,施天侔,《正报》(西安),19450807

1946 年

《主观派美学的批评》,树卿译,《青年与时代》,19460715

《都市计划中之美学原理》,Camillo Sitte 著,赵杏白节译,《市政评论》,19461201
(v8,n10)

《克罗齐的美学》,朱光潜,《大公报·星期文艺》(天津),19461201,1208(n8,9)
△《大公报·星期文艺》(上海),19461201(n8),1208(n9)

《就美学观点论"比喻"》,叔孙如莹,《申报·春秋》,19461209

《奇怪的美学》,肇尧,《前线日报》,19461231

1947 年

《克罗齐美学批评的批评》,宙平,《春风》,19470401(n 新 3)

《徐州的美学》,石泊,《和平日报》,19470823

《中国画与西洋美学》,承名世,《美》,19471019(n6),1130(n8),1215(n9)

《〈新美学〉》,温肇桐,《申报·出版界周刊》,19471023

《新美学》,孟琨,《中央日报》,19471110

《鲍桑克底美学述要之审美经验底特性》,韩裕文,《申报·学津周刊》,19471209
（n2）

《审美经验里的心和情——鲍桑克底美学述要之二》,韩裕文,《申报·学津周刊》,19471216(n3)

《美学原理》,于镜宇辑,《南京中央日报周刊》,19471221(v2,n9)

1948 年

《高尔基——社会主义美学的奠基者和苏联作家们的导师》,契同诺娃,蒋路译,《高尔基研究年刊》,194812

《审美底对象——鲍桑克底美学述要之三》,韩裕文,《申报·学津周刊》,19480106(n6)

《读〈新美学〉》,冯契,《大公报(天津)·图书周刊》,19480220

《对象底形式与实质——鲍桑克底美学述要之四》,韩裕文,《申报·学津周刊》,19480224(n12)

《审美底对象与情感之合一——鲍桑克底美学述要之五》,韩裕文,《申报·学津周刊》,19480316(n15)

《新书推荐〈新美学〉》,金冈,《台糖通讯》,19480411(v2,n11)

《高尔基与新美学》,N. 奇敦娜娃,文澜译,《同代人文艺丛刊》,19480420(v1,n1)

《〈生活与美学〉》,温肇桐,《申报·出版界》,19480520(n112)

《建立新艺术理论体系之两块基石:〈新美学〉与〈新艺术论〉——蔡仪先生两本艺术论著评介》,孟琨,《综艺:美术戏剧电影音乐半月刊》,19480601(v1,n11)

《高尔基与社会主义的美学》,N. 契图诺娃,《新闻类编》,19480604(n1652),0606(n1653)

《白话诗:虚无的美学》,杨曼,《华文国际》,19480721(v2,n3)

《高尔基逝世十二周年纪念:高尔基与社会主义的美学》,N. 契图诺娃作,庄寿慈译,《中苏文化杂志》,194808(v19,n4/5)

《文艺复兴期的美学思潮:达文西的绘画论及其美学思想》,许幸之,《文讯》,19481015(v 新 9,n4)

《脸之美学》,西里,《中央日报》,19481216

《俄国古典美学与普列汉诺夫的美学——普列汉诺夫逝世三十周年纪念》,M·罗森塔尔作,谱萱译,《中苏文化杂志》,194812(v19,n9/10)

1949 年

《谈朱光潜底距离的美学:文艺杂谈之二》,冰菱,《展望》,19490108(v3,n10)

《语言、音乐、诗:偶译 H. 柏克尔诗美学断片》,洪毅然,《诗思诗刊》,19490120(v1,n2)

《寓言二则:猪的美学》,何兴,《民讯》,19490220(n5)

《新美学臆说述要》,洪毅然,《长歌》,19490401(v1,n4)

《苏维埃美学底几个问题》,罗森塔尔著,刘仲平译,《文学战线》,194906,07(v2,n4,5)

实　践

1918 年

《本校新到美学书籍多种》,《北京大学日刊》,19180515(n137)

1919 年

《研究美学之天马会》,《民国日报》,19190927

1920 年

《美学家到津讲演》,《大公报》,19200201

1922 年

《专科师范之美学讲演》,《申报》,19221108

1923 年

《艺林美学馆之建设计划》,《摄影杂志》,19230815(n4)

《研究所国学门通告(一):本学门报名研究美学之研究生》,《北京大学日刊》,19231129(n1352)

1924 年

《注册部布告:本校哲学系新请邓以蛰先生讲授美学每周二小时》,《北京大学日刊》,19240228(n1406)

　　△《北京大学日刊》,19240229(n1407)

　　《北京大学日刊》,19240301(n1408)

《审美学社启事》,《晨报副刊》,19240302

　　△《北京大学日刊》,19240308(n1414)

《北京研究学术之新团体：一曰审美学社》，勖公，《申报》，19240329

《注册部布告（三）：顷接邓以蛰先生来函言美学班学生纷纷函询美学论题》，《北京大学日刊》，19240614（n1494）

《注册部布告（二）：邓以蛰先生所授哲学系美学名著研究原在星期三》，《北京大学日刊》，19241023（n1550）

1925 年

《注册部布告：邓以蛰先生所授哲学系美学名著研究原在星期一》，《北京大学日刊》，19250311（n1643）

《注册部布告：邓以蛰先生所授美学名著研究原在星期五》，《北京大学日刊》，19250325（n1655）

《注册部布告：邓以蛰先生因事回皖请假两星期》，《北京大学日刊》，19250424（n1677）

　　△《北京大学日刊》，19250425（n1678）

　　《北京大学日刊》，19250427（n1679）

1927 年

《上海女子审美学校之倡设》，《时事新报·学灯》，19270804

　　△《上海女子审美学院成立》，《申报》，19270816

　　《上海女子审美学院成立》，《益世报》，19270826

《女子审美学院开学有期》，《民国日报》，19270818

　　△《上海女子审美学院开学有期》，《时事新报·学灯》，19270818

1928 年

《女子审美学校系钮永建等所创办上图为刺锈科学生（照片）》，《图画时报》，19280205（n431）【图片】

《女子审美学院今日开学》，《申报》，19280211

《上海女子审美学院下学期计划》，《时事新报·市政》，19280615（n22）

《上海女子审美学院近闻》，《申报》，19280724

《女子审美学院近讯》，《民国日报》，19280805

　　△《女子审美学院近闻》，《新闻报》，19280805

《杨廷瑛女士为女子审美学校第一届毕业生（照片）》，《图画时报》，19280829（n491）【图片】

1932 年

《岭南名画家奇峰专页：名画师高奇峰在岭南大学美学系授课之影（照片）》，笔

公，《北洋画报》，19320625（v16，n796）【图片】

1934 年

《世界书局〈美学〉》，《时事新报》，19340424

1935 年

《文学院布告：哲学系美学一课目，本学期停开》，范锜，《国立中山大学日报》，
　19350509（n2005）

《美学苑第三次绘画展览》，《广州青年》，19351104（v22，n42）

《美学苑画展再展》，《广州青年》，19351118（v22，n44）

1936 年

《美学讲座：家庭装饰与色彩之调和》，史岩，《大东月报》，19360820（n 新 1）

1937 年

《美学苑第六届美展》，《广州青年》，19370614（v24，n24）

《美学苑五子画展之观赏》，《广州青年》，19370621

1939 年

《美学社（照片）》，《辅仁》，1939 年刊【图片】

1941 年

《家之美学》，风子，《理想家庭》，19410215（n1）

1943 年

《艺文情报：文艺美学名家朱光潜教授月初来渝》，家钦，《时与潮文艺》，19431215
　（v2，n4）

1945 年

《印度美学家甘歌利抵渝》，《大公报》（重庆），19451119

　　△《印度名美学家甘歌利抵渝》，《时事新报》（重庆），19451119

1946 年

《屋内装饰术之一：国画的裱装与悬挂》，允嘉，《益世报》（上海），19461022，1023

《美学小典辞》，眷文公，《学生日报》，19461024

1948 年

《萧树模先生新书〈美学纲要〉出版》，《英士大学校刊》，19480410（n23）

第二部分

史料辑录

"不存在于档案中者,不存在于世界中。"(Quod non est in actis, non est in mundo.)①

---

① [美]约翰·杜海姆·彼得斯:《奇云:媒介即存有》,邓建国译,上海:复旦大学出版社,2020年,第357页。

凡　例

一、《晚清民国期刊中的美育史料辑录》主要收录 1900—1949 年广义期刊（含报纸）中的美育类文章，分"美育理论""美育实践"两类，下按其文章刊载出版的时间顺序全文辑录或选录。出版日期不详者，排列于此月之末；出版月份不详者，排列于此年之末。

二、原篇竖排改为横排，繁体改为简体，异体改为正体，但个别如改动会引起意思变化或混乱的繁体字、异体字予以保留，比如人名、地名中的繁体字等。明显的误植或笔误，以及印刷排版错误，因数量较多，未一一出校，迳改酌予订正；所据原篇底本有缺漏或无法辨识之文字，以"□"标示。

三、标点符号基本上尊重原篇，少数不合现行用法而影响阅读的予以改动；原文为句读或无标点，则重新标点，并加注说明。

四、因竖排改横排，故左、右等改为下、上等。因选录而省略之处用括注（上略）（中略）（下略）的形式标注。

美育理论

西国学术导源希腊,其流派若何? 学校废兴若何? 教育名家孰为最著? 宗旨孰优? 方今博采良法,厘定学制,试陈劝学之策　刘焜[①]

以兵战者弱其人,以商战者弱其国,以学战者弱其种。环球列强,争荣竞光;独我黄种,习故蹈常。可惧哉! 可惧哉! 今欧西学术备矣,而沿而溯之,则希腊其滥觞也。希腊开化,当中国成周之末造。其国以教育为政治,能独辟思想,增长学识,以其学派衍为教派。考其支系,厥为二宗:一为斯巴达之教育,一为雅典之教育。斯巴达立宪于法官来库古,其教分三等:一曰体育,二曰智育,三曰德育。而大致以志力雄壮、身体坚强为主,其宗旨尚武。雅典定课于梭伦,其教分两级:一曰儿童教育,二曰美育。而大致以陶冶性灵、丽饰气体为主,其宗旨尚文。时则七贤踵兴,哲学林立,派衍流别,薪尽火传。一衍而为罗马帝政教育代兴之时代,再衍而为罗马灭亡教育败坏之时代,三衍而为僧侣教育之时代,四衍而为烦琐理学教育之时代,五衍而为阿剌伯大学振兴之时代,六衍而为意大利兴化教育输入欧洲之时代,七衍而为英德法荷各变其民、教育沿及欧北之时代。其间或废或兴,若存若亡,忽昧而明,倏枯而萌,乃以成此十九世纪之改良,善夫善夫! 欧洲文明,其以此夫。古时名贤,如德拉吉德谟吉之徒,入主出奴,各自为派,不可枚举。举其教育之最著者,于希腊上古时代,得三人焉:曰苏格拉底,曰柏拉图,曰亚理斯大德。苏格拉第以设疑问善剖晰为宗旨,柏拉图以明宗教养人伦为宗旨,亚理斯大德以体操、音乐发达知力为宗旨。自是以后,如路德,

---

① 《申报》,1902 年 10 月 17 日(光绪廿八年九月十六日)头版,原文为句读。
　另见"研究编·史案研究"《"美育"译介考——以〈申报〉刘焜策论为线索》。

如嘉尔文,如美兰其松,如郭英迭利安之善于劝,如培那第克达之主于严,皆各具热力,独有精神。至于近代,若法之毛塔奇尼氏,奥之廓美纽司氏,英之陆克氏,瑞士之卢索氏,皆卓卓者,而大要不出希腊之两派。就东方而论,日本、俄罗斯,近于斯巴达者也,中国近于雅典者也。而强弱之判若此,则其优绌之旨,可得而悟也。今国家博采良法,厘订学制,甚盛事也。然窃恐不明西儒哲学之旨,而蹈新进浮嚣之习,舍本求末,无裨实用。天下固有万难缓之举,而又必慎于谋始者,慎之奈何,敢进而策之曰,是不在采西学之科条,而先贵乎定教育之宗旨。

泰西教育学沿革小史(节选)　蜕庵[1]

叙例(略)
第一期　上古教育学史

欧洲今日之文化,固汇希腊、罗马、耶教之三大原素,合一炉而冶之,发挥光大,以酿成荼锦炫烂之文明者也。西国文物,殆无一不发源于三者,教育之事,何莫不然。故自上古以来,希腊之文艺教育,罗马之实用教育,耶教之宗教教育,分流别派,递兴代盛,各自浸灌于欧人心脑之中。而此三代潮流,其界线日相接触,其波澜日相濡润,经中世千余年之渟蓄,遂有一泻千里之势,至近代而成一总汇。彼日耳曼人种之教育,殆受众流之趋汇,灌而注之于近世之欧洲者也。欲导河流,不能不寻源于星宿,吾今将按三者之派别,而次第条述之。

第一章　希腊之教育
第一节　希腊教育之制

希腊教育之制度,其课目可区为二事:一曰体操,一曰音乐。二者固其制度之大端,数百年中分希腊之教育界者也。(后世史家类别希腊之教课,曰体操,曰文学,曰音乐,实则其教课可约为体操、音乐二种。盖希腊人之所谓音乐者,固非但歌曲、音律,实并诗学、语学、文法、数学诸类皆归纳其中。彼当日所谓音乐,直不啻今日之所谓文艺也。至于几何、天文、医学诸学,则皆属后起。上代之希腊,其教育课目实极单纯也。)体操以铸成强健之体格,音乐以养成优尚之精神,武备文事,实划为两大宗旨。彼国于希腊之中者,有数十之小国,其教育之旨趣各殊,其制度之精粗各异。然其国势强盛,雄长希腊,而狃主夏盟者,则曰雅典与斯巴

---

[1]《新民丛报》第 32 号,1903 年 5 月 25 日,第 1—11 页,原文为句读。

达。斯巴达者,受治于贵族政治之下,而为雄武之市民,故常注重于体操,而代表希腊武备之教育。雅典者,濡育于民政主义之中,而为文学之市民,故常注重于音乐,而代表希腊文事之教育。其他诸国,要不过柴立中央,而模范二国者也。是以欲考希腊之教育,不可不详雅典、斯巴达之制度。

（甲）斯巴达

斯巴达之教育,一严重军人之教育,亦一干涉主义之教育也。婴儿始生,有官以验其体格,不及格者弃而勿养,惧弱种也。及格矣,亦必试以种种之方法,非羸弱婴孩所能堪者,以视其能胜劳苦与否。生及七岁,则取之慈母之怀中,而置之公立养育之幼年队。粗衣觳食,跣足裸体,以练成其忍耐饥寒之身体;无事则使之游猎于山林,有过则施以残酷之鞭挞,以养成其堪任痛苦之习惯。年及十八,卒普通学校之生涯,而编入民籍。然日则会食于公场,夜则就寝于营帐,犹复练习武事,研究韬略。自七岁以至六十,固无日不受政治之监督,习严格之训练。且非独男子为然也,虽在女子,亦必同受教育。少男操场之外,别有少女之体操场,使男女互相临观,比较其技术以使相竞争。专教以蹴踘、角觝诸技,与男子受同一之操练。盖一为斯忒阿他(Spartiatoe)人,则靡论男女,其身体皆非己有,日在国家监督之下,而终身受此严厉之陶练者也。若夫文学、美术,咸视为蠹群之蟊贼,唾弃之而不屑为。惟习以军舞,授以军歌,以养其爱国之心,以作其勇敢之气。盖斯巴达之教育,纯乎尚武主义,而实为后世军国之所模范者也。

（乙）雅典

雅典之政体,与斯巴达截然迥殊,故其教育也,亦与斯巴达厘然各异。斯巴达之学校,悉为政府所管辖,而个人之自由,常受国家严重之缚束。若雅典之学校,则政府但为之监督,而悉听民间之私立,任个人之自由。盖斯巴达之教育,专主干涉,而雅典之教育,则颇近放任者也。雅典之教育制度,悉由锁龙所设施,市民年及七岁,则编之民籍,必令就学,其制与斯巴达同。惟雅典之教育,有特别怪异之制度。盖儿童之就学小学,必有巴达科格(Padagogue)之教仆,以为监督。巴达科格者,大抵皆老耄无学之奴隶,而非今日欧人之所谓小学教师。Padagogue固非以任教授,专以监督儿童,与之为优游之谈论而已。

雅典之教育有二,一曰寻常教育。寻常教育亦类别为二:一为体操,一为音乐。二者各为学校,儿童及岁而后,则必兼就二学。一曰高等教育,亦兼体操、音乐二事。儿童年及十六,则离教仆之监督,而就学于其中。

(一) 寻常教育

(A) 体操

雅典人未入音乐学校,必先入体操学校。体操学校,雅典人所谓为拍拉士脱里(Palastra)者也。其教师曰拉达特列(Padatrib),其授业约在日哺,其课目曰跳跃,曰竞走,曰柔术,曰技击,曰游泳。虽无斯巴达严酷之训练,然直接受政府之监督,其规律亦独为谨严。苟为市内公民之子弟,固无一人不受此教育。盖立国于战国之世,虽以文学著名之雅典,固亦不能习于文弱,偏废尚武之风也。

(B) 音乐

音乐学校,强半为民间之私塾,而非国家所设立者也。其教师曰格廉玛提士忒(Grammatistes),其授业约在午前,其课目曰音乐、读书、习字、算术、文法。古代之初,以一人兼授文法与音乐,后乃分任以二人。其读书也,先教之以缀字,稍进即专授以荷马之史诗;其音乐也,先教以歌谣,稍进则遍授以筝、笛诸乐器。盖希腊教育之宗旨,务举其人纳之规矩之中,以养成其调和整齐之习惯,当儿童授业之始,固已然矣。

(二) 高等教育

高等教育,专授之良家子弟者也,其学科亦分为体操与文艺。然所谓体操者,不过寻常学校之进步,非如斯巴达之成为武事专门。而文艺则日渐精深,浸而各有专科,分为辩学、哲学、神学、数学、伦理学诸派。学徒非必遍受诸学,惟各专研一业,以为专门名家,所谓学者、政治家,殆皆出于其中。而文学遂以大盛,沿及后世,体操日以衰息,而学术则如日中天,遂酿成雅典特色之文明,与斯巴达分道扬镳,而并雄于世。方是时也,其教育亦分二派,梭腓士(Sophist)以辩学教授于世,然末流浸有流弊,遂至有诡辩学派之名。梭格拉底诸贤,与之分途角立,专以道德修养为主义,开哲学之门户,矫诡辩派之弊害,而与之代兴。举国少年,翕然宗向,而雅典之教育,遂以日益完成。

第二节　希腊教育之精神

一国有一国教育之制度,则一国有一国教育之精神。精神者所以鼓铸国民之要具,而制度则表发其精神者也。英人之教育,何以不能同之德,德人教育,又何以不能同之法,盖精神各有所注,则其所以为教育者自殊。苟无精神,则学制虽极致密,学课虽极完备,要不过如孩童之随母笑啼,婴武之学人言语,徒具形式,固未有能成独立之学问,造特色之国民者也。希腊教育,实以斯巴达、雅典为之代表,尚文尚武,二者虽各殊趋,然务涵养精神、肉体之美善,以铸成整齐统一之国民,则固二者所同,而为希腊教育之惟一主义也。今请略揭其要旨。

第一,美善之教育。后世教育家者之言曰:"希腊之教育,实'审美之教育'。"斯可谓能揭其重要之特质者矣。彼希腊之人,生于秀美之风土,具有优美之性情,故其一切理想,无不以美善为标准。其心育也,则诗歌、音乐,务养其高尚之精神;其体育也,则严酷训练,务成一壮健之体格。然彼又非截然分离心育、体育而有所偏废也。斯巴达尚武,而日讽荷马之诗歌;雅典尚文,而遍立拍拉士脱里之学校。盖其举国之教育,无一非使其精神与肉体,尽如今日美术之所谓调和整齐者也。虽然其所谓"美育"者,固大异今日之"美育",彼之讽诵诗歌,非以为玩味之娱乐,而藉为品性之陶冶;其尊崇荷马,亦非视为文采之诗人,而奉为道德之教师。故其所谓美善者,直一道德的美善,而犹成一特色之教育者也。

第二,国民之教育。今日言教育者,莫不曰国民教育矣。然此主义,二千年前,已盛行于希腊之中。彼斯巴达之国家教育,固以严厉之干涉,铸一雄武之国民,即雅典之制度,固亦以养成公民为一大宗旨,而本是以施其普通教育者也。虽然,其异于今日之国民教育者有二:一则有市民而无国民,故其教育也,止及于公民之子弟,而下级之人民,多见屏于教育之外;一则重国家而轻个人,故其教育也,以个人为国家之牺牲,而个人之自由,悉收没于国家之中。此实时势所使然,无足怪者。若其精神所专注,则固欲养成公民之资格,陶铸一致之团体,虽今日欧美诸国,其又岂能远过也。

(下略)

论教育之宗旨 王国维[1]

教育之宗旨何在?在使人为完全之人物而已。何谓完全之人物?谓使人之能力无不发达且调和是也。人之能力分为内外二者:一曰身体之能力,一曰精神之能力。发达其身体,而萎缩其精神,或发达其精神,而罢敝其身体,皆非所谓完全者也。完全之人物,精神与身体,必不可不为调和之发达。而精神之中人分为三部:知力、感情及意志是也。对此三者,而有真美善之理想:真者知力之理想,美者感情之理想,善者意志之理想也。完全之人物,不可不备真美善之三德,欲

---

[1] 《教育世界》第 56 号,1903 年 8 月,第 1—6 页;又载《济南汇报》1903 年第 32 期第 56 页、第 35 期第 57 页,原文标题后有"录教育世界"。原文为句读。

达此理想，于是教育之事起。教育之事，亦分为三部：知育、德育（即意志）、美育（即情育）是也。如佛教之一派，及希腊、罗马之斯多噶派，抑压人之感情而使其能力专发达于意志之方面，又如近世斯宾塞尔之专重知育，虽非不切中一时之利弊，皆非完全之教育也。完全之教育，不可不备此三者，今试言其大略。

　　一、知育

　　人苟欲为完全之人物，不可无内界及外界之智识，而智识之程度之广狭，应时地而不同。古代之智识，至近代而觉其不足，闭关自守时之智识，至万国交通时而觉其不足。故居今之世者，不可无今世之知识。知识又分为理论与实际二种。溯其发达之次序，则实际之知识，常先于理论之知识，然理论之知识发达后，又为实际之知识之根本也。一科学如数学、物理学、化学、博物学等，皆所谓理论之知识。至应用物理、化学于农工学，应用生理学于医学，应用数学于测绘等，谓之实际之知识。理论之知识，乃人之天性上所要求者，实际之知识，则所以供社会之要求，而维持一生之生活。故智识之教育，实必不可缺者也。

　　二、道德

　　然有智识而无道德，则无以得一生之福祉，而保社会之安宁，未得为完全之人物也。夫人之生也，为动作也，非为智识也。古今东西之哲人，无不以道德为重于智识者，故古今东西之教育，无不以道德为中心点。盖人之至高之要求，在于福祉，而道德与福祉，实有不可离之关系。爱人者人恒爱之，敬人者人恒敬之。不爱敬人者反是。如影之随形，响之随声，其效不可得而诬也。《书》云："惠迪吉；从逆凶。"希腊古贤所唱福德合一论，固无古今中外之公理也，而道德之本原，又由内界出，而非由外铄我者，张皇而发挥之，此又教育之任也。

　　三、美育

　　德育与智育之必要，人人知之，至于美育，有不得不一言者。盖人心之动，无不束缚于一己之利害，独美之为物，使人忘一己之利害，而入高尚纯洁之域，此最纯粹之快乐也。孔子言志，独与曾点，又谓兴于诗，成于乐。希腊古代之以音乐为普通学之一科，及近世希痕林、歇尔列尔等之重美育学，实非偶然也。要之美育者，一面使人之感情发达，以达完美之域，一面又为德育与智育之手段，此又教育者所不可不留意也。

　　然人心之智情意三者，非各自独立，而互相交错者。如人为一事时，知其当为者知也，欲为之者意也，而当其为之前后，又有苦乐之情伴之。此三者不可分离而论之也。故教育之时，亦不能加以区别。有一科而兼德育、智育者，有一科而兼德育、美育者，又有一科而兼此三者。三者并行，而得渐达真善美之理想，又加以身体之训练,斯得为完全之人物,而教育之能事毕矣。

孔子之美育主义 王国维[1]

诗云:"世短意常多,斯人乐久生。"岂不悲哉! 人之所以朝夕营营者,安归乎? 归于一己之利害而已。人有生矣,则不能无欲;有欲矣,则不能无求;有求矣,不能无生得失;得则淫,失则戚:此人人之所同也。世之所谓道德者,有不为此嗜欲之羽翼者乎? 所谓聪明者,有不为嗜欲之耳目者乎? 避苦而就乐,喜得而恶丧,怯让而勇争:此又人人之所同也。于是内之发于人心也,则为苦痛;外之见于社会也,则为罪恶。然世终无可以除此利害之念,而泯人己之别者欤? 将社会之罪恶,固不可以稍减,而人心之苦痛,遂长此终古欤? 曰:有,所谓美者是已。

美之为物,不关于吾人之利害者也。吾人观美时,亦不知有一己之利害。德意志之大哲人汗德,以美之快乐,为不关利害之快乐(Disinterested Pleasure)。至叔本华而分析观美之状态,为二原质:(一)被观之对象,非特别之物,而此物之种类之形式;(二)观者之意识,非特别之我,而纯粹无欲之我也。(《意志及观念之世界》第一册,二百五十三页)何则? 由叔氏之说,人之根本,在生活之欲,而欲常起于空乏。既偿此欲,则此欲以终;然欲之被偿者一,而不偿者什百;一欲既终,他欲随之:故究竟之慰藉终不可得。苟吾人之意识而充以嗜欲乎? 吾人而为嗜欲之我乎? 则亦长此辗转于空乏、希望与恐怖之中而已,欲求福祉与宁静,岂可得哉! 然吾人一旦因他故,而脱此嗜欲之网,则吾人之知识,已不为嗜欲之奴隶,于是得所谓无欲之我。无欲故无空乏,无希望,无恐怖;其视外物也,不以为与我有利害之关系,而但视为纯粹之外物。此境界唯观美时有之。苏子瞻所谓"寓意于物"(《宝绘堂记》);邵子曰:

① 《教育世界》第 69 号,1904 年 2 月(甲辰正月上旬),第 1—6 页,原文为句读。

据俞玉姿、张援《中国近现代美育论文选(1840—1949)》(上海教育出版社,2011 年):"编者注:该文发表时原未署名,今据佛雏先生考订作者为王国维(见《王国维哲学美学论文辑佚》,佛雏校辑,华东师范大学出版社,1993 年)。"实则此文初刊时已署名,见《教育世界》第 69 号"目次"页:"论说"栏,孔子之美育主义(王国维)。

圣人所以能一万物之情者,谓其能反观也。所以谓之反观者,不以我观物也。不以我观物者,以物观物之谓也。既能以物观物,又安有有①我于其间哉?(《皇极经世·观物内篇七》)

此之谓也。其咏之于诗者,则如陶渊明云:

采菊东篱下,悠然见南山。山气日夕佳,飞鸟相与还。此中有真意,欲辨已忘言。

谢灵运云:

昏旦变气候,山水含清晖。清晖能娱人,游子憺忘归。

或如白伊龙云:

I live not in myself, but I become

Portion of that around me; and to me

High mountains are a feeling.

皆善咏此者也。

夫岂独天然之美而已,人工之美亦有之。宫观之瑰杰,雕刻之优美雄丽,图画之简淡冲远,诗歌、音乐之直诉人之肺腑,皆使人达于无欲之境界。故泰西自雅里大德勒以后,皆以美育为德育之助。至近世,谴夫志培利、赫启孙等皆从之。及德意志之大诗人希尔列尔出,而大成其说,谓人日与美相接,则其感情日益高,而暴慢鄙倍之心自益远。故美术者,科学与道德之生产地也。又谓审美之境界,乃不关利害之境界,故气质之欲灭,而道德之欲得由之以生。故审美之境界,乃物质之境界与道德之境界之津梁也。于物质之境界中,人受制于天然之势力;于审美之境界,则远离之;于道德之境界,则统御之。(希氏《论人类美育之书简》)由上所说,则审美之位置,犹居于道德之次。然希氏后日,更进而说美之无上之价值,曰:"如人必以道德之欲,克制气质之欲,则人性之两部,犹未能调和也。于物质之境界及道德之境界中,人性之一部,必克制之以扩充其他部;然人之所以为人,在息此内界之争斗,而使卑劣之感跻于高尚之感觉。如汗德之严肃论中,气质与义务对立,犹非道德上最高之理想也。最高之理想,存于美丽之心(Beautiful Soul),其为性质也,高尚纯洁,不知有内界之争斗,而唯乐于守道德之法则,此性质唯可由美育得之。"(芬特尔朋《哲学史》第六百页)此希氏最后之说也。顾无论美之与善,其位置孰为高下,而美育与德育之不可离,昭昭然矣。

今转而观我孔子之学说。其审美学上之理论虽不可得而知,然其教人也,则

---

① "有"为衍字。

始于美育,终于美育。《论语》曰:

> 小子何莫学夫诗。诗可以兴,可以观,可以群,可以怨。迩之事父,远之
> 事君,多识于鸟兽草木之名。

又曰:

> 兴于诗,立于礼,成于乐。

其在古昔,则胄子之教,典于后夔;大学之事,董于乐正。然则以音乐为教育
之一科,不自孔子始矣。荀子说其效曰:

> 乐者,圣人之所乐也,而可以善民心。其感人深,其移风易俗。……故
> 乐行而志清,礼修而行成,耳目聪明,血气和平,移风易俗,天下皆宁。(《乐
> 论》)

此之谓也。故子在齐闻《韶》,则三月不知肉味。而《韶》乐之作,虽挈壶之童
子,其视精,其行端。音乐之感人,其效有如此者。且孔子之教人,于诗乐外,尤
使人玩天然之美。故习礼于树下,言志于农山,游于舞雩,叹于川上,使门弟子言
志,独与曾点。点之言曰:

> 莫春者,春服既成,冠者五六人,童子六七人,浴乎沂,风乎舞雩,咏
> 而归。

由此观之,则平日所以涵养其审美之情者,可知矣。之人也,之境也,固将磅
礴万物以为一,我即宇宙,宇宙即我也。光风霁月,不足以喻其明,泰山华岳,不
足以语其高,南溟渤澥,不足以比其大。邵子所谓反观者非欤? 叔本华所谓无欲
之我、希尔列尔所谓美丽之心者非欤? 此时之境界,无希望,无恐怖,无内界之争
斗,无利无害,无人无我,不随绳墨而自合于道德之法则。一人如此,则优入圣
域;社会如此,则成华胥之国。孔子所谓安而行之,与希尔列尔所谓乐于守道德
之法则者,舍美育无由矣。

呜呼! 我中国非美术之国也! 一切学业,以利用之大宗旨贯注之。治一学,
必质其有用与否;为一事,必问其有益与否。美之为物,为世人所不顾久矣! 故
我国建筑、雕刻之术,无可言者。至图画一技,宋元以后,生面特开,其淡远幽雅,
实有非西人所能梦见者。诗词亦代有作者。而世之贱儒,辄援玩物丧志之说相
诋。故一切美术,皆不能达完全之域。美之为物,为世人所不顾久矣! 庸讵知无
用之用,有胜于有用之用者乎? 以我国人审美之趣味之缺乏如此,则其朝夕营
营,逐一己之利害,而不知返者,安足怪哉! 安足怪哉! 庸讵知吾国所尊为大圣
者,其教育固异于彼贱儒之所为乎? 故备举孔子美育之说,且诠其所以然之理。
世之言教育者,可以观焉。

论叔本华之哲学及其教育学说　王国维[①]

　　自十九世纪以降,教育学蔚然而成一科之学。溯其原始,则由德意志哲学之发达是已。当十八世纪之末叶,汗德始由其严肃论之伦理学而说教育学,然尚未有完全之系统。厥后海尔巴德,始由自己之哲学,而组织完全之教育学。同时德国有名之哲学家,往往就教育学有所研究,而各由其哲学系统以创立自己之教育学,裴奈楷然也,海额尔派之左右翼亦然也。此外专门之教育学家,其窃取希哀林及休来哀尔、马黑尔之说以构其学说者亦不少,独无敢由叔本华之哲学以组织教育学者。何则? 彼非大学教授也。其生前之于学界之位置,与门弟子之数,决非两海氏之比。其性行之乖僻,使人人视之若蛇蝎然。彼终其身索居于法兰克福特,非有一亲爱之朋友也,殊如其哲学之精神与时代之精神相反对,而与教育学之以增进现代之文明为宗旨者,俨然有持方枘入圆凿之势。然叔氏之学说,果与现代之文明不相并立欤? 即令如是,而此外叔氏所贡献于教育学者,竟不足以成一家之说欤? 抑真理之战胜必待于后世,而旷世之天才不容于同时,如叔本华自己之所说欤? 至十九世纪之末,腓力特·尼采始公一著述曰《教育家之叔本华》。然尼采之学说,为世人所诟病,亦无以异于昔日之叔本华,故其说于普通之学界中,亦非有伟大之势力也。尼氏之书,余未得见,不揣不敏,试由叔氏之哲学说,以推绎其教育上之意见。其条目之详细,或不如海、裴诸氏,至其立脚地之坚固确实,用语之精审明晰,自有哲学以来,殆未有及叔氏者也。呜呼!《充足原理》之出版,已九十有一年,《意志及观念之世界》之出版,八十有七年,《伦理学之二大问题》之出版,亦六十有五年矣,而教育学上无奉叔氏之说者。海氏以降之逆理说,乃弥满充塞于教育界。譬之歌白尼既出,而犹奉多禄某之天文学;生达维之后,而犹言斯他尔之化学,不亦可哀也欤! 夫哲学,教育学之母也。彼等之哲学,既鲜确实之基础,欲求其教育学之确实,又乌可得乎? 兹略述叔氏之哲学说,与其说之及于教育学之影响,世之言教育学,可以观焉。

　　哲学者,世界最古之学问之一,亦世界进步最迟之学问之一也。自希腊以来

[①]《教育世界》第75号,1904年5月(甲辰四月上旬),第1—14页;第77号,1904年6月(甲辰五月上旬),第1—10页。原文为句读。《王国维全集》等多署题目为《叔本华之哲学及其教育学说》,见周锡山编校:《王国维文学美学论著集》,太原:北岳文艺出版社,1987年,第75页;傅杰,邬国义分卷主编:《王国维全集》第1卷,杭州:浙江教育出版社,2009年,第34页;聂振斌选编:《中国现代美学名家文丛·王国维卷》,北京:中国文联出版社,2017年,第71页。

至于汗德之生，二千余年，哲学上之进步几何？自汗德以降至于今，百有余年，哲学上之进步几何？其有绍述汗德之说，而正其误谬，以组织完全之哲学系统者，叔本华一人而已矣。而汗德之学说，仅破坏的而非建设的。彼憬然于形而上学之不可能，而欲以知识论易形而上学，故其说仅可谓之哲学之批评，未可谓之真正之哲学也。叔氏始由汗德之知识论出，而建设形而上学，复与美学、伦理学以完全之系统。然则视叔氏为汗德之后继者，宁视汗德为叔氏之前驱者为妥也。兹举叔氏哲学之特质如下。

汗德以前之哲学家，除其最少数外，就知识之本质之问题，皆奉素朴实在论，即视外物为先知识而存在，而知识由经验外物而起者也。故于知识之本质之问题上奉实在论者，于其渊源之问题上，不得不奉经验论。其有反对此说者，亦未有言之有故，持之成理者也。汗德独谓吾人知物时，必于空间及时间中，而由因果性（汗德举此等性其数凡十二，叔本华仅取此性）整理之。然空间、时间者，吾人感性之形式；而因果性者，吾人悟性之形式，此数者皆不待经验而存，而构成吾人之经验者也。故经验之世界，乃外物之入于吾人感性、悟性之形式中者，与物之自身异。物之自身，虽可得而思之，终不可得而知之，故吾人所知者，唯现象而已。此与休蒙之说，其差只在程度，而不在性质，即休蒙以因果性等出于经验，而非有普遍性及必然性；汗德以为本于先天，而具此二性，至于对物之自身，则皆不能赞一词。故如以休蒙为怀疑论者乎，则汗德之说，虽欲不谓之怀疑论，不可得也。叔本华于知识论上奉汗德之说，曰"世界者，吾人之观念也。一切万物，皆由充足理由之原理决定之，而此原理，吾人知力之形式也。物之为吾人所知者，不得不入此形式，故吾人所知之物，决非物之自身，而但现象而已。易言以明之，吾人之观念而已"。然则物之自身，吾人终不得而知之乎？叔氏曰否，他物则吾不可知，若我之为我，则为物之自身之一部，昭昭然矣。而我之为我，其现于直观中时，则块然空间及时间中之一物，与万物无异；然其现于反观时，则吾人谓之意志而不疑也。而吾人反观时，无知力之形式行乎其间，故反观时之我，我之自身也。然则我之自身，意志也。而意志与身体，吾人实视为一物，故身体者，可谓之意志之客观化，即意志之入于知力之形式中者也。吾人观我时，得由此二方面；而观物时，只由一方面，即唯由知力之形式中观之，故物之自身，遂不得而知。然由观我之例推之，则一切物之自身，皆意志也。叔本华由此以救汗德批评论之失，而再建形而上学。于是汗德矫休蒙之失，而谓经验的世界，有超绝的观念性与经验的实在性者，至叔本华而一转，即一切事物，由叔本华氏观之，实有经验的观念性，而有超绝的实在性者也。故叔本华之知识论，自一方面观之，则为观念论；自他方面观之,则又为实在论。而彼之实在论,与昔之素朴实在论异,又昭然若揭矣。

古今之言形而上学及心理学者,皆偏重于知力之方面,以为世界及人之本体,知力也。自柏拉图以降,至于近世之拉衣白尼志,皆于形而上学中,持此主知论。其间虽有若圣奥额斯汀,谓一切物之倾向,与吾人之意志同,有若汗德于其《实理批评》中说意志之价值,然尚未得为学界之定论。海尔巴德复由主知论,以述系统之心理学,而由观念及各观念之关系,以说明一切意识中之状态。至叔本华出而唱主意论,彼既由吾人之自觉,而发见意志为吾人之本质,因之以推论世界万物之本质矣。至是复由经验上证明之,谓吾人苟旷观生物界与吾人精神发达之次序,则意志为精神中之第一原质,而知力为其第二原质,自不难知也。植物上逐日光,下趋土浆,此明明意志之作用,然其知识安在?下等动物之于饮食男女,好乐而恶苦也,与吾人同,此明明意志之作用,然其知识安在?即吾人之坠地也,初不见有知识之迹,然且呱呱而啼饥,瞿瞿而索母,意志之作用,早行乎其间。若就知力上言之,弥月而始能视,于是始见有悟性之作用;三岁而后能言,于是始见有理性之作用。知力之发达,后于意志也如此。就实际言之,则知识者,实生于意志之需要。一切生物,其阶级愈高,其需要愈增,而其所需要之物,亦愈精而愈不易得,而其知力亦不得不应之而愈发达。故知力者,意志之奴隶也,由意志生,而还为意志用者也。植物所需者,空气与水耳,之二者无乎不在,得自来而自取之,故虽无知识可也。动物之食物,存乎植物及他动物,又各动物各有特别之嗜好,不得不由己力求之,于是悟性之作用生焉。至人类所需,则其分量愈多,其性质愈贵,其数愈杂,悟性之作用,不足应其需,始生理性之作用,于是知力与意志二者始相区别。至天才出,而知力遂不复为意志之奴隶,而为独立之作用。然人之知力之所由发达,由于需要之增,与他动物固无以异也;则主知说之心理学,不足以持其说,不待论也。心理学然,形而上学亦然。而叔氏之他学说,虽不慊于今人,然于形而上学心理学,渐有趋于主意论之势,此则叔氏之大有造于斯二学者也。

于是叔氏更由形而上学,进而说美学。夫吾人之本质,既为意志矣,而意志之所以为意志,有一大特质焉,曰生活之欲。何则?生活者非他,不过自吾人之知识中所观之意志也。吾人之本质,既为生活之欲矣,故保存生活之事,为人生之唯一大事业。且百年者寿之大齐,过此以往,吾人所不能暨也。于是向之图个人之生活者,更进而图种姓之生活,一切事业,皆起于此。吾人之意志,志此而已;吾人之知识,知此而已。既志此矣,既知此矣,于是满足与空乏,希望与恐怖,数者如环无端,而不知其所终。目之所观,耳之所闻,手足所触,心之所思,无往而不与吾人之利害相关,终身仆仆,而不知所税驾者,天下皆是也。然则此利害之念,竟无时或息欤? 吾人于此桎梏之世界中,竟不获一时之救济欤? 曰:有。唯美之为物,不与吾人之利害相关系,而吾人观美时,亦不知有一己之利害。何则? 美之对象,非特别之物,而此物之种类之形式,又观之之我,非特别之我,而纯粹无欲之我也。夫空间、时间,既为吾人直观之形式,物之现于空间皆并立,现于时间者皆相续,故于空间、时间者,皆特别之物也。既视为特别之物矣,则此物与我利害之关系,欲其不生于心,不可得也。若不视此物为与我有利害之关系,而但观其物,则此物已非特别之物,而代表其物之全种,叔氏谓之曰理念①。故美之知识,理念之知识也。而美之中又有优美与壮美之别。今有一物,令人忘利害之关系,而玩之而不厌者,谓之曰优美之感情;若其物直接不利于吾人之意志,而意志为之破裂,唯由知识冥想其理念者,谓之曰壮美之感情。然此二者之感吾人也,由人而不同。其知力弥高,其感之也弥深。独天才者,由其知力之伟大,而全离意志之关系,故其观物也视他人为深,而其创作之也与自然为一。故美者,实可谓天才之特许物也。若夫终身局于利害之桎梏中,而不知美之为何物者,则滔滔皆是。且美之对吾人也,仅一时之救济,而非永远之救济,此其伦理学上之拒绝意志之说,所以不得已也。

　　吾人于此可进而窥叔氏之伦理学。从叔氏之形而上学,则人类与万物,同一意志之发现也。其所以视吾人为一个人,而与他人物相区别者,实由知力之蔽。夫吾人之知力,既以空间、时间为其形式矣,故凡现于知力中者,不得不复杂。既复杂矣,不得不分彼我。然就实际言之,实同一意志之客观化也。易言以明之,即意志之入于观念中者,而非意志之本质也。意志之本质,一而已矣。故空间、时间二者,用婆罗门及佛教之语言之,则曰摩耶之网;用中世哲学之语言之,则曰个物化之原理也。自此原理,而人之视他人及物也,常若与我无毫发之关系。苟可以主张我生活之欲者,则虽牺牲他人之生活之欲以达之而不之恤,斯之谓过。其甚者无此利己之目的,而惟以他人之苦痛为自己之快乐,斯为之恶。若一旦超越此个物化之原理,而认人与己皆此同一之意志,知己所弗欲者,人亦弗欲之,各主张其生活之欲而不相侵害,于是有正义之德。更进而以他人之快乐为己之快乐,他人之苦痛为己之苦痛,于是有博爱之德。于正义之德中,己之生活之欲已加以限制;至博爱,则其限制又加甚焉。故善恶之别,全视拒绝生活之欲之程度

---

① 《王国维全集》中此处为"实念",见《王国维全集》第 1 卷,杭州:浙江教育出版社,2009 年,第 39 页。

以为断:其但主张自己之生活之欲,而拒绝他人之生活之欲者,是为过与恶;主张自己,亦不拒绝他人者,谓之正义;稍拒绝自己之欲,以主张他人者,谓之博爱。然世界之根本,以存于生活之欲之故,故以苦痛与罪恶充之。而在主张生活之欲以上者,无往而非罪恶。故最高之善,存于灭绝自己生活之欲,且使一切生物皆灭绝此欲,而同入于涅槃之境,此叔氏伦理学上最高之理想也。此绝对的博爱主义与克己主义,虽若有严肃论之观,然其说之根柢,存于意志之同一之说,由是而以永远之正义,说明为恶之苦与为善之乐。故其说自他方面言之,亦可谓立于快乐论及利己主义之上者也。

　　叔氏于其伦理学之他方面,更调和昔之自由意志论及定业论,谓意志自身,绝对的自由也。此自由之意志,苟一旦有所决而发见于人生及其动作也,则必为外物所决定,而毫末不能自由。即吾人有所与之气质,对所与之动机,必有所与之动作随之。若吾人对所与之动机,而欲不为之动乎,抑动矣,而欲自异于所与之动作乎?是犹却走而恶影,击鼓而欲其作金声也,必不可得之数也。盖动机律之决定吾人之动作也,与因果律之决定物理界之现象无异,此普遍之法则也,必然之秩序也。故同一之气质,对同一之动机,必不能不为同一之动作。故吾人之动作,不过气质与动机二者感应之结果而已。更自他方面观之,则同一之气质,对种种之动机,其动作虽殊,仍不能稍变其同一之方向,故德性之不可以言语教也,与美术同。苟伦理学而可以养成有德之人物,然则大诗人及大美术家,亦可以美学养成之欤?有人于此而有贪戾之气质乎?其为匹夫,则御人于国门之外可也;浸假而为君主,则掷千万人之膏血,以征服宇宙可也;浸假而受宗教之感化,则摩顶放踵,弃其生命国土,以求死后之快乐可也。此数者,其动作不同,而其气质则绝不稍异。此岂独他人不能变更之哉,即彼自己,亦有时痛心疾首而无可如何者也。故自由之意志,苟一度自决,而现于人生之气质以上,则其动作之必然,无可讳也。仁之不能化而为暴,暴之不能化而为仁,与鼓之不能作金声,钟之不能作石声无以异。然则吾人之气质,遂不能变化乎?叔氏曰否。吾人之意志,苟欲此生活而现于气质以上,则其动作有绝对的必然性。然意志之欲此与否,或不欲此而欲彼,则有绝对的自由性者也。吾人苟有此气质,则其种种之动作,必与其气质相应,然此气质①非他,吾人之所欲而自决定之者也。然欲之与否,则存于吾人之自由,于是吾人有变化气质之义务。虽变化气质者,古今曾无

----

① 《王国维全集》中除此处外,本段其余"气质"皆作"品性",见《王国维全集》第 1 卷,杭州:浙江教育出版社,2009 年,第 41—42 页。

几人,然气质之所以能变化,即意志自由之征也。然此变化,仅限于超绝的气质,而不及于经验的气质。由此观之,叔氏于伦理学上,持经验的定业论与超绝的自由论,与其于知识论上,持经验的观念论与超绝的实在论无异。此亦自汗德之伦理学出,而又加以系统的说明者也。由是叔氏之批评善恶也,亦带形式论之性质,即谓气质苟善,则其动作之结果如何,不必问也;若有不善之气质,则其动作之结果,虽或有益无害,然于伦理学上,实非有丝毫之价值者也。

至叔氏哲学全体之特质,亦有可言者。其最重要者,叔氏之出发点在直观(即知觉),而不在概念是也。盖自中世以降之哲学,往往从最普遍之概念立论,不知概念之为物,本由种种之直观抽象而得者,故其内容不能有直观以外之物,而直观既为概念以后,亦稍变其形,而不能如直观自身之完全明晰。一切谬妄,皆生于此。而概念之愈普遍者,其离直观愈远,其生谬妄愈易。故吾人欲深知一概念,必实现之于直观,而以直观代表之而后可。若直观之知识,乃最确实之知识,而概念者仅为知识之记忆传达之用,不能由此而得新知识。真正之新知识,必不可不由直观之知识,即经验之知识中得之。然古今之哲学家,往往由概念立论,汗德且不免此,况他人乎!特如希哀林、海额尔之徒,专以概念为哲学上唯一之材料,而不复求之于直观,故其所说非不庄严宏丽,然如蜃楼海市,非吾人所可驻足者也。叔氏谓彼等之哲学曰"言语之游戏",宁为过欤?叔氏之哲学则不然,其形而上学之系统,实本于一生之直观所得者,其言语之明晰与材料之丰富,皆存于此。且彼之美学、伦理学中,亦重直观的知识,而谓于此二学中,概念的知识无效也。故其言曰:哲学者存于概念,而非出于概念,即以其研究之成绩,载之于言语(概念之记号)中,而非由概念出发者也。叔氏之哲学所以凌轹古今者,其渊源实存于此。彼以天才之眼,观宇宙人生之事实,而于婆罗门、佛教之经典及柏拉图、汗德之哲学中,发见其观察之不谬,而乐于称道之。然其所以构成彼之伟大之哲学系统者,非此等经典及哲学,而人人耳中目中之宇宙人生即是也。易言以明之,此等经典哲学,乃彼之宇宙观及人生观之注脚;而其宇宙观及人生观,非由此等经典哲学出者也。

更有可注意者,叔氏一生之生活是也。彼生于富豪之家,虽中更衰落,尚得维持其索居之生活。彼送其一生于哲学之考察,虽一为大学讲师,然未几即罢。又非以著述为生活者也,故其著书之数,于近世哲学家中为最少,然书之价值之贵重,有如彼者乎?彼等日日为讲义,日日作杂志之论文(殊如希哀林、海额尔等),其为哲学上真正之考察之时殆希也。独叔氏送其一生于宇宙人生上之考察与审美上之瞑想,其妨此考察者,独彼之强烈之意志之苦痛耳。而此意志上之苦痛,又还为哲学上之材料,故彼之学说与行为,虽往往自相矛盾,然其所谓"为哲学而生,而非以哲学为生"者,则诚夫子之自道也。

至是吾人可知叔氏之在哲学上之位置。其在古代,则有希腊之柏拉图;在近世,则有德意志之汗德。此二人固叔氏平生所最服膺,而亦以之自命者也。然柏氏之学说中,其所说之真理,往往被以神话之面具;汗德之知识论,固为旷古之绝识,然如上文所述,乃破坏的而非建设的,故仅如陈胜、吴广,帝王之驱除而已。更观叔氏以降之哲学,如翻希奈尔、芬德、赫尔德曼等,无不受叔氏学说之影响。特如尼采,由叔氏之学说出,浸假而趋于叔氏之反对点,然其超人之理想,其所负于叔氏之天才论者亦不少。其影响如彼,其学说如此,则叔氏与海尔巴脱等之学说,孰真孰妄,孰优孰绌,固不俟知者而决也。

吾人既略述叔本华之哲学,更进而观其及于教育学说。彼之哲学,如上文所述,既以直观为唯一之根据矣,故其教育学之议论,亦皆以直观为本。今将其重要之学说,述之如下。

叔氏谓直观者,乃一切真理之根本,唯直接间接与此相联络者,斯得为真理,而去直观愈近者,其理愈真,若有概念杂乎其间,则欲其不罹于虚妄难矣。如吾人持此论以观数学,则欧几里得之方法,二千年间所风行者,欲不谓之乖谬,不可得也。夫一切名学上之证明,吾人往往反而求其源于直观,若数学固不外空间、时间之直观。而此直观,非后天的直观,而先天的直观也。易言以明之,非经验的直观,而纯粹的直观也。即数学之根据,存于直观,而不俟证明,又不能证明者也。今若于数学中舍其固有之直观,而代以名学上之证明,与人自断其足而俟辇而行者何异?于彼《充足之理由之原理》之论文中,述知识之根据(谓名学上之根据)与实在之根据(谓数学上之根据)之差异。数学之根据惟存于实在之根据,而知识之根据则与之全不相涉。何则? 知识之根据,但能说物之如此如彼,而不能说何以如此如彼,而欧几里得则全用从[①]此根据以说数学。今以例证之。当其说三角形也,固宜首说各角与各边之互相关系,且其互相关系也,正如理由与结论之关系,而合于充足理由之原理之形式。而此形式之在空间中,与在他方面无异,常有必然之性质,即一物所以如此,实由他物之异于此物者如此故也。欧氏则不用此方法以说明三角形之性质,仅与一切命题以名学上之根据,而由矛盾之原理,以委曲证明之。故吾人不能得空间之关系之完全之知识,而仅得其结论,如观鱼龙之戏,但示吾人以器械之种种作用,而其内部之联络及构造,则终未之

---

① "从"似为衍字。

示也。吾人由矛盾之原理，不得不认欧氏之所证明者为真实，然其何以真实，则吾人不能知之。故虽读欧氏之全书，不能真知空间之法则，而但记法则之某结论耳。此种非科学的知识，与医生之但知某病与其治疗之法，而不知二者之关系无异。然于某学问中舍其固有之证明，而求之于他，其结果自不得不如是也。

　　叔氏又进而求其用此方法之原因。盖自希腊之哀利梯克派，首立所观及所思之差别及其冲突，美额利克派、诡辩派、新阿克特美派及怀疑派等继之。夫吾人之知识中，其受外界之感动者五官，而变五官所受之材料为直观者悟性也。吾人由理性之作用，而知五官及悟性，固有时而欺吾人，如夜中视朽索而以为蛇，水中置一棒而折为二，所谓幻影者是也。彼等但注意于此，以经验的直观为不足恃，而以为真理唯存于理性之思索，即名学上之思索。此唯理论，与前之经验论相反对。欧儿里得于是由此论之立脚地，以组织其数学，彼不得已而于直观上发见其公理，但一切定理，皆由此推演之，而不复求之于直观。然彼之方法之所以风行后世者，由纯粹的直观与经验的直观之区别未明于世。故迨汗德之说出，欧洲国民之思想与行动，皆为之一变，则数学之不能不变，亦自然之势也。盖从汗德之说，则空间与时间之直观，全与一切经验的直观异，此能离感觉而独立，又限制感觉而不为感觉所限制者也。易言以明之，即先天的直观也，故不陷于五官之幻影。吾人由此始知欧氏之数学用名学之方法，全无谓之小心也，是犹夜行之人视大道为水，趑趄于其旁之草棘中，而惧其失足也。始知几何学之图中，吾人所视为必然者，非存于纸上之图，又非存于抽象的概念，而唯存于吾人先天所知之一切知识之形式也。此乃充足理由之原理所辖者，而此实在之根据之原理，其明晰与确实，与知识之根据之原理无异。故吾人不必离数学固有之范围，而独信任名学之方法也。如吾人立于数学固有之范围内，不但能得数学上当然之知识，并能得其所以然之知识，其贤于名学上之方法远矣。欧氏之方法，则全分当然之知识与所以然之知识为二，但使吾人知其前者，而不知其后者，此其蔽也。吾人于物理学中，必当然之知识与所以然之知识为一，而后得完全之知识。故但知托利珊利管中之水银其高三十英寸，而不知由空气之重量支持之，尚不足为合理的知识也。然则吾人于数学中，独能以但知其当然而不知其所以然为满足乎？如毕达哥拉斯之命题，但示吾人以直角三角形之有如是之性质，而欧氏之证明法，使吾人不能求其所以然。然一简易之图，使吾人一望而知其必然及其所以然，且其性质所以如此者，明明存于其一角为直角之故。岂独此命题为然，一切几何学上之真理，皆能由直观中证之。何则？此等真理，元由直观中发见之者，而名学上之证明，不过以后之附加物耳。叔氏几何学上之见地如此，厥后哥萨克氏由叔氏之说以教授几何学,然其书亦见弃于世,而世之授几何学者,仍用欧氏之方法。积重之难返,固若是哉!

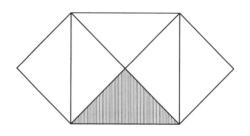

　　叔氏于数学上重直观而不重理性也如此。然叔氏于教育之全体,无所往而不重直观,故其教育上之意见,重经验而不重书籍。彼谓概念者,其材料自直观出,故吾人思索之世界,全立于直观之世界上者也。从概念之广狭,而其离直观也有远近,然一切概念,无一不有直观为之根柢。此等直观与一切思索,以其内容,若吾人之思索,而无直观为之内容乎,则直空言耳,非概念也。故吾人之知力,如一银行然,必备若干之金币以应钞票之取求,而直观如金钱,概念如钞票也。故直观可名为第一观念,而概念可名为第二观念。而书籍之为物,但供给第二种之观念。苟不直观一物,而但知其概念,不过得大概之知识;若欲深知一物及其关系,必直观之而后可,决非言语之所能为力也。以言语解言语,以概念比较概念,极其能事,不过达一结论而已。但结论之所得者,非新知识,不过以吾人知识中所固有者,应用之于特别之物耳。若观各物与其间之新关系,而贮之于概念中,则能得种种之新知识。故以概念比较概念,则人人之所能;至能以概念比较直观者则希矣。真正之知识,唯存于直观;即思索(比较概念之作用)时,亦不得不藉想象之助。故抽象之思索,而无直观为之根柢者,如空中楼阁,终非实在之物。即文字与语言,其究竟之宗旨,在使读者反于作者所得之具体的知识;苟无此宗旨,则其著述不足贵也。故观察实物与诵读,其间之差别不可以道里计。一切真理唯存于具体的物中,与黄金之唯存于矿石中无异,其难只在搜寻之。书籍则不然,吾人即于此得真理,亦不过其小影耳,况又不能得哉! 故书籍之不能代经验,犹博学之不能代天才,其根本存于抽象的知识,不能取具体的知识而代之也。书籍上之知识,抽象的知识也,死也;经验的知识,具体的知识也,则常有生气。人苟乏经验之知识,则虽富书籍上之知识,犹一银行而出十倍其金钱之钞票,亦终必倒闭而已矣。且人苟过用其诵读之能力,则直观之能力必因之而衰弱,而自然之光明反为书籍之光所掩蔽;且注入他人之思想,必压倒自己之

思想,久之他人之思想遂寄生于自己之精神中,而不能自思一物,故不断之诵读,其有害于精神也必矣。况精神之为物非奴隶,必其所欲为者乃能有成。若强以所不欲学之事,或已疲而犹用之,则损人之脑髓,与在月光中读书其有损于人之眼无异也。而此病殊以少时为甚,故学者之通病,往往在自七岁至十二岁间,习希腊、拉丁之文法,彼等蠢愚之根本实存于此,吾人之所深信而不疑也。夫吾人之所食,非尽变为吾人之血肉,其变为血肉者,必其所能消化者也。苟所食而过于其所能消化之分量,则岂徒无益,而反以害之。吾人之读书,岂有以异于此乎?额拉吉来图曰:"博学非知识。"此之谓也。故学问之为物,如重甲胄然,勇者得之,固益有不可御之势;而施之于弱者,则亦倒于地而已矣。叔氏于知育上之重直观也如此,与卢骚、贝斯德禄奇之说如何相近,自不难知也。

而美术之知识全为直观之知识,而无概念杂乎其间,故叔氏之视美术也,尤重于科学。盖科学之源,虽存于直观,而既成一科学以后,则必有整然之系统,必就天下之物分其不相类者,而合其相类者,以排列之于一概念之下,而此概念复与相类之他概念排列于更广之他概念之下。故科学上之所表者,概念而已矣。美术上之所表者,则非概念,又非个象,而以个象代表其物之一种之全体,即上所谓理念①者是也,故在在得直观之。如建筑、雕刻、图画、音乐等,皆呈于吾人之耳目者。唯诗歌(并戏剧、小说言之)一道,虽藉概念之助,以唤起吾人之直观,然其价值全存于其能直观与否。诗之所以多用比兴者,其源全由于此也。

由是叔氏于教育上,甚蔑视历史,谓历史之对象,非概念,非理念,而但个象也。诗歌之所写者,人生之理念,故吾人于诗歌中,可得人生完全之知识。故诗歌之所写者,人及其动作而已。而历史之所述,非此人即彼人,非此动作即彼动作,其数虽巧历不能计也,然此等事实,不过同一生活之欲之发现。故吾人欲知人生之为何物,则读诗歌贤于历史远矣。然叔氏虽轻视历史,亦视历史有一种之价值。盖国民之有历史,犹个人之有理性,个人有理性,而能有过去未来之知识,故与动物之但知现在者异;国民有历史,而有自己之过去之知识,故与蛮民之但知及身之事实者异。故历史者,可视为人类之合理的意识,而其于人类也,如理性之于个人,而人类由之以成一全体者也。历史之价值唯存于此,此叔氏就历史上之意见也。

叔氏之重直观的知识,不独于知育、美育上然也,于德育上亦然。彼谓道德

---

① 《王国维全集》中此处以下段两处皆为"实念",见《王国维全集》第1卷,杭州:浙江教育出版社,2009年,第50页。

之理论,对吾人之动作无丝毫之效。何则?以其不能为吾人之动作之机括故也。苟道德之理论而得为吾人动作之机括乎,必动其利己之心而后可。然动作之由利己之心发者,于道德上无丝毫之价值也。故真正之德性,不能由道德之理论即抽象之知识出,而唯出于人己一体之直观的知识。故德性之为物,不能以言语传者也。基开禄所谓德性非可教者,此之谓也。何则?抽象的教训,对吾人之德性,即气质之善,无甚势力。苟吾人之气质而善软,则虚伪之教训不能沮害之,真实之教训亦不能助之也。教训之势力,只及于表面之动作,风俗与模范亦然。但气质①自身,不能由此道变更之。一切抽象的知识,但与吾人以动机,而动机但能变吾人意志之方向,而不能变意志之本质。易言以明之,彼但变其所用之手段,而不变所志之目的。今以例证之。苟人欲于未来受十倍之报酬而施大惠于贫民,与望将来之大利而购不售之股票者,自道德上之价值考之,二者固无以异也。故彼之为正教之故,而处异端以火刑者,与杀越人于货者何所择?盖一求天国之乐,一求现在之乐,其根柢皆归于利己主义故也。所谓德性不可教者,此之谓也。故真正之善,必不自抽象的知识出,而但出于直观的知识。唯超越个物化之原理,而视己与人皆同一之意志之发现,而不容厚此而薄彼,此知识不得由思索而失之,亦不能由思索得之。且此知识以非抽象的知识,故不能得于他人,而唯由自己之直观得之。故其完全之发现,不由言语,而唯由动作。正义、博爱、解脱之诸德,皆由此起也。

然则美术、德性,均不可教,则教育之事废软?曰:否。教育者,非徒以书籍教之之谓,即非徒与以抽象的知识之谓。苟时时与以直观之机会,使之于美术、人生上得完全之知识,此亦属于教育之范围者也。自然科学之教授,观察与实验往往与科学之理论相并而行,人未有但以科学之理论为教授,而以观察实验为非教授者,何独于美育及德育而疑之?然则叔氏之所谓德性不可教者,非真不可教也,但不可以抽象的知识导之使为善耳。现今伯林大学之教授巴尔善氏,于其所著《伦理学系统》中首驳叔氏德性不可教之说,然其所说全从利己主义上计算者,此正叔氏之所谓谨慎,而于道德上无丝毫之价值者也。其所以为此说,岂不以如叔氏之说,则伦理学为无效,而教育之事将全废哉?不知由教育之广义言之,则导人于直观而使之得道德之真知识,固亦教育上之事。然则此说之对教育有危险与否,固不待知者而决也。由此观之,则叔氏之教育主义,全与其哲学上之方

---

① 本段中"气质",《王国维全集》中皆作"品性",见《王国维全集》第 1 卷,杭州:浙江教育出版社,2009 年,第 51 页。

法同,无往而非直观主义也。

教育家之希尔列尔　王国维[①]

希尔列尔,世界的文豪也。以其伟大之性格,深远之热情,发之诗歌、戏曲,而为文学界之明星皓月,此固尽人知之矣。自教育之见地观之,则世界之读其著作者,实受其深远广博之感化,谓彼与格代相并,而为教育史上之伟人,非拟诸不伦也。

希尔列尔以为真之与善,实赅于美之中。美术、文学,非徒慰藉人生之具,而宣布人生最深之意义之艺术也。一切学问,一切思想,皆以此为极点。人之感情,惟由是而满足而超脱;人之行为,惟由是而纯洁而高尚。其解美术、文学也如此,故谓教人以为人之道者,不可不留意于美育。一千七百九十三年,即其三十四岁时,曾以书简之体裁,著一《美育论》。其书大旨,谓不施美育,则德育无自完全,此与希腊人所谓“人之精神,不取径于美,不能达于善”者,意义相同。然希腊人之所谓美育,第就个人之修养言,若夫由人道之发展上,而主张美育者,不得不推此世界大诗人矣。

希尔列尔之《美育论》,盖鉴于当时之弊而发。十八世纪,宗教之抑情的教育,犹跋扈于时。彼等不谋性情之圆满发达,而徒造成偏颇不自然之人物,其弊一也;一般学者惟知力之是尚,欲批评一切事实而破坏之,其弊二也;当时德国人民,偏于实用的、利己的,趣味甚卑,目光甚短,其弊三也。知此,则读彼之美育论者,思过半矣。

希氏所作,莫不含有道德的、教育的旨趣者。其二十五岁时,著一论,谓剧场教育之势力,不亚于学校。所著九种曲,今各国中学之教德语者,俱取为教科书。是盖以爱人道、爱正义、爱自由、爱国家社会之精神,灌输于后世少年者也。就中如《瑞士义民传》,德国学生,莫不熟读暗记。一千八百十三年,普国所以起自由军,而抗法兰西者,实此戏曲鼓舞人民爱国之心,有以使然尔。

希尔列尔,不但为广义之教育家也,三十岁时,尝于厄讷大学,教授史学,为学生所敬慕,又尝研究汗德之哲学,世称哲学诗人。生平笃于友谊,严于自治,故虽谓为实际之教育家亦可。其诗集中,有足窥见彼之教育意见者一节。

Glücklicher Säugling! dier ist ein unendlicher raum moch die

[①]《教育世界》第118号,1906年2月(丙午正月下旬),第5—6页,原文为句读。

Werden Mann, und dir wird eng die unendliche Wiege. Welt. [①]

翳摇篮之局促兮,于婴儿则广居! 恐他时置身世界兮,或踽踽而滋戚!

霍恩氏之美育说　王国维[②]

　　霍恩于所著《教育之哲学》中论之曰:"罗惹克兰支及斯宾塞等之研究教育理论也,于美育一事,弃而不顾,此不得不谓为缺憾。今于教育之新哲学中,其思所以弥之者矣。"由是观之,霍氏之于教育原理中,明明以美育为重,可知也。然霍氏于此书,却未详说美育之事,读者引为遗憾。或谓霍氏此书,别无独得之见,惟其取前说而排比之,能秩序整然,故足多尔。

　　厥后霍氏复著一书,题曰《教育之心理学的原理》。其第三篇为"情育论",中有"审美教育"一章。此章之说极新,霍氏殆自以为独得之见乎? 今先述其说之内容,而试加以品评焉。

审美教育之性质

　　感情生活之发展之最高者,美之理想也。审美教育者何? 培养其趣味而发展其美之感觉也。趣味者何? 美术价值之知识的辨别,与对美术制作物之情操的感受也。审美教育之最初目的,关于壮大之自然,及人间在能教育儿童,使知以美术物,供其娱乐之用而已;其次则贵能评量美术的价值。霍氏引拉斯铿之言,以明之曰:"凡对少年之士及非专门家之学子,不在使之自得其技术,知品评他人之技术而得其正鹄,斯为要尔。"是故为教员者,但能养成儿童俾知以智识的赏玩美术,则既足矣,其余之事非所关也。

审美教育所以为人忽视之故

　　以审美教育与体育、智育、德育等比较观之,则美育之为世人所忽视,亦固其宜。此其理由有三焉:(一)以其属情育之一部,故美育之于近世教育中,不能占独立之地步。如海尔巴德,即于知力及意志外,不予感情以独立之价值。此外,叔本华然也,巴尔善亦然也。要之皆以审美的感觉赅括于情操之下,而于意志论中述之矣。(二)以学科课目中所含审美的教材,以较智识的教材、道德的教材,所占范围绝小。(三)巧妙而有势力之议论,能使人于技术之重要,转至淡焉若

[①] 此诗原文应为:"Glücklicher Säugling! Dir ist ein unendlicher Raum noch die Wiege. Werde Mann, und dir wird eng die unendliche Welt!"

[②] 《教育世界》第151号,1907年6月(丁未五月上旬),第1—9页,原文为句读。

忘。如罗惹克兰支之《教育之哲学》，于健康、真理、宗教、道德之理想，谆谆论之；而于美之理想，则不置一辞。又如斯宾塞之《教育论》，其被影响于教育界也，殆五十年之久，而彼于审美的兴味，等闲视之，一若以文学技术为无益之举。其言曰："文学技术占生涯之余暇之部分，故当属教育以外之事耳。"方功利主义风靡一时之秋，则美育之为其人所忽视，又奚足怪哉！

卢骚之审美教育说

卢骚之著《爱弥耳》也，其教育之一般目的，未可谓为高远。彼非欲得笃实坚固委身徇道之人物，欲学者得平和闲雅之境遇耳；非欲其进取的计划，欲其以受动的享娱乐之生涯耳。卢氏教育之目的如此，诚未可言高远。虽然，彼于审美教育之价值，则能认见之矣。卢骚曰："使爱弥耳就一切事物，感其为美而爱之，是所以固定其爱情，保持其趣味也；所以遏其自然之欲望，而使之不至堕落也；所以防其卑劣之心情，而不至以财帛为幸福也。"移卢氏此言，以观今日社会之况，则诚有所见矣。

柏拉图之审美教育说

上而溯柏拉图之审美教育说，可见其较斯氏之说，为更高远矣。斯氏言使吾人遂完全之生活者，乃教育之所任。斯说也，与柏拉图同。然所谓完全之生活，意义迥异。何则？前者仅指物质的现象，后者则于灵魂之无穷之运命，亦赅而言之也。实则希腊思想所远觑于近时世界者，即所谓美是已。柏拉图于《理想的国家》中，有言曰："使吾人之守护者，于缺损道德的调和之幻梦中，成长为人，吾人之所不好也。愿使我技术家，有天禀之能力，而能辨别美与雅之真性质，则彼辈青年庶得托足于健全之境遇耳。"以言高尚之训练，殆未有逾此者也。

健全之精神，宿于健全之身体，罗马人之理想也；而美之精神，宿于美之身体，则希腊人之理想。吾人既欲实现前者之理想，亦愿实现后者之理想。

审美教育之重要

由上之说，则开拓儿童之美的感觉，果如何重要乎？今欲就四项详说之：（一）审美之休养的价值。（二）社会的价值。（三）心理的价值。（四）伦理的价值。

（一）美育之休养的价值

凡人于日日为事时，不可无休养。审美的教育即为此之故，而于人间之智的生活中，诱导游戏之分子，而保持之者也。审美的感动，即对美之观念之快感，而常能诱起其感情者，不外美术的建筑物、雕刻、绘画、诗歌、音乐或自然景色之类。

吾人之心意，常由此等而进于幸福之冥想。而其所为冥想也，决非为吾人之利用厚生，惟归于吾人生活之完全耳。故此等诸端，实为吾人自身供娱乐之用者。一切技术，决无期满足于未来之性质，惟于现在之时、现在之处，供给吾人以满足而已。是故为自身而与以快感者，即审美的快感。以此义言，则吾人即于日常之业务，亦得发见审美的要素于其中。同一事也，以审美的企图之，则感为快，不然则感为苦。吾人之灵魂，得由审美的技术而脱离苦痛。斯义也，叔本华之哲学中，既言之，学者所共稔也。吾人于纷纭万状之生涯中，而得技术以维持其游戏之分子，此所以增人间之悦乐，而因之占人类生存之胜利耳。故虽谓人类之绝对的利益，全出审美教育之赐，亦何不可之有？

（二）美育之社会学的价值

以社会学见地观之，则审美教育者，所以于完全之人类的境遇，调和人间者也。人类以科学、历史、技术，为世世相遗之产业。故教育之责，即在以是等遗产传诸新时代，而期其合宜焉尔。教育者苟忽视美育，非既与教育之本义，大相刺谬耶？吾人之灵魂，未达于审美的醒觉，则不能感受之灵性。故其灵魂惟往来于科学的事实、历史的事实之范围中，欲以达人类之理想之境遇，奚其可？

（三）美育之心理学的价值

以心理学的见地观之，则个人意识之完全发达，亦以美育为必要。意识者，不但有知的意的性质，又一面有情的性质。而美之感觉，实吾人感情生活中，最高尚之部分也。偏于智识则冷静，偏于实际则褊狭，知所谓美而爱之，则冷者温，狭者广矣。人之灵魂，对偏于智识者而告之曰："汝亦知智识而外，尚有不能以知识记载者乎？"又对偏于实际者而告之曰："汝知人世所谓有益者之外，尚有有价值者乎？"真理之智识，使人能辨别事物，而不能使之爱好事物；善良之意志，足以匡正人心，而不足以感动人心。欲使人间生活进于完全，则尚有一义焉，曰：真知其为美而爱之者是已。

（四）美育之伦理的价值

吾人于审美教育中，又见其有伦理的价值。欲彰斯义，诚难求详。然知其为恶德，则觉有丑劣不堪之象，横于目前；知其为美德，则恍有美艳夺人之色，炫于胸中。是说也，其诸人人所皆首肯者乎？固知所谓恶德，亦有时以虚饰而感人；所谓美德，亦有时以严酷而逆物。然见恶德而觉其丑恶时，吾之审美的灵性必斥之；见美德而觉其美丽时，吾之审美的灵性必与之：斯固无容疑议者也。不论何时何地，人间之行为，常与道德的基本一致，故其内容，可谓之为正。然至实现其行为之动机，则与云道德的，宁谓为审美的。要之，人间之行为，于其内容则道德的也，于其计划则审美的也。是故不为美而仅为正义之行为，终不能有伦理的价值也。

审美教育之实际问题

由前之说，而知审美教育之重要矣，于是遂生一实际问题焉，曰：学校于美育一事，宜如何而后可？从吾人之要求，则亦无他，修养美的感觉，获得美的意识是已。美之感觉，何以修养？曰：惟吾之耳目与灵魂，对人间及自然之事业，而觉悟其为完全之时，可以得之。譬如睹精巧之雕刻物，观神妙之绘画，闻抑扬宛转之音乐，读深邃高远之文学，山川日月，草木万物，贶我以和平之心情，畀我以昂藏之意气。于斯时也，吾人对耳目所接触者，感其物之完全，而悦乐生焉，则美之感觉，克受修养之益矣。如此审美的经验，即以吾人感情的感触其所爱好之事物，而人类经验中最高尚之形式也。若于此外，更求高尚之经验，其惟宗教的感情乎？然而宗教的感情，亦不外完全之美的要素，既人格化，而人间以意识的而结合之者耳。

（一）宜利用境遇之感化

然则于学校中，开拓美之感觉，当何如乎？窃以为其最要者，在利用境遇之感化，使家庭、学校之一切要素，悉为审美的，则儿童日处其中，所受感化必大矣。

（二）宜推广技能之学科课程

今世虽以文学为美术之一，于学科课程中，颇占相宜之地位，然其余技术，似不应下于文学，窃谓自今以往，亦宜注重。如唱歌，如玩奏乐器，皆宜加意肄习。如木工、金工、抟土等，宜于实用的外，更加以审美的。如于图画及其他学科，宜教以形色之要素是也。

（三）宜改良技能科之教法

自然研究之教授法，不可仅如今日之为科学的。于读书教授法则，此后宜留意于趣味一面。初等国文科之教材，亦宜多采简单之叙事诗或神话的要素，不可过列近时之作。如是，庶可避今世言语学的、文法的之弊，而于文学的形式，及其理想，乃能玩味之矣。又如劝诱儿童，频往来于教育博物馆或美术陈列所，是亦其一端也。

(四)宜创造审美的之校风

以此义言,必有自由安适及德行优秀诸点,而后可谓之为美。

(五)宜培养审美的之教师

教师为儿童之表率,故欲举美育之功,则教者自身,不可不先为审美的。故教室中之行为,及日常之举动,其风采容仪,不可不慎。捐时力财力之几分,肄习诗歌、音乐、书画之类,以为自己修养之资,斯固为教师者所不可少之要义也。

霍恩之美育说大略如上。其说平淡无精义,名高如霍氏,而其立说仅如此,似不足副吾辈之宿望。且彼自谓近人之忽视美育,一以置美育于情育之中故,而彼反自蹈其弊。又谓美育之不振,由学科课程中,含美的要素者少。然美育之于学科课程中,其位置宜若何,其分量宜若何? 亦未切实言之,未可谓为得也。虽然,以趣味枯索如今日之教育界,而得霍氏之热心鼓吹,一促时人之反省,其为功也,固亦伟矣! 今是以介绍其学说,亦窃愿今世学者,知美育之重要,而相与从事研究云尔。

说美育　君翔[1]

往余闻一多先生之说,以为德育、智育、体育之外,无复所谓教育焉者,未尝不瞿然若有所疑,继而知教育之未必遂尽于此道也。说美育:

美育何自胈? 胈于雅典,未蔚然成一科学也。彼其国以尚美故,若苏格拉底,若柏拉图,若亚里士多德,胥奔走而牖导之。抑且以伦理、美术,冶于一炉,所谓直侔于善,善侔于美者,诸儒固持之,而未去诸口者也。罗马既灭希腊,并此美术者,挟与俱归,不可谓非幸事已。然修养一主义,实用又一主义,格格然若同号之电,相斥而不可以相吸。中世教权益廓,知情意之自由,遂束缚俱尽。虽有孟尼(Montnigue)之倡导,亦弩末耳。泊乎近世,希腊罗马之学,光复靡遗,理科上之智识,抑且若朝暾破天,揭尘翳以俱去。而哈尔巴尔、斯宾塞尔者,始断断于唯心唯物之间,及其空也,则莫不归于审美之一途,今则美育之论定矣。美育,新名词也。昔之时并于德育、智育、体育(故有真善美相等之论),今之时与德育、智

---

[1] 《云南》第 15 号,1908 年 11 月 10 日,第 27—30 页,原文为句读。

育、体育析，是亦教育学发达使然。以其旨约之，则养人美术之情操和缓生存竞争而已。

　　人莫不有悦美之情（见心理学），此情偕时力与俱长，而有道德之情，与论理之情迎而合之，故言美育者，必先之以悦美之情，进之以论理之情，终之以道德之情，是何也？悦美之情，一本能耳。情之度，虽有高下单复，然不能以我律彼，亦不能以开化者律未开化者。特人有悦美思想，不能不倩美术以发露之，以思想隐于内，而美术显于外也。而发露此思想时，又不能不需一定之资料。譬诸填词，吾欲露悲壮之气，则所需者唯慷慨之词，于抒写绮丽之情，则所取重者悉绸缪之说，否则绌矣。世俗喜道目的方法，思想目的也，资料方法也。目的与方法适，则目的达，不适必不达，不达必无悦其美者，而欲叩其适焉与否，又纯乎其为轨范中事。故悦美之情，而不混以论理之情，欲其适焉而不得矣；悦美之情，而混以论理之情，欲其不适焉而不得矣。且不徒其适也，凡以筦钥此思想者，无一非论理上之事。此吾言美育，必进之以论理之情者此也。虽然论理之情，不过纳之于轨物而已，终之以道德，然后有所观感。王者之治天下也，奉五色，有九文、六采、五章，彰五声，有九歌、八风、七音、六律。自外观之，曰是以示美也；自内观之，以之移风易俗于不自觉。故布在庠序，崇为四术，入人国者，观其温柔敦厚而知诗教，观其恭俭庄敬而知礼教。是非累黍龠合分寸者，所能与于斯也。此吾言美育，必终之以道德之情者此也。

　　或曰，美育之真，若上所言，而美育不以实用见，学者将毋小之，曰否否。人有不受美育，未有无自动本能者，是本能也。进则为游戏，再进为跳舞。跳舞者，美术之根，而实用之门也。今语以未开化者之跳舞，其时皆有音乐偕之。姑勿论其音乐之如何，即其截竹为筒，折叶为箫，而知音乐之始，始于跳舞。跳舞之时，又有诗歌。诗歌亦表感情者，其衷曲之浅率勿论矣。然可证诗歌之始，亦始于跳舞。跳舞之时，复又有装饰。有不美者，文之以色泽，鬃之以膏沐，抑又绘画、雕刻之先声也。故自常人观之，美术并非实用；自彼未开化者，则以之生存竞争，未有以不实用律之者。跳舞可以生同情，生同情可以维持社会，维持社会则适于生存竞争。跳舞可以健体力，健体力可以捍御外敌，捍御外敌则适于生存竞争。匪惟是也，彼绘画、雕刻，亦运动筋肉以适其宜，或细察外物以肖其真，而不识不知，人长腕力而养脑力，至挟腕力脑力以应社会，则未有不居优胜者。唯其跳舞，可利用以生存竞争，而不能和缓生存竞争；不能和缓生存竞争，则相角无已时；相角无已时，则非保全社会之本心矣。夫以有社会本能（社会本能见社会心理学）者，而不能保全社会，岂非大乱之道也哉。虽然，彼实不知美育耳。世界弥进化，竞争弥剧急,竞争弥剧急,生存弥困难,自非智力阔足,未有不归于淘汰者。然一事焉而用智力,即一事焉而竭心力;事事焉而用智力,即事事焉而竭心力。举一社会之人而竭心力,而莫之或暇则莫不苦,苦则活力胹,活力胹则官骸之用莫不与之俱胹,胹之极辄戕其生,戕其生而生存竞争之机息矣。社会之文明者有美术馆,有油画馆,有公园,有剧馆,其下焉者亦有岁时伏腊、演剧、赛社、开庙等事,若是乎以无益害有益也者,自不知美育之隐寓于其间也。矧今教育中,固明明有美育一事,与德育、智育、体育并峙哉。季节之递嬗也,不能有秋而无春;岁时之迁移也,不能有寒而无暑。社会之有学术技艺以劳其生,不能不有美育以活其神。然则美育焉者,以之涵煦社会可也,以之巩固社会亦可也,即彼摩挲鼎彝以自娱,勘校金石以为乐者,吾又乌得而议其后也。

教育部总长蔡元培对于新教育之意见　蔡元培[①]

近日在教育部与诸同人新草学校法令,以为征集高等教育会议之预备,颇承同志饷以谠论。顾关于教育方针者殊寡,辄先述鄙见以为嚆引,幸海内教育家是正之。

教育有二大别:曰隶属于政治者,曰超轶乎政治者。专制时代(兼立宪而含专制性质者言之),教育家循政府之方针,以标准教育,常为纯粹之隶属政治者。共和时代,教育家得立于人民之地位,以定标准,乃得有超轶政治之教育。

清之季世,隶属政治之教育,腾于教育家之口者,曰军国民教育。夫军国民教育者,与社会主义僻驰,在他国已有道消之兆。然在我国则强邻逼处,亟图自卫,而历年丧失之国权,非凭藉武力,势难恢复。且军人革命以后,不保无军人执政之一时期,非行举国皆兵之制,将使军人社会,永为全国中特别之阶级,而无以平均其势力。则如所谓军国民教育者,诚今日所不能不采者也。

虽然,今之世界,所恃以竞争者,不仅在武力,而尤在财力。且武力之半,亦由财力而孳乳。于是有第二之隶属政治者,曰实利主义之教育,以人民生计为普

---

① 《申报》,1912年2月8日、9日、10日第2版。又载《民立报》,1912年2月8日、9日、10日。《神州日报》,1912年2月8日、9日、11日、12日第5版,题为《蔡总长之教育方针谈》。《新闻报》,1912年2月8日、9日、10日、11日、12日第1版,题为《蔡元培对于新教育之意见》。《时报》,1912年2月10日、11日、12日、13日第2版,题为《蔡元培对于新教育之意见》。《教育杂志》第3年第11期,1912年2月10日,第18—27页,题为《新教育意见》。《临时政府公报》第13号,1912年2月11日,第7—16页。《中华教育界》第1年第2号,1912年2月25日,第5—10页。《东方杂志》第8卷第10号,1912年4月1日,第7—10页。原文为句读。

通教育之中坚。其主张最力者,至以普通学术,悉寓于树艺、烹饪、裁缝及金、木、土工之中。此其说创于美洲,而近亦盛行于欧陆。我国地宝不发,实业界之组织尚幼稚,人民失业者至多,而国甚贫。实利主义之教育,固亦当务为急者也。

是二者所谓强兵富国之主义也。顾兵可强也,然或溢而为私斗,为侵略,则奈何?国可富也,然或不免智欺愚强劫弱,而为贫富悬绝,资本家与劳动家血战之惨剧则奈何?曰教之以公民道德。何为公民道德?曰法兰西之革命也,所标揭者,曰自由、平等、亲爱。道德之要旨,尽于是矣。孔子曰:匹夫不可夺志。孟子曰:大丈夫者,富贵不能淫,贫贱不能移,威武不能屈。自由之谓也。古者盖谓之义。孔子曰:己所不欲,勿施于人。子贡曰:我不欲人之加诸我也,吾亦欲毋加诸人。《礼·大学》记曰:所恶于前,毋以先后;所恶于后,毋以从前;所恶于右,毋以交于左;所恶于左,毋以交于右。平等之谓也。古者盖谓之恕。自由者,就主观而言之也。然我欲自由,则亦当尊人之自由,故通于客观。平等者,就客观而言之也。然我不以不平等遇人,则亦不容人之以不平等遇我,故通于主观。二者相对而实相成,要皆由消极一方面言之。苟不进之以积极之道德,则吾同胞中,固有因生禀之不齐,境遇之所迫,企自由而不遂,求与人平等而不能者。将一切恝置之,而所谓自由若平等之量,仍不能无缺陷。孟子曰:鳏寡孤独,天下之穷民而无告者也。张子曰:凡天下疲癃残疾惸独鳏寡,皆吾兄弟之颠连而无告者也。禹思天下有溺者,由己溺之。稷思天下有饥者,由己饥之。伊尹思天下之人,匹夫匹妇有不与被尧舜之泽者,若己推而纳之沟中。孔子曰:己欲立而立人,己欲达而达人。亲爱之谓也。古者盖谓之仁。三者诚一切道德之根源,而公民道德教育之所有事者也。

教育而至于公民道德,宜若可为最终之鹄的矣。曰未也。公民道德之教育,犹未能超轶乎政治者也。世所谓最良政治者,不外乎以最大多数之最大幸福为鹄的。最大多数者,积最少数之一人而成者也。一人之幸福,丰衣足食也,无灾无害也,不外乎现世之幸福。积一人幸福而为最大多数,其鹄的犹是。立法部之所评议,行政部之所执行,司法部之所保护,如是而已矣。即进而达礼运之所谓大道为公,社会主义家所谓未来之黄金时代,人各尽其所能,而各得其所需要,亦不外乎现世之幸福。盖政治之鹄的,如是而已矣;一切隶属政治之教育,充其量亦如是而已矣。

虽然人不能有生而无死。现世之幸福,临死而消灭。人而仅仅以临死消灭之幸福为鹄的,则所谓人生者,有何等价值乎?国不能有存而无亡,世界不能有成而无毁,全国之民,全世界之人类,世世相传,以此不能不消灭之幸福为鹄的,则所谓国民若人类者，有何等价值乎？且如是则就一人而言之，杀身成仁也，舍生取义也，舍己而为群也，有何等意义乎？就一社会而言之，与我以自由乎，否则与我以死，争一民族之自由，不至沥全民族最后之一滴血不已，不合全国为一大众不已，有何等意义乎？且人既无一死生破利害之观念，则必无冒险之精神，无远大之计划，见小利，急近功，则又能保其不为失节随①行身败名裂之人乎？谚曰：当局者迷，旁观者清。非有出世间之思想者，不能善处世间事，吾人即仅仅以现世幸福为鹄的，犹不可无超轶现世之观念，况鹄的不止于此者乎？

以现世幸福为鹄的者，政治家也，教育家则否。盖世界有二方面，如一纸之有表里：一为现象，一为实体。现象世界之事为政治，故以造成现世幸福为鹄的；实体世界之事为宗教，故以摆脱现世幸福为作用。而教育者，则立于现象世界，而有事于实体世界者也。故以实体世界之观念，为其究竟之大目的，而以现象世界之幸福，为其达到于实体观念之作用。

然则现象世界与实体世界之区别何在耶？曰：前者相对，而后者绝对；前者范围于因果律，而后者超轶乎因果律；前者与空间、时间有不可离之关系，而后者无空间、时间之可言；前者可以经验，而后者全恃直观。故实体世界者，不可名言者也。然而既以是为观念之一种矣，则不得不强为之名，是以或谓之道，或谓之太极，或谓之神，或谓之黑暗之意识，或谓之无识之意志。其名可以万殊，而观念则一。虽哲学之流派不同，宗教家之仪式不同，而其所到达之最高观念皆如是。（最浅薄之惟物论哲学及最幼稚之宗教祈长生求福利者，不在此例。）

然则教育家何以不结合于宗教，而必以现象世界之幸福为作用？曰世固有厌世派之宗教若哲学，以提撕实体世界观念之故，而排斥现象世界。因以现象世界之文明为罪恶之源，而一切排斥之者。吾以为不然。现象实体，仅一世界之两方面，非截然为互相冲突之两世界。吾人之感觉，既托于现象世界，则所谓实体者，即在现象之中，而非必灭乙而后生甲。其现象世界间，所以为实体世界之障碍者，不外二种意识：一人我之差别，二幸福之营求是也。人以自卫力不平等而生强弱，人以自存力不平等而生贫富。有强弱贫富而彼我差别之意识起。弱者贫者，苦于幸福之不足，而营求之意识起。有人我，则于现象中为种种之界画，而与实体违。有营求，则当其未遂，为无已之苦痛。及其既遂，为过量之要索。循环于现象之中，而与实体隔。能剂其平，则肉体之享受，纯任自然，而意识界之营求泯，人我之见亦化。合现象世界各别之意识为浑同，而得与实体吻合焉。故现

---

① 应为"堕"。

世幸福，为不幸福之人类，到达于实体世界之一种作用，盖无可疑者。军国民、实利两主义，所以补自卫自存之力之不足。道德教育，则所以使之互相卫互相存，皆所以泯营求而忘人我者也。由是而进以提撕实体观念之教育。

提撕实体观念之方法如何？曰：消极方面，使对于现象世界，无厌弃而亦无执著；积极方面，使对于实体世界，非常渴慕而渐进于领悟。循思想自由、言论自由之公例，不以一流派之哲学、一宗门之教义梏其心，而惟时时悬一无方体、无终始之世界观以为鹄。如是之教育，吾无以名之，名之曰世界观教育。

虽然，世界观教育，非可以旦旦而聒之也。且其与现象世界之关系，又非可以枯槁单简之言说袭而取之也。然则何道之由？曰由美感之教育。美感者，含美丽与尊严而言之，介乎现象世界与实体世界之间，而为之津梁。此为康德所创造，而嗣后哲学家未有反对之者也。在现象世界，凡人皆有爱恶惊惧喜怒悲乐之情，随离合生死祸福利害之现象而流转。至美术，则即以此等现象为资料，而能使对之者自美感以外，一无杂念。例如采蓬煮豆，饮食之事也，而一入诗歌，则别成兴趣。火山赤舌，大风破舟，可骇可怖之景也，而一入图画，则转堪展玩。是则对于现象世界，无厌弃而亦无执著也。人既脱离一切现象世界相对之感情，而为浑然之美感，则即所谓与造物为友，而已接触于实体世界之观念矣。故教育家欲由现象世界，而引以到达于实体世界之观念，不可不用美感之教育。

五者皆今日之教育所不可偏废者也。军国民主义、实利主义、德育主义，三者为隶属于政治之教育。（吾国古代之道德教育则间有兼涉世界观者，当分别观之。）世界观、美育主义，二者为超轶政治之教育。

以中国古代之教育证之。虞之时，夔典乐而教胄子以九德，德育与美育之教育也。周官以乡三物教万民，六德六行，德育也。六艺之射御，军国民主义也。书数，实利主义也。礼为德育，而乐为美育。

以西洋之教育证之。希腊人之教育，为体操与美术，即军国民主义与美育也。欧洲近世教育家，如海尔巴脱氏，纯持美育主义。今日美洲之德弗伊派，则纯持实利主义者也。

以心理学各方面衡之，军国民主义毗于意志，实利主义毗于知识，德育兼意志情感二方面，美育毗于情感，而世界观则统三者而一之。

以教育界之分言三育者衡之，军国民主义为体育，实利主义为智育，公民道德及美育皆毗于德育，而世界观则统三者而一之。

以教育家之方法衡之，军国民主义、世界观、美育，皆为形式主义，实利主义为实质主义，德育则二者兼之。

譬之人身:军国民主义者,筋骨也,用以自卫;实利主义者,胃肠也,用以营养;公民道德者,呼吸机循环机也,周贯全体;美育者,神经系也,所以传导;世界观者,心理作用也,附丽于神经系而无迹象之可求。此即五者不可偏废之理也。

本此五主义,而分配于各教科,则视各教科性质之不同,而各主义所占之分数,亦随之以异。

国语国文之形式,其依准文法者,属于实利,而依准美词学者,属于美感。其内容,则军国民主义当占百分之十,实利主义当占其四十,德育当占其二十,美育当占其二十五,而世界观则占其五。

修身,德育也,而以美育及世界观参之。

历史、地理,实利主义也。其所叙述,得并存各主义。历史之英雄,地理之险要及战迹,军国民主义也;记美术家及美术沿革,写各地风景及所出美术品,美育也;记圣贤,述风俗,德育也;因历史之有时期而推之于无终始,因地理之有涯涘而推之于无方体,及夫烈士、哲人、宗教家之故事及遗迹,皆可以为世界观之导线也。

算学,实利主义也。而数为纯然抽象者,希腊哲人毕达哥拉士以数为万物之原,是亦世界观之一方面。而几何学各种线体,可以资美育。

物理、化学,实利主义也。原子电子,小莫能破,爱耐而几,范围万有,而莫知其所由来,莫穷其所究竟,皆世界观之导线也。视官听官之所触,可以资美感者尤多。

博物学,在应用一方面,为实利主义;而在观感一方面,多为美感。研究进化之阶段,可以养道德;体验造物之万能,可以导世界观。

图画,美育也。而其内容,得包含各种主义。如实物画之于实利主义,历史画之于德育是也。其至美丽至尊严之对象,则可以得世界观。

唱歌,美育也。而其内容,亦可以包含种种主义。

手工,实利主义也,亦可以兴美感。

游戏,美育也。兵式体操,军国民主义也。普通体操,则兼美育与军国民主义二者。

上之所著,仅具大较,神而明之,在心知其意者。

满清时代,有所谓钦定教育宗旨者,曰忠君,曰尊孔,曰尚公,曰尚武,曰尚实。忠君与共和政体不合,尊孔与信教自由相违(孔子之学术,与后世所谓儒教、孔教当分别观之。嗣后教育界何以处孔子,及何以处孔教,当特别讨论之,兹不赘),可以不论。尚武,即军国民主义也;尚实,即实利主义也;尚公,与吾所谓公民道德,其范围或不免有广狭之异,而要为同意。惟世界观及美育,则为彼所不道,而鄙人尤所注重,故特疏通而证明之,以质于当代教育家,幸教育家平心而讨论焉。

讨论教育部长对于新教育之意见 贾丰臻[①]

近阅日报,见临时政府教育部长对于新教育之意见文,洋洋洒洒,万有余言。胚胎哲学,鼓吹教育,洵为近今罕观之作矣。臻虽不敏,亦尝奉教于在东诸大家。部长既质诸当世吾人,既岂可箝口结舌,自甘暴弃,以湮没其不耻下问之心乎?用敢讨论及之,陈意见即以乞纠正也。

夫部长对于教育之意见,即所谓关于教育方针是也。既名之曰方针,则虽人心如面容有不同,要其定于一则无不同也。日本明治初年之教育方针,为美之智力主义,至明治十二年,改为英之实利主义。二十年后,又变而为德之德性主义。中日战后,欲使海陆军与教育界联络一气,又变而为军国民主义。日俄战后,其经济界大形恐慌,又变而为实利主义。近以学风日坏,不良少年时见,又渐趋向于德性主义。虽各国之教育主义,全为日本所模仿,朝秦暮楚,时时变更,要非同时并行,则可断言也。今部长以军国民教育主义、实利主义、公民道德教育主义、世界观教育主义、美感教育主义,同时表出,旁证曲引,一若不并行,则教育之方针不克完成者,窃恐两途并骛,一事无成,犹之泛舟大洋,主持罗针者,东西南北,靡有底定,如是而欲达到目的地,诚忧忧乎难之。乃其言曰,军国民教育主义,犹人身之筋骨,用以自卫;实利主义,犹胃肠用以营养;公民道德犹呼吸机、循环机,周贯全体;美育犹神经系,所以传导;世界观者,犹附属于神经系,为心理作用。此五者不可偏废。殊不知既称之曰教育方针,则可譬为人之头脑,主宰一切,万无政出多门之理,所谓天君泰然百体从令者,微此莫属,所望于教育者加意而讨论之也。

且也隶属政治之教育,若军国民教育主义、实利主义、公民道德主义,固可择定一者以为方针,至超轶政治之教育,若世界观主义、美育主义,则可谓玉卮无当,虽宝非用。无论其若何高尚,若何快活,若何尊严,若何流动,而其不能定为教育之方针,则敢断言也。况尽人而使其一受教育,即有超轶政治之思想,亦但

[①] 《申报》,1912年2月21日第6版。又载《时报》,1912年2月22日、24日第2版。《教育界》第1期,1912年6月14日(壬子岁四月晦日),第1—2页;第2期,1912年7月14日(壬子岁六月一日),第1页。《群学会杂俎》第1年第1期,1912年7月,第26—32页,部分字词略有不同。原文为句读。

见其不可能,纵尽人而有超轶政治之思想,亦无裨于新教育。盖教育莫重于小学,而小学之主旨,则为留意儿童身体之发育,而授以共和国民道德之基础,及人生必须之知识技能。超轶政治云何哉?虽云共和时代,教育家得立于人民之地位以定标准,乃得有超轶政治之教育。然其范围,与普及教育,全无关系;与自由信仰,转相矛盾。臻意主张斯道者,只须恃其能力,私立一二大学,已足以发挥其宗旨,固无俟提撕警觉,而定为教育之方针也。矧世界观及美感,皆关于哲学问题,教育虽根于哲学,然断不可以概哲学,固尽人而知之也。或曰人有信仰心而后富教育思想,故西洋著名之教育家,大都为著名之宗教家,是说虽近理,然教育可研究而得,不必尽出乎信仰,中西情形不同,更未可强合为一。此固臻所极愿讨论者也。

昔满清时代之钦定教育宗旨,曰忠君、尊孔、尚公、尚武、尚实。忠君主义根于日本之忠君爱国,尊孔主义依乎西洋之崇拜宗教,尚公属德育,尚武属体育,尚实属知育。以一国之教育,而包含东西洋两方面,多见其不知量,并以体育、德育、知育之三主旨,浑括上二者而为教育之五大主义,稍知教育者,鲜不掩口胡卢矣。盖日本之忠君,系其历史上之关系;西洋之崇拜宗教,乃在十六世纪以前。知育、德育、体育之三主旨,依于学校之性质,容有先后缓急之分。今部长虽去忠君、尊孔二主义,然自称军国民教育即尚武主义,实利即尚实主义,公民道德与尚公亦大同小异,而加入世界观及美育,则其形式仍相同也。虽世界观及美育,非如忠君、尊孔之包含东西洋两方面,然直以希腊、罗马古代之教育主义,即为共和国之教育方针,恐较诸满清之忠君、尊孔,尤为难能。此亦臻所极愿讨论者也。

夫教育之所谓世界主义者,以教育者不可不具世界之眼光,即对待国家教育主义、社会教育主义、家庭教育主义而言,若孔氏之所谓大同,墨氏之所谓兼爱,即世界主义之谓也。重人道,尊人权,有彼此提撕之责任,无尔我界限之可画,即世界教育主义之谓也。今其言曰,人不能有生而无死,现世之幸福,临死而消灭,非有出世间之思想者,不能善处世间事,则彼所谓世界教育,非吾所谓世界教育也。无论其与军国民教育主义、实利主义、公民道德主义,已隔不相投。而其所谓一流派之哲学,一宗门之教义,不免自道之而自蹈之矣。况乎哲学分二大派,一大陆之纯理派,笛卡儿、斯比诺莎、拉哀铺捏等主之,一英法之经验派,倍根、霍布士、陆克、牛敦等主之。至十八世纪,康德大哲学家,始集其大成,而为批判哲学(又称超越哲学),其中有分析判断(即说明判断)、综合判断(即扩充判断)之别。分析判断者,宾概念在主概念之内包中,不待经验而自明为先天的;综合判断者,宾概念不在主概念之内包中,必待经验而始明为后天的。前者合于大陆之纯理派,后者合于英法之经验派,是康氏直欲以批判哲学混合二者而一之矣。今其言曰:现象世界之事为政治,以造现世幸福为目的;实体世界之事为宗教,以摆脱现世幸福为作用。教育以实体世界之观念,为其究竟之大目的;以现象世界之幸福,为其达到于实体观念之作用。而实体世界全恃乎实观,非若现象世界之可以经验,如是则仅就其哲学思想而论,已非若康氏批判哲学之头绪分清矣,又何论其与教育宗旨相去远近哉。此亦臻所极愿讨论者也。

欧美教育之发达,实根于古代希腊之教育。希腊教育之要点,在重美二字,故学科最重诗歌、音乐及体操,以肉体精神皆能由尽美而至尽善。今其言曰,教育家欲由现象世界,而引以到达于实体世界之观念,不可不用美感之教育。信斯言也,则凡学校之体操、唱歌,皆为导生徒至实体世界之媒介矣。且小学校亦重体操、唱歌,若以全国之学龄儿童,使之入于不可名言之世界,将直观教授之谓何,普通教育之谓何,故以美育为超轶政治之教育,亦未见其尽善也。至谓根于康德之美的判断力,则恐未尽合焉。盖康氏以实践理性卓越之说,不能统一现象与物如必然与自由、经验界与可想界,而欲以判断力使此等二者之根抵,全归一致。其判断力中,分美的判断力、意匠的判断力,美的判断力中又分自然美与艺术美。自然美能惹起吾人之精神,即无关心的快乐,此必然与自由相合一也。艺术美示事物之内部的价值,及事物之本质,即形式与内容相调和也。又艺术之制作,全恃天才,天才之作品,属于无意识,此亦必然与自由相合一之证也。综观康氏所主之美,纯为批判哲学,与教育无关系。今即以之为教育方针,其然乎,其不然乎? 此亦臻所极愿讨论者也。

此外所不可不讨论者,为哲学与科学之关系。哲学者,所以攻究诸科学之假定原理,以哲学较科学,则哲学尤为深入之一研究问题。故自哲学上观科学,则科学中哲学皆不存在,且失其统一,惟哲学能统一诸科学,能说明诸科学之原理,无论如何,科学其结局皆到达于哲学。斯宾塞尔曰,科学为一部分组织之知识,哲学为全然组织之知识,又有学者以哲学为科学之总和,故哲学决不与诸种科学为同一攻究之问题,可章章明矣。今之所谓世界观与美感者,即哲学问题,以之分配于各教科,固说得过去,但不得谓科学即哲学,而可同一攻究之也。既不可同一攻究,则上所谓哲学之不能为教育方针,亦章章明矣。臻于教育研究以外,若宋明之理学、印度之佛学、西洋之哲学,亦稍涉猎,独未敢牵涉二者而一之,使教育界悬以为鹄,岂信道不笃之故欤,抑见理未明之故欤! 尚望阅者进而教之,幸甚!

教育部公布教育宗旨令①

▲中华民国元年九月初二日部令第二号

兹定教育宗旨，特公布之。此令。

注重道德教育，以实利教育、军国民教育辅之，更以美感教育完成其道德。

儗播布美术意见书　周树人②

一、何为美术

美术为词，中国古所不道，此之所用，译自英之爱忒（Art or fine art）。爱忒云者，原出希腊，其谊为艺，是有九神，先民所祈，以冀工巧之具足，亦犹华土工师，无不有崇祀拜祷矣。顾在今兹，则词中函有美丽之意，凡是者不当以美术称。

希腊之民，以美术著于世，然其造作，初无研肄，仅凭直觉之力，以判别天物美恶，惟其为觉敏，故所成就者神。盖凡有人类，能具二性：一曰受，二曰作。受者譬如曙日出海，瑶草作华，若非白痴，莫不领会感动；既有领会感动，则一二才士，能使再现，以成新品，是谓之作。故作者出于思，倘其无思，即无美术。然所见天物，非必圆满，华或槁谢，林或荒秽，再现之际，当加改造。俾其得宜，是曰美化，倘其无是，亦非美术。故美术者，有三要素：一曰天物，二曰思理，三曰美化。缘美术必有此三要素，故与他物之界域极严。刻玉之状为叶，糅添③之色乱金，似矣，而不得谓之美术。象齿方寸，文字千万，核桃一丸，台榭数重，精矣，而不得谓之美术。几案可以弛张，什器轻于携取，便于用矣，而不得谓之美术。太古之遗物，绝域之奇器，罕矣，而非必为美术。重碧大赤，陆离斑驳，以其戟刺，夺人目

---

① 《政府公报》第 127 号，1912 年 9 月 4 日，第 1—2 页。又载《时事新报》，1912 年 9 月 14 日第 5 版，题为《教育部注重道德教育》。《江苏省公报》第 44 期，1912 年 9 月 19 日，第 1 页，题为《通令南京府知事、各县民政长、省立各校校长颁行教育部定教育宗旨》。《教育杂志》第 4 卷第 7 号，1912 年 12 月 10 日，第 5 页。《东方杂志》第 9 卷第 4 号，1912 年 10 月 20 日，第 28 页。《宝山共和杂志》第 3 期，1912 年 10 月，第 56—57 页，题为《通告各学校文（奉行通令颁行部定教育宗旨）》。《九澧共和报》第 12 期，1912 年 11 月 24 日，第 35 页。《直隶教育界》第 1 期，1912 年 12 月，第 55 页。《圣教杂志》第 2 年第 1 期，1913 年 1 月，第 30 页。《上海公报》第 3 期，1913 年 2 月 1 日，第 1 页，题为《都督通令颁行教育部定教育宗旨》。《教育部编纂处月刊》第 1 卷第 1 册，1913 年 2 月，第 1 页。

② 《教育部编纂处月刊》第 1 卷第 1 册，1913 年 2 月，第 1—5 页，原文为句读。

③ 《鲁迅全集》此处为"糅漆"，见《鲁迅全集·第八卷·集外集拾遗补编》，北京：人民文学出版社，2005 年，第 50 页。

睛,艳矣,而非必为美术,此尤不可不辨者也。

二、美术之类别

由前之言,可知美术云者,即用思理以美化天物之谓。苟合于此,则无间外状若何,咸得谓之美术:如雕塑、绘画、文章、建筑、音乐皆是也。区分之法,始于希腊柏拉图,其类凡二:

(甲)静美术　(乙)动美术

柏氏以雕塑、绘画为静,音乐、文章为动,事属草创,为说不完。后有法人跋多区分为三,德人黑智尔承之。

(甲)目之美术　(乙)耳之美术　(丙)心之美术

属于目者为绘画、雕塑,属于耳者为音乐,属于心者为文章,其说之不能具是,无异前古。近时英人珂尔文以为区别之术,可得三种,今具述于次;凡有美术,均可取其一以分隶之。

(一)(甲)形之美术　(乙)声之美术

美术有可见可触者,如绘画、雕塑、建筑,是为形美;有不可见不可触者,如音乐、文章,是为音美。顾中国文章之美,乃互形声二者,是又非此例所能赅括也。

(二)(甲)摹拟美术　(乙)独造美术

美术有拟象天物者,为雕刻、绘画、诗歌。有独造者,为建筑、音乐。此二者虽间亦微涉天物,而繁复媵会,几于脱离。

(三)(甲)致用美术　(乙)非致用美术

美术之中,涉于实用者,厥惟建筑。他如雕刻、绘画、文章、音乐,皆与实用无所系属者也。

三、美术之目的与致用

言美术之目的者,为说至繁,而要以与人享乐为臬极,惟于利用有无,有所牴午。主美者以为美术目的,即在美术,其于他事,更无关系。诚言目的,此其正解。然主用者则以为美术必有利于世,傥其不尔,即不足存。顾实则美术诚谛,固在发扬真美,以娱人情,比其见利致用,乃不期之成果。沾沾于用,甚嫌执持,惟以颇合于今日国人之公意,故从而略述之如次:

一美术可以表见文化。凡有美术,皆足以征表一时及一族之思惟,故亦即国魂之现象;若精神递变,美术辄从之以转移。此诸品物,长留人世,故虽武功文教,与时间同其灰灭,而赖有美术为之保存,俾在方来,有所考见。他若盛典佚事,胜地名人,亦往往以美术之力,得以永住。

一美术可以辅翼道德。美术之目的,虽与道德不尽符,然其力足以渊邃人之性情，崇高人之好尚，亦可辅道德以为治。物质文明，日益漫衍，人情因亦日趣于肤浅；今以此优美而崇大之，则高洁之情独存，邪秽之念不作，不待惩劝而国又安。

一美术可以救援经济。方物见斥，外品流行，中国经济，遂以困匮。然品物材质，诸国所同，其差异者，独在造作。美术弘布，作品自胜，陈诸市肆，足越殊方，尔后金赀，不虞外溢。故徒言崇尚国货者末，而发挥美术，实其本根。

四、播布美术之方

美术之用，大者既得三事，而本有之目的，又在与人以享乐，则实践此目的之方术，自必在于播布。播布云者，谓不更幽秘，而传诸人间，使与国人耳目接，以发美术之真谛，起国人之美感，更以冀美术家之出世也，兹拟应行之事如次：

一建设事业。

美术馆。当就政府所在地，立中央美术馆，为光复纪念，次更及诸地方。建筑之法，宜广征专家意见，会集图案，择其善者，或即以旧有著名之建筑充之。所列物品，为中国旧时国有之美术品。

美术展览会。建筑之法如上。以陈列私人所藏，或美术家新造之品。

剧场。建筑之法如上。其所演宜用中国新剧，或翻译外国著名新剧，更不参用古法；复以图书陈说大略，使观者咸喻其意。若中国旧剧，宜别有剧场，不与新剧混淆。

奏乐堂。当就公园或公地，设立奏乐之处，定日演奏新乐，不更参以旧乐；惟必先以小书说明，俾听者咸能领会。

文艺会。当招致文人学士，设立集会，审国人所为文艺，择其优者加以奖励，并助之流布。且决定域外著名图籍若干，译为华文，布之国内。

一保存事业。

著名之建筑。伽蓝宫殿，古者多以宗教，或帝王之威力，令国人成之；故时世既迁，不能更见，所当保存，无令毁坏。其他若史上著名之地，或名人故居、祠宇、坟墓等，亦当令地方议定，施以爱护，或加修饰，为国人观瞻游步之所。

碑碣。椎拓既多，日就漫漶，当申禁令，俾得长存。

壁画及造象。梵刹及神祠中有之，间或出于名手。近时假破除迷信为名，任意毁坏，当考核作手，指定保存。

林野。当审察各地优美林野，加以保护，禁绝剪伐；或相度地势，辟为公园。其美丽之动植物亦然。

一研究事业。

古乐。当立中国古乐研究会，令勿中绝，并择其善者，布之国中。

国民文术。当立国民文术研究会，以理各地歌谣、俚谚、传说、童话等；详其意谊，辨其特性，又发挥而光大之，并以辅翼教育。

论美感教育之关系　陈国惠[①]

绝不意吾人之造诣立极者，于真善二境外，复有美之一境，悬的以为赴也。惬则生我快足之感，不惬则生我馁之感，非由外铄我，我固有之也。昔漆园叟有言：美者自美，吾不知其为美；恶者自恶，吾不知其为恶。此无他，夹我感其中，斯为美耳。平居独立湖塘，延赏水月，一道光芒，混漾阅铄，徘徊数武。是光景乃若随人，又人目易位，前之暗者，今乃更明，以言其实，则由人目与月作二线，入水成角等者，皆当见光，其不等者，皆全成暗。然则形形色色，皆感觉为之也，使无感觉，则形色全非矣。又地球如橘坳者为水，胅者为山，动植飞潜，各写其状，俯仰冥然罔觉，而一人诗情画意，莫不刻露天工，乞神人巧。顾寻其思绪，动之有机，或娟娟丽人，明月千里，或翩翩仙子，清风一襟。玉蕴山辉，珠含川媚，目触之而成轷，耳得之而成声。于是欲即美感而永之，则种种美术生焉。举凡绘画、剪缀、雕刻、堆筑、豆土、竹木、金石之品，莫不指挥如意，曲肖其形，更藉文以纪之，歌以咏之，旁达沛潢，必罄所有而后已。物耶我耶，殆假物抒我作者之精神所系耶。试举美感教育之关系，约略举之。

一美感教育足以消弭纷争也。

天赋人以自由之意志，能使人为圣人，为天才。而圣人天才，每如凤毛麟角，今古罕觏，是则何欤，一言蔽之，受利害之桎梏而已。惟桎梏于利害，而后意志遂不自由，本必不争，而以利害之故，不得不争，虽有意志，不能使其不争也。惟美之为物，则能使人脱离其利害之关系而泯其纷争。理想之美，不可睹已，自然之美，若鸟鸣花笑，若月白风清，此固古人欲隐遁于山巅水涯之间，而以之荡涤胸襟者。至学校之中，施教育者，欲使全部学生消弭其争名竞利之野心，亦惟有假造形之美，以提倡美感教育而已。

一美感教育足以增加物值也。

人情购物，愿出美观之费，常溢于核实之真值，肉好圜泉，质虽轻约而不计金玉色泽，内虽败絮而亦甘。故长袖善舞，多钱善买，装饰招纸，眴铄动人，化窳为

---

① 《教育周报》第 8 期，1913 年 6 月 1 日，第 1—3 页，原文为句读。

良,足以引起美感,倾人囊资者不少。彼捧心呈愁,束腰示长,亦利用是道。遮眼邀顾,隳其术中者,振古如兹矣。自番舶东来,羊毛鹅羽,经西洋之劚织而殊科,丹石汞铅,过波斯之宝眼而增价,奇异淫巧,奔国如狂。我国地大物博,山珍海错,棋布星罗,诚能加意润色,服品罐诘,驰远出洋,使眩目烂然,不徒足以塞漏卮,兼可乘隙而斗他人之捷。吾知国殖孟晋,何啻万万也,而徒沾沾步商战国之牛后,不其恶哉。

　　一美感教育足以精密观察也。

　　感赏家把玩之物,其谛视恒审,亦情感为之也,而神圣创作,即可由此而推。公输子之巧,削木鸢飞,三日而不下,睨而视之,动中绳墨,此以神目遇也。季札观乐,能辨十五国之风,盈耳洋洋,呼之欲出,此以神耳遇也。一芥子现须弥全身,一桃核雕七十二狝猴,及其小也,无微不至。秦阿房宫之钩心斗角,鲁灵光殿之神出鬼没,及其大也,昭乎天地。此殆纯以机行,而非拙匠所能阶梯也。今泰西雕刻建筑家,庶能仿佛之。彼虽聋瞽,尚能以手指触觉,竞胜于美术之场,更非思想所能及矣。是故科学的观察,或隔拘墟,不及审美的观察,每多灵活;机械的观察,仅留皮相,不及审美的观察,勘透神髓。昔吴道子画龙,点睛欲飞,唐伯虎画虎,毛骨俱动,皆其谛审物品,加人一等故也。彼外国小学,置图画、手工、音乐诸科,使五尺童子,观物浏亮,我中华亦当深思效法,而毋诒乳臭菽麦之诮也夫!

　　一美感教育足以高尚民格也。

　　物质竞争太过,其趋功近利之心,每足以逼隘器宇,躁急人心,惟荡之以活泼艺术,潇洒襟怀,使养成共和国民独立自尊优游驯雅之风,其气象固宜如此也。且品格即高,而思想亦自遂远,凡摄玄钩虚,契神沦智,创造一切者,断非尘俗所能梦及。昔瑞士山谷多诗人,泰晤士河流多喜剧、悲剧大家,而民族为之柔化,思想因之进步,至今上治,日蒸无已,良足歆羡。我中华历史上,如秦篆汉文,晋帖唐诗,风行一代,便气骨不凡,今正可借彼大雅,医兹嚣俗,而凡索虏楚伧南北权势之争,一念及天职可尊,自由足福,登我于钧天之府,广漠之野,当兴美感而爽然自失矣。

美育论　余箴[1]

　　教育之怡归,在使儿童身心,均等发达,故体育与心育并重焉。而心之作用,

① 《教育杂志》第5卷第6号,1913年9月10日,第71—79页,原文为句读。又载《昆明教育月刊》第1卷第5册,1915年,第1—10页。

不外知、情、意三者，交互发现。故心育之中，又分为知育、情育、意育三端，合之体育，是谓四育。其为知情意之对象，而吾人所欲达之之境，则谓之曰真、曰美、曰善，故或易知育、情育、意育之称，为智育、美育、德育。其曰体、智、德、三育者，盖以情育、意育，赅于德育之中故，非独异乎四育之说，而谓情育或美育，可独阙焉也。斯义也，粗治教育学者，类能言之，奚俟赘论。然不幸犹有人焉，误解美育之义，或曰，是无补于实用，或曰，虽有用，然不必尽人而然，施之普通教育，殊非所宜。予是以不惮词费，欲有以祛其惑焉。

教育学上所谓美育一语，恒因其使用之所在，而函蕴微殊。用之于狭义，但谓藉自然之美，或人工之美，以诱起主观之美感，此即心理学上所谓审美之情操，别于求知之情尚德之情而言者也。用之于广义，则美育与情育，异名而同实，盖谓欲感情全体之发达，而造乎完满之域者，不外育之以美，与夫启迪知力而欲即于真，陶冶意力而欲止于善者，意无以异。以美育与智育德育对举者，即指此广义之美育也。知美育之与情育，不过用语上之区别，则夫轻视美育之谬见，可不攻自破。何则，凡人心活动时，其知、情、意三端，未有不关联而起者。非知、情、意三端，均等发达，则精神作用，即不能臻完满。然则美育之与智育、德育，不能偏废其一，且不能有所轻重于其间，此固无辨驳之余地者也。浅者不解美育之义，故闻而疑焉，为晓之曰美育即情育，其亦可以恍然矣。

原夫世之所以轻视美育者，坐以专门意义之美育，与普通意义之美育，混视为一故。彼以为美育也者，即造就文学家若艺术家之准备，故不宜于一般教育，然其见地之纰谬，固不劳多辨。真正之文学家、艺术家，非教育之力之所能产出，亦不以短乏美育故，而有夭阏天才之虞。吾民非嗜美之民族，而我之文学家、艺术家，不绝现于史乘，正其明徵。是故普通教育之所以重视美育者，非为欲得文学家、艺术家，而预于幼年之顷，树厥初基也。又造就通常之文学家、艺术家者，自有专任美育之学校在，其无与于普通教育之事，尤不待言。普通教育上之所谓美育（教育的美育），第谓人之感情，欲其完全发展，而无失于正轨，则必导之于纯洁美妙之境，使卑劣之情绪，不待抑遏，而自消弭云尔。夫发展儿童固有之心力，期勿毗于一偏者，教育之任务。而嗜美之冲动，早既潜伏于儿童心性中，苟不因而导之，及时而培育之，则将萎其美感之芽，而精神作用，且陷于畸形之发达焉。此美育之重要，所以不下于智德二育也。教育意义之美育，盖即如此，惟所以贯彻此教育的美育之方法，仍不外借助于艺术界或自然界，而育儿童于美的环象之中，以徐俟其美化。故夫培养感情全体之广义的美育（情育），与培养审美观念之狭义的美育，初无大别，其或曰情育，或曰美育者，不外谋用语之便而已。

由教育的美育之作用而被教育者,所获效益何在,此可得而略论焉。恒人一生,惟往复于生活之欲之中,心目之所注,手足之所营,其不由直接若间接,以与利害问题相触者,无有也。欲望不偿,苦痛因之,所欲不绝,苦痛亦不绝。其有脱我于物欲,而贶我以真乐者,惟于观美之时得之,以是时无我故无欲,无欲故无苦痛也。故曰,美也者,救济人生之宝筏也。然在美情未发达者,则美之对象,日环吾躬,而渺焉其不相涉,则信乎美情之发达与否,其关系于人生之幸福者大矣。又退一步以言,谓人之游心于美而寄我于乐者,其暂焉耳,一刹那间,复以生活之欲继之,必谓审美情操,足为救济人生之宝筏,未免言者之过,然人之情操高尚,趣味优雅者,恒视彼逐逐之夫,稍减其生活之疲劳,此殆不可掩之事实。然则畀儿童以高尚之情操,优雅之趣味者,较之徒授以智识之财产者,孰得孰失,奚待计焉。不但此也,从歇勒之说,则美所由生,不外人间剩余势力之结果。人之势力,用以保存生命而有余,则必以游戏(意同消遣)之动向,而宣泄之,有此动向,乃有所谓美,而遭之者以为乐焉。是故证诸个人,则悦乐之精神,产于健康而失于羸弱;证诸社会,则伟大之艺术,盛于承平而绝于衰乱。无他,以所剩势力有多寡也。信斯言也,则人之剩余势力,不能无一宣泄之途。而美情未发达者,既不解由美之对象,以求寄托之区,于是剩余势力,将如脱衔之马、决堤之流,狂奔横溢,莫可捍止,一切卑劣之嗜好,靡不诞生于是。是以杜人生之危险,而竟训练之效果者,斯又美育之赐也。

予非必如某论者之言,特揭美育为教育宗旨之一,以示重视之旨也。予之意,不言教育则已,既言教育,则智、美、德三端,断无不相济为用。有歧视美育于智、德二育之外者,已不得谓为真正之教育矣。夫谓其人乏审美之观念,与谓其感情发达未完,语义何别。而感情发达未完者,即精神上有缺陷之谓,则夫知力、意力之不能正当发达,亦从可知。且美之感情,本与知之感情、善之感情,同时相因发达者,不解好美恶丑之人,而谓其能好真恶伪,好善恶恶,孰则信之。是故离美育而言智育、德育者,非惟于义不当尔,实于势不能尔也。

或者曰,美育之有用,固已,其如幼儿心力,不解所谓为美何。此以属于感情方面者,妄由知识方面论之,其不可通,无论也。美之所以为美,所谓可意会而不可言传者。微论儿童,即在成人,亦不能由言语之媒而警醒之,不能凭悟性之用而理解之也。微论初步教育,即彼授专门艺术者,亦仅以艺术之原理及方法予人,而不能必受教者之于其物,果否引起主观上之美感也。所谓美育也者,第置诸美之环象中,使夫耳目之所触,旦夕之所接,无往而非美。如是习而安焉,积而久焉,终有心领神会之一境,盖非欲使之知其美,而使之化于美者也。且自儿童心理学观之,感情之活动,率先于知力,而嗜美之倾向,实存于先天。未及岁之儿,有遇图画而瞩目,惊音乐而侧耳者,彼于是时,尚无何谓图画何谓音乐之观念,起于心中,是明明美感之芽,先悟性而萌发也。因其固有之审美冲动,而加意涵养之,勿令中凋,此正初步教育之要务。故论幼稚园教育者,且谓宜以情育为主,而于知育、意育不妨轻缓,则安见小学校之美育,转宜后于知育欤。

问美育之目的,操何道以贯彻之,答者或曰,小学校教科中,其专注美育者,有图画、音乐在。若体操,则以体育为主者也。若修身,若历史,则以德育为主者也。若国文、算术、地理、理科等,则皆以智育为主者也。夫第自教科之性质以区别之,斯说非无一理。然自形式陶冶之意义以言,则无论何教科,其作用所及,未有不兼知、情、意三方面者。抑美育之为效率,不系于教授,而存于养护与训育。人不能以美感付与儿童,但能藉四周之环象,以育成之,而徐俟其美化,是则前文既言之矣。是故小学校之所谓美育者,或则由校舍之装饰,器具之整美,以涵养其雅丽之情;或则由宗教之信仰,仪式之庄严,以导致其雍肃之情;或使之仰观两大,俯察万汇,以启发其壮美之情;或使之流连景物,玩味诗歌,以助长其优美之情。要在多方以致之,而持久以待之,断非仅凭一时一事,所能遽收美化之效者也。

今者,美育之重要,似渐为时人所注目矣,予犹为是肤浅之陈述,毋乃哓哓。虽然,予又乌能已于言哉。起而顾我教育界,能完美育之任务者,果几许耶?妨害美育之议论,果稍减焉耶?厥证毋俟旁求,观于近日通行之教科书而有余矣。试就教科书之文字观之。人之理解文字,有诉诸推理者,有诉诸想像者,有诉诸感情者,于是有明理之文,有叙事之文,有写景之文,有撷情之文。夫读书作文之用,本以陶冶心力为归,陶冶心力不当偏于一方,故诵读文章,自不宜囿于一体。至以文字价值言,写景撷情之作,转有过乎明理叙述者,以其有境界,有韵味,故其入人也深,而亦最适于儿童之所好,国文科之美育之效用,强半系于是。然而时人之论,但知顾虑儿童之理解力,而忘却美育,又其视儿童也过愚,意不率,句不俚,辄以意断为难解。故其所为教科书,明理之文居过半,而写景撷情者,十不得一二。即有之,亦非吾所谓具美育之价值者。盖写景之作词必丽,撷情之作义恒曲。丽与曲,今人之所谓难解,宜其以程度不合屏之也。(有主张诗歌不宜入选者,即本此见地而出。)夫讲解之难易,讵必系于雅俗。譬如同一写景之文,而"霜露既降,木叶微脱,人影在地,仰见明月"之与"昨夜有霜,树叶尽落,老鸦一队,飞来飞去",自吾辈观之,二者之易解,本无以殊,其孰优孰劣,又有目者所共见。而时人必取后者而斥前者,一若语出古人,便尔艰奥,则甚矣成见中之也。吾侪苟有以晓之,彼且嗤为文人结习,谓小学校之国文,非为造就文学家计,能解通俗应用之作,足矣!庸知吾侪之意,亦岂强人尽为文人,文学家之才力,又岂能由教科书之文字而造就之。所恶夫俚拙之文字者,虑有损儿童之固有美感,而因以沮全体精神之发达也;虑没却国文之美育价值,而因以杀普通教育之效果也。更就教科书之形式观之,则装潢草率,图画漫漶,于今为甚。此虽细故不足道,然充类以推,必将谓校舍之建筑及装饰、教具之设备及整理,一切不妨苟且从事。而学园花坛、旅行游艺诸事,概可阙焉弗举,洵若是,尚何美育之足云耶。以上第取教科书一端以为例,而忽视美育之风,其不可掩已如此。余若图画之但解临摹,乐歌之力求鄙俚,凡斯之类,难更仆数。要之谓今之教育界,重悟性轻感情,狃于凡俗,而恹然无生气,眩于实利,而索然无趣味,可断言也。呜呼,今之教育家,公等自失于伧则亦已矣,奈何必欲率天下人而伧之也。

抑又有言者,曰按诸社会心理,则美育之于今,亦为救时良剂。今也,以生计穷蹙思想动摇之故,故社会精神中,恒见一种阢陧不安之象。于是局局于利禄,营营于得失,苟活之念既深,奢惰之风益长。或则情无所泄,发而为狂嚣偏宕之行,或则志无所之,形而为疲苶泄沓之态。所谓社会感情之中毒者非耶。欲去斯毒,其为道虽不一,然若国民的审美趣味,稍稍普及,使他日者,真正之文学若艺术,藉以得孕育之地,则于所以苏国民之元气,铸社会之品性者,其为效必不浅矣。史家谓德意志之中兴,功不存于威廉、俾斯麦,而存于兰馨、格代、歇勒之徒,言虽过夸,夫亦有至理也。吾亦知审美趣味之普及,不可以薪诸今日之社会,而不能不期诸未来之国民。为未来国民计,则鼓吹审美趣味之责,非吾教育家畴与任之。故即按时势以立言,而普通教育之宜以美育为重,自有不容已者。况乎舍美育外,无所谓智育、德育,亦即无所谓教育,有如前文所述者耶。

美感教育　袁福伦[①]

美感者羡美嫌丑之情也,不基于利害之关系而发,不求遂其目的之适否而动。无何等欲望,何种思想,而其情之发动,全出于纯粹之好恶。此种感情,彼从事于心理学与美学者所当研求焉,兹不赘言,仅当举其助长发展之点于下,以言美感教育之良因。

---

① 《江苏省立第一师范学校同学会杂志》第 4 期,1914 年 2 月,第 3—5 页,原文为句读。

（一）美的天性之利用

美之感受性，亦时流露于婴儿伊哑学语之初，见彩色而嬉笑，闻乐音而倾耳，一般小儿，咸有此等倾向。又美的技能之萌芽，发动于人之生活最早时期。小儿每乐于自为种种彩色之配合，种种音响之宣奏，其纯任自然游行于天然界，观察人类社会之种种状态。及制作物之际，莫之致而致，莫之为而为，而起其模仿的冲动，描画也，模造也，初由模仿而增进其想像力，以蕲乎构成新制作。因是吾人不可不利用之，供给以发动是等动作之必要材料，且与以机会。美的陶冶者即在使儿童感受自然之美与人工之美，练达其机能，因而勉其由五官肢体之活动，精密察知远近外围之事物，使自观察自然之景色，美丽之绘画与夫雕刻、建筑等。其所居之地，必时时清洁整理。校舍虽以质朴坚固为宗旨，然不可无相当之装饰，而又不可怠于扫除。举行庆祝及其他仪式之日，当集卉木等以饰会场。又积木等之细工，与夫绘画必须之材料，皆为教导幼生不可少之物品。又于室内使整理玩具及物品，于庭园为之建造花坛等，实为美的陶冶之必要方法。要之观察美的物体而受外围之美的感化，与夫直接而行美的活动，二者固并行不悖焉。

（二）美育与教材

教科中以唱歌、图画为直接适于美之法则者，由其法则，即可练达美感，此不第在范画、范唱之复现，而后已并能结合于自由而助长其新知能。图画比之唱歌，尤为适宜。手工于学校教育，虽以工艺之目的为旨，亦以美的构成，不可不养其必要之观察力，而进于运动感觉，此关于美的陶冶甚大。其他教科，利用于美的陶冶之点尚多，故搜集教材，颇当注意。例如读历史而知古来有名之美术品，读地理、理科而知土地美丽之现象、生物界优美之形色，均秩然有序，于体操则熟练而调和发达其肢体，使得正确之姿势。又散步于学校园或旅行之际，宜注意于美感养成而为必要之观察及作业。诗歌为美术中最高尚之事，宜令渐次习之而感其趣味。文学之奥妙，虽非初等生所能领悟，然于读本中间或采用优美之文章与诗歌，不可不加之意也。又诗歌作法虽非易事，而于缀法练习之际，不唯务语法之正确，宜使兼注意于优美之思想。不第就经验或既授事项之复现而粘缀，须渐次就自己之思考，而出之以简短之文词，以养其想像力，是为至要。教授之际，教师所用言语，暨其讲话朗读，不仅明了正确已也，尤当优美流畅，且务使生徒于口答、谈话、朗读之际，确能仿效斯可矣。虽然，冲动他种感情，而过流于技巧及将陷于滑稽,而虞惹起他人嫌厌之情。西儒有言曰:"读书得法,足以当理解力之半。"又曰:"正实之悟性与知识,不需数多技术,良能发动。"自然不饰之言行,优于不自然之虚饰虚礼明矣。故轻视精神修养,而唯务外面之修饰,是为反于美的陶冶之本旨。

美感教育论　闲云[①]

今夫鸦片之毒,人人知之,然而无民之上下,有嗜之而不厌者,何也? 曰嗜好卑劣故也。今夫赌博之害,人人知之,然而无民之上下,有乐此而不疲者,何也? 曰嗜好卑劣故也。今夫衣食居处,所以养其体,然而无民之上下,有极情纵欲而败度者,何也? 曰嗜好卑劣故也。一国之人嗜好卑劣,足以致国家于贫弱衰乱,是故,国运之隆替,民风之文野,觇国者可于时代之艺术下之。艺术发达,足征国民嗜好之高尚,艺术衰落,足征国民嗜好之卑下,而其趋向,又视乎时代教育之何如。

我国开化最早,艺术教育,盛于往古,然降及晚近,其现象又何如? 教育部公布教育宗旨,主张以美感教育完成道德,殆亦有鉴于国民嗜好,日即汙下,而抱艺术复兴之望欤。然所谓美感教育者,果与道德教育为若何之关系,且美之性质究何若,美之教育的价值究安在,美感教育之施设及其成功之基础又安在,是又吾人所亟愿研究者也。

一、美感与道德之关系

道德之观念,善恶而已,善恶之判断,要以良心之发露为标准。为善而良心赏之,则感愉快;为恶而良心责之,则感苦痛。然嗜好之高卑,关系于良心之判断者实大。罪恶者,人人所恶,一旦卑劣之嗜好中之,则良心之命令失其效力,判断之标准失而善恶之观念涽。是故,大学之道,在明明德。明德者良心之谓,其有时而昏者,由于好恶之情失其正,好恶之情失其正,不外卑劣之嗜好诱于外也,以此知卑劣之嗜好实为青年道德之霉菌。排去卑劣之嗜好,而代以高尚之嗜好,助长善良之意志,而陶成纯洁之品性,实为美感教育主张之根据,亦即道德教育成败之关键。诗人西拉有言曰,人类于肉体的状态,受苦痛于自然。唯于美的状态,得免此苦痛;于道德的状态,得支配此苦痛。此言美能纯化肉欲,而为入德之

① 《教育研究》第11期,1914年3月10日,第7—10页;第12期,1914年4月10日,第1—4页。原文为句读。

门也。然吾人舍此消极的解释，更信美之作用，于道德上有积极的功能。即美感教育，实能移易人心，陶成高尚之品性者也。

二、美之性质

美之研究，始于希腊，至今已成一独立之学科。列举古人之学说，诚恐更仆而难终，兹择其有关教育者，略评论之。

（一）庞额登之学说

谓宇宙乃绝对的完全之物，人类凭悟性以认识之，则见真理；凭道德的意志力以体认之，实践之，则为善；凭感觉以感得之，则生美。

此为哲学的解释，与吾人所论之美感教育，关系甚尠。

（二）康德之学说

谓美之为物，于主观的方面，无概念，无实用的意味，全属无意中直接判断之状态；于客观的方面，虽其对象有目的，吾人仍由不究目的而感得之。

是说也，以美为全属无意中之心境。吾人睹鸢飞鱼跃而感其美，其感得也，不在客观的评骘，而在综合的真觉。一瞬之间，设自我于飞跃之中，而得物我俱忘之境，是为美之心境。宗其说以为修养，于教育上能作蕴藉风流之品格。谢安之登高遐想，陶潜之对菊忘言，盖深有得乎此种心境者也。

（三）哈尔脱孟之学说

谓事物之自身无美，艺术家基于事物，以自己之力而生美，故美为假象而非实在，即美感为假感而非实感。

（四）兰该之学说

谓美感者，徘徊于假象与实象间之心的作用，即为一种错觉，此二说也。渐由哲学的见地而带心理的倾向，但兰该则以为美感固非实感，亦非全属假感，乃非事实而如事实之感。意识之迷，自由意志之迷也。见事物之真相者，所谓知，感知识以外之迷者，即所谓美。

（五）达尔文之学说

谓由生物学上观之，禽兽世界，亦认有美之现象。美乃应生物生活传种之必要而发达，有用于种族之存续者，谓之美，无用者，即谓之丑。

据此主张,美之性质,又含有实用之意味。

(六) 福开尔德之见解

谓对于艺术品之感兴,决非假感,决非错觉,吾人自身实感之也。但所谓实感者,非肉欲的实感,乃物我之感情统合融和之状态谓之感入,即美感之根本性质也。例如观艺术家之制作品,自己之感情,作者之感情,与自然美之本质,三者一致融合,而入于康德所谓无意之心境,是即美感之极致也。

是说也,于教育上最有价值,吾人对于美感之解释,自当舍弃其他种种见解,而以此积极之学说为宗,主张美感教育之精神,亦在乎是。

三、美之教育的价值及材料选择

美育与德育之关系,夫既知之矣,然实施之结果,蒙善良之影响者固多,反之适贻害于人性者,亦复不少,何也? 曰美之种类不一,则其感入于人心之反应,亦自不同。故吾人实施之际,当于材料选择,三致意焉。就美之种类论,与教育关系最深者,为壮美,为优美,为悲剧美。然三者之中,壮美最有价值,壮美之中,尤以有型之壮美为上,无型之壮美次之。优美与悲剧美虽多可采,至若爱之优美,独多弊害,是不可以不防。何谓有型之壮美,例如瞻伟人之铜像,历百战之河山,吾人对之所起一种之美感是。何谓无型之壮美,例如涉四顾茫茫之大洋,眺星月皎蛟之碧空,处长夜漫漫之暗境,吾人对之所起一种之美感是。前者儿童易于感得,后者反是。前者合于国民生活,于定型中发挥其磅礴之伟力,恰如国民人人尽力于国家社会之状态,故与国民道德,至有关系。后者足以扩充青年之心量,养成泱泱大国民之气概,然耽溺之,则恐忘时间与空间之限界,至其人不适于国民生活。故吾人于教育上,独推奖有型之壮美,而以无型之壮美辅之,以期养成伟大之国民。尝游日本之上野公园矣,瞻西乡隆盛之铜像,想彰义队正义之战争,吾感其有型之壮美;立不忍池之桥畔,想维新志士之为国流血,吾感其悲剧美;睹大佛之慈颜,吾感其愉悦之优美;抚参天之古树,观图书馆、博物室、动物园等之设备,吾感其高雅之优美。凡此良好材料,萃于一园,雄风猎猎,诚不愧强国民游息之地也。反观吾国各地,则凡开放之园林也,所谓新辟之公园也,勿论其地点设备,绝少教育价值,且饮食男女,在在足表其淫佚之风,游行之读物亦然,是于社会教育,此后当注意于材料选择者也。至论学校,以养成勇壮积极之国民为目的,故凡消极短气厌世之美感,教育上概所不采。有型之壮美之材料,于挂图类,例如历史上之伟人肖像,地理上之名山大川、伟大建筑(例如长城)等;于读物类,例如伟人传、探险谈、鲁滨孙漂流记、正义的战争谈等;于乐歌教授中,例如雄壮之歌词曲调；于修学旅行中，例如伟人之铜像（祠墓、纪念碑）、社会之勤劳、高山大河等；于仪式上，例如国家纪念会、伟人追慕会、国旗敬礼等，教师皆当广为搜罗提倡。是于学校教育，此后当注意于材料选择者也。

考吾国固有之诗歌文学，大抵表阴性的优美者居多，表阳性的壮美者甚少。此卑怯之所以成风，而国势之所以陵夷也。乃观今之社会教育上，学校教育上，所谓美感教育者，仍多注意优美，而忽于壮美之设施。关于壮美之小说、绘画，且不能投国民之所好，非嗜好之已成习惯，有未易救正者耶。夫高雅之优美，能高尚国民之品性，调和人间之感情，教育上原有价值。例如地方之公园，学校之校园等，吾等宁认为有益事业而提倡之。然若爱之优美，则似无俟吾人之提倡，且宜节制之，防闲之也。何则？优美云者，为感觉与理性、人情与义理调和之状态。然爱之优美，则远理性而近感觉，远义理而近人情，诚能不弃理性，不背义理，犹属无伤。而青年男女，每为其中卑劣分子所诱惑，即失向上努力之意力。例如读鄙俗之恋爱记事而感愉快，即其意志为卑劣美感所征服，遂诉之实感，而来德性之堕落，故吾人当认为危险材料而排斥之。然观今日流行社会之小说、绘画，大半关于男女之恋爱。曾见某小学校，并令儿童绘时装少女之水彩画，置诸成绩橱中，送诸物产会内。教师诸君，须知学校图画，为教育的而非美术的也。

四、美感教育之根本精神

余所纵论之教育，重在学校，故今亦姑舍社会方面而论学校教育矣。夫今之学校，岂不知美感教育之价值，岂不从事于设施，然而其效不举者，何也？曰根本精神之不立故也。由前之说，固宜注意于材料选择，然根本上缺乏精神，则舍本逐末，终归无益。所谓根本精神者何，教师自身之修养是已。德育之根本，在乎教师之力行，美育之根本亦然。试观外国之学校、教堂，有著名于数百年前者，虽为历史上遗物，而今人登其堂，入其室，犹起一种壮大之美感。入今之学校，其感触又何如？使其校也，有良校长，良教师，施其教泽于前，继起者善述其后，则流风余韵，历久弥彰，入其门游其庠者，弦歌一室，自能感雅化于无形。今之学校，有致力于此根本之培养者耶，要之教师与学校，能以壮美之伟力感化生徒，是为根本问题，其他皆枝叶也。若一校之主义、方针，不轻改变；一校之校长、教员，不轻更易。一旦制定之事项，立付实行，力求贯彻，职员和衷协力以当教养生徒之任，则生徒自感学校磅礴之伟力，而得壮美之修养。美感教育之基础，其在斯乎！其在斯乎！

美育论 汤松[1]

凡人望明月则思吟,眺晚霞则怀咏,听松涛流泉,则心旷神怡,此何故哉? 外界之美境,与内界之美观,冲动反应,呈显快感,乃生理上之自然法则。唯物者所持以进人类于最大幸福者也。

自人生不能专唯心以统治自然界之现象也。于是衣不足以御寒,而必丽都;室不足以蔽风雨,而必宏厂清幽。丝竹不能悦耳,必益之以节奏抑扬;坐作不能适体,必伸之以舞踏歌咏。好花易落,则绘图以永之;红颜薄命,则刻石以寿之。此音乐、图画、雕刻之所由作也。是以文明愈进,则美术愈昌。

虽然,美之观念,出于天性,而辨别美恶之知识,则根于学力。野蛮人种,未尝不思悦愉耳目,然悖夫美之公律,故所好恒异于常人。彼澳洲土人之文身,非洲土人之环鼻,日本埃奴之染齿,中国妇人之缠足,以此为美者,与彼印度人之以火殉为道,亚拉伯人之以血祭为德,其谬误不相等哉! 故辨别道德而误,则戕杀人命;辨别美术而误,则残害体肤。道德美术,有是有非,非赖教育以正之,乌乎可!

今吾国人美术观念,荡然无存矣。商周鼎彝之工,不能见之于汉魏;唐宋绘图之妙,不能见之于元明;均汝窑陶器之绝艺,不能恢复之于康熙乾道间。歌舞至元而衰,音乐至清而亡。今者弦管之音,与锥铁之声无异也;名人之笔,与涂鸦之迹无异也。其服饰光怪陆离,其居室卑陋尘垢,其街衢屈曲狭隘,安之若素,恬不为怪。夫古者衣冠不正,犹且不出门,今则暴露野蛮状态于世界而不知耻。呜呼! 亡国之景象,固如是乎。

夫人类无美术观念,断不能进入文明。美国城市,以犹太人之居留地为最不洁,犹太亡国也。其次为支那街,中国半亡国也。不洁者缺美观之表证,无美观者缺改良之志趣,无改良之志趣者,无进化之希望,社会国家不进化,则亡矣。试反观之,彼西人之居留吾国者,其衣食住为何如哉? 然犹得曰,彼雄于财也,则请鉴诸日本。日本之贫户,与中国之贫户,其贫相若,而彼则茅屋三间,精洁可爱,杂花一圃,风雅宜人,是美观不因贫而异也。惟具美观,故民耐勤劳,以达其所好,能勤劳矣,故事业可期日进。美观者,非文明之母哉,抑美与德相依。好尚高雅,则性情温厚;宅心幽远,则行为良善。西国有宿犯,入狱者数而不改,偶见盘花,雅动

---

① 《环球》第1卷第3期,1916年9月15日,第3—5页,原文为句读。作者前署"美国密歇根大学教育学士"。

情好,求于监狱而灌溉之,久遂迁善。昔孔子鼓琴而退阳货,夫美花可以化顽劣,妙音可以驯桀骜。盖心气和平,则暴亡自戢,而美术固陶冶性情之炉炭也。

然则中国欲进于道德文明,美育岂可忽乎哉?图绘山水人物,施朱设彩,颜色之美也。搏土镂石,宛然如生,形状之美也。琴瑟和谐,唱和中节,声音之美也。按曲而舞,乘兴而踏,体魄之美也。浴沂风舞,歌咏归道,精神之美也。凡此均当于儿童时代薰之陶之。是故言教育者,校室内外,必须注意,墙壁之装饰,庭园之花草,堂奥之陈设,当以美术为标准。而后生徒起居其间,耳濡目染,习与性成,迨立身社会,当然非王维之画不观,非伯牙之音不听,非两都之盛不居,于是改良社会国家之念起焉。夫国民有大欲望,然后能牺牲私念小量,合大群,策大力,以图进取,非罗马其道路,郭特其建筑,巴黎其城市,而极耳目之愉快不止也。呜呼,茫茫禹域,美哉河山,微有美观者谁能建造之耶。故吾于老生常谈德育、智育、体育三者之外,作美育论。

乐歌之价值　我生①

第一节　何谓音乐

古来曾未有下音乐之定义者。今简言之,则曰:"音乐者,藉乐音以发表美的感情之艺术也。"吾人生而具有求美之情操,视觉然,听觉亦然。音乐者,即悦耳之美术也。然音乐较诸诗歌、雕刻及其他美术,又有一种灵妙之魔力,特殊之势力,能感动吾人之心灵,而忘情物我,栖神大化,臻乎怡然快乐之境,是果何由而致然?试说明其要点如次。

第二节　美术上之地位

人有爱美之本能的性质,知识日进,情操日富,此欲亦日以增益。况日营单调之世间生活,不有陶情怡性之美术,无由满足人类之好尚心。故有音乐、诗歌、绘画、建筑、雕刻、舞蹈等之创兴,以应此需求,藉慰人心而已。然吾人谓音乐占最高之地位者,其理由有三。

(甲)音乐为最高之模仿者

美术以模仿为最要条件,诗歌能模仿人间内部之感情,已为其他美术所不

---

① 《教育周报》第 143 期,1916 年 11 月 13 日,第 1—5 页;11 月 20 日第 144 期,第 1—5 页。又载《云南教育杂志》第 7 号,1917 年 7 月,第 1—7 页。原文为句读。

经考证,"我生"即"杨贤江"。另见"研究编·史案研究"《"我生"〈乐歌之价值〉考论——由初刊〈教育周报〉而起》。

逮。而音乐又驾乎其上者,以模仿之力,音乐为强。诗歌语尽,即无余韵,而音乐则得藉音以显其激越之感情,是为胜于诗歌之实例。即足以补诗歌之所不及,而为位于诗歌之上之所以也。

(乙)感音乐美者之范围广

他之美术,须有智识,惟音乐不尽然。在蒙昧不文之人种,亦有其音乐之好尚。试观幼儿,一无所知,对于雕刻、绘画之美趣,全不能领会,独唱歌则不然,于其高低长短,似能领解。故其觉音乐之趣味,有先于其智识者,是由音乐之美,为易感易入,亦即音乐为美术中最可尊之所以也。

(丙)数目上之比较

吾人之心,所以能爱取美术者,有主要之器械二,耳目是也。二者分量,由人体之调和上而论,应相平均。然自目而入之美术,有诗歌、绘画、雕刻、建筑、舞蹈等,均可为视觉的美术。而可为听觉之美术者,惟音乐一种。是可知音乐为力之大,得以一敌五,藉保人体之调和也。

第三节　音乐之感化力

如上所述,音乐对于人心之要求,势力甚强,且有表示激越感情同化吾人之力。若是者可名之曰音乐之感化力,即为音乐之生命,以之慰藉吾人赉与快乐,亦因之而受人之尊敬与爱好者也。惟其有此势力,故军政用之,藉以鼓励士气,振作精神,忘利害生死之念。即在常人之心中恍惚摩定,或穷愁无聊,或暴戾作恶者,得绝妙之音乐感之,立可使其心有所归依,有如欣喜恍如置身乐土,忘其有我。此音乐势力所以伟大也。

第四节　教育之音乐

音乐既有如此伟大之势力,作用于人心,于是有利用之以为陶冶心身,涵养德性,完成善美之人之方法者,是可特名之曰教育音乐。小学校之设唱歌科,犹是意也。兹更就唱歌之教育的价值详述之。

第五节　唱歌之教育的价值

学校唱歌之纪元,渊源于古代希腊之教育法。当时设学校于寺院,经典之外,特重音乐、体操。盖其时教育方针,在以音乐养圆满之精神,以体操作强健之身体也。迨后物质进步,智能教育盛兴,体育遂置不顾,而音乐则以其司心意之教养,故依然继续,及于后世。迨一千七百年,顷斐斯塔洛籍氏出,音乐乃为有秩序的组织,而为欧洲儿童教育之中枢。今日我国学校虽设此科,然大都不知注重,固由教者乏人,亦因未明唱歌真价值之故。今特说明其关系之重要,以期唤起教育界之注意。

一、由心意方面之考察。 音乐能养成美之观念，使趣味高尚，精神快活，感纯良高洁之快乐，并涵养协和共同之心，而作圆满之人格。

以上之详说：

（甲）美观念之养成。参观第二节。

（乙）趣味之改善。趣味（嗜好）于人间之品位有关。文明国之人民，当由音乐以养成高尚之趣味。

（丙）德性之涵养。人当感美时自然生高尚之善意识，易养成近乎美善之境之念。况如第三节所述，音乐之感化力既如是其伟大，故听善良之唱歌时，自足以同化其情意，而入于道德之域也。

（丁）精神之快乐。少年时代，当养成快活之精神，而由快活之音乐足以致之。

（戊）纯洁之快乐。人生目的，为受人生之快乐。若必劳劳终日，如彼牛马之动作，宁非悲惨之生涯。西人谓"神以慰我等而赐音乐"，故人生世有最幸福之一目的物，美之快乐是也。盖唯吾人类，始有美之快乐，而音乐实与吾人以高尚之慰藉，与纯洁之快乐，使人得悟人生之幸福。由此观之，音乐者又人生之目的物也。

（己）协和共同。音乐不特兴美劝善，与高洁之快乐，又可养成协同之心。盖音乐自身，本为调和的，为以音之协和发挥宇宙调和原则之艺术也。故由音乐可兴调和共同之念，其结果脱离个人主义，涵养共同一致之精神，与同情相怜，尔我相亲之温情也。

二、与于人身之幸福。 磨练听觉及发声机关，调整呼吸作用，旺盛肺之运动，因以增进肺脏之健康，又促进血液之循环，而身体得以强健。

以上之详说。

（甲）耳官之发达。音乐有促人谛听之性，故习之者，耳之感觉，自易锐敏，虽至微细之音响，亦可丝毫无误。而耳之健康，亦随之起矣。

（乙）发声机关之磨练。唱歌练习时，声音可期明了清澈，与听者以快美之感。故欧美之演说家、传教师、学校教师等，为修练声音计，特注重唱歌。是即由声音之美，得人之谛听也。际今日社交繁褥之日，不善谈话，最足启人轻视，况欲发表自己主张，又以辩才为必要乎。

发声练习时，又可发达发声机关，是亦相因而至者也。

（丙）肺脏之健康。发声有促进血液循环之作用，而唱歌之发声，由于自然之定律，故又足整理作用，且可开畅胸廓，扩大肺脏，旺盛肺之运动，是实有增进肺脏之健康,补助身体之发育之效也。在西洋以图健康而留意音乐者,亦不乏其人。

三、与于社会之影响。矫正鄙俚之歌谣,振作国民之元气,即为移风易俗之大利器。

以上之详说。

(甲)俚歌之矫正。音乐之感化力,善恶俱有之。故淫逸之俚歌,鄙野之俗曲,观历史所载,足以知流弊之大。夫人有先天的音乐趣味,设无适当之音乐,以满其欲,其他浮靡邪淫之曲调,自易流传于当世。而教育儿童者,不先有纯良之歌曲,雅正之乐调,以养成音乐的善习惯,则俗调又易乘间侵入。故音乐当于儿童未知俗曲以前,先筑之基,使成年后而始教之,则效寡而难成矣。

(乙)元气之振作。参观第三节。

四、补成他教科。任何学科均以儿童心意之教养为最后之目的,而音乐实最有关系,能使之完成而贯彻其目的。

以上之详说。

(甲)修身。是科目的,为涵养儿童之德性,指导道德之实践,为唱歌目的,亦主于是。唯修身科示以人道之理法而止,唱歌科则由音乐之势力,更感动其情意,而导之于实行者也。如教岳飞忠义之历史,在修身不过授以一种之智识,一旦谱之曲调,使儿童口唱心会,则其忠义至情,直活跃于心中。故唱歌足使修身之奏效迅速,又与儿童以兴味同情。此法帝拿破仑所以有百卷之伦理书,不若一曲音乐之言也。

(乙)国语。国语之目的,在教以正确之发音,与明了之发声,得以正确发表自己之思想,是与唱歌之练习,亦有同者。盖唱歌如前条发声练习处所述,为练习声音之美与明之唯一手段也。且唱歌之练声法、发声法、发音法,更复杂而更自然,奏效之大,有在国语以上者。况唱歌必有歌词,自易养成文学上之趣味,时时奏唱,悟其真意而深印于心,故唱歌实可以贯彻国语之目的也。

(丙)历史。历史以使知往古之经历,养成爱国之情操为主。然于此又足证唱歌之功效。盖爱国心不仅智识问题,又为情意问题。如在我国,歌咏开国之久,文化之早,忠良贤哲之伟业,忠孝节义之美迹等,则历史上之事实可为主观的发扬,而活跃于自己之情感也。

(丁)地理。地理亦以养成爱国心为主。如我国疆域之广,风景之美,胜迹之富,使形之歌曲,则地理观念,即深印于其脑。又得养其美感,恍如亲历其境,则爱护祖国之至,情可由是起矣。

此外如体操之舞踏、游戏等，亦与音乐相关。图画同为美育的学科，故亦不无关系处也。

五、方便的利用。音乐为教育之一方便而利用之者。例如：

（甲）记忆之手段。地名唱歌、文典唱歌、铁道唱歌等是。

（乙）奖励之手段。工业唱歌、农业唱歌、运动唱歌等是，皆借音乐之力为奖励事业之方便而利用之。

（丙）慰安之手段。儿童在学校，终日劳劳不辍，惟由唱歌可与以高尚之快乐而慰安之。盖唱歌无异心性之卫生滋养品也。

（丁）交际之手段。唱歌如前述，可以养成共同心与调和圆满之感情。故全校或全级儿童，藉唱歌可与以社交上之知识，而增其爱好之情谊，在师生间，亦得更形亲爱。我国教育，夙重注入主义，教师务以威严诚饬儿童，鲜有怀爱情以感化养育者。即在唱歌教师，亦不明唱歌真价值，往往徒重形式，轻视精神，于是除一唱以外，别无效验可见。然西洋之教育，大异于是。一方既保持教师之尊严，他方又怀抱慈母之爱情，常以其高尚之趣味与品性，以温和快乐相感。斐斯塔洛籍所谓"彼在吾无不在，吾行彼无不从"是也。夫使师生间寡恩少爱，冷寂隔阂，教育殊无收效之望。今藉唱歌，师生得共喜共乐，融和一致，则其功又足多也。

六、结论。如上所述，唱歌之效果，养成圆满感情，启发智能，训练道德的意志，强健其身体，实可完成教育之目的者也。则其关系之重要，不亦可了然耶。

中国教育界之恐慌及救济方法　蔡元培[①]

下为蔡先生在本月十一日在江苏省教育会所讲演，前已刊登大略。兹由该会钞得会场速记录，较为详尽，特录之记以餍阅者者志。

此次回国，由沪而杭而绍，一般议论，以毕业生无出路为辞。某中学招生二十余人，而应考者有五六百人之多，故有高小毕业生应考多次，尚未得升入中学者。后据黄君任之相告，苏省中学及高等小学毕业生，亦大多数不能升学。彼不能升学者即不能不另谋出路，然社会实业不发达，更何从另谋出路。凡文化发达

---

① 《民国日报》，1916年12月18日第11版；又载《时报》，1916年12月20日、21日、22日"小时报"第10版，题为《中国教育界之恐慌及救济方法（在江苏省教育会讲演）》；《临时刊布》第18号，1917年1月5日，第1—6页，题为《蔡子民先生讲演中国教育界之恐慌及救济方法》。原文为句读。
另见"研究编·史案研究"《"以美育代宗教"之辩——媒介构建的美育传播公共空间研究》。

之国家,最初教育,往往注重法科,后乃渐趋于医科、理工科之类。此固一般之现象,不足深怪,但我国教育方在幼稚时代,信用未立,易招摧残。今毕业生有不能升学不能谋生之恐慌,教育信用日薄,其能免于摧残者几希。

此恐慌之现象,原因有三。一高等教育之机关太少。德国学制分途甚多;法国中学校,最后亦分科教授。今我国中学毕业生,少升学之机关。二中学毕业生不能在社会尽其职务。因中学生能力不足,由于无相当之职业教育故。三道德不完全。实由于无责任心之故。

第一问题,救济之法,须多设高等教育机关。此当由政府主持,姑置不论。今就二三两问题研究之。

第二问题,此问题发生恐慌之原因,纯由于实业教育不发达之故。孟子谓有恒产而后有恒心;管子谓仓廪实而知礼节,衣食足而知荣辱。可见实业教育之重要。我国学校毕业生通弊,莫不想做官。吾侪教育界中人,固宜不复向此途竞争,但有大半受过中学教育人,自负不凡,即不就做官,亦必就高等职业。如在大商肆中就事,以其地位颇与政治接近,易为权势所集。然商业中事,亦各有专门,其仅持普通知识可以对付收入又甚丰者,地位必甚少,故亦非易得之出路。就今日之趋势,商业亦有日渐收束之势,固①农工各有生产力,商业不过贸迁有无,系交通中之一事,不能直接生利。今各国有一种组织,系由多数工人结合而成,如工业协会之类,往往自营交易,与普通商业相争。凡本会会员所需之品,即由会员就各地代办。此事在欧洲已推行甚广,以后投机商业,将无用武之地。故商业社会,有渐变为工业社会之势。今欧洲最发达者莫如工会,组织完备,势力亦大,全国政治上有许多事受其支配。即将来全世界统一,亦惟工会是赖。此次欧战之前,各国工党拟同盟罢工,俾枪械弹药无所出,则战事即不能成。其时因德之工党,为国家严法所绳,不能赞同,遂酿成此次滔天之战祸,即此可见工人之势力矣。

夫所谓工者,为广义的,如教员,如医生,皆在内。吾国人谈实业,恒将农工商三项并举,实则只须注意于农工二字。学校之学生,既与社会事业太形隔膜,致出路壅塞,就根本救济言之,固应趋重职业教育,然亦非仅恃特设职业学校之谓。即于普通教育中,就其所近,或注意于农,或注意于工,亦无不可。此事闻贵会已尽力研究,兄弟无庸多述,然照此推行后,是否于将来职业及升学绝无窒碍,亦应研究。兄弟甚希望甲乙种实业学校日渐增多,可以预防此窒碍。在外国之

---

① 应为"因"。

职业学校,每有利用日午及星期日者,又有等进步学校,视社会所需各种事业,分设各科,如理发补鞋之类,并皆设科教授,此为初等职业教育。至中等职业教育,大抵半日在教室,半日实习。如学种葡萄,则半日听讲,半日即往当地之葡萄园工作。教员与学生共同操作,无论何种辛苦污秽之事,教师亦躬自行之。其益处:一养成勤俭之风,二养成平等之思想,三见得凡事须从根基上做起。鄙意吾国学校,能实行此等办法,实为惟一之救济法。但身任教育诸君,多未受职业教育,安望其能实施? 鄙意可派送学生先赴欧洲留学,学成回国即可专任实施此项教育。据余所知,法国此项学校,其肄习期不过二年或三年,费用每月五十佛郎,学生可留校膳宿,假期内留校作工,既不收费,并可得零用少许,此外衣物费等亦复有限,故派送此项学生,似不甚难。我想此二法并行,当能为此问题之正当救济法。

第三问题,仅恃前项救济法,尚不完全。我国人责任心不足,而比较心太重,于是学成回国,不问所学何科,群趋于官之一途,迷信政治之势力,其风由来已久。如孔子为贫而仕,何为不就农工商,孟子说时君以王霸之术,意在得卿相之位,即为专重政治之明证。然孔孟固极重品行,既不见用,则退而乐其道。现在之人,并品行亦不顾,当其思欲占得一政治地位之时,牺牲金钱,改变气节,皆所不惜。此等观念,如不改去,纵已受职业教育,仍无效验。故我说提倡道德,当与职业教育并重。

至提倡道德之方法如何乎? 外人研究我国人道德不完全,以为系无宗教之故。然宗教本野蛮民族之名词,且我国实无固有之宗教,历来推尊之孔子固不能视为宗教家,实为信教自由之国。现在主张改良道德,谓须藉宗教之力者,计有二说。一主宗仰基督教,不知欧人甫将教育与宗教脱离关系,且欧洲宗教教争至烈。我国向无此项束缚,今日若采用之,必乘各国排斥之潮流,滔滔然布其势力于吾国,其害何可胜言。又基督教最高之一说,与科学原理颇有冲突。吾国科学尚极幼稚,今以基督教提倡之,亦似不宜。一主张定孔教为国教,此问题极复杂。要之孔子专明人道,故曰未知知[①],焉知死,未能事人,焉能事鬼。宗教正以死后世界,为慰藉报偿之地,而孔子辟之,然则孔子岂宗教家哉!

夫宗教之势力,在能使人畏惮,能使人希望耳。凡人有所畏惮,有所希望,乃肯勇往作事。现在既不用宗教,则当另行研究替代之法。道德无一定,随时随势为推移,但其原理有一定,诚用归纳法求之,固有一定者。在孔子之言,至为可

① "知"应为"生"。

法。如"己所不欲，勿施于人"，"己欲立而立人，己欲达而达人"，意义即极切要，至道德之实行，要在知行合一。现在可以美育代宗教，宗教之作用在能使人置身于利害死生之外，美育亦具此力量，如优美作用、壮美作用。欧洲美育日发达，宗教势力即日衰。我国古时美术亦颇发达，但美术中种类甚多，其中最高尚者，各说不同。有谓诗歌包括形音义三种，故为最高；或谓演剧最高；或谓由具体渐至抽象者为最高。因美学最要之例，为与人之利害无关，照此抽象，故觉音乐为最高。现在学校教育，对于美育，日见衰退，反不如科举时代研究八股者，兼及词章书画，因其时研究学问，绝无界限。今日为学校功课所限，转无暇研究他种学问，岂不可惜。今为学校中谋施行美育之方法，当先辨自然之美及美术之美。自然之美比美术之美尤为紧要，无论何科，皆当具有自然之美。如地理不独注重地图，必插风景画；历史多列美术家之事实及制作品；理科注重天然之美，更属甚多，且亦不难。德之美育即可寓于教授各科学之中，此事兄弟以为将来于道德教育极有关系。

论美育与道德教育之关系　荫亭[①]

　　呜呼，我国今日世风日下，道德堕落，礼义廉耻，沦胥以亡。在上者日逐鹿于功名利禄之途，毫无政教之施行，以为维系；在下者因循苟且，亦无高尚特异之学风，足以表率。上下交相为恶而不知自爱，及今不救，其何能国？此其责任，舍教育家其谁任之？是故今日之教育界上，实有最重大最切要之二大问题：一为职业教育，一为道德教育。夫职业教育，固为人生所必需而为我国今日亟宜注意者也，然苟无道德教育，则虽有职业，亦终不能维持于永久。是以今日教育界之恐慌，实以此二者为最著，而救济之道，亦以此二者为最急。曩者蔡孑民先生曾演说之于江苏省教育会矣，其对于职业教育，则主张重视劳动工人，推广职业学校，而于道德教育，则反对宗教，而以注重美育为完成道德之唯一方法。其中至理名言，足以警告当世，针砭时弊，我侪教育界，所当奉为圭臬而急宜深省者也。兹就美育与道德教育之关系，论述之如次。

（一）美育之性质及其种类

　　欲明美育与道德教育之关系，不可不先就美之性质及其种类，首先论述之。

① 《中华教育界》第 6 卷第 1 期，1917 年 1 月 25 日，第 1—10 页，原文为句读。又载《福建省教育行政月刊》第 2 卷第 6 册，1917 年 7 月 1 日，第 309—318 页。

夫美之性质，古来学说，主张不一，若详细论之，则属于美学、哲学、美术史范围之内，兹姑不具论，但就其有关于教育上者言之。夫美育者，在陶冶美的情操，涵养鉴赏美之趣味，并助长其有创造及表彰美之技能，约言之，即不外美的趣味之养成而已。夫所谓美的情操者，即谓对于美则感快乐，对于丑则感厌恶之情操也。所谓美的趣味者，乃指美与丑之判断力而言也。鉴赏固基于美的情操，而在一方面，实又包含有知的作用，而创造表彰美之技能，尤必赖于构成的想像。故知美育在教育上实占有重要之位置，而与他育上亦有密切之关系也。

若就美之种类论，与教育上最有关系者，为壮美、优美、悲剧美三种。壮美者，发挥常人以上伟大之能力，如有向上努力之状态，而其中又分无型之壮美、有型之壮美、自由之壮美三种。无型之壮美，例如远眺渺无涯际之海洋，夜望星月光辉之天空，在外部似无一定之形式，而其内容若感有伟大之力者然。有型之壮美（或称强壮美）有一定之形式，虽无如上述之伟大，而其内容若有无限之能力。如目睹名将之铜像，其体虽无异于常人，而考其当时功绩，大有气吞河山之概。自由之美，内容与形式，皆能感有伟大之势力，如培独朋之音乐是也。此三种壮美中，而以有型之壮美，为与教育上最有价值，而于社会国家，亦有至大之关系者也。

优美中亦分三种：一为高尚之优美，二为爱之优美，三为愉悦之优美。高尚之优美，吾人之精神，似有离去感觉的世界，向上而入于空间之境，如浏览西湖风景，而有一种清秀之感觉是也。爱之优美，有近于感觉的、情义的之倾向，例如见美人而爱好是也。愉悦之优美，有调和前二者状态，不趋于空间的境象，亦不陷于感觉的生活，如见名画、佛像而感有一种愉悦是也。此三种优美之中，以第一高尚之优美，危险最少，颇足以养成高尚优美之精神，于教育上最有价值。第二爱之优美，在青年时代，最易陷入卑野之恋爱，而失努力向上之精神，在教育上最宜注意。第三愉悦之优美，其于修养上虽有效力，惟其机会则甚少也。

悲剧之美，亦分有三种：一因见其身体上之痛苦而起有一种之悲感者，二为感受其精神上之痛苦而起者，三为身体与精神俱形消灭而感受者。此三种之中，而以第一种在教育上最有价值，如历史上名将之战死疆场，以及忠勇美谈等，皆足以兴感儿童而起有悲剧之美感也。

此外尚有就表现美之方面，区别之为自然美、人间美、艺术美三种。而自然美中又有空间的、时间的及自然界三种，人间美中又分之为形态美与精神美二种。兹分别列表如下。

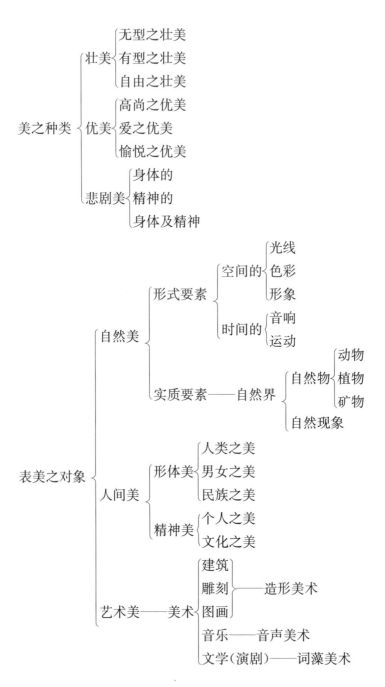

（二）美育在教育上之位置及其价值

美之性质及其种类，既如上述矣，而其对于教育上之位置与其价值，亦不可不略言之。夫教育之作用，在发达人之心身，使成为社会上有用之人物而已。身体的锻炼,固属于体育范围之内,自不必论,而心的陶冶,有分知情意三方面,而教育之方法,亦必自此三方面而进行。如教授则属于知的陶冶,训练则属于意的陶冶,美育则属于情的陶冶。今之为教者,仅知注意于知意的陶冶,而忽于情的陶冶,不知知意的陶冶与情的陶冶,均有密切之关系,不可须臾离者也。设缺此美的陶冶,而仅注意于知识训练,必不能收完美之效果。盖人间最完全理性之要求,不外真善美三种。知育固所以使其明真理,然苟无此情操,则不能达其的;训育固所以使其善,然无此情操,亦无以完其成。美育者,专所以为情操之陶冶而涵养其趣味者也,且不独陶冶其情操而已,而于趣味涵养之时,必有赖于判断想像等之知的陶冶,而于鉴赏创作之时,又必赖于意的陶冶。故知美育不独为知育、训育上所不可缺,而又互为补助者也。于此可以知其在教育上之位置与其价值矣。

(三) 美育与道德教育之关系

美育与道德之关系,古来学者,其说甚多。有谓美与善一体者;有谓美隶属于善者;有谓美与善有同等之权利,并行而不相悖者;有谓高尚之艺术,与善相一致者。其说虽互有异同,然要皆谓美与善有至大之关系。盖人间完全之理性,所谓真善美三者,虽各有其特质,各有其领域之范围,然其间相互之关系甚大,决非完全独立者也,而以善与美为尤甚。试作图以明之。如善为属于意之范围,其圈稍大,真与美为同大之圈,三者相重,而美与善相接合之部为最大,于此可以知美与善之关系矣。

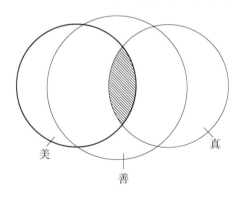

美与善既有密切之关系,则美育与道德,自然有不可相离之势。盖人之生也,不能无欲,有欲矣不能无求,有求矣不能无得失,喜得恶失,就乐避苦,此人情之所同也。世之所谓聪明者,有不为此嗜欲所左右者乎?所谓道德者,有不为此得失心所障蔽者乎?于是内之发于心身,则为痛苦;外之见于社会,则为罪恶。长此辗转于空乏希望之中以求幸福,而痛苦与罪恶,反日益增加。设有美感之教

育，涵养优美之情操，高尚之趣味，足以排除其卑劣之欲望，而促其道德之实行，脱去一切嗜欲而不为所奴隶，以跻于道德之域。此即为主张美感教育之根据，而为道德教育最要之关键也。

迩来欧美各国，多主艺术教育之复兴，以救近代物质文明过重之弊。施勒氏谓美育者，即训育也，人格之陶冶，必自美的陶冶而成。格特氏亦以美育为教育上之主要方法。在千九百零四年开万国图画会议时，撒独尔特夫人，亦力说图画与道德之影响，皆以美育为德育之助。而德国诗人希列尔氏，其说尤为完备，谓人苟日与美相接触，则其感情日益高，而暴慢卑鄙之心日益消。故美育者，科学与道德之出产地也。又谓审美之境界，乃不关利害之境界，故气质之欲得由之而灭，而道德之欲得由之而生。故审美之境界，乃物质境界与道德境界间之津梁也。又谓最高尚之理想，存于美丽之心，其为性质也，高尚纯洁，而不知有内界之争斗，惟乐于守道德之法则，此性质惟可由美育上得之。由是观之，则美育与道德之关系彰彰明矣。

返而观诸我国，古时经籍所载，虽无美育名词，而其培养道德，最重礼乐。是以胄子之教，典于后夔；大学之道，董于乐正。《王制》云："春秋教以礼乐，冬夏教以诗书。"盖礼乐者，亦为美育之一重要元素，所以治人之性情而使人感动者也，故曰："礼以道其志，乐以和其声，政以一其行，刑以防其奸。礼乐刑政，其极一也，所以同民心而出治道也。"又曰："乐者，乐也。君子乐得其道，小人乐得其欲。以道制欲，则乐而不乱；以欲忘道，则惑而不乐。"故知礼乐之足以善民心，感人深，移风易俗，化人从善，莫不赖之，故曰："礼乐不可斯须去身。"试观孔子之教人，亦无不以美育为重，故曰："兴于诗，立于礼，成于乐。"又曰："小子何莫学夫诗？诗，可以兴，可以观，可以群，可以怨。迩之事父，远之事君，多识于鸟兽草木之名。"皆为注重美育之教育也。至如习礼于树下，言志于农山，游于舞雩，叹于川上，与门弟子言志，独与曾点，是可知其平日涵养审美之感情，而玩赏天然之美矣。我国古时教育，能注重美育以维系道德，此风俗之所以敦厚，治道之所以隆盛欤。

今也礼衰乐亡，风俗日颓，邃古之典章文物，礼乐制度，早已斲丧无余，荡然无存，美之为物，为世人所不顾也久矣。益以科举取士以来，迂儒泥古，食而不化，对于书画、雕刻、建筑、技术，咸相戒以玩物丧志之说而不加研究，以致益形退步。至若近之学校教科，虽有图画、唱歌，亦徒袭人皮毛而遗其精神，一切美术，毫无进步。观诸学校中之成绩，类皆粗陋恶劣而不堪寓目，美之为物，为世人所不知也久矣。呜呼！以我国今日审美心之缺乏，至于此极，何怪人品之日趋卑下，终日营营，奔走于一己之利害而不知返乎。故窃以为今日教育上最重要之急务,一在使人人有相当之职业,二在使人人有高尚之道德。欲使人人有高尚之道德,舍美育其谁与归!

以美育代宗教说——在北京神州学会演讲　蔡孑民①

兄弟于学问界未曾为系统的研究,在学会中本无可以表示之意见。惟既承学会诸君子责以讲演,则以无可如何中,择一于我国有研究价值之问题,为到会诸君一言,即以美育代宗宗②之说是也。夫宗教之为物,在彼欧西各国已为过去问题。盖宗教之内容,现皆经学者以科学的研究解决之矣。吾人游历欧洲,虽见教堂棋布,一般人民亦多入堂礼拜,此则一种历史上之习惯。譬如前清时代之袍褂,在民国本不适用,然因其存积甚多,毁之可惜,则定为乙种礼服而沿用之,未尝不可。又如祝寿会葬之仪,在学理上了无价值,然戚友中既以请帖讣闻相招,势不能不循例参加,藉通情愫。欧人之沿习宗教仪式,亦犹是耳。所可怪者,我中国既无欧人此种特别之习惯,乃以彼邦过去之事实,作为新知,竟有多人提出讨论。此则由于留学外国之学生,见彼国社会之进化,而误听教士之言,一切归功于宗教,遂欲以基督教劝导国人。而一部分之沿习旧思想者,则承前说而稍变之,以孔子为我国之基督,遂欲组织孔教,奔走呼号,视为今日重要问题。自兄弟观之,宗教之原始,不外因吾人精神之作用而构成。吾人精神上之作用,普通分为三种。一曰知识,二曰意志,三曰感情。最早之宗教,常兼此三作用而有之。盖以吾人当未开化时代,脑力简单,视吾人一身与世界万物,均为一种不可思议之事。生自何来?死将何往?创造之者何人?管理之者何术?凡此种种,皆当时之人所提出之问题,以求解答者也。于是有宗教家勉强解答之。如基督教推本于上帝,印度旧教则归之梵天,我国神话则归之盘古。其他各种现象,亦皆以神道为惟一之理由。此知识作用之附丽于宗教者也。且吾人生而有生存之欲望,由此欲望而发生一种利己之心。其初以为非损人不能利己,故恃强凌弱、掠夺攫取之事,所在多有。其后经验稍多,知利人之不可少,于是有宗教家提倡利他主义。此意志作用之附丽于宗教者也。又如跳舞唱歌,虽野蛮人亦皆乐此不疲。而对于居室雕刻图画等事,虽石器时代之遗迹,皆足以考见其爱美之思想。

---

① 《新青年》第3卷第6号,1917年8月1日,第1—5页。又载《学艺》第1年第2号,1917年9月,第261—266页,题目下标有"(六年四月八日在神州学会演说)",原文为句读。
　　另见"研究编·史案研究"《"以美育代宗教"之辩——媒介构建的美育传播公共空间研究》。
② "宗宗"为"宗教"之误。

此皆人情之常，而宗教家利用之以为诱人信仰之方法。于是未开化人之美术，无一不与宗教相关联。此又情感作用之附丽于宗教者也。天演之例，由浑而昼，当时精神作用，至为浑沌，遂结合而为宗教，又并无他种学术与之对，故宗教在社会上遂具有特别之势力焉。迨后社会文化日渐进步，科学发达，学者遂举古人所谓不可思议者，皆一一解释之以科学。日星之现象，地球之缘起，动植物之分布，人种之差别，皆得以理化博物人种古物诸科学证明之。而宗教家所谓吾人为上帝所创造者，从生物进化论观之，吾人最初之始祖，实为一种极小之动物，后始日渐进化为人耳。此知识作用离宗教而独立之证也。宗教家对于人群之规则，以为神之所定，可以永远不变，然希腊诡辩家，因巡游各地之故，知各民族之所谓道德，往往互相抵触，已怀疑于一成不变之原则。近世学者据生理学心理学社会学之公例，以应用于伦理，则知具体之道德，不能不随时随地而变迁。而道德之原理，则可由种种不同之具体者而归纳以得之，而宗教家之演绎法全不适用。此意志作用离宗教而独立之证也。知识意志两作用，既皆脱离宗教以外，于是宗教所最有密切关系者，惟有情感作用，即所谓美感。凡宗教之建筑，多择山水最胜之处，吾国人所谓天下名山僧占多，即其例也。其间恒有古木名花，传播于诗人之笔，是皆利用自然之美，以感人者。其建筑也，恒有峻秀之塔，崇闳幽邃之殿堂。饰以精致之造像、瑰丽之壁画，构成黯淡之光线，佐以微妙之音乐。赞美者必有著名之歌词，演说者必有雄辩之素养。凡此种种，皆为美术作用，故能引人入胜。苟举以上种种设施而屏弃之，恐无能为役矣。然而美术之进化史，实亦有脱离宗教之趋势。例如吾国南北朝著名之建筑，则伽蓝耳。其雕刻，则造像耳。图画，则佛像及地狱变相之属为多。文学之一部分，亦与佛教为缘。而唐以后诗文，遂多以风景人情世事为对象。宋元以后之图画，多写山水花鸟等自然之美。周以前之鼎彝，皆用诸祭祀。汉唐之吉金，宋元以来之名瓷，则专供把玩。野蛮时代之跳舞，专以娱神，而今则以之自娱。欧洲中古时代留遗之建筑，其最著者率为教堂。其雕刻图画之资料，多取诸新旧约。其音乐，则附丽于赞美歌。其演剧，亦排演耶稣故事，与我国旧剧《目莲救母》相类。及文艺复兴以后，各种美术，渐离宗教而尚人文。至于今日，宏丽之建筑，多为学校、剧院、博物院。而新设之教堂，有美学上价值者，几无可指数。其他美术，亦多取资于自然现象及社会状态。于是以美育论，已有与宗教分合之两派。以此两派相较，美育之附丽于宗教者，常受宗教之累，失其陶养之作用，而转以激刺感情。盖无论何等宗教，无不有扩张己教攻击异教之条件。回教之谟罕默德，左手持《可兰经》，而右手持剑，不从其教者杀之。基督教与回教冲突，而有十字军之战几及百年。基督教中又有新旧教之战,亦亘数十年之久。至佛教之圆通,非他教所能及。而学佛者苟有拘牵教义之成见,则崇拜舍利受持经忏之陋习,虽通人亦肯为之。甚至为护法起见,不惜于共和时代,附和帝制。宗教之为累,一至于此,皆激刺感情之作用为之也。鉴激刺感情之弊,而专尚陶养感情之术,则莫如舍宗教而易以纯粹之美育。纯粹之美育,所以陶养吾人之感情,使有高尚纯洁之习惯,而使人我之见、利己损人之思念,以渐消沮者也。盖以美为普遍性,决无人我差别之见能参入其中。食物之入我口者,不能兼果他人之腹。衣服之在我身者,不能兼供他人之温。以其非普遍性也。美则不然。即如北京左近之西山,我游之,人亦游之。我无损于人,人亦无损于我也。隔千里兮共明月,我与人均不得而私之。中央公园之花石,农事试验场之水木,人人得而赏之。埃及之金字塔,希腊之神祠,罗马之剧场,瞻望赏叹者若干人,且历若干年,而价值如故。各国之博物院,无不公开者。即私人收藏之珍品,亦时供同志之赏览。各地方之音乐会、演剧场,均以容多数人为快。所谓独乐乐不如众乐乐,与寡乐乐不如与众乐乐。以齐宣王之惛,尚能承认之。美之为普遍性可知矣。且美之批评,虽间亦因人而异,然不曰是于我为美而曰是为美。是亦以普遍性为标准之一证也。美以普遍性之故,不复有人我之关系,遂亦不能有利害之关系。马牛人之所利用者。而戴嵩所画之牛、韩干所画之马,决无对之而作服乘之想者。狮虎人之所畏也。而芦沟桥之石狮、神虎桥之石虎,决无对之而生搏噬之恐者。植物之花,所以成实也。而吾人赏花,决非作果实可食之想。善歌之鸟,恒非食品;灿烂之蛇,多含毒液。而以审美之观念对之,其价值自若。美色人之所好也。对希腊之裸像,决不敢作龙阳之想。对拉飞尔若鲁滨司之裸体画,决不致有周昉秘戏图之想。盖美之超绝实际也如是。且于普通之美以外,就特别之美而观察之,则其义益显。例如崇闳之美,有至大至刚两种。至大者如吾人在大海中,惟见天水相连,茫无涯涘。又如夜中仰数恒星,知一星为一世界,而不能得其止境,顿觉吾身之小虽微尘不足以喻,而不知何者为所有。其至刚者,如疾风震霆,覆舟倾屋,洪水横流,火山喷薄,虽拔山盖世之气力,亦无所施,而不知何者为好胜。夫所谓大也,刚也,皆对待之名也。今既自以为无大之可言,无刚之可恃,则且忽然超出乎对待之境,而与前所谓至大至刚者胼合而为一体,其愉快遂无限量。当斯时也,又岂尚有利害得丧之见能参入其间耶! 其他美育中如悲剧之美,以其能破除吾人贪恋幸福之思想。小雅之怨悱,屈子之离忧,均能特别感人。《西厢记》若终于崔张团圆,则平淡无奇,惟如原本之终于草桥一梦,始足发人深省。《石头记》若如《红楼后梦》等,必使宝黛成婚,则此书可以不作。原本之所以动人者,正以宝黛之结果一死一亡,与吾人之所谓幸福全然相反也。又如滑稽之美，以不与事实相应为条件。如人物之状态，各部分互有比例。而滑稽画中之人物，则故使一部分特别长大或特别短小。作诗则故为不谐之声调，用字则取资于同音异义者。方朔割肉以遗细君，不自责而反自夸。优游谏漆城，不言其无益，而反谓漆城荡荡寇来不得上。皆与实际不相容，故令人失笑耳。要之美学之中，其大别为都丽之美、崇闳之美（日本人译言优美、壮美）。而附丽于崇闳之悲剧，附丽于都丽之滑稽，皆足以破人我之见，去利害得失之计较。则其所以陶养性灵，使之日进于高尚者，固已足矣。又何取乎侈言阴骘、攻击异派之宗教，以激刺人心，而使之渐丧其纯粹之美感为耶！

美之普遍性与静观性：主张以美育代宗教说者之二大误谬   许崇清[①]

（一）论者之释"普遍性"也，一则曰"决无人我之见能参入其中"，再则曰"不复有人我之关系，遂亦不能有利害之关系"。谓"普遍性"为去除人我差别之作用，远离"普遍性"之本义远矣。普遍（allgemein）云者"人心同然，无攸往而不可通"之谓。谓美有"普遍性"（allgemeinheit），犹言美无所往而不美也。例如乐音中八度（octave）五度（fifth）四度（fourth）等音，凡人闻之，皆生调和（harmony）之美感。又如色彩中二补色之互相融合，互相对照，与手艺术形式中有所谓对称（symmetry）均衡（balance）者，亦皆人所共赏。故此种形式之美，音调之美，设色之美，皆得谓之有"普遍性"。若谓美之普遍性能去除人我利害得失之计较，则此形式之美，音调之美，设色之美，皆当蕴蓄同一魔力，荒谬孰甚于此者。且也"普遍性"非美所专有，圣与善、真皆有普遍性。如（1 + 2 = 3）为数学之真理，人心所同然者也，此公式即有"普遍性"，若谓此公式既有普遍性，即能去除人我差别之见，利害得失之念，则大谬矣。

（二）论者谓美能使人去除利害得失之计较。如是谬说，实由误会美学中（Interesselosigkeit）一概念而来。此语出自康德（Kant），康德本恉在精别美感与其他快感之殊，尤致意于审美之际，对表象之内容无所关心之事实，不介意于其表象之内容，悠然心会其美，而恬静怡愉之情不能自禁，妙处本虽言说，康德以（das interesselose Wohlgefallen）一语表识之，更反复丁宁以（die absichtlose Zweckmässigkeit）一语申明之。Schopenhauer 则谓之曰 wolkenlos（无意）之境。Schiller 则谓之 scheingefühl（假象感情），Volhelt 则又名之曰 Herabsetzung der

---

① 《学艺》第 3 号，1918 年 5 月，第 183—184 页，原文为句读。

Wirklichkeitsgcsifühl（实感沉降）。方今学者多用 Beschaulichkeit（静观性）者，辞义愈显矣。要之，自康德以至于今，用语虽因人而异，考其本恉，则殊途同归，不外乎形容审美之际，怡然自得之情绪（mood）耳。于此情绪中无从发生去除利害得失之计较之作用也。论者误会 Interesselos 一语，竟于美之 Sinnlichkeit（官能性）与 gefühlmässigkeit（感情性）以外，附加一意志作用，知力作用，赋这之以去除利害得失人我差别之魔力，任意虚构，远离美之本真远矣。

（附注）Interesse 日常用语多作"利害关系"，los 犹言脱离也。das intereselose Wohlgefallen 与 Die absichtlose zweckmässigkeit 二语颇难得适切之汉诂，前者姑译作"无所关心之快感"，后者暂作"无目的之合目的性"。

论者因此二大谬误，遂至混淆美之意识与宗教意识，又复混淆美之意识与道德意识。既主以艺术代道德之论，复以美术代宗教之说。论者视人性则太简，视道德又太轻矣。

读蔡先生以美育代宗教说①

北京大学校长蔡孑民先生，曩在北京神州学会演讲，创"美育代宗教"之说。时则记者方执业京师，熟闻其说，心窃非之，本欲为文，有所商榷。嗣以人事倥偬，且蔡先生以学问界之泰斗，教会中又岂竟无人，不学如余，乃亦欲蹈野鸡政客赝鼎学者之所为，每好为文抨击知名之士，以自显身价也耶？卒迟迟未有所作，延之一年，此问题横梗于胸中。而教会之寂焉无闻如故，教会岂诚无人耶？抑未之或闻耶？抑果以谦让为怀，不欲与人有所诤议耶？

惟以记者之愚，以为天地间真理，学者果应各尽其能，发挥至于一无遗憾，即不幸而有诤议，亦属事之当然。用是不揣鄙陋，请自此始，愿以开同仁与当世知名之士，谈道讲学之风焉。

蔡先生曰："兄弟于学问界未曾为系统的研究，在学会中本无可以表示之意见，惟既承学会诸君子责以讲演，则以无可如何中，择一于我国有研究价值之问题，为到会诸君一言，即以美育代宗教之说是也。"

---

① 《兴华》第 15 年第 24 册，1918 年 6 月 19 日，第 1—4 页；"一续"，第 25 册，1918 年 6 月 26 日，第 1—3 页；"二续"，第 26 册，1918 年 7 月 3 日，第 1—6 页；"三续"，第 28 册，1918 年 7 月 17 日，第 1—3 页；"四续"，第 29 册，1918 年 7 月 24 日，第 1—4 页；"五续"，第 30 册，1918 年 7 月 31 日，第 1—6 页；"七续"，第 35 册，1918 年 9 月 11 日，第 6—9 页。原文为句读。从题目看缺"六续"，但第 31—34 册，均无"六续"之文，故疑"七续"应为"六续"，全文实已完整。
另见"研究编·史案研究"《"以美育代宗教"之辩——媒介构建的美育传播公共空间研究》。

蔡先生认以美育代宗教之说,为一于我国有研究价值之问题,不佞诚不见美育果可以代宗教之理由。蔡先生识认美感为宗教具成之要素,我人则认识灵能上帝为耶稣教成立之本源。"美"当然为灵能中之一特性,然断非灵能只有此一字。美或为灵能,而灵能必不只有一美字。故即就蔡先生感情作用而言,又岂特限于一美感。故我人之见,明明美育是美育,宗教自宗教,不见其果有可以相代之理由。譬之蔡先生与记者,各有一自己站立之地位,虽有时未尝无相同之处,然断不能谓蔡先生即是记者,记者即是蔡先生,其理甚明。

或者谓蔡先生发表此主张之际,正当国会订定宪法,讨论"信教自由"问题之时,一般摇头摆脑之腐儒,正因废学校复科举之迷梦失望之后,遂发其狂谬主张,硬欲将孔老头子变成教主。蔡先生菩萨为心,乃并其前题之"宗教"二字,而亦打破之,唤醒之。谓世界宗教在今日已为过去问题,宗教且无有,更何有于孔教。庶几国教问题,若辈之迷梦,不攻自破矣。

为是说者是否为蔡先生所承认,记者不得而知。然使学者之立说,而含别有用意,则其说之不纯,夫复何言。特记者之意,不能认此,愿更与之商榷焉。

蔡先生曰:"夫宗教之为物,在彼欧西各国已为过去问题。盖宗教之内容,现皆经学者以科学的研究解决之矣。吾人游历欧洲,虽见教堂棋布,一般人民亦多入堂礼拜,此则一种历史上之习惯。譬如前清时代之袍褂,在民国本不适用,然因其存积甚多,毁之可惜,则定为乙种礼服而沿用之,未尝不可。又如祝寿会葬之仪,在学理上了无价值,然亲友中既以请帖讣闻相招,势不能不循例参加。藉通情愫,欧洲人之沿习宗教仪式,亦犹是耳。"

蔡先生此节可分为二个问题:(一)宗教在欧西各国是否已为过去问题;(一)宗教之内容是否现已皆经学者以科学的研究解决至于一无遗憾。

本篇最大之谬断,无有逾于是者矣。窃诚不知何意,以多年学问领袖之蔡先生,竟乃不知科学与宗教在今日早已在相互发明解决天地真理之地位。蔡先生此之不知,而仍撖拾一二,科学者忘其发明真理之天职,专以攻击欧洲旧教为事之论述,以武断世界今日宗教之现状,是诚不知蔡先生何以轻于出此者矣。

岂以蔡先生心理中之所谓欧西现代之宗教,只有极端专制之罗马教,及其他一切宗教末流之仪文风习也欤? 然此特宗教之末耳。即不有蔡先生之一言,我人果早已明白。蔡先生若即以此范成其脑筋中所谓"宗教"其物之模型,则无怪蔡先生之误谬一至于此极矣。使宗教而果为现在欧西各国过去之问题也,则宗教方保其残喘之不暇,庸有余力以及我东亚。彼欧西各国其所以宁甘拂每年巨额之金钱劳力,布道于外洋各国,受尽种种之逼迫而不辞,必欲以开化异邦蛮族,令全世界早归于大同之至治，为上帝之觉民者，诚以救世爱人，为上帝赋人之天职。"传福音于万国"为基督莅世之要训，此凡为宗教信徒者，一方果含有莫大之天职，一方即抱有无穷之希望，事业之来，正方兴未艾，奈何以过去视之。

今日世界文化思想之最高潮，岂非所谓世界主义，当高出于国家主义之上。世界的民治主义之创导，国家必服从于道德的原则之主张，使非有宗教有以启发于先服务于后。则科学之士方且持其优胜劣败之公例，竞争进化之主张，日促人类残视野蛮劣等之民族，征服掠夺其所有而享受之不暇，岂有肯哀此穷荒无学之蛮民而为一援手哉。弱肉强食，为文明人当然之命分，亦固有之权利，及至无弱可食无劣可征，则强与强者不得不更比其强以求较弱之肉，优与优者，不得不更比其优，以求较劣之败。人之自视，孰不如我，于是不待强弱之分，优劣之判，而人类之自相残杀，已一切同归于尽矣。科学之士至此，方始发明基督教所历来倡导之人类互助的精神，亦为人类生存必不可少之公例，竞争不必进化，有时且为剧烈无比之退化，进化亦不必竞争，竞争以外，尽有可为进化之元要。然科学与宗教至此既已一致，无所谓此可代彼，亦无所谓彼可代此，若至是而犹曰，究竟科学可以吸收宗教耶，抑宗教可以吸收科学耶？换词言之，究竟科学可以代宗教耶，抑宗教可以代科学耶？此等发问，可谓了无价值，了无意义。如使科学家与宗教家犹是斤斤相辩，各执一偏，不肯相下，则实属可嗤，更属可耻，奈何以学问领袖之蔡先生，而亦不免于此也。

天地间明明只有一个真理，而其研究所以发明此真理之方法，明明宗教与科学各有不同。乃必欲承认其一而非其一，何所见之不广也。科学家既斥宗教不可以天地之真理据为己有，则科学家独可据为己有也耶？然就反一面言之，如使宗教而离真理以独立，则宗教即不成其为宗教。科学而使离真理以自存，则科学亦失其所以为科学。蔡先生之心中目中，其言宗教也一若除妄造臆说教人迷信之外，不复再有发明真理之效力。其言基督教也，一若除教人服从专制拘虚仪文之外，不复再有理想崭新真理岂饶之实在。除罗马教外，不复有其他之新教。虽然宗教之迷信虚伪，宗教之专制束缚。此皆宗教末流之弊，宗教之糟粕。不特科学者非之，宗教家亦早已自非之而改善之。天下事宁有可以只见其弊而抹杀其精理之所在，即可主张为不必要者。如使可以如此也，则科学今日正当"弱肉强食""竞争进化"等论失败之时代，宗教者亦可以其历来所倡导之公例积见流弊，主张根本不要科学，有是理欤？

今日时代，吾人只须问人类是否已至于文明之止境，而一无缺憾。真理是否已至最高之极则，无复更待发明。如使不然，则世界即尚有无穷无尽之进化，人类即尚有无穷无尽之希望与事业。科学与宗教尚日进不已。科学既为进化的，宗教奚独不是进化的。研究宗教者不可不知科学，研究科学者尤不可不知宗教。究其竟也，虽其结晶所以益我世界者，变为科学的宗教，宗教的科学。然宗教与科学仍断然为二个方法。决不能因其目的之一致，遂假定谓可以此代彼，某也已成过去之问题。后来之世界，其发明真理之责任，某也可以由是一肩担任。使此而必须以为可能，则今日竞争论之失败互助论之勃兴，与其谓宗教已成过去之问题，毋宁谓科学将成过去之问题。蔡先生于宗教，似观察未至于甚深。十九世纪之科学，又正当旧教末流之弊专以反对教会，去其专制束缚为事。蔡先生其或中于先入之言，故只见宗教之弊，而不见宗教之利。（注）只见宗教之糟粕躯壳，不见宗教之内容精神。后是既先存一宗教为过去之心，又习见一般人之虚行故事也，遂断为久王将废之事。此蔡先生之过也。

（注）宗教实际乃并非利弊研究之问题。若有利弊研究，便可发生存废。盖人类认识上帝发明真理而服膺之。此为世界最终之究竟，有能从事于此者皆谓之宗教。世界此事一日不废，宗教其物一日不可以或缺于世界。科学者虽另立种种名词，种种研究之方法，其结果则自身亦早已陷于最初宗教所以成立之一步。科学者不自知而曰我非宗教，此一误也。既曰我非宗教而又曰我将代宗教，此自为矛盾之词也。总之宗教有科学，宗教于是乎革新而进化，科学有宗教，科学乃得乎正归，不演成罪恶。科学为日进的，宗教为暂时顿着的。然此暂时顿着，决非永无进化。日进而演新，则有时不免于盲从，暂顿而不轻改，则有时亦见与真理扦隔。此二弊也。安可轻其一而责其一。此二利也。安可有其一而去其一。此皆人之过也。安可相互攻讦其所崇奉之真理与主宰。此又二事也。安可谓有我既可以代彼。我人信奉宗教既得人生之真趣，于是欣然迎科学而受之，更以促我人之进化。达世界最幸福之一的。若今日之蔡先生者，使其终无宗教之信仰，惟以科学为自恃也，我甚觉其人生了之无真意味。今日生亦可，明日死亦可，现在喜亦可，少顷哭亦可，俗语所谓"做一日和尚撞一日钟"又如所谓"了世事"者，诚蔡先生之谓矣。纵曰科学发明群性之真理，曰我人今日之所处，皆前人恩泽之所赐，我人今日之所事，又将为后人之所受，故我勿可以不奋勉努力。然究竟我还我是①，前人还是前人，后人还是后人。使我而不奋勉努力，则受之者还是后人，并不在我。故不信宗教之永生，不信宗教之圣灵为一，则人生之真义决不能有价值之可言。蔡先生等迨视宗教只有一跪一拜，一堂一牧等之躯壳，而

---

① 应为"我还是我"。

不知宗教之有生命无限之泉源，能使人乐观，能使人不敢忘其天职也。蔡先生迫视基督教只有几个牧师一众圣徒，其间亦有实力奉行的，亦有虚行故事口是心非的，亦有作伪虚饰欲隐其罪恶的，亦有恃教会为衣食，仰其施舍的，实力奉行之不甚多，即使多亦不能一日为蔡先生所尽识见，而蔡先生遂断之为宗教无所用，此蔡先生之过而非宗教之过也。宗教决非几个信徒、牧师、神甫、礼拜堂，书本，所能代表的。苟使人而不识宗教所创之一综系统的原理，一一服膺之而自验之，则不能得宗教之真谛，故使蔡先生而未尝为一日真诚笃信之圣徒则纵其他种学问高深至于何地，而其所以批评宗教者仍为皮相之论，是非愚之好为故难先生，实先生未曾识见宗教为何物也。

蔡先生又曰："所可怪者我中国既无欧人此种特别之习惯，乃以彼邦过去之事实作为新知。竟有多人提出讨论，此则由于留学外国之学生，见彼国社会之进化，而误听教士之言，一切归功于宗教，遂欲以基督教劝导国人。而一部分之沿习旧思想者，则承前说而稍变之，以孔子为我国之基督，遂欲组织孔教，奔走呼号，视为今日重要问题。"

蔡先生于此亦有一误解。以为今之提倡基督教者，为留学西洋回国之学生，而误听教士之言者。实际则使宗教而果在欧西各国为过去之问题者，则留学西洋之士，亦同是耳目聪明智慧，断不能误听教士之言。且使彼国社会之进化，绝无宗教原因根底其间，则教士亦何能以此蒙人。何况吾人研求宗教，必须另具一种不惑于时势之精神。岂能以社会现时代眼前所及的短浅之现状，即归其功过之谁属。平时求一普通学问，尚且必须有一种放高视线，不拘于目前现状之精神。何况研究宗教，而可只凭几个回国学生误听西国教士之言，便倏然以此为大问题，竟有多人提出讨论者欤？况今之热心宗教倾注全力于世界新思潮而对于未来之一切，更抱无穷绝大之希望者不仅国外学者，国内学者更有不知多少为之中坚焉。先生误以为中国宗教之问题只因于留学生之误听过焉？

其第二点之错误，则在先生归罪于现在孔教问题乃因国人之提倡耶稣教而起。实际使吾人平心静气一想，孔孟之伦理学说，乃完全与现代世界思想潮流，根本抵触，比老顽固之于新事业，不论宗教学术，简直无一是处，无一不生抵触，无一不在反对之例。宗教问题，不过引起陈换章等之请定国教，其他学术政治问题，则有康梁之保皇，杨度、劳乃宣、张勋等之革命。先生以此罪我基督教徒，谓我基督教徒从此可以不必提倡基督教，则今日一切新文化之提倡，岂皆将因是而罢弃之欤，我人提倡宗教不善，致遭老学究之反对，此固我人之过，然决非宗教之过。先生与我人亦皆尝同时致力于中国之改善，并均为一般顽固者及仇视道德之官僚竭全力以反对,先生与我人岂皆将灭其壮志也欤。

蔡先生又曰:"自兄弟观之,宗教之原始,不外因吾人精神之作用而构成。吾人精神上之作用,普通分为三种。一曰智识,二曰意志,三曰感情。最早之宗教常兼此三作用而有之。盖以我人当未开化时代,脑力简单,视吾人一身与世界万物,均为一种不可思议之事。生自何来,死将何往?创造之者何人,管理之者何术?凡此种种,皆当时之人所提出之问题,以求解答者也。于是有宗教家勉强解答之,如基督教推本于上帝,印度旧教则归诸梵天,我国神话则归之盘古。其他各种现象,亦皆以神道为惟一之理由。此智识作用之附丽于宗教者也。且吾人生而存生存之欲望,由此欲望而发生一种利己之心。其初以为非损人不能利己,故恃强凌弱,掠夺攫取之事,所在多有。其后经验稍多,知利人之不可少,于是有宗教提倡利他主义。此意志作用之附丽于宗教者也。又如跳舞唱歌,虽野蛮人亦皆乐此不疲。而对于居室雕刻图画等事,虽石器时代之遗迹,皆足以孜见其爱美之思想。此皆人情之常,而宗教家利用之以为诱人信仰之方法。于是未开化人之美术,无一不与宗教相关联。此又情感作用之附丽于宗教者也。"

由先生之说,一若天地间有特具之一种人类,生而为宗教之动物也者。于是思将天地间人类所有一切智识、意志、感情而利用之。嚣然号于人前曰此为宗教也,彼为宗教也,此亦宗教也,彼亦宗教也。有是理欤?庶知宗教也者,本为人类灵智上之产物,并非特有一种人为宗教上之产物,人类全体俱有上帝特赋之灵能。故由其智识所在,多足以发见上帝之大能与意志。此宗教之所由起也,先生颠倒视之。一则曰宗教家勉强解答之,再则曰宗教家提倡之,又曰利用之。一若天地间生而即有一般宗教之动物也者,自别于其他部分之人类,专以妄造臆说,勉强解答提倡利用为事者。此不得谓非先生之误也。要知天地之间,如谓人类有宗教上特产之动物也,则人类全体俱为宗教上特产之动物,并不能指定一部分人,谓为宗教上特产之动物,其他部分之人类谓为专受其迷惑者,故由我宗教上之眼光称之,盖无一人而能自外于宗教也。有之则其人为失落之孤儿,倘仿迷离必为罪恶所食,故悲悯之,求所以拯救之,不遗余力。非所谓利他,非所谓求仁义,盖同情之心切,怜爱之念深,不自知其所以然,而人道之主张有发于油然不自觉者也。又智识、意志、感情三名词本是极为清楚,然为先生如此一说,孰也为智识作用之附丽于宗教,孰也为意志作用之附丽于宗教,我反而糊涂焉。先生谓人不知生自何来,宗教家勉强解答之,此智识作用也。不错。先生又谓初人但知利己,其后经验稍多,知利人之不可少,于是提倡利他主义。此亦不错。然所谓"经验"所谓"知利人之不少"此"经验"与"知"仍是智识作用耳,安见其有所谓意志作用也。先生如此解释之,反使我糊涂焉。惟此不过解释上之讨论,无关宏旨,而不识先生所讲之差别何在者也。

蔡先生又曰:"天演之例,由浑而昼,当时精神作用,至为浑沌,遂结合而为宗教,又并无他种学术与之对,故宗教在社会上遂具有特别之势力焉。迨后社会文化渐进步,科学发达,学者遂举古人所谓不可思议者,皆一一解释之以科学。"

先生至此又生一误点,则今日科学之解释可谓完全满意也欤。以我人所知则科学之解释愈多而不可思议者亦因解释而愈伙。故科学之进步,今后更当日进而不已,而后宗教之进步亦得日进而不已。宗教于旧时为附会(注),宗教于今日为发明真理。先生颠倒视之。一若宗教于前古为极则,今后只应有退化也者。主观既误,自无一是处。

(注)宗教于旧时亦未尝不自以为发明真理。只因当时人智短浅,学问不如今日之发达,文化不如今日之开张,遂有时不免于附会。然在当时之人,又安知其附会哉。反之今日科学所得证实之真理,亦岂安知其间不免附会者。他日使更有强有力之证据,则亦不难据而推翻之。然安得谓科学研究真理之方法,从兹将悉举一切而根本废去之乎。如使果有另一研究真理之方法,果可将科学一切之效能而根本悉去之也,则科学亦早已忧待人之主张废去而不存于世界矣。宗教于今日亦然,使宗教而早已无存在之价值也,则宗教亦早已不待人之哓哓,不复存立于世界。使宗教而果有足以存在之价值也,则先生今日之目无宗教,徒见其为不智。宗教今后方且进步无已,先生谓之曰,"已成过去",已属不智。科学今后亦且进步无已,而先生早已自满曰:"遂举古人所谓不可思议者,皆一一解释之以科学。"噫,先生之过误甚矣。

先生曰:"日星之现象,地球之缘起,动植物之分布,人种之差别,皆得以理化博物人种古物诸科学证明之。宗教家所谓吾人为上帝所创造者,从生物进化论观之,吾人最初之始祖,实为一种极小之动物,后始日渐进化为人耳。此智识作用之离宗教而独立之证也。"先生诚奇怪自满于今日短浅之科学如此,先生岂以今日科学之研究,已经解决其一切,而无复遗憾耶? 是诚先生之太安小就矣。吾人最初之始祖,即使为一种极小之动物。然此极小之动物又何自来,不曰上帝之所创造,然一定非上帝所创造之实据,科学家亦岂有法以证明之。既曰不能,则今后之有待于宗教及科学之发明者,正是勿可限量。先生乃自满若此欤。上古之世,人智未尽进化。于是对于天地间一切之疑问,赖古之贤圣先知以解答之。然其间不能绝对无误会,则又赖今之科学家以证实之。是故由宗教的眼光观之,古之贤圣先知所以发明宗教者也,今之科学之士所以证实宗教者也。何以故,天地间真理,只有一个。古之贤圣先知及今之科学之士,其自任以发明真理,只是同一目的。或谓之曰上帝所创造,或谓之曰天地之自然,其实则有何分别者。不过一则以心灵上之感应证实曰上帝所创造,一则不认此冥冥中有心灵上之感应,故亦不能以如此证实为满意,而于无可如何之中,归之曰天地之自然。其曰天地之自然者,无异科学家自认其科学之不足,而宣告科学之破产。先生乃谓"皆得以……诸科学证明之",先生误矣。今科学之言天地之自然者,无异宋人研究理学自命穷通天人而归之曰无极太极。令人读之真所谓不知说些什么,亦可谓无聊之极思。先生乃一若满意如此,亦过于迷信矣。上古之世宗教因附会而晦其真理,足以阻人群之进化而来罗马教皇之武断专制。今日之世宗教亦因浅尝自得之科学家而晦其真理,结果亦足以使人群自满于不通之理论误入于歧途,而来今次之大战争。古之宗教,害宗教者立于宗教自身之分子也。今之宗教,害宗教者立于宗教以外之分子也。然一言以蔽之,人群之自害而已。事之有背于真理者虽有时亦得以世人自己之迷妄披靡于一时,然真理终且得最后之胜利,世人不过自贼而已。

先生又曰:"宗教家对于人群之规则,以为神之所定,可以永远不变,然希腊诡辩家,因巡游各地之故,知各民族之所谓道德,往往互相抵触,已怀疑于一成不变之原则。近世学者据生理学、心理学、社会学之公例,以应用于伦理,则知具体之道德不能不随时随地而变迁。而道德之原理则可由种种不同之具体者而归纳以得之,而宗教家之演绎法全不适用。此意志作用离宗教而独立之证也。"

先生此段于文字上说意志作用,还说得明白些。然道德之原理,不论演绎与归纳,终究原理是原理,演绎与归纳不过二个方法。其间各有适用,各有不适用。先生乃谓之曰:"宗教家之演绎法全不适用。"亦见其偏激而不中事理也矣。天下事自其变者而言之,则莫不变。我宗教岂尝历千年而不变,横全地球而琐屑皆同者乎。自其不变者而言之,则其归纳而得之原理又无异于演绎法之原理,且原理终究还是原理。先生每言此也"离宗教而独立"彼也"离宗教而独立"。其实原理本是独立,宗教而果与原理一致也,则宗教亦本是独立,无待于智识作用意志作用之附丽;使宗教而果不与原理一致也,则宗教亦早已不成其为宗教,更无待于智识作用意志作用之独立而后失其独立。

近人往往有一似是而非之谬论,我中国如蔡先生一流之学者间,中之者为尤甚。其意云何? 往往批评宗教所发明之原理,乃天地间本有之原理,宗教家不得据而私有之。此言是也。然同时又自己往往不免亦陷于据为己有之嫌疑而不自觉,如曰此也为今后科学之所有事也,彼也为今后科学之所有事也。实际言之,真理果为天地间之真理，谁亦不得而私有之。然既由我发明之，则我之发明亦自有其一定之系统在，一定之关系在，一定之连锁在，原要之所在，不得错其毫厘丝忽，错之即非我所发明之原理。譬之我耶稣教之原理，决非佛教回教之原理也，亦非孔孟之学者所能有之原理也。实则原理并非有异，而所以安排此原理者各有系统关系，连锁之不同。故我人往往见孔孟之徒，闻人一说，则嚣嚣然断章取义而言之曰，此我夫子之所言也；见人一事，则又嚣嚣然断章取义而谓之曰，此我前圣之所行也。我人未尝不非笑其狂妄荒谬。盖孔孟之学说与今日西洋之文化思潮及耶稣教之教义，其系统关系连锁之不同，有根本不能相容之点。虽其词句之表面，未尝不无一二之相似，然其真义与地位之所在，决不能有相同。耳食之小儒，不肯虚惊研究，好为此不顾分量之言，未尝不为人所齿冷。由此点观之，真理如天地之本有，无人能得而私据之。然其所以发明此系统关系而布置之者，则亦未尝不可归之于各自发明者之宗派。否则散漫杂陈之真理，将无自而得其原要。我耶稣教之所以认耶稣为基督，盖由彼足以彰显上帝之性行、阐明上帝之意志，人乃得有所模范，有所标准则效。故我基督教人之得见上帝，乃全恃耶稣为之中保。上帝之大能荣贵，真善无暇疵，我虽能即于万物而可以见之，然见之者，万物也，非上帝也。是故前乎耶稣则上帝为渺渺茫茫，杳杳冥冥。迨耶稣之来，一一指点明白，表明己之即为上帝独生子，位异而体同，于是上帝之性行意志，有耶稣而灿然如在目前矣。是故耶稣教即就其道德原则、伦理系统言，乃必为耶稣教之一综道德原则、伦理系统，他人断不能枝枝节节而取之，断章取义以效之。若曰我此可以代彼也，彼即我之此也；更曰我今日也已有彼之此，我前日也已有彼之彼，我今后也，更将举彼之所有而一切有之。此不顾分量之言也，不顾自己内容之互相抵触，系统之自为矛盾，部位分际之各有不同，宁非令人可笑？借曰能之，则自己早已同化于基督教，而自为其分子，尚何有我立足存在之有？否则，其人必今日耳食孔孟之小儒，不肯虚心研究，而妄为曲解者也。蔡先生断不至此。虽然，我于此篇，蔡先生亦几不免已陷于此也。学者之立言，可不谨慎哉。

　　先生又曰："智识意志二作用，既皆脱离宗教以外。于是宗教所最有密切关系者，惟有情感作用，即所谓美感。凡宗教之建筑，多择山水最胜之处，吾国人所谓天下名山僧占多，即其例也。其间恒有古木名花，传播于诗人之笔，是皆利用自然之美，以感人者。其建筑也恒有峻秀之塔，崇闳幽邃之殿堂。饰以精致之造象，瑰丽之壁画，构成黯淡之光线，佐以微妙之音乐。赞美者必有著名之歌词，演说者必有雄辩之素养。凡此种种，皆为美术作用，故能引人入胜。苟举以上种种设施而屏弃之恐无能为役矣。"

窃诚不识先生心目中,其以宗教二字,迨即罪恶之代名词也耶? 故不惜附会种种之科学,自满于短浅之见解,曰某也智识作用之脱离宗教者也,某也意志作用之脱离宗教者也,曲为解释。迨先生以提倡科学,十分热烈之故,误信短浅科学家言,以为宗教科学不能二立。而又以从事科学为全善,从事宗教为全恶之谬见,识定宗教即为罪恶也耶? 先生误矣。天下事就其利而利之,固无不利,使一旦失其本义,则弊害之来,又孰能逃哉? 先生岂迷信科学万能,科学至善也耶? 今之利用科学,误解科学,以行罪恶之哲学家,思想家,发明家,制造家,政治家,彼其以恶意利用科学而所成之罪恶,几至活现我圣经所预言之世界末日景象。所谓"世间必有大灾难","民要攻打民,国要攻打国"者,今日岂非一幅形容毕肖之画图欤? 吾人于此,诚不认科学为罪恶之代名词,且其尊重科学希望科学热心科学之心,亦未尝以是出人下。盖诚有见乎今日科学之弊,非科学本身之弊,乃人不善行其科学之弊。宗教亦何尝不是,以是尝不惜一身,目空一切之现象,专事心灵理论之研究,而欲得其真谛。先生乃一若惟认宗教为罪恶。若曰"天下名山"此宗教之所假以为役者也,"古木名花"此又宗教之所假以为役者也,"峻秀之塔,崇闳幽邃之殿堂……精致之造象,瑰丽之壁画……黯淡之光线……微妙之音乐","著名之歌词","雄辩之素养",此又无一而非宗教之所假以为役者也,故"苟举以上种种设施而屏弃之,恐无能为役矣"。宗教岂为罪恶之代名词,而先生之厚诬宗教也如此,可胜叹哉! 是非本报深文周纳之辞,实先生词说之语气,虽欲令人不作如是想,而不能者也。是岂先生之存心如此耶? 抑下笔记演词之际,偶不经意而至此者也。

又先生于智识作用,意志作用,说完之后,于是乃标出本题"以美育代宗教"之意旨,其实即此已属不通,逻辑上讲不过去。宗教即使尽如先生所与之分量,乃亦有智识意志情感之三作用。试为例以明之,必为

宗教 =(智识 + 意志 + 情感)

而同时又曰   宗教 = 情感   此先生自破其例之说也,岂得谓之通乎? 非先生所立之例不通,必先生以美育代宗教之说不通。二者必居其一。然为先生说者,或曰先生以美育代宗教之说,乃为下之公式

宗教 -(智识 + 意志)= 情感

然则先生之所谓以美育代宗教说者,代者何尝是先生所称之宗教,乃先生所称之宗教之中,已减去智识与意志二作用者也。换词言之,美育之所代者,仍是情感,岂能谓之宗教? 今请更为说以明之。

先生曰"宗教之原始,不外因吾人精神之作用而构成。吾人精神上之作用,普通分为三种:一曰智识,二曰意志,三曰感情。"由先生之所说,吾人可概括为宗教之定义曰:

宗教者,常含智识、意志、感情三作用而有之者也。

今请就先生以美育代宗教之说,列逻辑学之三段论法如下。

(一)宗教者常含智识、意志、感情三作用而有之者也。(此为先生所定之公例)

(二)今美育者感情作用也。(此为先生所认之事实)

(三)故美育可以代宗教。(此为先生所下之断案)

此种逻辑,试问可以说得过去否? 然为先生说者,将毋亦曰,上之逻辑虽属不通,然未尝不可为下之逻辑。即

(一)宗教者最早固常含有智识、意志、感情三作用,而今之所可称为宗教者,则只有感情作用者也。

(二)今美育亦为感情作用。

(三)故美育可以代今之宗教。

然则先生所谓"今之宗教"者,实早已自反于先生所下宗教之定义。换言之,在先生心目中所谓"今之宗教",应早已不能为先生所承认之宗教者也。然则先生更何有于"以美育代宗教"之说? 学者之立言,果当如此乎? 今请再由逻辑证明先生应否认"今之宗教"为宗教之理由如下。

(一)宗教者,常含智识、意志、感情三作用而有之者也。

(二)今之所谓宗教,只有感情一作用,其智识、意志二作用,早已离宗教而独立。

(三)故今之所谓宗教,非宗教也。

由先生"美育代宗教说"之论列,以上之逻辑,乃当然无可逃者。然则既曰"非宗教",而又曰"以美育代宗教",立说之不纯,庸有再事辩论之余地。推先生之说,否认"今之宗教"为"非宗教"应为一事,提倡"美育"应另为一事。今先生牵二者而一之,而曰"代",诚不谨慎之至矣。

先生立说之不纯,记者还是真所谓"捏紧鼻子闭着眼",尽量容认先生之说,一一假定其为正当,而子矛子盾,已自陷于不通之穷境如此。设记者更将以下问题,一一与先生之说研究,即:"感情是否全是一'美'字。""先生所称之'美育'是否即宗教之感情作用,分量如何,范围如何。""宗教之美的作用,是否只建筑,造象,壁画,音乐,光线,等等。"诸如此类之问题,若与先生之说,一一研究之,则先

生所肯定之前题,将无一而不生疑议也。

"美"之一字,本为上帝之本能,故并非宗教家利用之以神其宗教,乃宗教家依归之以明上帝。天下万事万物无不顺乎自然而生,即吾宗教所称,无不顺乎上帝而存在者也。上帝为美,故万事万物莫不有美。宗教家即万事万物之莫不有美,于是恍然于天地之必有主宰,随在而误上帝之大能为勿可及也。岂必神其山水等等之作用,而后明示人以上帝者哉? 其所以建筑必择山水最胜之处,峻秀之塔,崇闳幽邃之殿堂,等等者。(一)则以崇其至诚敬虔之心,不自知其所以然者也。岂尝先存一"将假是以为役"之容心,而后有是者哉?(二)则天下山水名胜等等,为美点特著之处。上帝之本能,易于感发而已,非谓上帝之美,只于山水名胜等等。舍此即无上帝表见之处,亦无宗教托足之所也。然先生乃曰,舍是"恐无能为役矣",诚不识先生所见之宗教,究竟为何物也。

先生曰:"然而美术之进化史,实亦有脱离宗教之趋势。例如吾国南北朝著名之建筑,则伽蓝耳。其雕刻,则造象耳。图画,则佛像及地狱变相之属为多。文学之一部分,亦与佛教为缘。而唐以后诗文,遂多以风景、人情、世事为对象。宋元以后之图画,多写山水、花鸟等自然之美。周以前之鼎彝,皆用诸祭祀。汉唐之吉金,宋元以来之名瓷,则专供把玩。野蛮时代之跳舞,专以娱神,而今则以之自娱。欧洲中古时代留遗之建筑,其最著者率为教堂。其雕刻、图画之资料,多取诸新旧约。其音乐,则附丽于赞美歌。其演剧,亦排演耶稣故事,与我国旧剧《目莲救母》相类。及文艺复兴以后,各种美术,渐离宗教而尚人文。至于今日,宏丽之建筑,多为学校、剧院、博物院。而新设之教堂,有美学上之价值者,几无可指数。其他美术,亦多取资于自然现象及社会之状态。"

宗教、美术本来二事,先生欲牵而一之,标其题曰"美育代宗教",根本既已不通,于是不得不煞费苦心,说了一大堆某也附丽于宗教,某也附丽于宗教之说话,既混而一矣。而我之题目只有一美育代宗教也,于是又不得不一一擗开之,某也离宗教而独立,某也离宗教而独立。既擗开矣,还是各尽各事,无以明美育可以相代宗教之理由也。于是特对于美育一层,又不得不说一个若即若离,以明今后可以相代之势。上半篇文字,先生之煞费苦心,一擒一纵,可谓尽注于此。下半篇文字,则大发挥美育之功用。先生全篇演词,尽于此矣。若使吾人请一位戴大圈铜眼镜的老先生来,摇摇摆摆评注此文,则一定为一篇好文章,好结构。特不过由吾辈后进不识者观之,犹之记者,此篇文字,何必逐层逐句,一一累赘不休。如此"乌龟大翻身"的笨做,可谓记者与先生真称双绝。

　　宗教、美术本来二事，予既言之矣。故提倡美术者，何必一定附丽于宗教；提倡宗教者，何必一定利用于美术。我耶稣教且排斥一切图画造象等类而去之，而我耶稣教之勃兴也，正在欧洲文艺复兴以后，美术脱离宗教以后。而耶稣教之所以为耶稣教，正以其不以宗教的精神，利用美术，故信我之教者，决不有激刺感情之作用。试问今日我耶稣教之建筑，图画，殿堂，造象，除纯粹以美术的精神，壮其观瞻之外，有一以宗教的精神，含诱惑人之作用者耶？然耶稣教正以其为如是，乃得为真理之宗教矣；正以其不含宗教的精神，利用美术之故，而得勃兴矣。我诚不识先生，以我中国新旧过渡中一时代之学者之修养，而乃不识今日披盖万国之耶稣教之真际，凡所论列，一一皆不过撷拾现在早已成为强弩之末的，他之宗教，其于我广布全球之新教，活动最力之新教，几全篇不着一字。我中国人目空一切，高视阔步之精神，真堪令人惊叹也。

　　先生又曰："于是以美育论，已有与宗教分合之二派。以此二派相较，美育之附丽于宗教者，常受宗教之累，失其陶养之作用，而转以激刺感情。盖无论何等宗教，无不有扩张己教攻击异教之条件。回教之谟罕默德，左手持《可兰经》，而右手持剑，不从其教者杀之。基督教与回教冲突，而有十字军之战，几及百年。基督教中又有新旧教之战，亦亘数十年之久。至佛教之圆通，非他教所能及。而学佛者苟有拘牵教义之成见，则崇拜舍利受持经忏之陋习，虽通人亦肯为之。甚至为护法起见，不惜于共和时代，附和帝制。宗教之为累，一至于此，皆激刺感情之作用为之也。"

　　先生谓宗教有刺激感情之弊，实际刺激感情，亦并非一定恶事，而天下实有何事，不有刺激感情之性？使其事而诚无刺激感情之性也，则其事还有什么价值？故先生立于提倡美育的地位，则见宗教有刺激感情之弊；吾人立于宗教的地位，所见乃适得其反。实际使天下事而无刺激感情之能力，其事必为一麻木不仁之事，尚有何价值可言？中央公园之顽石，尚能令先生得而玩赏，此激起先生得而玩赏之感情，即顽石刺激感情之作用也。总之天地为有情之天地（故曰上帝为爱），凡于天地间之一草一木，一石一人，既无不为此有情所包涵，先生又孰能逃哉。而此神秘不可思议之有情，吾人乃觉人生之真义，有无限乐观，有无限希望，随之而乃有无限群生事业。今日此光华灿烂之文明，孰非此有情者之刺激，所赐与之恩物也哉。

　　自有人类以来，惟有一个是笨贼。其人为谁，那就是释迦牟尼。他要想与天演为革命，天演好生，他偏是要好杀。天演本与适者以生存，他偏欲令可以生存之适者，自甘毁灭。天演有情，他偏欲空空色相。糟到现在，一受了他的害者，便变成了木呆。究竟与世界上有了什么益处呢？先生今日，既曰提倡美育，美育是一件最有情感的事，然而心之所仪，又似确要像不要刺激。但是天下最有情感的东西，同时更曰不要刺激的，那不刺激的情感，又是一件什么事？与木呆相差多少呢？释迦牟尼之一切皆空，可谓毫无情感之至矣，然其灿莲花妙舌，与一般善男子信女人，拼命说法，空又在那里？甚至先生也还说他"苟又以拘牵教义之成见，则崇拜舍利，受持经忏之陋习，虽通人亦肯为之"云云。先生乃本欲提倡一最有情性之物，而曰无刺激感情，记者诚不识先生之所谓矣。

读者幸勿疑我，为反对提倡美育之人也。记者于先生提倡美育一端，记者之热诚，当不减于先生，惟先生欲以之代宗教，则我诚不见其可以相代之理由。欲提倡美育，不必排斥宗教；欲排斥宗教，不必夹杂提倡美育。二者绝对为二事。且先生认宗教为刺激感情的，认美育为非刺激感情的，那又是一点，记者不以为然的。又先生认刺激感情，为一件恶事；记者则认刺激感情，与善恶无关。宗教有刺激感情之弊，美育之刺激感情，亦有陷于甚大之弊之时。观本报上一期（即第十五年二十八册）所译经学《基督教与哲学家》（指希腊人）即可明了。盖崇拜美育之甚，其结局必有美而不育之时，自欺于不自觉。人至此时，虽下级粗俗之快乐，既皆憎恶，而实际之罪恶情欲，则每服以文雅之衣冠，妙漫之纱幕，放纵而无忌惮也，必有不可收拾者。当此之际，所谓高尚，优美，完善之妙谛，真理，陈义，说法，以及音乐，图画，建筑，雕刻，锦绣等等，皆足供人类犯罪之利器，不可不深长思也。

人有主张社会主义者，甚至于一夫一妇之家族制度，因其于爱情相互似得占为私有之故，遂至斥为人间一切罪恶之起源，而主张男女色情之关系，欲如禽兽之野合。人生至此，昧其男女之义，而欲羡慕如禽兽之野合，亦云惨矣。殊不知近代自由结婚之高尚，夫妇之成立，本以尊重"自由恋爱"为基础。夫妇关系之发生，乃基于二人相互间承诺，并非一方欲占为私有。所谓私有也者，乃必一方为纯粹之牺牲，一方可以不问对手之愿否，用手段而取得之者是也。夫妇苟不基于二方自觉的爱情，而为相互的承诺，不特近代道德所不许，抑亦近代律法所不容。且夫妇苟至关系，万不能持续之际，未尝不有正当离婚之道，乃必欲如禽兽之野合，忘其男女爱情之真义，人格高贵之美性（这也是提倡美育所应注意的），而必欲保此一刹那的苟合，只有欲性，而无情爱，生理作用之谓何哉？社会主义，高尚之美谈也。然无视一切，只讲美谈之结果，乃至陷于禽兽，而亦甘心羡慕矣。读者幸毋疑我为反对社会主义之人也。我之主张基督教社会主义，Christlicher Sozialismus 自信于今日国中，亦愿为极热烈之一人。惟如是提倡社会主义必欲以高尚之人格，合于禽行兽处以为当则记者深恶痛疾之心，亦犹予之主张基督教社会主义，为同一热烈耳。

印度人之信仰美好，甚至以人之生殖器，为含无穷妙用，卒有状男女生殖器之偶像，列于寺庙而崇拜者。希腊罗马之雕刻，亦多以生殖器为美好，而种种拟状之。日本镰仓有姬石，以其外表光润，为状如女子之生殖器，人以其美好而种种名状之，愚夫愚妇之不得子女者，乃于是崇拜而祈求矣。记者读《新青年》杂志，尝服膺其言，斥中国之道家，为生殖器崇拜之宗教。今先生欲以美育代宗教，然则此美育所代之宗教，其末流之弊，将得毋与生殖器崇拜者，有同一之可虑也耶？

先生全篇文字之真意，以此段为先生立题本意之所在，故记者不惜累赘言之。非厪为先生言，乃更为崇拜先生一流之学者言之。其意盖谓先生则提倡美育，即不能保将来先生一流之学者是，以生殖器为美好而亦提倡者，其提倡是否亦不背于先生之真意，则记者不忍言矣。

总之先生提倡美育之热心，记者当为极端之钦佩；即其反对宗教之罪恶，记者亦与同一之同情。惟反对宗教之罪恶，既提倡美育，二事而决非一事；且反对宗教之罪恶，而同时即不认识宗教之真谛，不识上帝，此一点，即记者与先生，为极端之反对者也。

诚静怡博士谓记者曰："蔡先生一流之学者，其真诚深毅，切切实实提倡学问之苦心，正与我人今日服事宗教之热诚，具同一恳笃之心理。故令此种人而不认识上帝，是乃吾人之过也。就得救灵魂讲，虽蔡先生与拉东洋车者，居同等地位，然就功效言，则得一拉东洋车者，与得一蔡先生等，相去远矣，是主所以当时重视扫罗之意也。吾人本来恳切笃实，以十分同情之心，鬻我人群，乃独于蔡先生等而外之耶？吾人欲救中国，同时即所以救世界，此种大同群的事业，非有世界大全体的团结不成。欲为世界大全体的团结，则蔡先生等乃我地球上一角……即中国……之民族之中心也；蔡先生等，不知有宗教，是蔡先生等未尝知有宗教也；蔡先生等，不知有我等，是蔡先生等未尝知有我等也。惟我等则既知宗教，既知自己，更知蔡先生等，奈何平日以至诚热烈之心，可以对理发师，皮鞋匠，农夫工人，小学教习，青年子弟，而独于蔡先生等而遗之耶？"噫，博士之言，至诚劝人，清切有味至此。窃诚不识蔡先生等闻之，作如何感想也。

先生又曰："鉴激刺感情之弊，而专尚陶养感情之术，则莫如舍宗教而易以纯粹之美育。纯粹之美育，所以陶养吾人之感情，使有高尚纯洁之习惯，而使吾人之见、利己损人之思念，以渐消沮者也。盖以美为普遍性，决无人我差别之见能参入其中。食物之入我口者，不能兼果他人之腹。衣服之在我身者，不能兼供他人之温。以其非普遍性也。美则不然。如北京左近之西山，我游之，人亦游之。我无损于人，人亦无损于我也。隔千里兮共明月，我与人均不得而私之。中央公园之花石，农事试验场之水木，人人得而赏之。埃及之金字塔，希腊之神祠，罗马之剧场，瞻望赏叹者若干人，且历若干年，而价值如故。各国之博物院，无不公开者。即私人收藏之珍品，亦时供同志之赏览。各地方之音乐会、演剧场，均以容多数人为快。所谓独乐乐不如众乐乐，与寡乐乐不如与众乐乐。以齐宣王之惛，尚能承认之。美之为普遍性可知矣。且美之批评，虽间亦因人而异，然不曰是于我为美而曰是为美。是亦以普遍性为标准之一证也。美以普遍性之故，不复有人我之关系，遂亦不能有利害之关系。马牛，人之所利用者。而戴嵩所画之牛、韩幹所画之马，决无对之而作服乘之想也。狮虎，人之所畏也。而芦沟石桥之石狮，决无对之而生搏噬之恐者。植物之花，所以成实也。而吾人赏花，决非作果实可食之想。善歌之鸟，恒非食品；灿烂之蛇，多含毒液。而以审美之观念对之，其价值自若。美色，人之所好也。对希腊之裸像，与拉飞尔若鲁滨司之裸体画，决不敢起污秽之念。盖美之超绝实际也如是。且于普通之美以外，就特别之美而观察之，则其义益显。例如崇闳之美，有至大至刚二种。至大者如吾人在大海中，惟见天水相连，茫无涯涘。又如夜中仰数恒星，知一星为一世界，而不能得其止境，顿觉吾人之小虽微尘不足以喻，而不知何者为所有。其至刚者，如疾风震霆，覆舟倾屋，洪水横流，火山喷薄，虽拔山盖世之气力，亦无所施，而不知何者为好胜。夫所谓大也，刚也，皆对待之名也。今既自以为无大之可言，无刚之可恃，则且忽然超出乎对待之境，而与前所谓至大至刚者，胗合而为一体，其愉快遂无限量。当斯时又岂尚有利害得丧之见能参入其间耶！其他美育中如悲剧之美，以其能破除吾人贪恋幸福之思想。《小雅》之怨悱，屈子之离忧，均能特感人。《西厢记》若终于崔张团圆，则平淡无奇，惟如原本之终于草桥一梦，始足发人深省。《石头记》若如《红楼后梦》等，必使宝黛成婚，则此书可以不作。原本之所以动人者，正以宝黛之结果一死一亡，与吾人之所谓幸福全然相反也。又如滑稽之美，以不与事实相应为条件。如人物之状态，各部分互有比例。而滑稽画中之人物，则故使一部分特别长大或特别短小。作诗则故为不谐之声调，用字则取资于同音异义者。方朔割肉以遗细君，不自责而反自夸。优旃谏漆城，不言其无益，而反谓漆城荡荡寇来不得上。皆与实际不相容，故令人失笑耳。要之美学之中，其大别为都丽之美、崇闳之美（日本人译为优美、壮美）。而附丽于崇闳之悲剧，附丽于都丽之滑稽，皆足以破人我之见，去利害得失之计较，则其所以陶养性灵，使之日进于高尚者,固已足矣。又何取乎侈言阴骘、攻击异派之宗教,以激刺人心而使之渐丧其美感为耶!"

先生于此段文字,发挥美之好处,可谓畅所欲言。记者为不反对提倡美育之人,故于先生所云美之好处,皆可谓记者所欲言之意。惟先生以此无视天地间有主宰,或竟误认宗教,或竟只见宗教为不良,为罪恶,同时亦竟认美为全善,谓美为全不信流弊,则记者所不能不有言以相质证者也。今请再事数言以为吾人谈话之余兴。

先生谓宗教有排他性,故必攻击异派。同时又谓美有普遍性,故无激刺感情之用。先生此说,有似俗语所谓"择了肥的,去了瘦的"。因就排他性论,宗教不能免,美育也不能免。譬之先生主张美育,就有人来提倡伪美育,先生要排斥他不排斥他?

"北京之西山我游之,人亦游之。"然专制时代之帝王,未尝不欲据而私有之。"隔千里兮共明月,我与人均不得而私之。"果也,然明月为人不能私有,非人不欲私有也。"中央公园之花石,农事试验场之水木",此二事早已为北京达官贵人之专利品。至于"埃及之金字塔,希腊之神祠,罗马之剧场"之数者,亦是不能私有,非不欲私有。而北京三海之于袁世凯,且启其帝制之私焉。又"各地方之音乐会,演剧场,均以容多数人为快者",乃亦以利金钱为目的,非只赏美为目的。即在观者,亦未尝不愿与众乐乐。(阔老未必坐最高价之座位,排斥他人,以为人愈少愈显华贵也。)然上海西人之公园,禁犬与华人不得入内,则于与众乐乐之旨趣,适相背驰矣。诸如此类,不可胜计。利害者,对待之名词,先生又安可择其肥而去其瘦耶。

转反过来说法,美有普遍性,宗教之普遍性岂尚有不及美者耶？宗教之好与人同善,与我教之将令世界,无一人不获永生,无一人不受圣灵之感动。"传福音于万国",此我耶稣教人之职志也。"爱尔之敌人",此我耶稣教人之真义也。美不过与人同赏而止,宗教则拯救世人出于苦扼,为最终之大目的焉。故虽至黑奴蛮族,宗教之人,亦且愿与之同化焉。试问美术之家,有能于世界蛮族之中,为之开美术展览会,博物院,以冀与之共赏者乎？先生等之热心学问,与我人之热心宗教,早已有趋归一致之倾向。先生能承认此说乎？吾人则若其间已绝无可疑处之价值者也。

基督教与哲学家:为提倡美育者进一解(罗马一章十四至十七节)①

基督临世,共记载三事。(一)耶稣之来。(二)耶稣常来。(三)耶稣与更大之荣耀再来。第一与肉体以俱来之耶稣今已过去。第二耶稣之来,为灵性之来。第三耶稣审判世界而来。今吾人所论,则为耶稣第一次之来。

凡基督教盛行之国,往往不能领悉非基督教国之黑暗。犹之生在一夫一妇制家庭快乐之人,彼必不能知多妻制之弊病。人欲领略健爽之价值,必至于病人之房,方能比较而得。生长破窑之中,乃知日光之美好。故使吾人欲知耶稣为吾人成就之功,何等伟大,必须迥看耶稣未莅世以前,世界之黑暗如何,方能明了。

由此以观今日之圣经,则知耶稣基督之光莅世,所照耀者乃有四等人。(一)希利尼人(按即希腊世界最早提倡美育之民族)。(二)罗马人。(三)其他各国之人。(四)犹太人。今所欲专论者,即基督教之在希利尼人。希利尼人有四种特性。(一)浮藻不定。(二)专重世事。(三)崇拜美术。(四)崇拜人类。

(一)浮藻不定。希利尼人好奉多神之教,崇拜无数神道,并无系统宗旨,此最足表示其浮藻不定之特性。聪明智慧有神。口辩有神。纯洁之神曰亚底米。家庭有神。社会有神。因是祈神祷鬼,往往有一事而数神者。心不纯一,故人皆知希人之好新奇而无定志。保罗在亚典城时,彼等之所求无他,即不过新奇而已。人有纯一之志,然必须先有纯一之心。今之哲学者,无不欲虚心研究,以考察天地间自在之真理。自在之真理如何,哲学家亦必如何。"子见父作事,子亦作事。此外子不作事。"此真哲学家与真理之比也。

上古之科学,只知若干定例。现在之科学,则发明万有不同之定例,而归之于一总。地心吸力,行星转动,水与瀑布之下溜,棉浮水面,石沉水底,飞艇行空,箭之抛掷方向,外表现象虽万有不同,而原理则一。故科学为归纳之学。哲学之心思理想,亦不更变。宗教家之所信,则上帝独一。神人之间,有中保耶稣。即以耶稣二使徒比之,(一)保罗,(二)约翰。保罗之见福音,为上帝创立,所以拯救失坠教化之人者。故福音自初即为异邦人而传,保罗即被选为异邦人传道,基督之教诚正终始不改。在保罗所信,则谓先在,现在,将在,永在,乃为始终不改变者。真理纯一,惟左道有偶。此与希人宗教信仰,绝对不同之处也。第二试观使徒约翰。在约翰之见福音,则自始至终,为一爱字。此在希利尼人,则必世界各有不同,

---

① 《兴华》第 15 年第 28 册,1918 年 7 月 17 日,第 5—10 页。

断不系统,断不一致,故希人以为人有灾苦,必为逢天之怒。在约翰,则人之苦乐,均由上帝之爱所发。故约翰极深沉,极静寂。而希人则极复杂极浮藻也。

（二）专重世事。希人视世界以外不复有地,故极明卫生之理,有组织之家庭,有一切之安逸,能穷极世界一切乐利。希人所注意者,为有形之世界。印度人则适得其反,一切无视世界,只有一空字。若此者,只求离浊世。希人观察,则世界为极完美之世界,因之即不免有几种结果。（甲）失望。希人观察天地之自然,乃无限量。故当然亦无知足之时,彼等有万人以上永不能得之希望。因之彼等往往冥想,及于如何再能更好。彼等有一败子之比喻,足证其特性,此喻为何？即有离家外出,而遇荒年者,乃食糠粃。荒年与糠粃,即指世界一切不如意事者也。糠之为物,表形甚大,而内则虚空。当时能疗人饥,然绝无滋养。现世亦即如此。人之希望,虽可满足一时,然云烟过眼,转瞬即逝。此正如耶稣谓凡饮世上之水者,必再渴。视世界为完满者,恰如以糠治饥,其结果必致于失望也。（乙）退化。宗教家有惟一之目的,必须仰望达到者。即心目中常有一至高无上,纯洁无比之人格是也。宗教不完满,更求完满。天国不实见,更求实见。希人则只有一世界,自始在世界,至终亦在此世界,则将不复再有所求,至于更善更美。故使吾人执希人而问其目的希望,则彼必以为世界已应有尽有。若是者无异食糠粃为满足。糠粃为兽类所食,若人而食,则降一格焉。希人自称（人为有理想之动物）,此语正可谓适如其分。彼等只能为动物,而不能为天国之子民也。（丙）不信永生。希人惟以世界为世界,乃愈不能见世界。希人之祖先,本信永生。然自希人之哲学发达,乃反背弃之。甚至保罗在亚典传道之际,城中之人讥之曰,请尔再讲复活永生之道,以与取乐可乎？"世界只有此眼前,而无永生。只以死为最终之抵至。"此希人之诗,所以以死为极可恐怖之事。此等人今见保罗传以新道,以死为快乐。正与希人以"活为福乐,应尽力进求"之见解相反。安得不闻保罗之传道,惊为奇骇者欤！

信基督者,以身死为非死。凡畏死者,其人将永为世所拘束。凡依仗主者,其人必不以身死为死。此基督之道所以救乐希人者也。

（三）崇拜美育。希人只有世上美好之一面。彼以为上帝创造世界,极有秩序。故世界为最美,而美即世界。希人曰,何谓完人？完人乃一音韵和谐之人也。其结果则宗教变成美术。人永生之真理,视作想像中所抽绎而出之一物。美术家则雕刻之,以成一极美好之石像,人即崇奉之。诗人则为绝妙之诗以描写之,人即以先知视之。音乐家能声韵和谐,人即以半仙目之。希人之激刺力若是,遂渐至以美术即成为宗教。宗教既仅至于美术而止,以是情欲亦足以成为宗教,因情欲亦美好中之一产物也。甚至类乎情欲之种种美的结果，亦皆可称为宗教。一切快乐之中，有一特别危险，即下级粗俗之快乐。既皆轻视，而实际之罪恶情欲，只视服以文雅之衣冠，妙熳之纱幕，而彼等之放纵情欲，且视罪恶粗俗之快乐，为更无所忌惮矣。于是种种不可思议之妙谛说法，皆为一切罪恶之护身符矣，可不惧哉！

在希利尼国，有人欲禁止一切令人败气失望之音乐，诗中一切不完全品格之神，不能述及之。一切石像能令人起淫恶之念者，均毁灭之。其人为何，即崇拜纯粹之美育而不知有宗教者也。保罗于此际，即已见得希人最大缺点。即崇拜美育过甚，虽去此种种恶俗，亦必至于罪恶焉。

今世危险，亦正与是相同。有人轻视一切粗野之生活，而欲求高尚美好文雅之生活者，因是即引彼至于歧途，而归罪恶。甚至宗教政治之中，所抽绎而出之一切高尚优美完善之妙谛、真理、音乐、图画、建筑、雕刻、锦绣，皆足为彼引入歧途，归于罪恶之利器。希人只求自五官所得外感，而欲促迫一人使立志为善，孰知其结果无一不至失败哉？

凡是一切外感——即美育——皆足以令彼等自欺于不自觉，以至日就软弱，而仍入于罪恶。故使人而尽皆只有鼓动美好之一念，则其感情之演绎，必至逐渐退化，而卒毁坏其一切能力。更使人而能领悟高尚之美感，而不离开人情之世界。则其人必至毁灭，为罪恶所食。人能否见世上一切之美术，如耶稣者乎？耶稣能见百合花于野草之中，如何美好。然耶稣之美好，决不在此，决不仅止于此。耶稣之美好，乃为顺从听命。尊贵之品行，终始不变之信行，并谦诚服事上帝，最终死于十字架，此皆耶稣之美好也。吾人欲有美好之品行，亦应深莅艰难，如主之被顶十①架。此种美术乃在内的，非在外的。此所以能坚固人之道德，终不为罪恶所诱也。

（四）崇拜人类。希人为最有情感之人，并与万物极表同情，甚至于云彩、树林、江河、海岸，皆以有情感之人格待之。实际则与崇拜假神，高得一步。印度好拜高大之像。有金刚神，有千手神，有千眼神，几非人类，然且拜之。埃及则凡有生命，都属圣洁。有鳄鱼、牛、猫、蛇、犬，皆视为神圣不可损害者。因是死亦为神圣，故当其活时，即计死事。棺廓不可不预置也，祖先不可不香料薰蒸也。甚至数千万万已死之野兽，亦皆保存不与损害。国王之坟墓、尸骸，不特几百年，并数千年亦不能坏。今以希人比之，不过略高一等而已。彼等所崇拜，不特为力，并且为人之力。不是崇拜一切动物之美好，乃只人类之美好。不是凡为生活者，皆所崇拜，乃崇拜生活之人类。彼等之所谓神，乃欲藉人之美好，而观得之。彼等

---

① 此处漏"字"。

崇拜人之美貌,乃崇拜人之智慧,藉美貌发现于外者。彼等心目中,亦有一抽象的美好之人格。此所谓高得一等者也。

崇拜人类,并非完全错误。盖人与上帝,本有同性之处,惟人之智慧聪明,何能分晰,择其与上帝同性之部分而拜之。故其结果,必至错误,而至于想入非非,崇拜人类以外之物,如印度之千手千眼者。故曰希人只高得一等也。

神性与人性之界线,何在乎? 如以能力为神性乎? 则印度人之拜千手千眼为非误矣。如以生活为神性乎,则埃及人之拜一切生物亦为非误矣。如以美好为神性乎,则希人之所拜为非误矣。希人欲以一精神活泼之神像,比之彼等寻常之所谓神者,更高出一等,以代表上帝,而崇拜之。故彼等以此种理想极高之希望,遂于亚典城内,于所有一切之神外,更立一像,以代表未来未识之神。彼等欲崇拜此最高尚神格之人类,于是即得"人子"——即耶稣——希人知之哉! 耶稣是神,然彼亦有人性之约束,然耶稣之所代表,能令吾人崇拜之。非能力,非生活,非美好,而实一上帝完全之真像也。故耶稣为上帝之代表。耶稣有谦诚恭敬上帝之心,故吾人亦应虔诚恭敬上帝。

希人尚有一错点。即人不论无种所有之情,彼等皆所崇拜。彼等谓各情各有各之美好,皆自上帝而来者。故窃盗亦有其神,狡猾欺诈无不有神,各立各庙,以至一切罪恶淫乱,靡不有神。

基督教义,则情有神性人性。属于神者拜之,属于人者绝之。人既因如此放纵人性而贼其神性,若是所犯罪恶,庸有逾于此哉!

希人虽为此种种崇拜,然又不承认有罪。耶稣来,则示人以罪。令吾人亦自知其罪,以警惕吾人之良知。此种问题,惟耶稣为人赎罪之血,能解释之。故耶稣教之入希利尼也,有以上种种之切效矣。今世有欲求希利尼其民族者乎,盍不取耶稣教入希利尼国之历史观之?

美育之原理[①]

西门外图画美术学校于每月之第二第四周向有训话会一次,或由职员或请名人按期讲演。昨日又届例会之期,于下午四时请省教育会沈信卿先生演讲《美育之原理》。首由校长刘君报告,略谓沈先生之学问道德及闻望,谅早为诸生所

---

① 《神州日报》,1919 年 3 月 20 日第 9 版。《申报》,1919 年 3 月 21 日第 10 版,题为《美育原理之演说》,作者为"沈信卿",文字稍减,主要"录沈君演词"。原文无标点。

钦仰,今蒙惠临,并锡嘉言名论,本校之荣幸,亦诸生之荣幸也,总请沈先生登坛演讲。

今日承贵校刘先生招请演讲,但鄙人自愧于美学实为门外,无所贡献于诸君,诸君平日承教师之指示研究已深,今所敢为诸君一言者,是美术根本上一种的意思,美为人类的一事。世界之事都不能离了人的问题,道德与美术有密切之关系,美术系从观察四周环象的美,而或为创造,或为模仿,演成一种人为的美。美术可以自外面印入人心,其功用不外使吾人道德的美,与四周环象的美融合而成种种的美。凡一种美术,自有极大真实的精神包含在内,东西洋的名画,其所施色彩的里面都有一种真精神流露,其中美本从思想道德上来,思想道德而高尚,则所作的画无有不美。美与恶为对待名词,不能并立,恶去则美生。吾国今日凡百事业,无一可造到美的程度,社会亦然。恶的社会不去,则美的社会不能产出。吾人均有改造社会之责,但恶的社会须以吾人美的思想与道德去改造之。盖所贵乎美术者,谓能借外的美以陶冶内的美,亦以借内的美以点缀外的美,且美术的根本尤在精神上的审美。审美者,以审察四周环象的物,何者为美,何者为不美,而去取之。吾人今日所处的上海,事事物物泛观之,无一不美,细察之实,无一而可至。审美须具细密的思想,所谓精神贯注也。譬如前代遗传之物都有一特色之点,即其精神贯注之处也。又如前人做文章,其能称为美的文章者,亦必精神贯注也。从前的学问,贵静不贵动;今日的学问,贵动不贵静。虽静与动为一对待名词,实则动的解释,动非常动,而思想活泼之谓也。静的解释,静非不动,而思想缜密之谓也。物之美与不美,亦须用静的眼光去观察他。古人造字,静字旁从青字,是静字原从绘画色彩的里面出来。今吾人常见外国人制作的东西,无论如何总比吾国的东西做得精美,此无他,心思细密故也。吾国向来无论何事,只讲里面不讲外面,是以有精神充美而实质则窳败者比比皆是。外国人则以精神与物质并重,譬如古人天天所讲的道德,实则终不知道德在何处,全无凭据,以所讲的道德都属空泛也。人若实有美的思想,从真美上做去,则不特可促进物质文明,而道德亦无不美。而道德的美,亦自有着落矣。鄙人于美术智识,夙无研究,兹但就其所知者略言之,是否有当,尚祈诸君一为研究,云云。

末由校长申说沈君之言,并令各生起立行三鞠躬礼以表谢忱而退。

美感与教育　周玲荪①

　　每当春暮夏初之时，日光明丽，风和淡荡，课余无事，闲步郊外。因见碧草争长，绿树阴翳，野花怒放，各色竞艳，加以众鸟飞鸣，宛转动听。远山隐隐，有如图画，骤然之间，不觉胸襟大开，无限畅快。尘俗之念既消，而高尚思想油然自生。此种作用，即谓美感。质言之，美感者，即我人对于天地万物起一种无意识审美的观感之谓也。偶受感触，则精神焕发，志趣超脱，飘飘渺渺，如入极乐国土。凡耳闻目见，均是神圣可爱，所谓忧愁、劳苦、尘俗、烦恼诸观念，竟不知何时已归乌有。噫！美感之功用大矣，我人当常注意也明矣。虽然，饮水思源，追本逐末，则美感者，果何由发生乎？所以发生之要素，果何在乎？此我人必乐为研究，但欲明真相，当先说其界限。如西湖之幽雅，纽约之繁华，凡人无不欣然欲往，以觇优美，藉爽精神，此可谓之共同的美感，或客观的美感。又如夜游荒郊，或独入深山，画家以为至快极乐，而常人处之，非岑寂无聊，则必战兢恐惧，此可谓画家之特殊的美感，或主观的美感。客观的美感之要素，就形式上言，不外变化、统一、调和三条件。三者俱备，即足感人。如人皆爱慕西湖，要知西湖有何魔力，而受人爱慕？约言之，有山，有树，有水，有船，有堤，有桥，有亭，有塔，有草，有花，种类繁多，变化错综，而山水堤桥亭塔等物，又都为高人逸士之莫逆良朋，统集其地，可供一览无遗。加以青山配绿水，柳绿伴桃红，高塔对环桥，长堤贯圆湖，形体配合，颜色调和，有此原因，故得惹人悦目，引人游赏。（惟近来湖滨改筑马路，增造洋房，识者以为大杀风景，盖徒多变化，而大碍统一调和是也。）主观的美感，为美术家所独有，亦因研究美术之深浅，而感觉之度有强弱，盖常人对于天地万物，仅知其表面之美，且积久则其美感之力，又必渐衰弱。（如纽约本是极繁华之地，外人争往浏览，若久在其地者，亦不觉如何快乐。又如参观美术馆，初至其地，则五光十色，目为之迷。若积日累月，反复瞻览，亦觉平常。）惟美术家，则能以审美之心理，观察天地万物，故无时无地，得心旷神怡，其所作之美术品，又可引起他人之美感。泰西文明诸邦，知美感与人生有至大之关系，故甚注重美术，而尤重视美术家。如建筑道路、桥梁、公园等公产，莫不尽精竭美。而各家室内之装饰，尤各能清洁整齐，且有专书，可以参考。并专设美术馆，供人瞻览，又时

① 《时报》，1919 年 5 月 26 日第 15—16 版。又载《美育》第 6 期，1921 年 7 月，第 19—22 页。原文为句读。文字略有不同。《京兆通俗周刊》第 16 期，1919 年 5 月 22 日，第 29—31 页，题目为《美感与教育（选录）》，作者未署，文末"（未完）"。

开美术展览会及音乐会,以奖励专家,提创美术。所以如此,无非欲使国人到处引起美感。因之彼邦人士,任作何事,皆精神百倍勇不可挠。及其既息,则又皆融融泄泄,盘乐优游,以养身心,故民以殷实,国赖富强。回顾我国,则市尘零落,街衢隘陋,田野荒芜,秽垢满目,睹此状态,精神为之萎顿,血气为之衰颓。虽欲努力奋发,势有不能,无怪国人日益憔悴,奄无生气,国事日益紊乱,岌岌可危。为今计者,莫若提创美术,以救末流。而乃今之一般学校,虽有图画、手工、音乐等科,皆视为无足轻重,或竟有以为无用,摈不列入课程,此不佞甚为大惑不解,不知上行下效,影响颇巨,相沿成习,流弊不堪胜言。盖今日之学生,均为异日我国之主人翁,当此预备时期,正如春日之花木,雨露之,润泽之,则以生以长,摧残之,旱曝之,则萎枯立待,讲教育者,可不慎哉!某国人讥我国学生,可以三类概括之。上也者,孜孜兀兀,文质彬彬,除读书外,毫无生气,此可谓之书呆,于国家有何裨益?次也者,喜逞一时之血气,冒危突厄,无所畏惧,究之热度虽高,不俄顷即冷却如故,且愤暴举动,常越出范围之外。此等学生于国家又有何裨益?又次也者,碌碌庸庸,无声无臭,开口悲观,闭口消极,一若自身难保,更何暇谋及国家?此种讽刺,本属无稽,但度情察理,或有未免。推究所由,原因复杂,加轻视美感教育,或其一也。盖学校之设图画、手工、音乐等科,一为教授学生一种美术的技能,一为涵养美感。其总目的可以一言包括,即养成人人都有几分主观的美感。惟有主观的美感者,知人生天地间,决非专为富贵、功名、利禄、衣食等事,尚有至快乐至高尚之境界。故思想纯洁,心气和平,见识高远,果断明决。苏明允谓惟天下之静者,乃能见微而知著。窃谓惟有主观的美感之人,不为名利所惑,不为外物引诱,心志清洁,乃天下之至静者也。我国学生,大都昧乎此义,因之对于美术课,毫不加意,切切焉惟功名利禄是图,虽伤身戕命,亦所不惜。不知名利非不可求,但专倾向一方,而无适当的美感为之调剂,自不免有精力疲劳,奄无生气,或见事不明,喜逞一时之意气。或无所消遣,遽起悲观等弊。夫教育曷贵乎发达,使教育发达,仅养成毫无生气,或粗暴强悍,或善抱悲观之学生,则何如不兴教育之为愈也。此为我国轻视美感教育之流弊,若长此以往,终不觉悟,其弊恐日甚一日,中国前途,尚堪设想耶?凡我学界,曷不稍加注意。近今教育家,鉴民生艰难,财力困穷,不得不极力提倡职业教育,以固国本。要知提倡职业教育,确为当今急务,然亦不能脱离美感教育,盖人无职业,果不能生活,若仅有职业,而无适当的美感,为之陶冶,则非特枯寂无聊,毫无人趣。而志性薄弱者,势必惑于荒淫,终败其业而不得自主。我国人以兴办实业得起家创业者,亦不乏人,惟类多见识狭小,器量浅薄,偶一得志,便任意挥霍,不求进步,故百业凋零,致使洋货充斥市面,坐视利权外溢。目下以外交失败,群情愤激,无不思振兴国货,努力自强。夫振兴国货,确为我国今日万不可缓之事,一方果全赖提创工艺,不佞以为一方尤须注意装饰,以引起购者美感。盖近来某国货所以能销行我国,因其货物轻便玲珑,装饰美丽,故受人欢迎。我国本来非无国货,所惜类都粗陋笨拙,不讲美观,致不能发达,此为提创职业教育或振兴国货,亦断不可轻视美感教育之理由。总而论之,美感与教育,有密切之关系。我国如不欲教育发达则已,如欲教育发达而不问国民之利益则亦已,否则从今以后,非痛改旧日之陋见,而竭力提创美术,与职业教育同时并重不可。愚陋之见,不知当代大教育家以为然乎?

文化运动不要忘了美育　蔡元培①

现在文化运动,已经由欧美各国传到中国了。解放呵! 创造呵! 新思潮呵! 新生活呵! 在各种周报日报上,已经数见不鲜了。但文化不是简单,是复杂的。运动不是空谈,是要实行的。要透彻复杂的真相,应研究科学。要鼓励实行的兴会,应利用美术。科学的教育,在中国可算有萌芽了。美术的教育,除了小学校中机械性的音乐、图画以外,简截可说是没有。

不是用美术的教育,提起一种超越利害的兴趣,融合一种划分人我的僻见,保持一种永久平和的心境;单单凭那个性的冲动,环境的刺激,投入文化运动的潮流,恐不免有下列三种的流弊:(一)看得很明白,责备他人也很周密,但是到了自己实行的机会,给小小的利害绊住,不能不牺牲主义。(二)借了很好的主义作护身符,放纵卑劣的欲望;到劣迹败露了,叫反对党把他的污点,影射到神圣主义上,增了发展的阻力。(三)想用简单的方法,短少的时间,达他极端的主张;经了几次挫折,就觉得没有希望,发起厌世观,甚且自杀。这三种流弊,不是渐渐发见了么? 一般自号觉醒的人,还能不注意么?

文化进步的国民,既然实施科学教育,尤要普及美术教育。专门练习的,既有美术学校、音乐学校、美术工艺学校、优伶学校等,大学校又设有文学、美学、美术史、乐理等讲座与研究所。普及社会的,有公开的美术馆或博物院,中间陈列品,或由私人捐赠,或用公款购置,都是非常珍贵的。有临时的展览会。有音乐会。有国立或公立的剧院,或演歌舞剧,或演科白剧,都是由著名的文学家、音乐

① 《晨报》,1919 年 12 月 1 日"周年纪念增刊第一张"。又载《广播周报》第 125 期,1937 年 2 月 20 日,第 53 页,标题下标"定三月一、二日播讲"。

家编制的。演剧的人,多是受过专门教育、有理想有责任心的。市中大道,不但分行植树,并且间以花畦,逐次移植应时的花。几条大道的交叉点,必设广场,有大树,有喷泉,有花坛,有雕刻品。小的市镇,总有一个公园。大都会的公园,不止一处。又保存自然的林木,加以点缀,作为最自由的公园。一切公私的建筑,陈列器具,书肆与画肆的印刷品,各方面的广告,都是从美术家的意匠构成。所以不论那一种人,都时时刻刻有接触美术的机会。我们现在除文字界,稍微有点新机外,别的还有什么? 书画,是我们的国粹,都是模仿古人的。古人的书画,是有钱的收藏了,作为奢侈品,不是给人人共见的。建筑雕刻,没有人研究。在嚣杂的剧院中,演那简单的音乐,卑鄙的戏曲。在市街上散步,止见飞扬的尘土,横冲直撞的车马,商铺门上贴着无聊的春联,地摊上出售那恶俗的花纸。在这种环境中讨生活,什么能引起活泼高尚的感情呢? 所以我很望致力文化运动诸君,不要忘了美育。

美育的目的　王统照[1]

《曙光》第一号,我曾于通讯里边讨论美育问题。因为当时说得琐碎,不能十分显出美育的真义来,所以我再作这篇《美育的目的》去申论申论。

什么是美育?

人类是有感觉有理性的动物,所以一切外物的印象,传达到身体上的官能,便立刻使人的精神起一种变化。"鸟以鸣春""虫以鸣秋",也算是物性的自然,为什么人听了那种鸣的声音,便有怪乐和悲凄的分别呢? 花啊,树啊,云霞啊,山水啊,凡是眼能看耳能闻的,这些感触,本来和我身体上没有丝毫关系。为什么声和色,和时间空间一切的变化,都能启发我的灵性,惹起我的哀乐,使我自己不能作主,去随了身外的东西为转移呢? 这是一种什么威权的使令呢? 根本说一句,便是感觉和理性的能力。感觉和理性,在人身上有容纳选择的力量,去对付外物,是人人所必具的,因为人人所必具,所以外边的事物,能引其天然的情绪思想,以表现人类的本能。

什么是美育? 详细说起来,实在不是三两句话能够说得清楚。若从简单说,便是利用人类本能的冲动,以超于物质对象的美的教育,去启化涵濡他,使人类的教育,达到完善的目的。教育的极轨,也不过使世界上的文化,日日增高,人类的幸福,日日向上。海尔巴脱(Herbart)是近世的教育大家,他所著的《教育学》

---

[1] 《曙光》第 1 卷第 2 号,1919 年 12 月,第 7—13 页。

（*Science of Education*）有云："真正之教育,完全无缺,盖教育必有其目的,无目的非真教育也。无目的之教育,非以心理学为基础者也。"海氏乃是主张以伦理学定教育的目的,心理学定教育的方法的,既是教育必以心理学为其基础,而心理学中分为三大部,就是知、情、意,知、情、意的极轨,便是真善美。真和善诚为启发知识、锻炼意志的秘钥。然而若要使情绪优良高尚,却独有用美育去养成他,别也没有其他的好法。感情是人类不能缺少的,没有感情,就是知力、意志,十二分发达,也没有可以调剂融洽他的东西,人类本能的效力,也要消失。虽说感情是有善恶两面,但所以要美育,就是去发达善的一面,藉以将真善达到完全的地步。我们终日里忙忙碌碌,求学业增进,求世界文明向上,虽说要利及人类,但都是先求自我的感情畅适。自我的感情,既已畅适,而知力增高,意志表现,当然是随着前进的。最近蔡孑民先生曾在《文化运动不要忘了美育》文中,有一段说："用美术的教育,提起一种超越利害的兴趣,融合一种划分人我的僻见,保持一种永久平和的心境。……"这便是美育最适合的一种原理。

人类的美育

教育为人类特有的生活,而美育尤为人类所独具,因为美之为物,既是超乎物质对象,就绝非人类以外,其他动物所可有,各动植物己身的美,为天然的美,非美的教育所养成。人类的美育（The Aesthetic Education of Man）为 Schiller 氏所创的话。他的意义,实能包括美育二字,没有剩义。因为美术既是为人类感觉,理性中所特创的东西,为人类脱却兽性（Animality）生活以达于合理（Rationality）生活的桥梁。舍此以人更没有其他势力,能够胜这个责任。

美术是满足人类喜乐与欲望的表现,此种表现可于音乐上（Musical）、绘画上（Pictorial）或诗情的想象上（Poetic imagination）分出其优劣异同。即照这几种说,绝非其他动物所能有,确为人类天然的本能,是什么缘故呢? 就是人类的感觉、理性,能以充分发达的缘故,以人性有感受美术的天然功用。所以用美育去涵濡、教养他,一面引诱他的性格,使之日即于高尚优良的地步,一面去消灭他的精神上的点污,思想上的烦闷,使其天性尽情挥发,到了光大至善的时候,那么人类社会还不是一片极乐土吗? 最大的技术实能表出最大的势力遍于人生,而美育尤为一切美术生活的纲领,能充其全力,以普及于世界。

好好的人类,为什么要有战争的事实? 为什么要有猜忌恨恶的性情? 一切众生,又为什么必定有人我相的差别,种族阶级的区画? 到处说文明,为什么社会上的罪恶,一天一天的多? 时时倡进化,为什么人道仍然黑暗? 若说人性是善,那么恶事,是怎么来的? 若说人性不善,将来世界的沉沦,如何救援? 这到底是何原因？总而言之，就是人类的美育，未能十分完成；人类的感情，未能优美调和。所以人的品行、天性，都为外来的物欲所遮蔽，到处里"小我"的意见，不能化除，公正良美的本能，不能"光被世界"。人的由此看来，美育对于人生，是何等重要！人类的美育，应该如何提倡！

<h3 style="text-align:center">美是利己的？还是利人的？</h3>

美育既为教育的切要问题，像我以上之所说的，然而根据此处，却发生了一个疑问：美的生活是利己呢？还是非利己呢？美之能引启人类天然灵性，就只使自己能以感受美的感觉呢？还是连类和他人也有共同关系呢？关于这个疑问，我可以从一首西洋《野蔷薇》*The Wild Rose* 诗的意思里去说明：作者意思是："有芬芳的蔷薇，独生在田野中，设为我所采摘，还不如任凭风雨去摧折他的生机。"又设为问话道："他独处着能安适吗？是不安适的，他是借蜜蜂的力量，以传播花粉，而使其花蕊艳美。然而蜜蜂亦须吸收他的花粉，以为成蜜的资料。"这首诗的大意如此，只是认定无论什么事物的美，不是预备着为己所独享的，是当贡献于大家的。就是美之成立，也须有比较而来，没有恶，焉能显出美来，没有美，又焉能显出至美来。由此可见，若是一个人，独立于社会之外，则一切的美，反不如在群众之中，见得明显，无论天然的美与技术的美，创作的或享受的，皆有人我的关连。因为美既为人类性灵中的特质，而此性灵与外物又相关至切，就中外物与我身相关之最切要的，就是我以外的人。设若将最有价值的雕刻品、建筑物，放置在撒哈拉大沙漠里头，或是在北冰洋人迹不到的地方，那么他本身美的价值，乃等于零。又譬若独居荒岛，却天天去作极超妙的诗歌，极谐和的音乐，虽自己有时觉得愉快，然而没有他人的批评和他人的感受，美的限度，终于有限。所以"乐与人同"，美的限度，才可扩大，我有美感，贡献于人，人有美感，也以与我相诱相感，没有停止，这样美的价值越发可以增高，人类向上的生活，也就可以渐次高尚起来。所说非己身生活的愉乐 Unselfsh Joy of Life 便是这种道理。野蔷薇诗的意义，也是这样。而且无论美的种类是什么，没有对象是不能成立的。没有对待的东西，又那有善恶优劣等等的分别，既没有一些的分别，又怎会知道是美或不美呢？人若纯粹认美是利己的东西，那么美之为美，还不同金钱权势是一类的东西吗？又何必去提倡美育呢？

既然明白以上的道理，就可知无论何种美的生活全是我与他人两俱相利的。所以说：用美感教育，能够借着达到真善的目的，更可以了然了！这种教育事业，绝非只为一人计的，是与社会相关的，设使世界只是一个人，要教育作什么呢？美育的目的，也正是如此，不能为一个人所私利的，原是以自己的性灵启发，利及他人的。

美育的两种目的

美的教育，既为人类所独有，然此外尚有两种意义要补说的。美育还有两种目的。就是：一为心理学的目的，一为社会上的目的。

（一）心理学上的目的。美术为含有快乐意义的物事，也可说是超越一切的。Above all other 当着美除了己身的欲望，以至于成立或是消灭，实在是种可惊叹的事。具美的目的是使我们喜悦，不是使我们饥饿（A Beautiful object makes us glad without the same time making us hungry），如康德 Keast 所说"愉乐的前进"（A Joy forever）是同一意思。人人果能将这个意思参透，确立真正的人生观，就是言语行动，或见于文字上，或发于事业上，皆无处不表现其高尚，优洁，公正。因为他能先受这些高尚优洁公正的教育，所以于"日新月异"里，能将所有的感觉理性全为美所支配，所驱使，一切恶浊的心思，邪僻的行动，不用拒绝，自可没有的。不然，就算天天去读"诚意正心"的书，说"规矩准绳"的道理，是丝毫无用的。这全是心理学上的关系，因为美是具有改换心理的势力的。所以美在心理学上的目的，是以高洁的景物，思想，教化，以达于人类之纤维，感官应之，而起超绝一切的快乐，使外物与感官相调和，感官又与情绪相调和，于是引起人性的本能冲动，而生出选择的概念。所以精神萎靡，可以使之焕发，心思郁闷，可以使之畅快，因心理上的改变，遂能改变人生，其效力如此的大，都是美的力量。虽说有时美也与其他感动相混，譬如批评一个有价值的画，同时就要问他值钱多少，或者见一建筑很好的房屋，同时愿意据为己有。但这与美的价值是无关的。至于一切美的表现，全随着静思纯粹的愉乐而生，因为美为情感的生产物，绝对不能因激动，使之消灭的。人的心理，变化无端，所以美的启诱引导，也须利用他的优长之点，以养成人的高尚教育。这便是美育在心理学上最大的目的。

（二）社会上的目的。美在社会上的目的，大约可分两种：即一在灵性与宗教上，一则在经济上。我们有时听到强烈高度的音乐 Strong or Uplifting Music 可喜可赏的绘画 Painting，雕刻 Sculpture，演剧 Acted Drama 与文学 Literature 或其他一切美的事物，都可借着增高社会同情 Social Sympathy 的感觉。社会同情的力量，非常之大，能以将人的理性，感觉，随与俱化，不能自己制止。或者有时以美的主观，无论在天然的或技术的里头，以真实安慰的力量，使人堕入宗教的生活，虽不是美育的终极目的，然也可见美在社会上的效力之一斑了！

至于美的表现与其生存于经济上的效用，更是繁多普遍。不论在家庭或社会上所接触的,这些事实,实在不可胜计。因人类分别美和不美的差别,不是什么很难于区分的事。譬如有形式极适合的的一处好房子,他处也有一处建筑不宜的房子,两相比例,美恶的分别,很容易见,美恶既见,则我们经济上的选择,也易于决定。从善去恶的感情,人人所同有。经济的效用,也就由此可见。若不适合的事物,不止在物质上我们是以不经济的眼光去看他,就在精神上,也有很多的损失。所说经济的目的是:无论什么事物,不调和的痛苦,实在给我们留下许多不快的感觉,然欲使一切能够调和,便是美的最大作用。一有调和,而经济的目的也可达到。譬如将美的经济的道理引用到一般琐屑事务上,如悬挂画片,整饬家具,置放桌几,整洁盘餐,有园林须收拾清洁,树枝灌木应该如何去修理,院子啊,房舍啊,草地啊,都须使他有优洁美丽的次序。就是一个篱笆,一段墙的布置,也须使与美度相合,即下至于一帽一领的细务,皆处处与美相关。所以无论什么事物,他的颜色 Color,声调 Sound,状态 Manner 皆须匀称适合,使人一见一闻都能生出调和 Harmony 的感想来,那么美的意念,自可容易有得。我上面所说的,不止是物质上的爱好,也确乎与人精神上有要紧关系。因有经济上的功效,而美的真正表现,也在其中,即美育的目的,也由此可以明晓。

以上两种目的,皆与美育有相通的关联,虽说不能分得十分清楚,但心理上的目的,是较重于精神一面,社会上的目的,是较重于物质一面。总说一句便是:欲求思想或事物的调和,以达到真美的表现,而合于美育最后的目的。

结论

现在中国的美育缺乏,实是非常可虑的事!蔡子民先生在《文化运动不要忘了美育》文里,说得也算痛快了!我作这篇文字,也是稍微说说:美育的要紧,愿教育家或是研究教育的人,都不要当作这是一件不急之务。快快起来研究,提倡,怎么施行,藉此将可怜污浊的中国社会,完全改造方好。

论美育　周学超译[①]

（摘译 Horne, *Psychological Principles of Education*）

感情生活,发达到最完全的时候,就是与美念(Ideal of Beauty)接近的时候。引起儿童对于美术的兴趣,发达他们的美觉(Sense of Beauty),使他们能够享受

[①] 《北京高师教育丛刊》第 2 集,1920 年 3 月,第 1—6 页。作者即 Herman Harrell Horne。王国维著有《霍恩氏之美育说》。

美的快乐,批评美的价值:这叫做美育(Asthetic Education)。儿童对于美术的兴趣,系包美感与审美心两者而言。Sully 说:"美的本能(Asthetic Faculty)系合一种感受性与一种鉴别力而成;感受性感美的快乐,鉴别力辨美的价值。"美育唯一之目的,在使人儿童能享受天然之美或人为之美的快乐;其次在使他们能认识美的价值;又其次在使他们为制作美术品的人。

Ruskin 说:"幼年的学生或非专门学校的学生必需有审美的能力,制作美术品的能力次之。"但是我们若教授得法,能使儿童享受美术品上的快乐,进而望他们成为美术家,亦属不难。

关于美的重要问题很多:如美感之本质,个人及民族美术思想之发达,人类审美之天性,以及美之特征,美与超然物之关系等等;都是美学家不可不知的问题。但这类问题,与本篇的大旨的关系,似不十分重大,暂且搁而不论。现在且把近代轻视美育的情形,及美育的重要,与学校里应当如何注重美育几个大问题略为讨论。

先说轻视美育的情形。这种情形可由下列三种事实看出:

第一是把美育与他种教育不曾分别明白:在近代教育界中,美育简直没有位置没有立脚地。大教育家如 Herbart 只知道有智识的训练,和意志的训练,却不知道有感情的训练。大哲学家如 Schopenhauer, Fechner, Paulsen 亦复如是,都把美感的训练并入意志的训练之中。这是轻视美育的一个事实。

第二是学校里的美术课程太少:比较看来,现在学校里的课程,都是偏于智育及德育方面的。虽然智识固属重要,科学固不可轻视,但就大体而言,凡关于言语的,物理的,自然的,历史的,社会的各种研究,无不含有美的性质。至于图画、音乐等在教育上的价值,全在美术中。近人不曾注意此点,这又是轻视美育的一个事实。

第三是不尊重美术课程:一般教育家,以为美术品不过是一种消遣品,装饰品。大教育家 Herbert Spencer 所著教育论文,几于 Rousseau 所著 *Emile* 及 Plato 所著 *Republic* 齐名,竟没有尊重美育的话。Spencer 说:"凡图画美术品以及美术文等等都是装饰品,所以美育也只是一种装饰的教育。"Spencer 这话简直把美育糟踏完了。所以办教育的人,都只注重实用;凡事只问对于生存竞争利不利;不问美不美,纵是美的,倘与生存竞争的关系不十分大,便毫不注意。

但是我们若回看过去的历史,可以看出美育并不是完全没有人注意。Rousseau 说:"教人之目的,并不是使人只能够得刻苦自厉为着道德终日纷忙的生活,还须有宁静娱乐的生活;不独只能够得进取的奋斗的生活,还须有退藏的安闲的生活。"Rousseau 很知道美育的价值,他说:"我教人能够感美爱美,主要目的在定人的性情和嗜好;使人不至姿情纵性流入卑鄙,不至轶出寻常的范围去求个人的快乐。"美国社会有一句通行的话"赚钱容易花钱难",Rousseau 这话颇与之暗合。

上面是 Rousseau 对于美育的意见。我们试再考 Plato 的教育学说,并且把他的学说同 Spencer 的学说比较比较,我们可以看出 Plato 对于美育的意见。Spencer 说:"教育的职务在使人能得具足生活(Complete living)。"具足生活,Plato 当日或曾提及,但他之所谓具足生活,系指精神界无尽期的生活而言;断不是 Spencer 所说的那种现象界的具足生活。他说:"我们教育别人,当注重身心两面;若性灵不纯,徒有优美的躯壳,那便如污浊地方生出一些鲜花绿草一般。美术家应当认得美的真际。少年人应当认识内界的美。美如薰风一般能使人的感情与理性调和一致。"由此可见 Plato 对于美育的意见了。希腊人最爱美,他们有几个字,很与今日的教育有关,就是优美的精神在优美的身体内(Beautiful mind in beautiful body);罗马人最重实用,他们所注意的,是健全之精神在健全之身体内(Sound mind in sound body)。在今日谈教育,应当把这两者合在一块。

上面把近代轻视美育的情形,及 Spencer,Rousseau,Plato 对于美育的意见略述了一个大概;现在且把美育的重要从游戏方面、社会学方面、心理学方面、伦理学方面分别说明如下:

第一自游戏一方面看来,美育对于我们的日常生活,很有关系。我们寻常作事,总不耐烦;但富有美感的人,作事时,能有一种游戏兴趣能得美的快乐。这种快乐起于美感。刺激美感的东西,不外华丽的房屋,塑像,图画,诗歌,乐章,以及各种自然风景。我们赏玩这类东西,并不是因他们有什么特别的作用;不过因为他们自身是优美的,能够令人赏玩。美术品的价值,就在他自身,就在他能够令人赏玩。我们赏玩或种美术品以后所生的快乐叫做美的快乐(Asthetic Pleasure)。我们寻常作事时,倘得这种快乐,就是麻烦的事,我们也觉得不麻烦了。

大哲学家 Schopenhauer 说美术有一种暂时的解放作用(Momentary Liberation)真个不错。因美术品所发生的游戏兴趣,对于作事,有极大的帮助。小孩有了游戏兴趣时,要他作什么,就作什么;他也不觉苦,也不觉难。成人作事也是这样。所以人生在世能于忙迫之中,得一种游戏兴趣,不但快乐也有了,利益也有了,就是人生的真价值也可以从此看出。这是美育的一种效用。

　　第二从社会学一方面看来,美育是教人能够应付历史的环境的一种不可少的教育。我们生在今日,所有一切科学、历史、美术都是前人的遗产。倘若我们没有辨别美恶的能力,万不能批评前人所传与我们的,那种是优,那种是劣;不过知道①种是什么,那种是什么而已。至于前人的理想如何,一定莫名其妙。

　　为什么呢? 因为人类的理想(Human Ideals)多是寄托在美术品上;我们既无辨别美恶的能力,那能知道前人的寄托所在呢? 就这一点看,我们也应当知美育是很重要的。

　　第三从心理学方面看来,美育是使心识作用(Consciousness)完全发达的一种教育。我们的心识作用,除知与意外,还有一种感情,应当与知与意一样看待,这种感情的最高价值,在能感受天然之美或人为之美。要完成心识作用不可不有一种感情的训练。这感情与知同意的关系很密切。我们的知识有时或不灵敏,意志有时或不坚决;一时的感情作用,能够使知识灵敏,意志坚决。感情与知同意的关系既密,复能感受天然之美或人为之美,因此美与知同意间接的发生了关系。

　　对知识而言,美可以使人的头脑清楚。对意志而言,美可以使人作事踊跃。就心识作用的全体而言,我们若有了知识,固可以认识真理,明白是非,但不能陶淑性情。若有了善意,固然于作事时不至为非作恶;但是心里没有美念,总不能引起别人羡慕。所以我们若要完成心识作用,非有一种爱美的感情不可。

　　第四自伦理学一方面看来,美育的价值,也非常之大。伦理学上所讨论的,不外善与恶。就普通经验而言,凡是善的,多半是美的;凡是恶的,多半不美。但是恶的未始不可以变成美的,善的也有时变成不美。不过这类事实,总不常见。就我们平日的观察上看,善与美,恶与丑,都是相连的。所以我们若有了爱美之感和审美心,看见恶伏于丑的时候,便可避恶不作;看见善在美中,转可择善而从。由是我们的行为,可以因美的作用,于不知不觉之中合于道德的标准。就行为的结果看是善的,就行为的动机看是美的。这种行为,在那班注重动机的先生们看来,必定说不好,必定说没有顶大的价值;但就结果看,这种行为,万不能算坏。

　　美育在伦理学上的价值,我们可以引 Herbart 的话来证明。Herbart 以道德为教育之目的,以美为达到这目的之方法。他说:"教育上唯一之问题,包含在道德两个字里面。以现象界的美,来克服精神界的恶,是教育的责任。凡促进教育的物事,必须美的;若是文人所不描写的,诗人所不歌咏的,都与教育无关。"

---

① 此处似漏"此"。

George Eliot 也说"美是一种表示'善'的最好的言语",这可见美育在伦理上的价值了。

以上所说是美育的重要。现在要把美育的问题和学校里解决这问题的方法,略说一说。所谓美育的问题,就在发达儿童的美觉,并养成他们的审美心。能使美觉发达的物事很多:凡天然之美品,或人为之美品,华屋,大厦,塑像,图画,悦耳之音,怡情之文,石上流泉,晚景,朝霞,以及其他种种娱目悦耳的美景和声,无不可以发达美觉。但在学校里应当如何才可达到美育的目的呢?

第一须利用环境。家庭是儿童常住之处,儿童的美感发达与否与家庭极有关系,所以家里的设备必须完全,日常用品必须精致,使儿童观之自生美感。学校里的房屋,运动场,游戏场,以及其他空旷地方,儿童常来往之处,都要有美术上的设备。教室里必须有刺激儿童美感的种种装饰。此外宜多备美术画品、杂志、书籍等等,令儿童时去流览。但所备的贵精良不宜庞杂。一件超等美术品,可以作美的标准,胜过无数次等的。供儿童玩赏的美术品,宜取与儿童心理相合的。凡宏大的建筑物、塑像等不甚相宜,因为这类东西,在成人视之,固属很美;但在儿童视之未必一定呈何种美观。

第二增加美术课程。在现今的学校里,文学一项,颇有人尊重。但是其余的美术课程,亦必同样尊重才好。凡音乐,诗歌,都可以陶淑性情,小儿不可不知道。学校里的手工:如木工,泥工,金工之类,在课目中,应有相当的位置,这不独与美育有关,倘作出好物件来了,还可拿去应用。图画一项,最为重要:不独可以养成儿童的美感,还可以作一种表示"人类理想"的语言。Ruskin 于其所著 *Modern Painters* 书中曾说"我深信现在文明各国的儿童都应学习歌唱,学至能歌而止,都应该习图画至能以图画寄托理想而止"。Münsterbeg 教授说"将来能够战胜'鄙俗'两字的武器,即为美术教师现在所教授的东西"。President Eliot 评美的价值说:"能教人发生爱美之心的地方,最好的必定是教室。关于美育的功课,将来必特别增加,且当由学校里普及到学生的家庭里。学校里除读书写字等功课而外,当以图画为最重要的功课。"这可见美术课程之重要了。

第三改良教授方法。教师无论教什么,最简单的如念书习字,都应当设法使儿童发生兴趣。儿童最富有种族思想,教师可以选择最短简而能代表民族精神的诗歌教之,但文字之深浅宜合儿童的程度。教文学的时候,当注重文法,修辞,和语音等等;至于文学的内容及理想之所在,更当解释详尽。儿童自修的地方,最好宜在美术陈列所及博物馆等的左近。这样一来,儿童的美感,最易发生,美觉也易发达。Schiller 说"最巧妙的美术品,有一种特别势力,能使人的心思活动而不至耽于娱乐。要使儿童练习美觉,当让他们有玩赏及鉴别美术品的余地。儿童自己应当把名人的美术作品分析研究:将作者的寓意及作时所用的方法所经过的情形所遇的困难及最后的成功——分析写成文章。如此可以把审美心练习精明。"

第四振刷学校里的美术精神。这种精神含有三事:一,学生应有选择学科的自由;二,宜有休息的时间;三,学生的作品应求精良。选择学科的自由,就是各个人要求什么学问,得依自己的嗜好去选择,学校里并不加强迫。强迫是无益而有害的:譬如学生性嗜图画,若强迫他去习算学,他立时就感不快。所以当教师的,只可审察儿童的嗜好,从旁指导他们。

宜有休息时间,意在使儿童精神爽快,不至失去美术上的兴趣。但这并不是要儿童全不作事,不过教他们不十分忙迫罢了。若作事过于忙迫,精神上受无限的痛苦,纵令有了美术品,也不能去玩赏。美国今日各学校里很不讲究这层,只注重职业,完全抛却娱乐,这很不利于美育。

至于学生的作品,性质上形式上都宜力求精良。一个学生若作成了一件精良物件,学校里略加奖励,同学也加赞美:他的美术兴趣便因此增加。以后便不知不觉的去致力于各种美术。现在的学生对于自己所作的东西,毫不求精;若长此不改,他的美术思想永久不能发达。所谓美术家者多有一种特别性情:对于别人所不十分珍视的物品,彼常以全副精神注之;为学生的也应如是。

第五当教师的自己应有美的修养。日常行事一举一动当有美之一念存于心中。凡事都要以身作则,美的装饰,亦复如是。当教师的有好学问,好品性:若装个腐败样子,不修边幅,万不能感化学生使他们发生爱美心。

以上述施行美育的方法完了。现在且把全篇的意思收束一下。我们知道感情是人人都有的,是心识作用之一种,可以设法使之发达至于完全的地步。到了完全的地步,就是与美念接近的时候。美觉是吾人感情生活上的一种天然好赠品,吾人的幸福和快乐,与美术思想之发达与否极有关系。发达美觉,养成审美心,陶铸出爱美的人,是美育的工夫。

美育是甚么　吴梦非[①]

我国从维新以来,差不多有四五十年了。教育界里面,更动的亦不少,什么道德教育呀,实用教育呀,人格教育呀,职业教育呀,……都有人在那里提倡的提

---

① 《美育》第 1 期,1920 年 4 月 20 日,第 3—7 页;第 2 期,1920 年 5 月,第 1—10 页。

倡，鼓吹的鼓吹，只有对于"美育"这件事，大家都是冷冷清清，看得没甚要紧。到了中华民国初年，教育部虽然定一条教育宗旨说："……更以美感教育完成其道德。"但是一般主持教育的，和施行这种美感教育的，除了少数人以外，依旧在那里捕风捉影的过日子，并没有彻底的了解，亦并没有彻底的主张。去年经过了五四学潮的一番大举动，才有一点儿觉悟起来，什么解放咧，改造咧，新道德咧，新教育咧，……你倡我和，气象却是很好。所以"美育"这个问题，因为时势的要求，亦有许多人来注意他。不过我国人，除掉曾经专门研究美的学问，像蔡孑民几位先生以外，对于美育上，往往起一种误解，有人说美育就是美术，亦就是艺术，亦就是美学，这种误解，虽然不值识者一笑，但是我们提倡美育的人，亦应该解释解释清楚，使一般人可以知道研究的路径，亦可以知道各人的责任。所以我先要作这一篇文章，介绍西人的几种学说，来建设我们美育的基础。

在数年以前，德国教育界，对于"美育"都认为一个重要问题，所以开会的开会，著书的著书，出杂志的出杂志，研究得很起劲。兰艾著的《德国青年之艺术教育》和兰因著的《校舍论》最是传诵一时，其中提倡最得力的，是 Lichtwark，他常常用绘画展览会，或是音乐演奏会，来实行儿童的美育。后来因为德国勤劳学校的教风，行的非常之盛，所以美育的呼声，就渐渐儿降低了。一千九百〇八年，瑞士出版一册 Forster 著的《学校与品性》(*Schule u Chrahter*)没有多少时候，销到二万部以上，大受这方面人的欢迎。F 氏是欧洲大陆"伦理运动"的主唱者，他的宗旨是不靠托宗教，完全用修身来实施学校的德育。他著的《学校与品性》里面有一段话说："女子教育一方面要使他鉴赏美，一方面亦应该养成他爱丑的精神，倘使他专喜欢美同调和的状态，必定要厌恶社会上黑暗，悲惨，不调和的状态，不知不觉中具备一种冷酷性格，所以一定要养成他对于贫的病的有同情的精神才好。男子教育亦是一个样子。这种精神难道不是受着美育的阻碍么?"F 氏这个意见，可以说是美育主张热中的当头棒喝。虽然，这不过是关于发挥美的材料问题，并不是美本身的罪恶。F 氏还有一句话："美术家应当捉着贯流于人生全体的真理，倘使仅仅发挥关于一部分的美，不能够说是大美术家。"他亦承认裸体画是表神，和对于人生一般意义的徽号，美术上很有价值。并且痛骂发挥一部美的不足取，他所著的《美学时代问题》和《美学体系》里面，论到构成美的材料，是对于人生很有意义，不过没有发挥美的能力，则教育上就没有价值了。近年来西洋商品广告，和专门家的作品中，常常有表明纤弱女子的姿态，大受一般妇女家的厌恶。(我国的时髦画家亦有专描美女画的，因为他对于绘画的意义还没有了解清楚，所以我亦不必去论他。)因为这种画，实在同女子的体育，很有影响，像那中世纪的妇人画,同女子教育里面,无论体育,德育,总有些效果,现在的妇人画,刚刚同从前相反对。照这样看来,更加可以知道美育的要紧了。像英国 Watts 画的《希望》《信心》《慈善》等作品,不仅仅同道德上没有恶影响,而且可以涵养吾人道德的情操,对于社会上不幸和不遇的人,能够生出一种同情,况且我国人的道德,到今日总算堕落到极点了,近来大家想尽力实施通俗教育,和德谟克拉西,亦正是设法去救济他。不过照我看来,第一件要紧的事。就是要退去一般人卑野的趣味,慢慢儿养成他高尚的爱美心。德国诗人希拉有一句话说:"人生照着肉体的状态,自然要受苦痛,但是照着美的状态,可以免了这一种苦痛,照着道德的状态,可以支配这一种苦痛。"可见美能够纯化我们的肉欲,可以说是入德的门径,但是这一种主张,还是偏于消极的。再进一步说,美同道德上的关系,就是能够养成我们人高雅的品性,可以无疑的。现在我想再举出几句根本上的话,大略说明美的本质,可以知道美育,必定不可忽略的。

"甚么叫做美"这个问题从希腊到现在,还没有完全解决。"美学"就是取哲学的态度,用系统来研究这个问题的一种独立科学。不过这篇文章,是解说"美育"的,所以不能够把美学的全部分,举出来说,只可把美学同教育上有关系的,大略说几句。美学的组织,到十八世纪才有点完备起来,一般美学家对于美学的解释,大都是说:"宇宙绝对完全的存在,因我们人的悟性,能够认识他的,叫做真。因我们人道德的意志力,能够体会实践的,叫做善。因我们人的感觉,能够知觉这一种绝对无限完全的,这叫做美。"这一种哲学的解释,同美育没有什么关系,在这世纪的哲学家我们应该注意的就是康德。他有三大名著:(一)《纯粹理性批判》是论我们人对于自己以外,外界的认识力。(二)《实践理性批判》是说我们人认识自己是外界或自然界中的一个,和他的道德论。(三)《判断的批判》就是说明美的本质。他说:美从主观的方面解释起来,是没有概念,亦没有实用上的意味,纯粹是一种无关心,必然的,适合于自己意思的直接判断状态。从客观的方面解释起来,美是有一种目的物的发表,我们人对于这一种目的,不要费什么心思,就能够觉得。照这样看来,康德所说的美,完全是我们人无关心的心境。譬如看见桃花开得烂漫可爱的时候,不知不觉,陶然自失,自我没入桃花之中,花和我却融合在一块儿,这就是真美的心境,至于要存心去折他一枝来,那就失掉美的境地,加了一种实用上的欲望,所以美必定是无关心的。还有觉得美的顷刻之间,我和彼融合在一起,亦没有思虑彼之目的等的余地,是当然的了。虽然照这样的修养,自然能够作出温雅风度的高尚品格,使我们人的德性惹起向善的意志力,是很明白的。康德的学说,在教育上很可以参考。他的三大名著,虽然是哲学论,亦是根据人类智情意的三种作用,《纯粹理性批判》就是说我们人的智性力。《实践理性批判》就是说我们人的意志实践力。《判断的批判》就是情的直接判断。可见他所说美的本质,是根据哲学的见地,加上心理的见地,亦很明白的。

近世美学的研究,从哲学的见地,更加带一种心理的倾向,像哈尔德曼 Hartmann 说:"事物本身没有美,艺术家用事物作基础,靠自己的力量,才能够创造出美来,可见美并不是实在,乃是一种假象;美感亦不是实感,乃是假感。"兰艾 Lange 说:"美感是介乎假象和实象,自然和非自然中间心的活动状态。亦就是一种错觉,并不是像哈尔德曼所说的假象,亦并不是实象。仿佛像不是事实,却是事实的一种感觉的迷,这一种迷,就是意识的迷。自由意志的迷,我们人认识事物的真相,是智的活动;但是觉得事物真相以外的迷,这就是美。"照这样说来,美仿佛像心理学上的一种错觉,这一种德国派的美学论,从哲学的见地,慢慢儿同心理的见地相接近起来。另外像英国的达浑从生物学上的见地立说,就是禽兽世界亦认为有美的现象,他说:"美是从生物生存持续的必要上发达下来,同种族生存上有关系的就是美,倘使没有益处的就是丑。"可知道达氏所说的美,是带着实用上的意味,兰艾亦有这一种倾向。

至于美的定义,说起来实在非常的繁杂,我想介绍一位现在德国的美学家伏尔恺脱 Volkelt 的学说,同诸位谈谈,伏氏的学说,很有研究的价值,他说明美的规范,用四对条件,各一对里面部分为主观的和客观的两方面去研究,现在我写在下面。

第一则

一、主观的方面。要有入情入心对物的态度。

二、客观的方面。构成美的材料,形式与内容要统一。

第二则

一、主观的方面。我们人入情的心象,要从各个特殊的,向一般典型的方向扩张进行。

二、客观的方面。构成美的材料,要对于人生很有意味的。

第三则

一、主观的方面。要不起实感。

二、客观的方面。构成美的材料,要不是实象实感的。

第四则

一、主观的方面。譬如对于音乐的音调,不是部分的感得,要有综合的统一的感得心,去领会全体的意味。

二、客观的方面。构成美的材料,要保各部分有机的关系,使他统一。

上面所举的四则,虽然是美的规范里面最主要的,但是伏氏所说美感的根本性质,却在于感得。Einfuhlung 譬如艺术家的作品,或是自然的美,大都适合于这四则,不过赏玩这种美的心的状态,那是纯粹从四则里面主观的法则。假使自己的感情,同作家的感情,和自然美的本质,达到一致融合的时候,像康德所说无关心的心景,这就是美感的极致。

我们人对于艺术品的感兴,并不是假感;亦并不是错觉的,迷的,纯粹是我们人所感得实际的感。对于悲的就是感得实际的悲,对于强力的亦是感得实际的强力。我们人所感得的状态,决不是迷,亦不是假,乃是自身真感得。不过这里所说实际的感得,同实际生活有关系,并非肉欲的实感,换一句话讲,感得就是自他感情统一融和的状态,亦可以看做共同感情的极致。譬如唱中华民国国歌的时候,假使各人都能够感得,那么国民的感情,自然而然能够结合。(中华民国到现在还没有正式的国歌,我作这一种譬喻实在可叹可笑。)照这样说来,感得主义的学说,可一转而变为国民感情的统合说,教育上很有重大的关系。

十九世纪英国斯宾塞 Spencer 著的《教育理想论》里面,举出完全生活的条件说:"我们人第一要养成直接保卫自己的能力;第二要间接保卫自己,用衣食住的方便有维持生活的力量;第三要扶养自己的家族子孙,使他一代一代能够发展下去;第四要为社会国家尽力来贡献文化;第五最后要有正当安慰的时间,享受快乐,但要达到这一种目的,不可不养成文艺的趣味。"照这样说,斯氏对于美育问题,完全认为人生安慰的方便,因为下等生物除保卫自己以外,不能够扶养他物,至于人类有牺牲自己,去养他人的美德;亦有舍了自己一身,去尽瘁国家的至诚。所以照生物学的顺序看起来,不在于活动,很是明了。但是美育问题,则并非人生安慰问题,乃是活动问题。并非消极问题,乃是积极问题。国民的活动,要国民的感情大家融洽;个人的活动,要自己的品性高尚。教科中的唱歌科,从斯氏的学说,仅仅有安慰人生的效用,但是从伏氏的学说,实在对于国民的感情统合融和上,有必要而且不可缺的价值。所以我们不应该依斯氏的消极说,应该照伏氏的积极说。主张美育的根本精神,就在这个地方。

美育的学说,照上面说来,大致可以明白。现在我要问"学校中实施美育,应该用那一种美作标准呢?"请再看下文;

美的种类很多,同教育上最有关系的,就是壮美,优美,悲剧美三种。第一种壮美是发挥凡人以上大力大量的性质,能够引起人努力向上的状态。伏尔恺脱分他为无型的壮美,强的壮美,自由的壮美三种:(一)无型的壮美,像渺渺茫茫,四边无限的海；或是明星闪闪发光的夜里的天空；再像不可测的深夜。这几种他的外部形式，没有际限，并且没有一定典型；他的内容，却有发挥伟大力量的感情，所以宗教心亦属于这一类。（二）强的壮美，有一定典型，亦有一定形式，他的内容虽然没有像上面这样，但是亦有伟大的力量。像四川峨嵋山的风景，他的形状，在空当中是有一定的，决非无限大。但是我们无意识想像山的形状，到感得的时候，实在亦有感得无限力量的事实。（三）自由的壮美，介乎无型的壮美同强的壮美中间，就是这两种调和的状态，内容形式都能够发挥伟大力。如同Beethoven 的音乐，能够发挥内外调和的伟大力，就属于这一类。像这种美感，亦可以唤他为理想的壮美。

照上面这三种壮美看起来，第二种强的壮美，在一定形式里面发挥他的伟大活动力，仿佛像现在有秩叙国家的社会，组织当中的各个人各个人在那里努力活动的状态。所以静稳，确实，纪律，适度等形式的状态，同内容的活动力，假使能够调和，那是同发挥伟力的德育上，有很大的关系。在小学时代，无型的壮美不容易感得，感得最多的是强的壮美。前年我同杨白民先生和他的女公子雪征去游普陀，轮船行到海中，刚刚是风平浪静，四边无涯，这时候不知不觉使我生出一种无型的壮美，有说不出的快乐，立刻呼雪征出舱，不想雪征所感得的美，仔细观察起来，同我却是不同。可见小学生对于这一种大综合的感得，很是困难。最好末用英雄豪杰的肖像，或者使他接触纪念碑，和适宜的高山大川，引起他强的壮美，恰恰同他的程度相合。各教科中可以涵养这种精神的机会很多，使学生赏玩名画，或选择唱歌的歌词歌曲，除应该养成他本科性质上的美感以外，还要推奖强的壮美。至于无型的壮美，在中等学校时期，渐渐可以感得，精神修养上可以得不少利益，亦可以说是矫正青年的短虑，使他沉着，大量，最有效的方法。不过偏重无型的壮美，容易养成一种不适合于国民生活的人生；所以不论那一种学校，都应该用强的壮美作本体。等到修养着实，再用无形的壮美来补助他，如此才能造就大人物。

第二种优美的本质，是天地一体，感觉同理性调和，人情同义理没有冲突的一种合理的状态，伏氏分他为高雅的优美，可爱的优美，愉悦的优美三种：（一）高雅的优美，仿佛使人脱离肉感，去做精神生活；亦像离开感觉世界，去做灵的生活，向上的生活。有去地就天，遏止人情，去从义理的倾向。我们看见西湖的山水，不知不觉使我们的俗念，都去个干净，这种美感，就属于这一类。（二）可爱的优美从表面上看起来，虽然像去天就地，离掉理性接近感觉，离掉义理接近人情；实在仍旧是不离天，不舍理性，并且不背义理的一种状态。我们对于儿童天真烂漫,活泼泼的游戏;或是小儿很舒服熟眠的容貌,生出来的美感,就属于这一类。(三)愉悦的优美是(一)(二)两种优美调和的状态,不极端偏于灵的生活;亦不极端偏于感觉的生活,如同拉弗尔 Laphael Sanzio 有一张名画,表神的生活,乃不失掉现世慈母之爱的状态,就是这种美。再像我们人对于佛像佛画的名作,仿佛一方面入于无限的灵界;一方面尚在现世救济众生的佛的态度,能够感得的时候,就生出愉悦的优美来。

上面三种优美,第一高雅的优美没有什么危险,并且养成学生高尚的精神,非常有效果。不过国民小学的儿童,对于此种高尚的美感,不容易感得。到高等小学和中等学校时期,才有感得的能力。第二可爱的优美,亦是如此。不过现在的一般青年,被这种美里面流于卑野的美感所诱惑,往往失去向上努力的意志力,实在有点危险。譬如读卑野恋爱的记事,心中觉得愉快,就是为这种卑野美感所支配,诉到实感上,就造成堕落德性的大基础。所以我们根本的教育法,要涵养学生高尚的趣味,不使他同卑野的相接触。第三愉悦的优美,对于修养上虽然有效,但是可施这种教育的机会,实在是很少。

总之高雅,愉悦两种优美,没甚危险,教育上应该注意的是可爱的优美,又壮美为男性的,优美为女性的。所以男子的学校,必定要用壮美为主体;女子的学校应该特别注意优美。

第三种悲剧美是两物相互争抗的状态,亦有三种:(一)看破身体上大苦痛和死的结果,但是他的精神自由自在,能够支配苦闷的景地。(二)精神因为受着苦痛,生出烦闷,但是他的生命,依旧存在。(三)精神亦销,生命亦去。这三种里面第一种能够养成吾们人弃了自己的生命,着重到从容的精神上面,这一种美就是小学校的学生,亦都欢迎他。

另外像滑稽的美等,亦同教育上有关系。总括起来说,凡是学校里面从教授的材料,教授的方法,以至于教室内相当的设施,学校园的计划,读物的选择,学艺会,运动会,展览会,音乐会等都应该注意全体的校风,以涵养他们强的壮美为主要宗旨,用无型的壮美作补助,第一种悲剧的美亦当注意。至于优美与其积极的奖励,不如消极的警戒。关于此种问题实施起来,最好每学年编成大致的细目。像美国纽约霍雷使曼学校的图画教授要目,对于儿童所赏玩名画的种类,都照学年去支配,初年级多用现代的名画,高年级多用古代的名作。伯林女教育家 Wychgram 在某女学校对于初年级七八岁的儿童,用古代埃及和巴比伦最简单仿佛像儿童自己画的图画,像人物、动物等等,揭于教室及走廊的壁上,照学年的顺叙,所揭图画亦渐渐的照发达顺叙排列,最后排入大家的名作。这种方法,虽然照学生程度的高低,可以不同,但是美育的中心点,仍旧归根到强的壮美,无型的壮美和悲剧美的第一种,仅仅可以作为补助。

上面我解释美育的话已经说完了,总括说一句:美育在学校教育里面,当以图画音乐手工三科为主,以文学体操等科为附。在社会教育里面,当以戏剧为主,以音乐美术小说及他种娱乐等为附。至于美育同美术艺术的区别,想起来大家都可以明白。不过我恐怕还有人要问美术究竟是甚么? 艺术究竟是甚么? 这两个问题,说明起来,亦是非常繁杂,这篇文章,因为题目上的限制,我再也不能够多说。现在我只能把这两种,列一个最简单的分类表,请诸君看看。至于美术艺术同社会的美育上关系亦是很大,将来我当另外作几篇文章,再同诸君讨论。

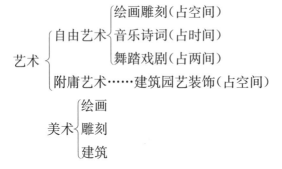

说美意识的性质　吕澂[①]

现在讲美育的人,常常用"涵养美感"一句话来做注脚;美感是个心理学的概念,他的本质究竟怎样呢? 这不可不先研究明白。依我的意见,美感的本质就是"美的同感"(Aesthetische Sympathie)。这种同感和普通的同感有甚不同,好说是"美"的呢? 可不是实质上别有异样的地方,不过生起这种同感的时候,我们的意识是成一种特别态度罢了。在现在一派"心理学的美学"(Psychologische Aesthetik)上面,因为这种特别态度的意识作用就是创造"美"(Das Aesthetische)或者鉴赏"美"的,便叫他做"审美的意识"(Das ästhetische Bewusstsein),简单些说就是"美意识"。如果先明白了美意识有怎样的性质——这是外延的性质,不可和内包的本质看作一样——那么,从美意识生起的同感何以说是美的,也就很容易解释;所以我先来编述这篇说美意识性质的文章。

---

① 《美育》第 1 期,1920 年 4 月 20 日,第 8—15 页。

构成美意识的要素,也和一般意识的一样,有知的和情意的两种;所以美意识的性质,先可分作两方面去观察。

美意识在知的方面表现的性质,主要的却有三种。第一种是"直观性"(Anschanlichkeit),又好说是"具象性"(Concrete,英);这纯是美意识的对象必定根据感觉的结果。依着主观个性和客观艺术的差别,这直观性的质和量也常常不同。在诗歌一类上更有种特别情形,所以关于诗语的直观性,从莱沁(Lessing,1829—1881)以来成了个美学上争执的问题,直到现在还没有能够完全解决。近代有些美学家说,诗语描写事实的地方不必唤起视觉的表象,就能使人有画样丰富的印象;譬喻和隐喻的地方也不必有事实的比较,就可引起和声乐一般的感受性。要照这样,诗语的直观性便可全部否定。但是依据实验美学的报告,诗语确能生一种想像直观,所以要研究的还是直观性质量的问题,并非直观性有无的问题。就如造形美术和音乐因为表现方面的官能不同,美意识的直观性实质上便显然两样,那么用言语做材料的诗歌直观性自然是别有一种,不能说没有实际的视听便连直观也没有。近代美学家不注重艺术物质方面的,莫过于意大利的克鲁象氏(Croce)。他说直观就是表现,不能分作两样,譬如说话一般,口里渐渐的说心里就渐渐理会,再不是两件事,依克氏的话,似乎美意识是没有具象性,但他也承认直观作用有一种形象性,才能同时成了内的表现,所以和上面说的话并没有冲突。

美意识知的方面第二种性质是"合律性"(Gesetzmässigkeit),这就是感觉知觉乃至统觉的形式上必定有一种秩序或规则的性质。先就感觉说,从色觉和以脱震动的关系、声觉和空气震动的关系乃至节奏对称比例等形式原理的里面,都可以看得出美意识这种性质。这里所说的色觉和以脱震动的关系,在现今的科学上虽还没有十分明白,但据心理学家芬德氏(Wundt)说,我们能够感觉的光波里最长的是生赤色的感觉,渐渐缩短下去便顺次生黄色绿色青色等感觉,到了最短的时候却还元到含着赤色分子的色彩上来,所以好说是一种循环的过程。照这样讲,要是我们的视觉更加发达了,或者见得色彩的循环也和乐音的高低倍半正是一样,现在但可决定色觉物心两方面的过程确是有种合律性。在复杂些的精神作用就是知觉统觉等形式的方面,合律性就更加显著。艺术的形式条件,好像图画的结构,诗歌的声律等等,对于美的评价很觉重要的缘故,可就在这上面。还有形式条件里从古来便占最重位置的是"多样里的统一"(Einheit in der Mannigfaltigkeit),也无非表示这种合律性。

美意识知的方面第三种性质是关系表象的,可叫做"假象性"(Schein)。这个概念还是康德(Kant)以后一派思辨的美学遗留下来的。当时的美学家都说美是属于超过实在的一种理想世界的,但是美的形相却不能不和实在在同一的水平线上。因此哈尔德曼(Hartmann, 1842—1906)主张具象的理想论,用假象一个概念来表示美的所在,他的意味是正和"实在"(Das Reale)相对待。后来美学研究的兴味移转到具体的艺术美上面来,假象的意味便成了和"现实"(Wirklichkeit)相对,原义也就消失。现代著名的感情美学家栗泊士(Lipps)说美的观察有五种性质,第一就是"美的观念性"(Die aesthetische Idealität),在美的观察上对象的形式和他里面表现的生命都成了一种观念境界脱离了现实非现实的区别。这正是假象性的一种解释。但是假象的概念原是属于客观的,怎样移用到主观上面呢?这却有二条路径:第一是主张美的感情也是非现实性,另外立个"假感"的概念,第二是就用假象的概念来表示美意识上知的事实。现在依第二条路径说,客观的假象本来因为美意识知的活动切离了现实问题一方面才成立,那么就用假象来表示主观上知的活动的特色,并没有什么说不①去。美意识知的事实既然是种假象,他表现的内容和内容里面的各种关系自不必同现实认识的真理完全一致;有些人以为这是一种特别的真理,便叫他做"艺术的真理"(Die Kunstlerische Wahrheit)。

美意识在情意方面表现的性质,主要的也有三种。第一种是"静观性"(Beschaulichkit),又可说是"无关心性"(Interesselosigkeit)。在美的鉴赏或创作的时候都是摆脱实际利害的关心和一切的欲望。例如我们观画里的美女,决不会生实际的执着;再从反面说,用美的态度来对真的美女,也没有搀入实际欲望的余地。美意识上这样的性质究竟怎样成立的呢?大概的人遇着这问题便会想到知的方面的假象性。不错,这两种性质是相关联的,不过他们的关联上面还有层问题。如果美的感情是哈尔德曼所说"假感"(Schein Gefühl),或者是维陀首克(Witasek)所说的"追感"(Nacherleben)——一种想像的感情,那么本质上恰和知的假象相合,自然有种连带的关系,要是美的感情却还是种"现实感情"(Winklichesgefüh)像栗泊士一派的主张,那又怎样和假象调和得联络的呢;对于这一点,栗泊士也另外有个解释。他说对于假像的心的活动和想像的心的活动本来不同,就是现实的也没妨碍。要这样说,知的方面假象性虽是想像的,和他联络的情意却不限定就是非现实性。这也非美的感情另有种特别性质,不过因美的态度知的方面是阻止实在认识作用,自然有这样结果。

---

① 此处似漏"过"。

　　美意识情意方面的第二种性质是"快感性"（Lust）。美的感情里快感最为显著，这是一般人理想得到的。在三十年前旧派的感情美学家提倡一种"快乐说"，就是错认了美意识这种性质做本质，要用快感做原理来解释一切，但是遇着悲壮滑稽等美便碍住了。关系这些的美的感情，现代美学家叫他做"混合感情"（Misch-Gefuble），里面夹杂着好些不快的分子，不能说他还是纯粹的快感。就美的快感怎样成立的一个问题，古来的美学家已有了好些解答，但因为这种快感的性质很是复杂，都只说得一方面，还没有独一的原理。栗泊士美学的开端也就是解释快感是怎样成立。他说心的过程要是适合心里原有的统觉条件便生快感，所以好说快感就是表示"刺戟过程的要求"和"许容刺戟的心的预备"中间的一种关系。这样解释在快感构成的形式方面确是十分切实，现在的美学家大概都引用他。

　　美意识情方面的第三种性质是"紧张性"（Tension，英）。美学家摩勒·弗仑斐士（Müller-Freienfels）尝说美意识的一方面是种沉醉状态，这有两种特色：一是感情的昂扬，一是想像的兴奋。这里说的紧张性也就是跟着被动统觉作用的紧张生起的感情昂扬。美意识对于各种艺术的紧张性也自不同，大概对视觉上造形美术的就不如对听觉上音乐的强，对音乐的又不如对悲剧的显著。但是他的程度和实际态度里意志作用或者注意作用强调的时候相比较，就觉得很微弱，而且不是像实际依着有意的努力发生的。栗泊士说美的观察最后的性质是种"美的深奥性"（Die aesthetische Tiefe），直透对象内容——就是人格的深处，生起一种同感或反感，才判定是美是丑。这种态度要不是感情的紧张，可就不能够完全，所以紧张性在美的评价里很是重要。

　　以上所说的六种性质如果细细的观察，可见得他们中间正有种照应的关系，就是三种知的性质恰恰和三种情意性质各相照应，假象性和静观性是一对，已经说过。其余知的合律性和情意的快感性是互相联络的，因为统觉上合律性就是规定快感一般条件的法则。知的直观性和情意的紧张性又是互相联络的，因为在诗歌等艺术里面依着客观条件要求紧张性的程度愈大，所生的直观性便也愈大。

　　上面分析美意识知的和情意的性质，重要的都拣出来解释了，现在再从美意识的全体上观察，形式和内容的方面又还有几种性质。形式方面的性质最著的是"调和"（Harmonie）和"统一"（Einheit）。因为美意识和一般意识不同的就是集合各种要素成了"浑然一体"，且不能分开主观和客观来说，所以就部分观是调和，就全体观是统一。内容方面的性质最著的是"感情性"（Gifühlsmässigkeit）

和"官能性"(Sinnlichkeit)。这两种性质也是互相结合,不能独现于美意识全体的,但从情意一面说是感情性,从知的一面说是官能性。这下边再依着美意识各种性质的关系,列个简单的表,就用他做全篇的结束:

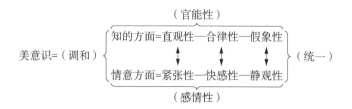

$$美意识=(调和)\left\{\begin{array}{l}\text{(官能性)}\\ 知的方面=直观性—合律性—假象性\\ \quad\quad\quad\quad\updownarrow\quad\quad\updownarrow\quad\quad\updownarrow\\ 情意方面=紧张性—快感性—静观性\\ \text{(感情性)}\end{array}\right\}(统一)$$

熊子真来信——罗家伦覆(节选) 罗家伦[①]

志希兄:

有熊君来信,请一阅,不知有可采入《新潮》者否?

元培敬白。

子翁先生:

顷承尊处寄来《中国文学史》一部,收到甚感。真前函信笔率书,未知作何语。已发而悔。美术实关重要,真以为当与宗教相辅而行,所怀疑者,仅先生所云"以美术代宗教"之一代字耳。兹有三事,敢复质之左右:

(一) 对于今日杂志之意见……(下略)

(二) 对于欧化主义之意见……(下略)

(三) 对于文学史名称之意见……(下略)

熊子真谨启。

子真先生:

尊书由子师交下已久,因事忙未及即覆,歉甚。对于宗教与美术的意见,是一个极大的问题:不学如伦何敢妄议。但是我最近与子师的谈话,及我个人对于这个问题的感想,不妨写出来请指教指教。

子师于比较最近期间,——七年四月二十六日——《跋社友谭鸣谦君〈哲学对于科学宗教之关系论〉》(见《新潮》一卷一号)一文,其语颇足表示其近来的意见,今节录如下:

---

① 《新潮》第 2 卷第 4 号,1920 年 5 月 1 日,第 828—839 页。

　　……表现感情者,实为美学;至哲学实为智力与意志所合而表见,宗教实为感情与意志所合而表见。故科学以渐发展,则哲学之范围以渐缩小;美学以渐发展,则宗教之范围以渐缩小。哲学之永不能为科学所占领者,曰玄学。宗教之永不能为美学所占领者,曰信仰心。以玄学之所研究,为信仰之标准,则宗教亦循思想之进化,而积极改良,决不至与科学冲突。凡与科学冲突者,皆后于时势之宗教耳……

　　前数日与子师谈及,知他所谓可代之宗教,即指近日形式之宗教而言;至于信仰心的永久存在,是我们不可否认的。我以为现在大家争论的纷缠,怀疑的不决:拥护宗教的以信仰心为护符,甚至于说到现在的形式宗教,也是至高无俦,永久不变;反对宗教的因鉴于现在形式宗教之流毒,并信仰心一并否认——这都是由于把"宗教"——指形式宗教——和"信仰心"没有分清楚的缘故。现在一班宗教家以为一个人没有信奉形式的宗教,就是不可收拾,——如前几十年的欧洲大部分人听见说一个人"没有宗教"No Religion 就能骇而疾走,——常于小说戏剧中见之,近来还不乏这种人——其荒谬真不值一笑。世界上古往今来,许多哲学家,思想家是没有宗教的,不但没有宗教,而且是极力反对宗教的;但是他们的生活何曾不高尚? 他们的行动何曾不有意识? 他们的思想何曾不合理? 他们当大难临头的时候何曾不是"至死不变其操"? 恐怕他们所能做的,迥非那班所谓"宗教家"所能及呢? 所以形式的宗教是可以没有的,而信仰心是不可没有的。为什么呢? 因为各人的信仰心就是各人的主张。一个人不能没有主张,就不能没有信仰心。苏格拉底为什么至死不说谎呢? 因为他对于真理有信仰;盖律雷为什么受艰难挫折而不变他的学说呢? 因为他对于新天体说有信仰;蔡先生为什么于千辛万苦之中还要提倡美育呢? 因为他对于美育有信仰;……各人对于真理的信仰,就是各人自己的宗教。中国人对于真正宗教的观念,是不曾明了的。我的朋友江绍原君去年在《大学月刊》第二期上才为宗教定了一个很好的界说,但是他自己对我说,以为"太玄学一点"Too Metaphysical。至于我对于宗教的界说,是很简单的,就是——

　　各人的主张(Principle)为完成个人自由的发展,增进人类全体的幸福而发的,就是各人的宗教。

　　这个界说完备不完备是另一问题;但是我自己信之甚坚;去年质之绍原,他也以为很合乎实用。当然世界上的坏人,也有他的主张,也可以说是他的宗教;但此系特种情形所构成,及一种制度之流弊,其最初的动机,还是脱不了"完成个人自由的发展,增进人类全体的幸福"两种。这就是绍原所谓"望高""爱好""做人"的心思(参观《大学月刊》第四期《宗教与人生》一文)。不过我现在的感想,以为我们对于主张信仰的事实,可以不借"宗教"这个名词,因为这个名词,被现在的"形式宗教"用得混合了。所以有人把"信仰心"译作"宗教心",我也不敢赞成,因为容易起人误会。现在要把这纠缠解清楚,我以为应当——

> 把信仰心和宗教——形式宗教——分开来;宗教是信仰心的一种表现,而不是唯一的表现。

所以现在实验派的哲学家,对于宗教,大都是从心理学上的观念。如哲美士 W. James 是大心理学家,所以他著的论宗教的书,如 *The Varieties of Religious Experience*,大多是从宗教心理上来研究,所以非常透彻。而现在研究比较宗教学的人,除了用历史的研究法研究某种宗教的制度而外;最重要的,还是心理的研究方法。老实说,现在的实验主义虽然也承认宗教,但是他所讲的宗教,决非一般"牧师""神父"们所高兴的;因是他只是承认宗教已经是一种社会的制度,可以用作一种辅助社会的工具。请大家不要误会了!

宗教的构成情感为最大的要素,是确切不移的。世界上大家所谓的大宗教家如释迦牟尼、耶稣之流,那个不是爱力深厚——就是情感极重的人。而情感极重的人最容易流入宗教,如托尔斯泰晚年的主张,就是极明显的例。近来罗素虽然是很反对形式宗教的人,但是他以为人类有种最高的情感,可以有种信仰表现出来。(参观《社会改造的原理》论宗教一章。)我有一天和梁漱溟先生谈起——他是专门研究宗教的人——我问他对于宗教的观念怎样;他说"宗教是情感的安慰",他又说:"你在用不着宗教的时候,仅可说不要宗教;但是你等到要用着他的时候,你才知道他的用处。"宗教对于情感的关系,重要可想。往往一人到了苦恼万状,生活厌倦的时候,有一种宗教思想,情感上也可聊以自娱;在中国以为命该如此,在西洋以为上帝罚我们怎样的。但美育的用处,也是情感的安慰;不但可以安慰,而且可以愈先疏导他,使他向更优美愉快的方面走;疏导得好,固可以不会郁结到一个不可收拾的地步,还可以使他愈驱于合理的生活,而无盲从的危险。你看现在只知道宗教而不知道美育的世界呵!你看现在宗教对于情感的安慰呵!戴季陶先生那首《阿们》的诗,便是第一等的伤心人语,我不忍卒读!——

阿们!

季陶

牧师说:"肉体的快乐,

不关人类的性灵;

只管作工,

只管忍耐；
困苦和艰难，
都是上帝的命令。
不该反抗，
只要服从；
待你临终时，
自有天使来接引！
阿们！"

出了教堂门
进到工场里。
一天作了十二点钟的工；
滴了十二点钟的汗：
赚了两角小洋，
买了两升糙米。
这是上帝赐我们的！
我们应该感谢上帝！

"上帝呵！上帝！
你这仁慈的恩，
我如何报答你！
只盼你允许我呵！
进天国去伺候你。
阿们！"

一月,两月,三月；
一年,两年,三年。
吃不饱,
睡不足。
手足成了风湿麻木；
肺管儿充满了微生物。

从前那精壮肥满的肌肉呵！
只剩下几根瘦骨。
"上帝呵！上帝！
我哪里敢违反命令，
可怜我浑身是病！
阿们！"

一天不作工，
没有米；
两天不作工，
没有衣。
那严厉的房东呵！
他还硬赶我出门去。
这样繁华的上海呵！
只见许多华丽庄严的教会堂，
竟找不出一个破烂的栖留所！
"上帝呵！上帝！
你快些儿来接引我呵！
进天国去伺候你！
阿们！"

基督降生一千九百二十年复活节前三日作

唉！这就是现代宗教对于情感的安慰，我们应当感谢上帝呵！我想当现在美育没有发达的时候，假设没有这样好的情感安慰，至少有几百万劳动家要自杀的，感谢上帝救了他们！不是他们的情感有了这样好的情感安慰，世界上哪有许多倚财仗势，茹膏吮脂者？我们也应当感谢上帝！

这不是我愤激的话，乃是只问宗教不问美育的当然结果。宗教和美育的最大功用，都是安慰情感；依我的意见，如把信仰心和宗教分开来说，美育实有代宗教之可能。不过代的性质如何，程度如何，方法如何，双方还正要加一番分析的研究。所以我希望有许多人专心研究美育，更希望有人把处于批评和研究宗教地位的"宗教学"研究一番。至于说现在的宗教能随着时代进化，我也承认。现在固有一种宗教以能随着时代进化而自豪者。但是我有一夜在上海和季陶先生讨论这个问题，他有几句很痛快地说：现在有种宗教以能进化自豪的，我们很承认；但是他滑头的地方，也正在这点。譬如别的宗教，大都有他固定的哲学的；惟这种宗教，是没有他固定的哲学的。亚里士多德的学说盛了，就把亚里士多德的学说采取利用过来；笛卡尔的学说盛了，就把笛卡尔的学说采取利用过来。……须知人家的学说，自有他本身存在的价值，不必劳他采取；而他所以采取的目的，不过要拥护他特殊的阶级——神父，牧师；——特殊的财产——会所，田地；——特殊的仪式——受洗，礼拜。把这几种特殊的东西推开来，我认不出什么是某种固有的宗教！以上这番话虽是我们随意谈的，然大家果能回心一思，这断不是我们两个人的感想。

我尝以为现在的宗教，虽然不问人家美育的生活，但是他自己却很能利用美育，以拥护他的势力。如利用庄严华丽的建筑，以起大家的信仰心；利用沉穆悠扬的音乐，以动大家的神秘性。诸如此类，举不胜举。所以宗教如不能利用美育，则宗教的效用失其大半。

不止于此，就是宗教里所谓最高的牺牲性，也是常藉美感以激发起来的。如佛教徒何以肯舍弃人间的生活？因为他们希冀西方的极乐国；而极乐国的所谓"华严界""七宝楼台""莲池"……也不过是纯美的世界。耶教徒当"十字军"东征的时候，何以肯视死如归？因为宗教家告诉那班战士说死后可以进天国去，而天国之中，也不过是"有光，有花，有爱"。回教徒何以能悍勇善战？因为《可兰经》告诉他们说为宗教而战死的，流出来的血放宝石光。这都是宗教利用美感的地方！这正是宗教靠着美育的地方。

美感既然有这大的魔力，能趋人于逃，于死，于战；所以我想要维持和平，我们也可以用得着一种美术。真正的美术，对于战争和平都是很有关系的。如德国的音乐，可以振发她英武沉挚的国民性。法国的油画，可以促成她国人活泼进取的奋斗心。一国的美术对于一国的民族性是有绝大的影响。对于战争如此，对于和平亦如此。所以我的美育维持和平观也正有几点理由可说。（1）果然有种熙融和蔼，激发真性的美育出来，自可潜移默化，疏导人类的心理，入于相亲相爱之域；而且美术是大众的，这国有件好美术品出来，也是那国人民之福，借这个媒介彼此间自可消弥无限仇怨的心思。现在罗丹人道化的美术风靡全球，正是这种征兆。（2）每经一次战争，就不知道要损失多少美术品；而这次大战的时候，更难言状。这些损失，都是历代优秀的人类呕尽多少心血造成的，这都是人类文化的结晶；若是人类普通的好美性提高了，断不忍见其毁灭。（3）好美之极，莫过爱惜自然，珍重人生；而希腊人对于人身体的美，是尤其珍重的。回教利用这点，以流血放宝石光的美感，遂使人类赴死不惜。若是我们能疏导他们正当的美感，使其知道杀人是戕贼自然的,是不美的,那自然战争之风可以减少了。这个重大的责任,要靠全世界的美术家努力呵!

有一位朋友来和我说是中国人现在太限于低等物质的生活,当养成一种超越利害的观念,因此他想到提倡宗教。我以为养成一种超越利害的观念,是很要紧的事,但是不必一定用宗教做工具;因为美术的观念,也正是超越利害的。譬如遇着一个挑粪的人,大家往往掩鼻而过之;若是有一个好美术家把他画出来,画得很好,则不但不讨厌,而且大家反而喜欢他,宝藏他。又如明朝《上河图》《下河图》的故事,虽然一个声势嚇嚇的权奸要索这两件美术品,而藏图的人则情愿冒了危险,弃了几百万的家资,抱图而遁。为了两幅"饥不可食,寒不可衣"的图画,而不惜置生命财产于度外,非有美术超乎利害的观念,曷克臻此。

以上所书,不过是我个人对于美育与宗教的杂感。我对于这两种东西,并不曾经过系统的研究;兴到时拉杂书来,还希原谅才是。

至于先生对于杂志,欧化,文学史的三种意见,大部分很表赞同,现在把鄙见所及,也可以略微说一说。

(中略)

这番话拉杂不知所云,还望先生原谅指教!

写到一半的时候,友人王君来说先生现在南开学校大学部担任国文教授;以潜精旧学的国文教授而有这样积极的思想,谨为南开前途贺!

志希谨覆。九,五,二八。

新文化运动和美育　周玲荪[①]

从去年五四学潮以来,新文化运动的呼声一天高一天了,各种新出版物,也一天多一天了。这确是我们中华民国一件极可喜可贺的事,不过兄弟以为大家既在提倡新文化运动,那末对于美育一方面,最好亦要提创提创。因为我们中国人最缺乏的,是美术思想,因为缺乏美术思想,所以各人脑子里,都为一种混浊之气所蒙蔽,而思想上、精神上、行为上,遂为狭隘的、无谓的、名利的所缚,而自私自利的观念,因此也一天昌盛一天了。大家既然只顾自私自利,岂不是新文化运动的大障碍吗?并且新文化运动的包含是很大的,假使单靠了那独性的冲动,和环境的刺激去实行,一定要有许多阻力的。近来抱消极主义的、抱厌世观的、自

---

① 《美育》第 3 期,1920 年 6 月,第 1—16 页。原文为句读。

杀的,不是受新文化运动的影响渐渐发现了吗? 照这样下去,不但新文化没有进步,反要发生许多弊病。所以去年北京大学生(林得扬)自杀以后,蔡元培先生主张非提创美术教育,不足以引起我们高尚的兴趣,而共图新文化的发展。后来蔡先生又在《晨报》周年增刊上,做了一篇《文化运动不要忘了美育》,在这篇里头,对于新文化运动和美育的关系,说得非常痛切。兄弟现在再抄出几句来介绍介绍:"……不是用美术教育,不足以引起超越利害的兴趣,融合一种划分人利的僻见,保持一种永久和平的心境。……文化进步的国家,既然实施科学教育,尤要普及美术教育。……所以我很望致力新文化运动诸君,千万不要忘了美育。"兄弟当时看了蔡先生这篇文章,以为从此以后,一定有许多人要受了感触的,那知到了现在,依旧一点没有影响。凡是讲新文化运动的人,对于改良家庭、改造社会、改革政治、提创教育、振兴实业种种方面,都有人大声疾呼,争先恐后的运动,而独于美育一端,尚是无声无息,视如糟糠,并且在一般学校里的青年,对于现有的美术课程,也往往看作无足轻重,不屑悉心研究。照这样看来,我国美术界的前途,实在没有多大希望的,兄弟不禁为之唏嘘感慨。然而凡是提创新文化运动的同胞,总要彻底明白,美育这件事,和家庭、社会、政治、教育、实业都有密切关系的。倘使借他的力量来帮助我们的改革,那是定可得到事半功倍的效果。现在将他和各方面的关系,略略的写在下面,请大家看看,究竟以为怎样。

(甲) 美育和家庭的关系

我国家庭组织的不良,原是头绪纷繁,无从说起,不过最显明切实的,可以用"干燥无味"四个字来包括。什么原故呢,请看下面的意思。

(一) 我国无论大小的家庭里,有一种很普通的习气,就是不讲清洁,不尚装饰。因为这个缘故,所以各人对于家庭里,都起一种厌恶烦闷的心理。这种习气,在我们中国人看来,那是并没有什么不好的地方。然而要知道我们人生的精神、志向、动作和终日所处的环境,是很有关系的。假使我们终日终年处于一种很卑鄙龌龊的环境里,那是虽有高才奇气,也要逐渐消磨了的,何况平常的人呢? 推究他们所以不注意清洁和装饰的原由,简单说来就是缺乏美术的常识。

(二) 一个家庭和一个学校,于性质上,大致相同的。在学校里面,每天除了应上几班正课以外,有什么游戏呀、运动呀、音乐呀、图画呀,以供给学生消遣和共同娱乐。然而在家庭之中,关于这几种消遣和共同娱乐的事情,也是万不可少的。无如在我国家庭里,有这几种事情的,能有几家。因为没有这几种正当的消遣和共同娱乐的事情,所以我国人的家庭生活,觉得非常干燥无味。这几种事情,在我国人的眼光看来,那是并不要紧。要知道无论哪个家庭里,既然没有正当消遣的事情,那末不但大家觉得冷静无趣,恐怕家里的人难保不去做不道德的事呢。前月陈独秀先生,在沪江大学里演讲,他说我们提创文化运动,对于音乐美术,也要尽力鼓吹鼓吹。现在我国家庭之中,实在不得了,从总统家里到平常人的家里,终日之间,大都以喝酒赌博为唯一的消遣,长此以往,我们中国人的精神志气都要消磨尽了。以音乐一项而论,在西洋平均每三家有一架钢琴,日本平均每十家有一架,在我国恐怕一万家以内,也分不到一架。照这样看来,我们中国人的家庭生活,实在无聊极了。

以上所述,就是美育和家庭的关系,凡主张改良家庭的人,应当稍为留意。

(乙)美育和社会的关系

社会上的事情,本是千头万绪,断不能用很简单的几句话语可以包括。所以凡要改造社会,也断不能逐事逐物的,一一去研究。最简捷的办法,总要从根本上着想,然后实行一种适当的改造,庶几费力少而成功大。现在我国社会的腐败,人人都能指谪,但是就根本上的要件来讲,不外如下列的数端。

(一)社会上阶级太多,缺少"德谟克拉西"的精神

这种弊病,是专制政体的遗毒。我国由四千余年的专制国,既是忽然改为共和政体,那么表面上,虽是大家讲平等自由,其实社会方面,总免不掉还有许多阶级,彼此不相联络。假使要改革这种弊病,只有利用社会上各种公共娱乐机关,加以正当的诱导,使大家不知不觉走入"德谟克拉西"的正轨。讲到社会上公共娱乐机关,那是很多的,譬如公园、戏园、游戏场、美术馆、音乐会、跳舞会等,一概包括在内,不过这种场所,要是离开了美育的关系,那是决对不能成立的。

(二)社会上游荡的人太多,因此国家的生产力大受影响

我国地大物博,人民众多,以理而论,宜乎富强甲于全球,无如现在却是成一反比例。推原其故,实由于社会上游荡分子太多,而社会上游荡分子所以这样的多,又由于市上无谓的不正当的消遣机关太多。所谓无谓的消遣机关,就是茶馆酒肆等类,我国无论都邑乡村以内,关于此类店铺,都是栉比相连,于此足证我国民好闲偷惰的习气很深。所谓不正当的消遣机关,就是妓院、赌窟、烟铺等类,这种机关,于我国社会上,亦是非常发达,一般青年受他害者,不知凡几。但是以上所述的各种机关和国民游荡的习气,是互为因果的。所以凡要改造社会,不可不急谋消除这几种无谓的不正当的消遣机关。然而一方面既要设法消除,一方面又必须以正当的消遣机关来替代,庶可得到良好的效果。讲到社会上应设的正

当消遣机关,那是很多的,譬如公共花园、公共俱乐部、公共游戏场等,一概包括在内。不过这几种场所,都要利用美术,才可引人入胜。

(三) 社会上各分子自私自利的观念太深,因此合群互助的力量极薄弱

凡是脑筋腐败、精神昏溃的人,往往不顾群众的趋势,只晓得自私自利。譬如现在社会上的少数无耻奸商,和不讲人道的资本家,他们为什么甘心违反大众心理,去赶①那凶恶无耻的事情?人人都大声疾呼的提创爱国,而他们偏要私进日货;人人都鼓吹"德谟克拉西",而他们偏要苛待工人。推究他们所以忍心去做这样的事,实由于脑筋糊涂,缺乏高尚的思想和远大的见识。所以他们只知自私自利,不顾傍人的危害,只晓得目前的微利,不顾精神上的痛苦。兄弟以为这班人,平心论起来,实在觉得可怜得很。因为他们不知道人生在世,除了衣食住三者以外,尚有一种精神界理想界的娱乐咧。欧美各国对于耶稣教所以竭力提创,就是要唤醒社会上一般知识浅薄的人,不要专讲实利主义,以自讨苦吃,并且妨碍合群互助的精神。我国如能以美育来替代宗教,岂不是一种极好的法子吗?

以上所述,就是美育和社会的关系,凡要改造社会应当稍为留意。

（丙）美育和政治的关系

一国里面,事务纷繁,负统治全局并指导凡百事务进行的责任者,就是政治。所以任便什么国家,政治最为紧要,而掌理政治的人,必须才识宏博,并富有道德者,方为合格,方可福国利民。现今我国的政治家,凡品学兼优的,固不乏人,而脑筋腐败,思想混浊的,也是不少。其甚者,不但素餐尸位,碌碌无所表现,又不但搜刮民财,以自饱私囊,甚至卖国卖民,均所不惜。论其心肝,残忍过于豺狼;计其罪孽,凶恶过于盗贼。唉,既有这样的人,根深蒂固,蛇盘鸠占的居于我国的政治界里面,难怪我国的政治,一天坏一天了。又难怪我国的凡百事务,也一天紊乱一天了。又难怪我们的邻居小国,也要献出他们的鬼蜮手段,来欺侮我们了。然而同是我们中国的同胞,为什么这班人,这样的丧尽良心,不顾廉耻,去做那禽兽不忍为的事情呢?推究其故,实由于利欲薰心,不能自主,并且色鬼、赌鬼、酒鬼、烟鬼等,终日在他们的前后左右缠绕,使得他们不得不这样进行。依兄弟看来,我们对于这班人,既是可恨,又是可怜,可怜的就是他们既然不顾自己的名节,又到②牵累到国家,可怜的就是他们不知道精神上高尚的娱乐,终日只以

---

① 应为"干"字。
② "到"为衍字。

花天酒地为唯一的消遣,以自讨苦吃。所以现在倘要改革我国的政治,从根本上着想,总要从改造这班腐败的政治家的思想着手。假使只是今日改定宪法。明日更换制度,那也是没有什么用处的。譬如在前清的时候,大家以为政治不好,所以毅然决然实行大革命,后来革命既成,政体也改变了,照表面上看来,宜乎气象一新,大家可以同享安乐了。无如民国存立,已有九年,试问政治的成绩,较前清是否确有进步,人民的生计,较前清是否已渐宽裕,于这种地方一想,那是我们就可以明白了。凡要改革政治,假使专从那宪法或制度上着想,是完全靠不住的。必须正要利用那很高尚的美育的力量,来洗刷洗刷这班腐败的政治家的脑筋,使得他们思想清楚,精神焕发,然后再来办理政治,那末我国的政治,就有进步的希望了。现在世界上美术最发达的国家,要算法兰西。在法兰西,无论贫富贵贱,男女老幼,对于美育,均是非常注重的。所以他们常以美育的功用,来替代政治的效能,美育和政治的关系,于此可见一斑。

(丁)美育和教育的关系

教育和美育的关系,譬如机器和油的关系。任便什么机器,要是没有油的帮助,那末这机器就不能活动了。任便什么教育,假使绝对没有美育来调和,那末这种教育,必要干燥枯寂,奄无生气的。现在提创新教育的人,常说学校里的课程,总要切于学生的实用,然后才有教育的价值。这种论调,本是很有道理,无如一般办教育的人,往往误会这个意思,以为课程中最切于学生的实用,则莫过于英文、国文、数学等科学,所以这几门科学,应当特别要注意。譬如图画、音乐……这一类功课,那是于学生的学业上,毫无用处,实在大可废去。这种主张,从表面上看来,似乎很合现在教育的趋势,不知道是大不对的。杜威博士讲:“教育是国家的根本,学校是社会的指导,凡要救国,当从整顿教育着手,凡要改造社会,当从学校里做起。”教育既是国家的根本,那末办理教育,自然要依照国家的现状,而施行对症下药的手段,以尽培养国本的责任。我国人最缺乏美术思想,以致各方面发生了许多弊病(事实上面已经讲过了)。办教育的人,倘为国家前途计,则不可不竭力提创美术教育,既应提创美术教育,还可轻视美术课程吗?学校既是社会的指导,那末学校里的课程,自然要依据社会上的需要而定的。当今我国社会上,为了缺少美育的调和,以致百业凋零,公道日非,并且人人都有堕落的现象(事实上面已经讲过了)。办理学校的人,倘为学校的责任和自身的责任计,宜如何提创美育,以救社会的弊病。既要提创美育,还可说学校里的美术课程,和学生的学业无关系吗?照这样看来,美育和教育确是很有关系的,并且按我国国家的情形,社会的需要,那末于教育上对于美术课程,尤当特别注意。

（戊）美育和实业的关系

我国实业不发达的缘由，大家认为缺少资本、机器、人才三要件。这确是根本上的事实，不过除了上列三端以外，还有一个很紧要的条件，和实业息息相关的，就是美育。世界上实业发达的国家，没有不注重美育的，因为注重美育，所以实业方能发达。这个意思，恐怕大家还有疑问，现在分做两层解释，就可以明白了。（一）办理实业的人，预先必须经过美育的陶冶，庶几心志纯洁，精神清快，对于业务，自然奋发猛进，始终一贯。我国人办理实业得白手起家创业的，本是不少，所惜大都见识浅陋，器量狭小，偶一得志，便夜郎自大，不求进步，或者奢侈淫佚，任意挥霍，等到后来，所有功绩，一败涂地，不能复振，甚至淫佚过度，而生命也随之牺牲。这种弊病，都由于我国人素无美育的训练，因此思想混浊，意志薄弱，易为外物所引诱。譬如未经训练的兵队，而骤使冲锋战斗，其失败可以预料。（二）办理实业的人，必须具有美术思想，然后所产出乎物品，含有美术的意味，可以受人欢迎，销路广大。譬如我国货和东洋货，两相比较，以物质而论，未必我国货不如东洋货，无如他们的货物，轻便玲珑，装饰美丽，很能迎合购买人的心理，所以近年来东洋货充斥于我国市面。而我国自己的货物，因为粗劣笨拙，不讲装饰，所以反不为国人所喜用。从这样看来，当今我国人既要提创国货，振兴实业，那末对于实业界的美术智识和美育训练，还可等闲视之吗？

我们看了以上所讲的美育和各方面的关系，可以知道美育这件事，任便在那一个国里，都要注意的，并且照我国现在的情形而论，对于美育格外要尽力提创。提创的方法，依兄弟的意见并参考东西各国的办法，有下列的数端，凡有志提创美育者，大家一起来研究研究。

（一）宜增设国立美术学校

美术学校，是美术家的生产地。现今我国国立美术学校，全国只有北京一个，听说这个学校，因为经费困难，并且开办以来没有几年，所以成绩也不过平平。要是和欧美或日本的美术学校相较，不啻相差天渊。唉，我堂堂中华，有这样大的土地，有这样多的人民，而国立美术学校只有一个，并且内容很不完全，难怪我国的美术界，弄得奄奄无生气了。从今以后，如欲图美术发展，入手办法，非增设几个好好儿的国立美术学校不可。

（二）宜设法奖励国中美术家

美术家是一国美术的领袖，一国里面，美术家愈多，则美术愈发达。法国美术所以非常发达,由于政府对于美术家,多方奖励,不遗余力,使得一般美术家,不得不起竞争,不得不求进步。他们的政府,于每年春秋两季,必举行沙龙(Salon 译为美术展览会)共三次,各次所陈列的作品,自二千五百至三千份左右(一份即一人的作品)。所有优美的作品,由政府发给奖状,或出巨资购为国有,陈列于美术馆,以供国人浏览。英国政府对于奖励美术家的事情,也是很注重的。每年必开皇家美术会(Royal Academy)一次,征集全国美术家的作品,以评论优劣,分别奖励。日本从明治十五年起,始由政府设立绘画共进会,其办法略照英国的皇家美术会。至明治四十年,改为文部省展览会,其规模已逐渐增大。从大正七年起,又改为帝国展览会,其规模较之前更形完备。每年于十一月至十二月之间,征集全国现时美术家的作品,开会一次。所有优美成绩,则发给奖状,或由政府购去陈列于美术馆,以供大众观览。英法日三国,既用这种法子来鼓励国中美术家,使得他们有发表和互勉的机会,所以国中的美术因之日新月异,而至此盛况。我国民间,并不是没有美术人才,可惜政府无法奖励,致使具有才能的人,碌碌无所表见。等到后来,竟然老死乡里,和腐草同归。我们仔细一想,不禁感慨系之。我国美术不能发达的原因,虽不一而足,然而政府不能奖励美术家,实是很大的缺点。从今以后,倘要提创美术,那末非仿效英法日三国的办法,每年由政府开全国美术展览会一次不可。

(三) 全国高等专门学校内,宜增设美术科,或予课外组织美术研究会

高等专门学校,是教育高等专门人才的机关。按我国现有的高等专门学校,对于美术课程,大都不甚注重,因此美术界的高等人才非常缺少,而国中美术界的势力,就更觉薄弱。凡掌理高等教育诸公,倘有意提创美育,最好于校中正课以内,增设美术一科,延请中外美术家担任教务;或因经济困难,不能开办,则当于课外设立美术研究会,使学生中有志学习美术的,可以自由入会。譬如北京大学,从蔡校长任事以来,对于美术,非常提倡。近来课外设有图画研究会和音乐研究会等,成绩很好,将来的发展正未可限量,这都是蔡校长的功劳。

(四) 对于社会上的私立美术学校,宜由公家酌量帮助

我国国立美术学校的缺少,上面已经讲过了。不过一国美术的兴盛,也不能只靠几个国立美术学校,就能成事。比方法国美术非常发达,他们一面原是靠着许多国立美术学校的力量,但是一面仍旧离不掉许多私立美术学校的帮助。现在我国正值美术饥荒的时候,倘有人肯出来组织私立美术学校,以提创美术为宗

旨者,都是美术界的救星,我们不可不竭力去帮助他们。不过私立学校,大都经费困难,规模狭小,凡是地方上的财主和教育界的领袖,如认为提创美育确是我国当今的急务,那末对于各地的私立美术学校的经济方面,必须尽力去补助补助,使得他们格外热心提创美育。

(五) 各地的美术家,宜结合团体,做强有力的美术运动

凡是公共的事体,必须大家同心合力去做,庶几费力少而成功大。现今我国美术界,既是非常黑暗,那末美术界的同人,应当出来做一种强有力的美育运动,使得大家晓得美育的真正价值。运动的方法,固不必同趋一辙,但是最紧要的,要结合团体,万不可互相猜忌,致减少运动的力量。兄弟以为要引起普通人的美育观念,第一要使得他们明白美育和人生的关系,第二要引起他们美术的趣味。对于第一条,可用三种方法来活动:1. 发行通俗美育报;2. 组织通俗美育演讲团;3. 设立美育研究会。对于第二条亦可用三种方法来活动:1. 时常举行美育展览会、音乐会、跳舞会等;2. 发行图画印刷品;3. 组织模范戏曲社。

(六) 有志研究美育的学生,也当尽提倡美育的责任

做学生的时候,本不宜多管闲事,不过各人就自己所研究的范围以内的事,尽可多方活动。近来全国学生界,为了山东问题,不惜牺牲学业,终日在社会上奔走呼号,以期唤醒国人的爱国心,如此热心热力,实可钦佩。兄弟以为这种运动,只可行之于一时,不能永久的进行。凡要永久进行的事,必须照分工办法,各尽各的能力,各尽各的志愿,对于社会上做一种切实的贡献,于自己多一种实地练习。譬如有志研究美育的学生,当课余之暇,尽可在社会上实行美育上的活动,以尽提倡美育的责任。

总结

新文化运动和美育的关系并提倡美育的方法,上面已经约略的讲过了,不过这还是纸上空言,无济于事。在实际上,究竟应该怎样进行,那是要全靠鼓吹新文化的同人,合群策群力来提倡的。古人有句话:"上有好者,下必有甚焉者矣。"所以凡要提倡美育,能够由各方面的领袖人物出来帮帮忙,那末这效力一定非常的大。譬如十几年前大家对于体育,很不注重,后来由一般教育界的领袖出来提倡,因此到了现在,无论什么学校里,对于体育,既已逐渐注重了,而社会上亦在风靡流行了。假使教育界的领袖诸公,从今以后,对于美育这件事,亦能如体育这样的提倡,那末我们中华民国过了十几年以后的美育,亦可

大放光明了。

小学生当如何养成其美感　李希渊①

夫陶冶审美的情操，养成高尚美洁之情趣，及美术创造之能力者，美感教育之目的也。然为之基础者，实在小学生时代，但人在小学生时代，脑力尚未充足，知力亦不发达，故养成之法綦难。以蒙观之，端赖直观，换言之，即使多观察美术物品也。因此可得下列之办法。一关于校内者。如教科书中之图画、手工、唱歌、体操等，直接有关于美感者无论矣，即如授理科、地理等，如有物品或标本与之观察，亦可为直接观察美术品之机会。而教授时对于儿童之发问还讲，及讲话之语调等，随时加以整理，又可为启发美感之机会也，然此仅对于课程而言者。至于校内之设备装饰，如教室之壁上须悬适宜之绘画、雕刻物等，而院廊庭宇间，凡与儿童接触之处，均宜备适当之美术品，无论人工的，即天然的花木鸟鱼，在此均可以刺激美感。故小学校中之学校园，诚不可少者也。二关于校外者。如旅行是。盖校内美术品，终属有限，必时常游行郊外，使多领天然之美。或游览博物馆、展览会等地，则亦可观察人工之美。此外如家庭间之布置，亦当随处寓美术的意味，而与儿童接触较多之人，更宜时时启发其美的情意。世之人有恐儿童流于奢侈，而抑制其审美之情操者，是不啻因噎废食。虽然，奢侈固非道德的行为，与美固异途而不同归者也。苟指导得当，使知真美不在奢侈，亦未始不可养成纯洁庄雅之致。苟能如上云云，则不啻使小学生身入美中，美感之养成，或可希望于万一乎！

女子对于家庭美育的责任　吴梦非②

美育的声浪，跟着文化运动，一天一天的送到各人耳鼓里去，除掉那些冥顽的，固执的人以外，想起来至少总有几分可以觉得。但是现在的情形究竟怎么样呢？照我看来，一般人似乎有点晓得美育的需要了。所以我想再进一步，同诸位谈谈实施美育的方法。讲到教育，就联想到家庭，学校，社会，三方面，美育亦是这样。要实行起来，亦必定要从这三方面着力。但是这三方面中，最要紧的是家庭，因为无论学校，无论社会里面的各个分子，如果家庭里面的教育好，那么学校

---

① 《江苏省立第二女子师范学校校友会汇刊》第 10 期，1920 年 6 月（版权页出版日期），第 1—16 页。封面有"九年五月第十期"。作者前有"本科三年生"，原文为句读。

② 《美育》第 3 期，1920 年 6 月，第 17—20 页；第 7 期，1922 年 4 月，第 17—21 页。

教育,社会教育,自然可以省力得多咧。所以我主张实施美育,一定先要注意家庭。

讲到家庭,就联想到女子。我的意思,并不是要女子天天在那里做家庭生活,不过女子对于家庭,比较男子格外接近;所以家庭美育的责任,女子比男子格外重。总而言之,我们要组织优美的愉快的家庭,定要靠托女子,亦定要女子负个完全责任。但是这种责任,是不是旧社会的女子能够负担呢? 想诸君都可以明白。

已觉悟的新妇女呀! 你喜欢服务社会呢? 还是喜欢服务家庭?(现在有许多人主张打破家庭制度鼓吹儿童公育,还是取研究的态度,这种理想未实现以前家庭总是成立的,请勿误会。)我想我们中国的社会,至少非有几十年的改革,决不能把醍醐去个干净。照我的意见,还是先把家庭改革起来,使他有一种美的组织,美的经营,那么,儿童不知不觉受美育的感化,自然影响于社会,可以收极大的效果。所以我要摘出实施家庭美育的几件事,同女同胞来讨论讨论。

实施美育分赏玩创造两方面。在家庭里面,对于儿童,应当如何,请注意下面所讲。

一、赏玩方面

家庭里面,美的赏玩,第一起于儿童游戏的时候。游戏的种类,可分为运动的游戏,感觉的游戏,智识的游戏,艺术的游戏,四种。这四种里面,同美育最有关系的是感觉的和艺术的二种。感觉的游戏,比艺术的游戏发达得早。譬如初养的小儿,看见睡床上面吊下来的纸球,觉得非常快乐;等到稍为长大一点儿,喜欢打纸做的东西,使他发出声音等等,这种完全是关于眼和耳的游戏。总之这一种游戏,是使儿童练习知觉有美的要素之形体;和听可作出乐器之音的自然声音——就是为将来学习图画音乐的预备——所以我们要特别注意,时常使他有赏玩的机会。至于艺术的游戏,是用儿童的想像作用作基础。这一类游戏,可分为戏曲的与玩具的二种。戏曲的游戏,儿童自有游戏的道理。譬如儿童假装医生与病人,兵士与军官的时候,必定想像到实际上医生病人兵士军官的模样,装出真似的态度来,所以他的精神上,自然有几分近乎实在的。这种游戏,可以养成儿童道德上的同情,将来对于诗歌戏曲等作品,自然有兴趣,并且可以下正确的批评。第二种玩具的游戏,是用假的养囡囡、牛马这种无生命的东西,想像实物,以为快乐。原来具备美的趣味之形象美术,完全是模仿自然的,并非自然的本体,玩具亦是形象美术里面的一种,所以亦是实物——自然物——的模仿。近来我国的玩具,非常真似实物,使儿童一点没有活动想像作用的余地,实在同玩具的用意有点违背。譬如无锡人近来所做的泥菩萨,有许多模仿实物,真是丝毫无遗这种东西,拿去送给儿童,照我看来,亦不过卜得儿童说几句像咧像咧……的称赞罢了,其他一点没有什么效果。我对于这种玩具的感触,自从抵制日货以来,更加觉得强。上海普益习艺所,和各处地方,近来也有许多玩具制造出来,论他的制法,也不算坏;不过对于美的趣味方面,总没有注意到一点,苦心孤诣去真似实物,实在是可惜的。所以我希望大家对于玩具,必定要有个选择。并且希望制造玩具的,定要注意意匠,不可用实物来作唯一的标准。照我的意见,能走的汽车,不如木制不能走的汽车,比较的适于美育;因为儿童对于不能走的汽车,定可想像出走的状态,这就含有美的趣味。还有做得很细巧的牛马之类,不如用茄子装上四根竹棒的足,比较的有兴味。我记得上海城东女学,从前曾经制作一种玩具,是用布片做出牛马等动物的形状,很朴拙,很有趣味,照我看来,是很有玩具的价值。所以我希望研究幼稚教育的,对于玩具不可以看轻,倘使大家能够按出模范的玩具来,那是更加好了。还有儿童画报等,也同美育很有关系。这种画也要注意意匠,多为儿童留点想像的余地,千万不可绝对真似自然,色彩笔法等,也当特别注意,定要合着儿童发达的顺叙。可惜我国这一类画报很少,在西洋日本那就非常之多,我国亦应该急起直追,这也是各书坊对于文化运动的责任。希望女同胞对于这一种也要研究一下。

二、创造方面

儿童的创造力,在家庭里游戏的时候,已经具体的发现出来,形成他们生活的大部分。譬如夫勒倍尔氏所考案的球体、立方体和圆柱等恩物,从美育上看起来,球体有统一的意味,立方体有变化的意味,圆柱有调和的意味,都和美学的原理很能相合。不过这种恩物是夫氏为幼稚教育特别考案出来的,因为儿童在家庭里的实际生活,每每喜欢用烂泥搓成团子之类,可见儿童若听其自然,亦能无意识的创造出含有美的要素之形状,并且自己亦很以为能够创造这种东西是快乐的。夫氏观察儿童的实际生活,就想出幼稚园的教育法来。所以做母亲的人,对于幼稚教育,应该先切实地研究研究!像一般劳动者的家庭,因为妇女亦要出外劳动,不能自己教育小儿,那么,就是完全托付幼稚园或养育堂,也是没法儿的。至于中流以上的家庭,做妇女的,或者自己不肯负教育的责任,一早把儿童送入幼稚园,或是完全付托乳母和保姆,这种情形,其实很违背自然的法则!所以中流以上的妇女简直要对于幼稚教育的方法有点心得才好!德国从一九○二年三月议会里提出"为家庭之母者,要使其学习幼稚园的教育法"的意见以来,纷纷设立幼稚教育的场所,就是为了应这种要求的缘故。听说有某夫人所办的幼稚园,并且特设一个班次,聚集许多妇女,专门教授夫勒倍尔的教育法。还有欧美各国的公园里面，大都设有儿童的游戏场，场里有沙堆，使儿童可以聚集玩耍，就做出种种形状，把来练习他们的创造力。这种移堆，我以为不特公园、幼稚园里面都应该有，就是中流以上的家庭里面，亦可以设法置备的。总之，学龄以前的儿童生活，大半是游戏，但是其中关于创作的游戏细工，更为合于儿童的心理，所以与其使儿童利用耳和眼的游戏，不如多利用筋肉的感觉比较的好些。譬如制造小屋子，抱洋囝囝，假做烧饭之类，都要使他充分的发展，做母亲的断不可无端阻止他。此外如练习创造力的东西，像积木折纸之类，都应该设法供给他材料。还有一椿事，我常常看见人家小儿喜欢用炭粉等东西来涂写墙壁，可见儿童亦是喜欢用图画的创造，那么画簿和五色铅笔等，亦要不绝的供给他。我讲到此处，或者有人要问"儿童没有人教他，怎样能画呢？"这个实在不成问题，因为现在很有人鼓吹自由画的价值，倘使听其自然绘画，一般儿童，大概可以尽其天真烂漫的思想和手段，其结果亦未必坏，或者还要比一般国民学校以上的图画教员偏用临画教授的结果好些呢！

　　以上所讲的是直接处理儿童的美育问题，还有与儿童直接有影响的几件事，做母亲的都应该注意！（甲）要注意住宅的地位。因为所住的地方倘使能够接近自然的美景，或是山明水媚，那么，不知不觉影响到儿童的品格上，就能够养成他一种爱美的性质；或者还可以因此造成伟人杰士，这就是所谓的地灵人杰了！所以假使经济宽裕的人，对于住宅的地位，应该量力经营，因为儿童时代最容易被环境所感化的。从前孟母所以要三迁，就是个铁证。（乙）要注意家庭中的清洁。因为我们中国，简直是世界上最不清洁的一个国家。一国之中，最不经意的算是家庭。我常常看见中流以下的人家，甚至器具服用都是杂乱龌龊的。照这样的情形，儿童目染耳濡，不知不觉要养成他一种不辨美丑的习惯。所以家庭里的种种器具设备，都应该清洁整齐。（丙）要注意家庭中的装饰。我国的惯例，凡是富足的人家，才讲究家庭里的装饰，好像装饰不是平民所应该有的。这种惯例，我以为最应当改革。不论家境贫富，都应该试试装饰，但是要使儿童切实受着装饰的感化，最好是选用有鲜明的愉快的色彩的东西。何以呢？因为色彩是人类的营养物，并且最容易引起儿童的美感。就是儿童自己的服装，和家人的服装，都要注意，配颜色时，最忌的是不调和。（丁）要注意家人的举动。因为儿童最喜欢模仿大人的行为，譬如大人做一声狗叫或是猫叫，他也要学着试看的。所以凡是同在一个家庭里面生活的人，都应该随时顾到儿童的行为，要作出模范的动作来。但是我所说的模范动作，并不是呆呆板板的行动，乃是活活泼泼带着美而有趣味的。（戊）要注意家庭的娱乐。譬如讲故事，说笑话，这都是儿童所喜欢的；

但是儿童还喜欢唱几句莫名其妙的山歌,看他们唱的时候,也是很快乐很得意的! 可见人类原始时代,原有一种天然的声音做精神上的娱乐品。假使做母亲的人,能够利用儿童这种天性上的作用,慢慢地引导他嗜好起音乐来,一方面可以防止儿童不正当的游戏,一方面又可以使他从小得着音乐的美化。所以西洋人很注意提倡"家庭音乐"的。我国音乐还没有普及,固然不能够讲这一句话,然而在理想上讲,应该希望他能够早日达到。总括起来讲:假使我国二万万的女同胞,都能够替家庭出力,都能够负担家庭美育的责任,那么,个个家庭好像是新开辟成一个美的世界,——理想的愉快的优美的家庭——使得一般活活泼泼天真烂漫的儿童,天天受美的熏陶,做美的生活,这就是无数儿童的幸福,亦就是为中华民国未来之美育立定一个基础!

日韩考察中关于美育材料之纪实　姜敬庐[①]

● 八年二月一日,即夏正己未元旦,余偕浙中师范校长包仲寅君等十七人,乘香取丸,清晨拔碇,冒大雪航黄海,十分快意。此行原为考察彼邦教育情形而去。今欲将所见所闻,发表于《美育》杂志,自应认定范围,单将关于艺术教育的实况,拉杂摘记,以供阅者参考。

● 二日傍晚,抵长崎寓吾侨商旅店四海楼。

● 三日上午,参观吾侨商公立之时中学校,所见之图画手工成绩,与国内小学校仿佛,而教材则杂有日本风者。是校,设于孔圣庙中,建筑全是中国式,比之国内文庙狭隘而矮,他无所异。下午,参观长崎县立师范学校,由其校长山松鹤吉氏为导,至手工教室,见其设置,大体如下。

此手工特别教室,是金木工合置者,他处亦有分置者,但共通可注意之点,即磨刀台之设备,皆其周全,其台既长,而所备之各种砥石(粗砂石,细砂石,青石,油砥石,等等)亦甚多。我国普通中小学校,每不设置手工教室,即有之,亦不过徒备几张桌子而已,殆无对于磨刀台而加以周全之设备者。是以学生所有工具中之刃物,从快用到钝,而不习于磨,磨亦不合法,砥石又不合用,其弊:(一)刃物易坏;(二)成绩不良;(三)因工作困难而阻丧兴味;(四)因工作困难而多费劳力与时间;(五)因工作拙劣而多费材料(例如板铇坏,便要换;铇不光,便要乞灵于砂皮

① 《美育》第 3 期,1920 年 6 月,第 30—34 页;第 4 期,1920 年 7 月,第 20—25 页;第 5 期,约为 1920 年 12 月至 1921 年 6 月间,第 41—47 页。

及木贼);(六)因工具滞钝而不能发挥技巧,以致工作能力不易进步,此皆不习于磨刀所致也。传曰"工欲善其事,必先利其器";西谚亦有曰"良工之爱护工具,犹爱护其子,常常要梳洗抚摩他";此皆工人格言。吾原一般手工教师,关于生徒磨刀之事,务宜使其熟练,养成习惯;则关于磨刀台之设备,自须主张周全焉。

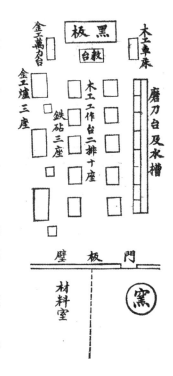

是校手工实习,颇重工场训练:如工作精神;工具整理;材料经济;工场卫生等等,皆加注意。每日工作完了,学生必将窗户及地板等揩扫洁净云。

手工成绩室中,有折纸,切纸,组纸,厚纸,黏土,竹,木,针金等制品。以其成绩之优劣而论,比之吾国师范学校中成绩较优者,似未见超胜。

后参观其附属小学,适见寻常三四年级复式教授图画,三年级临帖,四年级写生(题为茶杯)。

● 四日上午,参观佐古小学校,无甚可述,午后,趁车至福冈县(即博多市)寓旅顺馆。

● 五日上午,参观市立实蒙补习学校,适见高等一年级图画课,实习意匠画,题为"书面图案",自出心裁。

次参观大名寻常小学校,其应接室中置有出"征者慰问者"纪念帖。(一种为缀法成绩;一种为图画成绩。)

余阅之,而知其所课,皆以关于此番世界大战争之事项为材料。兹就图画言之大都为记忆画,想像画,随意画,类如提灯庆祝之情状,欢迎凯旋之情状,战场奋斗之情状等。高年级用水彩或彩铅笔,低年级用彩铅笔。余今犹忆其中所表出之情状,有为"一日本儿童,左手持刀,右手扬鞭,骑于德国人身上,该德人四肢着地,如走马并有许多日本儿童尾之追逐"……之类。夫在日本人之教育,固素行"侵略的军国民主义"者,故自幼养成一般国民横蛮,粗暴,骄傲,残忍,无礼……的性格,抑知方今世界思潮,群趋向于"德谟克拉西"。谚云"好刀死在刀上,好箭死在箭上",日本人如果不自认为"小局器"者,吾愿其从速觉悟,注重高尚纯洁的美化,勿以此类万恶的野蛮思想,寓乎神圣的审美教科,须知他年大同世界中,不容无人道者插足也。至以此种教授之价值而论,则方法可采,内容不足取。

是时,适见寻常一年级第二学期,手工教切纸,教授中行二分间体操,甚有精神。寻常四年级课图画,在教室自习,题为:"欢迎凯旋兵士之记忆画"(盖前数日

曾实行其事)

　　1. 所画之事项;

$$必须绘入者 \begin{cases} 兵士,凯旋门 \\ 电车,欢迎之人群 \end{cases}$$

　　2. 一小时成就;

　　3. 须各自出心裁。

　　寻常五年级教手工,题为"笔盒",以马粪纸为胚,加涂油漆,六小时成之。

　　午后一时,参观福冈县立师范及附属小学,走马看花,无甚所得。但见师范部音乐教室里的学生坐桌上,各位都刻有假键盘,以便练习手势。又手工教室设备很完全——金木工分室——成绩有木,金(针金)竹,厚纸,黏土等,其中以木工制品为尤多。是日,午后四点,趁车行,翌日午后二点到大阪。

　　● 六号午后二点既到大阪,住冈本馆,随便游玩。

　　● 七号上午,到本町桥畔,游览大阪府立商品陈列所。其中陈列物品,很丰富,而有条理。四壁张挂很大的各种物品额比较图表——油绘——都是新式图案的制法,耐人寻味。另设一部分,名叫"支那物品参考室",分南部支那,中部支那,北部支那三类陈列。凡关于中国出产物,不用说,当然是不论巨细,应有尽有。其中有为寻常所想不到的东西,就是极粗陋而无意识的木板"画张",——杭人称为花纸儿,——如什么八美图,天官赐福,招财进宝,东厨司命等类,都装潢成轴,张挂起来。至于近时所印出的"年画",什么曼陀呀,张呀,李呀,所画的月份牌,那当然是有的了。

　　我看到这里,懂得一椿事情,就是:

　　日本人平日,很注意研究我国人一般的嗜好怎么样,程度怎么样,风俗怎么样,……总之无物不收,无微不至。于是再想出用什么方法去改良他,改良到什么地方为适用,什么方法去行销他,行销到什么地方最广,……总之迎合心理,有发必中。不论何物,都是如此,岂但美术品呢!我现在试举一实例:每见剃头店里所张挂的画额,很多东洋式——我们中国人之所称为东洋——的山水印刷品。他的色调,或是青绿,或是金朱,或是胡色,或是绯色,总之是通俗人所最嗜好的色彩。最可发笑的,往往有类似富士山风景的图样,而署款为文徵明唐寅等所画,哈哈!这真可算是巧思哉!然而此种地方,不能不佩服他们。何以呢?返观国内各处商品陈列馆,只知装潢华丽,多取普通以上的物品,至于极微细,极寻常的东西,如吃水烟的"纸枚头"——叫"纸吹",此物在大阪商品馆里的支那室内,也有几束陈列在那儿呢！——等类，简直认为不值一晒。所以浏览起来，美则美矣，还欠广博，况且即使广博，而无人去研究，亦是徒然。此所以日本货充斥于市，既都是不值数文的东西，却又样样色色使一般人看得爱他，这岂非详人所略，投人所好的效果吗？

馆之末尾，另有广告陈列室二所。陈列各国，各种，各式广告纸——大都是美术的，印刷品——很多，皆美而有趣的。此种东西，我国人有多少晓得注意呢？莫说所有商品陈列馆，恐怕没有几处晓得将这种东西，也去搜罗陈列，——我到的地方不多，不敢说是一处都没有。然而究竟有没有呢？——即使陈列起来，恐怕也没有多少人爱看啊？

是日正午十二点，趁车行。翌晨七点到东京。

● 八号朝，既到东京，住旭楼本店。朝膳后，游览靖国神社旁面的游就馆。其中，在他们称为"战利品"，在我们称为"国耻品"很多，使我顿受无限的刺激。因为所陈列的，都是军事物品，在此稿上不用多叙哩。

● 九号上午，到上野地方去游玩，刚遇着日本画展览会开会。入览，真是满目琳琅。其中以水绘绢屏为特色，善于浓淡晕染之法。所仿汉画，虽竭力描写神韵，而骨力终究未逮。

后来又到帝国博物馆游览，规模宏大，陈设丰盛，颇使人兴"观于海者难为水"之感。其中所陈我国物品很多，而属于工艺美术的东西，莫不精巧可珍。就中以"乾隆仿景泰窑宝盦"为最大，高约丈余，周约三四人合抱，亦华美，亦古雅，标签系"清国汪大燮所献"不知道谁叫他献去？也不知道为什么要去献的呀？

我想这里所有那些中国美术品，由商买贩卖而往的，固然不少。但恐自庚子之役，被他们侵掠而去的，尤必很多。有人问我道：这个可惜不可惜呢？我答道：非但不可惜，积极的论起来，却是很好的！何以呢？我们中国人，自古珍藏美术品，有与外国人适相反背的地方。就是中国人都好藏在私室内，供自己赏鉴，外国人都好藏在公共的地方，偕众人赏鉴。所以外国人起初末由窥见我国的珍奇文玩，几要疑我们号称"声名文物之邦"，似乎和野蛮人彷佛，不能制作什么美术。及遇到这种千载一时的机会，将如许神圣不可侵犯的什袭珍奇，竟使星散似的不胫而走到东西洋各国，陈列于大都名馆中，居然和世人认识认识，岂非很有光彩的事情吗？所以到如今，日本人不必说，也有不少西洋人，对于我国美术品赏鉴哩，研究哩，学习哩！总之我国美术品的地位，将来着实要增高哩！这都是打破"神秘主义"而为"公开主义"的效果啦！

● 十号至东京府女子师范学校附属小学参观。知其各年级所教手工顺序如下：

寻常科——就是我国国民科

一年级　折纸,豆,黏土

二年级　折纸,加切纸,组纸

三年级　扭结,厚纸,黏土,切纸,制本,竹

四年级　黏土,厚纸,竹

五年级　黏土,厚纸,竹

六年级　黏土,厚纸,竹

高等科:

一年级　编物,裁缝,竹

二年级　编物,裁缝,竹

手工和理化特别教室合,中置通用桌,四壁置理化,博物标本仪器。

图画初教临本,次写生及考案。

总观图,工成绩,似乎比到我国的,无甚大出色处,不过取材较为适当些罢了。

后入幼稚园参观。保姆教授,数分钟折纸,数分钟谈话,亲切有味,霭容可掬。儿童活泼有序,非常可爱。

● 十一号,是他们"天长节",各校放假。

● 十二号,上午参观帝国高等师范学校,走马看花,无可纪录。

后参观附属小学,知其手工教程:寻常一,切纸;二、三,切纸,黏土,厚纸;四、五、六和高等一、二都教竹,木。

切纸教材,初是规则的诸形;次是随意的诸形。厚纸多是实用品和各种雏形。木工也是如此。黏土多是摹造实物。

● 十三号,至三越吴服店和浅草公园等处游览。三越吴服店犹我上海先施公司,规模还要大些。其中所有工艺美术品,如茶如火,不可胜计,而尤以儿童玩具及精美的雏人形,与美育上最有关系。浅草公园左近,全是游戏场,摊贩儿童玩具,形形色色,千奇百怪,都含有教育的意味,美感的要素,求之我国,不可多得。浅草寺和塔,建筑都甚庄严典雅,是一种汉风的日本式。

● 十四号,参观东京美术学院内分日本画科,西洋画科,图案科,师范科,金工雕金科,铸金科,木工雕刻科,塑造科等。建筑科已经并入高等工业学校办理,设备完善,实为日本美术之中心,我国留学其中者,现有十数人云。

● 十五号,午后,至浅草公园旁日本馆剧场观剧。所观为歌剧,笑剧,喜歌剧;且歌且舞,表情处入妙。

● 十六号,午前十点,由东京趁车出发,晚十点到名古屋寓大松旅馆。此行

经过富士山当作画中看。回忆到东京时,满地缟素。此刻抵名古屋,正是明月当头,团圞如镜。因得纪事诗云:

东京市上雪,名古屋之月。行经富士山,天青衬峰白。

● 十七号,上午,观市立大成小学,无甚可述。下午,游览金城(离宫)建筑犹然汉风。旋又游览热田神宫,建筑甚敦朴而幽雅,屋盖积叠树皮为之,厚约尺许。周围树木森茂松尤苍老而古怪,清旷之思,不禁油然自生。

是晚,逆旅主人出翰墨,索书画,作纪念。侍姬十五六人,亦皆乘机要索。若辈虽执力役,而亦风雅宜人,可见其饱受教育,富于美感矣。同人或画或书,均有所作。余亦为之欣然泼墨,贻一名曰春子者,因得句云:

天女纷纷绕膝前,玉屏风里索花笺;何当点如金惜! 赢得鸿泥海外传。

● 十八号,上午,参观爱知县立第一师范学校。有可记者如下:

图画教室内,附设标本模型及参考品橱。其中所陈设之物:

关于写生画用者,如瓶、篮、桶、筒,以及动物、植物、几何模型等类甚多。

关于考案画帖者,为各种工艺美术品;如首饰、物置、瓷器、抽屉把手等类甚多。

另将考案画帖,分散张挂于四壁,以供参考,而助思致。

写生模型台,低于画者之座位桌。

手工工具、材料,均由学生自备。制品,评阅后发还。但欲留作成绩时,酌偿其材料费。

木工制品,固皆合于实用,而构造颇多复杂。课学之外,听其自由练习。

手工科仍依豆,纸,……木,金之系统教授。次观其附属小学。图画多为随意画,写生画,考案画,而临画间亦有之。手工教材,豆,折纸,切纸,黏土,竹工等多有之。

午后三点廿分,趁车向京都(西京)行,晚九点顷抵埠,住日吉家。

● 十九号,午前,参观京都府师范学校。

其图画教室附设标本,参考品情形,与名古屋师校同。是日适见二年生练习水彩写生,题为红提灯,数盏分挂于四壁,学生就大圆桌围坐画之。又见二年生练习木工,题为书棚。

手工成绩室内成绩甚丰富。工具材料皆由学校代备,学生缴价领取。制品留作成绩时,亦不偿给原料价。其成绩橱上标签如下:

一年级　竹工　木工初步

二年级　木工

三年级及二部生　小学校之手工教材及其关联之应用制作

四年级　木金工

另设手工参考品陈列橱。

次观其附属小学。

寻常：一二年级，切纸，黏土；三四年级，同上，厚纸；五六年级，木(男)，编物，竹(女)。

高等：(男)木，竹；(女)编物，缝纫，厚纸竹。

手工科　教授细目例：

题目	教法	教授要项				教材研究	教授者之感想
		原料	用具	制作法	制作例		
木工，木札	模作法又创作法	杉板六分	铇，锯，木槌……	板之铇法，铇之使用法	略图		
三时间	备考	1.……　2.……					

午后至东郊外下鸭小学校(乡村小学)参观，适见其手工课竹工，正在劈蔑。

晚间，公俏逆旅主人之令娘名谷越鹤子者弹筝。其人，文静，清癯而美，举止大雅；其音，哀以思，盖春闺愁人也。同游徐病无诗家，有感而作云：

鸭溪(在舍外)危石咽流泉，万斛春愁十指传。引得琵琶湖(在郊外)里水，瀑声飞上十三弦。

一唱三叹缓缓弦，鸟声花外意缠绵。欲将一管琅玕笔，独上蓬莱写水仙。(其时余对弹筝者作 Sketch 以为归后作记忆画之张本故云。)

● 二十号，上午，参观京都府女子师范学校。

手工，图画各有特别教室。手工依纸……金之系统教授。参考标本，形形色色甚多。图画专重写生及考案。所备题材，除石膏模型外，如火柴包，酒瓶，竹篮，玩具等物，亦甚丰富。

旋游桃山陵(明治陵寝)及宇治风景均绝佳。

● 二十一号，自翌晚八点五十分，于京都趁车，至是朝七时半抵广岛寓鹤水馆。

● 二十二号，上午，参观高等师范。是日适全体学生(除我国留学生)出演野操，只观其设备。手工实习场，如工场组织。金工用动力。图画成绩甚可观。

午前十一点半，趁车行，晚九点顷抵下关即订马关条约之处也。少息，乘新罗丸渡海,向釜山行。

● 二十三号,朝八时抵釜山为入故韩国之第一埠。少息,趁车行,晚九时半抵京城(韩京即汉城)寓二见馆。

● 二十四号,上午,参观高等普通学校(男中学校相当)旋又参观高等普通女学校。

余观教育至此,不禁为韩人哀也。知识的教科不待说,即以技能的教科而言,亦足见亡国教育之大有异于寻常者。是日,在高等普通学校,观其手工实习,多数学生正在做绝无思想之粟杆扫帚;一教师,系日人,督其旁,教室内并无何等设备。以视倭人自国内之手工教室,设备完善,题材崭新,随在以养成思考,独创力为主旨者,岂可同日而语? 彼其意,盖以为奴隶之生活,只须用手,不容用脑耳。可慨!

女学校中,手工成绩,颇多刺绣品;此亦在彼国中所罕见者。殆以韩女功夫不值钱欤?

● 二十五号,游览朝鲜故宫殿,建筑庄严宏敞,皆中国的翚飞式。现日人改建者,有西城搜集物陈列馆,其中物品,由我西藏搜去者居多,半属艺术品。又有博物馆其中韩人名家书画极佳,题材,画风以及装潢,款式,悉如我国。而我国古贤真迹,被其搜罗而陈列者亦不少。是等新建筑物,多如古希腊式。至于大规模之总督府,正在建筑中。

午后,参观工业专门学校,工业传习所,中央试验所规模颇大,成绩亦佳,所为多是工业品,不絮述。

是晚九点半,趁车行。途经平壤,箕子陵在焉,惜未遑下车展谒。

● 二十六号,上午九时顷,驶过鸭绿江铁桥。一逾鸿沟,便是国土。是以吾侪方当鸭绿行空时,距跃鼓掌,高呼中华民国万岁,呼声未杳,而汽笛既鸣,已抵安东站矣。此后国内情形,限于题义,略而不述。

是役也,见闻所及,固多未详,然足贡献为美育材料者,大略如是而已。误会之处,容有未免。知者正之!

对于我国"美育"的感言! 对于《美育》杂志登载的商榷!! 袁荣①

人类感官所接触的,莫不是"美感"发显的机会。形骸所寄托的,莫不是"美感"存在的机关。这种"美感"差不多个个都具有的,也是人人都迎合的。但是我

---

① 《美育》第4期,1920年7月,第79—81页。

国人的"美育观念"很不发展,"艺术教育"很不发达;这是什么缘故呢?这样——感触了我的心思;我就简直说句话,就是——妄自尊大,自私自利,死守旧法,这三个缘故作梗的了。怎么说呢?现在分开在下面说个明白。

一、妄自尊大的缘故。我国人动辄就说许多——神明胄裔,开化最早,天分优良,种种的大言,因此各样的事情,都本着俗谚"龙生龙凤生凤"的这句话,以为聪明才力,生来都比人家好,那就甚么学理,甚么艺术,都不去理会他,也不去研究他,所以到了现在样样都落后了,还在那儿做梦似的没有一点觉悟。至于"美"的思想,更见缺乏。你看学校里面"图画,音乐,手工"这几科编在随意科,所以没人看重他的。可见多数人没有"美"的观念了。德国诗人希拉说过:"人生受着肉体状态的苦痛;要是美的状态,才能解脱他,道德的状态,才能支配他。"咳!怪不得中国人多是烦闷的,多是苦痛的。如此看来——这妄自尊大的癖气,切实要悔悟才是。

二、自私自利的缘故。中国人的性质,除掉不会妄自尊大的一辈,对于"美育"也有去理会他的,"艺术"也有去研究他的。不过因为自私自利的心肠很厉害。得着一鳞半爪的艺术,就要藏起来,不肯给人家知道,更不愿意公同研究起来,这样——那里有效果可说的呢!孟子说过"穷则独善其身,达则兼济天下",如此看来——这个自私自利的心肠,绝对要打消才好。

三、死守旧法的缘故。"一人的智识有限,众人的知识无穷。"这两句话,差不多个个都晓得的,但是因为第二项的劣性作梗了。那就什么事业不退步还好,要他进化一定是没有的咧!那来,不得不死守旧法了。纵使要推陈出新起来,也很难做到的。所以中国的"艺术教育"到现今还是幼稚时代,都为了这个缘故。如此看来——这个死守旧法的弊病,协力要除掉才好。

照愚见上面所说三件事,就引起对于《美育》杂志的登载,还要和大家商榷商榷。

我们的《美育》是鼓吹"艺术教育"的。换句话说,就是牢笼大家趋重"真美"的教育,也是牵引大家发展"审美"的观念。那末,就要除掉妄自尊大,自私自利,死守旧法的弊病,登载许多精详的学理,切实的艺术,进化的成绩。这精详的学理,要是相竞研究出来的。切实的艺术,要是考究得着的工夫。进化的成绩,要是推陈出新的效果。若是照这样做去,我们的"艺术教育运动",那怕不一日千里的大大发展起来呢!这又是怎么讲呢?那是看《美育》登载的学理,有的精深极了。但是不大详显,恐怕一辈青年得着"新观",患着不能解释清楚,就要失掉"美"的兴味。反使我们事业前途发展,有些阻碍,不得不要从事于精而且详的学理,才能迎合青年的志趣。

　　《美育》登载的学理占多张了，对于艺术尚没有切实的指导。这样——恐怕不能勾引青年发生"美感"，纵使发了也就"蜉蝣"似的，不能起劲。那末，虽是建设了"新人生观"，也难救济烦闷的青年。看来——要是登载许多实质的艺术，给大家公同研究，才能得着"美"的享乐。

　　《美育》诞生以后，倘能把"美育"协力实施，将来的成绩一定要大大进步起来。这进步的成绩，要在杂志内另设一段，留来立表，或是作文，互相比较，有说"凡事有比较，才有生色，有竞争，才有进化"。那就我们《美育》能够一期一期比较起来，他的成绩也就一期好似一期了。除掉以上所说各件，还有几端，应该改良的，照浅见说一下。

　　（一）已刊出的《美育》的言论，是糊拢登载的，看的也有些不便。在愚见还要分开门类，各类首张，题出名目。那是有两样好处：一是看的有个头绪，更有心得；一是内容容易比较，更见进步。

　　（二）已刊出的《美育》所刊的图画很少，看的没甚有味。在愚见还是封面可以印刷一张，能够关含"美育"的意思，作出很出色的画；里面把各科有学理的画，多订几张，或把艺术成绩的图样，或影照，订在正面，还要把他的学理，法儿，详细说明在后面。这岂不是艺术成绩进化的实显吗？

　　荣学术太煞浅陋，以上说的都是"窥豹一斑""井底观天"似的，说来不大中肯定规不值识者一笑。故要质之大雅以匡不逮，是所厚幸。

什么是少年的中国所需要的？ 美育　王以刚[1]

　　田汉先生说老年的中国因为灵肉不调和的缘故，已经死了。我们少年中国的少年，一方要从灵中救肉，一方要从肉中救灵。我想要灵肉调和，非提倡美育不可。北大校长蔡孑民先生是主张美育代宗教的，近来在《文化运动不要忘了美育》文中有一段文说得很透切，把他引来证明美育的重要，用美术的教育，提起一种超越利害的兴趣，融合一种划分人我的僻见，保持一种永久和平的心境。海尔巴脱 Haribat[2] 分心理为三大部，就是知，情，意。知，情，意的极轨便是真，善，美。真和善诚为启发知识，锻炼意志的秘钥。要使情绪高尚，但有用美育去养成他，别的再没有好法了。现在一般人提倡个人改造，心理改造，而终寻不出彻底

---

[1]《美术》第 2 卷第 3 号，1920 年 8 月 30 日，第 103—104 页。
[2] 应为 Herbart。

的办法。我以为最好的方法,没有过于美育了。因为美是具有改换心理的势力的,他在心理学上的目的,是以高洁的景物,思想,教化,感应器官,而起超绝一切的快乐,使外物与感官相调和,感官又与情绪相调和,于是引起人性的本能冲动,而生出焕发精神,畅快心思……诸作用,就可改变人生,增高社会同情 Social Sympathy 的感觉,老年的中国所缺少,少年的中国所需要的,就是这个社会同情的感觉,——这种感觉独有美育能够增高养成。要使我们遇着无论甚么事物肉体上不感痛苦,精神上也很愉快,就非美育不为功。照这样看来,美在社会上的效力是很大的了,我们可不注意研究么?

妇女和美育 妙然①

社会上各种事业——不论新的旧的……——从创始到现在,各人的视线总注射在"美"的一字上面。这句话是什么用意? 就是说对于那桩事的开始,一定希望有完备的手续;中间的经过,希望有顺利的进行;最后的结果,希望有优美的成就。那些完备,顺利,优美种种目的,总括起来,都可归到"美"的一里头。因为人的心理,总有求满足的欲望,那美的事情,确是适合佢们中心的需要和愿望,使得佢们的精神现出一种爽快,舒畅的情境。所以那美的一字,是各种事情的归束点,也是各人眼光的注视点。但是各人对于美的程度,相差很远。有的能认识真的美,所以他的思想,动作,总是幽雅,高尚,纯洁,使得一般人见了都表示一种尊敬和爱慕的情感;像古代的艺术家,文学家,……佢们的绘画,雕刻,文章,……都能做一时代的领袖,并且为后人所摹仿,爱赏。有的对于美的途径,没有认识清楚,或是性情所不近,因此佢们虽然对于各种事业,一意求到圆满,高尚,但总是庸庸碌碌没有甚么精彩足以表显。最可怜的是一等从来没有受过美育陶冶的人,佢们的性和习常近乎粗暴,偏狭,因此佢们的思想,行为,总是悖谬,横暴,处处触人忌讳;像现在一般贪酷的官吏,横暴的军阀,敷衍的议员,……都是因为没有受美的陶冶,所以头脑中全被了物欲所占据,弄得翻江到海,社会靡烂,情愿受人的唾弃,怒骂! 说到此地,我就断定一句话:现在如果要物质的进步,精神的纯洁,社会的安宁,都不得不从美育做起,就是改革家庭,社会,国家,也当从提倡美育,做根本地解决!

自从拍拉图提倡美育主义后,后世教育家都把美育为改良万有的工具。但是美育二字的意义,很深奥,很广阔;彼的范围,大抵属于哲学一系上。论到彼的终

① 《新妇女》第 4 卷第 2 号,1920 年 10 月 15 日,第 1—7 页。

结点,就是养成一般人有审美的情致,能够表现幽雅,高超,纯洁,愉快的精神和举动。至于美的本质,是人人同具的一种心理现象。但是这种心理现象,不像喜,怒,哀,惧,爱,恶,欲的感动,是为周围猛烈的刺激,或是内部生理的变化而起的。那美感的发生,实在是一种天然的凑合,适合于自己意思的直接判断状态,也就是知觉上觉得一种绝对无限完全的感觉。如换一方面看起来,就是发表一种不费思索,自然觉得的一种目的物。譬如在现在菊花盛开的时候,我人涉足园圃中,见了光华灿烂,花枝婀娜的各种菊花,不知不觉地精神畅快,心意陶然,我和花正似混合在一块儿;这就是达到真美的境地。美学家希林 Sheling 说:"美的观照,人人可能。"就是人类性质中,都储蓄一种美的本质,如遇了外物感动,就把内性储蓄的启发出来;那时各种官能,都和美融化,蓬蓬勃勃地生出一种"欣合无间"的情感。

美的种类很多,如把普通的种类,并且和教育很有关系的分配起来,大概可以分做壮美,优美,悲美,三大类。现在根据这三条分类,还参照服尔恺脱的解释列表在下面:

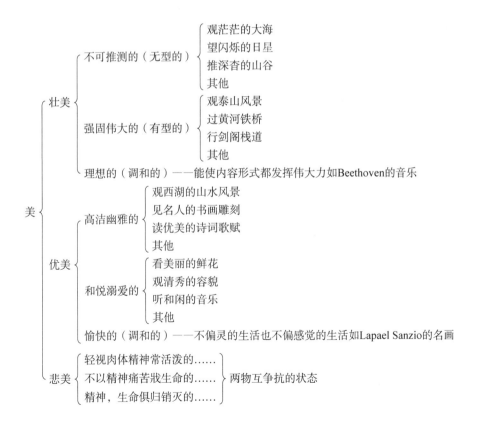

美的分类,大抵不止这几种,对于教育上很有关系的,所以特地分析出来。

不过美的嗜好,虽是人类自然的天性,——除了有精神病的——确因为智慧发达的阶级,同体内组织的差异,那美的程度,就有简单,繁复的不同。像古代民族的"断发文身",还有 Eskimo 人的诗,Buschmänner 的图画,Aléuten 的哑戏,都是表演伲们美的一种;但总是因为智慧发达不及现在,所以把现在美学的眼光看起来,觉得没有完全。至于儿童和成人,男子和女子,因为生理的构造,智情意发达的状态各有歧异,所以美感的发达,不能不有偏颇的地方。就对于色的一方面讲,儿童多喜红绿的,妇女多喜鲜艳的,男子多喜淡雅的。但是从大体讲起来,美感一种情形,女子确比较男子富一些,那关系也比男子大一些。德人郝得漫 Eduard von Hartmann 说:"美的存在,多在'假象'之中。就是这'假象'观念,大抵女子比男子多一些。因为妇女的性情好静娴,多细密,逢了事体易动感情,又做事不肯苟且;所以高雅,悦爱,愉快,种种美感,妇女常容易得到,且能够使彼完全美备。"譬如女子的书画多半是秀丽的;女子所用的物品,多半是清洁的;女子的姿态,多半是幽雅镇静的。其他如舞蹈,演剧,音乐……女子都有婀娜,娇渥的情态,幽雅绮丽的声响,能表现出天然的优美,发挥伊固有的真相。所以美感教育对于妇女一方面,更有直接的影响。

那么妇女与美育,究竟有怎样重大的关系呢? 我把彼细细地研究了一番,分段说出来。

(甲) 属于修养方面

妇女的心理,大概薄于意志,富于感情;所以性情柔顺,静默,如感到失意的事,伊却不肯声张,常常蕴蓄在心腹中;如果没有相当的感导,最容易酿成疾病,或激成意外的举动。所以当有美育的陶冶,使客观的外物和自然的精神接触,常常表现高尚的"假象"出来,把伊们的思想宽放,行为滤洁。而且美育能够救济人们的苦恼,譬如人到困苦悲愁的境地,无可告诉,可唱一曲愉快的歌儿,赋几句忧闷的诗词,使那精神上的郁结渐渐地舒散,这就是得到美育陶冶的效果。

妇女器量偏狭,目光不能望到远处,如能游历高山,纵观大海,把无形的壮美,开拓伊们的胸襟,发挥伊们伟大的想像力;矫正那狭见,短虑,使伊们有沉着,宏大的器量,这也是借美育的陶冶,做补偏救弊的好方法。

(乙) 属于家庭方面

妇女虽不是绝对限于家庭的生活,但是在现在家庭没有破除的时代,妇女对于家庭的关系,确比较男子大一些。

(一)家庭的布置。家庭的生活,要到快乐,舒畅的境地,全靠着布置得当。家庭的布置,妇女担任最为相宜。第一要求整洁:例如房屋的修葺,庭园的配置,器具什物的排列,什么应当用均齐列,什么应当用调和列,……一定要照着审美的旨趣,方才可以收到愉快的效果。

(二)儿童的教养。儿童天真烂漫,如洁白的纸,随处可以染到色彩。那家庭之中,如果布置得宜,天天足以增长佢们的美感。然而对于运动,艺术种种游戏,都要使彼等寓一种美的旨趣。因为儿童最欢喜美丽的色彩,也最喜欢听和悦的声音;倘使遇美的陶冶,也容易承受。所以做母亲的平时教养,时时授佢们有规律,寓美意的玩具,或时时把审美的游戏教佢们,使得五官四肢处处感到美的境地,那不知不觉中自然养成一种高超,愉快的心境。这就是家庭教育的好现象,也是为国民教育立强固的基础。那么妇女和美育的关系,不是很强而且很大么!

(丙)属于社会方面

现在妇女的地位,不是要从家庭跑到社会吗?要改良齷齪的社会,妇女也负一半责任。社会改良的一种好工具,就要推到那美育。因为社会是固定的,人是活动的,要使固定物改良到什般地步,全靠着活动的人类的手段和目的。妇女既然富于美感,那么到社会上任各种事业,像教育呀,实业呀,文艺呀,……处处用优美的精神做去,使得将来各种事业的发达,都包含着美的意味;那对于社会上自然得到良好的效果,这是可算妇女补功男子能力的不及,也是男性和女性融化的力量。

大家要知道呀!美字是万有成功的表示,美育是改进人类精神的器具。所以古今一般心志纯洁,精神愉快的学问家,美术家,……都从美育训练中得来的。讲到在妇女界提倡美育,正同"水之就下""兽之走旷",有"事半功倍"的效力。所以我很盼望提倡新文化的人都注视到这一点!明白的妇女们也各把精神贯注到这一点!蔡孑民先生说:"新文化运动,莫忘了美育。"我说:"研究妇女问题的,更不可忘了真的美育。"

蔡孑民先生在欢迎会之演说辞(节选)　蔡孑民[①]

兄弟已经到过几次新嘉坡了,今天得有机会,和诸位共话一堂,实在荣幸得很!只是今天没有什么预备,所以不能有多少贡献,望诸位原谅。

---

① 《北京大学日刊》第 780 号,1921 年 1 月 7 日,第 5—7 页,题名下有"陈安仁、夏应佛笔记"。又名《普通教育和职业教育》,载《教育杂志》第 13 卷第 1 号,1921 年 1 月 20 日,第 1—7 页,文前有:"这篇是去年十二月七日,蔡孑民先生在新嘉坡南洋华侨中学校的演说辞,由陈安仁、夏应佛两君速记出来的;现承该校将速记稿惠寄本社,因特刊布以供同好。《教育杂志》编者识。"两文略有不同。

在座诸君,大半是学界中人,因此可知这里学校的多了。我今天就把普通教育和职业教育说一说。刚才从中学来,知道中学内有商科一班,这却有职业教育的性质,不在寻常小学校或中学校的普通教育范围以内。

普通教育和职业教育,显有分别:职业教育好像一所房屋,内分教室寝室等,有各别的用处;普通教育像一所房屋的地基,有了地基,便可把楼台亭阁等,建筑起来。故职业教育所注重的是专门的技能或智识,有时研究到极精微处,也许有和日常生活绝不相干的情形。例如研究卫生的,查考起微生虫来,分门别类,精益求精,有一切另外的事,都完全不管的态度。这是从事专门学问的特异点。

可是我们要起盖房子时,必得先求地基坚实,若起初不留意,等到高屋将成,才发见地基不稳,才想方设法补救,已经来不及了。我刚才讲过普通教育好像房屋的地基一样,所以教育者和被教育者,都要特别注意才是。现今欧美各大学中的课程,非常严重,对于各种基本的智识,差不多不很注意了。为什么呢? 因学生在中小学的时代,早已受了很重的训练,把高深学术的基础筑固了,入大学时,自然不觉得困难了。若在中小学内,并没有锻炼好基础,等到自悟不够时,再要补习起来,那就很不容易了!

因此,前年我国审查教育会,把普通教育的宗旨定为(一)养成健全的人格,(二)发展共和的精神。所谓健全的人格内分四育,即:

(一)体育,(二)智育,(三)德育,(四)美育。

这四育是一样重要,不可放松一项的。……

(中略)

第四美育,从前将美育包在德育里的。为什么审查教育会,把他分出来呢? 因晚近人士太把美育忽略了。按我国古时的礼乐二艺,有严肃优美的好处的,西洋教育亦很注重美感的。为要特别警醒社会起见,所以把美育特提出来,与体智德并为四育。

美育之在普通学校内,为图工音乐等课,可是亦须活用,不可成为机械的作用。从前写字的往往描摹古人的法帖,一点一划依样葫芦,还要说这是赵字哪,这是柳字哪,其实已经失去生气,和机器差不多,美在哪里?

图画也是如此,从前学子,往往临摹范本,圆的圆三角的三角,丝毫不变,这亦不可算美。现在新嘉坡的天气很好,故到处有自然的美,要找美育的材料,很容易。最好叫学生以己意取材,喜图画的教他图画,喜雕刻的就教他雕刻,引起他美的兴趣。不然学生喜欢的不教,不喜欢的硬叫他去做,要求进步,很难说的。像儿童本喜自由游戏,有些人却去教他们很繁难的舞蹈,儿童本喜自由嬉唱,现在的学校内,却多照日本式用 1234567 等,填了谱,不管有无意义,教儿童去唱。这样完全和儿童的天真天籁相反。还有看见西洋教音乐要用风琴的,于是也就买起风琴来,叫小孩子和着唱,实则我们中国,也有箫笛等简单的乐器,何尝不可用? 必要事事模仿人家,终不免带着机械性质,于美育上,就不可算是真美。

以上四育,都宜时时试验演进,要一无偏枯,才可教练得儿童有健全的人格。

(下略)

学校里美育的训练　何仲英①

美育与科学,关系很大。研究美育的人,没有不注重科学;而研究科学的人,往往忽视美育,这是大错! 教育家负训练国民的责任,假使不知道陶冶国民的精神生活,发展国民的天赋才能,而一味地将些知识道德,灌输到他们脑筋里面,养成了些"行尸走肉""泥塑木雕"的蠢人,这岂是教育的本旨么? 所以美育的见解,历来尽管分有两派,一主唯美,一主实用;实际上说来,两者息息相关,确有不可脱离的道理。

我们读西洋美术史:觉得希腊的人生观,寄于造象;中古时代的宗教观念寄于寺院建筑;文艺复兴时代的新思潮,寄于图画;现在人的文化又寄于文学了。一时代的社会,有一时代的美术,美术与社会,是永远断不了关系的。所以有多少教育家都认美术为改进社会的工具;这个意思,柏拉图就早已提出了。

我们又常常想到世界上文明先进国:他们的技艺,何以那么精巧? 他们的精神,何以那么愉快? 这其中的原因,固属多端;细推起来,一定有个最大的原因在里面。我们看他们的教育与环境,就略得个中消息了。他们做小孩儿时,在幼稚园里玩具很多,而又杂以唱歌、舞蹈、谈话、饲小动物等课,或是锻炼五官,或是含养心灵,从此就得了无形的训练。他们小学校里,教室四周多悬黑板;黑板之上,往往配置盆花笼鸟,书声鸟声,遥遥相应。他们凡上国文历史等课,往往演习故事,如演剧状;到了得意的时候,教师手舞足蹈,乐不可支,学生的兴趣盎然,印象深入,更是不言而喻。他们又常常到郊外或空野里去,随意听讲,领略自然的美感。从此又得了无形的训练。他们到了中学校或大学校里,学校的建筑设备,何等伟大而华丽! 图书馆的布置规划,何等精致而丰富! 办教育的人,以为必得如此,而后学生的胸襟,才得开阔;学生的欲望,才得提高。从此又得了无形的训

① 《教育杂志》第 13 卷第 1 号,1921 年 1 月 20 日,第 1—8 页。

练。他们住的房屋并不多,但是布置雅洁,很合自然,总有些照片、风景画,或是一架风琴。他们的衣服并不奢华,而奇形异色,不尚雷同。社会所有建筑物,更是各出心裁,不落窠臼的。市中大道,总有些树木,或在两旁,或在中央。凡是大市镇,总有几处公园;小市镇至少也有一处。地方上公开的博物馆、美术馆很多,又常常开些博览会、展览会,使大多数人具有审美的观念和兴趣。他们的游戏场,以影戏场为最热闹;据云美国每天总有四分之一的人看影戏。编戏的人,大概是有名的学者,很费了偌大的资本和匠心,才成功一剧。还有社会上种种广告,以及一切印刷品,总带有美术的意味,容易引起人的注意。如此种种,不是美育的训练,是什么训练?

他们接触美育的机会既多,所以他们爱清洁,爱好看,精神上爱自然,制造上爱有艺术的价值,总言之曰爱美。这种良好的美的训练,固当归功于美的社会教育;但是实际上主持或实施美的社会教育之人才,那一个不是在学校里受了充分的美育的训练?国家、地方,或私人特设的职业学校、艺术学校、美术学校、音乐学校、体育学校、图画手工学校,当然注重美育,不消说了;即普通学校里,又何尝轻视;所以西洋人之爱美,与其说是受的社会教育之美育的训练,不如说是受的学校教育之美育的训练。

我们中国并不是不讲究美的。以文学言:李杜之诗,屈宋之赋,何尝没有优美的音调,缜密的意义?以制作言:周公之指南针,墨子之飞鸢,何尝不是流传海外,惊为世宝?以建筑言:阿房未央之奇,结绮临春之丽,何尝不是巧夺天工,千古无匹?以崇拜美术家言:米南宫抱画而欲溺死,唐太宗挟兰亭以殉葬,亦足名播史册,垂裕后昆了。再就历史地理上观察:商周鼎彝、汉唐金石、宋磁、明漆,那一代没有一代的美?宁绸、杭缎、江西夏布、云贵药材,以及关外的皮货,那一地没有一地的美?

照此看来,我们国人应该有美的观念,美的作品了,那知道事实上却完全相反。书画都是模仿古人,各有宗派;现在连模仿得好的人,都"凤毛麟角"了。古人的书画,虽然保存的还有,但除了少数有钱有势的,和自称"名士风流""雅人深致"的,还有何人?在街道上看:不是横冲直撞的车马,便是恶俗不堪的广告;沙土飞扬,臭气四溢,不消说了。在家庭内看:不是黑漆漆的炉灶,便是灰层层的家具;仆婢斗嘴,主婆辱骂,更是"司空见惯"了。戏园里演的,只有简单的音乐,卑鄙的戏曲;若是有人新排一点西洋剧本,就"门前冷落车马稀"了!地摊上铺的,只是"瞎三话四"的淫词小说,"横七竖八"的消耗物品;若是旁边开几个正经的商店,高尚的场所,也就"过而不留""望望而去"了!唉!这就是我国人的所谓美的观念,美的作品!

　　然而我们不能尽怪他们。试问要改良市政,市政的人才在那里? 要求精工艺,工艺的人才在那里? 要研究戏剧,戏剧的人才在那里? ——换句话说:要使国民有美的观念,美的作品,先要造成美的环境;要造成美的环境,先要有些人才,那就不得不靠学校里美育的训练了! 我们中国并不是不讲求美的,我已经说过;只是他是历史上的美,他是少数人的美,仅可言美,而不可言美育;所以不但新美不得创造,连已有之美,都隐而不张了。蔡孑民先生主张以美育代宗教,又说文化运动不要忘了美育,又到处演说美育在教育上种种的关系与价值,我觉得这个意思很对。

　　我国现在的社会,卑鄙龌龊,无一些儿新鲜空气。处在这种环境里面,怎禁得不惆怅而恼闷,以为世界是最苦恼的世界,人生是最苦恼的人生? 兼之技艺不良,外货充斥,经济的压迫,一天利害一天,生计的困难,一天重似一天,自有不得不趋向于艺术教育之势。况世界新潮流,直渡大洋,澎湃而来;就艺术方面说,罗丹的雕刻,脱尔斯泰的小说,易卜生的戏曲,华特曼的诗歌,也有人介绍了。一方面引起国人发扬国粹艺术的观念,或者中西融合,将来有一番新艺术出现,这是我们该乐观了,一方面已经有人画仕女画,拍裸体照,画擦笔肖象,办无谓的画报画帖,就俨然以提倡美育自负,这是我们该顾虑的。我以为要提倡美育,应当使各方面有艺术的趣味与价值,不单是指那些音乐、图画、戏剧、跳舞、建筑等狭义的艺术。所以我从根本上着想,学校里应该注重美育的训练!

(一) 教授上美育的训练

　　一般学生,对于科学,往往少兴味,这也难怪,因为科学的方法,是最头绪麻烦,干燥无味的。譬如:教数学而死记数目、点、线、勾股,有何兴味? 若是拿实物来印证,或以种种图表及比较的方法来说明,就有意味了。教动植物学,而徒言某处出产,怎样特征,有何兴味? 若是说某样飞禽,有什么颜色与声色,和他生理上有偌大关系;某样植物,有什么美丽的花叶,可以引诱虫类,助他播种,就有意味了。这不是别的作用,是美育的作用! 还有,教师对于学生作品,应当听学生自出心裁,争奇斗巧;断不可拿自己的意思,或其他固定仪型,强迫他们做,戕贼他们的本能,消灭他们美的技艺。总之,学生在教室内,觉得先生和蔼可亲,功课容易进步,所谓"如坐春风""如饮醇醪",那就可见得教授法好,也就可见得美育的训练了。

（二）管理上美育的训练

现在学校中往往以管理问题为最困难，我以为主任管理者处置不得法，也是一个重要原因。凡一问题发生，应该训话学生，与其问学生"该不该?""是不是?""愿不愿?"不如问"好不好?"照理论上说，意志教育固是很要紧的;然而青年学生，多偏重感情，若不因势利导而一味地严词厉色，期以理解威权，折服学生，往往恶感横生，蓄之久而发之暴，卒致不可收拾。这也是管理员不明白美育的训练的缘故。

（三）斋务上美育的训练

宿舍最容易养成美感的，而现在大多数学校不清洁如故。其中原因甚多，姑不具论;最坏的原因，是统一。以为必得个个宿舍都是一样，才可以博得整齐划一的美称;床上半多铺条白褥单，以为必得如此，才可以显得清洁无尘的考语。其实又何尝整齐划一? 何尝清洁无尘呢? 有的学校讲求美育，只规定每室应住几人，至于室内之布置，悉听其自由;往往觉得他们的字画书物，排列有序，尽管一隅之地，别有风味，于此可以见得各学生的个性。或是订一种考美表，按月检查一次，最好者奖;学生也就相习成风，自惭形秽了。

（四）课外组织上美育的训练

学校里课内时间不多，又为种种规则所限制，学生自不能受充分的美育的训练。最好是提倡课外组织，愈多愈好，可以自由发展学生的本能，养成种种办事的能力，而其尤有关系的，就是得了许多无形的美育的训练。怎么呢? 因为青年人正当血气刚强，兴致勃发的时候，捺是捺不住，劝是劝不住，只有因势利导的好。譬如:有些学生欢喜说话，就组织演说会，磨练他们的演说的美;有些学生擅长文艺，就组织文学会，磨练他们文学的美;他们要研究新剧、篆刻，就组织新剧团、篆刻会;他们要开拓心志，发舒蕴蓄，就组织旅行团、游艺会;——总一句话，美育是人类活动的源泉，做教职员的，应该诱他们尽量地把天才发挥出来，各尽其美。美本是一种人心之感动的可能性:手触之觉大小方圆之美;耳听之而觉高下抑扬之美;目见之而觉光怪陆离之美;屏五官而想像之，又觉得神魂颠倒，流连而不能去。美育之关系于人心，亦大矣!

（五）设备上美育的训练

欧美国家，对于学校的建筑和设备，向来最为讲求。光线应该怎样? 色彩应该怎样？地位之大小前后，又应该怎样？没有一种，不是应用心理学与美学的。论其建筑之伟大，设备之丰富，往往非国家官厅或其他机关所能及。观于前几年，国内教育家参观菲律宾师范学校的女生寄宿舍，高楼四层：第一层为食堂及音乐手工练习室；二层为宿舍及会客室，设备之美，与总督会客室相仿佛；三层为宿舍及图书馆，居然每人有一浴室；四层为游戏场，简截是屋顶花园。他们问何以华美如此？学监美国某女士答道："因菲岛人民生活太简易，实为养成惰性的根源，故导以高等生活，增其需要，促其进步。"这可算是一种特殊的美育训练。我国从前两江师范经费本充足，而学生宿舍独低小简陋，据云因为监督李梅庵说："倘若学生住大洋房惯了；将来养成习气，不肯住小房子，不如简陋些好。"这就可见中西教育家的心理不同，也可见中西美育的程度各别了。

以上不过就普通学校而言，至于专门美术学校，或职业学校的美育的训练，方法更多，原理上更应该注意的。

我以为实施了这种训练，将来所得的结果有几层：

（一）发展本能

凡是愈美的东西，个性愈显，感应力亦愈广远。柏格森所谓无个性则无艺术，尼采所谓自我表现，皆是这个意思。可见得美育就是本能教育，个性教育了。

（二）化除人我的僻见

美育是普遍的：虽无绝对的美，但有同感的美。美是具有改换心理的势力的。他在心理学上的目的，是以高洁的景物、思想、教化、感应器官，而起超绝一切的快乐；于是引起人性的本能冲动，而生出焕发精神、畅快心思诸作用，就可改变人生，增高社会同情的感觉，还有什么人我的僻见呢。所以美育的目的，不在于少数人的爱玩，而在于普及优美的艺术于群众，并且不分甚么国界的。可见得美育就是平民教育，德谟克拉西教育了。

（三）改良工艺品

中国原料是有的，可惜制造装潢不得法子，以致国货滞销，利权外溢。若是学校里实施了美育的训练，或是养成专门美育的人才，使一般人有识别美的能力，有创作美的能力，使国内工艺出产品，都有美的价值，推广出路，增加财源，关系何等重大！况且艺术的发明，由于人类爱美的天性；没有美育，如何有艺术呢？可见得美育又是艺术教育，实利教育了。

(四)鼓励实行的兴会

现在人做事,往往在未做之前,觉得很容易;到了要做时,就被小小的利害绊住了。这种情形,名之曰:意志薄弱,或是懦弱无能,实在就是没有兴会的缘故。所以口里说:社会改造、个人改造、心理改造,虽然说得天花乱坠,其实何尝有丝毫的改造,只是不彻底的论调罢了。要彻底的改造,当自研究美育始。那么美育又是感情教育,趣味教育了。

(五)陶冶性情

一个人的生活,最不可犯干燥无味,或是日趋下流的习惯。现在有些青年,因环境不良,因而堕落或自杀的,即此流弊。我想学校里果能实施美育的训练,就可以开拓胸襟,可以娱悦心志,可以安慰他们,朝着向上的生机路走;不致抑郁无聊,埋没了多少英气,或是同流合污,流荡而忘返。那么美育又是人格教育,道德教育了。

我不赞成空谈什么教育主义,我亦并不独崇拜美育主义而抹杀其他主义;我只以为为救济现在国人精神上与物质上的痛苦计,提倡美育,倒是迫不及待。然提倡美育,先要有提倡美育之人。试问教职员的精神不活泼,如何期望学生的精神活泼?教职员的思想不高尚,如何期望学生的思想高尚?那么教职员自己,对于美育的修养,又不容忽视了。所以我说:学校里要实施美育的训练,应当自教职员有美育的修养始。

教育之美学的基础(节选) 　[日本]佐佐木吉三郎,太玄译①

这篇是日本佐佐木吉三郎氏发表他平时关于教育的美学的研究的,但世人对于这种主张,颇多误会的地方;如今在介绍这篇文字的前头,先把世人的误会,略略的疏解几句,似乎亦是必要的。

---

① 《教育杂志》第13卷第1号,1921年1月20日,第1—27页。
　此文之前已有译文,《美的教育学》,[日本]佐佐木吉三郎著,丁伟东译,载《京师教育报》1914年12月15日第11期,第10—17页;1915年2月15日[?]第13期,第24—28页;1915年4月15日第15期,第9—12页;1915年6月15日第17期,第20—22页;1915年11月15日第22期,第8—12页;1916年1月15日第25期,第15—21页;1916年6月15日第30期,第21—26页;1916年11月15日第35期,第32—35页。原文为句读。题目下署"日本佐佐木吉三郎著　京师公立第十七小学校教员丁伟东译"。1916年11月15日第35期文末有"(未完)",但此后各期未见续篇。

　　第一,世人每每误会艺术,是专门技巧的事情,以为教育的活动,是以人格的影响为主的,岂可下比于艺术吗? 其实这样的议论,都由于不是真知艺术而起的。所谓艺术,决不是没有精神的末枝,决不是不重人格的事情,必定要智识的活动,与内部人格的感动,浑然融化,始能达到艺术的境域。希尔列尔尝谓艺术是位于科学与神的中间的,这是真能理解艺术的说话。我们说教育活动近于艺术;这个意味,是说他的活动,必定要十分具人格的动作,方才能算真的教育活动;这就是极尊重人格的说法。艺术与技术的区别,就是尊重人格不尊重人格的区别。所以把教育单看做是"术",说他不是艺术的;这种议论,反把教育看做是步尊重人格的技术了。在教授的当中,虽有极乏艺术要素的纯科学的,可不待言。但我们并不说教育活动全部分,都是艺术的活动,不过说教授上有时是近于艺术活动罢了。

　　第二,世人大都以为艺术是没有目的的自由活动,教育是有预定的目的,所以不能和艺术相比较。然这种议论,也是对于艺术的考想,过于狭义的及空想的所致。艺术当中,固然是有纯为艺术的表现,无甚目的,又不考察他利害得失的;但若于艺术的范围当中,预定某目的而动作,同时又符合于美学的规范,这亦依然应该看做是艺术的。我想艺术家全然无目的的作品,却是很少,大都是先定大概的目的,而后从事于制作,不过他要达到他的目的,那所用的手段,就没有严格的限制罢了。从这一点看来,一切的艺术,差不多都是可以看做一种实用艺术的。所谓纯正自由的艺术与实用的艺术,还是比较的议论;艺术的大部分,都是带实用的意味,有目的的活动的。不过他当中,有自由的天地较广阔些,有自由的天地较狭窄些;称前者为纯正艺术,后者为实用艺术,只是便宜上定这两种名称,实在是没有什么大分别。教育的活动,大体上都预定一种目的,所以可说是属于实用艺术。而且于目的以外,别无束缚自由的事情,近于纯正自由艺术的也很多;怎么可以说教育活动是不能比拟艺术的呢!

　　以上两种误会,是误会当中最主要的;如今即已说明,可以读佐佐木吉三郎著的《教育之美学的基础》了。

　　我们要研究教育的美学,有两个人的学说,不可以不先知道。两个什么人呢? 其一,为倡导"教授即是艺术"的撒伊弗脱(Richard Seyfert);又一,就是建设美学四大规范的福尔克脱(Volkelt)。所以本篇的次序:第一绍介撒伊弗脱氏的意见,其次介绍福尔克脱氏美学的规范,最后再就我的研究,说明教授方法和美学的关系。

　　(下略)

美感教育的实施法　蒋瀚澄①

自从康德氏 Kant 和兰格氏 Lange 的美感教育倡，教育家渐渐有主张美育主义的教育了，直到现在可算各国都实行了，但是美育原含有优美、壮美、悲剧美、滑稽美等要素。今日学校有偏于优美的，有偏于壮美的，那利用悲剧滑稽等美的就较少了。我们要知道以上各要素都不可偏废的。为什么呢？因为偏于优美，那就养成文雅柔弱的品性，而没有勇敢刚毅的意志了；偏于壮美，那就养成强悍暴厉的行为，而没有高尚温穆的习性了。所以二者当互相调剂。至于悲剧、滑稽等美也是不可少的。因为悲剧最足以动情，可以引起人的慈悲心、怜爱心、公德心；滑稽美最足以快豁人的精神，兴奋人的理想思考。所以我主张都应该有的，不过分量不同罢了，今把美育在教育上的价值和实施美育的方法，分述如下。

（一）美育在教育上的价值

研究儿童心理学的人都承认美育是根于先天的。因为婴孩的天性，看见了五彩的颜色，他就欢喜了，听见了清亮的音乐，他就快活了，并且要去接近他。这种倾向都是爱美的天性冲动，所以这美育在教育上是很有价值的。研究伦理学的人都承认美与善是属于同一方面的，因为推原人的生活，倘若纯属于干燥无味枯寂无聊的环境中，则生活最后的意志，是不能得到快乐满意的，那就发生厌世消极的观念了。倘然我们有活泼优美的自然环象，以及种种有美性美意的人为境遇，那就受了无形的感化，发生美的反动，自然有一种人生的意味，对于社会人群也就能兴起作事了。所以我说要提倡道德教育，以挽回世风，改良民俗，先宜提倡美感教育，以感化环象引起善念。所以教育的定义，也不过一句话，就是有什么外感，就发生什么反应，也就是改良环象这一件事是最紧要了。我们中国人说英雄造时势时势造英雄，也同这个意思是差不多的。你看凡是国家政治紊乱社会改革的时候，那人民一定是对于国家社会无感情无热度，种种恶剧坏举就发生了。不然在国家秩序平静、社会事业整齐的时期，那人民自然有一种美善的动作表现于社会，供献于人群。所以我又说美育在教育上是很有价值的。

---

① 《时事新报·学灯》，1921 年 3 月 13 日第 13 版，原文为句读。蒋瀚澄，即蒋吟秋。

（二）实施美育的方法

美育在教育上既有如是的价值，那实施美育的方法就不可不讲究了。此刻可分设备、教授、训练三项如下：

（甲）设备（略）

（乙）教授（略）

（丙）训练（略）

以上所述毫无头绪，随笔写来，篇幅冗长，误认的地方，知所不免，尚希诸大教育家有以教我。

少年和美育　籴三[①]

从前的人，都说：少年必备具的，便是德，智，体，三育。到了现在，大家往往说：少年要有四育。什么四育？就是将原有的德，智，体，三育外，还要增加一项美育。

现在且将美育和人生的关系说明：大凡一个人，天性里面，一定含有美感。那没得美感的人，都是沾染社会下流恶习，并非是生性如此。你如不信，且看那二三岁的小儿，他懂得些什么。我们拿书给他，他不会读；我们拿钱给他，他不会用；若是拿一本很美丽的图画给他看，他便很有味儿似的，不肯释手了。再看极粗暴的人，他表面上，似乎没得一些审美的观念。但领他到山明水秀的地方，听了那枝上的鸟声，和溪里淙淙的流水声，他不由得心地清明，思想立刻开展了许多。

照此看来：美感是先天生成的，已经确实无疑。可是今日社会的环境太坏，所以到了成人，天性中含有的美感，往往被恶习惯所遮掩。现在的人，提倡美育，意思想要少年将美感竭力保住，不可任他销灭。要知有美感的人，他道德一定高尚；思想一定纯洁；发展本能，不肯同流合污，一定比平常人占优胜。美感和人生，关系如此密切，我们可不注意么？

但是有最要的一点：美有天然的，有人为的。天然的，是真美；人为的，不是真美。诸君若以穿着华丽，装饰奢侈为美，这便大错！又在学校中，若专门去做音乐，图画的工夫，别的一概不管，也不能算是真美。真美怎么样呢？不加雕琢，一归自然。如天上的云啊！山间的风啊！枝头鸟鸣啊！池中鱼游啊！这些事情：都可以涵养我的天真，陶冶我的品性。我的美育，是如此说的。不知小朋友

---

① 《少年》第 11 卷第 3 号，1921 年 3 月 15 日，第 1—3 页。

以为怎样?

美育之研究　叶作舟[①]

一、绪论

美感教育! 美感教育! 在今日已成一强大之教育思潮。据伦理学者之研究,苦痛与快乐,常为平行的增减。当今物质文明之亢进,斯旧制度之递革,吾人原不能不拜受科学之恩泽,新文化之德惠;顾一方面烦闷苦恼,因之增加,全人类都感深刻同样之刺激,亦自无容讳言。而在吾国腐败冷酷恶浊之社会,有赖艺术之救济,更何消说得? 此蔡孑民先生《文化运动莫忘了美育》一文,诚一般文化运动者之当头棒喝;而吾人负教育之使命者,尤当若何奋兴乎?

美育在教育上占重要之位置,具真实伟大之价值,已为一般教育家所公认。然此教育思潮之兴起,原非近今之事实;哀伦斯脱斯伯者,实主张是说最热忱最激烈之人也。卫伯欲以美学之规范,为教育根本之标准;以艺术之理论,为一般陶冶之理论;是诚不免过当,宜其受人之驳责。顾藉以矫正现代教育之弱点,亦未始无补耳。

平安的心境之把住,高尚的趣味之养成,使人生得比较的圆满,是固必假美育之力,无待论矣。今吾人更以社会的经济的见地而言,科学之发达,产物之勃兴,在别一方面,实适足以促进社会之腐败,因不得不提倡美育,以作救济;同时因工商品之进步,投人类爱美之天性,提倡振兴,抑又必要之举也。

今吾以教育的见地,平允的观察,以美育为教育全部之手段者,固不敢贸然赞同;然其在教育学上应占重要部分,多量之页数,已决不能复容疑议。人生终极之目的,在求真善美之一致。言夫真,于教育学上则有教授论矣;言夫善,则有训育论矣;然而言夫美,辄付阙如,有之,亦语焉不详,此真教育学上之最大缺憾。故吾于美育之各方面,敢贡一得,愿与留意美育者一商榷焉。

二、美育之目的及其价值

美育之目的,详细考之,则有三端:一曰陶冶美的情操,二曰涵养美的鉴赏的趣味,三曰助长美的创作表现的技能。美的情操,即由断定事物美丑所生之感情。吾人对于天然之景色,美妙之书画,自生一种愉快之情;若对于丑恶不洁之事物,则相反也。所谓美的趣味者,乃对于事物美丑之一种批判力也。盖美情能

---

① 《时事新报·学灯》,1921 年 3 月 21 日第 13 版。

与人以最高尚之娱乐,而去其卑污之思想,于道德实有重大之影响。至于美的鉴赏,创作,表现力之养成,固皆基于美情,而一方面实已含有知的作用。总之,美育之目的在陶冶美的情操也。

今更自教育之目的考之,吾人何故究有研究美育之必要乎?吾人虽以教育为社会生活之准备,作育适应社会之人物;顾养成高尚之志趣,促进优美之德性,要不得不假力于美育。盖美感者,超乎一切利害关系,为主观的无我,客观之绝缘的状态,自觉别有一种高尚之快感。而此种快感,实为人间精神之最高娱乐与最大安慰;散忧闷,去疲劳,自得一种新鲜活泼之生命,而心身之元气,因得藉以扩大,是非所以增进社会进化之原动力耶?况乎美与真善有密切之关系,人间之理性,即在求此三者之一致;纵曰三者各自有其特具之标准与相当之价值,然果能互相调和,互相扶翼,吾人要不得不作更进一层之赞赏。美育在教育上之所以有特别的价值者,实以美育与训育有重大之关系。高尚之兴味,足以排除下劣之欲望,促进道德之实行;卑下之兴味,足以挑拨邪念而易陷于诱惑。美善之所以须互相调和扶翼者,其理在此。

复次,近来社会生活"不正当"之方式,已成最普遍之现象。人欲横流,道德失其威权,身体精神,俱陷于堕落的状态,是中盖以邪行为最烈,而一考邪行所以日烈之由,一般社会学家多谓起于经济与艺术之二方面。由艺术言,其说曰:"一般人缺于高尚的艺术之安慰与陶养,找不出正当之人生,遂陷于极端之快乐派,一意发挥肉欲。"由是可知要救济社会之邪行,当注意于艺术改革,无待明言。从前之艺术,为贵族的艺术,古典的艺术,今后将一变而为人生的艺术,平民化的艺术;此种新趋势,现在已露端倪;然欲扩张普化,使艺术革命,得奏凯旋,要非少数艺术家之绝对责任,实为一般小学教师之重要任务。儿童入学之初,即令受美情之陶冶,涵养浸润,潜移默化于无形之中;则将来出营社会生活,因有普遍的艺术修养与趣味,自较有把握,社会无形之安宁,即赖以维持,此又美育之社会的价值也。

三、美之种类

关于美育之学说,至为繁多今姑从略。兹为一般教育者所不可不知者,厥为美之种类。美之种类,自其本质言之,则有壮美、优美、悲剧三种,而滑稽附焉。自其表现之对象言之,则有自然美、人间美、艺术美三种。列表如下:

(A) 本质的分类

壮美 { 无型的
　　　 强力的
　　　 自由的

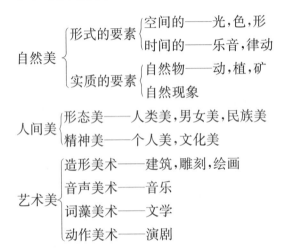

(B) 对象的分类

四、美育与教授

教授在施教方面言,重在知能之授与;在被教方面言,重在知能之获得。今吾人所欲讨论者,即于知能之中,尚欲加入美育问题。各教科中之富有美的要素者,当推图画与乐歌。此等教科,属之于技能,实远不及改称美育科之为当。手工于职业的效能外,亦多含美的要素。书法除熟练书写外,亦然。至于国语教授,在美文——包括形式美与思想美——有养成文学的兴趣之机会;然就一般之现状,大都囿于字句之解释,文章之结构,而于此点,漠不为意。学校教育,既以美育为必要;特别设施独立的美育,固属困难;然苟有其机会,则无论何时何地,要当注意。若文学兴趣之养成,与人生尤有重大之关系,岂容等闲视之耶?又若读法话法,声调之抑扬顿挫,语气之刚柔缓急,在美育方面考之,亦不少美的要素。他若地理、理科于自然美之鉴赏,更多良好之机会。总之,教科中之含有美的要素者,当特别注意而思有以扩充之也。

五、美育与训育

美行在美感上言之,谓之为美的情操之陶冶的结果,亦无不可,善良之习惯,规律之行动,圆满之性格等,自美育言之,无一非美,然此有资于美情之发达不少也。他若举动之端正,仪容之整齐,服装之调和,皆不外人格之表现,趣味之流露。又如修身科中之礼法,知能之传达,虽可属之于教授;道德之实行,虽可视为训育之方便;顾由别一方面观之,人格之充实,伦理之圆满,要不得不谓完成于美育。伴于训育之美育上的效果,与伴于美育之训育上的效果,性质极相近似,自美善一致之点观之,殆难表其区别。然从主点而观,亦自有显著之差异,表于文学美术上之道德,由情绪方面,得直接感动人心,无形而引入于伦理之规范,故实具伟大之效果。至伴于训育之美的效果,都偏于人间之精神美方面,因于自然美、人工美之趣味,不免稍有缺陷。总之,美育与训育之关系,纯为美善一致之问题,欲求人格之圆满发展,当特别注意焉。

六、美育与体育

美育由体育方面考之,因身体之发达,则生形态美;因运动之熟练,则生运动美;此二者所以期行为之善而为人格之修饰者也。古代希腊教育之要素,实唯体操与音乐。希腊人以体育为实现美善调和之一种方便。换言之,即由身体之锻炼,同时涵善其德性,且努力发挥其形态美与运动美也。是即希腊人一方面以音乐养成趣味,同时施以德性之陶冶,出于同一旨趣。在体操,主训育而美育伴之;在音乐,主美育而训育伴之;盖欲内心之美善与外形之美善,相融为一者也。

七、美育与设备

于教授训育、体育,陶冶美的情操,发达其道德的意志;与以美的观念,养成其鉴赏力,高尚其趣味,已如所述。今吾人当更进而讨论美化儿童之日常生活,目击学校内之设备,得直接藉以养成高尚的趣味。住于山明水秀之乡,绝不留意于自然美的鉴赏,然无形之中,亦自得发达其美情。学校之设备,若富于美的要素,则于儿童之性情,自将发生巨大之影响,促进美情,纯洁心境,德性上爱良好之感化,可操左券也。登庄严巍峨之殿堂,不觉肃然起敬。彷徨臭恶污浊之秽巷,自忘品格,便无复顾及其姿势之余暇,是可为美育与设备关系密切之实证。是以学校之设备,当深加考虑,务使多含美的要素,校舍之配置,庭园之布置,室内之点缀,以及集会时一切式场之装饰,于整齐洁净之中,均宜具有活泼流畅自然安定之意味。至于校园之开阔,使儿童树艺其间,俯仰顾盼,足以养成自然美感,而为趣味增进之一助。他若绘画、雕刻等之美术品,审其富有美育性质者,亦宜量力购置,足以养成人工美之鉴赏力也。

八、结论

上所论列者,对于美育,实仅举其概略。区区微意,盖欲引起一般教育者之注意耳。吾国普通教育,对于美育之实施,殊多缺憾,固无容隐讳;即在书籍,亦无从参考,试一披阅中籍之教育学,曾有言及美育者否? 兹篇材料,多摘译野田义夫《教育学概论》及小西重直《现今教育之研究》二书,今当搁笔之顷,敢一言以声明。其他足供参考,举余所知者,尚有下列各书:

(甲)关于实施方面

《江苏一师附小教学纲要条例顺序合论》

《美感教育的实施法》(见三,一三,本栏)

(乙)关于学强方面

《现代教育思潮》

《实用教育学》

《艺术教育之原理》

一〇,三,一七。上虞

父母对于子女美育之养成　任启銮[①]

人有知觉与生命,其他动物亦有之。然人之所以异于其他动物者,以人类除具知觉生命以外,更有理性之存在。而理性极端之表示,则在真善美。是则美育对于人生,其关系实为密切。人之初生,口不能言,手足不能主张自己之愿欲。然一见美丽之物,则思抚摩之;一闻悦耳之音,则欣欣然而雀跃焉。是人之美情,已深藏于先天之中。为父母者,苟利用其好美之心,善为引导,则于子女德育之修养,大有裨补。而美育养成之方法,可分数种。

一、玩具方面

幼童无所谓职业,游戏即儿童之职业也。故种种玩具,以优美者为佳。一方面固足以发展其知的情操;他方面尤能增进其审美的能力,且勇猛、镇定、忍耐、合群诸美德,皆能于游戏中养成之。故父母于此种事项,不可不慎。

二、衣服方面

颜色须择鲜美者,但不可流于奢华。据心理学者言,红色能引起欢乐之感情,黄色能引起猛进之感情,绿色则含生育滋长之兴趣,白色则有皎洁光明之意味,皆足以发达人身心理之能力者也。他若蓝色则主惨淡,黑则主幽暗,似宜避

---

① 《申报》,1921 年 4 月 29 日第 16 版;又载《益世报》(北京),1921 年 5 月 4 日第 8 版,未署作者;《大常识》第 196 期,1930 年 10 月 4 日,第 3 版,未署作者。原文为句读。

而不用焉。

三、训育方面

训育一事，乃抽象的，儿童与父母兄弟姊妹相处，不啻人与社会相周旋。为父母者，对于长幼尊卑之序，宜使之明了，尤应时时诱导其爱情，而爱情发展之最高点，则归宿以美情之中。故谓爱情为美情中之一部，未始不可。

美育的价值　yk[①]

美育的意义是什么？我们简单解释起来，可以说是美的陶冶，审美心的养成。爱好美，识别美，这是美的欣赏力。创作美，设计美，这是美的发动力。美育所要陶冶的能力，就指这两种而言。

在西洋古代希腊的教育上，很重视美的价值。他们教育的理想，就在乎调和心身的美的发达。近世新人文主义者希尔列尔，更视美为包括真与善的广泛的概念。这是美育万能论的一派。

中世纪时，基督教势力深入人心，以禁欲崇神为生活基础，所以美育大受挫折。文艺复兴后，虽稍被重视；但到了十八世纪启蒙时代，更受世人的轻蔑。像斯宾塞就是低看美育的人。这是美育反对论的一派。

据我看：像前派以美育为万能的，固然未免失于过分的重视；但像后派以美育为一无价值，当然也有不是的地方。所以我要在这里约略说明美育的价值，且分作四方面来说：

（一）从道德上看：一个人有了高尚的审美心，足以使志趣纯洁，品格优美；自然他的道德力也增高了。

（二）从人生目的上看：真善美的自身，都是同等的为社会文化而为我们心身所要求的；所以"美"自有他独立存在的价值，决不是为了别种方便，才有价值。他的价值，就在使我们能脱离现实社会的束缚，另在一个理想的境地得着喜悦，以扩大人生的活动。

（三）从美术上看：由美育而发达的一般美术思想，自能帮助美术品的创作，因以发生上述的价值。

（四）从经济上看：美的生产品的销路很大，于经济上的利益自必很多。

---

① 《学生杂志》第8卷第5号，1921年5月5日，第4—5页。作者"yk"，即杨贤江。本文收入《杨贤江全集》第1卷（论著），郑州：河南教育出版社，1995年，第302—303页。

这样看来，美育的价值，无论是当作目的，当作手段；终是明白存在。而在现代物质文明进步的时代，人间精神上享受幸福的机会很少；于是美育更有提倡的必要了。

余之美育谈　施述尧[①]

一、美育之必要

往日所谓精神教育，仅有智育与德育，以为教育本来目的，在养成有用于社会之人物，即有相当之知识与道德斯足矣，无所谓美感之必要也。故教育学中，多不特设美育部门，而教育学家多忽视之也。

今据心理学之研究，凡精神作用之全部，实非仅限于了解事物之理，或应用事物之理，以为生活动作而已，并对于事物美丑之价值，而生评判好恶之情趣，且好美恶丑，为人性天然之发展，而与人格品位，亦有莫大之关系。故曰好美之情趣，为人生之第一要素也。

我国教育宗旨云，注重道德教育，以实利教育、军国民教育辅之，更以美感教育，完全其道德。则美感教育之必要，已昭著部令，其可容缓哉！晚近教育部教育调查会义决教育新宗旨，亦以优美和乐之感情，为养成健全人格之要素焉。

回忆吾国古代之教育，以礼乐射御书数六艺，为必修学科。所谓乐者书者，亦美育之科目也。

英儒斯宾塞尔氏，极端主张实利主义者也，亦谓人于生活实用的知识以外，须有舒展美情之知识，始得享受圆满之幸福，实足以证明美情之价值。

古代雅典之教育，以体操、唱歌为主要学科，其目的在养成体格优美精神高雅之人物，即一种尚美之教育也。

十八世纪之末叶，德儒西洛尔氏，主张美育为最高尚之理想的教育，而曰，美观与真理属一致，美观与善行亦相符合。一言之，真善美名虽三，而体则一。能修养道德上之感动，与美育上之感动，全相一致，则成有乐而为之状态，即为人格陶冶之极致，亦教育目的之终局。故曰，美育为教育全部之事业也。称之曰，美育万能主义。乃自十九世纪以降，美育之价值，遂为一般教育界之承认矣。

[①]《小学教育界》第 3、4 合期，1921 年 5 月，第 207—216 页。作者署为"鄞县施述尧"。原文为句读。

二、美育之目的

如前所述，则自古教育之实际上，出于自然之要求，莫不含有美育之要素。然今日教育上所谓美育者，与西洛尔氏之美育万能主义不同。盖实际上美观与真理不一致者，实属不少；且美观与道德相背驰者，亦甚众多。小说与剧中之人物，其行为虽非正善，而能使读者观者，动莫大之兴味，是即美而不善之例。但能诱启吾人研究真理之心，并能补助实行道德之志。则真善美三者，虽不甚相一致，而其间有密切之关系，则诚然耳。

然则今日教育上所谓美育，其目的为何如乎，请列于后。

甲、直接的目的

"陶冶审美之情操，养成人性高尚之趣味。"

盖审美之情操，属于人之天性，必使其天性发展圆满，始得享受幸福之生活。故陶冶审美之情操，为完全人格之一要素也。

乙、间接的目的，又分为二

（1）"养成美洁之趣味，为道德的品性之补助。"

盖美洁之趣味，能排除卑劣之欲望，及诱启高尚之动机。故赏美之趣味，能修养人之品性。

（2）"养成美术创造之能力，为工商业之基础。"

盖工商业之制品，能否刺激人之美感与否，于其销售上，有密切之关系。故欲图国家工商业之发展，必先培养国民美术的创造之能力，此乃美育关于国民经济生活方面的任务也。

三、美育之方法

以直接观察美术的物品，为美育之主要手段。盖必以直接观察实物，因其刺激，始能发生好美之感情，而后陶成完美之人格矣。

所谓美术的物品，试列下表。

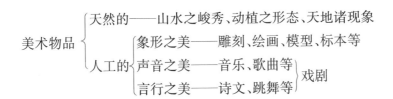

上表所列，各种美术的物品，仅仅约略耳。欲利用其施行方法，亦可分为二大别，如下表。

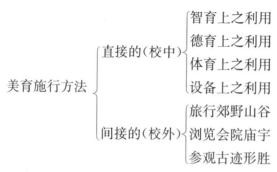

更将其大略说明之于后。

甲、智育上之利用法

智育者,授儿童以种种知识,养成国民资格之方法也。而分有种种科目,其与陶冶美感有直接关系者,为图画、手工、唱歌、书法等科。盖图画、手工、书法,属于象形之美,唱歌属于声音之美,故称此等学科,可谓美术的学科。则教授此等学科时,必于其固有之目的外,更宜注意其陶冶美感。

其他如国文科中,讲授美文、韵文之时,亦有陶冶美感之价值。理科、地理、历史等科,观察物品标本、模型、像片、图画等类,亦为直接观察美术物品之机会。算术之绘图,作文之列表,何一非陶冶美感之利用机会也。

且各科教授时,学童之发问与回讲或演答,注意其讲话之音调,起立之姿势,加以整理,皆为启发美感之机会也。

乙、德育上之利用法

德育与美育,亦有密切之关系,前已言之。盖道德的行为,莫不刺激人之美感,故规律秩序之习惯,高尚优雅之行动,虽皆属于道德之修养,亦即美育之表示也。

最显著者,如仪容服装等事,使之端庄整齐,即可陶冶爱美之情操,后可为人格高尚之装饰。

故练习应对进退等之礼法,由其实质方面言之,固属于德育,而由其为人格之装饰言之,则属于美育。夫美与善,虽未必尽相一致,而其一致之时,实足以增加其感动人类之势力。故德育与美育,常相连而不可离也。

丙、体育上之利用法

体育与美育之关系,亦与德育与美育之关系相似。凡身体之姿势端正,而生形态之美;运动熟练,而生运动之美。

故教授体操之时,于其特有之体育目的外,而兼有美育之任务焉。古代希腊人以体操为陶冶高尚人格之要素,良有以也。故随时宜多授跳舞、进行等游戏焉。

丁、设备上之利用法

学校之设备装饰,含有种种美术的要素,则每日直接刺激学童之感官,最足诱启爱美之趣味,于美育之关系尤重者也。故设备上之种种,可称美育之直接的要程。

夫学校所居之地址,如傍有崇山峻岭之形胜,或茂林修竹之景色,或燕语莺歌及雁飞虫鸣等之种种清幽,则学童于不知不觉之间,为其天然之美所感化,其效力非学校教育所可及者。所以选择校地,不可不细心研究也。而尤要者,为建设学校园,既可藉以供取,而得直接观察,又可养成审美的感情,而得天然之美,亦美育上有莫大之影响者也。

至于学校房舍之建筑,器具之构造,均宜含有美术的要素,以为美育之利用。教室之内,亦宜加以适宜之装饰,以为刺激美感之手段。例如壁上悬挂适宜之绘画、雕刻等物,但所选择之物品,必须适合于学童之程度,及时势之趋向,方为有效。若吾辈虽以为美,学童或无所感动者有之;吾辈虽视为无味,学童深为叹赏者亦有之。既适合焉,而尤须随时势之趋向。或名不符实者,反启其虚伪之心;或时事不适者,反启其疑惑之感;或如陛官图等之能诱引妄想之徒。如此之类,指不胜屈,均须慎从其事。故凡装饰上所用之美术品,必选择适合于学童之程度,始得启发学童之美感,适合于时势之趋向,始得养成高尚之美德。至于美术物品,比比皆是,何堪卒举。幸执鞭教育界诸君子,广为安采,斯可矣。

戊、学校外之利用法

学校中之设备,皆有一定之限制,虽经费任何丰裕,亦不能十分充足,故欲完全达美育之目的,必设法利用学校以外之美术品。例如率领学童旅行郊野山谷,可观察天然之美;或浏览博物院,及美术展览会、运动、游艺会等地,又可观察人工之美。其他寺殿、庙宇、铜像、纪念碑等,皆为诱发美感之观赏境地,又如高尚之音乐、戏剧,亦可为美育所利用也。

四、美育之注意

美育之方法,大要如前,神而明之,在乎其人。然美育施之失宜,其弊害亦有不可胜言者,或失于浮华,或流于奢侈,甚至耽于娱乐,不务正业,人格也,品位也,因以堕落。是美育不但不能为道德之补助,反为道德之妨害。小则害其一身一家,大则可以败俗亡国,可不惧哉!故施行美育之直接目的,虽在陶冶爱美之兴味,而必与智育、德育相辅而行,以国民教育之完全目的,为终局之目的。惟取其利,勿蹈其弊始可耳!况当今浮华奢侈之风盛行时代,施行美育,更应注意焉。

试观教育宗旨,果为完全善美之与否,姑不具论。而其令文中之末句,以"美感教育"一句之下,加以"完成其道德"五字,其以德育为基本,预防美育弊害之苦心，可以想见。述尧不敏，述以自鉴，非敢云作以供世，幸有以匡正焉。

听了一番讲演以后　吕澂①

　　我们学校里昨夜开了个讲演会，请李石岑先生来讲演了一番"象征的人生"的解释。（这篇讲演的稿子大概日内便可在本栏发表。）我当时精神上正感受着一种很深的痛苦，——这也许是人生应有的痛苦——勉强忍耐住去听了一次，却使我迷惑的生活前途得着一点光明的启示，我对于讲演者，不得不表示感谢的意思。

　　我们生在这无涯的、长久的宇宙里，正像那茫茫沧海的表面一个起灭的浮沫。要不是十分麻木的人，总会对于那宇宙人生的究竟有点疑惑，或竟要去求个明白解释。这一点我说便是正当的人生的开端。人生不是明白了以后的事，却便是那要明白的一件事。人生是种求知的，同时便是种实践的。那求知是无尽的，实践也是无尽的。一面要明白，一面去解释，这样的使我们人生不绝的向上。（现在有好些可爱的青年误会了生的意义，以为但须求些实用的学问，到学成了便可以算个健全的人。不晓得学问，原没有止境，并且他对于人生究竟有什么意义也应预先明白。人生那里是固定的，可以应用一定的规则去安排？我很希望这类青年觉悟。）所以艺术的活动直观的去求知，同时表现的去解释，自好概括人生的全部。还有宗教的活动信解行证一时圆融，也自概括了全体的人生。但艺术的极致是认明各个分离独立的我，宗教的极致是舍去一切我的执着。一是人生的正面，一是人生的反面。正当的人生便只有这两面。（我始终不敢赞同美育代宗教的话，也是这种理由。要有人说美育可代得形式的宗教，我便要问他宗教是不是单存在形式上？又是不是有了形式才有宗教？）从正面的人生说，将意识上虚伪的统一形式解除了，便能观照宇宙人生到更深奥的地方，那表现也更加彻底。就因为脱离意识的形式束缚，所以觉得是无意识的，依着通常的解释，这不就是神秘的象征么？这样的人生不就是象征的人生么？我藉着石岑先生的讲说却得了这样的一种理会。

　　但是我原曾经过几年不很纯粹的宗教生活来，现在又在这里憧憬着艺术的生活。我虽不是有两重的生活，但这样的移转已使我觉得很为不安。在这不安里感到十分的苦痛，便是这世间尽许有同我一样理解的人，但在我生活里始终充

---

① 《时事新报·学灯》，1921 年 6 月 11 日第 13 版。

满了孤独的悲哀。近来更觉得这悲哀竟要成了永久的悲哀,反使我迷惑起来,不要我竟是在容得一个人的僻径上? 但石岑先生的一番话,仿佛是启示我,这便是你见解的旁证,你生活上的慰安,也是照着你生活前途的一星光明。我明白了,从现在起我便要使那生活安定了,却只凭着这一点慰安,一点光明。——咳! 也许我生活里便只有这一点慰安,一点光明呢! ——五月二十八日上午在上海美术学校。

关于美育之研究　吴俊升[①]

(一) 美育之意义与目的

美育二字,在我国可算一个最新颖的教育名词了。智,德,体,三育,凡是研究过教育的人,都知道的。后来教会里又自添了一种"群育",这就知道的人较少了。至于美育,不但是在我国不经见,就是在欧美的积极提倡,也不过是近今发生的事。

"美育"是英文 Aesthetic Education 的译名。在欧美又有 Art Education 一词,差不多是同样的意义,所以美育又有人称为"艺术的教育"。这种教育,虽然现在才积极提倡,但是来源已经甚远,希腊古代,学校里已经有了艺术的科目,亚里士多德 Aristotle 曾把图画列为教科之一[②],这便带有美育的色彩了。罗马恺皮拉 Cappela 所定七艺 Seven Liberal Arts 之中,也有音乐一种。[③] 在中国古代,孔子以六艺教人,乐也是六艺之一。《论语》"盍各言尔志"一节,孔子独许曾点,可见其注重美育之一斑。所以照这样看来,"美育"虽然是一个新词,但是来源却很古,不过直到现代才把这个名词揭出,引起教育界的注意罢了。

对于"美育",很难下一个定义。就现在推行美育的趋势看来,可说是普通教育中满足美的生活的一种教育。我们知道人们生活的理想观念,有真,善,美,三种,美育便是帮助儿童实现美的理想观念的。他的目的,并不在于把个个学生都养成美术家,也不是很玄远的教学生研究历来哲学家聚讼不已的"美学",又不是

---

① 《教育汇刊》第 2 集,1921 年 8 月,第 1—9 页;又载《河南教育公报》第 2 年第 5 期,1923 年 1 月 2 日,第 1—13 页。

② 原刊注:"参考 *Cyclopedia of Education*, *Art in Education*。"

③ 原刊注:"Seven Liberal Arts: Grammar, Dialectics, Rhetoric, Arithmetic, Geometry, Astronomy, Music."

在实行赛弗尔脱 Richard Seyfert 的"教育即是艺术"的主张①,乃是在发展儿童美的欣赏和美的创作的能力②。儿童本能中本有美的欣赏和创作的自然种子,美育的功夫,就在培养这种子,使他们生长发达,开美丽的花,结肥硕的果实!

欣赏和创作,便是美的生活的两方面。美育能把美的欣赏和创作的能力发展起来,那么儿童的美的生活,便可满足了。

以上所述的两个目的,美育都要达到,不可以偏枯。密勒尔 Miller 曾说过:"儿童享受音乐,绘画,雕刻,文学,以及别种艺术的美,也是生活中重要而不可缺的部分。"审美能力的养成,固然是很重要的,但是必要欣赏者自己经过发表情绪和理想的创作以后,客观的美的欣赏,才来得更亲切而有意义;所以创作力的养成,也不可忽视。而且美的创作,不徒为发展欣赏力之帮助而已,他本身也有很大的价值:人的情绪紧张的时候,往往有发表的需要,儿童尤其如此。艺术便是我们发抒情感的工具,这是托尔斯泰 Tolstoy 在他所著的《艺术论》里曾经说过的。③ 人生最苦恼而又最危险的一件事,便是激切的情绪,没有相当的发表方法,那么美的创作力的养成,也可见是美育的一个重要目的。

(二)美育之价值

从前人谈到美术,往往联想到"奢侈品",美育当然是和美术有密切的关系的,也许有人发生同样的误会,把美育当做教育上的奢侈品。但是美育有没有价值呢? 是不是奢侈品呢?

我们知道教育的目的,无非是在满足学生现在和将来生活上的需要,一切教育上的历程,也无非是直接或间接满足需要的历程。我们先且不问美育有无价值,且先看学生现在与将来的生活上,有无美育的需要。

儿童是有审美的本能 Aesthetic Instinct 的。初生的时候,就欢喜听他母亲摇篮的歌声,就欢喜穿红着绿,就欢喜玩看美丽的画图,有时并且呀呀的发出有节奏的儿歌,这都是审美本能的表现:此种本能之教育的价值,差不多是教育家所公认的。若得有相当的利导,可以使得儿童的生活,益发充裕愉快,益发高尚而有意义,学习的效率,也以此可以增进。反言之:假若不得相当的发泄,照心理学上说,必定要激起情绪作用,而且枯寂的单调的度过机械的生活,于儿童的智

---

① 原刊注:"参考《教育杂志》第十三卷第一号《教育之美学的基础》。"
② 原刊注:"参考 Bailey: *Art Education*, Chapter Ⅰ。"
③ 原刊注:"参考本刊刘伯明先生《美育》的讲演。"

能和身体的发达,必定很有妨碍!照这样看来,儿童现在生活上实有美育的需要,那么美育的价值,于此可见一斑。

再说从儿童将来的生活——社会的生活——上看,社会分子,熙熙攘攘,劳心劳力,多是机械的生活,还有衰老病死种种拂意的事情,引起人生的悲观,假使精神方面,得不到一些慰藉,那么长久度这冷寂无意义的生活,必定要发生厌世的观念。这等慰藉的方法很多,美术的欣赏和创作,可算是慰藉方法之一种了。欣赏美术,可以使精神方面感觉愉快,减少许多疾苦;创作美术品,可以把生世一切爱憎苦乐的情绪,发抒出来,更是快意的一件事了。[①] 野蛮民族常有各种音乐,跳舞的集会,一部分是起于慰藉精神的需要。文人学士的填词赋诗,寄托遥深,其性质也可以等类齐观。农人耕作之暇,家人父子,聚于一场之上,或是唱一曲田歌,或是谈说荒唐的故事,亦是消遣烦闷的方法。在欧美文明社会里,剧场跳舞会等等正当娱乐之所,邦人士女,联袂偕来,热情奔放,如醉如狂,也不过找寻精神上一点之慰藉而已。

以上是说的美的欣赏和创作,可以得到精神上的慰藉。但是我们知道美的欣赏力和创作力,虽有本能为之基础,假若在儿童时代,没有受过适当的美育,他们不久便会渐渐消灭,决不能蓬蓬生长;那么就满足儿童将来生活上需要的功用看来,也可见美育的价值。

以上所论谓美育可以直接或间接满足生活上的需要,是论其本体的价值,此外美育和道德教育也有密切的关系,可以成为他的帮助。

美善是否可以合一,或是竟互相背驰,虽是数千年来美学上未解决的问题,但是我们就事实上看来,实在不能不承认美育有道德的价值。

受过美育的人对于美的鉴赏力,一定非常发达,他所好尚的对象,必定是自然界或是艺术方面高尚纯洁的美。"耳不听恶声,目不视恶色……"变成自然的习惯,那么一切社会上卑鄙污浊的好尚,他一定是很排斥的,不肯苟同于流俗。纵是精力有余,或是愁闷必须消遣,自有真正美的欣赏,来为污浊的好尚的代替了。现今社会里许多堕落的青年,沉湎恶声恶色之中者,不知多少,可惜没有受过美的训练啊!

受过美育的人为美的对象,所潜移默化,精神与美,融合为一,不可判离,其心地一定是光明皎洁,和冰壶秋月一样的美,苟且卑贱的事,自然鄙弃不屑为了。密勒尔 Miller 曾说野蛮的民族,治理不良分子,有两种方法:消极方面是用惩罚;

---

① 原刊注:"参考耿济之译托尔斯泰《艺术论》第五章。"

积极方面便是用音乐跳舞等感化其内心。美育感化力之大,于此可见了。[①]

美育还可说是伦理的基础。人们一切伦理上的关系,差不多全都建筑在广大同情之上。社会上假若没有一种广大同情,浸渍在各个分子心里,那么这个社会,必定要分裂,不能团结在一起的。广大同情,并不是会自然发生的,必要社会各个分子间的情感意志,互相传播,互相沟通而后,始有此种同情发生。传播情意的最好工具,便是艺术,这是托尔斯泰说过的。美育的目的,在于培养艺术欣赏和创作的能力,换句话说,便是一方面使学生有接收别人的情意的能力,一方面还有发抒自己的情意的能力,故其结果可以"联人类于同一情感之下",而为一切伦理的基础。

以上所论美育的价值,不过就见解所及,表而出之,或有未尽之处,然于此也可见美育之重要了。以下便论到美育实施应注重之点。

(三) 美育实施上之注意

论到美育的实施,手工,图画,文学,音乐,跳舞等科,当然要着重,但是此等艺术科的教授,不是美育全部的事,美育的目的,也不是单靠此等艺术科的特殊教授,就可以达到的,这和德育不是专靠修身或伦理的讲授,便可达到目的一样的理由。要达到美育的目的,学校全部生活,都要注意美的陶冶。儿童日常生活之间,耳濡目染的对象,或是身体力行的动作,假若都有美的意义,久而久之,自然于不知不觉之间,养成美的正当好尚,和美的创作力了。学校全部生活,应如何注意美的陶冶呢? 兹为说明便利起见,把几件重要事项,分述于后:[②]

(甲) 学校环境之美化

环境对于生物的影响,非常之大,这是一般人都知道的。论到美育,尤其和环境有密切关系;因为美育的能事,大部分在潜移默化,不是全靠口头教的。西洋有句成语说:"艺术不是教的,是要人传染的。""Art is not taught but caught."也是这个意思。学生在学校里,假若感官所接触的,都是优美和谐的东西,不但生活愉快,正当的美的好尚,也可以渐渐养成[③],而且学生感触最活泼而优美的印象,对于创作方面,也很有帮助。反言之:假若学校的环境很坏,学生耳濡目染者,无非恶声恶色,精神方面感觉痛苦,美的生活,不能满足,虽然图画手工等科

---

① 原刊注:"参考 Miller: *Education for the Needs of Life*, p.67。"
② 原刊注:"参考 Bailey: *Art Education*, Chapter Ⅲ;Ⅷ。"
③ 原刊注:"参考 Dewey: *Democracy and Education*, p.21。"

谆谆的教授,也是毫无用处!所以环境的美化,实是一件最紧要的事。譬如学校园便是注重美育的学校里最不可缺的。园里树木花草,纷红骇绿,虫鱼鸟兽,生机活泼,都含有自然之美,儿童时常接触,精神感觉愉快,生活也自然不枯燥了。还有关于培植花草,豢养动物诸事,都可以教学生自己料理,教师居于指导的地位。他们常和自然接触,对于此等自动事业,必定很感趣味,因此关于美之基本原理,他们从自动中也可得到,这是美育的很好方法。

还有教室与学生尤有密切关系,因为学生每天在教室里的时间,比较多些,所以教室里的设备,也应当可为美育的帮助。以下几项,都是要注意的。

一、颜色之配合。教室里各种东西的颜色,总要深浅浓淡,配合得宜,使学生感觉优美恬静,而不觉得过于纷华,或是过于黯淡。

二、壁上之装饰。壁上可以择相当位置,悬挂各种精美的图画。此等图画的颜色,和包含的意义,应当适合儿童的心理。年幼的儿童,爱看浓厚的色彩,关于动物小孩家庭生活的图画,他们最欢喜。年纪稍大的儿童,他们欢喜看表示人们工作的图画,颜色不欢喜太浓。再大的儿童,便爱看淡雅的色彩,图画上表示一种高尚情感,或是一种理想观念的,他们欢喜欣赏。所以壁上的图画,应当因年级而异。久挂则儿童渐生厌倦,可以不时更换,初年级的教室里,尤其要更换得频繁。

三、花草之安排。儿童没有不欢喜花草的,教室里应当陈设应时的美丽花草。此等花草之选择和安排,教师要予以很大的注意,一方面既要适应儿童的需要,一方面还要不背美的原理。有时此等事务,也可以由儿童自己料理,教师从旁指正他们的谬误。他们对于花草何以如此选择,如此安排,都要还出一个理由,然后再由公众批评,如此也可于不知不觉间,明白许多美的原理。

四、工艺品之陈列。乡土的特产,和本国著名的工艺品,如丝织物,漆器,古瓶等,陈列室内,儿童很觉亲切有味。还有世界各民族的特产,则以搜罗得到的,也应当陈列,藉以丰厚学生的美感生活。至于学生作品之精美者,也可以陈列,以资激励,且供他人欣赏。

以上论学校环境之美化,仅举出学校园和教室两端,以为例证,其他各项,请读者据上原理类推,恕不列举。

(乙)艺术科目教授之改良

若问中国学校里现今对于美育的实施如何,手工,图画等科的列入日课表里,总可算差强人意的一件事了。但是往往有许多乡村小学校里,对于此种科目的教授,认为无足轻重,不很注意。我还见过几个学校,日课表上虽有这几种科目,其实并不依照上课,用其他科目来代替的。这等事实,与教育原理不合,固应改革,还有许多学校受了经济现状的压迫,或是功利主义的影响,竟把许多艺术科职业化了:学生今天做成的作品,明天便要拿到市上卖钱,教授时全不管学生的兴味和需要如何,一味苛求作品的技巧,以应流俗的好尚。这等教法于实利方面,到底有无裨益,我虽不敢断言,对于美育的目的,有无冲突,却很有研究的必要。本来儿童对于艺术的创作,是起于艺术的冲动 Art Impulse,是因为受了情绪或理想的压迫,发乎其所不得不发,丝毫不带有功利的观念,所以他的作品,虽然精粗不等,但是总可以把他的情绪或理想,表现几分出来,满足那时发表的需要。假若此等艺术科的教授,一经职业化以后,那么他们的创作,完全在经济方面着想,经济的兴味,把审美的兴味战胜了,他们的作品,和受经济压迫的画师或是投其所好的工艺家的作品一样,毫无情感,涵孕其中,而且学生的丰厚的情感,与高远的理想观念,也将从此减杀无余,并且发表的能力,终于毫无,此和美育的目的,实相刺谬! 所以我们对于此等艺术的教授,不以美育为其第一要义则已,假若是以美育为第一要义,那么便应减少功利主义的色彩。无论是教授图画,手工,或是文学,音乐,总应当给学生自由发表他的情绪和理想。起先客观的正确与否,可以不必介意,以后他的经验渐渐发达了,自然觉得他的发表方法不十分满意,要进求客观的精确,然后教师从旁帮助他们,渐渐学习各种基本的技术。这等技术养成以后,或于实利方面,不无裨益,但是教授的目的,并不在此,仍在满足学生的美的生活! 学生的技术愈精,他们的作品便愈能适切的发表他们的情绪和理想,那么他们美的生活,便更加满足了。

(丙)教师人格之感化

教师本儿童环境之一分子,可以附述于"学校环境之美化"一节之内,现今因为他与美育有很密切的关系,所以特别提出说明。"其身正,不令而行;其身不正,虽令不行",这句话是说做领袖者应当以身作则。用为教师实行美育的格言,尤其切合。教师和学生朝夕相处,其人格有感化学生之潜势力,此种势力,实比学校里所定任何规则,任何信条之势力为强,教育之受效于教师之人格之感化者,其分量实出吾人意料之外;所以教师要达美育的目的,必先自修养其人格:他自己要是受过适当美的陶冶的人,他要在校里做一个美的榜样。他对于美之欣赏,趣味要非常之浓厚。他还要有适度的美的创作力。他的举止行动,要温文尔雅,不流于粗鄙。他的思想要高尚纯洁。他的居处服饰,要是不背于美的原理。他对于美育一事,要很热心的切实施行。这样的人格,学生受其薰陶于不知不觉之间,如坐时雨春风之中,美的欣赏和创作的自然种子,便能蓬蓬勃勃的生长,学校美育的目的,庶几可以达到啦!

美育:刘伯明先生讲演　　刘伯明[①]

美育之属于教育,与德智体三育同,不可有所轻重也。德智二育,一趋于意,一趋于知,美育则偏于感情。意也,知也,情也,皆人类精神现象之要素,互相作用,无所轩轾于其间。然今之谈教育者,多偏重德智二育,而弃美育于不顾,此实一大缺点。兹以时间短促,不能详述,仅将美育之历史,价值,及其方法,为诸君约略言之。

(一) 美育之历史

美育注意之最早者,厥为希腊人,希腊人爱美根于天性,为他民族所不及。然优秀明媚之环境,亦足以影响之。希人言美,包德智体于其中,此亦异于后世者。柏拉图代表希腊之精英,可称为希腊人之希腊人。自柏氏观之,美即真,即善。体育与美育相关,真美善一致一说,盖自柏氏始也。希腊人之视体育,与近日不同。近日之竞走尚速,以锦标为目的。希腊人则不然,步趋皆合节奏,有音乐存乎其间。再者,希腊人运动皆裸体,示人以形体之真美,非如今人之有伤残隐疾者,亦得出入于运动场也。希腊谚曰:"美丽之精神,寓于美丽之形骸。(A beautiful soul in a beautiful body.)"斯谚也,可代表希人爱美之精神。苏格拉底貌不扬,尝祈祷于神,求神与以心中之美,且使之里外皆美。此为一最有名之祈祷,然亦足见苏氏爱美之真挚也。柏拉图最重美,教育学说中柏氏成一派,教育家中柏氏亦一人,《理想国》(*Republic* 或译《共和国》)书中,关于教育者甚多,尤置重于美,彼谓师保当使儿童所接触皆为美,使宇宙间自然之美,如和风之爽其心,俾儿童洁白之心灵,与之映合。音乐极要,以其能引起人之美感,由美而生善也。美善系不可分者,此非特柏氏一人之言,亦希腊民族特性之所在。迨希腊衰微,美育不讲。后至罗马遂有所谓健全精神,健全身体者。盖罗马人多注意得失,计较特精,即崇神亦如有约者。(如曰,吾敬汝,汝神当佑吾。)其天性偏于实用,此其所以有 Mens Sana in Corpore Sano(即健全之精神寓于健全之身体)之说也。

[①]《教育汇刊》第 2 集,1921 年 8 月,第 1—6 页;又载《河南教育公报》第 2 年第 5 期,1923 年 1 月 2 日,第 1—12 页。题目下署为"刘伯明讲演、林昭音、章松龄笔记"。

迨至罗马,基督教兴,言美者极尠,盖其时人之思想,类趋于出世精神方面也。洎夫文艺复兴(Renaissance),柏氏之美,始为世重,后德之雪蕾(Schiller)完全恢复柏氏之说,且光大之。近世教育家最重美育者,厥为法之卢梭(Rousseau)。其教育目的,以培养最高之好尚为主;见美之形,闻美之声,则儿童知欣赏矣。卢氏乃富于情而薄于意者,故审美思想,较他人为浓也。

今之言教育者,每轻美育,视为太狭,一切以生活为准,此盖受进化论竞存思想之影响也。英人斯宾塞(Spencer)大教育家也。其完全生活(Complete living)中,专言对于环境之关系,而不及美,视美为闲暇之消遣,此亦受进化论之影响者。杜威虽言改造经验,然亦不言美,恒言主动之驾御,而轻被动之欣赏,若此时哲学,正值戎马倥偬之秋,欣赏非此时所能计也。美人最重效率,以为人生最大目的。有瀑布于此,彼必计其马力,用以转动机轮。吾国人最重享受,可以之补美人之偏;而美人之所有者,亦可以补吾国人之偏也。

(二) 美育之价值

1. 培养正当之好尚

食物之价值,视对人之关系而定。鱼与熊掌,其本身无客观之价值,有嗜鱼而恶熊掌者,有喜熊掌而不乐食鱼者。病者、饱者与无病者、饿者之于熊掌,又各不同,随一人之好尚而定。金钱之价值亦然,因时地而异,全系主观。至美之好尚,则不然。耳之于声,目之于色,已渐有客观之标准。受教育深者,其于声色喜雅淡;未受教育者,其于声色好浓浊。观人欣赏美之程度,可判人之文野。人不喜钱,不喜食鱼,可不加责;若曰斯人也不知欣赏优美之美术品,则必曰是癫痫不足道者。月之为灯,与月之为美人着白衫者,其于月之欣赏程度,大异矣。乡人喜喧器锣鼓之声,及近日一般女子,好艳红深绿之衣履,皆足以表现其教育程度之低,而好尚之不正当也。美国曾有一书,言美之秘密,教人以美之道。美者生活之一部,知欣赏美,而后始有正当之好尚,岂可忽乎!

2. 培养文雅(Culture)态度

儒者柔也,夫子温良恭俭让,非得 Culture 之深者,不能至此也。此种态度,实中国儒家之特长,他国鲜有能及之者。美人近年最讲经济,即无事时,亦行之甚速,若甚匆忙者,此实缺安常文雅之态度。但 Culture 非仅指外表,内部之性情亦包焉。人有和乐细腻之性情,高尚之情操(Sentiment),始有文雅之态度。男女交际之间,亦当文雅;往往见有一种粗鄙之表示者,此直兽性冲动(impulse)之发现也。是以当将粗鄙之激动,加以提炼(refine),使成高尚之情操始可。性情之粗细,关于教育之程度;感情粗率者,皆受教育未深之故。吾人不但感情须细,感觉亦须细。希腊人之视听极精腻,其听音乐也,能判别音之高低强弱,于袅袅余音之中能感和谐之美;其视美术品也,能审各种色调之配合,形式之大小,比例之当否。故希腊之建筑,雕刻,图画等,比例皆极当,非中国人所能比也。

3. 美育与道德之关系

有美感者,求必皆有道德。如卢梭者,可谓富于美感矣,然道德方面,则未免有所欠缺。此于吾国川洛之争,可以见之。然真美与善,不能分离。柏拉图如斯,雪蕾如斯,言美而不能如此,非真言美也。Shaftesburg 谓人之好好色,恶恶臭,乃自然之心向,非特美之表示,亦道德之表示。高尚之美,必一方能自由,一方能制御感情。

4. 美育与比例之关系

常人每缺比例均衡之思想(Sense of proportion)盖未受美育之陶冶也。绘一图,雕一像,皆有比例存于其间;鸟大于树,手大于头,或足短于手,屋高于树,皆失之比例,不能调和,而美之价值亦减。音乐亦然,高低缓急不能和谐,必成噪音,无由引人之美感。吾人作事,亦当有轻重,大小,缓急,先后,喜多而不知选择,其事必败。一多当调和,一为个人方面,多为社会这方面。一方面注意个人之修养,一方面又有人与人之关系,当尽父母兄弟朋友之责。太重个人,或太重社会,皆失之偏,而不能有比例之调和。所谓发狂者,即其人摈弃一切而注意于一事,此非常人所宜有也。希腊人一多调和,其言曰:“Nothing in excess.”可见其 Culture 之深矣。希腊之美,即古典之美(Classic beauty),极重比例,与后世 Romantic 及 Realistic 之美大异。前者病在狂热,后者则色彩太浓,毫无选择,去希腊之 Rationalism 远矣。吾人立身,亦当调和一多,作事宜有限度,取舍宜有节制,读书亦不可博而不精,以能得比例为最要。

5. 闲暇之必要

吾人生活,若终日张而不弛,迫急紧促,则干枯单调,精神受苦极矣。故一日之中,须有一部分时间之闲暇,以舒畅脑筋,而欣赏宇宙之美。有人曾谓人之面,不能现紧张沉思之色者,非 Modern man,此实不当之言。希腊人极重闲暇(leisure), school, theory,皆有 leisure 之意,盖闲暇而后能发明原理也。但希腊思想家多为贵族(雅典城中五万人,仅三之一系自由人,余皆为奴隶,自由人之能多闲暇而自由讨论者,有奴隶为之服务也),能有闲暇,亦仅少数人。当今平民思想发达之时,吾人当使人人皆有欣赏美术之机会;资本家与劳动者,皆有欣赏美术之能力与习惯。诚如是,则人类之生活,活泼有生机矣。

6. 艺术眼光

世人多以外貌地位等附属方面观人,位高金多者,则吹嘘之,崇拜之;反是,则贱之,辱之。其人究为如何,不问也。艺术眼光则不同,一切自本体上观,外貌不足以定价值。总统与乞丐,自常人视之,位置悬殊,若自美之自体内部观之,乞丐之中,亦有其美。故有艺术之眼光,则能洞见真实价值。而虚伪之外表,不足眩其心目,皮相之病,亦可免焉。

7. 超脱利益

欣赏之可贵,在乎超脱利益。大山瀑布,千丈高悬,自美术家观之,决无计其力之大小,利用之作工厂之思想;特徘徊优游于其下,以欣赏之。罗素谓人类行为之动机,即创造与占据冲动之表现,世人之所以互相侵占,互相贼害者,皆由于占据冲动之过强所致。吾人欣赏时,宜完全创造,不容有丝毫占据冲动于其间,则能超脱利益,而欣赏美之本体矣。世界一切扰攘,皆起于利益;利益根据于占据冲动,盖人皆欲据万物为己有而后快;因其欲独据,而利益之念,争夺之心兴焉。此种思想殊属大谬。须知事物能为汝欣赏,即为汝有,欣赏已毕,所欣赏者即不汝属;江上清风,山间明月,人人得欣赏之,亦即人人得有之,必欲一人独享,不可得也。家藏万卷而不能读,与贫穷而能在图书馆读书一小时者,相去不可以道里计矣。不能欣赏,虽富有天下,亦无所用;不然,能欣赏一草一木,亦足以自豪,又何用乎利益哉。

8. 美育即感情之传递

托尔斯泰(Tolstoy)之 *What is art?* 书中有言曰:"艺术者,感情之传递(transfer of feeling)也。"人有悲苦之情,不能以言语出之,每每藉诗歌以达其意,时隔数千年,地旷数万里,读其人之诗歌,即能咏叹其旨,而感慨系之,此盖有同情存焉。人类不同之意志,惟艺术可以连合之,读古人之书,而能生同情者,亦艺术之功也。故有艺术,而后人之情广,调和意志,传递感情,一古今,齐中外,而达民胞物与之精神,舍艺术莫由也。

(三) 美育之方法

美育之价值既如上述,今再言美育之方。小学校为培养美感之最好场所,盖美感须自小培养之也。职是之故,小学校之环境,建筑,设备,校园等,皆当有美存于其间,使儿童习染之而不觉。(大学校建筑,或可忽略,牛津大学世界最古而最有名之大学也,但校舍极坏,盖大学生之好尚已定,不易为环境所移,至小学生则流动自然,有感必化,故环境极宜注意。)校舍之色调,光线,尤宜注意(光线须适合儿童眼光之要求,早晨宜用绿色之帘幕,以减光线之强度,向强光之屋,须用暗色),以能生美感为要。中国昔日之私塾,聚数十人于一不通空气日光之小屋内,终日惟闻鞭扑呼吓之声,无一时之娱乐,儿童活泼之天性,斲伤无余,遑言所谓美哉。学校中关于美之学科,如图画,音乐等,决不可废;女校尤为必要。幼时能为美之陶冶,将来持家,自能注意美育;幼时不能有美育,而求其将来有正当之好尚者,不可得也。教师人格,感化于儿童者至大,故当以身作则,使儿童习染。教师自身能注意美,儿童于不知不觉间,已具有审美之能力与习惯矣。故有人谓Art is caught not taught。学校课外之组织,如音乐会,展览会,运动会,新剧会,游艺会等,皆为薰陶学生美感之好机会,宜时有之。他如男女社交,亦有关于美育,盖女子性质温和,好美之性,生于天然,男子之性情粗而不纯者,多与女子交游,必能为所改变也。

小学的美感教育[①]

一个人无论作什么事情,假使精神时常是郁闷的、死板的,一定作不到好处;翻过来说若是时常愉快活泼,便能事半功倍了。拿这种原理推论到小儿的读书,更是明显。我还记得,当我小时候在私塾念书,坐在一个不修洁的小屋里,对着一群毛头毛脑的小儿,在一个活阎王似的教师威权底下,念那莫明其妙的书籍。每天下午习完字承着教师的命令,合那群村儿,引嗓着念书,哼唧半天,十拉行生书,总是念不熟。后来村中立了学校,我到学校里去念书,真是奇怪,我的记忆力,前后像两人似的,讲完一课国文,不消半点钟,便念个滚熟。这是什么缘故?就是在私塾里,提不起人的兴会,精神不愉快不活泼;学校能引起人的兴会,精神不郁闷不死板罢了。这不过就记忆力一方面说,假使学校能办到十分完善,身心各方面,更不知收多少益处呢!

可见学校当注意引起小儿的兴会,小儿才能进步。但是怎样才能引起小儿的兴会呢? 就是实行美感教育。什么叫美感教育,就是"利用人类爱美的天性,便建设一种美的环境去感化他,叫他不知觉的便向善的一方面走去"。譬如给小儿穿件洁净衣裳,他便不愿靠近污秽东西;教他听着清亮的音乐,看见好看的颜色,便起一种优美的愉快,这都是爱美的天性的冲动。教育家如能利用人类这种

---

① 《京兆讲演汇编》第 43 期,1921 年 9 月,第 16—20 页。原文以空格为标点。

天性去教育儿童,一定可以收很大的效果。不过"美的环境"四字范围是很广,凡接触于儿童精神肉体各方面的,都在其内。教育当事人要随时随地,特别注意,无论何种设施,总要以美的意义为归宿。我且把我想到的,拉杂写在下面,以备参考。

(一) 关于设备的

乡下小学,没有很多的款项,说不到什么设备。不过我所说的设备,并不是说建些高楼大厦,备些很贵重的东西,是就小学的情形,施些最省钱最容易最有趣的设备罢了。即如院子里要扫除清洁,墙隅屋角,要多种些花木(最要紧),房屋要修理整齐,墙壁要裱糊洁白,挂上各种美术画,课堂里要设备有条理。这并不用费多少钱,如能件件做到,这个学校便能添些优美的景象,小儿在这种环境内念书,精神便能受无限的快感,能养成极优善的情绪,极高尚的志趣,能帮助他进取的能力。要知道人终身行为,无论为善为恶,根性全在儿童时代立定。可见学校的设备,于儿童终身人格是很有关系的。这话骤然听见,似觉牵强,其实确有至理。因此我很反对小学设在古庙里,使儿童天天在神奇古怪的环境里,无形之中,精神上不知受了多少斲伤。不过限于乡村经济,不得不因利乘便,也是无可如何的事。但我希望教育当事人,如能另想出办法,总以不在古庙为最好。

(二) 关于教授的

小学的唱歌、图画、手工、体操,本就含有美的意义,不过一些小学教师,不善教授,不能发挥美的分量,便不能引起小儿的兴会。不知这几门功课,是很重要,别的利益不说,单按美感一层说,能陶冶儿童的性情,去掉粗暴的气质,养成活泼的精神,教师应十分注意。至于怎样发挥这几门功课的美的分量? 第一教师不要流露轻视的心理,因为儿童对于教师是很信仰的,他们见教师轻视这几门功课,便以为不要紧,不愿尽力去学,因而对之便不感兴会。第二所教的课程要合儿童接近。接近二字有三种意思:一是儿童力之所能及,二是儿童智之所能及,三是儿童性之所好。唱歌要多教歌咏他们环境的歌,音调还要自然。手工、图画要教简单有趣的,体操要多行游戏操法。教师教这几门功课,要用极恳切极和蔼的精神去引导儿童,儿童自然是兴气勃勃了。国文、修身,虽说限于课本,不能自由采用教材,也要利用儿童的环境,用一种美育的方法去讲解课本。算术的应用命题,应当用优美的设想题,以引起儿童的兴会,自然易于了解了。

（三）关于训练的

设备与教授既能利用美育，而训练一事尤为紧要。凡游戏时候的秩序，讲堂里的扫除，校园花草的种植等等事情，都应当教儿童自己去办理，教他们组成小团体，分组任事，可养成他们秩序、博爱、分工、互助种种美德。教师只立在指导地位便可，不必过事干涉。（指导是小儿想办一件事情不知道办法，或办的不得当，教师从而指导；或是小儿应当办的事情，小儿自己却没想到，教师从而引诱。干涉便有命令的意思，是教师主观认为应当办到，命令小儿去办。）因为过事干涉，容易陷小儿童于服从地位，便减却小儿不少兴会。譬如种花一事，本是小儿很喜欢的，但若用一种命令教他去种，便不如他自动去种，格外觉着兴趣淋漓。可是教师也不要合小儿太隔膜，因为小儿还有一种心理，他无论作什么事情，假使他的尊长能合他表同情，更是欢喜。当教师的对于此点要细心体贴，苟能措施得当，便能收极大的功绩。一般教师以为把课本给小儿讲解明白，就算教育，其实训练与教授并重，只知教授不知训练，只算教育的一半；若教授只能讲解课本，不能用美育，那更是教授的一半。所以我常说，现在的教育，大半为四分之一的教育，而一般教师也就算四分之一的教师了。

美育之原理　李石岑[1]

美育运动，在最近二十年间，随人类本然性之自觉而日益扩大；此诚吾人精神向上之表征，抑亦教育价值增进之显例也。夫教育上德智体三育之说，由来已久；经最近两世纪之试验，知未足予吾人以最后之满足，于是有美育之提倡。美育研究之范围，由学校美育进而至于家庭美育，社会美育，更进而至于人类美育，宇宙美育。美育之力，遂隐隐代德智体三育而有之；岂惟德智体三育，并隐隐代宗教以及其他精神界之最高暗示力而有之。此可以觇美育之功用矣。

德智体三育，何以未足予吾人以最后之满足？欲答是问，宜先问德智体三育与人生之关系若何？盖教育之第一义，即在诱导人生使之向于精神发展之途以进；而德智体三育所以完此职责者，能达至若何程度，此不能不问也。夫教育之

[1]《教育杂志》第14卷第1号，1922年1月20日，第1—8页。又载《东方杂志》第19卷第2号，1922年1月25日，第147—151页，题为《美育之原理（录教育杂志）》；《河南教育公报》第2年第5期，1923年1月2日，第1—11页。

原始的形式,本即为德育与体育;学剑学礼,同时并进,而祖先之风习,情操,法律,道德赖以维持。其后特重遗诫家训,而德育遂视为教育之主题,悬为最高目的。教科中有所谓训育者,几视与德育同义。德育之尊重,可以概见。自社会之分化发达,知识的教化之范围日广,而德育之势始稍杀。盖知识的教化,所以启示人生者,远驾于德育之上,则德育不足以敌智育也明甚。唯智育以授与知识与技能为主旨,其有裨于人生之实用也固甚大,然究足以导吾人于生命向上之途与否,仍属疑问。至于体育,虽为人生所必需;若仅以强健体格为唯一之天职,此外并不附以精神上之意义,则此昂昂七尺躯,只成为宇宙之赘疣,而何生命向上之足云? 故十八世纪,中于德育过甚之弊,而不脱传袭的思想;十九世纪,中于智育过甚之弊,而招弗罗伯尔一类之自然主义的悲哀;二十世纪初头,中于体育过甚之弊,而有前此之军国主义的欧洲大战。最近教育界觉悟之结果,知德智体三育偏重固不足以予人生之满足,即并重亦难语于精神之发扬,而不得不着眼于人类之本然性。至所以启示人类之本然性而导之表现者,则美育也。

德智体三育,如用之不当,则或足阻人类之本然性使不得展舒;甚或锢蔽之,斲丧之。故古典教育,注入教育,军国民教育生焉。德智体三育所以陷于斯弊者,亦非无故。德育与美育,适立于相反之地位。德育为现实的,规范的;美育为直觉的,浪漫的。德育重外的经验,美育重内的经验。德育重群体之认识,美育重个体之认识。德育具凝滞阻碍的倾向,美育具活泼渗透的倾向。又智育与美育,亦立于相反之地位。智育重客观的,美育重主观的。智育重普遍的,美育重个性的。智育重抽象的,美育重具体的。智育重思考的,美育重内观的。德智二育,虽各有其领域,而于人类本然性之发展,自远不如美育所与机会之多。至于体育,则本属美育之范围,更无所谓领域。体育原期身体之美的发达,所谓人体美之陶冶,亦即希腊教育之中心思想。人但骛于体育在增高体位,遂忘其本义,而去精神向上之途乃愈远。故德智体三育,对于人类本然性之发展,皆不能无缺憾;换言之,对于人生,皆不能予以最后之满足。此美育之提倡,所以非得已也。[①]

今请阐明美育之本义。美育之解释不一,然不离乎审美心之养成。进一步言之,即为美的情操之陶冶。情操有知的情操,意的情操,美的情操三者之别;然美育实摄三者而陶冶之。如判断,想像,为知的情操之陶冶;创作,鉴赏,为意的

---

① 原刊注:"本志宣言,所以美体二育并称者,以国人对于体育,太不注重,故特表而出之,实则体育亦伏于美育之中也。"

情操之陶冶。至美的情操之陶冶,乃美育必守之领域,此义不待词费而自明。惟愚以为美育不当从狭义之解释,仅以教育方法之一手段目之;当进一步,从广义之解释,以立美育之标准。美之种类不一,要皆足以操美育之能事。就美之对象以区别之,则有自然美,人类美,艺术美;而三者复可细分,如次表所示:

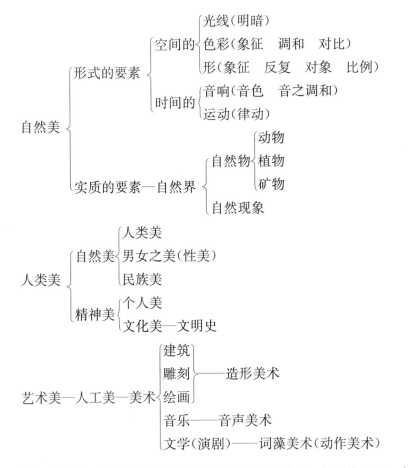

据上表以观,知美之范围极广;即可知美育之意义,未可着眼于一部而遗其全体。吾人生活于此自然美人类美艺术美之中,岂能一刹那间不受美之刺激而生变化? 如因美之刺激而生变化,是即美感足以潜移吾人之精神活动;换言之,即足以发展吾人之精神生活;更换言之,即为吾人人类本然性之要求。盖人类本然性,乃时时欲为不绝的向上发展,但非有以刺激之,或刺激之而非由于美的刺激,则不容易使之发动。此正如哲姆士(W. James)所主张之情意论派的哲学。谓如攀花;吾人最初感及最美之花,徐而由情及意,至于攀折。攀折之第一因为美,第二因乃为美之花。故吾人心的过程,全由于一种选择的作用,单选择适于

自我者而认识之。故最初发于情,由情而及于意,由意乃有所谓知。哲姆士诏示吾人之心理学的程序,实不外乎是。人类本然性者,乃贮有精神生活之最大量者也,可发展至于无限。经一度之美的刺激,则精神生活扩张一次,即人类本然性多得一次发展之机会。此正美育之真精神也。然则美育实为德智体三育之先导;而美育之不能仅出于狭义的解释,亦自不难推见矣。

关于美育之解释,请更介绍二义。一为新人文主义之美育,席勒(Schiller)之美育论,其代表也。一为最近美育运动论者之美育,蓝楷(Lange)之美育思想,即属于此派者也。请以次论之。席勒所代表之新人文派之思想,与希腊思想同;即以"美即善"为其思想之中心。故谓美育即德育;教育全体之理想,舍美育举无可言。美育不特为德育之根本,同时为一切科学之根本。盖美非一种架空之想像,实乃真理之显现。真理之直观,由于美的享乐;美的享乐,即达真理之路。夫科学基于理解,美术由于直观,科学为抽象的,美术为具体的,固不得谓无差别;然此不过达真理之径路不同,要其归趋,实未有异。若美术与道德之关系之密,则更有什百于是者。美术者乃表现共通的原理于个体之中者也,道德者乃强制个体使屈服于共通的原理之中者也。方法虽异,而于强个体以从全体则一。不过道德为义务的,为压抑的;而美术则为好意的,为自发的耳。故美育不特与德育不相矛盾,且进而包容之,相提相携,引而致之真理之域。此席勒美育论之大意也。而美育运动论者之论调,则大反是。自美术之品位与内容变化之后,"美只为美"之思想,遂充满于人人脑中。于是美术不独与科学不生交涉,且与道德全为绝缘。更有时不道德者与非科学者,反益足以发挥美之神圣。此派之美育说,不以美育为教育全体之理想,而仅以之为教育理想之一,不过居教育理想之最重要部分而已。此派之精神,全着重于美的享乐。故其美育方法,专以发达被教育者对于天然及美术品之感觉为主旨。意谓人性固为意志之发现,人生之活动,固不可轻视知的作用;但如缺乏美术或其他之情的生活,则人生岂惟陷于枯寂无聊,抑且由美的情趣之减少,无形中足以破人生圆满之发展。吾人不徒努力正大之人生,抑且希求兴趣之人生。蓝楷之美育思想,即带有此派色彩。故谓教育之目的,不在养成美术家,不必别施以美术史或美学等之教授;儿童亦不必令其于技术等有所论议,仅使之浏览美术而悦之而欣慕之斯可耳。故美育壹以自然为归。此蓝楷美育说之大意也。总览二派之思想。一为"美即善",一为"美即美"。换言之,一谓美育即德智体三育,一谓美育与德智体三育绝缘。愚以为两说虽似根本不相容,实有可以疏通之处。盖后者实摄于前者之中。夫谓美育即德智体三育者,以美育即含有德智体三育之作用;换言之,即美育占有德智体三育之领域;然不得谓美育因占有德智体三育之领域,即失却固有之领域也。美育自身,固自有其领域。其领域即为与德智体三育绝缘之美育。诚以美育之精神广大,非可以一义限之也。今更举图以明之。

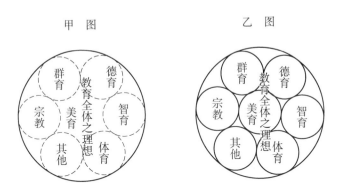

甲图乃示前派之思想,乙图乃示后派之思想。前者示美育伏有德智诸育之作用,后者示美育与德智诸育全为绝缘。愚以为乙图所示美育之领域,即伏于甲图所示未显德智诸育之作用之范围内。故谓后者实摄于前者之中;而古来两派分驰之思想,至此乃得其会通。愚所以必沟通此两派思想,俾冶于一炉者,良以美育实际上决不脱德智诸育之作用,而又未可拘泥于此,致美育失其自身之领域,而阻碍其发展之前途。质言之,美育显德智诸育之作用者,不过其方法,而美育自据其领域不欲为德智诸育所染者,乃其归趋也。惟愚对于前派之思想谓美育即伏德智诸育之作用者,以为其说尚有不备。德育所重在教,美育所重在感。教育上教化之力,实远不如感化之力之大。盖教乃自外加,而感则由内发;教之力仅贮藏于脑,而感之力乃浸润于心也。父师之训诫,不敌婉好之叮咛;家庭之孕育,不敌社会之观感。故常引导国人接近高尚之艺术,或清洁之环境,则一国人之心境,不期高尚而自高尚,不期纯洁而自纯洁。此可见美育所含德育之意味,实远过于德育所自含之意味。再言智育。智以求真,而智有所蔽;或言语文字所未能达,或自然科学所未能至,则智穷而去真仍远。若美则以呈露真境而益彰。怕格森(Bergson)谓美术由一种之感应,得彻入对象之里面,而把捉其内部生命。是美与真常相伴而生。由此可以推见美育所含智育之量,多过智育所自含之量。再言体育。体育原期身体之美的发达,已在美育之范围内;而美之环境或优美之心情,与愉快之气分,所以增进体魄者,实较机械的锻炼收效尤速。是美育已早擅体育之能事。至于群育,亦未能脱美育之范围。美之普遍性与调停力,足以减少社会上之反目与阶级间之斗争,此拉士金(Ruskin)早已阐发之。可

以见美育所含群育之功用。最后请言宗教。宗教乃予吾人以精神上之安慰者也。换言之，即启示一种最高之精神生活。而美育所以启示吾人最高之精神生活者，殆随处遇之。吾人赏览山光水月之时，吾人之心魂，殆与山俱高，与水俱远，是可见美育之精神足以代宗教之精神。至其他精神界之最高暗示力，均舍美育莫属。盖宇宙乃一大艺术品之贮藏所，所谓宇宙美育，实含有至大至广之精神，"辟如天地之无不持载，无不复帱"。此皆所以广前派之美育思想者也。愚对于后派之思想谓美育与德智诸育绝缘者，以为其说亦有未至。夫美育而至与德智诸育绝缘，则美育乃完全一种最高之精神活动；在人类言之，则为人类本然性充分之发展。所谓人类本然性，即生之增进与持续；此生之增进与持续，即尼采(Nietzsche)所谓"生活意志"，柏格森所谓"生之冲动"。然生之增进与持续，常伴于快感之增进与持续，乃得生之满足，以发射生命之火花；人类之所以高贵无伦者，恃有此耳。故吾人不但努力正大之人生，且希求兴趣之人生，所谓美的人生。夫而后美育之真价值乃见。此愚所以广后派之美育思想者也。二者俱备，则美育之能事毕矣。

愚今请简括数语，以作兹篇之结论。美育者发端于美的刺激，而大成于美的人生，中经德智体群诸育，以达美的人生之路。美育之所以蔚为一种时代精神者，意在斯乎！

论美育书 吕澂①

石岑吾兄左右：

前从手教具悉吾兄将致力于美育之提倡，甚盛甚盛。我国至今固未尝有美育也。普通教育之所设施，文人学者之所称说，即曰似之，亦仅能似而已，其何足道！今言提倡，先指示其正轨所在，诚有不可缓者。于此弟亦尝有其僻见；姑略述之，以供参考可乎？曰美感教育，曰艺术教育，曰美的教育，皆今人之所谓美育也。所自为名者，虽各不同，若其归趋，宜无殊异。说者乃常偏举其义，或以应用美若艺术之规范于教学以为美育，或视教育同于艺术，而以为美育通途所遵，则又以涵养美感，若养成高尚人格为美育等。言美育而纷歧其向如此，盖俱有所未至也。今谓美育，则悬美的人生以为正鹄之教育也。微论自主观言，自客观言，

---

① 《教育杂志》第14卷第1号，1922年1月20日，第1—4页。又载《四民报》1922年2月6日、8日第4版。

或自抽象观念言,皆必无悖于启示美的人生俾之实现之旨,乃为有当。所谓美的人生者,简辞释之,由美的态度以遂人之生而已。人生之实,在于遂生,其所以遂之者,则有正有否。此正否之判,一视其接于人物若自然之态度而判,而态度之当者,又或为美或否,俾人皆知由美的态度以得遂生之正,此即美育之事也。本此义以言,吾人由美的态度必得完全遂其生,而无待于余;又美育之实行,必完全独立,而后获尽其用。聪明多蔽如今人者,初闻此说,或将据于学理,揆之事实,而疑其为诬,是亦不辨不明者,请设数难,略疏解之。或者曰:"感情美学者之释美的态度,率谓其感情为主,如 Laurila 且直谓为感情的态度;反其说者,如 Fideler 则主感觉,Croce 则主直观,又皆排除感情,至于净尽。诸家之说,虽不一致,然人生固非可偏以感情若感觉若直观之用尽之者,则相异之说,适足证成美的态度,不能完全遂人之生,又何疑焉。"然谓是皆未知感情之所以为感情之过也。在立说者之意,讵不曰:感情亦为一种之精神活动,与感觉知觉等之为活动曾无所异;故主张其一端者,必排斥其余,而后为至。其实感情非是精神活动,而其倾向若过程样式之体验也。吾人内执自我,原无一息之间,故一精神活动之起若其遂行,莫不与此自我构成一种关系,无微或著,无纯或驳,所有体验,皆即寻常所谓感情。故无感情而可离于精神活动以起,亦无一种精神活动得离于感情者。所谓美的态度,又奚以外于是? 抑其间感情之体验,实较余时为显著,然不可言即唯有感情。又所藉起,必不外于感觉若直观,然不可言即无有感情。故自其表言,美的态度,即以所体验之特殊感情曰美感者,区别于其余态度;自其实言,美的态度,乃以一种精神活动过程曰观照的表出而成立。今且略其表而言其实。学者亦尝有以美的态度为纯粹观照态度者,以为如其实际,彻其底里,以观对象,是曰观照,始于是,亦毕于是,所谓纯粹;使以是言美的态度,则其势亦不可久也,有若 Croce 之以直观为美的活动之本质,固仅许其始终于内乃得纯粹矣。然今谓观照之构成美的态度,又有待于表出,在 Croce 亦尝以构成观照对象之作用为表现,而谓其与观照不可两离,故俱止于内。今谓表出,则广于此。观照对象之所以成形,固在表出,乃至本于观照之活动,有所表白于外,亦莫不属于表出。以是,观照乃得持续以成片段,所谓美的态度为观照态度者,尝以其广其久,而非徒以其纯也。Fideler 之以感觉发展为艺术活动本质,虽不免于偏颇;然窃爱其言"艺术活动,乃不绝解释自然问题,开展艺术之国土",以为有合。又 Croce 之限制美的活动,终始于内,虽未免于武断;然窃喜其说"艺术的直观与一般直观之别,在于量而不在于质;又概念知识,即所谓论理的第二步知识,混入直观,即行同化,而亡其本质",以为精辟。观照虽不能尽知识之范围,然可以为其基础而用一切知识。又表出虽不能概行为之全体,然在作者以艺术制作遗其解释自然若人生之迹象,鉴赏者藉其启示而亦自得其解释,是皆足以支配其行为而有余。人之构成知识,决定行为,本所以为其生,而俱根据于内。今人恃科学概念而有之知识行为,亦仅适于机械的人生而已。使其非一成而不可变,则本美的态度以行,安见其不能完全遂行一种之人生也。或者曰:"人类之生,重在其有社会性也;虽曰美的人生,当虽异是。顾若社会学的美学家,言艺术家之于时代精神,感受最深,而皆历历反映于作品;此即艺术社会性之所存。是则美的人生而不能废社会也,亦有待于现实社会。而后可言。安在其谓完全独立乎?"此盖未知美的人生可自有其社会,与现实社会乃相悬绝也。社会之根柢,在于同情,同情必由如实理解,彻底肯定,而后纯粹。恒人利害之观念,不绝于计较;于此言有同情,皆虚伪而已矣。故从美的态度以遇人物自然,莫不一一洞彻本质,而自其生之要求,以为肯定,得起同情,而成社会现象;诚有如 Gantier 所言由融合生活人格,而扩大其范围,将合宇宙人类为一体,而人各致其地位于宇宙之市民者。此其造境,讵可与现实社会相较量乎?(美的人生,不可与现状的人生混同之义,弟曾为《美术发展的途径》一文,约略言之,今即不具。)至若艺术家之作品,常见其为时代精神感受之反映者,此非一感受,一反映而已也;于感受之间,乃以见一作家美的生活之展开,与一时代人生最近之距离奚若;又于反映之间,乃以见透时代精神所表著美的人生之展开奚若。自人类有其艺术活动以来,即开展其美的人生;艺术之流未尝绝,即美的人生之扩充也愈广。试寻美术史观之,亦惟见美术所表白之美的人生自有其完全意义而已。或者又曰:"人生之最高价值,非有真善美之别乎?设以美的态度为能遂生也,即遗真若善,又安得为完全?"是说盖亦有所蔽。人生最高理想之说,自希腊人言之,至于今日,文化科学家,虽因仍未尝改易,然亦非属铁案;以其造极,各不相蒙;使并尊真、善、美为最高价值,人生圆满,将谓调剂之者而后得之,于事于理,未见其可。则又何贵拘拘有此分别?尝谓由动机言,人生仅得有两种相反之趋向:其一,自生之永续要求,始乃有所谓宗教,宗教不足,又有所谓正觉;又其一,自生之扩张要求,始乃有所谓美术(此种区别之意义,亦已具释于《美术发展的途径》一文),由美术活动若美的态度以遂人生,既得尽己之性,亦得尽人之性,乃至自然一切,无不具尽其性。其为人生,未审其有不备。且也,于自他一切能尽其性,非所谓至善乎?于观照中如实以得一切无所增损,非所谓至真乎?而美的态度中,则皆有之,无待他求,又何憾其不得完全以遂生也。弟尝辟美育代宗教之说,以为不可通。盖以其昧于美术若宗教之本质也。今反复以辨由美的态度,亦得完全展开一种人生,无待于调和;亦惟无所谓调和,乃能纯正。其与宗教界畔之不可淆视,益复了然。以是,今亦非谓人生之至,唯有美的人生,特欲解释美的人生,其实际则如彼耳。居今言教育,不离于人生,若曰教育自惟以实现美的人生为目的,其性质之为独立,固不俟言;且在思想界离乱浑浊如今日之我国,教育一端,莫由辨其趋向,应用美术科目于其间,不过等同点缀,或竟以适应于职业之说为至;乃若国立美校,亦以图案科为之先极,其思想殆将谓可以振兴工艺,而致国于富也。前尝往观第二次江苏地方物品展览会,见所谓美术部中,乃累列小学校之图工制作多种,盖直视同美术商场之品物矣!(以今人思想之离乱,于此等处,不知所以鉴别,原无足责。)又尝阅及浙之范古农君致吴梦非君一书,意谓美术在佛经谓之工巧,属无记法,若其有覆,仍非所善世。其于俗说佛说,全属昧昧;然在恒人心目中,美术之见解,孰非笼统迷谬如彼乎?以是欲于今日提倡美育,非独立设施,不受一切牵涉,不足以示其正轨。若普通教育,既未能与美育合其目的,自亦无从用美育方法于其间;所有美术科目,任其自与其教育目的相调和,正不必强蒙以美育之名,而至于非驴非马也。弟初从事美育,颇多感触,格格于怀,每欲一吐。顾以其为学之日,苦于不给,遂终于无言。今者,闻吾兄于思潮混浊之际,独有意于美育之提倡,知必有其卓解;敢以不尽意之辞,述其所见,以备参考。为当为否,尚幸有以教之。

十一月二十日　吕澂白

答吕澂论美育书　李石岑[①]

秋逸吾兄:

　　惠书论美育谓由美的态度以遂吾人之生,方得美育之真谛,立言可谓精审。惟细玩尊函所陈,不无过重原理忽视方法之处。夫"美的人生,可自有其社会,与现实社会相悬绝",诚如来示所云;然由何道以入于所谓美的人生自有之社会,不得不有一种方法,此方法应即为美育。则美育实一引导现实社会入于美的社会之工具,而美育仍未能不隐寓德智体群诸育之义。诚以德智体群诸育,在现实社会中,实未可须臾离;只以美育所寓德智体群诸育之意义深长,故悉以美育当之。美育之职责,固在使吾人达到美的人生;然在未达到美的人生以前之一切作用,亦未始非美育应有之职责。此弟"美育隐寓德智体群诸育"之说与兄"美育与德

---

①《教育杂志》第 14 卷第 1 号,1922 年 1 月 20 日,第 4 页。

智诸育绝缘"之说所以不同也。又兄论美育似混同美术。美术重在实质,美育重在方法。兄辟美育代宗教之说,以为不可通。弟则以为有宜办之二点:(一)兄视美育与美术同义,故谓"自生之永续要求,始乃有所谓宗教,自生之扩张要求,始乃有所谓美术"。今假定美育义同美术,则美术固未易断定无生之永续要求,而宗教复无生之扩张要求。美术以不绝之个性表现为原则,固犹是生之永续要求也;宗教以达到宇宙的精神生活为原则,固犹是生之扩张要求也。然则谓美育绝对不可以代宗教,似尚有未然。(二)持美育代宗教之说者,其所定美育或宗教之界说,略与兄有别。其所谓宗教,乃侈言阴骘攻击异派之宗教,换言之,乃一味激刺感情之宗教;其所谓美育,乃专尚陶养感情之美育。(见《新青年》三卷六号《以美育代宗教说》)据是以论,则所谓美育或宗教者,皆卑之无甚高论,而美育确足以代宗教而有余。以美育之感化力实大于宗教之教化力故也。不知吾兄以为如何? 来书所论甚详尽,今但取蓄疑者先陈之。希再教为幸。

石岑谨覆　十,十二,二二。

人们的美育　蒋清①

　　在未述本文以前,我先要申说几句:就是对于美育两字,恐怕阅者有不明白的地方,所以说明一下,美育是什么解说? 从详细说起来,很是繁颐,此刻不必论他;从简单说起来,便是利用人类本能的冲动,以超出物质对象的美的教育,使人们的教育,达到最完善的地步,教育的极端,也不过发展人们的个性,增进人们的幸福,而使世界上的文化加高。海尔巴脱(Herbart)曾说:"真正的教育,必有他的目的,无目的非真教育,无目的的教育,不以心理学为基础。"依海尔巴脱的主张,是以心理学定为教育的方法,既是教育以心理学为基础,而心理学分为三大部,便是知、情、意;知、情、意的极轨,便是真、善、美,真和善,确是启发人们的知识,锻炼人们的意志的秘钥。然而要使情绪高尚,舍用美育去养成他,却无别的好方法。感情是人们不能缺少的,虽有善恶两方面,但所谓美育,便舍弃恶的一面,去发达善的一面,加以真、善,达到完全的地步。

　　教育是人们特有的生活,而美育也为人们所独具。因为美,既是超出物质对象,绝非他动物所能有(各种动物的美,为自然的美,非美的教育所养成),人们的美育(The aesthetic education of man)为 Schiller 所创的话,他的主义,说得很明

---

① 《蚬江声》第 10 期,1922 年 2 月 1 日,第 2 版。

白。因为人们感觉，理性中所特创的，便是美育，是人们脱却兽性（Animality）的生活，以达到合理（Rationality）的生活。

美育是满足人们快乐和欲望的表现，此种表现，可于绘画上（Pictorial），音乐上（Musical）或诗情的想像上（Poetic imagination），分出其异同，或是优劣。即照样说法，绝非别的动物所能有，确为人们天然的本能，为什么缘故呢？就是人们的感觉、理性，能够充分发达的缘故。以人性有感受美育的天然功用，所以用美育教养他，去使他的性格，日趋于优良的地位；而消灭他的思想上的烦闷，精神上的污点，教他到光明至善的路上去。到了这个时候，那末人们的社会，还不是乐土吗？

咳，好好的人们，为什么有战争？为什么有阶级的区画？为什么有恨恶的性情？到处说文明，为什么社会上不甚文明？时时说进化，为什么人道仍是黑暗？若说人性本是善的，则恶事为什么来的？若说人性本是不善的，那末社会的沉沦，如何好救？这到底是什么原因？总之，就是人们的美育，未能十分完全，所以人们的品行、天性，都为外面的物欲所遮蔽，小我的意见，不能除掉，公正的本能，不能发展。咳！美育！美育！何等重要！人们的美育，应如何提倡！

教育方法论：（四）美育与训育　天一译①

美之与善，于其极致本为一致，故道德之行为属善，同时亦可谓之为美。然则学校中关于训育之种种设施，亦可视之为美育而发矣。夫善良之习惯，正规之治事，圆满之性格，从顺、勤勉、勇气等，皆足使人发生快感而为美之发露者。又儿童外表之身体、衣服、座席等，皆使其清洁而整饬，即可渐养成其审美心，而促进其判断美丑之趣味心，是则最浅近之美的陶冶之第一步也。更进而使于其教室及廊下等悬挂适当之绘画，以资趣味之养成，亦无需费用而可能者。又如，于家庭培植花卉，种植树木，亦应行奖励者。此不独为美的陶冶所必需，即于养成勤劳之美风上亦殊有益也。

特于体操教授之际，能使美的趣味彻底，即可依于体操兼使吾人之肉体美，且可依于运动之熟练而发挥运动美。故体操教授最宜于美的陶冶，而为教师者必□□精神，施行精神与训练同时并加意于美的陶冶焉。

---

① 《四民报》，1922 年 4 月 6 日第 14 版，原文为句读。

四川美育一斑　曾孝谷[1]

梦非先生惠鉴：

顷由成都转到手笺，备悉壹是。夏初奉弘一法师慧书已道及尊旨，惟弟以病废之躯，奔走乞食，心思手足俱少宁静。至其所学，则本原已极浅陋，十年荒落，更无足以告人者。故前承弘一法师提警，虽萌温故之思，究恐绷儿之误，未敢以一字上渎左右。非自矜，实自文也。兹辱过情垂询，感念先施，又未能终于不报矣。去夏初，在成都高等师范学校得见《美育》第一号，窃喜曙光破晓，大地众生咸可一新眼界。然又度衰世，麟凤未必适获真赏。彼时成都乱耗方盛，时疫又继之，无富贵贫贱，皆有朝不谋夕之虑。犹忆旧历七月之某夕，川滇两军战于城外，炮声如联珠不绝。小妻病已昏迷，女仆疲惫，亦将致疾。弟一手抱岁余雏女，一手劈薪煎药，间得闲定，则枯坐如燐之灯下，持秃管草图画学社之规约。盖由读《美育》所生之感慨，而拟立社于成都，引有志习绘事之青年而入正轨，冀收尺寸之效也。不谓动念未久，时事愈谬，寇氛满目，人心愈漓。弟亦竟为人牵入戎马中，强参笔政，委心任运，以至今日。幸省城故居无恙，尊函再付邮传，不致迷惘。然而千回万转，追投至资中县，距初次发函已逾百日矣。抑何可憾也耶！弟近年之踪迹，有如上述。若问蜀中美育，则民国四年夏初，成都高等师范学校已附设音乐图画专修科，为中小学校造就教师。实则学科尚有手工、体操，与音乐、图画并立，惟手工一科所备实习材料较为丰富。弟滥竽图画教授，一部分无标本，无绘具，无参考品。教师日持商务印书馆《铅笔画》一册，模写其画于黑板，令诸生从而临之，此一教法也。或更取日本邮片上之娼妓小象，令诸生以毛笔濡洋墨屑写之，此又一教法也。诸生届卒业时，不识他日为师从何处着手，向校中某教师请益，某师曰于商务印书馆购黑板画法读之，则用不竭矣，此又一教法也。正式之写生教授无之，色彩论、远近法、人体画法、构图学说，一皆无之。其关于艺术之种种修养方法，更无人过问。可怜学者中之聪颖者，一经此等教程，其冤屈几等于无罪而受活埋。其天资钝拙者，且忧是等教法，如天梯之不可几及。偶借得一印刷蔷薇、葡萄邮片以作标本，欣喜如获拱璧，不可言喻。图画课程皆由校长苦心自造，奇奥非常人所能解。弟于四年秋到校，因校中不能购置石膏模型，不得已乃令诸生习动植物写生。然每星期只得四小时实习，且纸笔色彩无往而非

---

① 《美育》第 7 期，1922 年 4 月，第 72—74 页，原文无标点。

杂凑,简陋不殊儿戏。然而五年以来卒业两班矣,第二班学生中颇有富于天才者三数人,暇时于正课外向弟请益,教以风景写生法,冥然涂抹积久,亦小有可观。使得较优之教法,引之入渐进之域,则其造就岂正此耶?蜀中学校自五年以来,薪修每发一次至多三成,统计一年不及发十次。学风扫地,遑论教育?穷滥如此,尚复何望?近则弥天漫地者,援鄂援陕之声而已。弟居资中县,瞬已十月。屡荷弘一法师指迷开悟,徒以造业太深,未能绝俗而俯仰人世,非徒无益且乏生趣。寸心未泯万一者,艺术与朋友而已。余事拉杂书别纸,便中尚希惠示,即颂道祉不备。弟曾延年顿首。

所谓美育与群育　孟宪承[①]

一

这文题目里的"美育"和"群育",是教育讨论上两个新标帜,两个比较的新名词。在普通文字里,人提到他们,总当是种教育的理想或主义。我们知道,教育是社会的机能,教育标准,要依着社会客观的需要而定,不能凭个人主观的兴趣或态度。因此与其称"美育""群育"为主观的教育理想或主义,不如认他们是两类客观的教育目标(Objectives)。此际要探究的,就是除了他们以外,教育是否还有别种目标?如有的,各类目标相对的地位是怎样?只为这两个名词,不幸还没有共同了解的意义,大家虽然是唱和同声,其实命意各别,反成了空空洞洞的玄谈。所以我先要把这些名词的意义说明,再求上列问题的解答。

先说"美育",若含糊着说,便不知道怎样一个高尚纯善的东西。分析的说来呢,一些也没有什么神秘,不过有人把他当作美术解了,有人把他当作美学解了;实在应有的意义,就是美的教育(Aesthetic Education)。

美的教育有二义,第一,特殊的"独立设施"的一种教育目标;第二,普通教育中的一种目标。如吕澂先生说的"悬美的人生以为正鹄之教育……必完全独立,而后获尽其用",我看就指第一义说的。李石岑先生说,"美育之力,隐隐代德智体三育而有之",是指第二义说的。好多人很囫囵很笼统的提倡"美育",无从知道他们是指特殊的美的教育,还是指普通教育中美的目标。至于教育学者所谓"美的教育",多指第二义,拿普通教育中艺术的创作和欣赏做他的对象,是有一定课程,一定教学法的一个目标。吕先生因为没有承认这"美育"的第二义,所以

①《新教育》第 4 卷第 5 期,1922 年 5 月 1 日,第 761—770 页。

很透辟的说,"普通教育,既未能与美育合其目的……所有美术科目,任其自与其教育目的相调和,正不必强蒙以美育之名,而至于非驴非马"。其实将两种不同的意义说明了,即知普通教育,自有其"美育"的目标,正不必靳以"美育"之名,而斥为非驴非马啊。

次说"群育",当然就是社会教育(Social Education)。但是这社会教育一个名词,还是要解释;须知不是教育部那社会教育司的"社会教育",那个指的是通俗教育,这里要指的是团体生活的教育目标,如道德的习惯和服从,公民的活动和协助,宗教理想的传习等等,凡道德,公民训练,宗教等都包括在内。

有人说,"我尝主张,中国人于智育体育德育以外特别注重一门,名为群育",这话就外行了。"群育"视"德育",不过是更广泛些的一个名词,德育以外,那里别有一门群育呢?Moral 的本义是 Mores,是种社会化的习俗。道德行为,是在社会进化上,合于他的生存而他所选择的一种行为。Social-Moral 这两个字,从海巴脱,斯宾塞,以至杜威,裴格莱,都是相互通用的:裴格莱更在书里郑重说明两个字义的相等。从前人离了社会生活,把德育作为一种形式课程,好像一个学校,教人泅水,种种泅泳的动作,都教完了,一下了水,还是活活的淹死。所以除了社会刺激的正当的反应,社会生活正当的参加,没有"德育"可讲。这层杜威在《教育中道德的原理》内,已说的很明白。有人要问"若道德不过是社会的习俗,那末古今多少哲人,反抗着社会化习惯,独辟一种道德观念出来的,怎么说呢?"那要知个人为甚要创辟一种道德观念,岂不是要拿来做改造社会的一种工具?忘了这点,便成了犬儒斯多噶的愤世,中古僧侣的避人了。况且在小社会里,道德确是固定的习惯;等到大社会的组织分化了,复杂了,自由了,才有个人创辟的可能。这样说,连个人创辟的道德观念,也是社会生活所影响。这层杜威,塔夫资在合著的《伦理学》内也说的很精审。[1]我不嫌词费要将这些理论略述一点,因为我们向来对于这层,没有看得十分清楚:以前抛了"群育",单把直接教育的修身科,书本上的人伦道德,作为"德育",所以把"德育"误解了;这会又要除掉"德育",单把学生课外集会,游戏,表演等,作为"群育",恐怕把"群育"又要误解了!

二

现在要赶快答以下的问题:普通教育,除了"美育"或"群育"以外,是否还有别种目标?如有的,各类目标相对的地位是怎样?

如李先生说,"美育"是教育全体的理想,那是把"美育"作为笼罩一切的教育的目标的。他那"美育隐寓德智体群育"之说,私意以为未尽妥当。教育目标的用处,原在分析,特定(Specific),不在隐寓。若以隐寓言,那么提倡体育的人可以说,体育中间包含"武士道",机智,"形态美"的训练,团体协同训练等等,隐寓德智美群诸育了!

主张把"美育"作为统罩的或过重的教育目标,我看持有下列两项理由:(一)"美育"给我们精神最后之满足,而"教育第一义,即在诱导人生使之向于精神发展之途以进";(二)"美育"给我们道德上一种涵养和感化,如蔡先生说的,"纯粹之美育,所以陶养吾人之感情,使有高尚纯洁之习惯,而使人我之见,利己损人之观念渐消沮"。

否认"美育"为统罩或过重的教育目标的人,对于以上两点,先有疑问。第一,在现在的时代,社会讲教育,是否以精神发展为唯一正鹄? 第二"美只为美"的运动,原在使艺术中不搀杂理知和道德分素;所以艺术家,也尽多非科学非道德的。美情涵养,是否必常有道德的效果? 他们所以否认这教育观的理由有三:(一)这目标是主观的。"吾人生活于此自然美人类美艺术美之中",实不能一刹那间不受美之刺激,但是人生环境的刺激,不限于美;对于美的刺激的反应,也人各不同。成年人感受的美,儿童未必同样感受;艺术家欣会的美,凡眼未必能同样欣会。这样主观的一个东西,不能作为教育全体客观的目标。(二)这目标是畸形的。人生活动,职业的居了大半。"美育"是种"暇逸教育"(Education for Leisure),不能概括教育的全部。(三)单提这目标,是不合现在中国的时代和社会的。西洋美育论,是实利主义过盛的危言,是文明过于机械化的反响。若现在的中国,资财但见消亡,生计濒于破裂,教育家若不肯忘情于社会,也该快设法用教育来改造物质的环境,图谋物质的乐利了。教育家眼看着可怜的中国人,祷祝他们能"希求兴趣之人生"却不由得垂涕而道的向他们说:你们快先"努力正大之人生",是要紧啊!

讲到"群育",真可说是教育上的时代精神了。杜威《教育信条》开头便说:"我相信,一切教育,从个人的参加人类社会意识出发的。"社会的效能(Social Effciency),已成为教育讨论上最流行的标语。我们相信,教育单使个人达到他的完全发育是不够的,必要使他和社会的环境,有活动的,谐和的关系;单是个人效能不够的——智能体格极发达的人,也会做极有害社会的事——要他充分的贡献于社会的效能。这不是说,个人和社会的幸福有什么抵触,个人和社会,不要同时平衡的发展。没有人能充分的贡献于社会,而自己未先充分地发展他独有的才性的。也没有人除了活动的参加社会生活,另外得到一种个人的发展的。社会教育论,所以比较的无弊。

　　进一步说,像司谷脱(Scott)所著《社会教育》——这是一本好书——直说教育无所谓个人的。他首章阐明个人的社会关系,甚至说:"除了物质观念上,个人是细胞的统一体以外,所谓'个人',乃一抽象语。真的自我,全含着精神的,社会的分素,决不止物质的细胞。……我们自己,找不出'我'的那一部分,和'他'——人类或上帝——没有关系。连我们最秘密的思想,都非例外:我们才有思想,就要说出来;才知道他是思想,他已形成一种言语——或默的,或表出的。这言语就是社会生活的产物了。所以人的存在,是社会的……他没有一息不在社会里。就是独居的时候罢,我们的思想,还忙着别人。就是想着自己罢,也是想着自己和一个社会情境——实在的或想像的——的关系。"[2]个人且不存在,那里还有个人的教育? 这是社会教育论彻底的话了。

　　社会教育论,尽管代表时代的精神,但是要把他自己作为笼罩一切的教育目标,就不是没有他的诤友。看鲁迭格(Ruediger)怎么说,"在实际生活上,个人不像那样隶属社会。人们的环境,动植物,无生物,占一部分。人们的接触,也就不限于社会,并且有时专为自己的享乐,如音乐,绘画,文学,哲学等,并不想着社会利益,也不一定于社会有利益。文明愈进,个人的价值愈高……从人生说,社会为了个人存在,不是个人为了社会存在的……社会组织,是个人生活完全实现的一个工具罢了。这工具是人生一个根本的需要,但是人生还有其他一般重要的需要。要人生不限于社会活动,教育目标,也不能以社会为限"。他这番话,也是坚定不移的。

　　这样说,任举一种目标,要概括教育全部,总有些牵强。就是依着时代和社会的需要,提出来特别宣扬——如社会教育——也还要明画的,补充的说,方不致误会。

三

　　我们现在该说明教育全部的目标,作个结束。

　　普通教育全部的目标,是数不尽的,一个活动,有一样历程;一样历程,对着一种目标:综分几类,本不容易。(一)最早的分法,就是分为男子教育,女子教育。人类在部落时代即如此,儿童到成年,就男女分途训练生活的职务了。(二)后来因有征服者,有被征服者,阶级分得严,就有依据阶级的武士、僧侣、政阀、文人、工商等教育。(三)近世教育普及,才照着被教育者年龄成熟,知能发达的自然顺序,分出个系统来,称幼稚园教育,小学教育,中学教育,专门学校和大学教育。(四)还有具特项目标的学校,如语言学校,音乐学校,职业学校,预备学校,函授学校等,复说不尽。(五)到人们最早在教育心理学上发生思考的时候,乃按着被教育者身心的能力，来分教育目标的种类，为道德教育，知能教育，体格教育等等。（普通人开口总说"三育"，没有知道"三育"是较旧的，不完备的教育目标分法。）（六）现代承认游戏在教育上的价值，又把教育分为游戏教育，勤劳教育。（七）近来人又在社会学上思考，明白学校以外，教育的机关还多着，唤学校设施的为"直接教育"，其他家庭，商店，图书馆，博物馆，剧场，新闻纸等等为"副教育"。以上列举了一大篇梦如乱丝的名词，无非说，教育目标的分类，没有一定轨范，全看拿什么标准来分就是了。

今日科学的教育学者，所不住的努力的，是要抛开主观的、笼统的、偏见的信仰，去寻求客观的、分析的、合理的目标。教育精神呢，总是要个人适应社会的环境的。他的范围呢，"遗传和环境的产物，加上直接教育和副教育的结果"，才算教育全部的目标。试举几个分类的例如下：

（一）司脱雷氏（Strayer）说

氏分教育为（1）体格教育，（2）知能教育，（3）道德——社会教育，（4）职业教育，（5）暇逸教育。[3]

（二）鲍比特氏（Bobbitt）说

氏分教育目标为（1）职业效能，（2）公民教育，（3）体格教育，（4）暇逸作业，（5）社会交际。[4]

（三）美国中等教育改制委员会说

这委员会是全国教育会指派的。他所提报告，把中等教育目标，分为下列七项：（1）健康，（2）基本知识，（3）家庭职分，（4）职业，（5）公民训练，（6）暇逸的善用，（7）道德的品格。[5]

上列三说，大体相同，我们所谓"美育"，都属暇逸教育一类，我们所谓"群育"，都属社会或公民教育一类。他们的分类法，都还有可以斟酌的地方。如第一说五项中，知能教育，不就在职业教育，暇逸教育等里面吗？第二说的公民教育和社会交际，也显重叠。第三说的基本知识，专指中等教育一项特定目标，是不错的，不过也未尝不可包括在职业，暇逸，公民等以内。至于公民，道德品格，家庭职分等，同是社会教育，也无庸区分。

因此我觉得史奈钝教授（Snedden）的分类，比较的最简赅，最恰当。他分教育目标为以下四类：

(一) 体格教育

健康,膂力,寿命,耐劳等。

(二) 职业教育

生产的作业能力。

(三) 社会教育

团体生活的要素,如道德习惯,公民活动等。

(四) 文化教育

理知和美感的兴趣之刺激和发挥,如科学,文学,艺术,旅行,常识等。史奈钝把教育目标的研究,当作"教育社会学"的正当领域,有极详密的探讨。

我们要穷源竟委,可看他著的《教育社会学纲要》(*A Digest of Educational Sociology*),这里不能多引了。[6]

有了这样一个大纲在面前,我们看着什么新"理想""主义",好像有了个系统似的,都能给他一个正当的地位,不会漫无分际,看着树干,忘了森林;也不肯茫无标准,听着这个,抛了那个。譬如"美育",我们知道只是文化教育的一部分;"群育"就是社会教育,在普通教育中,都有相当的地位,却不是教育目标的全部。

读者千万不要误会:我不是说"美育"和"群育"不应尽量提倡,只是提倡的时候,求语言上观念上的正确,要顾着一个系统,应得如此说。我也不是说这系统就是固定了,不好再变,原还是要随着时代和社会改变的,我们在这个时代和社会,应得如此说。

十一,三,十五,上海。

这文大半是看了《教育杂志》十四卷一号论美育几篇文字以后的感想。幸读者参阅原文,严予批判。文中重要的征引,在下列书中:

[1] Dewey & Tufts, *Ethics*.

[2] Scott, *Social Education*.

[3] Strayer, *Brief Course in the Teaching Process*.

[4] Bobbitt, *The Curriculum*.

[5] *U. S. Bureau of Education Bulletin*, 1918 No. 38.

[6] Snedden, *A Digest of Educational Sociology*.

关于"美育研究"的一篇札记　尹培兰①

在昔从事教育者,仅知德育体育智育为教育上最重要的三大要件。而对于美育一件,则不甚注重。以为学校里既设有音乐图画手工等科目,对于儿童美的陶冶,也可以满足了,又何必再要美育呢? 其实不然。音乐图画手工等科,只可说是实施美育不可少的学科。若就把他拿来完全代表美育,且认为美育的实施,即此已足。这就把美育的能事太看小了。美育最大的效能,是一种潜移默化的传染力。实施美育,就是要将儿童的心境,不知不觉的为美的对象所潜移默化,使他感受优美的趣味,满足他纯洁的美的生活。美育与音乐图画手工的关系,同德育与修身科的关系,是一样的。我们可以说修身科是涵养德性(国民学校令施行细则第二条修身要旨在涵养儿童之德性导以实践),但是不能说德育便是修身科。我们可以说音乐图画手工等科,是实施美育的几种学科,不能说美育便是音乐图画手工等科。美育与德智体三育,是应该平列的,并重的。何以言之,因为我们的教育要义,是在陶冶被教者的身心,完成被教者的人格,使能应付环境,满足人生。德智体三育,体育一项,人人都知道是注重身体方面的锻炼,刘伯明说:德育是趋于意,智育是趋于知。我可以加上一句说:美育是趋于情。三育之外,还要有美育一项,对于被教者的身心两方面,才能够充分的陶冶。

美育到现在,是很有人提倡了。但是据历史上考察他,也可寻出他的启蒙期及宿胎期来。在希腊古代,学校里已有艺术的科目。亚里斯多德曾把图画列为教科之一。希腊谚语有"美丽之精神寓于美丽之形骸(A beautiful soul in a beautiful body)"一语。伯拉图所著《理想国》(*Republic*)书中,言注重美育者甚多。伯氏谓师保当使儿童所接触皆为美,使宇宙间自然之美,如和风之爽其心,俾儿童洁白之心灵,与之映合。罗马恺皮拉 Capella 所定七艺(Seven Liberal Arts)之中,也有音乐一种。吾国教育史上孔子以六艺(礼乐射御书数)教人,乐也是六艺之一。《论语》盖各言尔志一章:"点尔何如……对曰:暮春者,春服既成,冠者五六人,童子六七人,浴乎沂,风乎舞雩,咏而归。夫子喟然叹曰:吾与点也。"由此看来,孔子之教,已隐隐含有美育的意味。——以上可说是美育的启蒙期。近世法人卢梭(Rousseau)颇尚美育,其教育目的,以培养最高之好尚为主。美育至近世,可算是他的出胎期。至最近二十年来,以至今日,主张积极的提倡

---

①《云南教育杂志》第 11 卷第 5 号,1922 年 6 月 1 日,第 1—5 页。原文中英文错讹较多,现已订正。

美育者甚伙。美育到现在,可算由出世期而渐进于成长期了。

美育是什么? 美育二字在英语为 Aesthetic Education。在欧美又为 Art Education。其意义相去不远。吴俊升说:"美育是普通教育中满足美的生活的一种教育。"李石岑说:"美育者发端于美的刺激,而大成于美的人生,中经德智体群诸育,以达美的人生之路。"又有称为"艺术的教育"者。余不敏,不能独抒己见,别出新义,而对于吴李二说,深表赞同。吴说是指狭义的美育(即学校美育)而言。李说是指广义的美育而言。

美育之真精神:人类本然性者,乃贮有精神生活之最大者也,可发展至于无限。经一度之美的刺激,则精神生活扩张一次,即人类本然性多得一次发展之机会。美育之真精神,即在此处。——李石岑说。

美育研究的范围:有学校美育,家庭美育,社会美育,人类美育,宇宙美育等类。

美育与德育:李石岑说美育与德育,适立于相反之地位。德育为实现的,规范的;美育为直觉的,浪漫的。德育重外的经验,美育重内的经验。德育重群体之认识,美育重个体之认识。德育具凝滞阻碍的倾向,美育具活泼渗透之倾向。

美育与智育:李石岑说美育与智育亦立于反对之地位。智育重客观,美育重主观。智育重普遍,美育重个性。智育重抽象,美育重具体。智育重思考,美育重内观。

美育与体育:李石岑说体育是属于美育之范围更无所领域。

按李君所说美育与德智体三育之大意,非谓美育与三育互相刺谬,是说德智体三育,有不能予人生以最后之满足,故必有美育,乃足以启发人类之本然性而导之表现。是推崇美育的意思。

美育之价值:刘伯明说美育之价值,(一)可以培养正当之好尚。(二)可以培养文雅之态度。(三)美育为闲暇之必要。(四)可以养成艺术的眼光。[①] (六)可以超脱利益。(七)美育即感情之传递。(八)高尚之美,一方能自由,一方能御制感情。

人生终日忙忙,所为何来? 无非是逃脱苦恼,而求于精神上有所慰藉而已。若是天天做些机械的生活,实在苦极的了。所以不得不有一种精神上的慰藉。此理无论何人,都是一样。骚人学士的填词赋诗,艺术家的描摩自然,牧童牛背上的山歌,农人工作时的田歌,都是自然而然的一种自慰法子。不过在程度上略

---

① 原文漏(五)。

有高尚低劣雅俗文野的不同罢了。在儿童时代，若受过相当的美化，其感情一定是纯洁高尚的。所以美育在教育上，是必不可少的。

美育与道德：吴俊升说，美育是有道德的价值。他说受过美育的人，对于美的鉴赏力，一定发达。他所好尚的对象，必定是自然界或是艺术方面高尚纯洁的美。"耳不听恶声，目不视恶色。"养成自然的习惯，一切污浊的嗜好，一定是很排斥的了。他又说美育可为伦理的基础，因为美育是一方面使学生有接收别人的情意的能力（按此说盖本于托尔斯泰的 *What is art?* 书中"艺术者感情之传递"的意思而言），一方面还有发抒自己的情意的能力。故其结果，可以"联人类于同一情感之下"而为一切伦理的基础。

美育之与道德，说者各异。席勒 Schiller 之美育论，谓"美术者乃表现共通的原理于个体之中者也，道德者乃强制个体使屈服于共通之原理之中者也。方法虽异，而于强个体以从全体则一。不过道德为义务的，为压抑的；美术为好意的，为自发的"。席勒氏之意，是承认美育与道德，不仅不相矛盾，且进而包容之，相提相携，引而致之真理之域。而美育运动论者则与之相反，如蓝楷之美育思想是。此派之美育说，不以美育为教育全体的理想，而仅以之为教育理想之一。这两派的思想，一为"美即善"一为"美即美"。换言之，一谓美育即德智体三育，一谓美育与德智体三育绝缘，李石岑疏通此两派之学说曰：谓美育即德智体三育者，以美育即含有三育之作用也。换言之，即美育占有三育之领域；然不得以美育占有三育之领域，而遂失其领域。美育自身，固自有其领域，其领域即为与三育绝缘之领域。李君之说如此，阅者可参看其原文。恕予不能详解。

以上都是将关于美育的研究之言论，大略叙述。现在且将美育的实施目的，及应行注意者，叙述于下。

实施美育的目的：并不是使儿童养成一个美术家，也不是使儿童专心壹志的去学美学。简单说来，"就是发展儿童美的欣赏和美的创作的能力"，是帮助儿童实现美的理想观念。培养他们的审美的本能，使他生长发达，开美丽的花，结肥硕的果。这个意思吴俊升已经说过。托尔斯泰亦说：美育的目的，是在"培养儿童艺术欣赏和创作的能力"。两说都合。

但是我们不能不问儿童心理中，是否有此本能？这一层吴俊升已说得好了。他说："儿童自初生以后就欢喜听他母亲摇篮的歌声，就欢喜穿红着绿，玩看美丽的图画，有时并且呀呀的发出有节奏的儿歌，这都是审美本能的表现。"儿童既有此本能，美育就是对于此等处，施以相当的诱导而发展之。使其益发增进于高尚调和,学习的效率,也可以此长进。

美育实施上之注意:欲收美育的实效,则学校全部生活,都要注意美的陶冶。因为美育的实施,并不是单靠口头指教所能做到,也不是督责儿童,使他勉强去学;最要紧的是使儿童自然而然的受了一种美化的传染力,和暗示力,才能够收美满效果。因为如此,所以实施美育,有应行注意者甚多。吴俊升曾略举出三个注意点:(一)学校环境之美化,(二)艺术科目之改良,(三)教师人格之感化。刘伯明说:美感须自小培养,小学校之环境,建筑,设备,校园等,皆当有美存乎其间,使儿童习染之而不觉。又云:校舍之色调,光线,尤宜注意以能生美感为要。吾国昔日之私塾,聚数十人于一不通空气日光之小屋内,终日惟闻鞭扑呼号之声,无一时之娱乐,儿童活泼之天性,斲丧无余,尚遑言乎美育?故小学校中关于美之学科,如图画音乐等,宜以美的陶冶为目的。教师人格感化于儿童者至大,故当以身作则,感化儿童。其余如音乐会,展览会,运动会,新剧会,游艺会等,皆为陶冶儿童美感之良好机会,宜时有之。

刘吴两君之说,皆扼要中肯,对证下药,可为实施美育者之圭臬。予不揣简陋,缘两君之说,取其长,补其短,将实施美育应注意者略列举而说明之:

(一)教师欲收美育的实效要先修养其人格:当教师的,要受过相当的美化,要在儿童群众中做一个美的榜样。对于美之欣赏趣味,要非常浓厚。要有实当的美的创作力。举止动静,要温文尔雅,勿流于粗鄙。思想要高尚纯洁。居处服用要整洁。要有点美学的知识。像这个样,才能够收美满的实效。

(二)艺术科目的教授,要注意能活现儿童的几分理想和情绪出来:如教授音乐图画手工等科,要以美的陶冶为主目的,不可偏重于实利方面。宜使学生自由活现他的理想和情绪,教师不过是加以指导,引诱。本来儿童对于艺术科目的兴趣,是起于艺术的冲动。教师既引起他这种冲动后,儿童自然而然的受了一种暗示力,于是兴味油然而生,他的作品,虽是精粗不等但总可表现他几分理想和情绪出来。一方面可陶冶艺术的欣赏和创作本能,一方面可学习一种基本的技能,于实利方面,也有裨益。若是死板板的逼他去做,勉强他去学,不审其心理,那末怎样能收效呢?

(三)学校园内的花草,要适应儿童的欣赏:学校园是实施美育的学校不可少的。园里树木花草深红浅绿,虫鱼鸟兽,生机活泼,都带有自然之美。儿童课余之暇,浏览其间,精神既觉愉快,生活自然不致枯寂,并可以活泼其天机。

(四)学生艺术作品之精良者,可以陈列于成绩阅览室。此等作品,一方可资观赏,一方还可资鼓励。

（五）校舍内要整洁清雅,含有美的意味:美育最大的权力,是潜移默化。儿童在学校里,耳濡目染,若都是优美和谐意味,不但生活愉快,美的好尚,即可于无形中涵养。

（六）注意学校公共卫生:无论校舍课室,须清洁整齐,窗户宜常启,光线要适宜,地面要常洒扫,唾涕勿令乱吐,其余诸事,教师宜随时注意。

（七）多挂精良挂图:幼儿最爱看图画,学校中可多挂关于动物植物及小孩家庭间所习闻习的生活所必需的图画。年纪稍大的,可于其教室内多挂关于表示人类工作的精良图画。年纪再大的,可多挂示情感和理想的图画,使他们有所欣赏。并宜时常更换,勿令生厌心。此等事项,教师可按儿童心理,及美之原理,随时注意,不必一定。

这篇文字,是我读吴俊升、刘伯明、李石岑三君关于美育研究的言论而作的一篇札记。其中间参以己意,挂一漏万,知所不免。阅者可参看其原文。

一九二二,五,十二日,附志

美育与人生　季涛[①]

绪言

美育是什么,美育与人生的关系怎么样,这是本篇范围内应该讨论的问题,照实验主义者的说法,一种学说是不是真理只要看他于人类实际生活上有没有效用:若有效用,便是真理;若无效用,便只能算伪说。柏锐（Perry,新唯实论者）对于价值论（Theory of Value）的见解,也主张价值是物体能满足人的欲望的一种功用。夏尔登（Selden）则以有价值的情形,含有三种元素:第一,要有可以有价值的物体;第二,这物体对于人或人的动作要有价值,或因为这种关系而生价值的;第三,这物体必定要对于一种目的而发生价值。[②] 我们现在要讨论美育的价值问题,就要看他于人类实际生活上究竟有何等的效用,所以本篇标题做《美育与人生》。

美育是什么? 这是美学上一个极繁杂的问题。简单地说:便是美感的养成? 或是美的情操的陶冶。人类的生活,可分为物质的,与精神的二方面。物质生

---

① 《云南教育杂志》第 11 卷第 6 号,1922 年 6 月 16 日,第 1—8 页。
② 原刊注一:参看《少年中国》刘国钧的《欧战美国哲学界思想的变迁》一文。

活,指维持生命必需的衣,食,住而言;精神生活,包括科学,艺术,道德,哲学,宗教……而言。但这些种种,又适当于人类心理的三方向——知,情,意。由知的方面,产生科学;由情的方面,产生艺术;由意的方面,产生道德;又由知与意的结合而产生哲学,由情与意的结合而产生宗教。但宗教与哲学,二者同以道德为归宿,故亦可说是出于意的要求。[①] 艺术既是感情的产物;而感情的种类,依通常心理学之分类法,又可分为感应,情绪,情操三种。情操中又包含着知的情操,德的情操,宗教的情操四项。美育就是涵养美的情操的一种方法。

美育与人生的关系怎么样? 上文说过:"美育是美的情感的陶冶。"又说:"艺术是感情的产物。"现在讨论美育与人生的问题,必须先明白了情感于人生所占的位置如何,然后再进而论美育与人生的关系怎样? 所以下面略说说近代心理学变迁的大势。

心理学脱离哲学的羁绊,而成为一种独立研究的精神科学,不过是最近数十年间的事情。在历史上最有功绩的人物,要推海尔巴特(Herbart),费希纳(Fecener),文德(W. Wundt)诸人。其研究的方法,先是内省的,后来变为外观的。最近则俱倾向于实验的研究。又由构造的研究(如洛克,休谟等),变而为机能的研究(如詹姆士)。研究的对象,先由意识的研究,而渐注重于行为的研究(如瓦特生[Watson]等所倡之行为主义的心理学)。由知的研究,而渐注重于情意的研究(如文德,詹姆士等之情意本位的心理学)。由人类心理学的研究,而渐注重于动物心理学的研究(如美之桑戴克[E. L. Thondike]);由普通心理学的研究,而渐注重于特殊心理学的研究(如社会心理学,民族心理学,儿童心理学……);由理论的研究,变为应用的研究;由有意识的研究,变为无意识的研究

[①] 原刊注二:哲学以道德为归趋,此义近人罗素(B. Russell)多非之。氏于所著《哲学中科学方法》(*Scientific Method in Philosophy*,共学社已有译本)批评进化主义一章中谓:"……哲学事业的成功,必须超脱于本能生活以至无心于人事的希望和恐怖。……伦理的旨趣,诚然是哲学家必有的背景……但在精深的研究中,切不可夹有伦理的旨趣。伦理的旨趣,不可以做研究的唯一结果。"(此段所引原文,系根据《改造》四卷二号小航节译的《罗素批评进化主义的哲学》。)氏主张哲学之职务,在探求绝对的真理,"乏味且而抽象的事物","不求对于实际生活有所解答"。所以他的哲学,是从科学方面最抽象,最普遍,最近式的数学下手的。其实我们细察他这种主张,实在太偏了。哲学二字,源出希腊语Philosophy,Philo 的意思是"爱",Sophy 的意思是"智"。合起来说,便是"爱智"。这个意思似乎很与罗氏所说的相近。但是自从希腊的大哲学家苏克拉底(Socrates, 469—399B. C.)时就有"真即是善"的主张;挽近生命派的哲学家,为美之詹姆士(W. James, 1840—1910)、杜威(J. Dewey),法之柏格森(H. Bregson),法之倭铿(R. Eucken)等,俱以生命二字为其哲学之中心。即罗素氏以严酷之理性论自居者,而其实际哲学一方面,亦未尝忽略人生。这是因为哲学的重要职务,在于启示人生,指导人生,而与人生一圆满的,充实的宇宙观及人生观;便向前奋斗,改造环境,促进生命的缘故。此处所说,系根据蔡孑民著《哲学大纲》第三编价值论中说的。

（如弗洛依德［Freud］之精神分析学）……我此地也不暇去细说了。

在昔主知主义大盛的时候，心理学者对于心的现象，都偏重于知的一方面。他们以为人的精神活动，当以知识为第一；其余的感情意志，都不过是一种附属作用罢了。凡人心的活动，必须先有了知识的辨别，然后才引起感情的好恶；再由感情的好恶，影响于意欲的求得，于是才有行为，才有动作；所以这一派的学说，称为主知主义的心理学（Der Intellectualitmus, Intellectualism）。到了威尔海尔谟·文德（Wilhem Wunbt）和威廉·詹姆士（Wiliam Jamers）出来后，才将这种学说推翻，而代以主情意本位的心理学。文德批评主知主义的心理学，以为他们的第一个大错处，在以观念（Idea）为物体。其实观念绝对不是一个固定的物体，观念是一种复杂的流动的历程，文德以为最足以代表精神现象流动性质的，就是意志的历程，所以他称他的心理学为总主意的心理学（Die Vadluiarismus, Voluntarism）。① 詹姆士以为心的作用，就是认定目的，而设法达到所定目的的作用。知识不过是达到所定目的的一种工具或方法，看他能不能从这个经验渡到那个经验上去。能渡的，便是真的，便有价值；不能的，便是伪的，便无价值。这是实验主义的真理论，詹姆士叫这种作用为一种"摆渡的作用"。一切心的作用（知识思想等），都起于个人的兴趣和意志。兴趣和意志定下选择的目标；有了目标，才从已有的经验里面，挑出达到这目标的方法器具和资料。世间没有纯粹的理性，也没有纯粹的知识思想。理性是离不了意志的兴趣的；知识思想是应用的，是用来满足人的意志和兴趣的。② 所以感情和意志，是精神活动的主要动力。但是意志还是由感情所引起的。有了感情的好恶，然后才有意欲的求得；有了意欲的求得，然后才选择达到意欲的方法和器具（知识）；所以感情又是最原始的心的现象。换句话说，感情是人的精神活动的主要动力，于人生占第一个位置。譬如攀花：吾人最初感及最美之花，徐而由情及意，至于攀折。攀折之第一因为美，第二因乃为最美之花。故吾人心的过程，全为一种选择作用，单选择适于自我者而认识之。其最初发于情，由情及于意，由意乃有所谓知。③ 这是詹姆士的心的程序的大要，也就是近代心理学变迁的大势。

上面说了这一大篇话，还不曾讲到一句美育与人生的关系究竟是怎么样，这是我对于读者诸君非常抱歉的！现在要"话休烦叙，书归正传了"。

感情既是生命之花，我们要想使他发芽，使他滋长，使他高尚纯洁，使他鲜明

① 原刊注三：汪敬熙《心理学之最近的趋势》，《新潮》第二卷五号。
② 原刊注四：胡适《实验主义》（三）"詹姆士的心理学"，《胡适文存》卷二，八八叶。
③ 原刊注五：李石岑《美育之原理》，《教育杂志》十四卷一号第四叶。

美丽;那么,除了美育而外,没有比他再滋润再肥沃的养料了。美的对象,共有三种:即自然美,人类美,艺术美是也。三者之中,复可细分;近人李石岑氏,曾列一表,备极详细,兹转录于下:

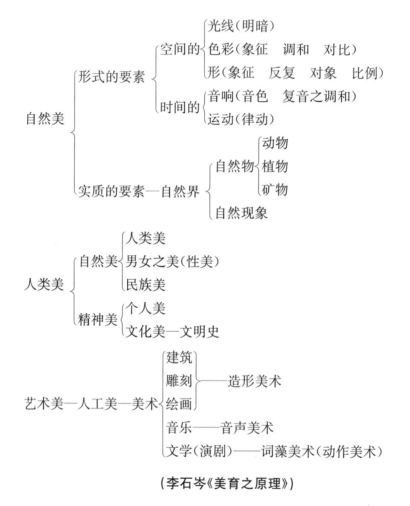

(李石岑《美育之原理》)

美的种类有四:即优美,壮美,悲哀美,滑稽美。我们静听歌声的悠扬,或赏玩名家的绘画,那时心中起了一种冲和的状态,仿佛神游浩宇,身历其境,就有一种优美的情操,神秘的意味。又如岩石的巍峨,波涛的汹涌,那时心中起了一种雄壮的感想,进取的志向,就有一种壮美的情操,又如在星罗棋布的月夜,仰观穹窿的天空,心中起了一种神秘的感想,静穆的意味,觉得宇宙无穷,我们真是"渺乎小哉"。"天体中一小片的银河中的一小黑点的太阳系中的要用显微镜才照得出的一小点的地球中的许多碳气和水构成的污浊东西了!"(罗素《梦与事实》中语)。读小说而至于可悲可泣之处,看悲剧而至于情节凄凉之境;不觉眩然心酸,潜然泪下;为古人浩叹,为剧中人惋惜;这时心中就起了一种哀美的情操。看滑稽的戏剧,读滑稽的文学,令人发笑,令人喷饭,这时即起一种滑稽的美情。总之美情者,超脱于利害得失之计较,而纯为一种人格的具体表现也。"包桑寇(Bosanguit)之论'美的经验'也,以为当具备三种条件:第一,是永续的;第二,是相关的;第三,是共同的。总括起来说一句,便是以后能一样的生起,人们会一样的感到,这样具现在对象里面的一种感情便是美的感情。"①艺术家用了敏锐的观察力,热烈的同情心,捉住宇宙的秘蕴,自然的真核;于是用美丽的文字,细腻的手腕,描摹人生,刻画自然;使人生成为可爱的人生,自然成为美化的自然。艺术家从自然的大花园中,采取了许多美丽的花,透了直觉的灵感,溶化了零碎的印象。于是才酿造出来,成功很美丽的艺术。——雕刻,绘画,文学,"这种诗要是偶然一见,看出不青春的热情,像是冷静的东西;但优美的诗句里面,却要藏有比轰轰烈烈的战场的炮声还要强烈的热情"②。鉴赏者便从这件作品中间接的领略作家对于自然的感应。这其中全靠一种"同情"(Sympathy)的作用,所以艺术又是一种社会的产物。"……第一,在创作的方面,艺术是作家感受性和实在的一种综合,又是对于所采取的事象的一种交通。惟有艺术家才能将自己从感觉解放,用美的情绪,没入一切事象或他人,使人格和全宇宙,人生,融合一体。由这上面,艺术可说是最有社会性。第二,一切时代的欲望,幻想,理想,都构成了作家呼吸的氛围气,依着作家感受性,创作欲的程度,从情绪的阴影里,一一反映在那作品上。……由此,艺术是种社会的。第三,从鉴赏者的方面说,艺术能使鉴赏者的道德性,自觉的向上,减却嫉妒,虚荣等非社会性的感情,和有害的低级本能。依着同情,鉴赏者便和作家结合,随顺作家的生活,融和作家的人格;这样,使鉴赏者生活,人格,愈加扩大,愈加成功社会的。由这几点看来,就从艺术的作品可以推广人类的同情,超越时空,和一切时代社会交通,以至成了个宇宙的市民。所以艺术最高的社会意义,便是唤起人心里感情的一致。从那上面另外建立一种正当并且确实的社会。"(季涛按:此段说理极精,深得枢要;把我所欲说而说不出来的都发挥尽致了,我很感谢吕先生,所以我将他全录出了。望读者原谅。③)托尔斯泰(Tolstoy)在他的《艺术论》里也说:"如果一个人在自己方面无

---

① 原刊注六:吕澂《晚近美学说和美的原理(二)》,《教育杂志》十四卷第二号第五叶。
② 原刊注七:山岸光宣《近代德国文学的主潮(七)》"象征主义的输入",海镜译,《小说日报》十二卷八号七叶。
③ 原刊注八:吕澂《晚近美学说和美的原理(五)》,《教育杂志》十四卷三号三叶。

所动作,自己地位也没有什么变更,听读和看别人的艺术品,便感受心灵的状态,而使自己和别个享受艺术品的人,同艺术家连合起来;那末,引起这种状态的东西,就是艺术品。"(耿译二百七页,共学社本。)可见真的艺术品,同时必具有社会的性质。

以上所论似乎太偏于第三种美——艺术美——去了。其实同样的也可以应用到第一二种美——自然美和人类美——上去。并且所谓艺术美,原是取材于自然美与人类美的;离了自然与人类,便无艺术的产生。从另一方面说,艺术的冲动,是人人都具有的;不过在创作的能力,天才与常人,便相悬殊了。然而也只是量的多寡,并非质的异同。如果我们要涵举美的特征,(主观的)从心理方面说,约有三:(一)冲和的状态,(二)随化的状态(忘我的状态),(三)超脱的状态;美的功用,从消极的方面说也有三:(一)化戾,(二)祛妒,(三)除私。美的最大的功用,尤在使人努力摆脱现实的,丑陋的世界,而导入于一种更高尚的,美丽的,理想的世界。吾人受过了一度的美的刺激,便觉得精神上有一度的自发的活动,人格上有一度的向上的发展。这种向上的发展,自发的活动,非理智所能有非道德所能及的。因为理智只能盘旋于物象的周围,而美感(直觉)则能潜入于物象的中心,捉住生命的蕴奥。理智是抽象的,概念的符号,而美感则为具体的,真实的意义。至于道德也有不同。道德重教,美育重感;教是由外加的,所以苦;感是由内发的,所以乐。其间苦乐的不同,便是道德与美育的区别之所在。美育之所以可贵者在此!美育之所以超乎一切德育,智育,体育(体育是美育里的一种),群育者,亦在此!

由以上所论的看来,我们可以明白美育与人生的关系的重要是如何了。但是我们要问:何以现代的人美的观念,这样的缺乏? 美的价值,这样的不普遍? 那末,我们便不能不归罪于现代资本主义的经济制度的罪恶了。因为在资本主义制度下面,大多数的劳动者,都做着繁重的工作,长时间的劳动;终日仆仆,所为的都只是"面包问题"。物质的生活尚且不能安全,遑论精神生活的修养? 他们固不足语于艺术的创造,就是美的鉴赏也不能了! 至于我们的艺术家呢? 他们都是资本家的娱乐品,少数特殊阶级的寄生者;他们的创作品,只配供少数人的娱乐,全不问民众的嗜好;他们创作,不是为创作而创作,只是为金钱而创作;他们为了想博得多数的金钱,便不得不降低艺术的品格,迎合贵族的嗜好;这样艺术的神,尊严,也将丧失殆尽! 罗素在他所著的《到自由之路》第七章"社会主义下之科学与艺术"里也说:"第一要证明的,——虽然在商业的时代,这是难能的,——便是在任何金钱报酬制下不能产生创造的精神活动力的最良者。……一切最重大的工作,都从一个不可测的冲动出来,而且最能助长这冲动的,也不是事后的报酬,而是那个能保此冲动活着,并给以活动余地的境地。就创造这样的境地而言,我们现在的制度就很有许多缺点。社会主义可能好些么?"①他提出了三件事情,以为一种社会制度中若能具备或维持这三件事情,对于精神的创造,一定是有益的。这三件事:(一)专门的训练;(二)自由遂长创造的冲动;(三)不拘大小,至少不使一部分的民众有最后的评骘鉴别力的可能性。他以为现在所谓专门训练的,不论属于科学的,或是属于艺术的,只有两种人有这可能的机会:一种是富家的子弟,他的父母,力能供给支持他的教育费的;一种是天才卓绝,得到学校里免费生的资格的。这两种机会中,前一种不过是气运罢了,在社会主义或共产制度下的社会中,是不能维持其现状的;后一种鼓舞竞争的心理,和社会主义的根本原理是互相背驰的。唯一的办法,只有教育解放,一切教育都免收费,任凭自愿一切求学的青年男女,至二十一岁为止,都能求学。这是唯一的制度,能与自由的原理相合的,也是唯一的制度,能有发挥全才能的合理希望的。对于第二种办法,他以为现在只有两种人是可能的:一种是有钱财的人,一种是能有一个不碍及他的全般精力以糊口的人。在正当种类的社会主义之下有两个法子可使艺术家得到自由:一种是他在治艺术以外应做一些有定的工作,每天几个钟头,收的工钱也比做全天的相当地少些;一种是照无政府主义的办法,每人每天都给他一份平均的生活必需品,不论他工作与否。"这种游民的工钱'Vogabond's Waz'生活是壳的,可是不能奢侈,那自愿费其全时间于艺术和享乐的艺术家,可以靠着'游民的工钱'过活,——他想出去看看外国的时候,就可步行去游历,享受日光与空气,和鸟儿一般自由,或者也不见待比鸟儿少些幸福。……"他对于第二件事,鉴赏的可能,以为艺术的鉴赏,比艺术家的鉴赏尤为重要得多。但是在现代资本主义下面,"生活的奋斗,一商业或一职业的严重的工作,常使人太无余趣以滑稽,太无闲暇以事艺术。停止生活的奋斗,减少工作的时间,减轻生存的负担,这些都可从一个较好些的经济制度得到,则生活的快乐,以及有益于世界上纯真快乐的生命力,也是不至于不增加的";而尤在"自由意识的普及,和个人精神上全脱负担硕大的机械压迫的感觉"。所以美育的运动,离不了经济的改造;经济的改造,也不可忽视了美育的提倡。

---

① 原刊注九:《到自由之路》一八〇~一八一叶,黄凌霜等译本《新青年丛书》,以下所引,都据此书,本章自一七七~一九七叶。

"文化运动莫忘了美育",这是主张社会改造的人所不可不注意的问题!

一九二二,五,二二日。

美育实施的方法　蔡元培[①]

我国初办新式教育的时候,止提出体育、智育、德育三条件,称为三育。十年来,渐渐的提到美育,现在教育界已经公认了。李石岑先生要求我说说"美育实施的方法",我把我个人的意见写在下面。

照现在教育状况,可分为三个范围:一、家庭教育,二、学校教育,三、社会教育。我们所说的美育,当然也有这三方面。

我们要作彻底的教育,就要着眼最早的一步。虽不能溢出范围,推到优生学,但至少也要从胎教起点。我从不信家庭有完美教育的可能性,照我的理想,要从公立的胎教院与育婴院着手。

公立胎教院是给孕妇住的,要设在风景佳胜的地方,不为都市中混浊的空气、纷扰的习惯所沾染。建筑的形式要匀称,要玲珑,用本地旧派,略参希腊或文艺中兴时代的气味。凡埃及的高压式,峨特的偏激派,都要避去。四面都是庭园。有广场,可以散步,可以作轻便的运动,可以赏月观星。园中杂莳花木,使四时均有雅丽之花叶,可以悦目。选毛羽秀丽、鸣声谐雅的动物,散布花木中间,须避去用索系猴、用笼装鸟的习惯。引水成泉,勿作激流。汇水成池,畜美观活泼的鱼。室内糊壁的纸、铺地的毡,都要选恬静的颜色、疏秀的花纹。应用与陈列的器具,要轻便雅致,不取笨重或过于琐巧的。一室中要自成系统,不可混乱。陈列雕刻图画,都取优美一派;应有健全体格的裸体像与裸体画。凡有粗犷、猥亵、悲惨、怪诞等品,即使描写个性,大有价值,这里都不好加入。过度激刺的色彩,也要避去。备阅览的文字,要乐观的,和平的;凡是描写社会黑暗方面、个人神经异常的,要避去。每日可有音乐,选取的标准,与图画一样,激刺太甚的,卑靡的,都不取。总之:各种要孕妇完全在平和活泼的空气里面,才没有不好的影响传到胎儿;这是胎儿的美育。

孕妇产儿以后,就迁到公共育婴院;第一年是母亲自己抚养的;第二三年,如母亲要去担任他的专业,就可把婴儿交给保姆。育婴院的建筑,与胎教院大略相

---

① 《教育杂志》第 14 卷第 6 号,1922 年 6 月 20 日,第 1—7 页。又载《民国日报·觉悟》,1922 年 9 月 18 日第 4 张。《河南教育公报》第 2 年第 5 期,1923 年 1 月 2 日,第 1—10 页。《时言报》,1923 年 10 月 31 日至 11 月 7 日第 1 版。

同,或可联合一处。其中陈列的雕刻图画,可多选裸体的康健儿童,备种种动静的姿势;隔几日,可更换一套。音乐,选简单静细的。院内成人的言语与动作,都要有适当的音调态度,可以作儿童的模范。就是衣饰,也要有一种优美的表示。

在这些公立机关未成立以前,若能在家庭里面,按照上列的条件小小布置,也可承认为家庭美育。

儿童满了三岁,要进幼稚园了。幼稚园是家庭教育与学校教育的过渡机关,那时候儿童的美感,不但被动的领受,并且自动的表示了。舞蹈、唱歌、手工,都是美育的专课。就是教他计算、说话,也要从排列上、音调上迎合他们的美感,不可用枯燥的算法与语法。

儿童满了六岁,就进小学校,此后十一二年,都是普通教育时期,专属美育的课程,是音乐、图画、运动、文学等。到中学时代,他们自主力渐强,表现个性的冲动渐渐发展;选取的文字美术,可以复杂一点。悲壮、滑稽的著作,都可应用了。

但是美育的范围,并不限于这几个科目;凡是学校所有的课程,都没有与美育无关的。例如数学,仿佛是枯燥不过的了;但是美术上的比例、节奏,全是数的关系;截金术是最显的例。数学的游戏,可以引起滑稽的美感。几何的形式,是图案术所应用的。理化学似乎机械性了;但是声学与音乐,光学与色彩,密切的很。雄强的美,全是力的表示。美学中有"感情移入"论,把美术品形式都用力来说明他。文学、音乐、图画,都有冷热的异感,可以从热学上引起联想。磁电的吸距,就是人的爱憎。有许多美术工艺,是用电力制成的。化学实验,常见美丽的光焰;元子电子的排列法,可以助图案的变化。图画所用的颜料,有许多是化学品。星月的光辉,在天文学上不过映照距离的关系,在文学图画上便有绝大的魔力。矿物的结晶,闪光与显色,在科学上不过自然的结果;在装饰品便作重要的材料。植物的花叶,在科学上不过生殖与呼吸机关,或供分类的便利;动物的毛羽与声音,在科学上作为保护生命的作用,或雌雄淘汰的结果;在美术、文学上都为美观的材料。地理学上云霞风雪的变态,山岳河海的名胜,文学家美术家的遗绩;历史上文学美术的进化,文学家美术家的轶事;也都是美育的资料。

由普通教育转到专门教育,从此关乎美育的学科,都成为单纯的进行了。爱音乐的进音乐学校,爱建筑、雕刻、图画的进美术学校,爱演剧的进戏剧学校,爱文学的进大学文科,爱别种科学的人就进了别的专科了。但是每一个学校的建筑式,陈列品,都要合乎美育的条件。可以时时举行辩论会,音乐会,成绩展览会,各种纪念会等,都可以利用他来行普及的美育。

学生不是常在学校的,又有许多已离学校的人,不能不给他们一种美育的机会;所以又要有社会的美育。

社会美育,从专设的机关起:

(一)美术馆,搜罗各种美术品,分类陈列。于一类中,又可依时代为次。以原本为主,但别处所藏的图画,最著名的,也用名手的摹本。别处所藏的雕刻,也可用摹造品。须有精印的目录,插入最重要品的摄影。每日定时开馆。能不收入门券费最善;逼不得已,每星期日或节日必须免费。

(二)美术展览会,须有一定的建筑,每年举行几次,如春季展览,秋季展览等。专征集现代美术家作品,或限于本国,或兼征他国的。所征不胜陈列,组织审查委员选定。陈列品可开明价值,在会中出售。余时亦可开特别展览会,或专陈一家作品,或专陈一派作品。也有借他国美术馆,或私人所藏,展览的。

(三)音乐会,可设一定的会场,定期演奏。在夏季也可在公园、广场中演奏。

(四)剧院,可将歌舞剧、科白剧分设两院,亦可于一院中更番演剧。剧本必须出文学家手笔,演员必须受过专门教育。剧院营业,如不敷开支,应用公款补助。

(五)影戏馆,演片须经审查,凡无聊的滑稽剧,凶险的侦探案,卑猥的恋爱剧都去掉。单演风景片与文学家作品。

(六)历史博物馆,所收藏大半是美术品,可以看出美术进化的痕迹。

(七)古物学陈列所,所收藏的大半是古代的美术品,可以考见美术的起原。

(八)人类学博物馆,所收藏的不全是美术品,或者有很丑恶的,但可以比较各民族的美术,或是性质不同,或是程度不同。无论如何幼稚的民族,总有几种惊人的美术品。又往往不相交通的民族,有同性质的作品。很可以促进美术的进步。

(九)博物学陈列所与植物园、动物园,这固然不专为美育而设,但矿物的标本与动植物的化石,或色彩绚烂,或结构精致,或形状奇伟,很可以引起美感。若种种生活的动植物,值得赏鉴,更不待言了。在这种特别设备以外,又要有一种普遍的设备,就是地方的美化。若止有特别的设备,平常接触耳目的还是些卑丑的形状,美育就不完全;所以不可不谋地方的美化。

地方的美化:第一是道路,欧洲都市最广的道路,两旁为人行道,其次公车来往道,又间以种树,艺花,及游人列坐的地方二三列,这自然不能常有的。但每条道路,都要宽平;一地方内各条道路,要有一点匀称的分配。道路交叉的点,必须留一空场,置喷泉、花畦、雕刻品等。

第二是①建筑。三间东倒西歪屋，固然起脆薄、贫乏的感想；三四层匣子重叠式的洋房，也可起板滞、粗俗的感想。若把这两者并合在一处，真异常难受了。欧美海滨或山坳的别墅团体，大半是一层楼，适敷小家庭居住，二层的已经很少，再高是没有的。四面都是花园，疏疏落落分开看各有各的意匠，合起来看，合成一个系统。现在各国都有"花园城"的运动，他们的建筑也大概如此。我们的城市改革很难，组织新村的人，不可不注意呵！

第三是公园，公园有两种：一种是有围墙，有门，如北京中央公园，上海黄浦滩外国公园的样子。里面人工的设备多一点，进去有一点限制。还有一种，是并无严格的范围，以自然美为主；最要的是一大片林木，中开无数通路可以散步。有几大片草地可以运动。有一道河流，或汇成小湖，可以行小舟。建筑品不很多，游人可自由出入。在巴黎、柏林等，地价非常昂贵，但是这一类大公园，都有好几所永远留着。

第四是名胜的布置，瑞士有世界花园的称号，固然是风景很好，也是他们的保护点缀，很适宜，交通很便利，所以能吸引游人。美国有好几所国家公园，地面很大，完全由国家保护，不能由私人随意占领，所以能保留他的优点，不受损坏。我们国内，名胜很多，但如黄山等，交通不便，颇难游赏。交通较便的如西湖等，又漫无限制，听无知的人造了许多拙劣的洋房，把自然美缀了许多污点，真是可惜。

第五是古迹的保存，新近的建筑，破坏了很不美观；若是破坏的古迹，转可以引起许多历史上的联想，于不完全中认出美的分子来。所以保存古迹，以不改动他为原则。但有些非加修理不可的，也要不显痕迹，且按着原状的派式。并且留得原状的摄影，记述修理情形同时日，备后人鉴别。

第六是公坟，我们中国人的做坟，可算是混乱极了。贫的是随地权厝，或随地做一个土堆子。富的是为了一个死人，占许多土地，石工墓木，也是"千篇一律"，一点没有美意。照理智方面观察，人既死了，应交医生解剖，若是于后来生理上病理上可备参考的，不妨保存起来。否则血肉可作肥料，骨胳可供雕刻品，也算得是废物利用了。但是人类行为，还有感情方面的吸力，生人对于死人，决不肯把他哀感所托的尸体，简单的处置了。若是照我们南方各省，满山是坟，不但太不经济，也是破坏自然美的一端。现在不如先仿西洋的办法。他们的公坟有两种：一是土葬的，如上海三马路，北京崇文门，都有西洋的公坟。他是画一块

---

① 原文漏"是"字。

地,用墙围着,布置一点林木。要葬的可以指区购定。墓旁有花草,墓上的石碣有花纹,有铭词,各具意匠,也可窥见一时代美术的风尚。还有一种是火葬,他们用很庄严的建筑,安置电力焚尸炉。既焚以后,把骨灰聚起来,装在古雅的瓶里,安置在精美石坊的方孔中。所占的地位,比土葬减少,坟园的布置,也很华美。这些办法都比我们的随地乱葬好,我们不妨先采用。

我说美育,一直从未生以前,说到既死以后,可以休了。中间有错误的、脱漏的,我再修补,尤希望读的人替我纠正。

小学校中之美育　既澄[①]

我们这个社会,是体育极不发达的社会,同时也是个美育极不发达的社会。寻常人不说了,就是学校,也是如此。每星期规定一两个小时的体操,便算尽了体育的能事;美育更不知是甚么了。近年以来,大家才稍稍觉着美育的重要,才有人于报章和杂志上偶然提及美育两字。然而仅仅发些纸上的空谈,到底未见有甚么实际的设施,美育的前途又能有多少希望?

中国民众之不知美为何物,已有了许久的历史了。中国所有的文学和美术,贵族性又太大了,简直非民众所能享受,以致国民的美感日沦于迟钝麻痹;到了今日,要叫他们忽然发生丰富美的观念,已是万万不能。今日的美育运动,也只有向后一辈人用力了。因此小学校里怎么实施美育,可算是现时一个急切的问题。

美感的陶养,必须始于幼年,使儿童有知觉以后,即沉浸于美的环境中,那末,他们便自然而然的逐渐发展他们的美感。可不费大力气而收美育之效。因此小学校对于一切教室内外的设备,以及小学生的制服等等,都应当请美术家按照儿童美感发达所至的地步来规划布置。就是学校里的空地及操场,都应当多栽花木,以发达儿童的自然美感。至于儿童美感发达的程度,原是可以测验的;近日出版的《心理》第二期,有陈鹤琴君的《研究儿童的颜色美感之方法》一文,就是介绍这种测验法的;所以教育家应当特别注意这一类方法。这种研究,在今日应要努力提倡,使小学校的教职员都有了这种智识,才能够以适宜的设备来刺激儿童的美感。儿童虽有小野蛮之称,虽然在青春期之前总是不晓得干净为何物,但这恐怕也是由于太没有美育的陶养罢了,似乎不是绝对没有办法的。我常见

---

① 《教育杂志》第 14 卷第 6 号,1922 年 6 月 20 日,第 4 页。

受过高等教育的男女所生的小孩,比平常小孩总较为爱整洁;这大概是家庭间的陶育的效果。我们大可以相信得受相当的美感陶育的小学生,必不致与洁为仇如现在的样子,那么,这就是洗脱国民的"不洁癖"的基础了。

"美育代宗教"释疑　郭海燕[①]

一

被宗教侵占着的中国,现在已开始知道:教会伴着军国主义、资本主义,做了寻获殖民地的先锋队了。教会藉教育的美名,握教育机关,诱惑年青的人,这事实也被人反对了。

然而在这样"非宗教运动"当中,有人以为宗教是人类的慰藉品,人们感情所寄,似不宜绝对地否认彼的价值。这一说在保提宗教的各说中,颇有价值,而也是"非宗教者"该研究的问题。

宗教为人类感情所寄,能否永远绝灭,现在虽不能武断地决定,可是,利用自然或人为的美以慰藉人生,代替宗教,似已无疑义,何况现在的教会已成百疮之体呢! 然而怀疑"美育代宗教"者仍甚多,故现在略就怀疑者的言论,较有价值者,加以解释如下。

二

有人说:宗教普及,美育不能普及;即使美育能普及,劳动者在饥寒交迫时候,也无审美的观念,所以美育不能代宗教。这一说比那些用什么宗教的神秘,提反对的,较有价值;然而仅观察现代事实,犯了近视眼的错觉。

美感是人们器官与自然界接触,而由意识上表现出来的现象。触于耳的是声,接于目的是色。利用声色,以激发情绪的是音乐、图画。其他雕刻、文章也同此理。故求美与求真、善一样的为人类的本能,而且人生的鹄,就是发挥这真、善、美。

求美既是人类的本能,美感既能激发情绪,故一切利用美感以启发人们的情绪的美育,便能"社会化",便能普及于人人。虽不幸在这样悲惨、冷酷的现代经济制度里,无产阶级,不能够享受美育,但这是社会一时的变态。我们须要晓得这是现代经济组织的罪恶,这是有产阶级利己心发达的结果,并不是无产阶级没有求美的本能,不能够领受美育。所以我们不可因现代经济组织偏枯的缘故,便

① 《旅沪潮州学生会杂志》,1922 年 7 月,第 36—40 页。

说美育不能普及。我们应该努力打破现代经济组织,使美育能够社会化,使人人能够在优美的社会制度里,发挥固有的美感,领受优美的美育。倘若我们因美育权握在有产阶级的手里,便说美育不能普及,那么,现代的教育权握在有产阶级的手里,怎可提倡教育普及呢? 不过,在资本主义底下,提倡美育普及,与提倡教育普及一样的无效罢了。故我们今后惟有打破资本主义以实现美育,以发挥美感的本能。美育能否普及,纯视我们努力怎样;而以美育代宗教就是我们推广美育的努力点。

这样,说美育不能普及,无产阶级不能够享受美育,以断定美育不能代宗教,便是多虑,便是仅观察现代事实。

无产阶级,到饥寒交迫的时候,也许没有审美的观念。但这也是受经济压迫的结果,心理生变态的缘故,我们也不能据这一点以断定美育不能代宗教。

在这样有产阶级,无情地榨取劳力的社会里,无产阶级挨饥挨寒地去卖气力,自然救死还恐不暇,那里有闲工夫去审美。但是我们要晓得无产阶级不是无感美的本能,有产阶级的美感不是生来就特别地发达。不过有产阶级藉经济充裕的缘故,有机会可以享受美育;无产阶级因受饥寒交迫,心理呈变态罢了。所以我们在这样情形底下,不可因无产阶级受压迫埋没审美的观念,便断定美育不能代宗教。我们当觉悟资本主义会埋没无产阶级的本能。我们该知道无产阶级的本能一天一天地低下去。我们更当努力地打破资本主义,使无产阶级的生活改善。我们又更当努力地推广美育,扶植无产阶级的本能,使能够享受美育,使美育能够如宗教一样地普及于人。

所以执"美育不能普及,无产阶级,到饥寒交迫的时候,没有审美的观念",以断定美育不能代宗教,便无是处。

三

有人说:宗教设有天堂,极乐国做人们死后蕲向,令人们不爱恋生存;美育不但没有那种死后的蕲向,美育愈发达,人们爱恋生存的心理也愈盛,所以,断定美育不能代宗教。这一说比前一说更为无价值。而且这一层正是科学昌明时代,人们利用求真的结果,窥破宗教的弊害,代以美满优良的美育的真因。怎么说呢?

在草昧时代,人们智识不能了解"生命"与"自然"间的谜,故见一切山河大地,草木禽兽,便认为有神秘在里面,于是就发生多神教。及后,智识渐开,神也渐少,便归功于上帝主宰,而成为一神教。在现代呢,科学昌明,宇宙之谜,已渐为科学所征服,一切神秘已由求真的结果窥破其乌有。什么天堂、极乐国,不但不能做我们死后蕲向，且我们能够利用科学实证其虚妄。所以我们正因宗教有天堂，极乐国的迷信，不适科学昌明时代的人生，而要代以利用自然激发情绪的美育。怎能说美育无死后蕲向不能代宗教呢？我们在这样"科学进步，一日千里"的世界，不能努力求真、善、美，而要这漂渺的死后蕲向做什么呢？我们为什么不利用现实的自然以激发情绪，而偏要慰藉于死后的蕲向呢？老实说，藉天堂、极乐国，以慰藉人生是人类不能了解自然，利用自然的时代的现象。现在可不是这样的了。

至于说宗教能使人不爱恋生存，美育则否。这一层又是宗教的弊害，尤是美育在现代能够代宗教的条件。我们平心而论，使人不爱恋生存果胜于使人爱恋生存吗？我们不爱恋生存，而爱恋于死后，果是正当的人生观吗？想来读者当能解答，我无须麻烦地再说。但我们要晓得这点就是宗教的弊害，就是美育的价值。我们要实现真正的人生，适合科学的人生，非提倡美育代宗教不可。

所以执"宗教设有天堂，极乐国做人们死后蕲向，美育则否"，以断定美育不能代宗教，更无是处。

四

但或者更有人要说：在科学不发达的中国，一般人既缺乏科学智识，又因受种种恶制度的毒，缺少审美的智能，似不能提倡美育代宗教，使伹们无所凭藉。此说似乎有理，其实不然。

我们要晓得，人生的鹄就是求真、善、美。有阻碍这鹄的，我们当不客气地破坏之，毁灭之，决不可因其阻碍便转换我们的鹄。我们切不可因社会一时呈变态，便变更我们提倡美育代宗教的计划。我们当找寻到这变态的原因而破坏之，以实现我们的主张，且中国人缺乏科学智识是科学不发达的缘故。而在迷信宗教底下，求科学发达似不能迅速彻底。所以我们第一当打破迷信以发挥其求真的本能，使科学迅速发达。第二当提倡与科学不相违背的美育，发挥伹们求美的本能，而以自然之美，调节性情，和谐生命，美满人生。

所以，说现在的中国，不配提倡美育代宗教，也无是处。

五

以上仅就怀疑者的言论，略论美育代宗教的"可能"。现在再就我们为什么要提倡美育代宗教的理由和以美育慰藉人生与以宗教慰藉人生，所生出来不同的结果说一下。

因为宗教认神为至上至尊，全智全能，故以超人幻像勉励人生，就是以造成圣贤、英雄、豪杰、伟人等要素勉励人生。结果，便造成种种阶级、隔膜、战争、流血等怪剧。而以偶像、天堂、极乐国，勉励人生尤是奴隶的道德，被动的行动。

美育是利用自然，使自然与生命和谐，故人们接触自然或人为的声色，便激发其情绪，和谐生命，快乐意念。结果，便造成美满、快乐、平等的人生。

总之，我们不但认现在的教会，伴着军国主义、资本主义，做了寻获殖民地的先锋队，应该改造；而且认以宗教慰藉人生是过去的事实，应该代以优美的美育。

趣味教育与教育趣味　梁启超①
四月十日在直隶教育联合研究会讲演

一

假如有人问我："你信仰的甚么主义？"我便答道："我信仰的是趣味主义。"有人问我："你的人生观拿什么做根柢？"我便答道："拿趣味做根柢。"我生平对于自己所做的事，总是做得津津有味，而且兴会淋漓；什么悲观咧厌世咧这种字面，我所用的字典里头，可以说完全没有。我所做的事常常失败——严格的可以说没有一件不失败——然而我总是一面失败一面做；因为我不但在成功里头感觉趣味，就在失败里头也感觉趣味。我每天除了睡觉外，没有一分钟一秒钟不是积极的活动；然而我决不觉得疲倦，而且很少生病；因为我每天的活动有趣得很，精神上的快乐，补得过物质上的消耗而有余。

趣味的反面，是干瘪，是萧索。晋朝有位殷仲文，晚年常郁郁不乐，指着院子里头的大槐树叹气，说道："此树婆娑，生意尽矣。"一棵新栽的树，欣欣向荣，何等可爱！到老了之后，表面上虽然很婆娑，骨子里生意已尽，算是这一期的生活完结了。殷仲文这两句话，是用很好的文学技能，表出那种颓唐落寞的情绪。我以为这种情绪，是再坏没有的了；无论一个人或一个社会，倘若被这种情绪侵入弥漫，这个人或这个社会算是完了，再不会有长进。何止没长进，什么坏事，都要从此产育出来。总而言之，趣味是活动的源泉，趣味干竭，活动便跟着停止；好像机器房里没有燃料，发不出蒸汽来，任凭你多大的机器，总要停摆；停摆过后，机器要生锈，产生许多毒害的物质哩！人类若到把趣味丧失掉的时候，老实说，便是生活得不耐烦，那人虽然勉强留在世间，也不过行尸走肉；倘若全个社会是如此，那社会便是痨病的社会，早已被医生宣告死刑。

──────────

① 《新教育》第5卷第1、2期合刊，1922年8月1日，第65—71页。又载《昆明教育月刊》第6卷第2号，1924年约4月，第1—10页。

二

"趣味教育"这个名词，并不是我所创造，近代欧美教育界早已通行了。但他们还是拿趣味当手段，我想进一步，拿趣味当目的。请简单说一说我的意见：

第一，趣味是生活的原动力，趣味丧掉，生活便成了无意义，这是不错。但趣味的性质，不见得都是好的；譬如好嫖好赌，何尝不是趣味？但从教育的眼光看来，这种趣味的性质，当然是不好。所谓好不好，并不必拿严酷的道德论做标准；既已主张趣味，便要求趣味的贯彻，倘若以有趣始以没趣终，那么趣味主义的精神，算完全崩落了。《世说新语》记一段故事："祖约性好钱，阮孚性好屐，世未判其得失；有诣约，见正料量财物，客至屏当不尽，余两小籯，以着背后，倾身障之，意未能平；诣孚，正见自蜡屐；因叹曰，'未知一生当着几量屐'，意甚闲畅；于是优劣始分。"这段话很可以为选择趣味的标准。凡一种趣味事项，倘或是要瞒人的，或是拿别人的苦痛换自己的快乐，或是快乐和烦恼相间相续的，这等统名为下等趣味。严格说起来，他就根本不能做趣味的主体；因为认这类事当趣味的人，常常遇着败兴，而且结果必至于俗语说的"没兴一齐来"而后已，所以我们讲趣味主义的人，决不承认此等为趣味。人生在幼年青年期，趣味是最浓的，成天的乱碰乱迸；若不引他到高等趣味的路上，他们便非流入下等趣味不可。没有受过教育的人，固然容易如此；教育教得不如法，学生在学校里头找不出趣味，然而他们的趣味是压不住的，自然会从校课以外乃至校课反对的方向去找他的下等趣味；结果，他们的趣味是不能贯彻的，整个变成没趣的人生完事。我们主张趣味教育的人，是要趁儿童或青年趣味正浓而方向未决定的时候，给他们一种可以终身受用的趣味。这种教育办法圆满，能够令全社会整个永久是有趣的。

第二，既然如此，那么教育的方法，自然也跟着解决了。教育家无论多大能力，总不能把某种学问教通了学生，只能令受教的学生当着某种学问的趣味，或者学生对于某种学问原有趣味，教育家把他加深加厚。所以教育事业，从积极方面说，全在唤起趣味；从消极方面说，要十分注意不可以摧残趣味。摧残趣味有几条路，头一件是注射式的教育：教师把课本里头的东西叫学生强记，好像嚼饭给小孩子吃，那饭已经是一点儿滋味没有了，还要叫他照样地嚼几口，仍旧吐出来看；那么，假令我是个小孩子，当然会认吃饭是一件苦不可言的事了。这种教育法，从前教八股完全是如此，现在学堂里形式虽变，精神却还是大同小异，这样教下去，只怕永远教不出人才来。第二件是课目太多：为培养常识起见，学堂课目固然不能太少；为恢复疲劳起见，每日的课目固然不能不参错掉换。但这种理论，只能为程度的适用；若用得过分，毛病便会发生。趣味的性质，是越引越深，想引得深,总要时间和精力比较的集中才可。若在一个时期内同时做十来种的功课,走马看花,应接不暇,初时或者惹起多方面的趣味,结果任何方面的趣味都不能养成。那么,教育效率,可以等于零。为什么呢? 因为受教育受了好些时,件件都是在大门口一望便了,完全和自己的生活不发生关系,这教育不是白费吗? 第三件是拿教育的事项当手段。从前我们学八股,大家有句通行话说他是敲门砖,门敲开了自然把砖也抛却,再不会有人和那块砖头发生起恋爱来。我们若是拿学问当作敲门砖看待,断乎不能有深入而且持久的趣味。我们为什么学数学,因为数学有趣所以学数学;为什么学历史,因为历史有趣所以学历史;为什么学画画学打球,因为画画有趣打球有趣所以学画画学打球。人生的状态,本来是如此,教育的最大效能,也只是如此。各人选择他趣味最浓的事项做职业,自然一切劳作,都是目的,不是手段,越劳作越发有趣。反过来,若是学法政用来作做官的手段,官做不成怎么样呢? 学经济用来作发财的手段,财发不成怎么样呢? 结果必至于把趣味完全送掉。所以教育家最要紧教学生知道是为学问而学问,为活动而活动;所有学问,所有活动,都是目的,不是手段,学生能领会得这个见解,他的趣味自然终身不衰了。

三

以上所说,是我主张趣味教育的要旨。既然如此,那么在教育界立身的人,应该以教育为唯一的趣味,更不消说了。一个人若是在教育上不感觉有趣味,我劝他立刻改行,何必在此受苦;既已打算拿教育做职业,便要认真享乐,不辜负了这里头的妙味。

孟子说:"君子有三乐,而王天下不与存焉。"那第三种就是"得天下英才而教育之";他的意思是说教育家比皇帝还要快乐。他这话绝不是替教育家吹空气,实际情形确是如此。我常想,我们对于自然界的趣味,莫过于二种花;自然界的美,像山水风月等等,虽然能移我情,但我和他没有特殊密切的关系,他的美妙处,我有时便领略不出;我自己手种的花,他的生命和我的生命简直合为一;所以我对着他,有说不出来的无上妙味。凡人工所做的事,那失败和成功的程度都不能预料;独有种花,你只要用一分心力,自然有一分效果还你,而且效果是日日不同,一日比一日进步。教育事业,正和种花一样:教育者与被教育者的生命是进合为一的;教育者所用的心力,真是俗话说的"一分钱一分货",丝毫不会枉费;所以我们要选择趣味最真而最长的职业,再没有别样比得上教育。

现在的中国的政治方面,经济方面,没有那件说起来不令人头痛;但回到我们教育的本行,便有一条光明大路,摆在我们前面。从前国家托命,靠一个皇帝,皇帝不行,就望太子;所以许多政论家——像贾长沙一流都最注重太子的教育。如今国家托命是在人民,现在的人民不行,就望将来的人民;现在学校里的儿童青年,个个都是"太子",教育家便是"太子太傅"。据我看,我们这一代的太子,真是"富于春秋典学光明",这些当太傅的,只要"鞠躬尽瘁",好生把他培养出来,不愁不眼见中兴大业。所以别方面的趣味,或者难得保持,因为到处挂着"此路不通"的牌子,容易把人的兴头打断;教育家却全然不受这种限制。

教育家还有一种特别便宜的事,因为"教学相长"的关系,教人和自己研究学问是分离不开的;自己对于自己所好的学问,能有机会终身研究,是人生最快乐的事,这种快乐,也是绝对自由,一点不受恶社会的限制。做别的职业的人,虽然未尝不可以研究学问,但学问总成了副业了;从事教育职业的人,一面教育,一面学问,两件事完全打成一张。所以别的职业是一重趣味,教育家是两重趣味。

孔子屡屡说:"学而不厌,诲人不倦。"他的门生赞美他说:"正唯弟子不能及也。"一个人谁也不学,谁也不诲人,所难者确在不厌不倦。问他为什么能不厌不倦呢?只是领略得个中趣味,当然不能自已。你想,一面学,一面诲人,人也教得进步了,自己所好的学问也进步了,天下还有比他再快活的事吗?人生在世数十年,终不能一刻不活动,别的活动,都不免常常陷在烦恼里头,独有好学和好诲人,真是可以无人而不自得,若真能在这里得了趣味,还会厌吗?还会倦吗?孔子又说:"知之者不如好之者,好之者不如乐之者。"诸君都是在教育界立身的人,我希望更从教育的可好可乐之点,切实体验,那么,不惟诸君本身得无限受用,我们全教育界也增加许多活气了。

美术与生活 梁启超[①]
八月十三日在上海美术专门学校讲演

诸君!我是不懂美术的人,本来不配在此讲演。但我虽然不懂美术,却十分感觉美术之必要。好在今日在座诸君,和我同一样的门外汉谅也不少。我并不

[①]《晨报副刊》,1922年8月20日第1版。又载《时言报》,1923年11月8日、9日第1版(部分内容)。再载《广播周报》第115期,1936年12月5日,第18、49页,题目之下有"定十二月十四、五、六、七日播讲";第116期,1936年12月12日,第48页。
关于此次讲演,另有演讲纪要和内容概述等:《时事新报》1922年8月14日第9版,题为《任公先生演讲纪要:题为《美术与生活》今日在教育馆演讲》;《时报》1922年8月14日第9版,题为《梁任公昨日演讲美术与生活》;《新闻报》1922年8月14日第9版,题为《梁任公演讲美育与生活》;《舆论》1922年8月17日、18日第6版,题为《美术与生活:梁任公在上海美术学校演讲》。

是和懂美术的人讲美术,我是专要和不懂美术的人讲美术。因为人类固然不能个个都做供给美术的"美术家",然而不可不个个都做享用美术的"美术人"。

"美术人"这三个字是我杜撰的,谅来诸君听着很不顺耳。但我确信"美"是人类生活的要素——或者还是各种要素中之最要者。倘若在生活全内容中把"美"的成分抽出,恐怕便活得不自在甚至活不成。中国向来非不讲美术——而且还有很好的美术,但据多数人的见解,总以为美术是一种奢侈品,从不肯和布帛菽粟一样看待,认为生活必需品之一。我觉得中国人生活之不能向上,大半由此。所以今日要标"美术与生活"这题,特和诸君商榷一回。

问人类生活于什么? 我便一点不迟疑答道:"生活于趣味。"这句话虽然不敢说把生活全内容包举无遗,最少也算把生活根芽道出。人若活得无趣,恐怕不活着还好些,而且勉强活也活不下去。人怎样会活得无趣呢? 第一种,我叫他做石缝的生活:挤得紧紧的没有丝毫开拓余地;又好像披枷带锁,永远走不出监牢一步。第二种,我叫他做沙漠的生活:干透了没有一毫润泽,板死了没有一毫变化,又好像蜡人一般没有一点血色;又好像一株枯树,庾子山说的"此树婆娑生意尽矣"。这种生活是否还能叫做生活,实属一个问题。所以我虽不敢说趣味便是生活,然而敢说没趣便不成生活。

趣味之必要既已如此,然则趣味之源泉在哪里呢? 依我看有三种。

第一,对境之赏会与复现。人类任操何种卑下职业,任处何种烦劳境界,要之总有机会和自然之美相接触——所谓水流花放,云卷月明,美景良辰,赏心乐事。只要你在一刹那间领略出来,可以把一天的疲劳忽然恢复,把多少的烦恼丢在九霄云外。倘若能把这些影像印在脑里头令他不时复现,每复现一回,亦可以发生与初次领略时同等或仅较差的效用。人类想在这种尘劳世界中得有趣味,这便是一条路。

第二,心态之抽出与印契。人类心理,凡遇着快乐的事,把快乐状态归拢一想,越想便越有味;或别人替我指点出来,我的快乐程度也增加。凡遇着苦痛的事,把苦痛倾筐倒箧吐露出来;或别人能够看出我苦痛替我说出,我的苦痛程度反会减少。不惟如此,看出说出别人的快乐,也增加我的快乐;替别人看出说出苦痛,也减少我的苦痛。这种道理,因为各人的心都有个微妙的所在,只要搔着痒处,便把微妙之门打开了。那种愉快,真是得未曾有,所以俗话叫做"开心"。我们要求趣味,这又是一条路。

第三,他界之冥构与蓦进。对于现在环境不满,是人类普通心理,其所以能进化者亦在此。就令没有什么不满,然而在同一环境之下生活久了,自然也会生厌。不满即管不满,生厌即管生厌,然而脱离不掉他,这便是苦恼根源。然则怎么救济法呢？肉体上的生活,虽然被现实的环境捆死了;精神上的生活,却常常对于环境宣告独立。或想到将来希望如何如何,或想到别个世界——例如文学家的桃源,哲学家的乌托邦,宗教学家的天堂净土如何如何,忽然间超越现实界闯入理想界去,便是那人的自由天地。我们欲求趣味,这又是一条路。

这三种趣味,无论何人都会发动的。但因各人感觉器官用得熟与不熟,以及外界帮助引起的机会有无多少,于是趣味享用之程度,生出无量差别。感觉器官敏则趣味增,感觉器官钝则趣味减;诱发机缘多则趣味强,诱发机缘少则趣味弱。专从事诱发以刺戟各人器官的不便迟钝的有三种利器:一是文学,二是音乐,三是美术。

今专从美术讲:美术中最主要的一派,是描写自然之美,常常把我们所曾经赏会或像是曾经赏会的都复现出来。我们过去赏会的影子印在脑中,因时间之经过渐渐淡下去,终必有不能复现之一日,趣味也跟着消灭了。一幅名画在此,看一回便复现一回,这画存在,我的趣味便永远存在。不惟如此,还有许多我们从前不注意赏会不出的,他都写出来指导我们赏会的路,我们多看几次,便懂得赏会方法,往后碰着种种美境,我们也增加许多赏会资料了。这是美术给我们趣味的第一件。

美术中有刻画心态的一派,把人的心理看穿了,喜怒哀乐,都活跳在纸上。本来是日常习见的事,但因他写的唯妙唯肖,便不知不觉间把我们的心弦拨动,我快乐时看他便增加快乐,我苦痛时看他便减少苦痛。这是美术给我们趣味的第二件。

美术中有不写实境实态而纯凭理想构造而成的。有时我们想构一境,自觉模糊断续不能构成,被他都替我表现了。而且他所构的境界种种色色有许多为我们所万想不到;而且他所构的境界优美高尚,能把我们卑下平凡的境界压下去。他有魔力,能引我们跟着他走,闯进他所到之地。我们看他的作品时,便和他同往一个超越的自由天地。这是美术给我们趣味的第三件。

要而论之,审美本能,是我们人人都有的。但感觉器官不常用或不会用,久而久之麻木了。一个人麻木,那人便成了没趣的人;一民族麻木,那民族便成了没趣的民族。美术的功用,在把这种麻木状态恢复过来,令没趣变为有趣。换句话说,是把那渐渐坏掉了的爱美胃口,替他复原,令他能常常吸收趣味的营养,以维持增进自己的生活康健。明白这种道理,便知道美术这样东西在人类文化系统上该占何等位置了。

以上是专就一般人说。若就美术家自身说,他们的趣味生活,自然更与众不同了。他们的美感,比我们锐敏若干倍,正如《牡丹亭》说的"我常一生儿爱好是天然"。我们领略不着的趣味,他们都能领略。领略够了,终把些唾余分赠我们。分赠了我们,他们自己并没有一毫破费,正如《老子》说的"既以为人,己愈有;既以与人,己愈多"。假使"人生生活于趣味"这句话不错,他们的生活真是理想生活了。

今日的中国,一方面要多出些供给美术的美术家,一方面要普及养成享用美术的美术人。这两件事都是美术专门学校的责任。然而该怎样地督促赞助美术专门学校叫他完成这责任,又是教育界乃至一般市民的责任。我希望海内美术大家和我们不懂美术的门外汉各尽责任做去。

美育与教育　张正藩[①]

杜威(John Dewey)说:"教育的进行,最要紧的就是设备环境。"所谓环境(Environment)就是环绕一个人四围的东西;这些东西无论有生命与否,凡是影响一个人生活的都可称为环境。杜威对于环境两字,曾有极明鲜的解释。他说:"环境这名词通常用作科学上一个专门名词,在进化观念上很重要。凡属有机体——有生命的东西——一方面必须有环绕他四围的东西以维持他的生活;他方面,这些围绕生物的东西又能影响该生物之活动。人类既是生物之一种,也不能逃免环境之影响。"

从前有些教育者很主张教育无效说,他们以为遗传的势力非教育所能改化。又有一派谓环境的势力极大足以改化天性,故主张教育万能说。因此,各走极端,莫衷一是,近代教育家多主张两者——遗传和环境——对于一个人有同样的影响,和铸造的势力。英国教育家斯宾塞(Spence)在《社会的静止》(*Social Static*)里说:"只要人互有关系,虽则有阶级和贫富的差别不能阻止他们的同化。倘使他和野蛮人住过了些时,他就成为野蛮人;倘使他的朋友都是奸诈的,他就变成奸诈的人;倘使他的同伴都是很慈爱的,他就变成善人;倘使他住的是文雅人中间,他就变成斯文了。……"从这段话里我们可以认定环境对于人们的重要。但是怎样的环境才可以养成人们正当的有趣味的人生呢?不消说,优美的环境呵!

禽兽常以颜色,音声,臭味,及合律的运动为修饰的工具以献媚于异性;这就

---

① 《时事新报·学灯》,1922 年 9 月 9 日第 1—2 版。又载《南通师范校友会汇刊》第 2 卷第 1 期,1923 年 4 月,第 73—77 页。

是他们美情最早的发现！野蛮人好以羽毛，珠玉文饰他们的身体；稍进，装饰雕刻的武器和用具；这就是他们爱美的表现！达尔文（Charles Darwin）在他所著的 Descent of Man 里说得好，他说：“美的感觉不仅人类所独有的，鸟类装饰他们的巢，辨别他们同类的美丽颜色，就是他们好美的表示。”他又说：“修饰是人类的本性，初民的艺术是一修饰品。就是野蛮时代因为性交的原故，美性也极发达。所以纯美的性质，无论何种人都是所同具的。”从达氏见解中可以看得出禽兽，人类均有爱美的倾向。我们再实地观察儿童爱美的心理罢。

小孩子坐在摇篮里，倘使看见周围悬有有颜色的东西，他们的一对小瞳人就死钉在那件的物体上。他们不独不想哭，大约一切的痛苦，孤寂也忘掉了！当他们欲睡的时候，若听见慈母的柔和的催眠歌，也就一枕黄粱了！

我们既知儿童有这种爱美的倾向，那么如何去造美的环境，满足他们美的要求呢？所以我们要利用他们这种天性——美的天性使沉浸于美的环境——家庭，学校，社会——中。使承受美的醇化和美的陶醉，因此逐渐发展固有的美感造成美化的人生。但是我写到这里，不觉很灰心地将笔搁下。我想：我们的环境那一块是美的园地？

家庭——我们的家庭固谈不到什么美育，就是号称智识阶级的家庭恐怕也不见得怎样讲究！就一般家庭的设备，房屋，用具——说，全没有均齐，比例，调和，变化，统一美的要素。至于家人的种种行为——酗酒，赌钱，不清洁等——均足给儿童不良的印象！

学校——学校是个陶冶儿童的熔炉，当然要有建筑，音乐，色彩多种美去唤起儿童天赋的美感。但是有几处讲究的？校址不是在混浊空气的城市里，就是在那不毛之区——荒村——至于校舍的建筑，所有的设备，无非因陋就简！说到教师的言语，动作，服饰，恐亦无美可言！教授方面固不想美的设计，恐儿童应享受的自然之美的幸福——旅行，郊游——也断送不少了！

社会——我们所处的社会差不多是个黑暗的舞台，至所有的背景，老实说丑恶罢了！

我们的环境——家庭，学校，社会——既如是恶劣，我们就不想法改造吗？华特在他的《应用社会学》（Applied Sociology）里说：“我们不能够增加遗传的才智，可以设法改良环境是机会。”他又很勇敢地诏告我们说：“环境可以说是一种抵抗环境阻止生活的向上，他将天性压迫得很紧。生活力好像一个弹簧，被环境镇压了；只要把环境移去就自然而然的发展，把有机世界提高起来。人类有了生活力之外还有意志力，这两种力同时向目标做去，但环境阻止他们，所以我们要设法把这重牢门开了使他们自由！"因此,我们得了个教训:就是不满意现状,就不妨鼓着勇气去冲决这重网罗,——丑的环境——造理想的境地！——美的环境。

谈到造美的环境,蔡孑民先生的美育实施的方法(载《教育杂志》第十四卷第六号)一文可供参考。他的实施的方法,是从一个人未生以前说到既死以后;故有公立胎儿院,公立育婴院,幼稚园,美术馆,美术展览会,音乐会,剧院,影戏馆,博物苑,公园,公坟等组织。

总之在这种恶劣环境里,教育无论是怎样万能都不能受若何效果,我们虽不能以蔡孑民氏的美育代宗教的主张来倡以美育代教育,然而最低度非倡美化的教育不可能！归根结底一句:先创造美的环境来！

但是创造美的环境,谁负这个使命呢？从学校教育起点,当然自教师始！试观杜威说:"……教育者,或成人之影响于幼年者之心灵的 Mental 生长,恰如一个艺花人设法使植物生长一样。……他们——教师——所当做的可以分两方面说:(一)消除有害的 Harmful 环境——使社会上流行不良的习惯,风俗不致为儿童所沾染以妨害其生长。……(二)设备有益的 Helpful 环境——就是设备各种足以帮助促进儿童智力上,身体上的生长之便利。……"

本篇可告一段落,但是还有些对于本题稍有关系而要说的,我想有写在后面的必要。

生物学家诏告我们说:"美的鉴赏起于吾人内部活力有余裕之时。顾生物所贮之内部活力,除费于生命维持外犹有余秘,若不以正当方法消费之,且有害于生活。"因此,可以晓得美的鉴赏不仅消费我们的余力,且有沃润我们生活的可能。但是美的功能,不仅此,且能发生伦理上的关系。请观西洋诸哲的说话。柏拉图(Plato)说:"美之所以为美者,善也,美待善而始成者也。"费德(Fichte)说:"美的价值不是美的可贵,是善的可贵。"复次,美尚有慰安的方便。我们试看太戈儿的诗歌,罗丹的雕刻,米勒的绘画;或赏鉴自然之美,如蔚蓝的天空,青青的山岳,莹洁的碧流,未有不发生快感的！所以斯宾塞对于美育问题,完全认为安慰方便。

在物质文明进步到高度的社会里,人们精神的生活早宣告破产。试观梦梦的群众,舍酗酒,赌钱,看野蛮戏以外,几无所消遣,无所慰安;但是他们这种行为,我们是不能非难的！古尔孟(Remy De Gourmont)说得很公平,他说:"你们社会的状况,是狂愚的小影,罗马的奴隶比你们许多工人过的生活还好……无论富的,贫的,你们都不晓得休暇的快乐。"(见《鲁森堡之一夜》中)从他的话里可以

国家社会科学基金项目资助（18BZW018）

晚清民国期刊中的
美育史料
整理与研究（1900—1949）

刘晨 编著

 下

上海三联书店

看得出他是个对工人表同情者。他是悲悯工人只有劳动而无休暇的快乐,所谓休暇的快乐,就是美的鉴赏罢?(美的鉴赏可以说在休暇的快乐之领域里一部。)

谈到智识阶级,大半也是为烦闷之魔镇服住。他们既不肯享卑劣的慰安,而在现在文艺上,美术上,又不易找到慰安的对象,所以愈感得生之烦闷。

我书至此,又不觉无聊地将笔掷下。我想:理想的环境——美的环境何时才能实现,才慰藉我们已死的心灵;恐实现的时期,我们的生命之花已飘零多时了!但是,我们既是一个人当不能从消极方面想;而且我们既相信美可帮助人们摆脱一切人生的桎梏,丰富人们的生活;那么在这种无情的,冷酷的环境里唯有提倡美育了!我再引蔡子民先生在《文化运动不要忘了美育》里说的一段话,做我的结论。他说:"……不是用美术教育不足以引起超越利害的兴趣,融合一种划分人我的僻见,保持一种永久和平的心境。……文化进步的国家既然实施科学教育,尤要普及美术教育,……所以我很望致力文化运动诸君,千万不要忘了美育!"

一九二二,九,四日南通师校。

嘉木氏(Garmo)之美育论　黄公觉[①]

自从希腊时代到现在,关于各种美术的言论,很是不少;关于各种美术教授的论著,也已经有了;但关于美育的言论或著述,就稀若"凤毛麟角"了。有之,当自百年前的许勒(Schiller)始。他曾经写了许多关于"人类美育"(The Aesthetic Education of Man)的书信,讨论这个问题。他对于美育的见解很为奇特。他将美育看与政治有密切的关系。他以为美术是介于感觉与理性之间的事体,美术是我们人类由兽性达于理性所必经的桥梁。在拿破仑时代,一般农民不是国家里有自治能力的份子,他们整日地都是呱呱地图谋物质的生活。像这种情形,若是仅仅藉法律的力量,将他们的地位提高,称为国民,是不行的;这一定有赖于渐次发达的方法。许勒以为由奴隶以达于自由,其间所必经的路,当是美之一途;所以各个人都应该受美育的陶冶。氏虽首先提倡美育,但以政治的眼光去论美育,视美术为获得政治上的自由的手段。殊不知获得政治上的自由,有很多的方法,不仅是美育一端;况且美育的功能,不仅为获得政治上的自由而已。所以我

① 《教育杂志》第14卷第9号,1922年9月20日,第1—4页。又载《河南教育公报》第2年第5期,1923年1月2日,第1—7页。

们若是想得美育上之适当的解释，还要另求说明。许勒解释美育既然不当，那末，后来的人又如何呢？但是我们若曾经稍微研究过这个问题，便知道自许勒首创美育论之后，继续讨论这问题的著述，差不多很少。直到现在，一般教育家才觉悟教育的究竟目的，除了真、善以外，还有美一项；教育的手段，除了德育、知育、体育这三者以外，还有美育一项。现在学校教育的设施，已经渐渐注意到这个问题；而教育家也有著成专书讨论这个题目的了。假使我们想研究这个问题，应该知道美国康奈尔大学(Cornell Univ.)教育学教授嘉木氏(Charles De Garmo)是很著名的美育学者。现在我将他的美育学说略略介绍如下，而分为美育之目的、美育之方法及对于现在美育实施之意见三节。

(一) 美育之目的

美育之目的，是使各个儿童对于世界获得美感，也好像他们要获得知的和道德的观念一般。这句话并不是说一切的事物都是美的，乃是说对于一切事物，都可以从美学的眼光，将他们看作悦意的或逆意的。我们现在要训练生徒去感觉一件东西是美或不美，也和我们现在要训练他们使从知识去了解自然界与社会团体的生活一般。这种美感的训练有两层利益：第一，这种训练可以大大地扩充我们快乐的范围。第二，这种训练自自然然的使我们努力去增加我们环境里美的事物，同时减少我们环境里丑的事物。

美育的理由可分为二：一为心理的，一为社会的。就心理方面而言，美的欣赏超于一切的欣赏，没含有一点儿私欲，想去占据或消耗所赏识的东西。一件美的东西使我们得一种快乐，但同时不使我们生一种饥饿的状态。这种快乐就是凯池(Keats)氏所谓"永远的快乐"(A joy forever)。有些人往往误会，将美感的动机和别的动机混合起来；例如，当他们看见一张美丽的图画，他们便问这张画值多少钱；又如他们看见一间好的房屋，他们便想占有他。殊不知道一切真正的美的欣赏不过是得一种纯粹观摩的快乐；一件美的东西，含有所由产出的情绪在内，但同时并不惹起消耗或使用的愿望。康德说："美的东西不必刺激私欲，由他的形式便能使我们起快感。"所以美育的心理目的便在增进生活上纯粹的、无私的快乐，使我们欣赏美的事物，并使我们创造美的事物。

美之社会的功能，一方面是精神的与宗教的，一方面是经济的，许多人每因静听激越的音乐，或共同欣赏美丽的建筑、图画、雕刻、戏剧、文学，及自然界的美，而增进他们社会同情的观念。又许多人所以从事于宗教的事业，就是因为他们得见艺术的或自然的美的事物，受了谈道及圣经之迷人的势力，与圣歌之慰人的影响。至于美的欣赏与创造能力之关于经济方面的,多而且广;他几乎扩充到家庭和社会生活的各方面。假使一般人的舆论,对于美丑之间,有了明白的区别,那末,必定间接的影响到工厂;因为我们往往赞赏那合乎美的标准之事物的原故。所以合于美的标准的事物,不一定是价值贵贱的别择;往往有时两件东西,具同样的功用,而美的所费并不昂于丑的。譬如以同样空间、同样材料,建筑两间房子,计划好的那一间的所费并不贵于计划不好的那一间。又如做了美的衣服、帽子或鞋等,并不是因为计划好而增价。一般人对于用具的美感若是完全,那末,按供给适应要求的理,必定有较美的物件以应我们的需要。所以我们若是用学校教育来提高人民的美感标准,可以由此而提高一切的制造品,使受美的评价的支配。但是除了提高美感外,我们还要发达美的创造的能力,使一般人能够增进美的事物。这些好尚与能力,影响于个人及社会很大,其结果就是产生色、声、比例等之调和,装饰之好的习尚,与永久适合的事物之观念。

(二) 美育之方法

杜威说:"人类愿意使含有情绪的心像(Mental images)永久存在。其法即将这些心像客观化。"所以陶冶美感的第一步,应当创造含有情绪的心像。有时这可由观察美的物体而陶冶,例如观察日落或艺术作品等,心像得由默想所表现的东西的所含的深意而使之具体化,而情绪也可以由此扩充。这可称为美的判断与欣赏之被动的教育。这种教育本是很好,不过儿童往往于我们对于自然界、诗歌、绘画、雕刻等的美的赞赏,不能起充分的反应,而我们或者因此以为儿童的欣赏是错了,于是努力的去告诉他们。不知道这种努力不过是将我们自己的概念和情绪注入儿童的脑里,我们应该启发他们才是。所以当美术教师的,都应该引起生徒的美的心像,而且使他们的情绪扩充;又不但使生徒具体化他们的情绪,而且必须鼓励生徒去实行,帮助他们去实行。譬如我们希望生徒能欣赏他人的图画,那末,我们就要指导他们随着他们自己的心像去绘画,不管画的完全不完全。又如要使他们欣赏音乐,就应该让他们学习唱歌、学习奏琴。至于其他一切有用的、应用的艺术,都应该如此教法。这实在是一个好教训,但是现在的教师们不愿自己应用这个教训。他们的论调,以为这个教训,对于儿童而言的,确是好教训;但是对于他们自己而言,实际上是不可能的,因为他们已经过了最易陶冶的时期(The Most Plastic Period)了。这种说法,对于多数的美术而言,诚有几分真理;因为一个人若是于幼年时代对于音乐、图画没有受过训练,后来一定比较的难成为音乐或图画专家。这虽则如此，但有些美术上的事体他仍然是能做的；例如作一两门的美术作品，也还可以将就。这因为对于一种美术的好尚，能够引起对于其他美术的爱好与欣赏的缘故。现在我们应该知道美术的创造，不是年龄上的关系，乃是性情与决心的关系。莫尔根（De Morgan）在七十五岁的时候，才作优美的小说；那末一个人就是在老年的时候，才开始作诗歌，又何尝不可呢？要而言之：教师不但是训练生徒，使尽量从事于美的创造；就是他自己，也要常常练习自己已经学过的美术，而且还要学习新的美术。后一种的努力，只就其获得新见解与精神而言，其价值已经是大的很了。

（三）对于现在美育实施之意见

嘉木氏主张各个儿童在学校都应该获得对于世界之直接的美感。他对于现在的美育，有许多不满意的地方。第一，就是他仅仅为美术专家所注意。第二，因为美术教授仅为专家所注意，所以他的范围极为狭隘，仅能包含世界一部分的美。第三，仅能指导生徒从间接法去欣赏美，如仅从物体的图画去欣赏美而不从实物。所以要想学生对于世界获得直接的美感，第一个要件就是要从教师本身去获得直接的美感。教师应该教授生徒怎样去，并且从那里去寻美；不特于图画、塑型求之，而且还要于自然界、机械方面与日常生活的一切艺术求之。第二个要件，教师应该能够将美的习尚之法则授与生徒，指导生徒随时随地去赏美，区别美之冒形与实在之美，并且由自己创造（不特于图画、音乐两方面，并于言语及日常生活之一切艺术）以助长生徒的欣赏。

美育的研究　周和贵[①]

自五四运动以来，新文化的声浪，一天高似一天，差不多要达于极点，若以寒暑表来比较计算，那就将要沸腾到百度的样子；但是试披览各种杂志，似乎对于美育的研究，还很少有人发挥意见以促进改良教育的动机；这种思潮，在寒暑表上，虽算不得在冰点以下，却可是极其低度了。前年春，余师薛良叔夫子在博物学会饯别席上，曾讲演过《自然的美》一题，蔡子民先生也说过"文化运动，不要忘了美育"的话，而且有以美育代宗教的主张。二先生独到之处，何等高明！我现在提出"美育的研究"的问题来讨论，就是由此发轫。但是：我，

———————————

① 《学光》创刊号，1922 年 10 月 1 日，第 60—66 页。

浅学寡闻,不对的地方,必定很多,还望阅者诸君,严加批评,这是我非常感激的。

本篇研究的次序,我预先把他写在下面,就是:

甚么叫做美? 美感?

甚么叫做美术?

科学者与美术家之比较。

美育的意义及其陶冶之必要。

美育之实施。

一、甚么叫做美? 美感?

自然界现象,不外由物质的改换与能力表现生出来的;即物质藉能力而改换,能力依他物质而表现,这两样东西不绝地发生,那现象的活动也不绝地变化,在此千变万化之中,"自然"处处都表现一种不可思议的精神;这种精神,就叫着美,也就可以引起人们的美感。我暂且举几个很显著的例子来说:譬如,我们在久雨之后,忽见太阳当空,浓云似烟消一般;或听着那树丛里禽鸟鸣声婉转;或仰望那檐头的桃红柳绿在光波中颤动;或是走到池塘阴处,俯看那鱼游上下和青天白云在水波中荡漾,我们不知不觉地要发生一种愉快的感觉;且不仅是在这自然景致中,就是读书写字的时候,有时心中也定有一种说不出的快感,这种感觉就叫着美感。我们所接触的对象之所以使我们发生美感的,就是美。

自然界之现象,既然处处都表现一种不可思议的精神;而此种精神,何以能唤起我们的美感? 欲解这个问题,须先详细观察自然界之内容,具有一种美的要素,这种要素,大别之为主观的和客观的两种:

(甲) 客观的要素

客观的要素,又可分为下列四项:

a. 自然界或人工物的形状之均齐

如草木枝叶之排列,矿物结晶形体构造之规整以及自然界或人工物之点缀,糜不具有均齐之势;以其均齐,故易起美感。

b. 自然界或人工物的色彩之巧合

如图书馆之陈列室中皆陈中国书画,而忽杂一西洋写真,便失美之巧合。

c. 自然界或人工物的适当之比例

如画人物,或头大身小,或身短脚长均为不美,以无此比例法也。故无论何种美,均有适当的比例。

d. 自然界或人工物的变化中之统一

变化中有统一，统一中有变化，两者非配合得当而成有机的统一，不足以引起美感。例如音乐，白香山所谓大弦嘈嘈，小弦切切，乃深得变化之妙，然变化不统一，亦不足贵，此变化所以必寓于统一之中也。

（乙）主观的要素

主观的要素，由联想想像作用而成。盖所谓美感者，必须由联想，想像，十分了解自然界或人工物有真美之处，而发生一种高尚纯洁——超乎常俗——不可思议的感觉。凡一切高尚精神的美感，莫不由此而生。故涵养此种美感，乃人生切要的条件也。

在此处须再进一言者，即美感与感觉的快感不同是也。美感的特质，大约可分为五种，今述之如次：

a. 亡我性

美感虽为快乐之一种，然与直接的利害无关；以无利害，故曰亡我。当月明星稀，清风徐来之际，偕二三知己，驾一叶扁舟，浮游于江湖之上，辄觉心快神愉，景象宜人；际此时分，我为月乎？抑月为我乎？将不能辨乘舟之自我，与周围的光景殆全体融合，万象如一矣。

b. 弥漫性

感觉的快乐，每偏于局部感官之范围，故其感觉强而且锐。例如：感美食之快乐的，惟口为最；感香气之快乐的，惟鼻内嗅部为最；至于美感的快乐，其刺激虽多来自耳目，而其快乐则不偏于耳目，可以弥漫全体，而发生一种不可思议的快感；故其性淡漠然。此弥漫不偏的性质，实美的快乐——美感——之特色也。

c. 精致性

美感之力较快感之力为弱，且美感之转移又较快感为易。例如：吾人观剧时，因其情节的变化，或与之表同情，或为之发慷慨，短少时间中吾人之心意迭次变化，其转移之速，令人莫测。

d. 知足性

感觉的快感，是得陇望蜀的。如守财奴乐利，毫不知足；其他如知识名誉之快感，无不如是。至于美感是久要不忘的，一幅好画，可以久玩不倦；优美的小说，不厌再三诵读；且此等时候，自觉满足无过此之希望，故吾人对于美的快乐，为恒久而知足的。

e. 永久的复活性

自然界的美，能再现于吾人心中；且其再现，犹能给人以美感。追怀山明水秀之地,回忆名优之剧时,吾人常有几分快感,此再现而得继续之快乐,惟美为然,故因再现以复活快乐者,可谓为美感之特性。

照上述看来,美感虽为快感之一种,然不是快感的全部,而与感官的快感不同。例如:鼻触香气,口尝甘味,良足以发生快乐;但是,仅可以称之为快感,决不可称之为美感,这是很明了的道理。

二、甚么叫做美术?

自然界中有美的,前已说明白了,现在我们要研究甚么叫着"美术"? 就是要知道美术是个甚么东西?

我们知道自然现象,是变化活动的;这种动象,很可以说明人类的生命与精神,艺术家的建筑,雕刻,绘画,音乐,剧文等,足以表现人类的生命与精神,也足以表现自然之真相;表现人类的精神与自然的真相的人工物,而且能令人发生美感的,就是美术。

比方在一条狭道上,遇着一个乞丐儿蓬头垢面,疮毒遍体,而且衣破鞋烂,赤裸裸地在那里乞食,这是何等丑陋的事! 普通人经过其旁,非侧目背视,退避三舍不可;但是,在美术家眼中,却可以另给一种意味,因为在这种表现上很可以发生一些人生问题,这种奇丑怪状,只要经过他的手腕,立刻就会变成美术品。

总括一句话讲,美术就是要能表现自然的真相,与人类的精神。这种真相与精神,是活的,不是死的;是有生命的,不是无生命的。使有名画与非名画在前,吾人对之,一则持冷静的态度,一则赞赏不已,这是甚么道理? 因为一为美术的,一为非美术的。

三、美术家与科学者之比较

(一)科学者富于分解力,美术家富于综合力。前者分解具象的事物现象,而务发见含于其中之理法;后者借抽象的理法,与具象的事物现象而使表明。因为美术家的眼光非常深刻,精密;他所看见的不只是人生的表面,乃是自然的中心;他感觉自然和人生的现象,是含有意义的,是有所表示的。你看一个人,他的表示何其多——年龄,经验,智识,嗜好,品行,性质,以及当时情感思想。换一句话说:一个人的面庞中,藏蕴着一个人过去的历史,和一时代文化的潮流。这种人生界和自然界的精神方面的表现,只有美术家深刻的眼光才能综合的。

(二)科学者在论究和发见宇宙的秘密,而美术家务直觉之。盖科学者,所贵的,乃冷静的知识;而美术家则浓厚的感情。

(三)科学者之数理思想最为切要,而美术家则否。科学者重于分析又分析,抽象加抽象,其外延甚广,包括网罗多数原理原则,以发表于世为目的;如彼进化论,其始应用动植物之一部,次第广其外延,至今则不仅一切物质的现象而已,且与之应用到全精神界的现象。反之,美术家乃跃于自己中心纯洁优美的感情之发动,自觉的材料之结晶;其目的乃使观者心目中溶解圆滑,而发扬其感情。

四、美育之意义及其陶冶之必要

美,美术和美术家的能力如何,前面都说过了。但是,我们既晓得他的作用和价值,就应该将他应用到教育上,使达到人生圆满的目的。派尔 WH. Pile 氏说:学生不仅应习专门之智识以养其生,尤必谋如何方能造就高等爱生乐生之道。换言之,学校乃为子女准备谋生,并涵养想像感情足以享受人生快乐而设的。故欲达此目的,非有一种赏鉴享受美术的眼光和才能不可,涵养这种眼光和才能,就是美育 Aesthetic Education(= 艺术的教育 Art Education)。

因为一个人在世界上终日役役劳苦,假使没有美的趣味,或没有欣赏美的能力,那末,立刻就变成了死的,枯寂的生活。人之为人,又何贵乎? 例如我们读书的人,若没有欣赏美术的眼光,他的理想,我敢说一定是偏苛板滞的,绝不能得着高超圆满的精神。所以吾人不论他是读书的,耕田的,作工的,通商的,都须养成有美术的眼光,以调和其生活,以发挥其固有的天才!

吾人任为何事,欲于长时间内维持有意的注意,必其对象能予吾人以引起注意之兴味;而兴味之所由起,实直观的对象之美有以致之;感美则兴味生,兴味愈多,注意愈强;注意强,则心意之现象也就越发明了。虽谓吾人的知识,以兴味的美感为原因,也未尝不可。从前英国的卡伦权 Challenger 学术探险船,调查全世界的海洋,从海底扒起泥来,装在小玻璃瓶中。吓克尔 E. Haeckel(1834—1919)氏得了数瓶,细细研究,发见四千多种的放射虫类,其中并有可与王冠比美的种类。氏之研究,可算完全是被生物学上的美诱引起来的。

照上述看来,可知美育的目的,不仅在于欣赏,尤必具有创造的思想能力;换言之,美育者,乃涵养吾人(平民的)美术的眼光——欣赏和创作——以发挥其天才。

五、美育之实施

美育的意义和陶冶之必要,已经解释了。但是我们要实施这种美育,不仅在学校内教授图画、音乐、手工、文学等艺术科和博物、化学、物理等自然科,应该注重;就是教室之修饰,校舍之设备,学校园之布置等,也要尽合于美,发扬美术的色彩,使儿童各方面均薰陶于美育之中而成为美术化。那末教育的功效,自易达到! 但是据挽近诸教育家之提倡,以为:学校是社会之一部,决不能离社会而独立,欲谋教育之普及非着手于社会教育不可,欲社会教育之发展,又非注意于美

育不可,故美育的实施可概括之如下:

(一)在学校内应使儿童得着美的欣赏和创作的能力;

(二)对于社会上,亦应竭力提倡,多著述关于通俗的美育的书籍报章,并开美术展览会等使社会有与美术接触的机会,以引起其赏美的观念,而陶冶其美的生活。

注:余草兹篇过半时,阅及南京高师《教育丛刊》第二集所载刘伯明先生《美育》之讲演,及吴俊升君著《关于美育的研究》二篇,披览之余,感佩莫铭!恨不能事前得之参考;今不揣固陋,仅就所知拉杂成文,不过聊充篇幅而已。阅者谅之!

德国文学家雪雷之美育论　张君劢①

Schiller: Die Asthetische Erziehung Des Menschen
在上海美专自由讲座演讲

昔欧谚曰:"英人统治海上,法人统治陆上,德人统治空中。"此语也,自今日言之,必疑为英为海王,法为陆王,德为航空界之王。而实非也,此语之发生在百余年前,当时尚不知空中飞行,尚不知有所谓徐柏林,或其他单翼双翼之飞机。所谓空中者,指百余年德意志民族尚未统一,尚未能自成一国,而其大哲学如康德(一七二四——一八〇四),如菲希德(一七六二——一八一四),大音乐家如贝吐文(一七七〇——一八二七),如华格那(一八〇五——一八六四),大文学家如歌德(一七四九——一八三二),如雪雷(一七五九——一八〇五),皆生于十八世纪之后半,与夫十九世纪之初年,以其高远之理想,寄诸文词音乐哲理,若可望而不可即者,此则德人统治空中之说所由来也。

治空中之德国,或曰梦想家之德国此统,在百余年前,其先知先觉中,颇有以世界上产生文学家或音乐家之国自居,而不敢以大工业大陆海军国自居。故音乐家华格那有言:"我德人非政治的民族;若为天之所命者,我德人虽不能统治此世界,然未尝不可使此世界趋于高尚纯洁。"是华氏俨然以诗人或音乐家之国民自居也。不谓数十年后,大政治家如卑士麦,大军事家如毛奇等,先后辈出,而此德国竟与法国争霸于欧陆。迨威廉二世登大位,又宣告德之将来在海上,则统治空中之德国,忽一变而为统治海陆之德国矣。所谓统治海陆之业,今已一败涂地,特其统治空中

---

① 《时事新报·学灯》,1922年10月2日,第1—4版。

之事业，令人讴歌咏叹，至今不息。然则此两种事业之高下久暂从可知矣。

第一，雪雷之事略

雪雷生于一七五九年，殁于一八〇五年。此时也，德意志支离破散，尚不能自成一国。王国、公国、教会属地、自由都市，不下三百余。而雪雷之故乡威顿堡，其居统治之地位者，不下七十余人。则德之分裂，远在我国军人割剧之局之上，可想见矣，时全欧政治界空气阴沉，若大变之迫于眉睫者。盖当雪雷，年三十岁，而法国大革命起，而雪雷已于十余年前，以其满腔不平之气，发而著之于一种剧本，名《盗》描写一家两兄弟，其兄宽阔大度，其弟阴贼险狠。兄于役于外，弟设计夺兄之产；于是其兄不得已迫而为盗，被推为盗魁。自言将本盗之道，以均社会之贫富，以救济国家法律之穷。又云，凡属流行自在者，今乃变为蛇行之逶迤，皆法之过也；法律非能养成大人物者也，惟自由能之云云。盖受卢骚以自然界为理想乡之学说之影响，而形之于剧本者也。其剧本方行世，即演于孟汉（Mannheim）舞台。社会争欢迎之。但以崇奖大盗，大反社会风尚，为威顿堡王所知，拘雪氏两星期之久。于是雪氏易装逃至他邦。而法之革命政府，读此剧本，推为第一诗人，赐以自由民之称号。则雪氏以十八岁之青年，其剧本之震动一时为何如耶！

雪氏享年四十有五，其他剧本甚多，以今日非论雪氏之文学，故不能一一详说，兹但举其重要剧本如下：

《盗》(Die Rauber)	一七七七——一七七八
《飞阿斯哥》(Fiesco)	一七八二
《奸与爱》(Kabale vnd Liebe)	一七八二——一七八四
《西班牙太子童楷罗》(Don Carlos)	一七八四——一七八五
《德将华伦斯顿》(Wallenstein)	一七八九——一八〇四
《苏后斯丢阿》(Malia Stuart)	一八〇〇
《法爱国女德贞》(Jungfrau von Orlean)	一八〇一
《墨细那之新娘》(Braut von Messina)	一八〇三
《威廉戴尔》瑞士独立剧(Wilhelm Tell)	一八〇四

其历史著作有名者，有荷兰独立史，有三十年战史。其诗中之最有名者，有第一，美术家；第二，理想与生活；第三，唱歌之力；第四，妇女之尊严；第五，行路；第六，钟声。雪氏著作中，不论为剧本，为历史，为诗歌，而其一贯之精神，则奖励自由之人格而已。譬诸《盗》则主张社会之自由也；《奸与爱》，则主张家庭与婚姻之自由也；《童楷罗》，则主张信教之自由也；《威廉戴尔》，则瑞士民族争政治之自

由也。盖雪氏以自由为无上之美德,人之所以为人者,即在于此。而此自由之精神,往往为父子君臣夫妇之关系所阻挠,而此阻挠之中,则有强立不倚之人格,经千百磨折,卒达其目的。故雪氏《威廉戴尔》《奸与爱》,实社会最良之伦理教育书。惟其不以父子之孝,兄弟之慈,夫妻之爱,为单纯之训练,而一剧之中,参以家庭社会之变故,人情之险诈,与夫歌泣悲喜,而原要始终,则归于人格之自由。故雪氏诸剧,谓为三纲五常之美术化,无不可也。

第二,雪雷之美育论

甲,美育论之由来

雪雷享年仅四十有五,约略分之,可得四时代:自《盗》之剧本出版,至一七八八年止,可谓之剧本时代;自一七八八年荷兰独立史出版,至一七九三年三十年战史毕业时,可谓为历史时代;自一七九〇年有美育上之著作,可谓为雪氏之哲学时代;自一七九四年卜居耶纳,与歌德氏订交,两人合办《时》之杂志,于是由哲学而复归于剧本与诗词。而美育论成于一七九二年与一七九四年之间也。

关于美育论之著作,有趣史一段:

雪氏自少年而声名洋溢乎国内外,然贫窭不能自给,故其致友人书,力言生活上之劳动,与高尚理想之不相应。一七九〇年,结婚后,家累益重,雪氏又患肺病,几至不起。忽而雪氏有已死之耗传至丹麦,丹麦之诗人拔格生(Bargesen)及霍斯顿奥斯顿王爵(Prince Christian of Holstein Austenberg),方置酒高会,歌雪雷之欢喜歌,闻雪氏化去之说,痛哭不已。乃易宴会为追悼之会。继知死耗并非事实,于是又改追悼为庆祝。霍王爵与其友致书雪氏,并赠以每年三千马克,三年为期。书中措词,大致谓,我两人与君不相识,然为大地之同胞,彼此神交已久,念君操劳过甚,应及时调摄,故以年金三千马,为君休养之资。末云,我辈无所可骄,所骄者,勉于为人耳,勉为大同世界之一人耳,即不知所谓此代与彼代之界限,更不知所谓此国与彼国之界限,望君惠然肯来,效力于我邦,尤为欣幸云云。雪氏得书后,欣喜不知所措,乃以三年间,潜心康德哲学,不事著作,且对于霍王爵表示谢意,乃以研究康德哲学之结果,著为美育论。以书札之形式,于每书中发表其意见,而各书皆至霍王爵者也。其文成于一七九三年,翌年霍王爵宫失火,书毁去,至一九一四年,雪氏主撰《时》之杂志,将致霍王爵之书,加以扩充,成为二十七封,此即今日雪氏集中之所谓美育论也。

雪氏云人类有两种冲动:一曰质料冲动(Stofftrieb),一曰形式冲动(Formtrieb)。质料冲动,起于人类之肉体,所感所触,必有内容,故不能外乎时间。形式冲动,起于理性,对于物质,而与以规律,故超于变化以上,超于时间以上;换词言之,以求真为目标者也。

雪氏学说,受康德之影响甚深,其所谓形式冲动,与康德之所谓纯粹理性与实行理性相类也。雪氏曰:

> 形式冲动,为主宰之地,则现象界为之开拓,界限为之消灭,盖入于理想之境矣。此时也,我人不在时间以内,而时间反在我人以内矣。

乙,美育论之内容

一、人格之破碎

雪氏首述希腊时代理智与美感之调和,故为欧洲文明最盛时代;至于今日,但见人类之中国与国分,教会与教会分,教会又与国家分。同在一国之中,有贵族也,有平民也,有士农工商也,凡属人类,仅为此群体中之一部分一碎块,集此碎块,以成一混合体,故但见有所谓专科或专门之人才,而全人格不见也。雪氏之言,发于百余年前,不啻为今日欧洲机械主义之文明写照,故录其言如下:

> 自经验与思想发达以后,于是学问之分科益细。且国家如一钟表,内部轮键复杂,故不能无种种阶级与士农工商之分;于是人类性质之中,自起分裂,本和而变为争。直觉的见解与理智的见解各据一方,互相雄长。理智发达之处,则贵抽像力,而减杀热诚;想像力发达之处,则残贼冷静之头脑。

> 希腊在群岛之上,分裂为多数之国,即其个人,各成一种独立生活。当必要时,则合独立者而为全体。至于今日,则人类如钟表,然合多数部分而成一全体之机械生活。国家与教会分焉,法律与道德分焉,享用与劳动分焉,手段与目的分焉,劳苦与所得分焉。人人束缚于全体中之一碎块之上,于是其人亦非成为一碎块不止矣。且每人如钟表之小轮,所闻者,则小轮旋转之声,故人格之全体湮没而不彰,惟每日将其所事者,重复千百次而已。(下略)

> 甲也长于记忆,乙也长于了解表册,丙也长于手艺,此三者各有一种专长,而其全体人格如何,则置而不闻。故专长愈发达,而其他天性尤抑窒,安足怪乎!

二、两种冲动

雪氏以为人类习于机械的生活,则其流弊,一方为偷情,他方为鄙暴。而所以救之者,惟其美术。美术者,调和官觉界理性界,持质形与二者之平衡,发达人类之自由,而健全之人格,所由以养成焉。

雪氏继论两种冲动之异同,及其调和之方法。

> 质料冲动之目的在变,形式冲动之目的在不变,二者自表面言之似相反,实非相反也,不过用之过其度耳。故一方应对于官觉保持理性,他方对

于理性保持官觉；换词言之，调和此二者，乃文化之最大责任也。

　　官觉者，对于外界而言，故以变为原则；形式或理性者，指人之本位而言，故不变为原则。一则吸收外界，一则静代外界之变者也。故文化之要义，就官觉之吸收能力而言，应将感情之受动性充分发达；就保持内界而言，应将理性之主动性充分发达。此二者两相调和，则外界之享受，与内界之自由相合，不至以人而为物役矣。

三、游玩冲动

　　如上所言两种冲动，互相对立，官觉赖理性而后有所节制，理性赖官觉而不至流为抽象，二者偏于其一，均非大中至正之道，欲合而一之，则超于二者之上，有所谓游玩冲动。盖官觉者，以变为主者也，在时间以内者也；形式者，不变者也，在时间以外者也。而游玩动机，则以此变与不变，时间以内与时间以外者合而一之。故曰能调和官觉与形式者，游玩冲动也。

　　形式偏于精神，质料偏于官觉，此二者之上，别有一力也。所以构成人与物之关系者，不在物质，又不在精神，而在乎外形。外形者，由于善探造物之秘者，本其物之本性，运以匠心，而著之于形体。故雪氏下美之定义曰："美者，自由之存于外形中者也。（Schonheit ist die Freiheit in der Erscheinung）"以诗言之，本言语之质料，从而排比之，以成所谓诗之格式，于是其所欲表现者，活现于我人想像力之前，此则诗之外形也。推之音乐、雕刻、图画，无不如是。以内界之自由，而表现之于外，此雪氏之所谓美也。

　　官觉冲动之对象，就广义言之，曰生活。形式冲动之对象，就广义言之，曰形态。游玩冲动之对象，就广义言之，曰活的形态（Lebende yestalt）。有生活而无形态，是之谓印象，非美也。有形态而无生活，是之为抽象，非美也。所谓活者，非必生命也。大理石固死物也，经雕刻家之雕琢，而成为活的形态矣。亦有既能生活，又有形态，不能视之为活的形态者，如人是也。故生活与形态，合而为一者，乃所谓美也。换词言之，形态生活于觉中，生活定形于理智之中，能如是，则美成矣。

　　人类既非纯为物质，又非纯为精神，惟美亦然。物质过于实，精神过于严，严者实者，得美以和缓之，于是物质精神得其调和。因雪氏言，我忆及孔子之论乐，孔子云："乐者为同，礼者为异，同则相亲，异则相敬。"又云："礼义立则贵贱等，乐文同则上下和矣。"孔子以礼与乐对举，礼贵分别等差，乐贵消灭等差，故有礼之严，不能不有乐之和。此即雪氏所谓以游玩冲动，调和理性也。至于饮食男女之乐，所以节制之者，则有诗三百篇。故曰："国风好色而不淫，小雅怨诽而不乱。"

与雪氏所谓以游玩冲动调和官觉者,未尝不合也。

四、游玩冲动与全体人格

或者曰,音乐、图画、诗歌,皆不过游戏而已,何足以矫正理性之严,官觉之实? 雪氏驳之曰:"正以游戏之故,而人类之理性与感觉乃得而完全发达,其他若学问上之理智,伦理中之行为,皆过于严正,惟美则可以游戏出之。"譬诸听乐读画,出入剧场,则贫富之分,贵贱之差,乃至生计之窘迫,劳力之辛苦,一概置诸脑后,心旷神怡,优游自得,此则雪氏之所谓游玩也。所谓对于美之游玩也,所游所玩者,非有形之物,乃真正之美也。

雪氏以为对于他物,不可以言游玩,惟对于美可以言游玩。譬诸学问之事,非可以游玩出之也;政治法律,非可以游玩出之也。惟对于声音之美,图画之美,或出于戏谑,或出于庄严,要在使人赏心悦目,超于形骸之拘束。譬诸舞台上之丑角,其举止行动,大反常度,则观者相与狂笑不止。其所以笑者,则活泼之天机,在寻常社会中束缚于规矩而不能发现,今忽有善于形容者点缀而出之,于是心花怒发,不自觉其手舞足蹈矣。

雪氏更有语云:"全人格之所在,即为游玩之所在。(Er ist nur da ganz mensch wo er spielt)"以学问言之,所发达者在理智;以行为言之,所发达者在意志;以耳目口腹言之,所发达者在感觉。独对于美之游玩,则智、情、意三者兼而有之,不仅三者兼有,当其赞叹赏玩之际,常并其自身之我而忘之,此雪氏所谓全人格也。

雪氏又云:"所谓美者,不求特定之结果。既非发达聪明,故无理智上之目的;又非发达意志,故无道德上之目的。换词言之,美者,并非教人发明真理,又非教人履行义务,乃导人于天机活泼,自由自在之一境。故曰美术者,还人以自由。或曰,美术者,使人返于零点。盖思想上理性发达,因而丧失其自由,物质上感觉发达,因而丧失其自由。然人类无一日能逃于感觉与理性之外,故其天性无日不在斲伤之中,欲求所以恢复之,则惟有美术生活。以美术乃与人以自由,与人以人格者也。故曰,美者,人类之再造主也。"

雪氏美育论统计二十七函。其他关于美术之沿革,美术家之责任,及美术作品之标准,微言奥义,今不能尽举,兹以孔子之言,与雪氏作一比较。

丙,与孔子学说之比较

谓孔子之教育方法,专重德性者,非也。盖重游玩冲动者,莫孔子若也。子云:"志于道,据于德,依于仁之后,而必殿以游于艺。"释之者曰:"游者,玩物适情之谓;朝夕游焉,以博其义理之趣。"礼学记安弦,安诗,安礼,之后,继之以不与其艺,不能乐学,释之者云:"不欢喜其杂艺,不能耽玩乐于所学之正道。"是孔子以游艺辅助学问上之理智,道德上之理性,明也。

至于道曰志,德曰据,仁曰依,而艺独曰游,或曰歌,虽所谓艺者,兼礼、乐、射、御而言,与雪氏之专指美者不同;然其目的,不外去礼与智之严格,消融其勉强矜持,而使之优游自得而已。

游戏之所在,即为全人格之所在,以孔子在齐闻韶,三月不知肉味之事证之,则美术之感人深切,且令孔子有我丧我之一境,而况他人乎!

雪氏以美为人世最高之一境,推美术家为能知造化之妙。昔孔子与弟子言志,对于子路之可使有勇,则哂之;对于公西华之有志于宗庙会同,则置之不答;而独对于舍瑟而作,所志在"暮春者,春服既成,冠者五六人,童子六七人,浴乎沂,风乎舞雩,咏而归"之曾点,独深许之。所以许之者,其如旧说之所谓人欲尽处天理流行耶? 其以其领略天地化工之妙耶? 其以其一身所操持与万物之流行相契合耶? 此三者非今日所敢断言。要其内界之自由自在,绝不停滞于物质,则与雪氏美育论之精神无二致焉。

丁,雪氏之诗——《美术家》——之大旨

与雪氏之美育论相发明者,则有雪氏之诗,题曰美术家。全文共计三十一首,以西诗按句翻译,大非易事,故记其大旨如下。则雪氏以美化民成俗之意更彰彰矣。

第一首言:人类为时代之骄子,有理性保障其自由,有法律赋予以权力,然文明之始,实以美术启其端。

第二首言:美术为主,科学为仆。以辛勤技巧言,则蜂蚕不在人下;独美术一端,非兽类可共,而为人所独。

第三首言:人为天籁之美所感,是为第一步;智识思想继之,则为第二步。

第四首言:凡理性之所发明者,常先现于美之象征。故苏龙之法律未颁,而恶恶之习早具;哲学家空间之说未起,而宇宙之浩大早在仰观之中。

第五首言:天上光明之神曰奥兰尼(Orania),坠地后为美之神,使草昧之民,易于亲近,今日之所谓美,即来日之所谓真。

第六首言:人类坠地后,赖美之神以慰之,在其地狱之墙上,画天堂之美景。

第七首言:当人类崇拜美之时代,不知有所谓刑赏杀戮,其从善也,出于自然,不出于强迫。

第八首言:效忠于美者,有美术家及诗人,为人世第一等人。

第九首言:美术未兴以前,人世间不知有所谓纪律与协和,故混沌而已。

第十首言:美术家效法天然,观水光返照之象,乃有图画,此为最初之美术,最早之天才。

第十一首言:三角塔,金字塔,为最早之雕刻;乐则起于牧童之芦管;歌起于战时之凯旋。

第十二首言:采花为美术之第一步,织花成束为美术之第二步,嗣后种种分合种种形态,接踵以起。

第十三首言:初民闻荷马之歌而大感动,是为第一次美术之赏玩,其后所赏玩者,不在近而在远,不在有形而在无形。所感触者,不限于一己而及于他人;不限于肉体而及于精神。

第十四首言:人智大开,乃有所谓思想。

第十五首言:人类精灵之根芽,赖美术家温暖之,使之长成。

第十六首言:宇宙之浩荡,令人战慄;而此浩荡之影,又为人所爱慕。美之初型即在此自然界中。

第十七首言:人类无限制之情欲,赖美术家之力以克制之。昔有犯罪人为剧中情节所感而自首者,可知美术之力之大。

第十八首言:当哲学家尚不知有所谓来生之说,而诗人已先之以咏叹矣。

第十九首言:力与美之调和。

第二十首言:美术上之法度,推及于自然界,推及于一切无形有形,而要以协和为本。

第二十一首言:美术家为天地化工之妙所环绕,虽悲与喜俱,然和气为天地之原则。

第二十二首言:美术家为人生之良伴,世间之至善至美者得之美术家。"不朽"二字为美术家之酬报。

第二十三首言:世间有阴、阳、刚、柔、悲、喜,美术家能去人烦恼,故有美术则世乐,无美术则世苦。

第二十四首言:人类精力老衰时,赖美术家可使之返于年少。故美术有再造人类之能力。

第二十五首言:希腊文明赖美术家而传至意大利。

第二十六首言:哲学家自居为学问之王,而以美术为奴隶,是不解美术之言也。人世之圆妙美满者,莫过于美术。

第二十七首言:美术家之想象愈发达,则科学家之研究愈精深。故想象足为理性之助。两者相合,则真理可由直觉得之。

第二十八首言:地上之美之神,复变为天上光明之神,人类之美感发达后,故能与光明之神直接矣。

第二十九首言:人类之庄严,因美术之存而存,因美术之亡而亡。

第三十首言:中世纪真理为宗教所禁,故托庇于美术。

第三十一首言:美术家应为时代之先驱,不应为时代之奴隶。万般色相,经美术家之手,则为照耀大千之光明。

以上各诗,多点缀之词,非质朴说理之文可比。然其最精要处,不外第四首与第二十八首恶恶之感。先法律而存,是美感先于伦理也。想像尤发达,则科学尤精深,是美感先于理智也。惟美感先于理智也,惟美感与智意二者关系之密如是,此雪氏所以以美育为先务欤?

戊,附言

述雪氏美育论竟,敢附我关于美育之意见于后。

国中教育家言智育、德育、体育之重要者众矣,独于美育则未之及。我以为此乃偏而不全之教育也,智识之教育,为法、文、理、工、医,皆为部分之人才,雪氏所谓钟表之小轮键而已。若夫人格之养成,必求其可以贯彻一人之全身者,是为美,是为美育。以我观之,全国之众,束缚于流俗,牵制于习惯,事之是非,本极明白,以一身利害所关,竟不敢说出,此皆情感抑塞,自己本性不敢坦坦白白与天下以共见也。辨是非者,智也;辨之而不吐不快者,情也。今也已知是非之辨,徒以有所惮而不敢为,是情之热烈,不及利害计较之深切也,若此国民,舍以美育药之,又安有他道?所以言美育而不言情育者,情为一时血气之冲动,不能定得好恶之正。至于美育,其有所好恶而乐于表示也,固不虽乎情,然美感之表示,初无利图之心,且美之享受,好与人共之,故美育发达,可得三种结果:将本性坦白表示一也;表示之际,初不存自己打算之心二也;好者好之,恶者恶之,好恶既有公评,斯社会有是非有公道三也。呜呼!诚如此而谓社会风气不返于浑厚敦朴者,吾不信焉。此则教育家之责任,而亦美术家之责任也。

家庭应培养儿童之美感　乐[①]

养成儿童审美之情者曰美育,其重要与三育不相上下。在学校中,固宜培养儿童之美感,发达儿童之美育,而当儿童幼时及未入学校之先,家庭亦应注意及

①《大埔周刊》第39期,1922年10月9日,第1—2页,原文为句读。

此。今述培养之法如下。

（一）儿童生后五六月方在摇篮中，时时宜多挂温柔鲜美之色球于摇篮之四旁。

（二）家庭中之陈设，宜幽雅可人，四壁上更须悬精美之图画。

（三）诗歌能调养性情，宜择浅近而合儿童心理者，教之时时吟诵。

（四）宜令举动温雅，不可有粗暴气，身体之姿势，亦须常加以较正。

（五）儿童之衣服，不必过于华美，只求能朴素，能整齐，能清洁足矣。

（六）家庭中宜栽种花木，令儿童休憩其下，否则亦须常率儿童至本地公园游览。

（七）风景佳丽之处，附近名胜之区，须常率儿童旅行其地。

我的家庭美育观　许士骐[①]

家庭教育，为个人毕生自立之基础，将来事业之发展，品格之高下，端视家庭教育之优劣以为衡。家庭教育，于德智体三育而外，尤宜注重美育。美育者，美感的教育，良心美的感情，人所同具。而于儿童，尤有特征，闻音乐而倾听，见图画而色喜。倘能因势而利导之，自不难使儿童思想纯洁，情绪高超。吾国家庭，素乏审美的观念，绝无美育的调和。以是一般儿童，大都品性顽劣，思想低微，虚伪怪诞，溶解脑海。不良家庭，造成低能子女，影响国家社会，何可限量。爰就不佞管见所及，认为亟宜彻底改革者，胪述如下焉。

（一）家庭设备宜改良

旧式家庭，对于起居服御，每不注意。除多数不卫生，及简陋而外，其他富室宦家，家庭设备，虽属峩皇典丽，而每挟有虚伪刻版色彩。远代湮没书画，满张四壁，几令人注视莫辨，以为非若此不足以炫其富也。实则于家庭教育上，无丝毫裨益，亟宜摈除，而代以古今名人像，并系以小传，使儿童观感而效法，以为德智育之助，并宜多张精美之通俗教育画，以激起儿童之审美观念，导入高超优美之域，使其敦品励学，养成健全分子。

（二）宜摈除不良嗜好

家庭以儿童为主体，父母嗜好之良窳，影响于儿童者甚大。常见旧式家庭，

---

① 《家庭》第10期，1922年10月15日，第1—3页，原文为句读。

女子大都无所事事,日惟烟赌是耽,卒至上行下效,儿童耳濡目染,习惯自然,养成一种劣根性,迄长大而未克划除。托父母者,宜力加摈弃,代以高尚之音乐,以陶冶其性情,娱乐其身心,增加其趣味。按西洋家庭,每家均备钢琴一具;日本效法欧美,每三家平均亦可得琴一具;吾国则聚数十百家庭,而鲜得一具。(鄙意非一味效法欧美,然吾国固有音乐,亦甚完美,但国人亦漫不加意。)揆之古训,"移风易俗,莫善于乐"之旨,不禁叹吾国美育之日渐沉沦,而风俗浇漓,所由起也。

以上所述,不过就其最显著者而言。要之美育范围至广,个人领会不同。倘能于家庭之内,以美育作为训诲教导之中心,以冀造成美化的家庭,聚多数美化的家庭,而成美化的社会,负改革家庭教育之责者,其鉴诸。

艺术和美育　吕澂[①]

今人对于艺术的解释,凡有好几样。或者说:艺术是人间的一种创造活动和那活动的产物。或者推进一层说:那样的创造便是人间生命的一种表白。或者更进一层说:艺术岂但一种生命的表白而已,简直便是生命——"由表白而开展的生命"当体。这些解释虽然浅深不同,但都非单指着客观存在的作品一面,又非单指着精神活动一面,却浑成一段生活事实而说,便是认艺术做片面的或全体的人生。[②]

为甚么人生事实里好区别出种种艺术来呢? 这全因为开展那样人生的根本态度和一般的很有些不同。本来一切生命都依着扩充、前进而继续存在,生命的本性便可说向这两方尽量发挥他所有的能力。只看那无情的植物罢,泥土里一些幼芽,他会抵抗着风、霜、雨、雪一切自然环境的压迫,尽量生长,以至于绿叶成荫。树犹如此,人生可知。人生存在很广阔的自然里,此在知其余人间乃至一切生物相关涉;从这中间开展个人的生命,一举一动,一言一语,就无非现在生活着的个人的"自己表白"。如此表白不容说是他个人和自然、人间接触有种了解而来。了解的意味如何,又依着当时认识的态度而定。假使在一种态度里,容许有最彻底的了解,便是从生命的意义去了解呢,由那里发动的表白对于自己的生活固然必要,便在其余人间乃至一切生物也都觉得必要,可说最适合生命的本性。为什么呢? 在全体生命之流里,人间乃至一切生物谁不求遂顺着生存,又尽量遂

---

① 《教育杂志》第 14 卷第 10 号,1922 年 10 月 20 日,第 1—8 页。又载《河南教育公报》第 2 年第 5 期, 1923 年 1 月 2 日,第 1—16 页。

② 原刊注:"本篇主张艺术美和自然美的分别可以废除,而认艺术与美范围一致,所以下文称这样人生做 '艺术的人生',其实和平常所谓'美的人生'无异。"

顺着而丝毫不受其他的压抑。但并存着而都求尽量的遂顺,利害不一,就难免有冲突的地方,终须一方受了压抑,成了不自然的生活。如果要解除了这些冲突的机会,或对能够发生冲突的地方自得着重解决,这只有彻底了解到一切生命的核心——一切生命最相吻合的一点,不期发生了纯粹的"对于一切生命之爱"。有了这样爱的根底,扩充着、前进着个体的生命,自然超脱地趋向创造的一途,不至于妨害其他生命。从大处看来,这样可不是最适合生命的本性?但容许有那种了解的态度又是如何的态度呢?他一方面须得有纯粹的直观,一方面又须有自由的表白,这就属平常所说的美的态度了。美的态度的成立、开展,自有种种的过程,又还能前后连贯着、继续着,所以在那态度里自成一种人间生活,继续着又自开展一种人间生活。在事实上,这些都明明和自①余人生有区别的,便得另加上个名称叫做艺术。

在一向来人间可称做艺术的生活里,有很堪注意的一点,便是艺术品的制作不绝。平常谈艺术的过于重视这点,以为艺术就依着艺术品而存在,似乎离了艺术品,人间更无从有艺术的生涯。如此的见解不免错误。艺术的生活里各种人事都属"艺术的",所谓艺术品不过其间一部分的产物。又构成"艺术的事实"的活动都属于"艺术的创造",所谓艺术品的制作不过其间一部分的过程。艺术品的制作由美的态度开展而有,但同样态度的开展依然有他种事实,且仍称其为艺术,乃至能有那种事实的都不妨称做艺术家。所以卡朋图(Carpenter)常说:最伟大的艺术是"生活",一切人间都不可不是艺术家。谷格(Gogh)也说:耶稣没有一些作品而不失其为大艺术家。

现在再解释了艺术品制作和一般艺术生活的关系,就更容易明白这一层。艺术品制作的活动有好几个特征可说。第一,当制作时的精神过程并非以前一段过程(平常以为预制作的过程)的具体反复,却是继续着开拓,自成一气连贯的进行。第二,这样进行绝不以制作完毕而停止,却开展向无限的未来;所以每一种制作都与精神上前后的经过有渊源、关系。第三,就在制作前最靠近的一段短促的精神过程、对于制作过程除掉连贯着以外,另有种密切关系。制作还没有开始,却在那时候对于作品的大体已有一番认识。这仿佛一闪电光忽然照过了万众的全体,学者间便认他做艺术家的灵感。至于随后来的制作呢,可就在这瞥见过的大体轮廓里细细地进展。所以艺术品的制作固非照详细的预定格式复述出来,也非漫无着落地盲进。就由这三点,可见艺术品的制作只是作家艺术生活中

---

① "自"似应为"其"。

的一部分。这一部分生活虽因所用表白材料的关系，所表白的不受时间漂流，而聚积得个整体的作品，却也只具现得片段的作家生命。作家的生命是永存的，这片段的具象当然也有永存的价值，可以独立地存在着。作家的生命全体是连贯的，这片段的具象里又当然可见出个作家面目来。在有作品的艺术家，这制作的事固然不能从他生活上切离，但对于全体生活的关系就止于此。

再说到对于一般艺术生活的关系呢，又关联着有好几个问题。艺术家生活里为甚么定要有艺术品的制作？可不是为着制作才有那样的生活？如果不错，一般人间的艺术生活又何以不尽然？解答这几层，势必推究到艺术作品如何起源的一点。人生的事实本都可说做表白的。因为表白的意义不同，所以形式也就不一。像最原始的表情、最广泛的言语，都属一般人生里很重要又很本然的表白。人间自觉不是孤立的，为着生活不可不求自身以外的同情，所以有种种表情乃至成了组织的言语。但一样求自身以外的同情，却先对自身外一切曾有了彻底的同情呢，那就非一般表情言语所能表白，而须得别种的样式——所谓艺术的表白。艺术的表白是求一切同情的表白，同时又是同情于一切的表白；像一般的表白呢，便不必对于一切有同情的意味。前一种所表白的兼有一切生命之爱，后一种却只表白得个体生命之爱。所以两种根本上不很相容。人间原始的生活原是专图个体生命的开展，自不成艺术的表白。后来有了艺术，从不很相容的人生里萌芽出来，形式上就不期和游戏相接近，又和装饰相混杂；——这些都发生在生活有余力的暇时，又像是对于生活没有直接关系，以至人间误会这些都属一样地经过了若干年。也就因为这样情形，艺术家在一般人间里终觉落落不合，而自居于特殊的地位。他们从一种生活里自感到改变过生活态度的切要，又感到这在全人间都一样的切要；一片人生的热爱，不由他们不用最直接的——一方面也是很特异的——形式表白出来，求他人的同情。但迷惘过甚的人间泛泛地相对着，只使他们不能已于人生之爱，而不绝地愿求着，以至于只有愿求着，那特异形式的表白自成了一种连续的发展，于是有了以制作艺术品做中心的艺术家生活。摩伊芒（Meumann）就曾说：艺术家都是孤僻的人物；他原非孤僻，没有人懂得他，便见得他孤僻了。不错，艺术家再爱人间不过，如何自外于人间，甘作孤僻的人物！却在异样态度的生活里要直接地将所有的热爱倾倒出来，艺术家就不得不趋向孤僻似的生活，没头在艺术品的制作里，常常抛却一切。若论到艺术家的心呢，原要本着那样态度彻底地遂顺自己的生活，同时又要全人间都由那样态度而生活。所以他们用特异的言语——艺术品——说向他人，要人听到那底里的意义，而影响到生活的根柢。就像文学那样的艺术品，常见得一时代人间对于生活最深苦闷的所在——充满着矛盾的人生为着矛盾的苦闷——全由作家深彻的同情,而有彻底的直感、彻底的表白。凡是人间应该觉得而不能觉得的,应该呼吁而不能呼吁的,艺术家却为着自己,又为着全人间觉得且呼吁了。但苦闷的人生决非一觉得、一呼吁而可已,必须继续着展开所以解决"苦闷"的人生。艺术家的具体言语里似乎并说不到这一层,却实际已具备了这一层。他那种觉得和表白的根柢就是解决人生苦闷的根柢。艺术家原自感到苦闷的人生须改变向艺术的人生的,他发生特异言语的根本态度自然是美的态度——开展一切艺术的人生的态度。他的本怀也就要听得他那言语的同他一样态度去开展个遍及一切人事的完全艺术生活来。所以在现状的人生里实现艺术的人生固不必只学着艺术家去制作什么艺术品,却须藉着艺术品做转移的关键——一种很重要的关键。艺术品制作对于一般艺术生活的关系如何,从这上面便可清楚了。

且在这里又可见出人间艺术生活还有很重要的一点,便是鉴赏。艺术家的制作如何不尽地汲取着自然、人事的源泉,不容说有种鉴赏。至于艺术家特异的言语如何能得一般人的了解,一般人如何受艺术家言语的启发而对自然、人事会有纯粹的美感①,那又全依着鉴赏。完全的鉴赏须有"纯粹观照"集注了认识能力,彻入对象的生命根柢,而后成立。鉴赏的对象纯从个人的精神活动构成,和感觉上实在印象有异。感觉的印象是零零碎碎的死物;所鉴赏着的呢,无论艺术品或自然却都成了完整且有生命的个体,而浸润着一片美感。② 这纯属人间的一种创造、一种人间力的充分发挥,就非一般人都不教而自能。人间齐生存在无尽藏的自然里,却有几多人真能从自然领略得到美;人间又很像喜欢艺术品,却有几多人真能同情到作家;更不必说从美的鉴赏而继续着美的态度展开了艺术的人生。所以除却少数人——平常也尊称做天才的,非有正当的启发、引导,不会完成或实现美的鉴赏。自然是从前曾有的启发,引导未能适当,所以从人间艺术的历史看来,艺术品本来能启发艺术生活的,却和民众只结了泛泛的关系,并没透彻地渗入他们生命的核心,一摇动他们的生活态度。可算做先觉艺术家努

---

① 原刊注:"一般人对于自然、人事,也时常会不自觉地有种泛泛的快感,那并非纯粹美感。纯粹美感多从艺术品的启示然后才有。所以梅金鸠(Metginger),格莱支(Gleizes)都说:画家的画是教人怎样去观察一切的,就不可给人以固定的观念,妨害他们自己的想像活动。"

② 原刊注:"就从这一点,自然美和艺术美的分别委实可以废除。自然在鉴赏里构成了艺术的事实而后才有美感,这和从艺术品构成的艺术的事实并无根本的差异,所有的美也就可说是艺术的美。艺术的美是由美的态度感得的,可不单限于艺术品。像平常分别艺术和自然,不过材料上精粗有点不同。艺术品比较自然只经过一番精炼,容易引起美的态度些罢了。本文从艺术的全体立说,不复详说自然的鉴赏,就为着这样缘故。"

力的效果的，不过少数天才受着启示，也一样为着人间去制作，使那一脉艺术的细流在一般人生里流着不绝。但艺术品原是艺术人生里言语般的表白呢，固不得认为了言语有人生，更难说只有言语是人生。所以任着艺术的这样自然趋势下去，完全的艺术生活不过人间永久的憧憬，多事的艺术家也不过畸零的人物。在这里就少不得一番人间的努力，引导一般人走向那条路去，另开辟个人间世来。这引导、开辟的事可便是所谓美育了。

美育的思想在前世纪的中叶曾经一度达了高潮，但在一般教育上实际的运动不过一八八〇年以后数十年间的事。①　总算进展得快，理论上既已有了几多歧异的主张，实施上也于专门教育以外，确定了普通教育里有关美育的科目——像图画、手工、音乐、舞蹈、美文等，——力谋发挥那些的效力，并还顾虑到家庭、社会一切方面的美的陶冶。推究美育会如此发展的原因，固然很觉复杂，但为了人生枯燥无趣的感觉，不能满意从前主张的教育，而欲从情意方面的陶冶去调剂他，这确是很重要的主因。这样的根柢上明明认情意是人生的一面，片面的陶冶自不能概括了人生之全。所以美育家里主张略为偏激些的一派被人称作极端派的，要用美育来代替了智育、德育等，就显出极大的罅隙，不能自圆其说。相反的温和派便服服帖帖地承认美的陶冶止于改善人生，却不能转移人生；所以要在普通教育方面不破坏教育全体的目的，不图养成艺术家，又不另设什么特别科目，而收了美育的功效——美的享乐能力的养成。这两派都明白美育和艺术有关系，却都认艺术不真②，所以他们的主张有关艺术的方面，或倾向对于艺术而偏重鉴赏，或倾向依据艺术而偏重创造，不免一样的不彻底。

试问何以要养成一般人鉴赏美的能力呢？最普通的解答自然是，随处能有美感，便觉到生活的趣味，而不绝充满着清新的生活力。但真正的美感须从美的态度构成，并非一些表面优美的快感便是；生活的趣味须从生命力最自然的发展流出，也非藉着一点爱好表面快感的刺戟便有。这都关涉生活的根本态度，而一般美育家的主张却不贯彻到这里，——并不要这样的贯彻，他们多不信区区发生美感的态度能使生活根本转移。他们要藉美感来调剂人生，仿佛是点缀一些趣味在枯燥的人生上，却不能使那生活自体有甚趣味。这样美育的效果对于人生的价值就觉可疑，——绝对的可疑。只看晚近的欧洲号为文明的国家罢，那一国没有些美育的点缀？艺术品的制作不辨真伪地从数量上统计起来，可不是逐年

---

① 原刊注："晚近美育运动的经过，在本志前卷内曾见有几篇约略叙述的文章，可以参阅，此处从略不说。"
② 原刊注："这从他们的主张上去看，显然易见。本志前卷几篇文章内也有叙述及此的地方，可以参阅。"

地增加？美术馆、美术展览会、演剧场、音乐会随地随时的有，去浏览、欣赏的人可不是盈千盈万？ 衣、食、住乃至一切工艺品，可又不是逐事的讲求，而形式上日见其优雅？ 被这样美的陶冶着的人，究竟生活本质上改动了几许，估量到美的价值又有几何？ 从一面看去，他们不过借着爱美的幌子表示是文明的人。他们的爱重艺术，与其说出于情感的自然，无宁说充满着知识的做作。与其说适合生活的要求，无宁说流于奢侈的习惯。更从一面看呢，他们也曾觉得现状生活的不安，要求一些慰藉，但只知道暂时的且表面的。所以他们利用着爱美的安慰，仿佛病苦中专服麻醉剂一般，全不计及将来的病苦更深，而图根本的治疗。他们原自远远地离开艺术的乐土，且拒绝艺术家于千里以外。藉着愈强烈的美的光明，不过愈显出那生活本体——尤其是阴影面——的黑暗。他们却就从这片面的照耀说生活是彻体光明，这又是怎样的颠倒！ 像一般主张养成鉴赏能力的美育家，也泛泛地提倡爱美，要替现在人间有些厌倦着的生活添上一些趣味；最后又最大的效果，徒然增加了人生的颠倒，以外更有甚价值？ 所以说这样的主张是不彻底的。

再说到发展美的创造能力一面的美育主张。这是要用学习艺术品的制作做手段，去增长人间的创造力，而使生活日趋于丰富。艺术品的制作原非一些形式的模仿就能成功，且一般被教育者也不能都去做艺术家，不过艺术品的制作是创造的，由学习制作自可以增长一种创造力。所谓艺术的创造和一般人间的创造本质上是不是相同，在那一部分美育家固已不加深论，更办不到发生两种创造的根本态度有怎样的差异。其实呢，艺术的创造都是"为创造而创造"，发挥了他本身的意义，同时人间的占据欲便逐渐降低到极限；至于现状人生里也有创造，伴着占据的私欲而起，又供着他的利用，说到究竟，不过占据欲变相的扩张活动罢了。艺术生活态度里在在都为着一切的生命，而现状的生活呢，只明白有自我，只是自我生命须得无限的扩张；这么不同的态度里就一样的有创造，意义已自各别，何况本质上原来是两类。美育家要用本质不同的艺术创造来助长一般生活占据欲变相的创造，这中间明明横着极重大的矛盾。况且美育的发生原自与现状人生不满足的觉悟有关，——因觉得现状人生是有欠缺，乃要从美育得着补救。可是所谓欠缺并不在人间已有的创造力不发达，却在那般创造的趋向错误；又所谓补救也不再去推波助澜，却在改头换面。要是不应助长的却去助长，应用在反面的却用来正面，这是怎样的颠倒！但主张创造主义的美育家却就依如此根据立说。他们沾沾自喜地顾着装饰的、奢侈的美术工艺的发达，还以为就是美育的一种效果呢！ 所以他们的主张依然是不彻底的。

现在如果认为美育是和艺术有关系，又从艺术的真际去辨认艺术，那就对于一向来美育上大体的主张不可不加一番订正。艺术的真际是依美的态度开展的人生事实；而美育呢，在根本态度不同的人生里依着人间曾经有和能够有的艺术事实——艺术品的制作和美的鉴赏——的启示、引导，转移了人生态度，使那艺术的人生普遍实现在这世间。普遍地实现了艺术的人生，这是美育唯一的目的。

因为贯彻这种目的，实施美育的方法上也不可再像向来偏重在鉴赏方面，构成了种种美的环境而静待着自然而然的感化效果[①]，或者偏重创造方面假着艺术制作的名目错用了人间的生活力。固然一般人的艺术生活须待着鉴赏引起，但那鉴赏要是彻底的鉴赏；又艺术生活的展开须待着创造，但那创造应出于美的态度。并且这两层还自连贯着，创造时根本的态度可就是鉴赏时的态度自然地展开。像一向来的美育施实呢，强要划清了两种，固已很不合理；就是那样的养成鉴赏，除去因主张而不纯粹的一层不说，也自难得彻底；那样的启发创造就除去应用错误的一层不说，也自难归到美的态度。这现状的人生里明明横亘着两种障碍，妨害那鉴赏的彻底和美的态度遍于一切创造，而一般美育家却茫然地都见不着。第一是一般人——有几多的学者乃至艺术家也在其内——对于艺术久已抱着个很深的错解，只觉那是和制作艺术品相关系的，必须天才方才做得，和一般人的生活就只有泛泛的交涉。有了这种错解便时时妨害到鉴赏，不容人间掬出生命源泉来融洽在对象的生命里，以至彻底感到对象的美。第二是社会的组织在在根据人间的占据欲，且又只便少数人的私欲扩张。这全和美的态度不相容。除却了受着优待，没有彰明较著被压迫着的艺术家而外，谁能纯用了美的态度去那样社会里生存？艺术的创造虽不限于艺术品，而在那样社会里只容有艺术品的创造。这两种障碍源自绝对妨害着美的感化，如不积极地去扫除乃至一部分的扫除，纵有种种美育的设施，也属徒然。

所以现在实行美育，对于向来所有的设施也不必一切推翻，但须教育家、艺术批评家、作家，乃至艺术的爱好研究者，协同尽力到几个方面，使那些设施的功用变更，效果彻底。这是那几个方面呢？第一，传播正确的艺术知识到一般人间。为着这样传播的基础学术，应当从一般美学以外更建立种"美育的美学"[②]，又从向来通行的考据式、评点式的艺术史以外更编过人间艺术生活发展的历史，

---

① 原刊注："近见本志本卷第六号载蔡孑民先生《实施美育的方法》一文，就很有此种倾向。"
② 原刊注："这是解决美育上一切根本问题，做方法论基础的一种科学。但名称是沿用日人阿部重孝所假定的。"

将艺术[①]艺术家对于全人生占着个怎样的位置明白地确定出来。又在普通学校教育里斟酌情形，也不妨添设了解释艺术的科目。第二，去从事改造社会的运动。现在一切人生的问题都归结到社会问题，便觉异常繁杂，不是泛泛地解决可以了事。但现状的社会确和艺术人生不相容。静待着美的感化去根本推翻，像是很合论理，可奈那美的感化先就不能成立。因此，先觉的人间应去从事部分的改造，使艺术人生得着一片领土，就可以渐渐地推广。那推广的运动仍须美育家去努力。数十年前的英国的诗人毛梨斯(Morris)为着艺术的人生曾有一番复古运动，并还部分的实现出他的理想来。那理想虽有些时代错误，但他的眼光确已见到美育设施上应行的一条道路。现在依然要从那里走向前去。第三，养成实行美育的人才。这须改革了艺术方面一切专门学校教育的目的，不单着眼在传习一点技术，造成些自外于人间的专家；却使被教育者富有艺术的创造力，且彻底了解艺术的真际，而多能投身在美育的事业里。总之，美育的范围很广泛地遍及全人间，又很长久地关涉全人生，而现在的美育家呢，是从根本上初步做起，就须先有个明白的观念，——艺术是怎么一回事，关系到艺术的美育又是怎么的一回事。

教育与美育　何作楫[②]

什么是美育？他在教育上相当的地位怎样？这个问题，在今日美育运动的声浪中，有种种不同的解释和讨论。现在把他分别叙述出来，并附带说的我个人的见解。

关于美育意义的解释有二种：第一，现在一般教育教学者所谓美的教育，是拿普通教育中艺术的创作和欣赏作对象，是有一定课程、一定教学法的一种教育标目。简单说，就是一种学校方面的美术教育，这是美育狭义的解释，其立说与现在美育运动论者"美只为美"之说相近。第二，所谓美育，其范围应由学校美育推而至于家庭美育、社会美育，更进而至于人类美育、宇宙美育，并且说，美育之力，可代德智体诸育而有之。这种极端的提倡美育的言论，可说是美育广义的解释，其立说乃根据希腊思想"美即善"之说而更广之，可参看《教育杂志》第十四卷

---

① 此"艺术"为衍字。

② 《昆明教育月刊》第5卷第1号，1922年10月，第1—5页，原文以空格表示断句，标题下署"何作楫在云南教育研究会演讲"。又载《云南教育会月刊》第1卷第8号，1924年8月，封面要目及目录均为《教育与美育》，正文题目为《教育与美学》，标题下署"何作楫在云南教育研究会演讲"。

第一号李石岑的《美育之原理》。

　　教育的方面，不限于学校教育，则美育的意义，自不能仅出于狭义的解释，只知注重学校一方面，而忽略家庭、社会之各方面。二说自当以后者为是，惟后说谓美育之力，可代德智体诸育而有之，直视美育为教育的全部，似觉过于推崇美育，言语上、观念上俱欠正确。此一层已有人著论辩正，请参看《新教育》第四卷第五期孟宪承的《所谓美育与群育》，我可不必再赘。

　　要知道美育这个教育标目，在教育上的相当地位，应该先知道教育全部的精神所在。依今日教育学说立论，教育的要义，总括一句，是要个人适应社会的环境的。分开来说，在个人一面，应充分地发育被教育的身心的能力，完成其人格；另一方面，要使被教育者和社会的环境有活动的、谐和的关系，求个人生活的完全实现。这两层就是王孟怀先生主张的"成人"与"做人"二义。本此二义，足知教育的内容，不是简单的，是复杂的；不是片面的，是各方面都要顾着的。因此教育上的事项，应当要确立系统，概括教育的全部，不能偏重某一个部分，某一种标目，以致留偏见。

　　从前教育标目的分类，最普通的是德智体三育说。这种不完全的分类，在今日教育上已不适用。据我个人的见解，教育事项，应依人类生活的全部，分为生活工具的教育与生活本身的教育两大部分。所谓生活工具的教育，在教育心理上是属于知的一面之教育，即为智能教育，简称智育，高等的科学教育及实用的职业教育俱属于此。所谓生活本身的教育，是属于情志方面的教育，乃本能的教育，可分三个标目：（一）体育——这是求体格的增进；（二）群育——即为团体生活的教育，亦称社会教育（道德、公民训练皆是），这是趋于意一面的；（三）美育——或唤做暇逸教育（文学、艺术、旅行……皆是），这是趋于情一面的。以上所说教育标目的分类，是就我个人一时的见解所拟定的。各个标目，都各有他的相当地位，应该兼权并顾，不容有所偏倚，才能达上述之教育目的。

　　依此系统，可知美育在教育上正当的地位，不过是与智育、体育、群育相对的一种教育标目，不是教育理想的全体。极其功用所至，亦惟能陶冶美的心情，提起一种超越利害的兴趣，融和划分人我的偏见，保持一种永久和平的心境，籍以补助德智体育之所不及而已。若谓其可代而有之，立论殊欠的当。

　　美育运动论者以为人生固应注重意志的表现与智慧的启牖，但如缺乏美术或其他之情的生活，则人生岂惟陷于枯寂无聊，抑且由美的情趣之减少，无形中足以破人生圆满的发展。是以主张人类应于努力正大之人生外，兼希求一种兴趣的人生。其所主张，亦只视美的生活为人类生活之一部分，而非其全部，则美的教育,当然是教育的一种标目,而非教育之全部,此理甚明。今之提倡美育者不明乎此,竟欲以美育代教育,执一偏以概全体,岂得谓为正确的见地?而各地教育书报所载关于美育的言论,大率转相抄袭,撒拾附会,更属无谓。

我们知道了美育在教育上正当的位置,然后在美育的实施上,才有所准据,不致谬误。至美育应如何实施,此一层讨论过的多了,此处不再细说。

此外于美育的意义上,更有一种特殊的解释,如蔡子民的"以美育代宗教"及吕澂说的"悬美的人生以为正鹄之教育,必完全独立,而后获尽其用"。这可说是一种教育理想之极致,不是普通教育范围内应讨论的,故亦置而弗论。

一九二二年七月二十九日

教育之社会目的(节选)　余天休著,黄公觉译[①]

第六章　美感教育

学校对于美感教育之任务在于发展个人之美感性质,使其更能享受完满之生活。各个人若准备实行其生活上之任务,则亦须知所以消闲之方。于兹情绪的性质极为显著,故其对于日常生活之关系亦极为重大。吾人所以有一完全及有用的人格者,则时以美感的性质已经发展,而与其他生活方面起适当之关系故也。

宇宙有两种现象,即自然与艺术是也。自然者,乃与吾人思想独立而存在,非吾人所能创造,不过为吾人所能发现之宇宙现象耳。而艺术则为吾人所创造,非吾人所发现之宇宙现象也。是则自然与艺术之广义概念。与兹吾将概论艺术。

人类情绪之最高产物乃艺术。艺术乃美之发表为永久之形式者也,乃实在与理想之合体,以发表动作,理想,感情于永久之情形者也。而其产物(本为供娱乐起见)分为以下各种:建筑,雕刻,绘画,音乐,与诗歌是。是等乃至高之艺术,以诉诸人类之情绪而非以共实用为目的。

建筑　建筑乃美术之最低者则以其较诸任何其他之艺术,于美之中包含更多之实利目的。其属于物质的更甚于理想,且其较诸高等之艺术,诉诸想像者不若是之甚。建筑为周围之材料与气候所支配,自岩居,第庐,帐幕,而发达至于希腊之神奇寺宇,秘奥之尖拱,高顶之建筑,与夫近代之高矗云霄之楼。观此方面之进步,乃与人类社会之进化并驾齐驱,且其将来之进步随文明而易观。

---

① 《社会学杂志》第 1 卷第 3、4 号合刊,1922 年 12 月,第 58—63 页。

雕刻　雕刻则包含更多之唯心主义，其发展最古。甚至野蛮民族，亦有少许之雕刻。其发达进步，则与种种宗教上之理想并进。最古民族之利用雕刻者当推埃及人。埃及人所建之狮身女面妖怪图形，盖在纪元前四千年之时。其后继续此种艺术历数百年，乃有他民族起而继之；至希腊民族，此种艺术乃全发达而为往古所不及。

绘画　人类利用颜色以状物于平面之上者，盖不知始于何时。于地质第三纪第四纪之岩穴中，可发现许多化石表现手作之粗糙图画。吾人已知绘画为代表最古之文明，可追源于巴比伦与埃及。墙壁上之绘画，为古代民族所习为。埃及干尸之木箱，与夫伊涂鲁斯根（Etruscan）之墓壁，装饰堂皇。现今博物院模仿之模型颇多。

古之绘画乃动物形象之粗糙的。真正的代表绘画，仅于近代方达于更高之理想形式，现代最高之情绪（起原于宗教之理想，恩爱，与服务），皆以绘画表现之。

严格言之，不得视为美术之一，但与绘画极有关系，且往往与之并称者，即风景的园艺是也。此殆等于不以油画布而绘自然之理想者。其价值近今已经逐渐为人领略矣。

音乐　美术之中，要以音乐为最普遍，最自然者，可以发表人类之情绪，遍于各种阶级，由最低之阶级以至文明之人类。柏拉图（Plato）有言曰：

> 音乐乃道德之法则，给万物以灵魂，给心灵以两翼，想像以飞舞，与忧愁以乐趣，与物以华美与生命。音乐乃秩序之本质，所以达到一切真善美者也，而音乐于其中又为不可见的，而为炫人耳目的，多情的，永久的形式也。

由最初之身体节度运动，鼓掌，或歌曲以进化至用音乐与台景之戏剧以至演说，盖非一时之事，其由来也渐矣。但若其不能引起人类深沉有力之情绪，使影响人类之生活，以操纵人类之行为，则亦不称其为一种艺术也。

莎氏比亚之谈音乐曰："人之不知音乐又不为美声之和谐所动者，必其适于为不轨奸谋与劫掠者。"

诗与发表　研究文学，乃所以了解吾人自身与世界也。此 Matthew Arnold 已言之矣。而其最理想的形式则为诗。诗乃发表想像的感情之艺术，乃美术中之最高尚者。杜威教授有言："诗非研究人类物质的表象（如雕刻），亦非研究形像之暧昧的代表（如绘画），亦非研究人类情绪愿望（如音乐），不过研究其自己生活之人格耳。"（参照杜威之《心理学》第三百二十一页）

诗之发展则有三种形式，即叙事诗，抒情诗，与剧曲是也。叙事诗者，如称述人类之行为事业者也。抒情诗者，乃发表人类之爱恶喜忧者也。John Lubock

勋爵之言曰："诗者所以延长生活者也，为吾人创造时间，使时间不实现为分秒之连属，但为观念之连属者也；乃一切知识之气息与精灵也，不为时间空间所束缚，而居于人类精神之中也。"（参照氏之《生活之快乐》第二百二十一页）

戏曲者，乃描摹由最低之形式至最高之形式之生存竞争，至良者之生存竞争也。或于舞台上宣诵，或扮演，或布诸乐器，其暗示之教训益达于人性之底蕴，且使其手之舞之，足之蹈之，而不自知也。

Sheridan之言曰："言语者，乃极重大之利器，由是心灵种种能力皆得发展，陶冶，且磨练也。"言语诚为人类最有用，最有力，精致耐久之利器。言语所以能传播文明于地球各部者，以其能发表思想，使其可以摹触，可以传授故也。

藉言语以传达思想之自然乃普遍的方法即声音之发表是，而此即剧曲技术之价值之所在也。除言语自身之能力而外，吾人于兹又可知演者之个性，而此又是引人为同情的举动之原动力也。

人类之生活活动，原为感情之反应，故其诉诸一人最高之情绪者，必其影响于道德生活之最有势力者也。

英人达尔文氏于其自传，关于美感性情之丧失有云："至三十岁或三十岁以外，许多种之诗，给予极大之快乐。吾自幼时极爱读莎氏比亚，而特以历史之戏剧为尤甚，但至现今我不复耐烦以读诗一行矣。余近复勉强诵读莎氏比亚，而觉其干燥无味至不可耐。余盖丧失对于图画音乐之嗜好矣。"彼更进而言曰："倘余复还童，余当定诵诗之规律，与每周至少听音乐之规律，如此或者余现在脑力之萎缩，可由于使用而活泼也。是等嗜好之丧失，实快乐之丧失，且由此摧残吾人天性之感情部分，是以害吾人智力与德性也。"故由是言之，吾人可断言美术对于吾人之生命，乃必不可免者，而于学校中应加意注重益为显明矣。

建筑之鉴赏，所以教吾人以崇拜神圣与庄严也。雕刻之了解，所以灌输对于身体之动静以完美之爱也。而自然之爱，与其调和与法则之认识，则又来自图画之鉴赏也。各时代之音乐对于人心有一种普遍的权威。历史间人类诉说销魂之故事，以动情之抒情诗，使人惊心动魄，以鼓号之声而激动人勇敢之行为，或以悦耳之圣歌，或合唱之曲，而鼓励人为神圣之牺牲。社会学承认言语之各方面之发表为最有力之人化的影响，使概念的思想与抽象的意思，人类之协力，与夫高尚德行之实现之可能皆赖此耳。

夫艺术既研究普通情绪，故对于高等形式之美与快乐，皆有贡献。艺术供给理想主义之标准，而理想主义则引人入于高尚，纯朴，及真正之生活。故其对于青年，特别的对于正值理想时期，或习惯养成时期之青年之价值，诚不可胜数也。

吾人并非谓一切男子与女子皆能成为艺术家,且于美术之产物有贡献,不过谓各常态之人皆有学习,鉴赏与创造美术之可能性耳。鉴赏愈普遍,一切生活当愈快乐而良善。

美育和宗教　沈青来[①]

近数年中,以美育代宗教之声浪,唱得很高;无识者流,附和之,盲从之。殊不知美育是美育,宗教是宗教,美育与宗教,是两件事;或者是一件事的两个方面,互相有密切的关系,却无彼此替代的可能。富司迪氏云:人的生命,有许多方面。科学,美育,宗教,各以各的利益和宗旨,解释生命的一面。彼此虽能影响,却不能替代,以各有各的地位故。[②] 世上任何大事,断无从一种方法,即可以解释清楚。以生命之丰富变易,尤非一种方法,所得尽其奥妙。科学能收集材料,和整理材料,美育能点缀材料而富丽之,宗教能造成灵性的统一,给人以平安和力量。[③] 三者各司其事,无复倾轧;缺其一,即缺少生命之一面。藉彼之长,补此之不足,斯乃正当的办法。若谓美育可以代宗教,则其误谬,正与科学可以代宗教之说相同,充其极,且将谓美育亦可以代科学。那么人生一切行为,道德,思想,学问,都以美育两字了之,恐生命未必这样简单吧!

且大凡可互相替代的事物,必有许多相同之点。如民主可代君主,以其同为政体故;吃饭可代吃面,以其同为食料故。若二者一无相同之点,而欲替代,是无异以茶代饭,以生代死,未见其可能者。美育与宗教,根本上不同者有五,请申论之:

(一) 目的不同

宗教乃神人的关系,而发现这种关系于人生行为者。[④] 其目的,为根据理性和情意的要求,而冀升入高洁的境界,与神同在。美育只不过满足情意上的要求,并无理性的存在,故其目的是美之自身,所谓"美育为美"的是。试观音乐、画图、诗文,及种种精细的美术,其功用仅仅点缀事物,不能供给实在的需要[⑤],虽

① 《青年进步》第 59 册,1923 年 1 月,第 11—13 页。

② 原刊注一:Fosdick: *The Meaning of Faith*, P. 172.

③ 原刊注二:do:P. 173.

④ 原刊注三:I. Kostin's Words.

⑤ 原刊注四:*Fulton College Life*, P. 116.

有时能陶养性情,激励情感,但自身并无道德的目标,和实在的利益。此宗教和美育之所不同者一。

(二)性质不同

真正的宗教,不能离道德而独立。因宗教系根据着由神的性质和意志,发展人生的责任。道德系描写人生种种的责任,两者有不可偶离的关系。美育虽亦有伦理的价值,然批评美术之好坏,断不可以伦理学作标准。因为宗教所讨论的为善,美育所讨论的为美,善是意志的问题,美是形式的问题。[①] 以伦理的价值,去批判美,是无异以美育的价值,去批判宗教。二者固犯同样的错误。要知世上有超等的美术品,而无丝毫道德的观念杂其中者。此宗教和美育之所不同者二。

(三)根据不同

宗教的根据为信仰,美育的根据却为自见(Self-expression)。信仰根本有二:一为信有究竟之真理,二为信众生能得此真理[②],自见可随意创作,尽情发扬,没有一定的归束和宗旨。故宗教家心目中,信得救之可能有拯世之热忱。美术家不然,虽教育和道德的深意,有时由艺术中得来,然绝非美术家创作的本意。[③] 此宗教和美育之所不同者三。

(四)作用不同

各宗教的共同点,即如何发展人类向上望高的本能。美育不然,因美术不都是社会性的,习俗的美术,修饰的美术,及描写自然现象的美术,其宗旨不过使人怡快。[④] 然此亦非美育的罪恶。因美育一部分的功用,确系应该如此。我们当知道宗教之作用为善,美育之作用为美。纳美于善,未尝不可。强美以善,势有难能。此宗教和美育之所不同者四。

(五)由来不同

美育由于情感的,宗教由于理性和情感的,此上面已约略述及。惟其由于情感的,故美育游移无定,莫由捉摸,即有影响,为时甚暂。且以心理学家言:情感

---

① 原刊注五:《教育杂志》十四卷一号《晚近美学说和美的原理》。

② 原刊注六:《学衡》某期。

③ 原刊注七:*Fulton College Life*,*The Function of Arts*,P.116.

④ 原刊注八:Ross: *Social Control*,P.260.

不能常使动作实现的。试举一例明之,名画一幅,中为描写救火夫之勇概,见者为之动容。设一朝置身其境,未必即能随救火夫而前往。何以故呢? 乃情感不能使动作实现故。此宗教和美育之所不同者五。

美育和宗教,根本上的不同,既如上述。再请申论美育和道德的关系。原来提倡以美育代宗教的最大理由,为美育所以陶养吾人之感情,使有高尚纯洁之习惯,而使人我之见,利己损人之思念,以渐消泪者。① 此种论调,虽无指鹿为马之错,实难免不窥全豹之讥。尝谓美育所发生之道德,是间接的,而非直接的。美术的自身,是非善非恶的。美术家断无以道德为故有的宗旨。故吾人断不可以道德的标准,云批评美术的好坏。须知美育的最大缺憾为:(一)美术能致善,亦能致恶。能造成天使的人格,亦能使堕落到桀纣的行为。(二)美术所发生于人生行为的反应,随统觉(Apperception)不同而变易的。同一画图,甲视之而其反应为善,乙视之而其反应为恶,丙视之而其反应为非善非恶。(三)美术易致虚伪一幅画图,所代表的,未必常真。无论怎样景致,——虽然最不好看的——一经美术家点缀,没有不十分美丽者。(四)美术能把大奸大恶,绘得有声有色,莎氏比亚 Othello 剧中之 Iago,即其例证。此种美术,在一方面想固可禁人为非。然依心理学言,适足暗示人以如何作大奸大恶。因此美育和宗教列在不同的地位,非谓美育没有好处。乃是美育有美育的好处,宗教亦有宗教范围内的好处,两者固不可互相替代的。

非但如此,美育逊于宗教之处很多,且约略举出七点如下:

(一)美育无信仰作根据。

(二)美育不能使贫者安贫,富者得安慰。

(三)美育全是情感的作用,没有意志的存在。

(四)美术不是个人(Personal)的。

(五)美育不能给人以较高的标准。

(六)美是不能独立的,必附依着别的事物,才能显扬出来。

(七)美术不能成为社会制度的。(Social institution)

美育与宗教 陈国桢②

美育可代宗教乎? 此今日学者所聚讼之点也。然由余观之,美育自美育,宗

---

① 原刊注九:蔡元培美育代宗教。

② 《杭州青年》第 2 卷第 23 号,1923 年 2 月 20 日,第 1—2 页,原文为句读。

教自宗教,美育之不可代宗教,亦犹宗教之不可代美育。且更进一步言之,美育所讨论者为美,宗教所讨论者为善,善系意志,美系形式,此两者性质之不同也。宗教为根据理性与情意之要求,以冀止于至善,美育不过满足情意上之需要,而无理性存乎其间,此两者目的之不同也。宗教之根据为信仰,美育之根据为自见,此两者根据之不同也。美育在能使人愉快,宗教则图发展人类向上之本能,此两者作用之不同也。有此不同,而欲彼此相代,是无异以兽代人,以石代米,如之何其可也? 余因偶有所感,而信笔及之,然耶否耶? 还以质诸读者。

美育实施之研究　　曾凡觉[①]

十九世纪是科学发达到极点的时候,差不多最近以前的无论那国人都常常在想:如何科学才能发达。这都是他们还不曾觉悟,还在梦想什么科学万能。可怜呀!

《教育杂志》上李石岑先生有篇《美育之原理》说:"十八世纪中于'德育'过甚之弊,而不脱传袭的思想;十九世纪中于'智育'过甚之弊,而招弗罗伯尔一类之自然主义的悲哀;二十世纪中于'体育'过甚之弊,而有前此之军国民主义的欧洲大战。"故近十几年不得不着眼于"美育",这样看来人生要想恬静从容,除却那些竞争苦痛,果真是要靠美育才能成功。

梁漱溟先生的《东西文化及其哲学》在他未来文化的物质生活一段上说:"在生产上,必想法增进工作的乐趣,向着艺术的创造这一路上走;那末,又与中国尚个人天才艺术的彩色相合。"又在精神生活一段说:"这时艺术的盛兴自为一定之事,是我们可以推想的;礼乐的复兴也是我们已经推定的;虽然这也都能安顿了大部分的人生,但吃紧的还是仗着这一路的哲学——指孔子的哲学——作主脑。"看前一段当然知道美育是很重要,而且一定要那样,人的生活才有趣味;后一段,虽然他说吃紧的还是仅着这一路的哲学作主脑,这一路的哲学我们知道是孔子的哲学,而孔子的哲学,完全是一个"仁"字。他在孔子所谓仁是什么一段里开头便说:"此敏锐的直觉,就是孔子所谓仁。"美的感情的具体的主观的表现便是艺术,而美的感情之现实,完全是成功于直觉。因为良知良能,就是今日所谓本能、直觉;所以在叙述罗素哲学一段里他说:"他说灵性生活以无私的感情为中心,宗教道德都属于这一面,艺术则起于本能的生活而提高到灵性里去的。"由此

---

① 《美术》第 1 卷第 1 号,1923 年 3 月 15 日,第 1—7 页。

我们可以知道未来的世界，是要着眼于美育的。

《论语》记子路问成人，孔子答道："若臧武仲之知，公绰之不欲，卞庄子之勇，冉求之艺，文之以礼乐，亦可以为成人矣。"乐便是艺术，便是有真善美之存在，所以孔子把礼乐一并来教人。

他又在批评克鲁泡特金的态度里开头便说："克鲁泡特金真可以说是一个大贤；就在见解上也比罗素对些，而逼近于孔家。"于是我们转过来看一看克氏对于艺术有如何态度。"克鲁泡特金 Kropotkine 的艺术，是要从较自由的世界里，求较广大的艺术，艺术家 Artist 要与一般平民共同生活。"——见某杂志——由此我们可以知道要在自由的世界里，才有与平民共同生活的平民艺术家出现；但是在广大自由的世界里，便自有平民的艺术家与平民共同生活起来了吗？盖其时美育自然是很重要的事呵，否则平民艺术家，从何出现呢？

上面虽把美育之宜设施及其功能说了一些，但是我相信那还没有完善。这里我们可以看西洋古代中世纪哲学大纲上面说："美之灵魂，寓于美之体魄。（A beautiful soul housed in a beautiful body.）"又："希人以美术为人类美性之启示，于自然方面，虽少注意，而与道德观念，甚有关连，美善二者，因谐合而为一。最美之善术，即其能诉诸德性，有深挚之观念者。而学人批评美术之优劣，亦即视其伦理之属性而定。"——按柏拉图为此说代表——又近代西洋史哲学大纲上说："柏拉图 Plato 以'爱路斯 Eros 神'为爱真之标准，勉人脱离感官，升入本体，由美存之想，进入真之存想。此其中实含改造环境之旨。"由这三节看来，我们可以知道美育之当讲究，及美育之功能也显然了。

"美是希腊人做人的中心点。"（Dickinson *Greek View of Life*）故他能产生许多美术品和美的哲学，而希腊文明便是近代西洋文明的基础。

> 俄罗斯的艺术家与批评家，自倍林斯基 Belinsky 与杜薄罗林蒲夫 Dobrolinbov 后，他们的眼光，差不多完全趋于"人生的艺术"（Art for life's sake）的立足点上。

——《艺术论》序言

以上一切都是再三再四的说艺术的真价及以后艺术对于人生的趋势，自然其结果还是美育之须积极设施。吾人处于这物质世界之逼迫里，自然大家都受了许多悲哀和痛苦，其几于自杀者，亦甚多也！进一层说：则只有登诸真宰之境而已！但这绝不靠人之知识所能为力，只有直觉与冥念为之证会呀！这样的目的不是进化，却是反本还原以至大顺喽。说到这里我们知道我们这种醒觉之可能，并不靠感觉与反省，惟恃此爱美之灵果耳；此爱美之灵果即柏拉图 Plato 所谓爱路斯 Eros 神也。因为他能使我们的灵魂,脱离物质而存于物质之外,即所谓真宰之境也。

吾人既然知道处于这物质世界,尤其是只有科学才有势力才能向前进步的时代,吾人是终于不能恬静从容而生活着的;但是绝不是没有科学,而且抹煞一切科学,便会恬静从容而生活着的。我们只知道无论科学如何如何的阐明进步,而艺术这样东西总不会灭绝的,并且要以艺术来调和科学,那人生方始有趣味,真善美那些东西方能实现于人群里。

要想艺术来调和科学,是使科学不会杀人害人,其方法人人都知道只有实施美育。我也见到报章杂志上,近年来常常都有人在说如何如何的美育在现世纪是很重要呀,我们要快些去实施呀! 看其结局还是没有人找到一条最善最可能的路;我虽是正是这样的同病相怜,没有寻得最善最可能的路,但我却有点点意思要在这里说一说。

蔡元培先生在《教育杂志》十四卷六号上发表的《美育实施的方法》,他以为现在教育状况,可分为三个范围:一、家庭教育,二、学校教育,三、社会教育。我们所说的美育,当然也有这三方面。他又说我们要作彻底的教育,就要着眼最早的一步。虽不能溢出范围,推到优生学,但至少也要从胎教起点。我从不信家庭有完全教育的可能性,照我的理想,要从公立的胎教院与育婴院着手。他这种实施美育的范围和要那样着手的理由,我固无从非议,而且我相信绝没好多不对处。只是我们是住在交通不便,工商业不发达的四川,社会公共事业,许多无人提倡兴办。居于这样寂寞荒凉的地方的人,和那到过欧洲,而且常常住于中国首都的人来比,当然因耳濡目染之不同,知识与言语上,当然亦各有差异。以中国而论,各省的大都会差不多也找不到好多胎教院与育婴院,这无怪于谁,只是我们中国人太不中用了,这样必要的东西都不知道设备。然而我知道上海、北京……那些地方是一定有的,但我恐怕设的还是不多,又恐怕实施于人者又更少而不普及。这样看来,照这样来实施美育,也不过仅及其最小部分的最小部分。

他又说:在这些公立机关未成立也前,若能在家庭里面,按照上列的条件小小的布置,也可承认为家庭美育。这里我们可回头来看上列的条件,他说孕妇住的公立胎教院,要设在风景佳胜的地方,使不沾染都市的混浊空气和纷扰习惯。建筑要匀称,玲珑,且用本地旧派,略参希腊或文艺复兴时代的气味。四面都有庭园,有广场;饲以毛羽秀丽、鸣声谐雅的动物;又引水为泉,勿作激流。此外屋内所有一切布置及一切装饰,皆须恬静、疏秀、雅致、乐观、和平的。果真这样做,我也相信这是实施美育了;并且他要这样布置的理由,也是很对的。只是他那样布置之可能与否，我相信还有一个问题在，这个问题便是布置的经费问题。我想若是那样的布置，而且能那样的布置好，非是一个资本家或政客不能成功；资本家与政客，无论在那国，仅只占其一小部分，而资本家与政客里恐怕又有些不喜欢或不知道那样布置。这样的实施美育，也是仅及其一部分的一部分而已。

他又说：儿童满了三岁，要进幼稚园了。幼稚园是家庭教育与学校教育的过渡机关，那时候儿童的美感，不但被动的领受，并且自动的表示了。舞蹈、唱歌、手工，都是美育的专课。就是教他计算、说话，也要从排列上、音调上迎合他们的美感，不可用枯燥的算法与语法。这段话我们可分作二个问题，第一，儿童满了三岁，便个个都能进幼稚园吗？我以为有很多地方没有幼稚园可进，又有些家庭不肯送他的儿子进幼稚园也是有的。第二，他以为这时儿童的美感，于自动的领受外还有些被动的领受，这说我不很好赞成。我也为美感的领受只有自动的一方面，若说还要以什么来迎合他，那他所领受得的更不是美了，因为美只有主观方面才能存在。迎合之反面便是不迎合，此中便生出计较的态度，而美之认识，绝不含有计较的意味，只有直觉才能认识美，反过来说，即是美之存在专靠直觉。

他又说：儿童满了六岁，就进小学校，此后十一二年，都是普通教育时期，专属美育的课程，是音乐、图画、运动、文学等。到中学时代，他们自主力渐强，表现个性的冲动渐渐发展；选取的文字美术，可以复杂一点。悲壮、滑稽的著作，都可应用了。此处我们首先当知道个个儿童都能进小学中学吗？我以为还有些因所处环境之阻隘而致不得入学的，还应该去研究现状。滑稽的文字美术要如何去选取，要如何悲壮，如何滑稽才算适宜？并且还该研究如何自动力渐强，表现个性的冲动渐渐发展，便该应用悲壮、滑稽的文字美术。若是不预先把这些问题弄个清清楚楚，美育又将从何实施呢？

以后他又说：美育的范围，并不限于这几个科目；凡是学校所有的课程，都没有与美育无关的。再说：由普通教育转到专门教育，从此关乎美育的学科，都成为单纯的进行了。对于这两段话，我没有什么意思，因为我还没有知道究竟美育与其他的科学有好多关系，我也不曾知道美育的学科，究竟应该单纯或合并拢来进行；我现在研究，却不敢批评。写在这里的意思，仅在使大家注意的一点。

最后他说：学生不是常在学校的，又有许多已离学校的人，不能不给他们一种美育的机会，所以又有社会的美育。社会美育的机关他分为九种：美术馆，美术展览会，音乐会，剧院，影戏馆，历史博物馆，古物学陈列所，人类学博物馆，博物学陈列所与植物园、动物园。我想若是除了欧美，日本及中国之上海、北京等地而外,我恐怕世界上还有很多地方都不能那样做,或者因为做不到。九种关系之外,又说得有一种地方美化。地方美化又分为道路、建筑、公园、名胜的布置、古迹的保存、公坟等七处去实施美化。我觉得这种有可能的希望,因为这要如何去美化,都是由那地方的人,自己去做,比较也很容易,不需大资本,所以这种美化差不多可以普遍于民众了。但这仅及于物质生活一方面,我们还觉得不完满。

上面把蔡先生的话引了许多,随着也参加了我的一点浅薄的意思;这里我要申明我不是与蔡先生比个优劣,而且我对于蔡先生是非常尊敬的;此篇中我之所以要引他的话来说,不过是要想对于实施美育的方法,找出一个更好更可能的。至于我所盼望的,是读的人和蔡先生都替我纠正;因为要这样那更好更可能的方法乃得出现。

蔡先生的方法虽然有些不很实施得过去,当然其反面便是能行的,而这能行的,也正是我想研究的,而且我正在研究他。蔡先生的美育,是从未生一直到老死,但是他的方法我认为可能的只是地方美化一点。此地方美化仅是物质一方面;然则精神方面要怎样呢,这便成了问题了。蔡先生的关于这方面的方法,可惜就是不能普遍,但对于其既达到的地方,一定是很有效力的。以下我有一点意思,这点意思,可以说是对于精神方面的实施美育的方法有点补救,或者可说是对于蔡先生所说的实施方法作一个根本解决。

十九世纪的欧美日本的人民,若是不预先有军国民主义的思想在脑子里头,他们如何那样的不怕死的为自国打仗竞争呢?所以我以为若是要实施美育,便预先对于实施美育的诸问题及其目的,都该大家彻底明了的了解,而且时时都记在心头。还要从怎样着手呢?我料定有许多人也要照蔡先生那样的说法,以为那便是根本的了。依我的意思,这却是实施美育的第二期了,绝非根本的第一步。这下面我们把美育分为两期:

第一,传播期——使众人知道美育之必要。

第二,实施期——使枯燥人生得美育之调和。

若是第一步的工夫还没有做到,便去想做第二步,其目的虽善,而事实上是万万行不下去的。然则将如何去传播呢?首先当然在报章杂志上鼓吹,但是能看报章杂志的人很少;次乃着眼于学校——高级学校,因为凡是一种学说之启蒙皆由于高级学校,而且要那高级学校才能研究其所以然,又因为中小学校之教师皆由此出;还须在各地通俗讲演处请对于美育原理有研究的人去讲演,而这种人才也正要在高级学校才能产出。故现在的高级学校须把美育讲好,且把美育原理讲好。这里希望读者不要误会,我的意思不是说中小学校、胎教院、育婴院,以及社会生活上,便不应该实施美育和研究美育原理;我是恐怕现在尚没有人能知道如何实施和没有人能够讲。上面已经把第一步工夫说清楚,此时人人都有美育智识,自己已能做美育的事了。

以前我不是说蔡先生的方法除地方美化一点外,其他皆不可能,且不普遍。这里大家也要明白,我以为不可能,不普遍,是在第一步还没有做到的时候,才有这种现象。既然第一步做到了,则第二步是自然会那样走下去的。因为吾人既认识了美,而且知道美即是爱真之所由出,这时之社会当然不战争,无痛苦,此即恬静从容之生活,亦真善美之生活也。

果真达到了第一步的目的,则所谓布置庭园,从事建筑雕刻绘画,及设备社会美育机关和使地方之美化,这等的事,便正是人生正当的乐事了。

我的话就在这里说完了,我知道一定还有许多的错误和遗漏处,我希望大家来指正;同时我还是努力不断地研究。

为轻视美育的人们进一解 张绍骞[①]

现在美育的呼声,一天高似一天了,美育的出版物,逐日愈增繁盛了。美育与人生,已有人阐发尽致,是不待我来赘说。不过我看社会现状,不特那无知识教育的人们不懂美育;连那在研究科学和素讲教育的人们,都大惑不解,来轻视,来抹杀这神圣美育。他们说:"办学如果不设图画音乐等科,不惟违反部章,并且要遭外人的指斥。"有些又说:"外面学校,都设四工科,我辈以改革求新为□,这四科是一定要模仿添设起来,形式才觉得完善。"甚至现有那一味抹杀美育为玩意儿的,咳!在别人不懂美育,可作别论罢;在研究科学和素讲教育的人们,都是这样见解,岂不大错吗?要晓得教育是负有"训练国民的天赋才能"和"陶冶国民的精神生活"的责任。试问教员的精神不豁澈,何以期望学生的精神豁澈?教员的思想不高尚,何以期望学生的思想高尚?若是要救济"精神"和"物质"的痛苦,除掉了美育是无别样法子,况且艺术教育是最神圣的,更可忽视美育么?我趁会刊的出版,不能不为轻视美育的人们进一解,就是要将"美育的效果",来说一说,期望轻视的人们的觉悟。

美育的效果,究竟如何呢?答这个问题之先,要将美的成立简单说几句:美

---

① 《美术》第 1 卷第 1 号,1923 年 3 月 15 日,第 9—11 页。

之发生,由于感觉,那末美的成立,不外"精神"和"物质"二者,而美的效果也就可分"精神"与"经济"两方面来解释。

(一) 美育对于精神方面的效果

发展个性。个性便是本能,本能愈卓著,个性愈发展,美育即是发展个性的东西。因美术作品,即是表现个人或一民族精神的。如罗马希腊国亡已久,而他们的美术至今犹啧啧称盛! 这就是他们个性发展的结晶,并且可见美的事业是永远的,与生老病死苦都是无关系的。那末讲个性教育,本能主义的人,是一定要讲究美育才对的。

涵养感情。伦理正人的行为,美育正人的感情。析言之:美育就是能开拓我们的胸襟,不使我们抑郁无聊,踏入自杀或堕落的境地,且能悦娱我们的心志,不使我们成为"泥偶木雕""走肉行尸"那样的蠢人,并且教我往人生正鹄走去,不能"同乎流俗""合乎污世"去过干燥无味的生活。照此看来,美育不是人格教育,意志教育吗?

鼓舞兴趣。美育的感化力量大,何以呢? 即以音乐为喻罢:《乐记》曰"……君子听琴瑟之声,则思志义之臣。……君子听鼓磬之声,则思将帅之臣。"我仿此说一句在运动会运动时,听军乐演奏,则勇加百倍。又如吾人作事,若是精神疲倦了,去按几□进行曲,即能心快神怡,精神焕发,可见美育又是精神生活中不可不讲究的。

调和性情。审美心人类皆有,故美能引起吾人的同情心。如"一点山青""半卷白云",文明人见了喜欢,野蛮人见了亦未尝不喜欢;"一潭清水""几株绿梅"富的看着愉快,贫的见了亦是愉快。可见美的目的,是普遍的,苟能依着美的目的,而普遍美的知识于群众,则他们美的同情心,一定要增高,那还有思想不调和呢? 教育家仅可以把美育去施行于民众呵!

(二) 美育对于经济方面的效果

改良工艺。我国出品,何以不及外国畅销,未必原料不好么? 不是,我国原料是富而好的! 不过人们未受美育的训练,缺乏美的知识,所以制造虽得法,而装饰不精致。以致不获世人之欢迎,岂不是一大恨事吗? 若是能普及美育于工人,使一般皆有美的研究,然后以美的方法来制造物品,不消说是有美的值,与社会心理自然符合,出路自然也就推广了。

振兴商业。美育与商业的关系,虽是与工艺的关系相应的,不过还有应该注意的点:就是"建筑学""广告学"等,也与美有关系。

美育与青年　王树勋①

文化时代的人的生活,是趣味的生活;人类之所以高出于别种动物的,也就是因为人类有趣味的生活之故。所谓趣味的生活就是除了为衣食住而谋生以外,更应谋生于趣味方面。换一句话说,就是文化时代的人类,当具审美和创造美的能力。

美育与人生之关系的重要,已如上所述;而人生的紧要关头,谁都知道是青年时代,所以美育之与青年,视美育之与任何别种事物更为重要。试就中国现状而论,有许多受了新文化运动的冲动,和环境的刺激,想去改造社会,家庭……等等大问题的青年,因为受了阻力,未能达到他们的期望,于是因失望而厌世,因厌世而自杀。这种情形何等可怕? 何等危险? 唯一的救济方法,只有使他们能得着情感上的愉快,减少内心的烦恼——拿美育来陶化青年。

按心理学而论,人生可分为"意志""知识"和"情感"三大部分。表面上看来,意志和知识是不能与情感发生关系的;但一经详细考察,可就大大的不然了。先就意志方面而论:现在青年们的人格堕落到极点了,嫖呀,赌呀,无所不为。虽然有的是为满足兽欲或恋于金钱而然,但多半还是因消闲而染成习惯的。所谓消闲,就是求趣味;他们不知道求趣味的正轨,误入歧路,以致人格丧尽,贻害社会。假使他们能知真的趣味要向"美"中求去,我想他们决不致堕落到如此程度。我信"美"的引诱力决不致稍弱于肉欲和金钱的。

再说美育与知识方面的关系如何。

大家都知道青年时代是求知识的时代,恨不得把所有的时间都为求知识而用去。但结果怎样呢? 烦恼,颓唐而已。原因就是:求知识是机械地生活,机械的生活要使人感着精神上的不快和生活的干枯来;因此结果要演出烦恼和颓唐等现象来。所以青年们一方面在求知识,一方面更要注意"美的生活",借美育来调剂精神的困乏,使情感上得着愉快。

美育与青年有至大至要的关系,已如上所述。然细细一调查,青年之真会过"美的生活"者,则真可谓寥若晨星。青年的不自觉,固是一种原因,然到底还是教育者不加指导之故。我希望青年们以后能有过"美的生活"的机会;我更希望青年们不要有这种权利而不知享受,甘心入于堕落之途。

---

① 《南开周刊》第 61 期,1923 年 4 月 18 日,第 1—2 页。

小学校美育实施方法的我见　戴隆[①]

吾们教育儿童,一向注重德育,智育,体育三条件;但是依现在潮流看来,自然要注重到"美育";这是什么缘故呢? 因为德育所重在"教",美育所重在"感";教是自外加入,感是由内而发;教之力只藏于脑,感之力浸润于心;所以教化之力,实在不如感化之力之大! 智育所重在求真,有时因言语文字所不能达,自然科学所不能至,智穷而去"真"还远。美育可以呈露"真境",而所含智育之量,实多于智育自含之量。体育固属于美育范围之内,美的环境,或优美的心情和愉快的气分,所以增加体育的,较机械的锻炼,收效尤速。如此比较下来:吾们也可见美育的"价值"和"功用"了。

美育的价值和功用,吾们既然明白;进一步说,便要讨论实施的方法。美育的范围很广,就学校方面而论,美感应自小培养,因为小学是根本教育。儿童天真烂漫,易受"美化";所以小学校,实在是培养美感最好的场所。现就管见所及,把实施的方法,写在下面,来和同志们商榷进行。

实施美育的方法,不外改造儿童的环境,趋于美的陶冶。而学校中一切设备,皆当有美存于其间。今将实施美育应有设备,分述如下:

一、美级的建设。我看现在小学学级有级名的,已属不少。或以"诚"字,或以"勤"字,或以"真"字,或以"敬"字:名称虽不同,可是借一字做一级教育的标准。我以为实施美育,也应该设一"美"级。凡美级的设施,无不以美为中心;久而久之,一级的儿童,受了美的陶冶,他们的心境,自然高尚,自然纯洁,而一切卑劣行为,可以无形消灭。将来自立社会,也自然注意美育,修成优美高尚的人物。

二、教室的装饰。教室是儿童受课的场所,在环境上极有关系。一切布置,都要含有美术的意思。譬如教室四壁,要粉饰一种"静"的色调,张挂许多美术品。上面要悬万国旗,关于美育的格言,可夹悬其中。万国旗交叉之点,可挂彩色纸球。其四角可挂彩色纸塔,花篮,花圈,花索(儿童手工的成绩)……学桌陈列,要依生徒数目而变化形式,务求整洁美观。讲桌之上,可铺彩席或色毡,有瓶花摆在上面。教室四周,陈设盆花多种,因时递换。美丽之色,幽雅之香,时时触于儿童之目,入于儿童之鼻,使他们以"上课"为"乐事",毫无倦容。纯洁的美感,可以油然而生;活泼的天性,可以完全发出。受益实在不浅!

---

① 《南通师范校友会汇刊》第 2 卷第 1 期,1923 年 4 月,第 41—44 页。

三、儿童美术馆。世界美术，以法国巴黎为中心；而巴黎各小学，都有儿童美术馆，馆内陈设极雅致。美术品各校虽有不同之点，可是都有古代和近代美术家的肖像。课余之暇，任儿童自由浏览其间。愉快他们的性情，增加他们的兴趣，并且使他们能够崇拜美术家，得到"美的益"，来补助教育之不足。这馆的建设，吾们中国小学里边还没有，但我以为实施美育，这机关实不可少，尽可仿行。而美术品贵有选择，分部陈列，都要取优美一派。于本国的美术品，件数要多，一方可以表现中西美术的异同，一方可以发展国民的特性。

四、美术成绩展览会。把各级美术科的成绩——图画手工——精密审查一下，每月开普通成绩展览会一次。一方检查他们的个性，一方鼓励他们竞进的心肠。每届春秋两季，开特别展览会；专采取儿童作品，注重创造，不重摹仿。或限于本校，或兼征他校陈列布置，悉任儿童自动，务求美观。如作品繁多，可指导儿童组织审查委员选定。陈列品开明价值，在会场出售；要纯粹抱着公开态度，任人观览，任人批评，以希改进！

五、美术演讲会。美术演讲会，是宣传美术一种集会。讲演的材料很多，任高级儿童自由选择。或借一件美术品来讨论他进化的痕迹；或任择古代的美术品，来考见美术的起原；或任择一美术家说明他的历史；或借一美术品，来申明美术的利益：引起人们审美的感情，并且使他们能了解"美术"与"人生"的关系。

六、音乐会。音乐是时间中含有至美的一种音调术，他的音调，最能调和儿童的情感，拍节能整齐儿童的精神。所以要时常开音乐会，叫他们自由奏唱，要注重在表情方面，并且特请长于音乐者莅会，奏演专技，和关于音乐的讲演，使一般儿童，明白音乐的情绪，而有所欣赏。

七、跳舞会。激烈运动，固不宜于小学校；所以现在趋向于平和运动，而平和运动中最含有美的意思的，莫若跳舞——美的运动——跳舞的种类很多，而蝴蝶舞，儿童拍手舞，神仙舞……是最合于儿童的。每逢佳节纪念日开会，儿童服装雅丽，打扮新奇；一面唱歌，一面舞蹈；活泼天性油然发出，真令人顿生无限的美感！

八、儿童新剧团。新剧是至高的艺术，儿童天真烂缦，易传真情；但所演的剧本，要注重在美的方面——歌舞剧分量要多——选材贵以儿童为本位，最好由教者就偶发事项编为剧本，和儿童共演；那末，尤见切实，尤见亲善！

九、文字观摩室。美术的真义，是表现一种协和的感情，使人发出一种愉快的同情；但是他的工具，是不同的。比方音乐家用曲调，雕刻家用模型，图画家用色彩，而文学家便用文字。所以文学就是美术的一种，并且是真正的美，不是形式的美，也就是用文字以表现人生的"真"和"美"，要儿童领略这点，所以文字观摩室,是必须有的。室内陈列最优等儿童创作的文字——本校和他校——张挂名人的文字,并参加各种儿童读物和诗歌……课余之时,叫他们自由观摩,久而久之,自然能够欣赏文字了!

十、儿童美术化装室。室内陈列各种化装品,如儿童平日所著的制服冠履,跳舞新剧所用物件,都要有一种优美的表示,务勿"妖艳",因为"妖艳"非"真美"。四壁可张挂各国小学儿童衣服冠履的图样,以供参考。

十一、儿童博物馆。儿童博物馆,固不仅专为美育而设;但实施美育,应该趋向于美的方面。标本图画模型,都要选幽雅美丽的,可以引起美感,值得赏鉴。凶恶笨重的,似不宜加入;过度激烈的色彩,也宜避去。极求乐观的,和平的罢了!

十二、学校园。学校园分三部:便是植物园,动物园,矿物园。植物园要杂莳花木使四时均有雅丽之花叶。动物园要选毛羽秀丽,鸣声谐雅,活泼灵巧的动物。矿物园要选动植物的化石,或色彩绚烂,或结构精致,或形状奇伟,很足以引起美感的。

十二,四,十四,二甲镇第二国民校。

中学校的美育实施 吕凤子[①]

（上）理论

美育的必要及其意义——学校教育中的美育实施——中学校中的美育实施

现在从事教育的人大都已明白了美育的必要,但它所以必要的理由却不很容易解释,这并非单为着救济知识教育的侧重而已,也非单为着矫正道德陶冶的偏失而已,更非单为着养成优雅的形式趣味而奢侈日常的生活,或者启发图案能力改良工艺而增进国民的经济。人生的极则,在于能畅然顺从人性以行,无一些屈抑沮塞,并且不妨碍余人的尽性开展其生活。这样人生只有藉艺术的力量可以启导,又只有依艺术的根本态度可以遂行。所谓美育呢,最简单概括的说,就是以艺术(此就广义而言,凡美的自然人事也包含在内)为教育,而期效果于艺术根本态度的贯彻人生。因为这一层,在知识为害、人生枯燥的今日,实施美育便觉得最为切要。

挽近二十多年以来,欧洲的美育大会已经集议了好几次,提倡美育的学者也

_____

① 《教育杂志》第 15 卷第 5 号,1923 年 5 月 20 日,第 1—14 页。

已有了若干人。考较他们的结论看来,或者承认美育是趋向艺术的教育,或者承认是依据艺术的教育。依着前一类的见解就有美的享乐说,由后一类就有美的创作说,两说各趋极端就更有了调和的折衷说。这些固然都主张以艺术为教育,但是看得人生的途辙并不恰和艺术相合;换句话说,就是艺术和人生还只是部分的关系。所以,主张美的享乐说的像朗格(K. Lange)和栗赫特华克(A. Lichtwack)就常说,美育不是要养成艺术家,但由艺术爱好的媒介使一般人都能享乐艺术而已。他们所以特提出享乐艺术来说,盖以为艺术的意义不能从知解而得,必沉思默识方几有合于作者之心。又像莱沁(J. Leisching)就说,美育当注意教养,使人都明白如何生活并且有所享乐。另外主张美的创造说像度莱斯特奈(A. Dresdner)就说,专事陶冶艺术的鉴赏力,适成其为病的审美主义;要说美育,必须养成有创造意志和能力的国民,所以导入教育以内且为其原理的,是种创造力的艺术。又像栗赫透(J. Richter)就说,美育乃趋向创造力的教育;所谓以创造的人格相支配,这便是艺术的本质原理可以利用于教育上面的。其余持折衷态度的像修马叔(A. Schmarsow)就说,受容性和创造性乃是人间精神的两个方面,所谓艺术的享乐和创作也只是精神活动上程度的差异而已,所以非有创作就无从达于艺术的境地,而美育的陶冶美的享乐,论其实际也可谓近于创作的教育。各家的主张各有其理由,似乎很不相同,但他们歧视艺术和人生两者则无不同。就像说由艺术陶冶得鉴赏能力而不欲其为艺术家,又说由艺术启发一般生活上的创造能力,不限定是艺术创作,乃至说艺术享乐和创作平等无异;这都以为艺术只属人生的一部分,并贯彻不了人生的全体。在他们心目中的艺术,原是特别的天才取用材料而构成能生美感的制作。这样说去,自然不能遍于人生全体。

　　但艺术的意义那里就只如此的狭隘呢? 以艺术为艺术而和一般人工品相区别,这自不单在一些形式上,必须鉴赏的人能对着它用美的态度去爱美,才算得是种艺术。还有,以作家的创作活动为艺术而和其余人事相区别,这也不单在一些创作上,必须作家能由美的态度而开展特殊的精神活动过程,而后才得是艺术。这一鉴赏,一制作,就都以美的态度才成其为艺术,要推衍这层意思说去,但依据了美的态度而接过一切,无论是自然咧,人事咧,将没有不成功艺术作品的,而如此的精神活动更没有不好说是艺术的活动。到这里,艺术的事还不可见其涉及人生全体,而艺术的范围还不可见其同于人生的广狭吗? 况且,人生的实际在在须和其他人物自然相交涉,而有了认识、道德、经济等等行事。这些事能尽它们的正当功用,先须有了彻底的了解。如果潜心体察到人物自然所以生存或存在的意义,确认了那些生存或存在的固有价值,而后详知其底蕴,这才算是真认识。又确认了那些价值,生起同情或反情而决定怎样的待遇,这才是真道德。适应那些价值而求所以为利,这才算是真经济。这里所谓彻底的了解,可就是美的态度。人生之间,纯粹的美的态度必须隔离了概念思惟,屏除了利害计较,而低减意志至于不可辨认,这样的事自然是在很短的时间里遂行,也只有很短的时间里得以保其纯粹完全。但是它前后的经过固很可继续绵延,充其极量且可以一贯人生而无余。就像,以美的态度接过一切,形态迹象等接触于耳目,而生命的意义默识于内心,于是觉得那些是先得我心,好像直从我的本性自然流露呢,就会生起了纯粹的同情,或若觉得反乎人性而于我心有格格不入之势呢,就会生起了纯粹的反情。就根据这里发为种种的行事,对于一己的生存意义固然极为切要,就对于一切的生存也极切要;又对于一己的人性最是符顺,就对于一切的人性也一概是符顺。这样人生即很本然完美,并且很为普遍。艺术家的行事便是一种恰好的例子。他们主要的生活虽在于制作,但每一制作就有极远的渊源,又还有极久的影响,所以他们的精神活动实是渗入生活全体而无从分别得什么界限。推究他们如此生活的根柢,不过一美的态度的开展而已,假使一般人也能依据美的态度,广行之日用之间,那么,就除他们的人生外没有特别制作,而他们的生活固属于艺术的生活,不在艺术家以下。由此可以简括的断定说,艺术对于人生要论其缓急呢,这是最本然且完美,就可以明白它是如何急需;要论其关涉呢,两者的范围全然一致,又可以明白它是如何广泛。

现在,就本着这样意义来说美育,自然对于从前所有的议论大相迳庭。什么是美育?这以艺术为教育,不但使一般人由教养而得享乐艺术便算,并且还期望他们一概成功艺术家——最广义的艺术家。还有,这不但以艺术的创造启发生活的创造而已,并且要推广艺术的创造于一切方面,使一切生活都成艺术化。本来一般人都有他们的生活艺术品,就以美的态度为他们生活的源泉,也非什么希奇难能的事。如上所说,美育的实际可就开始于艺术,也终归于艺术;以艺术的享乐和创作做方便,也就以艺术的享乐和创作为究竟,现在的教育,如果以实现完美的人生为鹄的呢,除去美育为它的骨干,又如何能得其效果?

其次,论到美育的实施,或者以具体的设计而行,或者任艺术作品和自然人事等美的自然感化而行。前一种的效果是从有意得来,属于艺术的学校教育;后一种呢,从偶然得来,而属于艺术的社会教育。实施美育对于这两种自然不可偏废。但依我国现在的美育乃至一般教育的状况而言,则于学校里所施行乃至以学校中心而施行的美育,尤其觉得切要。为什么呢?人间审美能力的显发大都须得正当的指导，而这样正当的指导先便可从学校里得着。因为人间精神能力都是以渐次而发达，关于艺术的呢；自也不能有甚例外。就像儿童的心思比较说来，自是很为纯粹，发动美感似乎也很容易。但据挽近儿童学者的研究，儿童幼时并不见有什么美的理解力，对于成人所爱好的艺术品几于全不了解。像阿尔宾氏研究儿童从七岁到十八岁所有鉴赏力的报告，就明明说儿童鉴赏图画的时候多数注意实际经验的比较，所以就有判断也纯粹属于非美的判断。另外摩伊芒（Meumann）的研究也大致相同。又像修密脱博士对于儿童审美的判断研究之结果，就说儿童直到了十四岁的时候犹少见有此种能力的自然发生，乃至在小学校里高学年的儿童，受过一些教育，于鉴赏美术品之时还是属目于内容的事实如何，并懂不得什么形式美。依着这些研究立论，如果放任儿童听其自然，势必难有真正美感的生起，其理甚明。但是注意的加以相当指导，所得结果就很觉不同。裴因特那氏尝用着一样的题材，描画成美恶不同的画图，给小学生徒选出他们所觉得最美观的一种，同时又给大学校的学生去选择。统计起结果看来，六岁的儿童选多喜欢色彩的鲜丽，并不问究竟美观不美观。年龄渐长，就渐能辨别形式如何才美。到了十二岁以上，他们的辨别美的能力就几乎和成人的大学生相接近。这还只是区区形式的美感方面，因受相当的教育就会如此逐渐发达。要是纯粹的艺术鉴赏关涉到作家人格，制作手段等等方面的，也加以相当的教育，自也能渐次发达以至于完全，这是很明白的。然而现今各国小学校对于这一层觉得很为漠然，所谓正当的指导不过偶然得之。就像图画，本是和艺术最有关系的一学科，教授上就应得特别注重。但最近荷伊德福特氏就美国各小学校图画教授上考查生徒能力的实际，他用了鉴赏和技艺的两个标准，制成统计的图表；那上面去示生徒技艺能力的曲线在各学校间倒很见得高低的差异，但一看到表示鉴赏能力的曲线就各校相去不远，没有甚高低的变化。这并不是各学校生徒能力已发达到很平均的程度，乃各校平日对于鉴赏方面甚为忽略，所以便成了这中庸的现象。他们看得很重的技艺，原不过形式方面的一些机械制作，至于鉴赏呢，实是解决日常会触遇的艺术问题所必须的一种能力，从艺术的方面看来这两种的轻重自也有点分别。可是现今小学校的教授恰恰将它们颠倒了，推重技艺而轻视鉴赏。这还是就美国说，如在我国的学校教育上，那一种漫无策画敷衍了事的常态。对于什么艺术教育更属无从说起。这一层且不深论。但由学校的情形推到一般社会，就很易晓得一般没有完全受教育的人或是没有受过教育的人，他们的审美能力不能听其自然发生或发达。这正和那些儿童无甚异样。还有现今的社会教育对于艺术的价值毫不经意或者应用无方，这也恰恰同于一般小学校间的艺术科教授。所以在社会教育间的美育实施,现竟无从说起。为今之计,只有先于一般学校间用正当的指导方法启发学者美的态度,使它时时开展而能影响到一般的生活,更扩张到普通的社会。有了这点基础,再可以谈到社会教育上的美育。因此上文说现今学校里的美育乃至以学校为中心的美育,于一般美育的实施上尤觉得是紧要。现在的学校能完成这样任务,就更有好几点须得加以特别注意。第一点,凡和美育有关的课程无论其效果是直接或间接,俱须注意使那些各尽其用。早些时,施奈钝(D. Snedden)教授对于教授艺术的鉴赏尝发表了一些议论。他以为教鉴赏的方法有直接和间接的区别——用原理的解释或制作的引导而教授都是间接的,先就实际观察而后加以批评乃是直接的——而很不满意于从来学校教授上所用间接的方法。由此可知从来学校的教授方法是如何的不胜美育之任。现在实施美育就须于直接关系艺术的学科像图画、手工、音乐等等,除注意启发学者的审美力和创作力而外,应更使学者能扩充这些能力以影响于一般生活。又于艺术能发生关系的学科像文学、体操等等,也须尽量的导入美的兴味,使能间接的助成美的辨别和创造。

第二点,学校里应有相当的设备,于无形之中能涵养学者的美感。本来审美的态度须得时时加以启迪,然后才能贯彻于生活之间,所以环境的适宜与否很有影响于美育的实施。假使藏身在恶浊之地,所接触的人事呢,很凌乱而无序,所见闻的自然现象呢,又荒芜而不治,人们的精神上先是跟着很不爽快,要生起怎样的美感那可更谈不到了。学校的设备和施教的关系正同于此。如其校舍庭园等布置得优雅调和,置身其间,耳目所习,不期然地心思清新,而很容易导引于美的享乐或创作。如此不必有形式上的教授,而随时随处已很得着教养的实益。

第三点,训育上当以美育贯彻其全体。从来一般学校间的训育很多侧重于德育一方面。道德究竟是否和艺术一致,这是学者间没有圆满解决的一重悬案,因之训育的目的是否和艺术符顺,也属教育家所十分地致疑。但概括地说来,美育和德育并没有什么违反。从前席勒(Schiller)就常说,依着美感前去必定嫌恶乱暴而爱好中正调和。他又说,必从美化感情很纯粹了,而后方可谈到道德,所以要升道德的堂奥不可由美的门户而入。在他的意思,由艺术养成美的趣味就是健全那判别善恶是非的良心,也就是纯洁那品性,澹除私见而增加爱他之情,又从悲歌慷慨等美而激励起青年向上的志气。从这些上看来,艺术大有益于道德,可不待多说,况且进一步说,艺术的本身就有它的道德,而美和善固有一致之点。柯享(Cohen)说得好,对于人间的热爱乃是一切艺术的原动力,这也就是艺术家的道德性。伏尔寇脱(Volket)也尝说,艺术所以应人生的必要而存在,所以它的究竟必定洽乎道德。这些话都承认艺术和道德相一致。因为道德律其实源渊于人性,就应以人性的圆满为其极致。这自然不是屈己之性以从人才算得是善,也非屈人从己而后为善;必定顺从自己也就是顺从他人,一己本性上必然的流露发挥也就是一般人性上所应得的流露发挥,这样的造就,才可以说得至善。要推论到艺术的本质可恰是这般的。像艺术作家因纯粹人间的爱而有了艺术制作的活动,这在作家的自身固然是势所必至不可或缺,但一般人间的完全生活上又怎能离掉了人间之爱? 所以艺术家用着先觉的态度由表白的材料而构成了种种特殊制作;在一般人呢,也就藉着这样制作的启导感动,发起他们本性人间之爱,流行于日常行事之间而制作他们的人生艺术。这都是人间最高道德性之所表现。能使它表现得的呢,那只有美育。因此学校里的训育应用美育做一般的根柢,以达其完全人生的鹄的。从前有一种误解,以为美育属于情育,在训育中所占的位置不过一部分,因此看得它不甚重要。这不知道情意的三分纯属旧时心理学上便利的立说,论到人生实际就浑然一体,再无从分析得知情等清清楚楚而各用各的陶冶方法。况且艺术所关系的感情不单是和知意相对待着的感情,乃属全体生活的感情,美育所陶冶的情绪生活也就是全生活的发动力。最近萨沙罗教授发表他对于改革艺术教授的意见,以为当使艺术和学校里的一般生活在在发生关系,不可单拘拘于几种科目。又日本学者片上伸等最近也有文艺教育的提倡。这都是有见于此而然。至于近日学校大都有社会化的倾向,训育中的美育就当利用这样的倾向,使他和社会教育有两相衔接之处,而愈有遍及一般生活的效力。这像学校里有美术馆展览会等等就属其方法的一端。还有学校里各种组织的整顿也可使学者当作社会组织一样而协力为之。

第四点,教者对于学者应当常以人格相接触,藉此启发审美的能力且撼动一般生活的核心。从前韦伯士(E. Webes)尝将教育活动看做艺术活动,又将教育家看成艺术家,于是提倡一种教育艺术论。推究他立说的本旨,不过要应用美学的规范来改良教育方法,使它更有效用。这自然不属于纯粹的美育思想以内,但他所主张的方法呢,实有独到的价值。一般的教学法用了美的方法就容易见效,那么美育上更非此不行。况且美育的目的全在影响到生活的根柢,使学者各能创作其人格观念而开展其生活。如果师生之间仅有形式的周旋,则教学的关系至泛泛而止,所得效果自也微薄难言。所以在实施美育上,教者必常依美的态度深入学者生命之渊,用他的人格相感动,而后学者才能彻底的从自性的力量发为美的活动,其影响于一般生活之广,更不待言。以上这几点就都是现今学校实施美育时所最不可忽略的。

又于学校实施美育,其间中等学校像中学校,所处的位置和所关系的重大,都不同于他种学校,而应得特别注意。这是怎么说呢? 今日的中学校因时势的需要,更改新制,一方面为各种职业的适应,一方面为一般市民的准备,更有一方面为专门学者的胚胎。所以,人生的础石可说在这里奠定,人生的指针也在这里转移;学者从此既明白如何的生活,也从此为其生活开展的发端。像最有影响于人生实际的美育,在这里是如何的重要,可不待想像而知。况且从全体的学校美育看来,学子由小学校而入初级中学,那时候精神上的变化十分的强烈。这因为他们方过去了幼年期,却又未入青年期,就成了一种特别的过渡时期。依据晚近的儿童学者对于这一个时期儿童的美的判断能力研究统计,那结果是,十四岁前后的儿童截然如同两人。依皮奈氏之说,一般学童的美的判断力,很和他们所有直观范类有关。直观范类是怎样的呢? 粗粗的分别,这有记述的和观察的两种:前一种以作品内容为趣味的中心,后一种更明白得形式要素的意义。现在再折衷谬尔娄尔和庞特那两人所考察的结果立说,在十岁以前的学童多属于记述范类,到十一岁那数目上的比例还有百分之七十一,到十二岁还有百分之五十六,直到了十三岁以上才仅有百分之三十。反之观察范类一方面,在九岁的学童里几偶一见之,到十二岁时逐渐增加,那数目的比例是百分之三十,到了十三岁以上乃增高到百分之七十。又从儿童画的研究上看来,从八九岁的光景,儿童方喜画形象画,十岁到十二岁达于极盛,但一到了十三岁以上乃骤然衰退,而能由本能的制作移向合理的创作。以上两层不过从通常教育并没十分注意到美育的结果略为统计,而中小学的学生美的判断和创作能力是如何的变化发达已大可见其一斑。要谈到真正的美育,当然也须适应这样情况,而以此为一大转移之点。因此无妨断定的说,现在实施美育是以学校教育里的实施为最切要,而学校教育里的实施呢,又以中学校的实施比较的为尤切要。

(下) 方法

实施美育的根本条件——艺术的学科教授的大要——关系艺术的学科教授的大要——课外研究的大概——训育的要旨——设备的大概——实施的组织

这几年来我国的教育思潮变动得很激烈,那实际的紊乱现象遂一齐表见于外而不可掩。就单说美育的一方面,腾说宣传的还好算是不乏其人,但在实际的施行可说毫无影响。现在一般学校间的图画手工等可称为艺术科目的教授可还不是个敷衍? 训育上原可导入美育的,可还不是用骸骨的道德为准则? 乃至一切设备但须整理清洁便可涵养不少美感的,可还不是杂乱简陋在在生人不快之感? 要说到扩充美育的范围使它影响到学校教育的一切方面,那更非在现在学校里所得见。因此提倡美育的实施最为急务,提倡有具体计划的实施提倡尤见其急。现在就根据这层理由拟议了具体的计划,以为现今中学校实施美育的参考。这计划的先有几种根本条件,便是下面的五项:

其一,认一般教育当以美育为其骨干,学校的美育于现今一般美育的实施上最为急务,而中学校的美育于其间尤有重大的关系。

其二,因为完成中学校的美育,于教学的方面须尽量改革艺术学科的教法,使能直接养成学生的美的态度,渐由美的享乐、创作,而进于美的人生观;又须尽量联络能和艺术发生关系的学科教授,务使多有发展美的态度之机会,且保持全校教授上面的统一。

其三,对于训育方面,须以美的陶冶为主,而随时加以指导。又须使学生协力以养成美的趣味,实践道德,以至于有纯粹的品性和健全的人格。

其四,因教学训育所必需,对于设备方面务求不违背美的原理,时时处处都能给教学者以便利,且于无形之间,能涵养美感。

其五,任教授和训育者务期其能用极真实的态度而由人格的力量感动学生。

依着这五项实施美育,其范围广泛就须涉及以下各种方面:

(甲) 教学方面

(子) 艺术的学科:(一)图画;(二)手工;(三)音乐。

(丑) 关系艺术的学科:(一)文学;(二)体操;(三)博物;(四)历史;(五)地理;(六)其他。

(寅) 课外研究

(乙) 训育方面

(子) 一般训育

(丑) 特别训育

(丙) 设备方面

(子) 特殊的建筑:(一)美术馆;(二)陈列室(展览会场等即用此);(三)特殊教室;(四)研究室;(五)礼堂。

(丑) 一般的建筑:(一)教室;(二)自修室宿舍等;(三)庭园;(四)其他。

(寅) 特殊的用物:(一)制服;(二)校旗及校徽;(三)其他徽章及集会会场的装饰等。

(卯) 一般的用物:(一)器具;(二)一切文件;(三)其他。

以上各种方面自然是有其相互的关系,但其中教授和训育两者相关更切,现在且略为一图,以表示其直接联络之处。

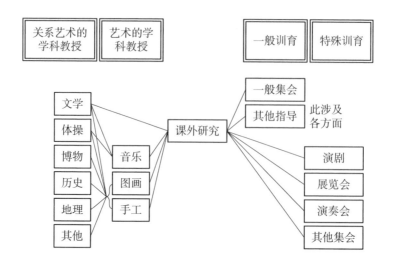

关于各方面的实施方法,在这短篇里很难叙述详尽,现在且提举其概要如次。

第一,艺术的学科教授的大要。

甲、图画和手工

(一)依着学生精神发达的状况,应用适当的教材,使学生都能自己锐敏观察,发达爱好的感情而乐为制作;如是开展他们从直观至于表白的精神过程。凡模仿、虚伪、机械等等弊病都须注意除尽。

(二)从制作上的观察推广学生的审美力于较易鉴赏的艺术品和一切的自然,而触动他们对于人间和自然之爱美。

(三)在实地练习的时候逐渐导入理论的知识,且广为应用于各方面。

(四)注意运用记忆,融合考案,使学生渐有个性的自由发表能力。

(五)就依鉴赏和创作渐使学生能构成美的态度,并使这样态度有影响于他们生活的其他方面。

(六)保持两种学科教授上的联络。

(七)于教室中为相当的设备,以助其教授。

(八)利用美术馆陈列室的艺术品和工艺品,使学生有鉴赏参考的资料。

(九)对于课外研究和其他学科的教授法联络。

乙、音乐科

(一)由教授、练习,逐渐使学生有鉴赏音乐和歌曲趣味的能力。

(二)于教授中导入相当的理论知识,以助成学生的鉴赏。

(三)使学生由其活动感情发为歌唱,而能自由表白其本具的音乐性。(这里所谓音乐性,系从林特氏之说,指人生内面潜在的调和韵律和发动的心情而言。)

（四）从音乐的感动逐渐使学生易于构成美的态度且影响于一般生活,能有序而调和。

（五）对于其他学科教授设法联络,且增高学生对于文学的兴趣。

（六）应用音乐于学校的各种,又以课外研究演奏会等助成教授的效果。

第二,关系艺术的学科教授的大要。

甲、文学(中国文和外国文,就其关系美育者言之,以下并同。)

（一）适应学生精神发达的程度,加入文学的教材,启发他们对于文艺鉴赏的趣味。这于形式美以外更须注重情趣方面。

（二）由文艺的爱好涵养学生的美感,使能改正卑劣的趣味,不为变态的文艺作品所影响。

（三）养成能用美文歌曲自由表白感情的能力,而发扬生活上的活动力。

（四）应用书法的美术,以涵养美感。

（五）和音乐等科及课外研究相联络。

乙、体操

（一）调和发育精神和精神的两方面,并且发挥人体美及运动美。

（二）注意运动时正当的态度,没有坏影响及于美的趣味。

（三）使学生都能心知运动之美而爱运动。

（四）养成学生坚毅实行个性的精神。

（五）和音乐等科相联络,并利用表白人体美运动美的美术品以与艺术科联络。

丙、其他学科

（一）教授中多用说明画和美术的直观教材。

（二）于历史等科可导入文学的趣味,又得人格的陶冶,且和美术史的知识相联络。

（三）于博物等科导入人体美自然美的鉴赏,又增高学生对于生活的感情。

（四）应用各科的美的要素于训育方面。

第三,课外研究的大概。

这里所谓课外研究且以关于艺术的各学科为限。这由教员和训育主任的指导而组织。所研究的成绩可随时从种种集会发表,并由指导者加以相当的批评,又注意到对于训育方面发生的效果。至于研究的种类且定为以下各种:

（一）艺术理论；（二）国画；（三）西画；（四）图案；（五）雕刻；（六）国乐；（七）西乐；（八）工艺美术；（九）中国文艺；（十）西洋文艺；（十一）戏剧；（十二）美术摄影；（十三）书法；（十四）演讲。

第四，训育的要旨。

甲、一般训育

（一）人格的陶冶应以美的陶冶为依据。

（二）一切道德应使学者心知其美而实践之。

（三）注意指导以下各方面的美德：

（子）品性之美（生活感的增高、个性的正当发展、爱他等）。

（丑）仪容之美（整齐、调和、活泼、合律等）。

（寅）言语之美（清晰、合理、优雅等）。

（卯）其他生活事实上之美（协同动作，适当交际等）。

（四）训育以随时指导为主，遇必要时可集会以行之。

乙、特殊训育

（一）关于日常间的美的鉴赏批评之指导和说明。

（二）关于艺术的各种集会定期行之。

（子）美术展览会。陈列学生的制作或校外作家的制作，或以一定目的征集外间作品或工艺品展览之。

（丑）演奏会。以学生音乐研究的表演为主，或联合外间团体行之，又于学校纪念及一般集会时行之。

（寅）演剧。大旨同上。

（卯）艺术讲演会。此由学校延请校内外学者行之，或由学生自行发表其研究。

第五，设备的大概。

甲、关于特殊建筑的

（一）艺术的学科应有特殊教室的设备。（其详另见。）

（二）设美术馆，陈列以下各物：

（子）古美术品；

（丑）地方的美术品；

（寅）现代一般美术品；

（卯）工艺品（以上四项，皆兼实物和印刷品而言）；

（辰）说明画及参考品；

（巳）其他。

（三）设陈列室，陈列教师和学生的制作。

（四）于学校图书馆中特辟文艺的一部。

（五）设研究室，供课外研究之用，并须有相当的设备。

（六）礼堂应有庄严、整齐的装饰。

乙、关于一般建筑的

（一）利用自然环境的配置。

（二）力求清洁、整齐及调和。

（三）室内室外利用壁色和光线的配合。

（四）室内利用美术品的装饰。

（五）器具布置的调和。

丙、关于特殊用物的

（一）制服的形式美观且一律。

（二）校旗校徽的形式美观，且应用适当。

（三）其他装饰应有美观的图案。

丁、关于一般用物的

（一）器具形式的整洁调和。

（二）印刷等件形式的清洁美观。

（三）其他。

依着以上的纲要施行起来，自应先有个主持的总机关，现在且定为一种定期的美育会议。此由校长、教务主任、科任教员、训育主任等组织之。于此会议研究美育的原理和方法，议决学校施行美育的计划，以及对于施行状况的指导改正等事。稍详细些的说，则（一）现代文艺思潮和教育思潮对于美育的关系，（二）现代美育的新设施，（三）学生生理和心理两方面发育状况对于美育的关系，（四）美育和家庭社会教育上之联络，（五）学校美育的推广等等，均须于此会议加以研究。又（一）学校各方面美育实施的详细计划，（二）教授和训育联络的方法，（三）学校美育和家庭社会教育联络的方法，（四）对于实施上的矫正，（五）对于实施上的统计审查等等，皆须于此会议议决。议决事项除由各方面教职员实行以外，教务主任训育主任等并负随时指导之责。又学生有自治会之组织时，亦须负一部分的责任。由此在一个中学校里实施美育时，大体的组织有如下图。

以上所拟议的方法固然不甚详备，还恐有实际窒碍难行之处。但不久，江苏

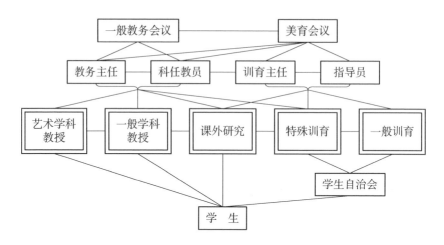

省立第六中学校可以依据这样的拟议,计划实行。究竟方法上有何种应改正之处,又其效果如何,当另为叙述,报告。本文就结束于此。

宇宙美育 朱谦之[①]

石岑吾友:

承赠大作《美育之原理》,看到你说:"宇宙乃一大艺术品之贮藏所,所谓宇宙美育,实含有至大至广之精神,辟如天地之无不持载,无不覆帱。"不觉手舞足蹈,而叹教育的广阔的全景的时代,涌现眼前了。本来浑然在天地造化一团虚明活泼之中,人们和宇宙是一体的。好比长空,云气流行,没有止极;好比大海,鱼龙变化,没有间隔。这时遍体玲珑,广大无际,洞然天地人物尽在"真情之流"当中,而天地人物的变化,就是人们一点"情"的变化,所以宇宙即我,我即宇宙。秋逸兄悬美的人生以为美育的正鹄,这自和我不谋而合,特弟不谓美的人生,可自有其社会耳,看呵!天空海阔,月白风清,鸢飞鱼跃,无非比体,千紫万红,可句可觞,正是充塞宇宙内,都入一声歌,这就是我心中自创的宗教,也许是爱美的人的宗教罢!因为美在宇宙是无处不寄托的,所以美是本体,便是工夫,而"美育隐寓德智体群诸育",诚如来论。我子民先生对教育方针之意见曰"世界观教育"惟时时悬一无方体无始终之世界观为鹄。这便是弟讲"宇宙美育"的起点。美哉!美哉!荡荡休休,使国人"优而柔之,餍而饫之,如江河之浸,膏泽之润",涣然冰释,

① 《民铎杂志》第 4 卷第 5 期,1923 年 7 月 1 日,第 1—4 页。

群趋爱美一途,我不能不致谢于诸君子提倡之功了。

弟对教育上的信仰,是如 Herbart 所说:"若是文人所不描写的,诗人所不歌咏的,都与教育无关。"那原始时代的诗人,从感性生出的斯歌,斯咏,斯陶,斯舞的"大自然",自是占教育的全领域了。我知道宇宙万有的本体,决不从人的理智得来,是只能永远缄默去证会的,所以在一切的自然现象之前,仰观俯察,以直探到处皆有的本体,这不但使人们能够享受美的欢乐,实在使人们大开真情之眼,以与无方体无始终,绝对无比的"宇宙大神"融合为一。所以"神"的观念,实为教育究竟的大目的,而宇宙美育的方法,也不须别求,只是随处体认,便自与"无限""绝对"的本体——神——渗透,和谐。

复次,人受天地的"真情"而来,浑是一片,美在其中。所谓"仁义礼智根于心,其生色也,睟然见于面,盎于背,施于四体,四体不言而喻",这种人体的美善,看直有与天地万物上下同流各得其所之妙,虽是形体很渺小的,一任真情,便即天地之神妙万物而无不在。因此我讲美育的第二步,是在反身认识人生内界的美,和本来美性的实现。从前程子再见周茂叔,吟风弄月以归,有"吾与点也"之趣,每教人寻仲尼颜子乐处。白沙先生说:"舞雩三三两两,正在勿忘勿助之间。"似此"江汉以灌之,秋阳以暴之",孔门提倡美的态度,把人生弄得乾圆洁净,敦厚温柔,真是何等家风!何等滋味!美哉乎人生!私欲尽处,真情充塞流行,而一男一女之美——性美——尤使我赞叹不置。

复次,人的生活方式,从本身最近的环圈,扩大出来,而有"相人偶"的伦理生活,这也是和"宇宙美育"有密切的关系。何则?宇宙万有只是"美的意象",在实际上就是一切"相人偶"的美名,如父慈子孝,兄良弟悌,只"慈"字便代表父对子间的大调和了,"孝"字便代表子对父间的大调和了。这"相人偶"的美的生活,凡厚薄亲疏,都各有节文,各为分内的互让互助,在亲人关系里便成"家庭美育",在农村里便能"出入相友,守望相助,疾病相扶持"。若更把这美念扩到极致,就是最完美最愉快"美善相乐"的大同世界了。《礼运大同》说:"大道之行也,天下为公,选贤与能,讲信修睦,故人不独亲其亲,不独子其子,使老有所终,壮有所用,幼有所长,鳏寡孤独废疾者皆有所养。男有分,女有归,货恶其弃于地也,不必藏于诸己,力恶其不出于身也,不必为己。是故谋闭而不兴,盗窃乱贼而不作,故外户而不闭,是谓大同。"依弟意思,宇宙美育到此才算归宿。Schiller 把美育看作获得政治上的自由的工具,实在先得我心的了。

最后,宇宙美育,不但提高人们的美的认识力,并且引导人们去制造器具和发明物品的。因为自然欣赏的结果,制造者的美感标准提高了。一切制品都受美的评价的支配，自格外精良，格外美丽，并且都是自然的枋本。自然的种种意象都是美的，所以效法自然而成的产物也都是美术品。那抽象的艺术，如音乐，诗歌，其风韵之高，不待说了。就是造形工艺，如华屋，大厦，陶器，手工作物，一切都不是机械工业可比。这时艺术家和手工业，经济生活和宇宙生活，浑成一片，再现一种"艺术美"的世界。（参看《周易哲学》第六章）从此工艺的基础在于手工而一切生活上问题，便解决了。所以欲根本要求经济上的自由，也乐得走上"宇宙美育"一途。

由上种种，便知弟讲宇宙美育，实从宇宙观为出发点，且应用到人生，伦理，政治，艺术各方面，包括德智体群育，广大悉备，这自和仅仅提倡"艺术教育"的大不同了。不过弟的话是有所本的，本于孔家之言"六艺"，所以宇宙美育换句话说，就是六艺之教，说来话长，且暂止于此。兄所著《教育哲学》出版也未？望寄我一册为盼，祝你康健！

弟谦之　十二月七日

驳以美育代宗教说　杨鸿烈[①]

中国学术界近年来有个很有研究价值的题目，就是《新青年》杂志第三卷第六号蔡孑民先生的《以美育代宗教说》，大家都知道蔡先生是中国提倡美育的第一人，我们今天所以有点零碎片断的美学知识，饮水思源，我们实在不能不感谢先生！不过蔡先生这一篇文章，立论却有些疏忽的地方，既没有替美育定一个明了具体完全的界说，又没有指示出宗教与美[②]区别的地方，只是说了些知识作用、意志作用和感情作用附丽于宗教，而美育的普遍无人我的感情之陶养，就足以代替宗教。因此一般人附会盲从，甚至于把美学、美育、艺术都当做一样的意思，岂不令人好笑！所以我以为要解决这个问题，应该要有以下所列举诸项的充分知识：

A. 研究美育、宗教的本质的科学：

1. 美学；

2. 宗教哲学。

B. 研究美育能否代替——宗教，从二者关系上研究必备不可缺的知识：

---

① 《哲学》第 8 期，1923 年 12 月，第 1—6 页。

② 此处漏"育"字。

1. 美感教育学——简单点说就是"美育"；

2. 宗教学。

所以我研究这个问题的步骤，第一步就在确定美育的含义、宗教的含义，然后才讨论美育能不能代替宗教，现在可以分开来说明。

美育的真义。前已说过，蔡先生没有把美育的意义诠释一番，所以令许多人竟误解美育就是美学，美育或许就是艺术教育。但是这三个名词范围的大小不同，弄来弄去，差不多全无是处了！我曾经为了这个美育的定义，看了上海出版许多的《美育》杂志，觉得美育的意义，应该如此这般的下一个来，但我始终没有成功；后来看孟禄博士著的《教育百科全书》也只叙述了些美学发达的历史，就如《教育上之艺术》那一章里，也是残阙不全。假如美育的定义说不出来，宗教与美育的区别也是指不出来的，那么万事休了！这个问题也无从讨论了！可是我从前自己曾下了一个很简单的定义说："凡以美的理论、方法、制作品，用来陶冶美的情操，就是美育。"又想起从前看过豪恩博士（Herman Harell Horne）著的《心理原理的教育学》（*Psychological Principles of Education*）第二十章"美育"的里面曾经下了一个精确完备的定义说："美育的意思是培养美的趣味，发展一切存在美的感觉，结果到美的享用，批评的赏鉴，有时还能创造美，为艺术的制造者。"（Aesthetic education is meant the cultivation of taste, the development of the sense of beauty inherent in all, resulting in the enjoyment, the critical appreciation, and sometimes the production of works of art. P. 239）

宗教的定义。关于宗教的定义，我从前费了不少的力去找一个比较完善的，结果完全令我失望！有人说"信神就是宗教"，但这话已被柯耶（Coe）驳得体无完肤了！就如大宗教家诗尔马哈（Schleiermacher）那个有名的定义说："宗教是一种绝对依赖的感情。"（Religion is a feeling of absolute dependence. ）在柯耶看来，也是不对，因为一般都承认宗教是不能回复到一简单的精神生活的形式——宗教实在是包括全般的精神，但他也没有举出一个完好的定义来。（参看他的《宗教心理学》，*The Psychology of Religion*，P. 59 - 61。）就是如梁漱溟先生所说："所谓宗教的，都是以超绝于知识谋情志方面之安慰勖勉的。"（《东西文化及其哲学》第一一七页）似乎比较的少流弊了。又如法国人莫勒（Max Muller）说："宗教是一个勉强的用力，拿来解释那些不可解释的事物和满足那些不可满足的热望。"（见他所著《宗教学导言》，*Introduction a la science des religions*）这个比较的可靠就暂时采用了。

我们已经明白了什么是美育，什么是宗教，那么我们就可以进一步来问为什么美育可以代替宗教？但是究竟能代替还是不能代替？现在且列举以美育代宗教几项理由，一一的加以批评：

（A）蔡孑民先生说，"纯粹之美育，所以陶养吾人之感情，使有高尚纯洁之习惯，而使人我之见，利己损人之思念以渐消阻者也；盖以美为普遍性，决无人我差别之见，能参入其中"，正因宗教也是有这种功能，所以拿美育代替宗教是可以的；这番话要是拿吕澂先生的话来说，就有些不可靠了！他说得好："……人生是种求知的，同时便是种实践的，那求知是无尽的，实践也是无尽的。一面要明白，一面去解释，这样使我们人生不绝的向上。……所以艺术的活动，直观的去求知同时表现的去求解释，自好概括人生的全部；还有宗教的活动信解行证，一时圆融，也自概括了全体的人生。但艺术的极致是认明各个分离独立的我，宗教的极致是舍去一切我的执著；一是人生的正面，一是人生的反面，正当的人生，便只曰有这两面，我始终不敢赞同美育代宗教的话，也是这种理由。……"（《时事新报》六月十一日）这是从美育和宗教的功能方面去否认以美育能代替宗教。

（B）吾师傅佩青教授曾经搜集各家关于宗教的意见，其中一部分就是以美育代宗教说："科学与道德均都不足以满足宗教的要求，因为宗教的要求，不是知的，也不是意的，乃是情的。情的动作，是难喻之以理的；所以《马太》阿尔诺德说：'宗教是道德与感情之和。'科学家的能事在发见，发见时我们应该服从外界的事实与法则。道德的生活在尽义务，义务往往与我们的感情冲突。我们有时应做心中所不愿意做的事，有时我们心中愿意做的事却不敢做。所以科学的生活与道德的生活都不是很自由的。这精神自由的要求是宗教发生的一个大原因。宗教之理想的生活是自由的生活：佛教的涅槃，基督教的永生，婆门教的梵人合一，都是如此。所以宗教以外，能满足宗教的要求的，惟有美术。美术不似科学受自然法的束缚，亦不似道德受道德法的束缚，美术家的生活是自由的生活。人可于美术任意发展其特性。美术以美为目的，正足以满足人之情的要求，所以应提倡各种美术，藉以代替宗教。"（《哲学杂志》第一期）总括这一说有两个要点，就是说美与宗教都是能满足人的精神自由的要求，情的要求，所以能用前者，代替后者。但是这一说对于二者的本质，仍然是"有见于同，无见于异"，最好可说是他们分不出二者范围上的大小。我且举一个历史上鼎鼎大名的美学家哈托孟（Edward von Hartmann）的话来说，他以为："宗教是人类对于宇宙绝对本体的关系，这本体是人类精神生活的根本，又是它进行的究竟目的。宗教是人类所以超越有限有障碍的现象存在，而复归于精神生活的根本，所以信仰是人文发达最终又最强的动机。……若从美来观察,宗教意识的劣等的,虽得为感觉的对境,但其稍进到高等,便绝感觉之缘,而不能算为美的。"照他这样话说来,那么美虽与宗教是满足情的自由的要求,而实际上美之所以为美,宗教之所以为宗教,仍然是有歧异高下之处;要是拿美来代替宗教便是拿有感觉对境之美而代与感觉绝缘的宗教,是有点牵强不合拍奏。我们又看哈托孟所说美的价值是:"凡一切价值,均以适于大宇宙的究竟目的与否为断。能补哲学宗教之所不及的,即便是美。即于一方连结现象世界于其根本的超绝世界,而于他方则于感觉上表现全分之一致,以暗示差别世界与绝对世界之不难融合,以巩固人类的信仰与希望,这是美于人生世界所贡献的最高效果……。"(日本高山林次郎编述的《近世美学》)由此看来,美又是补哲学宗教之所不及。那么宗教和美的范围是有大小的不同了。如何能代替呢? 这是从美和宗教的本质及其范围来否认以美育代宗教。

(C) 蔡孑民先生又说人的感情作用附丽于宗教,如:"跳舞唱歌,虽野蛮人亦皆乐此不疲,而对于居室,雕刻图画等事,虽石器时代之遗迹,皆足以考见其爱美之思想,此皆人情之常;而宗教家利用之,以为诱人信仰之方法,于是未开化人之美术,无一不与宗教相关联。"这仿佛是证明二者历史上的渊源密切如此,在现时人智大进,就可以用美代替那"与世不相人"的宗教了! 但是我们既已说过美是独立的,美有美的价值,有美的限度;宗教也是独立的,有它的价值限度。我们由蔡先生的话看起来,就可知道美感是最先就有的,后来宗教家把它"生拉活扯",利用来做信仰的方法;所以美之消失其独立性,是由于人的利用,那么使它脱离宗教的关系而独立,和宗教各有其任内的界限,怎么能够替代呢?

一九二二·五·十六

(附记)这是我对于蔡先生主张所怀疑的诸点,我因为时间和人事的关系,不能有详密的研究,只好待之异日。至于我对于宗教所抱持的态度如何,那又另有专论了。

美术之解剖及其在教育上之价值　周鼎培[①]

美术者(fine arts),乃自然界中最优美之结晶体,感人效能,至为神妙。其始发生于天然,而推及于人事。譬如天半彩霞,可接于目而为章;林间清响,可入于

---

① 《革新杂志》第 1 卷第 5 期,1924 年 2 月 1 日,第 1—8 页。

耳而为声。此自然之彩色及天籁,初非有意经营而组织之,然感于人也,悠然生其爱情,积渐而发生人为之美术。于目也则有图画舞蹈,于耳也则有乐音歌曲,以至于戏剧、雕刻、建筑,种种,均属美术范围。以此诸种艺术,入人心目间即能唤起其审美之观念及休和之情操故也。希腊哲人亚里士大德(Aristotle),以美术之第一义,为模仿自然,当妙能自成杼轴,发挥理想,以补充自然之缺点,乃成真美之自然。普牢提尼氏(Plotinus,205—270)之论美术,其要点有二:(一)自然界从太一发现,当认其有审美价值。(二)置艺术于自然界之上。此二氏,皆注重自然者。要之美术由自然界以进于人为界,其间必历种种程序。最初天然之美素,感触人类,人类因爱美之天性,故必以无限之热诚接纳之,不仅接纳之,更从而爱慕之,爱慕不已,遂生摹仿之念。初仅效其活泼之形态,后乃摹其固然之表象,前者为动的美术,后者为静的美术,动的美术,发达最先,未开化之民族,已具其雏形。譬诸跳舞唱歌,野蛮人亦能之,且视为一种最高尚之活动,其所谓高尚者,并非关乎生活上必需之品,不过美术与人类天性,有特殊之爱力,非是不足以为悦耳。及文明稍进之人类,知动的美术,仅快一时之观听,不足以传达而垂久,乃审厥象,俾以形求,使观者有感,而来兹可式,制乐叶声,以贻后人,故图画乐章,乃继跳舞唱歌之作而起也。

美术范围颇广,为研究利便计,约之可得数类:

(1)以抽象之意思作分类,则美术可分为动的静的,及动静相互的三项:

(Ⅰ)动的,仅快一时之耳目,其感人也,亦有一定之时限。譬如跳舞、唱歌等,彩色缤纷,音韵绕梁,固足动人审美天性,然时过境迁,虽竭力追忆,亦不易得,往时纵有所觉,亦属模糊。此可称为时间的美术,变化无端,胥以时限为准也。

(Ⅱ)静的,有象可寻,传久致远,不以时限而生变易。譬如图画、雕刻、美术制作及建筑等,占有空间,其感人也以实象,不以动作,可称为空间的美术,其价值之消灭,当以实质之不存在为条件。

(Ⅲ)动静相互的,动静相需而成一种美术者,其例亦多。譬如演剧、配景跳舞,及各种游艺而带有美术之真意味,或特表见其美素者均是。演剧一层,集声色技三种美素而成,缺一不当。跳舞亦藉歌乐与配景之得宜,然后其术始妙,至其他之游艺,多以愉悦人类之耳目情感为旨。夫如是,则舍动静美术之互用,其奚能致?

(2)以观感之意思而分类,则美术可分为主观客观两项:

(Ⅰ)主观。美术之优劣标准,从自我的观察而定。盖赋性不齐,物之情也。对于批评之持论，各守一见，固意中事，且人之情感不一，触于物也，亦各有其所谓美恶者。譬如清风朗月，妙舞酣歌，有觉之为喜，有觉之为悲，所遇者异，则所感者殊也。此为未定价之美术，其值固由主观之评定而生差别。持主观论以作美术标准，有格兰阿宁（Grant Allen），阿里孙（Alison），弥儿（James Mill），诸氏。

（Ⅱ）客观。从一般的观察而生，经多数人之评审，以定其价值，纵或不满意于主观之评议，而其真值，不因之失却，如先贤之书画、雕刻、建筑种种美术品，已占一定之真价，断不因一部分人之议论，而移易其值是也。惟客观价值之养成，与时限地限，甚有关系。譬如古代与近代，东洋与西洋之美术观念，每不相侔，不可不审也。持客观论以作美术标准，以拍拉图（Plato）为最著。

总之凡涉主观者，其胸臆独具城府，自我的批评，不介介于潮流之所趋，及群势之压抑，独往独来，不易乎世是也。而属客观，则当为社会一般人之所公认，不为一人之见，而生轻重者是。对于主客观之问题，有哈尔土门氏（Eduard von Hartmann）倡调和论，谓主客观之说，皆不能指示美之所在，不能不有赖乎第三说之补充；考制造美术，为美术家，而非对观者，是艺术之美，乃艺术家之天能，而对观者，从而享受其快感，故主客观成交互之作用，此说颇能窥见真美之价值也。

（3）从批评之意思，以研究美术，则美素之组成，为相对的，而非绝对的；所谓美恶优劣，均由比较而得，天下无绝对的美恶优劣，不可不知。且古今异时，远近异地，何能将天下古今之美素，逐一比较，而拔其元者；故言美术，即已含一相对之意思于其间；盖美字从相对之意义而出，其中已包有未美与更美之意义也。因之以比较之意义，估定美术之价格，约有三原则：即主体，客体，与比较体是也。譬如有一美术品，苟无他品与之比较，最初不能定其优劣，此可称之为主体；若有别品与之相比较，则相形之下，优劣自分，此可谓之客体；此时主客体相衡，当更有一别体以比较审定之，此可谓之为比较体；然后能定若者在若者之上，若者在若者之下，别为上中下三级，则天下无论若何美术，举不能佚其范围矣。又美术家之艺术，每从其所抱意想，而能分类，大别有三：（一）个体主义（Individualismus），（二）写实主义（Relismus），（三）自然主义（Naturalismus）是也。

从上诸种解剖美术之方法，稍加整理，可得下列之二表：

（1）实体的解剖

$$
美术\begin{cases}
动的……………跳舞、唱歌、鼓乐（属目的）（属耳的）\\
动静相互的…………演剧、游艺等（耳目并用的）\\
静的…………图画、雕刻、建筑、美术制作品（属目的）
\end{cases}
$$

（2）抽象的解剖

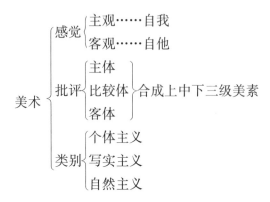

观此两表，大约可略明美术内部之大概；兹进而研究其对于教育上之价值，在未曾估定其价值之前，不可不说明教育最终之目的为何，然后美术在教育上之效能，乃能有所依据。考教育最显明之义旨，即指导或引掖未有知识者，达于一完全人格之境地是也。欲养成一完全人格，在教育方面，固有种种方术，然美术教育，为其中最有效力者之一，兹以拙见所及，条析论之：

（A）美术能养成纯粹之道德

德育之提倡久矣，能践其言以行者，百不晰一，岂所谓倡之者悉虚伪之徒乎？非也，夫道德者，非可以虚言致之；试执途人谆谆然，诲之以道德礼教，则其人将我之从乎？吾恐彼将藐然视之，作秋风过耳耳，又何若导之以耳目之所娱，心意之所适，使其心平气和，而生爱美之情感之为得哉？夫爱美之情感既富，则导之以种种美术途径，以其爱美之心，陶冶于德性之内，则温厚从容之气，养成于无形之中，岂不较善于耳提而命乎？人之习性，从渐摩陶冶而成者，深切而不移，其一旦更易者，非畏乎法令之严密，即贪乎利禄之尊荣，以此为道德之培育，非根本办法，不足为训；惟以美术教育，陶淑民德，固得自然之法，且可持久也，美术教育，其可忽诸？

组成德性之要素，约有三端：曰性，曰情，曰意。性者禀于天而成者也，情者接于物而生者也，意者合性与情而成者也。教育目的，固欲就此三者，导之于至善之域，然舍美术教育，其又奚致哉？谨达其恉于下：

性禀诸天，贤不肖不齐也。贤者况而愈上，施以美感教育，则惟美善之是循，其进程固无可限量；而不肖者，欲其改恶进善，更不能不藉美术教育之助。何者？夫冥顽者，导之以善言，善言不足听也；苦之以刑威，刑威不足畏也。惟导之以美术之途径，则耳濡目染，心意所之，惟美善之是思，积而久之，渐成习惯，则见所谓丑恶者,必不浃于其心,物之不美,犹所不愉,宁肯自居于丑恶之地乎？夫习惯之势力至伟,说者谓为第二天性,诚非过言,既成美善习惯,则前日传染之恶根性,日渐消灭,以至于尽,此岂非美术之效乎？且也,欲将一般恶根性,陶冶革新,以进于美善之域者,必得一人人易,感人深之美素,以替代此恶根性之领域,乃著奇效;然适合此条件者,固不能舍美术教育,以言他也。考人类莫不有爱美之观念,野蛮人之文身歌舞,即其爱美性之表征;至于文明人,则在在均足以表示爱美之热诚;如绘图建筑之日求精美,剧曲歌舞之日求改良,此皆其征验也。至美术所以能在人类性素,占有绝大领域,则亦有二原则在:(一)人类为性理动物,必有种种比较心,由比较心之推察,斯有美与不美之判别;譬如粗衣粝食,固足饱暖,而必华衣美食,壮丽其居,则爱美性之冲动使然也。(二)人类有向上心理,及进化之可能性;人类本其爱美性,日事摹仿,或创造,更辅之以向上心;用是进化无止境,美而益美,善而愈善,天下无绝对至美至善之物以此。从斯二因,故爱美在性素所占之领域为至大,扩而充之,则美育诚足为道德之基矣。

情接于物而生,当心境空灵,无人我相时,则情无自起。天下固不能尽逃情,而逃情亦不能为天下法也,则不如顺其自然之所之,而导之于优美之域。夫情既入诸优美之域,则接于物也,温婉而感人,和易而可悦,纵极凶顽之物,亦可化之。然致兹效者,厥为美术,天下酷嗜美术之人,未有不婉婉多情者:教育家对于情操凶暴之辈,而欲纳之于正,舍美术教育外,诚不易言矣。夫情之运用,因物而殊,属于后天,惟未受美感教育者,无论接触何物,不易引起其优美之情操,所发生者,非斗狠之狂热,即下级之性欲,终未得情之正。曾受美育则不然,凡所接触,最易惹起其审美观念,因之其所发生之情操,变为和婉优美,接物斯有温蔼之态。譬如处风花雪月之辰,四美二难之会,无审美观念者处之,只觉混闹一场而已,并不知所谓美素何在也。而有美术观念者对之,必生无限美感,若者得自然之美,若者含摹仿之美,若者为壮美,若者为优美,从观察后,而留一种印象于灵海间,触于物也,则复现其前日之印象,变为美情,处事接物,自有雍容之度,而无暴戾之习,是则美育之重要可知矣。

意者,性与情结合所生之动机也。人为性理的动物,其生也,必有所志愿,而意者则所以表示此志愿之所存也。当意之未发,即动机未组成之时,必有组成此动机之各种冲动,此冲动之投入,即为造成意想之资料。故冲动之造成,不可不大加审慎。盖立意之善恶,胥视冲动之良否也？予主张美术教育者,即欲时时养成良好冲动,以为立意之美基。盖吾人意念,初未有一定之标的,往往随所冲动而生变化,故古人譬谓意如马而心如猿,以其不易羁勒也。惟能造成种种优美冲动,则耳目之所触,心志之所及,无不足惹起其尚美观念,冲动既良,则立意自善矣。观乎游览美术会,及富有美术性质之场所者,心胸间,必充满爱美热诚,而时生更求优美的观念,此时当无有想及杀掠焚害等凶暴意思,此由于优美的冲动,充满于前,使其胸中发生无限美感,故意想自善也。欲愉悦民性,陶淑民风,使共养成和善之习,优美之德,舍美术教育,其奚所自乎?近日学者,倡美术代宗教说,甚有眼光;盖宗教之道德观为神秘的,而美术养成之道德为自然的,从自然法以养成道德,固至要之图也,用特郑重言之。

(B) 美术能增长精邃之知识

知识之组成,可以二大原则统括之:(一)理想上之知识,(二)实用上之知识。何以言乎理想?吾人意识范围,能出乎寻常日用之外,而以理想之所及,作知识之基础是也。何以言乎实用?吾人意识能力,可以应付一切事物是也。前者属于抽象,旨在求知,后者属于具体,旨在致用,求知者以深切精微为主,致用者以明达显著为主,此知识观之大概说明也。

从美术上所得之知识为何?约可分二部言之:

(一)创造知识。美术最终之目的,为发挥个人性灵,陶淑固有天能,重创化而不重固守。对于天然美素,以能领悟了解为主,从自然之美,移之作人为之美,使美之势力,能日加扩充,以达于至完满地位,以组成至善之人生观,此其旨也。教育家本此旨以引导后学,入于美术创化之概念中,而从此概念,以发阐人生至道,则其鹄的达矣。惟创造知识之成立,必经几种历程:第一,必经理想化而入于考验期,由考验其之成功,而进于第二级,此级即达到理想成为学说是也。从学说中加以归纳演绎诸法,以考察之,及至无所不适,且终不能察见其谬误时,则创化之知识,始以确立。故创化知识,可称为理想知识之成功。

(二)经验知识。凡人有所经历,必留存一种印象,此种印象,必予吾人以批评或比较之资料。惟曾受美育者,对于此种印象,必得较真之判断,且于印象之关注力较切,而留存较久,移之以审判事物,必有所当。不然者,于印象之得失美恶,尚属模糊不清,则其评判之当否,固不可必;因之胸无所主,随意甲乙,天下之美恶,不可明矣。美恶之见不明,推诸立身处世之道,其危险讵可言哉?故美术教育尚焉。此外尚得一种演纳知识,即演绎归纳之知识也。自然之美,推之于人为之美,小型模之作品,推之于大型模之作品,此推理作用也。从万有具象,而纳为空间之美,万有动作,而纳为时间之美,而空间与时间,又约之为原始美素,此归纳作用也。由斯分合的知识,以求宇宙共通的原则,固亦不难,则美育裨助人生之价值,不言可知矣。

综上所述,创造知识,为阐发真理,促进文明之先驱。盖天下至理无穷,人生精力有限,以有限之力,驭无穷之知,不有创化本能,以作启导,则安望学术之有进,至理之能明乎? 故创化知识,如学府之锁钥,而美育者,则制造锁钥之材料也。至于经验知识,为人生日用所必需,可为生活上之宝筏,是谓实用知识。盖无此种知识,则生活之进行,必多阻碍,且不完全。譬如不明对象上之美恶,则失却判别能力,及比较识力;因之观察上,每生蒙混及狐疑,此甚为可虑者。又缺少推理及归纳知识,则无类比及会通的知力,所谓举一隅不以三隅反,或知古而不知今,知旧而不知新,皆其失也。美育之效果,足以药其病,宁不足重哉?

(C) 美术能发育完全之体魄

美术能完满精神上之活动,及意识界之快感,人能言之,而其能补助体魄之发育,或未能详,兹特论之:

(1) 能调摄身体各部之接触,及增加优快之感觉。考美术必具有美的原素,随时可惹起人生的乐观,与生活上以莫大补益;嗜美术者,无论何时何地,其起居动作,皆有美术意思的表现,此着对于其个人生活之关系,甚有利益,即能令其身心俱畅是也。譬如普通的生活,足以生存,而带有美术的生活,如居室之设置花砌,用具之作美饰,及各种美术的结构,处之者,其身心必觉较舒畅于普通生活。观乎欧美列强之道路园圃,及各种建筑,莫不带有美术观念,而其国民,多属活泼康健之辈,虽缘体育之研求有素,而未始非是有以致之也。

(2) 美术研求能养成生活上清洁及整理之习惯。所谓美素,必根于种种美德而成立,如清洁、整理、雍容、活泼,为必要之条件,而此诸条件,与卫生上有密切之关系。譬如爱好天然美之学者,与卫生要件,多相暗合。盖好天然美,则必整日流连于妍花绿水之间,秋月春风之下,得天然之调摄,以清澄其体中浊气,吸收鲜气,固卫生之要法也。至于能清洁整理诸种,匪特于外观增美,生理强弱,亦相与焉。

按生理学家言,精神与体魄之感应,有莫大之关切。譬如精神感触若何之不快,致其五官四肢,亦生同量之痛苦。盖百体局部之神经,均统于神经中枢,凡有所感受,必直达中枢,由中枢发令对付外来之戟刺,是为反射运动。故从生理上及科学上观察,知美育对于人身有莫大之裨益。盖直接予人精神上以休美之感,及养成良善习惯,间接即裨助生理之发育不鲜也。

予述美育与人类之关系既竟,甚欲得一至当之论,以为结束,惟洋洋千百言,诚不易以一二言赅其大旨。几经思考,则有一言曰,美育者所以促进文明之利器也。夫天下学术无量,促进文明,必取乎美育者何哉? 盖万有自然界,莫不具有美素,有美素,斯有审美观念,因审美观念,斯有爱美之特性,因爱美故有万有界之进化,以达于今日之文明,然今日文明固未有止境也。从大范围以论美育,则思想学术种种组织,推至万有界之改良进化,均被其影响,以克厥功;从小范围以论美育,则一切艺术之文明发达,及各种美的组织之精进,固其力也。且考之世界文明各国,无不注重美育,而美育之发达与否?几可视其国之文野以为衡。古代如希腊罗马之文明,亦多从美术方面表彰之,其雕刻、建筑、塑像、绘图,固为希腊罗马文明之纪念物,亦即美术发达之遗留品也。近代文明国,必推法意英美诸国,而彼国之所以称号文明者,亦岂不以各种制度组织,悉含有美术之真价值耶?

推之美术在世界将来之位置,实为至要。盖世界文明,为无限的进化,一切宗教道德,均失却其束缚人类之力,思想竞进,知力日增,欲求一救济之法,使思想不至陷于横溢,厥为美育。盖美育能引人趋向高尚之途,极其知力之所之,亦不外增进人生之乐观,断不至为人道之蟊贼也。且知力至于极高之际,道德无一定格律,可以缚束之,冀有一线之藩篱者,端在美育耳,教育家,固可忽乎哉?

十二,十,十日于诚社。

"美育"是这样吗?   张雅焜[①]

年假中遇着旧友 K 君,和他闲谈了两个多钟头。不知怎地忽然谈到美育问题,先是他说:"现在有些学校里提倡美育,这虽是一件极时髦的事,然而往往使青年们奢侈过甚!"他说到这里,真使我暗暗地吃了一惊。然而,我又不愿打断他的话头,于是他便仍然滔滔地说下去:

你知道?我们城里那出名的 H 中学,近来最提倡美育。听说去年他们开学的那天,校长训话道:"本学期本校因欲适应新潮流起见,觉得不可不注意美育……美学可以提高我们的道德,陶冶我们的性情。……"学生们听了,都十分赞成,于是从那天起,大家都重视美育了。上次我得便到他们校里去找一位朋友,因而看见了他们半年来提倡美育成绩。——最触眼的是他们每间自修室的墙壁上都挂着红红绿绿的美女月份牌。他们以为这些美女画,就是一切艺术品中最有价值的一种。我又看见他们有些书桌上,架着一二张裸体女照片。据他们说:"裸体照片,是最足以表现出人体美的东西。——这是根据美学的话,普通人不易了解。……"哈!我虽然不懂得什

---

① 《时事新报》,1924 年 3 月 8 日第 7 版。

么美学,然而这种裸体照片,美女月份牌,总觉得有些不甚雅观罢?最好笑的是,他们的书架,并不是放书用的,而是放玻璃瓶的,——每层木板上都有十几个玻璃瓶。但这些却不是什么墨水瓶,浆糊瓶,也不是理化实习用的药水瓶。细细看了,才知道是些香水瓶,牙粉瓶,雪花膏瓶,生发油瓶。……不是我说句俏皮话,这许多玻璃瓶放在一处,远远看来,简直像一片剪发店了。他们对于美容术非常讲究,好像是不讲究美容的人,就不配谈美育了。他们因为讲究美容的缘故,就不得不讲究服饰,所以他们着的衣裳,总是很时髦的。尤其出色的,就是他们的鞋子。当我到他们校里去的那一天,天气并不十分冷,而他们多着起绒绳的鞋子来了。其实,着绒绳的鞋子,也不为稀奇,不过他们之中,竟有着了鲜红色和鲜绿色的鞋子的。我恐怕在女学校中,也觉得太触眼,何况他们是男子呢?如此的"美"简直是"妓女"化罢了。……这样,实在是提倡美育的太过火了!

我是素来醉心于美术的,也是赞成人提倡美育的。然而我听了K君的一番话,真使我受了无限感触。我真料不到青年们竟有这样误解"美育"的人。像他们那般做法,那里是提倡美育的过火呢?简直还没有明白什么是"美育"。我记得《新青年》杂志里曾说过:"教学者如扶醉人,扶得东来西又倒。你要提倡一件事,青年们常会误解别的一件事。……"诚然,青年们多为醉人。然而我只恐怕教学者,也往往是盲目的鼓吹者呀。那么"盲人"扶了"醉人",又怎能不闹出笑话来呢?

一九二四·二·二十三

注重美育的一个浅近的理由　俞子夷[①]

这又是一件旧历新年里的感想。旧历的大除夕,无论什么人家都要预备些新的衣服预备元旦日穿的。成人要这样的预备,小孩子也要这样的预备。这是一个相沿已久的大节日,穿些新衣服,当然也没有什么大不好的事。我们同住的人家,有个年轻的母亲,也循例在大除夕预备给他一年又七个月的小孩子穿的新衣服。他似乎很得意的。因为他有好多件的绸衣服。大家一时兴致很好,所以争看他家小孩子的新衣服。形式是成人穿的袍褂,颜色是红红绿绿的。大家叫那小孩子穿起来,实在像个缩小的老头子。然而那母亲和旁人都赞美得很呢!我一时感想,觉得这又是一个教育上的大问题。

[①]《教育与人生》第 23 期,1924 年 3 月 24 日,第 254 页。

我们美的标准究竟是什么？还是要式样调和,色彩调和？还是只要质料的价值昂贵？平常市上出卖的衣料,价值昂贵的,不一定花样和颜色是合于美的原理的。就是价值便宜的布,只要花样和色彩调和,也未尝不美。我们选择衣料,一方面要注意质料的耐久,又要注意卫生;一方面当然也要顾到花样和色彩的悦目。现在市上出卖的衣料,质料是不讲究的。就是花样和颜色,也不过是商人们随意地乱翻新;色彩不但不能悦目,有时看了要照耀得眼花;花样不但不能悦目,有时竟好像全体要倾倒了的样子。我们看了,往往觉得不调和,不平均,常有一种杂乱和危险的感想。衣服的样子,男子的稍微好些,女子的竟成功像个怪物。长此下去,我们国民的美感,不是要堕落到不堪收拾的地步了吗？

要救济这堕落的危险,我们教育家当然要负许多的责任。社会上的流行,已到如此地步,那年轻母亲给小孩子置备的衣服,也是当然的结果。若小孩子从小就受着母亲这种的暗示,将来更受社会上流行的感化,不是下一代人的美感,还是不会向上的吗？

我们想这问题是学校全系统里的问题,无论小学或中等学校,都该注意。求成绩精美的图画科,赶快改成美术科罢！图画除初学年注重发表思想以外,高学年的精美成绩,是要靠天才的。我们一生不会图画,于生活上不生什么大影响的。我们若不会拣选美的衣料用具,装饰品,却常在丑劣的环境里生活,精神上得不到一种安慰的呢！太重制作的手工科,赶快改成工艺科罢！工艺和美术,连合了,可以养成学生对于美的正确观念,选择自己衣料,用具,装饰品的正确能力。为目下救急计,中等女学校,尤其紧要。

我这一段感想,太迂腐吗？请读者指教！

从体育上观察美育　王庚[①]

在未讲本题之前,我先要说趣味和生活的重要,我就赞成梁启超氏所谓兴味的教育了。他在《美术与生活》一文里,有几句话说得很有道理,现在把他摘录一段如下:

"问人类生活于什么？我便一点不迟疑的答道:'生活于趣味。'这句话虽然不敢说把生活全内容包举无遗,最少也算把生活根芽道出。人若活得无趣,恐怕不活着也好些,而且勉强活也活不下去。"我观我国社会里的人,终日没趣味的

---

① 《体育月报》第 1 期,1924 年 4 月,第 3—4 页,原文为句读。

人,实在不少。试问一个人没有兴味,他的精神和身体,还可以好么?但是趣味从什么地方发生呢?我说先要有美的环境,就是自己的精神和身体,先要达到最健康的地步。一个人当精神不好的时候,或有病的时候,则目睹万事万物,都呈一种悲观的样子,就是因为没兴味的缘故。所以人们苟要得到一种天然之美,不得不注重体育。

美的范围是很大的,有所谓自然之美,有所谓艺术之美,有所谓人类之美。我单就人类美来说。人的身体,怎样才可以算美?决不是那嫡嫡亭亭、文文雅雅、面色苍白的人,一定要生气勃勃、魁梧奇伟的人,才算是真美。因为这种美的结果,能使人的精神向上。所以理想中的美人,决不是坊间流行的月份牌上所能寻得到,一定要到体育家的照片和体育史当中去找。我们读过西洋史的人,都知道希腊古代,是极讲求美育的,也极注重体育。运动跳舞,乃和音乐修辞伦理各项并重。注重美育,就是注重体育。当时的图画雕刻多为裸体,康强匀称,方才算美。这美的标准,可说是合于体育之主旨了。

作于东大体育专科

家庭宜注重美育 良[1]

家庭教育,为儿童立身之基础,将来事业之发展,人格之高下,全视家庭教育之优劣而决定。顾世之从事家庭教育者,莫不注重德、智、体三育。予意德、智、体三育,固宜注重,然三育之外,尤宜注重美育。盖美育者,美感的教育也。儿童天性,富于美的感情,故闻音乐而歌舞,见图画而色喜。倘能因势而利导之,投其所好,循循善诱,必能使儿童意志纯洁,人格高尚。将来年届成人,则为一美化之国民矣。由美化之国民造成美化的家庭,聚多数美化的家庭,而成美化的社会,裨益国家,何可限量?但我国旧式家庭,缺乏着美的观念,是故所育子女,大都品性顽劣,思想愚钝。欲望造就美化的国民,岂不难哉!苟欲挽救,非将旧式家庭根本改良不可。爰将改良之要点,书列如下。

(一)家庭陈设宜改良

旧式家庭,对于清洁卫生,每不注意,而厅堂书室,辄古玩椅桌,陈设典丽,年湮代远之书画,满张四壁,令人见之,瞠目不辨。实则于家庭教育上,毫无裨益,

---

[1]《申报》,1924 年 6 月 16 日第 20 版,原文为句读。又载《新秦日报》,1924 年 7 月 1 日第 5 版。

急宜撤除，而代以中外名人肖像，并附以简明之小传，使儿童观之，可作模范。书室中宜多贴名人格言，及精美之通俗教育画，以激起儿童的审美观念，是亦助其品学而为德育、智育之一助也。

（二）家庭习惯宜改良

富宦人家，恒养尊处优，居家绸服翩翩，出外装饰时髦，且终日无事，惟以烟赌消遣。儿童耳濡目染，仿效成习，贻害青年，殊非浅鲜。故为父母者，宜力加改良，代以有益之娱乐，如音乐、跳舞、读报、演剧等，以陶冶其性情，愉快其身心，使发生正当之美感，而屏弃一切不良之恶习。久而久之，自成美化之国民矣。

农村教育与美育　张质[①]

我觉得在现在，这个题目，很有讨论的价值；并且在具体方面去切实讨论，尤为重要。但是我，研究农村教育的时间尚少，实际上还没有经验；又限于篇幅，暂时只写些感想罢了。有人以为农村教育上的美术设备，大概倾向于"因陋就简"了；其实不是。所以我这篇文字，也想表白我们研究农村教育者，对于美育的态度是怎样，不当之处，尚希宏哲教之是幸！

作者附志

人群中间，有"久则生厌"的现象，所以"天下合久必分，分久必合"。城居思乡，乡居思城，互相调剂，连绵绵地成此世界。——这是必然之势。现在有一般厌倦城市繁华的人们，呐喊着："往乡间去！往乡间去！"其实乡间人，也何尝不厌倦乡村的苦寂，想叫出"往城里去！往城里去！"的说话呢？不过在城市的人们，容易得到传播意识的工具——文字——能把所要发表的思想，宣传出去；在乡村的人们呢，只能真正呐喊了，稍微距远一些，连声音也听不到，并且不能用他的言语，将意见完全表白出来。——因此，农村教育，去补救他们的缺点，使他们与城市中人，成平均的对流状态，使此世界，绵延下去，永保快乐安宁的人生。——这便是农村教育对于人生问题的一个主旨。至于说："能使教育普及，能使农民得着常识，能使农业臻臻日上。"那都是局部的，枝节的，旁通的，藉口的话。

---

① 《时事新报·艺术》第 58 期，1924 年 6 月 29 日第 3 版。又载《盛京时报》，1932 年 3 月 25 日第 7 版，题为《农村与美育》。

把农村教育,在纯正人生上着想,同时便离不开美育,因为美育,更是满足人生问题的一个使者。所以农村教育,更离不开美育。

现在从实际上看去,怎样便是带有美育色彩的农村教育呢?

详尽的答覆这个问题,分设备,训练,教授三项来说,不是一时可以讨论到确当的结果了;且举一隅的谈谈罢!

譬如很微细一块校名牌子,要贯串了美育的精神,便不能不灌注些美术的思想。同是一方木板,加些美术精神进去,与那随意由木匠漆匠做成了,影响的结果,却大不相同。又如教室四周的空壁,任它去空着,是多么难看? 若在每学期开学照例粉饰墙壁的时候,约略注意一下,用种适应环境的色彩——春季起,用暗绿色;秋季起,用深赭色——再配置几张绘画,衬以适当的灰色卡纸,用画钉钉着,时常的更换更换。这样的结果,与那偷懒式的生青苔洒墨汁的败壁破墙,又是大不相同了。再如校园的布置,最易落于荒芜,若用美术的方式,去引诱一般学生,使美术精神,到实际上去表白,保持着永久精致的校园,那于恢复疲劳的时候,定能得益不少。

其余如各科应用的物件,画本,以及制服,校旗,校徽,运动器械,台凳椅桌等,都可以加入一些美的量进去,使学生在无形中,感到生活的愉快,时常的变易变易,消除那"久则生厌"的骚动,是多么好呢?

在设备上的种种美育问题,一般人都以为必须以经济为根据;要达到完备的目的,非充裕经费不可。否则,只能"因陋就简"。倘使抱定这种态度,那非但办农村教育是根本错误;办无论什么教育,都是不行的。美术的发展,完全在精神,就要能够在花钱不多,费钱不广上用功夫,才算得真正的教育家。那些冒充贵族式使用金钱的办教育者,实在没有本领啊! 精神不会放出来做事,把些有用的钱,消费在没用的地方,偏说经济竭蹶,教育难办。我替他们想想,都是支配不得法,精神不能用的缘故。由现在的教育经费看来,的确缺少极了,但是能分派得法,还可得着很好的结果。一般办教育的人啊! 把你们的精神,到美育上多想想罢! 可以好的啊!

以上是在设备方面着想的,关于农村教育的教授方面与训练方面,都宜带着美育的意味。

譬如在农校左近的自然景物,应该怎样去欣赏? 怎样借着自然景物,表白我们的美术思想? 怎样的态度和行为,是合于美育的……这些问题,都是农村教育上最切紧要了解的。

总之一句话:农村教育注重美育,是农村教育上应有的职分,并不是美育可以满足农村教育,也不是农育教育可以发展美育,同是一个"谋人生活完全"的方则罢了!

十三年五月于吴江农师

教育美化　*孟谦之*[①]

(一) 题前话

第一句话我要声明的,教育美化,此文不是指的办美国式教育。——中国教育美国化,这个问题很大,我不敢又不能去参加讨论。美国式教育,是否适宜于中国,只好请一般教育家去研究,我不愿妄置一辞。

教育美化的个"美"字,不是美国的"美",是美丽的"美";此处我愿附笔告阅者一声。

(二) 教育美化之意义

教育美化的意义,就是以美做教育的目的。教育目的,固不止亦不应只美一项,然而我觉着,无论如何,美的条件,是不可缺少的! 换句话说,教育目的,采取唯美主义,我是不主张的;然而美摈绝美,这避美,也是我所反对的。我的意思是:取美做教育目的之一。

教育美化,包括两个意思:

(甲)外观——又可称为外表——的美。

(乙)内体的美。

(甲)是属于物质的。(乙)是属于精神的。本来物质可以影响精神,精神可以影响物质,此二者似不应分;然而其相异之点很多,故不能不强为分别。

(三) 美的标准

美是没有一定标准的;因为美和丑,完全是主观的见解。我国有句俗语说:"情人眼里出西施。"这句话很可说明美是完全主观的意思。再者美和不美之判别,和人之理智程度和环境习惯……等等,都有密切关系的。譬如着绿穿红,在智识低浅的乡村妇女,都很以为美;然而在理智稍高者看起来,就以为奇丑无比

[①]《时事新报·学灯》,1924年8月19日第1版。又载《盛京时报》,1924年10月25日、26日、28日第7版。

了。这是什么原因？实在是各人主观不同。其他类此的事，真不胜枚举。

美既没有一定的标准，现在反谈美的标准，岂不是自打嘴巴吗？其实不然！我觉着"美"在普遍人群中，虽没有一定的标准；然而在个人上，仍是有一定标准的。不然，怎样判别美否呢？

"美"，非独在个人上是有一定标准的——短时期内——并且我觉着，在同时期，同习惯，同环境，理智相同——或可说相近——的人群中，也是有标准的；不过其中略有点差别，大同小异，绝对不能十分统一吧了。

什么是美的标准？依我的主观的见地，可以有下边之答案：

（甲）物质方面，美的标准是文雅。

（乙）精神方面，美的标准是优美愉快。

（四）教育美化之价值

谈到教育美化的价值，我愿先说教育非美化之弊端。

我国教育自废科举而兴学校后，一班办教育者，慨于科学之幼稚，争相提倡知识教育。而其结果，物质文明，虽稍有进步，而人心道德，反一落千丈。举国上下，争权夺利之魁，卖国求荣之首，行为恶劣之辈，廉耻丧尽之徒，何一非受知识教育者？何一非新式学校出身？——大多数。

一班有识之士，有鉴于此；深悟智识教育之不可专靠，于是有人格教育之提倡，诚然是最急之务了。

然而人格教育是什么？舍爱美而外，恐无他意矣——和平，高尚，纯洁；均发自爱美——所以教育美化，是很为重要的。

再者近今各校中学生，有些人性质非常粗暴，野蛮，灰心，丧志，终日精神靡弱不振，渐趋堕落，不求上进。行为方面，既赌而且嫖，旅馆茶社，视为良友好朋；妓院赌场，当作长伴久侣。身体方面呢，也因不愉快而减去健康，其者且与疾病长结不解之缘！其于学业也，也不能努力用心研求了。是以德，智，体，三育，结果后是没有一育有好的成绩的！这是什么原因？虽有时因为别的关系，然而教育缺乏美化，以致物质精神各方面，均受很大之坏影响，的确是最大最普遍的因素！

所以教育不美化，对于智体德三育，都很有妨碍的。即使不妨碍智育，然而智识增高，体育不强，仍是不能作事；智识增高，德育不善，反足以助其作恶，也是很危险的。

教育非美化之弊端，既如上述；反过来说，教育美化之利益——价值——也

就在彼了。我以为教育美化之利益,对于德——包含群育——智体三育者各有不同;可分述之如下:

(甲)对于德育的。此项可分二条:(A)积极的——助长为善。(B)消极的——防止作恶。此二条一正一逆,相反相成。至于其中助长及防止之细目,现在也不去说了。

(乙)对于智识的。身心愉快而统一,努力细心研求学问。

(丙)对于体育的。精神愉快,灭绝有害之嗜好,自可健康而完全发育。

(五)教育美化之方法

教育美化之方法,可分两层谈:

(甲)根本的。根本的方法,可分为两条。(A)主张的。主张之中,又可分为两项:(1)自然的;(2)俭朴的。(B)反对的。反对之中,亦可分为两项:(1)奢侈的;(2)人工的。

(乙)调和的。调和的方法,又可称为实用的方法。它的发生,是因为根本方法中,自然虽为绝对的美,虽而有时不能全靠它;人工虽为雕琢的美——按美学原理,不能谓之美——无多价值,然而现尚不能和他隔绝。故有调和方法的主张。至于它的内容,也可分为两条。(A)主张的。主张之中,可分为三项:(1)自然;(2)人工;(3)俭朴。人工一项,可分许多事来说,如设备,布置,校舍,用具,衣服,座位……等等。总之以上诸事,虽系人工,但须合于经济之原则——实用且俭朴(比较上)——及不违背美的原理,我方主张。(B)反对的。反对之事项,就是主张事项之反面。可分二端:(1)不美的;(2)不经济的。

(六)题后话

教育美化的文字,现在做完了;对于阅者,我再讲几句话:

文字中不正确不充足之理论,希望改正或补充。

成文仓猝,方法与价值两方面的话,说的很简略而又不甚妥当——或不妥当——希望阅者加以讨论。

我不是对于斯事——教育美化——有研究的人,谬误之点,本文中在所难免;不过认斯事为在教育上有价值,故冒然提出;希望他人注意也无非是抛砖引玉的意思。倘盲从我的话而不加精细之研究,我认他为罪我者,非举我者。

二三,十一,二三。

教育和审美　许卓人讲，英九记①

　　人生的乐趣，都是从审美生出来的。没有审美的观念，就不能有乐趣。审美的观念，越高尚，乐趣也越浓厚。审美的观念，人人都有，有一分的知识，就有一分审美的观念，所以知识的大小，和审美的程度，很有关系的。譬如三两岁的小儿，知识很低，不知道旁的事务，只知道玩具可爱，拿到手里，就心满意足，不肯放手。大人的玩物以上，平常人觉着华丽的衣服好看，就好穿它，道德高尚学问深满的人，就不爱它，因为他的知识，比平常人高大，仅仅华丽的衣服，不足当他的审美的东西。反言之，道德和学问，平常人看着不如华丽的衣服，两三岁的小儿，看着华丽的衣服，不如他那可爱的玩具。此中道理，就是因为知识的高下差的太远的缘故。

　　知识是从那里来的呢？平常的知识，是社会经验来的，良好完备的知识，是从教育来的。从教育得到良好完备知识，然后有高尚的审美观念，然后能享人生的真实乐趣。爱小儿的玩具，不尊审美，不是真实乐趣；爱华丽的衣服，也不算审美，也不是真实乐趣。审美是什么？天地间自然的美，人工制造上的美，文字图画及一切文学上的美，能把他审的出来就是审美。从这许多的美生出来的乐趣，就是真实的乐趣。要没有良好完备的教育，这些美，是审不出来的，这种乐趣，是得不到的。我们瞧野蛮人，他们虽然接着明媚的风光，闻着馥郁的香气，听着清丽的好音，看着灿烂的美花，但是不能发生很大的快乐，就是因为没有知识的缘故。快乐的门扉，非有审美完全的精神，不能拍开的。无知识的人，是到底不能同津的经验。以前有一位西洋人，曾往太平洋的诸岛，巡视在某岛上岸，就招集了许多野蛮的领袖，给他们讲说轮船铁路的好处，和各地很美的风景，野蛮人不能够了解这样的谈话，不到十分钟，就都睡了。所以像这等无知识无审美观念的蛮族，在他们面前的大地天空，一切华美的景象，是全无用的。至于文学上的审美，是更谈不到的了。若是我们有审美观念的人，接触着那茫茫的波涛，苍苍的竣岭，广大的平野，明净的清水，朝日四射的晓色，夕阳入山的晚景，和鸟歌花开鱼跃鸢飞等等的景象，都能唤起我们审美的观念，发生许多的兴趣。文学上的审美，那兴趣更高尚了。一样的自然美景，有能享受的有不能享受的，就是因为有知识和没知识的分别。若是一样文学上的优美，有享受的不能享受的，就是因为

①《晨报副刊》，1924 年 12 月 19 日第 1 版。

受教育不受教育的分别。

这种审美观念，人人不能尽同，有以甲物为美的，有以乙物为美的，但是无论那种美，对于审美观念都可以发生兴趣。吾们必须想法保持它，增高它。请看许多厌世派的人，不一定没有知识，但他的情绪是悲观的，看着什么东西没有可乐的，没有不可悲的，那末人生的兴趣，还有一点吗？所以往往厌世之极，至于自杀，你想多末可怜可笑？所以希望大家要养成审美的观念，而且要养成高尚的审美观念，才能享受人生高尚的乐趣。至于养成的方法，非良好完美的教育不为功的。

近代各派艺术教育说之批判 沈建平[①]

艺术教育，在欧洲虽已有了数十年的研究；但因为研究者的见解纷歧，议论各异，终究不能一致。在此研究发展期中，各据局部的理想，各本一己的见解，此种现象当然不免；然综合诸家说素看起来，要亦不外各人所认识的艺术教育的性质的不同，而各用相当的手段以实现艺术教育的目的罢了。兹就诸家对于艺术教育的解释，分为以下五种说素：

（一）美的享乐说

（二）美的创作说

（三）美的享乐与美的创作融合说

（四）以艺术视教育作用说

（五）伦理意义的美育说

"美的享乐说"论者，以为艺术之发展与否，须视美的享乐力（了解力）发展与否而定。享乐力发展，则艺术教育自可收美满的效果；不然，就无艺术教育之可言。因为人类高尚感情之道，须借着美的享乐力，才能认识，才能发现；所以他们认定现在人类生活之所以枯燥、沉闷、烦恼，全由于人们没有享乐艺术品的能力所致。因此，他们要把艺术认为人们共有的财产；无论是谁，都有享乐艺术的可能性。人们既都能从事于艺术的欣赏，则生活自然可以得到愉快和兴趣。兰格（Lange）是这派的代表者。他在他所著的《德国少年的艺术教育》一书中说："我们的目的，不在养成专门家，而以不害教育的别种目的为限。启发培养多数人的萌芽的美术心，养成有美的受纳力的公众。我们并不想把美的理想来代替从来的道德理想及宗教理想，不过要使人们对于艺术能得到愉快而已。"灵德（Linde）

---

① 《教育杂志》第 17 卷第 4 号，1925 年 4 月 20 日，第 1—6 页。

也是持这种见解者。他说:"艺术教育是要使被教育者日得亲近一切艺术品,对于感受艺术家表示的必要基础能力,须得十分努力。"照上面两家说素看来,可以知道他们认定艺术教育为改造人们生活的一种工具,所以必须使全人类都能享乐(欣赏)艺术品,而后可以调和枯燥的生活,得到美满的人生。但是怎样才可以使全人类都享乐艺术品呢? 因此,兰格(Lange)又说:"在能真正鉴赏美的作品,认得艺术上天才的国民间,才能见到艺术的发展。我国民间目下最要紧的急务,乃在于引起艺术的必要心;所以最适当的方法,便是养成素人艺术家(即批评家)。何以呢? 因为素人艺术家处于艺术家与一般公众间的媒介的地位。"列喜脱华克(Lichtwark)也是抱这种主张者。他说:"深切地注意自己的修养,忠实地勤于自己的职务,使高尚其目的的素人艺术主义实现,这实在是个人或一般国民将得到幸福的源泉。增进享乐力,便是增进人类的幸福。而此素人艺术主义,因其努力于美的享乐力的发展,结果便能养成容纳艺术、了解艺术的公众,也能养成依正则的判断、奖励国民制作的艺术批评家,更能养成立于艺术家与一般公众之间,使群众普及美的趣味的艺术教育家。"综观以上两家的说素,先养成素人艺术家使他介绍艺术品于全人类,使全人类都能得到美的享乐,这的确可以使艺术教育收到好的效果;即于人们的生活上,确也有一部分生枯起朽的能力。不过于艺术教育全部的目的尚未能达到,因为艺术教育的目的是要实现最高尚、最完全的人生,而最高尚、最完全的人生决不仅仅有美的享乐生活就能认为满足的。所以美的享乐说只能认为艺术教育一部分的事实,而不能认为艺术教育之目的。

"美的创作说"论者以为:艺术教育的价值在于养成被教育者有创造的能力;徒然注重美的享乐主义的教育,易陷于偏狭、惰弱的艺术主义的危险;因为美的享乐主义为被动的态度的缘故。所以特赖斯特纳(Dresdner)极力反对的说:"注重美的享乐的教育,不过是助长病的审美的气质罢了。"于此,可以知道他认定美的享乐主义不仅无裨于人生,而且有害于人生了。特赖斯特纳氏又把创作说详细申述说:"所以要把艺术用之于教育,是因为要养成富有制作的意志及创作力的国民。并且不妨说:教育的方法不得不是艺术的。换一句话讲,就是不把生硬材料一般的智识提供于被教育者之前,而须活泼而给以形似艺术品一般的。"照这种说素,就是:借着创作主义的教育,使被教育者能够自由发动;根据了独立构成力及创作冲动的发动,而支配各种材料。所以他们认定艺术性——创作性——为天赋予人们的本能,必不可忽视,无论对于任何事物,都要本着天赋的本能自己去活动,努力去从事创作,才有价值。如睡眠状态的创作性,是完全要借着艺术性的兴奋,才能产生人生最大的价值。这种创作性,只要把人们的天赋的创作性惹起增强,就可以做得到。依这样说来,于人生上,确有很大的价值。因为创造是自由的而且独立的发动力所养成,所以能够感到自己的胜利;既可以感到自己的胜利,就有喜悦的情绪,更可以促进进取勇为的气质,并可以表示人格活动的机会。不过就艺术教育的意义言,因为先没有经过美的享乐力的修养,很难于引起创作的兴趣;而想达到完全的人生,也是不可能的。因此,只有将美的享乐说和美的创作说溶化一炉,而后可以得到美满的结果。

"美的享乐与美的创作融合说",此说为补救前两说偏重之弊,而充分地阐发艺术教育的意义。此说认定艺术教育之目的为养成"发达对于美的鉴赏及美的创作的能力"。更以为"美的创作的心理活动与美的鉴赏的心理活动,根本动机是同一的"。所以他们说:"享乐云者,非专以养成感官能力为满足,应探索及于艺术家的精神人格。当在鉴赏艺术品的时候,要自己的内心上和制作者有同样的活动,才能感到愉快。既对于艺术品能够感到活泼的趣味,就已含有能动的要素潜在了。"于此可以知道他们对于享乐说的解释不仅仅是被动的,而且含有能动的要素潜在了。所以享乐与创作,根本上是有连带关系的,不过时间上有先后的不同罢了。代表这派学说的希尔恩(Hirn),他说:"我们从美的作品中所感受到的美的快乐,虽然极像是被动的;然无意之间,常含有美的创造的要素。"这种融合的主张,确实要比单独享乐说和单独创作说为圆满,确实也能救济单独享乐说和单独创作说偏持的弊病。但是美的享乐与美的创作融合说的各种说素,也有未能完全了解的地方;如上说"艺术教育的目的为养成发达对于鉴赏美与创作美的能力",这点当然可以成立;但是接续又说"美的创作心理活动与美的鉴赏的心理活动,根本动机是同一的",这点我就不敢表示满意。因为人非生而知之者,无论对于任何事物,决没有不经过学习,得到经验,而即能创造的。譬如山居的农夫,你要他创作一幅农村的风景画,但是他不知道画是怎样构成的,色彩是怎样配合的,虽然他每日与自然界相接触,而"自然界"是"自然界","他"是"他",两下好像不相认识一样,要他创作画,哪里是可能的事?所以必须先经过学习,或者与画幅接触的机会多,得到了经验,又因为看见自然界的美丽。引起他作画的兴趣,那末,他为满足一时的高兴,又凭着平日所得的经验,虽然乱笔涂鸦,也会画起来了。还有一说,譬如我们去看戏目的当然是藉着看戏享乐,决不是因看戏而想去创作戏剧的。照这样说来,创作与欣赏的根本动机不见得是同一的。并且享乐是由外而内的,创作是由内而外的;没有外部的感觉,刺激内部的活动,决不能把内部的印象表现到外部。因此,更足证明享乐与创作的根本动机不是同一的。依此,可以知道创作是建设于享乐的上面;也可以说,艺术教育的根本是建筑在美的享乐上；因为先要有美的享乐的养成，才能引起美的创作的兴趣，这是必然的道理。所以想要谋艺术教育之发展，必先使美的享乐力发展，而后可以收到美满的效果。就艺术教育的本质言，要不外上面的几种说素；至于艺术教育影响于其他方面的效力如何，又可分为"以艺术视教育作用说"及"伦理意义的美育说"两派。

"以艺术视教育作用说"论者以为：美的享乐和美的创作还不能完成艺术教育，一定把艺术的精神应用到学校教育上去，使学校的全部教育与教授及一切发表活动的事实都要具备艺术的形式，使教育者及被教育者的全部的作业，其本质完全变为艺术化的，而后才能完成艺术教育之目的。伟勒（Weler）说："艺术与教育，不仅仅有非常密接的关系，简直可以说是全然同一的；他的精神作用，更非教育所能及。所以教育，应该依据了艺术的理论和实际而实施。"又说："教师一定是要成熟的人，并且要有丰富伦理的内容和构造力的艺术家。美学的教育，应当做鼓舞的改良原则，而占居支配学校全部的地位。"依此，可以知道这一派的说素是把美的享乐与美的创作做手段，应用到教育上去，而使教育形成为艺术化为目的。这种见解也可说是以艺术教育的精神去改造学校的全部，而完成艺术教育的实现。伟勒这种议论，是根据教育上的两大思潮而来的，不过范围比较宽广一点罢了。所谓教育上的两大思潮是什么呢？就是（一）把人类本质的自由发展做主，而以教育的方法增进创造的能力。（二）把人类从属于别种东西的要求，而以艺术的眼光给以活动的材料。把这两大思潮合并起来说，就是把人类一切的事实都建筑在"自己活动"的上面，不过以艺术教育的精神因势利导而达于完全的人生罢了。所以伟勒认定儿童的自己活动，就是创作的征象，拿它来当作教育原理为适当。因为要达到这种目的，实现他的主张，所以反对从来的教授法，而提倡美学的教授法。所谓美学的教授法，就是依了艺术的规范，指导教授的实际活动，使教育上呆板的思想一变为艺术的活动思想而已。这种主张，于机械式的主知主义的教育上，确有回天之力。就教育一方面说来，是有很大的价值的，因为能够把教育的全部用艺术的眼光去处置，当然可以得到极美满的效果；但是就艺术教育的真正目的言，似乎还没有达到，因为艺术教育是造就最高尚最完全的人生为目的的。

"伦理意义的美育说"论者以为：艺术教育应该多多注目于"美的道德的修养"。所谓美的道德的修养就是艺术的生活情绪（享乐）及生活构成（创造）的修养。但所谓美的道德究竟是什么呢？依福尔克尔特（Volkelt）的说明，可分为以下三种：（一）审美人生相上，可以发现道德的态度；审美的人生相，便是道德态度的本质。(二)道德的事实、审美的事实、艺术的事实和纯美的事实的神秘统一性,是相一致的。(三)道德的态度是审美态度的一种。依上面三种见解说来:可以知道道德的事实即为审美事实的方法。根本的说,就是"美"与"善"是统一的。希雷尔(Schiller)是代表第一说者。他在他所著的冥想诗《艺术家》及《书翰文体美育论》的结论中,颂扬艺术的生活是道德的事实的圆极。他更把美的道德当做人类活动最高级看。第二说是"美和善的统一"。这思想起源于希腊时代的柏拉图,后经罗斯钦、穆利斯、古拉纳斯等的觉醒、鼓吹,使美善一贯的精神更加明了。第三说的代表者,为海尔巴脱(Hirbert)。他把教育学的系统建筑在最根本的审美的伦理学上,而形成他的教育学说的微妙。看他所著教育学的叙述《教育学概论》及论文《教育的主要事业是世界之美的描写》中,就可以知道他发表他的伦理学的审美精神,达于极致。综观以上,可以了解这一派的学说,是对于单独艺术的"美"与单独道德的"善"下针砭。他以为应该把艺术的"美"与道德的"善"合并起来完成艺术教育,才有价值。换一句话说,就是要把艺术的精神去形成道德的事实。这种说素,在旧道德的社会中,确是一剂很好的起死回生的良药;但是对于艺术教育的真正目的——最高尚的人生,尚未能完全达到。

上面诸家对于艺术教育的意义的解释,因为各派所定的目标不同,所以各派所持的论调亦有各异。根究各家说素的内容看起来,有的以艺术教育的本质——美的享乐与美的创作为改造人生的工具,使人类都能达到感情的生活、创作的能力的最高级为目的。这属于美的享乐说、美的创作说及美的享乐与美的创作融合说一派。有的以艺术教育的本质——美的享乐与美的创作,应用到知的科学上去,使被教育者都能享受知识的培养、感情的陶冶的生活为目的。这属于"以艺术视教育作用说"的一派。有的以艺术的美的生活——享乐的创作的——看做最高道德修养的事实,于是把艺术的本质与道德的本质合并起来,为改造人生的工具,使人类都能达到有最高尚的人格的活动为目的。这属于"伦理意义的美育说"一派。综观以上,可以概括地说,第一说为唯美派,第二说为"真""美"统一派,第三说为"美""善"统一派。这三派的根本意义,都是以改造人生的相当事实,用艺术教育的理论和实际去实施,使达到最高尚最完全的人生。不过所认定的事实都是片面的,单独各成一派,似乎于艺术教育的目的——最高尚最完全的人生,难于达到圆满的境界。因为最高尚最完全的人生是知、情、意三方面组织而来,三者缺一,就不能完成了。所以只有把这三派的学说都认为艺术教育的目的——最高尚完全的人生的一部分的事实,把各部分的事实联合起来,就可以完成艺术教育了。现在把这三派学说的内容,与人生的关系,和在艺术教育

中所占的位置,简单地分做下面三个条件:

（一）艺术教育的本质

（二）艺术教育的手段

（三）艺术教育的目的

第一解释——艺术教育的本质,是唯美的。美的享乐与美的创作,为养成美的生活的要素,所以把唯美派——"美的享乐说、美的创作说及美的享乐与美的创作融合说"认为艺术教育的本质。因为艺术教育的基本事实是建筑在这一派的上面。

第二解释——人类的生活决不仅仅有美的生活,就能认为满足,所以必须经过教育的陶冶,培养人们的知识,为谋生的工具。不过因为从来学校的教育过于偏重知的一方面,对于被教育者的感情的陶冶未加注意,易陷于枯燥、沉闷的危险,所以必须借着艺术的精神——艺术教育的基本事实,为改良学校全部教育的手段,使枯燥的主知主义的教育变为愉快的艺术的教育。这与"真美统一派"的内容适相吻合,并且又合于第二条件,所以认为艺术教育的手段。

第三解释——道德的本质是善的事实,艺术的本质是美的事实,"善"与"美"为高尚的人生应具备的要素。艺术教育的目的,就是欲实现最高尚的人生;欲实现最高尚的人生,就非经过"美的道德的修养"不可。伦理意义的美育说,为"善"与"美"的化身,最合于人生的精神修养,最能养成高尚的人格,所以"善""美"统一派认为艺术教育的目的。

总括以上三种解释,就是把艺术教育的本质应用到教育上去,使主知主义的教育形成为艺术化的,使被教育者能够得到"真""美"的感化;更以道德的事实,艺术的事实,去养成人们高尚的人格,于是最高尚最完全的"真""善""美"的人生得以实现,而艺术教育的全部目的也完全达到了。

美育在教育上之价值　李庆云[①]

教育之第一义,即在诱导人生向精神发展途径里前进,亦即青年学子为学之南针。但究竟能否达到目的,使全民族一致向上,却全看教育之内容和方法怎样,和环境怎样,实不能预先断定的。所以一般教育家——负有教育之责任者,在这项事上应该特加注意! 以免使成千成万的青年学子走入迷途。

---

① 《铭贤校刊》第 3 卷第 1 期,1926 年 6 月 30 日,第 24—28 页。

古代在此我不必细考，因为我们凡讨论一件事，首先要注意到他在应用上的价值，其次就要看他能否实行于现在，或于最短的时期内；所以如今我就拿这近世世界通行的德智体三育并重的教育来同大家讨论一番。在此我的第一问题就是：德智体三育并重的教育方法是否能够达到我们的最后目的，给我们以最后之满足；愿诸君都静心的来回答。依我个人所见到的以为欲解答这个问题须先看他与我们人生之关系若何，能否使我们的生活美满，舒服，给生活上各方面的最后满足。

我们要知道智育以授与智识与技能为主旨，于人生实用上有莫大的补助；但究竟能否使我们走入生命向上之途？却还属一疑问。因为智识技能愈高，则欺诈妄为之行愈多，法术亦愈妙；所以必有德育来维持然后才行。再论到体育是更不能舍德育而独行的。古人云："健全之精神，寓于健全之身体。"体育之重要较小于此可以概见。我想若只有一强大之身体，没有德育来约束他、制裁他，恐只能助其为恶的，德育之重要，我们大家都深知道，但也不能舍掉智育和体育而独行。

总之德智体三育，若偶一不慎而有所偏重时，他的流弊实在就不可说了。所谓古典教育，注入教育，军国民教育，都是德智体三育用之不当之结果。所以教育的方法因此就起了一大风波，于是德智体三育之外又加一群育；虽然经此最近的实验仍觉着是不能满足我们的希望，于是美育也加入其中了。常久存在的德智体三育教育，于很短的时间内忽然变做德智体群美五育的教育。这实在是教育界一大新纪元，教育上一大进步，也可以说是文明进步，人心向上的一个表征。李石岑先生说："美育之运动，……日益扩大；此诚吾人精神向上之一表征，抑亦教育价值增进之显例也。"这话岂不是很对的吗？但此究竟能否给我们以最后的满足？仍不敢预言。若以事实和理想推去，我敢断言之，必有较好的结果，或即能给我们以最后的满足。以下我把美育与人生之关系略述一二：

美育之解释自来是很不一致，但总不外审美心之养成；进一步说就是美感的情操和陶冶。天地之美是无限之广，无穷之多，全在我们审美心是如何和能够享受与否。天地之间美大概说来，可分做三类：1. 自然美；2. 人类美；3. 艺术美。内中又各分做若干项，其细目在此我不细述。（欲知其详，请参观李石岑先生论文集《美育论》列表。）总之他对于人生之关系可分下列数则：

1. 能启发人的思想，使久有进取创造的能力。

上面已说过天地间自然之美是无限的多，全看你能够利用不能。因宇宙乃一大美的贮藏所，处在其间的人类任你一举一动，目触耳闻，均能够感觉一种快乐和美的兴趣。一些人所以不能享受这种快乐者,因他美育心之没有养成,致将这一部分的作用——感觉力完全失掉的缘故。我们人类身上的各器官,都是越用越发达,那一部分不用他就要退缩,这是进化论上的自然法则。我们古来也很重美育,像那些华美高大的建筑,种种的雕刻、绘画,诗人意造的仙境,与士君子赏月观花等是为的陶冶情性,养成一种能够观察自然利用自然的精神——也就是要养成美育心;所以就有不少的发明。谁想后来都以为讲美育就是流于奢侈,于是美育的运命就渐渐落下来,我国科学的不发达,也未尝不是这个缘故。一切科学大半是要设法去利用天然物,美育是要养成这种精神。能观察自然之真和美,更是能利用自然之真和美;所以欲科学发达必先注重美育。况且美也是科学上的一种要旨。

近年来我国已有提倡科学鼓吹科学者,如更能做此根本救济之法——注重美育,提倡美育,我想必有科学昌盛之一天——理想世界,人世天堂出现,因科学之能补助人生者实在大而且广。美育在教育上之功用实属不少!

2. 美育能更换人生观,使人类生活美满而有趣。

近年来一般青年学子们,多有抱悲观、厌世、退缩等思想者,青年自杀之数是一天一天增加。这是什么缘故呢? 甚么社会的恶劣,人类的不平等,环境的不良等等固然是他的主要原因,但美育心之太淡而不能利用天然之真和美确也是个重大原因。凡人一抱悲观则所见着的一切也都好似是满带着悲哀愁苦,就好比我们戴上了带色的眼镜,所见着的均是同眼镜一样色彩,并不能够见着各物的真像。所以我们要把这种眼镜拿去,来视察其真像——宇宙间自然之真和美,将这失掉作用的美感器官复兴起来,并且要将他练的特别灵敏,特别受用,每当与这美之世界相接触时就觉十分快活有趣;那时我们的悲观、厌世等思想自然就归于消灭,美育的程度就高大起来,生活也觉着美满了。这样,美育的功用岂不大吗? 近来一般人提倡以美育代宗教,其说虽不甚圆满;但美育所能启发于人向一种最高尚的精神生活,也未尝不是以补助宗教的。

总之德智体群所重的均在教,美育所重的则在感,教育上教化之力量实不如感化的力量大,这是教育家不能否认的,教化是自外来的,感化是自内发的,美育在教育上的价值我们就可想而知了。

最后我还要说教育乃是诱导人生在精神方面的发展,使人们得到最后的美满生活,而这美育的养成却就是他的目的地,可见教育上的德智体群无非是要达目的的方法,美育方是他的结果,方法固然要紧,好比工人的用器一般,没有机器是不能造出货品,但终究最后的目的还是货品!

国货与美育　王穆清①

本刊编者董柏厓先生,来书嘱我撰"国货与美育"和"国货与社会经济"二文,以充本刊的余白。我窃窃地思索了一下,觉得这两个题目,非短时间内所能草就,又非三言两语所能尽述,兼之清公务私事,都很繁忙,所以只做"国货与美育"一题,草率的简略的胡乱说几句,以副柏厓先生的盛意,和读者诸君的盼望。至于"国货与社会经济"一题,我已移书我弟沂清,叫他撰述。这是我要向柏厓先生和读者诸君特别声明的,并希原谅是幸。

什么是国货

要讨论国货与美育这问题,必须先要明白国货是什么。国货两个字,是二三十年来的新产物。(柏厓按,《周礼》:"司关掌国货之节……。"则国货二字之由来已远,特不如今日之人人口中有此二字耳。)本来国是国家的国,货是货物的货,国和货二个字联起来讲,就是国家有的货物,也就是本国有的货物。再详细一点说,就是本国自己产生的制造的货物。

国货两个字怎样会产生的? 因为有了非国货来充斥国中,利权外溢,不计其数,所以国人头脑比较清明的,要提倡自己所有的来抵制非国货,以塞漏卮,挽回利权。国货二字便从此产生了,却和非国货成了一对特名词。

我国提倡国货即是二三十年了,那末所提倡的国货是怎样呢? 我可把他分三项说:第一就是纯国货,为我国自己所产生的所制造的。第二就是半国货,为货物参合外来的原料,或半制品而制成;或制造的资本为外国,而人工为本国;或人工为外国而资本为本国。第三就是伪国货,为纯粹的外国货,一般奸商,惟利是图,鱼目混珠,冒洋货为国货。

我们要彻底地抵制和提倡,必须致全力于纯国货,半国货及伪国货,务须合群力群策以驱逐之才行。

考国货之最大功能,就是供给国人之衣食住,也就是使国人生活的完全。譬如某甲他诚心提倡国货,他的衣服、饮食、居住,现在都要国货去供给他,他才衣服适、饮食足、居住稳啦。

什么是美育

美育这个问题,自来学者鲜有具体的论述,所以对于美的意义,也都不甚措

---

① 《国货评论刊》第 1 卷第 10 号,1927 年 9 月,第 6—11 页,原文为句读。

意。现在我把美的各种见解，写在下面。

我国的典籍中间，也有许多论及美的地方，可是对于美的定义，都没有明确的解释。《虞书》说：“命夔典乐，教胄子，直而温，宽而栗，刚而无虐，简而无傲。”《乐记》说，“乐和心志”，是指美和善相合的意思。孔子说：“《诗》三百，一言以蔽之，曰思无邪。”温柔敦厚，诗教也。广博易良，乐教也。也合美善为一事。可是他又说：“韶尽美尽善，武尽美未尽善。”美善又非绝对一事。后来孟子说，“充实之谓美”，那末美又不关于善而近于真。自孟氏而后，对于美的见解，散见于载籍中的很多，可是各主一义，实无一具体确定的说素。

欧美各国，对于美的学说，自柏拉图以后，他们所有的论调，虽较我国为明晰，但也众说纷纭。约言之有快乐道德说、实在模型说、主知说、主情说种种，而以近时的表现说较为可靠。是说为近代意人柯劳斯氏所主张。柯氏说：“美非属于物的自性，如常人所云美之存在根于觉知，这种觉知，即一种精神上之活动。当我人读文观剧时，都有这种活动，就是所谓审美的经验啊！”从柯劳斯氏这种意思看来，那末美的本质存乎表示，凡我人不能以实现或意想的声音文字形色自表示者，不能称之曰美。那声音文字形色无所表示的，也不得谓之美。吾人性情未经表示之先，往往虚无隐约，在乎若存或若亡之间，而山水花草诗词之所以美者，以有我人性情表示于其中也。故谓山水诸物表示性情，宁谓吾人表示性情于山水。柯氏所说，能融贯从前所谓内容之美和形式之美，所以比较其他各说为圆满。

美之种类，就大要说起来，可分自然的和艺术的二种。自然的包括宇宙间一切自然界，艺术的就是一切人为的事物。不论自然的艺术的，他的功能是一样的，不外使人生活美满罢了。

国货与美育

我们知道了什么是国货，和什么是美育以后，便可进而讨论国货与美育了。国货是供给国中民众生活上的需求，美育是美满民众生活的，那末其中的关系多么大呢？所以如果国货不讲求了美育，民众的生活一定感到不美满。民众的生活不美满了，一方面对于国货自然发生恶感，弃掉国货而去用比较美满的外货了；一方面对于民众的性情上也要受着不少的恶影响。到了这时候，国货还有提倡的价值吗？如能讲求了美育，不但可达发展之望，并民众生活也能美满。生活美满了，自然快快活活的勤于工作，那种争权夺利的恶作剧，也可在无形之中消除不少啊！上古时代的民众，现在一般人为何要称他最野蛮的呢？我看这是因为上古时代的民众，吃的东西，是些生的禽兽和蔬果，穿的东西，是些木叶和兽皮,住的所在,是茅草和石穴中间。他们这种生活单调至极,简直和禽兽没有两样,毫无美的意味存在的缘故。我们现在所以比较从前文明得多就是对于民众的生活上,比较从前的美学讲究得周详些罢了。

西洋各文明国,都极力讲求美育,到处设有美术学校,他们的房屋呀、食品呀、衣服呀、用具呀,现在都注意美的意味,所以洋货一到我国,国人便争购之。这是很可以证明美育的价值。我们中国开化最早,现在为什么衰弱落后,不能和他们并驾齐驱,恐怕国货不讲求美育也是一个大原因吧。

怎样的国货才合于美育

我们中国,因为不讲求美学,所以国货不能发展。那末怎样的国货,才合于美育? 现在分述在下。

1. 形式和内容须一致

形式和内容若不一致,则不能发生美感。不能发生美感,就是没有美的意义。例如画仙女图,用很粗大笔来画,则观者对之将不起快感。因为仙女本是一个袅娜的美女,用粗大的笔来画,怎能表出袅娜细致的精神呢? 这就是内容和形式不一致的缘故了。

2. 对于人生要有价值的

不论什么东西,假若对于人生有害无益,或者没有什么价值,那末我人对之决不能发生美感,所以能够唤起美感的要件,须对于人生有益无害,或者有价值的而后可。但这所谓价值或利益,只就美的方面立论,和实利道德方面没有关系。

3. 要有有机的统一

不论何物,若能惹人的美感,那末他的各部分,在他全体上,非各得其处而有互相关联互相扶助的样子不可。例如有一个人像雕刻,什么头哪、足哪、手哪,统统都不错,只是口稍嫌大些或鼻子稍低些,因为这个缘故,那雕像的美,就要大减价值了。这是什么缘故呢? 就是他在有机的统一上,还差一点。

4. 须有假象界的美

就是人对之而生的美感,是假象的。什么叫做假象呢? 假象是对实象而言。凡经过人的理性或意志而生的表象,叫做实象;假若不经过理性或意志而生的表象,那就叫做假象。所以说美的假象就是无关理性和意志的表象。换句话说,就是无关心的表象。他的性质,只是一种美感的感情,至于组织如何,效用如何等理性和意志的关系,一概没有去干涉他。例如吾人看见美丽的花卉,不知不觉的说这个花真好看呀! 这时候吾人对花所生的美感,只是一种假象的美感,并没有花是植物的生殖器或花有什么效用等意识作用混杂在感情里头。所以说美感须是假象的。

有人说,合乎上面四大标准,价钱恐怕要提高不少。这层我看不会的。譬如把同样空间同样材料建筑二间房子,计划好的那一间的所费,并不贵于计划不好的那一间。又如做了美的衣服帽子鞋等,并不是因为计划好而增价。

国货与美　穆清①

上期我胡乱地写了一篇《国货与美育》,我自己觉得既无系统又为皮毛的话,实在是惭愧至极,不过我子细想想,那个题目,是着重在美育二个字,觉得似难下笔,所以我自己安慰着惭愧得还有原谅之处,今天又大胆草这篇《国货与美》这个题目,初看似乎和《国货与美育》无二无别,实在是大不相同。可惜我也只能乱砖儿似的堆着,不能说个透彻,原谅,原谅!

一

爱美性是不论男女老少,个个人有的。试看小孩子他脱离了母胎不上几个月,看见了红绿的东西,就会开口而笑。这种表示,虽有别的作用,但是我想爱美是主要的原因啊。那老年人,他将近要就木了,也还爱美性很利害,那般剃光胡子而讨小老婆的,就是一个明证。所以壮年人,是更不必说了,并且这种爱美性,是不分贫富的。那富人是当然不必说就是贫人他困苦到身上穿的都破了,可是他还要想法修补,也就是爱美性的表示。爱美性我人处处可以看得到的,我不过略举一二罢了。这爱美性,是人生的要素,一个人假使生活得没有爱美性,那生活枯燥而乏味极了,简直是不成生活啊。

二

爱美是为人生的要素,所以不怪人类处处要美,简直一个世界是美的世界了。你看住的屋子,甚至要画栋雕梁,至少要把墙壁粉白,屋子的四周,还要布置什么竹林花圃。穿的衣服,绫罗绸缎,已经很好了,可是还不够,必须加上颜色和花纹,做起来再加上异色的花边,并且还要讲究时式不时式。就是穿土布的人,他也要如此讲究的。吃的东西,更为注意,有什么酱醋油盐一类调味的东西,煮出很适口的美味。这样说来,可见人生美的需要,委实迫切极了。

---

① 《国货评论刊》第 1 卷第 11 号,1927 年 11 月,第 5—7 页,原文为句读。原刊目录和正文标题均为《国货与美育》,但依作者文中所言,似题目应为《国货与美》。

三

爱美性是人人有的,而且处处需要的,上面已经说过了。不过欣赏这美的程度,却是各人不同的,并且随着各人的心理和境遇而常常变化的。所以欣赏起来,你以为美了,我却以为不美。譬如我人看见一个女子,你以为很美,我却以为很丑;有时今天以为很美的,明天却又以为不美了。不过有些东西,常能使人发生美感的,因了美有暂时的永久的分别。总之,这美的东西,不论他暂时的,或永久的,他潜势力极大,有时我人生活上的一切都被他们所支配哩!

四

我国自有提倡国货的主张,到来已经数十年了,可是成绩毫无。一般议论的人,有的说,是国人没有爱国心,往往虎头蛇尾,只有五分钟的热度。有的说,我国资本不足,没有大规模的制造厂。有的说,军阀政客,把持一切,国货商不能自由活动。我想这都不是根本彻底的话。要知我国自有提倡国货之说,国货出品,日有增加,各工厂都有栈房不足之虑,可是出品白白的增加起来,销数依然如故,不能抵抗舶来品,这才是提倡国货所以没有成绩的最大原因哩!

五

上面说的我国提倡国货,所以没有成绩的缘故,主要原因就是不能增加销数。那末,为什么不能增加销数呢?实在是不讲求美,不能迎合应用者的心理。何以见之?我来举个例子。譬如有同一性质的两件物品,一件是国货,一件是非国货。国货比非国货价钱便宜一些,那顾客却情愿多出几个钱买非国货,这是为什么?岂是买的人,没有爱国心吗?不尽然也。实在是国货不能使买的人发生美感。有时我们买衣料的时候,走进一家国货衣料店,总觉得无从挑选,不发生欲买不舍的情感,这是大家经过的罢。现在虽有三星厂和三友社的出品什么自由布、电光布等等,似乎讲些美意,可是穿了不久,颜色退了,花纹看不出了,这样一来,销路也未免受一打击。

六

我国的国货,既因为不讲究美而不得良好成绩,那末,以后当注意于美,是无疑义。不过怎样去打算使国货美呢?怎样的美才好呢?我想这是一定先要研究到我国人民的心理。譬如一般人心里欢喜怎样的美,就造出怎样美的物品。像妇女界、工人界、农民界、商民界、教育界、青年界、儿童界,都要一一详细观察调查,加以分析,再注意到时令和环境等,依据了调查观察所得的标准,和时令环境的需要,然后去制造国货,这样一来,我想国人一定欢迎的,可得美满的效果,或者还可以推销到外国去。

七

我想造出了美的国货,怎样去引起国人注意,俾得推销呢? 那是惟有靠广告的势力。所以广告也须讲求美,还能使人动目。还有装潢,也须含有美意,像外国他们有几种东西,装潢委实动人,而装潢的费用,有过物品本身的几倍,而销路很好,这可见装潢也须有美的价值啊!

吾国艺术教育之现状与将来　李金发[①]

现代欧美各国文化之成分,可概言之为科学与艺术之文化。其成功的根原,是由社会上之科学教育与艺术教育。这两个趋势,就在原始人类,亦已有之,现在犹在野蛮时期之民族亦如之。简言之,科学教育之原因于要解决生活,战胜环境;艺术教育原因于官能的需要,而创造出一些动作来,去快慰身心,而至于陶冶性情。譬如最野蛮的民族,他们亦要使子弟如何挽弓、泅水、猎兽、采取果属。生计工作稍宽时,便老老少少围着火堆,婀婀娜娜的舞起来,拍着瓦器或兽皮制的鼓以资节奏。他们有些是文身的,或以宝石镶在鼻边唇上,兽类的牙或骨,挂在身上做装饰。这是可证明凡是民族,都需科学和艺术和艺术生活的。

西洋古代与现在科学和艺术之发扬光大,是人尽皆知,无庸赘述。中国之科学亦发明得很早,黄帝时已有指南针。艺术方面,则商周时代,已有琴瑟石刻等,《礼记》有"十三舞勺,成童舞象"的语。但何以西洋人承了希腊文化,更日进千里,而中国则同样跑了四千余年历史,而至今仍是用凡上尺去做乐谱,饮的是河水井水,载物则以人代牛马。现在战争有迫击炮,交通有无线电,日用有热水壶、洋毛衣,还是受欧美人之赐。中西文化有同样的发源,结果何以如此其悬殊? 就是一个有教育,一个无教育的缘故。比方中国医学上有所发明,就成为秘方,成为某家世代相传的秘制。因之凡什么发明,都不为有系统的研究,那能得到进步? 艺术上偶然有天才的制作,亦不过有时代的价值,而无永久性。一方因为研究出来的,无科学方法,不能给后学者以门径。

由此可见教育是成了文化兴衰的关键了。

吾国近年来鉴于欧美的物质文明,已知道科学教育是什么一回事。在上者鼎力提倡——如蔡子民先生之创立中央研究院——在学小子,亦津津有味。现

[①]《申报》,1928 年 1 月 1 日"元旦增刊"第 11 版。又载《美育杂志》第 2 期,1928 年 12 月,第 173—176 页,题为《吾国艺术教育》,署名"金发"。原文为句读。

在虽然还没有大发明或小发明家出来贡献,但将来科学基础好了,诚然是可以救中国之贫弱的。但是中国的艺术教育,怎么样不是相形见绌么?

中国人的爱好艺术确是一种好天性。从前的文人起码要懂琴、棋、书、画、诗、词、歌、赋,只可惜都是"好古敏以求之",千载一例,毫无演进。至今写字要仿魏碑、宋体,国画只要唐伯虎、吴道子才是好的,绝对不肯信认现代的作家,亦是中国新艺术不振之一大原因。现在国内几位中国书画家,尚得他们的信仰,多系因为"笔近六朝""神乎汉魏",以视西洋之数年新兴一派,真不禁哑然。此外大多数人,自己无艺术之审察力,总以为凡古代的总是好的,新的就是可怀疑的。这是很大的错误。犹之乎西洋中古(Moyen-age 或称黑暗时代)时代的作品,很多是不堪寓目的,若一样的"敏以求之",岂不是发生危险?常有人很高兴地对我说,某地某庙有很古的石刻,栩栩如生,神工鬼斧。我不禁掩口作葫芦笑。我知道横竖不过是一座伽蓝或菩萨。——原来我是最不喜欢中国雕刻的,因为没有一座雕刻能给我们兴感。

现在中国的艺术教育,可以学校为中心,但以我的观察所得,实是一个失望的现象和文艺前途的危机。

最高的艺术教育机关,当然是各艺术大学。试环视一周,没有一个可满人意的。或许他们派别太多,把文艺复兴运动的势力分散了。但做领导的教师,不能不认明自己的责任,时自警惕,方不致教出一班一班的不成熟的学生,又带着使命去教另一班的生徒。如此传递下去,岂不是贻毒无穷?

国画方面,现在则有东洋式的西洋画流行宇内。学生在校三四年,除学些写静物及风景之外,不会画一头一脚,就此收手糊口去了。将来历史上那里会有天才出现呢?故办学者以后应注重基本工作——人体描写——养成专门作家,不应侧重速成的学校教员。在舞蹈方面,差不多没有过专门人才。但遍地的"毛毛雨""可怜的秋香",居然很受庸众的欢迎。但在有审美性的人看来,真有些难过。假使她们老老实实穿着中国古衣,长袍大袖,婆娑一下也好了,奈偏要学西洋舞法,额上还加上三盏小电灯,如麻雀般东西乱跳,真使人气塞啊!在音乐方面,有同样的现象,原因于指导人才太少。好好的一个西洋乐器,他们奏上一个"梅花三弄",真大煞风景了。补救之道,要使学生能个个看谱,能使用乐器,则将来不难人才辈出。

民众更毫无的陶冶,蛮野无文而至于道德丧乱者多。衣服褴褛,连Pittoresque 性都没有。民众之有无道德与审美性,是与一个民族文化与生俱来的。吾以是更对文化抱悲观。

今后之艺术教育,惟有希望大学院居领导之地位,对于错误的时加以监察矫正,及给艺术教育机关于物质上相当之补助。所筹备之艺术大学、博物馆,设法早日演说,由单数而及多数,派遣专门人才出国研究考察,庶可集其大成,为文艺运动之原动力。贫苦之艺术家,时加以供养以期造就。

国内历代的古物,要加以整理,限制再流入外人之手,为国家无穷之损失。

对于民众要尽力鼓吹艺术教育,使他们于生计疲乏之余,得到精神的慰藉。有戏院给他们看戏,有公园给他们散步,有博物馆给他们瞻仰,有铜像给他们纪念,有学校给子弟学习,每年有展览会,以资研究……如此则十年以后,必大有可观。一切设施,想当局早有成竹在胸,故不赘述了。

美育杂志(节选)　陈声和①

在现在的中国,我想不论谁一听到某书局有美育杂志出版,一定是很欢喜,愉快的。

上礼拜有许多同学对我说,亲近商务印书馆出了一种《美育杂志》,所以我前天特意出去买了一本。可是我看过之后,终于失望了,大失所望!

我对于美学毫无研究,所以在这篇东西里所讲的不过是我个人的所以失望而已;如有一知半解的地方,务请读者原谅和指教。

我想一种杂志既然称到美育,第一形式上先当求美;譬如纸张的悦目,印刷的清晰,排字的适宜……等等都是。

不错,《美育杂志》的纸张很洁白,而铅字又是仿宋体的,更觉悦目。可是除此而外,实在"太无精彩,丑的事物居多!"

关于纸张的颜色,我想白色还不如蛋壳色来得好,这倒也不必多说。印刷图画用墨色,似乎是个缺点;而且糊涂得不堪,可以说没有一张印得好! 其余装订,封面,编辑,一言以蔽之,都不合美的条件!

这还不是本身的话。现在就把《美育杂志》的内容来谈一谈。

论文方面,有一篇——似乎是序——只有然而没有所以然,所以我看大不懂,不敢多说。有一篇在别处发表过了。其余,除了十九世纪法国三大雕刻家外,都是随手拾来"大无精彩"的东西。

我不敢多说,因为我没有研究过美学。

---

① 《时事新报·书报春秋》第 53 期,1928 年 3 月 25 日第 8 版。

至于几篇诗歌,或许是因为"外国的情调"太多了罢,所以我也看不大懂。现在我把同性恋歌的第一支"歌"抄在下面,请读者欣赏罢:

消魂的拥抱(略)

起初我是存着吟诗的观念去读的,简直一句也看不下去;后来我存着唱歌(?)的观念去读,可是我还是一个也看不下去。第一段太妙,第二段有许多作者自创的新辞句,末两段尤其神秘了!即使算它是纯散文,总还是一篇妙文。

因此我第二只第三只歌就不看下去了。

这位作者自创辞句的本领真大;你看他的《罗马的印象》的第一节,何其新鲜!

> 圣彼得教堂的影儿,
>
> 早被诗人们印入脑儿了,
>
> 迫我瞥见松梢之些黛时,
>
> Pincio 仅给人怀春之气思。

记得有一位批评家说,作者的诗因为太富于"外国情调",所以我们不能十分了解;诚如作者自己所说:"当回国之初,做起事来,总是东碰西撞,发生或结果都是出人意料之外;其原因当然是我所持的西洋生活态度,不适于这个社会啊!"

还有,这期《美育杂志》的材料,太侧重欧美,在我看来。据编者说,"实系因中国艺术太无精彩,丑的事物居多",不知何所见而云然。

此外我还有几句话:就是《美育杂志》有些不像杂志。可是从另一方面讲,的确是一本杂志:几位先生曾随手写来的信就可以说是书法比较——我并不是说这几位先生的字不好。

总之,我失望了。

编者在《中国之宝贝》"文艺出版界"一节上说:"可怜的是青年学子,因迫于求知之欲,不得不出其父母汗血所得之金钱,买这些书籍来看,实则他们能于其中得到什么?不过被人空空利用而已。"可怜我丢了父母的八角大洋去换来一本美育杂志!

于大西路光华大学

美育在教育上的价值　蒋吟秋①

自从那康德氏(Kant)和兰格氏(Lange)的美感教育倡,教育家渐渐有主张

---

① 《沧浪美》第 2 期,1928 年 9 月,第 19—21 页,原文为句读。

这美育主义的教育了,直到现在可算各国都实行的了。但是这美育含有优美、壮美、悲剧美、滑稽美等要素,今天的学校,有偏于优美的,有偏于壮美的,以这两者为最多,那利用悲剧滑稽等美的,就较少了。我们要知道以上各要素,都不可偏废的。为什么呢? 因为偏于优美,那就养成文雅柔弱的品性,而没有勇敢刚强的意志了;偏于壮美,那就养成强悍暴厉的行为,而难得高尚温穆的习性了。所以二者,当互相调剂的。至于悲剧美、滑稽美,也是不可少的。因为悲剧最足以动情,可以感人的慈悲心、怜爱心、公德心;滑稽美最足以快活人的精神,兴起人的理想。所以我主张都应该有的,不过分量不同罢了。今把美育在教育上的价值,略述如下。

研究儿童心理学的人,都承认美育是根于先天的。因为婴孩的天性,看见了五彩的颜色,他就欢喜了;听见了清亮的音乐,他就快活了,并且要去接近他。这种倾向,都是爱美的天性冲动,所以这美育在教育上,是很有价值的。研究伦理学的人,都承认美与善是属于同一方面的,因为推原人的生活,若纯属于干燥无味枯寂无聊的环境中,则生活最后的意志,是不能得到快乐满意的,那就发生厌世消极的观念了。倘然吾人有活泼优美的自然环象,以及各种有美性美意的人为境遇,那就受了无形的感化,发生了美的反动,自然有一种人生的意味,对于社会人群,也就能兴起作事了。所以我说:"要提倡道德教育,以挽回世风,改良民俗,先宜提倡美感教育,以感化环象,引起善念。"教育的定义,也不过一句话,就是"有什么样的外感 Stimulus 就发生什么样的反应 Respond"罢了。我们说"英雄造时势,时势起英雄",也就是这个意思。你看凡是国家政治紊乱社会改革的时候,那人民一定是对于国家社会无感情无热度,种种恶剧败举就发生了。不然在国家秩序平靖,社会事业整齐的时期,那人民自然有一种美善的动作,表现于社会,供献的人群的。所以我又说"美育在教育上是很有价值的"。

此篇是在予七年前旧著《美感教育的实施法》中摘取的一节,原文曾刊十年三月十三日《时事新报·学灯》论坛栏①,《沧浪美》急于付刊,以其和美有关节之聊当补白。

自甘玩物与讲求美育　郯②

"矫枉过正"的现象,随处都可以看到,有"枉"要"矫",这当然是很好的;只有

---

① 与《时事新报》文字略有不同。
② 《大公报》,1928 年 10 月 18 日第 10 版。

随时矫正过去的错误,才能促进个人的进步和社会的进化,但是"过犹不及"矫枉若一过正,便根本失了矫枉的意义,不过由此"枉"陷入他"枉"而已!

即拿民众运动一例来说,国民党过去的民众运动非常蓬勃,但自国共分家之后,便鉴于民众运动的危险性,而把民众运动停止了!过去的民众运动,固有错误的地方,但并非民众运动本身的错误,想要改正这些错误,只要有一贯的政策,和通盘计划的方略便行了。因民众运动由指导不良而发生的一点小错误,便把民众运动的一切全都抹杀"停止""取消"民众运动,这不能不算是"矫枉过正""因噎废食"!

在各种运动中,往往有"枉"的现象,由于这一"枉"便引起了反动,这反动可分二种:一种是藉"枉"为口实而想开倒车的反动,一种便是矫枉的反动。前一种动机不良,是运动的障碍,当然要努力破除;而后一种是改造的,当然要竭诚欢迎,但是"矫枉过正"的反动,也不能不随时随地的破除啊!

在妇女运动中,我发见了一种"矫枉过正"的现象,因此我来讨论它一下。

现在头脑稍为清楚的人,没有不承认男女是应当平等的,因为男子是人,女子也是人的原故。

几千年来,受吃人的道德礼教的束缚和压迫,妇女们完全处于奴隶牛马的地位,不许妇女有独立的人格,不许妇女有个人的自由,因此妇女演成了社会绵延的机器,供男子治淫的玩物!

妇女是人,当然同男子要立于平等的地位,妇女在"性"的任务之外,当然也还有种种的社会的任务。

妇女绝不是男子的玩物,这是大部分觉悟的男女都承认而且努力实现的。但自甘玩物的妇女固讲修饰,而讲修饰的未必是自甘玩物啊!

所谓修饰,就是讲美育,美育我以为男女都应该讲求的。

现在有人以为妇女服饰美丽一点,便嘲骂她为自甘下流自甘玩物,这实在不免是"矫枉过正"!

美的定义,现在勿庸来讨论,但美是足以刺激人的观感而引起人的神秘的愉快的这一点,谁也不能否认吧?两性间的关系,不能不说是含有神秘性的。彼此到一定的期间,都有追求异性的渴求。这是生理上心理上的自然的现象,绝不是什么不道德的,淫乱的。

妇女达到一定的年龄,自然因性的冲动,而要寻觅一个相当的男性——我这并不是亵渎神圣的爱情,实在我觉得真正的爱情,是必须建筑在灵肉一致的基础上的。——那末,内心里有这种渴求,就不能不设法引男性的注意了!惟一的工具有吸引的魔力的只有美，于是便不能不从美一方面着手，再者美也是恋爱的惟一的要素，那末，尚修饰讲美育，在爱情上实在有莫大的功用与价值。不但人类如此，就连其他的动物都有这种诱引异性的现象，那末，这莫非也可说是自甘玩物自甘下流吗？

这在追求异性的时期——若有人说追求异性便是不道德，自甘下流，那我可无话可说了！——固是必有的自然的现象，既在两性由爱的驱使而结合之后，这种爱美的心理也还不能消灭。美是人人爱的，丑是人人恶的，性情变态的人除外——在结合之后，两性间的爱情要想增进，要想巩固，一方面固然须要彼此的体贴，他方面也不能不注意自己的美育。

推广言之。我们不但要个人美，还要一切全美，宇宙能够美化就是艺术化。那更是我们最高的希望！莫非世界艺术化，也是自甘玩物自甘下流吗？

现在，的确有许多非真正的爱美，而自甘玩物并非忠于爱情的妇女，更有因爱美（？）而不惜牺牲金钱戕害身体的妇女，这些妇女的确有纠正的必要。

我以为妇女服饰的标准，当不外乎适合卫生——最少限度不妨害卫生——价值低廉，耐久，美四点。总言之，美育是男女都不可忽视的，美育不但可以引起他人的美感，而且也可以陶冶个人的性情，给精神一种愉安。

反对不正当的爱美（？），反对所谓削足适履的爱美：如束胸如缠足如高跟鞋，固是十二分的正当，但因此根本反对讲求美育，一讲求美育便算是自甘玩物自甘下流，未免"矫枉过正"了！

还是那句话：自甘玩物的妇女，固讲修饰，而讲修饰的未必是自甘玩物啊！

蔡院长以美育代德育之主张[①]

本年四月，申报记者于大学院修正组织法提议之际，往谒蔡元培。蔡氏所述主张大学院制之理由，如下。

大学院最初组织法之起草，远在去年秋间，约在大学院成立前两三月。当时国民政府方以全力应付军事，对于教育事业尚无具体计划。余与李张吴诸先生，以教育不可无主管机关，又不愿重蹈北京教育部以官僚支配教育之覆辙，因有设立大学院之主张。其特点有三，（一）学术教育并重。以大学院为全国最高学术

[①]《世界曙光之中华文化》第 1 期，1928 年 10 月 18 日，第 5—6 页。题目后有"（录申报）"，此文节录自《申报》1928 年 4 月 12 日第 7 版，原文题为《蔡元培解释大学院之组织》。

教育机关。(二)院长制与委员制并用。以院长负行政全责,以大学委员会负议事及计划之责。(三)计划与实行并进。设中央研究院为实行科学研究,设劳动大学提倡劳动教育,设音乐院艺术院实现美化教育。此三点为余等主张大学院制之根本理由。

艺术教育与美育——关于 Weber 的教育学的基础科学的美学的讨究

阿部重孝著,丰子恺译[①]

一、美学者与方法论

艺术教育的方法的建设上,特别可注意的当然是美学与心理学。近世美学上的理论,对于艺术教育的普及上原也有多少影响;然而像过去的情形,艺术教育并未从美学受得重要的影响。福尔侃尔德(Volkelt),李普斯(Lipps),特左亚尔(Desvoir)等美学者,与艺术教育运动实在没有甚么关系,至多不过添一点兴味,但并无能动的活动。在福尔侃尔德的艺术与民育中,希马尔左(Schmarsow)的我们对于造形美术的关系中,又特左亚尔的美学与一般艺术科学中,原也从专门的美学的立脚地上考察艺术教育的问题。然而他们都未进于方法论的考察。故在过去中,把艺术教育的实际与美学结合的,似只有郎格(Conrad Lange)一人。

艺术教育方面,在方法的建设上,第一要推海尔罢尔德(Helbalt)学派的功绩。海尔罢尔德学派,是在美术史的阶段上建设其方法的。这方法在艺术教育论者之间评判不甚好,郎格也是其反对者之一人。据郎格说,这方法的长处,是使人知道过去的艺术的产物。但不用这美术史的阶段的方法,而用别的方法,例如使观察过去的样式而加以说明,也可以达此目的。然模写过去数年间的样式,容易使儿童误解美为存在于历史的规定的样式中。反之,我们用艺术教育要求的积极的方法,则必从艺术的本质上直接产生。据郎格的意思,艺术不外乎是在美的假象的形式中描写自然或人类生活。或者是拿一种感觉所能认知的象征——这象征的形式当然从自然界或人生界中借来——来想像地表现我们的感情,力的表象,或运动表象。郎格即从这艺术的定义上出发,论证如下:

> 倘这定义是正确的,则没有关于自然及人类的感情生活的知识,不能获得无论何种艺术或艺术的享乐。即吾人倘然没有关于自然的丰富而明了的

---

① 《国立大学联合会月刊》第 1 卷第 12 号,1928 年 12 月,第 1—15 页。

记忆心像,倘不尽量地收得关于自然物的形与色的知识,倘不知道关于人与动物的运动及声音的明了的表象,又倘不理解人类精神生活的本质及其外的发表,我们决不能创造艺术,也不享乐艺术。要理解又享乐人体的绘画的描写,必先看懂我们的身体的状态。要解树木的画,必先知道实际的树木的状态。且不但要晓得其形而已,色也非晓得不可;更进一步,在种种的外条件之下如何看法,也非晓得不可。这关系在其他一切艺术上都是同样的。欲尝诗的美味,倘只知言语及韵律,还不充分;又必理解人类的生活。欲正当地评价建筑及工艺美术,必须由自然的直观而养成对于有机的发育的生动的感情。故简言之,到艺术之道,必须通过一切自然。

郎格根据这见解,主张艺术教育的方法必须以自然为基础。他又把艺术教育分为(一)直观的发达,(二)对于形及色的记忆的练习,(三)美的错觉的练习,(四)技术熟练的指导的四阶段。他主张艺术教育的主要的手段是图画教授,故他的方法论的重要部分,是关于图画教授的。

郎格的论旨,是祖述艺术教育论者提尔克斯(W. Dierks)及修裴尔德(Conrad Schubert)的;然均未发展充分的方法。而专门美学者中,除郎格以外,几乎全无何等积极的贡献。故美学对于艺术教育虽提供贵重的资料,然洗练这等资料,以解决艺术教育上的问题,全靠将来的努力了。

二、韦勃的教育学的基础科学的美学

要考察对于艺术教育的美学者的功绩,自当一窥韦勃(Ernst Weber)的见解。韦勃的《教育学的基础科学的美学》(*Ästhetik als pädagogische Grundwissenschaft Leipzig*, 1907)中所发表的思想,与艺术教育的本来的主张未必一致。但在现今提倡艺术的教育思潮中,这主张惹起一部分的论的兴味;又他的立在教育者的地位而积极地适用美学的运用美学的原理于教育上,特别可以牵引我们的注意。

韦勃的主张,从教育史上二大思潮的考察出发。其一是要求人类的本质的自由的发展,其他是从外部要求援助。前者的教育的影响带消极性,后者带积极性。即前者是欲保护我们,后者是欲援助我们,影响我们。但关于教育的本质的问题,二者都不能解决。反之,又起了一个新问题,即其所欲发达的,欲援助的,欲保护的,究竟是甚么? 教育的目的是要把人造成"人"的样子。那末它所欲陶冶的人性,究竟是甚样的? 对于这疑问,从来有种种的答案;常在教育史上反复提出的要求,是"自己活动"的教育。这自己活动,基础于人性的本质,活动及努力,是人的第一使命。故从来有名的教育者,均视自己活动为人类的本质,而努

力促醒之,养护之。唯能独立地把握,独立地获得的,乃有真的教化的价值,乃为真的活的知识。——韦勃的思想大旨如此。

教育学是欲发见这自己活动之路的。故先努力于究明"自己"的本质。然自我是否一般所能认识的? 人生的本质是否可以理论地说明,或实际地体验的? 都是疑问。科学不能究明人的本来的生活,即在认识上不能如数究明人生的本质。生活只能体验,自己活动就是生活。

但科学所没有办法的地方,艺术可以办到。艺术决不是生活的抽象,而是游戏中的生活。故我们可在艺术中享乐自身,又体验自己。艺术能在科学所不能达到的领域内发挥特独的力,故在"人的教育"上,凡科学的力所不能及的领域,艺术大有效用。

韦勃从上述的见解而主张自己活动的教育,为欲达其目的而力说艺术的必要,关于教育学的基础科学,他又论述如下:

> 教育学的基础科学,从来采用伦理学与心理学。但倘以自己活动的教育为最高目的,即以"自己表现"(Selbstdarstellung)的意义上的自己活动为教育的最高目的,则仅用心理学不能决定其手段与方法。如欲有直接影响于实际生活,则教育学非为艺术不可。倘教育是艺术,即可有教育学的艺术论,则教育学的美学亦当然可以存在。教育活动带艺术的色彩的时候,这教育活动必受美的法则的支配。则系统地结合教育学中所应用的这等美的法则,又论理地建设这等法则,就能独立而成为一种科学。但当作科学,美的法则不能直接把握真的生命,只能间接地经过论理的机能的介绍而始能把握。当作艺术论,美的法则就为伦理学与心理学以上之物。即美的法则当作教育学的艺术论,而变成有关于教育的实际的科学。心理学与伦理学是关于教育的理论的科学。心理学与伦理学提示教育者以应走的道路;但如何走,如何跳跃,如何攀登,心理学与伦理学并未告诉教育者。能告诉教育者的,只有美的法则。

看了上文,已可明白韦勃的以美学的教育学的基础的大意。但他又在该书的第五章中论述教育学的科学的方面与教育学的艺术的方面。先把教育学分为三类。第一,是教育一般原理的教育学,又可称为一般的教育学或哲学的教育学。所论究的是教育学的基础科学及补助科学,教育学与别的科学的关系,教育学的可能性与必要,教育学上的规范与问题等,明明是一种科学。第二,是关于教育学的实际的理论,可名为特殊的,应用的,实际的教育学。所论是关于教育活动的技术的,分为狭义的教育论(海尔罗尔德 Helbart 的训练论)及教授论两部。这种教育学是研究正在长育起来的人的心理的,当然有科学的性质。但儿童是不绝地在发达的,决不是有定形的。故今日在他们是妥当的,明日就不免失却妥当性。不但如此,在我们的学校中,决计没有同等的学级或同等的个人。所以根据了心理的研究而建设关于教育的普遍的科学,必为了个性的一种现象而终于失败。至于第三种意义的教育学,则已失去严格的意义上的科学的性质,而感情的,直觉的特征颇浓重了。此种教育就是有艺术的性质的。教育的实际,本来不能缺少心理学的理论;但是心理学的理论只对于实际的活动给与一般的,抽象的规则,而对于各个并不给与绝对的妥当方法。故从心理学的理论而建设有普遍的妥当性的方法,在实际上不可能,不过是一种不能实现的理想而已。然教育的实际本来是一种艺术。既是艺术,即需要艺术的理论,即美学。心理学上的研究及法则触了学生的个性而不能再进一步的时候,美学能给与新的暗示,而展开其局面。韦勃即以这理由为根基,而主张以美学为教育学的基础科学。

关于教育学的艺术的方面,韦勃先引用海尔罢尔德(Helbart),希莱尔马海尔(Schleiermacher),莱芒(Lehmaun)等的文句,论述教育的实际是艺术,教育是艺术家;次论述儿童与艺术;最后论述艺术的体系中的教育的地位。教育学真是艺术,则教育学在艺术的体系中占有何等的地位? 欲解决这问题,韦勃依照费希纳尔(Fechner)的说法,把艺术区别为用感觉的手段引起快感的“美的艺术”,与间接以贡献人类福祉目的的“实用的艺术”。但这时候艺术的倾向如何? 可说:教育是有给人以道德的,宗教的,又科学的影响的倾向的艺术。但美的艺术也有道德的,宗教的,科学的影响,也可达贡献人类福祉的目的。故仅此倾向,不能区别教育学与美的艺术。在美的艺术,给与美的影响是第一次的,给与道德的,宗教的影响是第二次的。教育学则以道德的,宗教的,科学的影响为第一次目的。两者的区别在这点上。科学的,道德的,宗教的倾向第二次目的时候,即可想见其只有借艺术的手段的助力,方能有教育的影响。这样说来,教育学直接是艺术,两者全无区别了。给与科学的,道德的,宗教的影响,仍是教育学及教授的目的;在教育的实际上,这等一时都押除于意识之外,而改用自由的艺术家的倾向。

韦勃更进一步,论述教育学的美学的方法。据他说,以前没有“教育学的美学”的存在,但这决不是这种科学的不能成立的证据。这完全是为了建设这种科学时所发生的方法上的问题难于解决的缘故。普通为某种艺术作美学,这种艺术是有可以抽象的艺术品的。但在教育上全然不同,在教育学上,没有可以一般地评价的艺术品,即没有可以抽象美学上的规则的艺术品。然则在教育学上如何,便成了一个问题。美学的第二基础,是可应用关于其制作的艺术家的供述。

然谁是教育的艺术家？又是一个困难的问题。由教师自己写出其感到作艺术的活动的瞬间的精神状态，统计地纂集起来，是一种方法；或者探问教授在甚么时候给儿童以最深的印象，又这时候的教师具有甚样的条件，也是一种方法；然而两者都是不可能的。所以要把握教育学的美的要求而把它组织起来，除了由间接方法以外没有别的途径。即教育的美学的原理，可借用一切艺术所通用的美的原理（即借用一般美学的原理），而应用之于教育的艺术上，这是要研究的一点。

韦勃欲根基以上的论证，而从美学的规范上导出关于教育的实际活动的原则。他又从福尔侃尔德（Volkelt）的美学说中求得美学的规范，凡四种。其采用福尔侃尔德的美学说的理由如次：从来想从"美是甚么"的问题的解答上组织有一般的妥当性的根本法则（即美的最高原理）。但欲从一个源泉中汲取美的概念，是不可能的事。故适用于教育的实际上的，以分四种规范的福尔侃尔德学说最为妥当。不但如此，福尔侃尔德的学说，根基于心理的经验，同时又决不忽视思辨的意义，从这点上看来也是最适当的学说。所谓福尔侃尔德的美学的规范，即

一、美是形式与内容的一致的表现。

二、美具有于人生有价值的内容。

三、美属于假象界。

四、美表示有机的统一。

这四规范适用于一切艺术上。对于艺术家也同样可以适用。唯根据艺术家的主观状态，改作如下：

一、艺术家的创作是充满感情的直观。

二、这时候艺术家经验到观念的扩大，与

三、实感的减退，与

四、关系活动的昂进。

这四种根本的规范，对于一切艺术均有意义。从这根本规范上发生的，便是艺术品，又艺术的享乐。韦勃就把它适用在教育活动上。如前所述，韦勃是视教育活动的一种艺术的，故艺术上所必要的美的规范，必是艺术的教育活动的规范。

这种思想，是代表教育思想界的一新倾向的，不仅限于韦勃，不过在韦勃最为明了表示。但我们不能无条件认承这思想，应稍加考虑。

韦勃说："教育的实际本来是一种艺术。既为艺术，即需要艺术的理论，即美

学。"又说，"在教学的，美的意义上，可许为教育学上的艺术品的，只有教师的活动"。这种话很足以牵惹读者的兴味；然而这断定似乎缺少论据。韦勃谓心理学的实验及学说尚不足以规定教育的实际，又警告人们的过度信用心理的实验及实验教育学，实在是足多的地方；然而种此一点，不能成为"教育的实际是艺术"的论证。在这点上，著者（韦勃）似是从独断的假定上出发的。更进一步，吟味其美学的教授论的建设的方法，可见著者多少不免陷于论理学上的误谬。如前所述，他建设教育的美学时，是一般地从美学的建设方法论上着手的。美学，——据他说——可从其学说所抽象而来的艺术品，及艺术家自己的说话，而进行其研究，以臻于大成。教育的美学有否可为其研究资料的艺术品？著者对于这问题是否定的。第二种方法，虽欲闻知关于其创作的说话，但谁是教育的艺术家？教育改革者是教育的艺术家么？——他当然不是艺术家。翻遍了教育史，找不出有贡献于教育的美学的建设的教育的艺术家。无论拿这问题去问世间的教师，问世间的学生，终于不能得到满足的结果。于是著者不得已而采用间接的方法，这方法值得我们的注意。据著者说："教育的美学的原理，是出发于对于一切艺术皆妥当的美的原理的，故必须从一般的美学上探求之。又必须研究这原理如何可适用于教育的艺术上。"这就是著者所谓间接的方法；然这似乎是置先决问题于不问了。适用艺术的规范于教育上的时候，著者应该加意考虑这艺术的规范究竟有否可适用的性质，又教育本身究竟是否艺术。谓教育活动中有直观的，感情的要素，而立刻断定教育是艺术，到底是不充分的。在这里著者原也用巧妙的比论法；但这仅能导出比论的结论，根本问题依然不曾解决。故其结果终不能有合理的结论，反而招致了许多矛盾与不彻底的议论。

教师在教授的实际活动上必须是艺术家——著者这个要求，在某意义上说来是教育学上的新倾向。但这主张中含着许多矛盾。著者这样断定："教师的特独的教育的态度，与艺术家的态度很相通似。教育的要素，其主要点大都与艺术家的素质相一致。"又说："凡教授，就中尤其是努力灌注知识之教授，倘其知识只是合法性及普遍性的，这教授就有为生命破坏者的危险。"这在确信客观性与明晰能得教授效果的以前的教师们，实在是一个好教训。著者又说这时候教授活动上第一要事是教师的个性，对于教师要求个性的自由。但这要求在实际的教授上究竟如何？即使不用论理的及心理的教授学，而代以美学的教授学，但儿童的美的感动对于教师的个性的绝对的支配成甚样的关系，是重要的疑问。不但如此，著者又要求教师必须能变成小孩子。那末教师的变成小孩子，与教师的艺术家的个性的绝对支配，如何能不相冲突而调和？试问：不制限主观的艺术家的逼迫,不精密分析教材,不精密分析儿童的表象界及儿童的理解力,教师能否降入于儿童的表象界? 著者的主张,在这点上实在是自相矛盾。因为抛弃自己而成为小孩,与艺术家的个性的绝对的支配,在教师是不能两立的事。

欲知艺术家的活动与教育者的活动在本质上是否相似,必先容明艺术的作业与教育的作业的目的与手段。艺术的创作的目的,在于描写自然界及精神界的事象。而其描写又不仅是模仿自然界及精神界的事象,是为欲发表宿在艺术家的精神内的思想。例如描写风景的画家,即使因某种理由而精密描写特定的事物,但他的画决不是当作风景图或照相用的。其作品与实物无论何等相似,技术无论何等巧妙,倘只示观者以画中的事物,并不使观者起何种感想,就不能给观者以兴味,也不能达得其作品的目的。音乐家希望适听者的耳。但倘其音乐不能表出作曲家所以作这曲的感动,无论其为好音佳调,也只能使听者倦怠。戏曲家在舞台上演历史上的事迹,但并非欲开发观者的历史上的知识。戏曲家又借了艺的手段,在舞台上活跃地演出道德的真理及典型的人物。然这时候历史上的事迹只是外部的装饰而已。所以戏曲家不妨改造历史使合于他的目的;更进一步,虽改造得与历史家的研究的结果相反对,也属不妨。即戏曲家为欲尽量使其思想易解,使其印象加深,故叙述的时候不妨把历史上的事件完全自由改作。

但教师的事业能否如此?

教师原也可说是以完全地描写自然,完全地叙述人间为使命的。但在教师的活动与艺术家的活动之间,可以发见本质的差异:在艺术家,"自然"是其思想发表的手段。艺术家的完全照自己的心意而自由处理自然,艺术家只在自然处于自己的思想羁绊之下又适于自己有思想的范围内,描写自然。在这点上说来艺术家可以全然主观的。这主观的一点,是艺术家所不欲让给别人的权利。但教师对于自然的关系,与之完全相反。教师不能肘制自然。自然有不适于教师的思想的时候,教师也只得服从自然。例如对于人的个性,教师全然依照其个性中的素质而处理,便是教师的功绩。教师不能照自己的心意而造成学生的个性。教育活动,当然是个性两个以上相对立时的活动。这时候相对立的个性并非均有绝对的权威。倘其中有一个弄其绝对的权威,教育活动就要失却其固有的意义。因这原故,教育者的个性不许个绝对的权威。倘教师任意形造被教育者的个性,他就犯了其职务上的第一义务。故艺术家可以全然主观的,教育者却不能全然主观的。艺术家的活动,其本质是创造的。教育者则反之,自然不过完成其准备而已;故教育者的活动,在充分的意义上不能说是创造的。

教育活动与艺术活动之间既有本质的差异,则韦勃的教育学的基础科学的美学就失却成立的根本要件了。因为韦勃所用的论法是:教育活动是一种艺术,故艺术上所必要的规范,必就是教育活动的规范。又他的所谓间接法,能在大体上把美学的规范适用于教育活动上,不是为了教育活动是艺术的原故,恐怕另有理由罢?

福尔侃尔德教授的美的规范,是在与艺术品自体相关的范围内方能发挥充分的意义的。但其中有的部分很是普遍的性质的,具案的教育活动都必须完备其要求。例如选择教材之际,必须形式与内容相一致;必须选择于人生有价值的内容;或必使保住有机的统一,当然是正当的。又在教授活动之际,形式与内容必须一致,讲说上必须有机的统一,或必须有伏游于假象界的心情等要求,都是有益的要求。这等要求所以具有教育上的价值者,决不是为了它们是美学上的要求的原故;是因为其不出教育学的固有的范围,而为当然可以要求的要求的原故。这样说来,我们欲得上述的要求,不一定需要艺术的规范。

前面说过,韦勃能在大体上把美学的规范适用于教育活动;然仔细吟味他的主张,可知他在这适用上遭逢着很大的困难——甚至不可能。在其"论美的规范与儿童的心"一章中尤其如此。即不用现实而用假象,即所谓唯一独特的美的规范,欲使之关系于儿童的心,即不能适用。"教师的教授活动,就美的规范的最初三条而推测起来,与一般的美的态度相一致;但就第四条规范看来,与真的'美的态度'就相差远了。故教育活动倘限于教授学的性质,就失却纯粹的美的性质。"韦勃自己也这样论着。因为——借韦勃自己的话——"教育的艺术家不但是形成假象,又是形成实在的。教师自身的感情,他的创作所呼起的感情,都不但是'美的假象感情'(Ästhetische Scheingefühl),而又是'现实感情'(Wirklichkeitsgefühl)。感情与儿童的精神相关系的时候,普通都是实感。在这点上,有教育的活动与艺术的活动的根本的相异"。韦勃又在其美学的教授论的建设论的终处这样告白着:"充分感入于儿童的心中,与儿童的思想,感情,及意志相融合——即变成儿童一事,既不是科学的活动,也不是论理或宗教活动,又决不是纯粹的美的态度。这在充满感情的直观上,又在关系活动的昂进上,与艺术的态度最为通似。所以教师教授时的教育的态度,在同他所教授的儿童的心相关系的时候,缺乏美的假象性;但在别的时候,教育的态度均与艺术的态度有最密切的关系。"

从以上的引证看来,韦勃自己承认教育活动的重要部分中不能适用所谓第四规范。不但如此,对于以事实描写为主自然科学诸科目,他不决不仅用美的态度而满足。对于这等教材的教育者的态度,称为科学的态度,如物理及化学等,差不多全从他的美学的教授论中除外。这样,其规范就不能适用,或其适用须受限制。这是我们应该子细考究的点。

如上所述,可知教育的美学的建设方法,即韦勃的所谓间接法,是可疑的。又由间接法而适用美学的规范于教育活动上,结果在教育活动的重要部分上不能适用,是著者自己的结论。从这结果上看来,可知所谓间接法不能说是正当的。何以言之? 因为在教育活动上,儿童的心理是我们所最宜注意的点;而在与这儿童心理相关系的范围内,福尔侃尔德的美学规范中最重要的规范也不能适用。这结果是因何而生的? 便是不注目于教育的活动与艺术的活动的本质的差异,而漫然地假定教育为艺术的原故。所以韦勃的主张,我们不能容认其为学术上的议论。美学能否为教育学的基础科学,大有疑议的余地。

(译者附记)我以前曾在《教育杂志》上介绍韦勃的《教育艺术论》。今读阿部重孝对于其教育学的基础科学的美学的非难,觉得也是有思虑的议论,就把它译出。所谓"教育艺术",原是韦勃的新近的教育主张,是否可以实行,在世间尚无确实的公评,正在讨究期中。这阿部重孝的意见,也是其讨究之一。

记以美育代宗教的思想家　金发[①]

蔡老先生年纪是六十二岁了,他一生以少年的精神,奋斗前去,至今以彪炳的思想,领导着中国的文化运动,是中外人所共仰慕的。——尤其是德国人——中国之有今日,间接是蔡先生努力之赐,他以美育代宗教之说,倡于八九年前,虽当时没有宏大的著述,以有系统地发挥,这个思想,然观其年来始终不懈地去提倡艺术,就可知他于此主张的坚决,但同时他看见中国物质文明之落后,又拼命的提倡科学事业,将来中国有科学以济贫乏,有艺术以维系精神,真唯一的光明之路了。他是哲学专家,对于美学有过《艺术概谈》,及《美育实施方法》等,他主张一个艺术家,要尽量自由研究,自由创造的,当我对他说坐在办公室里,无所事事,多半自己看书,或作文,他说那没什么关系,为社会做事则一也。这种见解,是无限新颖的,他自奉俭朴,精神矍铄,可以任劳耐苦,政治主张是以稳健为主,不偏私,不为己,为了党内的模范。

我第一次见蔡先生是在欧洲一九二一年,那时勤工俭学生失业,最危急的时

---

① 《美育杂志》第 2 期,1928 年 12 月,第 67—68 页。

代,蔡先生毅然的把华法教育会津贴断绝,很引起一般人的评论。回国后在沧洲旅社会见,以后又在我家里兀坐了两点钟,以塑雕刻,喝啤酒,可是雕刻还未做好,而老先生又到杭州去了。

随后我就去了汉口,但宁汉合作之际,我无端的为大学院之一分子了。因此得以朝夕亲炙,更认识先生人格之伟大。

我们都住在大学院里面,——一共住六人,——他住的是最高的楼房,我住的是一个富人特备以消夏的湖心亭,三面绕以水,水中有无数金鱼,房悉嵌以玻璃,左右有垂柳松竹,惜我在其中所消受的时光多在冬天,风雪为了我不速之客,我们每日食饭还是在一处,所食为西餐,每月二十五元,供养的材料还不错,蔡先生的胃口真健,有时我们食不完时,他还是绰有余裕,有时我们嫌韧的肉,他亦可以食之如饴,且喜饮酒,每饭不忘。又一次他与杨先生到下关去迎吴老先生,不值,转向清凉山去赏雪,移时汽车夫持老先生的名片回来,上书“请到清凉山赏雪,并携酒两瓶”。那天我们五人在那里冷风中玩了镇天,食素菜,照笑像。(先生因我之提议,第一次照有笑容之像,结果很高兴。)随后又到鸡鸣寺北望,久候杨先生之马,不来,我们好玩的求了几个签,老先生慨然出了十二铜元!

他每日时间多半销磨在开会的勾当上,晚间回来办理琐事,至早要十句钟始睡,但明晨六时又起来了,从无失眠或疲乏之态。我们常藉蔡先生之力,坐着挂车回沪,在车厢中正欲谈话之际,他已鼾声大作了。这是何等康健,明晨起来,他并不叫什么火腿,鸡蛋,咖啡,只从皮包中拿出自备的饼干,分给大家吃就此饿到上海。

我在大学院的职务,是代表他会客,每逢星拜三六,则成群结队地来等候福音,——求介绍差事,——常从三点钟至七点钟不断地静听那些国民诉苦,蔡先生虽说“容为留意”,实在办不胜办,一方面是因为蔡先生之介绍信最易得,最易见之故。

匆促的六个月又成过去了,以后惟有希望永远的亲炙先生的声欬,作我们后生的轨范。

对于实施民众美育的商榷　徐公美[①]

“民众美育”是目下很时髦的名词,实则他已经有悠久的历史,不过很少人去

___

[①]《上海特别市教育局月刊》第 1 期“扩充教育专号”,1929 年 3 月 1 日,第 10—13 页。

研究罢了。所谓民众美育,他虽然不像科学的实在;但决不是空虚的,抽象的,不易实现的。有许多人一谈到民众美育,便要发生怀疑,加以种种的推测,实则是根本上没有了解民众美育。因为如此,所以研究民众美育的同志,也只能在纸面上空吹;当然,更谈不到实施的问题了。

我这一篇文字,是讨论怎样去实施民众美育,是把个人平日的经验和从书本上得来的关于民众美育的概念,提出来同大家商榷,想从这一篇短短的文字,引起多数读者研究民众美育的兴趣,因而得到实施的方法;这便是我最大的期望啊!

"什么是民众美育?"在这里似乎还有说明的必要吧!所谓民众美育,照字义上讲,就是对民众施行一种美化的教育。(这种教育没有一定的方式,也不受时间和空间的限制的。)照实际上讲,就是民众的娱乐,但这种娱乐,是集合多数民众为娱乐的主体,所谓多数的集合,必为民众的,所谓娱乐,又必为美的,而且是一般的;假令某种娱乐,仅为少数人所能感到快乐或不能令人引起美感的,那么这种娱乐,便不能称做民众娱乐了。

有人以为民众娱乐,与教育的原则不甚符合,不得称为民众美育,这自然也有几分理由。不过我们要明白最近教育界的趋势,已经起了极大的变动,渐渐地由学校而注意到社会这方面来了!"社会教育"的声浪,于今已是高唱入云,研究的研究,实行的实行,纵其间难免有不合教育原则——姑且假定教育原则是一成不变的——的地方,但总不能说是坏现象吧?况且娱乐这件事,虽然没有教育的形式,而实际上却能使观众视听上俱起快感,说他是视觉教育听觉教育兼而有之也不算过分。因此我敢这么说,民众娱乐,就是民众美育;但民众美育,不仅单指民众娱乐:关于此点,暇当另做一篇论文,以申吾说。

我们晓得无论那一种教育,都有他的使命和作用,譬如民众体育,是在使每个人健康,民众教育,是在使每个人识字,民众美育的使命和作用是什么呢?概括说一句,便是"调和苦闷的人生,实现高尚的社会!"这因为民众旦夕劳动,如果没有适当的消遣,那末道德和体力都难进步,而势必陷于腐化或恶化之途。在我们中国——尤其是上海,民众多数做牛马般的工作,过机械般的生活,所谓民众娱乐,不是刺激淫欲的舞蹈,和伤风败俗的歌唱,便是叉麻将,打扑克。像这样的民众娱乐,不特不能调和苦闷的人生,实现高尚的社会,并且足以造成人生的悲惨,社会的黑暗!因此提倡民众美育,真是一件刻不容缓的事。

民众美育的重要既已如此,可是怎样去实施呢?实施的步骤到底应该怎样?这就是本文所要提出讨论而希望读者指示的!我以为实施的步骤,应该是(1)调查,(2)研究,(3)编辑,(4)训练,(5)实施。

（一）调查民众娱乐状况

我国民众娱乐的种类很多，即以上海而论，有说书，弹词，申曲，苏滩，魔术，戏法，京戏，新剧，跳舞，电影，大鼓，口技，四明文戏，三弦拉戏，的笃班，绍兴班等等，其中可以提倡者固不少，而应该改良的也很多。所以我们第一步便是要调查，根据调查所得，再把他分类统计，作比较的研究。

（二）研究民众美育实施法

我国创办新教育，数十年来，最欠注意最无系统者要算社会教育了；而社会教育之中，尤以民众美育最为落后。关于民众美育的参考书更是凤毛麟角，所以我们要研究他，实在感到困难，而事实又摆在我们的面前，不得不去研究。我以为先要设立研究的机关，罗致各项专门人材，作技术上与学理上的研究，而后实施的方法乃得产生。

（三）编辑民众美育丛书

现今民众娱乐的腐败，已是无可讳言的了！那么我们怎样去改善呢？我以为有两种办法：一是将各民众娱乐团体限期登记，分别奖励或取缔；一是将各项娱乐的材料（如京戏的剧本，新剧的幕表，苏滩申曲的唱本等）搜集起来，加以整理，斟酌需要，编辑民众美育丛书。这种编辑的最大目的，便是使每种娱乐都含有美的成分，而不背时代思潮，合乎民众美育的原则。

（四）训练专门人材

无论任何事业，如果没有专门人材，那么，有纸面上的理论，而于实际上并没有多大裨益的。至于民众美育，我们中国政府以前是不过问的。他们只知道求一己的快乐，譬如前清内廷供奉的优伶，是阶级的，贵族的，非民众。现在呢，训政开始，百废待举，这种人才，万分需要，所以我认为有设立民众美育学校的必要。这种学校，由国家或各省各市政府设立，专以造就民众美育的专门人材为目的。

再次，便是要举行大规模的运动，这个运动是推行民众美育必须的历程，他的意义如下：

（A）引起民众对于美育的注意与了解。

（B）制造美化的空气，以求高尚社会的实现。

就上海市而论,这种运动的成绩,逆料一定是很好的;不过我们要认识清楚,运动是一种手段,不是终极目的。我所谓的目的,便是一种治标的方法,即由政府设立一个大规模的民众美育院,里面表演各种高尚的娱乐,公开游览;同时对于私立的娱乐机关,负监督指导之责。至于民众美育院究竟应该怎样去组织私立娱乐机关怎样去监督指导,那是另一个问题。我只希望读者因了我这一篇短短的文字,而引起研究民众美育的兴趣,大家来讨论实施的方法。

小学校美育训练法　朱允宗[①]

一、美育的意义和目的

现在讲教育的,除去智、德、体三育以外,还有美育。这美育两个字,要把他下个定义,却是很难的。就现在推行美育的趋势看来,可说是普通教育中,满足美的生活的一种教育。我们知道人们生活的理想观念,有真、善、美三种;美育是帮助儿童实现美的理想观念的。他的目的:并不是要个个儿童都养成艺术专家;乃是发展儿童美的欣赏和美的创作能力。

二、美育的价值

美育的价值,的确是非常之高。现在缕述如下:

(一)美育可以陶冶儿童的性情。儿童的性情:有好、坏,有静、躁,有温和及暴烈。这或者出于先天的生成;但大概是由于后天的变化,因为习惯、风俗、水土、气候都能间接的影响于儿童的性情。如果使儿童终日苦闷、烦恼,无法陶冶,则好性情也要变坏,而坏性情变为更坏了。若要陶冶儿童的性情,厥惟美育。因为美育是使儿童的耳、目常常接触各项美术;和各项美术常常接触,他们就可以感到温柔善美的观念,虽是浮躁暴烈的脾气,也可以潜移默化,而为静雅温和的性情。

(二)美育可以使儿童的思想敏活。人的思想,与兴趣有关;兴趣愈多,脑筋愈活泼,而思想亦愈敏捷。美育能增进儿童的兴趣,活泼儿童的脑筋,即所以开发儿童的思想。

(三)美育可以坚强儿童的意志。吾人必意志坚强,方可战胜艰难,不受环境的支配,而为所欲为;否则受小挫折,遇小阻挠,就垂头丧气,改变初衷,何等痛

[①]《中华教育界》第 17 卷第 9 期,1929 年 3 月,第 1—3 页;又以《小学美育训练的理论和实际》为题载《小学教师》第 1 卷第 8 期,1939 年 11 月 10 日,第 267—269 页。两文基本相同。

心！但是这种坚强的意志，须在儿童时代养成之。美育有莫大的感化儿童的力量；如欣赏诗歌、音乐等，实能振作儿童的精神，鼓励儿童的勇气，增加儿童的毅力，而坚强其意志的。

（四）美育有裨于儿童学问的造就。美育可使儿童的思想敏活，已如前述；依此而推，美育也能使儿童的学问，易于造就。因为儿童的求学，全靠着有敏活的思想，方能成功。照我们的经验：每在美的环境之中，心里感到快美的时候，不论读书、作文、写字，每觉易获进步，就是这个道理。所以善办教育的，无不注意美育，以引起儿童们的美感，促进其求学的效率。

（五）美育可以培养儿童的道德。道德为人生的必要，但人生道德发自美感的实属不少。美育能扩张儿童的美感，自然也可以培养儿童的道德。

三、美育训练实施法

美育的价值，既如前述；那么小学校里对于美育训练，可以不大加注意吗？现在我再把美育训练的实施法一一说来：

（甲）教授方面的美育训练。一般儿童，对于研究科学，总是兴趣索然，这是因为科学方法，头绪纷繁，枯燥乏味，实在也难怪他们。但是只要教师在教授时，注意于美育训练，就可以弥补这个缺憾的。譬如教授自然：如果只向学生说某种植物形态怎样；某种动物如何生长，有何兴味？假使说这种植物有怎样美丽的花冠，可以引诱昆虫帮助传种；那种动物有什么颜色与声音，和他生理上有何关系，就有兴味了。教授算术：如果叫儿童死记数目；度、量、衡、名词等，有何兴味？如果拿实物来观察使用，或是以种种图表及比较方法来说明，就有兴味了。这不是别的，就是美育作用。还有对儿童作品，应该任儿童自出心裁，争奇斗巧；断不可拿自己的意思，或其他固定模型，去强迫他们做，戕贼他们的本能，消灭他们美的技艺。

（乙）管理方面的美育训练。现在小学校中往往以管理儿童的一个问题为最困难，我想担任管理的人，不明白正当的处置法，也是一个大原因。我说凡是一件事情发生，向儿童作训话，与其问儿童"该不该""是不是""愿不愿"，不如说"好不好"。照理论上说，意志教育，本来是很重要的；但是儿童是偏重感情的，假使不因势利导，而一味严词厉色希望以威权理解去折服儿童，往往恶感横生，不可收拾，反不能收管理之效。

（丙）课外组织方面的美育训练。小学校里，课内时间不多，又为种种规则所限制，儿童不能充分受美育的训练，最好提倡课外组织，越多越好。因为各种组织，可以使儿童们自由发展他的本能，养成种种办事的能力；而其中更有关系的,就是无形中得到许多的美育训练。因为儿童感情丰富;兴致勃发的时候,抑制也抑制不住,劝阻又劝阻不住,不如因势利导的好。譬如:有些儿童欢喜说话,就组织演讲会,磨练他们语言的美;有些儿童喜欢演剧,就组织新剧团,磨练他们表演的美;有些儿童喜欢唱歌曲、弄乐器,就组织音乐会,磨练他们音乐的美。总括一句:做小学教师的,应该诱掖儿童,尽量发挥他们的天才,各尽其美就是了。

(丁)设备方面的美育训练。小学校里的设备,和美育训练,大有关系。如果小学校的校舍明净;于教室中择相当位置,悬挂精美的图画;更辟学校园,遍植花草树木,豢养鸟兽虫鱼;使儿童在学校里,感官所接触的,都是优美和谐的东西,不但觉得生活愉快而不枯燥,就是正当的、美的好尚,也可以渐渐养成。而且儿童感触了活泼而优美的印像,对于创作方面,也很有帮助的。

四、结论

综上所述:是个人一孔之见。如有谬误之处,祈读者进而教之焉!

城市学校应普及美育　茺绥[1]

杜威说:"教育的进行,最要紧的,就是设备环境。"又说:"环境这名词,通常用作科学上一个专门名词,在进化观念上很重要。凡属有机体——有生命的东西——一方面必须有环绕他四围的东西,以维持他的生活,他方面,这些围绕生物的东西,又能影响该生物之活动。人类既是生物之一种,也不能逃免环境之影响。"英国教育家斯宾塞在《社会的静止》(Social Statics)里说:"只要人互有关系,虽则有阶级和贫富的差别,不能阻止他们的同化。倘使他们和野蛮人住过一些时,他们就成为野蛮人;倘使他们朋友都是奸诈的,他将变成奸诈的人;倘使他的同伴都是很慈爱的,他就变成善人;倘使住在文人中间,他就变成文人了。"

我们觉得环境是这样的要紧,我们就要设备善的环境无疑。然善的环境是什么,我们要设备善环境,从什么地方着手? 我便可以满口答道:是"艺术"。

我们人类是生活于什么? 我可以以梁任公所说的答道,是生活于"有趣味"。这句话,是确实的,并不是言过其实的。文明的民族,自不待说,就是野蛮的民族,也是生活于有趣味的。

澳洲土人,他们也是旅行,并且带一个袋鼠皮的行囊,里面必有红黄白三种颜色,每日必在面部肩部胸部点几点。澳人也有舞蹈,并且他们举行的地方,是

---

[1] 《湖南教育》第 8 期,1929 年 6 月 30 日,第 1—5 页。

丛林中空地,或者是村舍;他们的时间,总是在月夜,又点上火炬,与月光相映,可见他们也是选择美的环境。

至于孩童方面,假如他终日枯枯的坐着,一定就会嚎天大哭起来;倘使有美丽颜色的东西,与有好听的声音,他就专意的去寻它,并且还很欢喜的手舞足蹈起来。

野蛮民族和小孩子,都是这样的生活于有趣味,何况我们文明的人民呢? 所以玛利亚,俾洛,都说:"艺术的目的是快乐,这种快乐,算是高尚的道德。"可以知道趣味即艺术,艺术即是高尚的道德。

二十世纪的科学,可说是发达到极点了。人人总是拼命的倾向智理,力求科学的发达,机械的成功,而科学家高高的标榜其主义说:"我们是推究唯一绝对的智的真理,真理阐发了,人生问题才能解决。"可是真理是没有底的,科学家把原质分析了再分析,一植机械,改造了再改造,却不能有一个止期。真理若是长长的发达,人类已都是机械的,奴隶的,面黄肌瘦,寿命短促,或许是成了世界上的最凶悍者,已无人性,不过是宇宙的一种相食的动物了。

我们不可述于真理的努力,我们要寻求我们的生命,人类之所以在宇宙上占莫大之位置,为万物之灵者以此,我们不寻求宝贵的生命,而努力于死呆的真理,以至陷弱于将来的这样危险,不可惜吗?

德哲 Chon 有云:"人类精神活动有三,一曰智理,二曰艺术,三曰道德。所以他们分做智育,美育,德育,是三种平均注重的。"

总括上面看来,欲学校有善的结果,就要设备善的环境;要设备善的环境,就是艺术。我们虽不能专力于艺术,至少也要如德哲 Chon 艺术占三育之一,与智育平均。但是我们中国是有影响学生的美术(即美育)与否,我可以说是没有。我们简单地说来——

家庭:下流的家庭,固无美育之可说,即上流之家庭号称智识阶级者,恐怕也未必可以讲得上美育。他们甚至于拘束儿童,苦恼儿童,及将种种不适合于美育上的事情,加诸儿童,使儿童犯不正当,不道德行为的罪名——如果呆板板的压迫驱使及酗酒,赌钱等不良的习惯,不胜枚举。

学校:现在城市中的学校林立,看来可以算是发达,虽到有音乐图画手工跳舞等等的设备,而校址每在混浊的空气中,校舍的建筑,以及所有的设备,无非是因陋就简,也谈不到变化,比例,节奏,均齐,对比,增高,调和等的美的本质上来。

公共艺术:博物馆,动物园,植物园等,虽间有不完备之设施,然亦寥寥无几。

美术馆,可以说是没有,公园,虽间有一二,然亦未必适合美术的条件,且设备简单,购买门票有费,使一般平民之劳动者,不得其门而入。艺术讲演所,及音乐会等,也有设立的,但多漠视不注意,且亦不过供一二资产之玩物,而无普及平民之性质。

以上所述的,在乡村中,虽然也是没有美术的设备,但是还有几幅自然的风景和新鲜的空气,时时陈列在我们的眼前,可以随时赏玩,得到精神上的娱乐。乡村即备有优于城市之天然风景以为救济,所以在城市中之学校尤非注意美育不可。

现在欧西各国,提倡美术,诚极一时之盛。社会上一切的设置如建筑之宏壮,道路之整齐,树木之畅茂,空气之新鲜,男女服装之调和清洁等,博物园,动物园,植物园,公园,音乐场,美术馆等等之设备完善,布置合宜,使人民于闲暇之余,到处都可自由游览,既可消除苦闷的印象,恢复疲倦的精神,复可以代替我们的不正当不道德的行为,于我们人类的道德上,智识上,诚有莫大的利益。所以开欧美今日的盛强,有色人种莫与之匹者,都是注重美术之故。

我们晓得欧西各国,是这样的极力提倡美育;而我们中国,以有限的脑力宝贵的光阴的儿童,均使之堕入不正当,不道德,无智识而瘦弱的路途,以博得这病夫之称,这真不惭愧吗?

所以现在对城市学校教育,是十二分的盼望注重美育的,我现在略陈一二小小的条件,以作一个不要紧的贡献于下——

1. 家庭。家庭只要设备整洁,能合得调和,变化,均齐,节奏,统一等的美,并废除烟酒赌博……等等不良品,使触目可以兴发和活泼儿童疲倦的脑筋罢了。

2. 学校。建筑不可简陋,须有宏壮的校舍,方能成立庄严学府,这是唯一的条件。空气固要新鲜,设备亦须完善,并且应注意绘画,音乐,手工等学科,使了解美术,尤应注意野外旅行,既可呼吸清新空气,又可领受自然美景。

3. 公共艺术:暂分博物馆,动物园,植物园,美术馆,公园,广告等:

A. 博物馆。我们要一入博物馆,就如神游古今中外各国一样,就发生美感上的快乐来,且可于无形中,得认识许多物件。

B. 动物园,植物园。我们要入了动物园,植物园,便如小孩子之活泼状态,于游戏之中,得到很多的智识。

C. 美术馆。现在设立美术馆,可购买模型雕刻,摹仿之画幅,原物的照片等以应急需。

D. 公园。公园不可用门票,且宜广设,庶人民得随地自由出入,领受自然界的愉乐，以调和人间一切干枯之生活。

E. 广告。路傍的广告，最易惹人注目，并且它最有普遍性，无论何种下流的阶级幼稚的孩童，都可赏受。盖优良之广告，含有文学或美术或道德或智识之性质者，对于任何人之精神上，能收相当之效果，故不可不注意也。

此外，还有几点，也应注意，再分述于下：

A. 设立艺术讲演所。使人民了解艺术，及研究的门径。

B. 设立音乐会。现在德国，有音乐国之称，他关于音乐集会，四处林立，这四境之内，无时不闻管弦之声，所以到处可以发生听觉的美感，到处可以消除一切苦痛悲哀，恢复快乐的精神，以至开日尔曼强悍的民族性。我们现在是没有这种设立，自应广为设置。

C. 改良建筑。凡街道桥梁房屋交通机关等等建筑，均应注意艺术的趣味。

D. 培植树木。树木是有自然之美的，并且能润泽和调和空气，使人一身觉得清爽，有无限愉乐的精神。凡道路旁边及隙地等只要能够植树的地方，均应广广的培植。

E. 改良平民生活。平民的日常生活，它是时时和平民接触的，这种生活是应当用适合艺术的方法改良之。不过英教育家斯宾塞所说的："虽则有阶级和贫富的差别，不能阻止他们的同化。"对于改良平民生活，是有自然界限，有点难罢！

F. 提倡旅行。城市是人民稠密的地方，生活习惯，常与田园风味隔开，欲使疲倦的精神恢复，莫如郊野旅行。无论这途远近，登山临水，都是好的，斗草研花，也可增加儿童的一点智识。法国紫尔曼说："教育的目的，在养成健康快活，有理想的良善人格，增进个人和公共的幸福。"旅行既可得到新鲜空气，吸收知识，增进健康，不是一举数得吗？

我写到这里，我仿佛听见上帝在叫道：

"人们的光阴，是水般的滔滔下出，不复返了！髫龄呵！不可再了！

这枯燥烦闷的社会，宝贵的髫龄，不可任这社会的无情消磨，我们要寻求着天国的欢乐的美园。

社会呀！总是日日的进化，生活也日日提高，人类没有高超的学业，莫能占一空闲于这宇宙上，白驹是容易过隙的，儿时不再了，这时不学点能力，再没有光阴了！

努力呀！

建设你欢乐之美园，

寻求你伟大之学业,

你要在欢乐的园中,努力你的学业,

大家起来呀！快来建设！"

一九二九,五,于华中美专

美育上之图画科的认识　青伯①

图画一科为教育上形象学科之一。形象学科,即对象于自然,而基于自然之形与色以表现其自己之思想感情。其目标,在美之创作。故凡艺术若忘却创作,单作外形之摹仿,而与内心无相联者,在美学上无何等之价值。内心,是藉物质的形态,而起一种冲动,以表现其自己之纯真的实相表现。今日之形象科学,亦因此以影响,是求其各自之美的活动,各自之美的建设。

人类人格的完成,是靠真善美三者之调济,固勿论,而美育上之形象学科,是占人类教育上之一重要机能,又早为人们所公认。我国之形象学科,还是在幼稚时期,以为形象科学,是一消遣物,其认识往往偏于技巧,趋于画面之外表的形式,徒以外面之巧拙为批判,殊与美育的本指相差很远。

要之,美育的本指即以对象为中心,使之见其某种之美的鉴赏,觉悟其某种之美的表现,描写于对象,即藉对象以发表其自己之意志情感。故美非徒以客观的态度而表现,要靠主观的内心活动,才有创作。

现今唱艺术教育论,与自由画论等等,皆由客观而移于主观,为使其本能的发展,内心的向上,陶冶其观察,与认识表现三者之美化(知情意)完成整个的教育,整个的人类人格。这是教育界所重视,而为今后之人类生活的新生命。

体育和美育　友芹②

近来我自己常觉得精神不够用,记性也不好。细想这是甚么原因呢？这不过是消耗精神脑力太厉害了,以致如此。慢慢想到怎样使后来的儿童们免去这种现象,我觉得只有讲求"体育和美育"最为合宜。

小孩们身体若没有病,他们的精神就特别的富余,所以一③到晚总是很快乐

---

① 《台中半月刊》第9、10两期合刊,1929年7月1日,第2页。
② 《农民》第5卷第11期,1929年9月11日,第1—8页。
③ 此处似漏"天"。

的玩耍。到了十几岁,被社会上种种坏事的薰染,引动了烟酒的嗜好和男女的情欲,不知不觉把身体精神弄坏了。等到作事的时期,真就作不成甚么大事业,无论怎样补救也不容易恢复了。

趁着他们身体正好的时候,叫他们把富余的精神去练武,没有发动嗜好和情欲的工夫。这样,他们的身体精神还会不好吗?

时常给他们机会去看天然的美景,听雄壮的音乐,学写画的技能,过安静的生活。他们不知不觉把身心调养得很平静,把志气培植得很高洁。这样,将来到了作事的时期,必定精神充足,记性极好。

在许多书报上看见些位教育名家的学说,跟我这点拙见都是暗合的,所以今天写出来给我们乡间父老们作个参考。

美育代宗教　傅镕①

"美育代宗教"这个问题,从前北京大学校长蔡子民先生,已经主张过了。自约翰尔(J. S. Mill)的实利主义提倡于英国,孔特(Comic)的实验哲学提倡于法国,社会的制度,人们的思想,为之一变。最近德国科学大兴,物质文明,造乎其极,大凡政治上、经济上、教育上……等等,没有一样不集中于实际问题。我们中国,虽然为物质文明落后的国家,到现在人们的思想,大大受了各国科学的影响,对于那种祭天神而救水旱,诵孝经而退黄巾的迷信,也渐渐觉悟了。现在社会教育,蓬蓬勃勃,一日千里,对于宗教的迷梦,自然不攻自破。但是我从宗教过去的历史看来,大乘说哲理,劝人五戒,小乘说地狱,教化愚人,匡救人心,回头善念,有时亦可以补法律之穷。不过现在民智大开,物质文明,事事讲求实际,人心趋向,固不能沿用过渡的神权来宰制。所以从前看作神圣不可侵犯的宗教,到今天一钱不值了。惟人心散漫无所归宿,却又不是前途的乐观。因此,我们不得不拿出一种相当的东西来承继宗教。

宗教可以劝人为善,而美育亦可以感化人心。宗教含恫吓引诱迷信的流弊,美咧,是很纯洁的,是很自然的,就是它感化人的力量,也比较宗教来得普遍。信仰宗教,必定要经过第三者的介绍,信仰美,这是先天带来的本能。比方一朵好的花,无论何人看见,用不着第三者的介绍,自然而然会信仰它的。又比方一张美丽的图画,无论何人看见,也用不着第三者的介绍,自然而然会信仰它的。褚

---

① 《新闻报》,1929 年 10 月 2 日第 12 版,原文为句读。

民谊先生曾说过美育的重要,他提案中说:"……广设美术馆、博物院,及一切美的建筑,此视官之美的满足也;设音乐院,提倡音乐唱歌,广建剧场,改良戏剧,此听官之美的满足也;改良市政,修除道路,广植花木,排除恶秽,使吾人日生活于芬芳清洁中,此嗅官之美的满足也;饮食适宜,烹调合法,无不洁之物,得摄生之要,此味官之美的满足也;衣服装饰,起居沐浴,整齐雅道,温凉得宜,此触官之美的满足也。凡此五官,皆能美化,则精神愉快,自不待言。消极的既足以调和工作之烦闷,积极的即可出其晦豫,为科学艺术之发明……"佳论名言,实在是改造社会的先觉。倘使能够实行,则人人都有愉快生活,至于那种鄙陋龌龊的行为,自然不去干了。在社会可以防止恶人,在个人可以涵养德性。

现在对于"美育"多是当作一种奢侈品看待,还没有十分注意。所以到处的戏剧,都很简单的音乐,鄙劣不堪。至于美术馆、游乐场等美术的建筑,真是凤毛麟角,很少很少。街路上垃圾缤纷,秽气触鼻;人家门上,总算贴了几对极无聊的春联;店铺里面,卖着几张极恶俗的花纸。像这种环境中讨生活,那里能够涵养德性,引起大家高尚的感情哩?我看三民主义中的民生问题,除了"衣""食""住""行"而外,还有"乐""育"两个问题。乐的问题,就是美育。所以美育不但代替宗教来感化人心,而且生存问题的当中,又为必要之原则。我记得梁任公学术讲演集上说"倘使生活全内容中把'美'的成分抽出来,恐怕便活得不自在,甚至活不成"。照这样看来,美的价值,简直和"衣""食""住""行"一样重要呢!现在正值宗教破产的时候,人心皇皇,无所归宿,我十二万分的愿望,同胞们,快快将提倡宗教的精神,转来提倡美育,这是多么的可庆的一椿事!

美育与德育　张雪杨[①]

往日哲学之思想,不能脱宗教之羁绊,重精神而贬肉体,尊理性而抑感觉,故由感觉而得之美,未有不受排斥者也。然自近世以来,心理学为长足之进步,其研究之结果,谓人之本性,除德性、智力外,犹有美性为人生本性中极有势力之一种性质,必与德性、智力同等发达,人格始能完全。换言之,即完全人格除德性、智力外,犹必有相当之美始可。于是教育方面,于向来所谓德育、智育、体育外又增加以美育。美育者所以陶冶吾人之感情,使有高尚纯洁之习惯,而同时又使人我之见,利害得失之念,逐渐消沮者也。盖以美育为普遍性,凡人之所同然,决无

---

① 《蜜蜂》第 1 卷第 2 期,1930 年 3 月 21 日,第 10 页,原文为句读。

人我之见参入其中。衣食之为我用者,不能兼为他人所用,以其非普遍性也。若美则不然,江上之清风,山间之明月,耳得之而为声,目击之而成色,用之无尽,取之不竭,我游焉人亦游焉,我无捐于人,人亦无捐于我也。所谓独乐乐不如与众乐乐,美之有普遍性可知矣。美以普遍性,故不复有人我之见,亦不能有利害之关系,是所谓美之超脱性也。牛马所以供驱策也,然未有见戴嵩所画之牛、赵子昂所画之马,而起服乘之想。美色人之所同好也,然决无见一幅新洛图而顿作周昉秘戏图之想者,盖美之超绝实际也如斯。美育之有普遍性超脱性既如上述矣,故于教育上用之当,皆足破人我之见,去利害得失之计较,以之陶冶性灵,使日臻于完美,是即美与善一致之明证也。抑尤有进者,所谓正大光明之德行,莫不为人所赞叹也。其所以令人赞叹者,亦惟其有美术之性质,以刺激人之美感耳。故凡规律秩序之习惯,高尚优美之行动,虽皆属于道德之修养,亦即为美性之表示。最显著者如仪容服装之端庄整洁,以及言语进退之练习,由实行方面观之,属于德育,又由其装饰人格方面观之,则属于美育。夫美与善虽未尽一致,然对于道德之感动及对于美术之感动,如能修养至全相一致时,则对于道德必成乐而为之之状态。至对于道德乐而为之之状态,始为人格陶冶之极致,亦即教育目的之终局。而欲达此目的,惟有注重美育之一法。是故德育应与美育相连贯而未尝可或离者也。

二十五年来中国之美育　蔡孑民[1]

美育的名词,是民国元年我从德文的 Ästhetische Erziehung 译出,为从前所未有。在古代说音乐的,说文学的,说书画的,都说他们有陶冶性情的作用,就是美育的意义;不过范围较小,教育家亦未曾作普及的计划;最近二十五年,受欧洲美术教育的影响,始着手于各方面的建设,虽成绩不甚昭著,而美育一名词,已与智育、德育、体育等同为教育家所注意,这不能不算是二十五年的特色。今把具体的事项,分别叙述于后。

(一) 造形美术

(甲) 美术学校
现在国立的美术学校有二,私立的各地多有,但在教育部有案可稽的很少,

① 《寰球中国学生会廿五周年纪念册》,1930 年 5 月,第 1—8 页。

而一时亦未及征集概况,大抵是二十五年以内次第设立的,要以上海美术专门学校为最早。

(子)私立上海美术专门学校。民国元年十一月,武进刘海粟设上海图画美术院于上海乍浦路,发表宣言如下:

　　一、我们要发展东方固有的美术;研究西方艺术的精英。

　　二、我们要在残酷无情、干枯、堕落的社会里,尽宣传艺术的责任,把固有的创造精神恢复。

对于创造美术学校的旨趣,可称扼要。是院于二年三月开课,仅设绘画科两班,学生十二人。是年七月,于正科外设选科。三年,改绘画科为西洋画科。四年一月,增设艺术师范科。九年四月,更名上海美术学校,规定设中国画科、西洋画科、工艺图案科、雕塑科、高级师范科、初级师范科,凡六科,学生三百人。是年六月,设暑期学校,兼收女生。十年八月,奉教育部令,定名上海美术专门学校。十二年五月,建西洋画科新校舍于徐家汇路,十二月,改中国画科为中国画系。十三年,改造师范部校舍,改高等师范科为艺术教育系,同时开办雕塑系。十四年十月,建存天院为西洋画教室,并于第二层楼设存天阁,陈列古物名画,是时雕塑系无学生,停办。十九年开学时,有中国画系、西洋画系、艺术教育系、音乐系四系,学生五百人。

(丑)国立北平大学艺术学院。民国七年,教育部始设北京美术学校于北京西城,设绘画、图案两科,以郑锦为校长。九年,设专门部之图画、手工师范科。十一年,改称北京美术专门学校,设国画、西画、图案三系,并图画手工师范系。十四年,刘哲、陈延龄相继长校。十五年二月,又改名国立艺术专门学校,增设音乐、戏剧两系,以林风眠为校长。十六年十月,风眠辞职。十七年,编入国立北平大学,名艺术学院,以徐悲鸿为院长,旋即辞职。以北平大学副校长李书华兼院长;恢复音乐、戏剧二系;增设建筑系,改图案系为实用美术系;合国画、西画两系,共成立六系,男女学生三百五十名。十八年八月,教育部令改为北京艺术专科学校,因校中延未改组,部令自十九年度起,停止招生,逐渐结束;在结束期间,暂用旧名,隶属国立北平大学云。

(寅)国立杭州艺术专科学校。民国十七年三月,大学院设艺术院于杭州,得浙江省政府的许可,以西湖滨之罗苑为校舍,不足,附加以照胆台、三贤祠、苏白二公祠等。以林风眠为校长,设中国画、西洋画、雕塑、图案四系。而外国语用法文。秋,合并中国画、西洋画为绘画系。其所用标语为:

　　介绍西洋艺术;

整理中国艺术；

调和中西艺术；

创造时代艺术。

甚合于吾国现代艺术教育之旨趣。十八年十月,奉教育部令,改为美术专科学校。开学时,学生不过六十人,现已增至二百二十六人。开学时,校中设有研究班,为本校教员及已在美术学校毕业而更求深造者的共同研究的机关,近因与专科学校规程不合,殆将停办。又兹校自十八年度起,规定无论何系学生,第一年均习木炭画,即预备于绘画科中专习中国画者,亦从木炭画入手,为将来改进中国画之基础云。印有《亚波罗》月刊。

（卯）国立中央大学教育学院的艺术教育科及艺术专修科。艺术教育科分国画、西洋画、手工、音乐四组,均四年毕业。艺术专修科分图画、工艺、音乐三组,为培养中等学校师资而设,三年毕业。本科以李祖鸿为主任,以吕澂、徐悲鸿、唐学泳等为副教授。

（辰）中国画学研究会。此会为民国七八年间,周肇祥、陈衡恪、金绍城等所发起;九年,成立,设在北京达子庙欧美同学会。会员三十余人,分人物、山水、花鸟、界画四门。其教授,以精研古法、博择新知为主旨。研究员,不分男女,以能画及经有正当职业之人介绍,以作品送会审查,认为可以造就者为合格,五年期满,成绩优良者,给证书,升充助教。十一年,迁会所于中央公园。现任会长周肇祥。北京画界前辈,多任评议员。有研究员二百余人。研究员升充助教者二十余人。其研究毕业而在各学校充教员、导师及组织美术团体者颇多。曾开成绩展览会七次。发行《艺苑旬刊》。

（巳）艺苑的绘画研究所。十七年十月十日,江小鹣、张辰伯、朱屺瞻,王济远等设绘画研究所于上海林荫路之艺苑。他所发表的旨趣是:"增进艺术旨趣,提高研究精神,发扬固有文化,培养专门人才。"科目先设西洋画,分油画、水彩画、素描三科。人数以三十人为限。（一）研究员十五人,容纳一般画家自由制作。（二）研究生十五人,对于绘画有深切之嗜好者,共同习作。

（乙）博物院

最近期间,各地方多有古物保存所之设立,使古代美术,不致散失,且可备参观者的欣赏。但规模均小,其内容较为丰富的,是北平的古物陈列所与故宫博物院。

（子）古物陈列所。成立于民国初年,设于乾清门外之太和、中和、保和及文华、武英等殿,以奉天、热河两行宫之物品充之,书画占最多数,更番陈列,其他磁、漆、金、玉之器亦为外间所寡有的。

（丑）故宫博物院。成立于十四年十月，设于乾清门内各宫殿。分中东西三路。中路有乾清官、交泰殿、坤宁宫，再后为御花园，亭台楼阁甚多。东路为景仁、承乾、锺粹、延禧、永和、景阳六宫，其南为毓庆宫及斋宫。红墙外有奉先殿。东北有玄穹宝殿及库房等。西路有永寿、翊坤、储秀、启祥、长春、咸福六宫。其南为养心殿。西六宫之北为重华宫，西为建福宫，建福宫南为抚辰殿、延庆殿。再南为雨花阁。雨花阁后为西花园。红墙外，东面为外东路，有宁寿宫，其西北角有山石园林之胜。西面为外西路，有寿安、寿康、慈宁等宫殿，再南有慈宁花园。故宫的建筑及园林，均有美术的价值，昔为清皇室所占有，自十四年后，次第开放，公诸民众。

至于宫中的物品，除书籍及档册外，美术品甚多：

（天）书画。书画之大多数，存于斋宫及锺粹宫两处，共八千余件，多为唐宋元明真迹，其他散于各殿庭者亦不少。中如王羲之快雪时晴，怀素自叙，过庭书谱，吴道子画像，宋徽宗听琴图，郎世宁百骏图等，皆其特出之件。

（地）陶磁。陶磁当以景阳宫及景祺阁两处之收藏品为最精。中国古代名窑之磁，应有尽有，数约六千余件。清磁如所谓古月轩者存于乾清宫东廊，库房及养心殿，亦有数百件。此外各宫收藏及陈设之陶器，不下数十万件。新磁及日用之官窑，尚未计及焉。

（玄）铜器。古铜器为散氏盘，新莽嘉量，均为世间不可多见之物。此外商周彝鼎著名者数百件。余如汤若望、南怀仁等所制之仪器，多有存者。

（黄）玉器。玉器中以宁寿宫、乐寿堂中寿山福海及镂刻大禹治河图之白玉山，乾清宫之大玉钢及玉马为巨制，其他小件，或以润泽胜，或以镂刻见长，数亦以万计。

余如琥珀、玛瑙、珊瑚及各种宝石、象牙之匜洗壶尊，间有质薄如纸，外有镂空玲珑花鸟者，或有用整料镂分十数层者。此外番经番佛，尤无量数。古砚、笔墨、缂丝及景泰蓝屏障等亦多精品，且有宋元之物。印有《故宫月刊》。

（丙）展览会

美术学校与研究所均为培养美术家而设，本没有直接普及民众之目的。较易普及的，是展览会。北京自美术学校设立后，时有团体与个人的展览会，上海亦然，其规模较大者有二：

（子）艺术大会。是会为北京艺术专门学校校长林风眠等所发起，除造形艺术外，并包有音乐、戏剧，于十六年五月十一日开幕，出品在三千件以上，并有音乐演奏及五五剧社、形艺社及青年俱乐部的演剧,有海灯、糊涂、西洋画会、形艺社、五五剧社、漫画社、四川艺术学社等特刊,而北京各日报,如《晨报》《世界日报》等均特辟画报,可谓备宣传之盛。至六月三日,始闭幕。

(丑)全国美术展览会。十六年冬大学院设艺术教育委员会,委以全国美术展览会之筹备。十七年十一月,因大学院已改组为教育部,兹会即隶属于教育部。教育部又别组委员会办理之,会场设上海普育堂,十八年四月十日开会,一个月而毕。所陈列的,第一部书画,一千二百三十一件;第二部金石,七十五件;第三部西画,三百五十四件;第四部雕塑,五十七件;第五部建筑,三十四件;第六部工艺美术,二百八十八件;第七部美术摄影,二百二十七件。又有日本美术家出品八十件。每日并有收藏家分别借陈之书画。于开会时出《美展》三日刊,会毕后有正书局印有《美展》特刊,分古今两册。此次展览,每一人之作品,在每部中以五件为限,故陈列品之数止于此;而其中以国粹的书画占过半数。又以我国尚未有美术馆以陈列古代作品,故乘此机会而为一部分的展览,正是过渡时代的现象。

此次展览会中虽有建筑一部,所陈列的,并非都是创作,其中创作的几种图样,大抵纯粹的欧美式。十余年前,有美国建筑家颇以欧美式建筑,与吾国普通建筑的环境,不相调和,引为遗憾,乃创一种内部用欧式而外形仍用华式的新式,初试用于南京的金陵大学与金陵女子大学,继又试用于北平的协和医院及燕京大学,最近则首都铁道部新建筑亦采用此式。以金陵女子大学为最美观。

(丁)摄影术

摄影术本为科学上致用的工具,而取景传神,参以美术家意匠者,乃与图画相等。欧洲此风渐盛,我国亦有可记者:

(子)光社。设于北平,十二年陈万里、黄振玉等所发起,初名艺术写真研究会。十三年改名光社,吴郁周、钱景华、刘半农等均为重要分子,每年在中央公园董事会开展览会,观众在万人以上。十六年出年鉴第一集,十七年出年鉴第二集。

(丑)华社。设上海,成立于十六年,曾开展览会数次,印刷品有社员郎静山摄影集。

(寅)摄影杂志。上海天鹏艺术会印有《天鹏摄影杂志》。

(戊)美术品印本

(子)书画摹印。摹印古代书画,始于邓实的神州国光社,文明书局及有正书局继之,其后商务印书馆与中华书局都有这种印本,并于碑帖画册以外,兼及屏联堂幅,于是向来有力者收藏之品,得以普及于民众。其专印新式图画及雕刻的,有李金发所编的《美育杂志》,已出至第三期。

(丑)图画期刊。以图画为主,文字为副,定期刊行的,始于良友图书公司之《良友》,自十五年起,现已出至四十余册。继之而起的,有《文华》与《时代画报》等。又日报中有《时报》者,每日均有《图画时报》。

(二) 音乐

(甲)音乐学校

民国十六年十月,大学院始设国立音乐院,以蔡元培为院长,萧友梅为教务长。十八年七月,教育部修改大学组织法,改组音乐院为音乐专科学校,以萧友梅为校长。校中设预科、本科,并附设师范科。本科分理论作曲、钢琴、提琴及声乐四组,初学各生入学后第一年内不分组。又有选科,专为对于音乐曾有研究、欲继续专攻一门者而设。

(乙)传习所

当音乐院未成立以前,民国八年,北京大学学生设有音乐研究会,由大学延请导师,指导各项乐器的练习。十一年秋改办音乐传习所,先设师范科。十五年夏,第一班学生毕业者十二人。十六年,刘哲长教育部,传习所停办。

九年,北京女子高等师范学校设音乐科,以萧友梅为主任。十三年第一班学生毕业。是校改名女子师范大学,复招第二班音乐科学生,十八年毕业。

(丙)国乐训练

北平国乐改进社,为刘天华等所设立。

上海大同乐会,成立于民国八年,为郑觐文所创设,自制古乐器,已有八十种,考定而待制者,尚有六十余种。取古代著名乐曲如霓裳六么等,详细探讨,实施演奏。又改编铙歌、大予等乐曲,为国民大乐十二章,已熟练者五章;一曰《大中华》,二曰《神州气象》,三曰《一统山河》,四曰《锦绣乾坤》,五曰《风云际会》。其所养成之会员百余人,以习古琴、琵琶者为最多云。

(丁)演奏会

十二年,萧友梅召集前海关管弦乐队之一部加以训练,在北京大学及其他各校先后演奏管弦乐,凡四十次,颇受北京人之欢迎。

上海自音乐院成立以来,曾举行教员演奏大会二次,学生演奏会七次,本年,又由一部分教员组织细乐演奏会,每月举行一次。

（戊）音乐杂志

九年一月，北京大学之音乐研究会编印《音乐杂志》，十一年停办。十七年一月，国乐改进社又编印《音乐杂志》。十九年，音乐专科学校编印《乐艺》季刊。

（三）文学

（甲）新文学概况

文学革命的风潮，托始于《新青年》。在二十五年前，曾有一时期，各省均办白话报，以林獬（后改名林万里）、陈敬第等所主持之《杭州白话报》为最著，然当时不过以白话为通俗教育的工具，并不认为文学。自《新青年》时代，胡适、陈独秀、钱玄同、周作人等始排斥文言的文学，而以白话文为正宗的文学，其中尤以胡适为最猛进，作《白话文学史》，以证明白话的声价，于是白话散文，遂取向日所谓古文者而代之。至于白话诗与剧本，虽亦有创作与翻译的尝试，但未到成熟时期，于社会尚无何等显著的影响。最热闹的是小说。第一，是旧小说的表彰。如《水浒》《红楼梦》《儒林外史》等，都有人加以新式评点，或考定版本源流。唐以后的短篇，宋以后的平话，或汇成丛刻，或重印孤本，都有销行的价值。第二，是外国小说的翻译。林纾与魏易等合译小说，是二十五年以前的事，不过取其新奇可喜而已。最近几年，译本的数量激增，其中有关系之作，自然不少，如《少年维特之烦恼》《工人绥惠略夫》等影响于青年之心理颇大。第三，是文学家的创作。此时期中，以创作自命者颇多；举其最著的，鲁迅（周树人）的《呐喊》《彷徨》等集，以抨击旧社会劣点为目①的，而文笔的尖刻，足以副之，故最受欢迎。而矛盾②（沈雁冰）的《动摇》《追求》《幻灭》，亦颇轰动一时。新进作家最有希望的沈从文著有《蜜柑集》等，也是被人传诵的。

（乙）文学的期刊

最近十年，发行的文学期刊甚多，有目的不在文学而专为一种主义之宣传的，往往不久即停。今举纯粹文学的而且印行较久的如下：

（子）《小说月报》。为文学研究会郑振铎、沈雁冰、叶绍钧等所主编。郑振铎曾编有《世界文学大纲》，材料丰富，编制谨严，可为空前之作，决非投机哗众者所能为。所以《小说月报》的文学，宁受平庸之诮，不致有偏宕之失。

---

① 原文漏"目"。
② 即"茅盾"。

（丑）《语丝》。为周树人、作人兄弟等所主编，一方面小品文以清俊胜，一方面讽刺文以犀利胜。

（寅）《真美善》。为曾孟朴、虚白父子所主编，陆续发表影射清季时事的《孽海花》长篇小说并其他创作，尤致力于介绍法国文学。创刊号有《编者的一点小意见》一篇，中有几节说："在文学上什么叫做真？就是文学的体质，就是文学里一个作品所以形成的事实或情绪。作者把自己选采的事实，或情绪，不问是现实的，是想像的，描写得来恰如分际，不模仿，不矫饰，不扩大，如实地写出来，叫读者同化在她想像的境界里，忘了是文学的表现，这就是真。什么叫做美？就是文学的组织，……就是一个作品里全体的布局，和章法、句法、字法。作者把这些通盘筹计了，拿技巧的方法来排列配合得整齐紧凑，……自然地显现出精神兴趣、色彩和印感，能激动读者的心，怡悦读者的目，就丢了书本，影象上还留着醇醇余味，这就是美。什么叫做善？就是文学的目的，……就是一个作品的原动力，就是作品的主旨，也就是她的作用；凡作品的产生，没有无因而至的，没有无病而呻的，或为宣传学说，或为解决问题，或为发抒情感，或为纠正谬误，形形色色，万有不同，但综合诸说，总希望作品发生作用，不论政治上，社会上，道德上，学问上发生变动的影响，这才算达到文学作品最高的目的；……不超越求真理的界线，这就是善。"对于文学上真美善三方面的观察，甚为正确。此杂志现已出至第五卷，对于自己所悬的标准，能久而不渝，是很难得的。

（卯）《新月》。为徐志摩、梁实秋、叶公超、潘光旦、闻一多、饶孟侃等所编。第一期发表了一篇《新月的态度》，有一节说："我们不妨把思想（广义的，现代刊物的内容的一个简称）比作一个市场，我们来看看现代我们这市场上看得见的是些什么？……把他们列举起来：一、感伤派；二、颓废派；三、惟美派；四、功利派；五、训世派；六、攻击派；七、偏激派；八、纤巧派；九、淫秽派；十、狂热派；十一、稗贩派；十二、标语派；十三、主义派。商业上有自由，不错。思想上言论上更应得有充分的自由，不错。但得在相当的条件下。最主要的两个条件，是（一）不妨害健康的原则，（二）不折辱尊严的原则。"又说："生命是一切理想的根源，他那无限而有规则的创造性，给我们在心灵的活动上一个强大的灵感。他不仅暗示我们，逼迫我们，永远望创造的生命的方向走，他并且启示给我们的想像，物体的死，只是生的一个节目，不是结束，他的威吓，只是一个谎骗，我们最高的努力的目标是与生命本体同绵延的，是超越死线的，是与天外的群星相感召的。为此虽则生命的势力有时不免比较的消歇，到了相当的时候，人们不能不醒起。我们不能不醒起，不能不奋争，尤其在人生的尊严与健康横受凌辱与侵袭的时日！"《新月》的发行逾一年了,他确有思想上言论上的自由,而且确能守着不妨害健康不折辱尊严的两个条件;这是可以公认的。

(四)演剧

演剧的改良,发起于留日学生陆镜若、吴我尊、李道衡、李叔同等的春柳社,以提倡白话剧为主,译日本剧《不如归》,自编《社会钟》《家庭恩怨记》等剧,民国二年,始在上海贸得利戏院公演。四年,陆镜若病故,社遂解散。社员欧阳予倩本兼习旧剧,因从改良旧剧上着手。民国八年,应张謇之招,在南通设伶工学社,招小学毕业的学生,分戏剧、音乐两班教授,历六年,曾在新式剧场演过。予倩近又往广东,办理戏剧研究所。

十余年前,北京梅兰芳、齐如山等病京腔词句村俗,乃新编《天女散花》《嫦娥奔月》诸剧。如山作曲,兰芳演剧,一时颇博得好评。近更由刘天华为作梅兰芳歌曲谱,以五线谱与管色字谱并列。这也是一种改良旧剧的工作。

春柳社解散以后,白话剧仍有人续演,称为文明戏,多浅薄。较为深造的,北京有陈大悲,上海有洪深、田汉,山东有赵太侔,均曾在外国研究戏剧。汉组织南国剧社,成绩颇著。太侔组织实验剧院,亦已成立。

(五)影戏

影戏本为教育上最简便的工具,但中国自编的影戏,为数寥寥,且多为迎合浅人的心理而作。输入的西洋影片,亦多偏于刺激的。他们的好影响,远不及恶影响的多。

(六)留声机与无线电播音机

留声机传唱本国与外国的歌唱,流行甚广。无线电播音机,可以不出门而选听远地的乐歌,亦渐渐流行。

(七)公园

美育的基础,立在学校;而美育的推行,归宿于都市的美化。我国有力者向来专致力于大门以内的修饰,庭园花石,虽或穷极奢侈,而门以外,无论如何秽恶,均所不顾。首都大市,虽有建设的计划,一时均未能实现,未有计划的,更无从说起。我们所认为都市美化的一部分,止有公园了。各地方的公园,不能列举,现举旧都及新都较为著名的公园以见例。

（甲）属于旧都北平的

（子）中山公园。旧为社稷坛,在端门右侧;民国三年十月十日始开放,以三日为期。嗣经市民请求,四年一月,内务部公布公园开放章程,由市民集资经营,即由捐资的市民组织董事会管理之,增建房屋八百九十余间,增植花木万二千余株。定名中央公园。十七年,北平特别市政府核定新章,改名中山公园;受市政府管辖。由市政府特派委员二人,本园董事内公推委员三十人,改组委员会管理园务云。

（丑）北海公园。民国五年以后,市民屡请开放北海,不果。十七年八月,始实行开放。十一月,由捐资市民九十余人组织北海公园董事会。九月受北平特别市政府管辖,由市政府特派委员二人及全体董事中公推委员三十人改组委员会管理之。修治山路,增建房屋,添植花木,设公共体育场及儿童体育场各一所,置游船、游车、冰床等并招商承办中西餐、茶点、糖果、球房、照相、古玩、书画各项营业。游人便之。

（乙）属于首都的

（子）第一公园。园在复成桥东,旧为秀山公园,用以纪念李纯;兴工于民国九年,落成于十二年。十四年九月,民众团体改名为血花公园,以纪念是年龙潭、栖霞间之战死者。十月,奉国民政府指令,定名为第一公园,由南京特别市政府教育局派员管理,其后又由公园管理处接受。园中以烈士祠为中心,有花石山、金鱼池、玩月亭、歌舞亭、紫金园、月牙池、紫薇亭诸胜。

（丑）莫愁湖公园。园在水西门外,本为市民夏日赏荷之所,十七年,始辟为公园。有胜旗楼、郁金堂诸胜。

（寅）五洲公园。园以后湖及湖上各洲组织之,成立于十七年,改旧日的菱洲为澳洲,芷洲为非洲,长洲为亚洲,新洲为欧洲,老洲为美洲。开通道路,点缀风景,有景行楼、赏荷厅、湖心亭、铜钩井、梅岭诸胜。

上列诸端,对于美育的设施,殆可谓应有尽有。然较之欧洲各国,论量论质,都觉得我们实在太幼稚了。急起直追,是所望于同志。

美育　梅[①]

何谓美育

美育者,陶冶趣味美感及创作之冲动一谓也。

---

① 《乐园》第 6 期,1930 年 10 月,原文为句读。

与人生有何关系

美感为超越欲望,脱离利害之高尚感情,足以慰安娱乐人类之精神,疏散其忧郁,恢复疲劳,更新其活动。居今物质文明时代国民生活日趋于单调,身心之疲劳,日见其烈激,故提倡美育,不啻为人生寻找一新鲜快乐之泉源。

美育之方法

美育之方法,计有下列几种:

(一) 教授上之美育

教授上之美育者,即以各教科陶冶美的情操及欣赏的价值也。

(二) 训育上之美育

训育与美育,关系至切,有时实不能辨其区别。凡善良习惯,恪守规律,性格圆满,皆为训育所期达之目的。然自其陶冶品性修饰人格而言,称之曰美育,亦无不可。

(三) 体育上之美育

形态类及运动类,为修饰人格确固品性之要件,但此二者,惟体育能显其成。

(四) 设备上之美育

设备上之美育,包括自然环境及居处设备的美。学校之地点,宜择风光明媚之区,使儿童得亲炙自然之美。校内陈设,亦宜优洁整雅,使藉以发达其美之情操,而助学生时得欣赏观摩之机会,长其趣味。

美育代宗教　蔡元培[①]

今天我所要讲的题目是"美育代宗教"。有的人常把美育和美术混在一起,自然美育和美术是有关系的,但这两者范围不同,只有美育可以代宗教,美术不能代宗教,我们不要把这一点误会了。就视觉方面而言,美术包括建筑雕刻图画三种,就听觉方面而言,包括音乐。在现在学校里,像图画音乐这几门功课都很注意,这是美术的范围。至于美育的范围要比美术大得多,包括一切音乐、文学、

---

① 《上海青年》第 30 卷第 41 期,1930 年 11 月 26 日,第 2—5 页。题目下为"蔡元培先生演讲"。

戏院、电影、公园、小小园林的布置、繁华的都市(例如上海)、幽静的乡村(例如龙华)等等,此外如个人的举动(例如六朝人的尚清谈)、社会的组织、学术团体、山水的利用,以及其他种种的社会现状,都是美化①。美育是广义的,而美术则意义太狭。美术是活动的,譬如中学生的美术就和小学生的不同,那一种程度的人就有那一种的美术,民族文化到了什么程度就产生什么程度的美术。美术有时也会引起不好的思想,所以国家裁制便不用美术。

我为什么想到以美育代宗教呢?因为现在一般人多是抱着主观的态度来研究宗教,其结果反对或者是拥护纷纭聚讼,闹不清楚,我们应当从客观方面去研究宗教。不论宗教的派别怎样的不同,在最初的时候宗教完全是教育,因为那时没有像现在那样为教育而设的特殊机关,譬如基督教青年会讲智德体三育,这就是教育。

初民时代没有科学,一切人类不易知道的事全赖宗教去代为解释。初民对于山、海、光,以及天雨天晴等等的自然界现象很是惊异,觉得这些现象的发生总有一个缘故在里面。但是什么人去解释呢?又譬如星是什么,太阳是什么,月亮是什么,世界什么时候起始,为什么有这世界,为什么有人类这许多问题,现在社会人事繁复,生活太复杂,人类一天到晚,忙忙碌碌,没有工夫去研究这些问题。但我们的祖宗生活却很简单,除了打猎外便没有什么事,于是就有摩西亚把这些问题作了一番有系统的解答,把生前是一种怎样情形,死后又是一种怎样情形,世界没有起始以前是怎样,世界将来的究竟又是怎样,统统都解释了出来。为什么会有日蚀月蚀那种自然的现象呢?说是日或月给动物吞食了去。在《创世纪》里,说人类是上帝于一天之内造出来的,世界也是上帝造出来的,而且可吃的东西都有。经过这样一番解释之后,初民的求知欲就满足了,这是说到宗教和智育的关系。

从小学教科书里直到大学教科书里,有人讲给我们听,说人不可做怎样怎样不好的事,这是从消极说法;更从积极方面,说人应该做怎样怎样的人。这就是德育。譬如摩西的十戒也说了许多人"可以"怎样和"不可以"怎样的话,无论那一种的宗教总是讲规矩,讲爱人爱友,爱敌如友,讲怎样做人的模范,现在的德育也是讲人和人如何往来,人如何对待人,这是说到宗教和德育的关系。

宗教有跪拜和其他种种繁重的仪式,有的宗教的信徒每日还要静坐多少时间,有许多基督教徒每年要往耶路撒冷去朝拜,佛教徒要朝山,要到大寺院里去

① "美化"疑为"美育"。

进香。我把这些情形研究的结果，原来都和体育与卫生有关。周朝很注重礼节，一部《周易》无非要人强壮身体，一部《礼记》规定了很繁重的礼节，也无非要人勇敢强有力，所谓平常有礼，有事当兵。这是说到宗教和体育的关系。

所以，在宗教里面智德体三育都齐备了。

凡是一切教堂和寺观大都建筑在风景最好的地方。欧洲文艺复兴之后，在建筑方面产生了许多格式。中国的道观，其建筑的格式最初大都由印度输入，后来便渐渐地变成了中国式。回教的建筑物，在世界美术上是很有名的。我们看了这些庄严灿烂的建筑物，就可以明了这些建筑物的意义，就是人在地上不够生活，要跳上天去，而这天堂就是要建立在地上的。再说到这些建筑物的内部也是很壮丽的，我们只要到教堂里面去观察，我们就可以看出里面的光线和那些神龛都显出神秘的样子，而且教堂里面一定有许多雕刻，这些雕刻都起源于基督教。现在有许多油画和图像都取材自基督教，唐朝的图像也都是佛。此外在音乐方面，宗教的音乐，例如宗教上的赞美歌和歌舞，其价值是永远存在的。现在会演说的人有许多是宗教家。宗教和文学也有很密切的关系，因为两者都是感情的产物。凡此种种，其目的无非在引起人们的美感，这是宗教的一种很重要的作用。因为宗教注意教人，要人对于一切不满意的事能找到安慰，使一切辛苦和不舒服能统统去掉。但是用什么方法呢？宗教不能用很严正的话或很具体的话去劝慰人，它只能利用音乐和其他一切的美术，使人们被引到别一方面去，到另外一个世界上去，而把具体世界忘掉。这样，一切困苦便可以暂时去掉，这是宗教最大的作用。所以宗教必有抽象的上帝，或是先知，或是阿弥陀佛。这是说到宗教和美育的关系。

以前都是以宗教代教育，除了宗教外没有另外的教育，就是到了欧洲的中古时代也还是这样。教育完全在教堂里面，从前日本的教育都由和尚担任了去，也只有宗教上的人有那热心和余暇去从事于教育的事业。但现在可不同了，现在有许多的事我们都不[①]知道。譬如一张桌子，有脚，其原料是木头，灯有光，等等。这些事情只有科学和工艺书能告诉我们，动物学和植物学也告诉了我们许多关于自然的现象。此外如地球如何发生，太阳是怎么样，星宿是怎么样，也有地质学和天文学可以告诉我们，而且解释得很详细，比宗教更详细。甚而至于人死后身体怎样的变化，灵魂怎样，也有幽灵学可以告诉我们，还有精神上的动作，下意识的状态等等，则有心理学可以告诉我们。所以单是科学已尽够解释一切

---

① "不"似为衍字。

事物的现象,用不着去请教宗教,这样,宗教和智育便没有什么关系。现在宗教对于智育不但没有什么帮助,而且反有障碍,譬如像现在的美国,思想总算很能自由,但在大学里还不许教进化论,到现在宗教还保守着上帝七天造人之说,而不信科学。这样说来,宗教不是反有害吗?

讲到德育,道德不过是一种行为。行为也要用科学的方法去研究的,先要考察地方的情形和环境,然后才可以定一种道德的标准,否则便不适用。例如在某地方把某种行为视为天经地义,但换一个地方便成为大逆不道,所以从历史上看来,道德有的时候很是野蛮。宗教上的道德标准至少是千余年以前的圣贤所定,对于现在的社会当然是已经不甚适用。譬如《圣经》上说有人打你的右颊,你把左颊也让他打;有人剥你的外衣,你把里衣也脱了给他。这几句话意思固然很好,但能否做得到,是否可以这样做,也还是一个问题;但相信宗教的人却要绝对服从这些教义。还有宗教常把男女当作两样东西看待,这也是不对的。所以道德标准不能以宗教为依归。这样说来,现在宗教对于德育也是不但没有益处而且反有害处的。

至于体育,宗教注重跪拜和静坐,无非教人不要懒惰,也不要太劳。有许多人进杭州天竺烧香,并不一定是相信佛,不过是趁这机会看看山水罢了。现在各项运动,如赛跑、玩球、摇船,等等,都有科学的研究,务使身体上无论哪一部分都能平均发达。遇着山水好的地方,便到那个地方去旅行,此外又有疗养院的设施,使人有可以静养的处所。人疲劳了应该休息,换找新鲜空气,这已成为老生常谈。所以就体育而言,也用不着宗教。

这样,在宗教的仪式中,就丢掉了智德体三育,剩下来的只有美育,成为宗教的唯一原素。各种宗教的建筑物,如庵观寺院,都造得很好,就是反对宗教的人也不会说教堂不是美术。宗教上的各种美术品,直到现在,其价值还是未动,还是能够站得住。无论信仰宗教或反对宗教的人,对于宗教上的美育都不反对,所以关于美育一部分宗教还能保留。但是因为有了美育,宗教可不可以代美育呢?我个人以为不对①,因为宗教上的美育材料有限制,而美育无限制。美育应该绝对的自由,以调养人的感情。吴道子的画没有人说它坏,因为每一个人都有他自己所欣赏的美术。宗教常常不许人怎样怎样,一提起信仰,美育就有限制,美育要完全独立,才可以保它的地位。在宗教专制之下,审美总不很自由。所以用宗教来代美育是不可的。还有,美育是整个的,一时代有一时代的美育。油画以

---

① "不对"似应为"不可"。

前是没有的,现在才有,照相也是如此,唱戏也经过了许多时期,无论音乐工艺美术品都是时时进步的,但宗教却绝对的保守。譬如一部《圣经》,那一个人敢修改? 这和进化刚刚相反。美育是普及的,而宗教则都有界限。佛教和道教互相争斗,基督教和回教到现在还不能调和,印度教和回教也积不相能,甚至基督教中间也有新教旧教天主教耶稣教之分,界限大,利害也就很清楚。美育不要有界限,要能独立,要很自由,所以宗教可以去掉。宗教说好人死后不吃亏,但现在科学发达,人家都不相信。宗教又说,人死后有灵魂,做好人可以受福,否则要在地狱里受灾难,但究竟如何,还没有人拿出实在证据来。总之,宗教可以没有,美术可以辅宗教之不足,并且只有长处而没有短处,这是我个人的见解。这问题很是重要。这个题目是陈先生定的,不是我自己定的,我到现在还在研究中,希望将来有具体的计划出来,我现在不过把已想到的大概情形向诸位说说。谢谢诸位!

以美育代宗教　　蔡元培[①]

我向来主张以美育代宗教,而引者或改美育为美术,误也。我所以不用美术而用美育者,一因范围不同,欧洲人所设之美术学校,往往止有建筑、雕刻、图画等科,并音乐、文学,亦未列入;而所谓美育,则自上列五种外,美术馆的设置,剧场与影戏院的管理,园林的点缀,公墓的经营,市乡的布置,个人的谈话与容止,社会的组织与演进,凡有美化的程度者均在所包;而自然之美,尤供利用;都不是美术二字所能包举的。二因作用不同,凡年龄的长幼,习惯的差别,受教育程度的深浅,都令人审美观念互不相同。

我所以不主张保存宗教,而欲以美育来代他,理由如下:

宗教本旧时代教育,各种民族,都有一个时代,完全把教育权委托于宗教家;所以宗教中兼含着智育、德育、体育、美育的原素。说明自然现象,记上帝创世次序,讲人类死后世界等等是智育。犹太教的十诫,佛教的五戒,与各教中劝人去恶行善的教训,是德育。各教中礼拜、静坐、巡游的仪式,是体育。宗教家择名胜的地方,建筑教堂,饰以雕刻图画,并参用音乐舞蹈,佐以雄辩与文学,使参与的人有超出尘世的感想,是美育。

从科学发达以后,不但自然历史、社会状况,都可用归纳法求出真相;就是潜识、幽灵一类,也要用科学的方法来研究他;而宗教上所有的解说,在现代多不能

[①]《现代学生》第 1 卷第 3 期,1930 年 12 月,第 1—3 页。

成立,所以知育与宗教无关。历史学、社会学、民族学等发达以后,知道人类行为是非善恶的标准,随地不同,随时不同;所以现代人的道德,须合于现代的社会,决非数百年或数千年以前之圣贤所能预为规定,而宗教上所悬的戒律,往往出自数千年以前,不特挂漏太多,而且与事实相冲突的,一定很多;所以德育方面,也与宗教无关。自卫生成为专学,运动场疗养院的设备,因地因人,各有适当的布置,运动的方式,极为复杂;旅行的便利,也日进不已,决非宗教上所有的仪式所能比拟;所以体育方面,也不必倚赖宗教。于是宗教上所被认为尚有价值的,止有美育的原素了。庄严伟大的建筑,优美的雕刻与绘画,奥秘的音乐,雄深或婉挚的文学,无论其属于何教,而异教的或反对一切宗教的人,决不能抹杀其美的价值,是宗教上不朽的一点止有美。

然则保留宗教,以当美育,可行么?我说不可。

一、美育是自由的,而宗教是强制的;

二、美育是进步的,而宗教是保守的;

三、美育是普及的,而宗教是有界的。

因为宗教中美育的原素虽不朽,而既认为宗教的一部分,则往往引起审美者的联想,使彼受智育德育诸部分的影响,而不能为纯粹的美感,故不能以宗教充美育,而止能以美育代宗教。

美育的实施　唐隽[①]

"美育"这两个字,在国人的眼里和笔头上似乎都常常发现着,一般人似乎对他也有种相当的重视。然而美育实施的成绩在那里?对民众和艺术家所发生的效用在那里?我们一想到这两个问题,我们总会为着美育这条大道之久不开发抱恨起来。

作者在此向大家谈述"美育",不仅希望读者对于我所谈的表示相当的或热烈的同情,还要希望你们扩大你们的同情,对于美育的实施作一种强有力的运动。

"美育"有两个意义:(一)对民众说——为艺术普遍化、艺术社会化、艺术欣赏化。再拿一般的说法是美化人生、美化社会。(二)对艺术家说——为艺术专门化、艺术创作化。一般的说法叫这做"艺术教育"。第一点是要使社会民众有

---

① 《申报》,1931年2月13日第23版,原文为句读。

一种普遍的"美意识"之养成和艺术"欣赏力"之养成,第二点是要使艺术家有一种普遍的"美意识"之养成和专门的艺术"创作力"之养成。所谓"美育"包括得有这两个意义,这是在受动方面看才有"民众的"和"艺术家的"这种区别,而在发动方面看却又是一体的。

我们对民众实施美育,不是要使民众个个都成为艺术家,是要使一般的民众都有欣赏艺术的能力和趣味,以及一般的社会都得有一种"美的意识"的灌输,一般的人生,都得受一种"美的意识"的浸润。不管是公共的集团或个人的住所,社会的习尚或个人的举止,都应得笼罩以一种"美的空气"。换句话说,即是使社会艺术化、生活美术化。

我们对艺术家实施美育,不是拿同样的模型,把他们印成千篇一律的样子;也不是拿着同一实施的法则,听他们走上同一的道路。是应得把艺术家那种伟大的灵魂,引入真真艺术伟大的园地;是应得把艺术家所需要之广博的要素,广博地陈列在艺术家的面前,使他们的内延和外包,心理与身理,受着这般"环境材料"的潜移和默化。他们的心灵会孕育成一种美的意想,他们的眼与手自会构成一种绝大的技能。镕和他们这种美的意想与技能,便构成一种艺术创作的强力。一切艺术品都是由这种强力所营造成的。

上面所说施于民众的美育,一般人大概容易理会。至于施于艺术家的美育,似乎便不是一般人所易理解的了。这并不是不理解,是不注意——是他们一向没有注意到这个问题。他们把关于艺术家的美育,另呼为"艺术教育",他们把施行于民众的美育,才是他们所习用的,呼喊的"美育"。这因之便在艺术教育中造成一个极大的罪案——美术学校之设置,在艺术开展的大道上,树立了一个极大的障碍物。(详拙著《美术学校之将来》。)

实施美育的人,最要的是先认定美育的标准。不管是实施于民众也好,实施于艺术家身上也好,只要发动者具有相当的信念,受动者自也会得着一种相当的效果。

美育实施的痕迹,我们可从近代欧西之美术国家找出许多例证来。(参看《埃尔佛杂志》拙作《法兰西艺术开展的途径》。)

第一,我们可以从他们公共城市的组织上看出,关于公共城市的组织上有公园,有纪念场,有建筑物,有雕刻品,有装饰物。有公园的设置,可以调剂城市之嚣杂,可以陶养一般民众旷适的感情;有纪念场、建筑物、雕刻品等,可以引起民众以一种历史的意念,和映象于民众以一种造形艺术的轮廓;其他还有博大的美术院既可供一般人的欣赏,又可供艺术天才家之研究;美术展览会也有同样的功用;音乐馆、剧场,既能使民众得直接的享受生理上和精神上的愉快,又能使艺术家得于无形中大受其感染以完成其创作。如戈洛(Corot)的幽情色调,多得受巴黎国家音乐馆(Opera)布景的影响,因戈氏常到音乐馆去听戏。还有露天的音乐会,更可以使一般平民和无产的艺术家得享受相当的美的意识的陶醉,和诱起天才家易感性的共鸣。诸如此类充满着城市社会之美的环境艺术的环境,都是美育实施的好成绩,和实施美育所凭借的好资料。

第二,我们可从私人的住宅与服饰上看出,欧西人的住宅,可说都是美术化。我们拿他们的劳动工人方面来看,都是秩序井然,客厅装饰也能尽其所得力为点缀。我们一入他们那种小巧玲珑的客厅,我们回想到中国人群的纷乱,中华民族的无美术思想,确是形成一文明一野蛮显著的区别了。他们中上等家庭,更有辉煌的别墅,围以园林,春夏花木盛发,居住其间,俨若置身极乐世界。比较更有钱的人,也不惜重金,装饰他们的居宅(作者曾见一法人在法国迪朗装饰工厂定做客厅一全套桌椅,墙壁及一切应用物品在内,耗法币一百五十余万,约值现行国币三十万元,造此客厅费时有十个月之久),可见欧西人对于艺术之重视和欣好。作者还可说法国人的美术嗜好,常与其经济情势平衡发展。我们到法国中部洛瓦河(Loire)流域一带去看那些王宫的修造和其内部装饰,我们便可知道中世纪法兰西王族美术嗜好之高潮。其他一般平民也能依其经济的情势,作其美术的享乐。我们直可说法兰西民族的"美术欣赏力"是陶养得十分普通的。

我们再拿他们服饰来看,尤其是妇人小孩,都是非常的美术化,尤以跳舞剧场的衣纹,日新月异,可谓尽其绮丽艳美之能。他们的日常服饰,有专门家终日设计穷追,逐时更翻,于此更可以见他们对于美术嗜好之酷。然而他们这种深厚的"美意识"之养成,不是偶然的,是经过了一番有历史性、有社会性的美化教育所构成的。他们这般美化教育,彼此源流循环助长,而造成一种牢不可破的"中坚意识",为社会放雍和之气,为人类开美丽之花。

法兰西人有了以上种种的美术环境,所以他们不谈美化民众,而民众自会美化;他们不谈艺术教育,而天才自会成为艺术家。在法国社会,婴孩自出胎以后,即有布满了他们周围的雍和的氛围气,和映照于他们面庞和眼帘的美丽之花。他们从小时就有家庭的良好环境,一出门就有公园,就有娱乐的正当游戏场,就有布满了市镇的雕刻品、绘画、建筑物,及其他一切实用装饰品,来诱惑他们的眼帘,来煽动他们的情绪,来陶养他们的美的心灵。

我们看了上面所述,便可知道实施美育应得创造美的环境、艺术的环境,如公园的设置,美术馆、音乐院、剧场建造,以及一切城市家庭的雕绘装饰。其他还有知慧的灌输，自然美的浸润等等，都是实施美育的人们所应注意的。这些关于美的和艺术的直接或间接的环境，都是实施美育之必要的工具。

万龙（Veron）先生有段关于美育极有价值的话，他说："应得开展青年们，到各种美的情绪之田园里去，用各种方法来煽动那为造成艺术之真源泉的那种'道德强力'（Puissance Morale）的扩张，精细他们的感官，惊起他们的胎意，燃烧他们的意想，拿一般英气来亲近他们，拿各种的艺术品来饲养他们，教示他们领悟人和人类社会的伟大，把他们安放在使他们最易生起'美感'和'诗兴'景况的面前，最后用各种形态来常常使他们的眼与耳得受一种特殊的快乐——一种纯粹的'美的快乐'（Jouissance esthetique）——见万龙（Veron）所著之《美学》（L'Esthetique）之体裁论。"这些话句句都是实施美育的指导者，我们根据这些话来作实施美育的根据，是不会有错的。

中国一向谈美育和实施美育的人，对于上面所述那种广大而普遍的美育，注意的实在很少。不是仅在师范科中学里面谈几门图画音乐和手工科，便是争先恐后地去开办美术学校。他们只知道拿那般教授式的课程，来作实施美育的方便，用这种偏枯畸形的美育实施法，作者敢断言再过若干年还是不会有多大的效果。对民众既不能养成他有一种普遍的美的观念和兴味，对天才又不能使他养成为专门的艺术家。这种实施美育的方法，实在是急待改变的。

美育代宗教：美育小姐的野心　力谦①

"快过新年了，周大宰猪，胡七杀鸭，家家有鱼有肉，我们怎么办？"我的小乖乖连哭带叫地问我。我把头举起，四面望了一望，只见四壁萧条，除了床下一口泥鸭外，什么牲口也没有，只得闭口无言，把他呆望了一会。奇怪极了，他却给我讲起道理来。他说："他们个个如是，那么'所以'（这个'所以'是借用于蔡老先生的，特此鸣谢！）我们也要如是。"我看这种情合理对的光景之下，不得不也费了几个大子（铜币而已）买了一只小花麻雀，我吃头，他吃腿，连骨也生吞死咽的把它食到肚子里去，好个不亦乐乎的痛快一顿，大好的新年便过去了。

自从各科学少爷与他们的爸爸——宗教——分家别产之后，他们都总是要挥起冷酷的拳臂纠葛了一会，冲突了一阵，然后才好好地拿了家产阔步扬鞭的出门去。美育小姐（本来用"美术"二字才对）当然也不能例外，不过她年尚幼稚，又

---

① 《鲁铎》第3卷第2号，1931年5月，第90—101页。

娇小无力；虽然自中古以后她也拿了妆奁娉婷地自由恋爱去了，然而她确没有像哥哥弟弟们那么刻薄；不过今天她却起了野心，居然唱其"美育代宗教"的妙曲，声韵悠扬，好一套"水仙"佳调，总很值得我们的一听啊！

她最近的卖技台是假座于《现代学生》第三期。

全曲分头尾两大小。开场乐（Overture）是说哥哥弟弟们的分家，唱得倒不错，不过声尾有点不大自然，不知是伤了风还是因吃了豆沙所致。（粤俗：声音不清晰乃由食多了豆沙。）

她说："从科学发达以后，不但自然历史，社会状况，都可用归纳法求出真相，就是潜识，幽灵一类，也要用科学的方法来研究；而宗教上所有之解说，在现代多不能成立，所以知育与宗教无关。"

科学是否只有归纳法？这个问题想蔡老先生大概不是不会答的，或者因为在这里，他要求其"言简而意赅"，所以没有详说，那末我也不用□□哓哓。

在"而宗教上所有的解说，在现代'多'不能成立，'所以'知育与宗教无关"一句上，他先是轻轻的唱一个"多"字，后来却摇头摆脑地大喊其"所"之而又"以"之了。这样的逻辑推论法，好看煞人！

在这里有一件事很可以说说的就是：宗教之存在与否？或是它是否与知方面有关系？这些问题的答案，全不在乎宗教之已往。解说（注一）之能否存在为标准，正如科学之存在与否之不在乎它的已往的解说的存在与否为定夺一样，爱因斯坦（Albert Einstein）的"相对论"出世后牛顿的旧有科学解说便多不能成立了。但是却未尝听有一个傻瓜，因着这样便怕科学无存在的余地的。宗教也是一样，已往的解说完全都不能成立，宗教也不会因此便不能存在。反之，已往的解说愈能够使人发生新的问题，新的怀疑时，则宗教便愈和知的方面有关系了，因为知并不是在答案，而是在发问。那末，若是什么时候科学，哲学或任何的学问一宣布说：什么问题都解决了，以后毫无问题了的时候；我们便可以说：那一种科学正在着把"全盘招顶，一议便成"的红条纸贴在他的大门之日了。宗教的旧有解说愈不能存在，而有更合理的解说起而代替时，则宗教的进步性也就愈显明了。所以在这里蔡先生的论调不单是不足以证明宗教无关，反能证明宗教愈与知的方面有关，并且无意中也证明了现在的宗教确实进步了。并且这一种进步，恐怕不亚于蔡先生学说上的进步罢（？）（蔡老先生从前论"精神作用"分为三部：知，情，意，现在则分为德，知，体。这种分法对不对？合不合现代的心理学？那最好请教请教蔡先生。）（注二）

"知育"和"科学"，"德育"和"道德"是否一而二，二而一呢？普通人一论美术便把美,美术,美学,美术作品,美育都当一件事辩,我看这种论法也许会通不下去罢! 我现在要讲的是"宗教"与"科学",和"宗教"与"道德",而不是"宗教"与"知育"或"宗教"与"德育"。因为"科学"与"道德"本身是可以作目的的,而"知育"与"德育"本身不过是教育的一部分,是"手段",是"方法"而已。宗教本身也是目的(它的手段和方法当然就是宗教教育),所以"目的"只能用"目的"去同它作比例,却不能用"方法"去和"目的"作比例,这与小学生习算术时所谨记的:"人和人可以作比例,而人不可以和黄皮书,或马牛羊,鸡犬豕作比例。"同是一个道理。及至他论"体育与宗教"的那一段,我便不改了,其实也无从改起。

好了,闲话休提,书归正传,话说宗教与科学之战,本来是很动人听闻的,在欧美各国关于这类的书,也是汗牛充栋,不过今日在他们的学术界里,这样的问题,却已成了明日的黄花了,也许我们有考古癖的中国学者戴了它还足够使人弄到迷离倾倒罢(?)我们想明了它到底是怎么一回事,最好拿那场战局的结果来看看。

科学和宗教实在有好些分别的地方(注三),不过我们在此没有工夫细论,只好拿其中的一个分别来说说:

在对宇宙和其中一切的事物的研究上,科学是解说量的问题,而宗教却解说质的问题;我们也许引用英国有名的学者施其德博士(B. H. Streeter),在他的《真体论》(*Reality*)所用的一个比方更易于明了罢。(施博士这本书关于美术,科学,与宗教的问题都论得很好,译本可购自青年协会,大洋一元,买本看看有点意思!)

"科学与宗教,既然都是一种真体的表现,那么,对于图表和形象,若缺少了一项,就不完全了。现在可以用一种比论来伸说我的意思。倘使我对于没有到过威尼斯(Venice)的朋友,要来解释威尼斯给他听,那么,我可以应用两种方法:一种是地图,一种是图画。在这两种方法中,到底那一种最有用处呢? 那完全是要看我们所谈的目的是怎样而定的。假使我唯一的目的,是要指示他我所介绍他旅馆实在的地点,那么,我要采取的是地图,而图画是没有用处了。假使我要证明威尼斯是值得我们去的,或者我的目的是对他思想的态度,要给一种暗示,可以叫他到那地方能够得到最大的利益,那么,图画就要采用了。然而假使我的目的,是要把威尼斯全部最好的地方,统统介绍给他,这样一来,地图和图画,二者都要采用了。所以我说:在充分了解整个的真体的时候,科学和宗教所有的各种表现,都是不可缺少的。"(注四)

科学与宗教的混战实在已成历史上的古迹了。有关无关? 那何需乎我们的现代学生去辩论呢!

在"开场乐"的第二段,她又引了德育哥哥来作牺牲,叫他打个前阵。她说:"历史学社会学民族学等发达以后,知道人类行为是非善恶的标准,随地不同,随时不同;所以现代人的道德,须合于现代的社会,决非数百年或数千年以前之圣贤所能预为规定,而宗教上所悬的戒律,往往出自数千年以前,不特挂漏太多,而且与事实相冲突一定很多;所以德育方面,也与宗教无关。"她唱得似乎很能娓娓动人,其实她的立场又已经根本错误了,她以为宗教就是几千年前的戒律,这也无怪她的心头吃紧。其实真正的宗教所反对的正是呆板的诫律,蠢笨的仪式。单就基督教来论罢,我们翻开希伯来的旧约圣经看看他们的先知,没有一个不是反对旧有的虚文伪礼的,如以《赛亚》第一章所载关于反对空有仪式徒有献祭而无公平的旧有道德标准,这就是一个很好的例证了。到耶稣则更不用说了,他反对旧有的遗传,洗手食饭,呆守安息日的遗规,甚至连法利赛人街上的请安和祈祷,都反对无遗。假若他不是这样的反对旧道德标准,他一定不会被人钉在十字架。我们在《马太》第五章也可以看出他的革命性,他最惯说的就是:"你们听有吩咐古人的话……只是我告诉你们……"他处处都以适合当时的环境为主,不过他决不是顺应当时的人,作一个人云亦云的人。他反对旧的标准而揭示新的——当然不是好奇立异,涂红嘴唇,画黑眼睛的那样新法——原则,如爱,信,望,服务,牺牲,奋斗等,他的原则我至少认为能适合到现代二十世纪罢。因为他有这样的原则所以马丁路得,林肯等都有了胆子,去把旧道德的标准打倒,另外根据宗教的原则,造出他们的新标准。道德的变迁是方式的改变,而不是原则的改变。(当然可以增添也可以改正错误的观察。)这一点若是弄清楚了,那么道德便不能说是与宗教无关,而只能说它还需要宗教的精神去促他进步。

宗教与科学,和宗教与道德的官司总算打完了,请再来谈谈宗教与体育罢!

她又说:"自卫生成为专学,运动场疗养院的设备,因地因人,各有适当的布置,运动的方式,极为复杂;旅行的便利,也日进不已,决非宗教上所有的仪式所能比拟;所以体育方面,也不倚赖宗教。"那位"所以"老先生又出台了,我们打开一本宗教史看看罢!先从最低的原始人的宗教仪式说起罢。原始人最普遍而又最显著的与体育有关的仪式莫若跳舞,跳舞本来很是运动的一种,所以好运动的人都必先去"紫罗兰"。不过原始人似乎不是洋行公司的老板,也不是老八股先生,整天坐到晚:他们都是日出而作,日入而息,登山涉水,与野牛山狗相搏斗。若是叫他们去藉跳舞来锻炼筋骨,因为怕他们还不够强悍,这种"到跳舞场去炼腿力"的口号,恐怕他们不会明白罢!或者有人说:也许是锻炼妇人孩子的筋骨;

这我倒不知,不过德国美术史家格劳赛先生(Ernest Grosse)说:"原始民族只有男子跳舞,女子之参加其中,不过是奏音乐的侣伴罢了。"(注五)

再从各种宗教观察一遍,佛教的打坐,常人都以为就是体育的一种(蔡先生也不是例外)。其实我们若从她的根本用意去看,则佛教本来就是不要这个臭皮囊的了,打坐无非是欲求解脱,欲求升迁。既然是这样则还要体育来干吗?儒教和基督教的仪式也不见有含有什么体育的意味。那末,说宗教与体育分离不分离,不过是庸人自扰而已!

也许蔡先生要弄一篇艺术化的文章,深怕说了德,知,而挂漏了体则未免太不美化,不足以"陶养……感情",不难遗憾千秋。(?)

开场乐算是唱完了。看着她的尾调罢!

她说:"……然则保留宗教,以当美育,可行么?我说不可,

(一)美育是自由的,而宗教是强制的。

(二)美育是进步的,而宗教是保守的。

(三)美育是普及的,而宗教是有界的。"

假若你拿了这条单去同仁堂,不难在月色朦胧的时候,小伙计便误认为:

(一)王连五斤半,生甘草二两。

(二)白狗毛一束,童子尿一碗。

(三)饭前饭后沟渠水明火煎服。

好一篇堂哉皇哉的学理,却只把几条理由开药方似的写上。他的前题,结论,是否推论得不错,那是一个问题。而所根据的事实是否妥当,那更又是一个问题。这样的来历不明,何难不会使人误想是从一根孙行者的腿毛变化而来的呢?蔡先生是有心于新思潮新文化的人物,何不坐下费些工夫,把理由和解释逐一逐二的写出来,则现代学生幸甚,学术界幸甚。那时节,设使有人要替你拿小旗,击大鼓,摇旗呐喊,贴标语,呼口号,他们还可以有句说话站起来吹嘘;不然替你吹错了,便又只搏回一个"误也"的赞许而已。(他说:"我向来主张以美育代宗教,而引者或改美育为美术,误也。")(注六)并且枉费了气力,弄到色变而又气沮,结果还是不外一个闷葫芦。

她说"美育是自由的",这倒说得不错,不过他说"宗教是强制的",这就似乎有点通不下去了。

不错,宗教有时有强制的事情,其实美育也有时有强制的。比方罢,中古时的守旧派音乐家,他们怎样反对新兴的音乐家致令他们不能发展真正的天才,诸如此类的例子,随时随地我们都可以找到。若是那时没有巴勒斯德利拿

(Palestrina)和罢哈(Johann Sebastian Bach)等音乐革命家造反,恐怕今日我们也只能唱几句 d r m 而已。不过美术的强制或宗教的强制,都不是他们本身所有的原素,而是因别的东西加在他们的身上的份子。例如十字军的战争就有很多复杂的原因,回教之所以左手《可兰经》,右手持利刃者,也无非是因他们政教混成一片。最近的不平等条约保护基督教,也不外就是帝国主义者把宗教利用罢了。这正如那些利用周舫的秘图,郑术的乐声的"美"去纵欲宣淫是一样的道理;我们对于这些事实都要有很清晰的观察才行的。所以懂得美术的人便不会因反对淫画淫乐便反对美;懂得宗教的,便不会因反对宗教里的败类便反对宗教,作些因噎废食的行为。其实无论那一种宗教所以引起战争的结果,都不外乎两种原因:一就是宗教里混杂了别的复杂原因,二就是低等方式的竞争。他们以为竞争的方式除了拳头关刀,枪炮毒气之外便无竞争之可言,不知还有吵街骂巷之争,还有纸上笔锋之争,五千零四十八根脑筋之争……呢!

真正的宗教是思想自由的,只有规劝人,或以身作则使人钦佩,而却无用恐吓手段,或武力去强制别人的信仰,思想的。可以引基督教的一段事实为证:"约翰说:'夫子,我们看见一个人奉你的名赶鬼,我们就禁止他,因为他不与我们一同跟从你。'耶稣说:'不要禁止他,因为不敌挡你们的,就是帮助你们的。'"(注七)不过我们也不就是说他是妥协的,或者因为他不妥协所以便使人误认为强制(?)或者有人以为信了某一种宗教之后,那末我们的思想就要受它的强制。若是有这样的宗教,那他根本就不是高尚的宗教。不过所谓自由思想当然也有他的范围,他的范围是与原理不抵触的,若是胡思乱想就算是思想自由,那无非是误解自由而已。

在第二点分别中,她说:"美育是进步的,而宗教是保守的。"所谓"进步",所谓"保守",这两个名词差不多现在的人都把它们看作绝对的善恶了。其实细心的看一看,若是没有保守,便也没有什么所谓进步。犹之乎我们想在音乐界创出一个新纪元来,我们至少要跑过贝多芬(L. V. Beethoven)或者莫札尔德(W. A. Mozart)等所跑过的路之后,我们才能有资格说得"进步""自由"的话,不然所谓"进步""自由"也不过"怪诞"而已。宗教确是有保守,但亦何尝不有进步呢?打开一本宗教史,由混沌的泛灵论而图腾,而拜祖先,而多神而总神,而一神;由偶像之崇拜而内心之崇拜,总总都是进步的表示。他不但自己有进步,别的东西不进步时他还去促他们进步。所以希伯来的先知,犹太教的耶稣,罗马教的马丁路得,基督教的林肯,甚至如中国之孙中山,个个都是因着有了真正的宗教精神所以才去促社会人类的进步。那末宗教不特有进步,还有促别的东西进步的特点呢!

　　她又说"美育是普及的，而宗教是有界的。"这句话若是站在原理的立场去说，则两者都无所谓界不界。若是站在表现的方式的立场则两者都有界，一切的美术又何尝不有民族性，个性，或派别的界呢？比方罢，西洋的音乐是激烈的音乐，所以和谐的曲调不够用，而用到不协和音，什么都不够响，所以把炮声也加入乐曲里去。然而中国的乐曲则又素主柔和优雅的，所以孔子闻《韶》，则谓尽美矣，又尽善也；闻《武》，则谓尽美矣，未尽善也。在图画方面也是有派别个性之不同的，如特拉克洛亚（Engene Delacroix，1799—1863）他是浪漫派的画家，而柯裴（Gustave Courbet，1819—1877）则又是写实派的画家，所以他们也是有界的。宗教因派别不同而争执的有，美术因派别不同而争执的，又何尝不有？就是中国的文艺一门而言罢，有芳归与前后七子，骈与散，江西诗坛，桐城等争，最近还有白话与文言，和革命文学与非革命文学之争。其实一切的争，都不外是表现的形式的争和意气之争而已。所以有界无界，普及不普及也不能特别的加在某一项东西的身上。

　　那末到底宗教与美育有什么的分别呢？

　　美育与宗教的根本分别，就是"手段"与"目的"的分别。

　　上文已经略为提过这一种的分别了，不过为着要把它更弄明白一点起见，所以我们不能不要证明宗教到底怎样能够自立为目的。关于这一点，凡懂得一点宗教的都会知道的，所以不必我多讲什么话，也不必引几条定义出来作为护符。因为我们还记得美国有名宗教学者楼巴（J. H. Leuba）曾费了不少的心血，把历来有名的不同定义四十八种，加以详细的研究，自己另作一条新的出来，结果还是不能使人满意。我们想知宗教是什么，最好还是看它的性质是什么。

　　宗教就是人生，所以凡信仰某宗教的人也必以某教的教主的人生为人生。比方罢，信回教的则以莫汗麦德的人生为人生，信儒，道，佛的则又以孔子，老子，佛陀之人生为人生，信耶教的则以耶稣的人生为人生。或者这还不能道出人生是什么来，那末就举一个例罢。比方耶稣的人生是什么呢？耶稣的人生有很多方面，这里可以用蔡先生的知，情，意的分法以便易于明了。知的方面，他是理性的人生，旷野的试探，黑门山上之变形，客西马尼园之祷告，均为其有理性的人生之表示。情的方面，他是富于爱贫恤弱的爱的人生，所以他与税吏妓女同餐共食，救他们于水火，医病逐鬼（患鬼者大概即今之疯狂人，当时的观念与我们不一样所以名词也不一样），与贫民罪人来往，施其救人之爱心，这都是他的爱的人生的表现。意的方面，他的人生是入世的，力行实事的，努力奋斗的……所以他不是离世而独居的，而反是到社会去工作的。他力行实事，努力奋斗，所以便有殿里逐买卖者,怒斥法利赛人,祭司文士之虚假伪善等事。凡此种种都是他的人生的表现。除此之外他还有统一的人生,所以始终如一坚守目标,一举一动似乎是矛盾的动作,都实实在在的有精神上的统一。所以他因着这样便宁愿牺牲己身于十字架也不妥协,变志。若是这种人生还不足以自立为目的,那末,难道还要等三元两角,或者,沽名钓誉去作目的吗?

美育是教育的一部份,而教育是一种手段,这种看法一点也不能含糊。那末,美育当然也不能不是手段了。

既然"美育代宗教"的错误是根本上的错误,则其他的立论的问题便不待解而自决了。

话本来是说完了,写到这里我的目的也算是达到了。不过读者若是不怕讨厌,则顺便说说关于"美术与宗教"的话。(详细的论述,后来可以另作一个问题讨论。)

即使我们退一步来说话,宗教是有知情意三方面,而这三方面都有特出的科学成立,那末,到底宗教还有否他的地位呢? 上文已经说过科学与宗教,道德与宗教,都不能分离,其实体育也不能与宗教分离,因为体育决不是"锻炼筋骨"这几个字那么简单。一个真正的体育家还要有互助,合作,努力,坚忍……等等精神才能,所以体育还是脱不了宗教的精神(这里决不是说宗教的仪式就是体育)。所以美术不过是人生中的一部份而已,宗教犹之乎一个"人",其他科学犹之乎他的"眼,耳,目,鼻,头,身,四肢,百体"。人可以分拆到这些东西,但是若果说把这些东西都弄在一块作个总和则算是一个人,这样的说法恐怕现代的科学不会承认罢?! 所以不特美术——不是美育——不足以代宗教,即使科学,道德,美术……姊姊妹妹,哥哥弟弟,都合在一起也不足以代替宗教。

这一场把戏本来不是美育小姐的野心酿成的,不过蔡先生把她的衣服穿了,所以使人目眩神昏误认了罢。

蔡先生从前——现在不多见有言论故云——本来很能算是一个有心[①]新思潮,新文化的人物,他提倡美育也是我们很应该赞助的。他说得宗教的文学,音乐,建筑等如何美丽法,这实在未免过奖宗教了。以前的宗教还足以受得起这种称赞,现在简直完全不行了,所以现在讲宗教的人也可以不必以为自己怎样美丽,怎样漂亮才好。现在青年人所以不往宗教的路上去跑,也恐怕有这种关系罢(?)

---

① "心"为衍字。

末了,蔡先生或者已经费了好几十年的工夫作这种新学说的研究,"大概"也不亚于达尔文的研究"进化论",克鲁泡特金的研究"互助论"呢? 希望巨著早日功成,则现代学生幸甚,廿世纪的学术界幸甚!

民国廿年二月廿六晚脱稿于齐鲁神学院。

(注一)因为蔡先生两次都是说到已往的解说,并且他心目中以为宗教是保守的,所以不若加上"已往"二字更为明显。

(注二)见《蔡子民先生言行录》的《以美育代宗教说》一文。

(注三)为便利起见在此特介绍青年协会的简译《宗教与科学》中之《宗教与科学之关系》一文作为参考。

(注四)见施氏之 *Reality* Page31 这里有几处名词与沈译不同读者可自比对。

(注五)见格氏的《艺术的起源》,蔡先生的《美术的起源》一文,也许就是根据了这一本书(?)

(注六)见《现代学生》第三期《以美育代宗教》第一句。

(注七)《路加》第九章四十九节,五十节。

文章已经作完了,并且也排印了,文中语言间过激之处不少,本想修改一次,可是来不及,请蔡先生原谅!

作者附识。

人生观寄在美育上　　姚鸿龄[①]

现在的报纸上屡载有自杀的事。本来人的自杀,是不良的现象;偏要发生在社会上。

自杀这件事,是有理性的动物都厌恶,因为是柔懦的行为。回头看起来,也未免可怪! 发生这事的,偏是有智识的青年;而不发生穷乡僻野,更不发生在年老之人。从此看来,更有研究的必要了。

这自杀的原因,我武断的说一句:"人生观没有寄在美育上吧!"但是什么是人生观呢? 现在举一例子——有个做缝鞋赚钱生活的工人,他每当拿锤子的当儿,同时必定要唱;因为精神感觉快乐。虽然做工,却觉得舒服;他是在一家楼下做工。因为这个缘故,被楼上小姐听见他唱那鄙俗的曲调;所以就给他很多的钱

---

① 《三师汇刊》第 2 期,1931 年 6 月,第 67—69 页。

来叫他不要再唱了。这工人怎不眉飞色舞呢? 因为所得之钱,比他每日做工赚的钱多一倍! 但是他若不唱时,精神麻木了,做工痛苦了,生活没有意思了;最后他还是故态复萌,把钱还给楼上的她了。——这不是他的人生观吗? 假如他不受爱美性的驱使,怎能如此呢? 现在的例子,看了大概可以明白了吧?!

好! 咱们再进一步来讨论这不寄在美育上的人生观是怎样? 青年人本来是初与社会见面的客人;假使他们没有受美育的薰陶,没有真诚的情意;他那纯洁的思想,莹明的志气,一进了万恶的社会,撞着些揶揄伎俩的人生,及世上一切的一切,怎能不使他消极悲观呢? 怎能不使他烦恼厌世呢? 又加上自己家庭的不美满,婚姻的不适宜;前途黑暗,再没有心愿及一切的世事;人生观因此确定是为消极的,不是革命的;是悲观的,不是乐观的;最后发生了自杀的恶念!

现在既说明美育上的关系,以下再讨论寄在美育上的人生观是怎样?

本来,人的个性,都带有审美的观念——都愿意穿新鲜衣服——假如不利用美术来薰陶他,培植他,势必失了美的作用,爱的知觉。所以必得使人都受美术教育,都有爱美的思想,爱美的行动;使他日日和大自然接吻,受大自然的溶化。把他那名利贪污心,完全洗掉;那么,他所建立的事业一定很美的有益于人群的;绝不是有害的,这是一个定律。观古今以文学艺术成名的人,那不是如此;就是以功名事业显著的,也有一段意思在这里。

所以必须提倡美术教育,使人们的人生观都寄在美育上;把万恶的社会一变而为新的社会,实现新的人生! 照这样办下去,永久不会再发生厌世的了。

从美育说到佛教　黄忏华[①]

徐公美先生新近做了一本叫做《男女问题》的剧本,叫我发表意见。我仓卒翻了一遍,觉得文笔很优美,而他的主旨,是(一)打破阶级观念,(二)捂击基督教,(三)提倡美化教育。阶级观念的应当打破,已经成为自明的原理,无须我再说。其次我对于基督教,没有深切的研究,姑且存而不论。至于提倡美化教育,却是我所极端赞成。甚么缘故呢? 现在全世界的人心,大多数被猛烈地占有欲所支配,而偏向于残忍的利己,放态的享乐,暴虐的生存竞争。结果,小的方面,演成社会上的互相倾轧互相吞噬互相践踏;大的方面,演成阶级间势力间种族间国际间酷烈的战争。于是全世界惨无宁日。所以要想消弭世界上一切的祸源,非先叫人心改换他的方向不可。然而十九世纪以来自然科学进步的结果,不圆满的宗教,已经不能够叫理智尖锐的近代人折服,严肃的道德,又不能够叫横流的人心乐从。要想改换人心的方向,应当从甚么地方着手呢? 我以为最好的方法,要算美育。甚么缘故呢? 爱美是人类共同的心理,而且无论甚么人,在他被自然美或者艺术美所陶醉的时候,都会昂头天外,忘记一切,卑视一切,不知不觉之间,走进了高尚的精神生活。就中尤其是艺术,是把自然和人生加以理想化的,是藉雕刻绘画音乐文学等类,把一种高远的理想表现出来,叫在现实生活宛转呻吟的人类优游于超现实的世界的。所以献身于艺术或者爱好艺术的,都别有他的优美的天地,因而大多数自甘淡泊,对于人世的荣华,弃之为敝履,甚至连日常生活,也毫不关心。所以提倡美化教育的结果,一方面可以减少社会上一部分名利的争夺,乃至因争夺而产生的倾轧吞噬践踏等类种种不良的现象;一方面可以叫一部分暴戾恣睢的人类,逐渐低减他的杀机;又一方面可以叫被生存竞争的热潮所冲荡而落伍的,得着精神上的安慰。因此,我对于提倡美化教育,极端赞成。

最后我还有几句话,我以为在世界上一切文化当中,兼有宗教、艺术、哲学的特长的,要算觉者释迦牟尼所说的教法。他的主旨,是把人间世的一切丑恶、一切粗暴、一切暗黑、一切浊秽、一切可怕的现象,加以美化、醇化、净化,改造做知情意谐和、真善美具备的人生,而优游于美满、庄严、高洁的理想世界。所以佛教也可以说是一种美育,而且是一种最高最圆满的美育。不知道徐先生以为何如?

德育与美育　方江水[①]

日前萧子升先生在中国艺专演讲,对于美术有特殊之见解,清言屑玉,娓娓动人。兹录其梗概如下。

近人提倡加美、群二者于德、体、智三育之中,号曰五育,颇具学识。实则人与兽之分野,一美字耳。吾国为文明古国,于美术之贡献,至多且巨。即今巴黎之所谓图案大学者,其取材多半师法我往古遗迹,奉为矩矱,昭然若揭。而吾国试反躬自省,犹故吾也,丝毫未见进步。此虽美术界之耻,实则教育界之耻也。外国图案一系,可称大学,吾教部则于整个之美术学校,不得称为学院,此污点不去,艺术何从提倡? 至于社会方面,亦多视美术为消遣品,以为雕虫小技,君子不

---

① 《申报》,1931 年 12 月 26 日第 13 版、12 月 27 日第 11 版连载,原文为句读。

为。此诚观念错误之处，亟宜设法纠正者也。不知美育于文化上，占有重要之地位。昔孟子曰："其为气也，至大至刚。"余以为唯美育足以当之，美至至极，然后能无我，然后能超脱，导人人于纯洁之境。今人蔡元培，欲以美育代宗教，良有以也。间尝思挽救末世，消弭战祸，当以美育为归依。盖残暴无人性之事，绝无美性存在，欲美性存在，则残暴之事，自可消除。所谓美育实为德育之基础，虽然，美与德有相互之关系，美可为德之基础，德亦可为美之基础也。美术家与匠人之何自分？以其一拘于摹仿，一能创作也；一为机械式，一富于思想也。思想即精神，亦即人格。故美术家之表现，处处有人格在。百人为诗，诗各不同也；百人为文，文各不同也；百人为书为画，书与画亦人各不同也。盖此百人之思想不同，精神不同，人格不同，故表现各异也。有高尚之思想，伟大之精神，纯洁之人格，自然流露于作品之间，其作品乃能高尚，乃能伟大，乃能纯洁。雅俗之分以此，故美术家必须有人格之修养。今之世尔诈我虞，寡廉鲜耻，已相习成风矣。于此而言人格，世人得毋笑其迂邪？然欲知人之所以为人者，以有人格故。

人有精神肉体二者，肉体之我，人无以异也，唯精神之我，乃真我耳。人身生活，分有三期：胚胎未成，不识不知，曰无意识；困极思眠，昏昏入睡，谓之有知，实乃无知，谓之无知，实亦有知，曰半意识；精神活泼，思想丰富，每感斯觉，曰全意识，亦可谓之精神生活。此生活期间，亦有行为如无意识、半意识时代者然，故精神生活，须加以修养，有修养，始得有人格。

然精神之修养若何，颇难言矣！昔英人斯宾塞尔著《可知篇》《未知篇》，盖吾生之初，浑浑噩噩来，吾不知其所自也；吾死之后，精神泯灭去，吾不知其所往也。此人生之谜，不可知也。语云，"人为万物之灵"，言则人能知万物之灵耳。所不知者，未始不有灵于人。故吾于人格修养之方，亦有已知未知，不敢勇于自信也。

凡一学说之成立，莫不各有纲领。故耶教有耶教之信条，回教有回教之信条，道释等教有道释等教之信条。精神之修养，亦有信条，虽然见仁见智，信条各有不同，曰智仁勇可也，曰亲爱精诚亦可也。吾于此曾三折肱焉，兹请缕述与诸君一商榷之。信条有五：

一曰远大。语云："万恶都生于见小。"故欲成大事者，不能拘于小节，胸襟欲其大，眼光欲其远。子贡云："贤者识其大者，不贤者识其小者。"此大人与小人之所以有别也。

二曰超旷。超，超脱也；旷，旷达也。于名宜然，利亦犹然。古人谓三代以上，唯恐好名，一己之名，何必欲其垂之永久？甚且不惜矫揉造作，沽名钓誉。然身后之名，有何知焉？纵有简册，如遇秦火，又将奈何？吾但知精神有所寄托，得名不以为荣,失名不以为忧,一听之耳。至于物质上之营求,贪得无厌,尤为无谓。社会之不安宁,皆由此而起。人之欲壑难填,一生精力,为此消磨尽净,可怜孰甚。得相当之生活足矣,过分营求,徒劳何益哉?

三曰精勤。人生无论为圣,为贤,为英雄,为豪杰,即甚至为小人,为乱臣,为贼子,无非精勤可得成功者。所谓业精于勤也,行路不勤,目的难达,饮食不勤,终朝不饱,可不勉哉?

四曰笃实。人能诚实不欺,斯可得社会之信仰,此对人宜诚也;努力向学,孜孜不懈,可抵于有成,此对己宜诚也。昔人谓至诚所至,金石为开。惟能笃实,然后百业可就。

五曰仁厚。人与人相接触,斯生爱心,人人相爱,始得和平。孔子曰,"仁者爱人",又曰,"泛爱众而亲仁"。故仁厚二字,乃维持社会之纲纪也。于人宜然,于物亦然,庶可免残暴无人性之事件发生矣!

以上五者,极平常,极普通,人人可至,亦缺一不可。如五谷之于人生,得之则生,舍之则亡。人能于此加意修养,则高尚之思想,伟大之精神,纯洁之人格,自可立致。有此等思想精神人格,无论为文为诗,为书为画,推之为其他一切,皆可臻乎妙乘。岂独为一美术家已哉? 吾故曰,德育亦教育之基础也。

美育和乐歌　劳儿[1]

一

这题目的涵义很广,决不是短时间所能毕事,更不是匆忙的我所能胜任。因而只能就极小部分加以发挥成一篇讨论美育和乐歌关系的小文章,其实《艺术与教育》的篇幅不过想使人了解他们的关系,不得不使人先明白美育的意义,又不能不先就美字加以解释。所以现在请先说美的意义。

二

美字的解释,差不多可说是:言人人殊。不特他们的论调不同,而他们立论的根据亦复各异:有的把他们的立脚点筑在生物学上,有的在心理学上,有的在物理学和哲学上。现在姑就现代各国美学家的见解叙述一番,然后再加以批评,并大胆些提出我见一小段。

法国美学家哈尔德曼说事物的本身没有美。艺术家用事物做根基,靠着自

---

[1]《艺术与教育》第 1 卷第 4·5 期,1932 年 5 月 25 日,第 40—43 页。

己的力量,才能够创造出美来。可见美并不是实象,是一种假象,美感并不是实感,乃是一种假感。

和哈尔法曼同时同国的美学家兰艾说:美感是介乎假象和实象、自然和非自然的中间一种心的活动状态,亦就是一种错觉。并不是像哈尔德曼所说的假象,亦并不是实象,仿佛像不是事实却又是事实的一种感觉的迷。这一种迷就是意识的迷,自由意志的迷。我们认识事物的真相,是智的活动,但是觉得事物真相以外的迷,这就是美。

英国派的美学家说:美是从生物生存持续的必要上发达下来的,同种族生存上有关系的就是美,倘使没有益处就是丑。

综上述三种的学说:哈尔德曼的学说可以说是筑在物理学和哲学上,而他却承认美毫无实用。兰艾的学说可以说是筑在心理学上,而他是承认美对于实用是或有或无,可有可无的。美国派的学说可以说是筑在生物学上,而他们却承认美绝对有实用。这么看来这三种学说是阶级递差的,不互相包含的,至于他们学说的立脚点,依主观的见解而差异,我们不能妄加批评他们学说的本身,我们却敢承认都有偏颇的弊病。

我既承认他们的学说是有偏颇的弊病,那末我的意见是怎样呢? 应有提出于阅者之前之必要了。——我以为美并不是实象,也不是假象,乃是一种看得见拿不出来的抽象;并不是错觉,是能够使人们心理上起一种愉快感觉的东西并非没有实用,委实很有实用。不过不是同种族生存有关系的,是可以做我们人类的安慰者,所以我很赞美易韦斋先生在他所做的美育歌里所说的三句话:"美"——宇宙之光华,洁如良玉之无瑕,"美"——人难之生涯,欢如大□之无遮,"美"——社会程度之异差齐一,如诗三百之无邪。

三

美字的意义既如上述,现在要进一步解释美育二字了。

美育就是美感的教育,用相当的方法使被教育者确立美的观念实具审美的能力,涵养到美的情感。和智育是灌输智识,德育之陶冶德性,体育之锻炼躯体正是相同。

美育的意义实无须细说,为着美字已略加解释了,现在再引易韦斋先生的俏皮话代宣微意,"含融调合彼'智''德''体'三育而隐隐代以精神界最高的睛视力'你''我'挽手相见于'真爱'及'无他'"。

四

怎样实施美育却是一个极重要的问题也可说是一个极繁复的问题,好在题目和第一节都已经略示限制,我于今尽可就乐歌方面加以略说罢了。

我固然不是专门背诵教育法令的人,却还模糊记得教育部所宣布的乐歌教授的目的委实是注重于涵养美感一方面,我们尽可再回到实际上想一想乐歌究竟能否涵养美感,当我们百无聊赖的时候,忽然遥闻清脆的歌声,应有如何的慰安,似乎身临清静幽雅的胜景中,脑海里无忧无虑入了疯狂状态,好像晓然于宇宙的迷,抛却一切烦恼甚至不肯相信自身还存在于人世间,若斯情景阅者当都有相当的经验,勿容我喋喋了!

希腊的哲学家如柏拉图一流人物,都以为美是一种现象能使人感觉着无忧无虑入了疯狂状态,那末乐歌的自身何等美,怎样不能涵养美感呢?

现代的教育家,差不多都注其一部分能力于美感的教育。他们都以为识字教育的结果,并不是教育的归宿,充其量不过可以说是畸形的单性花;因为人生的历程里,决不能谓有了器械的智识的点缀,就算是灿烂光华。换一句话说:我们人类不能仅注重于知的教育,应该兼顾及美的教育,使性情受些陶冶,道德受些涵养,才能成个完人,这才是受教育的完人。

最后我再抄我的朋友张永荣君在北京师大平民学校所编辑《平民唱歌集》的序言的一段,半做美育和乐歌的重要的证明,半做本篇的结论:

种族的持续生存,

关系着美;

人类的道德陶冶,

根据着美;

现代的教育家,

竭力提倡美育,

愿他和德智体群,

正锋相对。

管窥"以美育代宗教"　管西屏[1]

大学问家创立了一个学说和主张,总喜别人批评和质难;因为过了这批评和质难的阶段,他的学说和主张便规定了有否存在的价值;蔡元培博士向来是主张"以美育代宗教"的;我今天拿了"以美育代宗教"的问题来,研究它是否有充分

---

① 《真光杂志》第 31 卷第 11 号,1932 年 11 月,第 58—60 页。题名下署"山东滕县华北神学管西屏"。

的理由；谅来也是中国当代的大学问家，不至于说我不道德的。

好了！我现在要拿起笔来向下直书了：

"宗教"谁也不能给他一个确切的定义；这是具有宗教经验的人所共认的，因为内中一切波折的复杂和意味的浓厚，决不是一两句话所能表出；然而"宗教"是有对象属于精神的崇拜，这是不能否认的。至于"美育"，据蔡博士自己说："……欧洲人所设之美术学校，往往只有建筑，雕刻，图画等科，并音乐文学，亦未列入"；"而所谓美育则自上列五种外，美术馆的设置，剧场与影戏院的管理，园林的点缀，公墓的经营，市乡的布置，个人谈话与容止，社会的组织与演进，凡有美化程度的均在所包括；而自然之美，尤供利用；……"从这几句话里，就可以知道美育定义了。从定义方面观察它们的分别，很显然的。一属精神的崇拜，对象就是那无形无像无生无死的神。一属精神的表现，这表现是属于物质的(在宗教中看为次要的)。一属灵一属质，若互相代替起来，未免太驴唇马口了。

优生学告诉我们，父母的优点或劣点，总有一部份遗传给他们的子孙；但我们知道他们的子孙，纵然有一部分像他的父母，也绝对不能代替他的父母。宗教与美育也是如此，美育固然有一部份与宗教仿佛，或者带着一点宗教的情感和安慰的意味，然而也如子孙不能代父母一样，因为美育一大部分不能不说是自宗教而产生的。况且二者目的并不相同，各有各的价值和存在的必要，并不是势不两立的，硬要施行"代"的方法，未免太武断了！

美育一部份是自宗教而产出，是蔡博士所承认的，他说："……宗教家择名胜的地方，建筑教堂[①]，饰以雕刻图画，并参用音乐舞蹈，佐以雄辩与文学，使参与的人，有超出尘世的感想，是美育。"又说："……在宗教上所认为尚有价值的只有美的原素了。"我们无论观察任何事件，应当注意真实的内容，就是首要的；不可只看了外皮，便妄加非论。好似一个孩子，他母亲给了他一个红色俊美的苹果，孩子心里想道："苹果的价值只有美了。"他为什么这样想呢？因为他只看到了外皮，没有尝过里面的滋味；蔡博士之观察宗教，也是如此，只看见了宗教的外表，什么建筑物啦，音乐啦，文学啦，……没有明白宗教之所以为宗教的内容的奥义。岂不知宗教去了所认为美育的原素，宗教仍然是宗教，所说为美育的那一些，不过像女人头上戴的花，是小小的点缀品，那里算得是宗教的一种原素呢？由此看来，"以美育代宗教"便是"以宾夺主""以小代大""以部份代整个"了。这也无怪

---

① 原刊漏"建筑教堂，"，据蔡元培原文补。

于蔡博士，因他本身并不是宗教徒，更不是宗教家，对于宗教是门外汉，当然是莫名其妙了。他为什么不保留宗教以当美育呢？理由有三条：

（一）美育是自由的，而宗教是强制的。

（二）美育是进步的，而宗教是保守的。

（三）美育是普及的，而宗教是有界的。

美育是否为自由的，进步的，普及的，暂不问它，而宗教是否是强制的，保守的，有界的，是目前急需要解决的问题。

（一）"宗教是强制"的错误。自由的反面，便是强制，在这种所说的强制，莫非是不得任意放纵情欲的意思吧？若然！我们就承认宗教是强制的，因为宗教本来以放纵情欲为大恶。若不然！以宗教为帝王样的强制，是大错而特错了，因为宗教是素来主张自由平等博爱的，丝毫没有帝国主义的色彩。

在《美的哲学》上说："美术是放任的——不具仪式与信条；宗教是规律的——必具仪式与信条。二者性质显然不同。"所说的"自由"和"强制"，莫非就是"放任"和"规律"的意思吧？若然！"以美育代宗教"更难讲通了；因为凡世界上的事物，有规律的为优，无规律的为劣，此乃自然之理；若将有规律的宇宙换成一个无规律的，那么！星球们互相乱撞起来，怎能有今日的世界？所以"以美育代宗教"便成了"以劣代优"违反自然之律了。

（二）"宗教是保守"的错误。无论那一个国家，都需要宗教的；世界上的宗教家同时也会是科学家，世上如德美英法等国，信教的大科学家很多，他们所信仰的宗教，并没有阻碍他们的科学进步；只有一个中国一个苏俄今日除宗教，明日立学说，弄的整年杀人流血，是何等的伤心惨目，这难道也是宗教的保守所致吗？宗教所保守的是神的命令，然而神的命令决不会使世界不进步的；我从来没见过一个宗教家，他还茹毛饮血，他还穿着原始人的服装，他还施行钻木取火的本能，往往他的思想格外的先进，时常创出惊天动地的大发明来，古今的一些大的宗教家，都给我们作了铁证；我不明白蔡博士根据什么，说宗教是保守而不进步的。

（三）"宗教是有界"的错误。宗教从那里能画成界限呢？宗教是一座塔，一座寺，一座礼拜堂样的有界限吗？宗教的精神弥漫了大地，充塞了宇宙，在谁的思想意志里没有宗教的观念呢？就是蔡博士本身也会吊他的亡妻啊！怎么说宗教不普及呢？在《美的哲学》上明说宗教是普遍的，难道蔡博士所讲的美育，不同别人一样吗？总之，美育和宗教各有存在的价值和必要，不必硬要"代"起来，那样"代"起来美上反加不美了。

六，十九，古滕自修室

社会教育的机关施设：美技圣三育的机关施设（节选）

川本宇之介著，刘之常译①

（一）美育的机关施设

美育机关施设起来，应当将美术馆，美术展览会，以及音乐堂，音乐会作中心，而兼有研究各种歌曲，俗谣的团体，及其他这一类的会合，以鼓起各人的趣味。再有平常人随便作音乐唱曲的集合，也可以看成一种美育施设。紫外，如学校或教育会及其他教化团体等，举行非营业的演剧，和活动电影会等等，也很可以加在这里面。其中如活动电影，和知育德育等更其有关，而此地只不过是将他里面艺术意味更浓厚的加入罢了。更有为着是等有趣味，且娱乐的会合，而把学校的讲堂，或别的地方来充用的一种适切方法，这是后面所述社会教化中心施设的一种，也就是情操教育的一部分。

日本所有关于美育的常设机关，除掉营业性质的以外，竟然甚少。在东京只有东京府美术馆，和东京市音乐堂两处，是重要的机关，然而这两处，也只有照例的每日的陈列和音乐会罢了。大阪市立美术馆，还没有竣工。恩赐京都博物馆，系公立的，可以算是常设的美术中心的博物馆。而东京帝室博物馆，现在也是以陈列美术品为主。奈良帝室博物馆，亦有美术品，然而是含有美术的历史博物馆。

试想以世界美术国自命的日本，尚且没有中央常设的大美术馆，这真是遗憾的事。法国且不必说，即如英国，德国，甚至像美国，都在中央地方，至少也有五六处大美术馆，和他们比起来，真有云泥之隔呢。又试想个人家藏的美术品，原来是极可珍贵的，然而假使把他陈列到中央美术馆，或者寄存，或者捐助给馆中，要能依着这一类手段，去做公诸国民，使多数人都能观览他，藉此作审美精神的涵养，增进美术的鉴赏力，加高国民的品性，兼作对美术发展的贡献，那末，其价值定然更大。日本人的爱好美术品，秘藏美术品的那种精神，本也是可贵的，但能够不把他所藏品作私有的，更增高他公共的，社会的价值，发挥他公共的，社会的精神，那就尤其可贵。全国富豪，倘然能够共同出资，建筑一大美术馆，捐赠给国家，并且将他们的所藏品，常常采取循环的陈列法，去馆中陈列，那岂不更美

---

① 《民众教育季刊》第 2 卷第 1 号，1933 年 8 月 15 日，第 1—22 页。原文标题为《社会教育底机关施设：美技圣三育的机关施设》。

呢？美国波士顿之美术馆，即系私立的，在战前费三百二十万元建成，如此巨大的经费，统由该市富豪醵集，并醵集他们的收藏品，捐助成立！日本人岂不应该自己三省呢？

日本美术机关之可观的，只有帝国美术院。该美术院，创始于明治四十年，系文部省美术展览会的后身，大正九年，以敕令改成帝国美术院。该院直属于内阁，有和帝国学士院相似的地位。每年在东京京都，分开展览会，在东京开会四十余日，其间的观览者，约有二十余万人。与此处相对的，当推日本美术院。该院起初系已故冈仓觉三氏，用日本新艺术作标榜而设立的美术研究团体，及该氏故后，一时颇陷于不振之态，同志者于大正三年时，从文部省美术展览会脱离退出，再将他重新振兴起来，近顷已能与文部省美术展览会及他的后身帝国美术院的展览会对抗，且每年秋季，于帝国美术展览会之前，在东京和京都开设展览会哩。此外更有美术协会，二科会，和其他团体，或他展览会，开设的数目甚多，不胜一一记载。

又如新闻社所主办的古名画艺术品等展览会，也常常有开会的事。或者又如东京朝日新闻社办的明治大正名作展览会，再有如读卖新闻社的名宝展览会等，都是在东京的例。大阪又有大阪朝日新闻社的天平文化展览会，也是一个好例。对于此等展览会，所以能够使得社会耳目，大大地被其耸动，乃因新闻社之天天宣传鼓吹，另一方面，则因一般国民，对于古美术品，也自有很深的憧憬。所以美术馆，实在可说是国民的宝库，而美术工艺品的必要有常设的大美术馆，竟可说是等于雄辩者必须口才一样。

波士顿美术馆起源的一端，回想起来，要在前记的意味上设想，当知其决非无意味的事，故欲加以一言。本馆始在一八七〇年的，以许多私人和团体协力相助之下，创立起来的，除最初由市府拨付官地以外，从来未曾有过一次，说是向州政府或市政府仰给补助。他从一八七〇年创立的那一年起，先募集美术馆建筑费，得醵金二十六万一千元，遂着手建筑，及一八七六年上完工，即于七月四日，正值独立纪念的那一日开幕。兹后又靠着私人的醵金，增筑两次，更加以有多数人士们的努力，其基金和流通资金之醵集愈多，且寄赠的美术品也愈多，遂渐渐觉得馆址狭隘，便更起新馆，迄一九〇九年落成。至公开为止，其时所需的建筑费，即如前记的三百二十万元，再加以土地代价，实有到五百六十万元的巨额。旧馆既经卖出，自然可以有一注收入，计得百七十五万元，其余不足的百五十万元，即完全靠着捐助金和基本金，集合而成。因此也可想到，他们这中间，私人捐助金（当时并以前所捐统计）的额数，实在已属不少。即此也便可想见美国人士，对于美术品所具社会的公共的观念的一端,是如何咧。于今再将该馆内,现在所见到的内部各部门,记之如下。

  埃及美术部 一九〇二年创设。

  古代美术部 一八八七年创设。

  中国及日本美术部 最初单有日本,一八九〇年创设,一九〇三年,扩成中国及日本部。日本部中陈列物,如"法华蔓陀罗"及"平治物语绘画物"两种,便在日本国内,也是不可多见的逸品。

  欧美近代美术部 分作绘画及雕刻两部。

  版画部 一八八七年创设,约有八万枚版样。

  模造雕塑部 有数百点。

  美术馆学校 最初称"图画及油画学校",起于一八□七年之后,于一九〇一年,改称"美术馆学校"。

  图书部 一八七九年设立,约藏五万部图书及小册子,并写真亦有五万。

  更有扩张事业部,分作以下的四项。

  一、博物馆课程。系期望美术品鉴赏力发达的讲义,连续出三十回。

  二、西门子学校(Semonse College)扩充讲义,连续出十星期。(和该大学校连络。)

  三、时时举行一般讲演。此讲演专为着一般参观人和教师及学生,并为着俱乐部和研究团而开设的。

  四、对儿童们的教授。有夏季休业中的夏季美术讲话,和图画教授。(分冬夏二期。)

图书部所有的图书,可供馆员并来馆者的参考,自不待说,即如学生和抄写的人等,也尽可自由出入。试从以上的扩张事业部为始,一直看到他的图书馆并学校教育等,就可见到该馆,不单单以美术品的收藏陈列为满足,并且积极地向外部活动,可算得是近代美术馆的典型,更其可以感知他能够不绝发挥着民治制度的本质的。

由以上的说明可以明了他的大要了。而最要知道的,就是该馆的成立,全仗着私人的协力所致,如富豪等所聚拢起来的捐助,常常不绝,到如今,还正在募集着纳付年会费十元的会员。当地的人士,颇有许多入会作会员的。而且任何人进馆去,都不须纳入场费。就这两点看起来,也更可知道他馆里资金的丰富,到如何地步了。总而言之,该美术馆,既要维持本身,又要对公民服务,在民主的见地上，真大有意味的。我们现在还要把他一个有特殊趣味的事例举出来，指示给本国人看。

有将博物馆，美术馆，音乐堂，和图书馆四项，并在一起，造成一个综合的组织，以作为市民的美育和知育的中心，这要推美国毕咨堡市（Pittsburg）的卡耐奇院暨图书馆为唯一的地方了。此系住在该市中的居民卡耐奇氏，于一八九五年，捐出百万元经费来造成的图书馆，其经常费，则由该市支付四万元充用。在图书馆既设立之后，又预备建设起美术馆和博物馆来，于是再经卡耐奇氏，更捐出五百万元来，建造新馆。及一九〇七年上，新馆落成。此后又于一九一六年时，附加音乐堂，并于该年份上，添设卡耐奇图书馆学校，这才完成着现在的卡耐奇院暨图书馆。在他这一种的组织中间，实在包有图书馆，博物馆，美术馆，音乐堂，及图书馆学校等五项机关。而且博物馆中，还设着讲演用的大厅。美术馆的一部，并设有甚壮丽的演剧场。不但如此，就是他的图书馆，还分立着八个分馆。再加上一层，因为卡耐奇翁，当初原为的是要做社会教育的机关，故于设立本院以外，更设立高等工艺学校。该校中间，共设有科学，机械学，工艺，工业，应用心理学，古典学，及以外别的两系，总计有七系，他的名称，便叫做"卡耐奇工艺院"。总计卡耐奇翁为着举办社会和学校的两项教育，所捐助给两大机关的金额，前后共达二千七百五十万元，这种巨数的金额，真不是吾人所能想见的。

卡耐奇的美术馆中，单是雕刻和塑像等部，已可说是有几十几百处，其中有许多希腊，罗马，法国等名作的模造，和美国美术家的创作品。仅仅这几项，还不算是极其壮丽。就他的博物馆而论，单像地质，矿物，鸟类，鱼类，爬虫类，古生物学，植物，兽类，昆虫，解剖学，人类学，土俗学，及其他各方面的物品，都是各各独立，自成一大博物馆。今更将吾人视察当时，所感着的一二项事情，记载起来。当吾人在该美术馆时，看见该馆本着和他所谓博物馆扩张部同样旨趣，令学校学生进馆，作美术品说明的一回事。在他的图书馆中，亦见到同样的事。他的旨趣，大抵也和美术馆是相同的。并且便是博物馆，也做着同样行动，旨趣相同，自也不用更说。因着此地，又想到在克利扶兰（Cleveland）地方的市立美术馆，也曾见着这样的事情，便已觉得不胜其感叹之极。彼处美术馆的建筑费，算来也许要二百万元，以如此堂堂乎的美术馆，竟将中学校学生的制作品，也和一等大方家的美术品，同样一并陈列着，这里面便存有他们奖励美术的用意。又在该美术馆，见过一幅画，系将富士山作背景的大名鼎鼎的浮世画，以甚广的画幅，三幅相重作一组。画上有着说明，吾人当时曾感觉到特深的印象，所以也有一述的必要。他的说明说："这一幅是三张合成一张的画，却也是各成一幅极精致的合锦画。合起三张来,又成一大幅精好的独体画,这是值得给以注意的。能够有到那样注意,就是此画联缀的合锦,那样精巧工夫,自也能够做得起来。"附加着此云云的意味,使观览者多多给以鉴赏上的注意。然则我们国内的美术馆,能够不照着美国美术馆那样办法,亲切地养成鉴赏力么?

(二)关于技育的施设（略）

(三)关于圣育的机关施设（略）

中国近代教育思想概观(四)　舒新城讲述,孙育才笔记[①]

(二)军国民民族革命时期(民国元年—民国八年)

民国成立以后,社会思想大变,教育思想,自然亦因之而变。这一时期,真负着继往开来的重大使命,新旧思想更处处是矛盾冲突,值得一讲。现在我把它分做四方面来讲。

▲军国民教育思想与军事教育思想

民国以后,因鉴于世界潮流和国势危迫的两重原因,于是军国民教育思想,由是起兴。目的在使国民全体,统须受军事训练,遇到有事时,都能执干戈以卫社稷。自民国元年公布的教育宗旨案,规定有军国民教育一项之后,社会纷纷宣传,学校相继实施,盛极一时。迨至民国八年,给国际的和平思想所激荡就不再起了。民国十年以后,渐渐蜕化到军事教育思想,一直伏流不断到现在。这种思想自提倡到现在,计已廿多年,实际上何以不能发生重大的影响呢? 第一是因为士风的偷惰,第二是因为执政当局对于这种思想的敌视。

▲实利教育思想与实用教育思想

因着中国旧教育的空疏虚浮,新教育的不切实用,又因着国际资本帝国主义的压迫,所以便应时产生这种实利或实用主义的教育思想。到民国六年并由实用主义教育,递嬗为职业教育,实利实用的思想,从此乃中断。其最影响大的是,第一,教科书渐和儿童能力社会需要接近,第二理科教授逐渐注重实验,第三植立了职业教育、科学教育的基础。只可惜当时提倡的一班人,是专门把小学做对

---

① 《申报》,1933 年 11 月 18 日第 15 版,原文为句读。

象,而不注意中等教育。所幸后来渐渐的扩大,现在中国的职业教育,已由小学普遍到大学了。

▲美感教育思想

民国元年,蔡元培首倡美感教育。蔡氏自到德国习哲学、心理、美学之后,他就深感于德国的美育设施优长,且又因其根本思想,倾向于世界主义,所以极力起而提倡美感教育,认为只有"美",才能破人我之见,进世界于大同。中国十多年来的美感教育思想,实以他为唯一的中坚人物。当时又因着美育本身的功能,政治的助力,时代思想的激荡,所以竟能在教育实际上,绵延地发生些较大的影响。

▲大同教育思想

现在的世界,固未尝大同,将来是否得以大同,也还尚无确切的论证,然而希望大同的心理,却是人所同具的。这为什么呢? 第一个原因自然是生发于希望解除苦的公共心理,第二是国际压迫的反映,第三是中国人和平根性的表现。在近代中国教育史上,首倡大同教育的,是康有为。他个人的教育理想在(甲)种族改良,(乙)育婴及幼稚教育,(丙)教育平等。继起鼓吹发扬的,如高一涵、常乃惪等辈。可是这种大同主义的思想,他发源固由于人心之同然,他实际倒是不易实现的理想。所以我们如果要在实际教育上,寻求这种思想的影响,却是比较别种思想为难。康有为的共产的大同教育,高一涵的泛生大同教育,和常乃惪的艺术的大同教育,更纯属是一种超人的理想,在现实的世界中,自然不会有实现的一天。所以真正的大同教育思想,在近代的中国中,可谓完全不曾发生过什么影响。但这种思想的潮流,却因民治主义的反映,而使中国教育界发生一些浪漫的自由的行动,终以敌不住环境的压迫,而延时不久,就衰落下去。

美育与人生 毛晋卿[①]

智德体三育之说,由来已久,然究能予人生精神之满足,仍属疑问。夫教育之目的,在使人类精神向上之进展,然智德体三育之完成此职责者,能否达至若何程度,此不可不问也。夫教育之原始形式,德育与体育混,所谓学书学剑,各大儒又以明心复性为做人之本,是德育几视为人生之主题。惟自社会之分化发达,

---

① 《文教月刊》第 2 期第 1 号,1934 年 4 月 11 日,第 76—79 页,原文为句读。题目下署"北满三区十七校 毛晋卿"。

知识之教化范围日广,而德育趋势始稍后。盖知识之教化,所以启示人生者,远驾乎德育之上。唯智育以授知识与技能为主,究能予吾人生命向上与否,仍属疑问。至体育虽为人生所必需,若仅以体育为唯一之天职,此外并不附以精神向上之意义,则昂昂七尺躯,成为宇宙消化食物之机械,有何向上之足云。故十八世纪,中于德育过甚之弊,而不脱传袭的思想。十九世纪,中于智育过甚之弊,而招福禄欠尔一类之自然主义的悲哀。二十世纪,初欧中于体育过甚之弊,而有前此欧洲大战之结果。最近教育界始悟智德体三育偏重,不足以予人生之满足,即并重亦难语于精神向上之发扬,而不得不着眼于人类本然性,至所以启示人类之本然性,而导之表现者,则美育也。夫美育与智德体不能相混,理有固然者。盖以德育之主旨,为现实,为规范,而美育之主旨,为直觉,为浪漫。德育重外经验,为群体之认识,美育重内经验,为个性之认识。至智育与美育,亦立于相反的地位:智育重客观,美育重主观;智育重普遍,美育重个性;智育重抽象,美育重具体;智育重思考,美育重内观。是德智二育,虽各有其领域,而于人类本然性之发展,自远不如美育所与机会之多。至于体育,则本属美育之范围,更无所谓领域。体育原期身体之优美发达,所谓人体育之陶冶,亦即希腊教育之中心思想。人但惊于体育,在增高体位,遂忘其本意,而去精神向上之途乃愈远。故德智体三育,对于人类本然性之发展,皆不能无缺憾。换言之,对于人生,皆不能予以最后之满足。此美育之提倡,非得已也。今特阐明美之意义。夫人生活为何? 此一问题,虽人之答案不一,然究不如"趣味"为有意义。诚以人生无趣味之素质,则生活如石缝,如沙漠,干燥紧迫而无味矣。然则趣味之源泉,舍美莫予。试问人类既有知觉,对于风花水月,孰不感觉其趣? 只要领略一次,精神便向上增进。以心理言喜怒哀乐,随感而发,心态之抽出与印契,为开心微妙之门。故美育之真义,即在审美心之养成。诚以人类生活,无一刻不受美之刺激,而生变化,如因美之刺激而生变化,是即美感足以潜移吾人精神活动。换言之,即足以发展吾人精神生活。更换言之,即吾人人类本然性之要求。盖人类本然性,乃时时欲发展,但非有以刺激之,或刺激之而非由于美之刺激,则不易于活动。是人类本然性者,乃贮有精神生活之最大量者也,可发展至于无限。中经一度美之刺激,则精神生活扩张一次,即人类本然性多得一次发展之机会。此正美育之真髓也。然则美育,实有为德智体三育之先导,而美育之不能仅出于狭义也,解释亦有不难推见矣。今举二例:一为席勒之新人文美育论,一为蓝格之最近美育运动论。二派之思想,一曰美即善,一曰美即美。一谓美即智德体,一谓美与智德体绝缘。愚以后者摄于前者之中,殊有疏通之处,更绘图以明之。

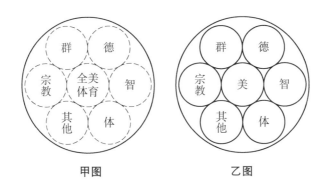

由上图以观,美育实为教育之全体,其实际上决不脱智德诸育之作用,而未可拘泥于此,致其自身之领域,而阻碍其发展之前途。质言之,美育显德智诸育之作用者(如甲图),不过其方法;而美育自据其领域(如乙图),不欲为德智诸育所染者,乃其为趋也。总之德育所重在教,美育所重在感。教化之力,实质不如感化之力之大。盖教自外加,而感则由内发,教之力仅贮藏于脑,而感之力,乃浸润于心也。父师之训诫,不敌婉好之叮咛,家庭之孕育,不敌社会之观感。故常引导国人接近高尚之艺术,或清洁之环境,则一国人之心境,不期高而自高,不期纯洁而自纯洁。此德育自身,究不如美育所含之意味,可以概见矣。至智以求真,然亦有时而蔽。语言不能达,自然科学不能至,则智而穷。若以美则呈露真境而益彰。柏格森谓美术由一种感应,得澈入对象之里面,而把捉其内部生命,是美与真常伴而生。由此可见,美育所含智育之量矣。至体育之发达,已在美之范围,而美之环境,或优美之心情,愉快之气分,所以增进体魄者,实较机械之锻炼,收效尤速。是美育已早擅体育之能事。至群亦未能脱美之范围,美之普遍性,与调停力,足以减少社会上之反目,与阶级间之斗争,此拉士金已阐明之。至宗教何独不然,宗教予人以精神向上之安慰,而美育正启示之。故宗教赖美育乃能光大,其量更可见也。此甲图之说所以广之也。然乙图亦有未至,诚以美育乃一最高之精神活动。考人生之增进与持续,常伴于快感之增进与持续,乃得人生之满足,以发射生命之火花。人类之所以高尚者在此。吾人不但努力正大人生,且希求兴趣之人生,所谓美的人生,此余广乙图之说也。夫二者具备,而后美育之真价值乃见,而美育之能事毕矣。综上所论之如下:美育者,发端于美之刺激,而大成于美之人生,中经智德体群诸育,以达美之目的,美育之所以蔚为一代精神者,其在斯乎!

欧洲美育思想的变迁　陈之佛[①]

一、希腊时代

探索欧洲美育思想的本源，就不得不上溯于希腊时代。因古代希腊其国民性是美的，故于美育十分重视。在教育上便亦体育与文艺并重，而文艺中又不仅音乐、诗文、图画等属于美育，即体育中之舞蹈亦为其中一分科，与勇壮的乐曲相合而运动，其目的自不外期望身体的美的发达。

这文艺本来是古来宗教的附属物。自荷马出而与以统一与定形，其诗则示当时人间的理想的行为，专为鼓吹当时的教育，给与了极强的印象；同时亦藉以陶冶心情的。这种诗的精神，由荷马以后的诸诗人维持着，久为希腊教育家用以定教育的理想。然亦有反对这诗人的思想而企图教育的改革的，即是毕式格拉斯（Pythagoras）之一派，他们对于教科特别重视音乐与数学，以一切调和为教育的目的。柏拉图（Plato）亦以这思想为基，反对一般的诗人，他主张采用可以与人以善美之感的诗及音乐。他学得音乐的目的并非为快乐而在善美的正确的模仿，在能使引起礼节，纯正的嗜好，美及德的感觉，使发生高尚的冲动，以其灵妙之力使人习惯于善及美，便以这样的效果作教育的基础。故其教育的目的，以音乐与体操的结合调和为最重要。亚里斯度德（Aristotle）则在其教授论上谓读书、习字、音乐、图画、体操为应学之科。音乐之中又含着音律之学与诗歌，图画则亦不仅在有实益于生活的，又主张养成鉴识力，但并不欲使成为技术熟练的专家。他说高尚的美术不只是事物的外形，而重在写出潜在其内部的精神。

虽然，希腊之美的教育，亦非全由诸哲而生，实在是希腊民族全体的产物。这种美的教育，其效果乃集中于个人的人格。但他们的教育与职业的练习则完全分离，无论学雕刻，学音乐，而他们不屑为专门的雕刻家音乐家，只是为着寻乐，为着消闲，为着交际，为着修养而学习的；若为着谋利而学习，觉得是可耻的事情。所以希腊的良民，他们虽然学习种种自由技术，但亦只到某程度为止而不志望于职业的。当时希腊的社会状态，最适宜于美的教育的普及，在学校教育上，文艺及体操的修养永久继续而为他们的自修娱乐，体操场差不多即是他们的消遣地，精神的修养所，又是新思想的源泉，他们每天会合而作运动，由互相谈论而扩展知识，养成美的趣味，所以在纪元前四世纪之时绘画教育既已普及，美育的

[①]《国立中央大学教育丛刊》第 1 卷第 2 期，1934 年 6 月，第 1—22 页。

要求早已理想地实现着了。而且因学校与生活的一致，文学美术的普及之力，在大祭典之时乃有戏曲、音乐的演奏，美术作品的陈列，这仿佛现今的博览会成为交换智识养成嗜好的机关，促成文化的发达，而民族间便亦传播一种美的教育了。

总之希腊的教育，他们为保持着自由市民的面目，故努力于体操以养成优美的体格，勤修学术以求卓绝的识见，使身体与精神的调和的发达，是为最大的目的。这就是所谓雅典的教育目的，是欲造成优美而有知识的人间。但"优美的精神宿于优美的身体"，因为欲使精神的优美，便不得不先使身体的优美。故他们奖励体育以计身体均齐调和的发达，又因为欲使精神的优美，故学习音乐、雕刻，使爱好秩序规律调和，抚慰情欲，理解诗趣；学习哲学，以穷真理，使思想高雅，心性发达，以此造成圆满美妙的人格，这是他们最终的教育的理想。这即是所谓"善而美"之说。善而美的理想原是希腊思想的骨子，而后世欧洲的教育思想颇受其伟大的影响。

二、罗马时代

继承希腊文明的罗马人，其主眼在政治思想的发表及表现其属性。道德是公民的道德，尽力于国家，家庭生活及社交上的行动，不是直接有利于公共团体的业务，他们视为无从事的价值，尤其是美术似乎是正当的人士所不屑为的事情。所以罗马的教育思想是应其生存的要件以及关于人生关于世界的观念而确立的，其理想虽亦有多少的变迁，总不外乎养成善良的爱国者，有名誉的人以及长于实地的动作，富于勇气的公民为其最大的目的；美的教育却非所重视了。而其民族的长处亦不富于美的受纳力而富于实地心，有多方的生产力身心活动的自由以及公共的行动；不长于构造的想像而富坚强的意志。希腊人于政治以外而有精神上的闲暇，但罗马人则于政治的行动之外其余裕常耗费于公共及家庭之上。故他们的嗜好只及于历史及政治上的辩论，全人格的美的调和的发育却不存于罗马人的思想。修辞上的研究在罗马大为发达，但其研究的目的亦不离于实用。总之罗马人燃着并吞世界的大理想，努力奋斗，统一欧洲，而当荣华的境涯展开于其前途之秋，忽呈衰亡之兆，于是帝国建设的理想，亦便充满着悲惨的寒光了。希腊传来的美的理想，亦不见繁荣于此处而散播于北欧各地了。可是我们读西洋历史亦知扶殖希腊的美的文明于欧洲各地者，实为罗马人之功绩。

三、中世时代

当罗马渐渐凋衰之际，基督教兴起，因其势力的逐渐普及，教育便亦不由国家所主持，而完全立于基督教寺院的指导之下，出世的思想乃代希腊时代的现世的思想而兴，上古优美的文艺的真价从此消失，美的教育自亦不振了。但是到了这时,所不可不注意者,则为宗教教育与美术的关系。当时形象美术服从于教育,美术成为教徒的教训者,慰藉者,教会便借其力量为劝善之具,并以之装饰寺堂,美术已完全成为宗教的美术了。本来基督教的文化,美术不仅仅是为着装饰,自有其他的一种需要。教会是借嵌石、朱画、鲜画、雕刻、建筑等之助以教人民的。这就是所谓"实物教育",并非像文学那样抽象的思想用以为教育,是由形状与色彩而养成宗教的思想的。以文书缺乏,人民大部分又是不解文字的时世,用这等有意味的形与色藉以通思想之外,自再没有方便的了。并且他们天天参诣的寺院,仿佛与现时的美术学校或美术馆成为同样的教育,艺术鉴赏教育自然因此而普及。所以宗教美术的发达,亦得培养成当时人民的美术心,这习惯继续着数百年之久,其结果尤其是意大利人的头脑便成为画的性质的东西,到文艺复兴,以绘画美术为复兴时代的精神思想最有力的机关之时,而绘画早已成为意大利人的思想言语了。绘画美术因为用以代替文字,自成当时社会的必需之物,同时一方面一般人民亦由此养成对于绘画的批评力,他们与北欧人种相较,差不多具有美术批评家那样的美的判断力。至十六世纪所出现的文艺复兴的大美术,实在亦是不外这个结果。

要之,就基督教以美术为布教之手段这一点看来,假使不是有意的,积极的,而又不认美术其自身的真价值,但只就其消极的,间接的对于美的教化的维持、保护、传播,觉得亦有不少的贡献。这确实可称之谓"鉴赏教育",虽至后世,教会仍不失为宗教美术的热心奖励者,对于民众的美的教化的传道者普及者的地位。

四、文艺复兴

经过了中世黑暗时代而渐渐发展的欧洲的文明,终于文化到达了一转机而勃然现于其表面,便形成了所谓"文艺复兴"时代。数百年来被基督教所锻炼的人间的思想,由希腊哲学以及自然与现世的种种物质的研究所得的知识中而被融化,其活动达于最高潮,一切悲喜,一切思想感情,一齐地表现,而且收集了希腊伯里克理斯(Pericles)时代的文化与美术的各种知识而升进于最高的地位,其精华焕发,成为幸福丰富的一时代。国民生活的大变动,常由美的思想上之变化而告示着的,故文艺复兴的大变动,亦是由美术及文学的动摇而表示的。当时一般的人间,莫不尊重人类为合理的、意志的、感情的灵物,而且有利用现世,享乐现世的权利,觉悟了这点,脱离中世纪以来宗教的势力,赞美自然的壮大优美,乃与古代美术及自然研究相伴而影响及于美的思想,美术是为美术自身之美而存在,已经不专务于经典教育了。这样的思想的发生,于是以古代健全的美的思想与现世的思想为其努力的目标,其活动的中心势力,就是所谓"人文主义"的人士。

人文主义的教育家,以寺院的教化使行于社会,这于美育上确是给予了极大的影响。意大利的威德利诺(Vittorino),由上古希腊思想而定教育说,主张身体与精神的美的调和发育;维格斯尤其重视美的教育,他主张先从胎育培养审美心,由音乐及造形美术的鉴赏而陶冶心情为最切要。在德意志亦有亚格利珂拉(Agricola)主张教授古典,奖励古文艺,极认绘画建筑的价值,而定其学习成功的步骤:第一先要有明了的理解,第二使已理解的记忆着而常使用之,第三由已得的东西中更创新意,以促进其新研究。伊拉斯莫斯(Erasmus)亦重希腊、罗马的古典,对于上流社会的儿童,于科学之外,更主张使练习绘画、雕刻及建筑等美术。

人文主义大都尊重上古,以希腊拉丁的文艺共为教化的材料,但其教化的方针,亦不依据以音乐与体操为基础,以数学与哲学为最高科的希腊思想,而采用以言语的技能为一切教化的基础的罗马思想。故学拉丁的文学修辞而能流畅地谈话,制作优美的文章,这是人文派的唯一的主张。在中古时代拉丁文学不过是学术的搬运者,不理解美,亦缺乏意识的技术的冲动,至此时则已示着极显著的反对了。这就因为一切最精神的制作,一切最高尚的技术,对于这种精神由长时间的潜伏状态突然觉醒奋起的缘故。这样以精妙优美的言语而养成美的趣味,使其精神高尚,固然是十分切当的,但因特别尊重样式之美,不留意于内容及论理,这或许是倾于空想,陷于虚饰的原由吧。所以文艺复兴大运动,虽完成了纯正美术的理想,达其动机的目的,而大美术的创成所必要的人种的推进力未免渐次消灭,因此自十六世纪后半,美的教化亦伴着美术的衰颓渐渐开始凋零了。

脱掉中世宗教的束缚而起的文艺复兴的大精神,渐次养成了知识的,批评的能力,因这能力触及了宗教的腐败堕落而引起宗教改革的事情。但当时基督教热的再兴,实在对于美的教育上并不见有利。抹庆鲁推尔(Martin Luther),重视国语及其他实科,认这些为网罗教科的一切而有相当的价值,但其中心概念还是在乎宗教,音乐虽亦编入于教科的中心,亦不过如赞美歌同样的性质而已。士文黎(Zwingli)对于陶冶心情虽不完全拒绝美术,但亦不能充分地认识美的价值,不彻悟宗教精神的发扬上美术的效果,因感情的兴奋,以致认识真理之力受其混淆的影响,所以当时绘画与音乐,只不过作为家庭上娱乐的手段,使引起爱国的热情的方便,更别无重大的价值了。总之宗教改革时代的基督教热的再兴对于美育是不利的。

五、启蒙时代

此后所起来的启蒙时代亦于美育是不利的。主由知识作用解释一切的台加尔德一派的合理主义,与由经验而了解一切的格里拉(Galilei),凯普拉(Capella)

等自然科学家所确立的经验学风,两者其倾向虽有差异,然同能赋予近世思想界一大光明,而演出了所谓"理性主义"时代(启蒙时代)。这等思想亦影响于当时的教育界。

洛克·卢梭等的教育学说,便是受这影响而定的。但是关于美育因实利的主理的倾向的旺盛,为时代思潮所趋,故当时的教育家皆所轻视。启蒙时代的合理的倾向,发生了自己保存以及幸福的希望,人之所以考察以及行动只是为自己的利益,凡有助于自己的利益的增进者,即是道义的。但欲得幸福又必赖经验与悟性,于是以此为基而学修有益的技能,支配自然,以收衣食住上的实益。因此知这时代是倾向于知识主义及感觉主义,但因缺乏感觉之基础的概念,故超越经验的高等世界的理想以及可为美术的本体的理想界,当然非所顾及了。

他们以为人之开化与野蛮由知识而差别。人皆有发展的天性,但其实际的发展又必待于养成,故非将学术扩张其智慧,增进其记忆,敏锐其判断力不可。否则,若刺激以想像,这是多么危险的事情,尤其在易倾于空想,而且神经过敏的时代,引起想像的方便最为有害。所以当时对于诗歌、文学及其他的美术便生非常冷淡的倾向。如康丕真是代表这时代的一人,他说:"美术的练习能使感情柔弱,能使神经过度的刺激,有转强为弱之虑,但在不怠于更必要的事情的学习这条件之下,亦不妨练习绘画及音乐,尤其唱歌是各人可习的技术。"

总之在这启蒙时代,以实利为先,计算为主的倾向,遂至忽视美术,非常阻碍美育的发达,故法兰西大革命当时深深地使人间美术心的沉降,生活与美术没交涉,嗜好皆趋于卑劣,审美心被麻痹,其结果工艺品便无何等的趣味,建筑及室内装饰亦无可睹,只出现了无味,淡泊,恶劣等状态而已。

在这稍前,十七世纪的中叶,即在启蒙时代的开始之时,英吉利的密尔顿反抗当时社会的腐败,主张青年的教育于基督教主义之外加入人道的古典的要素,一方面又热心研究欲以美育实施于国民。密氏的努力于斯道的奖励,我们似不得不在这里特为提之。

六、新人文派

十八世纪后半所起的浪漫思想,景仰自然的结果而颇尊重文艺,所谓"新人文主义"的勃兴,美育亦再扬声而达于极点。启蒙时代的过重理性,以致轻视历史的倾向至此时乃生反动的现象。十八世纪末以至十九世纪初,这其间,对于实利的倾向而生严格的道德主义,对于主理主义乃生新人文主义,再与希腊罗马的学问文学而成为教育上的要素,但亦不如文艺复兴时代的崇拜希腊罗马,还是重本国的语言文字同时亦研究古文学,以养成德性美性,因此在德意志就出现了所谓哥德,薛莱尔时代。

　　基督教的理想,所谓人性的完成这一点未能实行,且其教化对于自然主义及唯理主义亦难调和。然在古代则不借宗教的独断的势力而启发天禀的才能,即由此而得育成美的人格,因此,就发生不得不再以古代为理想的倾向,这里发现的新人文主义,便是由这样的见解之上而确立的。因为自然与理性原是古代教化的理想,道德的理想亦是由自然与理性所出的,因汲汲计及自然的发展,所以自由活泼的文明得振兴于古代,美术与科学亦得十分旺盛了。现在欲再开发崇高的人性,故古代文艺自然成为时代思潮的一新理想,青年人皆期望成为自由高尚的自然的理性的人物,于是以古代为师,而锻炼精神,陶冶意志,又考查古代的文艺美术的制作以补其趣味的缺点,培养其高雅的美的判断力,这样的咀嚼这等崭新的趣味,欲在近世美术及科学上开一新生面,希腊罗马的古典研究便再呈极盛大的现象了。但其研究的结果,乃知罗马文明差不多不外乎是希腊文明的模仿,而所谓文学,所谓美术,亦不过由希腊所输入,如果欲研究古代理想的创始特见,不得不阐明希腊的文艺,因此他们知道欲知古代人生的理想的根本,非研究希腊不可,且希腊的文艺,对于建设的能力,趣味的纤巧,思想的深邃,远胜于罗马,故希腊的人物便成为新人文主义的理想。但是,新人文主义不如十六世纪的人文主义的只以模仿古代文艺为目的,亦不只是操纵希腊拉丁的言语而为其理想。新人文主义的所以研究古代文艺是欲得高尚的趣味,又使获得明确高雅的美的判断力,而以开发有品格的人性为目的的。换言之,即是开发创始特见的能力,涵养独特的人格而已。

七、艺术教育

　　自十八世纪末至十九世纪之间欧洲的经济社会呈着长足的进步,交通亦渐次发达,欧洲文明以非常的速度繁盛起来。但经济的进步,与工艺的发达必有密切的关系,尤其自法兰西大革命后,当时世界大博览会的举行,工艺的发达使人人皆知。然在美育上,十八世纪末叶因新人文派的勃兴,其思想虽萌发于一部分的人士之间,到底还未被一般民众所重视。故虽至十九世纪仍不能脱却主理的实利的倾向,并且一入工场时代,人便机械化,分业的结果又引起了国民团体内的隔绝不平,对于美的精神的发达实在是非常不利的。

　　然英吉利的路斯金(Ruskin),素来认清美术的价值,并唱导美的教化的必要。路斯金说:“当时道德状态的下降基因于技术的恶劣状态,须先在技术及工作之上要求真理与诚实,远避虚伪的装饰及表面之美,只有忠诚的情操能作出真实的美的物品,故情操的纯洁是美术进步的根柢。”又说:“以善良的意志与活泼的感应性为基而作出的品物，才是永久之宝，其作品假使是未成品，或者虽有不完全的地方，还是有价值的。人之作物，当其制作之时，本来是如何幸福，如何热心，委身于物倾注其全心力而制作的；现代的实业与分业，实在破坏了工作，破坏了职工的幸福，这还不是社会腐败之源么？我们的所谓美术的要素，这在职工的生活中是不可缺的东西。美术的要素为人间活动的原理，虽在极简单的工作亦不可不包含着这个。人间见到纯粹的美术便发旺其精神，健康及喜悦，以美的调停力能消减一切社会上的反对及阶级间的争斗。"

威廉莫理斯（W. Morris）追从路斯金之说，而应用于工艺美术制作方面，盛唱以工艺美术为国民的美术。其理由：第一先从使用者一方看来，工艺美术能与一般国民以高尚纯洁的愉快；第二在制作上而言，工艺美术亦能与国民以快乐。在第二理由中，莫氏说："现今社会，虽然劳动者以如何能得到面包为最切要的问题，但劳动者如何能得到精神的快乐实际还比面包更为切要。欲得精神的快乐，在乎他们的是否从事于所谓工艺美术的制作，从事于工艺美术的制作，亦不是只为机械的运转，而在能使自己精神的工夫活动着，则兴味便伴之而生。这在他们就为最大的幸福，所以现在不可不竭力奖励工艺美术。"

这样的虽由先觉者唱导艺术的教化，但其影响还极微弱，因为近世教育的大势是尊重科学，尊重知识，以理解为主的。然而对于这理知偏重大势，不料于最近乃盛起了所谓"不可不崇尚美的教化"这个问题，这亦不是尽由著名的学者教育家之间唱导的，无论在英美德法，皆成为一般的思潮而泛滥于世界了。这样艺术的陶冶的急切的要求，成为一般的趋势之后，美术便不如以前那样的仅视为快乐的方便或虚饰，而变成生活上的新理想，由此而使了解生活的意味，使生活的向上，不论是下层社会亦当享受这新的幸福，这便是最近的艺术教育问题。所谓艺术教育，其意义并非是养成美术专门家的教育，而是使艺术的修养施诸一般国民之间。亦就是不欲美术专门家，贵族或上流社会等仅仅一部分之人的得有艺术的修养，而欲使国民全体展开其艺术的心眼，获得了艺术的了解。以前所谓文学美术，仿佛是贵族阶级的专有物，一般国民虽然亦应享点美的趣味，可是他们只为着挣钱尚且不能充其希望，似乎再无余暇想到美的享乐了。其实艺术由人类而产生，人类亦本有爱好艺术，享乐艺术之心，但如以前那样的不使接触艺术，与艺术疏远隔绝，到底不能发扬其感情。所以我们主张不仅偏重于理知，更要尊重艺术，重视技能，以美的陶冶达到完全的教育的目的，使一般国民了解美术，使明白应该爱美术的大体的理由，因为欲达这个目的，所以这主张使施行于普通教育而为教育主义上最重大的事情。

艺术教育的唱导，实在亦是受时势的影响所由来的，他们的理论可分为二种见解，然亦皆以社会问题为中心。其一，即是救济社会道德。因近世物质文明的进步，人类的思想不免尽趋于物质的方面，于是其趣味流于肉体的，耽于卑劣的快乐而生厌弃道德的结果。本来近代的生活已由人类夺去了美的快乐，因为欲救济这点，自不可不使国民的趣味的高尚。艺术的目的固然未必与道德的目的相一致，普及艺术教育而使了解艺术，爱好艺术，虽然亦非救济道德的方法上的急务，但是接触高尚的艺术而使理解时，必定使人能爱纯洁而涌起一种排斥不洁的感情，耻作卑鄙的行为，在这点可知艺术教育同时亦可作为道德救济上的一方便。其二，是救济社会的经济状态。大凡国民的趣味卑劣时其所制作的物品的品位亦不免卑下。材料，形式虽相同，而制作品的品位乃生高下者完全关系于制作者的趣味的如何。我们知道喜欢上品的东西是人之常情，故在市场上那种无趣味下品的东西常常被富于趣味的上品的工艺品所压倒。缺乏趣味的国民的制作品固难望争胜于外国市场，即是国内亦皆轻视国货，而反欢迎趣味高尚的外国品物，其结果，必使外国常占贡献者的地位，掷巨额的金钱，任令捆载以去，这在国家经济上还不成为极大的问题么？欲救济这点，自非普及艺术的教育，使全国民的趣味高尚起来不可。然在现今，教育者实在还未十分觉醒被教育者艺术的素质，国民亦还未有充分的艺术鉴赏力，缺乏艺术制作的能力。这就因以前美的陶冶的理想的缺陷，对于将来的国民是不可不如崇尚知力般的而亦崇尚想像，重视科学的陶冶般的而亦重视艺术的陶冶。这便是艺术教育者的主张。

八、最近的美育思潮

成为国民教育上一大问题的艺术教育的思潮，在欧洲列强之间非常兴盛起来，考其原因，亦未始不是当时欧洲各地所开的万国大博览会，而开这教育运动的端绪的。在英吉利，当巴黎万国大博览会之际，发见了本国的工艺品较之其他列强有极显著的恶劣，大为惊惶，便即组织视察团派赴各国调查其发达的原因，当时他们的视察团员，众口同声地说是各国工艺的发达，全由艺术教育的兴盛，英国便由此而醒悟，承认艺术教育为国家工艺的基础，提倡奖励不遗余力。所以此后英国其艺术心及艺术的技能便现于生活的各方面，而工业上英国的制品亦确已超越于他国了。这样的事情自然为欧洲诸国所知道了，尤其刺激德国人。遂开德国的艺术教育运动勃兴的端绪；但直接的原因，实在是由一八五一年所开的伦敦世界大博览会，德人颇觉本国的应用美术的恶劣，视工艺制品远不及英国，遂起了以后对于艺术教育非大加改进的一种奋心，尤其是一九〇一年德拉斯登（Dresden）市的艺术教育大会以后，这问题更引起世间的注意与研究。

在德意志的艺术教育先驱者,首推美学家朗格(Conrad Lange)氏。朗格论美的陶冶的新运动的性质谓:"我们在不阻碍教育之其他的目的的界限内,务必要引起养成人间的萌芽的美术心。只能使常常见到艺术,享乐艺术,这就是我们的目的。在这里我们不需别的新学科,譬如美术史美学之类的东西,又使儿童讲究技术亦认为非必要的事情。我们亦不想欲以我们的新理想代伦理的,宗教的教育。人类生活在艺术之外当然还有其他的理想,故如果以纯粹的美的教化或以艺术为主的教化去迫令他,是十分不当的。专从事于艺术,作诗,作画,雕刻,演奏的,试问世界上何处有这样的国民,所谓艺术教育,决不是如此,否则亦过于偏激,正与以前的教育偏重理知会得同样的结果。倘若稳健的立说,则对于以前的教育的实际,将来便不可不重视儿童的造形艺术方面,因此涵养儿童的美的习惯亦是必要的事情。艺术教育的要谛:在乎存在于儿童的艺术心使得适宜的发达,而养成美的感情,以此使发挥其想像的价值;同时身体的要素的一部份如眼与手亦使其得有有效的磨练。"总之,朗格的根本思想,是在美的享乐,在方法上亦令避免技巧,归于自然,在表面的训练及形式上的整顿,使儿童以对于事物的爱与愉快为基而导入于享乐艺术的境地。

黎西德华尔克(Alfred Lichtwark)亦是最近在德意志努力于艺术教化之普及的一人,黎氏所说亦略与朗格有同样的见地。他说:"我们以前只偏重于知的生活,但现在更要使道德的能力与艺术的能力充分发达的时候来了。故不可不在如此公正的意义上求艺术教育的基础,以补充以前教育上的缺陷。又对于无艺术修养的一般公众须有组织的方法使理解美的趣味,希望应用教员讲学会,日曜学校普及于一般的儿童,且记其具体的方法努力鼓吹艺术教育。"希尔德(Hirth)亦与朗格同是提倡美的陶冶者,他论图画与工艺的关系,详述其影响于社会经济的原理,主张利用此道教育上大家的作品,使鉴赏这些,务必要唤起儿童的艺术心。然至格留列希(Grewlitch)则言艺术陶冶的必要,更至极点。他说:"艺术正如阳光的照耀随处能使人间的思想高尚,使其感情优雅,人生赖之以润泽,生活赖之得安慰,而且能使国民的情操敏锐,国民的思想丰富,故艺术是人生陶冶的最重要的一面,又不可不作为一般的陶冶的基础。人往往以科学与艺术并称,其实仔细想想科学虽然是紧要的,但不能说一切人必需科学;艺术才是给与一切人的安慰与幸福的东西,故不可不以此作为陶冶的原则。"至格才则于艺术教育中更详论图画教育的必要。格才(Göetze)说:"本来人间的生活是由实际的,具体的,直接的动作,例如视物,表现,造作等直感的思想,与观念的,知识的,间接的动作,例如各种的知识,思想等抽象的思想,二者相对立着而成为人类生活的内容的。而代表直感的思想的是图画,代表抽象的思想的是言语。这图画与言语两者是人间固有的东西,是由儿童时代自然地发达的,两者相互为助而始完成人生的活动,所以两者的教育自亦不得不使在同等的地位。还须知道言语主与知识相关,图画主与技能相关,这知识与技能是生活上所必需的东西,当然不能偏重于任何一方面的,在两者活动的关系上人生活动的真义亦就发挥了。向来对于人类的精神生活只及于言语文学,其实只是言语文学不能说是国民精神生活的唯一无二的资料,此外如绘画雕刻等造形艺术亦是非常切要的。教育者亦必须精通这些,而教育上对于图画自亦不可不与言语并重了。"

然近来的倾向,热心这新运动的结果,似乎带着极端的偏美的倾向来了,于是乃有主张艺术是调节近时的教育上的一切矛盾反对的唯一之道者,其意即欲以教育的根本的原理树立于艺术的规范之上,维裴尔(Ernst Weiber)为此派的代表者,有十分奇特而且富于暗示的见解。维裴尔以美学家福尔恺德(F. Volkelt)的美的规范为基,而尽力于教育学的方法论。他说:"教育家即是艺术家,艺术家有着艺术的造作力,教育家亦不可不有艺术的造作力,艺术家的造形力表现时就成为艺术,教育家的造形力表现时就成为教育活动。"因此又要另求新的教育者的典型,即是要求所谓美的教育家了。我们由福氏的《教育之基础科学的美学》,可以明白其对于美的教育学建设上的努力与识见。

总之艺术教育运动的目的,无非是欲使一般国民亲近艺术,受艺术的教养。其主张的内容:或者因以前陶冶的理想偏重于理知,乃主张更助以美的陶冶以充实教育的内容;或者将从来的知的陶冶而代以美的陶冶,排斥科学万能主义,而建立艺术尊重的殿堂,这运动确亦给与了教育上伟大的结果。所以事实上图画教育由此而革新,诗歌趣味在学校中不得不有更深的理解,音乐教授亦有更美的形成,而且校舍亦造成美的建筑,教室亦以绘画来装饰了。以前教育的陶冶,偏重科学而轻视艺术,过重知识而忽视技能,至此乃呈反动的现象,而实行艺术的教化了。

关于儿童美育和图画刊物　陈抱一[①]

一、儿童的"美的教养"

我们都知道儿童幼时的生活习惯,是直接与他们的精神发达上很有关系的。

---

① 《美术生活》第 6 期"儿童专号",1934 年 9 月 1 日,第 9 页。

我以为儿童们自幼时倘有接近"美术"的机会，非但可以提高他们的趣味，而且于他们的"创造意力"之成长上，亦必受到良好影响。故在儿童生活上，我以为"美的趣味"是不宜缺乏的。

所谓"艺术教育"者，目的就是在陶冶儿童的品性，训练"美的观感力"，同时也是启发儿童的"创造性能"的。这艺术教育，或"美的教育"，也决不只仅滋润幼年期的生活，而实则与儿童未来的社会生活有密切关系的。故"艺术的教养"在儿童的生活上，确是重要的基础。尤其是对于现代社会的（精神的及物质的）生活，人们非有洗练的精神不可，因此"艺术意力之涵养"，在精神的根本上是十分重要的。

试看，现代的凡是最前进的国度，却没有一个不重视着儿童艺术教育的；从这美育的观察，也很可以看出民族精神之一面。对于现在乃至将来的社会生活，人们似乎非有更灵敏而优秀的精神来处理不可。没有创造的精神，美感退化的民族，在现代的文化竞争上，必至被挤到落伍的地步。

儿童是未来社会的活动者。儿童教育首当推进，自不待言。但我觉得在儿童教育里面，直接关于儿童的品性以及创造性能的"美的教养"是更不可忽视。因为在弥漫着低级趣①的我国社会生活上，儿童们大多都缺乏"美的教养"。为挽救儿童跟着环境而腐化，似乎更非以"美的趣味"来善导儿童的精神不可。

我以为培育儿童"美的教养"，不宜仅赖学校方面的责任，便在家庭方面，也应加以相当注意。我想在家庭方面，也很有机会可以涵育儿童的美的趣味者；例如常把高级趣味的优良的图画刊物等类给儿童阅读，或奖励儿童创作图画，都是养成儿童美的趣味的便利的方法。

至于教儿童习画，当然并非预备养成专门的美术家。儿童作画，自然也并不像大人画家那样的意识去描写的。在儿童的画上，我们很可以看出儿童自己的天真烂漫的观察，以及儿童的"心的活动"之痕迹。实际，儿童在作画的时候，他们的观感力以及思考力，都是在训练着的。

我以为为鼓励儿童的美术兴味以及促进他们的工作起见，很希望今后常有"儿童美术展览会"之举行。这事情我也曾经屡次企及的。关于"儿童的绘画"，待今后的机会再继续讨论。

在标语上我们看见所谓"有新儿童才有新中国"，这是很有意义的。我以为要使中国民族成为精神优秀的民族，非从儿童的美的教养做起不可。

---

① 原文漏"味"字。

二、儿童读物的艺术化

现在顺便说及一点关于儿童刊物的意见。却说儿童用的图画刊物乃至儿童读物的插图,在艺术教育的立场上,也很有研究的必要。因为插图上的形象,色彩,尤其是适于儿童心理的艺术的插图,非但于儿童们是一种明朗而愉快的刺激,而且直接于儿童的美感乃至趣味上是很有关系的。

在欧美各国教育界上,对于这种问题原是非常注意。试看近年欧美乃至日本所出版的儿童读物,大多都有着美丽的装帧和插图。明了地说,就是在儿童刊物上"艺术的要素"是十分注重的。故有许多刊物,在插图,装帧,文字的排配法,以及印刷和纸张上都是异常考究。这种情形,一面也没有不可以看出对于儿童生活的趣味问题,是十分重视的。

人们以为儿童并不会意识的地去观审艺术,可是儿童们也往往能直觉地多少感悦艺术的趣味。我曾经试验过,把几本外国的儿童图画刊物和几本我国出版的图画刊物,给儿童选择看他们喜欢那几种。数次试验的结果,都证明儿童们喜悦外国的美丽画本。原来天真烂漫的儿童,实际除了由自己的"直觉"感悦美的趣味而外,并不怀着有什么成见。他们所以喜欢,也实在因为那些外国画本的图画和书的形式,很能唤起儿童优美的感情的缘故。由这情形看,也可知道一般健全的儿童,他们爱美的意欲是相当强烈的。

是故,为助长儿童的审美性能起见,我觉得儿童读物上的图画乃至装帧,非十分考虑而用艺术的手段来制作不可。也就是为提高儿童的趣味,儿童刊物的插图乃至装帧,非加以艺术化不可。

不过所谓艺术化,自然并非指随随便便加一些插图便是。因为书中纵有插图,而没有童心艺术的精神或效果,也实际不适于儿童的。故有许多刊物,纵有许多插图,也往往给儿童一种很坏的印象。

插图的制作,虽因作者的思想,方法,而效果各有不同,但我以为关于儿童刊物上的美术制作,似乎至少有下述的问题是应该考虑的。……

(一)画的表现上,有无童心的意味以适于儿童心理。

(二)画的表现上,有无艺术的效果(在构图,形象,及色彩等)以助长儿童的审美性。

这两点,我以为在儿童刊物的"美术制作"上是不可忽于考虑的问题吧。

要刊物之艺术化,当然除了上述的插图制作而外,如印刷的效果,书的纸料以及大小式样等,都应得加以考虑才能达成良好的效果。因为每一本或一种刊物,它全体的形式是应得与文字的内容合成一种特色的。

（关于上述的问题,因时间所限,只能疏略地记下一时的感想而已,还未完尽的意思,今后或有机会再行补述——）

廿三年八月五日

以美育代宗教辩　黎正甫①

一、引子

一到闲来无事可作,坐在不大光明的室里,对着墙壁白瞪眼,很觉无聊;愿意看看书,没有那么一注钱来买新书,只好翻阅架上的一些老杂志。这几册还是前三年定的一份刊物,今天有点闲工夫,就随手取到一册,不料翻开一看,其中竟有一个题目能引起我的注意,便是蔡元培先生的《以美育代宗教》。这个题目是多么新奇! 出自新时代,新教育家的口里,且登在《现代学生》(第一卷第三期)刊物上,其对于现代的学生又具有怎样的魅力!

这个题目虽很新奇,且带有革命的严重性,然而这样重大的问题,他却那么简单的只写下不满二千字的文章,就够可怪了! 或许名人说的话,总是以少胜多罢? 特因这个题目是名人所标出的,对于现代青年的思想多少有点吸引,故不能不辩。

惟宗教上的知识,我知道的太少了;没有专门去研究过,而欲来辩驳反宗教的宣传,也不是我的力量所能办到,只因我是公教的教友,对于公教的爱护,就有不可推卸的天职。因此我把我辩驳这个题目的理由,写在下面。

二、教育与宗教

我仔细去读了蔡先生这篇大文之后,觉得先生所说的话太简易了。"以美育代宗教",是何等重大的问题? 单就人类的宗教历史而论就可知道;然而蔡先生仅根据那一点理由,就想把宗教推翻,而代以美育! 而且所根据的理由,又不很站得住的,所以我说他的话太简易了。他的理由是:

宗教本前时代教育,各种民族都有一个时代完全把教育权委托于宗教家;所以宗教中兼含着智育、德育、体育、美育的原素。说明自然现象,记上帝创世次序,讲人类死后世界等等是智育;犹太教的十诚,佛教的五戒,与各教中劝人去恶行善的教训,是德育;各教中礼拜、静坐、巡游的仪式,是体育;宗教家择名胜的地方建筑教堂,饰以雕刻图画,并参用音乐舞蹈,佐以雄辩

---

① 《圣教杂志》第23卷第12期,1934年12月,第706—722页。

与文学，使参与的人有超出尘世感想，是美育。

这意思，就是说宗教本旧时代教育，近世教育发达，故宗教可以不需要了。但我以为这理由是非常浅薄。因为古代教育不发达，宗教家多兼管教育，然而教育并非宗教，却是宗教上必然的一种责任里的事业。因为宗教谈洁身以事神，修德而戒恶，原是一种善良的教育，道德的教育。宗教的教育特别是重在使人对于真理及真神的认识，并虔诚于宗教的一些方法或礼规。我们从历史上知道古代社会的组织，没有现代社会组织的复杂，那时人类生活简易，对于技能和知识方面的需求，没有现代人类那样的迫切，故知识和技能的传授，还很少专门的教育。惟人类社会总是趋向文明，而思脱去野蛮，那么当时社会所需要的，就是要使人类脱去野蛮的教育。这种教育，大抵重视社会的道德。在神权发达的社会里的道德，便是宗教道德，那是无疑的，宗教的神是愿意人人向善，愿意人人都归向他。宗教就是探本归原，专究神与人间关系的各种本分，专从事于沟通神与人间感情的工作，专指导人与神交接的方法。这当然在宗教的本身须具有教育的权力，宗教的神必须赋界宗教以这个权力。古《圣经》载：耶和华上主在西乃山上交给梅瑟的两块石板，上面刻着，戒律十条，命他用以教民，这就是一个明证。我国古代的教育权大抵亦属于史巫，而史巫即专司神事之人。可知宗教确含有教育的原质。

在专门技术教育尚未发达以前，宗教教育确能包含一切的教育，代替一切的教育。但是我们不能说宗教即教育，以言其功用，则宗教好似太阳，教育好似某一种灯光。太阳可代一总的灯光，而灯光决不能代太阳。因为太阳的作用大，灯光的作用小。所以宗教可代教育，而教育不能代宗教，也是一样的道理。

三、美育在宗教上的功用

夫整个的教育且不能代宗教，而教育的一部分美育又怎能代宗教呢？这真是蔡先生个人的思想了。就照他所论的宗教中兼含着智育、德育、体育、美育的原素，也不是那么简单。宗教所以特别注重智育和德育，是因为一则要明白人生的宗向，及人与神的关系；一则当勉行合于神旨的行为，这固然不错。可是谓宗教的"礼拜、静坐、巡游的仪式是体育"，我却不很承认。试问宗教的礼拜、静坐、巡游的仪式，是否和学校中的各种运动有同样的性质？宗教中的仪式都是用以礼神的，怎能视为体育呢？

至于谓"宗教家择名胜的地方建筑教堂，饰以雕刻图画，并参用音乐舞蹈，佐以雄辩与文学，使参与的人有超出尘世的感想，是美育"。这也没有揣测到宗教家所以重视美育的目的。他们建筑伟大华丽的教堂，并不是以庄观瞻，或供人游玩,像公园、街市的建设那样,他们是为钦崇至上之神。盖国君尊贵,故其所居之宫殿庄严华丽。神比国君更尊贵,故其所处之殿宇——教堂,更不能不伟大庄严,极其华丽之陈设。古《圣经》载:撒落满集天下之珍品美材,为耶和华上主造宫殿,穷奢极侈,就是为感谢耶和华天主的大恩。

即如埃及的金字塔,虽不是教堂,却带有几分宗教性质而建筑的。金字塔实在是埋葬尸体的场所,就是国王的坟墓。金字塔里面有石棺,石棺里面存放着"木乃伊"。因为埃及人原有一种不死与灵魂复归的信仰,以为人死之后,灵魂离去,经过几百几千年,灵魂将复返本地,那时肉身如果不腐败,灵魂就会立刻和肉身再合,而人得复活了。因此埃及习俗以防腐剂涂于尸体,再用布层层包裹,又恐灵魂归来误入他人的尸体,故在头面上以颜色区别,这就叫"木乃伊"。所以金字塔的建筑,虽出自宗教信仰的动机,而其功用却在保存其尸体之不腐,其目的亦即在此。

希腊古代的建筑,如:非迪亚斯(Phidias)设计建筑的巴推诺(Parthenon)神殿。雕刻如:雅典守城神像及雅典女神像;米龙(Myron)的凡奈斯(Venus)女神像;还有十五世纪在意大利掘发的亚波罗(Apollo)神像(亚波罗即太阳神)等;都可说是一种宗教信仰上的作品。

又如我国古代的鼎、敦、尊、彝、簋……都原是一种祭器,秦、汉时所建立的五帝之时,汉以后之佛像、寺观等,都用以祀神的。

宗教家为崇祀其神,对于教堂庙坛的陈设及神像之制造,特别讲究其堂皇华丽,以求悦于神,因而促成建筑、雕刻、绘画等美术的进步,这是宗教直接影响于社会文化的。是其主旨并非做参与的人有超出尘世的感想,乃欲做人对于神的崇拜更虔诚。

又音乐、舞蹈及文学的起源,一班文学史和艺术史的论者,皆谓与宗教有很大的关系。古代的音乐舞蹈大抵都用以悦神,这种现象即在我国文字及古书上亦可参证。

关于舞蹈,——《说文解字》"巫"下云:"巫祝(段玉裁注祝乃觋之误)也;女能事无形,以舞降神者;象人两袖舞形。"《墨子·明鬼》:"先王之书汤之官刑有之曰:有恒舞于宫,是谓巫风。"诗谱云:"陈风大姬无子,好巫觋祷祈鬼神歌舞之乐,民俗化而为之。"又《周礼》:"司巫掌群巫之政令,若国大旱,则帅巫而舞雩。"《桓子新论》亦载:"昔楚灵王骄逸轻下,信巫祝之道,躬舞坛前。吴人来攻,其国人告急,而灵王鼓舞自若。"这些都可证古代的舞,是用以悦神,而实为巫之专职。

且歌乐与舞每并用,《诗序》曰:"维清奏象舞也,武奏大舞也。……"《乐记》

说:"武以咏汉淫佚,发扬蹈厉并言,则舞兼歌矣。"《史记·乐书》曰:"乐者敦和,率神而从天。"又曰:"礼乐顺天地之诚,达神明之德,降兴上下之神。"又曰:"论伦无患,乐之情也;欣喜欢爱,乐之容也;中正无邪,礼之质也;庄敬恭顺,礼之制也。若夫礼乐之施于金石,越于声音,用于宗庙社稷,事于山川鬼神。"故知古代的舞和乐皆用为祭神。

关于文学的起源,鲁迅《小说史略》第二章有这样的揣测:"昔者初民见天地万物变异不常,其诸现象,又出于人力所能以上,则自造众说以解释之:凡所解释,今谓之神话。神话大抵以一'神格'为中枢,又推演为叙说。而于所叙说之神,之事,又从而信仰敬畏之,于是歌颂其威灵,致美于坛庙,久而愈进,文物愈繁。"从来论史者的揣测,我们总不可信为全真。若鲁迅的揣测,直把宗教的神的产生,是出于神话的叙说,无异谣言的兴起一样。但一种谣言的传说,是不会历久传远而仍能使人信从的。宗教的历史可说自远古而迄今,无论何民族,皆有其宗教的信仰。宗教的观念隐伏于人心,如此普遍,岂是荒唐的神话传说所能比拟吗?故宗教的生长起源决不像鲁迅所说的那么平常。

惟古代文学的起源与宗教的祈祷词与颂赞词有关,则一般文学史家都几乎一致承认,不必远说,就推溯我国最古的文学如《诗经》!其中有一部分"颂"就是为歌颂鬼神的。《楚辞》中的《九歌》有人说是中国古代南方的宗教舞曲。王逸在《楚辞·章句》上说:"九歌者,屈原之所作也。昔楚国南郢之邑,沅湘之间,其俗信鬼而好祠,其祠必作歌乐鼓舞以乐诸神。屈原放逐,窜伏其域,怀忧苦毒,愁思沸郁,出见俗人祭祀之礼,歌舞之乐,其词鄙陋,因而作《九歌》。"又《左传》襄三十七年云:"其祝史陈信于鬼神,无愧辞。"又桓六年云:"祝史正辞,信也。"祝史为人祈祷,必须陈信辞于神前,信必由中,辞以达意,由内情所感发之文辞,便是一种文学。

由此可知文学、绘画、雕刻、建筑等美育的进步,都曾受宗教的影响。但我们要注意宗教影响美育,都是为着神灵,不是直接为着美育,更不是特意为养成人类的审美观念。一切美术品在宗教上的作用,都是为取悦于神灵,为目的。并非宗教不能离美育而存在。因为宗教与美育是不同性质的,正如算学不是物理学,算学也不能代物理学。故美育不能代宗教。

四、宗教的价值不仅在美育

宗教影响于社会文化,不仅是美育而已。宗教实在是促进社会文化的原动力。古代的宗教即古代社会文化的宝藏,不论哲学、科学、艺术,以及政治、教育,都莫不与宗教有关。就是在近代社会愈趋于文明,而宗教与社会文化的关系,却依然不变,而且更需要。美国 Charles A. Ellwood 著的《文化进化论》说:"宗教大概是文化中最游移的东西,同时也是文化中最有生机的成分。有许多聪明的人没有看见他毕竟是文化中的必要成分,就我们所知道的,禽兽是没有预像宗教的什么东西,然而也因为这一点,所以禽兽没有文化。宗教仅是人类独有的。……宗教之所以是文化中活动的和必要的成分,即因为文化是一种价值的东西,而宗教则是一种处理价值,估量价值的最上尝试。"(见钟兆麟译本第十七章一一九页)所以宗教在文化中的关系不仅是美育,而是整个的社会文化。

惟蔡元培先生因为误认宗教为知育、德育、美育的混合物,以为从科学发达以后,一切事理都可用科学方法来研究他,所以知育与宗教无关。人类的行为是非善恶的标准,随地不同,随时不同,宗教的道德不合现代的社会,所以德育与宗教无关。自卫生成为专学,运动的方式复杂,所以体育也不必倚赖宗教。于是他便这样武断的说:"宗教上所被认为尚有价值的止有美育的原素了。庄严伟大的建筑,优美的雕刻与绘画,奥秘的音乐,雄深或婉挚的文学……是宗教上不朽的一点止有美。"因为宗教止有一点"美"的价值,所以不妨"以美育代宗教!"

这种论理法实在因为他的前提已错,解释复错,而其所得的结论,遂不能不错!显而易明的,宗教上的仪式不是体育;宗教上的美育的功用,其主要目的在悦神;宗教上的知育只是为探求及解释宗教的方法;德育是使人所以能达到宗教的目的。这些都不能完全认为宗教的原素。正式的高尚的宗教,决不是知育、德育、体育、美育的混合物。宗教不是一个混合物,故不因知育、德育、体育、美育的分门,而顿成瓦解了。

有些人误认巫术及迷信、神话为宗教,以为古人病了,求治于巫。现在医学昌明,治病不必倚赖宗教,故宗教可以取消了。蔡先生的理论,正犯着与此同一的误谬!

且科学是否真能解决人生问题及解释一切事理? 也是极大的疑问。科学重在物质方面的寻求,而忽略精神方面的探索。有许多精神方面的需要都不是科学所能给予人的。像人的精神上的痛苦,科学便没有法子来安慰,又如人类的欲望,科学也没有法子来满足,因为人的欲求无限,物质究竟是有限的东西,科学怎能完全解决呢? 再说科学说明宇宙万物的现象都归之于自然,也没有宗教解答的圆满。故科学的知识于人生固属重要,而宗教的知识于人生更不能忽视,那么知育与宗教与科学都得互相贯通。

讲到德育,德育在宗教上当然很重要。因为修德是达到宗教目的的步骤。宗教所崇拜之神即为诸德之根,一切善恶的标准,人愿意将来达到神域,对于德育就非讲求不可。但德育不是宗教，我们应当辨清。如德国的康德，便以为宗教是天所赋给人们的一种道德。英国的安拉特，也以为宗教是含有感情色彩的道德。这两位学者都只看到宗教的一部分行为，没有顾到宗教的全体。倘道德二字可以包括宗教的全体，那就称道德好了，又何必另称宗教呢？

高尚的宗教以为善恶的标准是神，此外也是神赋给了每个人有一个良心。故人的行为不逆神旨，不违良心，即是合理的行为。合理的行为是"人格"的行为，还不能称为道德。道德是当更进一步，如耶稣所谓："爱尔上主，及爱人如己。"这种"爱"的行为才算道德。像这样的道德和虚伪的礼教有分别，因为爱是纯朴的，真挚的，不是虚伪的东西；虽经千万世亦能适用于各时代的社会里，决不致与事实相冲突。因为自古至今，"爱"是永永活动于每个人群中的。"爱"是人群的维系物。若没有这个"爱"，这人群便不会成功一个人群了。那还有什么社会呢？社会即是人群，个个人群都不能没有爱的活动。故"爱"的行为即真正高尚的宗教所言的道德，不因时与地的变迁而变迁，那么虽至永远也能适应于每个时代的社会环境。而这种高尚的宗教怎可不需要呢？又怎能说道德宗教不相关系呢？

宗教的仪式，若礼拜，若巡游，不是体育，我在上面已经说明。惟宗教对于体育确有不少的益处。而这种益处非得自宗教的仪式，实得自宗教的行为。例如：天主诫命第五条说："毋杀人！"照耶稣"爱人如己"的教训，也就是"毋杀己！"故不特自杀，自缢，自毒等直接伤害性命的方法，为宗教所禁止，即凡恼怒，嫉妒，饕餮及过量之烟酒能伤心身，有害神经的，亦绝对禁止。这不是极合于卫生的吗？第五诫以下，"六诫，毋邪淫；七诫，毋偷盗；八诫，毋妄证；九诫，毋愿人妻女；十诫，毋贪财"。这些都是教训人一方面须保守灵魂的清洁；一方面也须保卫肉体的健康。因为一个人没有妄行，妄念，自不致于干犯法纪，寡欲清心，自然不会斲丧其精神；心安神乐的人大概都很康健而能享长寿，且卫生的学理，只能使人知道人体的构造，及调养保健的方法。惟对于实行卫生的学理，并关于心神的调养，则没有宗教的劝谕的价值不止有美，是宗教的不朽，也不止一点美；故以美育代宗教诚错误了！而宗教的存在却依然铁一般的不可废。

五、美育与宗教的区别

美育不能代宗教，实在因为美育与宗教相关，而不相同性质的东西。其中最大的区别便是宗教有其信仰，而美育则无之。宗教的信仰乃人类之普通倾向。此种信仰足以指导人类的生活及思想行为。而信仰这东西并不是虚渺的想像物，而显然是实在的且为有效力的一种神秘的力。因为人类观念中有一个"超自然的存在"(Supernatural Being),这便是宗教中所信仰的神灵,是超自然之神,其权力也超于自然。故人类依赖之,仰望之,祈求之;因此,宗教遂为人生思想及行为的指导者。故宗教必与个人最深的方面相调和,且个人之最深的方面必与现时之思想相调和。哲学的目的及各种科学的倾向,也都是趋向于理想的调和之境,冀能满足人类的最深方面的需求,惟哲学的学说纷纭,莫衷一是,遂令人类不知何所适从。而科学的物质有限,亦难填人类无底之欲壑。故哲学,科学虽皆欲调和人类,然都不免感到穷于应付。这就是因为两者缺乏宗教的信仰。因此近代有许多科学家都承认宗教有存在的必要。他们所反对的,大抵是迷信甚深或思想浅薄的宗教。至于纯正的真正的宗教,他们不特不极周至。故现代卫生虽成为专学,但仍有赖于宗教辅助卫生事业的进行者尚多,像教会设立的各种病院,医院等,便是一个实例。可见宗教的价值不仅在美育,宗教上不朽的一点也不止有美而已。

本来以价值论来批评宗教是很不容易的,因为评衡价值必须有个标准。不知蔡元培先生用什么标准来估量宗教的价值止有一点美? 他以前在他所著的《中国伦理学史·序例》上说:"迩际,伦理界怀疑时代之托始,异方学说之分道而输入者如檠如烛,几有互相冲突之势,苟不得吾族固有之思想系统以相为衡准,则益将傍偟于歧路。"假如蔡先生以他自己研究伦理学的标准来衡量宗教,其方法是否正确? 我们姑置不论,我们只须问问吾族固有之思想是些什么? 倘诚如孙中山先生所言,恢复吾民族固有的精神,固有的道德,——忠、孝、仁爱、信、义、和平等思想,那么只有与宗教更相吻合,而决无冲突的地方。真正的宗教对于中国文化也定能助其发展。有明显的史实可证,如明末清初,天主教士输入西洋文化,使闭关自守的中国耳目为之一新。因此散下中国文化的种子,而引起中国复兴的思想。由此看来,宗教的价值岂止一点美育吗? 宗教上的不朽的原素,又岂止一点美吗? 宗教反对,而且有许多科学家皈依真宗教的。人对于美育,只有审美的观念,从来没有人去信仰"美"有什么神秘的权力,美的观念只能给予人一些快感,却不能与个人最深的方面有所调和,更不能指导人生及思想。纵使美育能作一些人生思想方面的引诱力,可是他所给予于人生思想的不及哲学的深邃;而他所给予人的实益也没有科学的伟大。美育既没有科学或哲学的伟大性,而欲以之代宗教,这不是在说一个滑稽的笑话?

即按心理学上说,宗教的本能与美育的本能也有分别的,当宗教的本能初起时,人往往有超世的观念,觉得这个世界不能满足他们的欲望,且感到人生的疾苦,寿命的短促,而知道这个世界原是暂时的逆旅,世界之外,必有另一个永远的幸福的境界。于是"人生何来?""死将何往?"等问题,自然会发生的,自然会觉悟到外界有一种很大的潜势力,在操纵人类的生命及万物的生灭的。因而人对之只能崇拜爱慕,尊之为无上之主。依恃他的仁慈,而祈望他能振拔人类于永远幸福的境界;更仰仗他的公义,希望他对于善恶的人类有公平的判断。这是人类的宗教本能的倾向。人的美育本能也是根诸天性的,在原始民族大抵都有粗浅的美术,即如跳舞,和音乐等,都开始很早就有了。因为人的兴感所至,不知手之舞之,足之蹈之。这种表示,能使人心怡神畅,引起人的和谐的或同情的情绪。人的沉思默想,和美术的发达也很有关系。当美的物品放在面前,每能引起人的凝神遐想,忘其所以。若美术品中别有意义寄托,当人理会出的时候,也能发生快感。故美术的本能与宗教的本能不同,既然各有各的本能,就不能以彼代此,或以此代彼。否则便违反人类心理本能的发展了。两者的本能发展互异,因而宗教的情绪,与审美的情绪也有分别。宗教的情绪对他们所信仰的神,每发生敬畏与挚爱的心情,故其态度常是谦逊而热切的,依恃而希望的。至于审美的观念则能引起人的快乐,和惊讶的情绪;惟其态度常是默察的,鉴赏的,与宗教的态度不同。

在宗教上对于神的爱美,有时也因为神的本性是具有超绝的美的,例如:《爱德经》上说:"吾主天主,因尔无穷生我,安养保存,顷刻无间,又降生救我,受难赎我,况尔本性自有无穷美善,可爱无比,为此爱尔在万有之上,……"神的美妙,确能引起人们的惊讶,爱慕。此外如天堂上幸福的环境,其所以能为人类的最后盼望的境界,就是因为他是神域,也具有无限超绝的美。人对于神,或对于天堂所发生的惊讶,爱美的情绪,虽然也同于审美的情绪;但我们要知道世界上的美品,只是比较的,非绝对的,如甲物比乙物美,丙物比甲物更美,若没有得到绝对的"美"时,人对于"美"的标准总是没有一定的,对于"美"的观念,也跟着"美"的程度而不曾有止境的。宗教所信仰的对象便是绝对的"美",超绝世界上所有的"美"。而世界上既没有这种绝对美的东西,故美育不能代宗教。

六、真宗教不能改变

吾论至此,觉得美育不能代宗教,其理由甚明,不必赘辩。况宗教既为人类的本能倾向,虽欲强以美育代宗教亦不可能。

不过有些人是用另一种态度来视宗教的,如冯友兰著的《人生哲学》上有这样一句说:"……文学美术,既不可废,宗教亦可视为文学美术。必完全肯定宗教者愚也,必完全否定宗教者迂也。"(见冯著"一个新人生论　下"一章二节)视宗教为文学美术(蔡元培统称之为美育),其谬妄之点,在前面已经辨明。假如竟有抱定这种新人生观的人，那真是个骑墙派。因主张的人生观可说是站在人生观以外的人生观，既不肯定，又不否定，世界上的真理尽可和他不发生关系！像这种人生观的实行者，最好不要评论是非，还是为好。

又有另一种人取另一种较合理的态度来视宗教，如曰："近人每谓宗教日就消沉，其实日就消沉的是宗教的形式，非宗教的精神。宗教的精神则依本能倾向为根据，社会纵日就昌明，而有待于宗教的辅助依然甚多。故本能的倾向依然如故，并未衰败。"（见廖世承译的《教育心理学大意》第九章一一一页）诚然，宗教的精神不因时代环境的变迁而稍衰。然这里所说的宗教的形式，若纯指教派，则其为人所创立的宗教自然不能传诸久远。如果他是纯正的真正的真宗教，决不是人的智虑所能建立的，其必为全知全能的主宰万物之神亲手创立的。则此真宗教的精神固能传于永世，即真宗教的形式亦不因时代环境而变迁。耶稣说过："天地有过去，我的话不能过去。"又曰："我在此磐石上建立我的教会，地狱之门不能胜他。"这不是说真宗教的精神与形式皆永存而不变吗？那么美育又怎能取宗教而代之呢？

美育之普遍圆融性　黄忏华[①]

现在全世界的人心，大多数被猛烈的占有欲所支配；而偏向于残忍的利己，放恣的享乐，无所不用其极的生存竞争。结果，小的方面，演成社会上的互相倾轧，互相吞噬，互相践踏；大的方面，演成阶级间势力间种族间国际间酷烈战争；于是全世界惨无宁日。

所以要想消弭世界上一切的祸源，非先叫人心转换他的方向不可！然而十九世纪后半期以来，自然科学勃兴的结果；不圆满的宗教，已经不能够叫理智尖锐的近代人折服；严肃的道德，又不能够叫横流的人心乐从。

要想转换人心的方向，应当从甚么地方着手呢？我以为最好的方法，要算美育。甚么缘故呢？爱美，是人类共同的心理；换句话说，就是美感是人类所同具；而且无论甚么人，在他被自然美或者艺术美所陶醉的时候；都会昂头天外，忘记一切，卑视一切，不知不觉之间，走进了高尚的精神生活，就中，尤其是艺术，是把自然和人生加以理想化的，是藉雕塑绘画音乐文学等类，把一种高远的理想表现出来，叫在现实生活宛转呻吟的人类，优游于超现实的世界的。所以献身于艺术

---

① 《正论特刊》"正社书画会展览专号"，1935年1月1日，第9页。

或者爱好艺术的,都别有他的优美的天地;因而大多数自甘澹泊,对于人世的荣华,弃之如敝屣;甚至于连日常生活,也毫不关心。所以假如能够推行美育,激发人类先天爱美的心理;结果,就一方面可以减少社会上一部分名利的争夺;乃至因争夺而产生的倾轧吞噬践踏等类种种不良的现象。一方面可以叫一部分暴戾恣睢的人类,逐渐低减他的杀机。又一方面,可以叫被生存竞争的热潮所冲荡而落伍的,得着精神上的安慰。因此我说改换人心的方向最好的方法,要算美育。

最后我还有几句话,我以为在世界上一切文化当中,兼有宗教艺术哲学的特长的,要算觉者释迦牟尼所说的教法;他的主旨,是把人间世的一切丑恶,一切粗暴,一切暗黑,一切浊秽,一切可怕的现象,加以美化,醇化,净化;改造做知情意谐和真善美具备的人生,而优游于美满庄严高洁的理想世界。就是佛教是极端的净化主义,是最有艺术思想的宗教。所以佛教也可说是一种美育,而且是一种最高最圆满的美育。

美的教育学及其批判　惇颐[①]

一、美的教育学说之由来

美的教育现在成为教育界一种重要运动,此种运动之起源甚古,在希腊全盛时代,即有人主张善与美同为一物,不能分离,故在教育上,颇注重音乐,体操,诗文等学科。及至中世,不免稍稍黑暗。十八世纪时,又因实利的主义的倾向太强,颇阻碍美的教育之进步。直至人文主义,新人文主义全盛时代,美的教育然后复活。德国之席勒,特别提高艺术之价值;英国之罗斯金,鼓吹艺术教育之必要。此种思想乃发创于数十年前,然其影响,甚为微弱。直至近代,始蓬蓬勃勃,活现于世。推原其故,约有三端:

1. 新人文主义之影响

欧洲从十八世纪末到十九世纪初,一般思想家对于从前理性本位之主张,竞起反对;而特别提倡主情主义,审美主义等。彼辈以为教育不可仅仅磨练理智,应当提倡美学,以陶冶感情。此种主张对于美的教育之思想影响颇大。

2. 自然主义及唯物生活之反动

在十九世纪后半期,自然主义异常兴盛,但其后渐渐变为实用主义。宇宙一切事物,皆以实用之眼光下评判,苟无实用之效果者,即认为无价值。此种主张

①《广西教育旬刊》第1卷第11、12期合刊,1935年1月21日,第58—61页。

未免过于浅薄,能使人类生活单调乏味。因此惹起一般人之反感,而美的教育思想遂乘机而起。

3. 艺术思想及艺术生活之普及

文明进步,交通便利,教育普及,而新人文主义所倡导之艺术思想遂普及一般民众,美的教育思想自易发生。

基上原因,故艺术教育之主张高唱入云。近来艺术教育发达之结果,热心家不独从事于艺术教育本身之提倡与改良,且欲进而以教育之根本原理完全建立于艺术的规范之上,于是有"美的教育学说"之产生。

二、美的教育学说之内容

主张美的教育学最力者首推韦伯氏。原来认美学可以为教育学的规范之说,由来已久。例如拿托甫,莱意等即有此种主张,但此二氏仅仅提倡而已,未若韦伯氏之将此种理论施诸实际也。韦氏著有《为教育学的基础之美学》一书,企图于美学之规范之上建设教育原理之统系。其言曰:现今之教育,无处不充满矛盾之现象。学校对生活而矛盾,集合教育对个性教育而矛盾,强迫教育对自由教育而矛盾,理智主义对情操陶冶而矛盾。欲调和此等矛盾,舍艺术教育其道未由。顾艺术之原理其能有组织系统者,厥为美学,教育理论之规范方面即以美学原理为根据,故教育学应以美学为基础。

韦极以为教育问题原为文化问题。人生与文化不断的生长,教育之出发点亦应为人生自己之活动。教育上科学所不能及者,而艺术教育全能之。所谓教育,无非是教育者诱导被教育者使其能作人的活动而已。然欲达此目的,必须使被教育者能自由发展其个性;而使被教育者自由发展其个性乃是一种艺术的活动,自非受美学规范之指示不可! 故美的教育学有成立之可能。

韦氏又谓教育学可以分为三种:A. 一般原理的教育学,例如海尔巴脱所主张之教育学;B. 实际上理论的基础之教育学,例如孔美纽斯,斐斯他洛齐等所倡导之教育学;C. 教育活动之研究,实际应用之教育学。第一种纯属普遍性的,系严密的科学;第二种虽缺乏普遍性,但就叙述理论一点而论,亦系科学;第三种则全然属于艺术矣。教育之实际即属于艺术,因此,不能不以美学为基础。

韦伯于是取华尔克特之美学的规范以应用之于教育学。此等根本规范共有四项,但表示之法分为主观与客观两种。若就客观之规范而论,其表示之法如下:1. 在美学,形式与内容既要一致,故教育学亦不当偏重客观的研究,对于儿童的精神生活,亦应同时并重。2. 在美学,内容对于人生须有价值,在教育上,一切教材亦须对于人生有价值方可。3. 在美学,须有有机的统一;在教育上,一切教材亦须有一系统的关系及贯串之精神。4. 在美学,须是假象界之美,在教育上,亦有现时不可目击之事物,不得不使儿童去理会此表现之假象。

复次,就主观方面之规范而论,亦有四种:1. 在美学,须带有充分的感情的直观;在教育上,教师欲使儿童带有充分感情之观察事物,必须自己具有充分之感情。2. 感情表象须要扩大,然后人生价值可免于狭隘。3. 在美学,要各关系活动昂进;在教育上,不但理论之关系而且教师之人格主观之关系,亦须谋统一的昂进。4. 在美学,要实感之沉降;在教育上,对于不能用实物教授之事项,或用绘画或用音乐等形式教授时,教师须处于假象界,并引导儿童之精神亦趋于此途。

要之,教育活动乃是艺术的事业,故教授不可不受美学原理之支配。无论教授何种事物,不仅传授死知识,尚须使儿童得一种新经验或一种新生活。故教师教学时,不可以使儿童心中构成观念为满足,更须向儿童之心情生活上予以根本的影响,因此之故,教育者须改造一个真正人的生活,洞察时势之要求,培养有用之人才。

三、美的教育学之批判

美的教育学之内容,已于上面论之矣。此种学说果能自成体系乎?关于此点,其他学者颇多非难,请先介绍休烈真摩雅之意见。

休氏曰:"美学之于教育学,固属必要;然只可以之为补助学而非其基础学也。伦理学及心理学之所以为教育学之基础者,以其学之对于教育学实有根柢存焉,而自己又不更须他科学以为基础。故在教育学上,由伦理学而得人类价值之原理;又由心理学而得建设教育之观念:此其所以为基础学也。美学则不然。吾人不能曰:不从美学中得某种根本观念,教育学即不能成立。虽谓教育学之规范恰与美学之规范一致,然绳以科学意义,则二者之间终须有所调和,且美学之自身非同以心理学为其基础者乎?然则教育学之与美学其为并行之说也,明矣。"

依作者个人之意见,觉得韦氏之学说固然太偏,但休氏之批评,亦非全是;盖两者皆极端之见也。夫美的教育之被人忽视也亦久矣。在教育上,吾人但闻德智体三育之提倡,而美育不兴焉。从历史上观察,教育之原始形式,本即为德育与体育;其后德育最占重要地位,被认为教育之最高目的,自社会之分化发达,知识的教化之范围日广,而德育之势始稍衰。智育以授予知识技能为主旨,其有裨至于人生之实用也,固甚大,然究不足以包括全人之生活。于体育,虽为人生所必需,然若仅以强健体魄为唯一天职,此外并不附以精神上之意义,则亦何用?是故十八世纪中于德育过甚之弊,而不免传袭的思想;十九世纪中于智育过之弊,而受福禄贝尔一类之自然主义之打击;二十世纪初叶中于体育过甚之弊,而有前此之军国主义的欧洲大战。现代教育界渐悟德智体三育之偏重不能达到教育之目的也,故以美育以辅助之。盖教育之最高目的,乃在达到真善美之人生。真之规范,当求之于论理学及认识学;善之规范,当求之于论理学;而美之规范,而不得不求之于美学矣。合此三者,然后能完全人格之教育,不能有所偏废。准此而论,则休氏之排斥美的教育学,未免失当,至为显然。

休氏之批评固不当,然则韦氏之主张完全合乎?曰:否。夫韦氏之建设美的教育学,旨在调和现代教育之矛盾,前已言之。然仅有情美的教育,即谓能足陶冶真正之人格,实属谬妄。盖人类之生活,包含知情意三方面。吾人欲建立伟大的人生,当然有意志的努力之必要;又欲使此伟大的人生,含有真的价值内容之时,则亦当然不能缺乏认此内容之理知作用。若仅注意瞬息间之情绪生活之满足,而欲其能实现人格的真价于人生之中,不可得也。从来教育学说的缺点,即在轻视人生一大要素之情绪的生活之价值,美的教育学说能补此缺点,其功固甚大;然因此而主张美育万能主义,则未免矫枉过正也。

由上所论,可知美的教育学仅能称为偏面的教育学而不能称为完全之教育学;盖因美的规范只能作为教育学上一方面之标准故也。

在教育对民族文化所负使命上—检美化教育的理论基础　郭因是[①]

一、引言

环境的威胁愈是厉害,就愈把生活的体验驱向深处。国难的尖锐化已趋于登峰造极,而我们救亡图存的问题也掘到民族文化的根底了。现在的国防问题已经不是政治、经济、军备、外交等单方面的问题,乃是整个文化的问题;换言之,中华民族若不能负起民族文化的绵延和创造的责任,则无论如何片面地挣扎,终不能取得适存于世界的权利。四千年的历史把我们的民族文化僵化了,宁静得使它不想动,但这数千年来未有的一个大变局却把它从沉睡中惊醒转来。它最初不愿动,可是受着环境的鞭策,便渐渐地动起来。混乱地,盲目地,零碎地"动"就引起了数十年间的纷乱。然而,由这些无规律的"动"的中间,却造成了它的大的决心和新的途径,现在我们可以看出一整个的,有秩序的"动"的可能了。

---

① 《教育半月刊》第 1 卷第 3 期,1936 年 3 月 1 日,第 11—19 页;第 1 卷第 6 期,1936 年 4 月 16 日,第 9—18 页,题目下有"(续完)"。中缺。第 1 卷第 3 期原文标题为《在教育对民族文化所负的使命上—检美化教育底理论基础》。

　　教育是民族文化中重要的一环,文化的使命就是它的使命。随新文化运动而来的新教育已经有了数十年的历史,其内容的空虚和它所负的责任的重大实为一很好的反衬。不论它外表如何热闹,分析起来只是两种势力的互为消长而已:一是余烬未熄而时图复燃的残余封建势力,一是要想抬头而终于不能发展一步的新兴资本主义。封建势力以其"糟粕形式与呆板训条所成之文化维系数千年以至于今",虽于五四运动时予以当头的打击,但实际上并未命中它的要害。而且这种新运动因本身内容的空虚,所以对于我们的新文化只消极地尽了一点责任。封建势力在现在教育上的影响且有渐次蔓延的趋势,如学校教育的偏重知识的教学,侧重形式的管理等,实在和旧教育没有什么区别,不过在形式上稍加以集团化而已。我们实在看不出毕业会考和科举制度有何不同,更看不出要人和名流们所提倡的"读经"有超乎"复古"以上的意义。"复古"而没有加上新的精神,则这只是旧骸骨的迷雾,只是开倒车,且可谓与"复辟"无异——不过借用一政治上的名词罢了。随着近年来政治上的病态,封建势力的一条重重的僵绳就套入新教育的头上。

　　一般思想稍稍清醒的人看了这种情形,往往不能忍耐地打算为民族文化寻出一条正当的路,反因一时之急切而轻于它就,遂致另分又踏上新兴资本主义路上去了。他们对于资本主义国家的新制度、新方法,尽量地逞其模仿搬运的能事,而尤其是于美国取法最多,乃至别人(国联教育调查团)也批评他们"竟欲睹中国之美国化而甘心"。更可叹的是我们努力学别人而又终于没有学好,反被别人(调查团)讥笑作"徒为形式上之模仿"。所以梁漱溟先生骂他们学乖弄巧,不能索性老实到家,发挥自己忠厚的精神。"你要学,学不来,并失忠厚。所谓邯郸学步,并失故步,匍匐而归,真为善譬。"我们新教育所遭的两种运途,也就是我们新文化运动上的两重障壁。封建势力病在保守不动,新兴资本主义病在盲目乱动,而寻求一种适当的动却是目前我们的责任了。

　　要想解释我们为什么对"舶来教育"效颦无成,则不能不归结到民族文化的特征了。数千年的历史铸成了我们民族文化的保守性,而数千年历史中所经种种外民族的侵入与同化又造成了我们民族文化的适应性。所以现在讨论中华民族特性问题的人中间,往往有主张保守性和主张适应性者的争论,我们可以承认二者都是对的,但须声明所谓适应性者只是消极的适应性罢了。外界的环境逼着它去适应,而它去适应的时候,骨子里总是保守着自己固有的精神不放。所以在中国的教育中,封建社会的形式主义教育实在是它的最根本的精神,而新兴地资本主义教育的气象不过成为装潢罢了。试看一切教育测验和统计的运用,政治上的制度和法令,不都是暗中被封建势力化为形式和装潢了吗? 自然,我国新兴资本主义之不能抬头另有其外来的社会经济政治等等原因——资本帝国主义者一方面羽翼他们,而同时又限制他们的发展。但我们文化特质之不适于它的发达也是因素之一。这不独在教育方面乃然,即在政治上它也经过模仿资本主义政治的尝试,而骨子里总保持自己的精神。它曾"以英雄政治贤人政治之理想施行民主政治,以肃静无哗唯诺一致之心理希望代议政治,以万世一系一成不变之观念运用自由宪法"(李守常先生语),我们现在可以加上去说:以糟粕形式和呆板训条所成之形式主义教育思想,施行内容复杂而多变的资本主义的教育制度和方法。这样一来,不但把政治弄得阢陧不宁,把教育弄得完盘无效,而且把别人良好的制度和方法的妙用也给弄坏了。总之,封建文化的特性是静,资本主义文化的特性是动。诚有如李守常先生所说,我们现在是"守静的态度,持静的观念以临动的生活",这又怎能成功呢? 封建思想与资本主义的制度和方法是根本上不能和容的,然而在目前的中国,这二者的暂时妥协毕竟成功了,而且分御着教育的全领域,这是表示中国的教育尚在矛盾之中,没有走上创造的途径。它为它本身计,也即是为民族文化的创造计,尚须有一番奠定基础的工作。

在我看来,固有的封建文化的教育是"硬教育",我们学而未成的资本文化教育是"软教育",我们今后应辟的途径则是广义的"美化教育"。在这种意义上说,硬教育和软教育并没有本质上的差异,因为严格地说来,它们都只是训练而不是教育。所不同者一用鞭笞,一用糖果;一尚固定,一尚变动;一主严厉,一主自由而已。不管是用硬的注入方法或软的注入方法,总之其为外铄则一。至若美化教育乃内部生活的创造发展,它既不从事于呆板教条的传佈以宏教化,也不从事于外物诱惑的介绍以启兴趣。要这样的教育才是真的教育,才能把民族文化引向创造的路上来。这种教育不但为民族文化的创造所切需,而且是世界教育潮流共有的新趋势。

"美"是重要的精神生活之一,这是人所共认的。意大利新唯心论者克洛士氏把精神生活的基本活动形式分作四种且是四阶段:第一阶段为直观即美的活动,第二阶段为概念即科学的活动,这二阶段都是属于知识的活动。至后二者则为实践的活动:第三阶段为经济的活动,第四阶段为道德的活动。他以为美的活动因其居于第一阶段之故,所以是精神生活最基本的活动了。至若苏俄唯物史观的艺术论者如蒲列哈诺夫及卢拉卡尔斯基之流,任他们把艺术如何唯物地解释,任他们把艺术置于上层建筑的某处,但他们一点没有否认这种观念形态的重要性,而同时也承认了这种精神生活的超功利的作用。艺术无论矣,教育又何尝不然。不仅新唯心论的香第尔氏才主张严定训练和教育的区别,即在唯物主义支配下的工业化的苏俄也反对机械的,单纯的职业训练;他们也提倡以生活为中心的复合教学;他们也标出"多边技术教育"的观念,务使"教育将能把他们由现在的分工制度所强加于一切人们的畸形偏亘状态中解救出来,因之社会即能使其每个成员将他们的全般的完满发展的各项才能普遍地加诸应用"。(尚仲衣·《苏俄小学教育底理论与实况》)他们在新经济政策时期所造成的"真正无产者竟会丧失研究学术的兴趣和机会"的恶结果,在新文化政策改弦易辙以来,已将渐次补救起来了。可见在教育的实施上,功利的目的也必须以扩大的,非功利的态度求之,才不会流于狭隘而无效。由此种新教育的趋势,艺术与教育乃成立其结合的可能,而美化教育思想遂如旭日之方升,"教育是艺术,教师是艺术家"的口号也雀起于一时。但是,它前途依然是障碍重重,尤其是在中国遇着了两个当前的大敌:封建势力本其"文以载道"的传统精神,以为雕虫小技不可入于大道,故拒美化教育之思想而不纳;至于资本主义则满怀接受,但挟其本身的铜臭气以为之曲解,在他们所谓美化教育中间我们实在看不出美化教育和消闲教育的分野。所以,我们现在讨论美化教育的时候,要避免误会起见,应作两种辨明以除淆乱的观听。

第一,美化教育不是资本主义卵翼下的贵族的消闲教育,不但是不与国难教育冲突,或且正因国难之刺激才奋起以赴此。资本气,贵族气的消闲生活只是在寻取快乐,尤其是物质方面的快乐,他们"作一天这样干枯疲闷无聊的工,得些钱自要寻乐,乐要待寻,乐即是苦,而况要急寻,则无非找些刺激性的耳目口腹男女之欲"(梁漱溟先生语)。即使他们有超乎物质欲望以上的精神快乐,也不过是与此同其性质的东西,总之都是无聊消遣而已。这种享乐的精神作用是被动的,感受的,兴趣全由外铄,没有一点创造的意义。说它是寻乐享乐,而其实是在想超脱精神的苦闷而不可能,怎能够得上说是美呢? 不但我们谓然,即唯物论者对于他们也没有一点宽恕,卢拉卡尔斯基讥讽他们:"不过藉此略略渲染人生,使这成为他们住得舒适的住所,在这领域中,易行种种的颓废,能有一切种类的美的淫荡,例如轻佻浮薄的华美,贵族饕餮的淫佚的典雅都是。"(氏《艺术论》)中国现时的艺术很受了这种习气的感染,尤其在影剧方面很易看出。自然,它们也能予低级鉴赏兴趣者以相当的享乐,也能使有闲绅士们乐而忘忧,在严重国难压迫的窒息空气下,独使他们在那里夸耀着心灵上变态的繁荣。这是表示东四省虽然失陷了,华北虽尚在"江雨欲来风满楼"的局势下,而我们乐享人生的机会却依然在我们的掌握中,这美满的世界依然值得我们的夸耀,但是,在东北未沦陷以前,那

些娱乐场中的人们又何尝不这样想呢？朗格以美的特质为意识的自述
(Concious self-illusion)。所谓意识的自迷者，即是对于实体与幻像，有意地不
加以区分的意思。他以为美术作品含有"助长迷幻"和"改正迷幻"两种原素，而
美感则游移不决于幻像和实体之间。质言之，这就是有意地将幻作有，自欺欺人
的作用。此说立论虽诡，要亦有所指而发，良有以也！我们所谓美化教育，与此
恰异其趣而且立在反对的战线上。我们目前所谓美是精神的直观活动，是内在
的真实的感发，有如梁漱溟先生所谓："我意不过提倡一种奋往向前的风气，而同
时排斥那向外逐物的颓流。"封建气者排除美育，故无向前创造的精神；资本气者
向外逐物，往而不返，故也推扩不开。惟受正当的美育者，才能有真的感发，开阔
的胸襟，"刚的动"，从这里才可以陶冶出为民族奋斗的战士来。"要求自由，不是
计算自由有多大好处便宜而要求，是感觉着不自由的不可安而要求的"（梁先生
语）。这是艺术的精神，也即是开创民族文化的战士的精神。故美化教育是国难
教育之一，而且是最根本的，它的意义并不是兵临城下了，还可弦歌不绝寻开心，
装幽闲镇静。

　　第二，我应当辨明美化教育自身虽有反功利的性质，但并不与现在甚嚣一时
的"教育工具观"发生冲突，只须后者的意义没有被人误用，美化教育且可充实其
内容。我国自杜威氏来华倡其"教育本身无目的"的学说以来，一般耳食之徒未
得深思确解，即行哗然倡教育宗旨废除之举。虽历时不久又重行恢复，然教育已
与国家政策全然分离，一切陷于零乱的无政府状态下。最近觉悟过来，于是又倡
"政教合一""教育是工具""教育统制"种种口号。我想教育的工具性是谁也不会
否认的，可惜这不是问题的核心。问题的核心不在教育是工具，乃在这工具的如
何被利用。我们要利用一种工具，当然要了解工具的性质才行。尚未了解工具
究为何物而乃欲利用之，则是"犹未操刀而便割"，不但自己的目的不能达到，工
具的妙用反亦因之而俱失了。以政治运用教育并不能因而抹杀教育的本质，若
然，不独教育蒙莫大的损失，即政治也不能获得一点效果。因为抹杀了教育的本
质就无异乎取消它的作用，也就无异乎取消了政治统制的作用。然而教育的本
质是精神生活的向上发展而不是机械的训练，所以挟浅薄的功利主义以施行教
育统制，结果会弄得教育无效而统制也徒然。试看我国近年以来，学校中除了死
知识的课程愈增愈多，空形式的管理愈趋愈严而外，加上了一点什么新的？唉！
教育统制和封建势力的硬教育打成一片了，像这样的统制，其结果必弄得愈统制
愈破产，临了仅存一形式的躯壳，在这时候，我们怎能不引它向新的路上即美化
教育方面来呢？美化教育之非软教育，正如教育统制之非硬教育一样；教育误用

了美的观念,也正如政治误用了教育的作用一样。现在国难日趋严重,遂致飞机军训救国观者大利时机以活跃,谈美化教育真是太不投时,然而,若尚有人不欲将民族文化的复兴大业植于浅薄的功利主义根基上者,又安能终守缄默,此文之作,特其倡耳。

二、我国民族文化的一般症结所在和改造的途径

我国近来伴民族教育的呼声而起的研究,要算国民性这问题的探讨最多了。但所谓国民性者究何所指?实在的心理现象能否遗传尚是问题;纵使这是可能,而后得性的能否遗传又有争论。所以我以为这国民性一词应指社会遗传而不是心理遗传,否则,这问题便没有十分意义。社会遗传者,乃民族文化的全部遗产,自客观方面表现之为种种文物制度,自主观方面表现之则为一般生活的普遍精神力,所谓国民性者即指此种普遍精神力而言。民族文化自然是极重大,极繁复的一个问题,不容我们短期间把它研究清楚。所幸这问题不仅需要客观地研究,主观地内省和体验也必不可少。我们都是中国人,都沉浸在我们民族文化之中度生活,所以我们的主观意识上必能或多或少反映民族文化的某一面,只是难于得个整体的概念罢了。我们的生活态度或生活方式都是民族文化的表现,只要我们对于自己的生活时时过问,没有苟且,则我们对于民族文化的认识不会完全茫然了。外来的批评如亨丁顿、哈维、渡边秀方等之说自可促起我们的醒悟,而我们自己反省的觉悟如梁启超、梁漱溟、梁园东、赵正平、陈科美、邱椿、夏含华各家的指摘和激厉,皆未尝不搔着痒处。可是,从这中间我们也看出要了解中国民族性的困难,因为他们虽所见各有"一得",但彼此间认识的冲突也逐处都有。我在考察这问题的时候,也常常遇着了各种类似"二律冲突"的奇怪现象。所谓"二律冲突"即是在两种对立概念下,你既不能归它在这边,又不能归它在那边。现在我们不妨就在这些对立概念下将这问题加以分析:

(一)自我性和社会性间的类似"二律冲突"

梁漱溟先生说:"数千年以来使吾人不能从种种在上的威权解放出来而得自由,个性不得申展,社会性亦不得发达,这是我们人生上最大一个不及西洋之处。"(《东西文化及其哲学》,下皆自此书引出。)这个性和社会性两不发达真说着了中国人的短处。在表面上看来,我们若要说中国人自私自利,但"他不分什么人我界限,处处尚情而无我"的地方,不也是在他生活中很显然吗?邱椿先生说他"因为自私自利,所以缺乏合作与组织的能力"。但中国人的家庭组织不是很严密吗?在一家庭中,大家共同享着全部的命运,祸福同当,决不像西洋父子夫妇之间都存着"算账式"的态度和关系。然而,严格地说来,这种类似"二律冲突"的现象是不存在的。他们虽没有理智个性的发展,但意欲个性的发展的确造成了他自私自利的心理;虽没有积极个性的发展,但消极个性的发展却造成了他能忍耐的奴隶性。不错,他的家庭组织很严密,可是惜□只知有家,不知有社会、国家和民族,所以缺乏公德心,勇于私斗而怯于公战,结果成为一盘散沙,人人都是"既不能令,又不受命"。中国人社会性的不发达固无容置疑;而所谓个性不得申展者,乃指理智的、积极进取的个性而言。中国人不尊重个性的权威和势力逐处可见,结果弄得消极的个性暗中发挥,遂造成了"宁受大压迫,不耐小拘束"的国民性。"宁受大压迫"是积极个性的被抑,"不耐小拘束"是消极个性的发挥。故从根本上说来,中国人确是自私的个人主义。

(二) 现实性和理想性间的类似"二律冲突"

现在一般人都在说中国人好高骛远,避实就虚,过重理想,遂致养成了"空疏"的恶习,但也有人(如梁园东先生)以为中国人"一切皆重实际,思想学问都成了他们生活上最需要最切实用的知识"。渡边秀方也说汉民重意志的特性,衍成了实利的性质。这两种说法所据的事实我们都得承认,于是不能不分析他们的冲突何自而起。我以为"空疏"只能指少数士大夫阶级而言,根本上中国人生活的精神是极现实的。即在思想家中,尤其是老庄二氏及宋明理学的思想,虽是陈义极高,而实则是不离生活的,所谓"极高明而道中庸","极高明"故觉其过重理想,"道中庸"则又归结到现实。中国人根本没有西洋理智的态度,所以他不于现实和理想之间强为分别。在他看来,一切高尚的思想,无论其显得如何超越,都是和行为意志有关,都是附丽于生活的,换言之,即是现实的,这在思想家中表现的现实精神,表现到一般民众则为实利性。有人以为中国没有科学由于缺乏实用精神,我则以为这是由于过重实用的精神所致,而现在之所以努力学科学而学不好的也是由于过重实用的缘故,因为模仿比创造来得容易而收急效,所以就去模仿别人科学的皮相。我们的空疏不在"泛览群籍而不能成寻常书牍之文,精研数理而不能通日用簿记之法",乃在我们认真地"精研""泛览"了没有?从无真实的学问会是没有用的,问题只在社会需要他们否。现在中国不病在"研究学理而不切实际",乃病在为投机取巧而求学问,遂至学问的真实标准为混乱的社会所点污了,凡此都是中国过重现实之弊。中国人的现实性不是理智的精神而是意志的表现。他不为学问而学问,他不"实事求是"地要求"拿证据来",他处处都在想:"这样便已恰好了。"值此国乱当头之际,我们自然当反对"空谈理论",但"真谈理论"者岂非必需？若我们不去改造社会而徒倡"学术实用"，结果必弄得人人投机取巧以奔走富贵利达之场而后已，这才是真的空疏。此种民族性不但在治学问方面为然，其他许多民族劣根性都是由这现实性而来，如"因循敷衍""眼光狭小"怕是我们民族的通性罢。从好的方面说，他以其和自然——即现实——融洽游乐的态度，"安分知足，享受他眼前所有的那一点而不作新的奢望"，这自然可以得到内心的安宁，但须知世间所有的一切文化都起于对现实的不满呀！

（三）消极保守性和坚韧适应性的类似"二律冲突"

中国人真是柔弱极了的民族，但世界上也没有比他这种"柔弱"更"坚韧"的了。他"总是持容让的态度，对自然如此，对人亦然，绝无西洋对待抗争的态度"。从这种消极的人生态度之中，却涵育了一种含有积极意味的忍耐性。亨丁顿举出我国"安土重迁"的习惯以证明我们的保守性，自然，我们一般的通性是"勇于旧环境，怯于新环境"的；但是我国东南沿海诸省如广东福建浙江一带的人，远渡南洋群岛经营商业，他们那种忍耐力和适应力也是不能否认的事。大概说来，我们国民性的根柢总是趋于消极保守的，他之适应环境是受环境的驱策而不是具有征服环境的意思的。古楳先生说："中国人总以为世界是个静止的，不变的，所以生物进化论，社会进化论和宇宙进化论，永远都想不到或不能了解的。要说'与时代并进'，更不知道是什么一回事。"在我想来，中国人并不是没有这种"进步"和"变动"的观念，只是因为这和他的生活态度或他的兴趣不合，所以纵使知道了对他也不发生什么关系。他的兴趣所在，诚有如梁漱溟先生所指的第二路向，"即以意欲自为调和持中为其根本精神的"。他形容这种精神道："遇到问题，不去要求解决，改造局面，就在这种境地上求我自己的满足。譬如屋小而漏，假如照本来的路向，一定要求另换一间房屋，而持第二种路向的遇到这种问题，他并不要求另换一间房屋，而就在此种境地之下变换自己的意思而满足，并且一般的有兴趣。这时下手的地方并不在前面，眼睛并不望前看而向旁边看；他并不想奋斗的改造局面，而是回想的随遇而安，他所持应付问题的方法，只在自己意欲的调和罢了。"所以中国人的适应性是根据他消极的保守性而起的，他要保守，以此不能不适应。此种适应，不过"合理化"了的"苟且偷安"而已，并没有一点积极进取的创造精神。

从上面三重类似"二律冲突"的观点的分析，虽不能使我们获得"民族文化"的一很完全的概念，但对于我们希求知道一点它的症结所在的目的计，也尽可得着一大概的轮廓了。现在可以总括起来说，中国国民性的病态，乃在实利性的、保守性的、消极性的个人主义。近年来中国的混乱情形,自然由于帝国主义的压迫加上外铄的影响,而使它显得有不能适应的情况者,却由于固有文化中这种深入膏肓的症结在那里作怪。我们若不能将这种精神根本地扫荡,而徒向西洋文化作表面上地效颦,人步亦步,人趋亦趋,则只有长此沉没在矛盾现象之中,一点不能负起创造文化的责任,其结果必至人不我灭,亦将自亡。试看现在一般的民众不都是醉生梦死,暮气沉沉地在消极地挣扎着以求最低限度的物质生活而不可能吗?他们毫无气力地在苦痛下讨着生活,完全不知道或不愿意团结进取以谋较好的生活,他们不知有民族,有社会,有国家,不要求教育机会均等的权利。他们宁愿缄默地受着一切的剥削和虐待而一点不知道不愿意反抗。他们可以盲目地受着环境的鞭策,机会来时铤而走险地去当土匪和＊＊＊都干得来,但要他们说出"要求正当权利"的话则没有勇气和精神了,这些都是实利性、保守性、消极性、个人主义的表现。至若知识阶级又何独不然。现在的学校根本就是"读死书,求分数,应考试,拿文凭"的地方,寻不出一点更多的意义。在繁重的功课和呆板的管理之下,教育失了它的灵魂,国家岁靡巨款,只是造就了"一班自私自利的赛杨朱"。他们是"意气消沉,精神萎靡,除了为自己打算之外,忘记了他们对于国家民族社会的责任,甚至对于父母兄弟妻子朋友一些轻松的道义也全然不管了。越是年轻的新贵越是腐化的快,越是腐化的花样离奇"。(熊梦飞:《漫游心影,文化与教育》)数十年来的知识界都辗转循环于"不动"和"乱动"之间,其所以然者,就是因为这种实利的和消极的个人主义在中作祟。他们引逗物质的欲望,激励自私的感情,这种纯由外铄的"动",只弄得愈动而愈疲顿,愈厌苦,其结果不至个人衰竭,民族危亡不止。

我们若欲一探这种国民性的形成因素,则必不能否认教育为其重要因素之一。数千年以来我们都在专制政治之下受着"孟表荀里"的教育的支配。原来孟子主张性善,故以为当发展情意生活;荀子主张性恶,故以为当约束情意。孟得于"诗",故其教育理想是由内而外,于是主张"必有事焉而勿正,心勿忘,勿助长也"。但荀则得于"礼",故其教育理想是由外而内,于是以为教育是"圣人化性而起伪,伪起而生礼义,礼义生而制法度"的作用。孟子的学说虽在思想界上占着优势,但因为荀子的主张更适于专制政体的愚民政策的缘故,所以这种主张矫揉人性的教育学说便和专制政体结了不解之缘,几千年以来使我们都在"礼义积伪"的教育之下讨着奴隶式的生活。死海样的个性一点没有伸张,情意生活没有得着发展的正途。一般民众无论矣,即在士大夫阶级也只有在"糟粕形式与呆板教条"堆里讨生活,对于最尊崇的六经也只是治其外表,完全说不上内心的研究。

"六经并非孔子创作,皆古代传留下来之陈述,若用孔子的精神贯彻起来便通是活的,否则都是死物。"(梁漱溟语)然而,数千年来的士大夫阶级就通通都和这些死物为伍,遁入老庄和二氏者只是少数;他们并把这些死物对民众塑成了种种的偶像,帮助了专制政体完成统制。试想在这种情形之下,怎能不产生实利的,保守的,消极的,个人的人生态度呢? 所谓创化的生活,美化的教育,是完全和他们绝了缘。在我国的艺术上看来,艺术只是少数遁世者流的慰籍之所,和一般社会生活没有关系,故其本身的消极的个人主义色彩也很是显然。例如空间艺术中的绘画,在我国实以淡远出尘的山水画为最成功。如时间艺术中的音乐,也以独奏的格调为最高,虽也有管弦乐合奏,但都是奏着同一的调子,否则便是组合多数乐器,而由指挥者一人的意志统一全体,合奏者各个人的人格只能消极地表现其中。西洋的音乐则不然,他们常以数种乐器,各自尊重各自的人格,而又互助融合调和地合奏起来,在不调和之中产生调和,所以他们音乐更有积极性和社会性,因为在此种合奏中连带责任的感情很深。此外,如文学上的唐诗、宋词、元曲等莫不表现消极个人主义的精神。总之,我国的艺术是和一般社会生活断绝了关系,所以艺术本身也失去了积极性和社会性,只是消极个人主义的表现而已。

数千年来,"糟粕教条"式的形式主义教育把我们民族文化的生机断送尽了。我们若不谋复活则已,若欲复活,则非根本地昭苏我们的生活态度不可。失之东隅,收之桑榆,现在我们依然要在教育上自谋救济之道。而此种救济之道,应从根本做起,绝不是仅仅东模仿,西抄袭,变更学制,整饬学风,加重课程,严格管理等等所能成功的。换言之,我们的教育若不寻得民族文化的症结所在及理想所趋,则一切的设施若不为封建的形式主义所腐化,便要为资本主义的铜臭气教育张目。除此二者而外,我们只有一方面脱离了旧形式的拘束,抛开了旧骸骨的迷恋;而一方面又避免了新来的引诱,抑制着对别人繁荣气象的歆羡,自己开辟创造的路途去。我们现在在教育上的繁荣还不是一种"直从里面发出来的活气",还在民族文化创造的预备阶级上。在现在提倡美化教育是从根本上着想的办法,要从这里着手才能把实利的,保守的,消极的,个人主义的中国人复活转来,才能使他的生活活跃地前进。受了美化陶冶的人,合融向前,随感而应,不处处算账,不处处有所为而为,他不为盲目意欲所诱导,也不为冷酷理性所主宰,他的活气是继续地,绵延地生长。美化教育可使"贪夫廉,懦夫有立志",它不但可使现代知识阶级的沮丧和厌苦得以解除,并且若能普及到民众方面去,可以把他们的奴隶性保守性等完全洗去,不会替统治者作负重轭的牛了。若没有美化教育的精神去提倡民众教育,则结果不过是变相的奴化教育:只是替统治者宣扬教化;或教以生活技能,俾其成为善良的被剥削者而已。若没有美化教育的精神去提倡生产教育,则结果只是造出些赚钱的工具,"也不过是为资产阶级的利益,训练民众尊敬资本主义的精神,服从资本主义的社会秩序,并增大资本家的生产技术利润的,它对于一般劳苦民众毫无关系"(陈良:《生产教育》)。若没有美化教育的精神而提倡军国民教育,结果只是产生些"无事袖手谈主义,临危出门贴标语"的爱国者,"大家宣言要做岳武穆,骨子里人人都想做秦桧"的民族英雄而已。(括符内均邱大年先生语)总之,封建思想下的糟粕气的形式主义,和新兴资本主义的铜臭气的新教育,在教育的发展上是"不塞不流,不止不行",而美化教育的提倡正可掘翻了二者的根株,而自己创造自己的前途。负有这样重大责任的美化教育,自然需要健全的美学原理作其基础,但在目前功利主义笼罩的沉闷空气中,我们只能作一初步的尝试而已。

(中缺)

四、美化教育的目的

我们在讨论美化教育的目的之前,应当先知道美有什么目的,但一牵涉到这个问题,就难免不牵入"为艺术而艺术"或"为人生而艺术"的论战里去了。然而,在我们的"美是具有无固定目的的目的性"一命题里,已经暗示此种争论是可以不必要的了。总之,在美的事实本身是没有什么用概念表示的目的,即没有社会的目的的;但它是生命力的表现,全生命的目的都是它的目的。目的表示选择,在美的直观将印象加以表现的时候,已经含有选择作用了,因为这些印象都是从复杂的感觉中来的。但是,这种选择不是根据于概念的作用,所以不是限制的和必然的而是极端自由的。在美的判断不将一件善行作为它表现对象时,我们无法勉强它;在它表现丑恶时,我们也无法阻止它。然而,就是天才艺术家也还是社会里的人而不是超人,所以它的表现必无论如何带点社会目的的色彩;而且精神是一整体,美的活动形式也难免不和其它活动相沟通,所以美又是不能不有目的。波格达洛夫说:"艺术组织生命力,完全不管它是否有什么社会的目的。"但他同时又说:"但要禁止艺术用政治和社会的题材也是荒谬的。艺术的资料是整个生活,没有什么限止或拘束。"(《新艺术论》)佛罗培尔说:"艺术是无用的东西的探求。"这真是把艺术的超越功利性过于夸张了,因为艺术的超越性不在它的题材上而在它的表现上。蒲列哈诺夫以为"对于为艺术而艺术的倾向,是在艺术家和围绕他的社会环境之间存在着不调和而发生的","艺术的功利见解则是在多数对艺术创造有兴趣的人们之间有着相互同情时发生的"。(《艺术与社会生活》)这种观察是相当地有正确的根据的,许多过去的艺术家因为不满意现实而逃避对于社会的责任，所以从活跃的生活内容退到空疏的智力游戏，却把艺术的超越功利性来做幌子，不知这种性质只存在表现上而不存在题材上。美的题材总是存在于人间，所以艺术家始终负有社会的责任的。佛芮菲尔士说："艺术无妨取高深思想来做内容。"罗斯铿说："谁能在他的全部作品里面包含着最多最伟大的思想的，就是位最伟大的思想家。"所以我们虽不可以把某种固定目的去限制艺术，但我们总不能反对艺术家表现有目的的题材，因为各种精神是沟通的，美的世界和科学道德经济各种世界之间并非没有通路，而且在文化发展到了如现代的情形，这各种精神活动中间的关系更非密结不可了。只有建筑在这种理论基础上，美和其它精神生活才有结合的可能；教育是各种精神活动的复杂的结合关系，所以美育和美化教育也才随着这种假定而可能。现在我们讨论美化教育的一般目的，不外是讨论美育如何沟通其它诸育而促进精神的普遍地向上发展，可分述如下：

（一）美化教育与科学活动

美是直观的作用，科学是概念的作用；概念的作用是起于直观之后的。从印象来的材料构成了我们的一般的直观，此时若我们的想像力很自由地活动起来便会发出创造的表现，于是美的判断产生；但若此时活动的是悟性的范畴作用，于是就起种种分别限制，才构造了内在或外在，必然或盖然，实在或非实在等等概念，这便产生了科学的知识。因为概念的作用在知识较后的阶段，所以人人都说："直观是盲目的，智力把自己的眼睛借给它。"但我们知道直观和概念作用是两种各不相同的精神活动的方式，根本性质都不同，是不能比较高下的。直观有它自己的眼睛，它不需要且实际上也不借概念的那种眼睛；因为它有一种特别方式认识事物，它不探求事物的关系。我们通常都可以经验得到审美态度和论理态度中间的不可逾越性：人在审美的时候，必须打断论理思想才行；而在作概念分析的时候，早已停止美的冥会了。科学思想和美的形式因其作用的不同，是互相排斥着的。虽然，它们中间总有相似的性质，否则，真如心能心理学者所主张，各种不同的精神作用简直没有桥梁了，那又怎能沟通美和科学活动呢？我以为这二者间相似的性质，就存于创造一点上。在科学的创造活动上，不仅需要概念的作用，而且也需要想像的活动，就是在概念作用中，也不是全没有想像作用的，因为概念不外是抽象，所谓抽象者，乃是将直观所认识的事物的繁复内容，取出一二特点以代表该事物的特性，且归之于一普遍范畴之下。这种在繁复内容中间选出一二代表的特点的作用，不外是我们想像的活动了。至于在科学发明上，这种想像作用尤其显著,因发明不外先有一假设,然后循此假设以求一步一步地证实。我们在无数可能的事件中间,独独地选择某一事像为假设,这真是和直观的想像活动没有区别。诗材是浸润在一切人的灵魂里面的,科学上的可能的因果关系是人人都得而揣知的;但唯有这种活跃的想像力才能造成诗人和科学家。在他们已经表现给我们的时候,谁不会觉得诗题和科学假设并没有什么新奇呢?但在未表现以前,谁又会感到诗人和科学家所感到的呢? 在这种想像力活动的同点上,有是有人说过,"凡是科学作品,同时必也是艺术作品",这真是一点不错。此外,美和科学的活动还有许多相似的地方:如某些受了作思想训练的人,在他们作思想努力的顶点上,往往有一种客观化作用,即忘我态度。在这时候,他是为思想而作思想,割断他自己和日常生活的种种关系。此种态度可谓美的不关心态度相同,此时的科学思想可谓已取了直观的态度了。又如我们科学思想的表现,也有和美的直观表现相同的地方,因二者都是创造作用,说话并不是论理思想的重演,乃是论理思想之持续以至由内而向外描出的过程。总之,美的活动和科学活动是有许多部分相同,而"科学作品和艺术作品的区别,只在于各个作品所祈向的全效果的区别"。(克洛士)美化教育的目的,就在养成被教者活跃的想像力,并且养成其"为思想而思想"的纯粹专精的思想态度,于是才能负起科学的创造责任。

(二) 美化教育与道德活动

美的直观表现是自然地而又自由地感发起的,我们在作美的判断时,好像是毫不关心而又好像是时机迫切,我们不能决意要它来,也不能不要它来,因为这是不受意志挑拨而是超乎意力决定的活动。至于道德则是属于有固定目的的意志作用,和这大不相同的。因此,我们若不明了此种性质,要勉强将艺术拿来替道德说教,则结果会弄得二者都遭失败。功利主义者欲使道德和艺术合作的期望我们赞成,但他们对于艺术的误用我们却应当反对。美的直观表现是一种创造地表现事物的真实的作用。它一点没有欺骗,一点也不能欺骗,它不能将"无罪的快乐"引着人们向善,它不能将甜的蜜糖涂在道德训条的杯口上。艺术家不过将自己心灵中已经抓住的印象,趁生命活跃之际将它表现出来而已。但这些印象是从自然或社会来的,丑陋和邪恶若还存在自然和社会里,势必逼到艺术家心灵上来,构成了他的表现的印象,不能防止,除了道德家和社会改造家努力改造环境把这些驱逐而外,这是没有一点办法的。然而,在事实上,艺术虽不可加以人为的限制使之合于道德,但它却自然地和道德合作了。美是表现真实,也即是善,真善美是三位一体,不过作用不同罢了。美是精神最高的统一,在美的直观上,一切邪恶都是善,因为美的表现邪恶并不是复写一片地将它表出,乃是将它创造地表现,就在此种创造上产生了一种升华作用,此种升华作用就在美的不关心态度上,审美者已经把自己日常生活的关系割断来鉴识丑恶,所以他对于丑恶增加了真正的认识,而丑恶又没有启发他的实践,他是超然地在认识丑恶了。我们自然希望艺术家选择合乎道德的题材,但我们不能绝对地要求它如此,因为艺术家有他的自由,不容别人干涉;我们所能要求他的,只是一个好的表现而已。克洛士说:"不能以选择主题不好为艺术家罪,却只应怪他处理的法子不好。"所谓处理不好即表现不好,表现不好则不能引起鉴赏者"实感之下降",即不能引起我们的超然态度,于是就可以引逗我们的意力向不良方面走。这样看来,这种不关心的超然态度实为美和道德活动的桥梁,真正的道德行为也是具有这种超然性质的。道德虽有其自身固定的目的,但这目的和一般目的不同,是超然的。康德以为一切世间所谓的善都是有条件的,惟道德的善只是一善意而已,是绝对无条件的,这种善意是脱离世间一切利害的打算计较,它本身就是善,所以是超然的。康德也以为此种美的态度往往为此种善的灵魂之表征,故要欣赏美的人,应以修养人性涵育人格为初步基础。葛格说:"耶稣没有一些作品而不失其为大艺术家。"真的,世间没有比人格的美更美的,也没有比人格的善更善的了。柏拉图在《理想国》中排斥艺术家,以为不足入于道德之林,但我们应常看清楚他所排斥的仅是只知模仿自然而不能创造的艺术家,因为他已经鄙视他所谓模仿观念世界的感觉世界,则这些又模仿感觉世界的艺术自然为他所鄙视了。但有创造性的艺术想来是任何真实的道德家都不会反对的,因在它们的超越性上已经成立了二者结合的可能而且有合作的必要了。美化教育的目的,就在养成道德上"廓然大公""无所为而为"的态度。

(三) 美化教育与感情活动

美化教育对于感情的影响,虽被从前的人夸大得使美化教育的势力范围缩小了,但它对于陶冶感情大有帮助却是任谁都得要承认的。克洛士以为艺术是解放者,我们辛苦地经营印象,最终却得因印象的客观化,于是我们得从它摆脱出来,净化出来,使自己优越过印象。他且说:"这个公式,又可说明我们寻常为什么说艺术家同时具有极大量的感受性或热情和极大量的无感受性或庄严的平静。这两种特性是可相容的,因为它们不是关于同一对象的。感受性或热情,是关于艺术家吸收进自己精神组织中的那些丰富的材料;无感受性或平静,是关于他所以抑伏和支配许多感觉及感情的骚动的那个方式。"在审美的过程中,因精神的创造作用,感情已经不是属于低级意力的活动,已经是被美的形式洗炼过的情绪了。情绪最需要的性质是稳定,而最忌的都是易于动摇和脆弱;但要养成稳定的情绪则莫如美的陶冶容易奏效了。悲剧的艺术很可使人们的精神强韧。死亡,疾病,苦痛乃至一切人间不可抵抗的厄运,在实际生活中压迫人们于恐怖和颓废堕落之途者,在美的直观表现中,却可以使我们的心冷静而强□,因为我们这时的感情是客观化了,我们对于悲剧主人的不幸虽有深刻的感触,但这不能挑拨起我们自卫或援助的意志行为,我们流的是不关心的自然的同情之泪,不是流的悲伤的,忧柔的眼泪。悲剧能深深地感动我们的心弦,但一点也不能使我们的面色因红的流血而染做灰白。自然,有许多的悲剧往往收了不良的效果,那是没有把全部结构处理得当,即是表现没有成功的作品,真的表现是绝对没有坏的影响的。把自我融没在对象里面的人可以把对象的苦痛在自己人格深处加以肯定,于是苦痛就不会使我们感到恐怖了,所以美的没我精神足以战胜一切,征服一切,这是大无畏的精神。美化教育的目的,就在陶冶我们的感情之热烈敏感而又庄严平静。

(四) 美化教育与社会活动

美的超越性并不能否认美的社会性,所以艺术不是人间永久的憧憬,而艺术家也不是社会中的畸零人物。美的直观表现不能离开现实而取得印象材料,美只存于观照自然现象和社会现象,自然和社会是观照材料的无穷的宝库。孟满说:"艺术家都是孤僻的人物;他原非孤僻,因为没有人懂得他,便见他孤僻了。"美的作用之妙处,就在使我们不离现实而又超越现实一点上:我们要向自然和社会提取印象材料,此种提取必受生活的经济性向及道德标准所支配,所以它不能离开现实;但审美的过程是这些印象被创造地表现的过程,自由的想像活动已经把它抬高得超越现实的地步了。所以美的作用是使一般社会生活普遍向上的;若以美的社会性在投合大众趣味一点上,则抹杀了美的本质了。卡朋特说:"最伟大的艺术是生活,一切人类都不可不是艺术家。"生活是存于社会里的,美不能避免生活即不能避免社会;而它也无须避免社会,同为它有非常的手段对付一切社会的丑恶。在左拉、易卜生的描写之下,社会的恶臭都可以如诗地表现出来,故佛罗培尔说:"没有比恶更有诗意的东西。"所以美的作用不但不能逃避社会,而且它必须与社会生活发生密切关系,它如蜜蜂一样,在社会中采集花粉而又替社会生活酿出蜜来。罗斯铿说:"无论何种真正伟大和动情的作品,总必要有极浓的本乡特趣在上面。"这是艺术家在社会生活中采集花粉的证明；但同时伟大的艺术作品又是超越时空而有永久性的，拉飞耳的《圣母》和悲多汶的《第九交响曲》在现时中国人的心中尚得为美（只须我们有西洋艺术的欣赏能力），这是艺术家替社会生活酿出的蜜了。总之，美是社会生活之永恒地，普遍地，生动地向上创造的作用，而一种受他精神的养成还是它附带的作用。有人以为艺术的本质存于对人类的爱，这似乎把美的作用有点小取了；而把它解释作涵育邻人爱的作用更陷于狭隘。但美的作用确实地有这些效果，因它是普遍地陶冶人性的，而邻人爱或人类爱均存于人性之中。故美化教育的目的就在陶冶人性使能普遍地促进社会生活的向上发展，使人不离社会生活而又超越社会生活以创造。

（五）美化教育与身体活动

游戏说者以美的活动为游戏之一种，自然是牵强附会而无当，但这二者却含有许多可比拟之处。如美的无固定目的的目的性，在许多游戏中都可以看出来，这种游戏的快乐是在活动本身，并非来自所要求达到的固定目的，这种为游戏而游戏的态度是很近乎美的事实的。但我们知道有其它许多游戏都明明是以决胜负为目的的，所以这二者的相似是偶然的，并非本质的。再者，在有些游戏中，游戏者往往具有一种不关心的超然态度和没我精神，这和美的感情移入很相似，这些游戏者是自由地，自然地，忘乎其所以然地在活动，他完全没入活动里面去了，他与活动融合为一了。但是，这也是游戏里面很难有的事，也不能因而证明二者本质的同一。从这些事实中，我们只能说身体活动也可借美的直观形式而表现，无所为而为的游戏就是这种例子。其实这并不限于游戏，一切的身体劳动又何尝不能具有美的形式？只须它们的条件具备就行了。我们的身体若得自由地，韵律地，创造地，无拘束地，忘了目的地，与活动合一地，不引逗实践欲望地活动起来，则这就是美化了的身体活动了。在封建社会下的东亚病夫，人人的身体都有萎缩僵硬的危险，因为活动的机会太少了；在资本主义下的劳工们，人人的身体都有机械呆板的危险，因为活动的范围太狭隘了。在这时候，我们美化教育的目的就在把身体活动从萎缩僵硬或机械呆板中解放出来，作自由地创造的活动。

上面已一般地将美化教育的目的叙述过了；从这种一般的叙述中，我们也可以看出美化教育在我国的特殊效用了。此种特殊目的当然是针对我们民族文化的症结而发，故不外三点：第一，美的没我精神和超然态度可去除民族的自私的个人主义；第二，美的超越现实性和不受固定目的拘束的态度可以去除民族的实利性；第三，美的创造精神可以冲破民族的消极保守性。总之，中华民族不求生存于世界则已,要求生存于世界则非促起一翻新生不可,而美化教育的目的就在此。若长此因循徘徊于封建势力和资本主义的途径之间,结果只能造出些消极的,实利的自私者,平时即只知奔走钻营以谋生活,国难来时且可投机取巧被人诱作汉奸。罗斯铿说:"少女能够为失去了的爱而歌唱,守财房却不能为失去了的金钱而歌唱。"我们也能为失去了的国土而歌唱么? 今后的教育若不改弦易辙,恐怕会得没有一人为亡国而悲歌一曲的了。

五、美化教育的方法

艺术界有一句流行的格言:"凡艺术是技术,但仅乎技术不是艺术。"若许我们学舌时也可同样地说:"凡教育是技术,但仅乎技术不是教育。"质言之,技术是依据某种固定原则或固定形象而依样葫芦,是工具性的知识,是理智的作用,没有直观表现作用的创造精神。韦柏氏以为教育是使被教者求自己的活动,即求各种"人的本质"自由发展,故谓:"徒恃一般原理之教育学必不足,盖自己活动亦可视为一种艺术的活动,故不能不受美学之指示。"但美学所能指示者毕竟为何? 要不外直观表现的教学法而已。此种教学法的特征可分析为三点而言之:

(一) 实质性

此乃对概念教学的抽象性而言,是它和直观教学中最明显分野。克洛士说:"艺术是印象的表现,不是表现的表现。"美的直观若离了印象,结果将使精神活动不能脱离它的抽象性而作具体的自由活动,于是完全受概念的包围而一点不能表现,无表现即无美的直观,所以实质性是美的直观的根本。自然,我们现在不是要将直观教育推翻一切概念教学,因为若没有抽象作用,世间便根本不能有系统的科学知识;但是,我们纵使不区别二者的轻重,至少应当认清它们阶段的先后。概念作用是后起的阶段,它的作用是在直观状态下对象的繁复内容中强取一二特点以作代表;所以我们若没有经过直观那步基础阶段,而骤以概念加到被教者身上去,结果会弄得他莫名其妙,他完全不能了解它的根源和演化程序,所以知其然而不知其所以然。概念的作用之于知识,真有如实用主义或工具主义者所主张,只是为实用的便利而已。它并不能把握精神的实质和真象,即不能有真实的知识,亦有如柏格森所主张者。且在这种教法下面的概念作用,不但不能求得真知卓见而已,连它对实用上的工具性都失掉了。要用工具必须知道工具的性质,谁能应用概念而不知其性质和来源,所以没有通过直观作用的概念作用是没有用的。现在的学生只会答毕业会考的卷子而一点不能运用他们的知识,就是单纯的概念教学失效的证明。今后非提倡实质的直观教学实不能挽救此种弊点。

(二) 统一性

在现时一般的教学中,教者与被教者,教法与教材,乃至一切与一切之间都存在着破裂的现象。在直观教学中这些都得统一起来,因为多样中的统一是美的直观的基本原理。雷辛格说:"要感动别人的心情,必须用自己的心情。"教师的全人格的生活地表现,才是开儿童人格的门户的钥匙。教者将教材外铄地加于被教者仅能使之暂贮于脑,但不能浸润到他们人格的深处。在直观教学中,教师是美的直观表现者,是艺术家;教法就是它的内的表现;教材就是他的内表现的描出,即艺术品;被教者是直观的再生的表现者,即欣赏者;直观表现作用把他们完全地打为一片了。

(三) 创造性

欣赏和创作没有本质上的区别,再生表现是新的表现,被教者有他自身的活动,不是替教师做活动。教师虽会供给教材,但组织这些教材的还是被教者自己。在艺术中,若要将旧表现再生为新表现,则非将它们降到做印象那阶段不可;所以被教者对教材的重新组合是必要的,教师对此不能赞一词或尽一点力,否则便干涉了创造的自由。教师的职责,在他自己的表现上已经完成,这里已经是他当抱无为主义地方了。

我们当然不能以直观表现的教学法抹杀其他的一切教法,不过我们应得承认这是教法中最基础的了。知识若不经过直观阶段的磨炼,则一切记忆联想思考等等作用都不外是空中楼阁,因之实践也会成为空虚,资之不深则行之必不笃也。故思考教学和练习教学都当以此为前提,今后各科教学之当注意于此已属无疑,现在可举其重要数科而言之:

(一) 国语科教学法

此科的目的本以养成被教者能自己运用国语和阅读书籍,且能用口或用书写自由发表情意思想为目的。但是现时这科教学所做到的,只是符号的认识;而所谓发表者,并非儿童自己的情意思想,乃是教师的情意思想之复写,这与我们所谓直观表现大相径庭。此外,现时这科教学还有一个很大缺点:就是实用目的和文化陶冶目的往往显得冲突而不能调和。其实在美化教育中,这种是不必有的冲突,因为美的欣赏并不拒绝以实用的材料为内容。现时小学读物和民众读物之间有着很大的距离,它们各代表一极端。小学教材中充满着许多无益的童话寓言之类,似嫌离现实太远;因美的直观表现也不是离开现实资料而有所表现,它虽不表现写实的经验,但所表现的必须是现实中可能的经验,要发展儿童的想像力也应以他们的日常经验为出发点,不当无限制地把他们引到幻想的大海里去。所以,若非成于大艺术家手内的童话神话之类,不应列入小学的教材里面去;并若训诫式的寓言也不应有,"寓言为大人的教训,儿童要和他讲露骨的真理;因为我们以美丽的面帕覆于真理上面,儿童就不想把这个揭开呢"(卢梭)。总之,虽儿童的现实生活而欲有所表现,结果只是徒然;因离了现实生活就不能取得鲜明印象,即表现没有对象了。至于现在的民众读物虽恰与此相反,但其没有直观表现则一。它们中间都是现实的但是只留在此现实的阶段而没有一点表现,所以结果这些材料都没有深入于他们的精神体系里面去,他们牺牲了工作之余的休闲时间来读书,结果只是增加了些符号认识的负担,勤学者或能机械地运用一些符号了,怠惰或愚笨者恐即此而不能,那我们何以不把这些时间用在生计训练和公民训练上去收更大效果呢? 以此,今后一般国语教学当以此二大原则为标准:第一,当从现实中取题材;第二,当以表现为重而以认识符号为其初步手段。要这样实用目的才能和文化陶冶目的统一起来,于是我们在方法当改革者有如,教材不应限于教科书内,教科书的编制应多收乡土材料,这样方能切于实际生活;当减少演讲法和问答法,使被教者多欣赏,多观察,多活动,多表现;取消朗读,只容少许的默读;了解文意或文体等多用直接法,使学生自动以求领悟,翻译法及概念和文体之分析解释等只能用以帮助学生解决困难,不能用为主要方法;口头表现应与文字表现同样注意;口头或文字之表现要利用时机使学生自由创作,时间和题目都固定了的表现纵不全废,也应限制到最少数。总之,在美的直观表现的教学法里,我们的注意点是在精神作用的全效果,因为生命是循环在全部机体里的,不是藏在各个部分里的,局部效果的目的只在促起全体精神之发展前进。

（二）历史科教学法

历史是社会科学中的最重要的部分,故我国现时小学以之归入社会科。有些学者以为历史不构成概念,不寻求法则,纯是属于直观的作用。我们虽不能完全赞成这种主张,但历史和其它科学不同之点确实值得注意:第一,历史的确实性不同于一般科学的确实性。克洛士说:"这是一种记忆和信据的确实,不是分析和论理的确实。史实在具体的状态所以与纯粹想像区别的就在记忆上。”第二，历史比一般科学更注重于个性之研究。学历史最紧要的，就是“把各个的事实各以其自己的面目再现出来”。一般科学的概念作用重在抽象，从事物抽出一二特性以为代表，于是就可将概念构成系统而获知识；但历史则不能将这些概念作用所舍去的特性忽略，它可从这些特性上求得真知卓见，这是文化科学尤其是历史的特征。并且我们从事实上也可证明学习历史是以直观认识为主体，儿童很难辨别历史和小说的不同，在他看来二者简直是一样的；即在成人中，虽已辨别一切事物的真假，但也往往似有意地将历史作小说读而不愿加以区别，谁能在初读《项羽本纪》时还萌考据其事迹之念？恐历史家也不致如此。所以，纵使历史是可用概念分析以寻法则，但这也是最后起的，最专门的工作了。一般人学历史都往往而且也应当以诗人的态度去学；至于以思想家的态度去学者，那是比较专门的史学研究者或历史家。哈因利希海讷说：“历史不可由史学家编撰，应当成于诗人之手。”由此可见读历史的主要作用是直观表现，试一检现在的历史书籍，能选出一本只问事实而一点不参己见的纯客观著述么？一些著者或自许是如此，但他们也会承认他的客观叙述中有暗示，实则这些暗示就是他们参加意见最巧而最深的地方，他们表面上地否认和避免嫌疑又有什么用处？事实上，没有一部历史是没有参加己意的，换言之，没有一部历史不是成于直观表现；否则，若真作到了只描述事实的地步，那便已经不是历史而是编年录了。历史既然以直观表现为主，那么我们教历史便应当注意这几点：第一，当多注重传说和轶闻的生动地描述，勿徒作事实的呆板地陈列和搜集。譬如我们欣赏一件艺术品，若不把自己放在戟因（即这艺术品）造出时所处的周围环境里，我们实不能发生对该艺术品的真切欣赏，不了解拉飞耳所处的时代背景，则不能把捉他的绘画的生命。个个的历史事实都是一件艺术品，所以我们要了解它，必须藉等等传说轶事的帮助，把分散的光线收集起来复聚于一点，使那在时间进程中已经变化了的种种状态重新地在我们心中复活转来，这样才能真实地了解一件历史事实。第二，当以我们的现实生活为依据而介绍历史的事实。因为离了现实生活则历史事实只成为一些无意义的概念而不是鲜明的印象了，没有印象是难于引起直观表现的。第三，教历史事实之前不能预先设立固定的因果关系及进化法则等，我们至多只能暗示被教者以此种探求之可能，但要实际地探求还须他们自己的努力。把历史的法则生强地纳入一固定公式里面去，那是某些史家的特性，这对于一般读历史的人并不是如此也不须如此的。

（三）自然科教学法

机械地，概念地解释自然现象，不但是仅属于科学对自然才有如此态度；而且就在科学对付自然上，它也非完全采取此种态度。康德在目的论的判断中，以为我们若要研究自然，非有一种目的论的看法不行，而且这对于机械因果律并没有冲突。自然现象在被我们概念地解释时，即某种事实要列入全部理论系统中时，我们非采机械的观点不可，但在自然现象被我们发现时，即在某种新事实中发现因果关系时，我们非预先假定目的论的观点不行。所以自然科里面的直观教学并不比概念教学显得不重要，我们非在直观表现中和自然成立亲密的关系，则终不能亲切地了解自然，因之除因袭别人或前代对自然的概念而外，一点不会发现自然中的新关系。自然科学家的发明，最初往往由一直观表现所启发，牛顿在树下见苹果坠地而悟到地心引力便是好例。中国科学教育的失败就在对这点忽略了。被教育者对自然界尚没有直接观察，即尚未将自然通过直观表现时，就忙着把他搬到教室内去作概念的分析和原则的追求去了。这样了解的自然不外是一堆无意义的符号的堆积，结果使被教者除出这些符号以外不知有真的自然，这样的符号又有什么用处？于是我们不能不听取自然主义者的呼声："儿童除出自然，没有再所谓教师；除出实物，没有再所谓模型。"只有从这些呼声中我们的科学教育才能得救。在我们现在经济人才两者缺乏之际，正当力倡自然教学。然而，他们宁愿勉强挣扎地去制造教具图表等，却将自然中的教具图表放着不用，他们想寻求比自然更精美的教材，却把俯拾即得的许多教材抛开了。自然教学不但节省经济，而且更节省人工，因为教师无须也不能详密地去安置教材，一切自然的印象都可以参加直观表现，但又没有任何种印象是不得不参与的。由直观表现以观察自然的人，不仅能感觉自然的美而已，且能由此更亲切地认识自然。艺术家由生命之活跃以默会自然的美，正如科学家乘生命之活跃以发现自然的真理一样，只有直观表现中活动的想像力才足以发现自然的秘密。

（四）劳作科教学法

有许多人都把劳作教育狭隘地解释，认为这是生产教育的预备阶段，所以劳作好像只有功利的实用目的，与精神的普遍向上作用似乎没有关系，而劳作教学的直观表现法也觉得成为荒谬的了。其实这种看法是完全错误，直观表现和实用目的一点没有冲突，只须前者把后者目的所在的对象作为表现材料，则实用目的适足以充实直观的内容。在直观表现里，一切对象都是平等地有参予表现的权利,并没有那种材料比别种享有特权,不过某时间中某种对象更占优势罢了。精神作用之所以为精神作用者,并不在它选择对象上,乃在它对这些对象的作用上。劳作者在直观表现上不但可以是个功利者,乃应当是一最彻底的功利者,因为他希望自己所创造的东西最合于实用,在这种意义上,功利目的的作用就是促进精神普遍地向上发展的。所以唯物主义的美学者以为"产业和艺术有密接地结合的必要"。卢拉卡尔斯基以为"作为艺术家的技术家和作为技术家的艺术家,是两个同胞的弟兄"。他并且说:"创造是能够显现于纯功利的形式之中的,创造在这样的形式上也还是诗的。"在实际上,苏俄多边技术教育就是此种理论的实施。我国现时的劳作教育有着两种危机:一是被教育中的封建势力化作敷衍的形式,现在大多数学校都系如此,有些简直拿每周仅二时的劳作时间用在准备毕业会考去了;再则是被教育中的资本主义化作生产教育的预备阶段,结果把儿童当做机械而忽略了他身心的普遍向上发展。我们对于前者应倡劳作实际化,在日常生活中硬要有所劳,有所作;对于后者应倡劳作游戏化,不要强迫学生做某种活动的模仿,应利用其生机活跃之际,使儿童自由活动,能求最小限度的精力消费上劳作出很大的效果来,这是最彻底的功利目的,也是精神的普遍向上发展。综言之,劳作更当求普遍化,它不只是一科,乃是应深入全体生活的活动,由教学做合一观点视之,一切教育皆为劳作教育,又皆为美化教育,因"美化"代表精神活动的统一性之故。

国难当前,我们的实践应当愈迫切,我们认识也当愈深刻,迫切的实践应当建筑在深刻的认识之上。若急不遑择,病笃而又加以乱投医,则危亡可坐待!本文虽浅陋而且缺乏一精详的计划,但自信我们的教育前途大体上应当如是,若能引得大家一点注意,也算满足了写这文的目的了。至于美化教育若真地要见诸普遍实施,则教育行政上非供给两个条件不可。第一,应当废除或改良中学毕业会考,仅仅地废除小学会考实为不足。这不但对中学本身有关,而且和小学也有很大关系,因我们的小学课程内容大半受中学的影响牵涉。第二,应当加深师资的精神修养和人格陶冶,因师资而与文化绝缘,则一切教育都与文化绝缘了,如是则教育与普通技术无以异。这两个条件不备,则所谓美化教育只是空谈了。

儿童年——及一般儿童之美育的设施　陈抱一[①]

"儿童年! 儿童年!"……教育家们所喊着而提倡的"儿童年"是多么有意义

---

① 《新世纪》第 3 期"健儿特号",1936 年 4 月,第 26 页。

的。至少,我认为"儿童年"于幼小国民的生长及前途,有着重要的关系。故觉得民二十五年(一九三六年)的"儿童年"于我国一般小国民及文化的意义上,是很值得庆喜的。

"儿童教育"在我国,形式上面,虽似有相当时候的历史,但若真的从文化的,教育的意义上着想,则"儿童教育"还是依然显露着无限的缺点。现在既然知道"儿童的生活,儿童的教养"应得尊重,则际此儿童年,又似乎非大大地"反省""改良"和"努力"不可的了。

为"儿童的生活,儿童的教养"的诸种有意义的建设,其范围自然是相当广泛。直接在提倡及从事运动的人们,自然有良好的计划,自不待言。不过无论如何,我觉得我们所希望着的"儿童年"最不好仅以"标语"和形式的"庆祝及典礼"凑凑热闹地开始起来完结过去。而希望真的从有益的建设上,实际的改良上做起,以培育感化无数的有希望的小国民。

想到"儿童生活",从许多方面都应得加以良好的培育,如德育方面,体育,卫生方面,常识,学识方面,以及趣味的方面等,在教育的意义上,都应极力注意自不待言。这些方面,在我国的儿童教育上,未尝没有人极力注意,但对于"儿童生活中艺术的教养"的问题,注意的人就似乎很少。

在小学校的课程中,纵使也插有这类的课程,然而大多并非根本地重视其要旨,而仅视为并不重要的玩意儿,所以,既不能给儿童良好的艺术教养,实际上也弄不出良好的效果来。我们对于这些缺陷,非重新检讨加以研究不可。

此外,也可以以儿童刊物为例,我们可以看看现在(近年来的)许多的儿童读物,尤其是图画的刊物,总觉得多数是不合于儿童心理,不能给儿童良好的教养;虽则有仅少的若干是出于专家之创作,然大多数无非只求销售不顾内容恶俗,粗制滥造地一批一批供给幼小的读者,价钱虽则民众化的,但其内容非特不能给儿童良好影响,并且不知不觉于儿童心中种下俗恶趣味的种子,这岂不是可虑的事情吗? ……我极希望从这"儿童年"起,有人注意改良儿童读物,实行编作有益于儿童的"有优秀内容而艺术化的儿童书"。等到良好的儿童书有多数出现的时候,则恶俗的儿童书类就自然而然潜消起来的了。

实际上,为"儿童的教养"起见,对于"儿童生活及艺术的关系",在研究上和建设上,应考虑的问题是非常之多。

单在儿童的玩具,以及儿童的"美术欣赏"上,也感到有许多应改良和建设的事。……幼童的玩具,我们除了些原有的土俗的玩具而外,在新时代的创作的玩具上,最好不失了有教育的意义和艺术的趣味。

还有,在幼稚园,小学校中,"美术欣赏室"之设置,也是直接有益于儿童之性趣的。当然,给儿童们欣赏的作品,如绘画,雕刻,图案,工艺品等,都应以适合于儿童性趣的为标准,或在学校内适宜的壁面,配置有教育意义的"壁画",也都是于儿童有益的,良好的设备。

为"一般儿童的艺术的教养"若大规模地干起来,则"儿童美术馆"之建设,也是十分重要。假如能在各地方,不论都市或乡村,都有这种建设,使大多数儿童能自由享受,那是最好的了。

"儿童美术馆"所陈列的各作家的绘画及雕刻等,应当全以适合于儿童生活,性趣的有教育意义的作品为标准。儿童们从美术创作之欣赏,必能养成良好的趣味,并启发其创造的思想,并且从欣赏上,能使儿童们得到良好生活的启示。

儿童们,无论那一个,都有着异常纯洁的爱美的本能。……有效地启发并满足儿童的美感,也正如适当地任儿童玩耍有益的游戏一样,都是于儿童心性上,生活上所必需而有益的。

这些事情,也许一时难于实现起来,但我以为"儿童生活的文化设施上"大有考虑之必要。

美育与美学:序金公亮美学原论　蔡元培①

爱美是人类性能中固有的要求。一个民族,无论其文化的程度何若,从未有喜丑而厌美者。便是野蛮民族,亦每有将红布挂在襟间以为装饰的,虽然他们的审美趣味很低,但即此一点,亦已足证明其有爱美之心了。我以为如其能够将这种爱美之心因势而利导之,小之可以怡情悦性,进德养身,大之可以治国平天下。何以见得呢? 我们试反躬自省,当读画吟诗搜奇探幽之际,在心头每每感到有一种莫可名言的恬适,这种恬适,同佛家所谓醍醐灌顶,差堪仿佛。到此境界,平日那种是非利害的念头,人我差别的执着,都一概泯灭了,心中只有一片光明,一片天机。这样,我们还不怡情悦性么? 心广则体胖,我们还不能养身么? 人我之别,利害之念,既已泯灭,我们还不能进德么? 人人如此,家家如此,还不能治国平天下么? 我向年曾主张以美育代宗教,亦就因为美育有宗教之利而无宗教之弊的缘故。至今我还是如此主张。在民元时,我曾提出《对于教育方针的意见》,

---

① 《黄钟》第 8 卷第 7 期,1936 年 5 月 15 日,第 4 页。原见金公亮《美学原论》,正中书局 1936 年 7 月初版,文字略有不同。

以美育与军国民主义、实利主义、德育主义、世界观并列。我以为能照此做去,至少可以少闹许多乱子。

但是,审美观念是随着修养而进步的,修养愈深,审美程度愈高;而修养便不得不借助于美学的研究了。通常研究美学的,其对象不外乎艺术,美感,与美三种。以艺术为研究的对象的,大多着重在"何者为美"的问题;以美感为研究的对象的,大多致力于"何以感美"的问题;以美为研究的对象的,却就"美是什么"这问题来加以探讨。我以为"何者为美""何以感美",这种问题虽然重要,但不是根本问题;根本问题还在"美是什么"。单就艺术或美感方面来讨论,自亦很好;但根本问题的解决,我以为尤其重要。

同学金君公亮,于文学心理学都研究有素,对于美学致力尤勤。所编《美学原论》一书,对于美学上的根本问题都予以适当的答案,可以为研究美学者之一助。书中每章作成提要,尤便初学。金君在国立杭州艺术专校讲学有年,本书即系当时所编成。顷以原稿见示,并嘱作序,因就一时所想到的,拉杂写寄金君,以介绍于国人。

二十五年四月

中等学校美育上训练的问题 朱森玉[1]

现代研究教育的人们,知道除德育智育体育外,还有所谓美育,它的地位,居然与三育并重了。在侧重知识,人生枯寂的今日,要启导国民的精神生活,养成国民有创造意志的能力,无论在家庭,在学校,在社会,非实施美育上的训练不为功。美育是什么? 就是以艺术为教育,不仅以训练的力量,使一般人都能鉴赏艺术,享乐艺术,制作艺术而止,是要以艺术的创造,来启发生活的创造,即推广创造的力量达于一切方面,就是所谓"生活艺术化"。

中等学校的学生,以年龄论,尚未完全离去幼童时期,亦未达到青年时期。在这时期内,气质上很多变化,美的判断力,亦极微弱,异日之近赤近墨,全系于此时之训练是否适当。美育为人类精神活动的源泉,学校应因势利导,俾学生尽量发展个性,是不难养成其美的态度,和美的情绪,并渐由美的鉴赏,美的创作而进于美的人生观。这很像一枝含苞待放的花朵灌溉得宜,便开得鲜艳无比了。

兹将美育的训练方法略述于下:

---

[1]《浙江省立嘉兴初中校刊》第 70 期"研究专号",1936 年 6 月 1 日,第 76—78 页。

第一 关于教学方面

教师对于学生应时时以人格观念,感动其心思,藉此陶冶审美的感情,与学习的兴味,可以说教育家就是艺术家,用美学为规范,来改进教育方法,使学生兴趣盎然,发为美的活动,随时随地可获训练的实益,如或固定仪型,强迫学生依样葫芦,未免埋没了个性和美的技能。

甲、直接关系的艺术科

艺术科为图画劳作和音乐三种,依着学生身心发展的顺序,应用适合的教材,以启导审美的本能,鉴赏人为和自然之美,增进自由发表感情思想的创造力,如图画科练习正确的观察力和描写力,发达爱美的感情而乐于制作,劳作科养成劳动工作的习惯和兴趣,以明了近代工业的方法,和衣食住的关系;音乐科陶冶美的情感,与融和乐群的精神,并从悲歌慷慨的美,以激励青年爱国的意志是。

乙、其他各学科

文学方面以发表感情传达思想为中心,修辞练句不过为形式上的美,实与艺术具同一功用,故有人以诗歌亦列为艺术品之一种,其他知识方面的科学,往往感到兴味缺乏,但能利用图表来参考,教师作绘声绘色的演讲,学生自能领会无遗。如授自然科,徒言某处出产,某项特征,有何兴趣,若一方以挂图指示,一方说明某种动物有什么毛羽及声音,和它生理上的关系,某种植物有什么美丽的花蕊,可以引诱虫类作媒介,便有意义了。又如英语科采用看图造句的方法,历史地理等科需要挂图作说明,均足以收事半功倍之效。

丙、课外研究

课外研究的种类如野外写生组,歌咏组,戏剧组,演讲组,摄影组,书法组,标本采集组等学生,均得自由参加,不仅补充课内知识之不足,对于美感的养成,个性的发展,亦具有极大的助力。其他如规模较大的艺术展览会,艺术讲演会,音乐演奏会等,尤为实施美育时所不容忽视的。

第二 关系训育方面

中等学校对于管理学生问题,往往感到繁琐,如能应用美育做骨干,其效果必大著。一般训育大都偏重于意志训练而忽视感情教育,要知道德与艺术固无二致,受着美的陶冶,品性也就纯洁,对于判断善恶是非的良心,也就健全,并能排除私见而有发展向上的意志,是艺术的本身就是道德,美和善实殊途而同归。且青年学生多偏重感情,偶有过犯应加训责时,如以道德为准绳,正言厉色以其严格处置,有时反致溃决,不若用真实的态度由人格的力量来感动学生之为宜。故主张对于训育方面,须以美的陶冶为主要,时时恳切指导学生实践种种美德如下列数点：

一、品性方面，生活感情的增进，及个性的正当发展。

二、仪容方面，整齐活泼合律等。

三、语言方面，清晰合理等。

四、娱乐方面，高尚优雅等。

五、其他生活方面，有礼貌，守时间，动作协调等。

第三 关系设备方面

处优美调和之环境，才感到人生生活的兴趣，学校具有完美的设备，自能于无形之中培养学生的美感。本来美感之养成，不仅恃形式上的训练，应由各方面加以启发和诱导。故环境之适合与否，与实施美育大有影响。如教室斋舍的容积，光线，色调如何，校园隙地的布置如何，及零星用具的式样如何，在比合乎美化的原则，使学生置身其间，耳目所习不觉心地清新，精神开朗，一切的生活，均含有丰富的兴味。略述设备的大概如下：

甲、关系建筑方面

一、礼堂应有伟大的建筑，及庄严整齐的装饰。

二、艺术学科应有专科教室的设备。

三、设艺术馆一面陈列古代美术品及现代美术品，工艺品，一面陈列教师和学生的作品。

四、设研究室以供课外研究。

五、教室，斋舍，图书馆，办公室，娱乐室，疗养室等，注意室内室外壁色的调和及光线的配合。

乙、关系布置方面

一、校园，运动场，隙地等利用自然环境，配支适合。

二、室内及走廊等利用美术品的装饰。

三、各处器具布置的适合。

四、随时随地保持清洁与整齐。

丙、关于用具方面

一、服装采用朴素的质料，形式宜一律。

二、桌椅等件，坚实合用。

三、印刷品的清晰等。

总之学校方面于教学上，训育设备上，在合力施行美育的训练后，使学生接触美的机会极多，自能循着美的轨道而上进，以实现完美人生之鹄的。愿今之谈教育者注意及之。

关于我国中小学的美育　张安治①

虽然在非常的时期，应当有非常的教育；但教育的目的，总是在训练完全的人。如果我们的民族感到某种危机，而需要一种特殊训练的时候，那只是因为已往我们对于一种训练过于缺少，必需加以注重和挽救，并不是说我们现在就仅仅需要这种特殊训练，而可以置其他一切于不顾。所以从事教育者的目光应当是远大的，决不能热则施之以冰囊，冷则烤之以烈火。

在现代我国的国民，需要智识的普遍和体格的坚强当然是天经地义。但仍有一个使整个民族濒于衰弱的主因，一个灵魂上的缺点；就是一种"因循""依赖""盲从"的习性。换一句话说就是没有"创造"和"判别"的能力。尽管智识丰富，尽管力大如牛，可是不能辨别是非，不能有新的发明，这样的民族前途仍是有限的。所以这一种缺点的矫正，在我国教育上的重要性决不下于其他的几种。

良好的美育正是这缺点的对症良药，因为一切好习性的养成绝不是由于格言和口号。本来美术课程在教育上的意义不仅是感觉的训练，性情的陶冶，和精神的调剂；他最大的目的还是在于养成创造的习惯和识别的能力。在启发真理，与辅助道德。

小学阶段的美育尤为重要：小学生的心灵是一张白纸，最初的影响是那纸上最初的墨迹，最明显也最深刻。我们晓得愈幼稚的儿童愈富于创造的勇气；他们敢画世界上第一流画家所不敢尝试的飞机大炮的战争，他们敢用最松散的沙和轻脆的纸来建造理想的房屋。他们对于欣赏和识别也有一种单纯而天真的感觉，许多儿童毫不迟疑的说一朵花好看，老母猪太丑。在这最完全的开始是应当加以如何适当的引导，使他们永久保持那种创造的勇气，使那种天真的兴趣和识别的能力，逐渐范围广阔，程度加深。

中学生理智较高，求知欲也加强；可以较多注重于技巧的训练。但决不是要勉强个个中学生成为画家。不过要他们有较多的表现能力，要有精密的创造计划，要有向自然尽心探讨的精神。同时对于欣赏方面也必须尽量供给；不但增加他们研究的兴趣或是于无形陶冶他们的心灵，更要他们能寻找一件美术品所内

---

① 《中国美术会季刊》第 1 卷第 3 期，1936 年 9 月 1 日，第 15—18 页。《教育论文摘要》第 1 卷第 2 期，第 42 页，有《关于中小学的美育》（张安治）的论文摘要，题下有"《中国美术会季刊》一卷三期，全文约一千七百字，民廿五年九月"。

含的意义与价值;再评判他的得失而加以分晰。如果一个青年能够接受到这样的效果,那将是任何民族间最有力的分子。

再看我国目前的美术教育:行政当局认为不合急需,而更改课程标准,减少钟点。学校当局看做无足重轻;毫不注意到师资的修养,更不愿增加设备。教师亦多数不明责任,以为藉此糊口。于是在小学里充满一种根本错误的画帖,听儿童任意临摹。也有许多教师在黑板上自作范画,教儿童模仿。这样在教师诚然省事,儿童也乐于从命。但结果养成不可救药的模仿和依赖的习惯,完全摧残了那一点创造的天性。关于参考材料和设备当然贫乏,可是教师修养的不足才是最大的困难。我们可以纵观全国小学界的美术教师,有几个是懂得这课程在教育上的意义? 有几个是能够介绍美判别美配做儿童的引导? 有几个肯在时时研究各种的教法和利弊? 在这样一切都贫乏而苟且的情形之下,可以说现代中国小学的美育,不但不能达到理想的效果,简直多半是在相反的歧途上进行着。

中学阶段由于在小学已经养成不良的习惯,多半学生都不愿从事观察实物;就是再不能表现从真实所得感觉。创造的勇气和精确研究的精神更不用说,几乎每一个中学生对于美术只都缺少兴趣,仅仅为了这课程的教师和分数而敷衍。同时学校的设备环境与教师的指导也的确难使学生满意。结果许多结束中等教育的青年,不但没有灵敏的感觉,探讨自然的精神和创造的能力;几乎除掉能临摹几笔水彩风景和涂几只苹果香蕉以外,就一无所有,既不晓得什么是美术,什么是美;也不晓得美术的价值和对于人生的关系;当然更不能接受美,创造美,使人生渐趋于高尚与丰富。

为了无数万青年和民族的前途,我们不再对此漠视而任其错误。我们应当迅速矫正,从事启发训练那些心灵和眼睛,使他们能够辨别是非美丑,能够自行寻找真理,造成一些有思想的健全的国民。所以希望当局在提倡体育之余,分一部分的注意来改革提倡美育;那决不是无益的事。

在行政当局需要定期举行全国美展;使一般人对美有兴趣,重视美术,树立真善美的标准。设置艺术督学,从事考察全国美育而随时加以指导纠正。严格甄别美育师资,并在假期举办研究会,讲习会以为补救。

在学校当局应当充分给予教员以便利。开辟专门教室,充分购置参考品和写生设备,并常有机会使学生往野外写生,以增加他们对于自然的认识和研究自然的兴趣。

在教师本身除勤加修养以外,需要研究一切的教法和效果。在可能范围以内,务必使学生多欣赏美而从事评判。多供给关于美术的常识和故事,使学生发生兴趣。最重要的是训练养成创造的习惯和不苟且敷衍的精神。习作时或是用最真实的自然作描写的对象，或是完全根据想像和记忆。决不许临画，宁可不画，以矫正那久积的恶习。

如果能有大力作推动，从事这样实行；我深信对于民族的复兴将增加很大的速度。

孔子之美育主义　有闲[①]

智育、德育、体育之外，有美育焉，此近日谈教育者之所知也。诚以美育者，所以为德育之补助，日导其心以游于利害范围之外，使之别有所慰藉，然后有以养成其纯粹之道德心。若仅视为娱悦魂性之具，则浅之乎视美育矣！

世称孔子为大教育家，而美育之名不见于经籍，遂有疑孔教为拘苦束缚，而于四育之义，不免有所见缺者。且环视他教，则讲道论德之际，歌声悠悠然，琴声雍雍然，于是有遁而他适者矣。又乌知孔子立孝，固首重德育，而所以养成其纯粹之道德心者，尤视为万不可缺哉！

吾闻人类优美之观念，有天然之美焉。当其仰观俯察，凡一属目而即得所慰藉者皆是也。孔子之言曰："智者乐水，仁者乐山。"盖性情之所寄写，此中皆自有至乐，而利害不与焉。故子在川上，悠然有不舍昼夜之思；风沂咏归，喟然有吾与点也之叹。兹非深有得于天然之美者耶？

抑又有人为之美焉，其使人得所慰藉，与天然之美同。三百篇为文学之祖，而孔子以之立教，其见于《论语》者，以言诗为至多。故曰"兴于诗"，又曰："小子何莫学乎诗？"此外言诗者犹不可胜数也。次之者为乐，乐为六籍之一，故其闻韶也，至于不知肉味，其脱然于利害范围之外，盖可知矣。平生论乐，言及师挚者凡数见，故又曰"成于乐"。兹非深有契于人为之美者耶？

此余若种种美术，群经虽未尝明言，而冉求之艺，孔子尝深许之。故其论学，始于志道而终于艺，游之云者，则所谓游心物外是也。故一言艺，而种种美术，已具乎其中矣。综是数者，则孔子之美育主义，又宁待于彼都学说之输入，而始知之哉！

近人恶宗教者，每倡以美术代宗教之说；谈人生哲学者，又倡以艺术代伦理。窃以为美术技艺，询足为德育之补助，而宗教伦理，则究以道德为主体，不过籍美

[①]《常谈月刊》第 1 卷第 4 期，1936 年 9 月 1 日，第 134—136 页。原文以空格断句。

术技艺以养成之而已。若舍此而取彼,是谓失其本末轻重之序,此则余所未敢强同者也。

一般学校训育与体育美育智育之分裂　铭勋①

学生的生活是整个的,而一般的学校教育却每每是分裂的。因为分裂的缘故,所以训育便成了消极的,形式的管理,艺术的教学便成了随意科,体育便成了技能的教练,智识的教学便成了书本的记诵。形式的管理顾不到学生的内心生活,和理智的活动,于是乎学生感情的激变,思想的混乱便成了非训育人员之所愿闻也无从问起的意外事件了。

本来一般浮躁倔强的学生实在不便于训育人员的训育,也令人同情。但同时我们不能不骇怪德育和美育、智育、体育之分家以至于一般的训育竟对学生的品格不发生效力,训育不能外乎生活,而生活乃是互相关连的全体。一个不辨真伪的人不会辨别是非,一个心情粗俗的人不会具有美德,一个视身体为不洁和缺乏健康与正当劳动的人不会具有健全的品格。训育如果不顾及这些,便只有成为形式的表面的管理和训练,难免要发生出乎意外的事件了。真正的训育应该寓品格的陶冶于各种活动之中,贯注于生活的全体,而后能收积极的效果。我们且先分析各种活动与训育的关系,然后再看应该如何连络。(一)体育的活动。体育的活动乃是保持健康的活动的中心。纯正的体育乃是健全生活发展的基点,当然不只注重技能,而应注重对身体的正当的观念,正当的习惯,从事于正当的锻炼与劳动,同时在体育中即可养成勇敢和节制以及活泼纯朴的品格。(二)艺术的活动。艺术可以移转人的心情,特别是音乐的效力,尤为伟大。他以崇高之节律来调整我们内部的心情,使我们得到最精细的情调以安排外部生活,使我们的内部的生命成为有韵律的活力,于是乎我们可以优美的形式调整一切生命的冲动而成为生活之艺术。心灵麻木的人自然可以忘掉正义与美德,民族和国家,而日趋于沉沦。惟有艺术的陶冶,尤其是音乐,可以恢复心灵的活力,以最精细的感情来察觉生命之光。(三)理智的活动。人类的学习,多为观察的学习,而不仅是反替反应。批评的精神,信爱真实的态度,辨别是非的能力都源于理智的活动。人的思想对于行为的影响实在是非常之大,无论关于物的知识或人的知识都对人类的行为正当有所帮助。即德育自身所谓人与人间的正义仁爱,亦何

① 《教育半月刊》第 2 卷第 3 期,1936 年 11 月 1 日,第 3—4 页。

莫非由于敏锐的同情,了解,与夫"生命之自觉"? 人孰不向善? 孰不求好? 惟有欲善而不得善,欲好而不得好,才不得不惊惶失措,悲从中来! 所以欲保持人类清明的理智,养成健全品格的学生,便有赖于健全的体格,精细的情感,锐敏的理智的陶冶,若徒事形式的训练,于学生的品格究有何用? 况且德育与美育、智育、体育分离则学生视训育这件事对于所谓健康,美感真理这些价值毫无关系,虽生好感,而训育人员若将健康的、美的、理智的活动除外,恐怕也会感到训育这件事之枯燥无味了。所以(一)德育、智育、美育、体育的关连,乃是训教合一的理论的基础,学校中每个教员应担负训育的责任,使其所教者能影响到行为上去。(二)训育人员应当就体育、美育、智育各种活动的结果为综合的应用。课外的集会和活动便含有伟大的训育价值,训育人员应积极的参加以为训育的中心。(三)根据上面两项的结果,由全体职教员的协力引用到学生的日常生活中去。如此使各种活动互相关连,予以综合的彻底的运用,这样以全体教职员的力量和合作,来陶冶学生为一整体的品格,那么,也许可以发生较大的力量,而学生和学生与训育人员之间也许可以少出些岔子了吧?

美育的效用　张允中[①]

我们人类生活在地球上,终日不休的劳苦着,为的是什么呢? 固然是要保持各人的生命,延续我们民族的生存;但其中最主要的原因,并不是只要求得到衣,食,住,行;使我们的生命不发生危险就罢了。还要使我们的衣,食,住,行以及各方面所应用的什物,都要优美精致,合乎美的条件才行。

我们人类的生活既然要达到美的领域,就得对于美的方面加以深刻的研究和探讨,以备时时刻刻去实行,所以就有音乐,图画,美术,雕刻等等的产生。

我们研究美育,可以使各人的思想,言行归于正途,而成为一种有条理,有系统的科学思想;提起各人研究科学的兴趣,试就现在的世界看看吧! 那一个科学倡明,兵力强盛的国家,对于美育方面的设备,不是有相当的成就呢? 美育不只能使人提高知识,并能陶冶人的性情,使之纯正,细心,而不至于养成粗暴,蛮横的行为,所以就有人说:人若没有美的观点,简直就等于死人,因人缺少美育的时候,什么都是干枯无味的,甚至养成人消极,悲观,颓废,堕落的心情,没有丝毫活泼向上的精神,这样的人还能够改造社会吗?

---

① 《西安一中校刊》第 4 卷第 14 期,1936 年 12 月 4 日,第 1 页。作者署为"二六丁级张允中"。

总之,美育是能使人发扬活泼精神,提起向上生气的,个个人都应研究美育,使个人对于审美的观点,发扬起来,尤其是现在一般所谓负有改造社会使命的青年们,更应特别的努力!

群育与美育　尹哲生[①]

人类富于群性,亦晓美感。群性起于生活之必需互助;分工协力,联为团体,以求共生。故孔子言仁,墨子言兼爱,荀子以"人为动物之能群",近世社会科学之讲求共业亦日益精进。美感起于劳动之必需调和;音乐,绘画,雕刻,戏剧形成艺术,陶融身心。故古代教人,即重游艺,阳明以戏剧为"神鼓舞于咏歌,宣抑郁于音节",今时一切事业,津津于"艺术化"。凡此理赜,自有人类以来,本已并著,经进化之义阐发而愈益显出。

十数年来,言教育者,于智,德,体三育外,提倡群,美。美育问题,自蔡子民先生标举后,功效日增。其"代宗教"之主张,亦以人类理智之日祛迷信,立想以求"生之表现",而更有佐证。群育问题,一度由褚民谊先生提议于三届四中全会,中大亦曾有"群育委员会"之设立,后此无继响者。但愚信此义必随人类社会之精神薪响而铸成新型,以应时代之要求。

美育之理想　息梦译[②]

《美育之理想》乃威林坦教授所作《美的实验心理学》书中之一章,十八年前在北平读书时所译。曾片段在学校刊物上刊布,已译过半,因事中止,未便续成。原书被友人借阅失去,至今思之悃悃!今从残稿中检出,幸尚存此一章,其余译文亦已散失。所述美育理想虽似陈旧,而条理清晰,见解中正,仍有其历史的评价。旧译重在达意,故用文言,今重录出,不复改易。十八年前!回念在故都四城纸窗小室中,风雨晨昏,颇多读书乐趣(予读美学书以是时为多)。偶有述写,亦感气盛,虽文笔浮弱,析理难精,而少年情怀,叹余思壮;觅识嗜文,如调饥渴。今历世变,重拾旧文,因付表□,俛仰伤叹。略缀数言,识其缘由,文辞怛悢,为符昔例。以言"舞弄",予独何心!

---

① 《公余月刊》第3卷第2期,1937年3月1日,第5—6页。
② 《鲁迅风》第12期,1939年4月5日,第134—135页。

（一）

古希腊教育方法以体育锻炼健身，以音乐陶冶心习，所谓美与善之调和KALOKAGATHIA 也。降至中世纪，宗教思想日益发展，美育之力日以衰退，然美术附丽宗教仪式得以存在，如绘画，如雕刻，亦未尝全无进步。至文艺复兴时代，其势重振。沿及十七八世纪，哲士学人多拘墟于理性主义之内，遂谓艺术KUNST 为无用长物。十九世纪初叶，新人文派勃起，美育势力渐臻昌盛，文学家如路德（Luther）希勒格尔（Schlegel），哲学家如黑格儿（Hegel）希灵格（Schelling）诸人，咸热心倡导，不遗余力。惟因工业发达，一切美术作品多化为工艺制造物；几失其本来面目。而精好美术且为上等阶层之专有品，因此，反动所及遂有美术普及运动之萌蘖，即美育运动与提倡民间美术 VOLKSKUNST 之需要是。

（二）

对美育之理想向有两派：即

甲、新人文主义（Neo-humanism）派。

乙、近代艺术教育（Artistic Education）派。

所谓新人文主义者，Neo-humanisme（法文）Neuhumanismus（德文）意在研素古典文艺藉以提炼精神，涵养道德，但古典研究与十六世纪中人文主义派之实质模仿者迥异。此派人士对美育之见地，主张美育即教育之全理想，并谓"美"之观念非特与"真"之观念互相涵容，即与"善"之观念亦无矛盾。盖"真"也，"善"也，"美"也，三位一体，并无畛域，是"美即善"说。类斯理解原于希勒格尔之"美育论"，与古代柏拉图之思想一致。以为吾人所识为美者即善表观念之意，例若山水画图之最美者即山水观念善能表现者也，花鸟画图之最美者即花鸟观念善能表现者也。以例推展，宙合事物莫不同此一理。故吾人认识为美者，乃评判其观念而表著于形模上最为圆满无瑕疵者。

顾认识观念决于"知"之性质者，苟有错谬，不得谓之正确观念。因此，"知"与"美"乃属同体，"道德"亦然；凡道德上所谓美者，自审美育之即为美行；美行必有赞许之价值，故"善"与"美"又为同体。"真""善""美"三者之差别点：在于"真"属抽象，"美"属具体，"善"则有所范围，"美"则了无拘泥耳。"道德"与"美"同是表章人生原理，惟"道德"由外铄，藉迫抑之力，意含强勉，"美"则自进自动，而显示正确原理；前者强而后可，以苦相励；后者化会自然，以乐诱融。由斯立论，凡事物及于"美"之境界者即达于理想之境界。

　　吾人守道修德或非出于心愿,第以大德攸关毋敢踰越,是不得谓为已达于理想境界。必其自好为"善",不待迫抑,行如理想无复制牵,斯称"美"行,当之无愧。是则"美"之为物涵育万有,而美育乃教育之终极,亦即教育最高之理想界也。

　　其次,艺术教育,Education Artistique(法文)Kunstlerische Erziehung(德文)最初之倡导者当推德国龙居博士。Dr. Caural Lange 氏于一千八百九十三年著《德国艺术少年教育》一书,力主艺术教育之委要。其后,一千八百九十七年莱布希市之图画教员喜雷特(George Hirt)著《德国民间艺术教育与国民学校之关系》,述及初级学校设施艺术教育之需要。一千九百十年莱痕(Rain)刊布《由师范学校之基点讨论艺术教育》,乃从教育之设施上研索艺术教育与教材之分配。此皆德国提倡艺术教育之巨作,此外尚有李许窐克(Alfred Lichtwark)之著作《艺术与学校》及《美术品观察之训练》二书,皆论艺术教育普及之要义。凡此诸家,絜其大意,则以为施行艺术教育:(一)可以防制物质进步之弊端,从事于社会道德之救济。(二)可提高艺术作品之价值,阻止外国货品之输入云。

　　此派人士对美之见地殊为清简,谓"美即美"。吾人苟认为"美",则毋须更有拘牵,曰:尔其毋违真理,尔其毋畔道德。既感为"美",纵使其物内容有背德范,而"美"之价值绝不因此有所蚀消。故"美"之为"美"非与他事物有何关系。譬有文章与读者以"美"之爱好,感受深永,其中叙写虽有非德之行,仍不失为艺术上之杰作。又如画图,苟与观赏者以"美"之爱好,感受深永,虽有悖德之表现亦无愧为不世出之丹青。夫感受云者,此中有"美"之价值,皆吾人真接认取,真接召与,非"真"也"善"也可加限制者。此近代有力之思潮,即所谓美术万能主张是也。

　　反对此等见解者不乏其人,而平情论之,此等见解亦自有不可易之理在。如某氏蹈海,自道德上言之将谓其非"善",然以翩翩少年,海滨独立,动沉渊之思,踊跃投波葬身不顾,此其行为景况,实一甚动兴趣之小说与一幅绝妙画图之题材,一旦演成戏剧,当博得观众深感忾叹。以其使人兴庄严绝俗之感情故也。故其行为自道德上判断,或悖于理,而自美学上观之则饶有兴味。由是而言,"真之美"乃论理之美,"善之美"乃伦理之美,"纯粹美"乃心理的之美,其所蕲响各有异点。希勒格尔三者合一之说尚非正确之解释。虽然,善美二端岂可谓之绝无关连。善行者何? 致思感服之行也。美行者何? 乃致思感有趣味之行也。以个人心感释此,"善"与"美"之间必有其共相在,理有固然也,取征戏剧毋能例外。古昔武士气质,律己严肃,纵令观滑稽优孟之剧难动感兴,易观背义逆理之剧宜见怒颜,实则与观滑稽剧初无异趣,盖其头脑中无感兴之余地也。普通情况,则善嘲诨者乐观滑稽剧而不喜悲剧,厌世之流悲剧适投其嗜好而不悦喜剧。故谓人人所禀之性格或有不同,而其心境与感于"善"感于"美"必有其共相在也。但此言共相者,乃相异之二物在此时此地合为一致,非谓"美"之判断,"善"之判断,永同靡异。以正常理论衡之,二者区别,灼然可见。

夫"美"之感为"美","善"之感为"善",既不一致,则希勒格尔氏美育统一之说殊无当于事理,盖美育乃教育中之一部分,徒养成美感不足自达于"真""善"之途,即所谓美育万能主义,亦空存理想,未易实现。假令"美"之观念果如希氏所解,则美育万能语无疵瑕唯是近代美育在教育中之位置决无如是之伟大耳。世有徒承希氏尊美之过言,而将"美"之所以为"美"之内容咸予更变,犹复袭旧有形式高唱美育万能论者,乃由于概念之悠谬,不待智者而后明。简要论之,吾人以为美育为教育之一部分,却不可赅括教育之全体也。

美育中心的小学教育　小言[①]

一、教育中心目标如何确立

所谓德,智,体,群,美五育,在意义方面虽然是列举的,平行的;然而在实施方面并非没有先后,轻重,轩轾的可能。而且天下的事情往往在同等注意,一视同仁的千头万绪之中,我们的注意力会不得集中,而结果各方面都告失败,我们原来的志向似乎很多,目标似乎很大,但是结果一无所成。反过来说,倒是我们在起初只注意一件事情,悬着一个理想,最后我们的成就倒反为确实,而且所收获的往往不止一个,其他缘附着这一个理想而来的,都归于我们收获之下了。这个原因不是别的,因为天下的事情有许多是关连着不可分开的,分开列举乃不过为研究上的便利而已。譬如所谓德育,智育,体育,群育,美育,这五种原理表面看来虽然各有不同,而且不同的成分也很大,但是德育里面未尝不包括美育与智育,智育里面未尝不包括群育,德育,美育,其他各育也无不互相揉杂,互相影响,只要善于运用的人,便能击其首而尾动,击其尾而首动,收获多方面的效果。所以我们的理想和目标只须一个,所成功便能无穷的。

---

① 《教育学报》第2期,1939年4月,第70—75页。又见《河北日报》,1939年7月9日至12日第4版连载,作者未署;《河北日报》1941年2月13日至16日第3版再次全文重复连载,作者未署。

关于小学教育内应以何种教育为中心的问题,似乎应该早下一个定案,以为普遍实施的根据。从过去的教育趋势看来,好像是注重智育的,因为小学内课程很焉繁重,授课时间既多,而课程内容亦相当艰深,譬如国文历史地理等科,要学生整个地将课文背诵下来,才算及格。其他图画手工等美术的课程虽然不是没有,但其意义只在学生图画画得好,手工做得好,多得分数,便算是好学生。尤可笑的,修身功课是德育的一门功课,然而学生能实践与否不问,只须他们也能将课文背熟了,就算很好了。大概在注重智育的学校其弊端即在此:教学生专发达大脑,道德行为如何,身体强弱如何,审美观念如何,爱群与否等等皆所不问。

过去的错误即是:第一,选择的标准有所错误。第二,在其所选择的目标与其他非选择的目标之间未能善于沟通,运用,其手段甚欠灵活。我们现在纠正过去的第一个错误,即是先要研究儿童期间,就看儿童的本身,根据他们的身体状态和心理状态,应该选择那一个目标是合理的,我们不能拿我们成人的眼光,来将儿童做工具。要纠正第二个错误,即是要以选择的目标做中心,其他做辅导;无中心则无主见,然而无辅导则中心亦不能确立。我们认清这一点以后,然后在实施的时候,固然全部是趋向于中心,但偶尔触及于辅导目标的时候,我们也可以加以利用,不致漫不留意,从而趣味也可以复杂化了。

二、美育应为小学教育中心的原因

既然明白我们选择儿童教育应该采取的态度,那末就儿童本身来说,应该选定美育来做教育的中心,那是没有错误的。因为德育是成年人社会中须要的元素,智育也有为成人预备的嫌疑,体育和群育比较是局部的,不是全部的。至于美育,即美的生活,或审美的观念乃是儿童有生与俱有,而且在儿童时期特别发达的。它又不像体育与群育那样范围狭小,是无往而不存在的。儿童时期对于赞扬,称颂,夸奖,激励等等美好的刺激特别发生力量,他们会忘怀本身的利害去追求的。譬如听美的音乐或故事,看美的图画或物件,他们是集中全付的精神去向往,在这个时候我们灌输他们任何道德的观念,任何科学的知识都很生效,而且这种影响是永恒的,自然的,并不像普通的方法那样呆板和勉强。详细地分析美育的意义,目的和价值,可以帮助我们对于它有深切的了解。

三、美育的意义目的和价值

美育两个字若下一定义却是很难的,然而就它的作用来说,可说是在普遍教育中满足美的生活的一种教育。我们知道,人们生活的理想观念有真,善,美三种,美育就是帮助儿童实现美的理想观念的。他的目的并不是要个个儿童都养成艺术家,乃是发展儿童对于美的欣赏和创作的能力而已。

美育的价值是非常之高的,现在列举如下:

(一) 美育可以陶冶儿童的性情

儿童的性情有好坏,有静躁,有温和及暴烈,这种性情虽然有许多人将它归在先天的形成,但是后天的力量却也很大,因为习惯,风俗,水土,气候都能间接地影响儿童的性情。如果使儿童终日苦闷,烦恼,放任,丝毫不加陶冶和潜化的工夫,则儿童好的性情也会变坏,而坏的性情会变得更坏了。若要陶冶儿童的性情,唯一的好方法就是美育。因为美育乃是使儿童的耳目常常接触各项美术品的一种教育。儿童若能常常和美的事物接触,陶养在美的环境里,他们就会时时感觉到圆满,因而原来是暴烈的脾气的儿童也不至于暴烈了。

(二) 美育可以使儿童思想敏活

人们的思想往往和他的兴趣有密切的关系,兴趣愈多的地方则思想愈为敏捷。因为美的事物能令儿童感觉圆满,所以能增加儿童的兴趣。譬如儿童在听到鸟鸣,或者听到悠扬的声音的时候,他的幻想特别尖锐,因此他的语言有时为我们成人所不能想像到的那样神往,而为我们所不能了解。美育即是为增多这种机会的一种教育的实施,使儿童由于兴趣的引导,而脑筋特别容易启发。

(三) 美育可以坚强儿童的意志

吾人必意志坚强而后能战胜艰难,不受环境的支配,而为所欲为,不然受了小小的挫折,遇到小小的阻挠,便会垂头丧气,改变初衷,这是何等痛心的事。但是这种坚强的意志也非在儿童养成不可,美育对于儿童有莫大的感化的力量,如欣赏诗歌音乐,闻听古人艰难缔造的故事,实可以振作自己的精神,增加自己的勇气和信心,因而可以养成百屈不挠的意志。

(四) 美育裨于儿童学问的造就

美育可以使儿童的思想敏活,已如上述。由此总论,它也能使儿童的学问易于造就,因为儿童求学全靠有敏活的思想方能成功,根据我们的经验,每每在美的环境之中,心里感到快美的时候,不论读书,作文或写字,进步比较容易的多,就是这个道理,所以善于办教育的人,无不注意美育,藉以时时刻刻引起儿童的美感,而促进其求学的效率。

(五)美育可以培养儿童的道德

我们知道,真的道德和真的美好是一致的,绝没有一方面是美好,而另一方面却不道德,或一方面是道德,而一方面却是不美好的,美育既能扩张儿童的美感,振起儿童崇高的情感,那末,间接就提高了他的道德的观念。所以往往有儿童不顾自己的利害,赴汤蹈火去拯救一个已溺的路人,这全是道德理想之高尚有以趋使之。

(六)美育有裨于体育和群育

我们知道美育既有裨益于儿童的身心,当然即是有利于儿童的体育,而且有时儿童看见美的人体模型,那种肌肉发达,精神饱满的特点,无意中使儿童回想到自己的身体,于是从而模仿。至于群育本是乐群不私的意思,宇宙间一切美景,一切的壮观,甚至一切天籁人籁乃宇宙人类共同创造共同享有之物,人们无从私有。语云:"独乐乐不若与众乐乐",在善于享受美的自然的人都有此同感。善于教育的人也正好利用这种心理去推广儿童民胞物与的怀抱。

四、美育训练的实施法

美育在小学教育中实施既如是之合理,而其价值又如是之大,那末我们选择它来做小学教育的中心,岂不是很应当的吗?现在我再把如何实施美育的方法一一更明。

(一)教授方面的美育训练

在教学方面,对于国语,社会,历史,地理等学科施用美育的教学方法比较容易,因为这些学科的内容很多涉及情感的材料。譬如国语科内含有不少的文学的题材这不必说了。其他如历史上有英雄伟人的逸事,民族间感慨悲歌的事迹,足以引人入胜;即如地理科里所叙述的国境以内山川形胜,国防险阻处处也都足以令儿童生兴趣。至于自然科学范围以内的东西,儿童研究起来确往往感觉头绪纷繁,枯燥乏味,这实在也难怪他们。但是只要教师在教授时也特别注意于美育的训练,就可以弥补这个缺陷了。譬如教授自然时如果只向学生说,某种植物形态如何,某种动物如何生长,便无兴味。假如说某种植物有何美丽的花冠可以引诱昆虫帮助传种,某种动物有何种颜色和声音,和他生理上有何种关系,听者就有兴味了。教授算术时,如果教儿童死记数字及度量衡名词等,便有何兴味?

但是如果拿儿童所爱看的实物来观察,使用,或以种种美丽的图来说明,因为借着实物或图表的兴趣而数字及度量衡的观念就会输入了。这不是别的,就是美育的作用。至于儿童的作品,应该任儿童自出心裁,争奇斗巧,断不可拿自己的意思或其他固定的模型去强迫他们以戕贼其本能和美术的技艺。

(二) 管理方面的美育训练

学校中往往认为管理学生就是拿权威和理解去折服学生,其结果是恶感横生,反不能收管理之效。这缘故是因为他们太偏重意志,而不知儿童是富于情感的,假如不从情感方面因势利导而一味严词厉色,当然不生效力,我们认为凡是一件事情发生应该向儿童训话的时候,与其问他"该不该?""对不对?""是不是?""愿不愿?"等等儿童所感觉隔膜的问题,不如问他"好不好?"因为一件不好的事情发生了,儿童自己已经感觉着不和谐,我们的纠正诉诸他们的本能或自觉,比任何理论和教训都强的多,如此一来,全盘学校始终是在大自然的和谐音调里面,破坏秩序是极不容易的事。

(三) 课外组织方面的美育训练

小学校里课室里的时间较少,又为种种规则所限制,难以充分地受美育的训练,最好提倡课外组织,越多越好;因为各种组织可以使儿童们自由发展他们的本能,养成种种优秀的能力,而其中更有关系的便是得到许多美的训练。因为儿童感情丰富,兴致勃勃的时候抑制不住,劝阻又劝阻不住,不如因势利导的好。譬如有些儿童欢喜说话,就组织演说会,以增进他们的言语的美;有些儿童喜欢演剧,就该组织新剧团,以培养他们表演的美;有些儿童喜欢唱歌曲,弄音乐,就该组织音乐会,以陶养他们音乐的美。总之做小学教师的人应该用各种机会诱掖他们发挥天才而各尽其美。

(四) 设备方面的美育训练

小学校里设备方面对于美育的供献比其他任何机会为多。整个的学校应该是一个美的集团,使学生终日流连而不忍舍去。第一住址应该选择一乡村或一地方灵秀所钟的所在,譬如依山靠水,树木环绕的区域,使人们将美的环境和教育事业连想在一块儿。第二学校内部应多有空隙广植花草,而以具有参天的树木如松柏之类最为适宜,因为那种境界才有幽静。教室内精美的挂图为不可或缺的东西。其余学校园一所,花草之外,豢养鸟兽虫鱼使儿童处处感官所接触的都是优美和谐的东西,感觉生活是愉快的,不是枯燥的,如此可以养成儿童对于优美好尚,习而成性,即是造成优美的儿童了。

蔡孑民先生的启蒙运动与提倡美育　丁均①

从马相伯先生之后,蔡孑民先生又以遽归道山闻。此二老者,皆天下之大老也,于我国近五十年学术文化史中地位亦相埒。一旦后先凋谢,后生小子能无失所宗仰之感。蔡先生生平行事及略传具见中央社五日香港电,不赘。兹篇顾杂论其它。

蔡先生在我国近代政治史中地位,作者认为不足论,盖一乐成之人物也。其不可没者为近三十年来"启蒙运动"之倡导,于学术文化史中地位,可谓陈胜吴广。大约某种思想之倡导者,其人本身不必专精而须淹博。吾人不能谓蔡先生为一专家学者,然不能不认蔡先生为我国"启蒙运动"大师。五四运动时代,陈(独秀)李(大钊)辈苟无蔡先生卵翼,恐不待新说播扬早成京门逐客。盖蔡先生容物之量甚大,"嘉善而矜不能"又甚笃。北京大学为新文化运动摇篮,先生为北大校长。当此一运动之兴起,林琴南先生反对最力,其"孑民先生太史阁下"一书,诘责备至。而先生以学术应有自由;认为学术真价,必经公开发表,一任互相辩难驳诘,而凭第三者纯客观之评价以定臧否,不能藉某种压力,滥事去取。盖林先生曾责氏以不应用陈独秀等人也。当时北大校务会议席上,西装革履,思想极新之陈独秀,与长辫垂背,矢忠溥仪之辜鸿铭,常共席而坐,并无梢杵,一时传为美谈,必蔡先生领导下,方能有此。故"学术自由"一主张,为蔡先生在我国学术文化史中大功绩之一。此一主张,在四千年来学术定于一尊之传统见解下,其力诚可扛鼎。

其次为"以美育代宗教"。此一见解有无学术价值,非本文所欲论。惟"美育"一名词之输入中国不得不推先生为嚆矢。美化人生,以美化的环境而导人生于至善之域,于潜移默化中校正一切丑恶观感,使人类信仰归宗于美育,无待它求。宗教信仰为灵魂昇华,其希望在未来,属出世;美育陶冶为人生净化,其实现在目下,属入世。以此易彼,其归宿同,而迷信可免,于现实人生,进步必多。其大意盖如此,先生于伦理学颇致力。王云五先生主伦中国文化史丛书,特约先生撰写"中国伦理学史",恨未见也。度书中于美育代宗教一见解,必有更新颖更充实之阐发矣。

---

① 《决胜》第4卷第9期,1940年3月18日,第16页。

美育　蔡孑民[①]

　　美育者,应用美学之理论于教育,以陶养感情为目的者也。人生不外乎意志,人与人互相关系,莫大乎行为,故教育之目的,在使人人有适当之行为,即以德育为中心是也。顾欲求行为之适当,必有两方面之准备。一方面计较利害,考察因果,以冷静之头脑判定之,凡保身卫国之德,属于此类,赖智育之助者也。又一方面,不顾祸福,不计生死,以热烈之感情奔赴之,凡与人同乐、舍己为群之德,属于此类,赖美育之助者也。所以美育者,与智育相辅而行,以图德育之完成者也。吾国古代教育,用礼乐射御书数之六艺。乐为纯粹美育,书以记述,亦尚美观,射御在技术之熟练,而亦尚态度之娴雅,礼之本义在守规则,而其作用又在远鄙俗。盖自数以外,无不含有美育成分者。其后若汉魏之文苑,晋之清谈,南北朝以后之书画与雕刻,唐之诗,五代以后之词,元以后之小说与剧本,以及历代著名之建筑与各种美术工艺品,殆无不于非正式教育中行其美育之作用。其在西洋,如希腊雅典之教育,以音乐与体操并重,而兼重文艺。音乐、文艺,纯粹美育,体操者,一方以健康为目的,一方实以使身体为美的形式之发展。希腊雕象所以成空前绝后之美,即由于此。所以雅典之教育,虽谓不出乎美育之范围可也。罗马人虽以从军为政见长,而亦输入希腊之美术与文学,助其普及。中古时代基督教徒,虽务以清静矫俗,而峨特式之建筑,与其他音乐、雕塑、绘画之利用,未始不迎合美感。自文艺复兴以后,文艺、美术盛行。及十八世纪,经包姆加敦(Baumgarten, 1717—1762)与康德(Kant, 1724—1804)之研究,而美学成立。经席勒尔(Schiller, 1759—1805)详论美育作用,而美育之标识始彰明较著矣。(席勒尔所著,多诗歌及剧本,而其关于美学之著作,惟 *Briefe über die aesthetische Erziehung*《美育通信》,吾国"美育"之术语,即由德文之 Aesthetische Erziehung 译出者也。)自是以后欧洲之美育,为有意识之发展,可资吾人之借鉴者甚多。爰参酌彼我情形而述美育之设备如下:美育之设备,可分为学校、家庭、社会三方面。学校自幼稚园以至大学校皆是。幼稚园之课程,若编纸,若粘土,若唱歌,若舞蹈,若一切所观察之标本,有一定之形式与色泽者,全为美的对象。进而至小学校,课程中如游戏、音乐、图画、手工等,固[②]为直接的

[①]《时事新报·学灯》(重庆)渝版第 78 期,1940 年 3 月 25 日第 4 版。
[②] 原文为"因"。

美育,而其他语言与自然、历史之课程亦多足以引起美感。进而及中学校,智育之课程益扩加,而美育之范围,及随以俱广。例如数学中数与数常有巧合之关系;几何学上各种情形式,为图案之基础;物理、化学上能力之转移,光色之变化;地质学的矿物学上结晶之匀净,闪光之变幻;植物学上活色生香之花叶;动物学上逐渐进化之形体,极端改饰之毛羽,各别擅长之鸣声;天文学上诸星之轨道与光度;地文学上云霞之色彩与变动;地理学上各方之名胜;历史学上各时代伟大与都雅人物、事迹;以及其他社会科学上各种大同小异之结构,与左右逢源之理论,无不于智育作用中含有美育之原素,一经教师之提醒,则学者自感有无穷之兴趣。其他若文学、音乐等之本属于美育者,无待言矣。进而至大学,则美术、音乐、戏剧等皆有专校,而文学亦有专科。即非此类专科、专校之学生,亦常有公开之讲演或演奏等,可以参加。而同学中亦多有关于此等美育之集会,其发展之度,自然较中学为高矣。且各级学校,于课程外,尚当有种种关于美育之设备。例如学校所在之环境有山水可赏者,校之周围,设清旷之园林。而校舍之建筑,器具之形式,造象摄影之点缀,学生成绩品之陈列,不但此等物品之本身美的程度不同,而陈列之位置与组织之系统,亦大有关系也。其次家庭:居室不求高大,以上有一二层楼,而下有地窟者为适宜。必不可少者,环室之园,一部分杂蒔花木,而一部分可容小规模之运动,如秋千、网球之类。其他若卧室之床几,膳厅之桌椅与食具,工作室之书案与架柜,会客室之陈列品,不问华贵或质素,总须与建筑之流派及各物品之本式相互关系上,无格格不相入之状。其最必要而为人人所能行者,清洁与整齐。其他若鄙陋之辞句,如恶谑与漫骂之类,粗暴与猥亵之举动,无老幼,无男女,无主仆皆当屏绝。其次社会:社会之改良以市乡为立足点。凡建设市乡,以上水管、下水管为第一义。若居室无自由启闭之水管,而道路上见有秽水之流演,粪桶与粪船之经过,则一切美观之设备,皆为所破坏。次为街道之布置,宜按全市或全乡地面而规定大街若干、小街若干,街与街之交叉点,皆有广场。场中设花坞,随时移置时花,设喷泉,于空气干燥时放射之,如北方各省尘土飞扬之所,尤为必要。陈列美术品,如名人造像,或神话故事之雕刻等。街之宽度,预为规定,分步行、车行各道,而旁悉植树。两旁建筑,私人有力自营者,必送其图于行政处,审为无碍于观瞻而后认可之。其无力自营而需要住所者,由行政处建设公共之寄宿舍,或为一家者,或为一人者,以至廉之价赁出之。于小学校及幼稚园外,尚有寄儿所,以备孤儿,或父母同时作工之子女,可以寄托,不使抢攘于街头。对于商店之陈列货物,悬挂招牌,张贴告白皆有限制,不使破坏大体之美观,或引起恶劣之心境。载客运货之车,能全用机力最善。必不得已而利用畜力，或人力，则牛马必用强壮者，装载之量与运行之时，必与其力相称。人力间用以运轻便之物，或负担，或曳车、推车。若为人舁轿挽车，惟对于病人，或妇女，为徜徉游览之助者，或可许之。无论何人对于老牛、羸马之竭力以曳重载，或人力车夫之袒背浴汗而疾奔，不能不起一种不快之感也。设习艺所，以收录贫苦与残疾之人，使得于能力所及之范围稍有所贡献，以偿其所享受，而不许有沿途乞食者。设公墓，可分土葬、火葬两种，由死者遗命或其子孙之意而选定之。墓地上分区植树莳花，立碑之属，皆有规则。不许于公墓以外，买地造坟。分设公园若干于距离适当之所，有池沼亭榭、花木鱼鸟，以供人工作以后之休憩。设植物园，以观赏四时植物之代谢。设动物园，以观赏各地动物特殊之形状与生活。设自然历史标本陈列所，以观赏自然界种种悦目之物品。设美术院，以久经鉴定之美术品，如绘画造象，及各种美术工艺，刺绣、雕镂之品陈列于其中，而有一定之开放时间，以便人观览。设历史博物院，以使人观之一民族之美术，随时代而不同。设民族学博物院，以使人知同时代中，各民族之美术，各有其特色。设美术展览会，或以新出之美术品，供人批评；或以私人之所收藏，暂供众览；或由他处陈列所中，抽借一部，使观赏者常有新印象，不为美术院所限也。设音乐院，定期演奏高尚音乐，并于公园中为临时之演奏。设出版物检查所，凡流行之诗歌、小说、剧本、画谱，以至市肆之挂屏、新年之花纸，尤其儿童所读阅之童话与画本等，凡粗犷猥亵者禁止之，而择其高尚优美者助为推行。设公立剧院及影戏院，专演文学家所著名剧及有关学术能引起高等情感之影片，以廉价之入场券，引人入览。其他私人营业之剧院及影戏院，所演之剧与所照之片，必经公立检查所之鉴定，凡卑猥陋劣之作，与真正之美感相冲突者，禁之。婚丧仪式，凡陈陈相因之仪仗，繁琐无理之手续，皆废之。定一种简单而可以表示哀乐之公式。每年遇国庆日，或本市本乡之纪念日，则于正式祝典以外，并可有市民极端欢娱之表示。然亦有一种不能越过之制限，盖文明人无论何时，总不容有无意识之举动也。以上所举，似专为新立之市乡而言，其实不然。旧有之市乡，含有多数不合美育之分子者，可于旧市乡左近之空地，逐渐建设，以与之交换，或即于旧址上局部改革。要之美育之道，不达到市乡悉为美化，则虽学校、家庭，尽力推行，而其所受环境之恶影响，终为阻力，故不可①不以美化市乡为最重要之工作也。

---

① 原文漏"不可"。

中国美育之今昔及其未来——为纪念蔡孑民先生逝世作　李长之[①]

（一）美育之本质

美育是什么？美育是审美的教育。不懂美学，不懂教育，没法谈审美的教育。中国古代的美育很好，这是因为那时有极健康，极正确，极博大精深的美的概念，而教育的建设又那末美备之故。近代不然，旧的审美观念（那背后有一种系统的美学，虽然古人不曾系统地写出来）破坏了，新的却没有建设起来，至于教育，又是流入于狭义的只知道传授技术之一途，所以美育遂也在似存似亡之间了。要建设美育，只有先建设美学。——美学不发达是美育不能推行的最大原因！

现在一般人对于美学，还没有普遍深切的认识，大家知道美学是研究美的，但是向什么地方去研究美？美学何以成为一种科学？美学之高深处何在？美学之切于人生日用处又何在？这在一般人还是很模糊的。现在简单地说，美学向四个方面去研究美：她要研究自然的美，她要研究艺术的美，她要研究人类在主观上构成美感时（无论创作或鉴赏）的心理状态，她要研究那成了抽象原理的美的概念。自然的美和艺术的美，都有其共同而普遍的律则，所以成为科学（美学）的对象。人类主观上美感的构成亦然。但是美学并不只此而止，这样就还是散漫的，就还是好像没有源头的死水一样的，然而不然，她有一线穿成者在，她有作了深厚的源头和根柢者在，这是什么呢？这就是形上学。由形上学，她于是研究到了那成为抽象原理的美的概念。可说每一种美学，都有一种相当的形上学为之基础。（实验美学是例外，但实验美学只是物理学或心理学的一支，不够称美学；美学论价值，而实验美学却只讲现象。）凡创造一派美学的人（除了实验美学），也都是有创造一种形上学的能力和气魄的人，远之如柏拉图，近之如黑格耳。因此，美学不是点点滴滴的饾饤之学，也不是蜻蜓贴水式的浮面之学，她有贯穿着的伟大系统，她有创造性的深厚的根源，这就是美学的高度和深度。

至于美学是不是专让哲学家作运思的对象，与一般人生日用没有关系呢？绝对不是的。美学上的原理，大而关系整个民族的世界观，人生观；小而关系各个国民的起居饮食。我记得在前几年的一其《大西洋月刊》（*The Atlantic*

---

①《时事新报·学灯》（重庆）渝版第 79 期，1940 年 4 月 1 日，第 4 版。

Monthly）上，有人写过一篇文章，他说人类第一次的教育是得自地板，因为小孩在没会走以前，总是在地板上爬。地板的颜色美恶，足以影响这个小孩子终生。因此他劝贤明的父母务必注意这儿童第一次教育所自的地板设计才好。我当时读了，就有一个深深的感触，中国的小孩那里有地板可爬？爬的都是污秽的土地，无怪乎长大了个个都十分贪污而且卑鄙了！美在人生中的地位是这样重大，美学之关系于人类之切，也就不言而喻了。

　　况且美学的真精神是在反功利，在忘却自己，在理想之追求。这是成功任何大事业所必不可少的精神。在美学里，让你知道内容与形式之一致，抽象与具体之相符，肉体与灵魂之不可分，有限与无限之综合为一；在美学里，让你知道理智与情感之如何调和，神性与兽性之如何各得其所，社会与个人的冲突之如何得到公平的解决；在美学里，让你知道应如何赋予生命力以优美之形式，人在生活中当如何入乎其中而又出乎其所，当如何积极而不执着，失败而不颓丧，并如何无时无地而不游刃有余；在美学里，更让你知道如何就人类的伟大成就——艺术——中而得到互相认识，互相信赖，由心灵深处的互相交流而人类之真正福利与真正和平乃自天国而降在地上。这其中艺术的原理也就是人生的原理，美的极致也就是善的极致，现在理论的极峰也就是将来人类在建造新社会时实践的极峰。这些是美学的神髓，也就是美育的真正内容。

　　教育是什么？凡是使人类全体或分子在精神上扩大而充实，其效力系永久而非一时者，都是教育。在这样意义之下，教育实在本质上是期待着美学的。从此可知美育不止是多种教育中之一种，而且是最重要之一种，甚而可说是最符合教育本义之惟一的一种。何者？知识的教育是偏枯的，道德的教育是空洞而薄弱的，技能的教育更根本与精神的扩大和充实不相干的，却只有审美的教育可以以全代偏，以深代浅，以内代外，可以铸造新个人，可以铸造新人类。教育所涉及的是整个生活，而不是生活的一部分，是打入于生活之中，而不是附加于生活之外，这也只有美育可以负荷了这种任务的。但是现在符合这种意义的教育何在呢？美育又何在呢？

（二）古代人美的概念与其形上学

　　现在没有，古代有。美育以美学为基础，因为古代有健全的美学，所以有完善的美育。

　　何以知道古代有健全的美学？这是因为古代有健全的美的概念，孟子说"充实之谓美"（《画心》下），这可说是再好也没有的美的定义。但这不是孟子一人的私见,你看荀子也说"君子知夫不全不粹之不足以为美"(《劝学》篇),主张"全之尽之,然后学者也",全之尽之,实即等于孟子所谓充实。更从老子看,他说:"美者不信,信者不美"(据俞樾校勘),这是一个反证。老子常常故作反案文章,一般人说天地之仁,他就偏说天地不仁,现在他说美者不信,便可知当时一般人是认为"美者信"了。信是什么? 信也就是充实。所以我说像"充实之谓美"这样精彩,这样健全的美的概念,在古代乃是一般的。

美学关系于形上学。古人对于美的概念之能有如此健全的认识者,正由于古人另有一种深厚雄健的形上学为之基础故,现代人的精神已浅薄脆弱到了极点,生活不过耳目声色之欲,所看宇宙自是干燥而枯窘的空气而已,石头而已,灰尘而已。古人不然,他觉得宇宙是一个伦理的间架,所有仁义礼智,都秩然地安排在那里。他俯仰呼吸之间,便有一个大我在与他息息相通着。宇宙是"为物不二,生物不测"的,在空间上"博也,厚也",在时间上"悠也,久也",在性质上"高也,明也"。这是何等壮阔的世界观! 宇宙是动的,是生生不已的,生活于其间的人便也是"自强不息"的了。宇宙的创造,就是他的创造,所以说,"赞天地之化育",所以说,"与天地参"。他自己生命的扩张,就是宇宙生命的扩张,所以说,"上下与天地同流"(《孟子》),所以说,"天地与我并生,万物与我为一"(《庄子》)。在这种世界观下,所以他们见了"源泉滚滚,不舍昼夜"的流水,就赞叹不止了,因为那同样是生命力的洋溢充盈呵! 基于这种一贯的形上的世界观,如何不觉得"充实之为美"呢?

(三) 孔子的古典精神——其美学理论与实践

作为中国思想正统的儒家哲学,尤其是孔孟,所贡献最大的,即是审美教育。中国文化的精华在此,孔孟思想极峰在此。先说孔子。

孔子说:"兴于诗,立于礼,成于乐。"这就是他的美育之实施的步骤。

我一再说过,美育以美学为基础。孔子的美学是古典精神的。他一则说:"《诗》三百,一言以蔽之,思无邪。"二则说:"关雎乐而不淫,哀而不伤。"三则说:"质胜文则野,文胜质则史,文质彬彬,然后君子。"这都是古典主义者一贯的立场,古典精神原是无可非议的,古典精神乃是艺术并人生的极则。孔子不讲怪力乱神,这也是古典精神的表现,反之,如浪漫精神的代表人物屈原就满篇是怪力乱神了。能够代表古典精神的,中国有一个很好的字,这就是"雅",孔子正常常注意及之,所以有"子所雅言,诗书执礼,皆雅言也"的话。

孔子自己深深地浸润于审美的生活之中。他喜欢音乐,在齐闻韶,有三月不知肉味,他高兴地说:"不图为乐之至于斯也。"他对于音乐很能欣赏,他有一回形容道:"乐其可知也,始作,翕如也,从之,纯如也,皦如也,绎如也,以成。"知道他是很能心领神会的。不但音乐,唱歌他也有浓厚的兴趣,假若他和别人唱得高兴了,他一定让那人重唱一遍,而自己也再陪着唱一遍。他是多么会欣取人生呢!

孔子有积极不已,精勤奋发的一方面,但也有闲适恬淡的一方面。所谓"君子坦荡荡,小人常戚戚",他实在是作到了"坦荡荡"的一方面的。他说过:"饭疏食,饮水,曲肱而枕之,乐亦在其中矣。"因此,无怪乎他赞美颜回的"一箪食,一瓢饮,在陋巷,人不堪其忧,回也不改其乐";无怪他推许公西华的"莫春者,春服既成,冠者五六人,童子六七人,浴乎沂,风乎舞雩,咏而归";更无怪乎在他的教化之下,后来出了许多闲适的大诗人,大词人了。这是他自己审美的陶冶之成功,并影响后世之成功。

子贡有言:"夫子之文章,可得而闻也。夫子之言性与天道,不可得而闻也。"这里所谓文章,并不是后世也所谓文字,却是一切精神的表现。就时代讲,是一时的典章制度,就个人讲,就是一个人的风度威仪。孔子的风度威仪是好极了的,我们只要吟味他的弟子所记的"温而厉,威而不猛,恭而安"十个字好了,俨然一个庄严刚健的雕像屹立在那里!孔子的作人,是作到了像一件极名贵的艺术品的地步。只此一端,已足千秋。

孔子是知道美学的真精神的,美学的精神在反功利,在忘却自己,在理想之追求。孔子对小人君子之别,即一刀两截地从功利与否上划分,他的话是:"小人喻于利,君子喻于义。"喻字很妙,喻就是说否则便听不明白的意思。你和"小人"说三话四,都是枉然,只有一说到"利",他便立刻恍然领悟了。现在是"小人"的世界呵,也就"喻于利"的世界呵,无怪乎反功利的主张总为人所不省了。孔子自己一生却秉着反功利的精神——也就是美学的真精神,"知其不可而为之"地奋斗下去。

孔子又是确切知道美育的功效了的,他说:"知之者不如好之者,好之者不如乐之者。"他又说:"惟仁者能好人,能恶人。"为什么?只因为从好恶的味觉上,亦即趣味上,去辨是非善恶,是较从知识上直接得多,自然得多,也根本得多。此种趣味之养成,正美学的教养所有事。

孔子一生的成功,是美学教养的成功。他四十年进德修业的收获(从"三十而立"算起至七十),是"从心所欲,不踰矩"。一个人的性格的完成就像一件伟大的艺术品的完成一样,是几经奋斗,几经失败,最后才终底于成的。孔子以一个古典精神的大师,其最后成就者如此其崇高完美,是无足怪的。"从心所欲,不踰矩"是所有艺术天才所遵循的律则,同时也是所有伦理家所表现的最高的实践。最美与最善,融合为一了。美学的理想,不能再高了! 美育的成功,不能再大了!孔子之可以为人类永久的导师者正在此。

(四) 孟子的审美态度

孟子是传孔子之学的,特以性格之故,孟子尤有艺术家的气分。因此,其审美态度乃尤纯粹而鲜明。

美学的精神在反功利,孟子一生却便以反功利为事业的大端,照他看,纯粹功利思想,非至国家灭亡不可,当以仁义救之。个人的行为,他也认为当不计成败,他说:"若夫成功则天也,君如彼何哉? 强为善而已矣。""强为善",就是孔子"知其不可而为之"的气魄,这不是埋首于耳目声色之欲的唯物主义者所能的,必须有审美的陶冶的人才行。孔子以"君子喻于义,小人喻于利"为言,孟子也说:"鸡鸣而起,孳孳为善者,舜之徒也;鸡鸣而起,孳孳为利者,跖之徒也。欲知舜与跖之分,无他,利与善之间。"他们同是反功利的,而孟子的态度尤为彻底。

在把伦理与美感打成一片上,孟子更有特殊的贡献。他说:"至于味,天下期于易牙,是天下之口相似也。惟耳亦然。至于声,天下期于师旷,是天下之耳相似也。惟目亦然。至于子都,天下莫不知其姣也,不知子都之姣者,无目者也。故曰:口之于味也,有同耆焉,耳之于声也,有同听焉,目之于色也,有同美焉。至于心,独无所同然乎? 心之所同然者何也? 谓理也,义也。圣人先得我心之所同然耳,故理义之悦我心,犹刍豢之悦我口。"把理义之可爱,比作好吃的肉之可爱,宛然是柏拉图形容理念之可爱之意,孟子之把伦理与美感打成一片,又不止此一端。他说:"规矩,方圆之至也;圣人,人伦之至也。"这就是直以圣人在人伦上的成功,视若几何上完美的图形然。他对于礼乐的解释,也是直从艺术作用与艺术表现去解释,而撇开那些繁文末节的典章制度;他说"仁之实,事亲是也;义之实,从兄是也;智之实,知斯二者,弗去是也;礼之实,节文斯二者是也;乐之实,乐斯二者乐则生矣,生则恶可已也? 恶可已则不知足之蹈之,手之舞之"。照这样讲,仁义不过是父子手足的感情,而礼乐只是父子手足的感情之艺术的表现而已。这看法最简单明了了,但也最和悦近人,却也最博大精微。

在艺术上,有材料与命意的斗争。在人生上,有人欲与天理的对立。放纵人欲,必至于若洪水猛兽,不可收拾,高扬天理而压抑人欲,必至于奄奄待毙,全无生趣。杨朱固然错,墨翟也未必对。后来的程朱,陆王,末流所至,几乎是杨墨的各走极端的重演。但是孟子的话是卓绝千古的,他说:"形色天性也,惟圣人然后可以践形。"原来圣人乃是像一个艺术家一样,他不能废弃这些材料,他却是战胜之,而且善用之,人欲不能废弃,却即在人欲之中而表现天理。这就是圣人之可以践形处。纵欲与窒欲都不对,对于欲只有加以适当的处理。战胜材料,而即以材料作为表现命意之具,战胜人欲,而即以人欲作为表现天理之具,这其中有一种美学的原理之运用在。

讲审美即须讲选择。同是一个场所,在写生的画家或摄影的艺术家来看,便会发现那特别得这道理的,所以他说:"观水有术,必观其澜,日月有明,容光必照焉。"倘若拿观水观澜的态度去观照一切,怕处处都是生趣盎然,无人而不自得的吧!

讲审美即须对所有值得欣赏的对象都平等视之。这在孟子是做到的,你看他对伯夷、伊尹、柳下惠、孔子的了解,他认为都已达到人伦的极致,都已够上所谓圣,只是"伯夷圣之清者也,伊尹圣之任者也,柳下惠圣之和者也,孔子圣之时者也",各有个性而已。正如艺术品然,有的是浪漫主义中的杰作,有的是古典主义中的杰作,有的是写实主义中的杰作,有的是象征主义中的杰作,只要是杰作,就是平等的了,我们就可平等地去欣赏。孟子是持这个态度的,所以他有"尚友古之人"的胸襟,他之了解古人,皆深入而具同情。这也是审美的教养使然。

其次,他对美学上的味觉,趣味,或所谓审美能力(英文的 Taste,德文的Geschmack)也贡献了很好的学说。一是他解释了审美能力的普遍性之例外之故,他说:"饥者甘食,渴者甘饮,是未得饥渴之正也,是饥渴害之也。"对一切恶趣味的流行,都可作如是观。二是他解释了审美能力之普遍性与批评之可以存在之并无冲突,这就是他所谓:"口之于味有同耆也,易牙先得我口之所耆者也。""同耆"是审美能力的普遍性。"先得我口之所耆"就是批评之所以存在处。美学上的一般立法,无非赶到一般人所嗜的前头去,但终于却又为一般人所能够承认而已。其实,推之一切价值范畴之与一切价值意识(用温德尔班德 Windelband的名词)的关系皆然。孟子真不能不说是斯学功臣。至于他所谓"充实之为美",也是极值得推许的,因已详前,不再赘。总之,孟子为孔子后惟一有创造性的美学大师,实践与理论,均极可观。中国古代的美育,即在孔孟二人的辉光下而发挥着,作用着,灌溉着。

(五)玉的文化

中国古代人美感的最佳代表是玉。

玉是一种德性的象征。《白虎通》上说:"玉者德美之至也。"《礼记·玉藻篇》

有："君子无故不去身，君子于玉比德焉。"玉是致密的，刚硬的，却又是温润的，确可以用来象征一种人格。这种人格也的确是值得敬爱的。在《礼记·聘义》上有很好的分析，说道："君子比德于玉焉，温润而泽，仁也；缜密以栗，知也；廉而不刿，义也；垂之如队，礼也；叩之其声清越以长，其终诎然，乐也；瑕不掩瑜，瑜不掩瑕，忠也；孚尹旁达，信也；气如白虹，天也；精神见于山川，地也；圭璋特达，德也；天下莫不贵者，道也。诗云，言念君子，温其如玉，故君子贵之也。"《说文》上也说："玉，石之美；有五德，润泽以温，仁之方也；腮理自外，可以知中，义之方也；其声好扬，敷以远闻，智之方也；不挠而折，勇之方也；锐廉而不忮，洁之方也。"这其中诚然有不少理论化的成分，但是无论如何，玉是一种美感的对象，并作了许多德性的象征。在这里构成了一种玉的文化，表示着审美教育的成功。

《玉藻篇》上又说："古之君子必佩玉，左徵角，右宫羽，趋以采齐，行以肆夏，周还中规，折还中矩，进则揖之，退则扬之，然后玉锵鸣也。故君子在车则闻鸾和之声，行则鸣佩玉，是以非辟之心，无自入也。"这是多末美的呢！一举一动，前后左右，都是唤起人美感的对象。这表示这个民族是如何爱美，又如何爱德性。真是一个诗的国家！

玉所代表的美感是颇高等的，不稚弱，不琐碎，不浅薄，不单调，不暂时，不变动不居，不死滞不前。在人格上能与之符合者，也恐怕只有孔子而已。所以宗儒也都常拿玉来形容孔子。玉和孔子代表了美育发达的古代中国。

后来玉虽然少了，但玉的文化曾经变而为晋人书法，玉的文化曾经变而为元人文人画，那简净淡雅而有力的壮美感，却始终陶冶着中国读书人的趣味。

中国人的美感教育，其由来久矣。在《尚书·舜典》中就已经有："帝曰：夔！命汝典乐，教胄子！直而温，宽而栗，刚而无虐，简而无傲。"这都是以一种美学原理而要求于伦理者。即在反抗性最强的《老子》书中，也仍然不掩美感教育的痕迹，他说什末"直而不肆，光而不耀"（五十八章），他说什末"味而味"（六十三章），这都道着了美学上极精微的原理。至于《乐记》上所谓"大乐必易，大礼必简"，所谓"大乐与天地同和，大礼与天地同节"，所谓"先王之制礼乐也，非以极口腹耳目心欲也，将以教民平好恶，而反人道之正也"，字字精当，更是美学上的不刊之名言。这些美学的理论，都结晶为一点，这就是玉的文化。从君子必佩玉的一句古语中可以想见古代人美育的施设的全部。希腊是值得向往的，周秦何尝不值得向往？周秦的流风余韵，从玉到铜器，到书法，到绘画，到瓷器，又哪样不值得我们赞叹和欣赏！在这种文化中所陶铸的人物，若孔子，若孟子，若阮籍，若王羲之，若陶潜，若苏轼，若倪云林，又哪一个不值得我们拜倒和神往！

（六）对于新美学之期待

美育必以美学为基础。美学又往往建筑在一种作为一时代的人的世界观之根底的形上学上。要推行美育，须建设美学，要建设美学，须建设形上学！这是根本的看法，否则枝枝节节，都是徒劳。

旧的文化，在现在看，的确已经告了一个段落了。我们现在只可以欣赏，只可借镜，只可以采取了而作为创造新文化的材料的一部分，但不能重演。旧的文化，自成一个体系，这个体系是已经完成，已经过去了。因此，我们没法希望再有古人的形上学，再有古人的世界观，再有古人的美感，再有古人的美感教育。但，继续发展可以的。继续发展并不是依样重抄，继续发展须与新成分相交融。

直截了当地说，新文化的姿态是西洋的。虽然地方在中国，但性质上却是欧洲的。文化是一个有机物，它有整个性，补缀式的文化吸收和补缀式的文化复兴，毫无是处。美育是文化的整个体系下的一支，她不会单独孤立地发展。我们现在的文化运动，还在移植时代，只因西洋的文化还没移植完毕，所以我们新文化的容貌还没有整个显豁出来。现在第一步还在彻底吸收，充分吸收，猛烈吸收。自然，像一棵植物一样，虽然是外国种子，只要栽在本国的土壤里，受了传统的雨露灌溉以后，它会有一种不同于原来的样子。文化是一种有机物，所以它必须滋长起来才行，倘若硬硬地折来，插入瓶子里，不到几天还是会枯萎的。五四运动前后的新文化，为什么没有太大的力量？为什末一些前进的思想，后来反而萎缩了绝迹了？这只因为那时的文化运动是插在瓶子里的花朵，而不是根深蒂固地种在地上的缘故。这是时间问题，也是努力问题。

在这种意义之下，我期待新美学，我期待新美育。中国很幸运，在新国家的建立时的第一任教育部长，是提倡美育的蔡元培先生。他的事业，颇像德国的宏保耳特（W. von Humboldt），宏保耳特也研究美学，也主持过当时的大学——柏林大学，并任过当时的教育部长。宏保耳特是当时新人文主义摇旗呐喊的人，新人文主义的主要思想之一即美感教育。中国在近代是太走入于急功近利之一途了，一般人只知道从耳目口腹之欲，学术界也只知道坚甲利兵，或者作饾饤的考据，为什么不看远一些呢？不要辜负蔡先生在新国家初立时为教育所打下的广大而健全的基础。建立新的美育，建立新的美学，建立新的世界观和形上学！

二十九年三月二十八日作

蔡先生的美育——在本县各界追悼蔡公元培先生大会讲   陆桂祥①

今天我们追悼蔡先生,本人只有把个人的感想,报告一下。

我在读书的时代,第一个印象,是蔡先生的哲学。要懂得怎样求学问,要懂得怎样去做人,首先揭出的就是蔡先生。后来,我北平(北大)读书,也是常记忆着这二点,即使以全国来讲,学术界也都不约而同的,奉崇着这两个最高原则,几十年来,大家都是以蔡先生为榜样,以蔡先生为依归,无论他的种种不可见的力量,都使人感动,因此才有这个结果。

今天本人在这里没话可说,只想到一句话:蔡先生的人格,是为我们所尊敬,因此,就感化到每一个人的心中,而且他的学术也就散布在每一个部分,每一部著作,每一言行之中,始终是如此的。

讲到学问,我们想到,浙江的学术,始终领导着全国,在章太炎先生的时代,是注重于汉学、宋学、朴学,而蔡先生恰马上开辟了新途径,章太炎先生的学问,是集大成,蔡先生却要重开学宗,领导全国,把中西新旧的学问,汇于一身,他所表现的,凡是受教的人,莫不被感化的,所以在各方面的表现,不仅是蔡先生一个人的表现,而且是整个学术界的成就,全国每一个份子的身上都有看蔡先生的许许多多的成就,一切都脱不了蔡先生。

我们要知道,学问根本是"教育"两个字,蔡先生对于人类的造就,不仅使学过的人,受到感化,就是一般人,见到了蔡先生,都是五体投地的。

蔡先生提倡的是美育,他认为只要用"美"这一个字,就可以把每一个人出发扩大到全人类归纳上一个正轨上去,许多人往往不知其丑,要个人美化,乃至人类美化,则必须去其"丑",所以,蔡先生常常审察着自己的错误,凡是一举一动,一言一行,他都时时刻刻的留心着错误,他这一种精神,可以引导着全世界的人以至千万世以后的人,都走上了正轨,不仅如此,而且他以具体的方法,把伦理学拿出来,交给世界上的人类,作进一层的研究,他不但个人美化,而且要把整个人类引导到走向美的途径,使世界上的人都走上了正轨,无论对于人群,对于社会,对于国家,对于民族,对于各种组织,他的贡献是无穷的,是无限的,是不可磨灭的,始终在人类的心中,脑中,血液中灌注着。

本人是蔡先生学生之一,现在得有机会,到蔡先生的故乡来服务,只想到不

① 《前线·越王魂》合刊第 2 期"纪念蔡元培先生专号",1940 年 4 月 1 日,第 5 页。

要做错事,不要做错人;来替蔡先生的故乡服务,干一些渺小的事业,今天我讲了这些话,也可作为和蔡先生最后的通讯。

美育管见——纪念蔡孑民先生　潘菽①

我到北大去做学生的时候,正是蔡孑民先生到北大去做校长的时候。但在我决定要去投考北大之前,并未晓得蔡先生要去做校长并将有一番改革。当时我也完全不知道蔡先生是怎样一个人,只模模糊糊地记得在辛亥革命成功后的南京政府中有他的名字而已。我的大哥对于我的求学是最热心鼓励的。他听到我要去投考北大时,便写信告诉我说,以后的北大校长将是蔡先生,并且告诉我蔡先生的为人,说他常是大布之衣,大帛之冠,并且有时还自己淘米。我听到这个消息,很庆幸自己没有选错了路。这是我在心中深深景仰蔡先生的开始。不过我在学校数年却未曾有一次和蔡先生发生过亲身的接触,他大概也决不会记得曾有我这样一个学生。所以前几年在南京请他替我写一幅字时,上款却误称某某先生。除了礼堂上的演讲不算外,我从蔡先生所得到的勉强可以说是亲身的教诲是一两次关于美学的讲演。这讲演是公开性质的,但听的人大都仍是同学并只有一二十个人的样子,所以事实上和课堂内上课差不多。现在的《蔡孑民先生言行录》里面有一篇《美术的起原》似乎就是那时的讲稿。蔡先生是以提倡美育著名的。前天和宗白华教授谈起,他说蔡先生提倡美育,可惜没有能在中国教育上引起所应该引起的影响。我很以此话为然。我们大可以不必非难功利主义和所谓物质文化。但有一点是很显然的,就是我们现在谈教育的人大都缺乏蔡先生在提倡美育中那种阔大的眼光。立在高瞻远瞩的地方去看人生、社会,以及教育,这是蔡先生的美育理论中所包含的精粹。若仅仅把音乐和绘画等等的教育当做蔡先生所提倡的美育,那仍是皮相之谈。我个人对于美学的研究和美育的问题也可算是很具兴趣的。但惭愧得很,自从听了蔡先生的讲演起一直到现在还没有能找出一个好好的头绪。所以我是不配用美育的题目来纪念蔡先生的。然而要纪念蔡先生的最好的题目还是美育。因此也就不揣浅陋,在此提出个人对于美育的一两点不成系统的见解,算是在蔡先生的山丘上加上一撮的泥土。

在现在讲美育,我以为应该分成两层的意义:一层是作为手段的美育,一层是作为鹄的的美育。

---

① 《时事新报·学灯》(重庆)渝版第 81 期,1940 年 4 月 15 日,第 4 版。

怎样叫做作为手段的美育呢？这就是用美育的方法以图完成教育的整个目的。蔡孑民先生在他的《以美育代宗教说》一文中说："美以普遍性之故，不复有人我之关系，遂亦不能有利害之关系。……要之美学之中，其大别为都丽之美，崇宏之美。而附丽于崇宏之悲剧，附丽于都丽之滑稽，皆足破人我之见，去利害得失之计较。则其明以陶养性灵，使之日进于高尚者，固已足矣。"他在《我在教育界的经验》一文中，讲到在教育总长任内为什么所定教育宗旨有美育一项，说："提出美育，因为美感是普遍性，可以破人我彼此的偏见；美感是超越性，可以破生死利害的顾忌，在教育上应特别注重。"又他在《美育》一文中说："美育者应用美学之理论于教育，以陶养感情为目的者也。人生不外乎意志，人与人互相关系莫大乎行为，故教育之目的在使人人有适当之行为，即以德育为中心是也。顾欲求行为之适当，必有两方面之准备。一方面计较利害，考察因果，以冷静之头脑判定之，凡保身卫国之德属于此类，赖智育之助者也。又一方面，不顾祸福，不计生死，以热烈之感情奔赴之，凡与人同乐，舍己为群之德，属于此类，赖美育之助者也。所以美育者，与智育相辅而行，以图德育之完成者也。"这许多话都是把美育看做教育上的一项重要手段而说的。

美育应该是教育中重要的一项，这是毫无疑义的。但我们可以有一点补充，就是：单单的美育却未必能达到我们所期望于它的目的。我现在的愚见觉得蔡先生所说的美育的那种功用是有条件的。美育并非一定能使我们进于高尚，能使我们捐弃利害，超越死生。在历史上看起来，极高尚的诗人如陶渊明以及极清介的画人如倪云林之类固然不少，但文人相轻，艺人相诟，趋承于势利之门，奔走于嗜欲之市，也是常见之事而并不是例外。所以我们要期望一个受了艺术薰陶的人就能破人我之见，去利害之心，那是不免要常归于徒然的。其实我们对于受了艺术训练的人也只能把他们当做寻常平凡俗人一般看待，不必另眼责备。我们知道秦桧和阮大铖都能做很好的诗，听说严嵩也是很爱好书画的。我们眼前就有一个破天荒的这样的活例子，更可以无须说明。我们假如明白了艺术教育或美育的真正功用，对于这种事情就可以一点也不感觉奇怪。我们应该彻底打破一种流行的观念，以为能诗善画的人就一定高尚而靠得住，粗言笨手的人就一定是一肚皮肮脏。事实往往刚是相反的。文和艺亦许正足以掩饰一个人的罪恶，使他更容易自欺欺人。

那么，美育的功用究竟在什么地方呢？我以为美育的一个功用是在使人兴起，使人奋发，使人积极，使人感觉到人生自己存在价值。美育的另一个功用是在完成或完足一个人的身心发展。

第一个功用怎样讲呢？笼统而带一点譬喻来说，美的创造和美的欣赏可以说是人的活力的表现，因此也就足以促进或提高人的活力。艺术在个人的生活和整个的社会中仿佛是血液；若缺乏了此便将黯淡而无颜色，冰寒而无温热，疲弱而无气力。人在艺术的活动中可以领略到自己，表现出自己，所以艺术的东西或美的东西是人所感觉得最亲切的东西。因此我们也就可以明了过去的一切宗教为什么都要利用艺术。宗教的教理其本身都是陈述甚高而极端抽象的。一个高高在上的"上帝"或"佛菩萨"是视之不见，听之不闻的，未免和我们凡人的生活隔离得太渺远了。但一用了艺术的形式表现出来，就居然像煞有介事，居然"上帝"或"佛菩萨"也真好像鉴之在上，临之在旁，和我们很接近而亲切了。所以我们可以说，美的创造和美的欣赏是使人发现自己，是使人奋发兴起而提高活力的。但美育的功用似乎也到此为止。美育可以促进人的活力，然而却未必能保证所促进的活力一定用在正当的路上。这就像孳孳可以为善，但孳孳也可以为利。必须孳孳然后能为善，但孳孳却未必为善。同样，活力是道德的完成所必须，但活力也可以使人更容易积极为恶。所以美育虽然可以辅助德育，但并不能完成德育。我们并不能希望于美育中达到德育的目的；有了美育亦许可以使德育比较容易，但有了美育却使德育更成为必须。

美育的另一个目的怎样说呢？我们可以知道，艺术或好美的生活是人的生活的一部分主要内容。所以我们要使人有完满的身心发展，就必须与以美育，美似乎是没有用处的，但它却有无用之用。譬如眉毛有什么用呢？但没有了眉毛的一张脸就未免不成人样，所以一定要替眉毛解释用处的人也可说是不思之甚。又譬如房子，假如造得像狗窝一样，又何尝不可以以居以处，以蔽风雨，然而总不像一个房子。人原来是不穿衣服的，居然在物竞天择中生存下来了，可见衣服也是不必要的。然而一丝不挂时是畜生，采一张树叶子遮遮就成了人了！这几个比喻未必十分确切，但很可以拿来说明艺术生活的无用之用以及美育在这一方面的功用。艺术生活尽管可以像人头上的帽子，有也罢，无也罢，但每个人总觉得一顶帽子是不可少的。况且艺术方面的生活却未必是像一顶帽子。不过一个人的五体须平均发达，否则便要成为畸形人。因此教育要各方面兼顾并重，不可有所缺，也不宜有所偏。美育虽然可以同时帮助别方面的教育，例如德育，但美育有它自己的任务，并不仅是其他教育的奴仆，所以美育和德育、智育等等应该是并立的，并没有上下主臣的关系。美育必须和德育等等携手并进，然后能造成健全的人，只知诗文书画而别方面太要不得人便是有肝无心或有肠无肺的畸形人，要信赖这种人去担负起重要的社会责任，真可说是危矣殆哉。

再讲到作为鹄的的美育。这就是说：教育的努力须以能做到充分无缺的美育为鹄的,我们要知道,最足以代表人性的不是道德,更不是科学,而是艺术。教育是以发展人性为目的的,所以教育的最主要的内容应该是美育,但这并不是说,德育和智育等等就和人性的发展无关。不是的。德育和智育等等其实都是发展人性的某一方面所必须,因此也都是教育的重要内容。我们在上面已曾说明教育必须各方面兼顾并重,美育必须和德育等等携手并进。但在它们之间也必须有所领导,有所统一,否则便不会教育出一个整个的人。能做这种领导和这种统一的便是美育。智育使人有知识。但知识本身有什么价值呢?知识的一种价值是在帮助我们增进美好的生活。假如知识只是用来帮助我们互相砍杀,使地球表面变成丑恶可怖,那便是要不得的。所以智育是必须受美育的领导的。知识的其他一种价值是在使我们窥见世界的奇妙,自然的规律,引起我们的惊异赞叹。这时的知识便成为一种艺术性的领略,而培养这种知识的智育也就和美育相通相附而不复有划然的界限了。德育使人有道德。但道德的价值也不外乎两种。道德的一种价值是在维持良好的社会使个人能顺遂其生活。假如社会中大家都互相欺骗,互相劫夺,有钱有势的人便可以胡作妄为,这便是一个丑恶的社会。因为这种丑恶的社会要不得,所以我们才提倡道德。但一种价值到了时过境迁的时候也可以成为丑恶。譬如国家已成为民主而还一定要拖着辫子,自称遗民,死了还要争一个什么公的谥号,就不免令人有点作呕。因此我们可以知道,道德的这种价值不在其本身而在于其是否符合于我们对于社会的美丑的辨别。不过道德也可以有它的本身的价值。譬如欺骗别人,就社会的标准讲固然是要不得的,但说谎本身也就是一种丑恶的事情。又譬如慷慨赴义的壮烈行为,不被威胁的大无畏行为,谦谦有礼的待人接物行为,节约自制的私生活行为,都足以使我感兴赞美,像看到一件伟大的雕刻或一首好的诗一样。但这种道德可以说是行为的艺术,已和艺术在根源上很相近了。所以德育也是可以由美育统一起来的。不能辨别好丑的人也就不能辨别善恶。至于体育在古代希腊原是一种美育。蔡子民先生已很注意到这一点,他说:"希腊雅典之教育以音乐与体操并重而兼重文艺。音乐文艺,纯粹美育,体操者一方以健康为目的,一方实以使身体为美的形式之发展。"现在讲体育的人大都只说它是所以增进健康的。但仅仅为了健康,体育就缺乏充分成立的理由。因为健康也和营养、居处、生活起居,以及公共卫生很有关系,体育不过是其中的一端。并且假如仅仅为了健康,体育也可以无须种种花样。我们必须认识体育同时是一种美育,然后能使它得到正确的发展,运动场上所常容易发生的丑事也可以希望减少。这样看起来,我们就可以明了,无论体育、智育和德育都须由美育领导而统一起来。完全的教育必须包含德育、体育等各方面，不可或缺。但完全的教育也必须是由美育领导和统一的教育，因为美育是最合于人性的发展的，是贯通于教育的各方面的。在美育没有达到完满之前，德育和智育等等决不会先达到完满。这也就是说，没有完满的美育就不会有完满的教育。因此我们所努力的整个教育所达到的完满程度就可以把所包含的美育部分所达到的完满程度为测量的标准。所以我们说，充分无缺的美育是教育的努力的鹄的。但这里所谓美育是属于广泛意义的，并非平常所谓艺术教育所能概括。平常的艺术教育只顾到人的生活的某几部分，而美育则是顾到人的生活的全部分的。蔡孑民先生认体育为一种美育，可见他所谓美育也是就广大的意义而说，这是很须要注意的一点。

　　但作为鹄的的美育并不是容易做到的，我们现在还无法使之即实现。因为这种教育和整个社会有关，并非仅从教育本身努力就能达到，教育是决定于社会的，在什么社会中就有什么教育。所以必须在完全合理的社会中才能有尽善尽美的教育。在这方面，蔡孑民先生曾有极重要的说明。他以为美育除了学校和家庭中须要做的种种事情外还须要社会的种种设备。他列举上下水管、公共宿舍、小学校、幼稚园、寄儿所、习艺所、公墓等等的设备，街道、广场、公园、动植物园、美术院、历史博物院、音乐院、剧院、影戏院等等的布置，房屋建筑、商店陈列、市招和广告的形式，交通的车辆等等的管理，以及婚丧仪式、纪念假节等等的规定。总而论之，他说："美育之道，不达到市乡悉为美化，则虽学校家庭尽力推行，而其所受环境之恶影响终为阻力，故必以美化市乡为最重要之工作也。"（见《美育》一文）这样看美育，真可说是目光如炬了。由此更可以知道蔡孑民先生所讲的美育是意义极广阔的美育，并不仅是一般所谓艺术教育。这种广阔意义的美育，也就是人所应该有的最完美的教育，这岂不是我们从事于教育的人所该努力以求之的吗？至于努力的方法则应该从远大而具体之处着想，像蔡先生那样。这里我们所还要补充的一点是：要"市乡悉为美化"也不是仅从美化着手所能做到的。"市乡悉为美化"是健全合理的社会而又发展到高度文化的自然的结果，我们要揣其本而不可徒求其末才好。

艺术教育的效能　陆其清[①]

　　艺术教育这名词，在中国用来已有数十年之久，究竟他的意义是什么呢？如

---

① 《音乐与美术》第 5 期"艺术教育特辑"，1940 年 5 月 1 日，第 6—7 页。

果根据艺术和教育这两个名词单独的解释,那就是——艺术即美的感情具体的表现——教育即生活——其实这两名词联合起来的意义就是美的生活,简单的说就是"美育"。

美育究竟有什么效能呢? 他的目的究竟何在呢? 过去研究这问题的人有一个共同的回答,就是"美化人生",因为艺术是美的感情具体的表现,所以凡是制作艺术品,欣赏艺术品,都是美的生活,任何一个人在看一幅好的画、一出好的戏或一曲好的音乐的时候,他的身心一定感到很幸福,这就可以说他这时候是在美的世界里。再试作进一步想,像建筑、雕刻、绘画等静的艺术是在美化我们周围的环境,他可以由我们的眼睛传达幸福的美给我们;音乐和诗歌是在美化我们周围的空气,他可以由耳朵传达幸福的美给我们;而戏剧、舞蹈、电影等综合艺术也是在美化我们周围的空间与时间,能兼用我们的眼和耳传达幸福的美给我们。综合来说,这一切的艺术是在美化宇宙,人生在这宇宙里自然也就美化了。所以如果好的建筑越多,好的雕刻越多,好的绘画越多,好的音乐诗歌越多,好的戏剧、舞蹈、电影越多,那么宇宙就越美,人生也就愈被美化。

所谓美育是与德育、智育同等重要的,所谓智育就是科学教育,所谓德育就是道德教育,所谓美育就是艺术教育。科学是讲求真的,道德是讲求善的,艺术是讲求美的。这真善美三事才是人类生活的理想境地,所以科学教育愈进步,愈能够实现更多的真;道德教育愈能够实施,愈能够增多善;艺术教育愈发达,人生就愈美化。所以人群的努力,总是向着这三方面,缺一不可,从此可以知道艺术教育所能发生的效能——美化人生——是多么的重要。

上面所说的是艺术教育效能的永恒常态,但是他也有特殊的时候,即所谓时代性,就是在某一时间因为特殊的需要而发生特殊的效能,这种特殊的效能有时含着"指导人生"的任务,是比较积极的。像古希腊罗马的艺术,多表现勇武的精神和美的体格,所以当时的人们受了这种艺术的陶冶,他们也就爱运动好战斗起来。这种积极的效能并不是美化人生的常态,而是在指导人生,像中国目前这个时代,恰好是需要这种特殊的艺术教育,即是需要一个指导人生的艺术教育。凡是一个艺术教育家都应该知道,中国这一个时代是怎样的动荡不安定,民族存亡是怎样的危急,我们确实没有余暇来完成理想中美满的人生,我们现在首先要完成平安自由的人生,以后,才能继续努力向着理想的人生大道迈进。这是这一个时代独有的需要,需要艺术教育发生这种特殊的效能。

指导人生的方向历来很多,除开古希腊罗马尚武的艺术之外,像中世纪的艺术都是暗示着崇奉宗教,依归上帝,指示人们走向博爱之路,至今世界上仍有无数的人受着这种影响,而中国今日所需要的启示既不仅是勇武好斗,更不是宗教的迷信,而是希望达到一个平安自由的目标。但是这件事并不容易,当前的大敌,正努力的毁灭我们的平安与自由。我们要想达到这平安与自由的境地,就必须首先要除去这当前的大敌。所以这一时代的指导人生的工作也就要以此为主。艺术教育在这一时代的积极意义也就以此为依归,就是说这一个特殊的时代就需要艺术教育能够充分发挥指导群众驱除暴敌的效能。从此又可见特殊的艺术教育在这特殊的时代又是多么的重要。

一般人都以为艺术是太平年间的玩意儿,美育更是平安时节的装饰,那真是大谬不然,从今以后,每一个人都应该晓得,所谓艺术教育在平时他的效能可以美化人生,在特殊的时代他更可以指导人生呢。

纪念中国美育的创导者——蔡孑民先生 朱锡华[1]

过去的中国教育界,一贯的怀着一种偏狭的态度,便是把教育当作传授知识与灌输学问的工作,认为只要能够施以完善的“智育”,便算是尽了教育的能事,其余的一切,尽可以毋庸过问。诚然,“智育”在教育上占着重要的地位,是谁也不能否认的,不过,只让智育的单独发展,则未免违反教育的本意,因为教育的中心不在智育而在德育,欲求德育之完成,实须赖于“智育”与“美育”二者之相互推进,决不能稍有偏废的。可怜我国过去所实施的教育,却往往略忽了这一点,老把“美育”遗弃到教育圈外去,致使教育的发展,形成一种畸形而残缺的状态,这委实是一件痛心的事。

近代中国社会之所以遍布着卑污与黑暗,人生之所以充满了奸险与罪恶,风气习尚之所以颓萎与鄙陋,民族道德之所以日形堕落,以致遭受异族之蔑视与欺凌者,无非是已往德育不振的结果,而德育之所以不振,其实皆由于过去教育中缺乏了“美”的质素的缘故,这原因很简单:因为“美”与“丑”是决不能两立的,人们假如自始至终都染受着“美”的薰陶,当然会无形中养成一种高尚纯洁的情趣,一切丑恶的意念自然无从滋生,这便是美育可完成德育的显著理由。我们目前尤应该诅咒的,是处此神圣的民族斗争正在全面展开的大时代里,依然还渗杂着一部份自私,贪污,争夺,甚至于丧心病狂,媚敌卖国的民族败类存乎其间,间接直接的阻挠着建国大业的前进,而这许多无耻败类之中,正不乏大批饱读诗书经

---

[1]《音乐与美术》第 5 期“艺术教育特辑”,1940 年 5 月 1 日,第 8—10 页。

纶满腹的份子,不过彼辈所缺乏的,是纯正的道德与高洁的美感罢了。这很足以证明美育并不如一般人所想像的那么无用。

明达超远的蔡孑民先生,很早便透察了这一个民族的隐患,因此当他开始从事于教育的改革事业的时候,除了竭力介绍欧西新学术,沟通中西文化思想,提倡科学的研究而外,更曾不遗余力的提倡"美感教育",使"美育"从此获得了抬头的机会,一扫往昔教育上的谬误观念,实是我国教育的一大改进。先生说:"人生不外乎意志,人与人之互相关系,莫大乎行为。故教育之目的,在使人人有适当之行为,即以德育为中心是也。"进一步先生解释"欲行为之适当,必先有两大准备。一,计较利害,考察因果,以冷静头脑判定之,凡保身卫国之德,属于此类,赖智育之助也。二,不顾祸福,不计生死,以热烈之感情奔赴之,凡与人同乐,舍己为群之德,属于此类,赖美育之助也"。所以"美育者,与智育相辅而行,以图德育之完成者也"。(以上所引,均见蔡先生之《美育》一文中)观乎先生的议论,则美育的意义与价值,是谁也不能加以否认的。因此,先生曾把"科学与美学并提,看作养成国民实力的两大工具",即"研究科学以透彻复杂的真象,利用美育以鼓励实行的兴趣"。这是何等正确而明彻的理论。根据这一些理论,蔡先生认为要达到教育的圆满任务,实有提倡美育的必要。

在个人方面,要养成完全的人格,亦必须具备着真、善、美的三大条件。关于这方面,蔡先生又曾说"人生之所追求,社会之所需要,宇宙之所奔赴,其目的不外是真、善、美三事;真为科学知识之所事,善为伦理道德之所求,美则为感情与兴趣之所托",这是千古不灭的真理,而这三者之中,虽各具有其独立的范围,但其间自有着密切的联系,不过后者却一向被一般人所漠视,为要创造新鲜美满的人生观,蔡先生认为"美育"是一个不可或缺的重要因素。

尤其是值得大书而特书的,是先生所以亟亟于鼓吹美育者,其主旨是针对着目前中国社会的症状,投以一剂有效的良药;先生认为要拯救这颓萎沉沦的民族生命,非利用"美育"的神威,以驱扫社会人间的一切卑污恶浊不可。先生的远大目标,是要使美育去摧毁有的一切黑暗,从而发扬光辉灿烂的民族美德,建立一个向上的健全的民族人格,使中华民族的精神、文明永远延续下去,先生用意的超远,贡献的伟大,诚可谓"前无古人"而无愧。

此外,蔡先生又认为美化的人生,美化的社会和宇宙,不惟仅足以陶情娱性,更具有增高人类幸福,促进人生向上的功效。所以美育不仅是行诸学校,而要更广泛的行之于社会与家庭,使整个诸大的宇宙,无处不弥漫着美的气息。美育的本身,亦不仅止于绘画、雕刻、音乐等类艺术的范围,宇宙间的一切事物,尽多含蓄着美的成分者,随时均可摘取作为美育的辅助。——这都在先生的《美育》一文中明白昭示给我们的,可是先生还觉得不够,进一步更创立"美育代宗教"的学说,以求打破阻碍我国文化发展的传统的迷信,先生这种超脱而切实的见地,曾博得无数学者的传诵与称道,委实是值得夸耀的一件功绩。

中国的美育,在蔡先生热烈的提倡之下,显然的逐渐被教育界所重视了。不过,另一方面为了种种关系,尚有着不可讳言的缺憾:便是美育还未曾普遍的推广到整个的社会;一部分教育行政当局,也未曾深切的致力于美育的实施;至于一般担任美育的教师们,亦往往未能极尽美育的责任。整个的说来,中国的美育距离成功的途径,还是很远很远的。如今抗战建国的工作正艰苦进行,而蔡先生已遽归道山,良师乍失,痛悼实深!自先生所遗留下来的许多伟业,仍须赖于后辈的继续经营。为了追念先生,为了国家民族的前途,今后唯有希望于我辈后死者,特别是从事美育的同志,一致竭诚的去接受先生的遗志,以最大的努力来完成先生未竟之功,共同肩负起这伟大而圣洁的使命。

木刻名人特志:提倡美育代宗教的蔡孑民先生　王青芳[①]

执教育界之牛耳,为国民党元老之一,主张以美育代宗教,关于美术,曾编《欧洲美学丛述》《康德美学术》《欧洲美术小史》诸书的蔡元培先生,年高德劭,道学宏深,世人莫不钦仰,足为后生小子之矜式,在不久以前,溘然逝世,凋谢老成,哲人其萎,全国人士,莫不震悼。我们不愿在这谈艺术的刊物中,来琐屑地记述他的历史,谨将他对美术,宗教,伦理,各学说各著作之荦荦大端,简略述之。也略当蔡先生逝世的一种纪念文字吧。

先生生前对于美术文,以为新旧体,均有美学上的价值,新文学如西洋之建筑,雕刻,图画,随科学哲学而进化。旧文学,注重音调之配置,字句之排比,则如音乐,如舞蹈,如图案,如中国之绘画,亦不得谓之非美术也。

先生提倡以美育代宗教,他的学说:对宗教主张极端之自由,以为无传教之必要,或以为宗教之仪式及信条,可以涵养德性,先生极反对之,以为此不过自欺欺人之举。若为涵养德性,则莫如提倡美育。盖人类之恶,率起于自私自利。美术有超越性,置一身之利害于度外。又有普遍性,独乐乐不如与人乐

① 《晨报·艺术月刊》,1940 年 6 月 9 日第 6 版、6 月 16 日第 5 版、6 月 23 日第 5 版。

乐，与寡乐乐不如与众乐乐是也。故提出以美育代宗教说，曾于江苏省教育会及北京神州学会演说之。在法与李石曾，汪精卫诸君，初拟出《民德报》，后又拟出《学风杂志》，均不果。乃自编《哲学大纲》一书，多采取德国哲学家之言，惟于宗教思想一节，谓："真正之宗教，不过信仰心；所信仰之对象，随哲学之进化而改变；亦即因各人之哲学观念程度而不同，是谓信仰自由，凡现在有仪式有信条之宗教，将来必被淘汰。"均先生对宗教自创之说也。是可见先生思想之透彻矣。

先生早年，好以公羊春秋三世义说进化论。又尝为三纲五伦辩护曰："纲者目之对，三纲，为治事言之也。国有君主，则君为纲，臣为目。家有户主，则夫父为纲，而妇子为目。此为统一事权起见，与彼此互相待遇之道无关也。互相待遇之道，则有五伦，故君仁，臣忠，非谓臣当忠而君可以不仁也。父慈子孝，非谓子当孝而父可以不慈也。夫义妇顺，非谓妇当顺而夫可以不义也。晏子曰：'君为社稷死则死之。'孔子曰：'小杖则受，大杖则走。'若如俗所谓君要臣死，臣不得不死，父要子死，子不得不死者，不特不合于五伦，亦不合于三纲也。"其对于伦理之学说如此。

先生又提倡劳力神圣说，谓："出劳力以造成有益社会之事物，无论所出为体力，为脑力，皆谓之劳工，故农，工，教育家，政治家，著述家，皆劳工也。商业中，惟消费公社，合于劳工之格。劳工当自尊，不当羡慕其他之不劳而获之寄生物。"曾于勤工俭学传序，及天安门演说时畅言之。

欧战时，先生对战事之观察，谓国民实力，不外科学美术之结果。又谓此战为强权论与互助论之竞争。同盟方面代表强权论。协约方面，代表互助论。而最后之胜利，必归互助论。曾于浙江教育会及北京政学会演说之，时为五年之冬，两方胜负未分之时也。

先生对教育方针之意见，谓："教育界所提倡之军国民主义及实利主义，固为救时之必要，而不可不以公民道德教育为中坚。欲养成公民道德，不可不使有一种哲学上之世界观与人生观，而涵养此种观念，不可不注重美育。"美育者，先生在德国受有极深之印像，而愿出全力以提倡之者也。先生所谓之公民道德，以法国革命时代所揭箸之自由，平等，友爱为纲，而以古义证明之，谓："自由者，富贵不能淫，贫贱不能移，威武不能屈是也，古者盖谓之义。平等者：己所不欲，勿施于人是也，古者盖谓之恕。友爱者：己欲立而立人，己欲达而达人是也，古者盖谓之仁。"思想超人，一以贯通，德参造化，学究天人矣。

先生曾游学日本，在青岛由日文译德国科培氏《哲学要领》一册，售稿于商务印书馆。自谓其时心绪不甚宁,所绎人名多诘屈。而一时笔误,竟以空间为宙,时间为宇。常欲于再版时修正之。丁未年,驻德公使孙慕韩君允每月助先生学费三十两,又商务印书馆亦订定,每月送编译费百元,遂游学德国柏林,四年中,编《中学修身教科书》五册,《中国伦理学史》一册,绎包而生《伦理学原理》一册。民国元年,先生辞教育总长职,再赴德国游学,二年夏,以宋案回国,奔走调停,赣宁战起,遂携眷赴法游学,住巴黎近郊一年。欧战开始,遂迁居法国西南境。于习法语外,编书且助李石曾,汪精卫诸君,办理留法俭学会,组织华法教育会。并拟出《民德报》与《学风杂志》,均不果。编《哲学大纲》一册,《欧洲美学丛述》《康德美学述》《欧洲美术小史》《赖斐尔》一卷,又为华工学校,编修身讲义数十首,印行于《旅欧杂志》中。长北京大学时,对学校课程,多更正修订,厥功至伟。

先生深信徐时栋君,所谓《石头记》中十二金钗,皆明珠食客之说。随时考检,颇有所得。应《小说月报》之要求。整理旧稿,为《石头记索隐》一册,附月报分期印之。后又印为单行本。然此后尚有继续考出者,于再版三版时,均未及增入也。

先生最不赞成中国合食之法,而亦不赞成西洋菜。以为烹饪艺术,中国最为进步,惟改合食为分食可矣。于管理爱国女学时,办绍兴学务公所时,长教育部时,皆提倡之。于北京大学,特备西洋食具,宴外宾时,均用中国酒菜。

《现代中国名人外史》中载"先生青年未第时,曾从上虞宿儒王佐,研习经学。王有妹,曰蕙如,知书能文,兼工吟咏,读蔡文心窃慕焉,因揄扬其才于母,意盖欲作茑萝之附。母嫌蔡家清寒,且貌寝身癯,谓非寿者相,仅漫应之,而不为谋缔姻。期年后,蔡连捷成进士,报至王宅,蕙如不禁欣跃曰:'固知若人非池中物,今何如耶?则侬之藻鉴为不虚矣!'母乃嘱王佐倩人,为乃妹执柯;讵蔡已订婚于某巨室,母女闻之,始大懊丧!未几蕙如郁郁病,经岁竟殁。"

又谓曾闻人言,"蕙如曾出所绣幽谷兰馨图征题,蔡为咏两律,蕙如函谢,并附和章,蔡亦激赏之,自是诗札往还,知音互许,婚姻问题,亦常及之,两情凝固,而均能以理自范,所谓精神之爱者。此事不知信否?惟读黄世晖记先生口述传略中,谓先生为中西学堂监督时,丧其妻王氏。未期,媒者纷集。先生提出条件曰:(一)女子须不缠足者。(二)须识字者。(三)男子不娶妾。(四)男死后,女可再嫁。(五)夫妇如不相合,可离婚。媒者无一合格,且以后两条为可骇。后一年,始访得江西黄雨轩先生之女,名世振,字仲玉,天足工书画,且孝于亲。行婚礼时,不循浙俗挂三星画轴,而以一红幛子缀'孔子'两大字,又于午后开演说会,以代闹房云。"

民念五,为先生七十寿辰,同时柳亚子先生五十寿辰,南社人士胡朴安,王世颖,谢六逸,陈陶遗,徐蔚南,曾虚白,舒新城,胡怀琛,陈抱一诸先生,征集海内艺术家及文人诗客之作品,为二先生刊寿辰纪念集,余忝列被征之一,曾画竹石雄鸡图,为二公寿,友人贾仙洲君,题以诗云:"竹应虚节石征寿,德望崇隆二巨公,画献雄鸡为祝寿,声声题彻海天红。"孙墨佛先生亦题句云:"谁家韵事作佳传,忠惠柳州共一龛,寄语两公须郑重,大椿不老老江南。""白下文星聚雅才,千秋佳话费心猜,东风吹入江南岸,无数青山入酒杯。"附跋云:"丙子年春日,芒砀山人王青芳告余曰:某月某日,为蔡子民先生与柳亚子先生寿辰。其友人为征海内名人诗文字画,以作纪念,余素于文艺,毫无心得,偶尔捉笔,俚俗不堪登大雅之堂,竭足以寿两公,青芳出所画,为题两绝,略以塞责,用博两公掀髯一笑。梦书生花馆主人孙墨佛并记。"此画竟蒙不弃,刊图前列,殊增人汗颜也,又数年前曾为蔡先生刻像(见刊图)当时完全是一种尊崇其精神的伟大,而有所趋使,并拟诗二绝云:"著作一生说等身,研究学术任艰辛,复兴艺术勤提倡,教育专家蔡子民。""倡言神圣属劳工,信教自由见德风,美育可将宗教代,精神伟大最堪崇。"附庸风雅,殊堪自笑矣。

先生对于艺术,提倡不遗余力,对艺坛后进,犹竭力提携。前北京大学附设之造型美术研究会,及国立艺专等,皆由先生提倡而创办也。其女公子蔡威廉女士,为有名之画家,现中国如林风眠,吴新吾,徐悲鸿,刘海粟等,皆由先生保送留洋,专攻美术者,是可见先生对艺术之热心矣。

对先生之思想,言论,道德,著述等,渺如吾人,殊不敢枉为估价,惟前蒋梦麟博士到北京时,对于北京大学学生演讲,讲到蔡先生的精神,谓:"(一)温良恭俭让,蔡先生具中国最好之精神。(二)重美感,是蔡先生具希腊最好之精神。(三)平民生活,及在他的眼中,个个都是好人,是蔡先生具希伯来最好之精神。蔡先生这精神,是从那里来的呢?是从学问来的。"闻者均以为确当。是则蔡先生之死,实教育界重大之损失,亦中国人之大不幸也哀哉!

关于美育　凌[①]

世曷焉久纷纷乎?道德也,法制也,宗教也,宁犹有其未至者乎?其所谓至

---

① 《晨报》"艺术周刊",1940 年 6 月 30 日第 5 版,原文为句读。

善者,莫知而非之;其所谓至当者,莫知而察之。急小遗大,务私弃公,驯至人欲横流,道德不足以回其渊,白昼群劫,法制不足以衰其焰,事物日新,宗教不足以坚其望。懵懵焉失其立国之道,而不知其非。故倾人之国,夺人之疆,孤人之子,寡人之妻,而民心徒益其不宁,邦国徒益其纷且危者,宁非世之治国者之大蔽哉?故夫先觉之士,群呕呕焉求所以拯之之道,而美育者乃其枢也。盖人生莫不具有先天之美德,恻隐怛惕之心,苟陶之以方,养之以日,使人人浸焉润焉,相忘于渊懿淳朴之域,泯其倾轧残酷之心,则争夺之患不起,泯其贪鄙并吞之心,则战伐之祸不兴。人心于以永宁,环世以于永尊。世之立国之道,宁有呕于此者乎? 此东西诸邦岁增其费,殚力以倡之之□也。环睹东西诸邦,其于美育一端上下合力,如骐骥之奔驰,如云霞之璀璨,必能力其远者大者,群起而进,以造于国,以福于斯世也。

美感教育　朱光潜[1]

世间事物有真善美三种不同的价值,人类心理有知情意三种不同的活动。这三种心理活动恰和三种事物价值相当:真关于知,善关于意,美关于情。人能知,就有好奇心,就要求知,就要辨别真伪,寻求真理。人能发意志,就要想好,就要趋善避恶,造就人生幸福。人能动情感,就爱美,就欢喜创造艺术,欣赏人生自然中的美妙境界。求知、想好、爱美,三者都是人类天性;人生来就有真善美的需要,真善美具备,人生才完美。

教育的功用就在顺应人类求知、想好、爱美的天性,使一个人在这三方面得到最大限度的调和的发展,以达到完美的生活。"教育"一词在西文为Education,是从拉丁动词 Educare 来的,原义是"抽出"。所谓"抽出"就是"启发"。教育的目的在"启发"人性中所固有的求知、想好、爱美的本能,使它们尽量生展。中国儒家的最高的人生理想是"尽性"。他们说:"能尽人之性则能尽物之性,能尽物之性则可以参天地之化育。"教育的目的可以说就是使人"尽性","发挥性之所固有"。

物有真善美三面,心有知情意三面,教育求在这三方面同时发展,于是有智育、德育、美育三节目。智育叫人研究学问,求知识,寻真理;德育叫人培养良善

[1]《读书通讯》1940 年第 7 期,1940 年 8 月 1 日,第 106—109 页。后收入《谈修养》时更名为《谈美感教育》。

品格,学做人处世的方法和道理;美育叫人创造艺术,欣赏艺术与自然,在人生世相中寻出丰富的兴趣。三育对于人生本有同等的重要,但是在流行教育中,只有智育被人看重,德育在理论上的重要性也还没有人否认,至于美育则在实施与理论方面都很少有人顾及。二十年前蔡孑民先生一度提倡过"美育代宗教",他的主张似没有发生多大的影响。

还有一派人不但忽略美育,而且根本仇视美育。他们仿佛觉得艺术有几分不道德,美育对于德育有防碍。希腊大哲学家柏拉图就以为诗和艺术是说谎的,逢迎人类卑劣情感的,多受诗和艺术的熏染,人就会失去理智的控制而变成情感的奴隶,所以他对诗人和艺术家说了一番客气话之后,就把他们逐出"理想国"的境外。中世纪耶稣教徒的态度也很类似。他们以倡苦行主义求来世的解脱,文艺是现世中的一种快乐,所以被看成一种罪孽。近代哲学家中卢梭是平等自由说的倡导者,照理应该能看得宽远一点,但是他仍是怀疑文艺,因为他把文艺和文化都看成朴素天真的腐化剂。托尔斯泰对近代西方艺术的攻击更丝毫不留情面,他以为文艺常传染不道德的情感,对于世道人心影响极坏。他在《艺术论》里说:"每个有理性有道德的人应该跟着柏拉图以及耶回教师,把这问题从新这样决定:"宁可不要艺术,也莫再让现在流行的腐化的虚伪的艺术继续下去。"

这些哲学家和宗教家的根本错误在认定情感是恶的,理性是善的,人要能以理性镇压感情,才达到至善。这种观念何以是错误的呢?人是一种有机体,情感和理性既都是天性固有的,就不容易拆开。造物不浪费,给我们一份家当就有一份的用处。无论情感是否可以用理性压抑下去,纵是压抑下去,也是一种损耗、一种残废。人好比一棵花草,要根茎枝叶花实都得到平均的和谐的发展,才长得繁茂有生气。有些园丁不知道尽草木之性,用人工去歪曲自然,使某一部分发达到超出常态,另一部分则受压抑摧残。这种畸形发展是不健康的状态,在草木如此,在人也是如此。理想的教育不是摧残一部分天性而去培养另一部分天性,以致造成畸形的发展;理想的教育是让天性中所有的潜蓄力量都得尽量发挥,所有的本能都得平均调和发展,以造成一个全人。所谓"全人"除体格强壮以外,心理方面真善美的需要必都得到满足。只顾求知而不顾其它的人是书虫,只讲道德而不顾其它的人是枯燥迂腐的清教徒,只顾爱美而不顾其它的人是颓废的享乐主义者。这三种人都不是全人而是畸形人,精神方面的驼子、跛子。养成精神方面的驼子、跛子的教育是无可辩护的。

美感教育是一种情感教育。它的重要我们的古代儒家是知道的。儒家教育特重诗,以为它可以兴观群怨;又特重礼乐,以为"礼以制其宜,乐以导其和"。

《论语》有一段话总述儒家教育宗旨说："兴于诗，立于礼，成于乐。"诗、礼、乐三项可以说都属于美感教育。诗与乐相关，目的在怡情养性，养成内心的和谐（Harmony）；礼重仪节，目的在使行为仪表就规范，养成生活上的秩序（Order）。蕴于中的是性情，受诗与乐的陶冶而达到和谐；发于外的是行为仪表，受礼的调节而进到秩序。内具和谐而外具秩序的生活，从伦理观点看，是最善的；从美感观点看，也是最美的。儒家教育出来的人要在伦理和美感观点都可以看得过去。

这是儒家教育思想中最值得注意的一点。他们的着重点无疑地是在道德方面，德育是他们的最后鹄的，这是他们与西方哲学家宗教家柏腊图和托尔斯泰诸人相同的。不过他们高于柏腊图和托尔斯泰诸人，因为柏腊图和托尔斯泰诸人误认美育可以防碍德育，而儒家则认定美育为德育的必由之径。道德并非陈腐条文的遵守，而是至性真情的流露。所以德育从根本做起，必须怡情养性。美感教育的功用就在怡情养性，所以是德育的基础工夫。严格地说，善与美不但不相冲突，而且到最高境界，根本是一回事，它们的必有条件同是和谐与秩序。从伦理观点看，美是一种善；从美感观点看，善也是一种美。所以在古希腊文与近代德文中，美善只有一个字，在中文和其它近代语文中，"善"与"美"二字虽分开，仍可互相替用。真正的善人对于生活不苟且，犹如艺术家对于作品不苟且一样。过一世生活好比作一篇文章，文章求恰心贵当，生活也须求恰心贵当。我们嫌恶行为上的卑鄙龌龊，不仅因其不善，也因其丑；我们赞赏行为上的光明磊落，不仅因其善，也因其美。一个真正有美感修养的人必定同时也有道德修养。

美育为德育的基础，英国诗人雪莱在《诗的辩护》里也说得透辟。他说："道德的大原在仁爱，在脱离小我，去体验我以外的思想行为和体态的美妙。一个人如果真正做善人，必须能深广地想像，必须能设身处地替旁人想，人类的忧喜苦乐变成他的忧喜苦乐。要达到道德上的善，最大的途径是想像；诗从这根本上做工夫，所以能发生道德的影响。"换句话说，道德起于仁爱，仁爱就是同情，同情起于想像。比如你哀怜一个乞丐，你必定先能设身处地想像他的痛苦。诗和艺术对于主观的情境必能"出乎其外"，对于客观的情境必能"入乎其中"，在想像中领略它，玩索它，所以能扩大想像，培养同情。这种看法也与儒家学说暗合。儒家在诸德中特重"仁"，"仁"近于耶稣教的"爱"、佛教的"慈悲"，是一种天性，也是一种修养。仁的修养就在诗。儒家有一句很简赅深刻的话："温柔敦厚诗教也。"诗教就是美育，温柔敦厚就是仁的表现。

美育不但不妨害德育而且是德育的基础，如上所述。不过美育的价值还不仅在此。西方人有一句恒言说："艺术是解放的，给人自由的。"（Art is liberative)这句话最能见出艺术的功用,也最能见出美育的功用。现在我们就在这句话的意义上发挥。从哪几方面看,艺术和美育是"解放的,给人自由的"呢?

第一是本能冲动和情感的解放。人类生来有许多本能冲动和附带的情感,如性欲,生存欲,占有欲,爱、恶、怜、惧之类。本自然倾向,它们都需要活动,需要发泄。但是在实际生活中,它们不但常彼此互相冲突,而且与文明社会的种种约束如道德、宗教、法律、习俗之类不相容。我们每个人都知道,本能冲动和欲望是无穷的,而实际上有机会实现的却寥寥有数。我们有时察觉到本能冲动和欲望不大体面,不免起羞恶之心,硬把它们压抑下去;有时自己对它们虽不羞恶而社会的压力过大,不容它们赤裸裸地暴露,也还是被压抑下去。性欲是一个最显著的例。从前哲学家宗教家大半以为这些本能冲动和情感是卑劣的、不道德的、危险的,承认压抑是最好的处置。他们的整部道德信条有时只在以理智镇压情欲。我们在上文指出这种看法的不合理,说它违背平均发展的原则,容易造成畸形发展。其实它的祸害还不仅此。佛洛依德(Freud)派心理学告诉我们,本能冲动和附带的情感仅可暂时压抑而不可永远消灭,它们理应有自由活动的机会,如果勉强被压抑下去,表面上像是消灭了,实际上在隐意识里凝聚成精神上的疮疖,为种种变态心理和精神病的根源。依佛洛依德看,我们现代文明社会中人因受道德宗教法律习俗的裁制,本能冲动和情感常难得正常的发泄,大半都有些"被压抑的欲望"所凝成的"情意综"(Complexes)。这些情意综潜蓄着极强烈的捣乱力,一旦爆发,就成精神上种种病态。但是这种潜力可以藉文艺而发泄,因为文艺所给的是想像世界,不受现实世界的约束和冲突,在这想像世界中,欲望可以用"望梅止渴"的办法得到满足。文艺返把带有野蛮性的本能冲动和情感提到一个较高尚较纯洁的境界去活动,所以有升华作用(Sublimation)。有了文艺,本能冲动和情感才得自由发泄,不致凝成疮疖酿精神病,它的功用有如机器方面的"安全瓣"(Safety Volve)。佛洛依德的心理学有时近于怪诞,但实含有一部分真理。文艺和其它美感活动给本能冲动和情感以自由发泄的机会,在日常经验中也可以得到证明。我们每当愁苦无聊时,费一点工夫来欣赏艺术作品或自然风景,满腹的牢骚就马上烟消云散了。读古人的痛快淋漓的文章,我们常有"先得我心"的感觉。看过一部戏或是读过一部小说之后,我们觉得曾经紧张了一阵是一件痛快事。这些快感都起于本能冲动和情感在想像世界中得解放。最好的例子是哥德著《少年维特之烦恼》的经过。他少年时爱过一个已经许人的女子,心里痛苦已极,想自杀以了一切。有一天他听到一位朋友失恋自杀的消息,想到这事和他自己的境遇相似,可以写成一部小说。他埋头两礼拜,写成《少年维特之烦恼》，把自己心中怨慕愁苦的情绪齐倾泻到书里，书成了，他的烦恼便去了，自杀的念头也消了。从这实例看，文艺确有解放情感的功用，而解放情感对于心理健康也确有极大的裨益，我们通常说一个人情感要有所寄托，才不致枯燥烦闷，文艺是大家公认为寄托情感的最好的处所。所谓"情感有所寄托"还是说它要有地方可以活动，可得解放。

其次是眼界的解放。宇宙生命时时刻刻在变动进展中，希腊哲人有"濯足急流，抽足再入，已非前水"的譬喻。所以在这种变动进展的过程中每一时每一境都是个别的，新鲜的，有趣的。美感经验并无深文奥义，它只在人生世相中见出某一时某一境特别新鲜有趣而加以流连玩味，或者把它描写出来。这句话中"见"字最紧要。我们一般人对于本来在那里的新鲜有趣的东西不容易"见"着。这是什么缘故呢？不能"见"必有所蔽。我们通常把自己围在习惯所画成的狭小圈套里，让它把眼界"蔽"着，使我们对它以外的世界都视而不见，听而不闻。比如我们如果围于饮食男女，饮食男女以外的事物就见不着；围于奔走钻营，奔走钻营以外的事就见不着。有人向海边农夫称赞他的门前海景美，他很羞涩地指着屋后菜园说："海没有什么，屋后的一园菜倒还不差。"一园菜圈住了他，使他不能见到海景美。我们每个人都有所围，有所蔽，许多东西都不能见，所见到的天地是非常狭小，陈腐的，枯燥的。诗人和艺术家所以超过我们一般人者就在情感比较真挚，感觉比较锐敏，观察比较深刻，想像比较丰富。我们"见"不着的他们"见"得着，并且他们"见"得到就说得出，我们本来"见"不着的他们"见"着说出来了，就使我们也可以"见"着。像一位英国诗人所说的，他们"借他们的眼睛给我们看（They lend their eyes for us see）"。中国人爱好自然风景的趣味是陶、谢、王、韦诸诗人所传染的。在 Turner 和 Whistler 以前，英国人就没有注意到太晤士河上有雾。Byron 以前，欧洲人很少赞美威尼司。前一世纪的人崇拜自然，常咒骂城市生活和工商业文化，但是现代美国、俄国的文学家有时把城市生活和工商业文化写得也很有趣。人生的罪孽灾害通常只引起忿恨，悲剧却教我们于罪孽灾祸中见出伟大庄严；丑陋乖讹通常只引起嫌恶，喜剧却教我们在丑陋乖讹中见出新鲜的趣味。Rembrandt 画过一些疲癃殊疾的老人以后，我们见出丑中也还有美。象征诗人出来以后，许多一纵即逝的情调使我们觉得精细微妙，特别值得留恋。文艺逐渐向前伸展，我们的眼界也逐渐放大，人生世相越显得丰富华严。这种眼界的解放给我们不少的生命力量，我们觉得人生有意义，有价值，值得活下去。许多人嫌生活干燥，烦闷无聊，原因就在缺乏美感修养，见不着人生世相的新鲜有趣。这种人最容易堕落颓废，因为生命对于他们失去意义与价值。

"哀莫大于心死",所谓"心死"就是对于人生世相失去解悟与留恋,就是不能以美感态度去观照事物。美感教育不是替有闲阶级增加一件奢侈,而是使人在丰富华严的世界中随处吸收支持生命和推展生命的活力。朱子有一首诗说:"半亩方塘一鉴开,天光云影共徘徊,问渠那得清如许? 为有源头活水来。"这诗所写的是一种修养的胜境。美感教育给我的就是"源头活水"。

第三是自然限制的解放。这是德国唯心派哲学家康德、席洛、叔本华、尼采诸人所最着重的一点,现在我们用浅近语来说明它。自然世界是有限的,受因果律支配的,其中毫末细故都有它的必然性。因果线索命定它如此,它就丝毫移动不得。社会由历史铸就,人由遗传和环境造成。人的活动寸步离不开物质生存条件的支配,没有翅膀就不能飞,绝饮食就会饿死。由此类推,人在自然中是极不自由的。动植物和非生物一味顺从自然,接受她的限制,没有过分希冀也就没有失望和痛苦。人却不同,他有心灵,有不可压的欲望,对于无翅不飞绝食饿死之类事实总觉有些歉然。人可以说是两重奴隶,第一服从自然的限制,其次要受自己的欲望驱使。以无穷欲望处有限自然,人便处处觉得不如意,不自由,烦闷苦恼都由此起。专就物质说,人在自然面前是很渺小的,它的力量抵不住自然的力量,无论你有如何大的成就,到头终不免一死,而且科学告诉我们,人类一切成就到最后都要和诸星球同归于毁灭,在自然圈套中求征服自然是不可能的,好比孙悟空跳来跳去,终跳不出观音大士的掌心。但是在精神方面,人可以跳开自然的圈套而征服自然,他可以在自然世界之外另在想像中造出较能合理慰情的世界。这就是艺术的创造。在艺术创造中人可以把自然拿在手里来玩弄,剪裁它,锤炼它,重新给以生命与形式。每一部文艺杰作以至于每人在人生自然中所欣赏到的美妙境界都是这样创造出来的。美感活动是人在有限中所挣扎得来的无限,在奴属中所挣扎得来的自由。在服从自然限制而汲汲于饮食男女的寻求时,人是自然的奴隶;在超脱自然限制而创造欣赏艺术境界时,人是自然的主宰,换句话说,就是上帝。多受些美感教育,就是多学会如何从自然限制中解放出来,由奴隶变成上帝,充分地感觉人的尊严。

爱美是人类天性,凡是天性中所固有的必须趁适当时机去培养,否则像花草不及时下种及时培植一样,就会凋残萎谢。达尔文在自传里懊悔他一生专在科学上做工夫,没有把他年轻时对于诗和音乐的兴趣保持住,到老来他想用诗和音乐来调剂生活的枯燥,就抓不回年轻时那种兴趣,觉得从前所爱好的诗和音乐都索然无味。他自己说这是一部分天性的麻木。这是一个很好的前车之鉴。美育必须从年轻时就下手,年纪愈大,外务日纷繁,习惯的牢笼愈坚固,感觉愈迟钝,心里愈驳杂,欣赏艺术力也就愈薄弱。我时常想,无论学哪一科专门学问,干哪一行职业,每个人都应该会听音乐,不断地读文学作品,偶尔有欣赏图画、雕刻的机会。在西方社会中这些美感活动是每个受教育者的日常生活中的重要节目。我们中国人除专习文学艺术者以外,一般人对于艺术都漠不关心。这是最可惋惜的事。它多少表示民族生命力的低降,与精神的颓靡。从历史看,一个民族在最兴旺的时候,艺术成就必伟大,美育必发达。史诗悲剧时代的希腊,文艺复兴时代的意大利,莎士比亚时代的英国,哥德和贝多芬时代的德国都可以为证。我们中国人古代对于诗乐舞的嗜好也极普遍。《诗经》《礼记》《左传》诸书所记载的歌乐舞的盛况常使人觉得仿佛是置身近代欧洲社会。孔子处周衰之际,特致慨于诗亡乐坏,也是见到美育与民族兴衰的关系密切。现在我们要想复兴民族,必须恢复周以前歌乐舞的盛况,这就是说,必须提倡普及的美感教育。这是负教育责任的人们所应该特别注意的。

蔡孑民先生的道德哲学与美育　马毅[①]

一、先生之思想与时代环境

蔡先生的学问道德功业文章,为中国近代一切文化运动的主潮,成了革命之动力,与中国近代文化史混合不能详细划分。尤其是提倡道德哲学与美育,更是灿烂光辉的一页。现在所推行的教育政策,现在所提倡的伦理建设,先生的思想,仍然是有着重要的地位。但是这样一位导师逝世之后,除了几篇哀痛追悼的文章以外,对于他的学术思想尚少论列,令人格外感到寂寞。我想对于先生的学术思想作一个完整的叙述与批判,对于今日抗建文化,总有绝大作用。我就以此短文,作抛砖引玉的工具,希望国人继承蔡先生所指示的光明道路,向前迈进,以精神与文化的力量,奠定抗建成功的基石。

蔡先生的道德哲学,纯粹是儒家的精神,以忠恕为其道德的内容,以智仁勇为道德的表现,以行仁义为善美之人生。真可以用一句成语来说:"六经皆先生的注脚。"

先生从事于学术、教育、革命,虽然所谈偏于道德的主张,那是因为中国政治是以伦理为基础,伦理与政治从未划分过,明白他的道德哲学就了然他的政治主张了,道德哲学在达到善美的人生,而美育又是完成道德的手段。

---

① 《时代精神》第 3 卷第 1 期,1940 年 8 月 20 日,第 148—158 页。

想明了蔡先生道德哲学的内容,须知道他的时代与环境,他那时代,正是十九世纪的民主主义自由主义思想澎湃的时候,流波续余,亦冲进了闭关自守的中国。在甲午战败之后,在满清专制愈招人厌恨的时候,在人民憧憬着变法立宪可以强国的时候。而特别是风气早开的江浙,那时候,本来就是反汉学反训诂的理学最昌盛的地方。以他天生的聪明,他接受了这一时代学问的成果;以他热烈的性格,他担负了革命大任。这伟大的时代,这得风气之先的地方,决定了他一生的事业的基础。

你看先生自己说:"我三十六岁……那时候同任教员的吴稚晖、章太炎诸君,都倡言革命,并在张园开会,凡是会演说的人,都是排满革命的,我在南洋公学时,所评改之日记,及月课,本已倾向于民权女权的提倡,及到学社,受激烈环境的影响,遂亦公言革命无所忌。何海樵君自东京来,介绍我宣誓入同盟会,又介绍我入一学习炸弹制造的小组,……那时教员热心的,一方面授课,一方面与学生同受军事训练,……我断发短装,与社员同练步伐……"(《我在教育界的经验》)

这时代的学术思想酝酿着新的生机:公羊、宋明理学、天演论、超人哲学、民主学说、实用的科学都是革命思想的解放主潮。所以先生虽然继承汉学鼎盛之后,却不以训诂见长。如所著《红楼梦索隐》,指宝玉、黛玉所影射的人物,牵涉政治,胡适已历举其附会;所作《杨朱为庄周详考》(略见《中国伦理学史》页四十七)更是疏于事实;所著《中国伦理学史》,阐述先哲思想,对哲学之术语、用字,无一处用小学方法来诂训,而一切言论,都集中于思想与道德的革新。

时代的觉醒,与革命的环境,是蔡先生学术思想的类型,是蔡先生道德哲学的蓝本。而近四十年的文化,又是受蔡先生的启发孕育与领导。思想的型态为环境所决定,是社会的反映,但亦可以加速腐化社会的崩溃,建立起崭新的社会。他不曾一时一刻与环境隔绝,他总是站在社会的前头,每一文化运动他都居于主动领导的地位。

二、先生学术思想之内容

先生在学术上是以革命的姿态出现。在当时学校仍未脱科举制度的时候,学生官僚习气很深,他却主张学术救国,说大学生应该研究学术。"一个民族或国家要在世界上立得住脚,是要以学术为基础的……所以学术昌明的国家,没有不强盛的。"(《言行录》《怎样才配做现代学生》)学生应以研究学术为职志,或者参加政治,只是爱国热情是不够的,必须"救国不忘读书",在祭总理时,还特别提出遗教革命之根本在求学问之进步,实在是对于空有热情而不求智识技能的特别针砭。他说:"凡先生所昭示,至大如'建国方略',至高如'三民主义',无不以学术为基础。"(《祭中山先生文》)至于"提出世界观教育,就是哲学的课程,意在兼采周秦诸子,印度哲学,及欧洲哲学以打破二千年来墨守孔学的旧习"(《我在教育界的经验》)。打破墨守孔学的旧习,正是清代戴震山、崔东壁研究诸子的精神,"不以一派之哲学,一家之教义梏其心"。这是如何尊重思想自由,重视求知的态度。"五四运动"时代的思想解放,就是先生这种求知精神的启示。

主张思想自由的内容如何呢? 先生对于各家学说,"循思想自由原则,兼容并包,无论何种学派,苟其言之成理,持之有故,尚不达自然淘汰之命运,即使彼此自然相反也听他们自由发展"(同上),这种爱护自由,爱护真理的态度,正是百川并流不悖的儒家精神。但自由亦有其界限,这也不要盗用思想自由的名称而妄无忌惮,试看先生对思想自由的界说:"人之思想不能缚于宗教,不牵于俗尚,而一以良心为准,此真自由也。若偶有恶劣之思想,为良心所不许,而我故纵容之,使积渐扩张,而势力遂驾于良心之上,则放纵之思想而已。……言论可以自由也,而或乃讦发阴私指挥淫盗,……皆逞一方面极端之自由,而不以他人之自由为界,皆放纵之咎也。"(《自由与放纵》)

主张思想是进步的,很像荀子,法后学的见解,他说学说应当"与时俱进",因为"后出繁博精敽,迥非古人所及"。因此他对学问要现代化,而不泥古,不复古。现代化是应该有自然科学为基础,有论理学为思想言论之规定,政治宗教学问应该结合。

主张思想应该接受外来文明,绝不守旧,他说:"希腊民族吸收埃及腓尼基诸国文明而消化之,是以有希腊之文明,高尔日耳曼诸族,吸收希腊罗马及阿拉伯之文明而消化之,是以有今日欧洲诸国之文明。"(《言行录》《文明之消化》)对国外新思潮皆深刻研究分别接受,但是必以中国学术为基础,凡介绍西洋学术,必曰,"参酌彼我情形",增减损益,绝无削足适履,剽窃皮毛的态度。"研究也者,非徒输入欧化,而必于欧化之中,为更进之发明,非徒保存国粹,而必以科学方法,揭国粹之真像"。又说:"吸收者消化之准备,必择其可消化者而始吸收之。……宁慎于吸收之始,勿为消化时代之障碍,此吾侪所当注意者也。"(《言行录》《文明之消化》)

由此可以窥见先生与文化运动,真正能处于领导地位,是他的学术思想的主张。理论是行动的指针,蔡先生的道德哲学,就是以此进步的思想为出发点。让我们再来研究他的道德哲学。

三、道德哲学

先生道德哲学的纲领,是以智仁勇为组织,而用新生活,责己重而责人轻,研究学术,舍己为群,把内容充实起来。而最高至上之鹄的为真、为善、为美。求知是真,为善是仁,提倡美育代替宗教,一切自由,舍己为群,都是为了人类秩序和谐,幸福,都是美。

现在时髦的心理,谈革命就不要道德,其实道德并不是死板的拘束人的枷锁,而是人与人相处的一种限度。它的积极作用,在能内发的使人相亲爱,表现人的性格。它是随着社会的进化而进化的。礼治与法治只是推行方式的差别。没有一成不变的法律,也没有万世皆准的道德。道德法律都是社会秩序的樊篱。社会常是随着政治经济改变,而法律道德如果藉着强力来维护,那就变成压迫人的工具。蔡先生对于道德的见解,抱着革命的态度,他说:"虚诬吊诡之道德,非摧陷而廓清之,诚不足有为也。"(《中国伦理学史》)先知先觉们,如果发见法律道德与时代脱了节,必须设法鼓吹改进,决不能违反进化原则而保守,甚至复古。必须正确的发现这一时代的需要,或以言论,或以行动,加速旧道德法律的崩溃。要用激烈的手段,就是革命。他评论老子说"与进化之理相背驰,故不能久行于普通健全之社会"(《中国伦理学史》)。

无论什么社会,什么阶级,什么国家,都是人的集团,都不能没有它的道德与法律,道德本质无所谓新旧,只是适合某种社会与否的问题,新道德也是道德,社会之有道德就与"行必由径"的道理一样,社会愈混乱,旧道德愈失约束的能力,新的道德尚未形成,决不能"混水摸鱼",妄行辩证法的理论挑选于自己有益利的礼法,扬弃了否定了于自己所不利的道德。所以要改造社会,革新政治,必生积极于伦理建设的理由,就是如此。

蔡先生是担负这样的责任。他提倡的道德是扫除封建余毒的建设新社会的道德,是接受了欧美新思想而以中国学术为主的新道德。是革命的道德,是建设新中国的道德,这和总理所提倡的参酌新学说恢复旧道德,总裁的伦理建设,是一致的。革命尚未成功,而且现阶段民族革命全民抗战等人所负的责任更为重大,国民的道德,公忠为国的精神也愈该加强,蔡先生所提倡的道德,仍然是今日正确道路。道德是实践的,蔡先生的难能处就是在于实践,在于实践他的革命理想。我们研究他的遗教,景仰他的人格,也只有遵循他的革命的道路,实践他所揭橥的训诫。

中国积弱的原因很多,最重要的还是生活的泄沓,作事的因循敷衍,必须改变此种生活,才能改造民族,建设新的国家,委员长提倡新生活运动认为是救自己救国家的工作。所昭示的规律,"如知礼义,明廉耻,守规矩,爱清洁等等:都是告诉大家做一个良好国民的道理。……在家成一孝子,在国为一良民,在学校为一好学生,在社会为一优秀分子,此即为新生活中之最紧要的一点意义"(委员长《新生活运动训词》)。蔡先生也看重在这一点,所以提倡过新生活屏弃旧生活,他说:"新生活是丰富的,是进步的;旧生活是枯燥的,是退化的。要是一个人,肯日日作工,日日求学,便是一个新生活的人,有一团体里面的人,都是日日工作,日日求学,便是一个新生活的团体。全世界的人,都是日日工作,日日求学,那就是新生活的世界了。"(《言行录》《新生活》)生活的丰富在于工作,在于作良好的国民,在于生活的进步,在于求学。所以又主张"劳工神圣"正是自强不息,日新又新的生活。

新生活的理想公民如何呢? 先生在《对于教育方针之意见》把公民道德说的很清楚:"揭法国革命时代所标举的自由、平等、友爱三项,用古义证明说:'自由者,"富贵不能移,威武不能屈"是也,古者盖谓之义。平等者,"己所不欲,勿施于人"是也,古者盖谓之恕。友爱者,"己欲立而立人,己欲达而达人"是也,古者盖谓之仁。'"而完成公民道德在教育,故又提出军国民教育,实利主义,公民道德,世界观五项宗旨。这是参酌我国情势,采取古代学说的新教育方法。古代六艺教育,就是文武合一的教育,不但战阵要勇,而行己有耻要勇,而义之所在,必实行躬践,都是勇。特别是积弱的中国,勇之提倡与军国民之教育,息息相关,实为复兴民族的基本。先生说的真不错:"我国强邻逼处,亟图自卫,而历年丧失之国权,非凭藉武力势难恢复。"(《对教育方针之意见》)至于友爱之养成尤为爱国家爱民族的德性的扩大。近年国民团结一致的抗敌精神,也可以说是这种教育的效果。

青年的新生活,先生在《怎样才配称做现代学生》里规定:青年须明了对国家的责任,要有学问。而要有狮子样的体力,猴子样的敏捷,骆驼样的精神。因为"一个民族或国家要在世界上立得住脚,要以学术为基础的。……所以学术昌明的国家没有不强盛的,反之学术幼稚和知识蒙昧的民族,没有不贫弱的"。对青年有更精辟的话:"一般似乎很可爱的青年男女,住着男女同学的学校,就可以算做现代学生么? 或者能读一点外国文的书,说几句外国语,或者能信口开河地谈些什么主义和什么文学,也配称做现代学生么? 我看这都是表面的或次要的问题!"

先生崇尚自由,所以有人权保障同盟的组织,主张自由,但有一定限度,不流于放纵,不流于残忍,这是革命时期感情冲动,群众心理最易犯的错误,也是革命高潮中的幼稚狂,所以特别申说。如云:"自由美德也,若思想,若身体,若言论,若居处,若职业,若集会,无不有自由之程度。若受外界之压迫而不及其度,则尽力以争之,虽流血亦所不顾,所谓'不自由毋宁死'是也;然若过于其度而有愧于己,有害于人,则不复为自由,而谓之放纵。'放纵者,自由之敌也',……夫以自由之美德,而一涉放纵,则且流于粗暴或残忍之行为而不觉。"

重进化崇尚文明。文明固然是人类的理想,但物质文明愈进步,则一切享受愈奢侈,先生是反对的。如中国的生产还是八世纪的方法,而享受却是二十世纪的。指斥穷极奢侈的个人享受,为恶习,这是新生活运动的提倡节约,注重生产的基本理论。想致中国于富强,必须提倡科学,注重生产,而个人则须节约,因为:"人类愈进化,愈文明,而人生幸福愈多。"必须向文明路上走,而文明之至高理想,仍在民生的乐利,儒家的理想如此,三民主义的理想也是以民生为依归,不同道家的退化的见解。所以先生对文明的定义是:"文明者利用厚生之普及于人人者也。"

自由进步都不是躁进,不是兴会的,暂时的。五分钟热度的爱国行动必须纠正。所以又提出"有恒"来。"有恒"为成功之本,欲学术之进步,事业之成功,有恒是绝对的条件。要保持自由,要不时进步,而必须有恒。有恒非保守。先生说:"无恒者,东驰西骛,而无一定之轨道也,保守者,踯躅于容足之地,而常循其故步者也;有恒者,向一定之鹄的,而又无时不进行者也。"(《言行录》《有恒与保守》)《易经》的生生的意义,天行健君子自强不息的意义,孔子赞叹逝水不舍昼夜的日新又新的精神配合了时代,蔡先生又给了新的内容。

中国人最大毛病为自私。只知个人利害,而忽略了国家,所以积极提倡舍己为群的道德。这是牺牲的精神,这是杀身成仁,舍生取义的义务,是人类行为中最崇高理想的实践。但是一般人贪生怕死,苟且偷生,养成自私自利的心理,而不知为社会为国家为人类服务的美德。试读先生鼓励人们为社会服务,为国家尽忠,为人类谋幸福的文字,则今日为争取民族生存自由而战,更当加倍努力,视死如归。人是社会之一分子,社会亡,个人亦不能生存,所谓"皮之不存,毛将焉附"?故必牺牲小己以保护群之生存,试看先生所举之例证:"一曰从军。战争,罪恶也,然或受野蛮人之攻击,而为防御之战,则不得已也。例如比之受攻于德,比人奋勇而御敌,虽死无悔,谁曰不宜。二曰革命。革命,未有不流血者也,然不革命而奴隶于恶政府,则虽生犹死,故不惮流血而为之。例如法国一七八九年之革命。中国数年来之革命,其事前之鼓吹运动而被拘杀者若干人,临时奋斗而死伤者若干人,是皆基于舍己为群者也。三曰暗杀。暗杀者,革命之最简单手段也。歼魁为释从,惩一以儆百,而流血不过五步。古者如荆轲之刺秦王,近者如苏斐亚之杀俄帝亚历山大第二,皆其例也。四曰为真理牺牲。真理者,和平之发见品也；然或为教会、君党、若贵族之所忌，则非有舍己为群之精神，不敢公言之。例如苏格拉的创新哲学，下狱而被鸩，哥白尼为新天文说见仇于教皇，巴枯宁道无政府主义而被囚被逐是也。其他如试演飞机探险南北极之类，在今日以为敢死之事业，虽或由好奇竞胜者之所为，而亦有起于利群之动机者，得附列之。"（《舍己为群》）

为群是蔡先生的中心思想。中国伦理本重仁字。"仁者爱人"，又说"博爱之谓仁"，仁字的本义，也是二人为仁，曾子《制言篇》说："人之相与也，譬如舟车然相济达也，人非人不济。"古代讲仁，讲兼善天下，讲兼相爱交相利，都是父子、兄弟、亲戚、朋友、乡党相处的道理，忠于社会，忠于国家的观念是普遍了的。后来囿于家族观念，被专制君主的利用，被官僚的自私自利心所掩蔽，被政府的腐败所濡染，被儒家末流的浅薄见解所曲解，被佛道出世思想所转化。一般人渐渐走上自私自利独善其身的途径。这是中国一大病源。先生针对这一病症，处处提倡舍己为群，以挽救危亡。而且一切道德、政治、美育都是以此为出发点，以此为中心。其见解真是颠扑不破的道理。

要舍己为群，须明白群己的道理。先生说："积人而成群，群者所以谋各人公共之利益也。然使群而危险非群中之人出万死不顾一生之计以保群，则群将亡，故不得已而有舍己为群之义务焉。"（《舍己为群》）就是说，覆巢之下必无完卵，社会群众等于同舟共济。

要想舍己为群则爱群之道德亦甚重要。爱群之消极方面为恕，自己能尽忠，对人能恕，则处群众团体社会必能坚固团结。先生提倡"责己重而责人轻"（《言行录》）以与人相处，所以凡与先生相处，受教或是同事的人，都觉得他蔼然可亲。先生的至诚感人伟大处就是此种忠恕精神之表现。这正是实践了孔子说的："躬自厚而薄责于人。"韩愈说的："古之君子，其责己也重以周，其负人也轻以约，重以周则不怠，轻以约，故人乐为善。"

蔡先生的思想是进步的，是主张学术救国，是服务社会，爱国救国。有与此相反的思想，是拼命反对诚有孟子阐扬墨的精神。一方面积极提倡新的道德，一方面消极的破除旧的不合乎社会潮流的旧道德。此种精神于《中国伦理学史》中"清谈家之人生观"一章批评清谈家之一切言论，充分可以代表先生对文化，对哲学，对道德的公正态度。他说："清谈家之思想非截然合于儒道佛也，彼盖灭裂而杂糅之，彼以道家之无为主义为本，而于佛教则仅取其厌世思想，于儒家则留其阶级思想，及有命论，有阶级思想，而道佛两家之人类平等观，儒佛两家之利他主义，皆以为不相容而去之。有厌世思想，则儒家之克己，道家之清静，以至佛教之苦行，皆以为徒自拘苦而去之。有命论及无为主义，则儒家之积善，佛教之济度，又以为不相容而去之。于是其所余之观念，自等也，厌世也，有命而无可为也，遂集合而为苟生之惟我论。……清谈家之思想，至为浅薄无聊，必非有合群性之人类所能耐，故未久而熄，其于儒家伦理学说之根据，初未能有所震撼也。"（《中国伦理学史》）

四、美育与美学

蔡先生的美育主张，是他教育学说的精华，其特别值得介绍伟大的地方，因为他是以社会大众为对象。美育的内容包括很广阔的，艺术诗歌不过是陶冶人心，改进大众生活，促进人类文明的工具。它有充实活泼的内容，并非资产阶级象牙塔中的幻想。乃是□的醇的美化教育方式，来淳化人生，使生活崇高净化。所以他又主张"以美学代替宗教"，其理由是充分的，他说："美以普遍性之故，不复有人我之关系，遂亦不能有利害之关系……要之美学之中，其大别为都丽之美，崇闳之美，而附丽于崇闳之悲剧，附丽于都丽之滑稽，皆足破人我之见，去利害得失之计较，则其所以陶养性灵，使之日进于高尚者，固已足矣。"（《言行录》《以美育代替宗教》）

但是美育之目的，最大为陶铸人格，学术属于理智，只能使人聪明，而不能使人感情热烈，而聪明也不过是辨别善恶的理智，所以智识仍是为了择善而固执之的手段。所以人生求学最终目的，还是为了道德，故美育成了进德的惟一重要手段了。

关于美育之理论，先生颇具精到的见解，多抄一些："美育者，应用美学之理论于教育，以陶养感情为目的的者也。人生不外乎意志，人与人互相关系莫大乎行为，故教育之目的，在使人人有适当之行为，即以德育为中心是也。顾欲求行为之适当，必有两方面之准备：一方面计较利害，考察因果，以冷静之头脑判定之，凡保身卫国之德，属于此类，赖智育之助也；又一方面，不顾祸福，不计生死，以热烈之感情奔赴之，凡与人同乐，舍己为群之德，属于此类，赖美育之助也。所以美育者，与智育相辅而行，以图德育之完成者也。"（《美育》）

讲到美育设备的范围，又本人生为群的信念，仍然推己及人，分为学校、家庭、社会三方面。虽然说："美育之道，不达到市乡悉为美化，则虽学校家庭，尽力推行，而其所受环境之恶影响，终多阻力，故不以美化市乡为最重要之工作。"美化城市乡村是美育的手段。因为蔡先生所提倡的美育是以改良社会，达到众人乐利为目的。美术若不能影响人生不能实用，其价值必小。美术虽不能以功利论其价值，然亦绝不能离开社会而单独存在。建设市乡之一切公共设备，如水管、街道、广场、学校、幼稚园、公园、动物园、美术院、剧院、音乐院,以及公墓等,必求美化,以求众人享受。这为群的心理,自然是行仁政的恻隐之心的发扬,尤其是在社会建设中,仍然表现慈爱的精神,仍然是"老吾老以及人之老,幼吾幼以及人之幼","仁民爱物"的博爱爱人的精神。蔡先生之所谓美,是真善的综合表现。请看:"载客运货之车,能全用机力最善,必不得已而利用畜力,或人力,则牛马必用强壮者,装载之量与运输之行时,必与其力相称。人力间用以运轻便之物,或负担,或曳车、推车,若为人舁轿挽车,惟对于病人或妇女,为徜徉游览之助者,或可许之。无论何人,对于老牛羸马之竭力以曳重载,或人力车夫之袒背浴汗而疾奔,不能不起一种不快之感也。设习艺所,以收贫苦与残疾之人,使得于能力所及之范围稍有所贡献,以偿其所享受,而不许有沿途乞食者。"(《美育》)。美的社会,为文明,"人类愈进化,愈文明,而人生幸福愈多。文明者利用厚生之普及于人人者也"。

五、美学的具体内容

论美学的内容,对诗歌的解释,说"人皆有情,若喜、若怒、若哀、若乐、若爱、若恨、若怨望、若急迫,凡一切心理上之状态皆情也。情动于中,则声发于外。……情之动也,心与事物为缘。"(《诗歌》)这与"诗言志,歌永言""在心为志,发言为诗"(《诗大序》),"情动于中故形于声,声成文谓之音"(《礼记》《乐记》)一样说法。自然是"温柔敦厚诗教"也。

论国画说:"吾人视觉皆面也。建筑、雕刻体面互见之美术也,其有舍体而取面,而于面之中仍含有体之感觉者为图画。……图画之内容:曰人、曰动物、曰植物、曰宫室、曰山水、曰宗教、曰历史、曰风俗,既视建筑雕刻为繁复,而又含有音乐及诗歌之意味,故感人尤深。"(《言行录》《国画》)

论雕刻,除供鉴赏及装饰之目的外,还是注意到与社会礼俗及其教育功用:"音乐、建筑皆足以表示人生观,而表示之最直接者为雕刻。……其所取材,率在历史之事实,现今之风俗,即有推本神话宗教者,亦犹是人生观之代表云耳。……我国尚仪式,而西人尚自然。故我国造象,自如来袒胸,观音赤足,仍印度旧式外,鲜不具冠服者。西方则自希腊以来,喜为裸像,其为骨骼之修广,筋肉之张弛,悉以解剖术为准,作者固不能不先有所研究,观者亦得为练达身体之一助焉。"(《言行录》《雕刻》)

论装饰,说:"装饰者,最普通之美术也。……都市之装饰,如《考工记》:'匠人营国方九里,旁三门。国中九经九纬,经涂九轨。'所以求匀称而表庄严也。巴黎一市揽森河左右,纬以长桥,界为驰道,间以广场,文以崇闳之建筑,疏以广大之园林，积渐布置，蔚成大观；而驰道之旁，荫以列树，芬以花塍；广场及公园之中，古木、杂花、喷泉、造像，分合错综，悉具意匠，是皆所以餍公众之美感，而非一人一家之所得而私也。人皆进步，则装饰之道斯异其范围，身体之装饰，为未开化时代所尚，都市之装饰，则非文化发达之国，不能注意，由近而远，由私而公，可以观世运矣。"（《言行录》《装饰》）论装饰而注意到扩大范围，为大众的享受，"大厦万间，尽庇天下寒士"的博爱心，理与看见辉皇仪仗的尊严而说"大丈夫当宜如是"的私自享受的观念，何啻霄壤。所以蔡先生的对美术的应用，处处以民众享受为前提。

论建筑说："人之生也，不能无衣、食与宫室。而此三者，常于实用以外，又参以美术之意味。如食物本以适口腹也，而装置又求其悦目；衣服，本以御寒暑也，而花样常见其翻新；宫室本以庇风雨也，而建筑之术，尤于美学上有独立之价值焉。建筑者，集众材而成者也。凡材品质之精粗，形式之曲直，皆有影响于吾人之感情，及其集多数之材，而成为有机体之组织，则尤有以代表一种之人生观。……我国建筑既不如埃及式之阔大，亦不类峨特式之高骞，而秩序谨严，配置精巧，为吾族数千年来守礼法，尚实际之精神所表示焉。"（《言行录》《建筑》）

六、社会观

先生道德哲学的中心思想，是舍己为群，举凡伦理、建筑、美术，一切都是以社会大众的享受为前提，先生对社会问题的看法，也是极端重要的。这里有先生《记绍兴志学会的三大志愿》可以作为代表，先生说："但闻他们有三大愿。一愿天下无贫人，二愿天下无病人，三愿天下无恶人。……我觉得这三句话，确是言简意赅，颠扑不破。……现在社会上最重要的问题，不是贫富不均么？不是资本家与劳动家的关系么？解决这个问题的方法，现在正逐渐进行。虽然完全解决的希望，一时还难达到，然也不见得永不能解决，将来工作所享用的支配，果能均平，就没有富人，也没有贫人了。……现在卫生学非常发达，似乎人人可以却病。但因贫富悬绝的缘故，贫人的衣食住决不能按照卫生的法则；富人又因有骄奢淫佚的力量，故意造病；医生呢，又因避贫求富的缘故，或者不能御病，反来助病。要是没有贫人的时候，……或者可以达到没有病人的境界。……照社会主义的看法，许多罪恶都是由贫富差别生起的。俗语说：'饱暖思淫欲，饥寒起盗心。'就是这个意义。照犯罪学家的看法，许多罪恶，都是由病而起的。无论何等犯罪人，都是受他生理上病的影响，要是世界上已经没有贫人，没有病人，那里还有罪人呢？"

理想的社会是"市乡悉为美化"。不但没有病人，没有贫人，没有恶人，不但贫苦残疾之人有所养,即老牛羸马曳载重车者都不见于途中,这是何等仁爱的心怀啊!

先生的思想永远是站在时代的前边,有些青年认为先生晚年已离开了时代,这是不曾去亲近先生的言论。以妇女问题来说,在南洋公学的时候,便倾向于女权的提倡,后来在北大的时候,不顾教育部,不顾社会守旧分子的反对,实行兼收女生,实行了中国教育史上男女同学制的一页新的纪录。先生到三十七岁时,与友人在上海办《警钟报》,极力鼓吹"废财产、废婚姻"的社会主义。又说过"一介不苟取,然后可以言共产,坐怀不乱,然后可以言公女",又鼓吹法国革命精神,俄国的虚无主义,并且说过无政府主义,为人类最□□的主义。

关于姓、婚姻、家庭问题,先生也有崭新的主张,或者表现在我们尚曾觉得过于理想新奇吧?第一次全国教育会议时,《申报》出过"全国教育会议特刊",记载立法院胡林两院长,邀请全体会员到院餐叙,提出了三个问题。第一姓的问题,(一)要姓,(二)不要姓,(三)如要姓应从父姓,抑应从母姓?第二婚姻问题,(一)要结婚,(二)不要结婚,(三)如要结婚,早婚或迟婚有无限制?第三家庭问题,(一)要家庭,(二)不要家庭,(三)如要家庭,还是大家庭的好,还是小家庭的好?讨论时发言的有:钟荣光、胡庶华、张默君、吴稚晖、蒋梦麟、李石曾及蔡先生数位。

关于第一个姓的问题,先生发表的意见是"不要的好。用父的姓不公道,用母的姓也不妥当,还是不要的好,可以设法用别的符号来代替"。第二婚姻问题,先生说:"在理想的新村里以不结婚为好,在这新村里,有很好的组织,里面有一人独宿的房间,也有两人同睡的房间,跳舞场、娱乐室种种设备,应有尽有,当两人要同房居住的时候,须先经医生检查过,并且要有很正确的登记,如某日某时,某某同房居住,将来生出子女便可以有记号了。"第三家庭问题,先生说:"不要的好,不得已而思其次,小家庭比大家庭好。"这些理想的家庭、夫妇、子女,又是现在从事在妇女运动的先进们所不敢公然倡导的吧?

七、结语

以上的文字,似乎已把先生的中心思想,道德的内容,美育的主张,作一个简单的叙述。先生的思想是进步的,革命的,直接间接领导了四十年来文化运动,革命运动,永远是站在时代的前头,不曾落过伍。而先生最伟大的地方,就是知仁行仁,实践的勇气,无论环境如何恶劣,他总是威武不屈,把主张实行了。蔡先生的文章很好,清新俊□,如《祭亡妻黄仲玉》即是一篇哀艳的美文,不过被他革命事迹所淹没,而他革命性的激烈,又被教育家文雅风度所淹没了,"五四",是中国近代的启明运动,而先生□□主动领导地位,"五四"的文化,虽然破坏方面多,建设少,而先生所提出的道德内容,美育主张,处处是积极的,合于国情,继承了中国文化的传统,而又吸收了新思想,适合于世界潮流的。在这破坏的氛围中反倒是建设多于破坏。新人生观,新道德的内容,崇尚学术,提倡思想自由,而归结到舍己为群积极工作为社会服务。而教育的手段就是提倡美育以培植新道德。理想的世界是"利用厚生普及于人人"的大同世界。无穷人,无病人,纯粹是儒家仁民爱物的精神,也就是三民主义的理论的基础。儒家的一贯精神是修身治平,所以伦理的孝悌忠信,礼义廉耻,就是政治哲学。总裁说过,中国政治以伦理为基础,研究蔡先生的道德哲学,也更了然这一句话的意义,也更了然蔡先生不谈政治而实际对政治的影响,在此又得到了学术救国一个新意义。

蔡先生虽然逝去,但是我们应该继武先贤历史上的光荣,实践其主张,精神不死的正确解释,是不要使他的学术思想,也随之逝去,我们愿意在近代文化史有一篇正确的批评。认识蔡先生的精神,认识中国的精神。

(五四·于重庆)

中国的美感教育 徐公美[①]

近顷,本刊为着达成东亚文化交流的任务起见,有遴聘时贤撰著宏文之举。承原出梭先生的不弃,征文及我,这因为我曾在本刊发表过几篇东西。他要我写的是,"中国的情操教育"。自然,与其他刊物征文一样,命题也是指定了的。我接读他的信,起先觉得这个题目,实在不敢应命,因为"情操教育"在中国,太不受人重视了。倘再说句实话,即"情操教育"这一名词,就很少人能够理解。所谓情操,本为心理学上的名词,即感情中最高尚而不能表现者,例如我们对于某一事物,觉得具有真正之价值,便对它发生多种情绪,当这多种情绪未得表现机会时,其倾向尚还存在,倾向之相联合而成系统者,就称为情操。至于情操教育是什么呢? 简单言之,即以陶冶情操为目的之教育,便是情操教育。最初创此名词者,为赫尔巴特派教育学者莱因氏(Rein)。他在教科分类上,第一步即为情操教育。如果说,现代的教育目的,是在造成"真""善""美"的人生,则情操教育便应该大吹大擂地提倡了。真者,即知识上之高尚感情,如科学是;善者,即道德上之高尚

[①] 《华文大阪每日》第 7 卷第 10 期第 74 号,1941 年 11 月 15 日,第 13—16 页。又载《南星》第 4 卷第 2 期二月号,1942 年 2 月 1 日,第 90—91 页;第 4 卷第 3 期三月号,1942 年 3 月 1 日,第 98—99 页。

感情,如伦理是;美者,即艺术上之高尚感情,如音乐,戏剧,绘画,舞蹈,雕刻,建筑等等是。此种学科,全然超脱功利观念,而求个人之心意的满足,于是伴随着一个问题,即情操教育之范围颇广,浅见的我,竟有无从下笔之感! 这个题目的难于应命,自是不言而喻的事。所幸我的情绪,尚还相当发达,这固然由于我先天的遗传,但因我生活的多面,经验的累积,后天的境遇,也大有关系。这二十年来,我一面踏着教育的泥沙,一面又常窥艺术的堂奥,前者重于知,后者偏于情,使我对于教育工作与艺术研究持着两元的见解,往往自己打击自己的主张。同时,又想在神圣的教育园地,鼓励一种热烈的艺术空气。朋友们说,我的处事,成于情,败于情,我都承认。不过我的情绪虽发达,却是知识作用不能相并而进,每影响及于观念之联合。譬若我现时正在握笔打算"中国的情操教育"怎样写法,但因情绪过分强度了,没法抑制得住,实在不能澄心息虑,纵使勉强着笔,恐仍免不了陷入偏颇的见解。可是话又得说回来,此时正因为有强度之情绪,才引起了我对于这个题目选择的观念,我就立刻自己反省:像这样的题目,我是没有力量来写的,本来可以婉辞谢却;然而因为感情命令着,觉得非写上数千字,殊不足以答原出先生的厚意,那么究将怎样呢? 便又联想及于同样以陶冶为主要作用的"美感教育"上去了。当然,我也明白,"美感教育",与"情操教育",本非同样的东西,但决不是相反而是相成的,若从整个教育的手段看来,极易将彼此融和协调,因此,我决定将原题变更为"中国的美感教育",而欲在此声明的。

"美感教育"者何? 简单的解答,即承认审美的影响在教育上有重大之作用,故特主张应用美学的理论,以陶冶受教者的感情之谓。原来,人生不外乎意志,人与人间的关系,最必要的莫如行为,从而教育的目的,在造成健全的人格。亦即是说,一个人要求行为的适当,单凭知育与意育是不够的,必得知情意三方面平均发展,才有希望,我们知道科学教育主知,艺术教育主情,道德教育主意,倘若三方面都有把握的话,那么适当行为的完人,便不难造成了。否则,仅只侧重科学教育而成为极端的主知派,或侧重艺术教育而成为极端的主情派,与主张空虚人格论而成为极端的主意派,都不好不算是教育上的一种偏见。乃自产业革命以还,至十九世纪之中,工业隆盛,经济发达,完全受资本主义之支配,一般教育家,只承认科学的知识,在人生为最有价值,故各国学校,均重视科学,提倡甚力。中国虽称落后,然自新教育制度输入,也是亦步亦趋高呼科学救国,好像今日只要迎头赶上去提倡科学,而不必将固有文化从根救起,便可以解脱欧美资本主义国家的桎梏了。教育圈中,随处充溢着功利思想,说是受了此种影响,真是一点也不为过份。可是,我们从另一观点来说,科学教育之发达,固大有功于现代文明,然而它究竟是不是万能呢? 就教育内容来说,断乎不能单有科学,而无艺术与道德宗教等等。就陶冶本质来说,亦不能侧重知识,而忽视技能,与德性等等。因为教育上是侧重了主知的科学教育,所以便养成为"心与手不相应,知与行不合一"的"文不能拆字,武不能打拳"的可怜份子。其实,对于感性与意志完全忽略了的教育,究竟有什么意义与什么价值呢? 我们以为,要达成美满的生活,与健全的人格,则除了注重智育意育外,提倡主情的美感教育,似乎非常必要。盖美感教育,非仅包含道德内容,且超越道德之上,其品质较道德更高贵。所以王尔德有言:"审美比道德尤高,乃属于更灵之世界者:所以美之鉴赏,为吾人所要到达之最高峰。"在生活于不自然的人工空气中,追求情感的载刺,谁敢加以否定? 孔子曰:"移风易俗,莫善于乐;安上治民,莫善于礼。"可知美感教育,除慰藉精神外,还有更重大的效用。至于侧重理智主义之弊,则为共见之事,倘若不嫌过份,还可以说,科学教育不过为少数优秀份子之所需,美感教育才是大众必不可少的享受。今后我们果欲达到教育之终极目的,似非提倡并普及美感教育,竭力发挥它的价值不可。

中国"美感教育"之术语,源自何处? 暂不可考。或系德文"美育"(Ästhetische Erziehung)之衍称。至于这一名词的引用,最初见于民元教部公布之"教育宗旨",兹为照录于后:

> 注重道德教育,以实利教育,军国民教育辅之;更以美感教育完成其道德。

此后又改称为美化教育(见教育部各司分科规程),也有称为艺术教育的。然而不论名称上怎样的变更,以美的陶冶为教育之手段,则无二致。就历史上的发达而论,美感教育,发生甚早。在中国文化史上,于尧舜的时候,已将日、月、星、辰、山、龙、华、虫的六章,画在衣上,可知那时已知对于绘事的注意。其后殷世武丁之时,曾画传说之像,求之四方。不过古代中国人对于偶像崇拜,尚未发达,所以雕刻一项,并没有如绘画那样的引起重视。至于中国的音乐,据说是从黄帝时伶伦取昆仑山嶰溪竹作十二律(谓六律六吕也,以黄钟、太簇、姑先、蕤宾、夷则、无射的阳为六律,以大吕、夹钟、仲吕、林钟、南吕、应钟的阴为六吕)而起,其后历代大行。至周,因周公判定"礼""乐"为治周之要具,音乐更见进步。乐器种类繁多,如金、石、丝、竹、匏、土、革、木是。复设乐官司,以掌器乐,音乐至是,发达极了。雕刻到了周代,有所谓玉人者,主于雕琢宝玉,也设有雕人之官,掌理其事。至于汉武帝的奖励音乐,立乐府,任李延年为协律都尉,当张骞之还自西域也,传胡乐二曲,李延年乃依胡曲作《新声二十八解》,亦为周知之史实。至于秦始皇役刑徒七十万人,作阿房宫,虽然没有完工,然而中国壮丽的建筑,在那时便已有基础了。又若魏晋的清谈,唐诗与唐宋之书画,五代以后之词,元之小说与戏曲,明末西洋传教师兼画家利玛窦携入中国的西洋画,民初留日学生带回中国的白话剧、文明戏以及近几年异军突起的电影教育运动等等,这些都可以证明中国对于美感教育,早就发达了。尤其古代教育,用礼、乐、射、御、书、数之"六艺",其间含有美的成分者很多,与现代教育原理,更显见十分的适应。

不过,美感教育之分类,颇不一致:有分为空间的与时间的,静的与动的,视觉的与听觉的;也有将它分为自动的与构成的两类,跳舞、音乐、演剧等属于前者,美术(绘画)、雕刻、建筑等属于后者,此外尚有涉及两者之电影。因为如此,所以要在一个短时间,把中国的美感教育,作体系的论究,也是难于做到的。兹将中国美感教育中正在演进着的三项运动,收其发展的历程,分别叙说于后:

(一)美术教育运动;

(二)电影教育运动;

(三)戏剧教育运动。

美术教育运动

这里所称的美术,乃是指外来的"西洋画"而言,因为它在近代中国教育上的影响,比起国画来,更有意义。中国采用西洋画理,远在明末万历年间。但是用西洋画材料作西洋画,并不甚早,大约距今只五十年的样子。那个时候,港沪各大商埠,常有欧洲画家来华游历,西洋的印刷物逐渐输入。由于好奇的心理,对西洋画也从鉴赏而习作了起来,尤其是上海西洋画输入的机会较多,在徐家汇土山湾有一所天主所立的学校,内设绘画一科,专教西洋画法,不过所有作品,均带有极浓厚的宗教气氛,与向来国画的自由作风,恰成一个反比。到了民国初年,有一位留日归来的李叔同先生(即弘一大师),在浙江师范学校充当美术教员,便已有图画、乐歌等科目。这位李先生,是东京美术学校出身,对于音乐、演剧,俱有精湛之造诣,可以毋待笔者的介绍,据我友汪亚尘先生说,他是中国专攻洋画的第一人。但美术学校的创立,应以上海私立美专为最早,自号艺术叛徒的刘海粟先生,便是此校的发起人。开办时间,亦系民国元年,初名上海图画学校,地在上海西门白云观,内设绘画科两班,学生仅有十二人,可见国人对于新兴美术之漠视了。乃于正科外,增设选科,民国三年,复将绘画科改称西洋画科,学生比较发达。同年,上海画家陈抱一、沈伯尘、汪亚尘诸君,曾集合同志,办过一个东方画会,内部设施和日本的研究所相仿。民国七年,北京设私立美术学校,聘留法画家吴法鼎先生为洋画教授,分绘画、图案两科。九年,设专门部的图画、手工师范科。同年,上海图画学校,更名上海美术学校。十年,又在校名上增加专门字样,以表示学校的等别。设中国画、西洋画、艺术教育及音乐四系,罗致名家学者,分掌教务,学生也相当发达,并且教授主科,咸用实物写生,生人模型等,废止往日临摹画片的陋习惯了。十一年,北京美术学校,亦增加专门字样,以符部章。十五年,改隶国立,由教部直辖,改称国立北京艺术专门学校,增设音乐、戏剧两系。十七年,试行大学区制,该校编入北平大学,名为艺术学院,增设建筑系,改图案系为实用美术系,合之音乐、戏剧、国画、西画各系,共成立六个学系,学生三百五十名。杭州国立艺术专科学校,初名艺术院,成立于民国十七年春,设中国画、西洋画、雕塑、图案四系。其非单独设校而附属于大学的,则有国立中央大学教育学院的艺术教育科,分国画、西洋画、手工、音乐四组,均四年毕业;艺术专修科分图画、工艺、音乐三组,为培养中等学校师资而设,毕业期限,减短一年。总之,自民国三年至十年间,中国的美术教育,随着时代的需求,虽亦有些进步,但是没有显著的美术教育运动。民国十年以后,除上述各地创设美术学校外,还有许多美术团体的组织,如晨光画会、白鹅画会等,他们时常开催美术展览会,使美的陶冶,不仅限于学校,社会上也有欣赏的机会,这种精神,殊堪钦佩。尤其不可不为提及的,即民国十八年春,教育部举办全国美术展览会于上海新普育堂,陈列古今中西美术,参加日本人的现代洋画。计第一部书画,一千二百三十一件;第二部金石,七十五件;第三部西画,三百五十四件;第四部雕刻,五十七件;第五部建筑,三十四件;第六部工艺美术,二百八十八件;第七部摄影,二百二十七件;又友邦作品,八十件。展览期一月始毕,每日并有收藏家分别借陈的古代书画及铜器、玉器等,真是琳琅满目,美不胜收,在中国美术史上,是不可不特为记述的。自此以后,社会人士,对美术的赏鉴程度,一天高似一天,凡遇团体或私人的画展,也知道寄以同情。政府亦于经费万分困难中,竟划拨一笔公帑,在首都成立"美术陈列馆"。美术的教材,与美术的刊物,也陆续出版。至于在美术界努力的诸君,如徐悲鸿、刘海粟、李毅士、林风眠、颜文樑、汪亚尘、潘玉良、陈抱一、张聿光等,都有伟巨的贡献,是不能遗忘的啊。

电影教育运动

电影的输入中国,虽是早在前清光绪三十年间,但电影之被教育家所注意,还是后来的事。

向来,政府对电影采取放任主义,听其自由发展,不但积极的政策没有,即消极的限制也没有,尤其外来的不良影片,充溢于市场,流毒社会,实非浅鲜。直至民国十二年间,北京教育部始厘订电影审查规则凡若干条,其间分为禁演或剪除者,缓演或酌改者,两大要项,但规则虽颁布了,却从不曾执行它的审查任务,当时商务印书馆影片部,明星影片公司等,俱已先后宣告成立,就是说,已经有国人自制的影片了。因之,不久便有江苏省教育会组织的"电影审阅委员会"的产生。在该会的审阅标准中"有确合教育原理能于社会发生良好影响者;该影片得加入曾经江苏省教育会电影审阅委员会会认可字样,以寓表扬之意"的一条,是值得特为提出的。尽管它的组织不很健全,而所选委员又完全系教育界的人物,故其结果往往免不了矫枉过正。但该会将电影牵涉到教育,而且实行审阅影片的内容,说它是我国电影教育的启蒙运动,当不好算是过分。

自二十年起,我国的电影教育更见进展。从行政方面言,检查事宜,改归中央政府办理,由教育内政两部合组电影检查委员会,中央党部宣传委员会派员指导。自二十年三月成立后,对于不良影片,严格取缔,对于国产影片,限制尤严,冀于消极取缔之中,促进优良影片之产生,使能含有几分教育意义。是年,后有国联派赴中国之教育考察团,团员五人,其中一人为意大利国立教育电影馆馆长萨尔狄氏,专员考察我国电影事业之责,尤注意于教育电影,遂开我国参加国际教育电影事业之始。一九三三年,在日内瓦举行之"便利教育电影国际流通会议",我国派驻瑞士公使,代表出席。

中央方面,于二十一年淞沪战争时,宣传委员会曾派员摄取战地影片,会同电影检查委员会召集各公司关于一二八事件之影片,剪接《淞沪血痕》一片。同年五月,成立电影股,扩大组织,积极从事摄制。二十二年,成立中央电影事业指导委员会,为全国电影事业最高之指导机关,下设剧本审查委员会及电影检查委员会。凡国产电影于摄制之前,均须将剧本送中央剧本审查委员会审查核准后,方得从事摄制。教育内政两部电影检查委员会,亦于二十三年三月取消,由中央电影检查委员会办理。从兹事权集中,除外国片外,凡国产电影,自剧本以至完成均可由中央加以监督指导,同时中央亦订有种种奖励办法,亦征求剧本摄制方法。电影股已于二十四年扩大为电影科,嗣复改为电影事业处。规模宏大之中央摄影场,已于二十四年七月完成,进行长片之摄制。数年来中央对于电影事业之重视,完成一切机构,俾收统制之效。二十五年七月,教育部依据中央特种教育方案,组织电影教育委员会,其职务为:(一)计划外国教育影片之选购及交换;(二)计划教育影片之摄制;(三)计划电影教育事业之推广;(四)研究关于实施电影教育之各项问题等项。同年八月,又颁布各省市实施电影教育办法,通饬切实遵行。此外更举办电化教育人员训练班,以及厘订委托代摄教育影片办法,征求教育影片剧本办法等章则。

在省市政府方面,推行电影教育最有成绩可观者,莫如江苏。而该省省立镇江民众教育馆,尤为努力,该馆教育电影场,是在二十三年元旦日开幕的。这一年的成绩,可述者甚多,除修建总场之外,又修建分场,共购制有机件价值约四千元,所租借之影片,大部份来自全国电影教育推广处。其他则来自联华、中央电影科、明星、柯达,及上海某两工厂,计在二百二十四日内映演共四百余场,总计观众约六万二千四百八十一人。在省会巡回映演,计达各机关团体人数四百余人,在学校方面,总计巡回一百十七次,观众达四万余人。在外地巡回,如扬州、丹阳、武进、江都十二圩各校馆,共二十次,观众约六千四百人。

该馆最特出之点,就是电影教学方法之优良,为每一影片皆编有"教学方案",以收教学功效。又能利用唱片(计一九八种),幻灯片(计六六八片),扩声机,以补电影之不足。为便利巡回乡村深入民间起见,计划了一种"电影巡回车",请由省当局置备。总之,该馆电影教育巡回的实施,确具相当的成绩。

社会方面,近年亦甚注意,电影所发生之影响,与其本来的教育使命,成立具体的组织,从事教育电影运动。中国教育电影协会,遂于二十一年七月成立,此会为知识界人所发起,电影行政人员及电影从业人员参加者尤众。

协会对于教育电影之摄制与推行,以限于经费,进展甚缓。自二十二年,向国际教育协会购来关于物理、化学、天文、医学、生物、体育等影片三十种,加上中文字幕,曾在南京、上海、汉口、武昌、天津、厦门等处各级学校放映。并于二十四年二月起,在南京各影剧院加映教育影片,略收附加教育电影费,所收之款,另户储存指定,专作自行摄制或购买教育影片之用。二十四年度,提出四千元,与金陵大学理学院合作,摄制教育影片。协会负经济责任,金大负技术责任,曾完成《陶磁》《蚕丝》等片。

协会活动范围,不仅在国内,成立之初,即与国际教育电影协会取得联络。后经教育部于二十二年春,指定为国际教育电影协会中国协会,即正式参加国联指导下的国际工作。二十三年四月,在罗马举行的国际教育会议,参加者四十国,中国教育电影协会,由会员朱英代表出席,朱氏被举为大会副会长。国际协会要求各国征求学校教员组织"教课电影先锋"。我国已征得教员二〇二人,地域分布于十二省市学校,有大学十校,中学十三校,小学二十二校。二十四年七月,国际协会于比京万国博览会中与比国农村改进会合组"农村电影国际比赛会",参加者十九国,中国方面,由协会与金大拟具题材内容,由中央摄影场制成《农人之春》影片,参加比赛获得奖品,得此国际荣誉,可谓一鸣惊人,是我国教育电影运动,在国际间也已取得优越之地位了。

最后要说到大学方面，大学的电影教育，可以上海大夏大学、南京金陵大学、无锡教育学院三校为代表。这三个学校的电教事业，各自有其中心，也各自有其姿态。就其组织系统言，大夏是隶属于教育学院，称为"电影教育讲座"，金大则附设于理学院称为"教育电影部"，锡教则单独设立，称为"电影电播教育专修科"。就其设施旨趣言，大夏则以研究电影教育的高深学理，与技术，造就编剧、导演、摄影、录音、表演等广泛的电教各种专门人才为主。金大则以利用该院之人才及设备，摄制教学影片，增进教学之效率为主。锡教则以养成电影教育之实施，及行政人员为主。倘若没有这一次事变，那么中国电影教育的前途，倒是很可以乐观的。

戏剧教育运动

戏剧在一切艺术中，与教育的关系最为密切，因为艺术中能够由视觉、听觉两方面直接攻入观众心意的，只有戏剧。戏剧教育，就是以戏剧为手段，而达成教育的目的之意。固然，戏剧自有其艺术价值，但是应还有它的教化作用，同样不可忽略。中国的戏剧，发端于古代祀神的仪式，本有涉及教育的意味。但这里所称的戏剧，是指近年来的文明戏与话剧而言，和旧剧没有关系。倘若以历史的见地观察中国话剧运动，则不可不承认文明戏是曾经占据过一个很重要的阶段。文明戏的开场，应当归功于春柳社，这是一九〇七年的事，大家当还记得。春柳社在东京成立，由一部分爱好戏剧的留学生发起，当时为了赈济国内的灾害，举行一个游艺大会，中有一节剧目《茶花女》，便是中国文明戏的起点。之后，又公演《黑奴吁天录》一剧，剧本内容含有深刻的民族意识颇得观众好评。随着辛亥革命的成功，春柳社回上海来了。那时国内人民正遇着政治社会的波动，凡是革新的东西，都表示热烈的迎受，所以春柳的文明戏，便欣逢其会，获得空前的成功。这是文明戏在当时所以发展的原因。再则演员的教育程度，也与日后流为游艺场点缀品者，迥不相同，为陆镜若、马绛士、吴我尊、张冥飞、欧阳予倩、马二先生等，不仅各有其艺术造诣，且在文坛上俱占相当的位置。所演的剧本，像《不如归》《社会钟》《空谷兰》《家庭恩怨记》，都有教化作用与社会意识，这又是所以发展的一个要素。在那时候，社会教育一词，往往为他们爱用的口号，而剧团的名称，为进化团、开明社、自由团、移风社、民兴社、民鸣社、尚义团、社会教育团等等，不是辅助教育，便是改良社会，这种史实，决非杜撰出来的。

前面已经说过，春柳是文明戏的第一块招牌，可说完全受了日本的影响。正如中国的新学制，由日本间接传入，是一样的情形。但国内文明戏的策动者，却是任天知与王钟声二人，在此必须提及。王氏主持的剧团，叫做春阳社，是个纯粹职业的戏剧团体,所演的剧本,大抵是煽动的,破坏的,非常富有支配观众的力量。任氏主持的剧团,叫做进化团,以流动表演的方式,在上海、南京及皖浙各大都会公演,也受到观众热烈的欢迎。所以文明戏在这一时期,确与教育发生相当的连系。可是后来渐渐发生动摇的趋势,因为(一)组织不健全,(二)人才不集中,(三)经济不充裕,(四)剧本太缺乏,(五)演员私生活太糟等等的原故,便一天向后退化一天,于是观众对它厌倦,剧团也一个个解体了。其后,由郑正秋氏的孤军奋斗,继续前进,而暂时为文明戏的续命汤,然其结果,还不是历史上的陈迹,种种往事,徒供后人追念而已。

然而戏剧运动在中国,总是有其光辉之前途的。随着五四新文化运动,西洋剧及其理论,被介绍到中国来了。当时关怀剧运的诸君,他们一方面痛感文明戏的自甘没落,已陷于无药可救的程度,一方面又看到旧戏的不进步与不合理,殊无保存之必要。所以主张采用西洋剧的原理法则,创作人人能看得懂的话剧,以为传播思想与改造社会之工具。当时中国的剧文学,大抵倾向于易卜生主义。剧协社成立于北京,继续民众戏剧社的事业,也发行《戏剧月刊》,蒲伯英先生倡导更力除担任经费外,并自己常以"观场"的笔名来从事写作,这种精神实在可以钦仰。是年,蒲先生又邀约了梁启超、周作人、林长民、蓝公武、蒋方震诸氏发起人艺戏剧专门学校以造就戏剧的专门人才,终身从事剧运为设立之目的,学校经费,由蒲氏自行筹措,从不向外募捐。蒲氏为剧校的牺牲,至今偶一提及,谁也要感念他的,现在虽已去世,然而精神依旧存在着的。这个空前唯一的戏剧学校,后来虽停办了,但在中国戏剧建设的理论,尤其丰富得可观,这便奠定了话剧运动的基石。民国十年,北京上海的文学家与戏剧家合组了一个民众戏剧社,他们发表宣言,极力主张戏剧应当是工具,而剧场应以宣传主义为要务,娱乐倒是副作用的说法,指示了以后剧运的动向。民众戏剧社,又刊行《戏剧》杂志,内容有理论、技术、剧本,及译自欧美日本的文章,这种兼重实践的精神,实为五四后剧运的先锋。同时北京晨报社出版了一本《爱美的戏剧》,系陈大悲先生所编,更为当时剧运的万宝全书。民国十一年,新中华戏运上,诚有莫大的贡献。

自此以后,文学方面的朋友,也有走向戏剧的,特别是田寿昌领导南国剧社,他那穷干的精神,实在难能可贵;而写作的努力,我们也不能加以否认。民国十三年以后,环境很有利于戏剧活动,学校剧团及业余剧团,一天天增多起来了。各书坊出版的戏剧理论及剧本集,也相当可观。民国十四年,中国戏剧与教育正式携手起来,即北京美术专门学校添设戏剧学系,由余上沅、赵太侔、闻一多诸氏主持,然而终因某种关系,使余、赵、闻等不得不先后离开,改由熊佛西负责;但也只是延长了数年,终被政府解散停办了。民国十六年,国民革命势力到达了长江,许多剧运者都参加政治的工作,于是中国的话剧运动,始终与政治胶着,直到事变的前夕。

席勒的美的教育论　马采①

美救了世界——陀思妥夫斯基

美是第二的创造主——席勒

一、席勒的美的文化观

直接继承康德的文化观的纯粹理想主义席勒,最彻底地标榜那广大无边的人文主义。十八世纪的理想主义,到了席勒,才完全地、鲜明地表现出来。人生的根本,具有先天的理性与道德,实现这普遍绝对的理性与道德,便是人生最高的目的,同时又是文化发展的理想。这是当时理想主义者普遍的见解。除了这种见解之外,他们还抱着一种值得注意的意见,就是把广义的艺术与文化联系在一起去考察。这种文化观,无论在那把世界历史的意义看作道德宗教的发展的莱辛(Lessing),或看作人性浑圆的发展的黑尔德(Herder),以至纯粹理性批判的康德,及其他近代文化主义的建设者,是一个共通的思想现象。由这一点看来,席勒之主张绝对普遍的道德的意志之自由实现,是永远的理想,不能说是他的独创。但其他理想主义者,大多在理论上抽象地去看文化发展的概念,而席勒独能在历史上具体地把它指示出来。这不能不算是他的天才。又把艺术和文化联系在一起,也并非席勒所创始,而是受当时理想主义思潮的启示。这热烈的艺术运动,也就是当时理想主义者的生命,根本精神。如温克尔曼(Winckelmann)的艺术主义,构成当时理想主义的基调,其极力宣扬的希腊艺术,在当时思想界唤起深刻的印象。

席勒以前,这艺术与文化的联系问题,已引起理想主义者的注意,他的美的文化教育论,便在这浓厚的空气中产生出来。现代的文化主义,酝酿自十九世纪的理想主义,而十九世纪的文化思想却是继承席勒所完成的思想。整个文化与艺术的联系问题,便是席勒思想的核心,同时又是理想主义思潮的焦点。他对于这核心的把持,不惜毕生奋斗。他实是十八世纪最伟大的艺术教育家;用艺术的力量,去谋一般文化发展的最伟大的思想家。

---

① 《中山学报》第1卷第3期,1942年1月,第7—13页。此文收入马采:《哲学与美学文集》,广州:中山大学出版社,1994年,第307—321页,题为"席勒的审美教育论"。两文有多处不同。

　　席勒的教育思想是康德理想主义的继承。在康德的哲学体系,感性范围内的自然界与理性范围内的道德界,是完全不同的两种世界,其间没有任何融汇的关系。他为着解除这种困难,不得不在这两者之间,划一判断(Urteilskraft)的境界,使适合于客观目的的目的上的判断,与适合于主观目的的审美上的判断,都包括在这境界中。于是,凭着这判断力,知觉适合于某一事物的目的,便发生快感。从康德的心理说看来,快不快的感情是站在知识力与意志力之间。故从他的哲学体系来说,判断力是位于感性与理性之间。席勒的思想却是由康德的审美说出发,而在美学史上占着重要的一页。康德使感性与理性两相对峙,以感性为理性的隶属。席勒修改这一点,平等地对待这人生的这两方面,以"美魂"(Schöne Seele)——人生的最高理想去调解它们。据康德看来,美是感性与理性调和的标志,它不是现实的客观的调和,而只是在审美的状态,由于主观的观点而始生出来的调和。但据席勒的见解,美的调和本身是现实的客观的。审美的活动是我们最高的活动。这活动并不是别物的标志。这两者的调和在主观造出美的人类,在客观形成美的创作;造出美的人类,就是美的教育。人类历史的进展必须凭着这美的教育的改进,以提高我们的气品。他凝视着永远发展的文化的姿态,指出这文化发展的过程,美的(艺术的)活动之本质的意义。席勒的中心思想极为明了,就是整个文化的出发点是艺术,文化只是由于艺术的发展,始能圆熟完成。这便是席勒的文化的艺术观,艺术的文化观的根本问题。

　　席勒以为人类在继续纯粹感性以至原始生活的期间,没有任何形态的文化,而我们文化的起源,却是由于这原始的纯粹感性状态之解脱。艺术一方面虽根据着感性,而另一方面却要去玩赏那超脱感性的事物。故使人类从最初的感性状态解脱出来的,就是艺术,文化的曙光在艺术。艺术活动已在原始未开的状态,放出文化的光辉,解放那沉沦于感性的深渊的人类;同时又对于那高远峻严的理性与道德,赋予一种人情味。艺术又具有使人类自己活动,以陶冶其性情的力量。因为艺术使人类的感情,不为纯粹感性的活动,而为理性的道德的活动。艺术固不以道德化为理想,但其内容却常是理性与道德,故具有使感情理性化道德化的力量。艺术的教育力量便在这里。无论理性与道德如何高贵,但总不能直接鼓励人类的感情,故对于人性的文化的发展,没有效能。惟有艺术,始能无关心地,使人类的性情,为理性的道德的活动,于不知不识之间,把人类的生活协调于理性与道德。席勒这里所谓理性与道德,可作人生的实相,或人类生活的本源性解释。故他主张艺术能够具体地指点人生的实相与本源性。只有凭着艺术,始能具体理会人类生活的普遍性。故我们在此不得不承认有资于文化发展的艺术的力量。席勒的艺术观，表面上虽只是具体地贯彻康德的思想，但在席勒艺术的直观的眼里，却展开着康德以上的理想的文化的天地。康德一流严格的道德境界，与席勒艺术的灵肉融和圆满美妙的理想境界，在文化价值上，形成一个不能比较的克明的对照。

二、人性的两面错误：粗野与柔弱

席勒的美的教育论，从别一方面看来，可说正是他的教育本质论。据他的提论，我们欲谋人类的教育，必须先明人类的本性；欲明人类的本性，必须先明美的本性。自然的本能与理性，结局非加以融和不可，而这种融和，并非那牺牲自然的性格，以期造出道德的性格的教育之所能为力。人类常是偏于某一方面的，如办理事务的人，往往心地狭隘，就是因为他的想像力，只活动于自己的事务圈内，不能扩展到外面去。其次，分析力的过重，亦足以枯竭人类的想像与感情，减少"生"的丰富。故日夜埋头于抽象的思索的人，容易变成冷淡与寡情，也是因为必须作为整个，而始能把捉的印象，不作为整个去把捉，而把它剖析成为各部分。能力的锻炼，若偏重一方面，在个人固不免错误，但对于人类，却能达到目的的真理。例如由于集中全精神能力于某一点，完成了康德的纯粹理性批判。但因此却常要使其他能力归于萎缩。而他方面，由于集合这样的个人能力，人类全体却能达到目的的真理。我们的身体可由体操变成强壮，可由全身的自由游动而变成美。故由于特殊能力的紧张，可以制造怪人；由于普遍圆满的修养，可以制造完人。

人类世界之两面弱点：一为"粗野"，一为"柔弱"。所谓粗野，就是感情征服法则；所谓柔弱，就是法则制胜感情。粗野看不起教化，自然放纵；柔弱则蔑视自然，而至陷于不自然，陷于比较粗野还要更加恶劣的奴隶状态。真正的教化是与自然为友：尊重自然的自由，以克制自然的放纵。对于未能理解自由，放纵自然的"自然人"，不要示以自由。对于未能使用自然的"人为人"，亦不用禁止其放纵。把自由的法则授予自然力横溢的团体，既属错误！而把统一的法则交给在物质上狭隘而薄弱的个人，反成为一种压制，有害其自然性与个性的发展。而此粗野与柔弱，形成了现代两面错误。惟有艺术，始能救济这种时弊。因为趣味若能成就，则知明，情强，而行贵；趣味若不成就，则智昏，情弛，而行贱。这是可以征诸古今的事实而明白的。但反艺术论者，却以为柔弱之弊，起源于艺术。情欲由于诗人的描写，有所藉口，而反对法律与道德。社交之美是无用的。纵有外观的美，但若无内实的价值，是不足贵的。不错，这批评极为中肯。大家都知道，就是在近代，也可以看见愈丧失独立，而愈变成文华的国家。但这种文华果是真正的美,真正的艺术与否,却是一个问题。为着解明这一点,我们必须指出美如何成为人类生存之必然的制约。这是可以跟着人性的解释,而渐渐冰释的。

现在我们必须武装起来! 我们为着要变成贤明,必须征服怠惰,克制懦怯,拒斥感官之甘美的引诱,以赴勤劳的思维。但疲于生活累于衣食的世人,失去了与错误斗争的勇气。因此屈服于独裁,盲从于迷信,或因高调感情,驰骋于想像的原野,只能看出朦胧的暗影,忌避真理的光明。我们对于这情势,应该采取什么态度呢? 这正是我们议论的出发点。故我们主张:惟有艺术,始能救济这时弊。当真理尚未达到人心之前,诗歌早已放射出它的光明了。时代虽然不断推移,而希腊罗马的艺术,仍永远在那里指导着我们。罗马人虽然早在一世纪,屈服于帝权,而艺术家所制作的许多石像石碑,仍一样巍然屹立在那里。宗教心虽然将近颓废,而艺术家所建造的神殿,仍一样在人类心目中,反映出圣光。人类虽然沉沦于堕落的深渊,而艺术却永留在石上救济他们。这便是艺术的力量。但为着达到这目的,艺术家却要摒弃讨好世人,以及其他一切的妄念,追求真正必然的理想。艺术家自己要有牺牲的精神,不染世人的恶习,而能甘受世人所受的罪业,有摈弃世人所汲汲追求的幸福之勇气,与表示自己的牺牲并非由于懦怯之气慨。指导世人,必须体察世人的心情;结交世人,必须接受世人自然的态度。此时,他们也许因为艺术家主义的严肃,而避开艺术家,但将作为一种游戏而容受艺术。因为他们的趣味比较他们的心情,要纯洁些。此时艺术家所必须努力把握的,就是这些怯弱的艺术逃避者。责难他们的行为,或与他们讨论艺术的主义,都不必要。比较重要的,还是注意他们闲散的游乐心,使其从游乐离弃放纵、轻浮、野鄙,进而除去他们心底的丑性。接待他们的时候,常示以高尚雄伟精美的形像。形像由此制胜现实,艺术亦由此而征服自然。

三、形与质的调和——美

然则所谓人,所谓人性,到底是什么东西呢? 现在且让我们来分析一下吧。人性之中,有变与不变相对立着。人格是不变——这不变不是从变生出来,而是绝对基于自己的存在,即以自由为根据——而它的状态是变。人格若离开感性(质料)去看,只是无限可能发现的素质,没有感觉,只有形式,只有空虚的力。又若由感性方面去看,只有供应形式的质料。故人若只有感觉,只有欲望,与自然无异,只是没有形式的时间的内容而已。但人是感性的理性的存在,故奔赴绝对的现实,同时亦奔赴绝对的形式。换言之,即发现一切的内在,同时亦形成一切的外在。这完全便是神。人类由此便具有质料本能与形式本能。

什么是"质料本能"(Stofftrieb)呢? 例如我们在钢琴的键盘上拍出一音,其他的音便被排外。同样,我们在感觉现在的一刹那,其无限的可能性便亦被排外,而呈出极度被限制的存在状态。就是说,我们的精神集中在某一音响的感觉的时候,我们便陷于自失忘我的状态。到了再度复归于思虑的时候,才重回到了自己。我们的精神要求着无限的飞跃,而我们的感性,却纠缠着它,使我们倾向于某一事物的认识,某一行为的目的。什么是"形式本能"(Formtrieb)呢? 因为它是从理性迸流出来的绝对性,所以能够对于自己内在的一切变化,给予调和,使成一个人格,要求现实的适合于永远,永远的适合于现实,以超越时间。结合世界与人类的"质料本能",要求多方面的变化与多方面的扩张;而反对变化的人格的力量,则要求维持加强其独立。让感受性在多方面享受更多的世界,充分发展它的素质吧。让人格的力量更为深化强化,不失理性的自由,消化更多的世界吧。形式缺乏而质料过多,或理性太强而感性过弱,都是不好的。自己时间的存在之感觉,与自己自由的意识,常是互相交迭,或偏重一方。倘若到了两方同时经验,我们便能够在自己之中去观察人性了。而且这对象可以看作无限性的发现。前面说过,"质料本能"要求变,而"形式本能"要求不变。由于这两种本能的结合,使变与不变互相对峙。这与前两者完全不同的本能,席勒把它叫做"游戏本能"(Spieltrieb)。质料本能在物的方面压迫我们,形式本能在道德方面压迫我们。例如我们对于我们所鄙视的人,在情欲方面去接近他,便感到物的压迫。又如我们对于我们的敌人,不得不表示尊敬,便感到道德的压迫。今若此人既合我们喜悦,又值我们尊敬,则我们此时便爱他了。感性的压迫与理性的压迫去而自由出现了。

形式本能的对象是"形",质料本能的对象是"生"。普通的"形"无"生"。普通的"生"无"形"。有"生"之"形",便是游戏本能的对象。这便是"美"。由"知"方面看来,质料本能把捉"现实",形式本能把捉"必然",而游戏本能则看事物的现实,又看事物必然的法则,故现实变成自由;他方面抽象伴有直观,故抽象亦不太过劳心。由"行"方面看来,质料本能要求"生"的保存,形式本能要求"品"的保存,而游戏本能有生又有品,故成无着;义务变成爱好,故不觉拘束。人到了完全自足,才从事游戏。他只有在游戏的瞬间,算是"完人"。这只须我们把它适用于艺术与生活,便可了然。希腊人早已把它实现于艺术与情感之中。他们把它放在奥林普斯的云朵上,去描写它。严肃的勤劳与浮薄的快乐,都从幸福的神光中一扫而空。永远自足的诸神,超越一切目的,一切义务,一切思想,而游于悠悠自适的境地。这是最高尚最自由的境地。自然的压迫与道德的压迫,融化在两界相通的必然之中,由于这两必然的浑融合一,现出真正的自由。希腊人达到了这理想,所以希腊诸神的面目,丝毫不留欲求与意志的痕迹。因为两者已融化在一处。赫拉的容光既不是威严,又不是婉丽,而是两者的融化。女性的"神"使我们生畏,神的"女性"使我们生爱。其全体则为一个独立自全,一个乾坤。如天上音乐,不和,不拒、不投时流,不与人争。惟其诱于心也不可抗,其发于威也不可近,使我们居于至静至寂,同时又是至活至动的境地。我们于此可以感到非笔舌所能形容的妙味。

质料本能与形式本能的这种调和便是"美"。但这是理想的美。实际的美却具有对于这两本能或张或弛的作用。张的难保不留粗野的痕迹,弛的亦不免于柔弱。张的(刚美)激励物的与道德的力量,故其弊也,因气质与性格的抵抗,削弱感受性。且本欲压制野性者,反足以压制温情;而自由的人格所应接受的力的激动,反为野性所得了。故在势力充实的时代,有思想真正伟大的人物,同时亦有性格奇怪的人物;有心术高尚的人物,同时亦有情欲横溢的人物。其次,弛的(柔美)抑制物的与道德的力量,故其弊也,本欲摧挫情欲的威焰者,反足以抑制感情的力量,削弱性格的力量。故在文弱的时代,温和辄流于怯弱,轻快变成浮薄,自由成为放纵。凡在物质与形式压迫下的人,必须有柔美的作用。因为这里只有强大与力量,缺乏和合与温雅。又对于专讲趣味的人,则须有刚美的作用。因为他近于文弱,不能感觉强大与力量。美予弱者以力量,予力量以调和,从有限的状态移于绝对的状态,而成为完全自足。凡受感觉或概念的压迫,都不自由。只有在这两本能调和的地方,才有真正的自由。故欲解放法则的压迫,必依物质;欲解放感情的压迫,必依形式。

四、美是第二的创造主

美就是综合力的感性与分析力的悟性之结合。美的观点若用感性,不能辨别其部分,而只能把捉全体。反之,若用悟性,则不能把捉全体,而只能分辨其部分,都不能观察精神与物质的融合。只用感情去观美者,由于思维力的缺乏,不能追及无限的自然;只用悟性去观美者,则以其思惟力去限制无限的自然。前者以分析足以丧失其自由,后者以融合有害其概念的明晰。故前者不知其所重视的自由,并非无法则的放纵,而是诸法则的调和,内面的必然。后者不知其所主张的明晰,并非排弃其现实,而是绝对的包含一切。"美"不存于限制,而是存于无限。但由整个看来,用感性去观美,要比较真切些,只是见识不足而已。感性是综合的,悟性是分析的,理性又是综合的。

当我们的精神未接受任何感性的印象时,只是空虚的无限性,无限的可限定性,未成立何物,故亦不排弃何物。感性一动,精神获得一内容,空虚的变成现实,同时亦生出限界,即它获得了实有性,同时又丧失了无限性。这固然并不是说因为它排弃其余一切,而获得一个实有。因为精神有其绝对的作用,否定与肯定是互相关系的。这精神作用就是判断与思惟。当我们未决定某一定场所之前,是没有所谓空间的。但若没有本来绝对的空间,不能决定某一定的场所,时间亦完全一样。故由部分到全体,由限界到无限;同时亦由全体到部分,由无限到限界。我们说美是由感觉移到思惟的媒介,并不是说它充填了两者之间的沟渠。那是不可能的。这两者之间的沟渠是无限大的,由个至全,由偶然至必然,必须加上一个新的独立力。思惟虽以感性印象为机缘,但非由感性生出来。这并不是有待于外力,只是当它作用的时候,必须从外部接受质料,其实这是凭着思惟的独立力。故美并不帮助思惟,只是解放思惟力,按照思惟独自的必然法去作用而已。我们说美把人类从限界移到无限,就是这个意思。从思惟必有赖于感性,然后始能成立一点着想,以为情欲具有抑制精神的自由之积极的力量,不用说是错误的。固然情欲旺盛的时候,理性似乎在屈服,但情欲的强烈,并不是精神衰弱的证据,而是因为精神衰弱,所以情欲丛生。

　　质料本能与形式本能,人类表面上具有这么两个相反的性质,但我们要知人类本来只有有限的精神,没有无限的精神。有限的精神只有由于限界,由于质料,由于被动,始能达到无限。这便是上述所以具有两种本能的理由,两者缺一不可。我们不能因为精神具有这么根本的两种本能,而以为是矛盾。两者生息于精神之中,故精神本身不是质料,又不是形式;不是感性,又不是理性。有人以为行为合于理性,精神才活动;行为不合于理性,精神是被动,这完全是误解。两本能是必然的,而且方向相反,但这两必然互相抵消,便生出完全的自由。这便是意志。从外界的必然,生出感性的状态,这是我们无可如何的。从否定这感性的状态生出内界的必然,即人格的必然(这叫做自识),这亦是必然的,不是我们的功,亦不是我们的过。上述两者是主体的根本,而不是它的作为。人类的理性,即法则,普遍,首尾一贯的要求,是这自识与感觉的对立发生后,才发生的。以前只有必然而已。由于这两本能的必然性互相抵消,生出自由意志。但这里所说的自由,并非指作为睿智的存在之人类本来的自由,而是指作为物心合一的人类的自由。

　　由于感性本能与形式本能,这必然的两本能的互消所生的自由,否定感性状态的必然,故保有无限之趣。但并不由于理性的必然性,消灭这感性的状态,故亦保存这状态。精神本来是空虚的无限力,现在既保存无限之趣,同时又保存一定的状态。天秤的两皿皆空,便能保其均衡;但若于两皿置同一重量,亦能保其均衡。后者便相当于美的状态，有内容而又保其均衡。有限的状态，而又保存无限之趣。普通的感觉是被动的，而且是一个被限定的状态。思惟是主动的，而且是一个被限定的某者。两者分离对立，一方作用，他方便以内面的绝对力，加以反拨。美的状态就是这两者的合一体。故有内容而又自由。脱出一定的有限的存在，回归于本来的自由。故在美的状态，不能期待任何结果。美与由美所生的情调，对于认识与动机，是一个赘物。美不给我们以特殊的行为与智识，它对于智与德，不赋予特定的内容，不表明任何真理，不遂行任何义务。不足以养智，不足以造就性格。只能偿还它自己所能成就的自然的自由。这已是美最大的贡献。感觉是限定的，思惟亦由理性而为限制的。惟有美的情调，能再偿还它为着进入其特定状态而丧失的自由。故若以自然为第一创造主，美却是第二的创造主。故说美的情调最能授人以智德，亦无不可。因为美不限于特殊的状态，故不授特定的智德，但它把我们放在没有任何限制的状态，故对于任何智德，不加以任何限制，而达到能够开发任何智德的状态。一般学习能授某种技能，能授某种知识，同时又授某种限制；惟有美的修养，使我们超越一切的限制。

美的状态是十全的。美没有感性的诱惑，没有思惟的束缚，使主动的能力与被动的能力平均发动。它把静与动，顺与逆，直觉与思惟，真挚与游戏，纳在一处。美的理想不受其内容的影响，而只在形式有效果，即只由形式，以达成其真正的美的自由。因为内容无论如何高尚广大，必然限制精神，故用形式去抑制内容对于心的牵引，用形式去遮掩质料，这正是艺术的妙处。轻快游戏的内容，可以由我们的享受，移到严格认真的状态；严格认真的质料，亦可由我们的享受，移到轻快游戏的状态。例如悲剧具有情的特殊内容，它若能使观者动情，而仍不失心的自由，便算完全。世上有以情欲为题材的艺术，但美之所以为美，却在于摆脱情欲。故所谓情欲的艺术，根本就是矛盾。同样，用艺术去改善教育，也一样是矛盾。因为对于我们的心，指示特定的方向，是最违背美的本质的。在艺术家作为美的全体而提供的作品中，感性家只能看见它的质料，道德家却只能找出其中的教训。

美存于由感觉的被动状态移动于思惟（或意志）的主动状态之间。有些人由感觉移动于思惟（或决意），极为迅速，甚至不能看见漂游其间的美的情调。这种人不愿停留在美的无限制的状态，要求即时达到某些结果。反之有些人对于行为不大关心，而能享受全体的力感，这种人的美的状态的面积却极广泛。前者恐惧空虚，后者不忍受限制。美既存于由感觉的被动状态移行于思惟与意志的主动状态之间，故欲把感性家引入理性，必先把他引入美的状态。这就是说美是开放道德与真理的推进力。感性家被限于其感性的生活，丧失了主动的自由。把它收复过来的，便是美的力量。一旦恢复自由，便容易进入理性与道德。因为此时只要给予适当的动机便得了。但由感性进入美的状态，却是困难的。因为必须从内部解放出全新的力量，而且不能用意志的自由。意志的自由须等到达到美的状态，然后才能获得。故把人类引入美的世界，正是教化的最重要的事了。

五、物的阶段，美的阶段，道德的阶段

人类的发展所通过的三个阶段：（一）物的阶段，被动地受容自然的势力；（二）美的阶段，超脱自然的势力；（三）道德的阶段，支配自然的势力。

人类在第一阶段，只为某一刹那的欲念而活动，以弱者为饵，以强者为敌。劳形终日，只为必需的追求，欲念的满足。到了胃袋充满，或是疲劳不堪，才有其暂时休息的闲暇。不能在自己之中，发见人类的品格，故亦不知所以尊重他人。不能在自己之中看他人，而只能在他人之中看自己。对于团体生活，亦不能把自己扩张到自己民族全体。完全是自己中心主义。然在这兽性状态之中，犹可看出理性自由放射的曙光。那末，什么是理性最初发现的状态呢？这便是使物的从属变成无限制的状态，理性的特征本为求绝对。惟绝对不能求之于物的生活中，故必须超脱物界而入于永远界。但最初却误把物永远化，而反陷于可怖的奴隶状态。在只知物欲利己的兽性世界中，发现绝对的要求时，绝对的要求并不放弃利己，而反把利己无限制的扩大，以求时间的存在之无限继续。我们的本性，本来能够把我们引入真理与道德，只因受感性的限制，变成无际限的欲望，虽不求兽性刹那的满足，豫见无限的将来，去追求它，但这无限将来的追求，其实却只是现在的追求。理性虽已出现，但只能为感性的作用。本应超脱物界者，反为物界所牵引，故虽瞥见道德，不能见其为内界的法，而只能见其为外界的力。这阶段的宗教，只是所谓恐怖的宗教。

到了理性独立，不囿于物界，超脱物界而加以客观化对象化，而理性的独立，亦更为确实。我们思惟的时候，物是我们自己的产物，属于精神界。但这里必须注意的，就是美不如真理的认识，完全离开感性界。认识有主动被动之别，美的享乐则不见有主动被动，而只有形式。美的观感既由反省，当然是我们的对象。"自感"既是美的观感的条件，同时又是我们自己的状态。因为是观，故是形式；因为是感，故是生活。我们的所为，同时又是我们的状态。故在这里可以看出形与质，被动与主动，限制与无限，互相对立。人必依属于物，同时又要不失道德的自由，这只有美能给予保证。在论理的统一与真理的认识，"感"与"思"是不一致的。就是说我们思时便没有感，感时不见思。故分析家以为两者的融合是不可能的事。但在美的观感，可以看出形与质，主动与被动之事实的融合。我们在此可以证明活跃于有限之中的无限,与最高的"人性"之可能。

由美的情调而始发现自由,故不能由自由而生出美的情调。这只有幸而致之而已。在"生"的本身中,发现神圣的秩序,在秩序之中,横溢着"生力",这其中便是美,感性过钝(无所求)或情欲过强(求而无厌)俱不能发现美魂。孤立索居,或游牧生活,不能在自己之中看见他人,俱不能发现美。那末,原始的未开人怎么脱出兽性状态的束缚,开始出现于美的舞台呢? 那就是在他们开始爱好形象,喜事修饰,而为游戏的时候。只因他们愚昧,不能脱出现实。一旦到了不执着现实,对于形象感到兴趣,此时人类便开始进入文化的第一步。形象只是作为形象不是作为表现现实,觉得有价值。视觉(或听觉)是离开物的直接接触,只依形象去认识的。触觉是我们所受的压力,视觉是我们所生的形象。野蛮人用触觉去享乐,视听只是他们的工具。到了一旦能够用视觉去享乐,认识视觉本身的独立价值,便成为美的了。游戏本能出现了。其次便是依照模仿活动去造形的本能。把形象看作独立的形象,离开现实去造形。这是艺术的起源。这艺术本能发现之迟速,由于玩赏形象的能力之强弱,一切的现实存在,作为外力赋予我们。反之,一切的形象,却是从写象的我们本身生出来的。故分开实质与形象,单独制造形象,可说正是人类本来的特权。这便是艺术。美是形象的世界,故不与实践理论发生交涉。讨好现实,或借助现实,但有失精神之独立。这固然不是说,美的形象之所寄,一定要不是现实。只是说它的现实不应左右我们的判断。不如此,便不成为美的判断了。无论在个人,或是在民族,若能独立正常认识形象,理想便支配了现实,名誉支配了所有,思想支配了享乐。在这里,舆论被尊重,月桂冠比紫衣高贵,反之,用形象去补现实,或用现实去补形象,便陷于道德的下劣与美的无能。为着实现我们的理想,必须有性格全体的革命。离开利害得失,去玩赏纯粹的形象,只要发现有这种迹象,便是上述革命开始的证据了。

物有余裕,然后始有美的享乐的余地。最初,囤积现在必需以上的物品,以供将来的必需。其次离开此物的变质,讲求用法,注意形象本身。这是到自由之路的第一步。这一步已在人类以下的动物,可以看出来。如饱食气力充实的狮子之任情跃动咆哮,虫鸟之嬉戏游乐。这并不限于现实的需要,而是因为势力过余而发为游戏。这逃出缺乏的压迫,变成充满过余的压迫,便呈出物的游戏。由此再进一步,便变成美的游戏。这美的游戏,最初只喜不羁自由。此时混着感性的利己成分;趣味野鄙,爱好新奇、浓艳,不喜纯美与静美。由爱物的倾向,转而变成爱自己的所有物的倾向;对于什物、衣服、武器、家屋等,不仅满足实用,而且把它装饰。因为要美化自己的生存,便装饰外形,虽至有害于实质的内容,亦在所不惜。由装饰自己的身,变成装饰自己的心。嬉戏跳跃者变成舞踏,任情咆哮者变成歌谣。特罗人(Troy)骚然出动,而希腊人则堂堂进军。

人类逃出一时情欲之压迫,认出外形的美,卒至心心相印,而为永远的真爱。美调和了天下最单纯的相对——男女的相对;又和谐了道德界一切男性的与女性的,刚直的与温柔的相对。

在权力的国家,人权作为外力去对人,限制人的行为,以自然对自然,使社会成为可能。在伦理的国家,义务以法则的威严临人,制裁人的意志,使个人的意志服从一般的意志,去成立社会。惟有在美的世界,人权作为形象,作为游戏的对象去对人。或惟有在美的国家,全体的意志与个人的意志相通。惟有美,无论在个人中,或是在社会中,能生出调和。人类为着必需而成立社会,理性课以社会的法则,美则创造社会的性格。在趣味的世界,美的世界,不许有所谓主宰,亦不许谁占优越的地位。这世界上面的世界,是没有物的纯理世界;这世界下面的世界,是盲目的自然界。惟有在这美的世界,利己必须被排弃,暴力必须被屈服,劳动者与自由民一样享受平等的权利。悟性的应用完全以民众为目的,故只有在这世界,始能实现大同平等的理想。在这理想的国度里,我们不必模仿道德,只由自己的美去自由创造,不必因为发展自己的自由,而至妨害他人的自由。亦不必因为尊敬他人,而至丧失自己的品格。美育思想到了新人文主义者席勒,可谓达到最高峰了。

健康教育与美感教育 谢康[①]

一

在另一篇文章里,我曾经谈到现代知识教育与道德教育的趋势,以及它们怎样合流的问题。[②] 现在我打算将"健康教育"与"美感教育"的关系,以及它们对整个生活教育和人类社会的进步应有的使命,约略加以检讨。

所谓"健康教育"的涵义,当然包括体育和卫生在内,但通常可以简单称为体育(L'éducation Physique),也可拿"体格训练"来做代表。其目的在于能保持身体及精神的健康,发达生命的能力,并可为提高德育养成或团体生活之一助。我们平常惯听"德智体"三育并重的话,以为体育应该就在三育的最后一位,从而怀

---

① 《广西教育研究》第 3 卷第 2 期,1942 年 2 月 25 日,第 5—9 页。
② 原文注一:见《广西教育研究》第二卷二、三期。

疑体育的重要性或者比不上德育或智育；其实体育为人类一切事业活动的基础，真所谓"留得青山在，不怕没柴烧"，体格健全的人，没有什么学问或技能，也还可以做事或做工；反过来说：体格不健全的人，精神萎靡不振，生命力自然很薄弱，纵有天大的学问，恐怕也难于施展。体育的效果，不独能养成个人健康的体魄，而且可以发展个人健康的精神和正常的能力，因为体格的训练与卫生的讲求，能使全身得到正当的发育，神经与筋肉协同动作，各部脏腑器官的组织，能够与神经系统和谐一气，这实在是做人的根本，也就是各种教育实施的根本，稍有现代常识的人，都可以相信这番话的正确性。

体育教育在今日，已经成为许多教育学家所特别注意的对象；但是，它曾经长期地为人们所忽略，很多教书先生以为他们的职务只是在于教授书本的知识，或"传道，授业，解惑"，对于学生们的体魄，他们根本想不到还要烦劳他们去过问。中国过去许多书院和私塾，大概都是这一种作风，在法国十五六世纪的时候，有不少的中学（College）和膳宿学校（Internat），卫生环境异常的差，教室及宿舍的形式颇类似监狱，光线和空气都不充足，学生的膳食也不合乎营养，体格训练的设备，一些也没有，学生的待遇，似乎比不上贵族人家的猫狗。所以有一位忧时之士①曾经愤激地这样宣称："如果他做了法国的皇帝，他要将这一类的学堂通通烧掉！"

从前的人对于学校体育卫生为什么会疏忽到这步田地，归纳其中重要的原因，大概不外下列两种：第一，他们以为体格活动是一种形而下的东西，这应该是家庭教育的事体，而不是教师们应有的工作；第二，他们以为儿童的身体，除非遭遇病痛的妨碍，要是不然的话，它一定会自然生长，好像别的动物一样，用不着特别去关照，它比不得精神活动，需要用教育的力量去裁成，否则"逸居而无教"，就会"近于禽兽"了。总之，他们的知识还不能够了解体育的重要性，所以几千年来，大多数的时候，人类在学校里常常受着没有体育的教育。其实他们所根据的理论，好像上述的第二点，就犯着一个很大的错误，人类身体的教育，因为环境营养种种的关系，不能完全顺应着自然的法则，须得加以适当的保护与调摄，相当的体格锻炼和心理的卫生，然后可以保持身心两方面的健康，使健康的精神，时常寄托在健康的身体里面，同时还要以健康的精神，来节制肉体的活动，以为我们进德修业立身处世的基本。教育家如果不注意学生身心两方面的健康，那么，对于学生的道德教育和知识教育，根本就无从谈起。从今后，绝不容许我们的儿

---

① 原文注二：此人名 Ponoerate。

童再受那些没有体格训练的教育,如果还有人相信智育或德育可以脱离体育而单独存在,相信身体的要素,不是精神生活里面必不可少的条件,那么,这种人必然犯着一种严重的错误,缺乏现代生理学或心理学的常识。

古希腊人很知道体育的重要,同时更注意文艺及美感教育,力求身心的调和发展,造成一种优美和谐的社会,至今希腊文化的造诣,还为许多欧美人士所憧憬。中国古代,大司徒以乡三物教异民:有六德六行六艺的名称,在六艺里面,礼乐书数之外,还有射御一科,其实这就是一种体格训练和军事教育。春秋时代孔门教育旨趣,除德行,政事之外,也很注重文学及武事两科,孔子亟称子路之勇敢,曾皙浴乎沂水的风趣,一方面是军事教育和美感教育,同时也就是体格教育;所以那时候的教育,也相当成功,至今还为教育史家所称道。后来历代政府以德行,经术,文章,诗赋乃至八股制艺取士,文武分途,甚至重文轻武,读书人益流于纤巧文弱,以白面书生善病工愁为学士文人的本色,影响所及,国民体格的萎靡不振,居然成了很严重的问题,这毛病因为长期抗战而更加显著地暴露出来;于是大家才恍然大悟体育的重要和轻视体育的流弊,足以亡国弱种,摧残整个民族的活力与生机。因此大家才毅然决然提倡体育,特别在学校教育方面,开始注意学生的健康。民国十七年全国教育会议宣言,就有"发扬民族精神,提高国民道德,锻炼国民体格,以达到民族自由平等"的话。十八年四月,国民政府公布教育宗旨及实施方针,在教育实施应守的原则里面,规定"各级学校及社会教育,应一律注重发展国民体育,中等学校及专门大学,须受相当之军事训练。发展体育之目的,固在增进民族之体力,尤须以锻炼强健之精神,养成纪律之习惯为主要任务"。接着二十一年十二月公布的小学法,师范学校法及职业学校法,二十四年六月公布的中学法及修正职业学校规程,都有"锻炼强健体格"或"培育健全体格"的话。民国二十五年暑假前,教育部为适应国难时期需要起见,公布中小学及专科以上学校特种教育纲要,在小学特种教育纲要里面,规定"各小学应一律注意精神训练与体格训练","增加体育活动及远足竞走爬山等运动","并注重卫生方案之实施,充实卫生设备"。在中等学校特种教育纲要里面,规定"中等学校应注重体格训练,体育成绩不及格者,不得升级或毕业,校内之卫生设施及设备,应力求改善;对于学生尤应定期举行健康检查,以为施行体格训练之准则,并注重身体缺点与疾病之防治。此外高级中学及师范学校高级职业学校均须厉行军事训练,初级中学简易师范及初级职业学校,均须厉行童子军训练"。在专科以上学校特种教育纲要里面,也规定有"体格训练"及"劳动服务"等事项,就中体格训练,又分"军事训练,普通体操,举行检查及卫生设施三部份",并订定各部份应切实遵行的原则,与劳动服务相辅相行。抗战发生后半年,临时全国代表大会通过的占时各级教育实施方案纲要,规定今后教育设施的方针,明白提出"三育并重""文武合一"的口号,于是体格教育或健康教育在中国教育方针上的地位,才逐渐有其重要性;大家对于体育的功用才逐渐有了明确的认识,"亡羊补牢,犹未为晚"。今后倘能力图补救,切实遵行教育部规定的各级体育设施标准,则"失之东隅"者,未尝不可以"收之桑榆",经过一番普遍地恒久地锻炼以后,加以适当的卫生及相当的营养,国民体魄,定能臻于健强,纵不能即刻与白种先进民族的身体并驾齐驱,至少与我们的敌人日本比赛体健也无逊色,必如此,我们才可以确实保证抗战前途的胜利,和民族国家永久的光荣独立。

二

讲到提倡体育,至少有几点须得注意:(一)过去一部份学校实施选手制度沽名钓誉的体育,养成一种特殊阶级的选手,只妨碍了这一部份学生的学业,对于一般学生的体育,似乎没有多大的裨益,这是应该矫正的一点。(二)军事训练,童军训练与劳动服务的本身,都各有其特殊的价值;但是,这三样都不能完全认为是发展体育的设施,从而这三种训练,各有其特殊的目的,而不是为着全部身心的健全与和谐的发展而施行的健康教育,如果有人企图以军训,童训或劳作课程来代替普通体育,那仍不危陷于某种程度的错误。(三)体格教育的实施,应该有其特殊的价值,对于个人及人类社会福利应各有相当的贡献,它应该有一种以科学为基础的方法和有组织有计划的继续不断的行为;它的目的应该是全民族乃至全人类的健康,而不是好像 Jahn 和 Fichte 一般,以造成强健的士兵对外作民族解放战争的准备,所以合理的国民体育的提倡,绝不是莫梭里尼与希特拉之流的组训青年的办法,假借体育之名,实施军事训练之实,教他们忍受强烈险暴的训练,和战争必需的运动技能,以为侵略四邻民族的准备。(四)我们所主张的体格教育,大致系根据大教育家卢梭,蜚斯泰洛齐,以及体育学家 Ling,Amoros, Th. Arnold……诸人的意见,站在一个比较广大而高尚的立场,来衡量体育的价值。我们认为体格训练的目的,不仅在于使我们的身体更强健更坚实,同时还在于使五官,脏腑及整个知慧官能的发育,得到更适宜的调摄和练习,同时在道德教育的完成上面,健康教育的应有的使命,绝不亚于美感教育。总之,体格的锻炼对于整个健全的人或全部人生的陶冶,应该有而且可能有相当的贡献。(五)体格的锻炼,最近还有一种趋势,就是要使儿童的体力动作回复到自然,这就是说与我们祖宗的原始简单的生活务求其能够接近,例如日常有用而自然的动作:走路,跑步,跳高,跳远,攀墙,上树,抛物,肩负,爬山,游水,骑马,射箭,角力,跳舞……之类,一切足以增加体力,抵抗力乃至健康美的身体动作,按照 Georges Hebert 的理论,这些锻炼,不独可以适应个人陶冶身体的需要,而且可以为社会生活的准备,增加社会的联带关系互在助的精神和纪律的习惯。我们并不要求儿童都成为大力士,但是,我们的儿童应该学会怎样抬送一个伤兵,怎样划船,怎样游水,怎样从水里救护一个不会游泳的人,怎样以自己身手的技能,帮助他人,以造成自己的快乐和身体的健康。这些方法,有一大部份与童子军的训练原则相同,但又不完全同于童军训练。(六)现代文明各国体育设施,大概有几条共通的目的,就是:要儿童有健康的精神,健美的身体,纪律的训练,勇敢的气概和对于自己的信心(自信力)。他们重视体育卫生,是他们国运兴隆,人民康乐的一个重要因素,我想凡是到过国外旅行的人,都可以证明这句话的不错。我们中国今后体育的设施,自然要兼取众长,向这些目标,迎头赶上,努力从体育上造成下一代健全,强壮,美丽,活泼的新国民的基础。切莫再故步自封,好逸恶劳,喜静厌动,以体育为末事,薄运动而勿为,那么民族健康前途才有改进的希望。(七)体格教育与智识教育,道德教育,美感教育应如何保持联系,保持增进彼此的合作,还得靠教育专家多加考虑,使得四育,不独不互相倾轧,互相妨害或排拒,并且要使它们和衷共济,相得益彰,使人生社会,都能够因此四育的调和均衡,而得到正则的和谐的发展。至于锻炼学生体魄,以增进战时需要的运动技能及国防力量,自然也是应有的功能,这似乎不须我们多费词来赘述了。

以上所述,为一时间联想所及的推进健康教育应该特别注意的几点,此外训练各级学校优良的体育师资及学校卫生工作人员,也很重要,时间不容许我详加论列,坐而言究竟不如起而行,我希望读完这一段文字的人即刻自行返省,对于健康教育,自己曾经注意到了没有? 每天有没有早操或打拳术? 自己的身体是不是已经有了文弱或衰颓的现象? 当如何用体育卫生来补救? 国防基本训练的运动技能,自己学会了那一种? 能帮助他人脱险的体力动作,自己有什么特长? 诸如此类的问题,我想每一个人(包括男女学生在内)都应该自己问问自己,如果还没有肯定的答案,我奉劝诸位赶快注意,为自己的幸福和民族的健康起见,赶快实行体格锻炼,同时改良卫生环境。读者如果负有教育学生或民众的责任,请您更为他们的幸福和国家的前途设想。教育部最近一个月召集的国民体育会议,许多切实而具体的决议案,都值得我们努力去推行的。

三

所谓"美感教育"(L'éducation du Sentiment de Beau),有时也简称为"美育"(即法文的 L'éducation Esthétique,或英文的 Aesthetic education),据蔡元培先

生的解释,"应用美学之理论于教育,以陶冶感情为目的"的,就是美育。[①] 他以为美育与知育相辅而行,以图德育的完成,凡计较利害,考察因果,衡量是非,一切保身卫国之德,胥赖智育的助力。至若不顾祸福,不计生死,一切诉诸热烈的感情,凡与人同乐,舍己为德之德,胥赖美育的助力,人类是理性的动物,同时也是情感的动物,要能使感情的发动,皆中节度,无过与不及之偏,感情经美化教育的薰陶,自然和谐醇化,日趋于纯洁高尚而不自知,基此理由,蔡先生在教育部长任内,曾颁布教育宗旨,要以美感教育完成国民道德,甚至于主张以美育代宗教,这些话虽然还有可以争辩的余地,然而美育的功用,经蔡先生的提倡,总算在中国教育上发生相当的影响。不过,美育在教育上的地位仍然相当低落,有些虽然在说德智体群美五育并重,有些人也只说上面那四育或三育,没有顾虑到美育所应得的地位!

其实美育在古代教育制度上,本来也有相当的历史,六艺除"数"以外,皆含有美育成分。孔门施教,就很注重美的陶冶,孔子和许多门弟子的生活,就很富于美感,沂水春风的雅趣,诵诗作乐的精神,至今还令人健羡!后世礼崩乐坏,美感教育失其薪传,然除义理考据的学问而外,文艺美术的欣赏与创作,工艺装饰的制造,建筑雕塑的讲求,小说剧本的流行,仍为士大夫阶级及一般民众所共同爱好,这些虽不完全合乎美育的宗旨,但是,其中一大部份当然也不超出非正式的美感教育的范围,不过在正常的教育制度例如私塾及书院里面,美育的地位,低落到异常可怜的现象,比较欧洲人承受希腊罗马的文化和基督教崇尚美术的风气,关于音乐,雕刻,建筑,跳舞乃至图画的教育,他们都比较来得发达,学校社会与家庭的环境与陈设,一般总带有多少美感,特别自文艺复兴以后,美术文艺,普遍盛行。十八世纪康德席勒诸大家创立美学,标榜美育的功用,于是艺术哲学与艺术教育的推进,更相得而益彰,社会人士崇尚艺术,使好美的观念,益加充分的发展,学校教育与家庭教育,许多设备及课程,都渗透着美的观感,于是整个社会,都受着美育的陶冶,而日行美化,在美的环境当中教育出来的国民,与在丑恶的环境里生长出来的国民,自然有很大的差别,久居欧美的人们,乍回中国,有时似乎总不免有这种感想!美感教育的有无,关系民生社会的康乐与进步,实在异常的重大;进一步讲整个民族文化的前途,都和美感教育发生亲切而不可须臾离的关系,因为没有艺术,那么,文化的内容就不免有所偏枯;而且没有美感教育,必不能尽文化陶冶的功能,对于民族文化的创造与发扬,自然不能免许多缺憾了。

---

① 原文注三:参看《教育大辞书》蔡元培著"美育"条。

四

我们曾经在上面从家庭学校及社会环境方面,大略提示美感教育的意义;要是从个人方面来看的话,艺术实在是人生最高尚最名贵的表现,其价值有时且超越道德,所以提倡艺术思想,可以美化人生;实施美感教育,可以增进人格,使生活日趋于完美。在生命发展的过程当中,艺术可以表现人类不满足现实和要求前进的心情,它不独净化人类的精神,使之从现实的桎梏脱离,从早下的对象转移,抑且迫促吾人,使不至于陷滞僵化,促进人类精神生活继续向上。我们试看无论政治,道德,宗教或其他事业,都想充分利用艺术,就可以想见艺术的效果了(参看向培良著《艺术通论》第十章)。

艺术与人生的关系,大约可以概括为下列几点[①]:第一,艺术令人忘却现实生活的苦闷;酒可以忘忧,音乐也可以令我们陶醉,孔子在齐闻韶,三月不知肉味,艺术的欣赏和美感的嗜好,有许多时候,不免是一种转移注意,对现实生活的一种逃避,或者可以说是一种多余的奢侈。康德再三提示艺术的超利害的精神,斯宾塞则还原到一种游戏的形式,梵罗希[②]以为艺术品是用来刺激我们人类的感觉或感情,引起我们美感的法程;艺术品最显著的特质,就是它的"不用性",人身上各发动器官的配合及动作,似乎多于人们的需要,于是我们可以创作一些实际应用以外的东西,从生活的重要看来,似乎无用。然而无用之用,另一部人却认为有很大的妙用,这是艺术与人生结不解缘而始终存在的原因。不过,这用途和重要,没有饮食衣服之类那么显著而普遍,每一个人随着他的资质和素养对艺术有不同的感受,嗜好及批评,艺术与实际人生虽保持相当距离,然而它毕竟是可以补足人生缺憾和驱除烦恼的东西。

第二,艺术可以使我们的热情净化:这句话最初是亚里斯多德给我们说的,到现在还不失为一句至理名言。例如悲剧就可以消磨我们对热烈情绪的发泄或遭受的需要,好像恐怖,哀怜或热恋的情绪,有时真可以寄托在剧中人物的身上,悲剧为我们布置这种场合,正是社会实际生活所不易得的机会。哥德写了《少年维特之烦恼》以后,自杀的冲动为之一消;穆塞[③]在他的《长夜》诗里,也发现了同样的功用。佛洛伊特的《精神分析学》,更加开发这个情感升华的道理,拿来医治因情绪缠扰而患着精神病的之人,往往有效验。

第三,创造艺术的过程就是人生对于技术的一种活动,这种活动的嗜好,能

---

① 原文注四:参考 Ch. Lalo: *L'Art et la vie*。
② 原文注五:Paul Valéry 著《艺术概论》,见法国百科全书第十六卷序(一九三五)。
③ 原文注六:Musset: *Les Nuits*。

使作家专心致志,尽瘁毕生的精力;无论属于精神的或肉体的方面,艺术的活动,至少是一部份人的生理上所必需的能满足五官和四肢的无用的动作。

第四,艺术能令生活理想化,许多小说及传记文学,往往把现实生活写得合乎作家的理想,许多丑恶的东西,渲染得异常美妙;理想主义的艺术,固然充分表现这种作风,就是写实主义或自然主义的艺术,有时也不免比现实优美一些,这种例子俯拾即是,用不着多举。

第五,艺术能使生活充实化或强调化;这一层功用似乎与上列第二点使热情净化的道理相反而实相成;我们的生活或情感,有时不免隔膜,单调与空虚,艺术能寄托我们的希望,沟通我们的情感,给我们以安慰,加倍描写现实,可以强调我们的生活,鼓励我们的生趣,发展我们的遐想,激发我们的义愤与感情,令我们鼓舞感兴,生机勃勃,能够为着一种理想的实现而努力奋斗。

以上五点,约略指出艺术和人生的关系,同时也就可以看出艺术教育或美感教育的重要性,我想就是主张为艺术而从事艺术的人,也不能不相当的赞同吧?此外还有一点,就是现代的艺术,已成为应用工业的邻居,装饰艺术或应用艺术,到处受人欢迎,艺术家的身份,由似乎无用而变为有用的一种职业,许多国家的政府已经在管理艺术,公家出资财保藏艺术品,并在可能范围内加以提倡和奖励;在某种政体或国际战争的情况之下,常常要利用艺术作宣传,好像古代利用宗教一样,国防艺术的理论,就是这样产生出来的。

根据上来所述,我们大略可以论定美感教育的要义,在乎发展被教育者的优良情感及艺术活动,儿童自己的活动,胥带有艺术的意味,一切感情生活的陶铸,应使其充分合乎美学的原则。① 美感教育的内容,应与教育形式及教材一致,对于人生社会有相当价值,并与儿童各种联想相配合,使其有均衡而和谐的发展,逐渐养成其美的欣赏,培育其高尚,纯洁,悠远伟大的情怀与志趣,以辅进教育上的各种功能。这样看来,美感教育的功用,对于个人可以修身进德,对于社会可以增进同情及博爱,淑善人世。的确值得我们从事新教育的人加意提倡的。

至于美感教育的实施,照蔡子民先生的意见,可以分为学校,家庭及社会三方面,他曾经列举过许多具体可行的例证,读者可以参看他所著的《美育》一篇论文,这里限于篇幅,不能详征博引了。

五

最后,我想简单说一说美感教育与健康教育的关系,作为本篇的结论。

---

① 原文注七:参考 F. E. von Miber 著《教育基础的美学》。

我们惯常听见"健康美"这个名词,其实很可以藉它来说明健康教育与美感教育的关系。"多愁多病身,倾国倾城貌。"是古代病美人的特征,不过,这种善病工愁的美人,随着西洋文化尤其是近代教育观念与好莱坞电影的输入,而逐渐成为不适时代的东西。女人的体驱要求健美,其实男人的体格,又何尝不要健美呢? 白面书生,文弱秀才,如今也不合时宜,逐渐受着自然的或人为的淘汰。今后国民体格的锻炼,在平时应该以发展健康美为第一目标,在战时为要养成战斗的勇士及救伤的看护妇起见,健康教育的意味,作为斗争的准备,当然应该多于美感教育,然而也不是绝对没有美感教育的地位,玛德隆的歌曲是第一次欧战法国士兵激发战斗精神的一个重要因素,而玛德隆就是一个富有"健康美"的女招待,由此类推到女看护,还能缺乏美感教育吗?

说到体育与美育的关系,有很多地方可以合作。"舞蹈"就是一方面发展体育,一方面讲求美感的东西,柔软体操,游泳,划船,按摩等许多种运动,都一样可以增益健康美,希望提倡体育时,不要忘记了美育,提倡美育时首先要注意人体的健康,一洗铅华脂粉矫揉造作的人造美病态美的恶习,回复人类原有的康强体魄和自然朴素的美感。

从社会的观点看来,美感的观念是社会的产物,健康的身体所组成的健康的社会,决不会流行病态美的观念。反过来说:美育即是充实精神生活所必不可少的一种力量,如果没有美的环境和艺术的陶冶,无论个人或社会,严格地说来,就很难达到心灵和物质都很和谐与健康的境界。

健与美,是人生的双翼,离则偏而不全,合则互相辉映。美感教育可以补救单纯体育训练的缺点,健康教育也可以纠正极端的唯美主义的流弊,今后要提高民族精神生活,这两育都值得我们特别注意,过去四十年教育设施上对于这两方面的疏忽,我们不是已经够受吗?

民三十一,二月于桂林。

蔡孑民的美学思想——为纪念蔡元培先生逝世二周年而作 胡蛮[1]

一、美育的建设者

在中国,把美学与科学并提,看作"养成国民实力的两大工具"这个进步的主

---

[1]《解放日报》1942 年 3 月 4 日第 3 版、3 月 5 日第 3 版。胡蛮《中国美术史》第 12 章"现代的中国美术——现代(一九一二—一九四〇年)",上海:群益出版社,1946 年 8 月。

张,是从中国新文化奠基人之一蔡孑民(一八六六——一九四〇)①。在一九一二年,中华民国成立,他被任为教育总长时,发表了对于教育方针的意见,就提出了"教育上应特别注意美育"。一九一六年,他被任为北京大学校长时,曾力倡"学术公开,思想自由,文学与美术上之现实派与理想派兼容并收"。因而奠定了新文学新艺术诸流派发达的基础。在五四前夜,他提出了"文化运动不要忘美育",而且实际的把他的主张实现到艺术学校的建立上,实施到各级学校的美育课程上。在他一生的文化活动中,对于新文艺运动,不但是一个提倡者和推动者,实际上也是一个有始有终的有力的建设者,美学思想在他的文化思想中正占有一个重要的地位。

二、民主主义的美学观

蔡孑民的美学观,是中国民主主义思想之一个重要部份,他的思想方法是皈依了西方资产阶级的唯物论,而同时又出入于观念论。由此而形成他的艺术史观,即社会进化论的美学观。把艺术上存在的民族性、阶级性,代以"纯粹的美育"(即"纯艺术"),阐发艺术上的"普遍性"与"超越性",藉以"陶养感情",藉以"破除迷信",并藉以"作为改造社会的工具",这种美学思想在它的本身上,虽然反映着观念论和唯物论中间的矛盾;但是,对于反迷信返封建的艺术活动,却曾给予了巨大的影响。

三、真善美的综合与分离

蔡孑民根据着苏格拉底、柏拉图的伦理学的艺术观,认为真善美是三位一体的。他主张美育应该是和智育相辅而行,作为完成德育的准备。虽然他并不曾指出道德与行为上的民族性与阶级性;但是,如果作引伸的说明,那么,美学为了"完成德育",它不只是应该是行动的,而且"赖智育之助"还应该是合乎客观真理的。这是主张理论的与实践的一致,也正表现着蔡孑民精神的伟大之处。可惜的是,在他的综合真善美的理论上,却不曾贯彻为统一的体系;相反的,他把真善美又作分离的解释,使他们孤立的互不联系的各事其所事,把"美"看成是"感情与兴趣之所托"。这样的含义,又可以把美学从社会科学中脱出而单独的去追求了,这正是坠入到观念论去的一个开端。

四、纯美育的理论根据

蔡孑民之所以提倡纯美育,他的理论根据,是因为美感有"普遍性"和"超越性"。由于美的"普遍性"的感染,他以为可以使人类不再有人我之偏见与利害的

---

① 此处漏"提倡起来的",据胡蛮《中国美术史》补足。

关系;所谓"超越性",按照他的解释,也就是"超绝实际的",可见"超越性"和"普遍性",在本质上是"二而一"的。就是说,把"美"当作一种绝对客观的形式;而不把它当作是有生命的人类的创造和现实的反映,忽视了它的时间性和空间性。把美的形式孤立起来的看法,无疑的是超现实主义者"为艺术而艺术"的理论,这种理论的来源,是出自康德"无关心"的形式美学体系。

　　蔡孑民提倡"纯美育"的出发点是善良的、伟大的,他为了反对迷信、反对暮气、反对中国的旧文化,因而想以新鲜的、活泼的、实用的美学修养、美的技能和美的观感,遍布人间,用它作为安慰劳苦之人生,用它改良艺术的生产,用它苏醒古老之中国。但是,在改造社会运动上,只着眼于国民精神的改造而不注重变更社会的物质生活,这是"五四"以前旧民主主义者的通病。事实上,在他们的美学思想上也正含有这个矛盾的理论。例如,他提出的"卫国之德",是要求美育为民族利益而斗争的;他提出的"无论何等宗教,无不有扩张己教攻击异教的条件",并且,甚至于他也指出了"以美育论,已有与宗教分合之两派",是承认艺术上的党派性的。当然,当世界上还有民族压迫,社会上还有阶级压迫的时候,美学是有民族性和阶级性的,而且,美学必然地服务于民族的与阶级的斗争。然而他憧憬着一个没有民族压迫和阶级压迫的"大同"世界,他企图寻找一个可以改进国民精神,以至于由此可以和平达到理想国的工具,于是,他皈依了康德的美学。

五、"以美育代宗教"的真谛

　　虽然蔡孑民在基本上接受了康德的美学,但是,康德对迷信让步,向宗教献媚;而蔡孑民却破除迷信,反对宗教,主张"以美育代宗教"。这种无神论者的观点,是由于他具有唯物论与自然科学的思想,是由于他受了古老中国封建文化的压迫而形成的。他解释宗教的起源,说是"不外因吾人精神作用而构成",无疑的,又堕入到观念论。而他指出宗教怎样利用艺术作为诱人信仰的方法,指出宗教纯粹是艺术的创作和艺术的作用,这就是说,他在客观上承认了艺术上的宣传作用。但是,他只是认为附属于宗教的美术,常常受宗教之累,受累的地方,在于美术失去了它的"陶养感情"的作用,在于转变到"刺激感情"的宣传作用上。因而他提出"鉴刺激感情之弊,而专尚陶养感情之术"。就是说,把艺术为斗争而服务的宣传作用抑压下去,而只发挥它的"陶养感情"的本质,这正是提倡"纯艺术"的美学观,也就是他的"以美育代宗教"真谛之所在。

六、宗教艺术与人文艺术

　　蔡孑民论到"美术进化史"的时候,叙述了"美术逐渐脱离宗教而尚人文"的一些史实。在他的结论上,除指出宗教美术的弊病以外,并指出人文艺术的价值。人文主义艺术的价值,在于那公共建筑的建造和描写自然与社会状态的制作,有如他所说的:"到今日,宏丽的建筑,多为学校、剧院、博物院,而新设之教堂,有美术价值者,几无可指数,其它美术亦多取资于自然现象及社会状态。"中国旧艺术已陷于传统的、因袭的、公式化的腐朽状态。蔡孑民提出中国的新文艺应吸收西方的人文的艺术,可以说这是对症下药的至谕。但是,他并不曾把这个美学思想的积极性发挥为一个统一的艺术史观,对"艺术与社会之关系"并不曾指出它的发展的规律。例如,就宗教艺术与人文艺术而论,当宗教被封建阶级所利用借以麻醉人民时,侍奉宗教的艺术也就是侍奉封建阶级;当宗教被资产阶级利用时,侍奉宗教的艺术,也就是侍奉资产阶级。艺术本身,只是一种工具,它既可以去宣传宗教,又可以为人文而服务。人文虽然无宗教的迷信作用,但它服务于某个阶级及其阶级意识是一样的。在封建时代,统治阶级多利用艺术去宣传宗教,所以宗教艺术多产生在封建时代;然而在封建时代,艺术服务于封建主义的"人文主义"的,实在也不在少数。当资产阶级向封建阶级揭起反抗之纛时,人文主义的(实际上是民主主义的)艺术超过了封建的宗教艺术;然而当资产阶级掌握政权以后,它却不但利用艺术去宣传宗教,而且还利用"为艺术而艺术"的理论,以及形式主义的艺术以麻醉人民了。当民族压迫及社会矛盾存在并加剧的时候,被压迫者的艺术必然兴起。艺术这一上层建筑对于社会经济基础所起的反作用,虽不曾为蔡孑民提起,但是作为反对"神权"、反对"王权"和保障"人权"的先驱者,当是历史所首肯的。

七、唯物论的艺术起源说

在蔡孑民写的《美术起源》里,发挥着唯物论的观点。他所说的"美术"是按照广义的解释,也就是"艺术"。其分类为:"静的"或"空间的"美术,指图案、雕刻和绘画等(即狭义的美术);"动的"或"时间的"美术,指跳舞、诗歌、音乐等。蔡孑民首先把社会进化论与生物学上的进化论分别开来,说明了艺术是人类独有的创造能力,他并不曾以唯物史观的观点,指出艺术起源于劳动,劳动是猿类到人类进化过程中的产物,而只是以唯物论的观点去研究原始的艺术。他的研究方法不以美术考古学为主,而多借助于人类学。他根据现代种种未开化民族的实际生活材料,提供了一些正确的推论,见解有很多精辟独到之处。例如:他考察原始的图案,取材都是人和动物,他指出在这原是由于游猎民族用猎得的动物作经济上的主要品。在美术考古学上,本来已经有发掘的材料,可以证明原始时代的美术与现代未开化民族的美术相似之点了。他解释动的美术的起源时,以未开化民族之歌词为证,指出诗歌之发生,含有原始生活之叙事的意义,而驳斥了观念论者以为抒情诗先于叙事诗发生的论断；并指出未开化民族的跳舞与音乐综合的演出，乃是戏剧的原始形式。关于艺术上的"地理环境"问题，自然主义者美学家认为是形成"民族特性"的条件，蔡子民是站在唯物论的观点否认了它的。他说，从各种游猎民族的美术上考察，竟然都相似，相似的原因，和他们的生活很有关系。例如装饰、图画、跳舞、诗歌和音乐等，无论最不相关的民族如澳洲土人与 Eskimo（寒带土人）竟也看不出差别的性质来。关于自然主义者所主张的"美术受气候的影响"，他的回答是，无论从物质上间接来的或精神上直接来的气候的影响，在原始美术上，都没有显著的痕迹。作为一个实利主义者的观点，显明地表现在他的结论里，他说：原始美术，差不多都含有一种实际上的目的，例如图案是应用的便利；装饰与跳舞，是两性的媒介；诗歌与音乐是激起奋斗精神的作用，等等。并由此而推论说，美术与社会的关系，在无论什么时代都是显著的，这是怎样的明确呵！

八、艺术的行为与艺术的冲动

蔡子民认为，凡是艺术的行为，最初是艺术的冲动。他对于艺术冲动的解释，根据着"游戏说"与"摹拟说"否认有外加的目的。这种说法是和他们的实利主义观点自相矛盾的。本来，游戏的冲动和游戏的行为，其本身就是原始的艺术。在原始时代，艺术和劳动生活是分不开的，例如游猎人类所刻划的狩猎图记；为了劳动省力而发出的劳动声等。自然所给予人类的刺激或印象，只有在人类生活上发生一定的关系时，才成为被摹仿的对象，而摹仿正是一种艺术行动的手段，颠倒过来说，也就是现实的反映。例如，原始狩猎生活时代对于狩获动物的描画，以及原始农业生活时代收获后的歌舞等。

凡是艺术行为都含有一定的目的，例如所谓描写艺术，在其内容含义上都含有宣传鼓动性，"叙事诗的"是宣传性，"抒情诗的"是鼓动性，而二者又是错综的。所谓玩赏艺术，它是装饰性的，也是娱乐性的，不只是描写艺术要具有形式上美的条件；同样，玩赏之术也具有某种生活内容的含义。在内容决定形式的意义上，二者是不可分离的。因此，如果认为艺术冲动只与游戏冲动及摹拟自然的冲动相伴，否认有外加的目的，无视后二者的冲动也就是艺术白冲动的这种看法，还是出自纯美育的美学观。

九、"艺术化的劳动"问题

蔡子民在他写的《美术的起源》的最后，曾提出过一个他认为"很可研究的问题"，即"艺术化的劳动"问题。这个问题的提出，是出自他的"平民"精神，对劳动阶级具有伟大同情的人道主义者的意识。蔡子民在"五四"时代曾提出过"劳工神圣"的口号。

蔡子民引证莫利思(Morris)所痛恨的"美术与劳动之脱离",实际上,近代工人是以漠然态度去看待自己的工作的。在资本主义发展中,智力劳动与体力劳动的脱节达到了最高限度,劳动者为了糊口去侍奉"世界上的强者",自己变成了机器的奴隶,当然是艺术趣味荡然无存了。在英国19世纪后半叶,作为艺术组织家的莫利思,曾按照中世纪职工组合原则,组织了"艺术手工业劳动组合",后来,又增加很多的"原始劳动组合",以期培养英国人民的道德及兴趣,建立不分贫富、不分贵族与奴隶的社会。这种改良主义的,空想的社会主义运动,虽有人积极推行,但是终于遭到了不可避免的失败。

如果往前看去,在新民主主义社会里,在合理的生产制度下,劳动者就必然能够获得相当的艺术化的娱乐,以及业余的艺术修养,甚至可能获得性之所好的某种专门艺术的成就。在社会主义社会里,消灭了剥削者的压迫,消灭了智力劳动与体力劳动中间的矛盾,艺术事业为劳动者所有,人将是多才多艺的。至于艺术将怎样可以得到充分条件,以至于可以达到全盛的繁荣,那只有到了"各尽所能,各取所需"的时代——无阶级的共产主义社会。在那里,美学服务于人类与自然的斗争,艺术与劳动的联系正如艺术与社会之经济生活的联系是一样的密切,这可能就是蔡子民所理想的"与初民美术的境象,有点相近"。当然,这不是说,所有生产劳动都要艺术化。如果作广义的理解,可以说,到了那时候,由于每个劳动者都可能深刻浸入于艺术化的生活,在所有劳动中都浸染着美学的趣味,人类将可以完全发挥自己的灿烂世界

十、艺术的世界性与民族性

民族艺术的发生和发展,它不是孤立的,民族之间艺术上的融合,过去已有过很多的史实。例如:古代埃及美术曾经过克列塔岛传入希腊,米索不达米亚美术渡爱琴海传入希腊,希腊化美术经地中海东部传播很广,东北到黑海北岸,东到安息、巴尔干、大夏、库车(新疆)以及印度之西北部。中国美术自汉代起,不只受了印度的影响,希腊化美术曾以大食(阿拉伯)为媒介,经中亚传入中国内地,六朝陵墓中有希腊式柱子,唐代美术也含有希腊化和印度美术的影响成份。意大利文艺复兴,不只是接受了希腊罗马的遗产,而且也受了东方的影响,当时的威尼斯有"西方比鲜丁"之称。意大利文艺复兴影响之所及,北传入富兰德,西传入伊比利半岛,而归于法兰西。近代美术,巴黎曾成为世界的中心。美术伴着政治与经济的关系,某些民族之被卷入同化的过程,已成为历史的必然性了。特别在近代,"个别民族的智力创造变为公共的财产,民族的片面性和狭隘性变为益加不可能了"(马克思语)。蔡子民适应这个世界潮流,提出了艺术的世界性。他

说："凡是艺术都是世界性的：例如埃及金字塔在各国美术史上；希腊的'弥罗美神'在巴黎鲁佛儿宫；墨西哥的城，在柏林博物院；贝多芬的交响乐，在上海演奏；中国李昭道的画，送伦敦展览；这可以见建筑、雕刻、图画及音乐，确为世界性的了。……文学家对于时间或空间的阻力，用方法打破他；例如古文学用注解，外国文学用翻译，这就可以造成文学的世界性。"（引自《世界文库序》）对于封建主义者为了保守中国旧文化和排斥外洋新文化之类的顽固思想，主动地促进世界文艺之交流，是一个战斗的文艺政策。

然而，在民族压迫依然存在着的今日，特别是在法西斯侵略者横行无忌的今日，无产阶级的国际主义者是并不排除民族艺术，反而还要发扬民族艺术的。在民族艺术里，孕育着世界"大同"的艺术。各民族的艺术在其发展的道路中逐渐彼此结合着、融化着，成为国际艺术的主要因素。鲁迅说过："有地方色彩的，倒容易成为世界的。"这就是艺术的民族性与世界性的关键。

在为了反对民族侵略者而建立的文化统一战线上，中国新文化启蒙运动的先驱，蔡孑民与鲁迅的道义之交，文艺之交，以及他们在文化艺术上共同努力的事业，象征着新中国文艺复兴的曙光！

理想的中学生（节选）——关于美育欣赏以及休息方面　杨即墨[①]

吾人所理想者，是属于未来的事。在叙述我理想之前，且先看一看现状如何。作者曾充了十多年的中等学校教员，本身在一二十年前也曾做过五年的中学学生。根据自己的经验与观察，觉得在中学生间约可分为五大派：

（略）

要使得全国的中学生个个都成为良好的中学生，就非得要一个理想不可。理想，就是一个目标，就是一个鹄的。有了理想，认定了这个理想做去，才能止于至善。兹特提出几个大目标如下：

一、关于探求知识研究学问方面（略）

二、关于操行修养方面（略）

三、关于身体以及日常起居方面（略）

四、关于美育欣赏以及休息方面

第一是应该高尚的而非低级趣味的。譬如看小说就应当看有价值的名著，

---

① 《中国学生》第 1 卷第 2 期，1942 年 12 月 1 日，第 21—23 页。

而不要去看那些低级趣味的神怪;看图画就应该欣赏有价值的名画,不要专看那明星照片之类;听音乐就应该听中西的名曲,而不要去听那些靡靡之音的歌词。总之,理想的中学生是有高尚的鉴赏能力的,而非是低级趣味的。

第二是应该教育的而非伤风败俗的。有教育意义的场所,如图书馆,博物院,民教馆,美术馆,音乐会,演说会,公园,古迹等都是,中学生时代就应该养成涉足这种场所的习惯。其他电影院,游艺场,要看其性质而定,不能一概而论。

五、关于团体生活方面(略)

儿童美育:为父母者应尽的责任　雨相[①]

要把小孩养育得健康美貌,并非单靠一些生来一副潘安的面孔所能造成的。反之,天生不甚雅观的小孩,如果幼小的时候,为父母者,能够加以适当的养育,则长大的时候决不致丑得被人投以瓦石。甚至有一些小孩,本来长得很好看,但因其父母之不注意,以致反把一块美玉琢成石头般的不值钱,而使儿女过了不幸的一生,也是常见的。所以他们首先须知道儿童美育的方法,才有养育儿女为人父母的资格。

一、婴孩美育法

原则:婴孩的时间,无论身体任何一部分,抵抗力都非常薄弱,所以婴孩的美育法,要之不外:(一)绝对不要加以过于强烈的刺激。(二)小孩的皮肤,因抵抗力极其薄弱,故应保持清洁,以免被皮肤病等之所乘。(三)"君子不近于危"。在小孩养育上,这可算是金科玉律,日常觉得有些危险者,应绝对避免,否则常会因一时之疏忽,而遗下千古之恨也。(四)对于卫生方面,应深加注意,遇有奇异之时,应速请专门医师诊断。

劝君莫打春天鸟:关于"美育"　黎均荃[②]

春景绝佳! 画家在江边描绘春日的生机,音乐家在林中弹奏春天的快乐,诗人躺在草地上吟哦春朝的妙境,鸟语,花香,正在助他们的雅兴。

一群血气方刚的少年,带着金弓银弹子,从江岸穿过疏林聚在草场上,争夸

---

① 《立言画刊》第 247 期,1943 年 6 月 19 日,第 20 页。
② 《新少年》第 4 期,1944 年 8 月,第 4—7 页。《劝君莫打春天鸟》下有三篇文章,依次是《关于"德育"》(周志兴)、《关于"智育"》(蒋韵凡)、《关于"美育"》(黎均荃)。

着各自所猎取的小鸟。

从花坞中走出一位少女来,走近了少年群,看见他们手中提着血滴滴的小小生命,不觉皱眉说道:"我们的年华是多么宝贵呀! 切莫损伤青春时代的美感!"

她是这一群少年所崇拜的人,登时,大家环绕着她,静静地听她吟诗一般的说话。她接着说:

"宇宙教春天给我们温煦的阳光,和柔的风雨,让一切生命在发育,繁荣着不尽的生机,复兴了新的世界。花的色彩与香味,鸟的啼声,衬托着青山,碧水,茂林,嫩草的美景,交织成一个快乐的乾坤。让我们的青春,奋起了蓬勃的志气,激发了奔放的心情,蕴含着优美的灵感。因此,我们的体力和智力,不断的增强,惟有在这春的妙境中,才有这样的收获!

"你们手中提着那些不幸的小生物,都是接受春天的使命,来陪伴我们,帮助我们,让我们增进心灵中美感的,为什么,大家要无故伤害了我们自己的好友。现在,让我们忏悔吧! 将好友们的尸体,埋在花畦深处,大家在坟墓前作一个深切的祈祷,各人宣誓,再不损伤宇宙间的美物。"

大家照少女的指示,举行着"葬鸟的典礼"。这时,画家速写了一幅画稿,音乐家谱出了一段乐章,诗人草就了一首诗篇,三个人的题目,一律标出"爱美的女神"。

少女欣赏过那三位艺人的作品,含着三分羞怯向他们道:"我对于一切艺术,正开始在学习,兴趣颇浓,希望三位大师多多教诲。现在,我题一首七言绝句,当作拜老师的赞仪,请不要见笑。"

她写了一首诗,大师们表出赞叹之声,少年们赞出钦佩之容。诗曰:
"鸟语花香才是春,
清歌百啭曲翻新。
劝君莫打春天鸟,
好教枝头多妙音。"

谈美育　温存智[①]

生命的火,燃烧着每个人的心胸,优美的理想,滋长于青年心灵的深处,崇高的愿望,占据了有血性者生活的全部。他们希望他们纯洁的心田,不为卑污所沾

[①]《青海民国日报》,1945年1月18日、1月20日第2版。

染,他们希望他们光明的前途,不为黑暗所遮盖。他们更希望将他们的伟大创造力,贡献给整个的国家社会,使他们的理想实现了,使他们的愿望达到了。所以家庭、学校正是孕育他崇高的憧憬,培植他们优美理想的地方。而国家社会就是实现他们愿望的场合,他们可以在这里为优美的理想而创造,为崇高的理想而牺牲,将他们宝贵的生命,看作历史。

爱美是人的天性,因为人是理智的动物,也是感情动物。同时没有一个人不愿意美,也没有一个人不喜欢善。虚伪,卑污,并不是他们的本性,却原是社会的罪恶,是青年的大敌。一般人盲目指责大多数青年趋于嚣张,颓废,浪荡,低级兴趣,不守纪律。固然这些毛病是屡见不鲜,然而细究这些根由,我们不能不承认这是社会道德的堕落,是学校教育的失败。因为社会印给青年的处处黑暗,处处卑污,而学校教育只是贩卖知识,其他皆是徒具形式而已,并没有给青年真正去培养和孕育他们自己崇高的理想和憧憬。试问尽管虚伪,形式主义,尽管鄙污,紊乱,欺骗,能不使青年失望吗? 能不使青年颓废嚣张吗? 能不使青年反趋于奴化吗? 因为指责者本身却忘记了去留心美育。

教育的功能,不能□□是满足求知的欲望,而是在人类心理活动上得到最大限度的调合,使人类生活得达到最完美的境地。人类心理活动,不仅是知的活动,而且是感情和意志的活动,占着大部份。青年时代,不仅是求知欲最盛的时代,也是感情和意志发轫最旺的时代。所以教育不应专事于知识的传授,也应注意青年意志的发展,和感情的融合培养。因为感情失了调合和限制,就会有颓丧,烦闷,无聊等现象,因而不能不发泄,发泄不止,于是浪荡,嚣张,低级兴趣,在所不免。这样不但会小则影响动摇个人的求知和意志,而且大则因个人的不道德及其社会的全□秩序的破坏和道德的堕落,美育正是感情的调合□□和解放。

所谓完全的教育就是在于知情意活动各方面的调合。现代教育名为德,智,体,群,美五育,这五育不能分离了,故其实总括,就是一个美育。因为美是文明的归宿,美的表现就是教育□□的成功,是完整的,是真的,是善的。

青年要创造生命,而美中含有无穷的热,美育就是热的装置,生命力的发挥。青年要实现理想,而美是理想的泉源,而美育正是理想的开发,是理想与现实的结合。青年要求自由和解放,美育正具备了这几种功能。因为美的功用就是本能冲动和感情的解放,同艺术一样是有限中解放出来的无限,是奴属中挣扎出来的自由,所以美育是狂热的是革命的。

美育的作用如上,他不但为个人修养的准绳,是家庭幸福的养料,亦是社会兴盛,国家升平之所系。一个具美感修养的人,他一定是富有理想,富有创造精神,且有道德的人。一个美育的家庭,他一定是和气幸福,快乐的家庭。一个美育的社会,他一定是有生气,有活力,有秩序,亲爱精诚的社会。因为美育是积极的而不是消极的,是建设的而不是破坏的,是内外兼顾的而不仅是形式的,是解放的而不是奴化的。因为一个革命家不因环境的恶劣而仅起厌倦而不管,或屈服于环境而同污合流,乃是想法去克服他去改善他。一个美术家他看到不美,会即起改造之心使之为美一点也不苟且。宗教家一样,因社会之不教,因世俗之大私,卑污,因贫弱之大苦,皆为世之不美,故顿起同情之心,使诱之于另一改善的理想世界,构成美的环境。因为美的特性是统一的是调合的。

美的修养在一幅绘画中可以得来,因为你要去完成一幅美丽的画面,一定先要去运用你的想像,构成美的意境,再去布置你的材料,然后实地去调合去统一。在这实地练习上你会发现须要有一丝不苟的精神,忍耐的精神和贯彻始终的精神,□□不断的欣赏,不断的玩□欣使得物我同一,更移情感入,描出另一美妙的境界。这种修养是真实的,临画的精神教给了我们做人做事的态度与方法。

语云:"君子成人之美,小人反之。"所谓君子就是有道德之人,也就是有美感修养的人。他能真正去爱人,从他人想像人类的忧喜苦乐化为他的忧喜苦乐,运用他的想像去同情别人,去完成别人的优点,牺牲小我,完成大我,使不美化为美。因为他把他的环境看作他自己的画境,一样地去调合,一样地去统一,不容有一点斑,存在于他的画境内,破坏了整个美的局面。论语又曰:"里仁为美。"就是说美的构成是全体的,醇风厚俗为人人所羡慕。今人每感时怀古者,也许正是伤于今日世俗之奸伪而怀念古人忠厚之美吧。

美育,倡导既如此重要,我国古教育家早就列入必修课目。儒家教育宗旨中说:"兴于诗,立于礼,成于乐。"诗,礼,乐三项都是美感教育。即今蔡孑民先生也曾提倡用美育代宗教,现代欧美教育也未尝不曾实行。因为美育的成就不是片面的而是全体的,影响于整个社会和国家的生命力甚大。故应适时培养,莫像花木之不及时培植而凋谢了,希在教诸君子努力耕耘这伟大的园地,以共至大美。

蔡孑民先生和美育(蔡孑民先生逝世六周年纪念特辑之二)　觉玄①

一

今年三月抄的美术节,适值蔡孑民先生逝世五周年的纪念,本刊要我写篇

① 《新艺》第 1 卷第 3、4 期合刊"春季特大号",1945 年 3 月,第 8—13 页。

"蔡先生和美育"的文字!一面纪念蔡先生,一面庆祝美术节。

蔡先生是中国近代提倡"美育"的第一个人,他所说的"美育",其意义在陶冶人们崇高伟大的人格,养成一种纯洁坚定的信仰,和一般人仅以造就美术创作、欣赏和批评的人才为事者,迥然不同。这是第一点。

又,蔡先生主张这种"美育代宗教"说,绝不是空想空说,他确能力行实践:所以他一生的生活,就是一篇壮丽的史诗,一件奇伟的艺术作品。这是第二点。

本文即就上述两点来陈说:

二

蔡先生四十一至四十五岁,赴德国柏林,入来比锡大学肄业,听讲文学、哲学、文化史、人类学等课,对于心理学、美学更加注意,即著:欧洲美术小史,成《拉斐尔》一卷,载《东方杂志》;《康德美术学》一卷,《美育实施方法》一卷,载《欧洲美学丛述》中。这是他游学时期关于美学的著述。

至四十六岁(民国元年),辛亥革命成功,回国任南京临时政府教育总长,发表"新教育意见",大旨说:教育分两类:一类是隶属于政治的,一类是超出于政治的。君主专制时代,教育家循政府的方针来定教育标准,是纯粹隶属政治的。民主共和时代,教育得立于人民之地位以定标准,才有超出于政治的教育。清季教育界所提倡的军国民主义和实利主义,固属当务之急,但应以公民道德为中坚。这是隶属政治的教育标准。要养成公民道德,必须人们有哲学上的世界观和人生观;要养成公民道德,必须人们有哲学上的世界观和人生观:要涵养这种观念,又必须注重美育。这两项是超出于政治的教育。

因此,他把清末学部所订的"忠君,尊孔,尚公,尚武,尚实"五项教育宗旨,加以修正,改为"军国民教育,实利教育,公民道德,世界观,美育"五项。前三项和尚武尚实尚公相等,其第四第五两项则完全不同。因为忠君和共和政体不合,尊孔和信仰自由相违,所以删去。至提出世界观教育,就是哲学的课程,意在兼采周秦诸子,印度哲学及欧洲哲学,以打破二千年来墨守孔学的旧习。提出美育,因为美感有普遍性,可以破人我彼此的偏见;美感有超越性,可以破生死利害的顾忌,在教育上应特特注重。(据蔡先生自著:《我在教育界的经验》。)

看他在民国元年所宣布的新教育宗旨,以民主教育来代替封建教育。所谓民主教育者,第一:"循思想自由,言论自由之公例,不以一流派之哲学,一宗门之教义梏桎其心。"(见蔡自著:《新教育意见》)而具有独立自主的世界观。第二为"美感教育":"美感者,合美丽与尊严而言之。……在现象世界中,凡人皆有爱恶恐惧喜怒悲乐之情,随离合生死祸福利害之现象而流转;至美术则即以此等现象为资料,而能使对之者生美感以外,一无杂念。例如采莲煮豆,饮食之事也,而一入诗歌,则别成兴趣;火山赤舌,大风破舟,可骇可怖之景也,一入图画,则转堪展玩。是则对于现象世界无厌弃,而亦无执着也。人既脱离一切现象界相对之感情,而为浑然之美感,则即所谓与造物者为友,而已接触于实体世界之观念矣。故教育家欲由现象世界而引以达于实体世界之观念,不可不用美感之教育。"(同前文)这是他主张美育的一篇宣言。他虽根据康德所说"美感介于现象世界和实体世界之间,而为之津梁"的话,完成其观念论的理解;但在艺术的观照上说,美感确和实感不同。以现实感觉得来的实感,总是夹有是非利害等观念的;惟有以艺术观赏得来的美感,才能脱离是非利害的束缚,而发生美感。所以有艺术修养的人,有时超脱了现实生活,而转入于艺术生活的境地,难怪一般学者要用实观世界来解释它。

蔡先生论人生和美育的关系,以为人的一生,不外是意志的活动。意志是盲目的,必须知识帮助它观察,又必须感情帮助它远观,旁观。例如吾人的行为,为一己利害计较仅需普通的知识就够用了。如果再进而作人群利害和一己利害的比较,如何利群而一己也蒙其利;则这种行为,不单只是知识上的计较,知道人群皆蒙其害,一己不能独利;又必须受感情的鼓励,才不忍一己专利坐利人群皆受其害。如果再进一步,愿舍一己之利,以去众人之害,把人我的界限和利害的关系都忘去了,这种伟大高尚的行为,是完全发动于感情的。人们都有感情,何以不能表现出这种伟大高尚的行为呢? 这是由于感情推动的薄弱。要陶养感情的力量,则非美育不可。

美的对象具有两种特性,故能陶养感情。一是普遍性。"一瓢之水,一人饮了,他人就不能分润;容足之地,一人占了,他人就不能并立。这种物质上不相入的成例,是助长人我的区别,自私自利的计较的。转而观美的对象,就大不相同。凡味觉,臭觉,肤觉之含有质的关系者,均不以美论;而美感的发动,乃以摄影及音波传达之视觉与听觉为限,所以纯然有'天下为公'之概。名山大川,人人得而游览,夕阳明月,人人得而赏玩;公园的造象,美术的图画,人人得而畅观。孟子称'独乐乐,不若与人乐乐','与少乐乐,不若与众乐乐';陶渊明称'奇文共欣赏':这都是美的普遍性的说明。"

"植物的花,不过如果实的准备;而梅杏桃李之属,诗人咏叹的,以花为多。专供赏玩之花,且有人择的作用,而不能结果的。动物的毛羽,所以御寒,人因有制裘织呢的习惯;然白鹭之羽,孔雀之尾,乃专以供装饰。宫室可以避风雨就好了,何以要雕刻与彩画? 器具可以应用就好了,何以要图案? 语言可以达意就好

了,何以要特别音调的诗歌? 可以证明美的作用,是超越乎利用的范围的。"(《蔡先生言行录》)

上文证明美感有这两种特性,就可以利用它陶养吾人的感情,发而为伟大高尚的行为。故其结论说:"既有普遍性以打破人我的成见,又有超脱性以透出利害的关系:所以当着重要开头,有'富贵不能淫,贫贱不能移,威武不能屈'的气概;甚且有'杀身以成仁',而不'求生以害仁'的敢勇。这是完全不由于知识的计较,而由于感情的陶养,就是不源于智育,而源于美育。"(同上文)这是他主张美育的深心。他的用意,在借美感的教育,以就陶冶高尚的情操,伟大的人格,和一般人提倡艺术,仅以造就艺术人材,或普遍养成国民对于艺术之兴趣,其用意之深浅广狭,不知相差得多远。

蔡先生美术教育的计划,在民国初年,固无法实现;即至五四运动以后,新思潮普遍的传播于全国各地,科学的教育在中国已见萌芽,这种美术教育,还是没有人注意。他看到当时倡导新文化的人,只凭个性的冲动,环境的刺激,贸然从事,恐不免有三种流弊:一、看得说得很明白,及至实行,一遇到利害关系,就难免要牺牲主义。二、借主义做护身符,便于个人纵欲,致引起反对者借口,来攻击主义。三、想在短期间内,达到极端的主张,一经挫折,就觉得绝望,甚至自杀。这三种流弊如何挽救呢? 势非普及美术教育不可。他因此,宣布《文化运动不要忘记了美育》一文,说:"文化进步的国民,既要实施科学教育,尤要普及美术教育。专门练习的,既有美术学校、美术工艺学校、戏剧学校等;大学校又设有文学、美学、美术史、乐理等讲座与研究所。普及社会的,有公开的美术馆或博物院,中间陈列品或由私人捐赠,或用公款购置,都是非常珍贵的。有临时的展览会,有音乐会,有国立或公立的剧院,或演歌剧,或演话剧,都是由著名的文学家、音乐家编的。演员多是受过专门教育,有理想,有责任心的。市中大道不但分行植树,并且间以花畦,逐次移植应时的花卉。几条大道的交叉点必设广场,有大树,有喷泉,有花坛,有雕刻品。小的市镇总有一个公园。一切公私的建筑,陈列器具,书肆与画肆的印刷品,各方面的广告,都是从美术家的意匠构成,所以不论那一种人,都时时刻刻有接触美术的机会。"这种普遍推行美术教育的计划,到今天还是不能做到。我们现在除去几种文艺书籍出版而外,其余还有什么美育可言? 画画成了商品,其价值由数千元到数万元一件,只供阔人们的收藏。偶尔有几次音乐演奏,戏剧公演,票价也是数百元一张,只供一般公子哥儿们和富商大贾们的玩赏。建筑、雕刻,研究的人很少,不论大小都市及乡村,到处所见到的都是些污秽不堪,奇臭触鼻的垃圾堆,令人作呕。难怪先生大声疾呼地说:"在这种环境中讨生活,如何能引起活泼高尚的感情呢?所以我很望致力文化运动的人不要忘记了美育!"

三

蔡先生为人,真诚笃实,没有一毫虚伪;谦和节俭,没有一点官气,恬淡朴素,没有一般下流的嗜好。他的生平,确合于真美善三个字的标准。他原是清季的翰林院编修,却不屑于做官。甲午中日之战以后,眼见清廷不足与有为,就弃官返里,主持教育,以启发民智为己任。三十二岁,在绍兴任中西学堂监督,三十五岁,任南洋公学特班教习,即以革命大义灌输诸生。当己亥年(一八九九年),唐才常在汉口起义失败,清廷防制革命势力很严,禁止集会结社,他于壬寅年(一九○二年),和海上同志,组织爱国学社,提倡民族主义。又创立爱国女学,提倡女权。以《苏报》为鼓吹机关,影响及于全国。次年,一九○三年,俄人占领远东,留日学生忿激,发起义勇军,先生和爱国学社的社员,女学的学生,也创义勇队来响应。不到数月,会员章太炎反驳康有为书,邹容著《革命军》,被捕入狱,举社遂解散,《苏报》被封。先生又办一日报,名《俄事警闻》。常到狱中去看章邹两人,并组织一暗杀团,亲自学习制造炸弹,后又扩大,改组为光复会,会员徐锡麟、陶成章等人,陶计划在浙东起义,先生奔走于江浙之间,多方联络,以清廷防范太密,经济奇窘,终没有成就。乙巳(一九○五年),各派革命党会,联合组织中国同盟会于日本东京,先生被推为上海分会会长,以所谋不遂,遂返绍兴,任学堂公所总理。后闻清廷有派翰林出洋留学的消息,又入京复职,终未能如愿,暂任译学馆教习。这是他早年谋革命的经过。

丁未年(一九○七年)先生留学德国,除驻德公使馆月助学费三十两外,惟以译著自给。直到辛亥(一九一一年)军兴,才束装返国。长教育部,因提倡成人教育,补习教育,特增设社会教育司。废止经科,把十三经分属于文学史学哲学各系。停办各省高等学堂和高等师范,拟分设大学于南京汉口广州成都各地。正待次第推行,因袁世凯专权擅政,愤而辞职,仍到德国。两年后,又转到法国,办理留法俭学会,华法教育会。民国六年(一九一七年),回国任北京大学校长,循思想自由的原则,延揽各派学者,讲述各种学科,一时学术研究讨论的空气,日见浓厚,由是北大成了新文化的中心。又以五四运动,遭北洋军阀的仇视,仍到法国,身着工人的衣服,率领同去的学生,从事于勤工俭学,并主持里昂的中法大学事宜。

十五年(一九二六年),国民革命北伐,先生回到上海,准备响应,被孙传芳侦知,下令通缉。他星夜回浙江,坐木船浮海,逃到厦门。那时他已经六十岁了,就在这惊涛骇浪,狂风暴雨中,度过他的诞辰。十六年(一九二七年),国民政府成立,任大学院长,试行大学区制,未见成效自动辞职,专任中央研究院院长,用全付精神来提倡纯粹科学的研究,和应用科学的试验,凡十二年之久,成绩昭著。至二十六年(一九三七年),抗日军兴,上海沦陷,避居九龙,因病不能到内地来,竟于二十九年(一九三〇年)三月五日,在寓所逝世。

综看他的一生,早年策划革命,中年主持教育,晚年赞襄国是,提倡学术,无不以真理的见地,热烈的情感,指导青年向前走。现代中国进步的青年,几乎没有不受他的影响的。先生虽身为党国之老,而家中四壁萧然,除数张桌椅外没有其他的陈设。终身没有置过私产,在京沪各地,只租一所极普通的房子住家。平日对人温厚和平,无疾言厉色,一旦遇到事变,则持正不阿,从来不和恶势力妥协。民八九年间,在北平受北洋军阀的嫉视,他发表《洪水和猛兽》的演说:"我们如果是洪水,你就是猛兽,惟有我们这样的洪水能消灭你们这班猛兽!"二十三年,他在南京行政院的宴会上对汪精卫说:"对于日本,我们应该坚决地抵抗,只要我们抵抗,我们的子孙也抵抗,中国一定有出路。"一面说着,不觉两行热泪滴到杯中了。这种大无畏的精神,全是由于他耿介的情操,圣洁的人格发挥出来的吗? 所以我们说:他一生的生活,就是一篇壮丽的史诗,一件奇伟的艺术作品。

三十四年三月九日于成都

美育问题①

国民道德的素养,关系民族文化甚巨,然而要培植国民优良品性,高尚人格,非从儿童时代着手不可。所以世界各文明国家,对于儿童教育异常注意,尤以在美化教育上,特别设法使一切学校环境及设备,适于儿童审美天性,而引起其兴趣。不但能使从欣赏方面得到许多经验,而更能藉此发展其音乐美术等天才,以提高其对人生的崇高认识。我国旧日教授儿童方法,失于严酷呆板,新教育实行以后,又未能作到美育的地步。近年以来,更因战时关系,所有绘画,劳作,甚至音乐歌咏,多半因唤起民族认识,启发抗战情绪而偏重于硬性的国防题材。在此大时代中,我们认为这是合理的作风,但一经向远处着想,仍认美育对于儿童确属十分重要。

从前蔡孑民先生曾经主张以美术代替教育,因为同属人类,均有乐生的本能,倘能在生活环境中,处处顾及到美的原动力,那岂不是把一切人类罪行,生活

① 《西北日报》,1945 年 7 月 14 日第 2 版。

苦闷,洗涤净尽,而社会风俗,自然达到优良崇高的地步? 同时凡曾接受美化教育的人们,必然对艺术发生好感,举凡建筑,雕刻,戏剧,音乐,足以表现一国文化的条件,自然因之进步。我国古代如唐朝诗人特别的多,其原因固为有上者倡导推重,而其主要原因,则为自六朝以降,印度及中亚的乐器,雕塑,绘画等美术,大量随佛教输入中国,唐代适承其后,于是融和外来及固有的艺术,成为新的艺术,尤以音乐普遍于社会各阶级,而诗歌亦随而深入民间,成为特别发达的文学。我们从许多正史及私家笔记中,还可以看到唐人的生活片段,是多么优游畅适,一般士大夫阶级,更富于幽默性,博大豪迈,生趣盎然。然此不过一时风气,既已能得到社会艺术化,人生快乐观,倘要从现在幼稚园及小学校中,即侧重美育,自然收效更速。其结果能使全国人民变为天机活泼,彬彬礼貌,可与西洋各民族比较而无愧。

美化教育,并非十分困难,环境虽陋,加之以曲意安排,精心点缀,则沙漠中自有绿洲。教学方式及教授题材,尽可充分利用美术观点,以非正式的教授法,引起儿童们的美感,使他们在此美的氛围中,浸渍既久,则一行一言,自能动静有节,语默得体,庶不至有如市侩,言语无味,面目可憎。如此既久,四万五千万同胞,均能在接受美育下,领略艺术与人生的关系,即每一国人各具大国民的优美风度,岂不比许多古代伟大建筑或珍奇国宝,代表我们是文化悠久的民族,更可贵吗?

何谓佛教艺术? 美育为佛教教义所许乎?　[印度]甘歌利教授撰,陈曙风译[①]

甘歌利教授应教育部之聘来华讲学,日来与甘氏会谈,念其治学轨辙由宗教与哲学为出发点,而以有形的美为此等内容之表现。庖丁解牛所谓由技而"进乎道矣",殆为东方艺术之本色欤? 甘氏对近代艺术同样有湛深之了解,谓印度艺术接受新派风气远在一八九六年,似较中国接受同样风气为早。印度今日新派画人亦正在融会,消化,同化新画派,朴素之色调配上元始之线条,以写具有高格诗意之题材,诚是多者。惜甘氏此次来华,时间短促且未带是类幻灯片(甘氏演讲必须配以幻灯,犹之音乐演讲,须配唱片,否则等于谈空气也),以故未能谈及近代艺术诸风气。将来俟诸异日,再订讲演之期,现甘氏去中大演讲者为古代印度艺术及东亚一带之佛教艺术,远括爪哇等地。兹篇原拟为其引论,或云一个概

---

① 《中央日报》(重庆),1945 年 11 月 26 日第 5 版。

括的综述,冀听者对其演讲有一哲学基调,中印学会委托译者翻译之,以公诸世。

佛教本以"离相"为生旨,然则何以有"佛教艺术"? 佛教艺术是否与"离相"之教义相违? 其结论将此问题引入崇高之理想,以为"美"乃直登正觉之大路。其实西欧哲人谓美所以崇高化人生,"有美之处即有真",诸说与甘氏所言者甚相近。特甘氏以印度思想方式而出之。一民族之艺术,受其民族之基础的思想影响者至大。华格纳跑不出日耳曼的笨重,普齐尼跑不出意大利的温软,夏珪、马远跑不出东方人的清心寡欲,清峻严肃。而天竺文明,由"齐得拉"到"春之循环",面对憧憧之无限以求解脱有限之人生。支配印度之风格,此一园地乃人类文明之高贵精神宝藏也。

甘氏此文诚了解印度艺术一甚佳之线索,第篇中所引巴利文经典名称,一时未及比对大藏中沿用何名订正俟诸异日。

——译者识

美育与佛教是否相违? 此问题屡屡发生,其答案则视如何理解"美"及"美的"之含义而定耳。如吾人以此等用语作为暗指形相所成之感觉的(或云尘欲的)网罗,徒取悦于眼目而乏使精神崇高之效者,此则必与早期佛教教义相违。其时教义教人自修,自明(阿陀的帕——阿难那沙兰那)乃以禁制尘欲的自恣为入手之基。早期佛教有其最大理想,有如基督教神秘的观念所云"自我否决"者为"七比丘尼礼赞"(提利——伽提斯)。此七尼者虽时作绘事,以写山河大地美景,而呵斥恣情尘欲及为美而享乐者则无以过之。尔时一比丘尼白言:"凡尘根所摄,莫与我言说,藐彼诸空华,我不复怡悦。"

禁欲主义之宗教(为早期佛教或早期基督教)自皆屏绝一切属于感官的逸乐之美。然而甚至早期佛教仍可见碑幢(如巴他里普多罗,巴诃可,禅启,阿马拉味底)所镌图形率皆精美,所作风格,因情而异。其涉佛所行事兴感深切以及纪载庄严故实者,每出之以原型朴野之美形,其或显法要之象征,作崇高之意匠者,每以"微妙相"状之。甚至远溯纪元百年前大乘佛法尚未以庄严形相引入佛教文化以前,"敬礼佛足"之象征的仪式使"阿马拉味底"之雕塑师缘此以造白石供养像,意匠纯属象征主义之风,以满足美的形象之冥搜。吾人只须援引印度式或印度尼西亚式之丰碑,华丽之壁画,以及金石铸刻造象诸巨制,则见大乘佛法发展之诸方面,贡献于初期佛教艺术史页者,达数世纪之久。为佛教文化所赋与灵感之佛教艺术,成为世界美术文化有价值之贡献诚不谬也。

然而不论从何种方式或方法论之,佛所说诸法似未尝为"美"说法也。其所说者为告人以禁欲——告人以佛世绝俗,屏诸逸乐,惟处幽独。古经典(摩至希摩——尼盖也)中,佛说有五心狱或云心之奴役。凡诸僧伽,求无上觉,须得解脱。云何为五心狱?一曰依于尘根之乐者,二曰依于身者,三曰依于可见之相者,四曰依于尘世之富足者,五曰依于诸天之力者。同经云:佛言僧人目睹美相须掩面勿视。在"德伽尼盖也"经云:佛斥求可见诸物之欲,求贵重物之欲,求悦意诸物之欲心。

所举诸例足证早期小乘教义以为艺术及美育,实与心性修持相违。

然则吾人认为佛教艺术——其史页所积光华四射,色貌崇峻——可谓为有违佛教教义乎?彼"阿姜塔"修院之僧伽古艺师,或敦煌之古画师,"马多拉"艺室之造象者,龙门之大匠,皆不忠于佛遗教且不忠于其所信乎?诚为古经云:为基督教者多见矣,而缺乏基督之精神也。

然则佛教艺术亦缺乏佛之精神欤?

其答案为断然否定。佛教艺术,透过崇高美的形象已宣说及衍扬佛之教义。于佛典未迻译之前——如来妙相之形,虔信之造象者或绘象者——已曾见启发全域全族皈依正信。其力所及有离佛诞生地甚远者,"罗珞珈"王之皈依,"摩罗"及"优巴古陀"之轶事,中国明帝之梦,乃美感动人的显著之例。(译者按:昔有王与罗珞珈王争,久持不决,求教于佛,佛言图吾像与罗珞珈王,彼意自可释也。王如其言,图佛像赍罗珞珈王,见像争竟释。上述典故皆明形相可以感人,一如教义。)

于是吾人可以从佛所亲说而寻绎论据谓美之应用,作为诉之于视觉的工具并为起信之资。如"小乘经"佛说:"如有谛视我者,视吾经。"在"大乘法"之方式中,其意义则诠释作为于取得新发心的皈依信众之过程中,鼓励人对佛像之美的应用。同乎此,大乘经典(阿罗也——根他——委诃)亦力作为是说:"以是因缘,一瞻佛像,助人增长,心性功德。"然而由美而生信之义,或原于佛陀所遗之言(提诃——尼盖也),嘱建四纪念幢(查提阿斯——斯多柏斯)于四佳美地,俾虔信村人为美所动,于时瞻仰灵碑于四圣地或言逻体处,巡礼者指点而言曰:"是乃佛降生处""是乃佛成道处""是乃佛转法轮处""是乃佛涅槃处"。其后以佛在世四大事镌石于浮屠兰若或刻成造像,其状使僧俗见之震动心魂,或发美的憧憬(三昧伽)。此种情绪的经验与面临艺术品之经验甚相近,溯源于佛所亲说之教义,曾谓此美的憧憬,对情操发生重要之影响,并暗示谓经由美之激刺,得心意之奋兴。而佛陀于其上述之最后说法中所用"美的激刺"一语,或不经意中给予艺术者以自由之章则,使彼等于崇美之道中发为造像或碑幢之意匠图形——其目的在于唤起美的情操,或敬畏震怖之情或宗教之欢喜赞叹,于巡礼者之心内。于是诸态交织成为极乐之一元也,庄严名贵之艺术品感动吾人至于深心之经验中,吾人之全人每为之摇撼至于穷震根蒂。

佛教艺术者可作有理之声言谓美之途径乃入正理之直道,此乃世尊亲说,当真实不虚乎?

论美感教育　萧树模[①]

美感教育就是把美的理论应用在教育上面,以陶养感情为目的的。我们先谈谈教育的目的是什么?关于这个问题,古今中外的教育家和学者们,都有许多不同的见解,不过我们可以概括地说:"教育的目的在教人如何选择适当的行为。"

所谓选择适当行为一话,的确有点含糊不清。何种行为是适当的行为?何种行为是不适当行为?这就须要我们的冷静的判断了。我们要辨别是非真伪,才知何去何从。除了冷静的判断以外,我们还要有着热烈的感情,才能不计生死祸福,成仁取义。冷静的判断是由智育培养而成,热烈的感情则由美育陶养而生,所以智育与美育是我们人类所必需的两种基本教育。我们需要更多的知识,以求真理探讨愈深广;我们也需要更多的艺术,以求精神生活愈充实。由于智育与美育的不断进展,我们人类生活才能永恒的灿烂光辉而达于至善。

我们古代重视六艺教育,六艺之中,乐纯为美育,孔子也极推重美育,他说:"兴于诗,立于礼,成于乐。"这种思想与柏拉图的教育思想毫无异致,惟我国近几十年来,因迫于国际形势及国家需要,教育家多提倡实用主义教育,这种教育仅能应付一时的需要,决不是长久之计。民初蔡孑民先生独具只眼,屡屡提倡美育,并研究其实施方法,可惜未全被中国教育界推阐应用。本人目击我国当前各种堕落现象,深觉美感教育有重新予以研究和认识的必要。

美感教育一词出自德国学者席勒尔(Schiller),考其渊源,应先有美学,没有美育。宇宙之事物有真善美三方面,而吾人心灵有知情意三方面,且此三方面与彼三方面互相关联。如在知的方面,我们求真;在意的方面,我们趋善;在情的方面,我们爱美。前面曾说过,教育的目的在使我们获有适当的行为。那末最适当的行为莫如使我们所有本性得到平均调和的发挥。这也就是说智、德、美三育要等视齐观。假若教育只是特别发挥某一本性而摧残另一本性,则必流于偏弊不全之途。这种畸形的教育是我们所不取的。

[①]《文化先锋》第 5 卷第 3 期,1945 年,第 10—11 页。

　　不但美育与德育应相提并论,而且美育又是德育的基础,所以美育更应当特别重视。至于美育是德育基础的道理,此处似有再加阐叙之必要。我们知道美育是一种情感教育,其目的在使人怡情悦性,养成内心的和谐,这与使行为仪表就规范的"礼",具有"表"与"里"的关系。我们生活若能内具和谐而外具秩序时,自至高无上之境。再如一个人在临危的时候能够慷慨成仁从容就义,这就须要一种道德的勇气,使他不愿卑鄙龌龊地生,而愿光明磊落地死。这种道德的勇气就有赖于美育的陶养。因为美育能给我们更深广的人生观照和了解,所以能提高我们的精神生活,和确定我们应付人生的方式与态度。所谓道德的勇气也就由这里培养而出。

　　至于美感教育除作为德育基础外,尚有后列数项重要功能:

　　第一,超脱现实。现实世界难如人意,如果你是一个弱者,跳进这熙熙攘攘,攻讦倾轧的人海里,你一定像陷进广漠凶险的山洞里一样,悲观消极,时求超脱。不过我们生活在这个世界上,又怎能超脱这个世界呢? 所以我们都像沙翁剧本主角哈姆雷特一样,时时有着对人生犹豫的苦恼。假若我们受有美感的修养,能创作和赏鉴艺术,那末我们就可以常常驻足在美丽的艺术的王国里,不受现实世界的限制了,甚至于我们在艺术创造中,还可以把自己拿在手里玩弄,剪裁它,锤炼它,从新给以生命与形式。

　　第二,美化人生。我们每个人都有所囿,有所蔽,许多东西都视而不见,听而不闻,所见到的天地是非常狭小陈腐和丑陋的。至于诗人和艺术家所以超过我们一般人者,就因他们情感真挚,感觉敏锐深刻和想像丰富。我们借着诗人和艺术家的眼睛,可以看到更美丽更灿烂的人生。不仅一切事物因诗人和艺术家的笔墨渲染而美化,甚至于自然丑也可化为艺术美,如罗丹的雕刻就是很好例证。从这里我们可以看出许多人嫌生活干燥,烦闷无聊,原因就在缺乏美感修养,寻不着人生世相的新鲜有趣,而生命对于他们也就失去了意义与价值。

　　第三,宣泄情感。情感抑压在心中,不得发泄,为最痛苦之事。当哥德在二十三岁时,曾钟爱一位已订婚女子,私衷烦闷,无计排解,正谋自杀,忽有一失意自杀消息传来,遂因同情心趋使,撰写《少年维特之烦恼》一书,情感一经宣泄,自杀念头亦随之消灭。又如我们观悲剧时所以有喜感者,就因为悲剧能引导我们走进强烈矛盾的情绪里,使我们在幻境的同情中,深深体验剧中英雄经历的情境,而剧中英雄因殉情而宁愿趋于毁灭的精神,使我们从情感的通俗化中感到超脱解放,重尝人生深刻的意味,在剧终之时,有如阴霾后的暴雨淋漓。所以艺术对于情感有净化的效能。而在艺术创作和欣赏之中求情感的宣泄,也是一种重要的目的。

至于美感教育实施对象可分学校、家庭、社会三方面,兹分叙如后:

第一,学校方面。各级学校的设备,应尽量启发我们美感,学校所在之环境有壮丽之山水可供玩赏,学校之周围设清旷之园林,以供休憩,他如校具陈设,图表点缀,模型陈列,作品展览,无一不是美的对象,使人置身学校之中如游花园然(福禄倍尔即将幼稚园看作花园),精神无形受其感化。再如学校中音乐美术等直接与美育有关的学科应特加重视,而课外活动如音乐演奏,戏剧表演,体操舞蹈,艺术展览等,也应多加提倡。总之学校里是实施美育最好的地方,学校一切都宜美化。牛津大学我们都知道是一个世界著名的大学,但是他的校园却是一幅美丽动人的风景画,伊丽沙白女皇之秘书罗吉儿(Rogers)曾誉之为"上帝下居之所"。而牛津大学学生所以能受有极完美之教育,亦实因此。

第二,家庭方面。家庭是社会的单位,包括父母子女,兄弟姊妹,或加祖孙叔伯,姑嫂妯娌拉为一个小集团;这小集团,因为物质需要和精神互助的关系,成为家庭。关于家庭生活常有人说:"中国人讲究吃,美国人讲究住,法国人讲究穿。"不过真正家庭幸福不是建筑在某一单纯事物上面,而是建筑在精神和物质两个重要基础之上。在精神上固应父慈子孝,和气致祥;在物质上也应量财设计,勉力布置。至于家庭住屋建筑的内部系包含会客室、寝室、书室、餐厅、厨房等,各室都有,各室的用途。各室内部的布置应依各室的性质,施以特殊装饰,使室内一切器物和环境,普遍的艺术化。最低限度亦须与建筑之流派及各物品之本式相互关系上,无格不相入之状。再如树木花卉的栽植,棚架池桥的点缀,亭榭园圃的经营,都可增加美感,应加提倡。其他若鄙陋谩骂之辞句,不合时宜之服装,粗暴猥亵之举动,龌龊不整的习惯也都要完全革除。

第三,社会方面。社会之改良最好以市乡为起点,如设置水管,布置街道,建立公园,陈列美术,演奏音乐,放映电影,都是实施美育的要务。美育之实施若不能达到市乡全部美化,则虽有学校家庭两方面尽力推行,而其所受环境之恶影响,终为莫大之阻力,不可不慎!

美育在教育上的价值 陈之佛[①]

教育的目的,是要教人如何做人,换句话说是要启发人性中所固有的求知,

---

① 《时浪》1946 年第 2 期,1946 年 3 月 15 日,第 10 页。

辨善,好动,爱美的本能。故教育上对于智育,德育,体育,美育,应该使它平均的发展。可是现时的教育,显然偏重于智育,德育的重要性在理论□□没有人否认,体育在近年来也有相当的设施,只有美育还很少有人注意。我以为教育的最高理想,既然是在培养一个完美的人,则教育上就不该仅谋片面的发展,而忽视美育。况且道德的修养,哲学的研究,严格的训练,实在还需美育为助力呢。本文就想在这点上来讨论一下。

道德的价值是实用的,譬如忠孝仁爱信义等等,都是对于人的义务。假如只有我一个人,则忠孝仁爱信义等等都没有活动的余地。惟其是一种义务,故常受环境的驱使,因此有时不免陷于虚伪。所谓假仁假义,伪忠伪孝,还不是道德上的虚伪吗?故道德的活动,常需要他种助力,才有完善的表现。美的价值是超实用的,其心理活动是感性的,它不是个人的义务,完全由于自己心灵的主宰,并非环境迫使它要活动而是自己愿意活动的,因此道德的活动必须有美的活动为之助力,始不至有虚伪的表现。道德价值的发挥,还必需求助于美感的修养,似乎没有疑义了。

科学的态度是真,是探求真理。探求真理是谈何容易的事情,他的工作也许十年二十年,甚至终其一生,方能得到效果。这在科学界中不乏前例,许多科学伟人,那一个不是艰辛努力的结果。但我们要知道,这种艰辛的努力,诚挚不苟的态度,非有丰富的情趣是万万做不到的,而情趣即是美感的活动。故要求真理的发见——科学的发达,也必须注意于美的修养,又是毫无疑义。在另一方面说,科学的研究,是分析的,观察的,实证的,批评的,理智的,所以它必须尽力排除一切因袭,幻想,成见,习惯。因为是如此,科学的发达,一方面固然是增进人类的幸福,他方面也难免把以前人类的美梦打破了,而人生世界的现实完全毕露,结果在人心中引起一种危惧,悲哀,不安的状态。人类精神失其寄托,这非但是人类的不幸,于科学的发达,也是一种阻碍。我们要补救这缺陷,也必须注意于美育,俾以美来润泽人生,以美来代替以前人们的美感的幻想,使其精神仍有所寄托。因为美与真是不相矛盾的,只有实施美的教养,可以协助科学的前进。

至于体育,一般人以为它与美是太不相关了。其实这是偏见。运动本来具有精神性的,运动的技巧的表现,是处处符合美的原理的,所谓整齐,变化,节奏,均衡,调和等等不是运动表现上的重要条件吗?但是,我们知道这些也都是艺术表现上的重要条件。艺术的表现常从束缚中挣扎得自由,从整齐中酝酿出变化,在运动表现上也未尝不是这样。吴道子从剑法中可以得出作画的笔意,张旭见到舞剑而得书法的神韵,还说运动与艺术没有关系吗?普通说体育的结果是"健美",身体的健康即是美,似乎说美与体育关系仅在乎此。但是我却不作这样的解释,我以为美与体育的关系,要在体育中寓有美的修养。体育中美的修养,不仅仅是为着获得运动技巧的助力,而尤在精神上面的发挥。即是说运动所表现的美,不仅仅是健康的美,而尤看重精神的美。雄壮,刚健,勇毅,浑朴,都是体育精神的表现,但是我们要知道,雄壮不是夸大,刚健不是粗暴,勇毅不是强悍,浑朴不是滞钝,毫厘之差,谬以千里,这全视体育家对于美的修养如何了。至若优雅的美,真纯的美,是柔性运动的精神美的表现,如果流于轻佻,娇弱,亦便失体育的本意了。

希望现代的青年于道德,智能,体力的进修之外,能再注意于美感的修养!

希望现代的教育家于德育,智育,体育之外,能再注意于美育!

美育与人类和平　许士骐[①]

孟子道性善,荀子却与他相反而倡性恶。性善性恶,打了几千年的笔墨官司,究竟是怎样一回事呢?全世界已经受了两次大流血的教训,应该可以觉悟了。教育家负着改造人类心理,创造世界真正和平的伟大使命。可是在野心的国家,教育却成为制造战争的工具。五十年来的日本小学教育,是怎样办的?他们是一贯的提倡侵略思想。教师手里拿了一个苹果,对学生说:"这苹果是多么美丽而甜味呀,是那里来的,告诉你们,是从中国山东半岛的烟台来的,你们爱吃吗?你们长大快到中国去。"平心而论,日本半世纪来,培养自然科学教育,可说是成功的;可是他对于东方历史背景,和哲学思想,却是模糊曲解,走入歧途,一失足成千古恨。孔子说:"己欲立而立人,己欲达而达人","毋求生以害人,有杀身以成仁。"这本是中国哲人的崇高理想,但是日本人却未尝梦见。教育家正如一个管理染缸的工人,做石膏模型的工匠,染成苍则苍,染成黄则黄,可以制成一个人像,也可以塑成一个兽形。一块石头,到了米启朗格罗和罗丹的手里,可以成为一件极名贵的美术品,供千万人欣赏;一张白纸,在李思训王维的腕底,能写出云烟浩渺、长江万里的空前杰作。几枝梅花,一束残菊,算了什么?在林逋和陶潜的眼里,看出了自然伟大的生命,和象征心灵的恬澹,崇高的人格。

人决不只是两只臂膀,一架造粪机器,他是另具一种普通动物所没有的性灵的生活。美国人一贯历史性的瞧不起黑人,但是解放了黑奴,激起南北美战争的

———————————

[①] 《申报》,1946年8月19日第11版。

林肯总统,他毕竟是一代伟人。虽然黑种人一般文化程度进步的迟缓,或不及其他民族,但是他们在音乐上的造诣,却已表现着极大的天才。近来美国最流行的歌舞,处处是模仿黑人的作风。作者前在巴黎一家剧院,看过一次黑女明星若瑟芬贝克的歌舞,卖座的盛况,打破最高的纪录。我们航行印度洋,登陆锡兰岛,一眼看到一群印度人,席地而坐,拿手指吃饭的习惯,似乎觉得不大顺眼。可是等我们游览印度名城,巡礼各大寺院,看到雕刻的精工,壁画的瑰丽,又证明了印度人在艺术上确有伟大的成就。而中国在汉魏六朝时期,在文化上,确是受过印度极大的影响。在佛教的思想上,我们可以看出印度人是一个具有超越的人生观,和智慧的伟大民族!

柏格逊说:"他种生物主要的,是凭本能支配生活,而人类则赖智慧来支配生活。"人的一生,不外意志与感情的活动,意志之发扬,感情之推动,是导源于人格的陶养。故人类能摆脱本能的支配,而有向上创造的精神。人类崇高的德性,为真、善、美,即孟子倡导的性善。真的反面是虚伪,善的反面是卑劣,美的反面是丑恶,即所谓性恶。欲除恶崇善,则赖美感教育的陶冶。因为美育有两种特质,一为普遍性,一为超脱性。大自然创造的名山大川,人人得而游览;夕阳明月,人人均能欣赏。一幕喜剧,人人看了,哈哈大笑;一曲悲歌,令人下泪。因为美感能打破人我狭隘的偏见,给予人类以同情,透过利害的观念,这是美具有普遍性的明证。

幽囚受辱的文天祥,坐在牢监里,产生了《正气歌》,发抒他对宇宙人生的伟大抱负;身居陋巷的颜回,穷困得不成样子,"人不堪其忧,回也不减其乐",他能传孔子之大道;行乞一生的武训,他能开创一条平民教育的大路;同情农民疾苦的托尔斯泰,敝屣贵族的尊荣,热爱自然,而躬耕陇亩。

以上种种史实,证明了这种超越利害的美感,伟大而高尚的行为,有"富贵不能淫,贫贱不能移,威武不能屈"的气概,这是美的人生,也是人生的伟大价值。

中国古代教育,在二千年以前,就开始提倡美育与体育,以礼、乐、射、御、书、数为六艺,除数外,均含有艺术成分。礼的本义是守规则,揖让进退,"周旋中规,折旋中矩"。乐为纯粹的艺术,射御在求艺术的训练,属于体育的范围。书以记事,亦系艺术的另一部门。其后如汉魏的文苑,南北朝的雕刻,唐代的诗,五代以后的词,宋代的绘画,元以后的小说戏曲,各随一代的文化而繁荣滋长。就教育而论,必藉艺术的陶冶,灌输精神上的活力,然后方有内容丰富而和谐的生活。但不幸自汉以后,教育制度,由六艺而代以六经。六经虽属圣哲之遗教,但专读六经,则为书本的知识,而与生活教育脱节,其结果流于章句之学。进而又以科举取士,八股成为专业,一般人但知咿唔咕哔,咬文嚼字,造成千年来,中国民族萎靡颓败之风。

美感教育,是以培养美的人生观做目的,希望造成普遍性真善美的活人,消灭人间一切的险诈、贪婪、残酷、斗争之卑劣行为,以发挥人类崇高的美感。现在全人类正在研讨如何巩固世界真正的和平,那么以美育培养美的人生,应当是一条走向世界和平的大道!

尊重未来应当爱护孩子,改造人格还要注重美育:新生代的新生　李开明[①]

"爱国家、爱民族、爱人类,必须爱孩子们。"这理由很简单,因为下一代是孩子们的世界。人是最多情的动物:爱人、爱物、爱自己、爱现实,故健全自己以经营造福于现实。还爱着期望着比现实更美的将来,故千方百计的创设教育,以培养下一代的主人——儿童。有谁否认这事实,伤害了儿童,无论是身体方面或心理方面的,就是毁灭人类前程的罪首。笔者是一个艺术工作者,由于这艺术的兴趣,使我注意到孩子们心灵智慧的发展,与情绪的创造,我认为一个孩子情绪的消长,会渐次养成他的性格。为什么有些孩子勇敢? 有些孩子畏缩? 有些孩子诚实? 有些孩子虚妄? 有些孩子爱美和幻想创作的能力特别潜伏得丰富? 有些孩子的情趣消沉愚笨不善谈笑? 这都是缘于情绪教育有优劣之不同。

无论什么人,对美的环境,都有一种感应,不期然养成美的情感。小孩生下来,就会爱自己的母亲,就会喜穿多彩文的衣服,爱听慈和有韵的声音。即野蛮的人,也不能例外。一九四三年,笔者由重庆到过苗人地域,看到许多苗童,穿配得非常美丽,衣服上绣着工细的红绿边缘,头上大银圈,腰间的短裙重叠着细细的绉,走起路来,表现一种别致的风度,可想见他们也有爱美的心理。

儿童爱美比成年人及老年人不同。成年人的爱美,有时多少暗示着性的追求,老年人的爱美,是为了解决他暮年的寂寞,只有孩子的爱美,完全建筑在极自然的需要中。发展这种爱美的情绪,当然就可养成一种最健全的人格。可惜的是:有些父母、师长,阻滞了孩子爱美的潜能,把这东西看做是玩意儿,以为只要有饭吃和衣穿,就是人类的幸福。殊不知人吃饭,猪狗也吃饭,人穿衣服取暖,禽兽也有羽毛保暖,人之所以异于他物,到底是在什么地方呢? 试想想上帝给孩子以一双圆润光泽的眼睛,而不能视好的颜色,给孩子以聪明善听的耳朵,而不能闻美的声音,这是何等的摧残人性!

---

① 《社会评论》第 32 期,1946 年 12 月 16 日第 10 页。

　　笔者曾亲睹一个乡村小学校的老师，一天他出了一张多威风的布告（大约是考试的时候来了），禁止所有的同学打球游戏。适当的游戏是一种锻炼心身最好的活动，奇怪，为什么到考试时就要严禁呢？我们认为必要且合理的需要，应该同时存在，同得满足。一个儿童真正良好正常的教育，是各方面同时获得发展，不偏枯畸形，不一暴十寒，不使儿童脑壳大，手足小，或眼睛明，耳朵聋，不只注意儿童呆版的符号的训练，而忽略了儿童活泼的心灵发展。我们为了孩子合理全面的生长，这是前辈所要深切悔悟的。

　　现在的小学教育，尤其是乡下半开发的学校，很少注意到这点，他们的学校里的，经常是没有音乐图画……这些启发孩子智慧的课程的。纵有，也没有专任的艺术教员，音图多半是带阔边眼镜的国文老先生点缀点缀，劳体是算术先生做他改卷子的好机会；至于学校环境的布置，课余学生活动的设施，更是一班老先生不经谈的，呆坐着，死读书的学生，是他唯一的得意品。像这种教育，又何能创造现代化的国民？

　　处在这一个智慧美丽的时代，西洋的文明，已在我们古老的头上敲着，人家的儿童聪明、活泼、勇敢、热情，人家的儿童，富于美的欣赏，强力的在追求人生的理想和未来快乐的世界，而我们的孩子，还是在愚笨、畏缩、冷酷中徘徊，这个责任应该归谁负呀！

　　蔡子民先生，曾倡导过所谓"美感教育"，和"美育代宗教"的理论。他相信美的教育，是人生活动中最大的骨干和精髓，美感教育，是实现大同理想的唯一方法。人谁也有一种知和能，唯有利用艺术的陶养，情感的洁化，才能贯彻其良知良能。蔡先生这种苦心孤诣的号召，确立了中国民族新生之基，继起努力，这是今日教育界同人，所应共同勉励的。

　　学校里的音乐美术……教育，并不是完全养成孩子一种专业技术的人才：像授音乐，就希望孩子个个成音乐家，成音乐老师；授美术就希望孩子个个成画家，成艺术家。艺术的造就没有这样容易的事，并且对孩子的兴趣，也不要过分强调。我们只有慢慢地引导启示，提起他们爱美的动机，去扣开他们心灵的门匙。心灵的聪敏和愚笨，好像是一张门，聪敏的孩子，心门是最容易扣开的，心的深处，充满了光亮；愚笨的孩子，心门常是关闭，里面没有光亮，塞满了黑暗的滓渣。一个真正为孩子艺教运动的人，是要奔驰于孩子心的门前，劝勉他开明，不要滞塞。就是一些愚笨感应不灵的孩子，我们也得深深地叩击他的心环，他多少是会叫应的。孩子心灵之门打开了，人类智慧的种子，从这心灵之门而入，与血液的运行，滋生硕大，活跃健康，当然这批新的幼苗，会长成地球上最佳的品种。

美育与人生　吴实昌①

人的一生,不外乎意志的活动,其所恃以为较近之观照者是知识;所以供远照,旁照之用者,是感情。

意志的表现为行为。行为之中,以一己的卫生而免死,趋利而避害者为最普遍;此种行为,仅仅普通的知识就可以指导了。进一步的,以众人的生与利为目的,而一己的生与利即托于其中,此种行为,一方由于知识上的计较,知道众人皆死而一己不能独生,众人皆害而一己不能独利,又一方面则亦受感情的推进,不忍独生以坐观众人的死,不忍专利以坐观众人的害;更进一步于必要时愿舍一己的生以救众人的死,愿舍一己的利以救众人的害,把人我的分别一己生死利害的关系,统统忘掉了,这种伟大而高尚的行为,是完全发动于感情的。

人人都有感情,而并非都有伟大而高尚的行为,这由于感情推动力的薄弱。要转弱而为强,转薄而为厚,有待于陶养。陶养的工具,为美的对象;陶养的作用,叫作美育。

美的对象,何以能陶养感情? 因为他有两种特性:一是普通二是超脱。

一瓢之水,一人饮了,他人就没有分润容足之地,一人占了,他人就没得并立;这种物质上不相入的成例,是助长人我的区别,自私自利的计较的,转而观美的对象,就大不相同。凡味觉、臭觉、感觉之含有质的关系者,均不以美论;而美感的发动,乃以摄影及音波辗转传闻之视觉与听觉为限,所以纯然有"天下为公"之概。名山大川,人人得而游览;夕阳明月,人人得而赏玩;公园的造象,美术馆的图画,人人得而畅观。齐宣王称"独乐乐,不若与人乐乐","与少乐乐,不若与众乐乐";陶渊明称"奇文共欣赏";这都是美的普通性的证明。

植物的花,不过为果实的准备;而梅杏桃李之属,诗人所咏叹的,以花为多。专供赏玩之花,且有因人择的作用,而不能结果的。动物的毛羽,所以御寒,人因有制裘,织呢的习惯;然白鹭之羽,孔雀之尾,乃专以供装饰。宫室,可以避风雨就好了,何以要雕刻与彩画? 器具,可以应用就好了,何以要图案? 语言,可以达意就好了,何以要特别音调的诗歌? 可以证明美的作用,是超越乎利用的范围的。

既有普通性以打破人我的成见,又有超脱性以透出利害的关系;所以当着重要关头,有"富贵不能淫,贫贱不能移,威武不能屈"的气概;甚且有"杀身以成

---

① 《中央日报》(昆明),1946 年 12 月 30 日第 6 版。

仁"，而不"求生以害仁"的勇敢；这是完全不由于知识的计较，而由于感情的陶养，就是不源于智育，而源于美育。

所以吾人固不可不有一种普通职业，以应利用厚生的需要；而于工作的余暇，又不可不读文学，听音乐，参观美术馆，以谋知识与感情的调和，这样，才算是认识人生的价值了。

美育与心理建设——追念提倡美育的蔡老师　郑午昌[①]

美的认识，虽是出于人群的本性直觉，因为知识程度的高下，而发生不同的观感：往往你以为美，我却以为不美；今天以为美，明日反以为不美；此地以为美，别处则以为不美。其间似乎是很复杂而漫无标准的。因此，怎样才算是真正的美？先要有个定律，就是"美律"。鄙意以为"美"，要合乎"真理"，合乎"实情"，就是要"真"，是一个律。既真了，还要迎合耳目之欣赏，你得心神之怡恍，就是"善"，是一个律。具此二律，无论是在制作上，行事上，都是美的——美术，美德。反面就是不讲理，不合情，伤良心，害天理的，都是不美。古人说："己所不欲，勿施于人"；"不夺人之所好。"人群本一点良知良能，谁也不知道美，谁也不知道美的可爱。不施人以不欲，不辱人之所好，就是合于情理，也就是"真"；于是人我两相怡恍，便是"善"；不是美德么？尽参造化，师自然，是美术，但画远树大于近树，在风雨中张帆，就是不合情理，也就是不"真"；使人见了不合眼，不乐眼，就是不"善"；也得算是美术么？由此推演，所谓美育，不难有相当的标准了。其实美育的工作及其功效，很普遍而久远的在人类社会中，紧握着无上的权威。比如男子的衣冠枝履，女子的脂粉珠翠，官家的宫院仪仗，商人的门面广告，宗教的建筑图像，上而制礼作乐，下而寻花问柳，无不借美的感化和诱惑，去迎合人群爱美性来达到他所要求的目的；也可以说凡是政治家，宗教家，教育家，及其他社会学家，都不能不利用"美术""美德"，来治国传教，移风易俗。

现在关心国事的贤达辈，都在高谈要建设新的中国。他们的意思，或是因为我们有数千年文化史的中国，到了现在，是崩溃了，落伍了，必须重新建设。不知所要建设的，还是建设得和美国英国苏俄一样，就算是新呢？还是要比他们更新一点，就算是新？我以为新也好，旧也好，只要"美"。心理建设，比物质建设重要得多；礼义廉耻，忠孝仁爱，这是我们中国旧有的美德，也可以说是历万古而常新

---

① 《申报》，1947 年 1 月 26 日第 10 版。

的,现在可是真没落了! 我们应该从国人心理中唤醒过来。国人心理上,有了美德的建设,一切政治,教育,军事⋯⋯才能合理顺情,而上轨道;至于工业,商务等,也不难有适应现代实际情势的建设。如果动辄贪污,动则斗争,动则腐化,和美律背道而驰,什么都没有建设的希望。所以我现在更追念提倡美育的蔡老师。

蔡老师孑民曾经提倡"美育来代替宗教"。一时相与呐喊的,颇不乏人;到了现在,简直没有人说起了。这种伟大而崇高的启迪,尤其是在现代的中国社会,不过承认他是一句名言,不设法去发扬光大,使他事实化,不但辜负先觉,实在是吹灭了民族文化运动前程的明灯。

任何宗教的存在,无非握着人类共同本有的一种情,理,性,做根据,演编教义经典,广事感化,使不失本有的情,理,性,而成佛得道,脱罪升天。但其中,未免要假借神说鬼话,施用迷惑手段。至于美育,只有一个"美"字来做教育的信条。比较光明善实。因为人类无论智愚贤不,可以说都是爱美的。爱肖美是人的天性,我们就握着这种爱美性;一方面就来发挥美的精神,提高美的程度,增加美的价值,推广美的效用,同时培养美的欣赏,引起美的爱好,了解美的功能。具有爱美性的人群,不时受着美的陶养感化,于是改革身心,变换气质,乃至移风易俗,恐怕比受了洗礼或戒律的教徒的奉行教义,还觉自然,而易于信仰得多。

但是"美"是有美的"律"。不是好看悦目的,就是美;可爱锁视的,就是美;自鸣得意,而被人艳羡的,就是美。世界人群,忙忙碌碌,干禄求富,争权夺利的,那一个不是为求美的安慰,美的享受,来满足他爱美性的欲望。但其结果,反而不美。这都是不知"美律"妄行追求,以致画虎类犬,学道成魔,甚至如飞蛾投焰,到死不悟。这是多么辜负天赋人类以爱美性的好意! 要拯救为爱美求美而走错了路的人群,所以要有"美的教育"。

漫谈艺术教育:敬献三十六年美术节   吕斯百[①]

中国艺术有它过去光辉的历史,中国艺术在欧美人心目中无形提高了中国民族性、国格、文化与地位。中国艺术在抗战期中并不是消极的享受,而倾向是积极的、抵抗的、社会平民化的,一句话:中国艺术对于国家甚至世界是一种卓越的民族性表现,而不是玄虚的、多余的、妨害文化进展的废物。可是中国现代艺

---

① 《中央日报》,1947 年 3 月 25 日第 6 版。其中"美育与人生"一节,以题"美育与人生"载《当代晚报》,1947 年 7 月 20 日第 2 版。

术的发展是畸形的,现代中国有艺术而并没有产生多数伟大艺人,一般平民对于艺术欣赏能力并没有增加,一般的社会,生活水准不够美化,至于商业美术,工艺美术,落人后尘甚远甚远,这是什么缘故? 我可以指出中国有艺术而无艺术教育,中国只知仰仗艺术,沾过去艺术与现代艺术的光,永远在榨取艺术品,而并没有对于艺术加以鼓励,建设艺术,提倡艺术教育。

检讨过去美育

中国不是没有注意艺术教育,早在一二十年前,教育当局和许多教育家认为民族性堕落,风俗日趋浇薄,个人功利主义日益伸张,非提倡艺术教育不为功,所以在教育宗旨上把美育和德育,智育,体育并列。承认美育为教育上重要的一环,但实际始终没有推行的计划。所谓美育乃是消极地提倡而已,因此艺术教育,成为中国教育上的点缀品。

中国教育家和教育当局对于整个教育观念,似乎着重在科学智识的灌输,不管他是否食而能化,不管他青年的头脑中能装下许多。充塞,尽量的充塞。忘了教育上最重要的原则,没有健全的身体,不能有健全的智识! 没有纯洁的道德的修养,不能有健全的人格! 这是中国教育上一种偏见,亦可说是失败的原因。

希腊教育,首重体格的健全美,音乐的灵性修养。这是说美育第一,所谓德育是抽象的,不可捉摸的。惟有美育可有实施的步骤,预期的效果。所以美育可以代宗教,我以为美育是人性的,宗教是神性的。神性的近于玄虚。

中国的艺术教育,不过在中小学中加上二三点钟图画科目,而且教育当局还嫌它多,七七事变的一天,教育部就下令取消图画钟点,这是艺术教育最受打击的一页。然还以为未足,最近教育当局,为调整中小学课程,第一件就是减少图画钟点。本来图画钟点已等于零,教育当局和参与会议的教育家们,这种举动不是近乎滑稽,就是轻视艺术教育。以最高的教育机关而轻视艺术,嫌恶艺术,世界上有文化的国家,恐无此例!

美育之重要性

中国需要艺术教育是无可疑义的,道德衰微,生活落后,工艺不振,都是艺术教育的对象。记得最高当局提倡新生活,有"生活美化"的一条,要生活美化,就必需有精神上和物质上的享受,这种享受,只有艺术可以给予。

提倡艺术教育,并不是全国设立两三个艺术专门学校了事,必定扩张到家庭学校和社会,我们需要少数伟大的艺人,以领导当代文化思想。我们不求每个人都是大艺术家,但是每个人都能有艺术的爱好是必要的。当个人烦闷倦劳时需要精神上的安慰,家庭间需要美满的享受,大学生需要艺术的知识和修养,中小学生课程过于繁,需要松他们身心,至于社会更需要正当高尚的娱乐,甚至商品的推销,需要动人的广告艺术。工艺品要占世界市场,就需要美化。然后可以提高生活,促进文化,振奋民族精神。

中国正期待着伟大的艺人出现! 中国教育,无论高等中等以至国民教育,都需要增加审美的课程。中国没有美术馆,没有音乐厅,剧场。中国需要伟大动人的艺术品:绘画、雕刻、音乐、电影和一切工艺美术品! 我们要促政府注意,教育而忽略文学艺术,是没有灵魂的教育;譬如愚农、工匠,不失为国家的栋梁,但是论文明程度,不足登世界的舞台。

话似乎说得太远了,最近英国有两位女教育家来考察中国教育情形。有一位中央日报的记者问到关于整个教育意见时,柯拉克博士回答:"第一,要予孩子们宗教教育……所谓宗教教育,就是道德训练,使孩子们知道有一位上帝,而全世界的人类都是属于这位上帝。孩子们相信上帝,敬爱上帝,整个的思想和人生便有了最崇高的目标。"又说:"英国教育最注重的是人的训练,使孩子们如何成为一个'人'。使他们了解自己,了解自己对他人、对社会、对国家甚至世界的责任,这是学校教育所应该注意的。"

柯拉克博士主张教育孩子们应当有一种信仰,因此推进道德的训练,这是对的,而且中国确是需要这种教育。可是中国受儒教的薰陶已数千年,对于宗教观念是自由的,现在要强逼他们信仰宗教,而且信仰一个上帝,似乎不合国情。那么如何能使孩子有一种共同信仰呢? 惟有艺术!

美育与人生

艺术足以指示人类由现实的世界到一个理想的世界。艺术的修养使人类产生一种超利害之行为,引导国人对于自然的爱好。使繁复的自然与实际生活融会贯通,由此指导人们对于人类与宇宙万物如何尽最适宜的责任。

"人类不独对于一切生物负有一种责任,同时对于一切东西,一切实在,也负有一种责任,对于它们发生兴趣,鉴识它们本有的妩媚,与爱它们一切捉摸不到的美点,不独体味人生的美,亦应体味禽兽的美,植物、花、草、日月、山水、雨雪、泉石之美。凡此种种,大家都认为出于自然所赐,我们感激自然,不应对于自然漠然无情。艺术是为得到快乐超利害的欣赏,为同情于万物生命,为爱自然。"

循此而行,艺术引导我们去爱万物生命,为今日任何宗教所不能培养的教育,艺术能使人与自然间生快乐的连合,宇宙间万体与个体的结合。英国美学家罗斯金说:"一切伟大的艺术都是钟爱。"所以艺术不独在个人生活上引起作用,及于家庭,及于学校,及于社会,及于国家,莫不发生作用。

美育与救国

艺术促进人与人间的接近,它是连合社会上各党各派自最狭小以至最宽大的雄厚力量。

艺术足以培养人们爱国的情绪,民族思想,但艺术的目的并不以国家主义为限,它的势力是超越国界的。西洋人可以爱好中国艺术,亦不能禁止中国人爱好西洋艺术。

艺术是一种语言,一种富于情感的语言,他有超利害的性格,与普通语言用于行为不同,它比一国的语言来得高超,因为它具国际性的。哲人孔德有言:"艺术乃惟一语言,为世界上一切人类所了解的。"

艺术不独以个人与世界的愉快连合为限,而且结合了人与人的关系,人类与自然的关系,在这种意义之下,它就是一种"宗教"。

我们因为柯拉克博士的意见,觉得中国需要艺术教育,比欧美各国更来得适合与需要。

我们感伤中国官场之贪污,社会之虚伪与险诈,人与人间之仇恨,自己人不断的惨杀,我们见到船翻鼓掌落水不救的残酷,我们小孩对于小生物缺乏同情。我们见到市街村落的污秽,日用工艺品之鄙陋,等等……我们看出中国人缺少一种信仰,缺少爱——爱人与爱物——亦缺少审美的道德的修养。如何挽救这几种缺陷呢?上帝是不能救中国的,惟有艺术教育。

论美育与社会之关系　朱炳成[①]

一、引言

在中国社会上,一般人对于教育内容之看法,于智、德、体、群、美五育之中,认为最有价值者,莫如智育,其次为德育,再次为体育,群育几无人知,而美育直认为罪恶。其结果,因美育之不讲,发生种种不幸,而直接间接影响其他四育之根本,根本动摇,枝株不稳,故中国教育,虽重智育,而科学之精神不立;虽重德育,而远仁败德之事,层出不穷。社会因以不宁,国家由是贫困。处此弱肉强食之世界,而教育不能平均发展,国难之严重,有由来也。挽救之道,当使五育并重,平均发展。而当今首要之务,则莫为美育之提倡。此本文之大旨也,以下试逐一分论之。

---

① 《教育与社会》第6卷第1期,1947年3月30日,第43—46,60页。

二、美育之内容

中国提倡美育最早者，为蔡元培先生。民国初年，蔡先生任教育总长首创"以美育代宗教"之说，一时成为风气，学校之中，增加图画、唱歌、手工等必修科目，关于美术的专门学校，亦先后成立不少。独是蔡先生之所谓美育，并非专指美术教育或艺术教育而言，而社会上一般人却都以为他所提倡的美育，就是美术教育或艺术教育，蔡先生看见社会上一般人都误解了他的意思，后来又重行为文说明他的原意。兹节录其《以美育代宗教》①一文之一段，以说明美育之内容如下：

> 我向来主张以美育代宗教，而引者或改美育为美术，误也。我所以不用美术而用美育者，一因范围不同，欧洲人所设之美术学校，往往止有建筑、雕刻、图画等科，并音乐、文学亦未列入；而所谓美育，则自上列五种外，美术馆的设置，剧场与电影院的管理，园林的点缀，公墓的经营，市乡的布置，个人的谈话与容止，社会的组织与演进，凡有美化的程度者，均在所包；而自然之美，尤供利用；都不是美术二字，所能包举的。

蔡先生上面这一段话，说得非常明白，他之所设美育的范围，实在比美术或艺术的范围大得多，现在我们若是再讨论"美育"的问题，自然也应该依照他这一段说话，作为"美育"二字的真正内容，本文的立场即是如此。

三、嫉视美育之结果

中国人重视智育和嫉视美育，恰好成一对照。"世代书香"和"戏子出身"，这两种人在社会上的地位，其贵贱高下，大有不同。前者是人人尊敬的，而后者是人所鄙薄的。前者是缙绅世家，可以和官厅来往交际，而后者只配和剃头扦脚的人同列，有时甚至娼优并称，看作是不识廉耻，毫无人格的人。如果世家子孙，一朝学了唱戏，必定要受合族人的攻击，认他是玷辱祖宗父母，就是罪大恶极的人了。因此中国人的良家子弟，总不肯学戏，演戏如此，绘画亦然。中国人称善画者为图师，图师者，与泥木工匠人同列，故又名曰画匠。"匠"的地位较理发的人也差不多，仅仅好一点。故理发者亦称"剃头匠"，尊称之亦为"理发师"。可与"画师"并肩矣。以故中国良家子弟亦不肯习绘画，如果习了，亦是罪恶，绘画如此，唱歌亦然。中国人对唱歌的看法，认为不外三种人才肯唱：其一，是乞丐；其二，是戏子；其三，是妓女。而这些人都是要不得的，所以中国人对于唱歌，亦是深恶痛绝，不许子弟学习的，唱歌如此，对于金、石、丝、竹、匏、土、革、木，八类器

---

① 原刊注一："蔡先生此文载《现代学生》十九年第三期。"

乐的技术之看法,也是如此。在中国人的看法中,这些东西,也只有四种人才肯弄他。一,是和尚;二,是道士;三,是尼姑;四,是吹鼓手。而这些人都不能算是正常的人,都是"攻乎异端",于社会有害的,所以中国人也不让子弟去学音乐。音乐如此,对于建筑也的如此。中国人对于这种人才,一概称为"匠人",如石匠、木匠、泥水匠、漆匠、雕匠、铁匠、铜匠、锡匠,等等。但"匠"之中,亦有高下之分,如木匠地位最高,又称"大匠"。这是因为木匠之中,出了几位大人物,在建筑史上有了光辉显赫的成绩的缘故。故中国人对于木匠,可说没有歧视,但良家之子,肯学木匠的,依然是少数,因为他收入太少,仅足糊口,也就不愿学习了。建筑如此,其他一切杂技、戏法、幻术,等等,在中国人的眼光中看来,无非是江湖卖艺者流,一概不算是正当的职业,也一概不许子弟们去学他。如果学了,也一概都是罪恶,要受众人的痛骂。中国人认为最高尚的正当职业,止有两种:一,种田;二,读书。二者之中,读书尤其可贵,此之谓"万般皆下品,惟有读书高"。

由上所述,可知在中国人的意识中,毫无正当娱乐的观念。亦无休闲教育之高尚理想,中国人头脑中充满着狭隘的功利主义,认定"勤有功,戏无益"为人生最完美的态度,惟其如此,故中国人一生,很少能享到真正的人生乐趣和幸福,到他临死的年月,大都感到悔恨,好像是空活了一场,枉为了做"人"。然而他并不能真正地发现他究竟在那一方面,感到不满足,因为他根本上就没有"正当娱乐的观念。他就如此糊糊涂涂的,毫无意义的,不明不白的死了。祖父如此,到儿子,孙子死的时候,还是如此如此……"

四、"一盘散沙"之由来

中国人向被认为"一盘散沙",不知群育为何事,原因何在? 有人以为是由于中国人天生不知团结,亦有人以为是由于中国人之人生观与外国人的不一样。以浅见看来,那是说得太严重了。中国人其实与外国人一样,知道合群,知道团结,更晓得"兄弟阋于墙,外御其侮"。试看中国自七七事变以来,国人一致团结御侮,坚忍奋斗之精神,与慷慨牺牲,舍身赴义之节操,何等壮烈,何等伟大! 此种事实,决非奇迹,而必有其来由。因为这些都不是一朝一夕之间,可以变得过来的东西。吾人欲解此谜,首须从"一盘散沙"的来源说起。

中国人何以甚少组织团体? 即有团体的组织,何以很少活动? 既有活动,何以参加的人们,都不感兴趣,而引为苦事? 唯一的原因,是中国人没有正当娱乐的观念,和没有美化教育的修养所致。中国人嫉视美育,无美化教育的理想,亦无正当娱乐之观念,已如前述。因此中国人对一切有兴趣,有意味,有娱乐的一切团体的组织与活动,皆不肯参加。尤其中国人的理想中,根本就并无这一套东西,也就无人能够发起。这样一来,有享乐,有兴趣的集会组织,既无人举行,那剩下来的,就有尽义务的,出钱出力的,废时间的,受苦难的各种集会与组织了。例如现在举行的保甲会议、联保会议、乡镇长会议,等等,大都为政府所发起,所讨论的案件,无非叫人尽义务,出钱出力。这些会议愈多,愈使参加者头痛,亦愈无兴趣。故中国人在平常无事的时候,确是一盘散沙,毫无组织。外国人则不然。外国人一到平常无事的时候,他们的组织必定加多,团体活动,必定加紧,而参加者的兴趣,也就越发浓厚。因为他们有正当娱乐的观念,又有美化教育的修养,尤其有参加各种活动的兴趣,热忱与欲望。他们感觉到非参加不可,如不能参加,就是重大的损失。他们有娱乐会、交谊会、联欢会、跳舞会、乐曲演奏、戏剧表演、电影、球类比赛、远足游泳,更有绘画展览、美术展览、赛马、竞技、魔术,等等活动,举不胜举。无论室内、室外、山顶、水滨、林间、草上、海滨、池边、旷野、僻地,到处有他们活泼愉快的踪迹与笑声。他们一个个都知道享乐,但他们并不因此忘了他们的工作。他们藉此恢复了疲劳的身心,他们能以百倍的勇气与速度,担负他们各人艰巨的任务。故外国人平时能组织,能爱好团体活动。

由于上面的解释,我们可以断定,假使外国人生在中国,他们一定也要厌恶集会,酿成"一盘散沙"的现象,反之中国人生在外国,他也一定爱好组织,乐于参加团体的活动。故中国之所以为"一盘散沙",完全是由于不知美育的结果。

五、"远东病夫"的由来

中国人向被称为"远东病夫",究竟为什么缘故? 有什么根据? "病夫"的名词,何以不落在日本、暹罗、印度、缅甸、不丹、泥泊尔诸国人士的头上,而偏落在中国人的头上呢? 中国人讲究国术,技击,导引,吐纳,静生,礼拜,朝香,难道不算是体育吗? 逊清时代的武科取士,讲究过刀、弓、石的三种工夫,要把那千斤重的石头,凭个人两臂的气力,把他举起来,上胸,过顶。那把刀过顶以后,还要打花。这一套工夫,难道也是"病夫"所能做的? 难道中国就没有完全健康的人吗? 这些说法,显然都是不通之论。然则这"病夫"之"病",究竟从何处来的呢? 欲解此谜,当先从中国人的行动举止上说起。

从中国人的外表行动举止上,可以看出中国人都好像有点"病",实际上的确也真是有了些"病"。这些"病"的病源,就是缺少娱乐。

中国人为嫉视美育,缺少娱乐,故人人觉得自有生以来,没有过一天的"好日子"。尽管生活宽裕,衣食丰饶,一切都不成问题,可是他还是过不到"好日子"。因为过不着好日子,所以中国人很少痛快豪放笑过,他老是皱起眉毛,斜扇着嘴吧,好像有无尽的忧愁和痛苦;他走路的时候,也是眼睛看着地,把两手缩在袖子里,或是反操着,毫无勇往迈进的健康气概。这不像有了病么?其次中国人因为没有过着"好日子",所以讲话方面,三句不到,便说他自己的牢骚:这样不满,那样不快,怪张怪李,怨天尤人,正好像俗语说的,"穷人计多,病人气多"一样,这不又像有了病么?中国人其实何尝都"病",但是从外表上看起来,就的确有些不健康的样子。恰好外国人初到中国,一切也只看个外表,他们既然看见中国人在外表上都像"病夫",因此他们就把这顶"病夫"的帽子,加在中国人的头上了。其实外国人何尝能够把四万万五千万个中国同胞,都一一加以诊断,然后才说"中国人是远东的病夫"呢?

故中国人"病夫"称号之由来,非由于身体上的"真病",而是由于外表上的"像病","像病"之由来,由于缺乏正当的娱乐,亦是由于嫉视美育的结果。

六、偏重德育的结果

中华民族道德的条目,是忠、孝、仁、爱、信、义、和平。高尚完美,万世不易。问题所在,就是如何实践?我看中国人实践道德的前途上,有两个最大的阻碍,必须排除的:一为家庭问题的复杂性;二为国民教育的不普及。试再分述之如下:

甲、家庭问题之复杂

外国人重视美育,故一到闲暇的时候,便活泼起来。中国人嫉视美育,闲暇之时,却只好关在家里;至多也不过亲戚家跑跑,邻舍家坐坐而已。所以"家",是中国人一生活动的小天地。关起门来,家长的权威高于一切,别人谁也管不了他。可是这"家"中的情形,就充满了惨酷不仁的故事,任是文学家,也无法尽情描写。有的人家,无日不痛打小孩,实行"棒打出孝子"的信条;有的人家,夫妻每日争吵,过着那"不是冤家不聚头"的日子;有的人家,儿子忤逆不孝,婆媳争吵;有的人家,兄弟姊娌不和,拌嘴阋墙。"清官难断家务事",家庭问题之复杂,固不待言。而"闲则生非",实为一切家庭罪恶之根源。

在中国人的家庭问题中,是非善恶,很难拿一个标准来衡定一切。那被打的孩子,固非不"孝";打孩子的父母,亦非不"慈";互相打架的夫妻,既非不相"爱";拌嘴阋墙的兄弟姊娌,亦非不讲"信义和平";尤其那被虐待的婢仆,事实上亦未必不"忠"。这当中真正的纠纷原因,严格追究起来,往往是既不在甲,而又不在乙;或是既在甲而亦在乙。换言之,实在他们各人都各有苦处,所以就"公说公有'理',婆说婆有'理'"了。这个"理"的根苗,往往不是别的,而就是缺乏娱乐,仍是嫉视美育的结果。

中国人重视道德，而道德的力量，有穷尽的时候，亦有不及的地方，家庭内问题的复杂性，使道德力量无从发挥。例如一家之中，妻子埋怨丈夫说："我自从到你家来，从来就不曾过过一天的好日子。"丈夫说："你这八败命的婆娘，自从你到我家来，我就没有享一天的幸福。"诸如此类的问题，公婆对媳妇，也同样可以发生；父母对子女，也同样可以发生。大家把不相干的过失，归罪对方。这就是既不在甲、亦不在乙，问题在甲、乙以外的"缺乏娱乐"。像这样的争论，"亲爱"之德目，不能予以解决，而一朝有了娱乐，满天的愁云，马上就散了。又如一家之中，妻子闲中无聊，喜欢打牌，丈夫空来无事，就爱喝酒。一天，妻子输了钱，丈夫醉了酒，双方肚里有气，两句话不对，吵闹争打起来；妻子怪丈夫喝酒，丈夫怪妻子赌钱，相争不已。类此之事，父母子女之间，可以发生，兄弟妯娌之间，亦可能发生。大家把对方的弱点揭出，企图压伏对方，其实大家都有关系。这就既在甲而又在乙。像这样的斗争，"信义和平"的德目，不能解决，而一朝有了正当的娱乐，一切问题，都化为乌有了。然而中国人的心目中，既无正当娱乐的观念，这一类争吵和纠纷，就将永远联续下去，造成许多悲剧。这种悲剧，都不是道德观念所能解决的，这就是道德力量的有"穷"，表现为家庭问题的复杂性。而我们要补救这道德力量的有"穷"，就必须提倡正常娱乐，发挥美育的精神。

乙、国民教育之不普及

人不能生而知之，须赖教育。尤其民族道德之实践，非一二人之事，非少数人之事，而为全体国民之事，尤非普及国民教育不可。孟子说："一齐人傅之，众楚人咻之，虽日挞而求其齐也，不可得已。"中国社会上，受教育的人数，不过十分之二，而未受教育的人数，却有十分之八。所以"社会为罪恶之洪炉"，纯洁天真的少年，一入社会，就很少能免于"同流合污"的，在这样罪恶的社会中，只有同恶相济，有操守的人，反而遭人排忌，不能立足，至多只能做到"独善其身"。所以在国民教育不发达的地方，真正的道德力量，是不能达到的。

我们现在正是推行国民教育的时候，可是在我国一向嫉视美育的社会中，人民没有团体组织的习惯与兴趣，没有热心公益，舍己为人的牺牲精神。在这社会情形中，我们来推行国民教育，其中的阻碍和困难，是不可尽述的。因此，国民教育的实施，假如有一分成就的时候，一定就是我教育界同仁们，不惜牺牲，花了十倍百倍的血汗精神力量换来的，同时，我们必须了解，纵使国民教育的推进，成就不多，够不上吾人的理想的时候，我们也不能苛责，以为是我教育工作同志们的能力不够，或努力太差所致。我们应知这许多的困难，和阻碍由来已久，追溯根源，仍在中国人一向嫉视美育所发生的必然的结果。

由上所述,可以得到两个小结论如下:

甲、《大学》说:"欲齐其国者,先齐其家。"我们要使中国人的"家"庭问题之复杂性,改变到"齐"的程度,非提倡美育不可;因此我们要使整个的国家"齐"起来,最好的方法亦是提倡美育。

乙、我们欲求全体国民,能实践民族道德,发扬民族精神,我们必须推行国民教育,并使之普及全国,我们欲根本排除国民教育实施当中的困难和阻碍,必先提倡美育。吾人今日提倡美育,或许不能马上就有成效,或许不能完全排除国民教育当前的困难,但吾人必须深信,若干年后,美育普及了的时候,这些困难和阻碍,都会化为乌有。故吾人今日提倡美育,绝非徒劳,亦不太迟。

七、偏重智育的原因和结果

中国人是最重视智育的。因为重视智育,所以就极力提倡读书,重视读书。认为"万般皆下品,惟有读书高"。

中国人既然重视智育,提倡读书,何以中国的科学反而落后,物质的建设,在在缺乏人才呢?既然提倡读"书",这读的"书",究竟是些什么"书"呢?"万般皆下品,惟有读书'高'。"这个"高",高在那里呢?我们要了解这些问题,首须明了中国人为什么提倡读书?明了了他的原因以后,他的结果如何?也自然就会知道。

中国人提倡读书,有两个原始的动机,为我们所不可忽视的。其一为读书可以自保身家;其二为读书可以做官发财。试再分述之如下:

甲、读书可以自保身家

在中国社会上,有一种专管闲事,靠中饱贪污过日子的人,他能够上交官府,下接百姓,神通广大,我们常称之为"土豪劣绅"。土豪劣绅是专门欺善怕恶,虐害百姓的,但是他对于读书做官的人,却是非常巴结,非常的恭顺。因此善良的老百姓,受了土豪劣绅的欺侮,自己本身的力量弱小,不能报复的时候,就都勉励自己的子弟去读书做官,藉以保障自己身家性命,不受土豪劣绅的欺侮。这种读书的动机,凭良心说,其情可悯,其志亦甚可嘉。在中国农家出身的读书人中,有不少确是如此立志,要想拿读书为工具,藉以替祖宗争光的。此种读书的结果,最后仍是做官,与科学精神的发展,毫无关系。故中国人虽偏重智育,提倡读书,其目的并不在求知识,而是向社会上争地位。俗语说:"种瓜得瓜,种豆得豆。"中国人种了"做官"的种子,就只能得"做官"的结果,决不会得到科学,正如种"瓜"者不能得"豆"一样。

乙、读书可以做官发财

"书中自有千钟粟,书中自有黄金屋,书中自有颜如玉",这是中国偏重智育,提倡读书的第二个原始的动机。原来中国人一向嫉视美育,社会上一般人,很少能享受有娱乐生活的。但是一朝做了官,就不同了。社会上有许多的行为绝对不许百姓们做的,这就是:"只许州官放火,不许百姓点灯。"所以在中国有一句流行的话:"要想过(好日子),除非(做官)。"这样把"好日子"与"做官"连在一起的看法,就是中国人认为"惟有读书高"的"高"之所在了。由于这种根深蒂固的信念,就把中国的读书人,一起都逼到做官的路上去了。所以中国的读书人,虽然有的做得成官,有的做不成官,且都不管他,但是在他们的下意识中,总觉得最好还是能够做一做官才好。这种以做官寻找娱乐的机会的读书动机,在缺乏娱乐的中国社会中,亦是情有可悯的,但其立志,实在并不可嘉。因为社会上,既缺乏正当娱乐,我们正该努力的加以提倡,才是正当的道理。若是同流合污,贪图个人的一己的满足,不顾社会大众的苦楚,那是不对的。所以中国人如此的提倡读书,结果自然只有于社会有害,不会有利。而且就是做官,一定也不是好官,他既贪图娱乐,一定是个"贪官"无疑。中国官场,犯"贪"字过失的,实在太多了,也许就是这一班贪图娱乐的读书朋友吧?

由上所述,可知中国人偏重智育提倡读书的动机,皆在做官,不在求知识。故中国之科学精神,无处寄托,知识水准,自较落后。其次,中国人之做官,目的在追求娱乐的机会,不在为国家社会服务,故中国之官多"贪"。其三,人非生而为贪官,贪官乃是没有正当的娱乐的社会力量逼迫产生出来的。故欲履改造社会,肃清贪污,应从根本上提倡美育,普及正当的娱乐入手。夫然后,飘浮无依的中国科学精神,方能有所寄托。

八、结论

甲、总括本文所述,可知美育的功能,与智、德、体、群四育,有密切的因果关系。如不赶速提倡美育,那末本文中所述的各种流弊、困难、障碍、祸害,和种种不幸的悲惨的现象,都将继续不断的绵延下去。充其极,且将影响于建国大业之完成。故美育之提倡,为今日当务之急。

乙、美育的真正功能,决不仅仅限于上述的数种消极的含有补充其他四育的性质而已,他实在还自有他本身的功能。而且,就是在美育的本身功能范围中,也还含有智、德、体、群,四育的成分在内,为纯粹的智、德、体、群,四育所不可缺少的。凡此种种,本文皆未能一一列举。其次,本文开端,仅从中国人嫉视美育的事实说起,但这种事实的来龙去脉,究竟如何? 本文亦未能尽述。本文的目的,只在胪举一点事实,供读者诸位的参考,尤其供社会教育同志们的参考。

凤先生说美育　吕凤子[①]

"动变无极,斯曰生。生万斯殊,斯相待而异其动,姿其变。故曰,生有能焉。竭其能,曰,顺生。

曰己,化之枢也。曰欲,生之机也。有物有己。有物有欲。然非有欲有己,有己有欲也,欲务争,己道之,斯成化矣。爱者,顺之体,争所依也。有己有爱,己成于爱。爱可鉴,己可观也。斯曰美。

鉴惟爱,斯行乎爱而无悖义。契乎义,斯行乎公而无违仁。美育,始于无为,终于无为。为无为,善之至也。"

凤先生尝这样说明美育是何一回事。次列教条,便是根据这个见解制成的。

我们是永在的创造文化的力量。

我们要从不息的劳动,满足生的欲求。

我们爱一切己,不仅爱自己。

我们要从爱,完成每个自己。

我们要从争,表暴爱的力量。

我们要从鉴赏一切,认识一切。

我们认始终基于鉴赏的行为,是最有价值的行为。

我们要在美的境界中,发见道德境界。

这教条也就是我们的信条。我们确信一切现象是生力的表现。所谓宇宙,只是生力的激荡变幻,一切现象有自性,便各依自性与环境关系即各循动变之自然法则,逞其无斁而有限的生的欲求。在人间则构成各时代各地域文化。而恃人调其争的叫做爱,爱是要一切己都能顺其生,都能尽变幻之能事。而指示争的方向和界予争的范围的一种因己存在的自然力量,尽这力量,所谓私欲才不为患。每个自己才会有所成就,才会有成就不同的个己,随在供鉴赏者鉴赏。凡由个己的鉴赏引起爱的行为,用寻常伦理学者习用语说,是属于自然行为,是在美的境界中行为,非在道德境界中行为。然其行为却是自合于义的,既以这行为做鉴赏对象确认为义而实践之,这就由自然境界入于道德境界。但据我们经验凡经鉴赏引起的每仍返于鉴赏,止于鉴赏,即其行为每仍返于自然,止于自然。这复返于自然境界的行为,所谓"以天合天"或"无为而为"的行为,伦理学者或不欲

---

①《镇丹金溧扬联合月刊》1947年第6、7期合刊,1947年3月,第8—9页。

复称为道德行为,我们却认为行为之至善者。我们一向分别善的行为为自然行为,返于自然行为二类,自然行为是止于爱的,返于自然行为是由义而仁,仍是止于爱的。我们以为离开爱的鉴赏,无所谓美。离开爱的行为,无所谓道德,我们的道德观虽和寻常伦理学者不尽同,然我们却自信没有错误。所以我们便断言道德境界应该包括在美的境界中。离开美的教育,从事道德教育,结果是没有不失败的。

己之用在异,爱之用在成己之异。己不幸役于欲而罔其生,爱必随之而湎于役而丧其德。是以美育最初步工作,在解放已解放爱以从事道德教育人们最惧怕和厌恶的是欲,尝想根本决去之不可得,则图利用他力强制之,不错,欲是应该限制的,但是强制不得。同时又厌恶己,以为己是纵欲者,这却弄错误了。己如远站在主宰者地位,欲早帖然就范,不会横冲直撞像洪水猛兽那样为害了。是以怎样解放己和爱,才是需要研究的问题。怎样克己克欲,是不必要研究的。集中注意力于任何事物,静观久之,纷念既戢,己便会暂是脱离欲的羁勒,恢复原来地位,和所对事物相对立,而发见对立事物统一于彼自己的整个形相。则因这时候观者自己已获独立故。这句说话极关紧要,假使观者自己没有能够独立,所对事物之自己,及其完整形相,是永不会被观者发见的。所以被观者发见的事物之自己,有时竟为观者自己之迁入或反映。这个既经解放复返于自然而受爱的指道和约束以争的己,无论为观者自己或他己,当初成鉴赏对象时候,虽一瞥即逃,然发见既数,其印象留观者意识中自不易消失,鉴赏复鉴赏,终至有见尽为美的形象,所谓最初步的基本工作便正于此。

我们不能离开一切己而鉴赏自己,就不能离开一切己而制作自己,离开一切己就无异无爱,上面说爱是要一切己都成异异其成的。所以我们校歌说:"惟生无尽于爱无涯。"我们的爱无涯,我们的制作就没有终止的时候。在内的异,情意与思若想等使其调和而统一于己,形成在外的异,与一切在外的异相调和而统一于爱,于是相薰习而成教化,相牖启而立言术而赴公义。这便是己的制作全过程。也就是美育贯始终的工作。宇宙间一切现象永久在调和统一中变化着,可说是自然的艺术制作。一切现象便是自然制作的艺术品,人们的己永久在调和统一中变化着,可说是人们的艺术制作,一切异己便是人们制作的艺术品。自然制作与人们制作同是一回事,同是若有所为不容或已的一回事,在人们便叫做仁或义的行为。他的价值应即在此。所以我们尝说人们制作的艺术品得分两类。一为整个己的制作,即一切异己的制作,即人生制作,是统人们一生成一作品的。一即通常指称的艺术品,利用或种器材构成与实际生活无关之事物,藉以表白作者或种心作用。后者为纯粹自己制作,也是我们在这儿需要做的工作。

感、受、想、行是一串外而内内而外的连续活动。情与想俱,想为行导。想极六合,行则每役役于我们。想与行不相应,于是有内而外的不调和。知也有涯,忍也有则,想则每空一切法。知与想不相应,于是有外而内的不调和。于是有所生的悲哀。即情的夭阙,想的不自由。我们将怎样调和内外的不调和。选择与构成通过过去及现代文化的教育材料,以启遐思,而使与现实行为永久保持着适当距离。我们便这样的从事人生制作,便这样的从事纯艺术制作,即纯粹自己制作。纯艺术制作虽已穷思尽情为极,然使用或种器材总不能无术,即不能绝识弃智而所构成,不过情智间距离能展至相当远罢了。

三十一年六月病起璧山

美育与宗教 罗庸①

美育,是通常说的五育之一,但在我的看法,无论何种教育,都以美为最终目的。譬如德育是求人格的美,智育是求思想的美,体育是求体格的美,群育是求团体和谐的美。因为美是人类最高的理想,而丑是人类共同厌弃的对象,这里正表示着人类向上性。

无论何种宗教,都是教人为善的,善与真与美,本相联而不可分。不过宗教特别偏重善,而美育不一定提出善,所以宗教不多谈美,而美育不多谈善。美育与宗教,由此分途。

宗教有很强的排他性,又有很重的训条性。由排他性的强烈,历史上演出很多的宗教战争;由于训条性的浓重,宗教大多偏于保守。因此在民国初年,就有蔡孑民先生美育代宗教的说话。

美育代宗教之说,是想把宗教的神秘,代以美育的开明,使文化更向前一步;但忽略了一点,美育只能予人以意识界的慰藉,人到了意识失去了主宰的时候,还是要靠了宗教的信仰来安定身心,这是美育所做不到的。因此愈是世界纷乱,人生失去保障的时候,宗教愈亦发达,而美育却因此而愈减其效力。

不过,宗教的慰藉是不完全可靠的,一遇例外,人类的失望便更深,于是不得不将对外的信仰,变为尽其在我,这便是殉道精神。到此宗教便进了一步,它是将神我对待的形式进了自他合一,超出了小我而完成大我。于是普通宗教与高

---

① 《广播周报》复刊第 32 期,1947 年 4 月 20 日,第 1 页。

等宗教,便由此分途,而高等宗教,却无形中成了美育。

人类欣赏艺术,多是站在距离较远的地方,领略全个的形象的美。假如这形象真能伟大崇高,人类会向他低头膜拜的,于是这形象便起了宗教的作用。及至心领神会,得意忘言,便走入自他不二的合一的境界,所谓与之俱化。到此,美育又与高等宗教的效果相同了。

照我的看法,美育与宗教,是同源异流,始分终合的,在这里,显示出人性的发展。

人类的本性,本是浑全真朴,至善至美的;但后天的习染,使得渐变为虚伪丑恶,而虚伪丑恶,是痛苦的根源。所以,无论如何穷凶极恶的人,要求美的慰藉的心,是依然存在着的。这便是本心不息的一线之明,而宗教与美育,正是根据这本心之明,而加以启发。它们同是用了一个崇高的对象,使人心集中于一点,渐由善美的力量,使人认识了自己的渺小与自私,再进而薪求企及这伟大与崇高更进而泯除自他之界,而回复到人所同然的大我。于是人类的本心呈露,得见原来的浑全真朴,在这穷子归家的境界中,得到了无上的至乐。宗教和美育,便是以此理由,而永远并存着。

教育的意义,便是基于这原理而实施的;所以一个教育家,首先应该确实认得人性的本然,更应了解五育三育,同以美育为归宿。为了教育原理的形象化,境界化,身教重于言教的道理,更当身体力行,为了尽瘁教育,尤应具备宗教家殉道的精神,牺牲小我,以完成大我。如此,则美育与宗教的要义,教育家可以一身兼之了。

现在的人类社会,确实说不上美,也确实说不上乐,在这里,宗教家与教育家的责任很重的,而教育家的责任,尤为重大。有了伟大的教育家,人类的生活才有意义,人类的生命才有前途。

为"废除美育"而呐喊　刘狮[1]

昨阅各报,发现教育部中学课程标准修订委员会将废除中学美术科改以"实用技艺"代之,使我顿时感到莫名的悲哀,为青年,为民族文化,为国家前途而悲哀!

因此,不得不略陈臆见,至诚地希望教育当局及早收回成命,勿令外人耻笑。

关于一般美育问题,早在二十年前,已有蔡元培先生再三再四地提倡,而且

---

[1]《申报》,1947 年 4 月 25 日第 9 版。

为我们解释得够清晰了。甚至于蔡先生主张"以美术代宗教",想来多数不键忘的朋友们都还记得罢!

抗战这久,物质生活的贫乏与困苦,已临到大多数人的头上是事实,这时再来高唱"美育",似乎是不合潮流的事,其实不然。

当宪法成立的那天,我们不是也看见明文规定的要"提倡艺术"吗?因而我们曾稍展愁眉,讵料政府改组后的今日,堂堂教部不但违背宪章,竟继上海市参议会"撤销艺术师范"的议案,索性拟将全国中等学校的"美术"课一律废除,这样的教育方针,是效学那一强国?着实令人大惑不解!

抗战虽说是胜利了,但我们八年来的坚苦,换得些什么?

生活物资缺乏,人心凄凉可怖,宗教道德毁灭,社会秩序紊乱,贪污奸匪猖獗……长此以往,国运如何能振?人民何以为生?

人类与其他动物之不同,就是一为凭智慧支配生活,一为赖本能争取生活;人之所以分为文明与野蛮,亦复如是。前者是受过人格的陶冶而能发扬智慧,后者则未能摆脱其本能的支配,无由向上,因而相形之下,显得丑恶,蠢愚,粗野,下流。

试观世界各国,强与弱是怎样分的?统治者与被压迫者又是怎样形成的?我从未闻一个强国没有文化,也没有看见一个强国自己削弱或摧残本国的文化,倘若有,那就是中国。

美术是文化的重要的一环。摧残美术无异摧残文化,摧残文化亦即摧残国家。

何况在一切物质文明远不及西欧,国民生活已到极端困苦的当前中国,照理应该改善人心,配给精神食粮,使一般陷于贫困痛苦的人,不为贫困痛苦而屈服,不使濒于绝望;未陷于贫困痛苦的人,不堕于游惰,不趋于奢侈。易言之,经过美育的陶冶的人,他的精神是永远愉快的,性情是高尚的,灵魂是纯洁的;无论他是属于那一阶层,他都有一个壶中的天地;无论在任何时候,处于任何境遇都不会为之左右,迷惑,永远永远地保持着宁静,滋润,青春,希望和光明。这就是说,他经过了美的陶冶而获得了精神的寄托。

反之,不给他以精神食粮,使之心理健康,势必穷追物质的享受。痛苦的愈痛苦,不该屈服的屈服(汉奸就是个例),绝望的自杀,游惰的率性愈趋奢侈,浮华,淫荡。但是究其精神仍然是痛苦,性情必定乖张,只有臭的躯壳,而无真的灵魂。于是变节,迷惑,不安,枯寂,失望,黑暗……都一层层笼罩的着他。小而言之,使他变成一架制造大粪的机器,一个活尸。大言之,贪官污吏,汉奸卖国贼都是这样——只重物质的教育教成功的。

所以,我敢武断地说:要使人类心理健康,使世界得到真正的和平,除去努力精神建设之外是再没有第二条路的。一个伟大的教育家应该急不容缓的负起这个伟大的使命,而况我们不是一个野心的军国主义的国家,我们不需要把教育当作战争的工具。

再说:中华教育的目的是在求中学时代获得一切学科应有的普通常识;任何一国的中学教育,都可借镜——就是唯物主义的苏联,亦未尝废除中学校的美术教育,我国何能进步至如此哉?

我这样的高声呐喊,目的到并非为了本身或代替同道的伙伴谋出路,讨饭吃;也并不痴望每一个中学生都走入芝兰之室,而是惟恐外人来到中国有如踏进了鲍鱼之肆,皆掩鼻而过哟。

退几十步来说:故中学美术课为所谓"实用技艺"(按系报兼教部议案),亦即如吕凤子先生的驳复教部函称:"……实用技艺,至少应包括制作实用而适用之器物而言,制作适用器物,焉能不先制图? 又焉能不求备美的形式? 是即舍美术本课功能弗论,但就教学实用技艺说,亦不能无赖美术……"

在一个深有修养的吕先生尚且如是言,但不知教部该案提议人曾如是想过否? 更不知又将何以答? 我们很有兴趣的期待着。

(四,二三,于宁泊楼)

谈美育　陈之佛①

创造真实的世界,创造善良的世界,创造美的世界,这是人类的目的。现在的人对于创造美的世界似乎特别不加注意,以致情绪日见萎缩,而影响及于其思想行为。我们深惧国民精神堕落,病根日深,必需有良方从根本救起。教育是百年大计,要稳固其基础,不可谋片面的发展。现在的教育应该一方面养成科学的头脑,充实国民的智能,以冀物质文化的进展,一方面又必须注意于全民族生命之所寄托的精神教育,这里更不要遗忘了"美育"!

所谓美育,要分两方面,一是美感教育,一是美术教育。美感教育是人人应该受的教育,美术教育是一部份人受的教育。因为人人都要受美感教育,所以在普通教育以及社会教育的设施上,必须注意于美育;因为一部分人要受美术教育,所以教育上有培养美术专才的设施,这里就把美感教育与美术教育两方面略举其要点来说说。

---

① 《学识》创刊号(第1卷第1期),1947年5月1日,第24—25页。

关于美感教育的

一、普通教育的美育

我总觉得人们对于物质的享受看得太认真,而于精神生活太过忽略。自私自利虚伪欺诈凌虐攘夺,这种种精神的堕落,大半还是种因于此。尤其近若干年来这现象愈见显著,若不从教育来急起挽救,人类前途将不堪设想。人之所以不与他种动物等视者,就在乎有精神的活动,精神的内在,即是心灵,精神的外达,即是所谓风格。心灵的残缺与风格的不正,均可培养之使其完美的。教育的目的,当然不仅仅为着养成为个人生活打算的知识分子。现代的教育以智、德、体三育并重为标榜。但三育并重,是否已尽教育的最大使命? 我始终认为还有点问题,不是还遗忘了所谓美育吗? 有人主张小学应偏重体育,中学应偏重智育,大学应偏重德育,这主张固不无见地,但我以为美育更应在各级学校并重不偏。爱美是人类本能的要求,一个民族,无论其文化的程度如何,决没有爱丑而厌美的。如果能够将这点爱美之心因势而利导之,小之可以怡性悦情,进德养身,大之可以治国平天下,并不夸言。教育的目的原在启发人的本能,那末,要启发爱美的本能,就不得不实施美感教育了。现在的中小学校虽然也排着似有若无的美术课程,学校根本不重视这项科目,而教学方法也未必尽宜,决难收得美育的效果。中小学的美术科,其目的显然不是在养成美术家,而在培养他们的美感,是一种美感教育,而不是美术教育。所以我主张小学的美术科必须着重于欣赏教育。不过这里又发生一个重大的师资问题。现在的中小学的美术教师,大都是公私立艺术学校的毕业生充任,等而下之的当然也不乏其人,然无论那等人,根本都没有受过师资的训练。专才与教师,本是两回事,纵有美术才能高超的教师,教学是否得法,大成问题。因此,如果在普通教育上真有实施美育的决心,还得尽先培养美育的师资。

二、社会教育的美育

中国的社会,真是五花八门,凌乱不堪言状。这等无纪律,无秩序,暮气沉沉的现状,差不多每一个角落,都引不起人的兴趣,鼓不起人的热情。一切腐败传统的恶习,只有令人消沉堕落,流风所及,更演成种种不正当的娱乐,潜伏着社会罪恶的渊薮。生活在这社会里,即使有作为的人有时也不免烦苦沉闷。这样的社会,实在需要改造,使它能够得到正常与合理的发展。然要改造社会,社会教育应该负起大部份的责任,尤其实施社会教育的美育为不可或缓。人类生活必需有所调剂,人类精神也必需有所寄托,否则,必然的会诱致社会病态的。故社会教育的美育的设施,在中国的社会现状下,尤其是一件重要的事情。现在试看这么大的中国,有没有像样的博物院、美术馆、工艺馆、动物园、植物园? 有几处公园、图书馆、戏剧音学院及其他高尚的娱乐场所? 我们的都市、街道,是否清洁美丽,栽植树木花草,处处能与自然相接触? 我们极端希望这等社会教育的设施,日见充实,用美来洗刷人心,用美来浸润人生,引导人群渐渐进入于高尚的理想的乐园,而得见有安宁而有秩序的社会。

关于美术教育的

一、专门教育的美育

中国虽然已经成立了几所艺术学校,这些学校大都是侧重培养纯艺术人材的。他们的学生修了三、五年毕业之后,说来可怜,能够得到中学或小学教席的,莫是头等差使,有的到军政机关里去画统计图表,有的一出校门索性改行了,能继续研究以求精进的人,诚如凤毛麟角。耗费了不少人力与物力办艺术学校,出来的学生,结果是如此,仔细想想,真够冤枉! 但是,这班学生,业是已经毕了,再没有深造的机会,有的迫于生活,无路可走,不叫他们不如此也只好如此,还有何话可说呢? 其实要养成一个纯艺术的专才,谈何容易! 他们在学校受教三数年,不过才导入了大门,还未登堂入室。倘毕业之后,不给他深造的机会,是难望有很大的成就的。所以我以为我们的艺术教育,如果真是要想培养几个高超的专才,必须设立研究机关,至少选拔一些有望的青年使其深造,庶几不违专门教育的目的。我们终希望不合理的现象及早革新,否则,国家需纵才令多办几所艺术学校,也是徒然的。

二、工艺教育的美育

人类为求生存,时时希求着衣食住的满足。然人生永远是追求的,有了这些东西,必更希求着裕余——需要物质的裕余之外又需要精神的裕余。这两方面裕余的要求,实在就是促进人类生活进化的原素。所谓工艺,便是适应人类的生活需要而产生的。因为它是创造人类求生的工具,同时又供给人类精神的粮食,即是实用与美兼备的东西。故工艺的制作,亦必须发挥"实用"与"美"两个要素,才见其价值。中国的工艺,本有悠久的历史,驰名世界。无如制作者不求改进,以致日就衰颓。这在中国的产业上占着重要地位的工艺品,因不图发挥实用与美两要素,非但无法输出海外,以求争胜于国际市场,即在国内亦反被舶来品压倒,影响国计民生至为重大。为今之计,自非从速计划改良工艺方策不可,然要改良工艺首先就应注意于工艺的教养。不但要谋工艺品实质与技术的改进,更须使工艺制品形式的美化,不但要舍弃因袭以及徒事模仿的陋习,更要养成创作的能力,以适应新的环境。

谈美育　楚愚①

美育，就是艺术教育。未谈这艺术教育之前，让我先弄清"什么是教育?"英文教育一词是 Education，源出拉丁文的 Educare，有"引出"之义。洛克说："教育在于健全身体，涵养德性，授以善良之行仪。"斯宾塞说："人类完全生活，可分五项：一、生命安全，二、职业间接保障生命之安全，三、教养子女维持自己之家族，四、社会及政治的活动，五、美术知能足以供娱乐身心，而教育实向此五者为相当之准备。"从这些话里可见出教育的本身，即已包括了美育，所谓美育不仅指学校中所设图画劳作音乐诸科的教育；而应包括全部教育。因为现时代的教育基础，是要建设在情感主义上，施行感化教育。是要把艺术的原理，规范，态度和实际，应用到教育的各方面去。换句话说，是拿艺术的规范，改进教学法。教育方面的德育，智育，体育，群育，皆以艺术为中心，以救济其偏侧。教师要有艺术修养，设备要有艺术意味，无意之间，使学生心意起种种精神活动，发展审美本能，养成美感，品格亦潜移默化，并培养对美的鉴赏及美的创作力。综之：美育的效能在于使人生美化，和科学（真）道德（善），协力实现人类的理想，发展其生活。其内容除属造形艺术的图画劳作外，还应和国文，音乐，体操，理化，以及训育发生关系。

有一个时期，我国教育似乎很注重美育，蔡元培，李石岑诸先生提倡尤力，图画音乐被列为中小学必修科，劳作且定为主科。不意去年美育似乎走了霉运，上海市参议会主张取销上海市美术中心站，及艺术师范于前。当此政府改组之际，教育部又有取销中学美术课程的消息传之于后。虽经艺术界人士呼吁而撤销原议，但它已在一班人心理上起了莫大作用，无形中予艺术教育以严重打击了。

凡事有果必有因，为什么美育在教育上占有如许大价值而竟会有人主张取销？我以为应当先检讨一下"艺术教育在我国学校里实施的情形"。

当刚提倡美育的时期，一班学校对于教学设备及环境布置是相当注重的。其后，小学教育渐渐走上注重美育的路，中学则一天天侧重学科，而对劳美音课程日渐忽略。抗战开始以后，各级学校，受种种限制，日益因陋就简，美育一落千丈，小学尚多少注重一点美育，中学则愈加不理念美育了，不要说国文，体操与美育无关，甚至有些学校把音乐，图画取销（或减少钟点）。劳作科因教育部列为主

①《青年校刊》第 2 期，1947 年 5 月 15 日，第 2 页。

科,勉强存留着,然也限于设备,大多有名无实。在这样情形之下,一班劳美教员,真有"巧媳妇难为无米炊"之叹。加之学艺术的人,每多不修边幅,表示他艺术家与众不同,而致影响社会人士对艺术家的观感,使原来不大明了美育重要的学校当局,同人,学生,更加轻视劳美课及其教员了。再因钟点少,薪俸也较一班教员为低,劳美教员精神物质,两皆受窘,中心抑郁,相率改业。留下来的也就大多抱着混的态度,益发"吊儿郎当"起来。因之:近十年来,美育在学校里始终没有充分发展的机会。其不能表现出应有的效能,殆非无因。如果我们肯回溯十余年前,学校注重美育的时代,我们当不会忘记,那时的中小学学生,在学业上,在品格上,都似乎比现在好得多。造成的原因虽多,然那时美育在无形中能予学生以心理上的建设,潜移默化其性格,思想,是无可讳言的。

因之,我以为:中学不仅不应取销属造形艺的劳美科,而且应当特别注重美育,学校环境应使之布置美化,课余应多领导学生组织文学研读会,音乐队,剧社,造形艺术,发行艺术刊物等。

此外,劳美教员亦应改变其以往的敷衍态度,及躲懒式的教学方法。认清美育的主要目的是在辅导训育,发展学生之审美本能,养成其美的人生观。除绘画劳作的实习之外,多作学理上的阐述,指示学生如何审美,如何鉴赏日常接近的事物之美,不畏劳,不惮烦,在学校中起模范作用,以消灭一班人对艺术家的"吊儿郎当"观念,使美育真正地负起它的使命来!

不要忽视了美育   王龙吟①

中小学的课程表里,有着音乐,图画等艺术科目,但是它的地位很不重要。尤其在中学校里,升学考试用不着它,旁的功课又繁重,所以到了上课的时候,用功的学生根本不注意去学习,玩皮的学生在课室里恣意取闹。教务主任说:"这些功课是给你们调剂精神的,你们成天给英文数学把脑子扰晕了,所以排上音乐图画的钟点,使你们舒一口气,再去努力读书。"这真是最难得的教务主任了,可说爱护学生无微不至矣!那么上课随便一点,那是再合理也没有的了,然而教育部订定课程标准的时候也仅仅是为了这一点原故吗?

中国人民原是富于艺术天才的。辉煌的历史上的艺术遗迹,长远地放射着异彩的光芒。随着这灿烂光辉的演映,象征着民族的兴盛。无疑的,美的薰陶改

① 《湖北论坛》第 2 卷第 6 期,1947 年 6 月 1 日,第 27—28 页。

造了许多善良的心,他们一齐向上,于是幸福和平才能够在这些善良的心里面存在,滋长。其实,每个人都从世外带来了一颗善良的心,然而跌进世俗的罪恶里渐渐失去了它原有的真纯。这该是多么不幸的事啊!

我们从小孩子起:他们对小动物表同情,向玩偶表示亲暱,世界上一切的东西,他们都从心灵深处发出平等的神圣的爱,为什么年岁大了就会撒谎,欺骗,渐渐做出坏事出来了呢? 主要的是这颗童心慢慢在褪色:失去了原有的纯洁,失却了对事物美感的兴趣,他们会忘掉了雪白的粉墙该是多么光明可爱,而会粗野地在上面画着乌龟,写着骂人的字句。更大了,也就会更和世俗同化,只知企求于饱食暖衣,高官厚禄,人生的价值和情趣,与他们的距离更远了。

不必举出许多的例子来说明艺术科目的重要,然而应该使谁也不能否认它在教育上的功能。请学校及教育当局不要过于忽视了这一个问题,我们要问问:武汉所有的中学校里,有几个实际上请教员给学生上音乐、图画课的? 有些校长说:"这些功课对于你们的升学没有多大的影响,我也想请个先生来,可是学校里的经费太困难了,只好过些时再看吧!"有的便随便拉上一个会涂几笔会哼几句的教员来敷衍塞责,甚至唱起《讨厌的早晨》《夜半歌声》来了。我真不懂为甚么许多教育家始终把中等学校的艺术课程当作点缀的科目,当作可有无的东西。

学校里:时常发现盗窃,厕所的板上壁时常涂画着咒骂先生的歪诗,尽管表面上功课好,品格高,校风优良,却掩盖不了内心的丑恶! 要洗刷人心,不仅是训育主任的怒脸能够胜任的,不仅是几句道德家言以可了事的。一定要从"怡情养性"做起! 这里,有人格修养的艺术教员应该负起潜移默化的重任,引导每颗善良的心的向上。

将一批批的学生都造成名利场中的角逐者,是教育的罪过。我们应该注重感情教育,艺术的薰陶,请大家不要忽视了美育!

美育与民族精神 许士骐①

美育是美感的教育,广义的说,它包括文学、诗歌、戏剧等;狭义的说,它包括

---

① 《活教育》第 4 卷第 9·10 期合刊,1947 年 11 月 1 日,第 245—246 页。又见《美》1947 年 10 月 19 日第 6 号、11 月 30 日第 8 号、12 月 15 日第 9 号、1948 年 1 月 1 日第 10 号、2 月 1 日第 11 号连载;与此文基本相同,《美》第 6 号文前有"此文系许士骐教授,应国立幼稚师范专修科,及上海市立女子师范学校,周会演讲稿。陶蔚文笔记"。《美育与民族精神》又载《青友》1947 年 5 月 1 日第 4 期、5 月 15 日第 5 期,文字有所不同;为"青年学术讲座",次别:第七次学术讲座,讲演者:许士骐教授,时间:四月廿日上午十时,地点:上海青年馆交谊厅。

绘画、雕刻、建筑三个部门。

美育不仅仅在教育上有特殊的价值,并且在哲学上也有它相当的连系,因为它是领导人们走向至善至美的境界,要达到一个完美的人生,所以,美育也可以说是哲学上的另一种方式的表现。

孟子倡言性善,说人性本善,受环境影响,习于善则善,习于恶则恶。荀子恰与孟子相反,他以为人性皆恶。这两种主张,都有其理由,都有它的观点。所以性善性恶,打了千年笔墨官司,究竟"孰是孰非",还是得不到结论。

教育以崇高理想和目标改造人类心理,创造世界永久和平。如日本过去的教育,完全为侵略主义所统治。譬如自然课中讲授苹果,教师对学生说,这果子是多么美丽,你们知道从那里来的,它是山东半岛的烟台出品。再讲中国怎样的无能、愚蠢,我们要吃苹果,应向东方大陆去求发展。他们就这样的在培养着他们的人民的侵略思想,黩武主义。当然,这种教育是落伍的、狭窄的、卑劣的。

中国是一个提倡崇高道德的国家,孔子教人就是拿"仁"字来做基本。所谓"己欲立而立人,己欲达而达人",仁爱也。他无处不教人以爱,不单如此,他更进一步的要求教人要有大仁大勇,"毋求生以害仁,有①身成以仁"。这种至高无上,天下为公的精神,就是人类最珍贵的美德。

一匹白布,放在黑色的染缸中,就变成了黑色;放在黄色的染缸中,就变成了黄色。一个天真烂漫的学生,就等于一匹白布,教育的力量也就等于染缸中的颜色,可以叫他做一个好人,也可以将他造成一个坏蛋。中国的民族性,是传统的酷爱和平,所以我说美感教育在哲学上有它的特殊价值,问题也就在这里。

其次,讲到中国的艺术与中国民族精神的关系。现在是民主世纪,是原子能时代,人类受了两次世界大战流血的惨剧。中国画如果是代表中国民族性的艺术,为什么没有一点时代精神的表现,还是画些高山流水,花鸟虫鱼呢? 其实这个问题,是很容易解答的。因为中国画家,虽不很明显地画出飞机大炮,或战争历史,但是他仍然涵着最高目标的民族意识。譬如明朝灭亡,满清入主,荼毒中原,志士仁人,义愤填胸,国人均以异族视之。那时的画家虽不能执干戈以卫社稷,但是他们自始至终不画明代以后的衣冠文物,这就是国画上民族意识的表现。又如今日赣省瓷器中所能常见的模仿八大山人所画。(他姓朱名耷,字雪

---

① 此处漏"杀"字。

箇,号八大山人,明朝亡后,不问世事,他善画山水花鸟兰石,以简笔取神,为世人所推重。)有人说,八大山人自己的签名一眼看来,像一个"哭"字,又像一个"笑"字,他的含义有"哭笑不得,啼笑皆非"之感慨。清朝还有一位画家,画了一幅紫色的牡丹,题了两句诗:"夺朱非正色,异种亦称王。"因牡丹素被誉为花中之王,而"朱"字有两个意义,《论语》:"恶紫之夺朱也。"明帝亦姓朱,暗示满清推翻明室之意。那知被一些丧心病狂的汉奸们获悉,邀"功"求赏,竟密奏清帝,结果这位画家竟以叛逆罪被判处死刑。又如宋时郑所南,因宋朝为元人占领,他就隐居不出,以书画自遣;他常画兰,但不画根,有人问他什么缘故,他就沉痛地回答道:"国土不存,根生何处?"这许多史实,足以证明国画上民族意识之潜在性了!

中国画家与西洋画家的不同点,也就在这里。西洋绘画大都注重写实,形影逼真,跃然纸上,而中国画更有其深刻含义。譬如画家常写松柏,来象征一个人的清风亮节,梅花象征着坚强不屈的一种品格;又如陶渊明之爱菊,周慕叔之爱莲……都有它的特点、涵义,也是艺术家的真性流露在里面的。

我初学西画,觉得很怀疑,为什么西画中——无论画院、美术馆,大都是一些裸体画和人像占大多数?这个问题我留在后面说明其主要原因。中国画是诗、书、画三位构成一体,就是说,中国的画家不仅只能画,并且能做诗,也能写字。——尤其是书法,可说世界唯一无二的中国特殊的艺术。它不仅仅在形式上具有美的价值,并且在字里行间,还可以看出画家的性格、作风来。比如颜体、柳体,和苏黄米蔡……风格上都有其不同的地方,都有其至高的艺术境界。如果中国人不能用毛笔写中国字,不懂得书法,实为一大损失。——西洋画与国画意境就不同了,他是绘画、雕刻、建筑的三位一体,注重光暗线条色彩的表现。有人很称许,西画的构图,远非中国画所能及。我有一个譬如,西画像一个长篇写实的故事,在一幅画面上,可以容许多不同的人类,原原本本的叙述出来。他拿科学做基础,讲究透视、讲究解剖。而中国画则不然,所谓笔简意工,犹如胡适先生解释短篇小说的作法,"拿最经济的手腕,描写最经济、最生动的段落"。所以我们在欣赏国画和欣赏书一样,也是言有尽而意无穷的。

我们为什么要图画呢?这理由很简单,从实用方面看来,它是一种表情达意的工具,拿来补充语言、文字之不足,它并且是一种不分轸域、不分种族的国际的语言。譬如我从前由法国回来,道经苏联,去各地参观。当时天热口渴,我不懂俄文,但苏联人有一特点,即使他懂得中文或英文,你如不用他们的语言,他是不愿和你交谈的。后来我没有办法，就画了一只手，拿一把水壶和一个杯子，他才恍然大悟，知道我要喝水。而图画更与其他的艺术不同，拿音乐来说，无论他的艺术价值到达如何高深的境界，假使你没有音①的修养，是无法欣赏的。中国画更有其优点，它不仅是一看了之，犹富于蕴蓄，它还可以从意境中去推知物外的事物，而西画是立体化的、写实的。

上面我曾讲到为什么西画中多裸体画的描写，就因为人体的线条最错纵，最富于曲线，和色彩的复杂。中国画更有不同的，它不受时间与空间的限制，它很自由，随时随地可以描写。无怪乎西洋人看到中国画家不需实物，能一挥而就表示惊讶了。因为中国画家全仗理想和记忆，重于观察，所以它是抒情的描写，性灵的表现，而西洋画往往要受光暗与时间的限制！

我尤其觉得艺术的表现，应与现实保持相当的距离，而构成唯美理想的境界。譬如一个冲锋陷阵的将领，以常情而论，他的寝室、书斋，应该尽是些大炮、飞机……武器的图样，但为什么却挂着一些山水花卉之类的图画呢？这就是为了要调剂精神的生活，来交换一个境界。

一张白纸，有了八大山人的墨迹，就显得名贵非凡；一块顽石，到了罗丹手里，就变成了雕刻杰作。我们从事教育工作者，也如同艺术家一样，白纸上应该如何的构图作画，石头上怎样去雕刻成品，创造出名贵作品来，才算完成我们的任务！

艺术是民族性的表现。譬如黑人的生活、习惯，素为欧人所轻视，但是近代欧美的歌舞，大都受黑人的影响。当时巴黎有一位著名的女舞蹈家却是黑人，因为他们富有音乐的天才。又如印度人，那种以手抓饭吃的习惯，在我们看来，也颇不顺眼。但是汉魏六朝时期，印度文化输入中国，在艺术上，他们的造诣，却非常的卓越光华，绝不会因用手抓饭的习惯来断定其文化程度之高下。所以，我曾经与一个美国朋友说起黑人文化问题，我就批评他们思想上的矛盾，美国朋友，竟弄得哑口无言。

每一个民族，都有他的优点，自然也有他们的缺点。美感教育在鼓励和创造人类的真、善、美，真的反面是虚伪，善的反面是卑劣，美的反面是丑恶。教育工作同志的责任，就是要如何去教人，创造一个完美的人生，做成一个尽真、尽善、尽美的完人，所以我们的责任非常之重大，也非常的重要！

（陶蔚文记）

---

① 此处漏"乐"字。

"以美育代宗教"　陈之佛①

人,无疑是一种苦恼的动物。当婴儿堕地之时,我们从来没听到哈哈的笑声,而只听到呱呱的哭声。可见人一出世,就仿佛堕入了无涯孽海,从此要尝过悲苦烦恼,一直到生命的终结为止。那得不哭!

难免有人会问:人生既然是悲苦烦恼的,何以人类还甘愿在孽海中挣扎,而不肯丢弃这毫无意义的企图呢? 要晓得人生来就进了一个牢笼。这牢笼非他,就是人类的"生存欲"。因为有这"生存欲",所以人无论悲苦烦恼到如何田地,终不愿毁灭他的生命。于是贪生而恶死,便成为人的常情。虽然也有所谓"视死如归",也有决然自杀者,这些必是被环境逼迫或是一时的极度刺激而至此,恐怕很少有心甘意愿的。我们也很少听到活活的跳进棺材待死的人。这真是造物者的恶作剧,他要你生,又要你苦,使你不愿跳出孽海,甘心饱尝一切悲苦烦恼。

人既然被造物者的作弄,甘愿受罪,贪生恶死。这样,人生岂非太无意义了吗? 我们总究还得设法来求解脱。如何来求解脱呢? 像释迦牟尼看透人生灵幻,毅然摆脱"生存欲",直接达到涅槃吗? 可是我们没有超人的智慧,我们又没有超人的意志,何敢希冀于释迦牟尼。在四纪以前,因为人类凶恶的自相残杀,人们的内心感到了无限的空虚。人们无法安慰这不幸的肉体,因此,他们创造了神,创造了宗教。他们为着要寄托他们的灵魂,就向这永远的神秘追求,忏悔,希望能倖免这自相残杀的悲剧。所以宗教的势力和信仰,会连续了几千百年。但到十九世纪,时代剧变了,从神的灵的时代,而转移到了人的现实的时代。尤其因为科学的昌明,人生世界的现实赤裸裸的暴露,以前人类的美丽的幻梦,便从此被打破。结果在人们的心中又引起了一种危惧,悲哀和不安的状态。又我读李日华《六砚斋日记》,记着明人包袭明一段话,他说:"此身不足恋,万劫烦恼根,此身不足厌,一聚虚空尘,不恋亦不厌,方是逍遥人。"李日华以为这样不但可以驱尽了浮游之念,而又可以化除难化的执念,确实是人生求解脱之道。但是这种道教的理想,所谓"不恋亦不厌",这是谈何容易的事。所以世上能有几个"逍遥人"?

照这样说来,人生悲苦烦恼永远无法解脱了吗? 然而我们终究还得设法来求解脱。从前蔡孑民先生曾经倡导过"以美育代宗教"。蔡先生他洞察时代,了解人生,故立此说,这确是拯救现代人的唯一方剂。人生身在这个世界,只知一

① 《学识》第 2 卷第 11 期,1948 年 5 月 16 日,第 15—16 页。

心去满足实际生活的需求,忘记了这世界是可以当作一幅图画欣赏的。我们看这世界虽然充满着灾祸罪孽,如果从狭窄的现实圈套里跳了出来,把世界看作一个意象去玩赏,则庄严灿烂的意象之中,窥见惊心动魄的美,自然会脱开现实的压迫,而忘却人生的苦恼。苏东坡说人生忧乐之分,在乎人自己的是否"游于物之内",抑"游于物之外",也正是这个意义。大概一般人只是"游于物之内",他们专心在实用的世界里追求物质的满足,把事物利害看得太重。心为物蔽,自然见不着美,更谈不到欣赏,则又安得而不"忧"。人原来难离物质生存条件的支配,而又有无穷的欲望。所以人在自然界中是极不自由的东西,既要服从自然的限制,又要受欲望的驱使,以无穷的欲望,处有限的自然,人当然处处不如意,处处不自由,而感失望和苦痛。悲苦烦恼实在都是由此而起。这就是说,人对于物质方面是永远无法求得满足的,但在精神方面,人能超脱自然,可以在自然世界之外另在想像中造出较能合理慰情的世界,以满足自己的欲望。艺术的创造和欣赏,便是使人由自然限制中得到解放。叔本华说:人生之大患在有我,我的主宰为意志,人人都是他自己的意志的奴隶。有意志于是有追求挣扎,有追求挣扎,于是有悲苦烦恼。在欣赏美时,我们得暂时忘去自我,摆脱意志的束缚,由意志世界移到意象世界。所以美对于人生是一种解脱。

美确是人生最良的解脱剂。我们在欣赏艺术作品,欣赏自然风景,或者在读书吟诗作画的时候,心头每每感得莫可名言的恬适,即此境界,平日那种是非利害的念头,人我差别的执着,一概泯灭,心中只有一片光明,一片天机,更何来悲苦烦恼。人终究是有情感的动物,情感必需有地方可以活动,可得解放的。美感活动就能给我们的情感以发泄的机会。所以说一个人的情感必要有所寄托,才不致枯燥烦闷。从前的人大都把情感寄托于宗教的信仰,时代变迁,人们对于宗教的观念渐次淡薄了。处此纷歧错杂的现世里,人类的苦恼,将有增无已,人们正觉徬徨而无所归宿。人应该快来拯救自己了!蔡先生所倡导的"以美育代宗教",确实是拯救现代人的唯一方剂。

我们要崇奉美,和崇奉神一样。我们要信仰美,和信仰宗教一样。人人多受点美感教育,以美来润泽人生,使在人生世相中寻出丰富的兴趣。世人还以为美是从事于艺术的人们所专享的,与一般人漠不相关,这是误解。艺术家不过是美的耕耘者,他给我们种植精神的粮食,我们尽管去享受。世人只晓得不吃饭会使我们的形体枯萎,而不知不吃美会使我们的精神发生病态。世间一切恶俗的人和事,大都即是这精神病态的作祟。朱光潜先生谈美感教育有一段话:"许多人嫌生活干燥,烦闷无聊,原因就在缺乏美感修养,见不着人生世相的新鲜有趣。

这种人最容易堕落颓废,因为生命对于他们失去意义与价值。'哀莫大于心死',所谓'心死',就是对于人生世相失去解悟与于恋,就是不能以美感态度去观照事物。美感教育不是替有闲阶级增加一件奢侈,而是使人在丰富华严的世界中随处吸收支持生命和推展生命的活力。朱子有一首诗说:'半亩方塘一鉴开,天光云影共徘徊,问渠那得清如许? 为有源头活水来。'这诗所写是一种修养的胜境。美感教育给我们的就是'源头活水'。"那末,我们大家都去找寻"源头活水"罢!

美育与心理　萧孝①

美育包含许多心理的问题。此等问题有一部份已经有人讨论,兹分别探讨于下:

一、评判美术的能力之分配。此处之问题是:是否一切之人皆有欣赏美术之能力,此一问题之答案可以影响任何学校的艺术课程。倘若假定欣赏美术之能力只限于小数人,则选修此等科目者应加以限制。倘若认定此种能力为人所共有,则美术教育应有另一种计划。

关于评判美术之能力,已有一些研究。赛西洛夫在其麦克多雷美术测验上做了大规模的研究。其结果表示呢,此种测验之分数形成一种连续的分配。根据卡罗尔的报告三千中学生在卡罗尔散之欣赏测验上之分数亦形成一种连续的接近常态的分配。卡氏认为测验的结果可以表示评判散文的能力之差异系属于程度而不属于种类。我们根据此等事实可立一结论如下:就过去研究之结果言,各人评判美术之能力形成一种连续的差不多常态的分配。

二、评判美术的能力与历龄之关系。赛斯洛夫发现自八岁至十八岁,麦克多雷美术测验之分数逐渐增加,但在十八岁以后除特别训练之结果而不论,进步甚微。根据过去的研究之结果,在评判美术之能力之发展进程中我们尚未发展一个时期特别适宜于美术教育。

三、评判美术的能力与智慧测验之结果之相关。今日所用之智慧测验多不包括评判美术之能力,根据二十七个相关之研究,评判美术的能力与智慧测验的结果之相关为一四至三十八,其中数为一八。由此可见评判美术之能力与智慧测验之结果绝少关系。

四、评判美术的能力与训练或选择之关系。此种关系包括下述问题:受有

---

① 《广东日报》,1948 年 10 月 21 日第 8 版。

较多的训练者是否在美术的评判上表现较优之能力？倘若如此种差异,究有多少由于训练,复有多少由于选择？

根据一些研究之结果,评判美术之能力与美术训练之分量确有明显的关系,但无事实证明此种关系完全由于训练所致。无论如何训练却是一个重要因素。

五、评判美术的能力之性质。此处之中心问题是评判美术的能力是否为一种普遍的能力？换一句话说,在一种美术上较善于批评者是否在其他一切美术上亦较善于批评。

以来之研究似乎表示,评判美术之能力往往视评判的对象之种类而定。善于品评图画者不一定善于品评建筑美术。此种特殊性似不可以忽视。

六、教授美术之最优良之方法。美术之教学无唯一最优良方法,正如其他科学之教学一样。此一方面之教学亦须顾及学习者之个别差异,不过下述各点必须予以注意:主要的工作与美术材料之直接的接触。在教室内应展览各种有关之材料。每个学生应按各人当时的兴趣与能力研究一个问题,应能自由地与其同班或教师交换意见,并须经过适当的指导与获得具有广泛价值之结论。

美术的教育缺乏充分的科学研究,与其他方面的教育一样,故有许多基本问题尚未获得彻底的解决,如望发现最有效的教学方法,唯有从事实验研究之途。

文艺与美育　　莎汀[①]

一提到了"文艺"谁也会感受到一种心灵上的美,在枯涸的生活现象中,在破缺的情操里,接受到和煦的朝阳!

处于今日经过八年战乱的大破坏以后,亘古超迈高远的人类爱美的心,早已被世纪的风沙掩没到黑沉沉的死海里去,人类的生活旨趣,民族的生命泉源,更是相因地互求在缺乏中填满空虚,破灭中实现建设。

献身于文学,艺术的战线斗士,把全生涯奉献于美的教育的专家,在这时代的神圣鞭策下,是应如何地致力的理想实现。

文艺是文学的美的最高峰,她是人类感情的产物,她把握整个人类生活的情趣,不但是服务人类,而且是领导人类的劲军,民族的共同意识,社会的和平秩序,也即以此而树立其建设的基础。

因此,我们可以确定要改进人类生活的旨趣,填满人类心灵的空虚,和发展

---

① 《文坛》第 8 卷第 5 期"戏剧特辑",1948 年 11 月 1 日,第 42 页。

与培养"美"的崇高神圣教育,以建设整个社会的幸福与和平,那就应该把任命负到文艺的肩上。这就是说:美育的推衍,文艺人就应负起一部份相当的责任。

蔡孑民先生曾倡"以美育代宗教"的主张,在我们负有文艺美化生活的责任,抱有文艺美化社会的旨趣的志愿者,对于这"美育代宗教"的主张,自寄与无限期待与同情。

在神权统治着整个人类社会的古旧世纪里,宗教权威透过了整个政治的阶层的教皇、僧侣的地位,被挤到社会阶级的最顶点,从历史上看,被视为人类心灵之主宰的基督教、佛教、回教等世界三大宗教,早已被认作政治上、教育上最有效的辅导中心,政治离不开宗教,教育也离不开宗教。

为什么宗教在政治与教育上占有这样重大的神圣的权威呢? 要了解这答案便要从宗教的本质和目的加以研究。

宗教的本质,根本上就离不了政治的作用,在马丁路德以前,下自平民大众上至诸侯、武士,乃至独立政府,都不许有"信教自由",当时的宗教,几乎就是视为一种思想的畴范,在思想没有自由的古旧制度里,自然信教是没有自由的。

但,教别无论如何分歧,宗教的目的共通所在点却是一致的。试看:初期流传在罗马,中世纪在欧洲,现代传到全世界的"基督教",她的教旨是什么? 就是"博爱"和"平等";同样,创立于亚剌伯而流传于亚洲西部及非洲北部的"回教",她的教旨,也不过是"平等"与"慈爱",并以战死沙场为荣;致于流传在印度、中国、日本、朝鲜的佛教,亦无非以"慈悲"及"众生平等"为教旨。综合来看,无论"博爱""平等""慈爱""慈悲"同是在人类黑暗的心灵中要求从根本发掘出"真""善"与"美"从而建造整个美的人类社会。

因此,宗教的宗旨,当然与政治,尤其教育是一致的,所以自中古世纪到现在数千年悠久历史过程中,宗教的地位,依然是握有不动的权威。这是政治上的要求,更是教育上的要求。

然而,宗教势力的发展,与科学原理的发现是处于反比例的角度的,科学的文明使宗教信念随之破灭,她把握人类的势力终有一天宣告消失,人类智慧的再出现,必然是宗教以外的范畴,而必然是随着科学的理性而展衍,所以蔡孑民先生主张"以美育代宗教"大概也是本于这观点而发,但其中心的理论,更当然承认"美育"比"宗教"在教育上有更高度的表现。

美育,概括可以分做绘画、音乐、戏剧、文艺等的部门,而文艺却是文学里最高度的美的表现,假如实施以美育代宗教时,则阐扬文艺实是美育最现实的要求。

戴季陶先生在民生主义的吃饭问题,穿衣问题,居住问题,交通问题以外,更加上"娱乐"问题,与"教育"问题,才完成整个民生的美满项目,这里所谓"娱乐"问题,当然不是指无益的消遣,而是指足以培育美的道德,足以养成美的人格的高尚艺术修养,民生的需要,依然是不能离开美的享受,社会有了美的建设,幸福的和平的秩序始可以期成。

文艺是最美的文学,她止像绘画一样,是文学里的造型艺术,因为他有美的型格,美的性灵,她含有社会教育意义的最大功能,所以我们的结论,是在美的教育中不能离开文艺。

美育的新估价　陈炳权[①]

十二月十三日在广州市立艺术专科学校演讲。

近几年来本人所参加集会,无论在什么场合,所唱的国歌,再没有像今天所听到的如此调和而有意思;高低激昂,从那音乐中充分表现出我们大中华民国的国魂,悠扬的音律,更在我平静的心坎生出很大的反响。由此本人联想到几年以前,在纽约参加"中国日"(China Day)的集会中,有一位美籍女歌唱家独唱我们的国歌,清歌一曲,打动了不少异国游子的心弦。当时我也不禁想念着正在烽烟弥漫中新生伟大的祖国,可见艺术是可以启发人类的灵性。今天本人应高校长之邀来向各位说几句话。刚才高先生说了许多奖勉的说话,其实本人对艺术简直是一个门外汉,一向没有多大研究。今日要来说的是"美育的新估价",只是外行人一种揣测与估计而已。对与否? 还请各位加以批评。

过去,本人在高师读书六年,所学的不外是国学与理化,那时推倒清末久,所学的是科学,更不谈什么艺术。民八年毕业出国,赴美研究政治、经济、银行和统计,那时因为半教书半读书的关系,根本对美育无法去研究。学生时期虽无时候研求美育,但本人对美育和艺术却有很浓厚的兴趣。民十三年返国,结束了学生生活而走进社会,开始感到在公余实在应有一时静养与调和情性的必要,于是利用公余时间聚合数艺术家作艺术的鉴赏与谈论。从此时起,无论在南京、在香港、在韶关,甚至后来又到了美国各地,都感到艺术在消极方面应竭力提倡,积极方面更要切合实际去做。(鼓掌)

关于美育的真实内容,举凡有声的音乐,有色的绘图与图案,具体的雕刻,抽象的文艺作品,占有空间的建筑,富有时间性的戏剧……都包括在这美育广阔范

---

① 《广州大学校刊》第 49/50 期,1949 年 1 月 1 日,第 12 页。题目下标"陈校长讲　赵永铨记"。

围内。

古时,我国之所谓"琴棋诗画"就蕴着深长美育的意思。孔子之所以佩剑及游于艺,文人之所以习画事,无非是在文学以外加以技艺的修养,也就是显示六艺的最高精神。外国把艺术(Art)内容扩展得更普遍而更广泛,可以说包罗万有。最显见我们可以从大学毕业的 B. A. 学位这名辞来看,无论你所读的是理工或是哲学一律授与 B. A. 学士位。而且美国之所谓通才教育,其内容除了社会科学、物质科学、生物科学之外,就是文学、美术、音乐、哲学等人文科学。美育差不多造成艺术普遍性的风气,更是大学一二年级的必修科。女子对美育在美国更盛行,普通一个中上学校的女学生,对于歌唱、图案、家政和烹饪等无不通晓。有一次本人曾到一所五百学生的女子大学去参观,内部每班十二人(不能超过此数),他们的课程在教授物理和社会等科学之外,必修习音乐、戏剧、雕刻、图案等技艺。举凡一切裁剪、图案、布置、帽式……一切不必他求。更有所谓仪表学——教人怎样涂脂和坐立的姿势,餐具定放位置,发型和对人说话或演讲时的声容和态度——这些本来都是我国固有的妇德、妇言、妇容、妇工之文化,可惜国人不加以研究,反为后起的西洋人赶上。

在下面本人要来估量出美育的本身价值和前途的几点意见:

(一)美育在教育上的价值——美国的通才教育,造成了每个受过中上教育的人,最低限度都能鉴赏艺术,由美感教育而完成其美德,陶冶其性灵,使工作疲劳以后更能得到很合适的调剂,更使精神上得到舒然的安慰。美育又能满足人类的好奇欲,以及达成真善美的寻求,再进一步更可以表现高超的理想与事实。举个例来说,我国宋朝科举有所谓画试题为"万绿丛中一点红",又如写山水,表示仰慕人之清高,画鹰虎像征当代英雄,白鸽指示和平,牡丹表示华贵,乌鸦比反哺……又有一次本人参观芝加哥美术院发现一幅题名为 *Little Help*(《小小的帮助》)的西洋画,画材是在狂风巨浪中一艘垂危的船,当中一位船夫正在拼命挣扎,在他的旁边一位小孩用双手给予小小的帮助;由此可见艺术是足以表现人类高超理想的写实。其次一国已成的艺术作品,更可以表示出该国文化水准程度的高下。从另一方面美育更能认识事物的特点与真理;普通人对事物的识别只能观察其大概与外表,但有了艺术修养的人,他可以从人物中发现其特性并认识其真理。年前李铁夫先生替本人绘相,他还要从手势表现出本人把握时机和坐言起行的个性。

(二)美育在实用上的价值——行政、经济、商业上对艺术的应用至为广大。政府组织系统图表,经济循环图表,和物价指数图表,在工商业方面有制造程序图,更之广告画及商标在工商业上生出更大的作用,往往因一幅动人的广告画可以收到营业上无比宏大的效果。从有形方面固如是,无形的亦如是。比方纽约市之高楼大厦某年有一业主新建三十层高楼乙幢,在旁另一业主要建六十层,该业主新建筑将因此而受到封闭光线莫大的影响,于是向后建之业主要求购买其三十层以上的空间,这是何等空洞。我估计艺术在实用上更能发挥比购买空间更大的空洞作用。

(三)艺术与科学的应用价值——艺术家实在是科学的先锋队。比方原子能之制造,先是发于科学家,例如爱因斯坦的理想,再加以精密的计数与绘图,推论到原子能分解的详细情况,后来由实验方获成功,把空前惨酷的战争结束。原子能之所以成功,首先科学家应具备艺术家高超的想像力,然后由图和数字推论。所以艺术在科学应用上,可以说是一个急先锋。此外艺术更能控制科学的应用,如炮之射程,鱼雷之放射,飞机之飞行,战时德国用来飞炸伦敦 V_1V_2 无人飞艇,以及若干年后可能实现的飞箭游月宫等,无不以图表示,按图索骥,把复杂的事实简化,增加了及集中了我们的理解和判断力,使科学能收更大的效果。

(四)如何争取国际地位——由于外人对艺术提倡得普遍化和精深研究,而我国几千年的文化古国却因忽视而落后。为文化,为和平,今后如何争取国际上的地位,实在是我国艺术界当前急务。在未谈论这问题之先,我们首先要清楚他人,跟着又能了解自己,然后才可以操胜券。

美国纽约、芝加哥、大埠各地美术院对中国古今名画、玉器、瓷器、六朝碑文,收藏甚丰,真伪什陈。单以舍路博物院所搜罗之中国古代玉器两房间,此外如龙门石像,敦煌壁画,动植物标本,风俗图画之陈列,每种瓷器更以精致图型表示和解释。美国人对中国艺术之观感多出于好奇心,各大学虽有中文系,远东政治经济问题,东方文化等,但美术院内却没有中画的课程。由于少机会研究的原故,对中国画能鉴赏和辨别美丑真伪的人甚少。

我国水彩画纸张用具成本低廉,而且容易夺目。我国具有数千年固有文化,前代和近代的文艺作品,北平宫殿式的建筑,为着文化与艺术,实应向外宣传。我国民族性好和平,主张静的修养更应把握时机,争取美国人喜欢中国画的趋向的大好机会,发扬我国艺术和平的精神。

我国画家先后到美国宣扬文化的,有张书旂、王济远、沈仪彬、王少陵、杨令茀、张坤仪、程及、劳洁灵诸先生。大抵他们在美宣传的方式——对外国人则即席挥毫,聘请通译员在场解释,画材多是花卉鸟兽,五颜六色,均能迎合外人美育的心理。其次则刊印作品,贺年咭,四幅头,小屏风之类,以及瓷器及绘图。对当地华侨与艺术学社多取联络,然后公开展览,定价拍卖,这样往往可以得到满意的收获。

至于今后如何宣扬，我国艺术的途径与方法呢？以本人的见解首先要从本身做起，国内各大学应设立艺术科并设置奖学金，吸引外国学生。如果可能的话，政府更应积极把国立艺专之类机构扩大，造就更多人才。消极方面应竭力提倡，使美育成为生活中主要部份和普遍通俗化。第二步工作就要刊印画报附以外文说明，把中国的固有文化和艺术特质尽量向国外介绍。（例如从前所刊之《真相画报》和《故宫特刊》，可以向美国各国推销。）经过一番纸面宣传外，还要由各派类的艺术家，由政府或大学或私人介绍亲到美国去宣扬。事先只须做好英语基础，旅费还是次要的问题。（由中往美舟车费约美钞一千元，每月居留费用三百至四百，全年约计五千元。）

归纳起来说中国并非缺乏人才，也并非没有能干的人，问题只在各位肯干与不肯干。所以今后美育的新价值和今后我国艺术在国际上的地位如何，盼望各位继承前辈未竟之志，后浪推前浪，把我国的艺术与文化发扬光大。

今天所说的完全是一种估价，估价当然往往与实际理论有些差异，请各位站在艺术岗位上以"内行人"的资格对这门外汉今天这番话加以指正和批评。

美育实践

各学校附设美育园之先声①

学校本教育乐地,学龄儿童多视为苦境者,缺美育故也。日前教育司长饬各校附设美育园一处,足以启活泼之天机,长博物之知识,服劳卫生,两有裨益。欢欣鼓舞观感之速,莫此为甚。现已拟决办法如下:(甲)面积以一亩至四亩为度。(丙)②设置植物,分土地、盆盂栽殖。(丁)建筑以简单朴实为主,不事华丽云。

教育部注重美感教育③

教育部近以小学各教科中,惟国文、手工、图画、音乐四科,与美育至有关系,而各省小学于此项科目,概未注重,殊为小学教育之缺点。爰于日前通咨各省民政长云,据本部视学杨乃康等呈称:"窃查各种教科,关系美育者,惟图画、音乐、文学三者为最紧要。外此如手工一科,非但与美的陶冶,至有关系,且能养成实用之能力。近查各省所有小学校,往往藉口于小学校令第十一条第二项及第十二条第二项所规定,擅将手工等课缺去。其有是项功课之校,亦不过徒具虚名,用饰观瞻。按诸实际,宁能悉当? 至于国文一门,教者应不患无人,惟于教育原

---

① 《大共和日报》,1913年11月6日第7版,原文无标点。又载《教育杂志》第5卷第9号,1913年12月10日,第76页,原文为句读,题为《山西教育司通饬各学校附设美育园》;《通俗教育杂志》第5期,1914年4月15日,第5页,原文无标点,题为《山西教育司通饬各学校附设美育园》。

② 原文漏"(乙)"。

③ 《中华教育界》第15号,1914年3月15日,第1—2页,原文为句读。

理,鲜有研究,教授方法,多不适宜,于教育前途,至为阻碍。且以美感缺乏之故,至国民道德,亦因是堕落。可否请通咨各省酌量情形,培植此项教员等情。"查国文、手工、图画、音乐四科目,教育上之位置,至为重要。故本部于师范学校规程、中学校施行规则、小学校令内,均列为必修科目。虽小学校令第十一条第二项载:"遇有不得已时,可暂缺手工、图画、唱歌之一科目或数科目。"第十二条第二项载:"遇有不得已时,手工、唱歌,亦得暂缺。"此原为有特别困难情形者而设,匪可任意汰去,致多缺陷。嗣后各小学校务宜设法加课,以期完全。即遇有万不得已之时,亦须呈明监督官署得其许可。推究各学校缺去此类学科之原因,固由于前项规定,多所误会,而教员缺乏,实其一大原因。该视学等拟请培植此项教员一节,洵属急务。除养成师范及中学校此项教员,应由国立高等师范学校酌量情形设专修科外,其小学校所需者,自不能不仰求于师范学校。应饬所属各校对于此项学科,宜与他科切实讲求,毋得稍有偏歧。其国文一科,尤属根本之学,切宜注重。倘遇此项教员缺乏时,可附设讲习科,招取国文夙有根底者,授以教育学术及其他需要科目,俾造成完善之师资,以应目前之急需。阐扬国粹,发达美感,教育前途,实深殷望。相应咨请贵民政长查照办理可也。此咨。

育美音乐会简章①

国乐之不振久矣!高者和寡,艳者导淫,而雅乐遂乏人研究。比年东瀛传习列于教科,国人始重视之。孰知于戏剧尤有密切之关系,是以闻哀怨噍杀之音而忧思作,听忠勇严庄之奏而肃敬生。可见声音之道,感于听觉,人人至深,究非彩色之仅仅悦目者可比。故开发美感,莫音乐若也。矧乎涵养德性,效用尤宏。他如节悲戚之感,祛恐怖之思,遏情欲而平忿怒,音乐之力,皆足以致之。古昔征人思乡,壮士从军,恒藉是以摅其怀抱,良有以也。今者西国医院,且用是以治颠痫之疾,使和悦其心志,而镇静其神经,其为效也彰彰。要之,以优美歌词,和平乐曲,更唱迭奏,则性情自然怡适,美哉乐乎!声调之高下抑扬,与夫刚柔温和之旨相感召,有若是者。故曰生于人心,通于伦理,其于德性,岂曰小补行见。改革风化,振刷末俗,揆诸社会教育之旨,诚不相僣偄也。谨订简章,群相遵守,凡我同志,盍兴乎来。

---

① 《时事新报》,1914年4月29日、30日第12版,原文无标点。又载《申报》,1914年5月1日第17版,原文无标点。《生活日报》,1914年4月16日第12版,原文从"一 命名"至"十七 附则"。

一、命名。本会系上海新剧同人公同设立，命名育美音乐会。取义廓清尘俗，灌输文明，感化微妙，冀人人心情雅正，快乐纯美，发展天然乐趣。

二、宗旨。本会以陶冶德性，涵育美感，补助新剧，改良社会为宗旨。

三、资格。本会会员须具有普通学识、体质强健、品行端正之新剧同志，经三人以上之介绍者得入会。

四、入会。凡欲入本会者，须亲自填明志愿书，并遵守本会宗旨及一切规则。

五、赞助员。凡精于音乐、卓有声望之士，能尽力指导，热心教授，慨助经费于本会者，当推为赞助员。

六、定额。暂定三十名，俟后再行推广。

七、经费。新入会应缴入会费一元，常费按月一元。如能特别捐助者，尤所欢迎。

八、时间。每日下午三时至五时为练习时间，逢星期六及曜日休息。

九、职员。本会应设正副会长一员，会计、书记各一员，编撰、庶务、交际各二员。以上职员皆不支薪水，由会员公举，半年一任，均得重举连任。

十、会务。本会会务计分下列六种，由本会职员随时酌量兴办，并兼办关于音乐之各种事务，如跳舞、游戏等。

一设立音乐学校，二采集中国书报，三研究技艺法术，四附设各种有益游戏品，五编撰歌曲印行，六添置各国种种乐具，七仿造外国乐器。

十一、规约。凡本会承认为会员者，皆当遵守下列之各项规定以维会务。

(子)不得为不名誉事。(丑)不得违背公议之办法。(寅)不得将歌曲版权私自出卖或翻印。(卯)本会同志宜互相亲爱，不可乖气相争，野蛮举动。(辰)练习时当按照规定时间，不得无故不到，惟确有要事者不在此例。(巳)会中乐器用具系公共之物，不可故意毁坏，倘有损伤等情，必须照价赔偿。(午)卤莽、暴躁、凶横等恶性情宜改革，以养成良好习惯。(未)赌博嗜好、骄奢等不道德事宜戒绝，以造就高尚人格。(申)会员有对于本会之优劣得失，务希通函于会长，书明意见，俾得随时改良，以求美育之进步，不可口出市井种种谰言。

十二、研究。现聘定专科琴师邹华民先生为教员[①]，专以研究乐理、中西琴歌，俟办有成效，再谋扩充而加入他种乐器。

十三、乐科。音乐之种类，自音乐演奏之组织上观之，分为二部：全用人声者曰声乐，其用乐器者曰器乐。中西器乐之名称通常分为弦乐器、管乐器、击乐器、键乐器四种。现试办键乐器一种，为剧场乐、舞蹈乐等。

---

① 载《生活日报》时，此处为"现聘定龙门师范专科琴师邹华民先生为教员"。

十四、利益。(甲)本会会员各团体均有,倘能时常到会,互相谈论于新剧,智识大有补助,且能联络感情。(乙)肄习乐科可以免费。(丙)日报十余种,书籍数十种,供会员浏览。(丁)各国种种乐具数十种备会员研究。(戊)附设各种有益游戏品可以消遣。(己)期满考试得相当之成绩者,给予毕业文凭。(庚)可免各种无益闲费且得增进学识。

十五、会所。暂设英界贵州路新剧公会①。

十六、问讯处。如有通信问事者,请于每晚八时半至南京路惜阴公会与黄镜君接洽。

十七、附则。此系暂定简章,如有未妥之处,得随时公议修改,以求完善。

发起人②:徐半梅、高砚芸、沈心工、王培元、孙漱石、许啸天、龚啸恨、凌影怜、朱双云、周瘦鹃、毕知耻、陈警心、黄苦心、成惜侬、丁悚、周剑云。

参观惠泥美育馆记③

吾邑出品以丝茧、米麦为大宗,然皆属于天产之原料,犹未脱农业时代之生活状况。其能加以人工者,厥惟丝纱及碾米等厂,而丝纱仅能缫而不能织,犹属半工料品,尚未能称为完全工业也。其能称为完全工业者则有织布厂,而物品之稍精良者,其原料又多取给予外国,所出货物因机器之不同,远逊于舶来品,未能稍塞漏卮。故谓吾邑尚未入工业时代,无不可也。乃近日有一事,足为吾邑工艺界发一光彩者,则惠泥美术馆是。惠山泥货,固吾邑出品之一,然墨守旧法,物品简陋,仅可为小儿之玩耍品。即为玩耍品,犹为日本品所夺。崇安寺正月内之地摊,举眼一望皆舶来品,而惠山泥人竟不能分其片席。此所以日人之输入吾国者,耍货亦为大宗,而吾邑乃以固有之工艺品且不能与抗衡。言念及此,可胜浩叹。徐君志斌有鉴于此,于是遂有惠泥美育馆之设,将从前之工艺一一改良,暂假崇安寺第一国民学校陈列。记者昨日亦往参观,兹将其优美之点,笔述之如下。

从前惠山泥人,大抵以戏剧为最工细,然身体之支配,分寸之比较,皆不讲求,徒以彩色演染眩人目精,毫不能引起观者之兴味,其他更无论焉。今该馆所制中外故事,皆采择历史及伦理教科书中故实,制为形像,开相上色,务求神情毕肖,不以涂泽为工。观者兴味盎然,附以说明书,非特能发人尤美术之思想,足动

① 载《生活日报》时,此处为"暂设英界广西路中国红十字会医院旧址启民新剧社内"。
② 载《申报》时,发起人人员相同,顺序有所不同。载《生活日报》时,无"发起人"。
③ 《无锡日报》,1916年2月9日第5—6版、2月10日第6版。原文无标点。

人道德之观感，将来裨益社会，决匪浅鲜。其余如社会职业状况、动植物之模型，虽未能奕奕生动，较之在往昔已有霄壤之判。若再加以研究，不难如画龙之点睛也。所惜者现在技师不多，出品未能迅速，各处采办者多，颇有应接不暇之势。所望该馆能厚集资本，多养成制作之技师，俾出品迅捷，名目繁多，更能精益求精，于形式上无丝毫遗憾。则将来惠泥美育馆所出货物，必能占出品之一部分，而行销各处，更开发吾邑之一种富源，可预卜也。

惠泥美育馆志闻①

惠泥美育馆，系改良泥人制成教育品为宗旨。自去秋徐珠永君发起后，经学界赞成，所有出品素称精美。闻前日各股东开会，推朱君为总理。刻下又大加改良，外部贸易亦异常发达，如上海中华书局之通俗教育品，亦系该官承办云。

美术展览会之先声②

西门外图画美术学校创办七载，成效卓著，屡志本报。兹闻该校本七年来办理之成绩，于阳历七月六日始至十九日止，举行第一展览大会，刻正从事筹备。内容分校内生及函授生成绩两大部，每部分二十科，并有新旧教师如张聿光、刘海粟、沈伯尘、丁悚、江新、杨左匋、汪亚尘、王愍、陈洪钧诸画家手笔，兼同陈列，大小画品共约三千余帧。吾国美术，际此幼稚时代，得该校热忱提倡，开此空前之盛会，俾美感教育灌输社会，其影响所及，决非浅鲜。届时往观者，必极一时之盛云。

普及美育之公函③

西门图画美术学校，为普及美育起见，爰于今年秋季始业时增设学额以资造

---

① 《无锡商务日报》，1916 年 12 月 9 日第 2 版。原文无标点。

② 《神州日报》，1918 年 6 月 19 日第 12 版。又载《民国日报》，1918 年 6 月 19 日第 10 版。《时事新报》，1918 年 6 月 19 日第 11 版。《时报》1918 年 6 月 19 日第 10 版，《新闻报》，1918 年 6 月 19 日第 10 版，内容稍减。原文无标点。

③ 《民国日报》，1918 年 8 月 7 日第 10—11 版。又载《时报》1918 年 8 月 7 日第 10 版，《时事新报》1918 年 8 月 7 日第 10 版，《神州日报》1918 年 8 月 7 日第 11—12 版，均题为《美术学校普及美育之公函》；《申报》1918 年 8 月 7 日第 10 版，题为《美术学校之公函》；《美术》第 1 期，1918 年 10 月，第 31—32 页，题目之下有"录七年八月七日新申报载"。原文无标点。

就。昨闻该校致本省六十县市区教育会公函,并附招生通则,兹特录下:

　　谨启者,敝校于辛亥十一月筹集经费,就上海组织图画美术学校。七年以来,学生渐发达,历届毕业生或就职于各省中小学校,或游学于各国大学专门,或以图画美术事业单独生活于社会者,遐迩相望,均斐然有声。窃思美术各科同为新教育要纲,养成国民高尚人格,促进工艺优美知识,关系甚巨。东西各国成绩久著,而我国社会上需要亦复至亟。近今各种专门学业经次第设立,顾创立美术专门学校则阒焉无闻。敝校现虽开办数载,而招生手续未备,其在内地市乡各处恐未周知,以致全省之肄习美术学生尚无百分之一。夙仰贵会对于教育竭力提倡,为特奉上招生广告二张、章程五份请为宣布,俾有志美术者照章投考,得以来校肄业。将来我国美术发达,得与东西各国相衡,实赖贵会提倡之盛心。谨此奉达,即希议核办理,至纫公谊云云。

组织美术研究会缘起　刘海粟[①]

　　宇宙间一天然之美术馆也。造物设此天然之美术以孕育万汇,万汇又熔铸天然之美术,以应天演之竞争。是故含生负气之伦,均非美不适于生存,而于人为尤甚(如动物之毛羽,植物之花,必美丽其色;它如蛛网、蜂窝及鸟巢之组织构造,均含有美的意味)。人为万物之灵,美术思想尤为发达,呱呱堕地,即有天然之美感油然以生,其聪明才智者,恒利用天然之美以器物而象形。生存之竞争愈烈,美术思想亦愈发达。举世间事物,不论巨细,莫不由此美的观念,有以酝酿之而构成之。质而言之,事业外无美术,美术外无事业,但美术发达之程度,与人之知识以俱进。自古及今,事业之递迁递演,虽至于不可纪极,而夷考其实,只因美术进化之程度有精粗繁简之不同。鸿蒙之世,非无美也,茅茨土阶,美也,结绳画象,亦美也。洎乎后世,茅茨土阶易而为峻宇雕墙,结绳画象易而为文字书契,虽物犹是也,而美术已呈渐进之象。美术者,文化之枢机。文化进步之阶级,即美术进步之阶级也。物穷则变,所穷者美,所变者亦美也。美术之功用,小之关系于寻常日用,大之关系于国家民性。吾国美术,发达最早,惜数千年来学士大夫崇尚精神之美,而于实质之美缺焉不讲,驯至百业隳敝,民德不良,社会国家因之不振。今旷观世界各国,对于美育莫不研几深考,月异日新,其思想之缜密,学理

① 《申报》,1918 年 9 月 23 日第 11 版,原文无标点。又载《北京大学日刊》第 221 号,1918 年 10 月 7 日,第 4—5 版,题为《江苏省教育会组织美术研究会缘起》,原文为句读。《美术》第 1 期,1918 年 10 月,第 33—35 页,题为《江苏省教育会组织美术研究会缘起》,原文为句读。

之深邃,艺事之精进,积而久之,蔚为物质之文明,潜势所被,骎骎乎夺世界美术而有之。返观吾国,则拘泥如故,舁陋如故,若不亟求改进,恐数千年之文化,数百兆之华胄,将随此世界美术潮流而沦胥以亡。兴言及此,能不慨然! 人生斯世,皆有振兴学术之责任。好美之心,尤所同具。吾人有此感觉,宜乘此将亡未亡之际,师欧美诸国之良规,挽吾国美术之厄运,截长补短,亟起直追,责在吾人,义无旁贷。虽近年以来,吾国美术一端,学校既列为专科,私家亦渐多研习,美育已渐见萌芽。然学校教授,或有学非所用之嫌,私人著述,又有闭门造车之弊。况美术之为类既繁且广,美术之为学既深且博,即曰从事研究矣,如何而适于实用? 如何而播之社会? 均非集多数之专门家、经验家于一室而研究之不可。用是草拟简章,组织斯会,征求同志,互事研求,藉为集思广益之方,冀收促进改良之效。曾经本会干事员会议决施行,爰述缘起,敢作嘤求,尚祈海内同志,热忱匡赞,幸甚幸甚!

发起人刘海粟,赞成人黄炎培、沈恩孚、庄俞、贾丰臻、顾树森、范祥善、卢寿篯。

江苏省教育会美术研究会草章[①]

一、定名　江苏省教育会美术研究会。

二、宗旨　研究美术各科学理,力图美育发达为宗旨。

三、会所　江苏省教育会。

四、会员　分两种。(甲)特别会员　凡学识宏博经验丰富赞助本会者为特别会员。(乙)通常会员　不以江苏省教育会会员及本省人为限,须有下列各项资格者:一向系研究美术各科者;一现任图画手工科教员者;一曾任图画手工科教员者。

五、会费　免纳,遇特别费用时另行临时集募。

六、会务　本会对于美术研究范围分类如下。(甲)讲演资料　一绘画,二工艺美术,三手工雕塑,四图案及建筑。(乙)调查事项　一关于各地美术学校及专修科,一关于各地美术展览会及研究会,一关于各种美术杂志及图画报。(丙)编辑　刊行美术杂志,发挥美术智识,牖启一般国民美感思想。(丁)开设展览会　奖励优秀美术人才,鼓导国民审美观念。(戊)征求意见　征求会员意见以供研究参考。(己)通信研究　会员有关于美术之疑问可随时函致本会,除就所知

---

① 《申报》,1918年9月23日第11版。又载《北京大学日刊》第221号,1918年10月7日,第5版。《美术》第1期,1918年10月,第35—37页。

详复外并可汇集各种疑问请美术专家莅会演讲。(庚)介绍参观　凡有志美术者可由本会介绍参观美术学校及中等以上学校美术专修科。

七、会期　大会每年一次,讲演会临时召集,职员会每月一次。

八、职员及职务　本会设会长一人、副会长一人、评议员十二人、调查干事四人、编辑十二人、书记二人、会计一人、庶务一人。每年大会时由会员公举之,连举连任。(甲)会长　总理会务。(乙)副会长　协助会长总理会务。(丙)评议员　议决会中各项事务。(丁)调查干事　执行本会简章第六条第二款调查事项及报告。(戊)编辑　编辑研究资料。(己)书记　分任文件之收发写印。(庚)会计　管理经济出纳。

九、以上各条,如有必须增损之处,得随时由职员会议修改。

专科师范学校近讯①

专科师范学校自黄家阙路校舍竣工后,该校主事吴梦非、刘质平、丰子恺等从事筹备不遗余力。顷闻该校图画、音乐、手工三科均拟设特别教室,仿用最新式之装置。全校均以美感的设施为基础,期为吾国实施美感教育之模范云。

神州女校之美育　益滋②

北四川路为男女学校渊薮,行抵闸北,有北魏体大书"神州女学"四字额,高揭里阁,盖张墨君女士之手笔也。左转不数武,即于路北短篱园绕间,望见神州女校之广场。场后嗣校舍,分前后室为两进。第一进平列成一行者,自右而左,为图画专科、中学科、国文专科各生受课之室,其最左者,职员办事室也。第二进为图画预科及小学各班讲座,而各女生之寄宿其内者,大抵皆楼居。别由张侠魂女士任监学之职云。校长一席,在兹默君女士衔命渡太平洋调查教育之时期中,由同校教务长、婺源江君既表兼任。校中用款每年开支,虽□□□□□,□□□□□□度适当,所不敷者亦只一千余元。以此凭藉之微,得此较优良之成绩,虽云聂云台、黎黄陂、赵竹君、陈□澜、马素、蒋作宾、谢无量等十三人热心资助之功。而办学者与任教授者之苦心经营,似其所致良果,亦有不堪泯没者在

---

① 《时事新报》,1919 年 8 月 6 日第 12 版。原文无标点。
② 《时报》,1919 年 9 月 18 日第 13 版。原文为句读。

也。同校成绩之最足令人满意者,厥为一"美"字。图画专科固为美术,而同时设立之国文专科,亦处处从"美"字着想。图画分正科、预科两班,预科期以半年,正科则暂定两年毕业,视其成绩,斐然可观。预科中授棱角、透视、设色诸法,又如人之全体,其各部均有一定比例,亦为中国画家所必知之要点。今午黑板所指示者,即此义也。正科中有丁素贞女士及吴女士者,所成画稿,在美国寻常画院曾习图画两年者,其美妙亦不能与之相悬殊。课室中所陈列,惟石膏像颇不易致,尚待逐渐添设。其各生习用之木质画架,均由校雇匠自制,颇觉坚实耐用。即此一端,已知中国习画,取材处确视美国为廉。中国古文明,本于世界美术史上占有重要位置,若能发挥而光大之,则此后中国女子有志为美术家者,正不妨先于本国之名女校熟习深造,而后远涉重洋,为短期间之见习,则其省费省力处,视彼专程出洋习美术,事前毫无根柢者,当不可以道里计矣。更有进者,一国之大,无论何种学术,其可尊崇可宝贵之人物,必求其能发挥己国之特质,然后能渐为世界所推重。数典忘祖之举,非知识浅薄者必不出此,此一定不易之公例也。是校所授美术最可贵者,兼有中国画为之张本也。美术科主任浙籍杨君清馨所编图案讲义之第一章,即举种种花名鸟名,示人以中国习惯上原有之表征,如莲喻清洁,牡丹喻富贵,鸳喻友情,燕喻欢乐,杜鹃喻愁苦,皆足以表中国之固有特质诚思想界富有价值之新著作也。洪野君之透视,丁悚君之人物,刘海粟之画学,均为西门图画专修校之重要学科,而三君者,又皆兼任两校教务。神州一校,洵不愧为女界中图画专修科之首屈一指者矣。此外用器画法,由兼办越东纹制社之严涤尘君任之,中国画一科,则由无锡华瑶女士专授。华女士能诗善画,文质斐然,与刺绣科女教授华瑾女士为姊妹行,时人对之,方叹为女子教育界中之二美,诚难得也。而同校之美术科,为他校之所弗逮者,尚不仅上述诸端而已。若唐诗,若金石学,若小学,若书法、新闻学等,又有叶小凤及汤郭诸文学家分任教授云。

图画美术学校提倡美育大会记[①]

上海担任美术教育诸画家,近发起"天马会",提倡新时代之美育,特于昨日(九月二十八日)下午二时,假座西门方斜路源寿里一号图画美术学校,举行成立大会。到者凡数十人,以美术界居最多数,如张聿光、郑曼陀、谈杜宇辈悉与焉,

---

[①]《申报》,1919 年 9 月 29 日第 10 版。原文无标点。

次为学界,如神州女校、第二师范诸校,莫不踊跃赴会。会徽圆形,金地青文,以大方砖为之,上镌"飞马",似从古碑摹刻,远望作深碧色,如彼旷代铜鼎,纹彩异常精雅。天马四周皆小篆,上署成立会年月日,右旁署发起人丁悚、杨清磬、江可珣、陈国良、刘雅农、张邕诸君姓氏,左旁署(丁悚定名江新制图张邕琢饰)等字一行,下方横书为"天马会"译文"Pegasus Society"。盖因西文中之天马,在希腊神话中乃亚普罗(司文学美术之神)、玛施(司音乐之神)二神之爱马也。在中国文学史如汉元鼎《天马歌》,亦尝脍炙人口者。众宾既集,首由丁悚致欢迎词,有"诸君冒雨莅会之精神,为同人等所钦幸"等语。次由江新君演述宗旨,谓美术一道,以公众言,可阐扬一国文化,以个人言,可表示一己之本能及天真也。汉画西画原理本同,所不同者为人民之精神与习惯。本会发起人皆由西画入手,今设此会,期略变文人派之中国画,从而发挥光大,俾有裨于工艺实用云云。次杨清磬君宣读章程,其研究方法分五门:(一)国粹画之写生、写意及图案;(二)西洋画铅炭、油彩各科之写实法;(三)图案画之建筑、织物、器具装饰;(四)雕塑之金石、石刻与塑造;(五)工艺美术之木工、金工、印刷、漆器、陶器、刺绣、摄影等。常会每月一次,会员资格颇严。新会员以第一人得介绍入会者为刘海粟,此后会员应以每年春秋两季美术展览会中成绩较优诸作家当选云。刘海粟君所言,深得美育原理,举其荦荦大者,如云"人之爱美本乎天性,故美术教育最足激发人之良心,而助其去伪存诚";如云"美术家必须各有其特性,方足见长,故西法对物实写,远胜中国之摹绘他人旧稿";如云"人体白描法,在西方为最高尚纯洁之表象物,因人体曲线最多,物之美者,曲线恒多"等语,皆妙论也。

中华美育会草章[①]

第一章　总纲

第一条　定名　本会为中华民国美育界诸同志会集之机关,定名曰中华美育会。

第二条　宗旨　本会以提倡美感教育完全国民道德为宗旨。

第三条　组织　本会由中华民国之国民从事美育者共同组织之。

第二章　会员

第四条　会员区别　本会会员分两种:(一)普通会员　凡赞成本会宗旨者

---

① 《神州日报》,1919 年 10 月 13 日第 10 版。

不问男女皆得入会为普通会员;(二)责任会员　凡赞成本会宗旨并有扶助本会之能力者皆得入会为责任会员。

第五条　会员义务　各会员均有始终维持本会之义务。

第六条　会员权利　各会员均得享受选举权及本会各种出版物赠予权,又有对于本会应兴革事宜之提议权。

第三章　会务

第七条　编辑杂志　本会每月出版机关杂志《美育》一册,凡关于美育界应行调查、应行改革及会中一切事项,均于杂志上发表之。至编辑事宜,另组《美育》杂志社而专司之,细则另订。会员每人赠送《美育》杂志一册。

第八条　革新教授　本会会员得集合二十人以上,组织关于美育各科教授研究会,互相研究,以图教授之革新。要目如次:一、图画教授研究会;一、音乐教授研究会;一、手工教授研究会。其他关于美育之科目,随时增设。各科教授研究会约,另订之。

第九条　出版书籍　各会员如欲共同著作关于美育之书籍,得以本会名义量力出版之。

第四章　职员

第十条　会长　本会设正会长一人,副会长一人,均于每年开大会时由各会员互选之。唯在外埠同志路远不能到会,得预先函告本会,由本会发选举票,通函选举之。

第十一条　办事员　本会办事职员暂设书记一人,会计一人,干事二人,均由会长就便委托。

第五章　集会

第十二条　常年大会　定每年暑假中举行一次,日期由会长酌定后,先期通告。

第十三条　临时会　无定期。临时发生事故由会长召集举行①。

第六章　会规

第十四条　职员任务　本会职员任务如次:会长　总揽会务;副会长　协理会务;书记　司文牍及腾写事务;会计　执掌收支款目;干事　干会中一切行动事宜兼司庶务。

第十五条　职员任期　以一年为限,连选得连任。

---

① 原文漏"行"字。

第十六条　会员通守规则　各会员应守下列规则：一、会员入会后须有始终服务美育界之决心；一、会员所在地或所到地之美育状况须随时调查报告；一、会员如有玷污本会名誉之举动,本会得宣布除名；一、会员于开会、大会时须佩本会徽章出席(徽章于入会时发给)。

第七章　经费

第十七条　入会费　普通会员每人征收一元,于入会时缴纳。

第十八条　常年费　普通会员每人每年征收二元。规定每年五月间交纳。责任会员每人每月征收三元(规划详《美育》杂志社细则)。

第八章　附则

第十九条　修改章程　本会章程有未臻完善处,各会员得于开大会时提议修改。

第二十条　会址　总会所设在上海尚文门外黄家阙路。(一)经费　美育会责任会员之常年费全数充作本社经费,唯保管及收支仍由美育会会计负责。(一)规划　社员月费本为补助印刷之用,唯俟营业发达,即可停止征收。日后经费开支后如积有多数,拟在上海办一艺术教育用品社,自制美育上之用品,以资提倡。至社员累月缴纳之款即改作股份,按年发息,并得商由总编辑提还。(一)附则　社章未完备处得随时修改。

组织中华美育会初志[①]

上海专科师范及爱国女学教职员,鉴吾国艺术教育界之沉寂,爰联络全国学校之同志,发起组织中华美育会,期竭力鼓吹美育,追随世界最近之潮流。顷悉该会章程早已议定,拟每月刊行美育杂志一册,已于前月从事筹备,颇得蔡子民诸位先生之赞助,兹将各学校发起人姓名照录如次：姜丹书(浙江第一师范),周莲塘(山东齐鲁大学及第一师范),周玲荪(南京高等师范),刘海粟(上海图画美术学校),蔡小毅(福建第一师范),金梦畴(浙江第一师范),陈摩(江苏第一师范),张拱璧(北京高等师范附属中学),陈蒙(北京大学),虞肇州(浙江第七师范),胡寄尘、萧退公、刘质平、郭伯宽、丰子顗、傅彦长、吴梦非等(上海专科师范及爱国女学),此外闻尚有陆续加入云。

<hr>

[①]《时报》,1919年11月19日第9版。又载《时事新报》,1919年11月19日第10版；《神州日报》,1919年11月19日第11版；《申报》,1919年11月19日第10版,题为《组织中华美育会》。原文无标点。

组织中华美育会之发起①

上海专科师范及爱国女学教职员,鉴于吾国艺术教育界之沉寂,爰联络全国学校同志,发起组织中华美育会。会章早已议定,并拟每月刊行美育杂志一册,已于前月从事筹备云。

创刊美育杂志②

上海专科师范暨爱国女学教职员,联合全国美育界同志,发起组织中华美育会一节,屡志本报。兹悉该会组织,已渐就绪,深得蔡子民诸位先生之赞助。现已组成美育杂志社,按月发刊美育杂志,并已举定吴梦非君为总编辑,周湘君为图画编辑主任,刘质平君为音乐编辑主任,姜丹书君为手工编辑主任,欧阳予倩君为文艺编辑主任。第一期杂志,闻定于阴历二月底出版云。

本志宣言　本社同人③

现在中华民国的气象,比较"五四运动"以前,觉得有点儿生色了。一辈已经觉悟的同胞,今天在这儿唱"新文化运动",明天在那儿唱"新文化运动"。究竟这个运动,是不是少数人能够做得到吗? 我想起来必定要多数人合拢来,像古人说的"铜山西崩洛钟东应"去共同研究发挥,才能觳得到美满的结果。

我们美育界的同志,为了这个缘故,所以想趁着新潮流,尽力来发展我们的事业,你道我们的事业是什么呢? 就是"艺术教育的运动"。这个运动的基础,就在"学校教育"和"社会教育"的里面。

我国人最缺乏的就是"美的思想",所以对于"艺术"的观念,也非常的薄弱。现在因为新文化运动的呼声,一天高似一天,所以这个"艺术"问题,亦慢慢儿有人来研究他,并且也有人来解决他了。我们美育界的同志,就想趁这个时机,用

---

① 《时报》"教育周刊",1919 年 11 月 24 日第 13 版,原文为句读。
② 《时事新报》,1920 年 3 月 28 日第 10 版,原文为句读。又载《时报》,1920 年 3 月 28 日第 10 版,题为《中华美育会近讯》,原文无标点。《民国日报》,1920 年 3 月 28 日第 11 版,题为《中华美育会发行月刊》,原文为句读。
③ 《美育》第 1 期,1920 年 4 月 20 日,第 1—2 页。

"艺术教育"来建设一个"新人生观",并且想救济一般烦闷的青年,改革主智的教育,还要希望用美来代替神秘主义的宗教。

我们美育界的同志,公认"美"是人生一种究竟的目的,"美育"是新时代必需尽力去做的一件事,所以会集全国的同志,创设一个中华美育会,发刊这一种杂志。区区的意思,无非想艺术教育,有个大大的发展就是了。现在这本杂志诞生以前,恐怕有人怀疑他的内容,所以要写了几句简括的宣言:

本志是我国美育界同志公开的言论机关。亦就是鼓吹艺术教育,改造枯寂的学校和社会,使各人都能够得到美的享乐之一种利器。

中华美育会组织的经过　记者①

中华美育会从去年由上海专科师范和爱国女学的教职员发起以来,陆续接到南京高等师范,北京大学,北京高等师范,山东齐鲁大学、第一师范、第三中学,浙江第一师范、女子师范、第二师范、第七师范,福建第一师范、第十一中学,江西第一师范、第二中学,上海美术学校,中华美术学校,南通伶工学校,江苏第一师范、第二师范、第二工业,上海城东女学,东亚体育学校,南洋女子师范等校教职员来函加入,已有会员数百人,定于本年暑假里面开大会时选举职员。先由责任会员组织一个美育杂志社,每月出版这一种杂志作为言论机关,现在把美育杂志社的选举职员情形照录在下面。

美育杂志社共有社员三十二人,这一次用通函投票法选举职员,除了李竞明、吕徵、余琦、王怡四君的票没有接到以外,把各人的票统写出来:

总编辑:吕徵一票,刘质平一票,吴梦非二十一票,萧退公二票,姜丹书二票。

图画编辑主任:刘海粟六票,周湘十九票,吴梦非一票,李鸿梁一票,丰子顗四票,周莲塘一票。

音乐编辑主任:周玲荪一票,刘质平十七票,孙续丞三票,傅彦长三票,陈仲子一票,吴梦非一票,金梦畴一票。

手工编辑主任:姜丹书十九票,郭伯宽六票,蔡耀煌一票,何明斋一票。

文艺编辑主任:吕徵二票,欧阳予倩十五票,胡寄尘六票,萧退公二票,周玲荪一票,丰子顗一票。

当选者如下——

总编辑:吴梦非。

---

① 《美育》第1期,1920年4月20日,第78—81页。原文无标点。

图画编辑主任:周湘。
音乐编辑主任:刘质平。
手工编辑主任:姜丹书。
文艺编辑主任:欧阳予倩。

中华美育会近闻①

中华美育会为提倡美育起见,定于本年暑假中,借上海专科师范学校开第一次图画音乐讲习会,以备会员之往听(概不收费),非会员须纳费,男女兼收。各科讲师由办事主任吴梦非君分别聘请外,兼聘北京女子高等师范教师吕凤子君,南京高等师范教师周玲荪君,及南京支那内学院编纂吕秋逸诸先生,于课外讲演关于美育之一切要项云云。

福建美育界新闻②

闽省省立第一师范学校,五月十一日上午开图画展览会,该校图画主任是何肖阊先生。先生毕业于日本美术学校,是闽中西洋画家巨擘,担任师校教授已经多年,所以该校图画成绩素来为闽中各校冠。这天所排成绩,大概是该校校友会图画研究部出品,总分为五室。中间一室是写生室,写生室里头排画架二十几个,中央间排石膏半身模型,画架上木炭画多数写生了一半。其余四室都是成绩陈列室,其中水彩画、油画、木炭画、擦笔画、色笔画、铅笔画、图案画,各种都有,大半是写生的。水彩、擦笔画两种,尤有可观。毕业生存校成绩里头,林铎、叶鸿宝二君最占优胜,学生成绩以林鹏、黄慎甫、林凤岐、陈有纲诸君最占优胜,得图画研究部奖状及奖章者共有十多人。这一天来宾济济,颇见热闹。

上海专科师范学校美育概况　夏朴③

上海专科师范学校专以研究艺术教育为宗旨,自创办以来各省向学者颇形踊跃,

---

① 《时报》,1920 年 6 月 24 日第 10 版,原文无标点。又载《时事新报》,1920 年 6 月 25 日第 10 版,题为《美育会将开图画音乐讲习会》,原文为句读。
② 《美育》第 3 期,1920 年 6 月,第 91 页。原文无标点。
③ 《美育》第 3 期,1920 年 6 月,第 95—98 页,原文无标点。又载《时事新报·学灯》,1920 年 8 月 19 日第 13 版,作者"朴"。

现有高等师范科及普通师范科两级共三班。兹将其美育概况分条约略述之如次。

一、图画教授之现况

该校图画分西洋画、中国画二种。西洋画以写生为主，新生进校后，则授铅笔写生，俟稍有把握则加授木炭写生。木炭画为该校唯一之基本练习，学生咸重视之。水彩、油画等规定于第二学年授之。此外有几何图法及图案，几何图普通科自平面教起，高等科自立体教起。图案均系学生自出意匠，绝对不许抄袭。中国画初则用临摹，此后亦拟逐渐加入写生云。现任图画教师共七人：

李超士君（西洋画），丰子顗君（西洋画），周隐盦君（中国画），高晓山君（中国画），李鸿梁君（西洋画），郭伯宽君（西洋画），吴梦非君（西洋画）。

二、音乐教授之现况

该校音乐分乐理、声乐、器乐三大部。各部新生进校后，必授以五线谱，乐理甚注重。现有学生除熟谱本谱外，已能作曲。声乐以专唱音程（基本练习）之时间居多，闻亦选唱名家之歌曲及中小学校唱歌教材等。器乐分洋琴（Piano）、风琴（Organ）二种，可以自由认定学习，凡阿林（Violin）则于课外授之。现有学生已有能弹奏 Beethoven 之 Sonata 者。现任音乐教师共六人：

刘质平君（乐理器乐），孙绩丞君（声乐），傅彦长君（声乐），彭凡子君（器乐），李鸿梁君（声乐），吴梦非君（声乐）。

三、手工教授之现况

该校手工，对于纸细工等颇思废止。新生进校后，即授黏土工及竹工，逐渐加授木金工等。教材方面除趋重实用外，均带美术工艺之性质。现有学生颇知劳动之趣味，亦有终日勤工者。此科教授由手工教育家郭伯宽君独任之。

四、文学教授之现况

文学与美育有密切关系，故该校亦颇注重。其内容以教授诗词等美文为主，并授国语及小学等课。现在学生大都能作诗歌。现任教师二人：（一）胡寄尘君任诗词等；（二）萧蜕公君任小学国语等。

五、外国语教授之用意

该校之外国语向有英语、日语二种，本以养成学生能看外国书报为目的。因吾国关于艺术教育之书籍实可谓无一善本，势非参考外国书不可。现该校再欲添设法语科，任学生认习一种或二种，拟即选浅近艺术书类为读本云。现任教师二人：（一）沈韫芳女士任英语；（二）丰子顗君任日语。

六、课外研究会之组织

该校于本学期起减少授课时间，于课外任学生组织各项研究会（另有规程）。

各会均有导师及干事主持一切。会名规定如下。

风景画研究会、漫画研究会、国画研究会、图案研究会、弹琴研究会、风琴研究会、唱歌研究会、作曲研究会、凡阿林研究会、篆刻研究会、国乐研究会、玩具研究会、美术工艺研究会、诗词研究会、书法研究会、新剧研究会、外国语研究会、国语研究会等,以上所举有成立者亦有未成立者。

七、设备上之计划

该校各主科均设特别教室。图画教室概用画架,写生标本以石膏模型为主。现有之模型均系西洋之名雕刻,尚拟陆续添置。手工教室现只有竹木工教室(黏土工兼用),课桌系特制。金工教室闻即须设备。音乐教室洋琴、风琴、凡阿林均完备,黑板画五线,课桌系单座。其他一切设备闻将逐渐扩充,以期完善云。

中华美育会第一次夏季图画音乐讲习会简章①

一、宗旨 利用夏假鼓吹美育,期于短时间内传布图画音乐之智识技能。

二、时期 阳历八月一号至二十九号(阴历六月十七日至七月十六日)。

三、科目

(一)图画科分理论、写生、图案三项;

(二)音乐科分理论、唱歌、器乐(洋琴、风琴任选)三项。

四、课外讲演 正课外另聘名人讲演,题目以关于美育者为限。

五、授课时间 每日午前七时至十一时,共授课四小时,课程表另订,日曜停授。

六、职员及讲师 办事主任吴梦非君,女职员杨詹练女士,讲师孙读丞、傅彦长、李鸿梁、丰子颐诸君,课外讲师已定者为北京女子高等师范教师吕凤子君、南京高等师范教师周玲荪君、南京支那内学院编纂吕秋逸诸君。

七、学费 会员一律免收,非会员习一科者收三元,全习者收五元。(习洋琴者外加琴费一元。)

八、膳宿费 无论会员、非会员,各收七元。

九、杂费 无论会员、非会员,住宿、不住宿,概收一元

以上诸费规定于报名时缴纳。

十、会员 不论男女,凡有志图画、音乐者皆得入会。

十一、寄宿舍 会员宿舍分二处:男会员住专科师范;女会员住城东女学。

---

① 《美育》第 3 期,1920 年 6 月,第 102 页。又载《时事新报》,1920 年 7 月 4 日第 10 版。

十二、课业用品 自备或由会中代备均可。（如须代备须预缴费一元，会毕结算，有余发还，不足补缴。）

十三、报名期 欲入会者须预先报名，七月三十一日截止。

十四、听讲券 本会接到报名单后即将听讲券寄上，出席时凭券入场。

十五、会址 小西门外黄家阙路专科师范学校。

十六、附则 未尽事宜临时通告。

美育革新之先声①

上海美术学校暑期讲习会，已于昨日开始授课。到会学员，三十余人，其中有女生六人，以师范学校、中学教员居多。所以该会教授主旨，崇尚绘画基本知识上之研究，使一般学员研究归去，对于各种图画，均能实行基本的革新，以冀他日为改革我国美育之先声云。

组织音乐研究会②

梅白格路师范女子中学教员仲子通君，因鉴于社会风化之恶劣，拟提倡美感教育，引起个人之兴趣，得以陶冶品性，谋影响社会道德起见，特自本学期起，组织一音乐研究会。无论男女各界，如有志研究音乐者，均可入会。并为便利研究起见，其传习时间定在每星期一、四晚七时半至八时半，及星期日上午九时至十一时。会中科目如声乐（歌曲类）、键乐（钢琴、风琴等类）、管乐（笛、箫、喇叭等类）、弦乐（凡亚铃、孟特铃等类）、击乐（首阶钟、三角钟、大小鼓等类）、乐理等种种，可任学者自选一科或两科练习。现正在筹备一切，闻俟该校开课后，亦将开始教授。凡有志研究音乐者，可往该校报名云。

专师教师赴东考察美育③

上海专科师范教师丰子恺君，对于西洋画甚有研究，向与日本名画家三宅克己、大野隆德等相友善。近丰君因该氏等之催促，决赴东京，再事研究，顺便考察

① 《神州日报》，1920 年 7 月 27 日第 11 版。原文为句读。
② 《时事新报》，1921 年 2 月 20 日第 9 版。原文为句读。
③ 《时报》，1921 年 3 月 17 日第 10 版。原文为句读。

该国之美育。行期闻定初十日左右云。

我校美育的概况　丁健北[①]

　　我校自民国六年成立以来,学校的设置,也是一时不能完备的。又因为款项,很难筹备,对于校舍咧,物理仪器咧,皆不能购置。虽不完备,然亦不防碍学生的求学,为学生的,也非常的原谅校中的苦衷。校中的美术的制作,因校长杨师,及美育教师蔡季农先生,皆热心提倡,所以学生对于美育,也非常的注意。以图画而论,铅笔画概系临画,水彩画半临画半写生。到夏天时候,花木皆有,令学生赴校园内,任意写生。所写的如月季花,金枣花,绒线花,画的很有好的,较之临画,即可以破除那倚赖的恶习,且可以增长审美的感情。木炭画就是画世界的名人,或自己任意选择均可,也有画的很不错的,也有不行的。至于那图案画,令学生自己出样,并不拘泥画帖,所出的模样,也有非常好的。还有油画,校中已将油购妥,尚未从事学习。这是图画的一方面。那手工一方面,所作的厚纸工也有很华美的,然不免有恶劣的。木工的制作品,或作凳子,或作书架,或作信箱……都很实用。所以口北各县高小学校,凡来参观的,皆买点手工成绩,以为标本。竹工作有像片架,非常的实用。其余如小勺,小钗,蜻蜓……概属玩品,不甚适用。通草工作有牡丹花,牵牛花……颇为美丽,并且可以卖给他人。粘土工作有树皮式或花瓶,各式古花瓶……;有窑一,预备烧那些粘土,烧出后,加以彩色,亦颇古雅。其余有废纸制果,即用学校废弃之纸张,将原型用水湿之,将纸贴二三层,后再用糊性物,层层粘之。梨桃等可二十层,西瓜,南瓜,茄子……可糊四十余层,后再用净纸裱之,晒干后,加以彩色即可。所制之果品,往往不如蜡工之美观,固为蜡工有光泽之故。蜡工用洋粉制成模型,再制与原有相同之果品,其所作之物品,如柿子,苹果,桃,梨,葫芦,葡萄,杏,橘,藕,莲蓬,瓜,玉蜀黍……新鲜可爱,在远处看他,与真的一样。石膏工之制作甚简单,亦不如蜡工之好看。其余如豆细工……尚未学习。"音乐"一部分,无甚成绩,现已学进行曲,乃日本之所制者,也是极有兴味的。不过在直隶省,且在口北道,对于美育,也有这样的成绩,总算是不错。以后如有什么别的事项,下次咱们再谈吧。此乃是直隶宣化第五师范学校的样子,校内手工图画的好坏,看了这篇文字,便可了然。

[①]《美育》第 6 期,1921 年 7 月,第 92—93 页,目录中题为《直隶第五师范美育一斑》,"丁健北"疑为"丁健壮"之误。因此文又载《校友杂志》(直隶第五师范学校)第 1 期,1922 年 9 月,第 17—18 页。题名下标"民国九年作",姓名署:"第一级本科三年生丁健壮"。两文基本相同。

最近一月中的美育运动（节选）①

中华教育改进社年会中美育组之提案

请拨庚子赔款为实施美育的经费

上海美术专门学校募金建校舍

外国学者提倡建设上海美术科学博物院

七月四日，中华教育改进社年会中之美育组开会，到会者有蔡元培、武绍程、钱稻孙、高鸿缙、郑锦、陈衡恪、刘海粟诸君，将上海美术专门学校校长刘海粟，北京美术学校校长郑锦，北京美术学校教员武绍程，所提三案，合并为一案通过，以学校美育为第一条，美术院为第二条，美术展览会为第三条，同时梁任公又提议拟于退回赔款中拨出一部分经费实施美育，亦全体通过。此项议决案，如能次第见诸施行，实吾国美术发达史上一极可注意之事，兹将四君原案节录于后，以供热心倡导美育者之研究。

（一）武绍程君原案

议案主文

普通美育：以造成普通国民具有美的鉴赏与制造之兴味为目的。

办法

（1）小学及中学修身教科书，加入关于美育之材料（按照美之次第由量形而进于自然），须占是科四分之一，以便与德育及智育体育平均发达。

（2）师范科及高级中学科，加入美育科目。

（3）中小学设备及行政，以美育为主要目的之一。

a. 设备校舍，校具，用品等，力求除去美的障碍。如教科书登载发告之类。

b. 行政由旧式整理清洁消极的美，进而为积极的美。如关于美育之训话奖励及展览会者，宜随时举行之。

议案主文

专门美育：以造成专门人材，增进美的制造，以供国民之赏鉴为目的。

办法

（1）扩充美术专门学校。

a. 增加原有美术学校内容：于图画，手工之外，增加音乐，雕刻等班次。

---

① 《中华教育界》第11卷第12期，1922年7月1日，第1—8页。

b. 各省筹办美术学校。

（2）工业学校增加美学及美术科目，为通习必修科。

上两主案理由之说明：

我国美术发达，河洛图书，虞廷韶舞，远在世界各国之先。然而古学沦沉，礼失而求诸野。记有古代美术，传之海外，近且由海外反之故土，共相惊为神奇，此一弊也。其有古代美术，流传失真，近且误入歧途者。如堪舆之术，本系美术之一种，后世竟视为吉凶悔吝之神秘术，而风水之迷信以生，此又一弊也。综此两弊，俱足为文化之障碍。而溯厥由来，实际于国民未受普通教育，无进化的审美程度所由致。今日学者，常说提倡美术代替宗教，实则美育普及，迷信自破，无所谓宗教，自无所用其为代替也。普及美育之法，不外两端：一普通美育；一专门美育。

普通美育，应当注重中小学。查中小学有修身一科，实则各种科目，皆在修身范围之内，亦犹之美感不能独立，必寄托于其他事物以表现其美也。加美育材料于修身科内，以为教材，即不啻寓美育于各种科目之中，此其办法一。小学既重美育，师范为小学储备师资，当然加入美学为主要科目。中学加入美学一科，无论其升学或服务社会，皆有美感之兴味，而冀其实现，此其办法二。至于中小学既经决定以美育为主要目的，则设备行政必为达此目的之手段，第三办法无容述。

专门美育，为美育之自身问题。查我国美术教育正在萌芽，不但学校数目仅止北京及上海两处，而北京美术学校虽系国立，然为国家经费所限制，亦不能扩充班次，他更无论矣。今为扩充美术专门学校计，故有办法 ab 两项。又查美术非工业不能宣传，工业非美术不能发达。往者工业学校注重实用，对于美术不甚注意，今宜矫正斯弊。工业学校加入美学一科，或于工业学校附设美术班次，以力求美术与工业之联络，而促其共同发展，此实施专门美育之一法也。上述关于美育之主案与办法，是否有当，谨候

公决提议。

（二）郑锦君原案节录

议案主文

欲求美育普及，急宜设美术院。

具体办法

（1）其组织法略如学校，设总司理一名（名称另定），由政府委任之（此机关

宜归教育部直辖,部章原有办理美术馆、美术展览会之规定),总司一切事务。择一公有之房屋,作为院址,定名为美术院。购买中西画片,陈列于其中,使国人观摩,以养成美的思想,所费少,而收效大,其利一。

(2) 聘美术家数名,其长于理论者,名曰编述员,司编纂美术杂志,及巡回讲演之事。对内以资鼓吹,对外以发扬国光。其长于技术者,专司绘事,其成绩概归院有,与画片一齐陈列,或分陈于各公共机关(全国学校、议院、图书馆、公署等)。

(3) 随时或定期征集各地之出品,开巡回展览会于各省之都会,以其最佳者,院中收买之,并聘其人为技术员;次者奖以相当之品物,以扬其名誉。

(4) 技术员中之技术之最高者,使赴欧美各国,模写彼国之名画,以为成绩品。画者可受壮游之利益,国家亦得有价值之美术品。如上所举四条:政府既竭力提倡,民间必乐于从顺,相互并行,指日可成功,何愁美育不普及文化工业不发达乎! 故吾谓事半功倍,得以少许之金钱,成极大之事业也。

(三) 刘海粟君原案

议案主文

请政府增设国立美术展览会

理由

我国美术,若绘画,若雕塑,六朝还甚盛;作者本游戏动机为之,未尝知其用足以表时代思想若民族特性,充其极,足以扬国光端俗好也。国之贤达,亦藐其术曰小道小技,未尝悉其用;或有遇于所谓经世道术,无不及也。以故其盛也,表现作者天才,若主观情意,不期与现代风行象征主义之艺术相类似;然卒以鲜具体的系统的研究,其用不彰,日渐衰落,是亦可憾也。今国人研习西方美术者又渐盛,于焉仿法国沙隆办法,勔教部岁集国内美术新作品,若绘画,若雕塑,于国都及海上开展览会各一次,俾国人学者,有以知我国美术形式内容与西方美术孰美备,而竭其心思,纯其造诣。国人观者有以发其情,养其趣,正其好尚。他国人观者,亦有觇我国文化之程度,为正当之批评。其事盖至要且切也。昔日本固以我国唐画及佛教造象为彼国粹者也;维新而后,兼习西方美术。明治四十年,文部省定每岁开美术展览会各一次于东京京都,于是作家辈出,今且俨然以东方美术自炫于世。取证非远,我国美术,将由展览会显著,厥用大光于世,固意中事也。他日更由展览会进而成立民国美术院于国都或海上,则我国国都或海上将为东方美术中枢,比诸现代西方之巴黎,又谁曰不可!

办法

民国美术展览会章程草案(下略)

(四) 梁任公原案

议案主文

提议于退回赔款中拨出一部分经费实施美育案。

理由及实施计划

(理由)我国现在教育学者知美育之重要,亟提倡之,惜鲜研究及实施机关,空言果有何效。兹述启超对于美育实施计划,并拟于退回庚子赔款项内为最低度之请求,拨出建设费三百万元,每年经常费一百万元,充实施经费,即请公决。(甲)中央建设国立美术馆一所,搜集国内外古今美术作品陈列之,常年经费三十万元,开办费二百五十万元。(乙)增设国立美术学校若干所,常年费总额一百万元,开办费五十万元。(丙)择优奖励私立美术学校,给予补助金常年费总额五十万元。(丁)每年派研究有素之美术学者二十名赴欧美日本考察,常年费总额限十万元。(戊)每年派国内美术学校毕业学生十名,赴欧洲各国美术学校留学,常年费总额十万元,总计建设费三百万元,常年费一百万元。此项计划,以施行六年为限,第七年以后另定云。

正在这个时候,更有上海美术专门学校筹建校舍,而上海方面又有博物学家索和亚摆爱氏,提倡设立美术科学博物院,同时联太平洋会书记费柏氏,更起而和之,兹将美专募金启及索费两氏之意见汇录于后,亦美育运动之一斑也。

上海美术专门学校筹建校舍募金委员会募金启

美术之肇端远矣,荒古先民,粗知石器之用,既已盛行雕画,后人益孳孳为之,久而弥切,若匪其事终不足以全生存。以是国家文化,若民族特性,一一著见其间。方今欧美列邦,人民与政府,莫不以急务视之,竞相提倡研求,以成其蔚然大观,非无故也。在我国独异是:六朝以还,造象绘事,法非不善,唐宋政治,奖励艺林,事非不盛;乃数百年来,每况愈下,降及今时,其不绝殆如缕。又自晚近,欧风东渐,言西方美术者日增,而多持皮相之见,尚传会之谈,影响模糊,益复难道,推原其故,虽非一端,然无较完备之教育机关,养成专长之士,致力阐扬,不可谓非主因也。本校深感及此,乃当民国初元,草创于海上,十载之间,几经兴革,规模既稍稍备,成效既稍稍著,来学者亦日益众,顾无特设校舍,而设备不得不迁就者犹如故,本校深恐以是遂不获竟展其初图,以尽力于我国文化也。爰谋自筑校舍,期于永久,辄获赵君菊椒经募上海徐家汇左近基地二十亩。复由工程师陈君计划校舍,预算经费需十万元,数虽非巨,力弱如本校者,固所不胜,谨具募捐及酬谢方法若干条,以闻于邦人君子,其有赞同本校之宗旨者,遂能助成其事乎?不禁为我国美术前途祈祷以求也。

募金简则(略)

(a) 星报记载

博物学家索和亚摆爱氏,今日午后在联华俱乐部中循环俱乐部演说,主张沪地应设一美术科学博物院,请众协力经营,达此目的。索氏谓此博物院当保存生物学标本,并当用为美术品陈列所,且当另辟一部分,设供公共参考之图书馆。以上海幅员而论,在世界中,可谓唯一之大城,乃公众不能享此利便。亚洲文会之事业,固驰誉全球,但为私人团体,无此巨款,兴办此必要之举。索氏又述及在华所发见之植物学、动物学各种奇异之标本,谓中国曾以各种花果供献西半球,华人早弃游牧生活,而习农事,故精于园艺,所培植之野生草木,其种类以数千计,中国尤富于动物,有史以前之禽兽,今犹能觅见之,中国之野雉,种类较世界各处独多,近年来此禽由冰舱运往外洋者,不胜计数,扬子流域,几无噍类云云。

(b) 大陆报投函

联太平洋会书记费柏氏投函大陆报云,日前索和亚摆爱氏,在循环俱乐部中主张沪地应设美术科学博物院之提议,谅必为本埠关心公众事业之市民所注意。吾人身处世界美术及自然科学史上蕴藏最富国家之门户,日见上古所贻磁器、鼎彝、书画等无价宝物流出重洋,以益异国,而返顾内地,则各种珍禽异兽,尤有迅将绝迹之虞,坐视而不为之所,无储藏之室,以保存美术品及稀有之动植物标本,驯至大半人民,年复一年,毫无中国美术品与夫内地所有珍禽异兽之智识,而每岁观光来华之游客,不下数千人,亦皆茫然于此邦之宝藏,良可慨也。沪上好古家虽多,如康有为、唐绍仪辈,家藏至富,然不能供外人之浏览,即至友亦多不获一见。苟得一设备完密地址适宜之博物院,有妥人为之保管,谅若辈亦未尝不允借出,供众人之评鉴。是吾人出至少之费,即可得至有价值之宝物而赏玩之,且视经济之情形,谋永久之增加,以故鄙意以为设立一永久性质之博物院委员会,势已无可再缓,宜举沪上著名绅商深于斯道,而能得各方信任,易于募款者十二三人,任为委员,规划此事。敝会对于创设委员会一举,素有此志,徒以缺乏领袖之人,未克实行,然于委员录中固已有美术博物院一项,而于火奴鲁鲁且设有美术馆及商业博物园,为该埠之巨观,谅上海必能踵美于后,或竟更盛于该埠,亦未可知。阅报诸君,倘有闻风兴起,召集会议,规划斯事,则鄙人所乐闻也。

全国教育家在济南干了些什么？美育组议决案三件　　伏庐①

（蔡元培主席）

（一、刘海粟君提议设立美术展览会案，二、郑锦君提议设立国家美术馆案，三、吴新吾君提议学校应有美育的设备案，合并以上三案，改为一二两案。）

一、固定的，设立美术馆。

二、每年定期的，设定春秋二季美术展览会。

三、梁任公君提议在退还庚子赔款中提取五百万作为国家的美育设备经费案。

（通过）

中华武术会组成音乐团②

南市中华武术会，素以发抒道德锻炼体魄为主。该会美育系鉴于国乐亦为涵养德性之要具，故于月前音乐团业已成立，入团习练者颇不乏人。兹聘请周君石僧主教丝竹，昨晚已开始上课，学习者有金炳生、张彦祖、程伊耕等二十余人。由是心身交养益臻完美矣。

分组会议纪录：第十三美育组（节选）③

（一）请政府增设国立美术展览会　　刘海粟

（二）欲求美育普及宜设美术院　　郑锦

（三）普通美育以造成普通国民具有美的赏鉴与制造之兴味为目的　　武绍程

美育组纪事

七月四日午后二时，美育组在本会事务所二十二号开会。本组会员及旁听

---

① 《晨报》，1922年7月25日第5版。1922年7月3日至8日，中华教育改进社在山东济南召开第一次年会。

② 《申报》，1922年10月25日第15版。原文为句读。

③ 《新教育》第5卷第3期"第一次年会报告号"，1922年10月30日，第513—516页。此为中华教育改进社第一次年会"美育组"分组会议记录。

员李景纲,雷家骏,蔡元培,武绍程,钱稻孙,高鸿缙,郑锦,陈衡恪,同时出席。首由书记武绍程报告第一次开会结果。推举蔡子民先生为正主席。当时因蔡先生未到,故未继续讨论案件。今日蔡先生到会,即请就主席职,开议案讨论会。蔡先生就席发言,照分组讨论议案手续,本应先付审查员审查,惟本组会员不多,又所提议案亦只四件;为省略手续起见,即以今日出席人同为审查员,并将议决案件作为二读通过。

众赞成,遂开始审查。

第一件,上海美术学校校长刘海粟请政府增设国立美术展览会议案,在议案册四十六页。主席提议主文当然成立;内附章程草案似亦妥当。可否通过。高鸿缙动议应修改。陈衡恪说章程乃政府实行增设时之事,此时尚提议不到。武绍程附议。陈说主席说既如此,我们将主文通过成立,至于提案内容,俟各案审查完结后,再推举人修改。众赞成,通过。

第二件,北京美术学校校长郑锦欲求美育普及,急宜设美术院议案,在一三一页。首由郑校长说明提案办法,计分四项,而尤重第一项美术院之组织与陈列。高鸿缙问陈列中西画片,一切书法与雕刻之美者可否陈列?郑答包括在内。武绍程主张画片改为美术品。主席提议本案主文成立,内容照第一件再修改。众赞成,通过。

第三件,北京美术学校代表武绍程提议,普通及专门美育,在一三四页。首由武绍程报告,前在学校内曾开一议案预备会,本案系根据该会多数意见。惟提议办法,多有不尽妥当之处,请主席赴大会讨论。陈衡恪说,美学原系哲学中之一部分;教育中讲美育,只好讲艺术之美,就算够了。钱稻孙说,若讲艺术之美,我国中小学校刻下亦难讲及。试观德国人不独学生都晓美观,就是普通社会中人,冠履服装整齐,到处多有照镜。人人有各自审美之机会。回观我国,无论普通人与学生无审美知识,就是学生用器如教科书,登载广告之类,办学人亦多不知有碍美育,美术又何从说起。主席说此时讲美育,本系困难。但美育在教育中又极重要。原案主文及各办法,亦具有条理。但于普通美育专门美育之前,宜加以学校美育以总括之,作为第一案。郑校长之美术院,作为第二案。刘校长之美术展览会作为第三案。若合并为一案:则学校美育为第一条;美术院为第二条;美术展览会为第三条。大众赞成通过。次高鸿缙、雷家骏同提议推举修改议案人,主席提出陈衡恪、钱稻孙二人会同修改上所通过三案。付众议表决通过。

最后第四件,名誉董事梁启超同郑锦、刘海粟提议,拟于退回赔款中,拨出一部分经费,实施美育案。此案系临时提出,未经载入议案册内。主议报告后,将原稿传观。全体一致赞成通过。主席依议签名,原稿后付印。旋报告审查议案完毕,并声明议案修改后,由副主席报告大会。由大会印刷分寄本组到会诸人。遂宣告散会。书记武绍程纪录。

普及教育奖进美术建议案

谈教育者,必曰德育,智育,体育;然此三者,无不寓以美育在其中。盖美之精神,不外纯洁高尚。其形于外者,为优雅,为整齐,为调和,为统一,为有条理,为充实而有光辉:所谓德智体三者,其能外此而为事耶?凡于一事一物一言一动,可以美为涵养性情整齐身心之具。故近日学者,以美育代宗教,则其神秘不可思议之处,可使人生信仰心,生欢喜心,一切烦恼卑污之念无由而起。于德育智育体育三者,有不可离之关系,而可助三者之精进。今日中国青年之道德,日趋于卑下。志趋日流于龌龊之境者,盖无高尚纯洁之美育为之涵养,为之引导故也。夫所谓美者,又非绚烂奢华之谓,无形之中,使有悠然自得之乐,而人生事业,由此发达,此其所以普通宜注重美育之理由也。

普通教育,于国民之美育,不能涵濡普遍,亦由于专门美术不能发达。两者互为因果,而专门美术固于美育大有关系,而提倡工业又为不可缺之技能。夫工业制造,固为科学之应用,若缺乏美术,不能为之辅导,则工业不能完成,而趣味不能优美。欧美工业之发达,无处不寓以美术之性质,徵诸我国古来工艺之品,其足以资兴感者,皆有美术之趣味;足徵国民思想之所寄,亦文明发达之所由表现者也。我国美术教育,正在萌芽,不但美术学校,寥寥可数,即北京国立之美术学校,亦为经费所限,内容不能扩充,其他更无论矣。今为扩充美术学校计,有以下 AB 两项之要求,而工业学校,不仅注重实质方面,宜兼注重美术以与之联络,俾工业制造于应用美术之处,随时足以启发,不致偏枯干燥无味。故于图案图画两科目为工业不可少之智识及技能,今为造就专门人材,于两种学校,皆宜注重,不可偏废之理由也。

普及美育造就专门人材,不仅囿于学校教育;而学校之外,尤宜设立美术院,以为群材之领袖,美术之渊薮,增造文化,发扬国光,不可缺此宏远之规画。我国美术发达,自古迄今,班班可考。固由于国民性质使然,亦由于提倡有人,故成绩因可表见。古者帝王崇尚美术,或蒐集名迹,或辟画院,延揽奖励美术家种种办法;帝王提倡于上,一般之社会承风于下,势力雄厚,人材蔚起,今日得睹古迹美术史上之有光荣者,皆由于尔时提倡奖励之功之所赐也。比者百余年以来,国家多故,此风几于湮没,巨匠名手,稀如晨星,识者为之兴叹。而外国人之考求东方美术者,无不慨想古昔之盛况,古迹之足珍,而近世以来风气消沉,不独不能发展,且有不能保存之势,为可惜也。欧美各国,对于美术,极意尊重美术人材,极力奖励美术馆画院等;国家不惜巨资,经营设备,吾国人之游历彼邦者,莫不艳羡称道之。且吾国古迹美术品,亦代为之保存,而吾国固有之文物,反弁髦视之,致使国民不能自数家珍,不知美术为何物,无乃太昧乎!美术院中,更宜设永久之陈列馆,蒐集海内之美术品,任国民纵观。古时为帝王之私有者,今则公诸民众,归美术院管理。省会地方,亦宜设置,不拘其数及大小,相机经营而扩充之,以资参考。而美术院中,延揽海内美术家,使之鉴定古今名迹,并随时制作或传摹美术品,以增长其学力,而古迹得以流传。(唐宋帝室除收集真迹外,多摹写副本。)且使长于论著者,从事编纂论说或讲演,以传播美术之智识,又收集近人作品,开定期、临时或巡回之展览会,品第其甲乙,以资奖励。如此使国民知美术之可贵,美术思想知识因以增进,而美术人材因以兴起。古来美术之渊源,系统或以不坠,否则因循坐废于盲昧之中,而国民美育之精神,不能启迪,美术其有望乎!此美术院不能不设之理由也。略述条例如下:

第一普通教育宜注重美育

(1) 修身礼仪,宜注重美的陶冶。

(2) 教科应多取养成美感之教材。

(3) 教科书宜注意美的体裁。

(4) 校舍教具及教室设备应雅洁整齐,以引起美感。

(5) 宜时时有美育上之训话及展览会等事。

(6) 师范及中等学校,宜授简略之美术史及美学大意。

第二造就专门人材

(1) 扩充美术专门学校。

(A) 美术学校于图画外,宜加雕塑、铸造等科。

(B) 国内增设美术学校。

(2) 工业学校增加图案、图画科。

第三设美术院

(1) 延揽美术家以任鉴定、制作、编纂之事。

(2) 设永久陈列馆罗列古今美术品。

(3) 收集近人作品,开定期、临时,及巡回展览会。

(下略)

北京美育社之发起①

▲提倡高尚娱乐　▲鼓吹社交公开

宋春舫等所发起之北京美育社,于日前下午九时假汪芝蔴胡同沈外次私邸开秋季歌舞大会。到会者有沈祖衡、沈觐宸、冯启镠、王家瑞、陈孙夫人、冯赵夫人等卅余人,来宾有熊秉三夫人、沈次长夫人、冯玉潜夫人、李石芝及夫人、刘健父及夫人、清室大臣张敬纯、冯千里及夫人、冯至海、周思忠、沈婉。

美育社定期演技助赈:北京之名门闺秀皆登台献技②

美育社自成立以来,极力提倡美育,实行社交公开,已志本报。日前举行冬季大会,于沈瑞麟私邸会场,点缀尽善尽美。中西来宾不下百余人,并有美国海军之乐队助兴。跳舞歌唱之盛,为交际场中所罕睹。来宾如颜惠庆、沈瑞麟及夫人、周自齐及夫人、唐在礼及夫人、冯玉祥及夫人等,至深夜始尽欢而散。兹闻该社为服务社会赈济贫民起见,已择定一月十八日晚,假真光剧场,由全体社员献技筹款助赈,所得券资,悉数移捐本京最可靠之各慈善机关散放,或自行分给贫民云。今探得其票价如下,包厢分三十元、二十元、七元三种。散座楼上三元,楼下则分三元、二元、一元三种。并闻是日有中国剧三出,各国滑稽剧一出,其他如娃娃舞、西班牙舞、登高舞、外国说白戏与各种音乐等项。该社社员悉系大家公子、名门闺秀,今为贫民募捐,诚为从来所未曾有,想慈善家既饱眼福,又行善举,届时定必以先睹为快也。

美育社之歌舞助振会　睿访③

▲救济贫民　表演者皆名门闺秀

北京美育社,成立于民国十一年春季四月,发起人为宋春舫、唐宝潮及其夫

---

① 《顺天时报》,1922年11月2日第7版。原文无标点。

② 《晨报》,1923年1月7日第7版。又载《顺天时报》,1923年1月7日第7版,原文无标点,题为《美育社定期演技助赈:冬季大会之盛况　北京贫民之福音》。两文文字略有不同。

③ 《时报》,1923年1月13日第13版。又载《北京大学日刊》第1157期,1923年1月17日第3版,作者未署,题为《北京美育社在真光剧院举行歌舞助赈》。《社会日报》,1923年1月20日第4版,题为《歌衫舞扇助赈灾:美育社之盛举》,作者未署。《顺天时报》,1923年1月20日第7版,原文无标点,作者未署,题为《前晚之美育社歌舞助赈大会》。文字有不同。

人等八人,宗旨提倡美育,实行社交公开。成立以来,士女加入者甚众。近因救济贫民起见,特发起歌舞助赈大会,已定本月十八号下午九时假真光大剧场举行。预定节目有:(一)音乐合奏;(二)钓金龟,傅君、叶君;(三)登高舞,熊小姐、陈夫人、宋春舫君、王汝玖君、冯启镠君、沈祖卫君;(四)起解,萧亮;(五)西班牙舞,黄大小姐、黄二小姐;(六)娃娃舞,萧亮、洛灵;(七)休息;(八)音乐合奏;(九)照相妙态(英语),熊小姐;(十)空城计,陈夫人、王君、叶君、冯君、傅君;(十一)琵琶独奏,王君;(十二)滑稽新剧趣舞,全体社员。票价特别包厢三十元,普通包厢二十元,二人包厢七元,楼上散座三元,楼下三元、二元、一元,所得券资悉数捐助贫民云。

立群女学现兼注重美育:广办音乐昆曲图画诸科[①]

立群女校,自迁入老垃圾桥北阿拉白司脱路新校舍后,扩充学额,认真教授,远近来学者,异常踊跃。除正项功课聘请专家教员担任外,且又注重美育。如音乐由现任南洋大学教授朱织云君担任;昆曲由粟社社员数人共同指导,现已能歌"小宴""游园"等五六折;其图画一科,西洋画、国画并重,现聘画家汪声远君教授,学生程度猛进,临写各种山水人物花卉,非常精美云。

美育社助赈大会收支报告[②]

正月十八日本社歌舞助赈大会收支报告清单

(甲)收入

戏券价洋二千一百七十一元六角正,戏单价洋六十九元四角,共洋二千二百四十一元正。

(乙)支出

十七日预演各项开支洋一百廿八元五角正;十八日各种开支洋一百五十三元三角七分:租真光剧场洋一百元正,装饰剧场费用洋十元〇七角正,杂费洋四元正,印刷戏票戏单洋二十六元二角正。共洋四百廿二元七角七分正,净存洋一千八百十八元二角三分正。

---

① 《申报》,1923年1月26日第18版。
② 《顺天时报》,1923年2月7日第7版,原文无标点。

（丙）赈款支配

（一）由善厅奖给现钱及米票于各区贫苦住户洋一千二百元；

（二）由本社社员于阴历年前直接放赈于各区最贫苦之居民洋三百十八元二〇三分；

（三）补助怀幼音乐学校洋一百元正；

（四）补助香山慈幼院附属贫民学校洋二百元正。

共计现洋一千八百十八元二角三分正。

美育社启

川东美育之发展①

重庆近年于美育一端，极为发达，各级学生，几无一人不习绘事、镌刻。其最著者惟绘事。上年重庆美术社成立，曾发刊《加尔吨》美术世界册子，极力提倡美育。现美术社诸人，如何聘九、卢幼鹤、万从木等，均分任各校图画教员，美术社务，渐觉沉寂。顷有贺锐在叙，将已手所绘开展览会，欲于川南方面提倡美育。闻友人在渝，曾函邀来渝，组织川东美术社云。又梁山有张梦禅者，上年留学东京，于高等美术专科毕业，回川旅渝。现就渝之陕西街，设一美术写真馆，招生传授写真各法，向学者甚多，现已实地教授。闻将此班教毕业后，并拟招女生一班，以期普及。俾青年有审美之观感，而免自困于烦闷之域云。

分组会议纪录：第二十五美育组（节选）②

（甲）原提案目录

主文

（一）小学及初级中学应重视图画及手工（提议者：郑锦）

（二）高级中学每省至少起首有美术或美术工艺两校，逐年增设一二校（提议者：郑锦）

（三）各省应专设美术品陈列馆（提议者：黄公觉）

（乙）会议纪要

---

① 《时事新报》，1923年9月18日第12版，原文为句读。

② 《新教育》第7卷第2、3期合刊"第二届年会报告号"，1923年10月15日，第269—272页。此为中华教育改进社第二届年会"美育组"分组会议记录。

本组自八月二十二日起至二十四日止,共开会议三次。兹将出席人名列下:

李荣培　郑锦　马实恒　汪亚尘　黄公觉　张鼎　刘海粟　董永森　杨白民　彭绍夔

主席:李荣培

书记:汪亚尘

议决通过案二件。保留案一件。

(丙)议决案汇录

(一)通过案二件

1. 小学及初级中学各种艺术科应与其他学科同样重视案(郑锦提议)

理由:

(1)艺术科在普通教育之教育的价值,不亚于传授知识之学科,因陶冶美感,锻练筋肉,训练观察,具体的发展思想养成勤劳的习惯,非赖艺术科之力不为功。而欲收艺术科之完全利益,不得不视其与其他学科同样重要。

(2)我国向来的教育,乃理智的教育,干枯无趣的教育,即因不注意艺术科之故。今欲使教育顾及情的方面,美的方面,与实行,则于小学及初级中学重视艺术科,实为至要。

(3)查欧美各先进国,或以工艺发达称,或以美术见长闻,其故即因于中小学重视艺术科。我国工艺美术不见发达进步,实因学校对于艺术科向不注意之故,今欲救其弊,惟有重视艺术科之一法。

(4)救济现在沉闷的,堕落的社会最重要之方法,即陶冶一般人之美术化的人生,而树此基础,即于小学及初级中学重视艺术科。

办法:

(1)艺术科钟点应比从前酌量增多。

(2)艺术科之设施应比从前完备。

(3)教法应引起学生对于艺术科之重视。

(4)教材形式方面与实质方面并重。

(5)对于艺术科教员之待遇应与对于其他学科教员之待遇同。

(6)艺术科教员应聘请艺术科专家充任。

2. 各省高级中学起首至少有美术或美术工艺科或学校两处续年增设案(郑锦提议)

美术之为用,至大且广。美感赖以陶冶,道德赖以促进。微美术,则社会难望成良好之社会，而人生亦难望成真正之人生矣。各先进国有鉴于斯，故对于美术教育一事，积极提倡，不遗余力。美术学校林立国中。吾人入其都市，观其生活，则见无处不有美意。而吾国则反是，对于美术一事，向不注意，美术学校至今寥寥。求所谓美术化之社会，美术化之人生，不亦难乎？今欲促进社会道德，陶冶人民美感，其势不得不扩张美术教育。吾人眼光所及，以为高级中学应有美术科或校或美术工艺科或校之设。今请言其理由。教育当适合个性之要求。在初级中学毕业之生徒当具选择职业之观念。倘其兴趣在从事美术，而强使其学理、工、农等科，则为戕贼其天性，大背教育原理。此高级中学应有美术科或校或美术工艺科或校之设一也。学术愈分，则文明愈进。曩昔中学仅有文实两科之分，迄今则细分为农、工、商、教育等科。美术一科自应加入，以示学术之进步。此高级中学应有美术科或校或美术工艺科或校之设二也。教育须从低级至高级，组成一种有系统之组织。如大学有理科，高级中学便须有理科，以为其准备。大学有文科，高级中学便有文科之设。今既有美术之高等教育矣，而无美术之中等教育以树其基，其可乎哉？此高级中校应有美术科或校或美术工艺科或校之设三也。美术学校应注意关于区域的制造业及手工业之应用，须以本地工业为美术学校功课之中心。换言之，美术学校须按地分配。此各省高级中学应有美术科或校或美术工艺科或校之设四也。美感之天性，乃人人所具有，非少数人所特有，故美术教育须注意多数人之需要。倘将美术视为少数人或专门家之事，则为贵族式之美术，而非美术平民化矣。今欲使美术平民化，使一般人有研究之机会，则不得不扩充之于中等教育。此高级中学应有美术科或校或美术工艺科或校之设五也。社会、家庭、建筑、制造、服饰、娱乐，消遣各方面，无不应用美术。少数美术专门家之力必不足恃，必须造就多数美术人才，始能应付一般的要求。此高级中校应有工艺科或校或美术工艺科或校之设六也。高级中学当设美术科或校之理由綦多，兹所述者特其荦荦大者耳。办法当先于各省高级中校设之。为设施利便起见，初时可设两校，续年增设一二校。如此，则美术教育可望进步，而社会文化可望发达矣。

（二）保留案一件

各省应专设美术品陈列馆（黄公觉提议，汪懋祖、张鼎附议）

理由：

（1）美术品是代表文化的品物，宜有一机关保存之，不应使其散失。

（2）美术品乃一般人所欲鉴赏者，宜有一公共场所将其陈列，以共众览。

（3）美感乃德育之基础。欲陶冶社会一般人之道德，当将美术品陈列于一定场所，供一般人参观，藉以引起高尚之心思，优美之情感。

（4）我国社会一般人，对于美术，向不注意，实缘当局不思提倡之方之故。提倡之方，宜搜集美术家之作品陈列之，使一般人称美。故设美术品陈列馆，实为提倡美术之最大助力。

办法：

（1）由各省教育厅筹办，馆须独立，地点须在省会适宜之处，馆之建筑，须合美的原则。

（2）陈设之品物：

（A）古人美术作品。

（B）今人美术作品，内中分学校美术成绩品，社会美术家美术作品。

（C）各种美术标本。

（附注）此案主文已通过，因时间不足，未能议及办法，故议决作保留案。

教育社改选美育主任①

中华教育改进社美育组委员会，正主任蔡孑民远游欧洲，副主任陈师曾，不幸物化。正副主任两席，改选结果，刘海粟以最多数当选为正主任，郑裒裳以次多数当选为副主任。刻已由该社正式通知刘郑两君，早日就任云。

中华教育改进社美育组征文论②

中华教育改进社美育委员会主任刘海粟，昨接北京总社来函云，本社章程第三条第五项"提倡教育之发展及学术之研究"一语，为本社精神所寄。本社现为完全贯彻是项精神起见，拟请各委员会主任敦请专家，撰著关于各该委③会之重要论文，于本年七月初第三次年会时，在分组会议发表，以期到会组员，益注意于

---

① 《时事新报》，1924 年 2 月 18 日第 12 版。原文为句读。

② 《新闻报》，1924 年 3 月 25 日第 3 版。又载《时事新报》，1924 年 3 月 25 日第 12 版，题为《中华教育改进社美育组征集论文》。
后可见此次征文共 3 篇：《艺术与生命表白》（刘海粟）、《艺术的社会化》（李毅士）、《艺术与社会》（汪亚尘），载《新教育》第 9 卷第 1、2 期合刊（南京年会论文专刊），1924 年 9 月 15 日，第 251—263 页。

③ 此处漏"员"字。

专门之研究,俾吾国学术,日趋进步。惟是项论文、研究既须精审,撰著颇费时间,若不从早预备,恐临时无人应征。用特函请先生即行遴选于美育最有研究之人,与之商定题目,请其撰为论文,于第三次年会时,在贵分组会议发表。年会时分组会议,约三次至四次,一分组中敦请撰著论文之人数,似以三人为适当。先生商请专家撰著论文时,敬请告知,俾得定为标准。附上委员会委员及志愿加入组员名单一份,至希察阅。先生敦请撰著关于美育论文之人定后,请将其人姓名及论文题目先行示知,是为至幸云。刘君接函后,已分别商请专家撰著论文,以便在年会时发表讨论矣。

美育学校近况①

北下乡东亭镇女子美育学校,系由吴月琴女士私资创办。其课程注重艺术方面,学生约有三十余名,年龄均在十五岁以上,对于功课俱能自勉。今春改聘许耀明女士为刺绣教员,尤能尽力教授,故成绩斐然可观。凡往该校参观者,莫不称赏云。

中华教育改进社第三届年会美育组会议纪事录②

引言/雷家骏

要描写目前中国的现状,只须用成语说的"疮痍满目"一句话,可以形容尽致;要武断地批评中国的现状,简直可以讲:凭一事可以建设。试想:在这一个时代,如此的中国,大声疾呼,提倡美育,更希望美育之普及,几何不同于痴人说梦!

这种语调太悲观了,这样观察太笼统了,如若拿沉静的头脑,考虑一下,这"疮痍满目"的原因在那里? 如此现状的症结在那里? 其中原因虽不一端;但是也可大胆地说:中国群众未曾受过美育的洗礼,要算是最大的主因。再浅明些讲:就是中国的人民,不曾得到美感教育的陶冶,一般人的生活,不能美化,以致演成目前的现象。

美育——美感教育——有多少意义呢? 有多大的价值? 有怎样的效能呢? 如若从头至尾叙述一番,真是一部二十四史不知从那里说起,而且离题太远了。回

---

① 《新无锡》,1924 年 5 月 22 日第 3 版。原文无标点。
② 《时事新报·艺术》第 60 期"中华教育改进社美育组会议号",1924 年 7 月 13 日,第 1—3 版。

转来说:我讲了许多的话,概括起来,就是要读者诸君明白中华教育改进社美育组关系之巨,在今日的中国,要从事美育的运动,是要希望这美育组之健康而伟大!

改进社诞生三周岁,美育组与他同年。改进社已有了很远大的建设了,美育组呢,还不过像酸秀才纸上谈兵。一届二届过去了,今年第三届,在南京开会,景象不同了,精神卓越了。读者如耐心地把这专号的全体,详看一遍,就可以知道美育组目前的状况,和将来的事业。我们不愿意夸张,因为夸张不容易得人家的同情;我们愿意牺牲少许的精神,动态而有恒心地提倡美育,救济其他教育主义的偏失,和治疗中国目前的病症。同志们!希望大家的合作!希望一切人的赞助,因为这不是少数人的事,也不是少数人做得了的事呀!

汪亚尘先生这一次也到会,他说这一次会议的精神,很有纪念的价值,叫我把会议的经过一切,借《时事新报·艺术》,发刊专号。我先说了许多噜嗦的话,惹得读者厌恶,我希望读者原谅!

十三年七月在南京

美育组七月四日第一次会议报告

会议地点:中二院三十五号

出席人数:三十八人

主席:刘海粟

书记:雷家骏

提议案总数:三

议决案总数:无

会议事项:

一、主席宣布分组会议议事规程。

二、宣读论文:刘海粟先生。

论文题:艺术科之教学(原拟艺术与人生,改今题)

论文内容:教育目的是完满人生,艺术科根据此目的而建设。新学制艺术科建设之历史,高级中学有设艺术科之必要。吾人当从事实际的艺术科教学之讨论。

三、订第二日议事日程。

宣读论文:李毅士先生。

讨论议案:高级中学必设艺术科案。

四、赔款建筑美术馆案及各省设省立美术馆案,请李荣培先生参考上两届年会议案以备讨论时发表意见。

美育组第二次会议报告

会议日期及地点：七月五日，中二院三十五号

出席人数：三十六人

主席：刘海粟

书记：雷家骏

提议案总数：一

议决案总数：一

临时动议案五则：

一、中小学校艺术科教学应取消编时编班制，改为课外自由作业案。提议人莫运选，附议人李文华、张辰伯、杨清磬。

二、中小学校图画科废止临摹案。提议人孙墡，附议人尹允怀、莫运选、钱际荣、熊连城。

三、建议教育行政机关添设艺术学科指导员案。提议人雷家骏，附议人周莲塘、熊连城、黄代国、李文华。

四、组织中小学校艺术科教学研究会案。提议人雷家骏，附议人杨清磬、刘天达。

五、编辑统一中国美术史案。提议人周莲塘，附议人孙墡、李文华、尹允怀、张孟处、李荣培、黄代国。

订第二日议事日程：

汪亚尘先生宣读论文。

讨论议案：

一、中小学校艺术科教学应取消编时编班制，改为课外自由作业案。

二、中小学校图画科废止临摹案。

李毅士先生宣读论文——艺术的社会化。

讨论高级中学必设艺术科案——由原提案人李文华口头说明理由，莫运选主张分二项讨论：（一）高级中学设艺术专修科；（二）高级中学应认艺术科为必修科。熊连城主张参考美国某附中以艺术科与文科、商科、理科同样看重，本组可以此为提案理由之一。李荣培主张由本组充分讨论，将此案建议于新学制委员会，使厘订标准时有所参考。周玲苏主张高中应设艺术专修科，因认为必修科实际上有难做到之处。主席发表意见，详加讨论组织委员会拟订办法，交新学制委员会，再由各方面提倡促其注意，务使高中必设艺术科。杨清磬主张高中不必认

艺术科为必修科,但在高中设专修科较为妥当而尤以初中加重艺术科分量立其基础为尤重要。张辰伯赞成周玲荪、杨清磬的主张。尹允怀发表意见谓高级中学设艺术必修科,感觉困难最多。讨论结果主席以两项付表决:(一)高中特设艺术科与文理等科并重;(二)认艺术为必修科。多数赞成第一项,此案通过成立,办法后日继续讨论。

六日星期休会一天。

<h2 style="text-align:center">美育组第三次会议纪事录</h2>

会议地点:中二院十五号

出席人数:三十五人

主席:刘海粟

书记:雷家骏

提议案总数:三

议决案总数:三

会议事项:

汪亚尘先生宣读论文——艺术与社会

主席推定周玲荪、李毅士、李文华、刘质平、阮叔平、俞寄凡、雷家骏七人组织委员会,办理高中添设艺术科案,尽七月二十五日以前草定办法,交改进社转知新学制委员会,期达实施的目的。

讨论议案:

一、中小学校艺术科教学应取消编时编班制,改为课外自由作业案。

先由原提案人口头说明理由及办法,继雷家骏君主张时机未成熟,各地因经济、人才的关系,实行困难且流弊甚多,本案无成立之必要。周玲荪君、李荣培君附议,亦有确切的说明。全体会员无异议,本案撤消。

二、中小学校图画科教学废止临摹案。

本案全体会员无异议,决议拟定办法四条:

1. 用文字发表临摹绘画之流弊。

2. 凡会员遇相当时机指导图画教员修正教法。

3. 由改进社通函全国教育机关促其注意。

4. 本届审查成绩遇取材临摹者加以纠正。

临时动议:

提议组织中华民国艺术协进社案。

提议人刘海粟,附议人汪亚尘、周玲荪、李毅士、李荣培、雷家骏。

本案先付表决,全体赞成。继讨论组织大纲并推举筹备委员二十人:李毅士、周莲塘、李荣培、周玲荪、沈溪桥、唐尧臣、张孟处、莫运选、雷家骏、李文华、汪亚尘、刘海粟、陈启民、钱际荣、魏启宇、熊连城、黄代国、郝绳祖、雷绍春、周襄南。主席指定雷家骏起草大纲。

第四次议事日程

一、拟请于英国退回赔款中划拨一百六十分之一建造美术馆案。

二、各省设立美术馆案。

议完后再开艺术协进社筹备委员会。

美育组第四次会议纪事录

美育组:主任刘海粟

会议事项:李荣培报告审查高中必设艺术科案及各省设立美术馆案。

(一)提案主文:高级中学必设艺术科案,审查结果,本案成立。查上届年会有邵锦提议,各省高级中学起首至少有美术或美术工艺科,或学校两处逐年增设案业经通过,应作为本案参考,可否请公决。

(二)提案主文:各省宜设省立美术馆案,审查结果,本案成立。查上届年会有黄公觉提议,各省应专设美术品陈列馆案,当时因时间不足议决保留,此次应合并讨论。

讨论议案:

(一)拟请于英国退回赔款中划拨一百六十分之一建造美术馆案,首由提案人口头报告此案内容。雷家骏修正主文,在划拨一百六十分句上,加至少两字。全体无异议,本案付表决,全体赞成。继讨论办法:一、由本组组织委员会,讨论对于要求英国退还庚子赔款,提作购置英国美术品案,经公众推举蔡子民、李毅士、彭沛民、刘海粟、张道藩五位全权办理;二、以本社名义向吾国方面之委员会代表,要求其正式提出此条于退款用途中,将来与英国委员会代表磋商;三、由本组组织之委员会,推代表一人,以备向英国委员会赴华代表要求;四、由本组同人分途在各报宣传此项理由;五、由本组委员会计划美术馆具体办法,以共交涉上之便利;六、于必要时得由委员会加推委员数人。

(二)各省设立美术馆案,由原提案人宣读理由原文及办法。继由李文华补充说明,表决本案全体赞成。议定办法如下:一、由本社呈请教育部咨行各省指定相当地点,筹设美术馆;二、在美术馆未成立以前,则就原有通俗教育馆、图书馆、博物馆等,扩充美术;三、各省设立美术馆,须有艺术专家之赞助和规划;四、建议于省议会将美术馆经费列入省预算。

(三)建议教育行政机关,添设艺术学科指导员案付表决通过。议决交改进社致函教育部,咨各省仿照其他学科指导员成例办理。

(四)组织艺术科教学研究会案,原提案人自请撤消,将来再提出于艺术协进社讨论办法。

(五)编辑统一中国美术史案,多数赞成将此案保留。

美育组提议案件①

拟请于英国退回赔款中划拨一百六十分之一建造美术馆案
议案主文/提案人刘海粟、汪亚尘

理由:

以亿万神明遗胄生聚之区,广袤达四千余万里,徒有河山锦绣而无美术馆所,宁非大憾乎!在昔美术品深藏于大内之中,珍绝之作,非无可稽,但收集限于一域,观赏不及平民,龟玉椟毁,无裨于世;然犹有所萃聚也。今则几经变革,零落流散,举数千年华明文艺之品,全付诸无何有之境。非独无以慰吾民爱美之真,亦且无以发扬国光,上慰先哲也。抑有进者:神州学艺,兆自韶舞,盛于宋元,始重钩意,继精写生,更张递变,而象征艺术,于焉酝成。吾国八大青湘之辈,适与欧西哥更、谷河如出一辙也。然东西异域,无由印证,苟不借美术馆所以哀集之,则又将何以沟通此含英蕴灵,烛耀二十世纪之象征艺术耶?同人厕身于艺术有年,对于此举曾宿夜谋之,皆以人事之牵而未能果,往岁曾提及美术展览会事,能成事实者,仅一江苏省展,虽不敢以一隅自封,然影印于社会者,实甚微也。考其致因,固由缺乏美术人才,然经费之困,亦未始无因也。迩者,英国有退还庚子赔款,发展我华文化事业之议。友邦之惠我诚深,但所谓文化事业者,乃包含精神与物质而言。苟徒于科术加以助益,而对于足以补救宇宙理智之枯涩,安慰人类生活之兴趣者,反无提倡之方,则所谓文化者不过穷功利究物观之人事耳。不足言文化之全色量也。且我国美术待发扬也,东西美术待沟通也,于此时而谋设美术馆所,一部分购备英国美术品,一部分哀集我国旧有美术,合力图之,可事半而功倍。按赔款全数尚有一千一百万镑,自一九二二年还起,须二十二年之久,每年提

---

① 《时事新报·艺术》第60期"中华教育改进社美育组会议号",1924年7月13日,第3—4版。

拨百六十分之一,约有二千五百镑,以此款每年可购英国三四幅,著名雕刻一二件,及我国美术品十余件,推算至还款终了之时可得英国名画七八十幅,雕刻三四十件,我国美术品数百件,更加以国人之补掖,实可成一精致之美术馆也。关于此事,我国留英同志组织之"留英学生退款兴学研究会"曾参合蔡元培先生之主张,议决对于英国赔款用途七条,其第三条之主张系以还款之一部分为国立各大学,设立研究英国文化机关之用,附有第二条即为购置英国图画及美术品之基金。是留学同志之热忱,已先吾辈而实际进行矣。吾辈皆愿尽力于美术者,对于此足以发扬国光沟通文艺至要之举,责无旁贷也。他日此馆厥成,国人共瞻而培益之,蔚为东亚美术之宫,媲美于英之学院,美之画堂,又谁曰不然,诸君子其愿念起图之乎?

办法:

(一)由本组组织统一临时讨论会讨论对于要求于英国退还庚子赔款,提作购置英国美术品,及我国美术品之各项问题。

(二)讨论结果,以本社名义向吾国方面之委员会代表,要求其正式提出此条于退款用途中,将来与英国委员会代表磋商。

(三)由本组推举代表一人,以备向英国委员会赴华代表要求。

(四)由本组同人分途在各报宣传此项理由。

各省宜设省立美术馆案
主案原文/提议人王济远、李毅士

理由与办法:

查已设之有益社会馆所:有省立与县立通俗教育馆、图书馆、公共体育场、古物保存所等。是项馆所:通俗教育馆,多设工艺出品,及一部分之理科器械;图书馆,多书而少图,多记论而少文艺,皆偏于知的方面之社会教育也。公共体育场,注重增进及保全一般人之康健,乃偏于体的方面之社会教育也。古物保存所,虽古代美术之陈列,亦足唤起人们追远之情,爱美之念,但其所集者,古癖难稽,其效率不能及普遍,夫欲借一相当处所,而能使社会一般,悉受美的薰陶以丰富其生活之趣者,盖非美术馆之设,不为功矣。今各省既对于知的方面,而有通俗教育馆,体的方面而有公共体育场,考古方面亦闻古物保存所之设,独于足以培养民情丰富生活之趣之美术馆者,付诸阙如。是其所设施率偏于肉体与理智之一方,而无精神上情感之教。夫所谓教育者,乃完全人们之生活,今偏于肉体与理智,生存则有余,生活则未也,能谓社会教育之完全乎?原美术馆之设,其效率足以使社会一般受美的薰陶一也。因美的享乐,足以丰富其生活一也。因美的鉴

赏,足以引起研究美术者之灵感又一也。他如国有美术之陈列,足以引起一般爱国之念,是又裨于公民教育也;因美术的发扬,而能增进我国之光,是更益于国家之前途也。此外古物保存之有资于历史考证,工用美术之有关于实业振兴,虽其用不显,亦皆美术馆之为功也。今省且无美术馆之设,宁非缺陷乎? 窃以为,省之设美术馆,为现时社会教育中急切之务,诸君子其亦以为然耶? 钟阜毓秀,秦淮映碧,诸君子议会于此,凡美的建设,想不独诸君子之所赞同,亦或山灵之所许也。附拟办法于下:

(一)如经费不充裕,则在原有通俗教育馆,扩充美术部,所陈列者以本省范围以内之美术为主体,其他各地美术为附属;或在省有学校中附设美术院,公开观览,其陈列品以学校美术品为主体,其他为附属。

(二)如经费充裕,则于省会处特设美术馆,并举行各项美术定期或不定期的展览。

高级中学必设艺术科案
提案主文/提议人李文华

理由:

高级中学之主要目的,就新学制之规定者有二:曰升学,曰职业。其课程:对于升学者注重文学、数学及社会自然等学科;对于职业者设师范、商业、工业、农业、家事五科,仅于附注之下书有二:"例如农校得视特殊情形设美术科等。"其意盖言美术科非不可设;但亦不必设,窃以为艺术科(即指美术科)必设也。以言职业,则法之绘画,德之版印,皆足似利及民生者;以言重要,则社会精神之所系,尤为急务。欧洲文艺复兴以前,足以维系其社会者神的宗教也;文艺复兴以后,足以维系其社会者人的宗教也;人的宗教,不啻艺术品之爱也。我国社会旧为孔氏伦理生活所维系,今则受西洋艺术生活之影响。(西洋教育自卢梭而后趋重于艺术自由生活。)对于理论之说有怀疑,对于宗教又无信仰。其足以维系者,只有真理之倡耳,真理为究观的,究观之学,愈窘而怀疑愈深,社会愈不足以维系;然则,所欲持以维系社会者,将何待乎? 或言以艺术代宗教:谓以艺术代宗教,不啻谓艺术维系社会人心。艺术之足以维系社会人心,中外学者多倡之,无待赘述。今高中课程中独不标明艺术科而略去之,高中社会之中坚教育也,是为乎可? 况所谓职业者,师范科亦列为职业一项;师范科之为职业,将助社会之工商农业而生产欤,抑别有所职欤! 盖足以直接谋社会之利者,皆得为职业,艺术之足以维系社会,大利于社会也,职业之重要者也。以职业为目的,可不设艺术科欤? 窃以为高级中学必设艺术科。

中小学校艺术科教学应取消编时编班制改为课外自由作业案

提案人莫运选(湖南岳云学校艺术专修科主任)

附议人李文华、张辰伯、李清磬

理由：

现在各初中及小学招收学生每班常自四十人至六十人以上,对于艺术各科,教学时间,大都每科每周中,只有一小时,纵有二小时者亦甚少,既一时聚多数人于一室,在一短时间内,教者学者要来创作一种艺术,当是件难事。况中间还须经过材料之预备,方法之指示,错误之改正,及学者创造之程序,任此项教职者,想都同感困难。又许多学校,对于艺术各科,全无相当设备,教者虽有良好计划,亦将无从着手。兹为明晰计,再条列之：

一、艺术教学,须重个人之自由创作及发展其创作兴趣,若每周授课一时,教者因人多时间短,每不能多行说话及全部顾及,致学者有在数分钟内,即可完事。或者一时已过,尚未动手,倘待下次续作,则前时兴趣,已归乌有,现时兴趣,已别有所在。且在此课室内,学者全无自由创作之可能。

二、每班每周授课一时,不好艺术之学生,固乐得混过,而爱好艺术之学生,苦无相当机会,可得多事练习及接近。艺术有补助生活之机能,使人生温润,若以设有此科,即算完事,学校也未免太机械化。须知艺术科,原是美育的主人,美育应与知德体三育,一样重要。

三、艺术科若是须令学者自由创作,若是令学者发展其创作欲又使教者有余裕精神去辅导学者,最好是将艺术科教学,改作课外自由作业,至少也可得下列诸利益：

A. 得自由制作,合乎艺术主旨。

B. 提高艺术兴趣。

C. 天才生容易得到制作机会。

D. 因在课外,可当作高尚娱乐。

E. 既自由作业,一时人数不多,教者得个别指导。

F. 学者来作业时,必先有兴趣,不至潦草塞责。

办法：

一、图画手工音乐,均须有特别设备的作业室,及教学上相当的设备。

二、各室须在课外闲时,有稍宽裕时间开放。

三、先须制定一表格，规定学生每周来室作业一次或二次（多者听），在表格上作一记号，以防止其自由缺业。

四、考查成绩与课程预定，宜先有计划，如图画一学期须作多少画，手工作多少物件，音乐须唱多少歌，及学多少乐理，可规定经过一学期几分之几时间，作完预定课程者，即为本期每科功课完毕，多作者听，或预作下期功课。

五、教者须与学者共作，不可任意将作业室启闭，并且察知学者好尚，予以指导或纠正。

六、此法如在行道尔顿制之学校，当较此或有更良办法，但在任何学校，都可推行。除教室外，其他都不发生困难。

中小学校图画科废止临摹案
提议人孙堭
附议人尹允怀、莫运选、钱际荣、熊连城

图画一科，在我国觉进步迟缓，欧美则进步较速。其最大原因，多由我国教授图画，偏重临摹，欧美注重自然对象也。例如图画，其初作者，虽由想像构成，尚不失个性理想的表现，乃他人效而法之，无论临摹合法与否，已成划地自限，况牺牲自己的主张，个人的特性，真性的修养，理知的探究，尤为不合艺术本性，不明彻艺术原理，今国中艺术界，多能彻底明了此意，已觉前此之非，则当对于中小学校图画一科，废止临摹，而注重自然对象。盖从自然对象研究教授结果，觉优点有六，发展个性，其优点一，涵养真的心灵，其优点二，去其依赖，培植其能力自动，其优点三，发觉新的理知，其优点四，得到直觉表现的快感，其优点五，以自然美为根基则，应用变化不穷，其优点六，今因此案觉为重要，特临时提出，当否尚希公决。

建议教育行政机关添设艺术学科指导员案①
提议人雷家骏
附议人周莲塘、熊连城、黄代国、李文华

组织中小学校艺术科教学研究会案
提议人雷家骏
附议人李清磬、刘天达

---

① 此后三案仅有标题。

编辑统一中国美术史案

提议人周莲塘

附议人孙壎、李文华、尹允怀、张盂处、李荣培、黄代国

暑期中闽省学术团体之进行——美育会特于暑期内开研究会[①]

闽省美育研究会,为省垣各中学校美术教员何尔庚、蔡耀煌、余琦、张宾麟等所发起,会员百余人。对于图画、手工、音乐各科,研究成绩颇为完美。去年暑假期间曾开暑期讲习会。本年暑假仍有特别组织,改为暑期研究会。场所假在后街县立第一女子小学校内,自七月十五日起至九月一日止,每日由上午九时至下午五时俱为研究时间。图画科方面如静物、风景、人体之写生;手工科方面如各种模型之制造(即雕刻术);音乐科方面如中西各种乐器之奏法、乐典之制造,皆在研究范围之内。该会发起人何尔庚、蔡耀煌、张宾麟、陈明锦、余琦、林傥等俱时常到会指导一切。拟于两三个月之内,汇集研究成绩开一美术展览会,想届时必有可观也。

陕西全省第二次教育行政会议汇志:请议各学校注重美育案[②]

第十八案　主文　请议各学校注重美育案

长安劝学所所长刘树义提出

办法:

一、增加各学校美育钟点,每星期手工、图画至少二小时,音乐至少三小时,表演至少一次。

二、增加美术教员薪金,无论初高级小学每小时至少四毛,中学至少一元五毛。

三、美术专科教员,每校五十人以上至少一员,百名以上至少二员,百五十人以上至少三员,余类推。

四、每校每月间另行展览会或音乐会一次,每县每学期开联合会一次,每省

---

① 《益世报》(天津),1924 年 7 月 31 日第 6 版,原文为句读。
② 《陕西教育月刊》第 39 期,1924 年约 9 月,第 38—40 页,原文无标点。

每年开联合会一次。

五、每县设小规模美术馆一所,划全县教育经费百分之十五为美术馆经费。

讨论:

侯景贤动议,本案办法第一、二、三条,非事实所能办到。

段民达动议,本案第四条所定展览会每月一次似太多。

结果:

否决(原案撤消)。

分组会议纪录:第二十 美育组(节选)①

(甲)原提案目录

主文

(一)高级中学必设艺术科案(提议者:李文华)

(二)中小学校图画科教学废止临摹案(提议者:孙墭)

(三)组织中华艺术协进社案(提议者:刘海粟)

(四)拟请于英国退还赔款中划拨一百六十分之一建造美术馆案(提议者:刘海粟、汪亚尘)

(五)各省设立省立美术馆案(提议者:王济远、李毅士)

(六)建议教育行政机关添设艺术学科指导员案(提议者:雷家骏)

(七)组织中小学校艺术科教学研究会案(提议者:雷家骏)

(八)编辑统一中国美术史案(提议者:周莲塘)

(九)中小学校艺术科教学应取消编时编班制改为课外自由作业案(提议者:莫运选)

(乙)会议纪要

本组自七月四日起至八日止,共开会议四次。

主席:刘海粟。

书记:雷家骏。

本组议案共九件,计通过案六件,撤消案一件,否决案一件,保留案一件。

(丙)议决案汇录

---

① 《新教育》第9卷第3期"第三届年会报告号",1924年10月15日,第597—607页。此为中华教育改进社第三届年会"美育组"分组会议记录。

（一）通过案六件

1. 高级中学必设艺术科案

本案由李文华君提出于第二次会议时经众讨论。议决成立。复于第三次会议，由主席推定周玲荪，李毅士，李文华，刘质平，阮叔平，俞寄凡，雷家骏七人组织委员会。办理本案。尽七月二十五日以前，草定办法，交改进社，转知新学制委员会，期达实施的目的。兹录原案如下。（略）①

2. 中小学校图画科教学废止临摹案（孙墫提）

原案如下。（略）②

3. 组织中华艺术协进社案

本案由主席刘海粟提议。汪亚尘，周玲荪，李毅士，李荣培，雷家骏附议。先将本案付表决。全体赞成。继讨论组织大纲。并推举筹备委员二十人（李毅士，周莲塘，李荣培，周玲荪，沈溪桥，唐尧臣，张孟虚，莫运选，雷家骏，李文华，汪亚尘，刘海粟，陈启民，钱际荣，魏启宇，③黄代国，郝绳祖，雷绍春，周襄南），公推雷家骏君起草大纲。次日会议完毕，续开筹备委员会，讨论简章草案。

附录中华艺术协进社简章（略）

4. 拟请于英国退还赔款中划拨一百六十分之一建造美术馆案

讨论本案首由提案人口头报告此案内容，雷家骏修正主文，在划拨一百六十分句上，加至少两字，全体无异议，本案付表决。全体赞成。继讨论办法。（略）

原案如下。（略）④

5. 各省设立省立美术馆案（王济远，李毅士提）

原案如下。（略）⑤

议决办法。（略）⑥

---

① 原案见前，《美育组提议案件》，载《时事新报》"艺术"第60期"中华教育改进社美育组会议号"，1924年7月13日，第3—4版。

② 原案见前，《美育组提议案件》，载《时事新报》"艺术"第60期"中华教育改进社美育组会议号"，1924年7月13日，第3—4版。

③ 此处显示一名字空白。

④ 原案见前，《美育组提议案件》，载《时事新报》"艺术"第60期"中华教育改进社美育组会议号"，1924年7月13日，第3—4版。

⑤ 原案见前，《美育组提议案件》，载《时事新报》"艺术"第60期"中华教育改进社美育组会议号"，1924年7月13日，第3—4版。

⑥ 议决办法见前，《中华教育改进社第三届年会美育组会议纪事录》，载《时事新报》"艺术"第60期"中华教育改进社美育组会议号"，1924年7月13日，第1—3版。

6. 建议教育行政机关添设艺术学科指导员案（雷家骏提）

议决：交改进社备函致教育部咨各省仿照其他学科指导员成例办理。

（二）自请撤消案一件

组织中小学校艺术科教学研究会案（雷家骏提）

本案由原提议人自请撤销，将来再提出于中华艺术协进社讨论办法。

（三）保留案一件

编辑统一中国美术史案（周莲塘提）

多数赞成，将此案保留。

（四）否决案一件

中小学校艺术科教学应取消编时编班制改为课外自由作业案（莫运选提）

原案如下（略）①

附注：

本案先由原提案人口头说明理由及办法，继雷家骏君主张时机未成熟，各地因经济人才的关系实行困难；且流弊其多，本案无成立之必要。周玲荪君，李荣培君附议，亦有确切的说明，全体会员无异议。本案否决。

美育组报告：鉴别报告　刘海粟②

第一届全国教育展览会，举行于南京。出品者计自小学至大学。各科教育成绩及设备上之出品，有数万件。开会十日，参观者数万人。诚中国教育界空前之大观也，由会属海粟为美育组主任。粟以事羁于沪，未能事前赴宁筹备一切。事皆由徐养秋，周玲荪二先生代劳。疚歉无既。及开会，养秋先生又属为美育组鉴别主任。其时适教育改进社正举行年会。会事辐辏，未能一一细为观览。为就便利，聘在宁同志汪亚尘，李祖鸿，周玲荪，张辰伯，张季信，徐康民诸君任鉴别委员。以出品之性质不同，别为二组：

（一）为专门组——凡美术家及专门学校之出品属之。

（二）为中等学校组——凡中学师范之图画手工成绩属之。

并于梅庵（东大校内）集诸委员，定鉴别标准如下列：

（A）专门组

---

① 原案见前，《美育组提议案件》，载《时事新报》"艺术"第 60 期"中华教育改进社美育组会议号"，1924 年
　7 月 13 日，第 3—4 版。
② 《新教育》第 9 卷第 5 期"全国教育展览会报告号"，1924 年 12 月 15 日，第 1061—1062 页。

（一）基本。

（二）构图。

（三）色彩。

（四）表现。

（五）思想。

（B）中等学校组

（一）有美的创作力，而技术优良合于教育原理者。

（二）有美的创作力，而技术较良合于教育原理者。

（三）有美的创作力，而技术较次合于教育原理者。

依上项标准，为诸委员鉴别之原素。为出品人今后之进程，并非以此为形式上褒奖之规律，使导于虚荣之习也。现集之报告，凡所论列，各负专责。其中奖誉固多，指摘亦时见。要皆举意直陈，以供出品者之参考。倘有疑义者相质，尤望随时发表，俾资探讨。

（一）图画之鉴别　周玲荪[1]

（二）手工成绩之鉴别　张季信

（三）全国教育展览会艺术部之鉴别　徐康民

（四）国画鉴别书　吕凤子

（五）刺绣成绩鉴别　华瑆、许书瑞

中华教育改进社四届年会之成绩：美育组[2]

中华教育改进社第四届年会，自八月十七日起至二十三日止，在太原开会，计为时一星期。其议决各案，虽已略见前报，但未经整理，未能窥其全豹。该社职员近已将各项议决案整理就绪，本报为阅者诸君检考便利计，特汇刊如下。

----

① 下仅列标题、作者，其余略。第 1062—1074 页。

② 《新闻报》，1925 年 9 月 10 日第 11 版。

（一）举办全国美术展览会案

（办法）组织筹办全国美术展览会委员会，办理一切事宜。

（二）筹设国民美术馆案

（办法）①由中华教育改进社募集金额四万，组织委员会办理之；②募捐期限，三月自某月起至某月止；③经募人捐到款项，汇交指定银行，由银行出收据交捐款人；④以一万元购德国所印文艺复兴以远各国美术馆名迹；⑤以一万元购置中国美术名作；⑥以二万元建筑馆舍；⑦地点在上海，因上海既无古代建筑可观瞻，又为商工竞争之地，最非艺术的，须以为冥眩之药。

（三）组织中华古美术品调查委员会案

（办法）由本组函请各省图书馆、博物馆、古物陈列所、美术学校，以及其他美术机关，就各所在地组织古美术品调查委员会，随时随地调查报告本组，以为中国美术史之草创。

（四）请山西省政府保护大同云冈石佛寺案。

分组会议议案汇录：美育组①

（甲）通过案四件

（一）举办全国美术展览会案（刘海粟提）

议决办法：组织筹办全国美术展览会委员会办理，委员以十七人为率。当公推李荣培、金梦畴、熊连城、王济远、蔡元培、李祖鸿、汪亚尘、张华、宗孔、张倜、任恒德、王悦之、滕固、俞寄凡、钱稻孙、王敬章、刘海粟等十七人为委员。一切详细办法由委员会讨论之。

（附录一）全国美术展览会委员之谈话会

全国美术展览会委员会于十四年八月二十日下午在山西大学举行第一次谈话会，到会者刘海粟、滕固等八人，公推刘海粟为主席。讨论结果：（一）全国美术展览会组织大纲起草员公推刘海粟、滕固、王济远、李荣培、熊连城担任。（二）由本组正式具函本社报告情形，请董事部速筹经费。（三）全国美术展览会预定明年在武昌举行，如有机会。运往各省轮流陈列。

---

① 《新教育》第 11 卷第 2 期"第四届年会报告号"，1925 年 9 月 15 日，第 316—320 页。此为中华教育改进社第四届年会"美育组"分组会议议案。

(附录二)刘海粟之原提案

主文：

举办全国美术展览会案

理由：

各国有国家美术展览会，有团体或个人之美术展览会。政府奖励于前，国民奋起于后。以故审美教育之宣化，疾如风电，岂徒以空言而能致今日之效哉？反观我国，寂然罕有闻焉。间有一二团体或私人罗列作品举行展览会。作品既不多，而为效亦仅局促于一隅，滋可憾焉。近者国人渐感艺术之尊贵，而莫有晋接之机会，则全国美术展览会之举办，实为当务之急也。尤有进者，国人虽知艺术之尊贵，而其尊贵所在，犹属茫然。制作者不自策励，故步自封；鉴赏者认识力弱，看朱成碧。此审美教育上大障碍，是以救药此种弊病者，厥有待于展览会，则全国展览会之举办，诚不容或缓矣。管见如此，愿候公决。

办法：

1. 征集，陈列，审查，俱组织委员会。

2. 由中华教育改进社呈请政府拨给经费。

3. 定期展览在北京、上海二处举行。不定期展览，在各大埠举行之。

4. 出品范围国画、洋画、雕刻三部。

5.展览会出品人按其作品之等列分别给奖。

(二)筹设国民美术馆案(刘海粟提)

议决：查第一届年会时，曾议决设国立美术院一案；第三届年会议决拟请于英国庚款中划出一百六十分之一建造美术馆及各省设立美术馆二案。此三案俱未实现，揆厥所由，第一案以计划太大，政府未遑及此。第二案英国庚款运动未有端倪，何从见效。第三案范围广泛，莫由统一。此三者沉滞之由，责不在本组。今兹案鉴诸往失，缩小范围，集中情理，期以必成，一切办法由本组委员会讨论。

(附录)刘海粟之原提案

主文：

筹设国民美术馆案

理由及办法：

美术馆之设置，有识之士，先后唱议，经众公决在案。兹事体大，空言无补。

政府未及注意,民间力有不逮,故望实现,忧乎其难哉！今者纵览大势,默察时运,觉国民美术馆之设置,刻不容缓。何则？近年来国内文艺界之先驱者,盛唱新文艺。国人对于艺术之制作力与鉴赏力,虽渐次提高,而无由接近世界艺术巨制之机缘,因此不能疗治其心灵之饥渴,诚为憾事。夫欲搜集世界艺术巨制,纵有财力,纵有时间,而此贵重之世界的无双品又宁堪以财力时间为代价,咄嗟立致耶？矧财力时间今犹难言,则国民美术馆终无实现期矣。近年德国印行之世界名画,自文艺复兴以还,各国美术馆贮藏名迹搜罗无遗,而形式一如原本。兹拟募款购置,建馆陈列,益以中国古今名作,蔚为巨观。兹事易举,期以必成。区区斯议,愿候公决。

办法:

1. 由中华教育改进社募集金额四万,组织委员会办理之。

2. 募捐期限以三月自　月起至　月止。

3. 经募人捐到款项汇交指定银行,由银行出收据交捐款人。

4. 以一万元购德国所印文艺复兴以远各国美术馆名迹。

5. 以一万元购置中国美术名作。

6. 以二万元建筑馆舍。

7. 地点在上海,因上海既无古代建筑可观瞻,又为商工竞争之地,最非艺术的,须以为冥眩之药。

(三) 组织中华古美术品调查委员会案(李荣培提)

议决:请原提案人起草中华古美术品调查意见书由,本组函请各省图书馆、博物馆、古物陈列所、美术学校以及其他美术机关,就各所在地组织古美术品调查委员会,随时随地,调查报告本组,汇印成书,以为中国美术史之草创。

(四) 请山西省政府保护大同云岗石佛寺案(张华、张悌、任恒德、宗孔四人提)

理由:

大同云岗之石佛,不但为中国美术史上之伟迹,抑亦世界之伟迹。国人向未注意及此。而东西人士,斤斤考据,不惮烦苦,良有以也。是寺实为天然之美术馆,而居民不察,不加保存,以致剥蚀零落,时加涂塑,浸失原有精神,殊非尊重国宝之意。故请本地长官,严加保护,藉久流传。

议决:由本组具公函请本地长官严加保护。

（乙）保留案一件

（一）艺术教育宗旨应趋重平民主义案（龙文提）

中华女子美专今日开成绩展览会①

霞飞路宝康里口中华女子美术专门学校，自校长唐家伟女士创办以来，学生成绩颇优。该校定今日举行第八周成绩展览会，会场陈列学生作品各种国画外，并有刺绣、大篆、汉碑、翎毛、走兽、花卉、山水、人物百余种，古香古色，华丽异常。另有工艺美术一室，大都各样实用品，又名人书翰，有校董曾农髯、向乐谷、徐绍桢、周震麟等字画多帧。闻今日上午九时至下午五时，欢迎来宾参观，意在提倡美育，普及美术思想于社会云。

日本美术教育界最近消息（节选）——全国美育联盟的高唱　师竹②

日本人因为期望图画教育者，和一般美术教育者的互相团结，彻底促进美育，在大正八年，就有人提倡美育联盟、图画教育联盟、艺术教育联盟等名称，但是这种联盟，久未实现。直到大正十五六年间，开过第二回全国艺术教育大会以后，各方面才有许多高唱力说。近来对于这个重要问题，更加进展，大约不久就要成为具体化的事情。

业务报告：市教育局（节选）——注意提倡美育③

▲注重美育

美育可以陶冶学生性情，增高学生兴趣，其重要与体育及其他等。本局为欲使各校注重美育起见，特增设音乐及艺术指导专员，负责指导各校音乐及艺术学科之教学，以期美育之发达，而收精神与身体同时并进之效。

---

① 《申报》，1926年9月9日第7版，原文为句读。
② 《申报》，1927年1月26日第20版，原文为句读。
③ 《申报》，1928年5月10日第22版（"市政周刊·上海特别市市政周刊"第29期），原文为句读。

大学院订定训政时期施政大纲(节选)——第十二公共美育①

中国大学院草订训政时期施政大纲,实事求是,期以三年,分别见诸实施。其中仅有一部计划,因特殊情形,事实上或进行较缀,余多可以办到,非尚空谈。该项施政大纲,迭经院务会议详细规定,已呈请国府鉴核。兹将此项训政时期施政大纲草案,探录于下。

本院依本党主义及政纲,酌量训政时期所应赶办之教育事项,草拟训政时期施政要目,凡十六大纲:(一)教育经费;(二)幼稚园及小学;(三)中等学校;(四)专门学校;(五)大学;(六)国外留学生;(七)图书;(八)公民教育;(九)民众教育;(十)博物院及图书馆;(十一)公共体育;(十二)公共美育;(十三)特殊教育;(十四)蒙藏教育;(十五)华侨教育;(十六)教育统计。至于教育行政制度,则依照中央政治会议之决议,正在江浙二省试行大学区制,与他省区教育厅制并行,兹不列入。

(中略)

第十二公共美育

第一年:(一)筹设中央美术馆;(二)举办全国美术展览会;(三)筹建中央剧场;(四)制定剧本及影片审查条例;(五)培养音乐人才。

第二、三年:(六)各地方酌设美术馆;(七)各地方举办音乐演奏会。

(下略)

(《武美》)发刊词　力生②

自从蔡子民先生以美育代宗教之说出,国人渐渐知道美术的重要,而从事于美术的研究者亦渐有其人。近来"教育艺术化"的呼声,几乎到处可以听得,这不能不说是艺术界的一个好现象。

我们结合几个对于艺术有兴趣的人,创办这个学校,到现在已有八年了。我们的学识,我们的力量,都够不上在这艺术之宫里伸一只手,培养一朵美丽的花。

---

① 《申报》,1928 年 7 月 8 日第 18 版、7 月 10 日第 11 版。又载《民国日报》,1928 年 7 月 8 日第 12 版,题为《全国教育界注目之"训政时期施政大纲"大学院规定草案已呈国府鉴核——第十二公共美育》。《益世报》(天津),1928 年 7 月 15 日第 16 版,题为《中国大学院订定训政时期施政大纲　草案计分十六项已呈请国府鉴核》。原文为句读。
② 《武美》第 1 期,1928 年 7 月,第 1 页。

但我们觉深感艺术对于人生的重要。凭着这点自信力,勉强把这个责任担负起来,经营惨淡,正如穷汉子日里愁着油盐柴米,夜里还在做着"黄金"梦。——真的,我们是在做梦,天天还在幻想扩大自己的梦。

我们觉得这沙漠似的人生,只有艺术之花可以润泽。人类自私,自利,怯弱,虚伪,欺诈……种种的劣根性,只有借助艺术的力量来澄清扫灭。真实,和平的世界,是建筑在艺术的世界中的。但是,我们的学识,我们力量,实在太小。很恳切的虔求同嗜好的朋友的帮助。

我们这个刊物,就是想把我们的梦想暴露出来,作一个求助的"嘤声"。

这个声音太微弱了,但是我们并不是想在这"艺术化"的呼声中凑热闹。实在很希望全国艺术界的同人热情的指导!

等于零的话 蓝帝①

《美育》第一期之出世,因印刷等关系,于预定时间几迟一年始出版,这或者使许多知道本志的筹备的朋友发生失望,是很抱歉的。但出版之后,有许多虽然嫉妒我们的人们见了本报都不能不说声赞美,材料固不见得精彩,但字粒与印刷确于出版界不多见。这不能不钦佩印刷所的努力,而同时使我们更鼓勇前进。

《美育》出版后很多相识或不相识的人写信来庆贺,销数亦很大。惟有《语丝》的某君,曾做过一篇短评,吹毛求疵地去批评,但他冷嘲热讽地而可以代表奸细阶级的说出来的缺点,我反复考查,都不能当他是什么一回事。真理与价值社会自有定评,故不在此答辩。或许他比我聪明,食盐比我食米多,过桥比我行路多!

《美育》的定价有些人嫌他太贵,但我以为商务向来营业是很得社会信用,断不致滥定高价的。其实不外是读者心头的成见,听到杂志两字,以为至多不外二三角钱而已,故致失望。试想一本单排字粒纸张平庸的书,还动不动卖一元或八角,试想《美育》之铜版几何,纸张若何? 因此关系,本报不再用杂志二字,以免这种误解。

有许多读者以为我是刻图章专家,寄了不少图章要我登载。有一位奉化唐坝君,还向我问难篆刻,真是惭愧,只好将他的信抄在下面,或许有海内专家答复他。

> ……但能得只字往还亦可大慰生平矣! 坝自辍学后,无所事事,每观家藏篆刻,即为神驰,因而偶为效颦,则不过象形而已。谚云:无师传术枉劳心,岂不伤哉。先生对于雕刻,素有研究,苟能教我,则感激无量矣。(一)书

---

① 《美育杂志》第 2 期,1928 年 12 月,第 208—210 页。

有坟书填书，孙凤居之坟书，为汉周媒民作，以仲春之月判会男女，以此文表信往来也。填书又云周媒民作，以为纳彩之文，《辞源》填篆与孙注坟书同。又说，坟字或疑填字之误，究属如何？（二）清时篆刻流为莆田，云间，江西，徽，浙诸派，徽派以程穆倩为宗，浙派以丁龙泓为宗，莆田派自吴平子晋始以八分书入印，不合于古，另备一体，但云间江西二派创自何人？或所宗何人？体裁若何？（三）刻刀有偏锋中锋之别，但偏锋又有左偏右偏，以何种印以何种刀为适宜，亦请先生教我……

《美育》出版后，我曾送给子民先生一本，以后我在西湖会见他，第一句他就说："感谢你送我的《美育》，但何以你只一个人能搜辑这许多材料，真是难能……"当时我真不知怎样去回话，谦呢，夸呢，蔡先生是提倡美育最力的人，可惜事情太忙，不能为《美育》再多做些文字，不然，必可指示吾人之迷误不少。

《美育》以后拟侧重提倡雕刻，多载世界名作，——惜此期只登了二十四幅，——庶使国人耳濡目染，不再以刻图章去代表雕刻。忆回国之初，在上海校中之学雕刻者，因有一个半人（一个是十五岁的青年），到了今年，在西湖居然有十余人了，可惜被学校上峰开除了四个。这不是显然有进步了吗？且看今日之号称曾习雕刻者，日益加多，有的已设立条例，承办雕刻，有的已可以代我上课，有的则尚在酝酿。雕刻事业之时髦，可想而知了。不过吾愿大家真正的研究，不要"此为支店，总行巴黎"，则才有裨益中国雕刻之发达，不过时间问题耳，愿有志者急起直追啊！

中国社会美育还极幼稚，故暂主张不纯粹登载美术的作品，而杂以新颖的影片及小说等，以引起读者之趣味。与法国之 *Lecture Pour Tous* 及德国之 *Das Manazine* 有同样之性质，望读者明了此点，而不再发生误会。将来定能进化到纯为研究美术之刊物，并将努力由季刊而改为月刊，这是敢自信必能实现的。

有一美国诗家谷之艺术家 Merriam 君，精于华文。他有一个上海朋友，曾寄给他一本《美育》，很是欣慰。来信劝我以后在作品下加注英文，并愿以其所办之《赤线》杂志相交换。同时有一法国朋友来信以为报中多系法国作品，至好宜加注法文。此期因时间匆迫，已来不及，下次当实行其一，至少。

本报不欲数典忘祖，拟以后多研究中国之美术。如读者赐寄关于讨论中国美术之文字或珍贵之作品之照片，当无任欢迎，并酬一由五元至一百元之现金。本期的中国作品有四十幅多，稍补以前的缺点。

安圃君的《文艺复兴的迷梦》及尤岫霞的《美学的新理论》，均因稿子迟到，未及容纳，容下期刊入，并此道歉。本期没有讨论音乐的文字，亦是一大缺陷！

二八，五，二十五，西湖

教育部社会教育设施:民众识字及美育①

【南京十六日通信】教育部对于全国高等教育及普通教育之工作及计划,已志本报。兹再将该部方始规定社会教育之设施,探志如后。

一、关于民众教育及识字运动事项

我国民众教育,向不发达,全国人民之不识字者,照数年前统计,城市约占人口百分之六十,乡村则在百分之八十五以上。兹训政伊始,对此不能不妥筹普及民众之方,以期推行便利。该部自前大学院时期起,为赶筹补救起见,已筹设中央民众教育委员会,并先制定组织大纲,其职权为补助该部:(一)规定民众教育之种类;(二)规划民众教育之课程标准及教育方法;(三)规划养成民众教育实施人材;(四)规划推行各种教育方案;(五)草拟强迫民众教育法令。又以历来办民众教育之困难,在乎缺少固定场所,及特别设备,故曾通令全国各教育行政机关,转行所属各校组织扩充教育委员会辅助各校实施各种社会教育。利用晚间及休假日,将学校之建筑与设备,如图书室、标本室、运动场,及礼堂、教室等,在可能范围内,广为开放。又督促教师、学生在课余之暇,设立各种补习班、民众学校,举行讲演会、讨论会、娱乐会、名人讲演、各级各校学生雄辩、比赛、新剧、电影、音乐、演奏等,组织各种研究班,如三民主义研究班、艺术讲习班、政治经济及社会问题讨论班。总之以学校为中心,使学术教育得由公开,外界民众,得由随时参加,以遂其读书求知之欲望。于是以布诸社会,期以十年,民众教育,必能愈益推广与普遍。最近制定民众学校办法大纲,及识字运动宣传计划大纲,公布施行,并拟具识字运动方案,分乡村民众教育与城市民众教育。根据其环境、职业、生活习惯与需要之差异,规定民众学校种类组织,及课程标准、教材内容,对于民众读书之编审、巡回文库图书流通处、书报阅览处、民众图书馆之创设,与扩充诸事,均曾缜密筹划,拟即汇集各种民众教育计划送请中央执行委员会鉴核,以为识字运动宣传后厉行识字教育之具体的进行办法。庶几关系国家千百年安全大计之民众教育,不致徒尚形式而无精神,仅有运动而乏继续实施方案,将使社会教育,与学校教育,同时并举,分途共进。训政肇始,党治观成,咸利赖乎此矣。

二、确定社会教育经费

厘定经费为推行事业之先决要图,在学校教育如此,在社会教育尤甚。然我

---

① 《庸报》,1929 年 3 月 20 日、21 日、22 日第 7 版。原文为句读。

国教育向以学校教育为主,社会教育特其副业。方今国家革故鼎新,计谋久远,教育亦变其固有政策,渐及大多数民众方面。惟经费远不及学校教育,办者束手。即以中央大学区各县而论,据去年一月该大学所举行之教育行政展览会,报告各县社会教育经费成数,均在教育经费全额百分之十以下,平均乃约百分之五,宁非骇人听闻之事?前大学院体察此偏苦畸轻情形,及根据全国教育会议,决议规定社会教育,经费应占全教育经费百分之十至百分之二十,自十八年度起,一律施行,业经呈奉国民政府明令公布,着由各省市区遵照,俾有准则,而利进行。该部成立以来于此未遑恝置。遇有庙宇学款,或特别指定专款争执,呈请该部解释核示者,亦参稽旧章兼顾事实,详为解答,以期于多项税款之中,增加社会教育经费,无取纷争。并奖励各方面自动兴学,以为普及民众教育之助。其各省市原有之社会教育经费,如有超过全教育经费百分之二十者,或系范围较广包含图书、博物各文化事业在内,均应照旧办理,并宜逐年增益,以期社会教育日益发展。

三、关于图书馆、博物馆、古物古迹

前大学院订定图书馆条例十五条,及新出图书呈缴条例四条公布施行。该部并以我国图书馆,向仅限于通都大邑,内地间有一二公立或省立图书馆,但为数亦仅至于县市镇乡学校,而外更无独立之图书馆。因规定民众图书馆设立标准,自幼稚园、小学之儿童以至穷乡僻壤之民众图书馆,莫不示以购置设备、管理组织、卫生建筑之最低标准。并规定关于普通科学之常识图书及党义国耻之书籍图书、标语、表解应分别其质最之浅深,多备陈列。然又以高深学术之典籍、参考索引之辞书,亦不可不设置保存,故拟会同中央研究院筹计设立中央图书馆事宜,以恢宏我国文化。关于博物标本部分,前大学院拟采集本国所有各项动植矿物材料,设立中央博物院陈列。因组织广西科学调查团,预先规定调查范围,结果搜集苗猺、猺狑等材料,及各项生物标本等甚多,其详文见另刊之该团报告。至于古玩古迹,以我国进化最早历史悠久之国家当极丰富,仅以年远代深逐渐失散,或湮没。前大学院有鉴于此,爰订古物保管委员会,组织大纲九条,公布施行。现在此项委员会业经组织完备。该部成立后,以苏州角直保圣寺佛像与壁画系唐代杨惠之遗塑遗代,至今中外人士俱极珍视,但因阅时已久,渐将倾圮,爰组织保存角直唐塑委员会,订定保存方法,筹备进行。又以山西省举行破除迷信宣传周,组织摧毁偶像大队,诚恐群众运动时,于太原大同天龙等处之希世古物古迹,不辨真伪,误加摧毁,曾电山西省政府审慎办理。近来鉴于外人来华探险考古者众,无论其为科学或好奇探险,该部皆认为与我国之国粹有关。一方固应以本国固有文化贡献世界,发挥光大;一方仍应庋藏保护,益以阐扬东方古国文

明。故决将严格规定外人入境探险考古办法，对于各省政府或人民自动之掘墓、拆城、毁祠、摧像等事，亦拟酌量订定限制方法，会同各省市政府执行，以资保护。

四、关于美教育事项①

前大学院创设国立艺术院于浙江西湖，创立国立音乐院于上海，并制定美术展览会组织大纲。该部成立后，扩充其范围，举办全国美术展览会，订期于十八年三月二十五日开幕。将来内部陈列，分第一部书法、绘画，第二部篆刻、拓本仿古，第三部油画、水彩、素描、粉画，第四部雕刻、铸金塑造，第五部图样模型，第六部图案、刺绣、乐器、瓷器、木器、牙器、金玉器、玻璃制版及文具等，第七部美术摄影，第八部古代书画、近人遗作，国外绘画、雕塑。在距开幕之期甚迩，各方应征送来作品者以数千计，国外如柏林、东京送来亦伙，将分为征集品、参考品，分别陈列。此甚极一时之盛举，荟萃全国艺术家之作品，内以启发美化思想，外以灌入艺术精神，洵属训政时期精神建设之要图。将来该部尚拟设立中央美馆，陈列图画、油画、水彩、金石、雕刻等美术品，以为永久提倡美化教育之基础也。

五、通俗讲演改良民众风俗娱乐

此类事项端绪纷繁，盖察民市政，固视治道，而启牖民众，以改革其风俗习惯，当在教育。日前军政机关，讲演宣传，难以悉数，而教育机关，多举行通俗演讲，以宣传党义政治，或普通科学常识。通令全国广设民众阅报处，领导民众阅览书报。广征民间通俗读物，如旧时戏曲、鼓书、小说、歌谣、寓言、传说等，以资比较参证、编订改良。并复令国内各社会教育机关，于举行通俗讲演时，注意多采国耻事项之材料。且以电影、戏剧为推行社会教育之最大工具，故拟订电影、戏剧各检查条例，咨送内政部会订。亦曾令饬国内电影及留声机公司制映与灌入关于国耻之实情，激励炯戒，积之以渐，不为无效。至于编行民众读物及民族独立运动剧本、歌曲，以冀涤除民众固有陋俗，一新耳目，是为社会教育之要图。闻说部正在筹备中云。

市教局筹备社会教育机关立案②

▲学术团体注册　美育团体注册　俟市府核准后　即将实行

上海特别市教育局，前曾举行小学教员登记及私立学校立案，结果甚为圆

---

① 应为"关于美育事项"或"关于美化教育事项"。
② 《民国日报》，1929年5月9日第12版。又载《时事新报·中国学术周刊》第25期，1929年5月9日第14版。原文为句读。

满。而对于社会教育事业,尚未举行,兹拟分别登记,以资统计:一、学术团体注册;二、美育团体注册;三、演讲团体注册;四、游艺场所注册;五、私立民众学校立案;六、私立补习学校立案;七、特殊学校立案;八、图书馆立案。现正由第三科杨佩文、陈颂春、徐公美、唐敬修等拟订各项注册立案规程,俟呈请市府核准后,即将实行云。

市教育局将办美育团体登记①

上海特别市教育局,以本埠美育团体如票房、剧社、歌舞团、金石书画会、音乐研究等甚多,其中宗旨纯正能领导社会者固属不少,而违背美育原理、有碍风尚者亦尚有之。该局为监督指导该项美育团体起见,故决定先从登记入手。所有登记规则,业经拟就交局务会议通过,一俟呈请市政府核准后,即公布实行云。

市教育局美育机关登记规则②

▲提交局务会议通过　俟市府核准即施行

上海特别市教育局为整顿美育机关起见,决定举行登记,已志前报。兹悉该局第三科已将登记规则拟就,提交局务会议通过,俟市府核准即公布施行。兹录美育机关登记规则如下。第一条,凡本市票房、剧社、歌舞团、金石书画会、音乐研究会等,含有提倡美育之各机关,无论其为职业的或学术的均应依照本规则向本特别市教育局呈请登记。第二条,凡欲组织美育机关者,应先向教育局领取登记,呈请书、职员履历表、会员名册依法填就后,呈请本局审核。第三条,美育机关呈请登记时应载明下列各款:一、名称及所在地;二、目的及所办事业;三、职员之名称、人数、职权及选任、解任等事项;四、经费之筹集、开支等项;五、会议之组织及选举法;六、会员之资格限制及权利义务。第四条,凡呈请登记之美育机关经本局派员调查属实并经审核其组织合法后,即准予登记。第五条,凡经核准登记之美育机关,由局颁发登记证以资信守;如遇解散时,由该机关原任代表负责

---

① 《申报》,1929 年 5 月 25 日第 11 版。又载《时事新报》,1929 年 5 月 25 日第 8 版,题为《美育团体须登记——市教局拟定规则　俟市府核准实行》。《新闻报》,1929 年 5 月 25 日第 11 版,题为《美育团体行将登记》。《民国日报》,1929 年 5 月 25 日第 13 版,题为《市教育局将办美育团体登记》。
② 《民国日报》,1929 年 6 月 10 日第 8 版。又载《新闻报》,1929 年 6 月 10 日第 11 版,题为《美育机关登记法已拟定》。原文为句读。

缴局销毁。第六条,凡美育机关于核准登记后,至迟不得逾一年,应将会务情形、收支款项编印报告及会员名册分送各会员并呈报本局备案。第七条,凡美育机关应受本局之监督指导,如有不符之章或违反法令时,由局酌量情形提出警告或解散之。第八条,本规则如有未尽事宜得随时修订,呈请市政府核准后公布之。第九条,本规则自呈请市政府核准后公布施行。

讨论美育与民众娱乐问题(三科)①

本局前拟举行美育团体登记,及组织民众娱乐研究会,曾呈请市府核准。后奉市府指令,略谓该□□与社会、公安方面均有联带关系,应会同有关各局,共商办法,妥订□□,再行呈府候核等情。现定十九日在社会局开会,局长已派定徐科公美出席讨论一切。

市教局计划民众娱乐及美育②

▲公布市民众艺教委员会规则

上海特别市教育局为研究及计划民众娱乐与美育起见,特组委员会积极进行,已志本报。兹悉此项民众艺术教育委员会规则,业经市政府核准公布,兹录于下。第一条,本委员会以研究及计划民众娱乐与美育为宗旨。第二条,本委员会委员名额暂定十五人,由本局就本市民众艺术专家聘任之。第三条,本委员会主席由委员互推。第四条,本委员会每月开常会一次,遇必要时由主席召集临时会议。第五条,本委员会置秘书一人,由主席请局长就本局职员中指派之。第六条,本委员会得分组研究,但所得结果应提出常会或临时会议决定。第七条,本委员会研究之结果,由本局酌量施行。第八条,本规则自呈准特别市政府核定之日施行。

上海特别市教育局业务报告:关于美育事项③

(甲)举行儿童音乐会

---

① 《上海特别市教育局周报》第6期,1929年6月16日,第2—3页。原文为句读。
② 《民国日报》,1929年6月21日第13版。又载《时事新报》,1929年6月21日第8版,题为《市民众艺教委会规则》。
③ 《市政公报副刊各局业务汇报》第5期,1929年9月,第97页,为上海特别市教育局业务报告(十八年一月至六月)。原文无标点。

市校儿童音乐会曾于上学期举行一次，今第二次又须举行，业经筹备就绪，定于七月上旬假座总商会礼堂开会。

（乙）举行音乐研究会

是项内容及办法已于学校教育类内说明之。

郁文大学提倡美育[①]

郁文大学，自本学期大加整顿后，已于上月正式开课。所有本期新生五百余人，均已陆续到齐。各项功课，除分别改良外，并闻该校当局为提美育起见，设有该大学本预各科，一律添议美学概论，聘美学专家王雪涛担任教授，俾全校学生，一律美化云。

美育部工作报告　陈纫梅[②]

以一个艺术的门外汉来充当美育部长，主理一切美育的事宜，而希求具有"美"的成绩以供献于大众之前者，煞是难题啊！

但，在我当选为美育部长之时，我却并不推之辞之，而且很乐意于尝试。所以负责之后，不只是大众在希求我能有"美"的成绩，就是我自己也在希求着能有"美"的结果，然而，一切的希求都归失望，只有两点差堪告慰而已。

（一）摄影——由汪树章君代理主任，成绩总算还不错，因为本会的摄影人才，虽不能说是很多，但，是不能说是"乏"。如蔡显敏君，夏崇庆君，汪树章君，曾仁锦君，都堪稳称是摄影的老手；而初拿起摄影机的唐国枢君，卓景如君，虽是亲手，但成绩也很有可观。所以本届的新相簿，具了不少的成绩；而布告箱中也时时见摄影的贡献。

（二）表演歌诗——由表演科主任夏志勤女士和音乐科主任杨淑英女士不辞劳苦，每星期日下午，导领一群小天使般的孩童，在练习一新歌舞剧。那歌舞剧名为《天鹅》。现在已经在练习第三四幕了，成绩很好。本来，这"天鹅"是想出现于将要到来的游艺会，然而为了时间的短促，恐怕会不出现。一俟练习纯熟，精益求精，那时一蜚冲天，才不致使人失望。

只有这一点点儿的微绩，实在太为识者之看不上眼，或更嗤之以鼻，但我愧

---

① 《新中华报》，1929 年 10 月 3 日第 7 版。
② 《上海少年德育会春之花》"六周年年刊"，1929 年 12 月 22 日，第 12—13 页。

无以对,惟有赧颜待责,并希求继任者另辟新径,不可再蹈我的故辙罢了。因为一则我没有艺术——简直是不懂艺术;二则因为婚事而回故乡,在这个回乡的三个月的期间内,凡美育部的一切一切,统由汪树章君代理,直到现在才卷土重来,而六个月的任期已将完结了。在这个卸任的尾声中,乃卓景如君竟不原谅我,一定要我把这半年来的工作写出来,在《春之花》上发表,却之不能,勉而成此。

一八・六・二五・晚

教部提倡美化教育[①]

教育部社会教育司,兹已将提倡美化教育,改良民众风俗民众娱乐,及民众读物等办法决定。其要点:(一)调查各地方风俗习惯,及关于民众娱乐等机关团体状况。(二)会同内政部,严厉执行电影片检查规则。(三)会同内政部,制定戏剧检查规约。(四)会同内政部,制订保护并奖励艺术品及艺术家规程。(五)筹设国家剧院,并制订分年发展计划。(六)刊印民国十八年全国美术展览会报告,及其优良代表作品小册。(七)规定取缔不良茶馆办法,并奖励改设民众茶园等项。于十九年内施行。

天津美育社成立　　不患得失斋主[②]

津门之会社多矣,"其有集合男女同志,研究美育艺术,促进社会之进步,实行社交公开,破除历来积习;因一部份人之高尚娱乐,而渐以改良社会,开通风气者"(引用民十二年三月天津《快乐家庭》杂志中斋主记《美育社之起源及其成绩》中原句),其惟美育社乎? 北京美育社,发起于戏剧专家宋春舫君等若干人,成立于民十一年四月念七日,军阀内讧,在旧都附近开火,炮声隆隆之夜。曾于十二年一月十八日开助赈歌舞大会,男女社友登台表演,不求助于优伶。在当时闻人闺秀粉墨登场,实为破天荒之举动。一夜之间,净余千八百余元,尽数拨归冬赈,失业灾民,受惠匪浅。其后中坚分子,走食四方,该社遂停止进行。然其成立,则固曾正式在官厅立案者也。今者该社主要分子数人,多旅津门,在社会上占有相当地位,故集合同志,创立美育社于津门,仍以提倡美育,联络交谊,服务社会,力

---

① 《新闻报》,1930年1月22日第11版。又载《中央日报》,1930年1月23日第12版;《时事新报》,1930年1月24日第8版;《民国日报》,1930年1月24日第8版,题为《教育部提倡美化教育》。
② 《北洋画报》第9卷428期,1930年1月25日,第2页。

行慈善为宗旨。成立之日,适与民十二年歌舞大会日期相同,亦巧事也。

俳诗一首纪美育社成立

清谈盛筵无与比,威凤祥麟在是矣。为便相呼隐姓名,各订雅篆从今始。夫人剑佩冠江东,都督当然拜下风。尽有小猫声咪咪,何妨伐木总丁丁。阿木林君却不傻,媒公媒婆姻娟俩。对虾毛蟹有雌雄,和尚道士孰真假。算道寻夫赵五娘,定非逛庙刘二姐。士女雍雍共一堂,津门旖旎好风光。吟诗纪事者谁事,新上佳徽公子王。

首都将设音乐院剧场①

▲京市党部呈请藉以发扬美育　院令部府筹创纠正鄙猥淫词

【首都特讯】南京特别市党部,前以各国于都城内,均有国家剧场及国家音乐院之设立,所以发扬美育,陶冶民性,用意至良而完善。今国民政府奠都南京已将三载,第对于此种设备则付缺如。社会上虽有剧场、书场之组织,但十九均属私人设立,取材既多猥鄙,演唱亦复卑劣,市民日习于淫靡,风俗日堕落浇漓。苟欲救济,则非设立国家剧场及音乐院不为功。爰经第七十八次常会通过,呈请中央函达国府办理。中央党部据呈后,认为可行,当即咨交,经主席谕交行政院办理。行政院奉到国府文官处公函后,以此事固应由市府筹划,但亦属教育事业之一种,故即分令教育部及南京特别市政府共同办理云。(二十五日)

美的教育　老丑②

每逢春秋佳日,一般艺术专门学校,西洋画科,例由教授引导男女学生,到名胜地方去旅行写生。此时得天独美之艺术家,幽妙的心灵,不胜自然的挑拨,互相发生爱的活动,于是演成韵事,播为佳话者,不一而足。尤以近年来上海美术专门学校成绩为最著。汪荣结婚未久,而王吴又由师生之谊,有同居之爱。近则刘海若与其高足章以景女士,亦将结婚于中央大旅社矣。名师高徒,都成眷属,喜事重重之美专,吾人不能不欣佩该校师生感情之热烈,而其美的教育成绩之卓著,远非西湖艺术专科所能望尘也。敬贺,敬贺。

---

① 《益世报》(天津),1930年3月2日第16版。原文为句读。
② 《蜜蜂》第1卷第1期,1930年3月11日,第2页,原文为句读。

对于《美的育教》 午昌[①]

美的教育问题,在老丑君以为逢喜事说开心话,不算甚么;在过为汪王诸君顾虑者,以为含有公然侮辱之意。其实汪王诸君在我国艺术界自有相当之人格与声望,不是这几句嬉言,所能损其令誉于万一。惟本刊以此问题,致读者多所误会,未免有灭尊严,是则编者对于汪王诸君对于自己,自不能不抱歉忱。本社系现代中国艺术界绝无党派之团体,即以上海一埠论,上海美专、新华专科、中国文艺、上海艺大、昌明专科,各艺术机关之教授、学生以及烂漫秋英、寒之友各艺术团体之重要分子,名称本社社友。故本刊于编辑方面,是绝对公开的,决不为任何艺术家或任何艺术团体所垄断所利用。兹有因美的教育问题辄疑本刊态度右中国文艺而左上海美专者,又不能不辩。

"美育"暗潮 霞菲[②]

海上文艺界,近有蜜蜂画社之组织,花朝节日,曾举行第一次画展。其《蜜蜂》画报亦同时创刊,出版已历四期,文艺界颇为欢迎。乃因其创刊号有老丑之《美的教育》一篇,是说上海美术专门学校师生恋爱而结婚者甚多,如前之汪荣与王吴,近则刘海若与章以景,为"美的教育"之结果。此文出后,美专师生,啼笑皆非。一方面投函该画报,请予更正;一方面布散谣言,谓该报右中国文艺,而左美专。因该报同人,多属中国文艺学院教授,并以匿名书攻击该报。本埠艺术界遂因此暗潮甚深,大有一触即发之势。其实师生结婚,如非利诱势逼,及其他不正当之结合,而属于志同道合纯洁恋爱所成者,名师高徒,成为眷属,实人世间之美事。况师生一堂,人体写生,视为寻常。则该报之据事直书,又何必哓哓申辩?闻双方势成水火,将开笔战,果尔,亦海上艺术界之奇谈也。

上海特别市民众艺术展览会启事[③]

通告者:本会为提倡美育及唤起民众对于艺术有相当之兴趣,现开始征求艺术作

---

① 《蜜蜂》第1卷第2期,1930年3月21日,第15页,原文为句读。题目有误,应为《对于〈美的教育〉》。
② 《礼拜六》,1930年4月12日第2版。原文为句读。
③ 《申报》,1930年5月16日第5版。原文无标点。

品,如书画(书法、国画、洋画、图案等)、手工(造花、刺绣、刻工及其他有创作性者)、雕塑、摄影等以备展览。应征者无论个人、团体均可,请于六月五日前向本筹备处索阅简约及表格等。展览日期自六月十五日起至念五日止,会所再行登报公布。凡在特别市区艺术家幸勿吝教,以遂观摩之效,于民众艺术之推进与有功焉。诸希垂察。

筹备处:上海西门大吉路上海特别市教育局

蔡元培注意美育——访画家于二沙岛①

蔡元培先生尝倡美育救国之旨,对于美学发扬踔励,不遗余力。此次来粤会议和平,公务本极繁忙,而昨六日于百忙中,亦拨冗与张继先生同至二沙岛天风楼,访画家高奇峰,咨询美育事宜,畅谈画学,并请高氏以近作见示,欣赏久之,谓为时代美性之表现,国家文化之光荣,美育前途之庆幸。流连竟日,至下午六时始返东山云。

乐华女中新献——设美育师资科,报名甚为踊跃②

本市福煦路乐华女子中学,系陈亚夫、赵正平诸氏所发起。自开始招生以来,报名者甚形踊跃,而尤以选修美育师资科者为多。教育界名流,对该校旨趣,亦多赞美,足见女子对于美育之需要。该科除主科外,并设有"电影教育""文艺思潮""儿童剧研究""舞蹈史""乐曲研究""戏剧概论""美学概论""歌谣研究""美术史"等各项选修学程。在学校习者科,有综合之研究,以期深刻,对美育各之认识。所聘教员,俱系各该科著名专家。逆料该校前途,定能为中国女子教育之典型也。

提倡美育兼具群育精神的中小学唱歌比赛会开幕③

▲小学二时至四时半　中学七时至十时

平市教育会主办之第二届中小学唱歌比赛会,于去年大除夕,在东城灯市口公理会大礼堂举行。小学比赛,由下午二时开始,中学比赛,由晚七时开始。开幕时,除到小学比赛各队外,政整会,市政府,社会局,均派有代表出席,由教育会理事齐梅阁主席。兹将开会情形,记之如次。

---

①《广州民国日报》,1931年10月9日第10版。
②《时事新报》,1930年7月29日第5版。
③《京报》,1934年1月1日第7版。

会议程序

(一)全体肃立;(二)向总理遗像及党国旗,行最敬礼;(三)主席恭读总理遗嘱;(四)主席报告;(五)长官训话;(六)比赛。

主席报告

首由主席齐梅阁报告,略谓:本日为教育会举行第二届音乐比赛会,参加者较前增加。由此可证一般人对音乐教育,渐有深刻之认识与注意。各国教育政策,对美育与德智体三育并重,独吾国尚少注意。本会之所以举行音乐比赛会之意义,今日参加之各队,应明了此点。故虽名为比赛,在每人心中,不应存有一种胜败荣辱之思想,方不负本会提倡美育之宗旨。最后余对热心音乐而于百忙中偷闲来此任评判之诸先生,敬致十二分感谢云。

来宾致词

主席致词毕,即由政整会代表,第三科科长张剑初致训词,略谓:主席所言唱歌为美育之一种,余认为尚有较进一步之意义,即唱歌为一种有节率之和声,有合众之精神。且唱歌能表示人之一切悲欢,与壮烈之感情,故音乐不仅为美育,亦兼有群育之精神。教育界同人,应特别注意。而今日参加者,尤不应抱胜败荣辱之思想云云。继由市府代表袁祚庠,社会局代表宋春韶相继致词。

开始比赛

……经七评判员一一记分,须经会议后,始可决定胜负。约三日后,方可正式发表云。①

评判名单

柯政和,杨秀山,陈德义,罗炯之,李思科,王长青。

九六叟马相伯先生青年时代的生活(节选)　徐景贤讲演,张光耀记②

▲当年轻时——孝亲勤学,曾经"体""真""美""善""圣"五育训练

　现臻上寿——老而笃敬,最合国人素愿"富贵寿考"的理想生活

　　安徽大学讲师徐景贤先生在安庆圣心师范学校讲演大意(一九三五,六,一)

张光耀记

---

① 所见原文,此段损毁不全。
② 《益世报》(天津),1935 年 6 月 15 日第 12 版。

诸位先生，诸位同学：

记得一种著名的英文杂志 *The Book Man* 中，卷头语称："不仅读书且要读'人'。"（Read not book alone, but man.）在座的好青年！这个话的意思，就是说专从书本下工夫是不够的，还要研究名人的生活，以供求学和做人的借镜。像明相国徐文定公及诸先贤的掌故，又像世界现代伟人，近故奥国总理多尔福斯，爱尔兰执正凡特拉等氏，许多可歌可泣的行事，都不是纸上空谈！我们认为环境古今中外，各有不同，难以仿效！因此，我来讲一位当代元老，如何过了青年时代。

在我未讲以前，有必需声明的：就是这位元老，本人素不愿人捧场的，我算是个小门生，亦不喜欢作"戏台里喝采"的举动！去年东方杂志社决意征求本国十二位名人的自传，特备一函，给这元老，遭了谢绝。后来，主编李圣五先生，寄一封挂号信给我，约我转达，只望五百字的小传。我因此代请，毕竟未应允，还郑重地教训我，说了，"谁愿意自吹自打呢？我只盼望在世纪末，吾主耶稣最后审判时，判我不在恶人之列，才算万幸！"这位是谁？九六叟马相伯先生是了！

我们中国人，想"富贵寿考"，马老先生件件齐全，先略介绍一番。

第一，先后捐给为上海震旦大学的基金，总计约一百万，又曾参加许多慈善机关服务。这件伟大救济事业，都需要经济的活动，真觉所谓"百万金"Millionnaire 了！这是"富"。

第二，老先生中年出使东瀛北美，对内，也曾揽内政要务；而且党国伟人，像于、邵、褚诸先生，皆出老先生的门下。论者拟为汉朝传经的伏生和唐朝讲学的文中子，这是"贵"。

第三，还有"寿考"一层。常言道"人生七十古来希"！现年九十有六，差不多加一半，在人间世中，可算"希之又希"了吧！

意大利的民众，颂扬意相莫索理尼为"最意大利化"的人，准此，冯焕章上将军，敬礼马老先生为"国之大老"！因为这种老成典型，真是我国所谓"富贵寿考"的理想人物。虽然马老先生是"最中国化"的人，不仅是国学世家，马氏文通是老先生昆仲的著作，而本人深知现代科学，尤擅长逻辑学，头脑自□决不陈腐顽固。复精通拉丁文、法文，对于英、日、俄等外国语，亦有研究，当然洞悉世界现势，故非时下徒唱"尊孔""读经"抱残守缺者所能望见其肩背！尤愿我国长治久安，亦关心于世界和平。因此，万国和平协会新近特聘老先生为名誉会员，老先生也就接受了此聘。

今天我们同志聚谈，谈谈老前辈的故事；既非外人，无庸客气。从何讲起？我想也要预定一个范围，这次只讲马老先生在青年时代的生活。

现在，按照日本东京高等师范学训导鹿儿岛登氏新著《生活指导与训练之新研究》,分训练的方法为五育,就是(一)体育,(二)真育,(三)美育,(四)善育,(五)圣育。一项一项,略谈一谈。

(中略)

美育方面——

美术中包含有书、画、诗歌和戏剧等等。老先生在青年时代学会了画人物、山水、花卉,各种的画。我曾在于右任先生家中,看见一幅小山水画,是老先生九十左右的亲笔。据我看来,像仿清初大画家墨井道人的笔意!有一次,在食间,老先生讲,在年轻的时候,画过一张祝某司铎的纪念像,还画了中国式的祭巾呢!

至论书法,亦所素谙。也许少时所练习的,不是"碑"派,乃是"帖"派。以审美的眼光,作书法,养性灵,有时别有会心。例如,写一寿字,学唐太宗的笔法,将字拆开来讲,即"吉一时"三字,以草书笔法连缀成字。对于六朝时代的书法,似有一种新的研究;老先生认为中国书法,到这时期,笔势改变,渐改前此"方板"的格式,后来渐变"圆活"的体态,觉得是受了外国文字草写字体的影响。这一段话,发前人所未发,附带讲述。

诗呢,不但中国的"诗词歌赋"一一体会;尤其是能以拉丁语作诗。青年的马先生,学做拉丁诗,是从意国著名学者晁德莅司铎。晁大司铎,有一次以拉丁文,为追悼教宗驾崩词,沪上西报,竞相刊载,交誉为"大手笔"。可是有了这位学生,很能传其所长。有时这学生做拉丁诗课,仅改易一个字,便妥!在这位先生,可尊称"一字师",这位学生,总也算是高足弟子!

歌呢,老先生一再向我提过,幼时曾听公教的采茶歌,颇好!老了还念念不忘,可见也爱好这种民歌。又教我做白话诗,须学华北的说书,——大鼓词可供借镜的!我曾问演说术,曾经答复,引季宰六的名句:"你要人家哭一次,自己先哭一千次!"这种学"表情"真像是剧情!还加了几句,西洋大演说家,向戏子学念,高下抑扬,然后得宜。我想,青年的马先生,或许研究过。

马老先生的"美学",认为"美在神,不在物!"天主是"至美好!"好青年们!大家听着记好吧!万物美好,引人归向"至美好!"

(下略)

沪上名流筹组美育研究所为蔡元培作纪念①

【上海十日下午十一时五分本报专电】沪上名流,以蔡元培表示今后愿专心

───────────────

① 《益世报》(天津),1936年2月11日第3版。

尽力美育研究,特发起组织美育研究所作永久纪念。推孙科、吴铁城、孔祥熙、王云五、钱新之、柳亚子、萧友梅等三十余人筹备,吴铁城为召集人,计划进行。

各界名流公祝蔡元培七秩大庆志盛①

▲当场发起孑民美育研究所
沈恩孚柳亚子等即席赋诗

上海美术专科学校校董会、中华职业教育社、鸿英教育基金委员会、中华艺术教育社等文化团体,孙科、孔庸之、吴铁城、钱永铭、刘海粟、沈恩孚等发起,于日昨在国际大饭店公祝蔡元培七秩大寿。到党政学术各界名流孙科、何应钦、张学良、顾少川、吴铁城、柳亚子、杜月笙、梅兰芳、李登辉等一百七十余人。静安寺路,车水马龙,极一时之盛。由钱新之、刘海粟、鄢克昌等分别招待。七时,由筹备会派干事刘海若赴蔡邸恭迎蔡先生偕夫人莅场时,全体一致起立,掌声雷震,喜气欢腾。七时半入席,由刘海粟主席,请孙院长哲生代表同人致祝词。

孙氏祝词

"今天我们开这个盛大的宴会,来庆祝蔡先生。蔡先生的道德学问,举世同钦。一生贡献于社会国家者,至深且巨。在座诸君,莫不有深切的明了,不必兄弟多说。我们今天同叙一堂,来庆祝蔡先生的七十寿辰,有二点重要的意义:(一)我们常说,人生七十古来稀,而蔡老先生今以七十高年,精神还是很健旺,值得同人的庆幸。(二)蔡先生不特为党国元老,且为我国学术界的泰山北斗,万人同仰。所以我们希望蔡先生今后的精神,继续健康,更为社会国家造福。待蔡先生八十岁九十岁以至一百岁,我们再来举行更盛大的庆祝。此外我们庆祝蔡先生,同时我们要师法蔡先生之过去的为国为社会的努力,希望在座诸君都能有蔡先生之高寿,来负担来日的大难,以建设使我们的国家,能维持永久。这是同人今日庆祝的意义。兄弟今天参加这个庆祝的宴会,仅志数语,请全体起立向蔡先生行一个敬礼。"继由蔡先生答词。

蔡氏答词

"今天承政治界、工商界、学术界诸君为我做寿,实不敢当。现在党国及学术界中人,比我年龄大的人很多,而且是多福多寿多男子,所以我的年纪还不能说

---

① 《申报》,1936 年 2 月 12 日第 11 版,原文为句读。又载《时事新报》,1936 年 2 月 11 日第 9 版,题为《各界祝贺蔡元培氏寿,筹创孑民美学所》,文字较简。

怎样的高。现在有许多人研究返老还童之术，我国古代也早已有了。譬如周末涉及神仙之说，秦始皇请方士泛舟东海，求长生不老之药，迄乎汉武，亦求长生之方，这无非因为他们有很多的功业，不能放弃。可是清初的诗人吴梅村屈节称臣，后来满怀忧乱，记于吟咏，有许多绝妙好词："此病难将医药治，耿耿心中热血。"正是他的亡国之痛，但是他倘使早死十年便不至目击心伤。前人所谓老而不死是为贼，我们现在处于这同样的关头，尤有来日大难之感。有些人多活几年，还能为国家社会造福，不无有功。今天诸君在此为我做寿，及孙先生方才的话，不外要我再做几年事，我很惭愧。古人行年五十，当知四十九年之非，我今七十，又多了二十年的错，再活几年，无非要我多做几年错事。我一个执笔的人，要做事也只能在笔杆上做一些工作。以前我每次遇见胡适之先生，他总是劝我写篇自传，我也想以余年来写些谢答社会。今天主席诸位及我祝寿，要我为社会国家尽力的意思，我是不敢忘记的。"

创研究所

席间吴市长等以蔡先生致力文化教育美术事业，数十年不遗余力，提议发起组织一文化机关，纪念蔡先生。当以蔡先生演说时表示今后愿专心尽力美育，当一致议决发起子民美育研究所，以为永久纪念。当推孙科、孔庸之、柳亚子、黄伯樵、王晓籁、吴铁城、钱新之、王云五、刘海粟、潘公展、李大超等为筹备员，孙院长、吴市长为召集人。席间觥筹交错，至十时宴毕。孙院长即席题"老当益壮"四字，蔡先生莞尔受之。并由王一亭、阎甘园、刘海粟即席挥毫，画松柏多帧为寿。沈恩孚即席赋诗云："偶忆尼山曾自传，当年七十矩从心，况公新国尊元老，永作人师艳士林。"柳亚子即席写诗，"并世勋名推逸老，他年评价胜尼山，一言我佩林庚白，倔强昌黎肯俯颜"为祝。十一时宾主始尽雅兴。

开辟后山公园深切吾乡之美育　国锦[①]

山水之美丽，莫过于天然，民德之陶冶，莫过于美育，此为有识者所同认也。吾乡山水之美，久已名闻遐迩矣。然而动之美莫若水，静之美莫若山，孔子谓"知者乐水，仁者乐山"足证山水非特供人群之游息而已，其于美育中亦得养成人类峻洁之志操，新颖之智识。此古之有道之士，不以物欲入其怀抱，而于山水之乐，往往不能忘：范仲淹所谓"物喜"者，固有其忻合无间者在也。若夫其地不惟有山

---

① 《浮山月报》第 1 卷第 8 期，1936 年 3 月 15 日，第 3—4 页。

水之美,而此山此水,又各有其过去之历史,使后人景仰不置,则其所以睨吾人者不特天然之美感而已,抒怀远之蓄念,发兴起之幽思,较之发扬蹈厉之音为尤甚:盖接于目者入于心,有感斯应,非书籍诵说所能拟也。

浮石后山(系纱场)。"树木苍秀,前面近景,烟火千家,畦町十里,溪水环绕,诸山朝拱。远眺则西有马山、竹脑、榴花、端山、鳌峰,及六村之乡。水则塾寨、西廊、上泽、冲菱诸河流汇而出,中对甘蔗、潺海一带城廓,南有横江、松岭等村,又远且及于铜鼓、曹冲最高诸峰。东通厓海、潭湝汇西潜而出三夹向入海。帆樯来往,沙鸟起伏,大有可观。四方贵游,每多吟眺。"如"烟锁舟中市,虹飞海外桥""人寻雁侣天涯远,山作牛眠地轴开""两川浮极浦,孤寨点洪潮""天南水润浮山翠,岭北龙盘石洞春"……诸如上述,悉为吾乡天然之风景,已为昔日名贵所赏识,而为之品题者。夫天然之风景不易得,幸而得之,非特其地之幸,吾人生于斯长于斯聚族于斯,其幸为何如?! 其足以陶冶民德又为何如?! 斯诚我父老鸥弟所不能恝然者也! 爰有德兰翁、颂德翁、康祥翁等深明斯旨,捐资开辟后山公园。似此急公好义,不第吾乡藉此点缀风光,美育有所,抑非建设中之伟举也! 惟愿凡前人所留之胜迹,必郑重保存之;凡一草一木足为园林点缀者,必相度而葺治之。将见生香不断,径路兴为萦纡,林翠掩映,花木兴为明瑟。庶几浮山景色,益见秀丽,而乡中士女邀游其中,相与俯仰天地,论列中外,致修明之治,成清淑之俗,其在斯乎? 其在斯乎?

抑尤有进者:后山自吾乡开族而始者,得四方名士之品题而益显。今日开辟公园,虽自三数人倡之,不必自三数人成之? 凡我乡人,宜一致协助,乃得为众所共治共有共享之园林。惟当开工拓辟之初,即有"浮西青年社同志",深恐执事者未得缜密之考虑,擅自改造,则公园之新景未成,而山林之旧态已废,致发生多少议论。此种过虑,或亦爱护乡邦者之所表现也。今者双方已得谅解,从此计划得次第告成。不惟浮山景色,更形秀丽,而吾等亦可感受天然环境之薰陶矣。

美育家心目中影界的美人①

根据好莱坞美育家欧尔利基里的观察,所谓银幕上的"十全的美人",必须身体各部份均具有健美的条件,在目前要物色这样一位演员,恐怕还不易找到。下

---

① 《盛京时报》,1936 年 4 月 3 日第 6 版。又载《申报》,1936 年 7 月 29 日第 22 版,题为《美育家心目中好来坞的美人》,作者"莱",十位明星有所不同。

面所提到的几位明星,都是各有其美点的。如果这些美点,荟萃一个人的身上,那就是"十全的美人"了。

一露琵雄勒的大腿。

二卡□□珀的体态。

三玛琳黛瑞茜的眼睛。

四黛丽娥的皮肤。

五菊痕克萝馥的手。

六葛丽塔嘉波的鼻。

七薛爱梨的头发。

八琼布郎黛的嘴。

九珍哈露的脚和踝。

十凯弗兰茜丝的背和肩。

子民美育研究院昨开首次筹备会议①

▲推举孙哲生为筹会委员长,吴铁城、钱新之为副委员长

本市各团体前于新亚酒店为中委蔡子民氏庆祝七十大庆时,当由吴市长等发起创设子民美育研究院,以为蔡氏七十寿辰纪念,并即席推定筹备委员,负责进行筹备。该会于昨日下午五时在八仙桥青年会举行首次筹备会义,兹分志如次。

出席委员 计吴铁城、孙科(杜定友代)、钱永铭、沈恩孚、刘海粟、李大超、柳亚子(李大超代)、程演生、阎甘园、陈济成、鄢克昌、王远勃、张寿镛(刘海粟代)、王汉良、黄伯樵、汤增敫、李宝森、吴公虎、萧友梅、谢公展、潘玉良、谢海燕、刘海若、吴匡时、吴芾之、马公愚、傅伯良、郑午昌等。

主席报告 主席吴市长,纪录鄢克昌。首由主席报告发起经过,略谓今天邀各位到此,筹备子民美育研究院事。美育研究院之提议系在蔡先生七十大庆祝寿时,当时参加者发起。因蔡先生极力提倡美育代宗教,故即提议发起子民美育研究院,以纪念蔡先生。推定各位担任筹备,并承指定本人为召集人。故今天特邀各位到此商讨筹备事宜,并求其早日实现云。继由刘海粟报告接

---

① 《申报》,1936 年 4 月 16 日第 14 版。又载《民报》,1936 年 4 月 16 日第 6 版。《新闻报》,1936 年 4 月 16 日第 12 版。《时事新报》,1936 年 4 月 16 日第 7 版,题为《子民美育研究院开首次筹会》。《世界日报》,1936 年 4 月 19 日第 7 版,题为《子民美育研究院首次筹备会议》,文字较减。

洽情形。

推举常委 继推举孙科为委员长,吴铁城、钱新之为副委员长,孔祥熙、王云五、何炳松、潘公展、杜月笙、沈恩孚、李大超、李圣五、柳亚子、王晓籁、张寿镛、黄伯樵、舒新城、刘海粟等为常务委员。

讨论事项 (一)筹会组织简章办事细则案,议决修正通过。(二)推举干事及各组正副主任案,议决交常务会决定后提下次会议追认。(三)申请中央党部、教育部、市政府分别立案案,议决交常委会。(四)筹备费应如何确定案,议决由筹备委员认捐,数目由常委会决定。(五)决定代收本院捐款之银行案,议决交常委会。(六)确定本院事业计划及步骤案,议决交常委会。(七)确定筹备工作进行日程案,议决交常委会。(八)呈请中央每年拨给补助经费若干万元案。(九)应如何筹集本院基金案。(十)发起人认募捐款案。(十一)呈请政府拨给筹备补助费案。(十二)应如何举行募捐案,议决以上五案并交常委会拟具办法交下次会议讨论。(十三)补推发起人案,议决推定沈恩孚、刘海粟、李大超、萧友梅、程演生等拟定名单交下次会讨论。(十四)第二次筹备会日期案,议决由常委会决定。(十五)首次常委会日期案,议决定下星期四上午十二时在市府举行。

孑民美育院筹备积极①

孑民美育研究院为上海各文化团体假座国际大饭店公祝蔡孑民先生七十大寿时,由孙科、吴铁城等所发起,用以阐扬蔡先生之学说,树立民族文化,普及美术教育,改善社会生活,为蔡先生留学术上之永久纪念为宗旨。即席推定筹备委员进行筹备,四月十五日在八仙桥举行第一次筹备会议,通过各项章则,并选举正副委员长及各组主任。筹备工作期定三月云。

孑民美育研究院筹委会昨召开第二次常务会议②

本市各界领袖,为纪念蔡孑民先生学术思想并致力美育事业起见,发起筹备

---

① 《国画》第 2 号,1936 年约 4 月,第 10 页。原文无标点。
② 《时事新报》,1936 年 6 月 27 日第 7 版,原文为句读。又载《民报》,1936 年 6 月 27 日第 6 版,题为《孑民美育研究院筹委会昨开二次常务会议》。《大公报》,1936 年 6 月 27 日第 7 版,题为《孑民美育研究院昨开第二次常务筹委会　在吴市长宅议决七要案》。《立报》,1936 年 6 月 27 日第 5 版,题为《纪念蔡孑民设美育研究院筹委昨开会议》,文字较减。

子民美育研究院。两月以来,积极筹备,推定筹委总干事及各组主任,负责进行。昨日下午五时,在海格路四六四号吴市长公馆召开常务委员会第二次会议。出席者吴铁城、沈恩孚、张寿镛、钱永铭、王晓籁、李圣五、王云五、刘海粟、柳亚子、潘公展、李大超等。主席吴铁城,纪录李大超。即席决议:(一)决定筹备处地点即日开始工作案,议决暂租中华学艺社房屋为筹备处,并请正副总干事负责办理。(二)加推筹备委员案,议决加推蒋梦麟、王世杰、朱家骅、李石曾、张静江、吴稚晖、胡适、周仁、丁燮林、林凤眠、王星拱诸先生为筹备委员,并报告大会。(三)决定研究院基本工作案,议决先筹集研究院基金五万元,其筹集方法另定祝寿金及募捐办法,并先着手搜集美术史料,为编辑中国美术史。(四)拟定为蔡先生祝寿启案,议决请沈恩孚、张寿镛二先生负责。(五)审定研究院章程案,议决交正副总干事提下次会。(六)决定筹备处每月经费及日期案,议决每月经费至多二百元,以五个月为期。(七)即日起征求发起人案,议决通过,广事征求云。

沪各界筹设孑民美育院①

▲拟募集基金五万元

【中央社上海二十六日电】沪各界名流,为纪念蔡子民先生学术思想,并致力美育事业,发起筹备孑民美育研究院。廿六日开筹备会,吴铁城主席,议决加推蒋梦麟、王世杰、朱家骅、李石曾、张静江、吴稚晖、胡适等为筹备委员,先筹募研究院基金五万元。

---

① 《中央日报》,1936 年 6 月 27 日第 8 版。又载《京报》,1936 年 6 月 27 日第 3 版,题为《各界名流筹设子民美育研究》;《益世报》(天津),1936 年 6 月 27 日第 3 版,题为《纪念蔡子民学术思想 孑民美育研究院筹备中》;《西北文化日报》,1936 年 6 月 27 日第 2 版,题为《沪各界名流筹设孑民美育院》;《西京日报》,1936 年 6 月 27 日第 2 版,题为《纪念蔡子民:各界近发起筹设孑民美育研究院》;《大义报》,1936 年 6 月 27 日第 2 版,题为《孑民美育研究院 各界名流筹设》;《河南民报》,1936 年 6 月 27 日第 2 版,题为《孑民美育研究院 蒋梦麟任筹委 先募基金五万》;《浙瓯日报》,1936 年 6 月 27 日第 6 版,题为《各界名流发起办孑民美育研究院》;《新江苏报》,1936 年 6 月 27 日第 3 版,题为《筹建美育研究院 沪名流纪念蔡子民》。《公教周刊》第 8 年第 12 期,1936 年 6 月 28 日,第 22 页。
《包头日报》,1936 年 6 月 29 日第 1 版,题为《纪念蔡子民:沪各界名流筹设孑民美育研究院》;《南宁民国日报》,1936 年 6 月 29 日第 5 版,题为《纪念蔡子民学术思想:京各界名流筹设孑民美育研究院》。
各报文字略有不同。

孑民美育研究院先筹基金五万①

▲搜集有关美术之史料

　　本市各界领袖,前为纪念蔡元培先生之学术思想起见,发起筹备孑民美育研究院,各情已志前报。兹悉筹备为便利工作起见,近加推王世杰、朱家骅、蒋梦麟、李石曾等多人为筹备委员,并决先行筹集基金五万元,开始搜集有关美术之各项史料,同时推定张寿镛等起草创办缘起云。

搜集美术史料筹建孑民美术研究院②

　　吴市长、王晓籁等为纪念中央研究院院长蔡孑民氏学术思想起见,前曾发起筹备孑民美育研究院。嗣后并加推教育部长王世杰、北大校长蒋梦麟,及中委朱家骅、李石曾等多人为筹备委员,以利进行。筹备以来,迄今数月,现悉该筹备委员会决先筹集基金五万元,开始向各方搜集有关美术之各种史料,约明春可以在沪建筑院所云。

蔡孑民先生七秩大庆创设孑民美育研究院启　筹备委员会③

　　尧舜以降,三王德不及古,各因乎时以为教,及其末也敝生,而有赖乎后圣之互救。汉宋诸儒祖述孔子,各因乎时而为学,历久而亦敝;后儒出而匡救之,匡之者欲其正且全也。然因乎时则其说不得不变,变则敝生,此固由于人事乎,抑且有运会也。邃古之时,人类蒙昧未启,为生存之故,不惜自相残贼。哲人忧之,不得已而假宗教为制裁,宜也。历久而风气成,基督有推本上帝之说,印度旧教则归之梵天,我国神话则归之盘古,人道之大义微矣。有志之士,起而救之,昌明科学,宜也。历史而真理又湮,而大义又从之而微。自欧化被于中国,几夺吾尧舜孔子之席。后进之士,动以彼邦过去之事实作为新知。一般沿习旧思想者,又承前说而稍变之,以孔子为我国基督,遂欲组织孔教会,以救新知之失。固亦不得

---

① 《申报》,1936 年 7 月 6 日第 15 版。又载《大公报》,1936 年 7 月 6 日第 7 版,题为《孑民美育研究院筹集基金》。《民报》,1936 年 7 月 6 日第 5 版,题为《孑民美育研究院决先筹基金五万元》。《立报》,1936 年 7 月 6 日第 5 版,题为《筹设孑民美育院先募款五万元》。
② 《时事新报》,1936 年 8 月 25 日第 7 版。
③ 《晶报》,1936 年 8 月 25 日、26 日、27 日、28 日、29 日、30 日第 1 版连载,原文为句读。

不然乎？然其敝也，至以道学为谵病之名，噫亦太甚矣！独蔡子民先生，铮铮佼佼，挺生其间，出其思想学术，陶铸齐民，以维古今未尝有之变，则此一发千钧之元气，弥纶于两大间，关系国家民族兴衰，非细故也。先生早岁通籍，学贯天人，当清室末祚，目击时艰，为世道人心之忧，毅然以改革教育思想为己任。远涉重洋，采取新知，谋吾国教育之革新，转移习俗，以辅翼革命之成功。鼎革以后，任教育总长，即首创美育代宗教之说。先生之用心，殆欲求其正且全乎。先生谓宗教原始，由精神作用而构成，而精神上之作用，约分三类：一曰知识，二曰意志，三曰情感。自科学发达，知识意志，早已离宗教而独立；而情感一端，仅存美术。顾宗教所遗留之雕刻图画，多取材新旧约；音乐多依傍于赞美诗；演剧亦多取耶稣故事。则美育之附丽于宗教者，反失其陶养之作用，而徒以刺激感情。伟哉！先生此论，不独为中国世道人心之匡救，且足为环球各文明国救敝补偏之良剂。其邃识奥学，视西土哲家，殆有过无不及也。盖尧舜孔子之教，为天地立心，为生民立命，乃两大所由不敝。先生倡美育之说，其所以赞天地之化育而与天地参者，即萌柢于此。今先生年七十矣，神明坚强，一如壮年。自志道以至游艺，一以贯之。冀有以挽救陨俗，而巩固国基，握消息之枢机，树廉隅之坊表。其功其志，实足以寿人而寿世。

今岁值先生七十揽揆之辰，同人等觞先生于国际大饭店，谋所以寿先生者，而先生则谦让未遑。窃念先生学识思想，致力于美育事业，固功在国史，名满寰区。爰即席发起创设美育研究院，以寿先生，用以革除世俗之殆敝，导人类精神于大同。既询谋佥同，遂邀得先生首肯。因次第推举负责筹备委员，数月以来积极进行，已略具端倪。兹院之设，纪念先生，不过私人之景仰；然在国家文化，关系甚巨，非规划宏远，不足以垂永久。是以同人集议基本工作，先筹基金五万元，其筹集方法，另定祝寿金及募捐办法，以馈仪移助基金，初无悖先生寿世之念。仰维先生曩昔讲学北大，及迭次主持学政，其荷先生教泽，发名成业，扬历中外，与夫海内同志，景仰盛德，及私淑先生者，所在皆有。此次谋设美育研究院，以寿先生，以成先生素心，想为当世宏达所欣愿者也。嵩高在望，万流同源，大德名山，仁者斯寿！是为启。

子民美育研究院积极进行筹备①

▲经推定孙科等为筹委　将收纳基金计划建筑

子民美育研究院，前经孙科、吴铁城等各界发起筹备，业经组织筹备委员会，

---

① 《民报》，1936 年 9 月 8 日第 6 版。

推定孙科为委员长,吴铁城、钱永铭为副委员长,孔祥熙、王晓籁、王云五、杜月笙、潘公展等十四人为常务委员,王世杰、朱家骅、吴敬恒、李石曾、胡适、张静江等五十余人为筹备委员,积极开始工作。兹据神州社记者探悉,该美术研究院,决定基金为十万元,现定本星期内开始缴纳,收款代理机关为中央、中国、交通、新华等各银行。一俟基金收足,即筹备建筑院址等工作,预料近期即可开始云。

蔡孑民先生七秩大庆创设孑民美育研究院启事[①]

本年欣逢蔡孑民先生七十大庆,仰维先生学淹中外昌明文教,导人类精神于大同。兹为推本先生学说思想起见,爰有孑民美育研究院之组织。数月以来积极进行,已略具端倪。兹院之设,纪念先生,不过私人之景仰;然在国家文化,关系甚巨,非规划宏远,不足以垂永久。是以同人集议基本工作,先筹基金十万元,以馈仪移助基金,初无悖先生寿世之念。顾先生曩昔讲学北大,及迭次主持学政,其荷先生教泽,发名成业,扬历中外,与夫海内同志,景仰盛德,及私淑先生者,所在皆有。此次谋设美育研究院,以寿先生,以成先生素志,想为当世宏达所乐襄其成者也。

孑民美育研究院筹备委员会委员长孙科,副委员长吴铁城、钱永铭,常务委员孔祥熙、王世杰、朱家骅、王晓籁、王云五、何炳崧、杜月笙、沈恩孚、李圣五、李大超、柳亚子、张寿镛、黄伯樵、舒新成、潘公展、刘海粟。

收款处:上海、南京、北平中央银行,中国银行,交通银行,四行储蓄会,上海银行,新华银行,中国农工银行,广州中国银行,交通银行。

蔡孑民寿仪移办美育院　景行[②]

党国名人兼教育名家蔡孑民先生元培,毕生尽瘁教育,不遗余力。中外人士,弥不景仰。其一身之著作,一字一言,青年每皆奉为圭臬。良以先生之学问

[①]《申报》,1936 年 9 月 26 日第 6 版,原文无标点。后于 1936 年 9 月 28 日第 5 版、9 月 30 日第 2 版、10 月 2 日第 2 版、10 月 4 日第 5 版、10 月 6 日第 2 版、10 月 8 日第 5 版、10 月 10 日第 8 版、10 月 13 日第 5 版、10 月 15 日第 2 版重复刊登此"启事"。《中国美术会季刊》第 1 卷第 3 期,1936 年 9 月 1 日,第 102 页,题为《蔡孑民先生七秩大庆创设孑民美育研究院(照录申报广告)》。《时事新报》,1936 年 10 月 7 日第 6 版,题为《各界名流积极筹设孑民美育研究院——分函各界共襄美举,筹款十万以作基金》,文字大致相同。

[②]《福尔摩斯》,1936 年 9 月 30 日第 2 版。

道德，俱足重于天下，非可倖致者也。今年先生寿七十矣，悬弧不远，理合称觞晋颂，以祝此老长生，永为教育界之大老也。而当代要人，如孙科、吴铁城、孔祥熙、潘公展、朱家骅、柳亚子，学术界名人，如王云九、刘海粟，海上闻人，如杜月笙、王晓籁、张寿镛诸氏，佥以为寿筵之敝，流俗事耳。前为推本先生学说思想起见，曾有孑民美育研究院之组织，筹备数月，已具端倪。兹院之设，纪念先生，不过私人之景仰；然在国家文化，关系甚巨，非规划宏远，不足以垂永久。不若即趁先生寿辰谋将馈仪移助设立该院之基金，以符先生寿世之念，即所以寿先生也。当经集议，该院基本工作，先筹基金十万元。该院筹备委员会，孙科为委员长，吴铁城、钱永铭副之，余人除上述外，以及王世杰、何炳崧、沈恩孚、李圣五、李大超、黄伯樵、舒新城诸氏，胥为常务委员。现已由委员会全体发起，将此移仪助学之意，公告世人。想蔡先生曩昔讲学北大，及迭次主持学政，其荷先生教泽，发名成业，扬历中外，与夫海内同志，景仰盛德，及私淑先生者，随在皆是。当皆荣襄具成既寿先生，又成先生素志也。其收款处，计有上海、南京、北平各地之中央，中国，交通，上海，新华，中国农工诸银行，四行储蓄会及广州之中国、交通等银行云。

蔡元培七秩寿辰创设美育研究院①

孙科孔祥熙等发起　以十万元建造新屋

【南京六日下午九时发专电】中委孙科、孔祥熙、王世杰、朱家骅以本年为中央研究院院长蔡元培先生七秩寿辰，发起组织纪念蔡孑民先生美育研究院，预定十万元建造新屋，以垂永久。现正组织筹备会，建筑地点青岛、上海两地择一进行。

孑民美育研究院昨开四次筹备常会②

▲筹集资金积极推动

孑民美育③研究院筹备委员会，自本年七月正式设立筹备处于上海爱麦虞

---

① 《大公报》，1936年10月7日第3版。又载《东海日报》，1936年10月9日第2版。
② 《时事新报》，1936年10月29日第7版。又载《民报》，1936年10月29日第5版，题为《孑民美育研究院筹集基金积极推动——昨开四次筹备常会》。《新闻报》，1936年10月29日第12版，题为《孑民美育研究院昨开四次常会》。《立报》，1936年10月29日第5版，仅简讯如下："孑民美育研究院昨开筹备会，决积极筹集基金。"
③ 原文误为"商"字。

限路四五号开始筹备以来,迄今时阅四月。以蔡子民先生学问道德事功彪炳一事,皆足为人群表率,故中央及全国各省市政府领袖及学术界人士,先后闻风加入发起者一千二百余人,团体加入发起者百三十余,实开未有之盛。昨日该会在会所举行第四次常会,到吴铁城、钱新之、李大超、何炳松、王云五、李圣五、刘海粟、张寿镛、沈恩孚、潘公展(蒋建白代)、鄢克昌诸氏。主席张寿镛,纪录鄢克昌。四时开会,报告筹集基金情形。其办法分祝寿金、募捐二种,自九月十五日开始委托上海、南京、北平、广州之中央,中国,交通,上海,四行储蓄会,新华,中国农工等七行为收款机关。各方致送祝寿金及捐款者,极为踊跃。继以募捐期限定十一月底截止,应再积极推动。议决以南京、上海、北平三处为主动地点,积极推进。其办法酌量各地情形,分别办理之,并推举三处负责人南京朱家骅、上海李大超、北平蒋梦麟。各处协助人由各该负责人自行推请。复公举钱新之、李大超、李圣五、刘海粟四人专责办理,以总其成。各常委方面,即日函请教育当局负责主持进行。继复议决要案多起,六时始散会。并闻上海北大同学会,以蔡先生系母校校长,各同学对于子民美育研究院,当尽力赞助,业已分涵请参加发起,共襄盛举云。

中央党部核准子民美育研究院备案①

子民美育研究院创设之目的,在阐扬蔡子民先生之学说,树立民族文化,普及美术教育,为子民先生留学术上永远之纪念。其初步工作纲领——1. 学术研究:(1)设美术研究所,研究与美术有关之各学科;(2)对于国内外美术专门学校毕业成绩优良或具有天才之青年志切深造者,经审查合格后,量予补助。2. 美术展览:(1)与欧洲各国举行交换展览会;(2)每年举行全国美术展览会;(3)举行各种临时美术展览会。3. 学术奖金:设立子民奖学金,奖励美术上之创作及有价值之著述。4. 学术讲座:设立定期学术讲座,聘请国内外专家为有系统之讲演。5. 图书出版:迻译世界各国美学、美术史、艺术论、艺术教育等名著,编辑美育丛书及定期刊物。上列诸项工作,得设专部或委员会办理之。6. 设立美术馆及图书馆:搜藏古今中外著名美术作品及图书,为有系统之陈列与庋藏。以上诸务,次第推行,俾成为吾国最高之文艺研究机关。前经申请中

---

① 《时事新报》,1936 年 11 月 1 日第 7 版。又载《新闻报》,1936 年 11 月 1 日第 7 版。《民报》,1936 年 11 月 1 日第 9 版,题为《创设子民美育研究院中央核准备案》。《申报》,1936 年 11 月 2 日第 11 版,题为《子民美育研究院中央核准备案》。

央党部备案,当经中央执委会派员调查,认为进行成绩极佳,爰于日前以第四八五七号批答,准予备案。目下进行筹集基金事宜,各方均极注意,致送寿仪,缴交捐款,异常踊跃。闻各省市方面捐款业由常会推请各省市教育厅局长负责推进云。

孑民美育研究院积极募集基金①

孑民美育研究院,自开始筹备以来,瞬阅数月。各界以先生道德学问,皆足为人群表率,纷纷加入发起。关于筹募基金一节,已于九月开始。所有寿柬捐册,均已发交各发起人。该会为便利进行起见,经第四次筹备会议议决,以上海、南京、北平三处,为募款中心,并推举李大超,为上海方面负责人,积极推进。闻李已分函各界联络,并派丘松生向各发起人接洽。

孑民美育院征集基金②

▲各方踊跃致送　限期月底截止

孑民美育研究院,为全国各界纪念党国耆宿蔡元培先生所发起,筹备以来,阅时数月,内部工作,甚为紧张,各情已迭志各报。兹悉该院筹集基金,各方均积极进行,连日缴送捐款寿仪者,异常踊跃。如山东省政府韩主席、本市杜月笙,个人致送寿仪,均为千元;张副司令、福建省陈主席、中委陈立夫、外交部张部长,均送数百元。团体方面,如广东财政厅,军政部,训练总监部,中山文化教育馆,北平、上海各大中学校,及个人自送或征募款项,均极踊跃,分别交由上海、南京、北平、广州之中央,中国,交通,上海,新华,中国农工各银行及四行储蓄会代收,俟结束时,即当登报公告。该项筹集基金期,限原定十一月底止,兹以远地尚未结束,现正分别函催。至本市方面捐款,前经常会推李大超负责,日来进行亦为积极云。

---

① 《神州日报》,1936年12月4日第5版。又载《时事新报》,1936年12月4日第6版。《民报》,1936年12月4日第6版。
② 《时事新报》,1936年12月8日第6版。又载《民报》,1936年12月8日第6版。《神州日报》,1936年12月8日第6版,题为《孑民院征基金》。

(《美育杂志》)复刊感言[①]

韶光易迈,本刊自诞生到现在,足足过了十个年头。忆在十六年即出创刊号,十七年出第二期,十八年出第三期。第四期则因商务印书馆合同期满,因条件不合,续订无望,只好于十九年将所有文章,附在世界杂志上马马虎虎地发表,这样就停顿了我们的工作。这是每一念及,辄无限伤感的。

虽然是不定期的只发行了三次,但我敢说,美育自有其光荣的历史的。相识或陌生的智识界中人,谈起以前的美育,惟有赞美,这绝不是夸口的空话。可惜我们的黄金时代已过去了,虽然我们在文章方面,比以前长进,但若像以前那样华贵,是不敢梦想了。我们只能在坚苦中挣扎使其终于复活。

好像今年仍是杂志年,新刊物有如雨后春笋般出现,且不是软性读物、低级趣味的作品,便是国防、抗敌、革命的机关报。专研究艺术的刊物殆绝无仅有了。我们不识时务的谈论,饥不可食、寒不可衣之艺术,想来与人争一日之长,必然是失败的。但大家要知道,我们不是要来凑热闹,或想搏取虚名,我们在尽我们的天职。我们有我们坚决的信仰,社会制度,政治活动,都将次第变迁销灭,艺术才是永远,无限。我们憧憬着埃及希腊罗马的光辉。

我们将这朵花,移植在炎热枯燥的南国,是抱着很大的希望的,因为这个城圈的文化界实在太落后了。但我们不能预料它在什么就会凋谢,只有尽我们现实的力,期望增厚人们学术研究的空气。

当此艺术变成商品、敲门砖、登龙妙品的年代,我们仍望能愚昧,书呆子气地,高唱艺术的神圣,以达到历史上的价值,时代上的光荣。

二十年十二月十二日广州

蔡孑民美育研究院将成立[②]

孑民美育研究院,为全国各界领袖纪念党国耆老蔡孑民先生七十揆辰所组织。先生尝倡美育代宗教之学说,不独可为中国世道人心之匡救,实足为环球各国救敝补偏之良剂。该院即本此主张而设立,筹备数月,大致业已就绪,闻将于

---

① 《美育杂志》第 4 期(复刊号),1937 年 1 月 1 日,第 1 页。作者为李金发。
② 《黄流》第 3 卷第 3 期"新年号",1937 年 1 月 1 日,第 75 页。

今春正式成立云。

孑民美育研究院初步计划已预定①

▲昨日举行五次常会　推定修正章程人员

孑民美育研究院,自客秋进行筹备以来,时阅半载,进展颇速。各方捐集基金,极为踊跃。日昨在爱麦虞限路四五号,召开第五次常务会议。出席委员张寿镛、李圣五、王云五、沈信卿、刘海粟、钱永铭、潘公展、吴铁城(李大超代)、李大超,列席鄢克昌。主席钱永铭,纪录鄢克昌。

首由**主席报告**。略谓本院自去年七月进行筹备,承社会各界热忱赞助,成绩已甚可观。本院规模宏大,事业繁重,尤宜集各方力量,扩大进行。刻中央民众训练部批准备案,本院预定初步工作计划,分(一)学术研究,(二)美术展览,(三)学术奖金,(四)学术讲座,(五)图书出版,(六)设美术馆及图书馆。俟成立时即行举办。继由筹备处报告征收捐款及工作概况,并**讨论提案**:1. 修正本院章程草案,提交成立大会讨论案,议决修正通过。推常委潘公展、李大超、李圣五审查。2. 成立大会日期案,议决交下次常会讨论。3. 组织基金保管委员会案,议决应即组织。除原负责人常委张寿镛、刘海粟为保管委员外,并添推委员长钱新之、常委李圣五为保管委员,钱副委员长新之为召集人。4. 修正致各省主席、各市市长请赞助基金函稿案,议决修正通过。5. 捐款应用如何方式公告,以资征信案,议决陆续将收款情形发表新闻,并报告全体筹备委员。俟捐款事宜结束时,请《东方杂志》义务公告。

孑民美育研究院昨开筹备会议②

为纪念蔡子民先生七十大庆而发起之孑民美育研究院,昨日召开筹备会议。出席孙科(黎照寰代)、潘公展、钱新之、沈恩孚、刘海粟、周尚、王云五、何炳松、李圣

---

① 《时事新报》,1937年2月5日第7版。又载《民报》,1937年2月5日第6版,题为《孑民美育研究院第五次常务会议》。《大公报》,1937年2月5日第14版,题为《孑民美育研究院组基金保管会》。《申报》1937年2月6日第12版,仅简报如下:"孑民美育研究院昨开第五次常务会议,主席钱永铭,纪录鄢克昌,讨论院章,并组织基金保管委员会。"

② 《新闻报》,1937年5月22日第13版。又载《民报》,1937年5月22日第7版。《立报》1937年5月22日第5版,仅简报如下:"孑民美育研究院昨开筹备会,决请中央拨款创办,于最近期内成立。"

五等。由钱新之主席,议决:(一)下月起筹备处改在菜市路四四〇办公;(二)请中央拨款创办;(三)设法于最近期间成立。最后由刘海粟报告创办该院现已得林主席、汪精卫、邵力子、叶楚伧、陈公博等多方赞助。当即席致电叶氏表示感谢云。

孑民美育院 孙福熙[①]

各大学多数西迁以来,失学青年随处唉声叹气,有的困于经济,无钱远奔西南,有的耻作难民,无意躲避后方,去看迷醉逸乐的生活。为了这种失学的青年,为了急需的抗战宣传的文艺人才,特发起孑民美育院。

多数人都以为学文艺必须有文艺的天才,而以自己为与文艺无缘,自绝生机,于是遇文艺闭口不言,甚而闭眼不看,好比一粒花种,落在瓦屑堆中,就无从滋长发育,更何以开花结实呢。试问天才而没有机会,如春风化雨的使他的天才发展,岂能在瓦屑中发芽生果吗?

美育院中有抗战急切应用的技术练习,与有关文艺的各种理论课目。教育主旨采绝对自动法,以家人父子兄弟的态度,共同研讨,其技术功课,则常有教师示范作画,使青年耳濡目染,自然的明了文艺上可意会不可言传的奥秘。奥秘并非绝对不可说明,特因纸上谈兵,不及实地练习的步步着实耳。故在院中设置花卉鱼鸟猫狗兽类各种器物,作写生之用,以为基本练习,并随时商请街头乞丐,负贩,卖油条的,挑粪桶的种种本地风光的活景象,从此引入武装者的写生,作冲锋陷阵的种种姿势,供宣传画的应用。另有图案画科,留待抗战胜利以后作建国之用,建国的时候,工商业制造及建筑上,将何等的需要设计绘画的人才。

程度分初高两级,以初中毕业者考初级,高中毕业者考高级,同等学力而有文艺兴趣者亦得应考。学费半年高级二十元,初级十五元,贫寒者得酌量减免。膳宿费由学生会自理。院址绍兴学士街,因欲站在最前线之故,不能迁在安全地带作久远的计划。下年招生事务当临时决定。简章附邮费一分即寄。

孑民美育院开学[②]

孑民美育院于民国二十八年由孙福熙发起成立。上学期原拟继续开学,后

---

① 《战时中学生》第 1 卷第 6 期,1939 年 7 月 1 日,第 79—80 页。
② 《读书通讯》第 11 期,1940 年 10 月 1 日,第 21 页。

因党山沦陷，各教员星散，遂致不克开学。下学期已由校董会议决继续成立，并拟改名子民美育社，其呈请公文已电致孙福熙在沪办理云。

三次全国美展会昨日已正式开幕——林主席训词[1]

▲发扬吾国固有之文化　以美育促进道德生活

嗣由主席恭读林主席[2]训词，全体肃立恭听。词云："教育部第三次全国美术展览会陈会长并转会员诸君公鉴，教育之方针，对于真美善三者，皆不可偏废。良以教育不但可以美化人生，怡养情性，而且可以培养纯洁之心灵，促进道德之生活。吾国自古即着重诗教，崇尚美育，人民受其薰陶，风气趋于淳厚，效果之伟，影响之深，为有识者所共见，此实吾国今日所宜光大宜扬者。全国美术展览会之举行，适合斯旨，殊堪嘉尚。以前两次展览，皆获美满之成就，此次筹备，尤称周详，其成就必较前次更为良好。深望今后继续努力，以发扬吾国固有之文化，提高全国热烈之兴趣，期能达到美育所能完成之目的，是所厚望。"

儿童假期艺术班：美一博物馆举办，旨在发展儿童美育　佛利民（Roscoe Fleming）[3]

译自《基督教科学箴言报》

一九四六夏科罗拉多州但维尔地方的男女学生利用假期学艺术。他们之所以喜欢学习艺术是因为教授法既简单而又吸引人。

这件事情是一九三九但维尔艺术博物馆计划发起的。创始人与指导是该博物院前日本艺术管理人，墨莱（Carl Merey），现任教育活动指导。

一九三九夏假期艺术班第一次开课。上课两个月，学生二十人，被称为"印工"——他们学习油印，蚀镂法，铜版术与石印。依墨莱先生的说法，这第一班的目的是"培养欣赏力"。

---

[1]《中央日报扫荡报联合版》，1942 年 12 月 26 日第 3 版。又载《中山日报》，1942 年 12 月 26 日第 2 版，题为《全国美展开幕　林主席训词阐发美育真谛》。

[2] 即：林森。

[3]《新闻资料》第 142 期，1947 年 3 月 15 日，第 1599 页。又载《前线日报》，1947 年 3 月 17 日第 5 版，题为《儿童假期艺术班　发展他们的美育》。《益世报（上海）》，1947 年 4 月 4 日第 7 版，题为《美国儿童假期艺术班》。

　　一九四〇年暑假入学的学生有一百多,结束后还开展览会,情形十分热烈,因此又有了寒假继续学习的决定。

　　一九四一暑期在公立学校,但维尔大学与艺术教育家会议的协助下特为艺术班选出了一教授团体。但维尔大学便开始教授艺术给予学分,做为艺术博物馆计划之一部份。

　　每年学生都有增加,到去夏教员已增至二十五人。十八岁以下的艺术博物馆少年会员会费只需一元,夏季学费为五角。每个学生所出各种原料费也不到一元。冬季注册不收学费。

　　小孩子学习画画,色彩原理与应用,打样与组织,绘画所用的工具为油,炭,铅笔素描,水彩,粉笔与树胶水彩画,也教他们塑泥与加彩。每年成绩优秀的学生还予以免费奖学金,学生只要保持合格的标准,每年都可以得到奖学金的。虽然数目不大,可是孩子们都觉得这是一种荣誉。如果该计划继续下去,可能成为后日入大学的奖学金基础。

　　这计划吸引了各地的美国人外,还有从夏威夷,南美,中美来的学生,他们还鼓励旅客把子弟送来学习。

　　去夏开始为手肢不健全的孩子开了一班,成绩良好。

　　这计划的指导人员都相信它已启发了许多孩子进入正规的思想与活动,并减少了少年犯罪的数字。这一计划虽然也希望发现与鼓励艺术天才,但它并不专重于创造人才。

　　墨莱说:"如果我要使人民成为艺术家,我将采取别种方法。现在的目的是帮助整个社会的人民学习喜欢好的艺术兴发欣赏力。

　　"我常常听见孩子的父母拿了图画说,'这算是什么东西?'我想这些父母并不了解艺术是孩子的世界,是他们应有的世界——自由发展他们的幻想,用图画来表示他们对周围事物的态度。

　　"小孩子的工作是,也应该是努力表现一种美丽的思想或事物,虽然小小的头脑是有限的,表现是拙劣的,这都没有关系。艺术可解放一个孩子的幻象,不是再予以约束。能了解的人看到每个孩子如何在努力求得有条理的表现,对孩子的挣扎与胜利,无论表现得多么不完善,也觉得是一种欣喜。"

第三部分

索　引

作　者

　　作者索引以"下编　史料编"中"第一部分　篇目汇编"和"第二部分　史料辑录"的文献责任者为标目,以作者正式姓名的拼音字顺为序,外文姓名单列于末尾,文献页码列于[]中。页码中如有/,/前为篇目汇编页码,/后为史料辑录页码。页码后如有带圈数字,表示此页中该责任者有数篇文献。同一作者以字、号、笔名等署名统一于正式姓名之下,其他署名作参见。部分作者未考证出正式姓名则仍按文章署名,文章如无责任者署名则不排入本索引。

〖A〗
阿部重孝　　　　　　　　　　［188/556,208,209］

〖B〗
　【白华】见　　　　　　　　宗白华
板垣鹰穗　　　　　　　　　　［225］
本社①同人　　　　　　　　　［195/828］
笔公　　　　　　　　　　　　［233］
碧波　　　　　　　　　　　　［228］
冰菱　　　　　　　　　　　　［232］
冰弦　　　　　　　　　　　　［208］
秉纪　　　　　　　　　　　　［216］
勃克　　　　　　　　　　　　［214］

---

① 中华美育社。

陈之佛　　　　　　　　[190/620,192/774,193/798,193/807,211,213]

陈志华　　　　　　　　[215]

诚　　　　　　　　　　[213]

承均　　　　　　　　　[209]

承名世　　　　　　　　[231]

澄叔　　　　　　　　　[222]

赤井米吉　　　　　　　[189]

筹备委员会①　　　　　[201/891]

初　　　　　　　　　　[208]

储小石　　　　　　　　[212]

楚愚　　　　　　　　　[193/801]

川本宇之介　　　　　　[190/612]

川口浩　　　　　　　　[225]

崔彭寿　　　　　　　　[209]

〖D〗

达　　　　　　　　　　[218]

大冢保治　　　　　　　[223]

戴薩　　　　　　　　　[187/500]

戴尼克　　　　　　　　[230]

澹云　　　　　　　　　[225③,226]

当益　　　　　　　　　[210]

岛村抱月　　　　　　　[223]

邓威宙　　　　　　　　[210]

邓毓怡　　　　　　　　[222]

刁正昶　　　　　　　　[206]

丁健北　　　　　　　　[195/834]

丁健壮　　　　　　　　[195]

丁均　　　　　　　　　[191/684]

丁伟东　　　　　　　　[185]

---

① 子民美育研究院筹备委员会。

董群 ［216］
窦重先 ［209］
杜美柯（Victor Damico） ［216］
段明 ［224］
　【惇颐】见 方惇颐

〖E〗
耳 ［199，228②］

〖F〗
樊星南 ［229］
范季苹 ［213］
范锜 ［234］
方惇颐 ［190/640］
方极盒 ［228］
方江水 ［189/605］
斐然 ［189］
丰子恺 ［188/556，189，205，206，207⑦，208，209，214②，224
②］
风子 ［234］
冯力生 ［197/869］
冯契 ［231］
佛利民 ［203②，203/900］
　【佛西】见 熊佛西
　【伏庐】见 孙伏园
扶雅 ［222］
傅镕 ［189/575］
傅彦长 ［207］

〖G〗
甘歌利 ［192/769］
刚 ［192］

天民	〔204,205〕
天一	〔185/423〕
田荒	〔230〕
涂艺轻	〔210〕
屠允谕	〔212〕
【蜕庵】见	陈范
驼一	〔197〕

〖W〗

汪亚尘	〔187,210,212②,214〕
汪一冰	〔208〕
王存钊	〔212〕
王敦庆	〔210〕
王庚	〔187/528〕
王国维	〔181/241,181,181/243,181/246,182/257,182/258,221③〕
王晦	〔211〕
王钧初	〔208〕
王霖生	〔217〕
王龙吟	〔193/802〕
王陆一	〔203〕
王穆清	〔188/544,188/547〕
王平陵	〔208,214,223〕
王青芳	〔191/705〕
王树勋	〔187/499〕
王天休	〔208〕
王统照	〔184/328,222〕
王维	〔208〕
王兴佺	〔211〕
王衍来	〔210〕
王以刚	〔184/375〕
王裕治	〔216〕

主　题

　　主题索引以"下编 史料编"的"第二部分 史料辑录"的部分主题词为标目,按拼音字顺为序,主题词所在页码列于[]中。"美育""美学""艺术教育"等词不列入本索引中。

〖**J**〗

家庭教育　　　　［270,379,442,443,476,477,494,495,529,746,750］

家庭美育　　　　［362,363,366,413,432,443,476,484,494,515］

教育美化　　　　［532,533,534］

进化论　　　　　［300,309,408,466,543,590,603,636,651,706,754,756］

绝缘　　　　　　［391,416,417,418,422,433,519,618,665］

军国民教育　　　［264,269,270,272,396,414,542,616,654,719,728,764］

〖**L**〗

礼乐　　　　　　［298,380,396,431,492,493,635,685,692,694,710,747］

理性　　　　　　［248,253,254,255,271,285,297,328,329,331,334,339,
340,342,391,394,423,436,437,459,469,470,471,472,
473,474,489,490,492,546,576,601,603,624,625,641,
653,677,710,735,736,737,738,739,740,741,742,743,
745,750,811］

伦理学　　　　　［240,246,247,249,250,251,256,307,329,334,335,388,
390,426,490,540,553,558,638,643,684,696,707,716,
718,721,722,754,793］

〖**M**〗

媒介　　　　　　［271,353,503,537,669,741,757,758］

美的教化　　　　［622,623,625,626,628］

美的教育　　　　［328,329,331,418,422,425,484,485,609,620,621,623,
629,630,641,642,643,644,735,736,737,779,782,794,
810,812,879,880］

美感教育　　　　［269,272,275,276,280,282,283,284,285,298,326,327,
330,338,362,378,388,390,394,396,399,411,418,486,
517,522,523,552,553,617,694,695,704,709,710,711,
714,715,726,727,728,729,745,747,748,749,750,751,
752,753,763,764,772,773,774,777,778,779,798,799,
804,806,808,809,813,816,820,823,825,833,850］

社团/学校

主题索引以"下编　史料编"的"第二部分　史料辑录"的部分社团、学校名称为标目,以社团、学校通用名称的拼音字顺为序,社团、学校名称所在页码列于[ ]中。同一社团、学校的简称或其他名称作参见。

---

① 孙福熙于 1939 年发起创办同名为"子民美育院"的学校。

参考文献

著作类

许有为:《中国美育简史》,兰州:甘肃科学技术出版社,1988 年

姚全兴:《中国现代美育思想述评》,武汉:湖北教育出版社,1989 年

单世联,徐林祥:《中国美育史导论》,南宁:广西教育出版社,1992 年

聂振斌:《中国美育思想述要》,广州:暨南大学出版社,1993 年

杜卫:《审美功利主义:中国现代美育理论研究》,北京:人民出版社,2004 年

谭好哲,刘彦顺等:《美育的意义:中国现代美育思想发展史论》,北京:首都师范
　大学出版社,2006 年

赵伶俐,汪宏等:《百年中国美育》,北京:高等教育出版社,2006 年

钟仕伦,李天道:《中国美育思想简史》,北京:中国社会科学出版社,2008 年

俞玉滋,张援:《中国近现代美育论文选(1840—1949)》,上海:上海教育出版社,
　2011 年

朱志荣:《中国审美理论》,上海:上海人民出版社,2013 年

杜卫:《美育论》,第 2 版,北京:教育科学出版社,2014 年

汪宏,赵伶俐等:《现当代中国美育史论》,北京:北京师范大学出版社,2016 年

刘彦顺:《中国美育思想通史·现代卷》,济南:山东人民出版社,2017 年

朱志荣:《中国审美意识通史·清代卷》,北京:人民出版社,2017 年

张法:《中国美学史》(修订本),成都:四川人民出版社,2020 年

刘纲纪:《中国美学史》,上海:东方出版中心,2021 年

叶朗:《中国美学通史·第 8 卷　现代卷》,南京:江苏人民出版社,2021 年

郑萼,王德胜:《美育经典导读》,北京:高等教育出版社,2021 年

朱志荣:《中国审美教育经典文选》,南京:江苏凤凰教育出版社,2023 年

董希文:《文学文本理论研究》,北京:社会科学文献出版社,2006 年

杨联芬等:《二十世纪中国文学期刊与思潮(一八九七——一九四九)》,南昌:百花洲文艺出版社,2006 年

刘增杰:《中国现代文学史料学》,上海:中西书局,2012 年

金宏宇:《中国现代文学史料批判的理论与方法》,北京:社会科学文献出版社,2012 年

张中良:《民族国家概念与民国文学》,广州:花城出版社,2014 年

[荷兰]贺麦晓:《文体问题——现代中国的文学社团和文学杂志(1911—1937)》,北京大学出版社,2016 年

郭剑敏:《中国当代文学史料丛书·文学期刊、社团与流派史料卷》,杭州:浙江大学出版社,2016 年

李卫华:《中西文学文本理论范畴比较研究》,北京:中国社会科学出版社,2018 年

范大灿:《德国文学史》(修订版)第 2 卷,北京:商务印书馆,2019 年

贺昌盛,何锡章:《中国现代文学基础理论文献编目》,武汉:华中科技大学出版社,2021 年

赵宪章:《文学图像论》,北京:商务印书馆,2022 年

周庆山:《文献传播学》,北京:书目文献出版社,1997 年

冯寿衣:《文本·语言·主题:寻找批评的途径》,厦门:厦门大学出版社,2001 年

[法]蒂费纳·萨莫瓦约:《互文性研究》,邵炜译,天津:天津人民出版社,2003 年

[法]热拉尔·热奈特:《热奈特论文选》,史忠义译,开封:河南大学出版社,2009 年

张舜徽:《中国文献学九讲》,北京:中华书局,2011 年

[美]鲁道夫·F·韦尔德伯尔,凯瑟琳·S·韦尔德伯尔,迪安娜·D·塞尔诺:《传播学》,周黎明译,北京:中国人民大学出版社,2013 年

上海图书馆:《上海图书馆馆藏近现代中文期刊总目》,上海:上海科学技术文献出版社,2014 年

[加]戴维·克劳利,保罗·海尔:《传播的历史:技术、文化和社会(第六版)》,董璐、何道宽、王树国译,北京:北京大学出版社,2018 年

[美]W.J.T. 米歇尔:《图像何求? ——形象的生命与爱》,陈永国,高焓译,北京大学出版社,2018 年

程千帆,徐有富:《校雠广义》(修订本),北京:中华书局,2020 年

〔澳〕维维恩·沃勒,卡伦·法夸尔森:《如何理解质性研究》,刘婷婷译,北京:中国人民大学出版社,2021 年

〔韩〕康在镐:《本雅明论媒介》,孙一洲译,北京:中国传媒大学出版社,2019 年

〔美〕保罗·亚当斯:《媒介与传播地理学》,袁艳译,北京:中国传媒大学出版社,2020 年

〔美〕艾尔·巴比:《社会研究方法(第 13 版)》,邱泽奇译,北京:清华大学出版社,2020 年

〔美〕约翰·杜海姆·彼得斯:《奇云:媒介即存有》,邓建国译,上海:复旦大学出版社,2020 年

〔美〕劳伦斯·纽曼:《社会研究方法:定性和定量的取向》(第 7 版),郝大海等译,北京:中国人民大学出版社,2021 年

〔加〕哈罗德·伊尼斯:《传播的偏向》,何道宽译,第 3 版,北京:中国大百科全书出版社,2021 年

〔加拿大〕埃里克·麦克卢汉,〔加拿大〕弗兰克·秦格龙:《麦克卢汉精粹》,第 2 版,何道宽译,北京:中国大百科全书出版社,2021 年

黄旦,周奇:《媒介史的研究与书写》,北京:中国传媒大学出版社,2021 年

邵培仁:《媒介地理学新论》,杭州:浙江大学出版社,2021 年

数字资源库

中国国家图书馆·中国国家数字图书馆:民国期刊/民国报纸

国家图书馆出版社:中国历史文献总库·近代期刊数据库/近代报纸数据库

上海图书馆:晚清期刊全文数据库(1833—1911)

上海图书馆:民国时期期刊全文数据库(1911—1949)

CADAL 数字图书馆(China Academic Digital Associative Library, CADAL)

大成公司:大成老旧刊全文数据库/大成近现代报纸数据库

北京时代瀚堂科技有限公司:瀚堂近代报刊

浙江省图书馆:浙江图书馆历史文献馆藏目录

CALIS 高等教育数字图书馆(China Academic Library & Information System, CALIS)

北京爱如生数字化技术研究中心:《申报》数据库

日本国立国会図書館

后　记

　　整个暑假都在赶工,终于在课题截止时间前完成了,有空去看快下映的《长安三万里》了。片尾曲起,长卷缓缓移动,我喃喃道:"这部片子,妈妈肯定喜欢的……"妈妈不止一次说,想去"中国诗词大会",但家里没人能和她组队呢。她会选唐诗作密码,一句用久了,再换一句。

　　上一个课题完成后,是妈妈校读的。我的课题都是以史料整理为主的,内容颇为枯燥,妈妈也说校读起来实在没有表弟的书有趣味,我还说争取下一个课题能做得有趣些。

　　2020年1月除夕,全家在西溪雅轩吃了最后一顿团圆饭。2022年11月,在西溪溪隐陪爸爸过了最后一个生日。世界上最爱我的两个人都离我而去……

　　"彼时彼地,此时此地"……

2023年9月13日夜,杭州

图书在版编目（CIP）数据

晚清民国期刊中的美育史料整理与研究：1900—
1949/刘晨编著. —上海：上海三联书店，2024.12
ISBN 978-7-5426-8496-7

Ⅰ.①晚… Ⅱ.①刘… Ⅲ.①美育－史料－中国－近
代②期刊－史料－中国－近代 Ⅳ.①G40-014
②G239.295

中国国家版本馆 CIP 数据核字（2024）第 087621 号

晚清民国期刊中的美育史料整理与研究（1900—1949）

编　著／刘　晨

责任编辑／郑秀艳
装帧设计／一本好书
监　　制／姚　军
责任校对／王凌霄

出版发行／上海三联书店
　　　　　（200041）中国上海市静安区威海路 755 号 30 楼
邮　　箱／sdxsanlian@sina.com
联系电话／编辑部：021-22895517
　　　　　发行部：021-22895559
印　　刷／上海惠敦印务科技有限公司

版　　次／2024 年 12 月第 1 版
印　　次／2024 年 12 月第 1 次印刷
开　　本／710mm×1000mm　1/16
字　　数／1050 千字
印　　张／61
书　　号／ISBN 978-7-5426-8496-7/G·1719
定　　价／298.00 元（上下册）

敬启读者，如发现本书有印装质量问题，请与印刷厂联系 13917066329